Bartholomäi/Bodenbender/Henkel/
Hüttel (Hrsg.)
Sozialpolitik nach 1945

Reinhart Bartholomäi
Wolfgang Bodenbender/Hardo Henkel
Renate Hüttel (Hrsg.)

# Sozialpolitik nach 1945

## Geschichte und Analysen

Verlag Neue Gesellschaft GmbH
Bonn-Bad Godesberg

**Sozialpolitik nach 1945 (neunzehnhundertfünfundvierzig)**: Geschichte und Analysen; Prof. Dr. Ernst Schellenberg zum 70. Geburtstag / Reinhart Bartholomäi ... — 1. Aufl. — Bonn-Bad Godesberg: Verlag Neue Gesellschaft, 1977.

ISBN 3-87831-244-X
NE: Bartholomäi, Reinhart (Hrsg.); Schellenberg, Ernst: Festschrift

ISBN 3-87831-244-X



Herstellung: Druckerei Peter Millard & Co KG, Köln
Printed in Germany 1977

Prof. Dr. Ernst Schellenberg
zum 70. Geburtstag

# Vorwort der Herausgeber

Die Väter des Grundgesetzes haben, als sie in Artikel 20 des Grundgesetzes den sozialen Rechtsstaat postulierten, sicherlich nicht vorausgesehen, mit welcher Dynamik und sozialen Phantasie der Sozialstaat im Laufe der nahezu 30jährigen Geschichte der Bundesrepublik Deutschland ausgebaut wurde:

— Die soziale Sicherung ist aus ihren engen historischen Begrenzungen herausgewachsen. Sie hat ihren karitativen Charakter verloren und das umfassende Bild einer Volksversicherung gewonnen.
— Die Sicherung des einmal im Arbeitsleben erreichten Lebensstandards ist für die Arbeitnehmer und ihre Angehörigen heute keine Utopie mehr.
— Der Grundsatz der Dynamisierung der Sozialleistungen hat sich weitgehend durchgesetzt. Das ist Ausdruck einer in unserer Geschichte neuen Solidarität: Die nicht mehr Erwerbstätigen, Älteren, Kranken oder Bedürftigen werden an dem von den Arbeitnehmern und ihren Gewerkschaften erreichten sozialen Fortschritt beteiligt.
— Die Forderung nach mehr Demokratie im Arbeitsleben ist keine Leerformel geblieben. Die Möglichkeiten der Arbeitnehmer und ihrer Repräsentanten, auf die Inhalte und Bedingungen ihrer Arbeit selbst Einfluß zu nehmen, wurden erheblich ausgebaut.
— In den letzten Jahren haben Fragen der Humanisierung des Arbeitslebens an Gewicht gewonnen. Mit ihren vielfältigen Initiativen knüpfte die Sozialpolitik damit an ihre historischen Ursprünge an, nämlich die Arbeitsbedingungen menschengerechter zu gestalten.

Betrachtet man diese Entwicklung im ganzen, so wird deutlich, daß die Nachkriegsgeschichte der Sozialpolitik — trotz kritischer Einwände, die sicherlich im einzelnen vorgebracht werden können — eine Phase der sozialen Politik dokumentiert, die zu den kreativsten in der deutschen Sozialgeschichte gehört.

Die Geschichte der Sozialpolitik der Bundesrepublik Deutschland ist bisher nicht geschrieben. Das Wort von der viel zitierten Lücke, die es auszufüllen gilt, hat hier seine besondere Berechtigung. Mit dem vorliegenden Werk wollen die Herausgeber einen Beitrag zur Aufbereitung der Nachkriegsgeschichte der Sozialpolitik leisten. Sie haben dabei den Weg beschritten, jene zu Wort kommen zu lassen, die an der Gestaltung dieser sozialpolitischen Entwicklung aktiv mitgewirkt haben. Wer das Autorenverzeichnis durchsieht, wird jedoch wichtige Namen vermissen, so z. B. Walter Auerbach, Ludwig Preller, Wilfrid Schreiber, Friedrich Sitzler und Anton Storch. Albert Müller hat in seinem Aufsatz „Sozialpolitiker, die in die Geschichte eingegangen sind" (in: Die Angestelltenversicherung Nr. 1/1976) die geschichtlichen Leistungen dieser Persönlichkeiten gewürdigt.

Dieses Buch ist einem der bedeutendsten Gestalter der bundesdeutschen Sozialpolitik gewidmet: Prof. Dr. Ernst Schellenberg. Er vollendet am 20. Februar 1977 sein 70. Lebensjahr. Mit dem Ablauf der 7. Legislaturperiode hat er nahezu 25 Jahre dem Deutschen Bundestag angehört; 19 Jahre führte er den Vorsitz im Bundestagsausschuß für Sozialpolitik. Als Wissenschaftler, Verwaltungspraktiker und nicht zuletzt als großer Parlamentarier hat er die Sozialpolitik in dieser Zeit geprägt und damit einen wesentlichen Beitrag zur Nachkriegsgeschichte der Sozialpolitik geleistet.

Verlag und Herausgeber danken allen Autoren für ihre Mitwirkung.

Reinhart Bartholomäi, Wolfgang Bodenbender, Hardo Henkel, Renate Hüttel

# Inhalt

# Kapitel I
# Ernst Schellenberg und die sozialpolitische Nachkriegsgeschichte

# Herbert Wehner

## Ein Meister während einer ganzen Epoche

Ernst Schellenberg hat dem Deutschen Bundestag in sieben Legislaturperioden angehört. Seine sozialpolitische Fachkennerschaft brachte er in den Bundestag ein. Er hatte sie in harter Zeit bei harter Arbeit erworben. Viele Jahrgänge von Abgeordneten haben in den fast zweiundeinhalb Jahrzehnten seines Wirkens im Bundestag von ihm gelernt. Viele haben ihm vieles zu danken. Das gilt auch für seine politischen Gegner.
In seiner Beharrlichkeit und in seiner Zielstrebigkeit war er ein Meister. Er improvisierte nicht. Er war nicht auf Überraschungseffekte aus. Er wußte Bescheid. Seine Überlegenheit gründete in enormen Kenntnissen. Sein politisches Denken und Planen galt den tatsächlichen Menschen und ihren wirklichen Lebensverhältnissen. Deshalb hantierte er nicht mit Schablonen. Und darum knüpfte er stets an konkreten Entwicklungen an.
Dem Vertiefen des Geschichtsbewußtseins und der Entwicklung des Sinnes für Proportionen in unserem Volk würde eine sowohl gemeinverständliche als auch sachlich profunde Darstellung des sozialen und sozialpolitischen Auf- und Ausbaus in Deutschland nach der zweiten Weltkriegskatastrophe ungemein dienlich sein. Unter den Namen der Persönlichkeiten, die auf diesem Felde verdienstvoll gewirkt haben, wird Ernst Schellenberg ganz vornan stehen.

Dieser Meister sozialpolitischer Systematik hat sich durch große Worte und Ansprüche weder blenden noch bluffen lassen. Am 21. Januar 1957 begann er seine Rede zur 3. Beratung des Entwurfs eines Gesetzes zur Neuregelung des Rechts der Rentenversicherung der Arbeiter und des Entwurfs eines Gesetzes zur Neuregelung des Rechts der Rentenversicherung der Angestellten mit den folgenden Feststellungen:
»Ein Sprecher der Bundesregierung bezeichnete die Gesetzesvorlage, in deren dritte Beratung wir nun eintreten, als epochemachend. Wenn wir uns auch dessen bewußt sind, daß wir ein sehr bedeutsames Gesetzeswerk verabschieden, sollten wir uns doch davor hüten, zu sehr mit Superlativen zu arbeiten, (Zwischenrufe) weil sonst Enttäuschungen bei denjenigen, für die dieses Gesetz bestimmt ist, nicht ausbleiben können.

Wenn Sie sich die Gesetzesvorlage vornehmen und nur einen ersten Blick hineinwerfen, so sehen Sie schon aus der Gesetzessystematik, daß wir eine Änderung einer Reihe von — allerdings wichtigen — Abschnitten des Vierten Buches der Reichsversicherungsordnung von 1911 vornehmen, und zwar der §§ 1226 bis 1437, und daß wir im Angestelltenversicherungsgesetz einige — allerdings auch sehr wichtige — Abschnitte neu regeln. Diese Gesetzessystematik zeugt doch nicht von einer epochemachenden Neugestaltung! Vielleicht der Inhalt; darauf will ich zu sprechen kommen ...«
Schellenberg kam es stets darauf an, ob und daß gesagt werden kann:

»Durch diese Maßnahmen ... wird eine größere soziale Gerechtigkeit erreicht.« So sagte er es zum Beispiel am Schluß einer Rede zur Beratung einer Großen Anfrage der Fraktion der SPD betreffend Sozialreform. Und er betonte damals: »Darauf kommt es aber bei jeder Sozialreform, ob sie sich nun große oder kleine Sozialreform nennt, entscheidend an.«

Er wußte, worauf es unter den jeweils gegebenen parlamentarischen Kräfteverhältnissen ankam. »Die« absolute soziale Gerechtigkeit war und ist nicht zu erreichen. Aber »eine größere soziale Gerechtigkeit« zu erreichen, dafür mußte man sich unter allen Umständen einsetzen. Dies hat er mit dem ganzen Gewicht seiner Kenntnisse und seiner Überzeugungskraft jeweils angestrebt und vielfach auch tatsächlich durchgesetzt.

So konnte er ohne Übertreibung und ohne triumphierende Arabesken am 21. Januar 1957 betonen:

»Die Sozialdemokraten haben — das wird in diesem Hause wohl von niemandem bestritten werden — seit jeher, ungeachtet der soziologischen Besonderheiten der Angestellten, immer die Forderung nach gleichem sozialen Recht für Arbeiter und Angestellte erhoben.

Wir Sozialdemokraten sind glücklich, daß nun wenigstens in dieser Hinsicht etwas — wenn man es pathetisch sagen will — Epochemachendes in einem Gesetz verwirklicht wird. Es hat im Sozialpolitischen Ausschuß und ganz wenig hier im Plenum noch kleine Nachhutgefechte darüber gegeben, ob dieses gleiche Leistungsrecht für Arbeiter und Angestellte gelten sollte. Die Regierung hatte — wir bedauern es — in ihrer Gesetzesvorlage auch noch einen gewissen Unterschied der Leistungen in der Rentenversicherung der Arbeiter und der der Angestellten aufrechterhalten, vielleicht nur, wie man so sagt, aus optischen Gründen. Wir Sozialdemokraten sind aber froh, daß sich der Ausschuß und das Haus unserer Auffassung angeschlossen haben, daß gleiches soziales Recht für Arbeiter und Angestellte gelten muß ...

Es ist von grundsätzlicher Bedeutung, daß alle Mitglieder des Hauses — das darf ich ausdrücklich betonen — auch die Sozialdemokraten, an einer finanziellen Selbständigkeit der Rentenversicherung der Angestellten festhalten wollen — wir haben das auch in unserem Gesetzentwurf zum Ausdruck gebracht —, daß aber die überwältigende Mehrheit des Hauses jetzt den Grundsatz eines gleichen Beitrags- und Leistungsrechts für Arbeiter und Angestellte erreichen will. Wenn der Herr Präsident beim Aufrufen der einzelnen Paragraphen immer ‚links — rechts, links — rechts' aufruft, erlebt jeder, auch wer nicht an den Ausschußberatungen teilnehmen konnte, daß wir im Prinzip — das ist sozialpolitisch wirklich entscheidend — ein gleiches Recht für Arbeiter und Angestellte verwirklichen.«

Wie präzis Ernst Schellenberg zwischen gleichem sozialen Recht und Gleichmacherei zu differenzieren vermag, möge in diesem Zusammenhang an Ausführungen erläutert werden, die er in der gleichen Rede gemacht hat: »Bei dieser Neugestaltung des Rechts sind Sie, meine Damen und Herren, im Begriff — und das bedauern wir Sozialdemokraten außerordentlich —, in einem Punkte eine Beeinträchtigung des Rechts der Angestellten vorzunehmen, gegen die wir Sozialdemokraten uns immer gewehrt haben. Wir haben in der Entscheidung über diese Frage im Hause vier namentliche Abstimmungen durchführen müssen. Es handelt sich um die Frage: Soll der bisher günstigere Begriff der Berufsunfähigkeit, wie er seit jeher in der Angestelltenversicherung gilt, nun in der neuen Rentenversicherung fortgeführt werden, oder soll der bisherige Begriff der Berufsunfähigkeit zum Nachteil der Angestellten — ich will mich vorsichtig ausdrücken — neu formuliert werden?

Alle Sprecher der Angestellten sind mit uns ... darin der gleichen Auffassung, daß Sie sich anschicken, durch diesen neuen Begriff der Berufsunfähigkeit für die Angestellten eine Verschlechterung einzuführen. Das ist gerade in dem Augenblick, in dem wir gleiches Leistungs- und Beitragsrecht schaffen wollen, wirklich keine gute Sache, und zwar nicht nur für dieses Gesetz, sondern auch hinsichtlich der weiteren sozialpolitischen und politischen Auswirkungen für das Verhältnis von Arbeitern und Angestellten. Sie erwecken hier leider bei den Angestellten die Befürchtung, daß ein neues, gleiches Recht mit Benachteiligungen für sie verbunden sein könne. Gegen eine solche Benachteiligung wehren wir uns, und deshalb werden wir dazu auch in der dritten Lesung noch unseren Antrag stellen.«

Die Auseinandersetzungen um die Rentenreform haben in den verschiedenen Etappen manches zutage gefördert, das Ernst Schellenberg mit Nachdruck und Leidenschaft verfocht und nicht untergehen ließ. In einer Rede im Rahmen der ersten Beratung des Entwurfs eines Gesetzes zur Neuregelung des Rechts der Rentenversicherung der Arbeiter und der Angestellten sagte er am 27. Juni 1956:

»Die SPD hält, wie Sie wissen, die Herabsetzung der Altersgrenze nicht nur für Männer in gefährdeten Berufen für erforderlich, sondern auch für Frauen. Die SPD hat deshalb mit Befriedigung davon Kenntnis genommen, daß der Bundesrat unter Hinweis auf die Empfehlungen der ersten europäischen Regionalkonferenz des Internationalen Arbeitsamts vorschlug, wenigstens für die Frauen, die in den letzten zehn Jahren erwerbstätig waren, die Altersgrenze von 60 Jahren einzuführen. Die Bundesregierung hat bedauerlicherweise diese Empfehlung des Bundesrates abgelehnt mit einer sehr interessanten Begründung, nämlich, daß ein erheblicher Teil der versicherten Frauen angeblich eine solche Regelung wegen der damit verbundenen Gefahr — so heißt es wörtlich — vorzeitiger Verdrängung vom Arbeitsplatz nicht wünscht.

Meine Damen und Herren, wie ist die Situation? Als einziges Land der Bundesrepublik besteht eine diesbezügliche Regelung in Berlin, die wir dem Wirken unserer verehrten Frau Kollegin Louise Schroeder verdanken. Sie wird bestätigen — ich sehe Frau Kollegin Dr. Lüders im Augenblick nicht im Saal, auch sie würde es in gleicher Weise bestätigen —: Keine der über 50 000 Frauen, die die Vergünstigung in Berlin erhalten, hat sich jemals darüber beschwert, sondern sie sind in Sorge, daß möglicherweise jetzt durch eine bundesgesetzliche Regelung die Altersgrenze für nicht mehr erwerbstätige Frauen in Berlin von 60 auf 65 Jahre heraufgesetzt wird.

Das ist die Situation. Ich bedaure deshalb eine solche Erklärung, in der die Bundesregierung ein solch ernstes Anliegen mit einigen Sätzen abtut.

Ich nehme der Regierung diese Begründung nicht ab. Nicht das scheint entscheidend zu sein, was in der Stellungnahme der Bundestagsdrucksache steht, sondern das, was der Bundesarbeitsminister im Bundesrat dazu ausgeführt hat, indem er nämlich laut Protokoll diesem Vorschlag, die Altersgrenze für Frauen herabzusetzen, im Hinblick auf die finanziellen Auswirkungen widersprochen hat ...

Es ist eine schlechte Sache, wenn der Herr Minister in der Bundesratssitzung eine derartige Erklärung im Hinblick auf die finanziellen Auswirkungen abgibt und dann die Regierung in ihrer offiziellen Mitteilung sagt, die Frauen selbst wünschten eine solche Regelung nicht.

Mit dem weiteren Hinweis der Regierung, daß, so weit bei Frauen — so heißt es in der Stellungnahme der Bundesregierung zu den Änderungsvorschlägen des Bundesrates — in stärkerem Umfang als bei Männern vor Erreichung der Altersgrenze Invalidität eintrete, die Gewährung der Invalidenrente den Ausgleich bringe, wird doch nichts anderes gesagt, als daß die Frauen zwischen 60 und 65 Jahren die Rente erst erhalten sollen, wenn sie gesundheitlich verbraucht sind. Das ist doch mit verhüllten Worten der Tatbestand, auf den die Bundesregierung Bezug nimmt. Wir glauben, das ist eine unsoziale und eine sehr bedenkliche Begründung.«

In Erinnerung gebracht und festgehalten sei Schellenbergs eindringliche Warnung an die Adresse der damaligen Bundesregierung in derselben Rede: »Im Zusammenhang mit dieser Frage der Altersgrenze muß die SPD auch schwere Bedenken dagegen erheben, daß die Bundesregierung den Vorschlag des Bundesrates, auch Arbeitern, die das 60. Lebensjahr vollendet haben und ein Jahr arbeitslos sind, eine bedingte Altersrente zu gewähren, mit der Begründung abgelehnt hat, für Arbeiter sei ein Bedürfnis für eine solche Regelung nicht gegeben.

Meine Damen und Herren, das ist doch wirklich fadenscheinig. Denn wenn tatsächlich kein Bedürfnis bestehen sollte, würde von der gesetzlichen Möglichkeit eine solche Altersrente in Anspruch zu nehmen, kein Gebrauch gemacht werden.

Wir bitten doch, ernsthafte sozialpolitische Anliegen etwas gründlicher und etwas sorgsamer zu würdigen und sich mit ihnen ernsthafter auseinanderzusetzen als mit solchen allgemeinen hingeworfenen Bemerkungen. Das entspricht nicht der Schwere des Problems. Wenn die Bundesregierung prinzipielle Ausführungen zur Altersgrenze gemacht oder gesagt hätte, was sie bezüglich der älteren Arbeitslosen an Konstruktivem tun wollte, dann wäre das für uns auch noch nicht befriedigend. Aber man kann nicht einfach sagen: Die Frauen wollen nicht die niedrige Altersgrenze, oder wie der Herr Bundesarbeitsminister — er trägt die politische Verantwortung, deshalb muß ich den Herrn Bundesarbeitsminister immer ansprechen — im Ausschuß des Bundesrates erklärt hat: den Arbeitern ist mit einer solchen Altersrente von 60 Jahren bei Arbeitslosigkeit nicht gedient, weil — so sagte er wörtlich — diese Rente dann niedriger ist als die Arbeitslosenunterstützung.

Das ist eine sehr interessante Begründung in einem Augenblick, in dem die Bundesregierung erklärt, die Invalidenrenten seien höchst wirksam. Sie sollen also nach der eigenen Erklärung des Bundesarbeitsministers niedriger sein als die Arbeitslosenfürsorgeunterstützung; denn nur bei längerer Arbeitslosigkeit kommt eine solche Leistung in Frage. Ich muß ernsthaft bitten, alle diese Anliegen mit einem größeren sozialen Verantwortungsbewußtsein zu beurteilen und nicht kurze Abweisungen zu erteilen.«

Angesichts der Verdrehung und Verfälschung der wirklichen Tatbestände im sozialen und sozialpolitischen Bereich während des Bundestagswahlkampfes 1976 durch die Klopffechter der Unionspropaganda verdienen die sachlichen und grundlegenden Ausführungen Ernst Schellenbergs aus den Jahren des Ringens um die Rentenversicherungsreform in Erinnerung gebracht und gehalten zu werden. Auch deshalb, weil sich inzwischen leider allgemein die undemokratische Unsitte breitgemacht hat, einfach Parolen gegen Parolen zu stellen und die deutsche Nachkriegsgeschichte gewissermaßen einzuteilen in »gute« (weil von CDU/CSU geprägte) Jahre und »schlechte« (weil von SPD und FDP geprägte) Jahre, beziehungsweise umgekehrt.

Im Bundestagswahlkampf 1976 konnte die zum Führungskreis der CDU gehörende Frau Abgeordnete Helga Wex in einer Zeitungsannonce (»Westdeusche Allgemeine Zeitung« am 12. August 1976) behaupten:

»Eine CDU-geführte Bundesregierung hat 1957 gegen die Stimmen der SPD mit der dynamischen Rente eine in aller Welt anerkannte Altersversicherung geschaffen.

Was ist unter der SPD/FDP-Regierung aus der früheren Rentenversicherung geworden?«

In einer von der CSU am 10. September 1976 verbreiteten Zeitungs-Annonce unter der Überschrift: »Das Netz der sozialen Sicherung und die sozialistische Mißwirtschaft« findet sich die Behauptung:

»Das Netz der sozialen Sicherung, das die Union mit der sozialen Marktwirtschaft in zwanzig Jahren geknüpft hat, eine weltweit anerkannte einmalige Leistung, ist durch sozialistische Mißwirtschaft brüchig geworden.«

Das sind nur einige Blüten aus dem Sumpf. Sie sind weder zu entschuldigen noch abzutun mit der Bemerkung: »Das ist eben Wahlkampf.« Sie wären auch nicht zu entkräften mit der Umkehrung. Auf dem Spiele steht mehr: Die geschichtliche Wahrheit und das Bewußtsein der Realität und der Notwendigkeit des Fortbestehens des Ringens um parlamentarische Lösungen der sozialen und sozialpolitischen Lebensfragen unseres Volkes im freiheitlich-demokratisch verfaßten Teil des getrennten Deutschland.

Ernst Schellenbergs Leistung als Parlamentarier hat in der Personifizierung des Ringens der Kräfte in der parlamentarischen Demokratie bestanden. Er bleibt darin Vorbild. Anstelle der zahllosen dicken Wälzer amtlicher Drucksachen und bürokratischer »Übersichten« bedürften die politisch unterernährten Mitbürger und vor allem die nachwachsenden Jahrgänge in unserem Volke der unbestechlichen und verständlichen Darlegung zum Beispiel der sozialpolitischen Nachkriegsentwicklungen.

»Sie haben geredet, und wir haben an der Sozialreform aktiver gearbeitet als Sie«, hat Ernst Schellenberg am 27. Juni 1956 den damaligen Regierungsparteien entgegengehalten. Auf Zurufe aus den Reihen der Union erwiderte er:

»Ich weiß . . ., daß an dem Abend, an dem der sozialdemokratische Gesetzentwurf vorlag, im Bundesarbeitsministerium Nachtarbeit geleistet wurde, um auf Grund der Vorschriften des sozialdemokratischen Gesetzentwurfs die entsprechenden Formulierungen für den Grundentwurf zu prägen. Und das, nachdem Sie jahrelang versucht haben, mit der »großartigen« sozialpolitischen Konzeption Vorschußlorbeeren zu gewinnen.«

Ernst Schellenberg nötigte der damaligen Bundesregierung die Einbringung ihres Gesetzentwurfes zur Neuregelung des Rechts der Rentenversicherung der Arbeiter und der Angestellten auf. Mit Recht konnte er am 27. Juni 1956 sagen:

»Ich nehme davon Abstand, hier die Unterschiede zwischen dem Grundentwurf vom April — angeblich nach eingehender Vorarbeit erarbeitet — und dem Regierungsentwurf vom Mai im einzelnen darzulegen. Ich stelle lediglich fest, daß das Bundesarbeitsministerium jedenfalls teilweise unserer Bitte entsprochen hat, nämlich bei nochmaliger Bearbeitung der Materie den Gesetzentwurf der SPD zu Rate zu ziehen, und einige, wenn auch viel zu wenige Gedanken noch nachträglich in den Grundentwurf hineingearbeitet hat, viel zu wenige!«

Am 4. Mai desselben Jahres hatte er deutlich gemacht, wie die erste Hälfte der fünfziger Jahre von der damaligen Regierung vergeudet worden war:

»Als vor über vier Jahren am 21. Februar 1952 mit dem Antrag der SPD auf Einsetzung einer Sozialen Studienkommission in diesem Hause die Debatte über die Sozialreform begann, erklärte bekanntlich der Herr Bundesarbeitsminister: Wir haben unsere Arbeit im Ministerium so eingestellt, daß wir in der zweiten Hälfte dieses Jahres, 1952, die Gesetzesvorlage über die Neuordnung der Sozialversicherung vorlegen wollen. (Hört! Hört! bei der SPD)

Wenn heute trotz dieser und späterer Ankündigungen immer noch keine Gesetzesvorlage der Regierung über die Neuordnung der Sozialversicherung vorliegt, sondern als erster Gesetzentwurf zur Sozialreform der vorliegende Entwurf der Sozialdemokraten zur Beratung steht, dann sollte doch dieser Tatbestand allein für sich sprechen. An den Fakten gibt es wenig zu deuteln. Die Regierung und ihre Parteien haben viel zuviel über die Sozialreform gesprochen und viel zuviel in dieser Hinsicht versprochen, aber darüber das Wichtigste verabsäumt, nämlich eine zielstrebige und systematische Arbeit an der Gesetzgebung.«

»Das zentrale Problem bei der Neuordnung der Rentenversicherung ist offensichtlich das der Anpassung der Renten an die wirtschaftliche Entwicklung«, hat Schellenberg erklärt. Gerade in dieser Frage aber war die damalige Bundesregierung unsicher und schwankend. Entsprechend war sie es und blieb sie es gegenüber dem Problem einer Aufstockung der Rentenleistungen jener Arbeitenden, die in früheren Jahren als Landarbeiter, Heimarbeiter oder Hausgehilfen äußerst niedrige Entlohnungen gehabt hatten.

Umstritten war die Anpassung der Renten an die Lohn- und Gehaltsentwicklung. Sie war das Kernstück der von den Sozialdemokraten geforderten und konzipierten gesetzlichen Neuregelung. Schellenberg betonte mit Recht, daß diese automatische Anpassung nicht nur für die Vergangenheit, sondern auch für die Zukunft vorzuschreiben sei, »damit wir endlich von weiteren Zulagen- und Sondergesetzen befreit werden und der Rentner auch in Zukunft automatisch an der Lohn- und Gehaltsentwicklung teilnimmt.«

»Dieser Grundsatz, der« — so unterstrich Schellenberg — »politisch stark umstritten ist, soll den Arbeitern und den Angestellten die gleichen sozialen Rechte gewährleisten, die heute durch § 86 des Bundesbeamtengesetzes den Beamten schon zustehen. Denn auch sie nehmen automatisch an der Gehalts-

entwicklung der aktiv im Arbeitsleben stehenden Beamten teil. Wir Sozialdemokraten sind der Ansicht, daß dieser Grundsatz, der sich für einen Teil der arbeitenden Menschen sehr bewährt hat, nun für alle Arbeiter und Angestellten als erster Schritt der Sozialreform verwirklicht werden muß.«
Ernst Schellenbergs abschließende Sätze vor der Annahme des Gesetzes zur Rentenreform 1957 waren klar und wegweisend:

»Bei der Bedeutung der Materie hätten noch ganz andere Dinge viel gründlicher beraten werden müssen!
Das ist die Auffassung nicht nur der Sozialdemokraten, sondern auch nahezu der gesamten Öffentlichkeit.

Das liegt an den Fehlern der Regierung. Man kann nicht — das habe ich immer wieder gesagt — die früheren Fehler von Jahren in einigen Tagen und Wochen wieder gutzumachen versuchen.

Wir stehen deshalb zwar am Ende der Beratungen eines Gesetzes zur Neuordnung der Rentenversicherung, aber erst am Anfang einer wirklichen Sozialreform.«

Ernst Schellenberg blieb der Motor der wirklichen Sozialreform.
Am Beginn der sechziger Jahre nahm er die Änderung der Amtsbezeichnung des Bundesarbeitsministers in »Bundesminister für Arbeit und Sozialordnung« zum Anlaß, im Rahmen der Haushaltsberatungen zu erklären:

»Dem Bundesarbeitsminister waren große Aufgaben gestellt. Das Ministerium erhielt die Bezeichnung ‚für Arbeit und Sozialordnung'. Das bedeutet eine Verpflichtung zur Neuordnung des sozialen Lebens, zur — um es mit den Worten des Herrn Ministers auszudrücken — Anpassung der Sozialpolitik an die grundlegend veränderten ökonomischen und gesellschaftlichen Verhältnisse des Industriezeitalters ... Eine solche Zielsetzung wird grundsätzlich die Zustimmung aller finden, denen es um die soziale Neuordnung geht.

Aber in der Sozialpolitik kommt es nicht nur auf allgemeine politische Zielsetzungen, sondern vor allem auch auf die Auswirkungen an, die sich aus der Realisierung dieser Grundsätze für die Lebenshaltung der arbeitenden Menschen, ihrer Familien und derjenigen, die nicht mehr arbeiten können, ergeben. Nach unserer Auffassung ... steht der Stilwandel der Sozialpolitik nach den Absichten des Bundesarbeitsministers nicht im Einklang mit den Realitäten des sozialen Lebens und den Bedürfnissen der Menschen von heute.«

Schellenbergs Begründung wurde zu einer ebenso schneidenden Abrechnung mit den sachlichen Unterlassungen und Fehlleistungen wie zur Verdeutlichung der zwingenden Notwendigkeiten. Sie reichte von der Auseinandersetzung über die fehlenden konstruktiven Alternativen zur »wahrhaft explosiven Vermögensdifferenzierung« — einem von Mitarbeitern des Bundesarbeitsministers selbst geprägten Begriff — über die Hohlheit des ministerlichen Geredes von seiner »Sozialpolitik für mündige Menschen«, die Beeinträchtigung des Rechtsanspruchs auf Sozialleistungen durch Einkommensgrenzen, Einkommensprüfungen und Bedürftigkeitsprüfungen, die Aufbringung der Mittel für das Kindergeld, die Stillegung des Beirates zur Neuordnung der sozialen Leistungen, die fundamentalen Versäumnisse gegenüber den Repräsentanten der sozialen Gruppen bei der Vorbereitung der

Gesetze, bis zum nicht zu widerlegenden Vorwurf: Der Bundesminister hat nicht den notwendigen Kontakt zum Parlament gehalten.

Diese Durchleuchtung hat eine umfassende Darlegung von fundamentalen Versäumnissen und Fehlleistungen im sozialpolitischen Bereich unter CDU/CSU-Verantwortung erbracht. Dem heutigen Leser gibt sie Aufschluß über die vorgegebenen Notwendigkeiten sozialdemokratischer Reformpolitik.

Ernst Schellenbergs Rede zum Einzelplan 11 — Geschäftsbereich des Bundesministers für Arbeit und Sozialordnung — des Bundeshaushaltsplanes für das Rechnungsjahr 1961, vom 14. März 1961, ist der Schlüssel zum Verständnis der schwerwiegenden Einwände der Sozialdemokraten gegen die Versäumnisse und Fehlleistungen der Verantwortlichen der Unionsparteien in der Hochzeit ihrer parlamentarischen Macht. Die Rede erleuchtet aber auch die Rolle der konstruktiven parlamentarischen Opposition durch die SPD.

Die für die Sozialpolitik unmittelbar verantwortlichen Bundesminister der Regierungen Adenauer und Erhard — Anton Storch, Theodor Blank, Hans Katzer — hatten in Ernst Schellenberg ihren unbestechlichen aber stets sachlich konkret verhandlungsbereiten Widerpart im Parlament, der die Kontrollpflicht ebenso ernst nahm wie jede Möglichkeit zu — sei es auch nur partiellen — Verbesserungen, die durch Verhandeln erreichbar erschienen.

Als stellvertretender Vorsitzender der Fraktion der SPD — der Schellenberg zusätzlich zu seiner Verantwortung als Vorsitzender des Bundestagsausschusses für Sozialpolitik im Jahre 1966 geworden war — erklärte er im Dezember 1966 in der Debatte über die Regierungserklärung des Bundeskanzlers Kiesinger:

»Die neue Bundesregierung wird sich in ihren Bemühungen um wirtschaftliches Wachstum, finanzielle Ordnung und soziale Stabilität auf die Unterstützung und aktive Mitarbeit der Sozialdemokraten verlassen können. Mit einer solchen Politik schafft die Bundesregierung und schaffen wir alle die Voraussetzung für eine moderne Gesellschaftspolitik. Doch die Bundesregierung wird sich wohl stets bewußt bleiben, daß eine der sie tragenden politischen Kräfte seit hundert Jahren in ihrem Parteinamen das Wort »sozial« führt. Das ist für meine Fraktion eine besondere Verpflichtung, auch als Regierungspartei.«

Als getreuer Eckehart dieser sozialen Verpflichtung hat Ernst Schellenberg die schwierige Periode der Überwindung einer Wirtschaftsrezession und der Ordnung der Finanzen von Bund, Ländern und Gemeinden durch einschneidende Maßnahmen für die Sozialdemokraten erträglich machen und entscheidend dazu beitragen helfen, daß mit der Bundestagswahl 1969 unter der Verantwortung des sozialdemokratischen Bundeskanzlers Willy Brandt aufgearbeitet werden konnte, was im sozialpolitischen Bereich notwendig geworden war.

Niemand im Deutschen Bundestag hätte mit größerem Recht und aus mehr eigener profunder Kenntnis der Probleme als Ernst Schellenberg die Einbringung des Sozialberichts 1970 durch den ersten sozialdemokratischen Bundesminister für Arbeit und Sozialordnung Walter Arendt als »eine geschichtliche Tat« bewerten können. Er sagte dazu:

»20 Jahre hat die CDU den Bundeskanzler und den Bundesarbeitsminister gestellt. Aber niemals hat ein CDU-Bundeskanzler oder -Bundesarbeitsminister dem Parlament ein umfassendes Programm für eine moderne Sozialpolitik vorgelegt. Natürlich gab es auch in früheren Regierungserklärungen irgendwelche Aussagen zur Sozialpolitik. Herr Kollege Katzer, als Sie 1965 Arbeitsminister unter Herrn Erhard wurden, hat dieser in seiner Regierungserklärung die Sozialpolitik — ich zitiere — als Ansatz zu einer sich selbst nährenden inflatorischen Entwicklung disqualifiziert. Das war eine Konzeption des überholten Konservativismus. Sie, Herr Kollege Katzer, hatten als Vertreter des linken Flügels diese Politik als Feigenblatt von Amts wegen zu vertreten. Politisch wichtig ist, daß die CDU/CSU-Fraktion diese überholten gesellschaftspolitischen Vorstellungen bis zur Bundestagswahl 1969 beibehalten hat.«

Ernst Schellenbergs meisterhafte Leistung in der ungemein schwierigen 6. Legislaturperiode des Bundestages bedürfte einer eingehenden und speziellen Würdigung. Seine Rede zur ersten Beratung des Entwurfs eines Gesetzes zur weiteren Reform der gesetzlichen Rentenversicherung vom 16. Dezember 1971 zieht die Konsequenzen aus den Rentenreformdebatten der fünfziger Jahre. Er bezeichnete den Gesetzentwurf in seiner Rede als ein wohlausgewogenes Gesamtkonzept zur Reform der Rentenversicherung und sagte:

»Es geht darum, unsere Rentenversicherung so weiterzuentwickeln, daß sie immer mehr den Erfordernissen sozialer Gerechtigkeit entspricht. Wir begrüßen den Entwurf der Bundesregierung, weil er die soziale Sicherung verbessert für die Rentner, für die Versicherten und für alle diejenigen, denen bisher der Schutz der sozialen Sicherung vorenthalten wurde ... Wir begrüßen erstens die Einführung einer Mindestrente. Dadurch wird den Menschen, die trotz eines langen Arbeitslebens wegen zu niedriger Löhne heute eine zu niedrige Rente haben, gezielt geholfen.

Wir begrüßen zweitens den Übergang zur flexiblen Altersgrenze. Mit ihr wird dem Lebensschicksal älterer Arbeitnehmer am Ende ihres Erwerbslebens Rechnung getragen. Im Interesse der persönlichen Gestaltungsfreiheit des einzelnen sollte — da ergibt sich vielleicht eine Gemeinsamkeit im Hause — die starre Grenze nicht nur nach unten, sondern auch im gleichen Ausmaße nach oben überwunden werden. Wer aus persönlichen Gründen nach Erreichen der allgemeinen Altersgrenze von 65 Jahren seinen Rentenanspruch nicht geltend macht und bis zu zwei Jahren lang mit Beitragszahlung weiterarbeitet, sollte nach Ansicht der Koalitionsparteien eine entsprechend höhere Rente erhalten.

Wir begrüßen drittens die soziale Sicherung der Frau, die Öffnung der Rentenversicherung für alle Hausfrauen, die Zuerkennung eines Babyjahres an alle versicherten Frauen und die Verbesserung der Stellung für geschiedene Frauen, weil dies richtungsweisende Schritte zu größerer sozialer Gerechtigkeit sind.

Wir begrüßen viertens die Öffnung der Rentenversicherung, die auch den Selbständigen und den mithelfenden Familienangehörigen endlich den Aufbau einer sozialen Sicherung ermöglicht. Die Koalitionsparteien werden im Gesetzgebungsverfahren prüfen, in welcher Weise älteren Selbständigen gezielt die Nachversicherung erleichtert werden kann. Wir sind befriedigt darüber, daß die Bundesregierung zur Erarbeitung konkreter Vorschläge in dieser Frage einen interministeriellen Ausschuß eingesetzt hat.

Wir begrüßen fünftens, daß den vielen Millionen Versicherten und Rentnern ein Recht auf individuelle Beratung in ihren Rentenangelegenheiten gegeben werden soll. Selbstverständlich kann eine solche für die Versicherungsträger verwaltungstechnisch schwierige Aufgabe nur schrittweise verwirklicht werden. Die Koalitionsparteien werden im Laufe des Gesetzgebungsverfahrens unter der Beteiligung von Sachverständigen der Rentenversicherungsträger prüfen, wie sich die wertvollen Ansätze des Regierungsentwurfs noch weiter verbessern lassen.

Wir begrüßen sechstens, daß die Bundesregierung den angeforderten Rentenbericht besonders sorgfältig erarbeitet hat. Jetzt ist die Zeit gekommen, um auf Grund dieses Berichtes im Rahmen der finanziellen Möglichkeiten zu entscheiden, welche Unzulänglichkeiten, die trotz des Reformentwurfs der Bundesregierung noch bleiben, beseitigt werden können.

Die Rentenreform der Bundesregierung der sozial-liberalen Koalition ist ein großes gesellschaftliches Konzept. Wenn die CDU/CSU, deren Vorsitzender Barzel kürzlich vom »Ruin der Rentenreform« sprach, derartige Ausdrücke gebraucht, beweist sie damit nur, wie wenig sie von der historischen Bedeutung dieser Reform für die soziale Sicherung in unserem Lande begriffen hat.«

Das Jahr 1972 brachte die Unterwanderung dieser Reform durch subversive Maßnahmen der Unionsparteien. Sie erreichten infolge zeitweiliger Stimmengleichheit im Bundestag die Auslöschung des »Babyjahrs« und erpreßten die Streichung eines zugunsten vor allem der Frauen im Laufe der Ausschußberatungen in den Entwurf eingearbeiteten Grundbetrags. Sie verzerrten die Regelungen, die mit der flexiblen Altersgrenze verbunden worden waren und nützten die zeitweilige Mehrheit mit Hilfe einer Stimme zu einer Verschiebung des Termins der Anpassung. Nur eine dieser infolge besonderer Umstände erreichten Verwerfungen konnte zu Beginn der 7. Legislaturperiode rückgängig gemacht werden.

In der 7. Legislaturperiode hatte der Bundestagsausschuß für Arbeit und Sozialordnung — der 1969 aus den früheren Ausschüssen für Arbeit, dem Sozialpolitischen Ausschuß und dem Ausschuß für Kriegsopfer- und Heimkehrerfragen entstanden war — unter anderem die schwierigen Beratungen und Anhörverfahren in Sachen Mitbestimmungsgesetz zu bewältigen. Die Komplikationen hatten ihre Wurzeln in langwierigen Erörterungen zwischen den Koalitionspartnern und stellten an den Vorsitzenden des federführenden Ausschusses besonders harte Anforderungen. Ernst Schellenberg war auch in dieser Zeit — trotz schwerer körperlicher Belastungen durch Krankheit — der Wellenbrecher.

Die Bilanz der gesetzgeberischen Leistungen, die Schellenberg durch seine Sachkenntnis, seine Initiative und Fähigkeit zur Zusammenarbeit möglich gemacht hat, ist noch nicht geschrieben und übersichtlich gemacht worden. Dieser Beitrag aus gegebenem Anlaß ist nur ein bescheidener Versuch einer Anregung dazu. Ernst Schellenberg — der Meister während einer ganzen Epoche — möge den guten Willen milde lächelnd anerkennen.

# Helmut Rohde

## Ein Leben für den Sozialstaat

Anfang der 50er Jahre erlebte ich Prof. Dr. Ernst Schellenberg zum ersten Mal. Er sprach auf einer sozialpolitischen Fachtagung der damaligen Hochschule für Arbeit, Politik und Wirtschaft in Wilhelmshaven. Seine Vorredner hatten sich überwiegend damit begnügt, den traditionellen Formen der sozialen Sicherung einen dünnen Aufguß zu verpassen — angereichert durch einige Beigaben der Nachkriegspolitik.
In diese Tagung brach Schellenberg wie ein Gewitter ein. In seiner von Temperament geladenen und von fordernder Gebärde unterstrichenen Rede zeichneten sich die Grundgedanken späterer Sozialpolitik ab: die Orientierung der Sozialleistungen am Lebensstandard der arbeitenden Generation und die Ausweitung sozialer Sicherheit über den Kreis der traditionell Versicherten hinaus. Dynamische Rente und umfassende soziale Sicherung wurden später die Begriffe, in denen sich diese Grundzüge einer neuen Sozialpolitik ausdrückten. Die Studenten der Wilhelmshavener Hochschule empfanden damals, daß Schellenberg die Kraft und die Fähigkeit haben würde, eine solche Politik in unserem Lande treibend und gestaltend durchzusetzen. Sie waren wohl die einzigen, die ihm in dieser Tagung voll zustimmten.
Wenige Jahre später traf ich Schellenberg bei der Ausarbeitung des »Sozialplans für Deutschland« wieder. Es war dies ein Konzept sozialdemokratischer Sozialpolitiker, unter ihnen vor allem neben Schellenberg die unvergessenen Walter Auerbach und Ludwig Preller. Dies war keine parteioffizielle Broschüre, über Monate in Gremien abgestimmt und in Antragskommissionen von Parteitagen nach allen möglichen Gesichtspunkten zurechtgefeilt. Die Führung der Sozialdemokratie hatte damals einem Kreis ebenso kenntnisreicher wie erfahrener Sozialpolitiker der SPD eine Chance gegeben, ihre Perspektiven künftiger Politik zusammenzufassen und für die Partei und vor allem für eine interessierte Öffentlichkeit zur Diskussion zu stellen.
Mehr als viele andere offizielle Parteitagsresolutionen hat dieser »Sozialplan für Deutschland« die gesellschaftspolitische Entwicklung angeregt. Die neuen Aspekte der sozialen Sicherung, die Grundkriterien der Arbeitsmarktpolitik, die später im Arbeitsförderungsgesetz ihren Ausdruck fanden, die Aufgaben der Gesundheitssicherung und vor allen Dingen die Gedanken vorsorgender produktiver Sozialpolitik wurden in diesem Sozialplan kräftig gezeichnet und auf die soziale Praxis angewandt beschrieben. Schellenberg, Preller und Auerbach waren weder Theoretiker jenseits der tatsächlichen Lebensverhältnisse und Strukturen sozialer Sicherung, noch waren sie »Tag-für-Tag-Murxer«, die ohne Leitlinien in der Routine der Dinge leerlaufen. Für eine ganze Generation von Sozialpolitikern stellten sie eine ebenso beeindruckende wie prägende Verbindung von fachlicher Solidität, sozialer Phantasie und politischer Dynamik dar.

Schellenberg wurde in der sozialdemokratischen Bundestagsfraktion bald der führende Kopf in der Durchsetzung der Thesen und Ziele, die dem »Sozialplan für Deutschland« zugrunde lagen. 1957 übernahm er den Vorsitz des sozialpolitischen Arbeitskreises der Fraktion, nachdem Preller und andere älter gewordene Experten aus der Fraktion ausgeschieden waren. In der CDU/CSU-Bundesregierung hatte sich 1957 ebenfalls ein personeller Wechsel vollzogen. Der Nachkriegsarbeitsminister Anton Storch wurde von Theodor Blank abgelöst. Das war mehr als ein personeller Wechsel. Im Lager der CDU/CSU hatte man den Eindruck, sich mit der Rentenreform gleichsam übernommen zu haben. Jetzt wollte man »Denkpausen« in der deutschen Sozialpolitik einlegen, mit denen in Wahrheit eine lange sozialpolitische Pause gemeint war.

Schellenberg erkannte diese Strategie der Regierung auf den ersten Blick und baute demgegenüber für die deutsche Sozialdemokratie in den 60er Jahren eine offensive Gegenposition auf. Sie läßt sich in zwei Eckwerten zusammenfassen: Kampf gegen Versuche der damaligen Bundesregierung, sozialpolitische Erfolge der Arbeitnehmer wieder rückgängig zu machen, und zum anderen gleichzeitig Vorbereitungen für spätere sozialdemokratische Regierungspolitik zu treffen. Eine Analyse der Entwicklung der 60er Jahre wird nach meiner Meinung ausweisen, wie sehr die sozialpolitische Offensive unter Führung von Ernst Schellenberg zu jenem Meinungs- und Stimmungsumschwung beigetragen hat, der den Sozialdemokraten am Ende der 60er Jahre den Weg zur Regierung öffnete.

Durch die von Blank verordnete Politik der Pause war die damalige Bundesregierung in Kollision zu sozialpolitischen Grundbedürfnissen der Gesellschaft geraten. So verteidigte sie enge Pflichtversicherungsgrenzen für die Angestellten, die große Teile der Angestelltenschaft vom vollen Schutz der sozialen Sicherung ausschloß. Sie geriet ferner in Konflikt mit den Kriegsopfern, legte sich in der Lohnfortzahlung mit den Arbeitern an, zeigte sich engstirnig und ohne Phantasie in Fragen des Arbeitsschutzes und des Arbeitsrechts und gab im ganzen gesehen der Selbstzufriedenheit den Vorzug vor sozialstaatlicher Politik. In einer dynamischen Industriegesellschaft, in der sich die sozialökonomischen Strukturen so wie die Vorstellungen der Menschen vom sozialen Inhalt ihres Daseins verändern, kann aber die Sozialpolitik nicht in die Ferien geschickt werden.

Schellenberg war in den 60er Jahren von einer Rastlosigkeit und einer Arbeitsleistung ohnegleichen. Er war schonungslos gegen sich selbst und leidenschaftlich von seinem sozialpolitischen Auftrag überzeugt. Gleichzeitig führte er den Kampf gegen die damaligen Krankenversicherungspläne der Regierung, arbeitete er den Volksversicherungsplan für die Rentenversicherung aus, entwickelte er Arbeitsschutzprogramme, kümmerte er sich um neue Konzeptionen für Betriebsverfassung und Mitbestimmung, beschäftigte er sich mit Fragen der Gesundheitspolitik und den theoretischen Grundlagen einer neuen methodischen Finanzvorausschau der Rentenversicherung. Was er anfaßte, versah er mit fundierter Begründung. Lebensverhältnisse der Menschen, versicherungsmathematische Präzision, eigene Anschauungen und Studienreisen — das alles verband er zum sozialpolitischen Konzept.

Ich war mit ihm in jenen Jahren in Schweden, wo wir uns Anregungen für die flexible Altersgrenze, für die Öffnung der Rentenversicherung und für die Mindestrentenregelung holten. Das sind jene konkreten Punkte, die im Rentengesetz der sozialdemokratisch geführten Bundesregierung 1972 ihren Ausdruck fanden. In den USA studierte ich mit ihm hochentwickelte Formen betrieblicher Unfallverhütung; im eigenen Land führten wir Gespräche mit Fachwissenschaftlern, erfahrenen Gewerkschaftlern und anderen. Im neuen Betriebsärztegesetz, in den Aktivitäten der Unfallverhütung, in den Vorsorgeuntersuchungen gegen Krebs und vor allen Dingen in der Ausweitung der sozialen Sicherung — vom Unfallschutz der Schulkinder bis zum Ausbau der Alterssicherung für Landwirte — hat dieses ungeheure Arbeitspensum von Schellenberg seine Wirkungen hinterlassen.

Schellenberg war gleichzeitig ein Beispiel für ergebnisreiche Fraktionsarbeit: Nicht allein durch sein Wirken als Person, sondern auch dadurch, daß er vielen nachrückenden jungen Abgeordneten unmittelbare Chancen der Mitarbeit und politischen Gestaltung eröffnete. Holger Börner, Hans-Jürgen-Wischnewski gehörten zu denjenigen, die 1957 die sozialpolitische Offensive mit Ernst Schellenberg zusammen eröffneten. Viele andere stießen in den 60er Jahren hinzu, deren Namen heute in der Sozialpolitik Anerkennung und Geltung errungen haben.

Schellenberg dominierte durch sein Wissen und durch die Leidenschaftlichkeit seiner Politik. Aber er erdrückte die Menschen nicht, sondern riß sie mit und gab ihnen das sichere Gefühl, niemals etwas Unwichtiges tun zu müssen. Wir damals Jüngeren kamen gar nicht dazu, über das sogenannte »Selbstverständnis des Abgeordneten« Meditationen anzustellen. Wir waren vollauf engagiert und konnten auch erkennen, in welcher Weise aus diesem Engagement Politik erwuchs.

Es gehört gleichsam zum journalistischen Ritual, mit dem Ausscheiden von Ernst Schellenberg, Alex Möller und anderen aus dem parlamentarischen Leben die Bemerkung zu verbinden, der Deutsche Bundestag werde dadurch an Farbe verlieren. Sicher, Farben hatte Ernst Schellenberg mehr als viele andere auf der Palette des Persönlichen und der Politik. Aber es ist nicht allein die Farbigkeit der Person, die seinem Wirken über die Jahre hinaus Erinnerung bewahren wird. Er hat als ein Anwalt der sozial Bedrängten und als ein Pionier neuer Formen der sozialen Sicherung der bundesrepublikanischen Gesellschaft zukunftsträchtige Sozialkonturen verliehen und einer nachwachsenden Generation Chancen zu einer solidarischen Gesellschaft eröffnet.

Solidarität war für Ernst Schellenberg ein Grundwert. Sie verband sich mit dem Gedanken der Freiheit und Eigenwilligkeit des Menschen, die er in der Tagespolitik exemplarisch werden ließ.

Schellenberg hat viele Mitarbeiter in diesen Jahren nach 1957 an seiner Seite gehabt — Abgeordnete, Fraktionsassistenten, Wissenschaftler, Freunde in den großen gesellschaftlichen Gruppen und Sozialorganisationen. Jeder von ihnen empfindet es mit Dankbarkeit, mit Ernst Schellenberg eine Strecke eines zwar oft mühsamen, aber doch die sozialen Dinge verändernden Weges gegangen zu sein.

Seine sozialpolitischen Plädoyers am Rednerpult des Deutschen Bundestages, die umsichtige Art und Weise, wie er als Vorsitzender des Sozialpolitischen Ausschusses des Deutschen Bundestages die Sitzungen leitete und zum Ergebnis führte, wie er Politik in der Fraktion und dann bis spät in die Nacht hinein am Schreibtisch konzipierte — das alles war so beeindruckend,

daß man sich nicht der Kraft dieses großen Mannes des deutschen Parlamentarismus entziehen konnte.
Karriere in dem landläufigen, gemanagten Sinne war keine Schellenbergsche Kategorie. Ihn bewegte der Einfluß, die soziale Gestaltungskraft. Er ist ein Beispiel für Parlamentarismus, in dem sich Volksvertretung und Souveränität ausdrücken.

Holger Börner

# Ernst Schellenberg als parlamentarischer Ausbilder — Erfahrungen eines jungen Abgeordneten

Am 15. Oktober 1957 nahm ich — damals 26jährig der jüngste Abgeordnete — als Neuling erstmals an einer Sitzung des Deutschen Bundestages teil. Diese konstituierende Sitzung des 3. deutschen Bundesparlaments nach dem Kriege fand in Berlin statt, der Stadt, die Ernst Schellenberg 1952 als Abgeordneten nach Bonn entsandt hatte und als deren Anwalt er bis zu seinem Ausscheiden mit Abschluß der 7. Legislaturperiode des Deutschen Bundestages gewirkt hat. Außerhalb Berlins ist das Bild von Ernst Schellenberg als engagiertem Verfechter der Berliner Interessen und Probleme immer hinter der überragenden Rolle desjenigen zurückgetreten, der wie kein anderer die Sozialpolitik der Nachkriegszeit aus sozialdemokratischer Sicht mitgeformt und mitgestaltet hat. Aber der Sozialpolitiker Schellenberg wäre ohne seine Berliner Erfahrungen, ohne sein — auch ganz persönliches — Berliner »Milieu« nicht denkbar gewesen.

Doch zurück zum parlamentarischen Start: Zusammen mit Helmut Rohde entsandte mich die Fraktion in den Sozialpolitischen Ausschuß; das Trio der sozialdemokratischen Neulinge in diesem Ausschuß, dessen Vorsitzender Ernst Schellenberg war, wurde vervollständigt von Hans-Jürgen Wischnewski als stellvertretendem Mitglied.

Die Sozialpolitik war für mich — jedenfalls aus dem Blickwinkel des Gesetzgebers — Neuland. Aus der Sicht der Betroffenen hatte ich mir in den vorausgehenden zehn Jahren meiner Tätigkeit im Baugewerbe und zuletzt als Betriebsratsvorsitzender eines Bauunternehmens zwar einen gewissen Überblick verschaffen können, aber zu behaupten, daß ich das noch im Entstehen begriffene, komplexe Gefüge der Sozialgesetzgebung der Bundesrepublik durchschaut hätte, wäre Hochstapelei gewesen.

Nein, wir Neulinge waren allesamt als Lernende gekommen und stolz darauf, im Sozialpolitischen Ausschuß mitarbeiten zu können. Denn der Stellenwert gerade dieses Ausschusses war sehr hoch, weil damals noch quer durch die Fraktionen — ungeachtet aller Meinungsunterschiede — der Auf- und Ausbau des Sozialstaates als zentraler Verfassungsauftrag begriffen wurde, auch wenn in diesen Jahren in der CDU schon die Behauptung auftauchte, die Grenzen des Sozialstaates seien erreicht.

Zur Beschreibung der Ausgangssituation gehört auch die Darstellung der Mehrheitsverhältnisse im damaligen Bundestag: Wir Sozialdemokraten stellten zwar mit Ernst Schellenberg den Vorsitzenden des Sozialpolitischen Ausschusses, im Plenum hatten wir es aber mit einer absoluten Mehrheit der CDU/CSU (278 Abgeordnete) zu tun. Die SPD verfügte über 181 Mandate, die FDP über 43 und die Deutsche Partei über 17 (Berliner Abgeordnete jeweils eingerechnet). Sozialdemokratische Sozialpolitiker hatten nicht nur die Mehrheit im Bundestag gegen sich, sondern auch mit einem

Bundeskanzler zu tun, dem sozialpolitische Kleinarbeit zwar nicht unbedingt im Grundsatz, wohl aber im Detail eher suspekt war. Gerechterweise muß man wohl hinzufügen, daß dies nicht nur Sozialdemokraten, sondern auch Adenauers eigene Fachminister Anton Storch und Theodor Blank zum Teil sehr schmerzhaft erfahren mußten.

Als parlamentarischer Ausbilder war Ernst Schellenberg nicht nur damals für uns junge Abgeordnete eine Persönlichkeit, die uns als Parlamentarier ganz wesentlich mitgeprägt hat. Er hat es darüber hinaus verstanden, jedem von uns die Chance zu geben, sich in selbständiger Arbeit zu bewähren. Es sähe vielleicht heute besser aus um die Qualität unserer parlamentarischen Arbeit, wenn alle älteren Kollegen den Jüngeren ebenso bereitwillig und uneigennützig helfen würden.

Nun war es sicher nicht so, daß Ernst Schellenberg uns ein bequemes Leben bereitet hätte. Im Gegenteil: wir sind bei ihm durch eine harte Schule gegangen. Die hohen Anforderungen, denen er sich selbst unterwarf, stellte er auch an andere. Ob es um den Fleiß und die Gründlichkeit ging, mit denen er sich den Details der Sozialgesetzgebung widmete, ob es um das ungeheure Fachwissen ging, mit dem er nicht nur den politischen Gegner beeindruckte, sondern auch immer wieder die Fachleute aus den Ministerien verblüffte, oder ob es um die menschliche und politische Zuverlässigkeit ging, die nicht nur seine engeren Mitarbeiter erfahren haben, immer überzeugte er zuerst durch sein eigenes Beispiel, bevor er uns etwas abforderte. Kern seiner parlamentarischen Nachwuchspflege aber war die Devise: Dem Nachwuchs eine Chance! Herbert Wehner hat das einmal so beschrieben: »Zur Persönlichkeit des Abgeordneten Ernst Schellenberg gehört nicht zuletzt diese Eigenschaft, als Anreger und die eigene Person beiseite treten lassender Förderer der Fähigkeiten anderer zu wirken«. So hatte jeder von uns, die wir 1957 erstmals in das Parlament gewählt worden waren, schon in unserer ersten Legislaturperiode die Gelegenheit, für die sozialdemokratische Fraktion vor dem Plenum des Deutschen Bundestages zu reden. Wer die inneren Strukturen aller Fraktionen kennt, weiß, daß dies alles andere als eine Selbstverständlichkeit ist. Und — wenn diese Bemerkung am Rande erlaubt ist — heute leider weniger denn je. Ich jedenfalls habe diese Möglichkeit, die ich wesentlich Ernst Schellenberg zuschreibe, mit besonderer Dankbarkeit vermerkt.

Die Zeit meiner parlamentarischen »Lehrjahre« im Sozialpolitischen Ausschuß war geprägt von zum Teil sehr harten gesellschaftspolitischen Auseinandersetzungen. In den konservativen Parteien gewannen zunehmend die Kräfte die Oberhand, die einem statischen Sozialstaatsbegriff anhingen und meinten, die Aufbauphase der Sozialgesetzgebung sei abgeschlossen und jetzt müsse eine Pause auf diesem Gebiet gemacht werden. Wir Sozialdemokraten dagegen haben damals wie heute das Grundgesetzgebot zum Ausbau des Sozialstaates als dauernden, ständigen Auftrag begriffen. Die Gegensätze prallten in der 3. Legislaturperiode im Ausschuß wie im Plenum besonders hart aufeinander. Daß trotzdem die unterschiedlichen Temperamente und politischen Lager wenigstens im Sozialpolitischen Ausschuß zu sachlicher Zusammenarbeit gebracht werden konnten, war im wesentlichen Verdienst von Ernst Schellenberg. Ein anderer hätte die widerstrebenden Interessen und Meinungen nicht zu solchen Ergebnissen führen können. Dabei sei am Rande vermerkt, daß sachliche Differenzen nicht nur zwischen den politischen Lagern bestanden, sondern die Unionsabgeordneten unter sich noch uneins waren, was die Ausschußberatungen nicht gerade erleichterte, auch wenn wir Sozialdemokraten davon gelegentlich profitiert haben.

Mit großem Respekt (und auch einigem Vergnügen) erinnere ich mich an manche hitzige Debatte zwischen Schellenberg und seiner konservativen Gegenspielerin Margot Kalinke, die zunächst die Deutsche Partei und später die CDU/CSU im Sozialpolitischem Ausschuß vertrat. Über beide schrieb Walter Henkels in der »Frankfurter Allgemeinen Zeitung« vom 21. Januar 1957:

»Die beiden besten Sachkenner unter den Sozialpolitikern sind offensichtlich der Berliner Professor Schellenberg von den Sozialdemokraten und Frau Margot Kalinke von der Deutschen Partei. Sie sind beide blendende, gewitzte, schlagfertige Redner, rudern, während sie reden, mit Armen und Beinen auf dem Rednerpodium; aber sie schreien etwas zu laut.«

Und weiter:

»Wenn der auf der Regierungsbank sitzende Arbeitsminister Storch von dem Berliner Professor attackiert wird, dann zieht der Minister, obwohl er hinter sich ein Heer von soufflierenden Beamten hat, mehr als einmal sichtlich eingeschüchtert den Kopf ein. Die scharfe Zunge und das laute Organ Schellenbergs sind deshalb so erstaunlich, weil er privatim ein strenger Vegetarier von milder Gemütsart ist, der hauptsächlich von Joghurt und Bananen lebt.«

Nun hatte Ernst Schellenberg nicht nur durchaus unkonventionelle Eßgewohnheiten. Auch manche seiner Arbeitsmethoden hat mich manches Mal zum Schmunzeln gebracht. So entsinne ich mich eines verblüffenden Bildes, als ich ihn beim Diktat eines offenbar sehr wichtigen Papiers in seinem Bundeshausbüro überraschte. Der Boden seines Büros war übersät mit einer Fülle von Fahnenabzügen. Er selbst marschierte auf Strümpfen kreuz und quer über den Papier-Wust, mal hier, mal dort etwas lesend, und diktierte seiner Mitarbeiterin. Ein schönes Bild!

Eines der großen kontroversen sozialpolitischen Themen der Zeit von 1957 bis 1961 war die von dem damaligen Arbeitsminister Blank vertretene »Reform« der Krankenversicherung. Auf Einzelheiten will ich hier nicht weiter eingehen. Ein Kernstück war jedenfalls eine Selbstbeteiligung der Kranken an den Kosten ihrer Behandlung. Ernst Schellenberg hat diesen gesellschaftspolitischen Rückschritt leidenschaftlich bekämpft. Angesichts der eindeutigen Mehrheitsverhältnisse schien das ein aussichtsloses Unterfangen. Was ihm blieb, war die Kraft seiner Argumente. Und der Einsatz aller Mittel — auch Tricks — der Geschäftsordnung des Deutschen Bundestages. Ich habe jedenfalls kaum jemals einen Kollegen gefunden, der diese Geschäftsordnung so kannte und zu seinem Nutzen anzuwenden verstand wie Ernst Schellenberg.

Und er schaffte es. Theodor Blanks Pläne wurden schließlich sogar von seiner eigenen Fraktion wie eine heiße Kartoffel fallengelassen, diese Renten-»Reform« war gescheitert. Die »Berliner Stimme« schrieb damals dazu:

»Schellenbergs Sieg ist ein Modellfall für Politologen: Der Aufbau einer Abwehrfront vom Parlament aus, die Mobilisierung von Verbündeten, taktische Rückzugsgefechte und dann schließlich die monatelange Offensive auf breiter Front sind ein Schulbeispiel, das auf politischen Generalstabsakademien gelehrt werden sollte.«

Ich müßte mich sehr täuschen, wenn der nachhaltige Einfluß, den Ernst Schellenberg auf all die jungen Abgeordneten, die er unter seine Fittiche genommen hat, im Laufe seiner fast 25jährigen Parlamentszeit ausgeübt hat, nicht im wesentlichen auf zwei hervorragenden Eigenschaften beruhte:

— seiner ungeheuren Fachkenntnis, die er mit ebenso großem Fleiß sich erworben und erhalten hat, und
— seiner unübertroffenen Kenntnis der Geschäftsordnung und der Möglichkeiten, sie auch politisch wirksam werden zu lassen.

Zum Punkt Fachkenntnis noch ein kurzer Nachtrag: Die Quintessenz meiner parlamentarischen Lehrzeit bei Ernst Schellenberg habe ich gegenüber dem früheren deutschen Botschafter in Washington einmal so zusammengefaßt: Über Außenpolitik kann man immer reden; die Reichsversicherungsordnung muß man kennen.

# Kapitel II
# Beiträge zur Nachkriegsgeschichte der Sozialpolitik

# 1. Die »Berliner Zeit«

Herbert W. Baker

## Beginn der deutschen Sozial- und Arbeitspolitik unter der Militärregierung

### Die Stunde des Neubeginns

Wenn ich heute zurückschaue auf die deutsche Sozial- und Arbeitspolitik unter der Militärregierung in den ersten Nachkriegsjahren, dann erinnere ich mich gerne an die erfreuliche und fruchtbare Zusammenarbeit mit deutschen Sozialexperten und Politikern »der ersten Stunde«, zuerst in Bayern, später in Berlin. Dort bin ich auch mit Herrn Professor Schellenberg zusammengetroffen. Der Wiederaufbau erfolgte unter dem Motto »Freiheit und soziale Gerechtigkeit«. Unser Ziel war es, mit den Deutschen zusammenzuarbeiten bei der Entwicklung neuer demokratischer Strukturen in der Arbeits- und Sozialpolitik. Dazu gehörte nach dem Zusammenbruch die Neugründung freier Gewerkschaften nach 12 Jahren nationalsozialistischer Zwangsherrschaft, die Bildung unabhängiger Arbeitgeberverbände, die Neuentwicklung eines Betriebsverfassungs- und Tarifvertragsrechts, aufbauend auf der gleichberechtigten Zusammenarbeit von Arbeitgebern, Arbeitnehmern und Gewerkschaften und, als eine der wichtigsten Aufgaben, die baldmöglichste Wiederherstellung der Sozialleistungen. Die Frauen und Männer in den deutschen Verwaltungen, Sozialexperten und Politiker aller demokratischen Parteien hatten die Ruinen und Kriegszerstörungen, Not und Elend der deutschen Bevölkerung und der Millionen von Vertriebenen, Flüchtlingen und Heimkehrern ständig vor Augen. Ich war immer wieder beeindruckt von dem leidenschaftlichen Willen und der Hingabe aller Verantwortlichen, im Zusammenwirken mit uns ein demokratisches Deutschland in Freiheit und sozialer Gerechtigkeit zu schaffen. Das Wort vom »deutschen Wirtschaftswunder« ist inzwischen in die Geschichte eingegangen. Ich glaube, es ist durchaus gerechtfertigt, auch von dem »Wunder des sozialen Wiederaufbaus« in einem freien und demokratischen Deutschland zu sprechen.

### Amerikanische Sozialpolitik im Nachkriegsdeutschland

Grundregeln einer Sozialpolitik im Nachkriegsdeutschland unter der Militärregierung waren schon vor Kriegsende von der amerikanischen Regierung in Washington festgelegt worden. So sollten die Leistungen des Sozialversicherungssystems so schnell wie möglich wiederhergestellt werden, allerdings unter Ausschaltung der führenden Nazis aus der Verwaltung. Das waren unsere Hauptsorgen. Deutsche Emigranten der Naziära in den USA, die in der Weimarer Republik an der Entwicklung eines vorbildlichen Systems der sozialen Sicherung in Deutschland voller Hingabe beteiligt waren, hatten dazu geraten, alle Anstrengungen zunächst auf die schnelle Wiederherstellung der Sozialleistungen für Alte, Erwerbsunfähige und Hinterbliebene zu konzentrieren.

Wörtlich heißt es in einem bereits im Dezember 1944 herausgegebenen Handbuch für die Militärregierung, in dem die Richtlinien für die zukünftige Politik der amerikanischen Besatzungsmacht niedergelegt wurden, zur Frage der Sozialversicherung und Renten:

a) Zur Sozialversicherung gehören die Unfallversicherung, Krankenkassen, Invaliden-, Alters- und Hinterbliebenenrenten für Arbeiter und Angestellte, Arbeitslosenunterstützung. Die Sozialversicherung wird nach bestehenden Gesetzen und Verordnungen weitergeführt, soweit deutsche Mittel vorhanden sind.
b) Die Kriegsopferversorgung umfaßt kriegsbeschädigte Soldaten und zivile Opfer des Krieges. Versorgungsrenten werden weiterhin nach den bestehenden Gesetzen und Verordnungen gewährt, soweit deutsche Mittel vorhanden sind.
c) Alle Benachteiligungen oder Bevorzugungen von Gruppen oder bestimmten Personen auf Grund von Rasse, Glauben, Hautfarbe oder politischer Einstellung werden in der Sozialversicherung und Kriegsopferversorgung abgeschafft.

Nach diesen Richtlinien handelte die Militärregierung in den Ländern der amerikanischen Besatzungszone und trieb so mit Hilfe der neuen deutschen Verwaltungen und Länderregierungen den Wiederaufbau der Sozialversicherung nach dem Zusammenbruch zügig voran.

## Entwicklung in Berlin

Anders war die Situation jedoch in Berlin. Als die Amerikaner zusammen mit den beiden anderen Westalliierten, den Engländern und Franzosen, Anfang Juli 1945 in Berlin einzogen, um die ihnen in den Verträgen überlassenen Sektoren zu übernehmen, waren sie in der Frage der Sozialversicherung von den Russen bereits vor vollendete Tatsachen gestellt worden.

Eine der ersten Maßnahmen der sowjetischen Besatzungsmacht nach Kriegsende im Mai 1945 in Berlin war neben dem Einfrieren aller privaten Konten die Stillegung aller früheren Einrichtungen der Sozialversicherung. So wurden die vor Ende des Krieges in Berlin tätigen insgesamt 156 verschiedenen Träger der Sozialversicherung unter Treuhänderverwaltung gestellt und geschlossen. Gleichzeitig begannen die Russen den Aufbau einer neuen Organisation für die am dringendsten benötigten Zweige der Sozialversicherung, wie Unfall-, Kranken-, Invaliditäts- und Altersversicherung, zu forcieren. Diese neue Organisation konnte daher bereits am 1. Juli 1945, also an dem Tage des offiziellen Eintreffens der Amerikaner in Berlin, ihre Tätigkeit aufnehmen.

## Die Einheitsversicherung (VAB) in Berlin

Die neue Institution wurde durch eine Anordnung des Magistrats vom 14. Juli 1945 über die Wiederaufnahme der Sozialversicherung in Berlin ins Leben gerufen. Diese Anordnung sah die Einführung einer Einheitsversicherung vor. Einheitlicher Versicherungsträger wurde die Versicherungsanstalt Berlin (VAB). Abweichend von den früheren Gesetzen, die, wie ich oben ausgeführt habe, in der amerikanischen Besatzungszone durch Anordnung der Militärregierung in ihren Grundprinzipien aufrecht erhalten wurden, schuf die russische Besatzungsmacht und die von ihr eingesetzte Berliner Stadtverwaltung bewußt neues Sozialrecht. So wurde der Kreis der Versicherungspflichtigen wesentlich erweitert und umfaßte nunmehr alle in Berlin beschäftigten Arbeitnehmer sowie Selbständige und Gewerbetreibende, die nicht mehr als fünf fremde Personen beschäftigten. Anstelle der früheren unterschiedlichen Beitragssätze der einzelnen Versicherungsträger, besonders in der Krankenversicherung, wurde von der VAB ein Einheitsbeitrag erhoben. Er betrug 20 % des Bruttoeinkommens und war je zur Hälfte von Arbeitnehmer und Arbeitgeber zu zahlen; er betrug bei Selbständigen 10 %. Die Einheitsversicherung erstreckte sich auf Krankheit, Unfall, Alter, Invalidität und nach dem 30. Juni 1946 auch auf Arbeitslosigkeit.

Immerhin hatten die so frühzeitig in den ersten Nachkriegswochen eingeleiteten Maßnahmen zur Reform der deutschen Sozialversicherung ein entscheidendes Resultat hervorgebracht: Am Ende des ersten Jahres der Besetzung Deutschlands durch die Alliierten war Berlin das einzige Gebiet, in dem eine vollständig organisierte und einheitliche Sozialversicherungsanstalt arbeitete. Selbst in der sowjetischen Besatzungszone, wo ein ähnliches System eingeführt wurde, war der Aufbau zu diesem Zeitpunkt noch nicht abgeschlossen.

Die Tatsache, daß rein organisatorisch der Wiederaufbau der Sozialversicherung in Berlin am weitesten vorangekommen war, wird auch dadurch unterstrichen, daß bis zum 1. Juni 1946 etwa 90 % der Berliner Bevölkerung in irgendeiner Form durch die VAB sozial gesichert wurde.

Das Problem der ärztlichen Versorgung wurde sehr schnell und einfach gelöst. Mit seiner Verordnung vom 5. Juli 1945 verpflichtete der Magistrat alle in Berlin ansässigen qualifizierten Ärzte und Zahnärzte, Patienten unentgeltlich auf Krankenschein zu behandeln.

Schwieriger war die Wiederaufnahme der Zahlungen von Alters- und Invalidenrenten und das Problem der Arbeitslosenunterstützung. Wie bereits erwähnt, hatten alle früheren Träger der Sozialversicherung ihre Tätigkeit einstellen müssen — etwa noch vorhandene finanzielle Mittel waren blockiert. Die VAB mußte also vollkommen von vorn anfangen und aus den Beitragseinnahmen erst einmal ein gewisses Kapital aufbauen. Die ersten Rentenzahlungen, nivelliert und stark reduziert, setzten erst am 1. November 1945 ein. Da alle privaten Sparkonten im Gegensatz zu den westlichen Besatzungszonen eingefroren waren, litten viele alte Menschen in diesen Übergangsmonaten bittere Not. Auch die Wohlfahrtsämter konnten nur in beschränktem Maße Hilfe gewähren.

Eine Zahl möge die geringe Höhe der Renten nach Wiederaufnahme der

Zahlungen verdeutlichen. Am 30. April 1946 registrierte die VAB 217.315 Rentenempfänger, an die in diesem Monat ein Gesamtbetrag von RM 11.365.000 zur Auszahlung gelangte. Mit anderen Worten, der durchschnittliche Rentenzahlbetrag pro Monat und pro Person betrug etwas mehr als RM 50,—. Eine Neuberechnung der Renten, basierend auf den geleisteten Beiträgen, erfolgte erst mit dem 1. Juni 1946.
Eine Übersicht über den vorläufigen Haushaltsansatz der VAB für das Jahr 1946 zeigt, daß von den geschätzten Gesamteinnahmen von RM 250 Millionen 19,5 % auf Ausgaben für ärztliche Leistungen und Krankenhauspflege, 15,5 % für Krankengeld, 53 % für Alters- und Invalidenrenten, 8,2 % für andere Leistungen (Arzneimittel, Heil- und Hilfsmittel, Geburtshilfe) und 3,8 % für Verwaltungskosten entfielen. Besonders beachtlich bei diesem Haushalt ist die starke Senkung der Verwaltungskosten, wenn man bedenkt, daß die AOK Berlin im Jahre 1943 14,7 % ihrer Gesamteinnahmen für Verwaltungskosten aufwenden mußte.
Rechtlich fungierte die VAB als eine unabhängige Körperschaft unter der Dienstaufsicht der Abteilung für Soziale Angelegenheiten des Magistrats. Die Geschäfte wurden von einem Direktor geführt, der einem 12köpfigen Vorstand verantwortlich war. Je sechs Vorstandsmitglieder wurden vom Magistrat und von den Gewerkschaften ernannt. Der Vorstand bestimmte die Richtlinien der Politik auf Grund von Anweisungen der Alliierten Kommandantura und des Kontrollrats.

## Anpassung an die Organisationsstruktur der Bundesrepublik

Die politische Entwicklung in Berlin in den Jahren 1947 und 1948 machte auch vor der VAB nicht Halt. Zwar wurde die Tätigkeit in der VAB durch die Berliner Blockade und die Spaltung Berlins im Jahre 1948 zunächst nicht unmittelbar berührt. Der letzte Anlaß für die Spaltung war, daß der legal gewählte Magistrat mit Sitz in Ostberlin von den Kommunisten daran gehindert wurde, die ihm rechtmäßig zustehenden Kompetenzen auszuüben. Am 29. Januar 1949 erließ der SED-kontrollierte Magistrat in Ostberlin eine Verordnung über die Bildung neuer Organe der VAB. Danach sollten die Vertreter der Arbeitgeber von der Abteilung Wirtschaft der Ostberliner Stadtverwaltung und die der Arbeitnehmer allein vom FDGB bestimmt werden. Damit wäre die immerhin bestehende beschränkte Selbstverwaltung durch eine de facto staatliche Kontrolle abgelöst worden. Es war klar, daß die demokratischen Parteien der in West-Berlin residierenden Stadtverordnetenversammlung dem nicht zustimmen konnten. Sie beschloß daher auf Vorschlag des Magistrats von Berlin (West) ein Gesetz über die vorläufige Verwaltung der Versicherungsanstalt Berlin. Auf Grund der dazu am 23. Februar 1949 ergangenen Ausführungsverordnung wurde der Sitz der VAB in den Bezirk Wilmersdorf nach Berlin (West) verlegt. Damit war die Berliner Sozialversicherung gespalten und für die VAB in West-Berlin eine neue Entwicklungsphase eingeleitet worden.
Ab 1. März 1949, nach der Spaltung der Berliner Sozialversicherung, übernahm die VAB Leistungen nur noch für Personen, die in den Westsektoren beschäftigt waren, da die im Ostsektor Beschäftigten ihre Beiträge an die VAB des Ostsektors entrichten mußten. In den folgenden Jahren

übernahm West-Berlin schrittweise das inzwischen in der Bundesrepublik wiederhergestellte oder neu entwickelte Sozialrecht. Die unterschiedliche Entwicklung in den ersten Nachkriegsjahren bewirkte, daß diese Anpassung nur allmählich vor sich gehen konnte. Als erstes wurden durch ein Gesetz vom 3. Dezember 1950 die nach der Spaltung in der VAB West verbliebenen Selbständigen von der Pflichtversicherung entbunden. Außerdem trennte dieses Gesetz die Verwaltung der Vermögen der einzelnen Versicherungszweige (Kranken-, Unfall-, Rentenversicherung), allerdings unter Beibehaltung der organisatorischen Einheit unter einem Versicherungsträger, der VAB.
Durch Gesetz vom 30. April 1952 wurde die seit 1950 separat von den Arbeitsämtern durchgeführte Arbeitslosenversicherung der Bundesanstalt für Arbeitsvermittlung und Arbeitslosenversicherung (der heutigen Bundesanstalt für Arbeit) in Nürnberg unterstellt.
Durch das »Gesetz zur Überleitung der Berliner Rentenversicherung auf das in der Bundesrepublik Deutschland geltende Recht und über Änderungen in der Organisation der gesetzlichen Krankenversicherung« vom 10. Juli 1952 wurden Kranken- und Rentenversicherung auch organisatorisch getrennt. Damit hörte die VAB als Einheitsversicherung praktisch auf zu bestehen. An ihre Stelle traten die Krankenversicherungsanstalt Berlin (KVAB) und die Landesversicherungsanstalt Berlin (LVAB). Gleichzeitig wurde die für Arbeiter zuständige Invalidenversicherung materiellrechtlich von der Angestelltenversicherung getrennt, allerdings mit der Auflage an die neu errichtete Landesversicherungsanstalt Berlin (LVAB), die Angestelltenversicherung einstweilen treuhänderisch zu verwalten.
Die endgültige organisatorische Abtrennung der Angestelltenversicherung von der LVAB erfolgte mit der Errichtung der Bundesversicherungsanstalt für Angestellte (BfA) durch Gesetz vom 7. August 1953. Die BfA war eine der ersten Körperschaften des Bundes mit Amtssitz in Berlin. Das war logisch, denn die Versicherungsunterlagen der früheren Reichsversicherungsanstalt für Angestellte in Berlin-Wilmersdorf waren zum großen Teil erhalten geblieben.
Durch das Bundesgesetz vom 29. April 1952 wurde die Unfallversicherung aus der VAB ausgegliedert und selbständig von den Versicherungsträgern der Unfallversicherung, den Berufsgenossenschaften, durchgeführt.
Die endgültige Rechtsangleichung der Sozialversicherung in West-Berlin an die des Bundesgebietes war allerdings erst am 1. Januar 1958 abgeschlossen, als an die Stelle der Krankenversicherungsanstalt Berlin (KVAB) die Allgemeine Ortskrankenkasse Berlin (AOK) getreten war. Schon vorher, im Jahre 1955, waren in Berlin die Ersatzkassen wieder zugelassen worden.

## Wiederaufbau der Sozialversicherung in der US-Zone

In der US-Zone blieben die alten Gesetze und Verordnungen auf dem Gebiet der Sozialversicherung zunächst in Kraft. Auf Anordnung der Militärregierung wurden allerdings diskriminierende Bestimmungen beseitigt und die Nazis aus den Verwaltungsämtern entfernt. So wurden die bestehenden Institutionen zum Träger des Neuaufbaus. Die finanziellen Schwierigkeiten in den ersten Monaten waren groß. Zwar waren die Konten in der

amerikanischen Zone nicht blockiert worden, aber die zentralisierte Verwaltungspraxis während des Dritten Reichs hatte dazu geführt, daß Mittel der örtlichen und regionalen Träger bei zentralen Institutionen in Berlin festgelegt waren. Die zwangsweise Schließung aller Sozialversicherungsträger durch die sowjetische Besatzungsmacht in den ersten Wochen nach dem Zusammenbruch in Berlin machte einen Transfer der dort festgelegten Mittel unmöglich. In erster Linie betraf das die Alters- und Invalidenversicherung für Arbeiter und Angestellte, deren Rentenzahlungen zum Teil aus dem »Reichsstock« für Arbeitslosenversicherung finanziert wurden. Laufende Subventionen aus Reichsmitteln, beispielsweise für die Knappschaftsversicherung, waren fortgefallen. Trotzdem meldet bereits der Bericht des Militärgouverneurs der US-Zone für den Monat August 1945 das Funktionieren der Krankenkassen und die Wiederaufnahme der Rentenzahlungen an Alte und Invalide. Teilweise wurden hierfür Überbrückungskredite der Banken in Anspruch genommen. Auch die Verbände der privaten Wohlfahrt leisteten Hilfe, um die Wiederaufnahme der Zahlungen zu ermöglichen. Über eine Reduzierung der Rentenzahlbeträge wird nichts berichtet; allerdings wurde der Kreis der Berechtigten auf Anweisung der Militärregierung eingeschränkt. Renten oder Pensionen an Militärpersonen wurden nicht mehr gezahlt. Allgemein waren die Lebensbedingungen der in der US-Zone lebenden Menschen weniger hart als in Berlin. Sie konnten über ihre Sparkonten frei verfügen und die ursprünglich bestehenden Einschränkungen der Bewegungsfreiheit wurden bald gelockert. Durch »Hamsterfahrten« auf das Land konnten die Städter ihre kargen Lebensmittelrationen aufbessern.
In dem Bericht des Militärgouverneurs für die US-Zone vom Dezember 1946 sind erste Zahlen über die Tätigkeit der Sozialversicherungsträger enthalten: Am 30. September 1946 waren in der US-Zone acht regionale Träger der Alters- und Invalidenversicherung und eine Versicherungsanstalt für Eisenbahner tätig, die Leistungen an insgesamt 950.000 Rentenempfänger gewährten. Davon waren 140.000 Invalidenrenten, 370.000 Altersrenten für Arbeiter, 150.000 Waisenrenten, 160.000 Arbeiterhinterbliebenenrenten, 130.000 Angestelltenrenten. Im dritten Quartal 1946 betrugen die Gesamteinnahmen der Sozialversicherung RM 129 Millionen, davon 88,5 Millionen aus Beiträgen. Die Gesamtausgaben betrugen RM 126 Millionen, davon RM 90,5 Millionen für Rentenzahlungen. Es ist interessant, daß die Verwaltungsausgaben nur 2,43 % der Gesamtaufwendungen betrugen, also sogar noch geringer als bei der VAB Berlin waren. Der Beitragssatz betrug damals 5,6 % der Bezüge der Versicherten bis zu einer besimmten Beitragsbemessungsgrenze. Das Beitragsaufkommen reichte in der US-Zone ungefähr für die reinen Rentenzahlungen aus. Die Versicherungsträger erhielten staatliche Beihilfen. Die Krankenkassen meldeten am 30. November 1946 in der US-Zone 4.721.000 versicherte Personen, davon waren rund 72 % pflichtversichert und 28 % freiwillig versichert.

## Kontrollratsempfehlungen für eine einheitliche Sozialversicherung

Die Schaffung einer einheitlichen Sozialversicherung in Berlin und in der sowjetischen Besatzungszone, eine seit Jahrzehnten von verschiedenen Sozialpolitikern vorgeschlagene Alternative, führte zu entsprechenden Überlegungen und Diskussionen auch in den westlichen Besatzungszonen. So entwickelte das Bayerische Arbeitsministerium bereits im Oktober 1945 Pläne, alle Sozialversicherungsträger in einer einzigen Organisation zu vereinen. Auf Anweisung der Militärregierung wurden diese Pläne allerdings nicht weiterverfolgt, weil nach Ansicht der Militärregierung diese Fragen nur durch die vier Besatzungsmächte gemeinsam im Rahmen des Alliierten Kontrollrats entschieden werden sollten.

Als der Alliierte Kontrollrat schließlich im März 1946 die Grundsätze für eine einheitliche Organisation der Sozialversicherung in den vier Besatzungszonen billigte, war die Entwicklung bereits darüber hinweggegangen. Die Kontrollratsrichtlinien sahen die Verabschiedung entsprechender Gesetze durch die deutschen Behörden in jeder der vier Zonen vor. Bestehende Träger sollten zu einer einzigen Institution verschmolzen werden. Zur Beratung der Verwaltung der Einheitsversicherung in jeder Zone sollten paritätisch besetzte Ausschüsse von Arbeitgebern und Arbeitnehmern gebildet werden. Die Funktionen dieser Ausschüsse sollten durch Richtlinien der deutschen Behörden mit Billigung der zuständigen Militärbehörde der Zone festgelegt werden.

## Erste Phase des Wiederaufbaus in Westdeutschland

Weiterhin sahen diese Grundsätze einen einheitlichen Gesamtbeitragssatz von 20 % vor, wobei je 10 % von den Arbeitnehmern und den Arbeitgebern zu zahlen waren. Leistungen sollten im Falle von Arbeitslosigkeit, Krankheit, Unfall, Alter und Tod, desgleichen für werdende und stillende Mütter gewährt werden. Anerkannte »Opfer des Nazismus« sollten besondere Vorrechte erhalten. Die Gesamtausgaben für Leistungen sollten voll aus den Beiträgen gedeckt werden.

Wie wir gehört haben, gab es im Westen einige deutsche Sozialpolitiker, die die Bildung einer Einheitsversicherung befürworteten. Die allgemeine Tendenz scheint aber doch gewesen zu sein, die Entwicklung nicht übereilt in eine bestimmte Richtung voranzutreiben, zumal Arbeitgeberorganisationen und Gewerkschaften im Rahmen der neu aufgebauten Selbstverwaltungsorgane auf die Geschäftspolitik der Versicherungsträger maßgeblichen Einfluß ausübten. Zur Eile bestand kein Anlaß, denn der Wiederaufbau der bestehenden Institutionen der gegliederten Sozialversicherung war in den Westzonen ein Jahr nach der Kapitulation im wesentlichen abgeschlossen, und die einzelnen Versicherungsträger arbeiteten zufriedenstellend. Die Hauptanliegen der US-Militärregierung, die Wiederaufnahme der Arbeit durch die Institutionen der Sozialversicherung und die »Entnazifizierung«, waren im allgemeinen erreicht. Das politische Klima zwischen den drei westlichen Alliierten und den Russen fing an, sich allmählich zu verschlechtern. Der Grund dafür waren grundlegende Meinungsverschiedenheiten zwischen den Russen und den Westalliierten über die künftige Wirtschafts- und Währungspolitik und vor allen Dingen die sich krisenhaft zuspitzende Wirtschaftslage in den Westzonen, die Amerikaner, Engländer und Franzosen zum gemeinsamen und schnellen Handeln in ihren Besatzungszonen zwang. Die Schilderungen der Flüchtlinge über die Not, besonders der älteren Menschen, in der sowjetischen Besatzungszone förderten nicht gerade den Wunsch nach Übernahme eines anderen Systems. Wir hatten zwar im Alliierten Kontrollrat die Grundsätze für eine Einheitsversicherung gebilligt, waren aber der Meinung, daß diese wichtige, und für die Zukunft so entscheidende Frage des organisatorischen Neuaufbaus der deutschen Sozialversicherung, von den Deutschen selbst entschieden werden sollte. Hinzu kamen die strukturellen Verschiedenheiten beim Wiederaufbau der deutschen Regierungsbehörden in den drei westlichen Besatzungszonen. In der britischen Besatzungszone erfolgte der politische Wiederaufbau nach zentralistischen Grundsätzen: Es gab zentrale deutsche Behörden für die gesamte Besatzungszone, so beispielsweise die Zentralverwaltung für Arbeit in Lemgo. In der amerikanischen Besatzungszone war der politische Wiederaufbau nach streng föderalistischen Prinzipien erfolgt. Die Kompetenz lag bei den Regierungen der neugebildeten Länder. Zwar wurde die Politik durch ständige Kontakte der Ministerpräsidenten und der einzelnen Ressortminister koordiniert, aber es fehlten zentrale deutsche Behörden für die gesamte US-Zone. Die Franzosen schließlich achteten auf die Autonomie der in ihrer Besatzungszone neu entstandenen politischen Verwaltungseinheiten oder Länder.

Trotz dieser politischen Hemmnisse entwickelte sich die Zusammenarbeit der einzelnen Sozialversicherungsträger schnell auch über die Zonengrenzen hinweg. Dies war notwendig, da sich der Bereich der früheren und wiederaufgebauten Sozialversicherungsinstitutionen, besonders der Invaliden- und Unfallversicherung, nicht mit den neuen Ländergrenzen deckte und teilweise auch über die Zonengrenzen hinwegging. Ich möchte sogar sagen, daß die über den Bereich der Länder- und Zonengrenzen hinweggehende Zusammenarbeit der Sozialversicherung in Westdeutschland in den ersten Nachkriegsjahren die Bildung zentraler deutscher Behörden zunächst für die US- und britische Zone, und später mit Einschluß der französischen, vorantrieb.

## Persönliche Eindrücke

Als Amerikaner, der die Entwicklung in Deutschland seit der ersten Nachkriegszeit verfolgt hat, sehe ich es auch heute noch als besonders bedeutungsvoll an, daß der politische und soziale Wiederaufbau in den drei westlichen Besatzungszonen von Anfang an streng nach demokratischen Grundsätzen erfolgte. Immer wieder bin ich beeindruckt von der Selbstverwaltung in der deutschen Sozialversicherung. Von amerikanischen Sozialpolitikern und Experten werde ich immer wieder nach der Organisationsstruktur der deutschen Sozialversicherung gefragt.

In meinem Lande gibt es für die Alters- und Invalidenversicherung eine rein staatliche zentrale Bundesbehörde, die Social Security Administration. Für amerikanische Experten ist es schwer, den Status von selbstverwalteten öffentlich-rechtlichen Körperschaften und Anstalten, wie man sie in Deutschland hat, zu verstehen. Wenn ich auch der Ansicht bin, daß man Modelle, die sich in einem Land auf Grund von geschichtlichen Traditionen entwickelt haben, nicht auf ein anderes Land übertragen kann, so bin ich doch immer wieder von dem deutschen System der Selbstverwaltung beeindruckt worden.

Nach meinen Erfahrungen in den ersten Nachkriegsjahren in Deutschland glaube ich sagen zu können, daß die Selbstverwaltung, die Anfang der 50er Jahre auch gesetzlich wieder eingeführt wurde, mit den ständig neuen Herausforderungen der Wiederaufbauphase durch ihre Flexibilität am besten fertig geworden ist. So wurde der Grundstein gelegt zu den umfangreichen Reformen des deutschen Sozialversicherungssystems, die mit der Rentenversicherungsreform im Jahre 1957 eingeleitet wurden.

## George Foggon

# Alliierte Sozialpolitik in Berlin

Wer im Herbst 1945 nicht in Berlin war, kann sich schwer vorstellen, unter welchen Bedingungen 3 Millionen Berliner zu leben hatten. Die lebenswichtige Funktion der Wasser- und Stromversorgung, der Kanalisationssysteme und der öffentlichen Verkehrsmittel war nach dem Mai 1945 mit überraschender Schnelligkeit wiederhergestellt worden, aber die für die Erhaltung des Lebens einer Großstadt unerläßliche komplexe Verwaltungsstruktur war auseinandergebrochen und konnte nur langsam wiederaufgebaut werden. Die Situation auf dem Wohnungsmarkt war katastrophal, und alles mußte daran gesetzt werden, um vor Einbruch des Winters so viele Gebäude wie möglich wetterfest zu machen. Zu den ausgefallensten Notbehelfen gehörte die Verwendung von gebrauchten Röntgenplatten als Fensterscheiben anstelle von Glas, das damals praktisch nicht aufzutreiben war.

Ich kam im September 1945 in Berlin an, um die Leitung der Arbeitsmarktabteilung der britischen Militärregierung zu übernehmen, in deren Bereich Arbeitsfragen, Gewerkschaftsprobleme, Wohnungsbau und soziale Sicherheit fielen, und sah mich sofort in schwierige Verhandlungen über die geplanten Gewerkschaftswahlen verwickelt, die mir zu dieser Zeit angesichts der akuten Probleme des Alltags der Berliner Bevölkerung fast nebensächlich schienen. Auf der Jalta-Konferenz war vereinbart worden, daß Berlin von den Truppen der UdSSR, der USA und Großbritanniens (Frankreich sollte später hinzukommen) besetzt werden sollte. Die Viermächtekontrolle sollte nach der Besetzung von der alliierten Kommandantur ausgeübt werden, die aus den 4 militärischen Befehlshabern der betreffenden Sektoren und ihren Stellvertretern bestand. Darunter gab es eine Reihe von ebenfalls vierseitigen Ausschüssen, die sich mit Nahrungsmitteln, Transport, Rechtsfragen, Elektrizität, Wohnungsproblemen, sozialer Sicherheit usw. befaßten. Viele, aber nicht alle Offiziere in diesen Ausschüssen hatten besondere Erfahrungen auf dem bestimmten Gebiet, für das sie verantwortlich waren. Der Kontroll- und Verwaltungsapparat war schwerfällig — nicht immer weise oder weitblickend —, und es gab eine Lücke in der Kontrolle, die für die soziale Sicherheit weitreichende Konsequenzen haben sollte. Wenn ein Beamter des Magistrats gegen einen Befehl der alliierten Kommandantur handelte, führte das zu seiner sofortigen Absetzung. Soweit es keine militärischen Befehle gab, konnten die deutschen Verwaltungsbeamten, mit großer Behutsamkeit und Umsicht, eigene Initiativen ergreifen. Hätte es diese ungewollte Lücke in dem Kontrollapparat nicht gegeben, so wäre es zweifelhaft, ob die Verwaltung in Berlin das erreicht hätte, was sie tatsächlich erreicht hat. In der Abteilung für Arbeit baute Herr Fleischmann behutsam und unermüdlich das Netz von Arbeitsämtern und die Arbeitsgerichte wieder auf. Das Bauamt bewies, was mit einem Minimum an Baumaterialien getan werden konnte. Aber nirgendwo war das Problem oder die Notwendigkeit, eine schnelle Lösung zu finden, größer als im Bereich der sozialen Sicherheit. Nichts war mehr da: das Sozialversicherungsamt, die Berufsgenossenschaften, die Unfallversicherung, das ganze komplizierte Gebilde von Beiträgen, Unterlagen und Rücklagen war dem letzten Vernichtungsschlag zum Opfer gefallen. Renten, Krankengeld, Arbeitslosenleistungen oder Unfallrenten konnten nicht mehr gezahlt werden. Die Mehrheit der Bevölkerung hatte nicht einmal Geld, um sich ihre kleinen Rationen zu kaufen.

Eine englische Redensart sagt, »Die Situation schafft sich ihren Mann«. So in Berlin. Schon bevor die westlichen Alliierten in Berlin einmarschierten, hatte Dr. Schellenberg angefangen, das System der sozialen Sicherheit wiederaufzubauen. Man muß bedenken, daß vor dem Zweiten Weltkrieg Deutschland eines der fortschrittlichsten Systeme der sozialen Sicherheit in der Welt hatte. Aber diese lange Periode des Wachstums und der Entwicklung hatte auch eine äußerst komplizierte Verwaltungsmaschinerie und ein ebenso komplexes Beitrags- und Leistungsverfahren geschaffen. Hätte Dr. Schellenberg damals versucht, das alte System wiederherzustellen, so wäre das Ergebnis wohl verheerend gewesen. Aber Dr. Schellenberg — nicht die alliierte Kommandantur — beschloß, ein ganz neues System zu errichten, das auf einem Beitrag von 10 % der Löhne beruhte, der von dem Arbeitnehmer und seinem Arbeitgeber zu gleichen Teilen zu zahlen wäre und der mehr oder weniger alle Leistungen der verschiedenen früheren Systeme decken würde. Die Leistungen mußten zwangsläufig eingeschränkt werden, um Reserven aufbauen zu können, da das System praktisch ohne Mittel beginnen mußte. Es war auch notwendig, in dieser schweren Situation eine »Bedürftigkeitsprüfung« einzuführen, die unweigerlich auf harte Kritik stieß. Diese nackten Tatsachen zu berichten ist einfach. Viel schwieriger ist es jedoch sich vorzustellen, wie problematisch es war, die Versicherungsunterlagen von Arbeitgebern und Beitragszahlern zu rekonstruieren, Gebäude zu finden, Schreibtische, Schreibmaschinen, Papier und sogar Tinte in diesen harten und schweren Zeiten aufzutreiben.

Anfangs gab es ungefähr folgende Leistungen: Ein Arbeiter, der krank wurde, erhielt eine Zahlung in Höhe der Hälfte seines normalen Verdienstes. Er und seine Familienangehörigen hatten ferner Anspruch auf freie ärztliche Versorgung und Krankenhausbehandlung. Ein Arbeiter, der durch irgendeinen Unfall, sei es am Arbeitsplatz oder auf der Straße, arbeitsunfähig geworden war, erhielt (mit kleineren Anpassungen) die gleichen Leistungen wie bei Krankheit. Das größte Problem zu jener Zeit waren jedoch die Nichtversicherten. Die Alten, die Arbeitsunfähigen, die Waisen, die Witwen, die Kriegsopfer (aus beiden Kriegen) waren auf die Fürsorge angewiesen, die einer strengen Bedürftigkeitsprüfung unterlag. Ein altes Ehepaar z. B. konnte über seine Miete hinaus nur 15 Mark pro Woche erhalten. Im September 1947 lebten 180.000 Menschen von der Fürsorge.

Ich erinnere mich an meine erste Begegnung mit Dr. Schellenberg. Aus einem Bericht von Major Crux, einem meiner Offiziere, erfuhr ich von den Anstrengungen, die unternommen wurden, um die soziale Sicherheit in dem vom Krieg zerstörten Berlin wiederaufzubauen, und von einem gewissen Dr. Schellenberg, von dem alles abhing. Ich wollte diesen Mann unbedingt kennenlernen und stattete in der Frühe dem Sozialversicherungsamt einen Besuch ab. Ich traf einen großen, distinguierten Mann mit hoher Stirn, blonden Haaren und freiem, offenem Gesicht. Er erweckte sofort den Eindruck einer absoluten Integrität, gepaart mit großer Energie und Überzeugungskraft, und besaß eine beeindruckende Kenntnis selbst der kleinsten Details seiner neuen Organisation. Ich erinnere mich daran, daß ich beim Verlassen des Sozialversicherungsamtes einen wichtigen Entschluß faßte, den ich später nie bereut habe. Dieser Mann sollte seine Arbeit fortsetzen und zumindest die britische Militärregierung sollte ihm die materiellen Hilfsmittel zur Verfügung stellen, die er benötigte, und ihm ansonsten bei seiner Arbeit freie Hand lassen. In den Wochen und Monaten danach stellte ich mit großer Erleichterung fest, daß meine Kollegen in der alliierten Kommandantur, selbst die Russen, den gleichen Entschluß gefaßt hatten.

Es galt aber noch viele Probleme zu bewältigen. Der Beginn des kalten Krieges stellte alle deutschen Beamten in Berlin vor besondere Schwierigkeiten; sie waren häufig Druck von beiden Seiten ausgesetzt, insbesondere als der Apparat der alliierten Kommandantur im Jahre 1948 auseinanderzubrechen begann, eine Entwicklung, die am 24. Juni 1948 zu dem letzten russischen Schachzug führte, der die völlige Blockade Berlins zur Folge hatte. Noch vor diesem Zeitpunkt hatte die Währungsreform ihre eigenen Probleme mit sich gebracht. Zunächst konnten nur 25 % der Löhne oder Leistungen in Westmark ausgezahlt werden, aber die Beiträge zur Sozialversicherung wurden soweit möglich in Ostmark geleistet. Wäre es jedoch nicht gelungen, die Leistungen zumindest teilweise in Westmark auszuzahlen, so hätte das eine weitere Verarmung der Leistungsempfänger bedeutet. Die Bemühungen der Beamten des Sozialversicherungsamtes, an Westmark zu kommen, schufen jedoch neue Schwierigkeiten. Überdies hatte die Währungsreform zunächst einen starken Anstieg der Arbeitslosigkeit zur Folge. Die Blockade verstärkte die Schwierigkeiten der Stadt: Im März 1949 gab es im Westsektor von Berlin 152.000 Arbeitslose. Zur Unterstützung der unabhängigen Gewerkschaftsorganisation (UGO) beschlossen die westlichen Militärregierungen, daß UGO während der Blockade bestimmte Sozialleistungen an ihre Arbeitslosen zahlen sollte, was Dr. Schellenberg vor neue Probleme stellte.

Wie sah die Politik der Westalliierten im sozialen Bereich aus? Es bestand Uneinigkeit über die Gewerkschaftspolitik, und die langen ergebnislosen Auseinandersetzungen über die FDGB-Wahlen mit den Russen in Berlin z. B. zeigten, wie schon andere Auseinandersetzungen, daß den Alliierten vor allem ihre langfristigen politischen Ziele am Herzen lagen. Die soziale Sicherheit war relativ unumstritten, und dies führte aus den bereits erwähnten Gründen zu einem Mindestmaß an Einmischung in den Verwaltungsapparat. Was die britische Militärregierung anbelangte, so war vor der Besetzung der Grundsatz aufgestellt worden, daß alle bestehenden Systeme der deutschen sozialen Sicherheit soweit wie möglich erhalten werden sollten. Diese Entscheidung konnte nicht überraschen, da das deutsche System in Großbritannien sehr bewundert wurde. Was man nicht vorausgesehen hatte, war der vollständige Zusammenbruch des alten Systems, insbesondere in Berlin, wo die Probleme zu der von Dr. Schellenberg konzipierten drastischen Lösung führten. Was uns rückblickend in Erstaunen versetzt, war seine Fähigkeit, seine umwälzenden Ideen allein durch Charakterstärke, unantastbare Integrität und fachliche Kompetenz in die Wirklichkeit umzusetzen, ohne daß es zu ernsthaften Auseinandersetzungen mit den Russen, den Amerikanern, den Franzosen oder den Engländern kam. Dieses Geschehen hat später eine Fortsetzung gefunden, die ich nicht unerwähnt lassen möchte. Im Jahre 1958 untersuchte ich, wie die bescheidenen Anfänge eines Systems der sozialen Sicherheit in Nigeria aussehen könnten. Ich dachte an das Berlin des Jahres 1945 zurück, und es wird nicht überraschen, daß das Ergebnis meiner Überlegungen ein einfaches, alle umfassendes nationales System der sozialen Sicherheit war, das auf einem 10prozentigen Beitrag beruhte, der zu gleichen Teilen von Arbeitnehmern und Arbeitgebern getragen wurde. Dieses System besteht noch heute — ein Widerschein des Nachkriegsberlins und Dr. Schellenbergs.

Michael Noetzel

# Die Berliner Sozialversicherung der Nachkriegsjahre

## Ausgangssituation bei Kriegsende

In Berlin lagen 1945 nicht nur Produktionsstätten, Wohnungen und Verkehrsverbindungen in Trümmern. Auch das Banken-, Sparkassen- und Postschecksystem war zerstört worden, und zwar durch die sowjetische Armee, die zunächst als einzige Besatzungsmacht in Erscheinung trat. Es gab also keine funktionierenden Guthaben mehr, von Wertpapieranlagen ganz zu schweigen. Hinzu kam, daß Berlin wie kaum eine andere Stadt vor die schwierigsten Versorgungsprobleme gestellt war. Es trat tatsächlich eine Stunde Null ein, entstanden in einer Zeit bitterer Not.

Von der sowjetisch besetzten Zone, der heutigen DDR, unterschied sich Berlin durch seine von den Siegermächten vereinbarte Viermächteverwaltung. Formell wurde die Alliierte Kommandantur durch eine am 7. Juli 1945 in Berlin unterzeichnete Übereinkunft der kommandierenden Generale errichtet auf Grund der besatzungsrechtlichen Vereinbarungen (Londoner Protokoll vom 12. September 1944 mit seinen Änderungsabkommen vom 14. November 1944 und vom 26. Juli 1945).

Die Alliierte Kommandantur Berlin — aus der sich die sowjetischen Behörden am 1. Juli 1948 zurückzogen — hat, beginnend mit dem Jahre 1945, wichtige Befehle und Anordnungen zur Berliner Sozialversicherung getroffen.

Der alsbald nach der Kapitulation von der sowjetischen Besatzungsmacht eingesetzte Magistrat der Stadt Berlin befaßte sich bereits im Mai 1945 mit Fragen der Wiederingangsetzung der Sozialversicherung. Durch Magistratsbeschluß vom 28. Mai 1945 wurde festgelegt, daß die von der Sozialversicherung bisher versorgten arbeitsunfähigen Rentner und Kranken ab sofort durch die Sozialämter wirtschaftlich zu betreuen seien. Die Abteilung Sozialwesen des Magistrats stellte Pläne für die Neugestaltung der Sozialversicherung in Berlin auf. Am 18. Juni 1945 beschloß der Magistrat, die Sozialversicherung unter Einsetzung von Treuhändern für die bisherigen Versicherungsträger auf einheitlicher Grundlage aufzubauen. Zuerst sollte die Krankenversicherung wieder in Gang gesetzt werden, deshalb wurde zunächst eine Einheitskasse mit dem Namen Krankenkasse Berlin errichtet. Alle in den Berliner Betrieben beschäftigten Personen waren vom 1. Juli 1945 an zu melden. Alle übrigen in Berlin ansässigen Personen konnten freiwillige Mitglieder werden. Es wurde ferner erklärt, daß die Fortführung der Unfall- und Rentenversicherung in Vorbereitung sei.

Am 10. Juli 1945 erschien dann das erste Exemplar des neuen Verordnungsblattes der Stadt Berlin. Das Verordnungsblatt Nr. 5 vom 5. September 1945 brachte eine Bekanntmachung über die Ingangsetzung der Sozialversicherung in Berlin, die sich auf eine Anordnung des Magistrats vom 14. Juli 1945 stützte und feststellte, daß mit Wirkung vom 1. Juli 1945 die

Versicherungsanstalt Berlin als einheitlicher Versicherungsträger für die gesamte Sozialversicherung Berlins ihre Tätigkeit aufnimmt. Es wurde ein Einheitsbeitrag für die gesamte Sozialversicherung — Kranken-, Unfall-, Invaliden- und Altersversicherung — erhoben, und zwar vom Arbeitnehmer 10 % des Bruttoarbeitsverdienstes und vom Unternehmer ebenfalls 10 % des Bruttoarbeitsverdienstes. Der freiwillige Krankenversicherungsbeitrag betrug monatlich 6,— Reichsmark. Auch Gewerbetreibende und Selbständige, die nicht mehr als fünf fremde Personen beschäftigten, fielen unter die Versicherungspflicht.

Im Verordnungsblatt Nr. 11 vom 25. Oktober 1945 wurde — gestützt auf die schon erwähnte Anordnung des Magistrats vom 14. Juli 1945 und auf einen Befehl der Alliierten Kommandantur vom 26. September 1945 — bestimmt, daß am 1. November 1945 wieder mit Rentenzahlungen begonnen wird. Die Renten wurden grundsätzlich in bisheriger Höhe gewährt, jedoch durfte bis auf weiteres der ausgezahlte Betrag für alleinstehende Personen nicht höher als 50,— Reichsmark monatlich, bei Hilflosigkeit nicht höher als 75,— Reichsmark monatlich sein. Bei Erwerbsunfähigkeit der Ehefrau und für jedes Kind bis zur Vollendung des 18. Lebensjahres wurde der Höchstbetrag um je 25,— Reichsmark monatlich erhöht, die Gesamtrente durfte den Höchstbetrag von 200,— Reichsmark monatlich nicht übersteigen.

## Zum Aufbau der Versicherungsanstalt Berlin

Am 30. September 1946 wurde im Verordnungsblatt der Stadt Berlin durch den Magistrat bekanntgegeben, daß der vom Magistrat bestellte Vorstand der Versicherungsanstalt Berlin eine Satzung aufzustellen habe, die im Rahmen der der Versicherungsanstalt Berlin übertragenen Befugnisse die Durchführung der Versicherung, insbesondere Leistungen und Beiträge, Meldungen der Arbeitgeber, Versicherten, Leistungsempfänger und sonstigen Berechtigten, regelt. Die Satzung bedurfte der Zustimmung des Magistrats, die Festsetzung des Voranschlages sowie die Abnahme der Jahresrechnung bedurften der Genehmigung des Magistrats. Die Bestimmungen der Satzung über die Organe der Versicherungsanstalt Berlin bedurften zur Erlangung von Rechtskraft der Zustimmung durch die Alliierte Kommandantur. Da eine derartige Entscheidung der Alliierten nicht zustande kam, wurde vom Magistrat auf Grund einer Verwaltungsanordnung vom 17. August 1945 ein ehrenamtlicher Vorstand bestellt, der sich aus je sechs Vertretern des Magistrats und des Gewerkschaftsbundes zusammensetzte. Der Vorstand ernannte Dr. Ernst Schellenberg zum Geschäftsführer der Versicherungsanstalt Berlin.

Am 8. April 1946 ordnete die Alliierte Kommandantur an, daß ein von der Versicherungsanstalt Berlin unabhängiges Versicherungsamt zu errichten ist, das sich mit allen Streitigkeiten in Angelegenheiten der Sozialversicherung zu befassen hat.

Die Versicherungsanstalt Berlin war nicht Rechtsnachfolger der früheren Sozialversicherungsträger, infolgedessen konnte sie sich Immobilien und Mobilien dieser Institutionen nur durch Mietverträge nutzbar machen, sie verfügte auch sonst über keinerlei Anfangsbestände, sondern mußte die gesamten Leistungsverpflichtungen ausschließlich aus Beitragseinnahmen finanzieren. In ihrem ersten Geschäftsbericht für die Zeit vom 1. Juli 1945 bis zum 30. Juni 1946 wies die Versicherungsanstalt Berlin nicht ohne Stolz auf die erhebliche Verwaltungsvereinfachung hin, die die Vereinheitlichung der Sozialversicherung mit sich brachte. Gegenüber einer Gesamtzahl von über 9000 Personen, die bei den früheren Sozialversicherungsträgern allein für den Berliner Bereich beschäftigt waren, führte die Versicherungsanstalt Berlin seinerzeit ihre Aufgaben mit einem Personalbestand von 3857 Personen durch. Dies seien nur rund 40 % der früheren Beschäftigten, obwohl sich der Wirkungskreis gegenüber dem der früheren Sozialversicherungsträger — z. B. durch Übernahme der Betreuung sämtlicher Arbeitsbehinderten — nicht unwesentlich erweitert habe. Der Organisationsplan der Versicherungsanstalt Berlin umfaßte neben den örtlichen Verwaltungsstellen bereits im Jahre 1946 11 Hauptabteilungen, und zwar die Bereiche Generalabteilung, Organisation, Haushalt, Beitragswesen, Allgemeine Leistungen, Medizinische Abteilung, Verletztenheilverfahren, Vorbeugendes Heilverfahren, Orthopädische Versorgung, Berufsfürsorge für Arbeitsbehinderte und Renten. Die Gedanken, die in den Sozialversicherungsgesetzen des Deutschen Bundestages im Hinblick auf den Vorrang der Rehabilitation zum Ausdruck kommen, haben also schon in den ersten Monaten des Bestehens der Versicherungsanstalt Berlin eine tragende Rolle gespielt, wie sich aus diesem Organisationsplan unschwer ablesen läßt. Es gab auch schon im Jahre 1946 eine Studentenversicherung auf Grund besonderer Vereinbarungen zwischen Magistrat und Versicherungsanstalt; erfaßt waren Studenten und Berufsschüler sowie alle sonstigen Personen, die in öffentlichen Ausbildungsstätten eine Berufsausbildung erhalten, z. B. Lehreranwärter. Für die Gewährung dieser Leistungen wurde ein Pauschalbeitrag erhoben. Auch im Hinblick auf die Studentenversicherung wurden also damals bereits neue Wege beschritten, die durch die Sozialpolitik der 70er Jahre vollauf bestätigt werden. Dies gilt nicht zuletzt auch für den Versichertenausweis, der bereits im Jahre 1946 allen Mitgliedern der Versicherungsanstalt Berlin ausgestellt wurde, ein Problem, an dem zur Zeit, wenn auch unter erheblich verbesserten technischen Gestaltungsmöglichkeiten, sehr intensiv im Bundesarbeitsministerium gearbeitet wird. Besonders interessant erscheinen auch die Ausführungen dieses ersten Geschäftsberichts der Versicherungsanstalt Berlin aus dem Jahre 1946 im Hinblick auf die kassenärztliche Versorgung, es sei in diesem Falle einfach zitiert:

»Durch die Vereinheitlichung der Sozialversicherung ist es möglich geworden, eine *einheitliche Honorierung* der ärztlichen Tätigkeit vorzunehmen und dadurch eine möglichst zweckmäßige ärztliche Versorgung aller Versicherten sicherzustellen. Nachdem die Versicherungsanstalt Berlin zuerst als Übergangsregelung einen Gesamtvertrag mit dem Treuhänder abgeschlossen hatte, der sich im wesentlichen an das *bisherige Pauschsystem* der Arzthonorierung durch die Ortskrankenkassen anlehnte, wurden mit Wirkung vom 1. Januar 1946 Einzelverträge abgeschlossen, die eine Honorierung nach *Einzelleistungen* vorsehen. Es ist beabsichtigt, sobald eine Repräsentation der Berliner Ärzteschaft von den Alliierten anerkannt ist, wieder einen Gesamtvertrag zu tätigen, jedoch hält die Versicherungsanstalt Berlin es für sachdienlich, an Stelle des Pauschsystems auch weiterhin die Honorie-

rung nach Einzelleistungen vorzunehmen. Die Bezahlung nach Einzelleistungen vermeidet die im Pauschalsystem liegende Gefahr einer sozialmedizinischen Pauschalleistung des Arztes und fördert das Bestreben, jedem Patienten eine individuelle Behandlung angedeihen zu lassen. Damit wird sowohl den Bedürfnissen des Versicherten gedient als auch den berechtigten wirtschaftlichen Interessen der Ärzte Rechnung getragen.«
Im Schlußwort dieses ersten Geschäftsberichts der Versicherungsanstalt Berlin heißt es schließlich: »Zweifellos wäre ohne den wirtschaftlichen Zusammenbruch der Sozialversicherung und ohne die besonderen Umstände in Berlin eine Vereinheitlichung der Berliner Sozialversicherung nicht zum 1. Juli 1945 erfolgt. Dennoch stellt aber die Vereinheitlichung der Sozialversicherung keineswegs nur eine Berliner Notmaßnahme dar; denn bei der Vereinheitlichung der Sozialversicherung handelt es sich noch nicht einmal um eine spezifisch deutsche Frage, sondern um ein Problem, das auch im internationalen Rahmen bereits seit langer Zeit diskutiert wird.«
Nachdem bereits im Sommer 1948 die Stadtverwaltung von Berlin zwischen West und Ost gespalten wurde, kam es erst viele Monate später, nämlich am 1. Februar 1949, zur Sitzverlegung der Versicherungsanstalt Berlin in die Westsektoren der Stadt. An diesem Tage beschlossen die Stadtverordnetenversammlung und der Magistrat einstimmig das »Gesetz über die vorläufige Verwaltung der Versicherungsanstalt Berlin (VAB)«, das am gleichen Tage im Verordnungsblatt für Groß-Berlin Teil I Seite 58 verkündet wurde. § 3 schrieb vor: »Die Geschäfte der Versicherungsanstalt Berlin werden nach den bisher geltenden Bestimmungen der Satzung und den gesetzlichen Vorschriften weitergeführt.« Damit wurden die seit dem Zusammenbruch erlassenen Vorschriften und Bestimmungen über die Berliner Sozialversicherung ausdrücklich sanktioniert. Nach diesem Gesetz wurde nunmehr ein aus 13 Mitgliedern bestehender Vorstand bestellt, dem 6 Vertreter des Magistrats — darunter ein Arzt — und 7 Vertreter der Versicherten angehörten. Der Vorstand bestellte eine kollegiale Geschäftsführung mit dem Hauptgeschäftsführer Professor Dr. Ernst Schellenberg, dem stellvertretenden Hauptgeschäftsführer Dr. Kurt Hartrodt und den Geschäftsführern Karl Bauer, Arthur Jacob, Erich Schulz und Dr. Hermann Strebel.

## Ab 1950 schrittweise Anpassung an das Bundesrecht

Am 3. Dezember 1950 erließen die Stadtverordnetenversammlung und der Magistrat das »Gesetz zur Anpassung des Rechts der Sozialversicherung in Berlin an das in der Bundesrepublik Deutschland geltende Recht« (Berliner Sozialversicherungs-Anpassungsgesetz — BSVAG —), veröffentlicht im Verordnungsblatt I Seite 542; dieses Gesetz trat am 1. Januar 1951 in Kraft, es gliederte die Berliner Sozialversicherung in die Kranken-, Renten- und Unfallversicherung auf, die Versicherungsanstalt Berlin blieb jedoch weiterhin der alleinige Träger der Sozialversicherung in Berlin. Das hiernach anzuwendende Finanzierungssystem wurde seinerzeit als »Drei-Säulen-System« bezeichnet. Nach § 7 dieses Gesetzes waren nämlich die Mittel der Krankenversicherung, der Rentenversicherung und der Unfallversicherung getrennt zu verwalten. Die Aufwendungen für Aufgaben, die mehrere Versicherungszweige betreffen, waren gemeinsam zu tragen; das Nähere regelte der Vorstand mit Genehmigung der Aufsichtsbehörde. Es wurde seinerzeit innerhalb der Versicherungsanstalt Berlin ein neuer Kontenplan aufgestellt, der eine Gliederung der Einnahmen und Ausgaben nach den drei genannten Versicherungszweigen brachte; die Verwaltungskosten wurden über einen nach den Erkenntnissen der Betriebswirtschaftslehre entwickelten Betriebsabrechnungsbogen in Form einer Kostenarten-, Kostenstellen- und Kostenträgerrechnung auf die drei Versicherungszweige verteilt.

In der Zeit seit 1945 hatte es übrigens nicht an kritischen Stimmen gefehlt, die anzweifelten, daß die Reichsversicherungsordnung und die vor dem Zusammenbruch bestehenden Sozialversicherungsträger rechtmäßig durch die neuen Anordnungen suspendiert bzw. stillgelegt wurden. Es kam zu einer Reihe von Klagen, insbesondere auch von Freiberuflern, die der Meinung waren, ohne hinreichende Rechtsgrundlage einem Sozialversicherungszwang unterworfen zu sein. Das Sozialversicherungsamt Groß-Berlin, welches bis zur Schaffung des Sozialgerichtsgesetzes in Berlin die oberste Spruchinstanz in Sozialversicherungsangelegenheiten seit Kriegsende war, erkannte am 24. Juni 1949 in einer Entscheidung für Recht, daß im Frühjahr 1945 in Berlin — auch auf dem Gebiet der Sozialversicherung — ein rechtlicher Notstand bestand, so daß der Berliner Magistrat auf Grund der ihm von den alliierten Besatzungsbehörden erteilten Ermächtigung und Weisungen befugt war, neues Recht zu schaffen und dabei auch Reichs- und Landesrecht in dem von ihm für erforderlich gehaltenen Umfange abzuändern. Dieses aus einem Notstand geborene neue Sozialversicherungsrecht in Berlin habe dann durch die Anerkennung seitens der Alliierten Kommandantur die allgemeine, über den Rahmen des Notrechts hinausgehende staatsrechtliche Grundlage erhalten. Das Sozialversicherungsamt Berlin stellte weiter fest, daß bei der Sitzverlegung mit Zustimmung der Militärregierungen der drei Westsektoren der Stadt bei der nun notwendig gewordenen Magistratsverordnung vom 1. Februar 1949 ausdrücklich auf die bisher geltenden Satzungsbestimmungen und gesetzlichen Vorschriften verwiesen wurde.

Durch Übernahme von Bundesgesetzen wurde die Berliner Sozialversicherung weiterhin dem Bundesrecht angepaßt. Das »Gesetz über Zulagen und Mindestleistungen in der gesetzlichen Unfallversicherung und zur Überleitung des Unfallversicherungsrechtes im Lande Berlin« vom 29. April 1952 (Gesetz- und Verordnungsblatt Seite 583) löste die Unfallversicherung aus der Versicherungsanstalt Berlin heraus. Das »Gesetz über die Gewährung von Zulagen in den gesetzlichen Rentenversicherungen und über Änderungen des Gemeinlastverfahrens (Rentenzulagengesetz — RZG —)« vom 10. August 1951 (Gesetz- und Verordnungsblatt Seite 605) verpflichtete in § 5 das Land Berlin, die Rentenversicherung spätestens bis zum 1. April 1952 an das Bundesrecht anzupassen. Demgemäß beschloß das Berliner Abgeordnetenhaus das »Gesetz zur Überleitung der Berliner Rentenversicherung auf das in der Bundesrepublik Deutschland geltende Recht und über Änderungen in der Organisation der gesetzlichen Krankenversicherung (Rentenversicherungsüberleitungsgesetz)« vom 10. Juli 1952 (Gesetz- und Verordnungsblatt Seite 588). Auf Grund dieses Gesetzes war die Rentenversicherung organisatorisch aus der Versicherungsanstalt Berlin auszugliedern. § 7 Abs. 1 des Rentenversicherungsüberleitungsgesetzes schrieb vor: »Träger der Krankenversicherung bleibt die Versicherungsanstalt Berlin, sie erhält die Bezeichnung »Krankenversicherungsanstalt

Berlin«.« Da dieses Gesetz, das mit Wirkung vom 1. April 1952 in Kraft trat, erst am 24. Juli 1952 verkündet wurde, konnten die organisatorischen Veränderungen im Einvernehmen mit der Aufsichtsbehörde erst mit Wirkung vom 1. August 1952 durchgeführt werden. An diesem Zeitpunkt nahm die Krankenversicherungsanstalt Berlin als einheitlicher gesetzlicher Krankenversicherungsträger für das Land Berlin ihre Tätigkeit auf.

Der Geschäftsbericht der Krankenversicherungsanstalt Berlin für das Jahr 1953 stellte fest, daß im Jahresdurchschnitt 1953 1.369.423 Mitglieder vorhanden waren, davon 753.543 Erwerbstätige (55,02 %) und 615.880 Nichterwerbstätige (44,98 %), davon 427.100 Rentner. Er konstatierte eine ungünstige Gliederung der Versicherten, ein Anwachsen der Anzahl der Rentner und auch einen sehr hohen Frauen-Anteil bei den Pflichtmitgliedern, nämlich 381.825 von 877.845 Pflichtmitgliedern insgesamt = 43,5 %. Der Anteil der Frauen lag damals um rund 25 % über dem Durchschnitt aller Krankenkassen des Bundesgebietes, dies sei von besonderer Bedeutung, weil die Frauen wegen ihrer allgemein niedrigeren Arbeitsverdienste und ihrer höheren Morbidität ein relativ ungünstiges Risiko darstellten. Auch die Altersgliederung der Versicherten wurde in diesem Geschäftsbericht der Krankenversicherungsanstalt Berlin als für die Krankenversicherung in Berlin besonders ungünstig festgestellt, es wurde ferner vermerkt, daß der Anteil der Waisen mit günstigem Krankheitsrisiko im Lande Berlin relativ um mehr als ein Drittel kleiner sei als im Bundesgebiet. Schließlich geht dieser Geschäftsbericht auch auf die »Grenzgänger« ein, wie man sie damals nannte. Er berichtet, daß die Zahl der im Lande Berlin Beschäftigten, die im Sowjetsektor von Berlin oder in den zur Sowjetzone gehörenden Randgebieten Berlins wohnten, bei der Sitzverlegung der Versicherungsanstalt Berlin in die Westsektoren im Jahre 1949 etwa 100.000 betrug, sie habe sich dann in den folgenden Jahren verringert und sei seit 1952 mit etwa 40.000 Personen nahezu konstant geblieben. Demgegenüber waren damals etwa 22.000 im Lande Berlin wohnende Personen im Sowjetsektor oder in der Sowjetzone beschäftigt und bei den dortigen Versicherungsträgern versichert; dazu gehörten auch die im Lande Berlin beschäftigten Bediensteten der Eisenbahnverwaltung, an diesem Tatbestand hat sich bis zum heutigen Tage nichts geändert. Die Grenzgänger aus dem Sowjetsektor und der sowjetischen Besatzungszone erhielten nach den gesetzlichen Vorschriften Krankengeld und ähnliche Barleistungen in gleicher Weise wie Lohn oder Gehalt teilweise in »Ostmark« und teilweise in »Westmark«. In Höhe des Ostmark-Anteils der Barleistungen mußte die Krankenversicherungsanstalt Berlin Westmark an die Lohnausgleichskasse im Umtausch gegen nominell gleichhohe Ostmark-Beträge abführen. Insgesamt wurden daher die Barleistungen voll in Westmark verausgabt; die Währungsvorschriften bedingten nicht nur besondere Anspruchsprüfungen und Berechnungen, sondern erforderten auch eine Buchführung in zwei Währungen.

Am 26. Dezember 1957 wurde im Bundesgesetzblatt das Gesetz zur Einführung der Selbstverwaltung auf dem Gebiet der Sozialversicherung und Angleichung des Rechts der Krankenversicherung im Land Berlin (SKAG Berlin) verkündet, dessen Bestimmungen heute noch maßgeblich weitergelten. Dies führte dazu, daß die bisherige Krankenversicherungsanstalt Berlin mit Wirkung ab 1. Januar 1958 in Allgemeine Ortskrankenkasse Berlin umbenannt wurde. Erstmalig wurde eine Vertreterversammlung gewählt; ein von der Vertreterversammlung gewählter Vorstand trat an die Stelle des bisherigen von der Aufsichtsbehörde berufenen Gremiums. Die Wiederzulassung der stillgelegten Betriebs- und Innungskrankenkassen sowie der Ersatzkassen brachte für die Allgemeine Ortskrankenkasse Berlin eine wesentliche Verringerung ihres Mitgliederbestandes mit sich, sie verlor in den Jahren 1958, 1959 und 1960 24 v. H. ihrer Mitglieder. An die Stelle eines einheitlichen Beitrags für alle Pflichtmitglieder trat wie im Bundesgebiet ein allgemeiner und ein ermäßigter Beitragssatz. Das Leistungsrecht blieb unangetastet. Die Allgemeine Ortskrankenkasse Berlin betont in ihrem Geschäftsbericht 1961, daß sich eine erhebliche Verschlechterung des durchschnittlichen Versicherungsrisikos der Mitglieder ergeben habe. Bis Ende 1960 nahmen in Berlin 48 Betriebskrankenkassen, 8 Innungskrankenkassen und 10 Ersatzkassen ihre Tätigkeit wieder auf oder erstreckten ihre Tätigkeit auf Berlin. Seit der Wiederzulassung der anderen Kassenarten erhält die Allgemeine Ortskrankenkasse Berlin einen Zuschuß gemäß § 17 SKAG Berlin in Höhe desjenigen Betrages, der sich als Defizit ergibt, wenn nur der durchschnittliche allgemeine Beitragssatz aller Ortskrankenkassen des übrigen Bundesgebietes erhoben wird.

## Ausblick

Es würde den Rahmen dieser Abhandlung sprengen, die besondere Risikolage der Berliner Sozialversicherung in ihrer Entwicklung seit 1945 über die Spaltung der Stadt in den Jahren 1948/1949 und über den Mauerbau des Jahres 1961 hinaus darzustellen und zu analysieren. Dies müßte zugleich in eine Darstellung der bisherigen und der künftig notwendig werdenden Anstrengungen einmünden, dieser Stadt durch wohlüberlegten Standortausgleich den Weg in eine leistungsfähige Großstadt mit normalen Verhältnissen abzusichern. Daß Berlin nur durch die enge Bindung zur Bundesrepublik Deutschland auch auf dem Gebiet der Sozialversicherung seine positive Entwicklung absichern kann, wurde von der Geschäftsführung der Versicherungsanstalt Berlin bereits 1952 mit folgenden Worten im VAB-Nachrichtenblatt Nummer 1/52 herausgestellt: »Berlin-West kann es sich nicht leisten, eine völlig isolierte Gesetzgebung aufrechtzuerhalten. Damit würden wir den Deutschen in Berlin und in der Bundesrepublik nicht nützen, vielmehr ihre Zusammenarbeit erschweren.«
Höchst unvollständig wäre eine Darstellung der Nachkriegsgeschichte der Berliner Sozialversicherung ohne Erwähnung zweier Gesetze des Deutschen Bundestages, die Berlin auf dem Gebiet der Sozialversicherung bedeutsame Positionen von überregionaler Bedeutung zuweisen. Gemeint sind das Gesetz über die Errichtung der Bundesversicherungsanstalt für Angestellte in Berlin vom 7. August 1953 und das Gesetz über die Errichtung des Bundesversicherungsamts in Berlin vom 9. Mai 1956. Der Geschäftsbericht 1975 der Bundesversicherungsanstalt für Angestellte, die sich mit vollem Recht als größter deutscher Sozialversicherungsträger bezeichnet, vermerkt für Ende 1975 einen Bestand von 13.235 Mitarbeitern (die außerhalb Berlins tätigen Mitarbeiter der eigenen Kliniken, Kurkliniken und Sanatorien nicht mitgerechnet).

Die Mitarbeit der Berliner Sozialversicherungsträger in den Bundesverbänden der Sozialversicherungsträger wie auch umgekehrt die Ausstrahlungen vieler in den anderen Bundesländern hauptverwaltungsmäßig seßhaften Versicherungsträger nach Berlin, genannt seien die Berufsgenossenschaften, die Betriebskrankenkassen und die Ersatzkassen, tragen in hohem Maße dazu bei, die engen Bindungen des Landes Berlin zur Bundesrepublik Deutschland in voller Selbstverständlichkeit aufzuzeigen und zu sichern. Die Nachkriegsgeschichte der Berliner Sozialversicherung in Berlin ist ein besonders markantes Stück Geschichte der deutschen Sozialversicherung überhaupt. Die jungen Wissenschaftler sollten die Zeit, in der viele Akteure dieser Nachkriegsepoche noch unter uns weilen, nutzen, um alle Materialien und Aussagen festzuhalten, die für die Weiterentwicklung der Sozialversicherung den Politikern und den Praktikern eine echte Hilfe bieten können.

Lothar Rosenberg

# Das Modell der Schwerbehindertenfürsorge in Berlin nach dem Kriege

Der allgemeine Notstand, der unter der Berliner Bevölkerung am Ende des Zweiten Weltkriegs herrschte, stellte die Sozialverwaltung vor außerordentlich schwere Aufgaben.

Kriegsbeschädigte und Kriegshinterbliebene sowie Opfer des Faschismus warteten auf ihre Versorgung. Die Zahl kranker und hilfsbedürftiger Berliner war infolge der Entbehrungen der Kriegsjahre stark gestiegen. Leistungen der Krankenversicherung konnten noch nicht gewährt werden. Nahezu vierhunderttausend Rentner hatten seit März 1945 keine Rente mehr erhalten. Selbst die Zahlung von Fürsorgeunterstützungen war unterbrochen. Die Lage wurde weiter dadurch erschwert, daß fast eine Million Ausgewiesener, Heimkehrer und entlassener Kriegsgefangener trotz des bestehenden Zuzugsverbots nach Berlin hereingeströmt waren und ebenfalls einer Betreuung bedurften.

Die organisatorischen Schwierigkeiten, die dem sozialen Wiederaufbau entgegenstanden, schienen zunächst fast unüberwindlich. Es fehlte an allem. Viele Ämter waren praktisch lahmgelegt und mußten neu gebildet oder personell neu besetzt werden. Die Verwaltungsgebäude waren größtenteils dem Bombenkrieg zum Opfer gefallen. Geeignete Ersatzgebäude waren nur wenige vorhanden; die Einrichtungen und das notwendige Büromaterial mußten mühsam neu beschafft werden.

Allen diesen Hemmnissen stand der leidenschaftliche Aufbauwille der Männer und Frauen in den neu entstehenden Ämtern und in den freien Organisationen gegenüber, die sich nach dem Zusammenbruch die soziale Hilfe für ihre Mitbürger zur Aufgabe gemacht hatten. Ihre Arbeit hatte Erfolg. Eine deutsche Gesetzgebung, die den völlig veränderten Nachkriegsverhältnissen allgemein hätte Rechnung tragen können, gab es nicht mehr, auch keine der Stadt Berlin übergeordneten deutschen Instanzen, die auf eine Neuordnung hätten Einfluß nehmen können. Die Befehlsgewalt lag zunächst bei den Militärkommandanten der Besatzungsmächte; in der Folge erließen der Alliierte Kontrollrat und die Alliierte Kommandantur Gesetze und Anordnungen für Berlin, die sich aber nicht mit dem materiellen Sozialrecht befaßten. Berlin mußte sich also selbst helfen.

Der Magistrat der Stadt Berlin wurde am 17. Mai 1945 neu gebildet. Leiter der neuen Magistratsabteilung für Sozialwesen wurde Stadtrat Ottomar Geschke, sein Stellvertreter Dr. Ernst Schellenberg. Die Abteilung für Sozialwesen umfaßte vier Arbeitsbereiche: Allgemeines Sozialwesen, Hauptjugendamt, Sozialversicherung und Hauptausschuß Opfer des Faschismus.

Aufgabe des *Allgemeinen Sozialwesens* war es, allen Menschen in Berlin, soweit erforderlich, den notwendigen Lebensbedarf im Wege der Sozialfürsorge und durch Mietbeihilfen zu sichern. Rund 550.000 Menschen wur-

den auf diese Weise im September 1945 von den bezirklichen Sozialämtern unterstützt. Dazu kam die Betreuung der Zugewanderten. Auffanglager mußten geschaffen werden, von denen aus die Flüchtlinge in weniger besiedelte deutsche Gebiete weitergeleitet wurden.
Hand in Hand mit diesen gewaltigen Aufgaben und Leistungen des allgemeinen Sozialwesens gingen die Vorbereitungen zum Wiederaufbau der zum Erliegen gekommenen *Sozialversicherung*. Die Frage, in welcher Form die Sozialversicherung in Berlin am zweckmäßigsten, wirksamsten und einfachsten wieder in Gang gebracht werden könnte, wurde unter Leitung von Dr. Schellenberg mit Fachkräften der bisherigen Sozialversicherungsträger und der Gewerkschaften sehr eingehend erörtert. Die Beratungen führten zu der Erkenntnis, daß unter den gegebenen Verhältnissen die bisherige Zersplitterung der Sozialversicherung und ihrer Träger mit Hunderten von Geschäfts- und Verwaltungsstellen und entsprechend hohen Verwaltungskosten nicht beibehalten werden könnte. Vielmehr erschien es als der einzig gangbare Ausweg aus den chaotischen Verhältnissen, die bisherigen Versicherungsträger unter Einsetzung von Treuhändern stillzulegen und die Aufgaben der gesamten Sozialversicherung einem einheitlichen Träger mit dezentralisierter Verwaltung zu übertragen. Schon damals wurde betont, daß hierdurch der künftigen Gestaltung einer deutschen Sozialversicherung nicht vorgegriffen werden sollte, zumal durch die Einsetzung von Treuhändern der Vermögensstand der bisherigen Sozialversicherung gesichert und im übrigen für eine klare wirtschaftliche Trennung zwischen den bisherigen Versicherungsträgern und dem neuen Träger gesorgt würde.
Entsprechend dem Ergebnis der Verhandlungen wurde am 14. Juli 1945 die Magistratsanordnung zum Wiederaufbau der Sozialversicherung (Verordnungsblatt der Stadt Berlin — VOBl. — S. 64) mit den gleichzeitig dazu veröffentlichten Ausführungsbestimmungen der Abteilung Sozialwesen erlassen. Darin wurde bestimmt, daß mit Wirkung vom 1. Juli 1945 die *Versicherungsanstalt Berlin* (VAB) als einheitlicher Versicherungsträger für die gesamte Sozialversicherung in Berlin mit einer Hauptverwaltung und Bezirksverwaltungsstellen in allen Berliner Bezirken errichtet wurde. Gleichzeitig wurden die Aufgaben der Versicherungsanstalt, der Kreis der Versicherten und die Höhe der Beiträge in großem Rahmen festgelegt.
Der neue Versicherungsträger wurde von einem ehrenamtlich tätigen Vorstand geleitet, der aus zwölf Mitgliedern bestand, von denen sechs vom Magistrat der Stadt Berlin und sechs vom Freien Deutschen Gewerkschaftsbund benannt wurden. Vorsitzender des Vorstandes war der Leiter des Hauptamtes für Sozialwesen. Der Vorstand ernannte zum geschäftsführenden Direktor der Versicherungsanstalt Herrn Dr. Ernst Schellenberg, dem die gesamte Verwaltung der Anstalt unterstellt war.
Die Hauptverwaltung der Versicherungsanstalt bestand aus vier Verwaltungsabteilungen und sieben nach Fachgebieten gegliederten Hauptabteilungen, darunter einer *Hauptabteilung Berufsfürsorge für Schwerbeschädigte*. Unter den überaus schwierigen Lebensverhältnissen litten die Schwerkriegsbeschädigten, deren Zahl außerordentlich zugenommen hatte, aber auch viele Tausende von Zivilbeschädigten und Behinderten ganz besonders. Sie bedurften dringend der *Heilbehandlung*. Durch eine Anordnung der Magistratsabteilung für Gesundheitswesen über die Mitarbeit der Heilberufe, der Apotheken und Krankenhäuser in der Krankenversicherung vom

15. Juli 1945 (VOBl. S. 61) wurden die niedergelassenen Ärzte, die Zahnärzte, Dentisten und die Hebammen verpflichtet, für die Versicherungsanstalt Berlin tätig zu sein. Die Apotheken wurden verpflichtet, die für Kassenmitglieder ordnungsgemäß ausgestellten Rezepte auf Kosten der Versicherungsanstalt Berlin zu beliefern. Den Krankenhäusern wurde auferlegt, alle Versicherten der Versicherungsanstalt Berlin und deren mitversicherte Familienmitglieder, die ihnen zur Krankenhausbehandlung überwiesen wurden, aufzunehmen.

Darüber hinaus erstrebten die Beschädigten vor allem ihre baldige *Wiedereingliederung in den Arbeitsprozeß* auf Arbeitsplätzen, die sie mit den ihnen verbliebenen Fähigkeiten ausfüllen konnten. Ihre Unterbringung war angesichts des wirtschaftlichen Zusammenbruchs und der dadurch bedingten Notlage der Betriebe sehr erschwert. Eine wirksame *Berufsfürsorge* war unentbehrlich. Sie wurde als Versicherungsleistung gewährt.

Über die Aufgaben der Berufsfürsorge bestimmte die Satzung der Versicherungsanstalt Berlin vom 20. September 1946 folgendes:

»(1) Ist der Versicherte infolge seines Gesundheits- oder Körperzustandes in der Ausübung seines Berufs oder eines anderen Berufs, der ihm billigerweise zugemutet werden kann, wesentlich beeinträchtigt, so wird neben der Heilbehandlung oder im Anschluß daran Berufsfürsorge gewährt, wenn dadurch die Erwerbsfähigkeit gebessert werden kann.

(2) Die Berufsfürsorge umfaßt

1. Ausbildung zur Wiedergewinnung oder Erhöhung der Erwerbsfähigkeit im bisherigen Beruf,
2. Ausbildung für einen anderen Beruf,
3. Hilfe zur Erlangung einer geeigneten Arbeitsstelle.

(3) Über den Umfang der Berufsfürsorge entscheidet die Versicherungsanstalt nach pflichtgemäßem Ermessen.

(4) Lehnt der Versicherte ohne wichtigen Grund Maßnahmen der Berufsfürsorge ab, so können ihm für die Dauer der Weigerung Krankengeld und Rente ganz oder teilweise entzogen werden.«

Der Kreis der Versicherten der Versicherungsanstalt Berlin war weit gezogen. Er umfaßte alle gegen Entgelt Beschäftigten, alle Gewerbetreibenden und sonstigen Selbständigen mit bis zu fünf versicherungspflichtig Beschäftigten. Außerdem konnte sich jeder, der in Berlin seinen Wohnsitz hatte, unter bestimmten Voraussetzungen freiwillig versichern. Als Auftragsangelegenheit konnte die Versicherungsanstalt Berlin ferner im Rahmen der Bestimmungen der Satzung auch andere vom Magistrat der Stadt Berlin bezeichnete Personengruppen versorgen. Dabei handelte es sich im Interesse einer einheitlichen gesundheitlichen Versorgung insbesondere um die Rentner der Versicherungsanstalt Berlin und die Unterstützungsempfänger des Hauptamtes für Sozialwesen, die ohne besondere Beitragsleistung die Leistungen der Krankenversicherung mit Ausnahme von Krankengeld und Sterbegeld erhielten, sowie um die auftragsweise Durchführung der Berufsfürsorge für Nichtversicherte, die Kriegsbeschädigten und die Opfer des Faschismus.

Entsprechend dem umfassenden Versichertenkreis hatten praktisch alle Berliner Schwerbeschädigten ohne Rücksicht auf die Ursache ihrer Beschädigung (Kriegsbeschädigung, Unfall, Krankheit, Gebrechlichkeit u. a.)

Anspruch auf Berufsfürsorge und auf den Schutz des Schwerbeschädigtengesetzes.
Diese Regelung, die den dringenden Erfordernissen der Berliner Nachkriegslage entsprach, bedeutete die *endgültige Abkehr von dem engeren Schwerbeschädigtenbegriff*, den das noch geltende Schwerbeschädigtengesetz in der Fassung vom 12. Januar 1923 (RGBl. I S. 57) auf die schwerbeschädigten Kriegs- und Arbeitsopfer beschränkte und alle anderen Schwerbeschädigten und Schwererwerbsbeschränkten auf die im pflichtgemäßen Ermessen der Hauptfürsorgestellen stehende Möglichkeit einer Gleichstellung verwies. Das Gesetz von 1923, das sich nach dem Ersten Weltkrieg in Verbindung mit den Vorschriften des Reichsversorgungsgesetzes und der Unfallversicherung bewährt und ohne wesentliche Änderungen mehr als zwanzig Jahre überdauert hatte, erwies sich unter den völlig veränderten Verhältnissen nach dem Zweiten Weltkrieg und der besonders kritischen Lage Berlins als nicht mehr ausreichend. Es erschien vielmehr geboten, alle Schwerbeschädigten und Schwererwerbsbeschränkten ohne Rücksicht auf die Ursache ihrer Behinderung in die Rehabilitationsmaßnahmen und auch in den Schwerbeschädigtenschutz einzubeziehen. Für die britische Besatzungszone dehnte das Zentralamt für Arbeit mit Erlaß vom 5. April 1948 den Personenkreis des Schwerbeschädigtengesetzes von 1923 ebenfalls auf alle Körperbehinderten aus, deren Erwerbsfähigkeit durch Körperbeschädigung oder ein angeborenes oder erworbenes Leiden um wenigstens 50 v. H. gemindert war; Minderbeschädigte mit einer Minderung der Erwerbsfähigkeit von weniger als 50, aber mindestens 30 v. H. konnten den Schwerbeschädigten gleichgestellt werden, wenn ihre Unterbringung durch die Behinderung oder das Leiden besonders erschwert war.
Organisatorisch brachte die Zusammenfassung der gesamten Schwerbeschädigtenbetreuung unter dem Dach der Versicherungsanstalt Berlin große Vorteile für die Beschädigten und für die Verwaltung. Die Beschädigten konnten für alle sich aus ihrer Beschädigung ergebenden Ansprüche einschließlich der Beschaffung eines geeigneten Arbeitsplatzes von *einem* Leistungsträger versorgt werden, so daß sie sich nicht an verschiedene Behörden oder Anstalten zu wenden brauchten. Die Regelung schuf Klarheit über die einheitliche Zuständigkeit der Versicherungsanstalt für alle Berufswünsche der Beschädigten und vereinfachte und verbilligte zugleich durch geringeren Personal- und Raumbedarf die Verwaltung wesentlich. Ein unmittelbares und unbürokratisches Zusammenwirken der Hauptabteilung Berufsfürsorge mit der medizinischen und der orthopädischen Hauptabteilung sowie mit den anderen Hauptabteilungen der Versicherungsanstalt war gewährleistet. Auch mit den Bezirksverwaltungsstellen der Versicherungsanstalt arbeitete die Hauptabteilung Berufsfürsorge eng zusammen. Die entscheidende Voraussetzung für eine erfolgreiche Tätigkeit der Hauptabteilung war die Lösung der Personalfrage.
Die Berufsfürsorge ist eine rein individuelle Hilfe, die ganz auf die Persönlichkeit jedes einzelnen Beschädigten abgestellt ist. Sie stellt an den Berufsfürsorger besonders hohe Anforderungen nicht nur hinsichtlich gründlicher Fachkenntnisse, sondern auch an seine persönlichen Eigenschaften und sein Einfühlungsvermögen, mit dem er das Vertrauen der Beschädigten gewinnen, ihn in seinen persönlichen Angelegenheiten umfassend beraten, sein gemindertes Selbstbewußtsein wieder stärken und ihm so eine Hilfe zur

Selbsthilfe leisten muß. Die Mitarbeiter der Abteilung Arbeitsbeschaffung, insbesondere auch in deren Außendienst, mußten darüber hinaus Betriebskenntnisse und besondere Fähigkeiten für ihre Verhandlungen mit den Arbeitgebern über die Beschäftigung Schwerbeschädigter sowie für die nachgehende Fürsorge aufweisen.
Es war der Versicherungsanstalt Berlin gelungen, qualifizierte und besonders befähigte Mitarbeiter aus den Kreisen der früheren Versicherungsträger und Behörden sowie sonstigen Verwaltungen, auch der Privatversicherungen, zu gewinnen und damit das erforderliche Niveau bei der Besetzung der Mitarbeiterstellen zu sichern. Die Hauptabteilung Berufsfürsorge für Schwerbeschädigte hatte das Glück, über Mitarbeiter zu verfügen, die allen Anforderungen entsprachen und in der Erfüllung ihrer Aufgaben wetteiferten.
Bei der hohen sozialen und auch politischen Bedeutung, die einer befriedigenden Lösung der Schwerbeschädigtenprobleme zukam, zeigte auch die Alliierte Kommandantur schon bald an der Arbeit der Versicherungsanstalt Berlin auf diesem Gebiet Interesse. In zahlreichen Gesprächen hatte Direktor Dr. Schellenberg Gelegenheit, die ihn besuchenden Verbindungsoffiziere der Besatzungsmächte über die erreichten Fortschritte zu unterrichten. Im Unterschied von den anderen Besatzungszonen, in denen die Schwerbeschädigtenprobleme nicht von den Besatzungsmächten behandelt wurden, sondern allein den Landesregierungen überlassen blieben, erließ die Alliierte Kommandantur am 20. Dezember 1945 eine Anordnung über die Beschäftigung beschädigter Personen (VOBl. 1946 S. 5), die sich von den Vorschriften des Schwerbeschädigtengesetzes von 1923 in wesentlichen Punkten unterschied. Die Anordnung enthielt Vorschriften über den Kreis der Schwerbeschädigten und bestätigte darin im wesentlichen die Grundsätze, nach denen die Versicherungsanstalt Berlin schon verfuhr. Danach hatten alle Personen, die in ihrer Erwerbsfähigkeit um mindestens 50 v. H. gemindert waren, ungeachtet der Ursache ihrer Beschädigung als Schwerbeschädigte im Sinne der Anordnung zu gelten. Die Entscheidung über das Bestehen und den Grad der Beschädigung wurde der Magistratsabteilung für Sozialwesen übertragen. Ferner wurden alle Arbeitgeber mit mehr als zehn Beschäftigten verpflichtet, Schwerbeschädigte auf geeigneten Arbeitsplätzen in einem vom Arbeitsamt oder der Hauptabteilung für Arbeitseinsatz zu bestimmenden Umfang zu beschäftigen. Dabei wurde die Anrechnung von zwei Minderbeschädigten (Minderung der Erwerbsfähigkeit zwischen wenigstens 30 und weniger als 50 v. H.) auf einen Schwerbeschädigtenarbeitsplatz zugelassen. Schließlich wurde eine mindestens vierwöchige Kündigungsfrist zugunsten Schwerbeschädigter vorgeschrieben mit der Maßgabe, daß die Entlassung von Schwerbeschädigten der Zustimmung des Hauptamtes für Arbeitseinsatz bedurfte.
Zu dieser Anordnung der Alliierten Kommandantur erließ der Magistrat der Stadt Berlin, Hauptamt für Sozialwesen, gemeinsam mit der Abteilung Arbeit, am 16. Januar 1946 (VOBl. S. 17) Ausführungsbestimmungen, nach denen über das Bestehen und den Grad der Beschädigung im Auftrage des Hauptamtes für Sozialwesen die Versicherungsanstalt für Berlin, Hauptabteilung Berufsfürsorge für Schwerbeschädigte, zu entscheiden hatte. Der Umfang der Verpflichtung der Arbeitgeber zur Beschäftigung Schwerbeschädigter wurde auf 10 v. H. der Beschäftigtenzahl festgesetzt. Ferner

wurde bestimmt, daß die Aufgaben, die sich aus der Anordnung der Alliierten Kommandantur für das Hauptamt für Arbeitseinsatz und für die Arbeitsämter ergaben, im Auftrage des Magistrats, Hauptamt für Arbeitseinsatz und Hauptamt für Sozialwesen, ebenfalls von der Versicherungsanstalt Berlin, Hauptabteilung Berufsfürsorge für Schwerbeschädigte, wahrzunehmen waren. Die Magistratsabteilung für Arbeit behielt sich lediglich gegenüber der Hauptabteilung Berufsfürsorge hinsichtlich der Vermittlung von Schwerbeschädigten direkte Anweisungsbefugnis vor. Schließlich wurde bestimmt, daß das Schwerbeschädigtengesetz von 1923, soweit es nicht mit der Anordnung der Alliierten Kommandantur im Widerspruch stand, weiterhin entsprechend anzuwenden war, wobei die Hauptabteilung Berufsfürsorge an die Stelle der Hauptfürsorgestelle trat.

Hiernach bildeten die Rechtsgrundlagen für die einheitliche Zuständigkeit der Versicherungsanstalt Berlin für das gesamte Gebiet der Berufsfürsorge für Schwerbeschädigte die Anordnung der Alliierten Kommandantur vom 20. September 1945, die dazu erlassenen Ausführungsbestimmungen des Magistrats vom 16. Januar 1946, die Satzung der Versicherungsanstalt Berlin und das Schwerbeschädigtengesetz von 1923, soweit es nicht mit der Anordnung der Kommandantur im Widerspruch stand.

In der Hauptabteilung Berufsfürsorge bestand eine *Abteilung Allgemeine Berufsfürsorge.* Zu ihren Aufgaben gehörte zunächst die Entscheidung über das Vorliegen einer Behinderung und die *Feststellung des Grades der Minderung der Erwerbsfähigkeit* im Einvernehmen mit der medizinischen Hauptabteilung. Einen breiten Raum nahm das *Ausweiswesen* ein. Es wurden Schwerbeschädigtenausweise geschaffen, die nach Feststellung des Grades der Minderung der Erwerbsfähigkeit an die Beschädigten ausgegeben wurden. Die Ausweise gewährten — abgestuft nach dem Grade der Behinderung — insbesondere Freifahrt oder Fahrpreisermäßigung auf den Verkehrsmitteln der Berliner Verkehrsbetriebe sowie Fahrpreisermäßigung auf der Berliner Stadtbahn.

Weitere Aufgaben der Abteilung Allgemeine Berufsfürsorge waren u. a. die *Erholungsfürsorge,* die für gesundheitlich gefährdete Schwerbeschädigte eingerichtet worden war, sowie die *Siedlungs- und Wohnungsfürsorge,* die sich trotz mancher Schwierigkeiten allmählich ebenfalls günstig entwickelte; auch wurden Vereinbarungen über die Gewährung von *Vergünstigungen für Schwerbeschädigte* beim Besuch kultureller und sportlicher Veranstaltungen getroffen.

Die Entscheidung über Anträge auf *Zustimmung zur Kündigung* Schwerbeschädigter unter Einhaltung einer mindestens vierwöchigen Kündigungsfrist erforderte eine besonders sorgfältige Prüfung in der Abteilung Allgemeine Berufsfürsorge.

In den Ausführungsbestimmungen des Magistrats vom 16. Januar 1946 zur Anordnung der Alliierten Kommandantur vom 20. Dezember 1945 waren der Hauptabteilung Berufsfürsorge auch alle Aufgaben der Hauptfürsorgestelle bei der Durchführung des Schwerbeschädigtenschutzes übertragen worden. Die Abteilung Allgemeine Berufsfürsorge hatte daher neben rein berufsfürsorgerischen Aufgaben auch alle sonstigen Angelegenheiten einer *sozialen Fürsorge* wahrzunehmen; dazu gehörte eine umfassende Betreuung des Schwerbeschädigten in seiner persönlichen Situation.

Die *Abteilung Besondere Berufsfürsorge* hatte dem Beschädigten alle erforderlichen *Ausbildungshilfen* zur Wiedergewinnung oder Erhöhung seiner Erwerbsfähigkeit in seinem bisherigen oder einem verwandten Beruf oder auch einer anderen für ihn geeigneten — unter Umständen auch selbständigen — Berufstätigkeit zu gewähren mit dem Ziel, ihm möglichst die Aufrechterhaltung seines bisherigen Lebensstandards zu ermöglichen. In vielen Fällen waren *Umschulungen* auf andere Berufe notwendig. Auch Beschäftigungswerkstätten für Schwerbeschädigte konnten die Wiedereingewöhnung fördern, wenn der Beschädigte nicht schon einsatzfähig war. Ferner bestanden in der Abteilung Besondere Berufsfürsorge vier Sonderabschnitte für *Blinde und Hochgradig Sehschwache*, für *Taubstumme und Gehörgeschädigte* (mit einem Taubstummendolmetscher und einer Fachkraft zur Leitung von Absehkursen) sowie für *Hirnverletzte* und *TBC-Kranke.*

Besondere Bedeutung kam der *Abteilung Arbeitsbeschaffung* zu, deren Aufgabe die laufende *Beschaffung geeigneter Arbeitsplätze* für Schwerbeschädigte in den Betrieben und Verwaltungen mit Hilfe zahlreicher Berufsfürsorger im Außendienst sowie die individuelle *Arbeitsvermittlung* war, die der Beschaffenheit des einzelnen Arbeitsplatzes und der besonderen Eignung des Beschädigten dafür angepaßt sein mußte. Bei der vorausgehenden sorgfältigen *Berufsberatung* wirkten die Abteilungen Arbeitsbeschaffung und Allgemeine Berufsfürsorge eng zusammen. Eine umfassende *Arbeitgeberkontrolle* (Überwachung der Erfüllung der Einstellungspflicht der Betriebe) wurde laufend geführt. Kontrollbesuche in den Betrieben waren oft notwendig.

Mit der Vermittlung eines Arbeitsplatzes war die Tätigkeit der Berufsfürsorge nicht abgeschlossen. Im Rahmen der *nachgehenden Fürsorge* waren weitere Betriebsbesuche des Außendienstes notwendig, um die Erfahrungen des Schwerbeschädigten an seinem Arbeitsplatz festzustellen und etwaigen Mängeln in seiner Beschäftigung abzuhelfen und damit zur dauernden Sicherung des Arbeitsplatzes beizutragen. Die Berufsfürsorger im Außendienst hatten ferner laufend Verhandlungen mit Betrieben und Verwaltungen zu führen, um darauf hinzuwirken, daß diese ihre Verpflichtung zur Einstellung Schwerbeschädigter ausreichend erfüllten.

Auf allen diesen Gebieten war die Hauptabteilung Berufsfürsorge für Schwerbeschädigte in den folgenden Jahren mit zunehmendem Erfolg tätig. Sie arbeitete in einem bei ihr errichteten *Schwerbeschädigtenausschuß* mit den Vertretern aller Beteiligten, insbesondere der Gewerkschaften und Vertretern der Wirtschaft sowie der Beschädigtenverbände eng zusammen. Sehr erfolgreich erwiesen sich die jahrelang durchgeführten monatlichen Besprechungen mit den *Vertrauensmännern der Schwerbeschädigten* im Deutschen Gewerkschaftsbund, die mit ihren Erfahrungen in den Betrieben und Verwaltungen zur Ausgestaltung der Arbeit wesentlich beitrugen.

An der einheitlichen Durchführung der gesamten Berufsfürsorge für Schwerbeschädigte durch die Versicherungsanstalt Berlin änderte sich vorläufig nach § 67 des Berliner Sozialversicherungsanpassungsgesetzes vom 3. Dezember 1950 (VOBl. I S. 542) und nach § 10 des Berliner Rentenversicherungsüberleitungsgesetzes vom 10. Juli 1952 (Gesetz- und Verordnungsblatt für Berlin — VGBl. — S. 588) nichts.

Wie oben dargelegt, gab es seit 1945 auf dem Gebiet der Schwerbeschädigtenfürsorge eine Vielzahl von landesrechtlichen Regelungen zur Änderung

und Ergänzung des Schwerbeschädigtengesetzes von 1923. Ein einheitliches deutsches Recht fehlte. Um die Rechtseinheit auf diesem Gebiet wiederherzustellen, begannen schon Ende der vierziger Jahre die Vorarbeiten für ein *neues Schwerbeschädigtengesetz.* Dem Deutschen Bundestag wurde nach der ersten Beratung im Bundesrat im Juni 1952 ein Gesetzentwurf zugeleitet, der am 5. Mai 1953 verabschiedet und als Schwerbeschädigtengesetz vom 16. Juni 1953 (BGBl. I S. 389) verkündet wurde.
Das Gesetz, das am 1. Mai 1953 in Kraft trat, erweiterte den bisher geschützten Personenkreis um Personen, die infolge einer gesundheitlichen Schädigung durch nationalsozialistische Verfolgungsmaßnahmen aus politischen, rassischen oder religiösen Gründen um wenigsten 50 v. H. in ihrer Erwerbsfähigkeit gemindert waren, und um Zivilblinde, sah jedoch davon ab, den Kreis der Berechtigten auf alle Schwerbeschädigten ohne Rücksicht auf die Ursache der Beschädigung auszudehnen. In Würdigung der in *Berlin* bestehenden weitergehenden Regelung wurde aber in das Gesetz eine *Ausnahmevorschrift* aufgenommen, wonach es hinsichtlich des geschützten Personenkreises, des Gleichstellungsverfahrens, des Umfangs der Beschäftigungspflicht und der Zusammenfassung mehrerer Betriebe desselben Arbeitgebers im Bezirk verschiedener Arbeitsämter bei der in Berlin geltenden Regelung verblieb.
Während auf diese Weise den Berliner Interessen in materieller Hinsicht entsprochen worden war, ergaben sich aus den organisatorischen Vorschriften des Gesetzes über die Zuständigkeit der Hauptfürsorgestellen und der Arbeitsverwaltung für Berlin einschneidende Änderungen. Auch in Berlin mußten nunmehr in Angleichung an die im übrigen Bundesgebiet bestehende Regelung die Aufgaben der Berufsfürsorge für Schwerbeschädigte auf die im Jahre 1951 in der Senatsverwaltung für Sozialwesen zur Durchführung der sozialen Kriegsbeschädigten- und Kriegshinterbliebenenfürsorge errichtete Hauptfürsorgestelle und auf das Landesarbeitsamt Berlin übertragen werden.
Für die Mitarbeiter, die bis dahin in der Hauptabteilung Berufsfürsorge für Schwerbeschädigte der Versicherungsanstalt Berlin — die seit dem 1. April 1952 Krankenversicherungsanstalt Berlin hieß — beschäftigt waren, sollte jeder Nachteil, der sich für sie aus der Organisationsänderung hätte ergeben können, ausgeschlossen werden. Das *Berliner Gesetz zur Übernahme des Schwerbeschädigtengesetzes* vom 3. Juli 1953 (GVBl. S. 581), das — wie das Schwerbeschädigtengesetz — mit Wirkung vom 1. Mai 1953 in Kraft trat, enthielt deshalb folgende Vorschrift:
»Die beim Inkrafttreten dieses Gesetzes in der Berufsfürsorge für Schwerbeschädigte bei der Krankenversicherungsanstalt Berlin beschäftigten Arbeitnehmer sind, soweit sie nicht von der Bundesanstalt für Arbeitsvermittlung und Arbeitslosenversicherung übernommen werden, in die Dienste des Landes Berlin zu übernehmen.«
Um eine reibungslose *Überleitung der Aufgaben* auf die beim Senator für Sozialwesen bestehende Hauptfürsorgestelle und auf das Landesarbeitsamt Berlin zu gewährleisten, waren umfangreiche Verhandlungen zwischen den beteiligten Stellen notwendig.
Über die Verteilung der Aufgaben, die sich aus den Vorschriften des Schwerbeschädigtengesetzes ergab, wurde bald eine Einigung erzielt.
Das *Landesarbeitsamt Berlin* übernahm insbesondere die Berufsberatung und

die Arbeitsvermittlung der Schwerbeschädigten, die Feststellung der Einstellungspflicht der Betriebe und ihre laufende Kontrolle sowie die Beschaffung von Arbeitsplätzen und die Festsetzung der Ausgleichsabgabe.

Die *Hauptfürsorgestelle* hatte die gesamte sonstige Schwerbeschädigtenfürsorge durchzuführen, insbesondere die Berufsausbildung, Umschulung und andere berufsfördernde Maßnahmen, die Gleichstellung von Minderbeschädigten, den Kündigungsschutz, die wirtschaftliche Selbständigmachung Schwerbeschädigter, die Beschaffung von Arbeitshilfsgeräten sowie alle anderen mit der beruflichen Unterbringung Schwerbeschädigter zusammenhängenden fürsorgerischen Maßnahmen. Durch das neue Schwerbeschädigtengesetz waren die bisherigen Aufgaben der Hauptfürsorgestellen wesentlich erweitert worden, z. B. durch die Einbeziehung der Kriegerwitwen in die Berufsfürsorge.

Die *Bezirksstellen* waren als örtliche Verbindungsstellen an der Durchführung der Berufsfürsorge, insbesondere bei der Erteilung der Schwerbeschädigtenausweise beteiligt.

Entsprechend dieser Aufgabenverteilung wurden die bisher in der Abteilung Arbeitsbeschaffung beschäftigten 74 Mitarbeiter der Krankenversicherungsanstalt Berlin von der Bundesanstalt für Arbeitsvermittlung und Arbeitslosenversicherung übernommen, während die übrigen 104 Mitarbeiter der bisherigen Hauptabteilung Berufsfürsorge für Schwerbeschädigte vom Land Berlin zu übernehmen waren; davon entfielen 71 Mitarbeiter auf die Hauptfürsorgestelle und 33 Mitarbeiter auf die Bezirksämter, Abteilungen Sozialwesen.

Die Gesamtzahl von 174 Mitarbeitern in der bisherigen Hauptabteilung Berufsfürsorge für Schwerbeschädigte und den Bezirksverwaltungsstellen in der Schwerbeschädigtenfürsorge beweist, daß sich der Personalbestand dank der Zusammenfassung der gesamten Berufsfürsorge bei der Versicherungsanstalt Berlin im Vergleich mit dem äußerst umfangreichen Arbeitsgebiet in sehr bescheidenem Rahmen hielt. Es wurden monatlich durchschnittlich 800 bis 1000 Arbeitsvermittlungen getätigt. Die Zahl der Besucher, die in der Hauptabteilung und in den Bezirksverwaltungsstellen vorsprachen, betrug monatlich etwa 50.000.

Von den registrierten rd. 100.000 Schwerbeschädigten kamen für eine Berufstätigkeit nur etwa $^2/_3$ = 65.000 in Betracht. Von ihnen standen im September 1952 rd. 52.000 in Arbeit. 13.000 Schwerbeschädigte waren noch arbeitslos. Eine Abhilfe konnte nur durch Vermehrung der Arbeitsplätze in der freien Wirtschaft herbeigeführt werden. Die für die Beschäftigung Schwerbeschädigter vorgeschriebene Pflichtzahl von 10 v. H. der in den Betrieben und Verwaltungen Beschäftigten war annähernd erreicht. Im Gesamtdurchschnitt der Betriebe und öffentlichen Verwaltungen waren im Juni 1952 rd. 8,9 v. H. aller Arbeitsplätze, und zwar in der Verwaltung allein 9,4 v. H. mit Schwerbeschädigten besetzt. In Anbetracht der immer noch ungünstigen allgemeinen Wirtschaftslage, die in Auswirkung der Kriegsfolgen, der Blockade und der Spaltung der Stadt große Einbußen erlitten hatte, und bei der hohen Gesamtarbeitslosenzahl von annähernd 280.000 konnte die Beschäftigungslage der Schwerbeschädigten als nicht ungünstig bezeichnet werden.

In den abschließenden Überleitungsbesprechungen im Ausschuß für allgemeine Fragen des Verwaltungsausschusses des Landesarbeitsamtes Berlin im Sommer 1953, an denen Vertreter der Gewerkschaften, der Industrie- und Handelskammer sowie der Arbeitgeberverbände teilnahmen, wurde die erfolgreiche Arbeit der bisherigen Hauptabteilung Berufsfürsorge für Schwerbeschädigte ausdrücklich anerkannt. Der Vertreter des Deutschen Gewerkschaftsbundes und spätere Sozialsenator Heinrich Kreil konnte feststellen, daß die Berufsfürsorge für Schwerbeschädigte der Versicherungsanstalt Berlin von der Kritik, die mitunter in der Öffentlichkeit und in der Presse an sozialen Einrichtungen geübt wurde, stets ausgenommen gewesen sei. Der Ausschuß empfahl dringend, die Arbeit der bisherigen Abteilung Arbeitsbeschaffung künftig im Rahmen des Landesarbeitsamtes wie bisher unverändert zentral fortzusetzen. Dementsprechend verfügte der Präsident des Landesarbeitsamtes im Juli 1953, daß die bisherige Abteilung Arbeitsbeschaffung und -vermittlung der Hauptabteilung Berufsfürsorge für Schwerbeschädigte innerhalb des Landesarbeitsamtes unter der Amtsbezeichnung »Landesarbeitsamt Berlin — Schwerbeschädigtenvermittlung —« unverändert weiterzuarbeiten habe.

Ebenso fanden die Mitarbeiter der bisherigen Abteilungen Allgemeine und Besondere Berufsfürsorge sowie der Bezirksverwaltungsstellen bei der Hauptfürsorgestelle der Senatsverwaltung für Sozialwesen und bei den Bezirksämtern, Abteilungen Sozialwesen, wieder ihre gewohnte Tätigkeit. —

Die Gesetzgebung auf dem Gebiet des Schwerbeschädigtenschutzes nahm ihren Fortgang. Das Körperbehindertengesetz vom 27. Februar 1957 (BGBl. I S. 147) sah Rehabilitationsmaßnahmen der Landesfürsorgeverbände für alle Körperbehinderten vor. Es wurde ersetzt durch entsprechende Vorschriften des Bundessozialhilfegesetzes in dessen erster Fassung vom 30. Juni 1961 (BGBl. I S. 815) über die Eingliederungshilfe für Körperbehinderte, für Blinde und hochgradig Sehschwache, für Hör- und Sprachgeschädigte und geistig oder seelisch Behinderte sowie für Tbc-Kranke, die in der jetzt geltenden Fassung des Bundessozialhilfegesetzes in den §§ 39 bis 50 enthalten sind.

Eine neue Fassung des Schwerbeschädigtengesetzes erschien unter dem Datum vom 3. Juli 1961 (BGBl. I S. 387). Auch darin blieb der Schwerbeschädigtenschutz — unter Einbeziehung von Beschädigten im Sinne des § 4 des Häftlinghilfegesetzes — noch auf bestimmte Personengruppen beschränkt. Mit dem Inkrafttreten dieses Gesetzes hob die Alliierte Kommandantur unter dem 4. Oktober 1961 ihre Anordnung über die Beschäftigung Schwerbeschädigter vom 20. Dezember 1945 auf (GVBl. 1961 S. 1492).

Der entscheidende Durchbruch zur Einbeziehung aller Schwerbeschädigten ohne Rücksicht auf die Ursache ihrer Behinderung in den gesetzlichen Schutz vollzog sich mit dem Gesetz zur Weiterentwicklung des Schwerbeschädigtenrechts vom 24. April 1974 (BGBl. I S. 981). Danach erhielt der § 1 des Schwerbeschädigtengesetzes von 1961 folgende Fassung:

»Schwerbehinderte

Schwerbehinderte im Sinne dieses Gesetzes sind Personen, die körperlich, geistig oder seelisch behindert und infolge ihrer Behinderung in ihrer Erwerbsfähigkeit nicht nur vorübergehend um wenigstens 50 v. H. gemindert sind, sofern sie rechtmäßig im Geltungsbereich dieses Gesetzes wohnen, sich gewöhnlich aufhalten oder eine Beschäftigung als Arbeitnehmer ausüben.«

Der Ring zwischen dem Berliner Recht, das der Entwicklung auf diesem Gebiet um fast dreißig Jahre vorausgeeilt war, und dem Bundesrecht war wieder geschlossen. Die Neufassung des Schwerbehindertengesetzes trägt die Bezeichnung »Gesetz zur Sicherung der Eingliederung Schwerbehinderter in Arbeit, Beruf und Gesellschaft (Schwerbehindertengesetz)« in der Fassung vom 29. April 1974 (BGBl. I S. 1005). —

Worin lag das Geheimnis für den Erfolg der Berufsfürsorge für Schwerbehinderte innerhalb des Phänomens »VAB«?

Zunächst in der organisatorischen Zusammenfassung aller Aufgaben der Berufs- und Arbeitsfürsorge für Schwerbeschädigte an *einer* Stelle und in der Einbeziehung *aller* Schwerbeschädigten in den gesetzlichen Schwerbeschädigtenschutz.

Zu verdanken ist der Erfolg weiter allen Beteiligten: insbesondere der Mitwirkung der Gewerkschaften, der bereitwilligen Erfüllung der Pflichten des Gesetzes durch die Arbeitgeber der freien Wirtschaft und durch die öffentliche Verwaltung und nicht zuletzt der verdienstvollen Arbeit aller Mitarbeiter der Hauptabteilung Berufsfürsorge für Schwerbeschädigte und der Bezirksverwaltungsstellen. Die Arbeitsatmosphäre und das Betriebsklima waren in der Berufsfürsorge für Schwerbeschädigte stets vorbildlich.

Das Hauptverdienst gebührt Herrn Professor Dr. Ernst Schellenberg. Er gestaltete den Aufbau und die Weiterentwicklung der Berufsfürsorge selbst und schuf damit die Voraussetzungen für eine großzügige erfolgreiche Arbeit. Seinen Mitarbeitern, mit denen er stets in enger Verbindung stand und sie in vielen Betriebsversammlungen mit der sozialpolitischen Entwicklung vertraut machte, war er ein Freund und Vorbild.

Georg Weyhmann

# Die Geschichte des Ambulatoriums der AOK Berlin

## Vorgeschichte: Begegnung mit Prof. Dr. Ernst Schellenberg

Als ich, junger Studiosus, 1932 die lebhafte, unruhige damalige Hauptstadt des Deutschen Reiches zum ersten Male sah, war für mich alles neuartig, grandios, fesselnd. In drei Jahren wurde mir Berlin mit allem, was es bot, vertraut. Ich hätte mir nie träumen lassen, daß ich in dieser Stadt einmal über Jahrzehnte beruflich tätig sein sollte. Beruflich weitergebildet in zehnjähriger Tätigkeit in einem Kreiskrankenhaus im Weichbild Dresdens, empfand ich spätestens 1946, wie wenig mir die politischen Entwicklungen, die hier von der Besatzungsmacht veranlaßt wurden, zusagten. Immerhin erkannte ich sehr bald die ungefähre Fortentwicklung im ärztlichen Bereich und im Krankenhauswesen nach weiterer Tätigkeit beim Gesundheitsamt der Stadt Chemnitz in einer Krankenhauspoliklinik. Auch hier konnte ich noch nicht vermuten, daß mich für die nächsten Jahrzehnte eine im Zuschnitt wenigstens ähnliche Tätigkeit festhalten würde. Ich suchte nahezu planlos nach einer Möglichkeit, mich individuell ärztlich zu betätigen, denn das Berufsziel, sich in freier Praxis niederzulassen, steckte anscheinend festverwurzelt in mir.

Obgleich sich eigentlich überall im Lande berufliches Fortkommen anbot, war meine Suche weitgreifend und führte schließlich nach Berlin. In dieser so gründlich kriegszerstörten Stadt sank der Schwung, sich frei niederzulassen, alsbald unter den Nullpunkt. Zwar äußerte jedes Bezirksgesundheitsamt seine Freude, daß der große Mangel an Ärzten in diesen Jahren sich allmählich beheben sollte, aber Wohnraum in einem halbwegs erhaltenen Straßenzug gab es beim besten Willen nicht. Nach einer der über Nacht unter rechten Strapazen bewältigten Berlinfahrten erklärte mir der Gesundheitsstadtrat von Kreuzberg, daß die VAB (Versicherungsanstalt Berlin) Ärzte suche, wie eine Suchanzeige bestätigte. Ich solle mich doch an Prof. Schellenberg wenden, da dieser für die Einrichtung von Ambulatorien schon seit einiger Zeit alle Fachrichtungen von Ärzten suche.

Es war schon Sonnabend gegen Mittag und kurz vor Schluß der Dienststunden, als ich das Hauptbüro der VAB in der Rungestraße betrat. Die Vorzimmersekretärin von Prof. Schellenberg hörte mich zwar an, das Gesicht aber war wenig hoffnungsvoll. Im Vorraum standen sechs Hauptabteilungsleiter, die auf eine Besprechung warteten, wie ich später erfuhr. Noch im Fragen, ob wohl Aussicht auf ein Gespräch überhaupt bestehe, tat sich die Tür zum Arbeitszimmer auf, ausgefüllt fast ganz durch eine mächtige Vitalität ausstrahlende Figur: Ernst Schellenberg. Die Hauptabteilungsleiter nicht achtend, nahm er sich sofort des Fremden an, entführte ihn in sein Zimmer und entwickelte in etwa 30 Minuten — begeistert und begeisternd — Aufbau und Neufassung der umfassenden Versicherungsanstalt Berlin, VAB genannt, die alle Zweige der Sozialversicherung in einem Träger vereinigt: die Pflichtversicherungen der Kranken, der Renten- und der Unfallversicherung. Ein langes, dazwischenlaufendes Telefongespräch mit Seiner Magnifizenz, dem Universitätsrektor, ließ in mir nach dem ersten Erstaunen auch den ersten Erlebnissturm etwas zurücktreten. Vor der Tür warteten immer noch die sechs Hauptabteilungsleiter. Nach diesen, wie mir schien, hochfliegenden Gedanken und Plänen beim gleichzeitigen Anblick der zerstörten Umgebung durch die Fenster wußte ich nicht so recht, ob ich selbst kleingläubig war oder eben nur unverhofft und unvorbereitet solch weitgreifenden Gedanken gegenüberstand.

Immerhin bekam ich schon in dieser ersten unerwarteten Begegnung eine Vorahnung von der Dynamik der Gedanken Ernst Schellenbergs. Sie schienen offenbar von der allumgebenden Not entfacht, um in der unendlich zerschlagenen Großstadt Berlin ans Werk zu gehen mit dem Ziel, körperliche und soziale Not zu wenden. Aber Prof. Schellenberg war in seiner mitreißenden Art und allgegenwärtigen Eile noch nicht am Ende. Er machte eingehende Ausführungen über Behandlungseinrichtungen der VAB, die er wegen der knappen räumlichen und materiellen Möglichkeiten der Nachkriegsjahre für unumgänglich hielt, um den erst spärlich in die alte Hauptstadt zurückkehrenden Ärzten möglichst effektive Behandlungsstätten zu geben. Eigenes Architekten- und Baubüro seien bereits an der Arbeit und die Pläne schon der Wirklichkeit sehr nahe. Auch in der Wohnungsbeschaffung für die benötigten und anzustellenden Ärzte sah er kein hinderndes Problem.

Ende Oktober 1948 war es soweit: ich zog nach Berlin, und der Zufall wollte es, daß sich meine Wohnung in einem Dienstgebäude der VAB in Wilmersdorf befand; mein einziger Nachbar unter gleichem Dach war ... Prof. Schellenberg, und das blieb so bis 1955.

## Das Ambulatorium in der Landsberger Straße

Bei den ausgebreiteten Zerstörungen in allen Stadtteilen war man gezwungen, ein ambulantes Behandlungsinstitut dorthin zu legen, wo noch rekonstruierbare Bausubstanz anzutreffen war. Nördlich des Alexanderplatzes in der Landsberger Straße entstand eine VAB-Bezirksstelle und in den oberen Geschossen das erste voll arbeitsfähige Ambulatorium, »Haus der Gesundheit« genannt. Es war ausgestattet mit mehreren internen Praxen, chirurgischer, Hals-, Nasen-, Ohren- und Hautpraxis. Allen gemeinsam diente ein großes Röntgeninstitut und Laboratorium. Nach heutigen Begriffen war zwar die Einrichtung dürftig, alles in allem aber zweckmäßig. Alle Möglichkeiten, Kranke zu beraten, zu untersuchen und zu behandeln, waren gegeben. Die Bezirksstelle, von der die Versicherten ihre Krankenscheine abholen, Auszahlungen, An- und Abmeldungen vornehmen lassen mußten, mit der ärztlichen Behandlungsmöglichkeit im Hause zu verbinden, lag nahe, weil der Patientenstrom ohnehin in ein solches Haus kommen mußte.

## Das Ambulatorium der Klinik Johannisstraße

Um auch in der nördlichen Friedrichstraße nahe dem Bahnhof Friedrichstraße und dem Oranienburger Tor ein Ambulatorium erstehen zu lassen, wurde das Ambulanz-Gebäude der nordöstlichen Eisen- und Stahlberufsgenossenschaft für die ambulante Behandlung umgebaut. Das Haus, das einer Arbeitgeberorganisation gehörte, die in der russischen Einflußsphäre zerschlagen war, war als Vorderhaus leidlich erhalten. Die große Nähe zu den alten Universitätskliniken und der Universitätsfrauenklinik in der Ziegelstraße ergab die Bildung eines medizinischen Zentrums in kleinem Umkreis. Umherum wohnten viele Menschen, wenn auch in noch sehr zerstörten Häusern. Diese Menschen brauchten auch ärztliche Hilfe. Das schon etwas restaurierte Haus nahm nach seiner inneren Aufteilung eine Abteilung für Chirurgie, Urologie, zwei interne Praxen, einen Neurologen sowie eine Hals-, Nasen-, Ohrenpraxis auf. In den Stockwerken, die sich von der Johannisstraße nach der Oranienburger Straße hin erstreckten, wurden Bettenstationen ausgebaut, von denen eine ganze Reihe schon belegfähig war. Operationsräume waren im alten Zustand noch erhalten, ebenso eine Küche für die Stationen. Der Verfasser war einer der beiden Internisten, die hier Ende Oktober 1948 ihre Arbeit aufnahmen, als Urologie und Chirurgie schon einige Tage tätig waren. Jede Praxis bestand aus Warte- und Sprechzimmer, jeder Arzt hatte eine Sekretärin oder Schwester zur Hilfe. Schon wenige Wochen nach der Eröffnung hatte das Haus eine ansehnliche Frequenz von 30 bis 50 Patienten pro Praxis täglich. An drei Tagen in der Woche war für Berufstätige auch nachmittags und abends Dienst zu tun, dann waren es zwischen 50 und 70 Patienten.

## Die Geschichte des Ambulatoriums der AOK Berlin West

Sieht man von Planungen ab, so waren die Ambulatorien Landsberger und Johannisstraße die ersten wirklich voll ärztlich und personell besetzten Ambulatorien in Berlin nach 1945.

Das Haus in Berlin-Wedding, Seestraße 64, im französischen Sektor, war von einem früheren Verwaltungsgebäude einer großen Elektrofirma nach Umbau und Wiederherstellung durch die Versicherungsanstalt Berlin gemietet und schon 1947 Stockwerk um Stockwerk aus seinem Zerstörungszustand wiedererstellt worden. Im 1. Stockwerk war die Bezirksstelle 3a — Wedding — schon lange in Betrieb, als im 2. und 3. Stock die Einrichtung eines Behandlungsinstitutes geplant wurde in einem Bezirk, der, obgleich verhältnismäßig wenig zerstört, ärztlich im Gegensatz zu anderen Wohnbezirken recht unterversorgt war. Diese Räume des Hauses Seestraße 64, 2. und 3. Stock, waren gerade notdürftig fertiggestellt, als die Tragödie der Zerschneidung der Dreimillionenstadt Berlin Schritt für Schritt in Bewegung geriet, ausgehend von der getrennten Währungsreform Ost/West über die gewaltsame Zerstörung des Stadtparlaments und nach und nach aller Versorgungsbetriebe für Energie und Wasser, Verkehr usw. Die größte Festigkeit gegenüber der Spaltung in Ost und West bewies bezeichnenderweise die Versicherungsanstalt Berlin; mögen dabei auch alte Bindungen an Neutralitätsvorstellungen in den Bereichen der ärztlichen

Versorgung, des Krankenhauswesens, des humanitären Gefüges und damit auch des Versicherungswesens wirksam gewesen sein. Ohne Zweifel aber war diese feste Bindung Ostteil/Westteil der großen Stadt das Resultat einer organisch straffen und in ihrer bündigen Zielsetzung wohl organisierten Verwaltung. Es war das Werk Ernst Schellenbergs, das die letzte große Verwaltung Berlins, die VAB, erst auseinandergehen ließ, als die Aufteilung in zwei getrennte Währungsgebiete Ostmark/Westmark dies erzwang.

Ein erheblicher Teil des VAB-Personals flutete am 4. Februar 1949 in den Westteil der Stadt nach, auch wenn er im Ostteil seine Wohnung hatte. Vor allem gingen natürlich diejenigen in den Westteil der Stadt, die zwar im Osten in der VAB-Verwaltung oder in den medizinischen Einrichtungen arbeiteten, aber im Westen schon wohnten. Erst die unselige Mauer vom 13. August 1961 erzwang dann, daß die im Ostsektor wohnenden Mitarbeiter ihre Arbeit im Westen aufgeben mußten.

Die Eröffnung dieses als einziges im Westen bestehenden Ambulatoriums der VAB erfolgte in den letzten März- und ersten Apriltagen des Jahres 1949, also Monate nach der politischen Spaltung der Stadt. Das alte Verwaltungsgebäude, umgebaut für die Aufnahme des Ambulatoriums im 2., 3. und 4. Stock, nahm zunächst 11 aus dem Ostteil der Stadt freiwillig übersiedelte Ärzte mit dem zugehörigen Verwaltungsteil auf, mit Schwestern und Arztsekretärinnen und vor allem Laborantinnen. Dieses Ambulatorium war nun wirklich von großem Zuschnitt. Als Behandlungsinstitut war es auch im heutigen Sinne komplett besetzt: zwei Chirurgen, vier Internisten, ein Hals-, Nasen-, Ohrenarzt, ein Hautarzt, ein Frauenarzt, ein Rheumatologe und ein Urologe nahmen die Arbeit auf. Diesen standen ein ständiger Röntgenologe, der auch Untersuchungen für die Vertrauensärztliche Dienststelle mit ausführte, sowie ein großes Laboratorium mit sechs Laborantinnen zur Verfügung. 1950 und 1951 konnten wir auch einen Augenarzt und eine Kinderärztin hinzugewinnen; weitere zwei Jahre später kamen auch noch zwei orthopädische Praxen hinzu. Rasch stieg die Frequenz auf 55 000 Krankenscheine pro Jahr an, denn der Besucherstrom, der bald die Vorzüge dieses Hauses, das so viele ärztliche Möglichkeiten unter einem Dach bot, erkannte, setzte sich nicht nur aus dem Stamm der Weddinger Bürger, sondern auch aus dem angrenzenden, großen Reinickendorfer Wohnbezirk zusammen. Es kamen aber auch viele Patienten aus allen anderen Stadtteilen, aus Wilmersdorf, Charlottenburg, Spandau, Tegel, bis zum Mauerbau sogar treue Anhänger aus dem östlichen Teil der Stadt.

Um das Jahr 1951/1952, nachdem auch eine personell und apparativ sehr leistungsfähige Augenabteilung mit Facharzt für Augenkrankheiten, erfahrenem Optikermeister, Augenfachschwester und Sekretärin eingezogen war, sowie eine Orthopädische Abteilung mit angegliedertem Institut für alle wichtigen physikalischen und krankengymnastischen Behandlungen ausgebaut worden war, konnte man das Ambulatorium der VAB West in der Seestraße als voll funktionsfähige, wohlausgestattete Großbehandlungsstätte des bis heute größten Krankenversicherungsträgers Deutschlands ansehen. Es konnten hier alle vorstationären und nachstationären Behandlungen nach dem damals besten technischen Stand bewältigt werden. Es war nur die Zahnmedizin nicht einbezogen, und es wurde auch nie daran gedacht, diese anzugliedern, führte sie doch seit jeher und heute noch neben der Humanmedizin ein eigenständiges Dasein.

Die Verwaltung war damals und ist bis auf den heutigen Tag denkbar klein. Sie wird im Hause selbst von einem Verwaltungsleiter mit einer Hilfskraft versehen und sorgt für alle Planungen, Anordnungen, Dienstaufteilung und alle Nebenaufgaben im Hause. Ein ärztlicher Leiter, der jeweils als Dienstältester die Oberaufsicht über das gesamte Haus ausübt, hält sich nach alter Gepflogenheit von ärztlichen Weisungen fern, da die Auswahl der Ambulatoriumsärzte von vornherein vorsieht, nur selbständig arbeitende, nach abgeschlossener Fachausbildung mit der nötigen Erfahrung ausgestattete Kollegen in ihrem Kreis aufzunehmen. Diese bedürfen selbstverständlich auf ihrem Fachgebiet keiner Weisung mehr. Der leitende Arzt ist insofern nur Erster unter sonst Gleichen und Mittler zwischen dem geschäftsführenden Direktor und dem Ambulatorium.

Die ärztliche Arbeitsweise im Hause ist nach jahrelanger Gepflogenheit so eingespielt, daß im allgemeinen ein Vertreter der allgemeinen Medizin, also einer der vier Internisten oder der Arzt für Allgemeinmedizin, die Grunduntersuchung vornimmt und je nach Lage und Notwendigkeit dann die Kollegen der technischen Fächer zur Weiter- oder Mitbehandlung hinzuzieht. Das Prinzip der freien Arztwahl schließt aber auch nicht aus, daß ein Patient, seinem Wunsch gemäß, allein den Augenarzt, Ohrenarzt, Orthopäden oder Hautarzt im Ambulatorium in Anspruch nimmt, während er in der Nähe seines Wohnhauses vielleicht seit Jahren seinen ständigen, frei niedergelassenen Hausarzt hat. Überweisungen innerhalb des Hauses erfolgen durch Scheine besonderer Farbe; vom Ambulatorium in eine Praxis in Wohnnähe des Patienten werden die von der KV üblichen Überweisungsscheine in gleicher Form benutzt.

Eine Aufnahmegruppe, besetzt mit vier angelernten sogenannten Schalterschwestern, weist alle neu ankommenden Patienten nach kurzer Erfassung ihres Beschwerdebildes den einzelnen Abteilungen des Hauses zu. Es muß hier zugegeben werden, daß es bei dieser groben Vorsortierung durch Laien dann und wann zu Irrläufern kommt. Das geschieht in der großen Masse wohl täglich, wird aber spätestens dann korrigiert, wenn der irrtümlich für zuständig gehaltene Facharzt bemerkt, daß ein Behandlungsfall für ihn nicht gegeben ist.

Die Aufnahmeabteilung ist zugleich Hüterin eines Archivs von einigen hunderttausend Karteikarten, von denen jede einzelne Karte in Minuten verfügbar ist.

Patienten, die das Ambulatorium schon oft aufgesucht haben, gehen gleich mit dem jeweils richtigen Krankenschein des Quartals in ihre Praxis, die sie schon kennen. Wir haben sehr viele Patienten, die uns nach dem alten Hausarztprinzip in Anspruch nehmen, finden sie doch über einen Zeitraum von 20, 25, ja 27 Jahren ihren altbekannten Arzt und Betreuer wieder. Unser Ambulatorium zeichnet sich durch eine besondere Stetigkeit im personellen Bestand aus, was zur Folge hat, daß sich auch ein großer Teil der Patienten langjährig und gern an das Haus gebunden fühlt. Es heißt dies aber nicht, daß dieser alte Patientenstamm am Hause klebt — häufig vergehen auch Monate, gar fünf oder zehn Jahre eines Behandlungsintervalls.

Notwendige Hausbesuche wurden und werden immer bei hauseigenen Patienten gemacht. Für die Nacht und Sonnabend/Sonntag bestehen Auskunft, Rat, Rufbereitschaft und Vermittlung über eine Nachtschwester.

Eine wichtige Zusatzeinrichtung ist noch zu erwähnen, die die AOK Berlin von Anfang an für das Ambulatorium bereithielt: das Krankenhaus in der Pfalzburger Straße in Berlin-Wilmersdorf. Dies ist, seiner Bestimmung nach, für ambulant schwer zu klärende Fälle ein Beobachtungskrankenhaus, dessen sich die Vertrauensärztlichen Dienststellen bedienen. Es hat einen Leiter und mehrere Assistenzärzte. Ein Stockwerk in diesem Hause steht den Ambulatoriumsärzten zu chirurgischen Eingriffen zur Verfügung. Natürlich wird nur kleine bis mittlere Chirurgie hier betrieben, der Hals-, Nasen-, Ohrenarzt, die Frauenärzte, der Chirurg und der Orthopäde des Ambulatoriums bedienen sich dieser Einrichtung gern. Für den behandelnden Arzt ist es befriedigend, seine alterprobte Technik am Krankenbett und Operationstisch fortzuführen. Für den Patienten geht ein notwendiger Eingriff angenehm rasch und auf der gleichen ärztlichen Vertrauensebene vor sich.
In den Jahren 1951 bis 1955 war das Ambulatorium der AOK Berlin in stetiger Arbeits- und Aufwärtsentwicklung zu hohem Leistungsstand und allgemeiner Blüte gekommen. Dies spiegelte sich vor allem in der Frequenz des Hauses wider, die pro Jahr an die 60 000 Krankenscheine zählte. Nach 1955 begannen indessen allenthalben die Ansprüche der Menschen mit dem erwachenden Wohlstandsdenken zu wachsen. So gut und zweckmäßig das umgebaute Bürohaus in der Seestraße auch war — man sah natürlich das bauliche Provisorium und fühlte die Enge. Um diese Zeit begannen Vorstand und Geschäftsführung der AOK Berlin Neubaupläne zu entwickeln. Bezirkstellen erhielten Neubauten; Diabeteszentrale und Geschwulstberatungsstellen mit Zentrallabor erhielten in Charlottenburg ein neues Haus, und das Ambulatorium Wedding, das nach dem Kassenarztvertrag vom Juli 1955 das einzige bleiben mußte, dafür aber seinen Fortbestand gesetzlich gesichert erhielt, sollte als Neubau nunmehr in der Müllerstraße 143 erstehen. Ein großes Gelände in der Hauptverkehrsstraße des Nordens zwischen Müllerstraße und Genterstraße gehörte der AOK Berlin und wurde dafür ausersehen. Hohe Verdienste bei diesen Planungen und Vorarbeiten hatten dabei Herr Architekt Schöffler und die spätere Senatsdirektorin, Frau Dr. med. von Renthe-Fink, als Referentin für alle anstaltseigenen Behandlungsinstitute. Aber auch alle Ambulatoriumsärzte planten und feilten an dem Neubau mit, um ein Optimum für jede einzelne Facharztpratis entstehen zu lassen. Nach jahrelangen Vorarbeiten und Baubeginn am 15. 4. 1959 konnte dann dieser Neubau am 2./3. November 1960 bezogen werden. Zwischen der Müllerstraße 143, dem Boulevard des Nordens, und der Genterstraße entstanden fünf große Gebäudeteile in mehrfach T-förmiger Anordnung. Es ist wichtig zu erwähnen, daß das Ambulatorium, das in diesen Gebäudeteilen im 1., 2., 3. und 4. Stockwerk in einem Guß entstand, ausschließlich von Mitarbeitern erdacht war, die alle schon 10 Jahre Kenner eines solchen Instituts waren.
Im Ambulatoriumsneubau befanden sich 1961 nunmehr, festgelegt durch Gesetz und daher auch ohne Möglichkeit weiterer Vergrößerung, 17 Arztpraxen, zusammengefaßt in einem Haus. Alle mittlerweile schon recht erfahrenen Mitarbeiter waren und sind heute noch der Meinung, daß diese Größenordnung ein Optimum darstellt, wahrscheinlich sogar das Maximum. Würde ein solches Institut größer, dann ginge dies auf Kosten der Überschaubarkeit, der Kontaktmöglichkeit der Ärzte untereinander und führte

außerdem zur Vergrößerung der Verwaltung. Langatmige Aufzählungen sollen hier unterbleiben, nur sei noch zur Ausstattung erwähnt, daß die 17 Praxen sich in vier internistische und eine allgemeinärztliche Praxis, zwei gynäkologische, zwei urologische und zwei orthopädische Abteilungen, eine chirurgische, eine Augen-, Hals-Nasen-Ohren-, eine Hautabteilung, eine neurologische und eine Kinderabteilung aufteilen. Diese sind — tageweise umschichtig — von 8—19 Uhr tätig. Angeschlossen ist ein Röntgeninstitut, besetzt mit zwei Röntgenologen und sieben Röntgenassistentinnen. Röntgentherapie ausgenommen, wird hier die praktisch wichtige Röntgendiagnostik mit moderner Apparatur betrieben.

Im Labor arbeiten sieben medizinisch-technische Assistentinnen und zwei Helferinnen, die außer Bakteriologie und Histologie alle zu ambulanter Behandlung wichtigen Untersuchungen ausführen können.

Allen Praxen steht eine große Abteilung für physikalische und Elektrotherapie zur Verfügung, in der natürlich auch Heilmassagen und krankengymnastische Behandlungen durchgeführt werden können. Behandlungsgruppen finden sich in einer großen Gymnastikhalle zusammen. Diese Abteilung beaufsichtigt fachlich und personell einer unserer Orthopäden.

Auch im neuen Haus wurde die Verwaltung nicht vergrößert. Sie besteht auch heute nur aus einem Verwalter mit einer Hilfskraft. Die technische Einrichtung des Hauses ist selbstverständlich der Zeit entsprechend; es gibt Personenfahrstühle, das Haus umgeben ausreichend Parkplätze ebenso wie Grünflächen; der ganze Komplex ist fernbeheizt. Da der neue Standort vom alten nur gut einen Kilometer entfernt, dafür aber mehr ins Zentrum des Stadtteiles Wedding gerückt ist, ist der Patientenkreis aus dem großen Wohngebiet selbstverständlich nahezu der gleiche geblieben. Die Besucherzahl ist überraschenderweise nach dem Umzug zunächst der rückläufigen Tendenz, die sich schon seit 1957 zeigte, weiter gefolgt. Diese überraschende Wendung hatte allerdings einen Grund, der nicht im Ambulatorium gesucht werden kann. Dieses sollte nämlich ausschließlich den eigenen AOK-Versicherten zur Verfügung stehen. Seit 1957 aber verlor die AOK rund ein Drittel ihrer Mitglieder, da nach diesem Zeitpunkt alle früheren Orts-, Betriebs- und Innungskrankenkassen sowie alle Ersatzkassen in Berlin durch Gesetz wieder zugelassen wurden. Dieser Verlust von einem Drittel des Mitgliederbestandes wirkte sich im Ambulatorium allerdings nur mit einem Fünftel des Rückganges aus, relativ liegt hier dennoch weiteres Wachstum vor. Dieses stetige Wachstum setzte sich in flach ansteigender Kurve bis 1970 fort, und es hält sich nun seit fünf Jahren auf dem Niveau von durchschnittlich 65 000 Krankenscheinen für alle 17 Praxen. Der Mittelwert pro Quartal und Praxis liegt danach bei knapp 1000 Krankenscheinen. Ebenso wie die Scheinzahlen in Praxen der frei niedergelassenen Ärzte unterschiedlich sind, bestehen diese Differenzen auch bei uns; besonders weit auseinander liegen selbstverständlich immer die Frequenzen der Neurologie-Psychiatrie und der Augen- oder Hals-Nasen-Ohrenpraxis. Das hat bekanntlich individuelle Gründe und hängt vor allem davon ab, wie zeitraubend ein ärztliches Fach ist. Die ärztliche Tätigkeit erstreckt sich für jede einzelne Fachpraxis auf alle Anforderungen, die in ambulanter Behandlung, in Untersuchungen, Diagnostik und Therapie heiltechnisch gestellt werden müssen. Den Rahmen hierzu gibt die Berufsordnung. Kassentechnisch sind selbstverständlich die Richtlinien gültig, die auch die kassenärztlichen Vereinigungen bestimmen und eingrenzen.

Die 17 Ärzte des Ambulatoriums sind ohne Ausnahme Fachärzte und haben vor ihrem Eintritt in den Verband des Ambulatoriums zehnjährige Berufserfahrung hinter sich. Wie die Vorgeschichte schon zeigte, war der Eintritt ins Ambulatorium beinahe ausschließlich vom Zufall oder — einige Male — von einer Vakanz bestimmt. Nur fünf Kollegen gingen nach einigen Jahren in die freie Praxis. Der weitaus größere Teil fand recht schnell heraus, daß die tägliche Begegnung mit Kollegen der gleichen oder anderer Fachrichtung ein lebendiges ärztliches Arbeiten, regen Austausch bei zwanglosen Gesprächen oder Versammlungen frisch und interessiert erhält und die laufende ärztliche Fortbildung und Anregung geradezu zwangsläufig einschließt. Ein Mindestmaß an zeitlich-dienstlicher Einordnung und kollegialer Zuwendung ist in solchem Hause ebenso erforderlich wie eine Enthaltung von Außenseitermethoden bei sonst aller Wahrung individueller ärztlicher Betätigung.

Ideologisch in irgendeiner Richtung eifernd ist keiner unserer Kollegen. Ausnahmslos sind wir der Meinung, daß der größte Krankenversicherungsträger auf deutschem Boden sich ein so großes Behandlungsinstitut leisten darf, dies sogar tun muß, allein, um dabei Beurteilungsmaßstäbe zu gewinnen, sowie Grenzen und Möglichkeiten arbeitstechnischer und kommerzieller Art zu erkennen. Wir Kollegen wissen, daß unsere Geschäftsführung und der Vorstand in 27 Jahren eine Fülle von Daten und Erfahrungen gesammelt hat, um bei dem Ruf nach Gruppenpraxen, Gemeinschaftspraxen und Praxisgemeinschaften, der seit Jahren erklingt, ein wichtiges, beratendes, ja ausschlaggebendes Wort mitsprechen zu können.

Die bislang 28jährige Geschichte des allgemeinen Ambulatoriums der Allgemeinen Ortskrankenkasse Berlin-Wedding zeigt, daß es die menschliche Not nach materieller Zerstörung einer Viermillionenstadt war, die Prof. Dr. Ernst Schellenberg bei aller sonstigen erdrückenden Arbeitsfülle ans Werk gehen ließ, rasch und so gut es damals ging, ärztliche Behandlungszentren zu errichten. Das war und ist sein Verdienst.

Im Kassenarztgesetz von 1955 den Bestand der Behandlungseinrichtungen und des Ambulatoriums der AOK Berlin sichergestellt zu haben, ist unter so vielen anderen ein weiteres Verdienst.

Es wird immer die Pflicht aller Mitarbeiter des Ambulatoriums der AOK sein, Ernst Schellenbergs Absichten in seinem Geiste mit unseren Kräften weiterzutragen, damit neueste Entwicklungsformen, die allenthalben im Fluß sind, an den Erfahrungen aus dem Ambulatorium Wedding der AOK Berlin, die mehr als ein Vierteljahrhundert umfassen, abgeleitet und gemessen werden können.

Barbara von Renthe-Fink

# Aus der Nachkriegsgeschichte der Gesundheitspolitik in Berlin

Wenn in den letzten Jahrzehnten die Gesundheitspolitik sich zweifellos aus der Sozialpolitik herausgelöst und allmählich zu der bereits in den zwanziger Jahren beanspruchten Eigenständigkeit entwickelt hat, so gibt es doch Persönlichkeiten, die die enge Zusammengehörigkeit beider Gebiete lebendig verkörpern. Zu ihnen gehört Ernst Schellenberg, der einerseits den Gesundheitsexperten den Kampf um die Eigenständigkeit nicht gerade erleichtert hat, andererseits aber doch in seiner umfassenden, der Gesundheit des Bürgers verpflichteten Konzeption dieser auseinanderstrebenden Entwicklung entscheidende Impulse gegeben hat. Man wird seiner Persönlichkeit nicht gerecht, wenn man nur den dynamischen Sozialpolitiker würdigt und nicht auch den intuitiv vorausschauenden Gesundheitspolitiker. Mit dieser für den Nicht-Mediziner ungewöhnlichen Qualität gewinnt seine Persönlichkeit an einmaliger und faszinierender Vielseitigkeit.

## Erste Anfänge nach dem Zusammenbruch

Die frühe Aufbauarbeit in Berlin nach dem totalen Zusammenbruch des Naziregimes gab Gelegenheit zur ersten Begegnung mit Ernst Schellenberg. Für den Wiederaufbau des Gesundheitswesens in der sowjetischen Besatzungszone an verantwortlicher Stelle in der Zentralverwaltung für Gesundheitswesen tätig, traf ich ihn, den ehemaligen Fürsorger — heute müßte man sagen Sozialarbeiter — in einem sozialpolitischen Colleg, das er gemeinsam mit dem Psychiater Dr. Lindenberg und dem durch die Opfer des 20. Juli 1944 bekannt gewordenen Pfarrer Harald Poelchau als Ringvorlesung abhielt. Noch kaum waren Universität und Lehrstätten für Studenten und Fürsorger notdürftig eingerichtet worden, da stellten sich auf seine Initiative diese drei als Nazigegner bewährten Männer als Dozenten zur Verfügung und verhalfen jungen Menschen zum Abschluß ihres abgebrochenen Studiums. Fürsorge für geistig Behinderte, Fürsorge für Insassen der Gefängnisse im Sinne der sozialen Rehabilitation — diese tabuisierten Themen nach den Jahren brutaler nationalsozialistischer Herrschaft sofort aufzugreifen war eine Tat, die imponierend war, wie wir heute wissen, zugleich zukunftsweisend. Sozialwissenschaften wurden für Ernst Schellenberg Schwerpunkt der Lehrtätigkeit an der wieder eröffneten Humboldt-Universität.

## Ärztliche Versorgung in Berlin gefährdet

Unsere ersten Gespräche gingen um die ärztliche Versorgung in Berlin, die nach dem Zusammenbruch unzureichend war. Einerseits waren die zahlreichen jüdischen Praxen in Berlin eingegangen, andererseits setzten sich viele politisch belasteten Ärzte nach Westdeutschland ab, aus Furcht vor den Russen, deren radikal antifaschistische Maßnahmen sie nicht zu Unrecht fürchteten, insbesondere eine Deportation. Hatten sie sich nicht praktisch alle dem nationalsozialistischen Amt für Volksgesundheit zur Verfügung gestellt, ganz zu schweigen von einigen Prominenten, deren Untaten im Diktat für Menschenverachtung 1947 von der deutschen Ärztekommission beim amerikanischen Militärgericht in Nürnberg dokumentiert wurden?! So lag die Einrichtung von ärztlichen Behandlungszentren, Ambulatorien, nahe, für deren Trägerschaft sich die Einheitsversicherung anbot, um deren Entwicklung Ernst Schellenberg sich bemühte. Er konnte sich auf Erfahrungen aus der Zeit der Weimarer Republik stützen, in der die Anfänge des Ambulatoriumsgedankens liegen. Auf dem 29. Deutschen Krankenkassentag in München 1924 wurde die Bedeutung dieser Einrichtungen vom Berliner Stadtarzt Dr. Raeder eingehend gewürdigt, insbesondere unter dem Gesichtspunkt der Fortentwicklung der »rein biologischen Medizin zur sozialen Medizin unter voller Wahrung der Freiheit der medizinischen Wissenschaft«. Der Verband der Krankenkassen Berlin konnte in den Jahren 1926/27 über hervorragende Erfolge in zahlreichen Ambulatorien und Fürsorgeeinrichtungen berichten, die mit Beginn der Nazizeit geschlossen werden mußten. War dies nicht ein Beweis dafür, daß diese bürgernahen Behandlungszentren, von den Gewerkschaften immer wieder gefordert, in einem neuentstehenden demokratischen Staatswesen ihren Platz finden mußten?
Ernst Schellenberg nahm diese auf alter sozialdemokratischer Gesundheitspolitik beruhenden Vorstellungen nach Westberlin mit, als er sich nach der Teilung der Stadt entschloß, manche guten Anfänge im Gesundheitswesen des Ostteils im Stich zu lassen.

## Neue Wege auch in den Westsektoren

Auch in den Westsektoren stand zunächst die Sicherstellung ausreichender ärztlicher Versorgung im Vordergrund. So setzte Ernst Schellenberg durch, daß von dem bisher üblichen Zulassungsverfahren zur Kassenpraxis abgesehen wurde. Jeder niedergelassene oder zur Niederlassung bereite Arzt war ihm willkommen, er erhielt die Zulassung zur damaligen Versicherungsanstalt Berlin (VAB) und wurde nach Einzelleistungen honoriert. Schellenbergs enger Freundeskreis weiß sehr gut, daß diese Arztfreundlichkeit sein ganzes Berufsleben auszeichnet, auch wenn im Laufe der Jahre mancher ärztliche Standespolitiker in ihm als Exponenten der Sozialversicherung nur den Feind sah. Abgesehen von ganz persönlicher Hochachtung und Bewunderung ärztlicher Leistungen wußte ein Experte wie Ernst Schellenberg zu gut, daß niemand Gesundheitspolitik gegen die Ärzte durchsetzen kann. In dem komplizierten System der Gesundheitssicherung und Vorsorge kann

Erfolg nur für den erwartet werden, der es versteht, die Ärzteschaft für seine Ziele zu gewinnen.

## Widerstand der Ärzte gegen Ambulatorien

Die Nachteile der Einzelpraxis durch Zusammenschluß zu Gruppenpraxen zu vermeiden gelang Ernst Schellenberg in Westberlin nicht. Was im Sowjet-Sektor mit Hilfe des Befehls 234 der Sowjetischen Militäradministration durchgesetzt werden konnte, stieß auf den Widerstand der Ärzte, die erst Jahrzehnte später erkennen sollten, daß die Entwicklung zu Gemeinschaftspraxen zukunftsweisend ist. Ihrem Individualismus entsprechend etablierten sie sich weiterhin in Einzelpraxen und erklärten die Zusammenschlüsse für standeswidrig. Mit allen Mitteln hinderten sie die neuentstandene VAB daran, nach der Teilung der Stadt auch in Westberlin Ambulatorien einzurichten. Ihre Opposition richtete sich nicht nur gegen diesen Bereich, sie waren darüber hinaus grundsätzlich gegen den von Ernst Schellenberg erreichten Zusammenschluß der klassischen Versicherungsträger zur einheitlichen Versicherung. Trotz allen Entgegenkommens von Ernst Schellenberg wünschten die Ärzte die alte Dreiteilung von Krankenversicherung, Unfallversicherung und Rentenversicherung wieder hergestellt zu sehen und lehnten Schellenbergs Vorstellungen als östliche Konzeption ab. Auch das einzige nach Westberlin verlegte Ambulatorium im Wedding wurde als Kampfmaßnahme angesehen, was dazu führte, daß der Träger, die spätere AOK Berlin, auf eine faire Konkurrenz bedacht sein mußte. Ernst Schellenberg hat persönlich zu allen Zeiten dafür Sorge getragen, daß in dieser Gemeinschaftseinrichtung die wirtschaftliche Verordnungsweise von Ärzten und Fachärzten in bezug auf alle Leistungen eingehalten wurde. Über die Entwicklung des Ambulatoriums im Wedding als Modelleinrichtung wird in diesem Buch an gesonderter Stelle berichtet. Hier soll jedoch festgehalten werden, daß, was in Ländern wie Schweden, England und Österreich selbstverständlich war, in Westdeutschland auf dieses »Einzelkind« von Ernst Schellenberg beschränkt blieb.

## Ziel: Praxisgemeinschaften

Der weitschauende Gesundheitspolitiker wußte, wie wichtig eines Tages Praxis-Gemeinschaften für die ihm anvertrauten Versicherten sein würden. Die Trägerschaft der Zusammenschlüsse war für ihn nicht ausschlaggebend, es ging nicht, wie die Gegner bis heute behaupten, um eine Machtposition der Versicherungsträger oder Gewerkschaften. Es ging Ernst Schellenberg vielmehr um die bestmögliche ärztliche Versorgung in einer hochindustrialisierten Gesellschaft, in der das Wohl des einzelnen mit den Ansprüchen einer Massengesellschaft in Einklang gebracht werden muß.
Vorausschauend war eine andere weittragende Entscheidung, die auf Ernst Schellenberg zurückzuführen ist: Die Gründung des Instituts für psychogene Erkrankungen in Berlin, das im Jahre 1971 auf sein 25jähriges Bestehen zurückblicken konnte.

## Psychotherapie als Kassenleistung

Die »große Psychotherapie« als Leistung der gesetzlichen Krankenversicherung einzuführen war 1946 zweifellos eine ungewöhnliche und mutige Tat. Andererseits war auch hier die Berliner Krankenkasse mit ihrer Tradition nicht ohne Vorerfahrungen über die Bedeutung psycho-neurotischer Erkrankungen. Man besaß Zahlen aus den bereits genannten Jahrbüchern, in denen über die Behandlungs- und Fürsorgeeinrichtungen der Berliner Krankenkassen in den zwanziger Jahren berichtet wird. Diesen Ausführungen konnte Ernst Schellenberg entnehmen, daß schon damals die Beeinträchtigung der Gesundheit breitester Volksschichten durch psychogene Faktoren ein reales und bedeutendes gesundheitspolitisches Problem war. So heißt es in einem der ärztlichen Berichte, daß Neurosen »in ganz eminenter Weise eine soziale Krankheit seien, mehr noch fast als die Tuberkulose«. Daß dies sich bestätigen würde, war Ernst Schellenberg klar und veranlaßte ihn, neue Wege zu suchen, um eine psycho-therapeutische Behandlung auf breiter Basis zu gewährleisten. Weitblickend und gegen manchen Widerspruch ergriff er eine Chance, die sich unmittelbar nach dem Kriegsende in Berlin bot. Bereits Mitte Mai 1946 war im Einvernehmen mit dem russischen Kommandanten das in den letzten Kampftagen niedergebrannte ehemalige Institut für psychologische Forschung und Psychotherapie von Dr. med. Schultz-Hencke und Dr. W. Kemper als Leiter der Poliklinik neu gegründet worden und arbeitete trotz der chaotischen Verhältnisse durch ehrenamtlichen Einsatz aller Mitarbeiter. Seine weitere Existenz hing davon ab, ob sich ein Kostenträger finden würde. Die damalige VAB war zu einem Vertragsabschluß bereit. Sie übernahm mit der Gründung des »Zentralinstitutes für psychogene Erkrankungen« einen wohleingearbeiteten Mitarbeiterstab, der über langjährige Erfahrungen verfügte. Sie stellte damit den Versicherten erstmalig in der Geschichte der deutschen Sozialmedizin kostenlos langfristige psychoanalytische Behandlung zur Verfügung.

## Erfolgreiches »Psychoinstitut« in Berlin

Inzwischen hat sich die Arbeit der in Berlin als »Psychoinstitut« bekannten Einrichtung der AOK als unentbehrlich für die Bevölkerung erwiesen. Als Behandlungsmöglichkeiten werden Gruppen- und Einzelbehandlungen angeboten, wofür zur Zeit 14 Ärzte, darunter 6 Fachärzte für Psychiatrie und weitere 11 Mitarbeiter tätig sind. Die Behandlungserfolge konnten in einer breit angelegten katamnestischen Untersuchung nachgewiesen werden. Ohne auf Einzelheiten der interessanten Studie einzugehen [1], soll hier festgehalten werden, daß der auf Ernst Schellenberg zurückzuführende Entschluß, der heute 30 Jahre zurückliegt, sich als voll gerechtfertigt erwiesen hat. Wie ungewöhnlich verständnisvoll und weitschauend seine gesundheitspolitische Konzeption seinerzeit war, können nur die beurteilen, die die harten Auseinandersetzungen innerhalb der Fachbereiche Psychiatrie und Psychotherapie kennen. Ungeachtet aller Querelen wußte Ernst Schellenberg, daß es Men-

1 Beilage zum Geschäftsbericht der AOK Berlin 1969.

schen gibt, die psychotherapeutische Hilfe brauchen. Seine Versicherten sollten sie erhalten, kostenlos als Leistung der Kasse, auf die ein Anspruch besteht. Einer Zuzahlung, wie sie aus therapeutischen Gründen oft gefordert wird, konnte ein Mann wie er nicht zustimmen.

Wenn der Bundesausschuß der Ärzte und Krankenkassen 1976 eine Neufassung der Richtlinien über tiefenpsychologisch fundierte und analytische Psychotherapie in der kassenärztlichen Versorgung verabschiedete, die am 1. 7. in Kraft getreten ist, so sind diese verbindlichen Vereinbarungen Früchte der Erkenntnisse von Ernst Schellenberg vor 30 Jahren. Ein Markstein in der Entwicklung ist das Institut in Berlin.

Eine nicht unwichtige Anregung aus der ersten Nachkriegszeit soll nicht unerwähnt bleiben: Die Einrichtung eines Asthmainstituts, das sich auf spezielle therapeutische Erfahrung einiger ärztlicher Experten begründete. Es brachte vielen Berlinern Heilung und blieb unangefochten von den Ärzten, für die eine Asthmabehandlung langwierig und wenig erfolgversprechend ist.

## Vorsorge und Fürsorge

Maßnahmen zur Früherkennung von Krebserkrankungen sind seit 1971 gesetzliche Leistungen der Krankenkassen. Unter der Initiative von Ernst Schellenberg bot die Krankenversicherungsanstalt Berlin den Berlinern schon 1950 Krebs- und Geschwulstberatungsstellen an, die diagnostisch-beratend tätig sein sollten. Von Beginn an waren Gynäkologen und Internisten tätig, die im Laufe der Jahre auf gut ausgestattete Laboratorien und Röntgeneinrichtungen zurückgreifen konnten. Insbesondere die Zytologie wurde ausgebaut. Wenn bis heute mehr als eine halbe Million Berliner und Berlinerinnen die Beratungsstellen aufgesucht haben, so ist dies wiederum ein Beweis dafür, daß rechtzeitig und unbürokratisch gesundheitspolitischen Forderungen Rechnung getragen wurde, die erst Jahrzehnte später verallgemeinert wurden. Die Fragestellung war für die Berliner Bevölkerung seinerzeit besonders brennend, weil aus einer Statistik von Prof. Oeser hervorging, daß im Jahre 1950 von dem Gesamtbefall von 223.300 Krebserkrankungen in Westdeutschland schätzungsweise 33.000 allein auf Berlin entfielen. Auch wenn heute die freipraktizierende Ärzteschaft die Früherkennungsuntersuchungen übernommen hat, bewahrt die Institution in der Zillestraße ihre Bedeutung. Sie hat sich durch ihre Qualität ihren Ruf in Berlin erworben, nicht nur bei der Bevölkerung, sondern auch bei Ärzten und Kliniken.

## Frauenberatungsstellen in Berlin

Nimmt es Wunder, daß auch die Beratung der Frauen in Fragen der Schwangerschaft und ihrer Verhütung ein Anliegen für Ernst Schellenberg wurde? Auch hier geht es um Vorbilder in der Weimarer Zeit, wo die Berliner Krankenkassen Ehe- und Sexualberatungsstellen unterhielten. Gleich nach dem Zusammenbruch wurden 1945 vier Frauenberatungsstellen in den stark bevölkerten Bezirken ins Leben gerufen, die von erfahrenen Ärztinnen geführt wurden. Wenn die Krankenkasse ihre Befugnisse aus § 363 der RVO ableitete und damit die Beratung als Mittel der Krankheitsverhütung ansah, so ist auch dies ein kühner Vorgriff auf die spätere Entwicklung. Heute rechtfertigt die Weltgesundheitsorganisation (WHO) ihren Einsatz in der Familienplanung mit der gleichen Begründung: Gesundheitsschäden und -gefahren der Frau vorzubeugen. Eine sehr genaue Übersicht über die Tätigkeit aus dem Jahre 1953 konnte zeigen, daß die Angriffe der Ärzte, hier würden illegale Bestrebungen unterstützt, völlig unbegründet waren. Der prozentuale Anteil von Frauen, die um eine Beratung zur Schwangerschaftsunterbrechung baten, betrug 4,08 v. H. Die notwendige Erweiterung der Beratungsstellen durch Psychologen und Juristen ließ in den 60er Jahren die Trägerschaft der Krankenversicherung als fragwürdig erscheinen. Je stärker die medizinischen Fragen infolge der Einführung der Pille in den Hintergrund traten, desto mehr erwies sich die rein ärztliche Beratung als unzureichend. Andere Institutionen, insbesondere Pro Familia, vom Bundesministerium unterstützt, übernahmen die Aufgabe der Schwangerschaftsberatung.

Dagegen hat die ebenfalls von Ernst Schellenberg initiierte Diabetikerbehandlung ihre gesundheitspolitische Bedeutung bis in die Gegenwart behalten. An den vertrauensärztlichen Dienst angeschlossen, konnte sie sich immer wieder der Opposition der Ärzte entziehen; ihre ständige Überfüllung mit wartenden Patienten zeigt auch hier, wie sehr sie den Bedürfnissen der Berliner Bevölkerung entspricht.

30 Jahre nach dem Kriegsende soll festgehalten werden, daß der Berliner Bürger den gesundheitspolitischen Erkenntnissen von Ernst Schellenberg viel zu verdanken hat. Unter seiner Führung wurden Leistungen von der Sozialversicherung angeboten zu einem Zeitpunkt, in dem sie keineswegs üblich waren. Dies gilt nicht nur für die Behandlung, sondern vor allem für die Vorsorge, deren Bedeutung sich erst sehr langsam in der ärztlichen Berufsausübung durchgesetzt hat.

## Ein neuer Begriff: »Gesundheitssicherung«

Die Anpassung an die westdeutsche Sozialversicherung und deren Entwicklung war nicht dazu angetan, neue gesundheitspolitische Ideen zu konzipieren oder gar durchzusetzen. Die Einrichtungen in Berlin, die auf die Initiative von Ernst Schellenberg zurückgehen, konnten aber bestehen bleiben. Oft angefeindet, aber immer wieder erfolgreich neuen Erkenntnissen angepaßt, dienen sie nach wie vor der Berliner Versichertengemeinschaft. 1957 verabschiedeten maßgebliche Sozialdemokraten, unter ihnen Ernst Schellenberg, einen Sozialplan für Deutschland. Erstmalig spielt hier der Begriff der Gesundheitssicherung eine wesentliche Rolle. Er wurde Thema für die Richtlinien zur Gesundheitspolitik in Bad Godesberg 1959. Ludwig Preller war es, der den Weg von der Krankenversicherung zur Gesundheitssicherung als den einer revolutionären Wandlung aufzeigte.

Zu diesen Erkenntnissen hat Ernst Schellenberg ganz wesentlich beigetragen, vor allem in den ersten Nachkriegsjahren, in denen Raum war für Ideen, Hoffnungen und Initiativen. An diese Zeit zu erinnern und eine Persönlichkeit zu würdigen, die sie maßgeblich gestaltet hat, ist Sinn dieses Berichtes über das Wirken eines ideenreichen und überzeugten Gesundheitspolitikers.

Albert Hoppe

# Der Beginn des Arbeitsschutzes nach dem Kriege in Berlin

Kriegsende in Berlin: Von den rd. 220.000 Wohnhäusern, die Groß-Berlin 1939 besaß, waren 57.000 zerstört, 20.000 beschädigt; bewohnbar geblieben waren also etwa 143.000 Gebäude. Im Durchschnitt war jede dritte Wohnung zerstört oder unbenutzbar. Dazu kamen Hunderte Kilometer zerstörter Straßen, eine Unzahl gesprengter Brücken und die erheblichen Schäden an Verkehrs- und Versorgungseinrichtungen. Der Trümmerschutt wurde grob auf 80 Mio. Kubikmeter geschätzt. Der Blutzoll der Bombentage und -nächte war hoch.

Im Gegensatz hierzu war die Berliner Industrie weniger stark angeschlagen. Die industrielle Kapazität wurde noch auf 75 v. H. (von 1936) geschätzt. Dieses Bild änderte sich schlagartig durch die Demontagen der sowjetischen Besatzungsmacht. Die Produktionsmittel und Anlagen von etwa 460 Betrieben wurden vollständig abtransportiert, teilweise bis auf den letzten Schalter. Die Auswirkungen waren unterschiedlich. Im späteren Berlin (West) verblieb nur eine Kapazität von 25 v. H. (von 1936), im anderen Teil der Stadt von knapp 50 v. H. (von 1936).

Besonders erschwerend kam hinzu, daß die Energiebetriebe einen Teil ihrer Anlagen verloren, daß bei den öffentlichen Verkehrsmitteln ganze S-Bahnzüge, die modernsten U-Bahnwagen und Straßenbahnen abtransportiert, in den Außenbezirken auch teilweise die zweiten S-Bahngleise demoniert und die Rohstoffläger als Kriegsbeute beschlagnahmt wurden.

Als fast einziger Aktivposten in dieser Bilanz verblieben die Menschen mit ihrem unbändigen Aufbauwillen, unter ihnen ein Stamm hochqualifizierter Fachkräfte.

Trotz aller Verluste an Anlagen waren aber doch die Gebäude zum großen Teil erhalten geblieben. Die Zahl der Beschäftigten stieg zunächst schneller als die Produktion, weil die Enttrümmerung der Werksräume, der betriebseigene Aufbau der Arbeitsstätten und die Wiederherstellung ausgegrabener Trümmermaschinen einen ungewöhnlich hohen Bedarf an Arbeitskräften erforderte. Mit den noch übrig gebliebenen oder instandgesetzten Maschinen und den Materialien, die oft nur noch Schrottwert hatten, wurden zunächst Reparaturen ausgeführt und eine improvisierte Fertigung aufgenommen, um Austauschgüter, vor allem als Gegenleistung für die Lebensmittelzufuhr nach Berlin, zu schaffen. Aber was wurde u. a. produziert? Handwägelchen mit vier gegossenen Aluminiumrädern, Feuerzeuge aus hochwertigen Alu-Stangen, Kochtöpfe aus Stahlhelmen und Siebe aus Gasmaskenfiltern.

Eine nie geahnte Dimension nahm die Enttrümmerung an. Der Abriß der Ruinen, die Sicherstellung noch verwertbarer Eisenträger und dergleichen, das Freimachen der Verkehrswege und die Wiedergewinnung der Ziegelsteine waren für jeden Wiederaufbau unerläßliche Voraussetzung. Jedem wird das Bild der unzähligen Frauen, der sogenannten »Trümmerfrauen«, unauslöschlich bleiben, die tagaus, tagein den anhaftenden Mörtel von den Trümmersteinen abklopften.

Die aus der Not zur Improvisation zwingenden Arbeitsverfahren in den Betrieben, die räumlichen Unzulänglichkeiten und die Unerfahrenheit der Frauen auf dem Bau hätten eigentlich einen verstärkten Arbeitsschutz erfordert, stattdessen waren alle einschlägigen betrieblichen Einrichtungen und behördlichen Organisationen zur Durchführung und Überwachung des Arbeitsschutzes zerschlagen.

Das Gewerbeaufsichtsamt Berlin hatte, ebenso wie die anderen staatlichen Behörden, nach dem Zusammenbruch seine Tätigkeit eingestellt. Der Mitte Mai 1945 gebildete Magistrat der Stadt Berlin beschloß erst am 20. August 1945, ein besonderes Amt für den Arbeitsschutz bei der Abteilung für Arbeit des Magistrats zu bilden. Dieses Hauptamt für Arbeitsschutz sollte für alle Aufgaben des Arbeitsschutzes zuständig sein einschließlich der bisher auf diesem Gebiet von der Polizei ausgeübten Befugnisse und der von den Berufsgenossenschaften wahrgenommenen Unfall- und Krankheitsverhütung. Das Hauptamt für Arbeitsschutz nahm seine Tätigkeit am 1. Oktober 1945 auf. Die Initiative zur Wiedererrichtung einer Arbeitsschutzbehörde war schon Ende Mai 1945 von ehemaligen politisch unbelasteten Mitarbeitern der Staatlichen Gewerbeaufsicht ausgegangen. Die Verhandlungen zogen sich aber in die Länge, nachdem Meinungen aufgekommen waren, die Aufgaben des Arbeitsschutzes in die Versicherungsanstalt Berlin einzugliedern. Die Versicherungsanstalt Berlin war auf Beschluß des Magistrats vom 14. Juli 1945 aufgrund einer Vorlage von Professor Dr. Schellenberg über den Wiederaufbau der Sozialversicherung errichtet worden. Ihr war neben der Kranken-, Invaliden- und Altersversicherung auch die Unfallversicherung zugewiesen worden. Die Tätigkeit der Berufsgenossenschaften wurde stillgelegt, ihre Aufgaben auf dem Gebiet der Unfallverhütung usw. gingen auf das Hauptamt für Arbeitsschutz über.

Die Alliierte Kommandantur genehmigte erst am 29. März 1946 mit der nachstehenden BKO (46) 147 den Beschluß des Magistrats:

»Alliierte Kommandatura Berlin BK/O (46) 147
29. März 1946

Betrifft: Errichtung eines Arbeitsinspektorats beim Magistrat der Stadt Berlin.

An den Oberbürgermeister der Stadt Berlin.

Die Alliierte Kommandantura Berlin ordnet an wie folgt:

1. Beim Magistrat der Stadt Berlin wird entsprechend dem Ansuchen des Hauptamtes für Arbeit beim Magistrat vom 20. August 1945 ein Arbeitsinspektorat mit folgenden Aufgaben errichtet:
   I) Kontrolle über Sicherheitsregeln.
   II) Kontrolle über Arbeitszeit, einschließlich Arbeit an Feiertagen, Nachtarbeit usw.
   III) Kontrolle über die Einhaltung der Gesundheitsvorschriften.
   IV) Kontrolle über die Beachtung von moralischen Grundsätzen und des Anstands unter den Arbeitern innerhalb der Betriebe.

V) Kontrolle über die Arbeit der Frauen, der Kinder und Unmündigen.

VI) Kontrolle über die Formulierung und Beachtung der Betriebsordnungen.

VII) Die Erteilung von Genehmigungen an technisch schädliche oder ungesunde Betriebe, sowie an Betriebe mit unbequemen Arbeitsverhältnissen.

2. Die Errichtung des Arbeitsinspektorats berührt nicht die Zuständigkeit der Sozialversicherungsorganisation betreffend die Fürsorge der Verunglückten.
3. Die Kosten des Arbeitsinspektorats werden aus dem Budget der Stadt Berlin gedeckt.
4. Die Errichtung des Arbeitsinspektorats ist eine provisorische, und ihre Funktion oder ihre Aufhebung bleibt der Alliierten Kommandantura durch Anordnung vorbehalten.
5. Bestätigen Sie den Empfang dieser Anordnung unter Nummer- und Datumsangabe.

IM AUFTRAGE DER ALLIIERTEN KOMMANDATURA BERLIN
P. SHURAVLEV
Vorsitzführender Stabschef.«

Damit wurde der Arbeitsschutz als behördliche Hoheitsaufgabe endgültig installiert.

Am Ende des ersten Jahres der Tätigkeit verfügte das Hauptamt für Arbeitsschutz über rd. 80 Mitarbeiter einschließlich des Büro- und Hauspersonals. Die Organisation sah sieben Referate vor:

a) Allgemeines
b) Genehmigungspflichtige Anlagen §§ 16, 24, 25
c) Arbeitsschutzrecht
d) Sonderfragen des Betriebsschutzes
e) Betriebsaufsicht
f) Sonderaufsichten
g) Gewerbemedizin.

Die Betriebsaufsicht wurde in neun Bezirke unterteilt, die jeweils einen oder mehrere Stadtbezirke umfaßten.

Dem Hauptamt für Arbeitsschutz wurde ein Beirat mit beratender Funktion zugeordnet, der aus drei Mitgliedern des Magistrats, drei Mitgliedern der Industrie, drei Mitgliedern der Wissenschaft, vier Mitgliedern des FDGB und zwei Mitgliedern der Versicherungsanstalt Berlin bestand.

Der erste Jahresbericht des Hauptamtes für Arbeitsschutz, der übrigens infolge Papiermangels erst am Ende des zweiten Berichtsjahres gedruckt werden konnte, stellt als wichtigste Aufgabe die Prüfung der Frage heraus, »inwieweit die bis zum Zusammenbruch in Kraft befindlichen Arbeitsschutzgesetze als weiterhin gültig anzusehen sind. Die maßgeblichen Arbeitsschutzgesetze (Arbeitszeitordnung, Jugendschutzgesetz, Gesetz über die Arbeitszeit in Bäckereien, Mutterschutzgesetz, Gesetz über die Heimarbeit, Teile der früheren Reichsgewerbeordnung über Sonn- und Feiertagsruhe und Betriebsschutz) sind zwar zu einem guten Teil in der nationalsozialistischen Zeit neu erlassen worden, beruhen aber inhaltlich weitgehend auf früheren Arbeitsschutzgesetzen oder auf früheren nicht abgeschlossenen Entwürfen und können daher unbedenklich in ihren wesentlichen Teilen mit gewissen Maßgaben als noch gültig und damit als Grundlage für die Arbeit des Hauptamtes für Arbeitsschutz angesehen werden. Natürlich mußten alle Vorschriften der Arbeitsschutzgesetze, die auf nationalsozialistisches Gedankengut Bezug nehmen oder auf nationalsozialistische Organisationen und dergleichen hinweisen und daher überholt oder gegenstandslos geworden sind, ausgemerzt werden. Eine Durchsicht der maßgeblichen Gesetze ergab, daß im wesentlichen nur eine Anzahl formaler Vorschriften aufgehoben werden muß, während der sachliche Inhalt der Arbeitsschutzgesetze mit einigen wenigen Ausnahmen unbedenklich ohne weiteres übernommen werden kann.«

Von den technischen Angestellten des Hauptamtes wurden im ersten Jahr 12.986 Betriebsbesichtigungen durchgeführt. Ihre allgemeinen Erkenntnisse über die Einrichtung der Betriebe wurden zusammenfassend wie folgt dargestellt:

»Das Hauptamt für Arbeitsschutz fand bei Beginn seiner Tätigkeit im Herbst 1945 die denkbar ungünstigsten Verhältnisse in den Betrieben vor. Die Mehrzahl der Betriebe hatten schon durch die Kriegshandlungen schwere Schäden an den Baulichkeiten und den Betriebseinrichtungen erlitten; soweit sie die Kriegseinwirkungen ohne größere Schäden überstanden hatten, wurde der Arbeitsschutz durch die Nachwirkungen des Krieges, insbesondere durch die Demontagen, stark beeinträchtigt. Dies gilt sowohl für die eigentlichen Arbeitsräume als auch insbesondere für die sozialhygienischen Anlagen. Nicht selten unterschieden sich die Arbeitsplätze in den Betriebsanlagen ohne Bedachung und ohne Fenster in keiner Weise von Arbeitsplätzen im Freien, so daß die Arbeiter bei dem durch die unzureichende Ernährung ohnehin geschwächten Gesundheitszustand durch Kälte und Zugluft gefährdet waren. Auch heute noch läßt der Zustand der Arbeitsräume, trotz der vereinten Anstrengungen der Unternehmer und der Arbeiter, sie zu verbessern, noch viel zu wünschen übrig. Die Wiederherstellung geht wegen des Mangels an Baustoffen, Werkzeugen und Facharbeitern nur langsam vor sich. In den meisten Fällen ließen sich Dach-, Mauer-, Tür- und Fensterschäden nur mit behelfsmäßigen Mitteln in bescheidenem Maße beseitigen, so daß wohl noch auf lange Zeit hinaus in dieser Hinsicht viel zu verbessern bleibt, und es ist zu befürchten, daß wegen des Mangels an Dachpappe, Glas, Fensterverkleidungsmaterial und dergleichen die Winterfestmachung der Werkstätten nicht überall in der erforderlichen Weise rechtzeitig gelingen wird. Trotzdem ist eine allgemeine Aufwärtsentwicklung festzustellen, was nicht zuletzt auf die Energie und Arbeitsfreudigkeit der Arbeiterschaft zurückzuführen ist, die im Interesse des Wiederaufbaus auch ungünstige Arbeitsplätze nicht ablehnt.«

In jedem Einzelfall beinahe mußten den teilweise sogar sachkundigen und provisorischen Betriebsleitungen Ratschläge etwa zur Sicherstellung des Unfallschutzes erteilt und praktische Hilfen gegeben werden, wobei immer wieder darauf Bedacht zu nehmen war, daß möglichst jede Erschwerung des Produktionsablaufs unterblieb.

Ein anderes wichtiges Problem umreißt der Bericht wie folgt:

»Die Frage der Arbeitsplatzbeschaffung für Frauen ist in Berlin besonders dringend, weil der Frauenüberschuß in den arbeitsfähigen Jahrgängen zum Teil das Dreifache beträgt und die Frauen vielfach die einzigen Ernährerinnen ihrer Familien sind. Bei den Betriebsbesichtigungen wurde deshalb der Frage der Arbeitsplatzbeschaffung für Frauen besondere Aufmerksamkeit zugewandt. Hierbei war zu prüfen, welche Arbeiten für Frauen besonders geeignet sind, auch wenn diese bisher aus Tradition oder anderen Gründen überwiegend von Männern ausgeführt wurden, z. B. die Tätigkeit der Schriftsetzer im Druckereigewerbe. Die Bedenken, daß Berufe mit längeren Ausbildungs- oder Umschulungszwecken für Frauen und Mädchen ungeeignet sind, können vorläufig zurückgestellt werden, weil die Heiratsaussichten für Mädchen bis auf weiteres gering sind.«

Das Verbot der Beschäftigung von Frauen auf Bauten wurde durch das Gesetz Nr. 32 des Kontrollrates über die Beschäftigung von Frauen bei Bau- und Wiederaufbauarbeiten vom 10. Juli 1946 aufgehoben.

Von dem Verbot der Frauennachtarbeit mußte in steigendem Maße abgewichen werden. Zum einen war der Mangel an männlichen Arbeitskräften ursächlich, zum anderen ließen die Stromsperren eine geordnete Produktion am Tage nicht zu.

Mit der Direktive Nr. 26 des Kontrollrates vom 26. Januar 1946 betr. Bestimmungen über Arbeitsstunden wurden als Mindest- und Höchstarbeitszeit 8 Stunden täglich bzw. 48 Stunden wöchentlich bestimmt. Der Magistrat der Stadt Berlin erließ hierzu am 16. März 1946 und 4. Juli 1946 Bekanntmachungen über sinngemäße Anwendung des bisher geltenden Rechts über Ausnahmen und über eine andere Verteilung der Arbeitszeit. Bemerkenswert ist: »Die Arbeitszeit an einzelnen Wochentagen, insbesondere z. B. am Sonnabend, regelmäßig ganz ausfallen zu lassen, ist unzulässig.«

Arbeits- und Wegeunfälle sowie Berufskrankheiten waren nach einer Anordnung des Magistrats der Stadt Berlin vom 14. Januar 1946 der Versicherungsanstalt Berlin zu melden. In neun Monaten (Januar bis September 1946) wurden 78.407 Arbeitsunfälle, 3226 Unfälle auf Betriebswegen und 10.010 Unfälle auf dem Wege nach und von der Arbeitsstelle gemeldet. Auffallend ist die steigende Abnahme der Wegeunfälle. Sie gingen monatlich von einem Höchststand von 2264 im März 1946 auf ein Viertel zurück. Ursächlich waren wohl die größere Sicherheit auf den Straßen nach dem Wegräumen der Trümmer und der Sicherung der Ruinen. Über die Gesamtzahl der tödlichen Unfälle macht der Bericht keine Angaben. Aus dem Baugewerbe wurden in dem besagten Zeitraum 120 tödliche Unfälle (98 Männer, 22 Frauen) gemeldet. Das sind mehr als 1,1 v. H. der insgesamt 10.857 gemeldeten Unfälle auf dem Bau. Diese bedrohliche Entwicklung war Anlaß für eine Bekanntmachung des Magistrats der Stadt Berlin vom 20. Juli 1946 über Sicherheitstechnische Richtlinien für Abbruch- und Enttrümmerungsarbeiten (Ergänzungsbestimmungen zu den Unfallverhütungsvorschriften für Abbrucharbeiten). Das Hauptamt für Arbeitsschutz verteilte an die bei der Enttrümmerung beschäftigten Frauen ein Flugblatt mit einer Anleitung zur Anfertigung eines geeigneten Handschutzes aus Luftschutzgasmasken. Ein weiteres Flugblatt zur Anfertigung eines Schutzanzuges für die Frau auf dem Bau war vorbereitet.

Bis Mitte April 1946 war das Hauptamt in erheblichem Umfang mit der

Begutachtung der Eingruppierung der gewerblichen Arbeitnehmer in die verschiedenen Klassen der Lebensmittelkarten beschäftigt. Es wurden Anträge für rd. 187.000 Schwerarbeiter eingereicht, von denen rd. 102.000 anerkannt wurden.

Aber zurück zum Arbeitsschutz: Der Schutz des Menschen am Arbeitsplatz obliegt primär dem Unternehmer. Er hat die einschlägigen Vorschriften zu beachten und erkennbare Gefahren abzuwenden. Er hat durch organisatorische Maßnahmen die Durchführung des Arbeitsschutzes zu gewährleisten. Zur Sicherstellung dieser Aufgaben erließ der Magistrat der Stadt Berlin am 12. August 1946 die nachstehende Anordnung:

»Anordnung des Magistrats der Stadt Berlin über die betriebliche Organisation des Arbeitsschutzes vom 12. August 1946

Aufgrund der Anordnung der Alliierten Kommandatur Berlin vom 29. März 1946 BK/O (46) 147 über die Errichtung eines Arbeitsinspektorats wird zur Vertiefung des Arbeitsschutzes in den Betrieben folgende Anordnung erlassen:

§ 1 Organe des Betriebes für die Aufgaben des Arbeitsschutzes sind der Obmann für Arbeitsschutz, der Sicherheitsbeauftragte, die Arbeitsschutzkommission und die Unfallvertrauensmänner.

§ 2 Der Betriebsrat setzt eines seiner Mitglieder als Obmann für Arbeitsschutz ein. In Betrieben, in denen kein Betriebsrat besteht, wählt die Belegschaft den Obmann für Arbeitsschutz.

§ 3 In Betrieben mit 50 und mehr Beschäftigten bestellt der Unternehmer einen Sicherheitsbeauftragten (Sicherheitsingenieur, Sicherheitsmeister oder dergleichen).

§ 4 In Betrieben mit 50 und mehr Beschäftigten bilden der Obmann für Arbeitsschutz, der Sicherheitsbeauftragte und ein Mitglied der gewerkschaftlichen Betriebsvertretung die Arbeitsschutzkommission. In größeren Betrieben ergänzt sich die Kommission durch Zuwahl weiterer geeigneter Mitglieder.

§ 5 In größeren Betrieben mit mehreren Betriebsabteilungen, insbesondere solchen mit verschiedenartigen Arbeitsverfahren, muß in jeder Betriebsabteilung ein Unfallvertrauensmann vorhanden sein.

§ 6 Die Abteilung für Arbeit — Hauptamt für Arbeitsschutz — bestimmt im Benehmen mit den anerkannten Gewerkschaften das Nähere über die Tätigkeit des Sicherheitsbeauftragten, der Arbeitsschutzkommissionen und der Unfallvertrauensmänner.

Berlin, den 12. August 1946

Magistrat der Stadt Berlin
Der Oberbürgermeister
Dr. Werner.«

Das nach dem Kriege geborene Kind »Arbeitsschutz« war also ein Jahr alt geworden. Es blieb in der Folge nicht von den Versuchen verschont, die gesamte Stadtverwaltung — entgegen dem eindeutig ablehnenden Willen der Bevölkerung aufgrund der letzten freien Wahlen in Gesamt-Berlin vom 20. Oktober 1946 — unter kommunistische Kontrolle zu bringen. Die Arbeit des Amtes wurde aber auch durch das Einfrieren aller Reichsmarkguthaben der Betriebe bei den stillgelegten Banken, durch die Blockade des Westteils der Stadt und nicht selten durch unmittelbare Eingriffe Außenstehender erschwert.

Am 18. Oktober 1948 verlegte die Abteilung Arbeit des Magistrats der Stadt Berlin zunächst unter einem neuen kommissarischen Leiter ihren Sitz in den Westteil der Stadt. Der bisherige Leiter war von der aus der Oktober-Wahl hervorgegangenen Stadtverordnetenversammlung abberufen worden. Er hatte es abgelehnt, Tarifverträge zu registrieren, die nicht vom FDGB, sondern von der UGO, der Unabhängigen Gewerkschaftsorganisation, für den amerikanischen und britischen Sektor abgeschlossen worden waren. Die sowjetische Kommandantur — der Kontrollrat war durch den Auszug der Russen funktionsunfähig geworden — deckte seine Haltung. Er lehnte es ferner ab, seine Amtsgeschäfte zu übergeben, erschien zur Sitzung des Magistrats und weigerte sich, die Sitzung zu verlassen. Damit war die Magistratsabteilung für Arbeit, also auch die Arbeitsschutzbehörde, gespalten; andere Abteilungen sollten bald folgen.

Das war aber nur die Spitze des Eisberges. Störungen der Sitzungen des Magistrats und der Stadtverordnetenversammlung waren an der Tagesordnung; sie mußten daher im Westen der Stadt tagen.

Die für den 5. Dezember 1948 angesetzten Neuwahlen zur Stadtverordnetenversammlung waren das letzte auslösende Moment für die SED und ihre Hilfsorganisation, am 30. November 1948 auf Antrag des »Demokratischen Block« den gewählten Magistrat abzusetzen und einen neuen Magistrat zu bilden. Damit war die Spaltung endgültig vollzogen. Die Wahlen konnten dann auch nur im Westteil der Stadt durchgeführt werden.

Das Hauptamt für Arbeitsschutz erlebte jetzt in und für die Westsektoren seine Wiedergeburt. Es firmierte: »Magistrat von Groß-Berlin, Abteilung für Arbeit (Dezernat Arbeitsschutz)«. Am 9. August 1949 wurde das Gesetz über die Durchführung des Arbeitsschutzes erlassen. Am 1. April 1951 wurde das Gewerbeaufsichtsamt Berlin als selbständige untere Verwaltungsbehörde wieder errichtet und der Dienstaufsicht des Senators für Arbeit beim Senat von Berlin (früher Abteilung für Arbeit [Stadtrat] beim Magistrat von Groß-Berlin) unterstellt.

Im Juli 1952 nahmen die gewerblichen Berufsgenossenschaften ihre Tätigkeit in Berlin wieder auf.

Heute führt das Gewerbeaufsichtsamt die Bezeichnung »Landesamt für Arbeitsschutz und technische Sicherheit«.

Aber dazwischen lag der zähe Kampf der Gewerbeaufsicht um jede Überstunde. Die Zahl der Arbeitslosen in Berlin (West) stieg und erreichte im Februar 1950 den Höhepunkt mit rd. 306.500. Mehrarbeit sollte, wo immer nur möglich, unterbunden werden, um die Betriebe zur Einstellung zusätzlicher Arbeitskräfte zu veranlassen. Durch das Gesetz zur Ergänzung der Arbeitszeitordnung des Magistrats von Groß-Berlin vom 13. September 1950 war jede Verlängerung der Arbeitszeit an die Genehmigung der Abteilung für Arbeit gebunden. Eine Sisyphusarbeit, die vielleicht doch nicht ganz vergeblich war, wenn man an die rd. 31.200 Arbeitslosen am Ende 1960 denkt.

Dann, 1961, plötzlich das Gegenteil: Der Bau der Mauer entzieht West-Berlin auf einen Schlag rund 60.000 Arbeitskräfte. Der Versuch, nach Hereinnahme der noch vorhandenen Arbeitslosen durch Mehrarbeit einen Ersatz zu schaffen, lag auf der Hand. Hier einen Ausgleich herbeizuführen zwischen dem Arbeitszeitschutz und den Produktions- und Lieferverpflichtungen der Betriebe, machte wieder ein flexibles Vorgehen der Verwaltung erforderlich.

So schwierig und wechselvoll war also der Beginn des Arbeitsschutzes nach dem Kriege in Berlin.

Peter Mitzscherling

# Auf dem Wege zu einer »sozialistischen« Sozialpolitik?

## Die Anfänge der Sozialpolitik in der SBZ/DDR

### Sozialpolitik in Deutschland: Begründung, Ausbau und Zusammenbruch

Erinnern wir uns: Die Auseinandersetzung zwischen Arbeit und Kapital hatte die erste Phase der staatlichen Sozialpolitik in Deutschland bestimmt, mit der Bismarckschen Sozialgesetzgebung erreichte sie ihren Höhepunkt. Dieses Gesetzgebungswerk verbesserte die Situation der Industriearbeiter deutlich, wenn es auch zunächst nicht die Anerkennung der Arbeiterschaft fand: Ihr Mißtrauen gegen die durch Bismarck personifizierte Obrigkeit, die in offensichtlicher Verkennung der Triebkräfte der sozialistischen Bewegung ihre sozialpolitische Leistung durch die Sozialistengesetze entwertete, beeinflußte bis über die Jahrhundertwende hinaus das beiderseitige Verhältnis.

Doch allmählich wurde es unübersehbar, daß mit der Gründung der Sozialversicherung eine markante und auch in ihren längerfristigen Wirkungen noch nicht absehbare Korrektur der kapitalistischen Wirtschaftsverfassung begonnen hatte. Die Beseitigung des unmittelbaren Notstandes der Arbeiter durch ständigen Ausbau der Sozialversicherung und die mit steigender volkswirtschaftlicher Produktivität einhergehende allgemeine Wohlstandsmehrung milderten zumindest die anfangs gänzlich unüberbrückbar scheinenden Klassengegensätze. Zweifel an der Gültigkeit des Marxschen Lehrsatzes von der zunehmenden Verelendung der Arbeitermassen verbreiteten sich immer stärker und leiteten zu genereller Marxismuskritik über. Diese Entwicklung führte schließlich zum Abrücken eines Teiles der deutschen Sozialisten vom Marxismus und zum Bruch zwischen den »revisionistischen« Sozialdemokraten und dem revolutionären kommunistischen Flügel; sie ist letztlich auch Ursache der kommunistischen Auffassung, alle vom Kapitalismus zugelassenen sozialpolitischen Reformen suchten lediglich Teile der Arbeiterschaft in eine bessersituierte »Arbeiteraristokratie« umzuwandeln, um damit die Bourgeoisie sozial abzustützen und die proletarische Einheitsfront zu stören [1]!

Das Ende der deutschen Monarchie und die Revolution in Rußland schienen die Chancen einer revolutionären Umgestaltung der Eigentumsverhältnisse auch in Deutschland vergrößert zu haben. Als der Versuch ihrer Umsetzung

1 W. J. Lenin: Der Imperialismus als höchstes Stadium des Kapitalismus. Berlin 1946, S. 9. Vgl. hierzu auch Erik Boettcher: Sozialpolitik und Sozialreform. Tübingen 1957, S. 27.

gescheitert war, setzten die deutschen Kommunisten andere politische Mittel ein. So riefen sie z. B. 1924 im Reichstag zu einer Zentralisierung aller inzwischen zur Durchführung der praktischen Sozialpolitik geschaffenen Einrichtungen auf und forderten deren volle Selbstverwaltung. Demgegenüber versuchten die Sozialdemokraten, den schon vor dem Ersten Weltkrieg bei den Ortskrankenkassen eingeschlagenen Weg fortzusetzen, durch ihre Vertrauensleute in den Gewerkschaften vermehrt Einfluß auf die Selbstverwaltungsorgane, in denen der Beitragsbeteiligung entsprechend Arbeitnehmer und Arbeitgeber vertreten waren, zu erlangen — mit Erfolg!

Von der Teilhabe an der praktischen Ausgestaltung der Sozialpolitik ausgehend übernahmen sie in vielen Bereichen allmählich die sozialpolitische Führung. In einer von zunehmender Legalisierung und Institutionalisierung gekennzeichneten Phase der Sozialpolitik konnten deshalb in den Jahren der Weimarer Republik weitere sozialpolitische Fortschritte erzielt werden [2]. Aus der ursprünglich zur Verbesserung der Lage der Arbeiterschaft begründeten staatlichen Sozialpolitik wurde immer mehr eine Sozialpolitik, deren Anliegen die Beseitigung der Nöte des Lebens schlechthin war. Zur Durchführung der ihr gesetzten Aufgaben bedurfte sie sowohl eines dauerhaften institutionellen Rahmens als auch klare Rechtsansprüche sichernder Normen, die sie sich schuf. Damit erreichte sie allmählich einen Zustand, in dem sie nicht abzuwarten brauchte, »ob der einzelne in Armut falle, sie weiß es voraus, daß bestimmte Gruppen der Gesellschaft aus ihrer Situation im Kapitalismus heraus stützungsbedürftig sind« [3].

Das Jahr 1933 beendete diese Entwicklung: Mit der Beseitigung der Gewerkschaften wurde auch die Selbstverwaltung der Sozialversicherung ausgeschaltet. Sozialpolitik wurde von Sozialverwaltung abgelöst. Zwar blieb der Rahmen des inzwischen geschaffenen Systems einer im internationalen Maßstab weitgehend erreichten sozialen Sicherung grundsätzlich erhalten. Doch drückten ihm der sich wandelnde Geist des Staates, der die Motivation sozialer Hilfeleistungen begründete [4], und die durch den Zweiten Weltkrieg entstehenden besonderen Erfordernisse ihren Stempel auf. Mit dem Ende des Krieges brach auch das bisherige System sozialer Sicherung zusammen. Der Zerstörung vieler Einrichtungen und einem totalen Vermögensverlust stand die rasch wachsende soziale Not großer Teile der Bevölkerung gegenüber. Sozialpolitik in Deutschland mußte neu beginnen — auf unterschiedliche Weise — in einem geteilten Land — in einer veränderten sozialen Umwelt.

2 Vgl. Detlef Zöllner: Entwicklungsphasen der Sozialpolitik. In: Sozialreform und Sozialrecht — Festschrift für Walter Bogs, Berlin 1959, S. 406.

3 Hans Achinger: Sozialpolitik als Gesellschaftspolitik. Hamburg 1958, S. 62.

4 So wurden auf Anordnung Hitlers alle vor 1933 bewilligten Renten auf ihre »Berechtigung« hin überprüft. Diese Aktion wurde von der »Deutschen Arbeitsfront« 1935 damit begründet, daß die »Mittel der Sozialversicherung und der allgemeinen Wohlfahrtspflege ... bisher in übertrieben großem Umfang für hoffnungslos Sieche und unzweifelhaft Minderwertige« verausgabt worden seien. Vgl. Paul Peschke: Geschichte der deutschen Sozialversicherung. Berlin (Ost) 1962, S. 411.

## Sowjetsozialismus und Sozialpolitik

Mit der Ausdehnung der sowjetischen Macht auf Osteuropa und den östlichen Teil des zerschlagenen Deutschen Reiches wurde dort der Weg dafür frei, eine nichtkapitalistische Wirtschafts- und Sozialordnung zu schaffen. Ihre potentiellen Gestalter konnten im Marxschen Werk kaum hierfür geeignete, konkret nutzbare Rezepturen finden. Marx' Beschreibung des künftigen Weges der Menschheit, der über die »Diktatur des Proletariats« und das »Absterben« des Staates zu einer klassenlosen Gesellschaft führte, die frei vom »Antagonismus von Produktivkräften und Produktionsverhältnissen« war, mochte Geltung haben, doch wohl eher für recht weit dimensionierte Zeiträume.

Auch bedurfte es unter dem Schutz der sowjetischen Besatzungsmacht nicht des Wartens auf das Ende des überreif gewordenen Kapitalismus, um mit der revolutionären Machtübernahme durch die Arbeiterschaft die »Kommandohöhen der Wirtschaft« (Lenin) zu erobern. Auch in der sowjetischen Besatzungszone Deutschlands (SBZ) verhalf die Militärregierung der Sowjets der Kommunistischen Partei zur alleinigen politischen Herrschaft, um die Voraussetzungen zu schaffen, die im marxistisch-leninistischen (sowjetsozialistischen) [5] Sinne zur Errichtung eines nicht mehr von Klassengegensätzen beherrschten Gesellschaftssystems unabdingbar sind [6],

1. die Sozialisierung der Produktionsmittel, um so die
   — Ausbeutung des Arbeiters und die »Entfremdung« von seinen Arbeitsmitteln zu beseitigen, die
   — Machtposition der staatstragenden Arbeiterklasse zu sichern und die
   — Planung der Wirtschaft durch den Staat zu erleichtern,
2. die zentrale Planung und Lenkung der Wirtschaft,
   — weil nur so die »Anarchie des Marktes« vermieden werden und ein von Krisen freies Wachstum erreicht werden könne.

Die Durchführung dieses Aufgabenbündels bestimmte nicht nur die ersten Nachkriegsjahre in der SBZ, sondern auch die Politik der späteren Deutschen Demokratischen Republik bis weit in die sechziger Jahre hinein, — wenn man nicht gar die Aufgabe, ein funktionsfähiges planwirtschaftliches System in einem Industriestaat zu schaffen, auch als heute noch weitgehend ungelöst bezeichnen will.

Die Gestaltung einer umfassenden Gesellschaftspolitik auf der Grundlage der sowjetsozialistischen Ideologie mußte die Frage nach Berechtigung, Stellenwert und Inhalt einer eigenständigen Sozialpolitik aufwerfen. Denn »Sozialpolitik« war nach dem theoretischen Verständnis der nun im östlichen Teil Deutschlands Herrschenden mit vielerlei, aus der kapitalistischen

5 Auf dem Weg zum Fernziel »Kommunistische Gesellschaftsordnung« werden von den dieses Leitbild anstrebenden Gesellschaften unterschiedlich bezeichnete Übergangsphasen einer zumeist »sozialistisch« genannten Ordnung erreicht und durchschritten. Im folgenden werden die in der SBZ/DDR sowie in den anderen UdSSR-abhängigen und von kommunistischen Parteien regierten Ländern gebräuchliche Begriffe »sozialistisch«, »marxistisch-leninistisch« und — soweit nicht im historischen Sinne anders zu interpretieren — »kommunistisch« als terminologisch gleichartig verwandt und mit dem Begriff »sowjetsozialistisch« etc. umschrieben.

6 Vgl. Peter Mitzscherling u. a.: System und Entwicklung der DDR-Wirtschaft. Deutsches Institut für Wirtschaftsforschung, Sonderheft 98, Berlin 1974, S. 14 f.

Vergangenheit herrührendem Makel behaftet — sie gehörte zum Überbau einer Gesellschaft mit überholten, nun nicht mehr bestehenden Klassenverhältnissen und war als »soziales Herumflicken« bloße Korrekturpolitik einer nichtrationalen, unwissenschaftlichen Gesellschaftspolitik. Auch mußte Sozialpolitik als überflüssig, wenn nicht gar als Tautologie erscheinen, weil die sowjetsozialistische Politik, dem geltenden Prinzip der »Sorge um den Menschen« verpflichtet, insgesamt darauf gerichtet ist, die Lebenslage weithin zu verbessern und den gesellschaftspolitischen Vorstellungen folgend zu entwickeln [7].

So nimmt es nicht wunder, daß eine »sozialistische« Sozialpolitik im theoretisch-konzeptionellen Geflecht der ideologischen Untermauerung des neuen Herrschaftssystems in der SBZ negiert wurde. Die begriffliche Verwendung in den »Sozialpolitischen Richtlinien« der neugegründeten Sozialistischen Einheitspartei Deutschlands (SED) blieb für mehr als ein Jahrzehnt unwiederholt und ist wohl eher mit deren instrumental-organisatorischem Charakter, dem kaum ideologische Züge anhaften, zu erklären. Unabhängig vom Vorhandensein oder Fehlen einer konzeptionellen Fundierung mußte sich nach Beseitigung der schlimmsten Kriegsfolgen in der SBZ und mit zunehmender wirtschaftlicher Gesundung in der DDR die Erkenntnis immer stärker verbreiten, daß offensichtlich in jeder Gesellschaft soziale Ungleichgewichte vorhanden sind (z. B. Kinderreichtum) bzw. soziale Schwächen entstehen (z. B. Folgen von Krankheit und Unfall, Schwangerschaft, Alter), denen nur mit verschiedenen »sozialpolitisch« gestalteten Instrumenten begegnet werden kann. »Schutz vor den vielfältigen Wechselfällen des Lebens« [8] zu bieten, wurde somit als Aufgabe dem grundsätzlich beibehaltenen Sozialversicherungs-, Gesundheits- und Arbeitsschutzsystem übertragen. Der »Konflikt mit den hohen Ansprüchen der sozialistischen Gesellschaftspolitik« [9] konnte so vermieden und dennoch mit einer Politik sozialer Sicherung begonnen werden, die darauf gerichtet war, sowohl den institutionell-organisatorischen Rahmen der übernommenen Sozialversicherungseinrichtungen den Erfordernissen zentraler Planung, Verwaltung und Kontrolle anzupassen als auch durch Setzung geeigneter Normen, allen — im weitesten Sinne — vorhandenen »sozialen« Schwächen zu begegnen. Dabei waren die Leistungen so zu gestalten, daß zumindest das frühere Leistungsniveau aufrechterhalten blieb, die Errichtung des Sozialismus gefördert (bessere Leistungen für Arbeiter, Angestellte und Genossenschaftsmitglieder) und das Wirtschaftswachstum begünstigt wurde — angesichts der Notwendigkeit wachsender Zuschüsse aus dem Staatshaushalt ein Optimierungsproblem!

Erst in der zweiten Hälfte der sechziger Jahre begann mit wachsender wirtschaftlicher Stabilisierung und damit immer dringlicher werdenden

7 Vgl. Helga Ulbricht: Aufgaben der sozialistischen Sozialpolitik bei der Gestaltung der Sozialen Sicherung in der DDR, Habilitationsschrift, Leipzig 1965, S. VIII u. 62 f.; Peter Mitzscherling: Soziale Sicherung in der DDR. Deutsches Institut für Wirtschaftsforschung, Sonderheft 81. Berlin 1968, S. 16 ff. Wolf-Rainer Leenen: Sozialpolitik in der DDR — Theoretische Probleme. In: Deutschland Archiv, Heft 3/1975, S. 257 f.

8 Günter Thude: Soziale Sicherheit — Sozialpolitik in beiden deutschen Staaten. Berlin (Ost) 1965, S. 14.

9 Leenen, a. a. O., S. 258.

Leistungsverbesserungen in der DDR eine Diskussion über notwendige Wandlungen des Sozialpolitikverständnisses, die jedoch im wesentlichen die Existenzberechtigung einer Sozialpolitik im Sozialismus stillschweigend unterstellt und sich auf das theoretische Bemühen konzentriert, Standort, Gegenstand und Stellenwert der sozialistischen Sozialpolitik innerhalb einer umfassenden Gesellschaftspolitik zu bestimmen [10]. Die bisherigen Ergebnisse dieser — heute noch anhaltenden — Theoriediskussion [11] bestäti-

10 Vgl. hierzu Wolf-Rainer Leenen, a. a. O., S. 260 ff., der die Vielzahl der in letzter Zeit in der DDR zu einer »sozialistischen Sozialpolitik« veröffentlichten Beiträge in ein konstruiertes theoretisches Gerüst eingebracht hat, aus dem die Notwendigkeit einer Sozialpolitik auch im Sowjetsozialismus abgeleitet wird. Seine Thesen lauten (verkürzt):

1. Auch in einem sozialistischen System ist es sinnvoll, keine Totalpolitik zu betreiben, sondern problemorientierte Partialpolitiken zu verfolgen.
2. Auch in einer sozialistischen Gesellschaft gibt es soziale Probleme, die ständig neu aus dem Prozeß der gesellschaftlichen Veränderungen geboren werden — Gründe: a. Die Wirtschaftspolitik kann nicht alle sozialen Prozesse befriedigend regeln, ja führt sogar zu unerwarteten, mithin unerwünschten Nebenwirkungen, b. Die Lebenslage einzelner Gesellschaftsmitglieder kann vom gesellschaftspolitischen Leitbild abweichen.
3. Das »Prinzip der Sorge um den Menschen« setzt sich nicht im Selbstlauf durch. Schließlich ist danach eine sozialistische Sozialpolitik systemkonform, weil sie »Probleme nichtantagonistischen Charakters« zum Gegenstand hat und Übereinstimmung von gesellschaftlichen und individuellen Interessen gegeben ist.

11 Die noch bis in die zweite Hälfte der sechziger Jahre hinein verwandten Definitionen »sozialistischer Sozialpolitik« als einer auf die »Wechsel- und Notfälle des Lebens« gerichteten Politik wurde spätestens Mitte 1974 endgültig verworfen. Seitdem (Vgl. U. Huar: Über den Inhalt sozial-politischer Gesetze. In: Deutsche Zeitschrift für Philosophie, 6/1974, S. 681 ff.) ist eine deutliche Ausweitung der Gegenstandsbestimmung erkennbar, die Sozialpolitik als Teil der Gesamtpolitik begreift, die durch die Macht der Arbeiterklasse die Gesamtheit der ökonomischen und politischen Verhältnisse — zunächst in einer »entwickelten sozialistischen Gesellschaft« — gestaltet. Zwar gelten noch immer »Grundlagen, Entwicklungstendenzen und Gesetzmäßigkeiten der sozialpolitischen Verhältnisse bei der Gestaltung der entwickelten Gesellschaft in der DDR« als weithin unerforscht (vgl. Rudi Weidig: Gemeinsame Erforschung der weltanschaulich-ideologischen Probleme der Sozialpolitik. In: Aufgaben und Probleme der Sozialpolitik und Demographie in der DDR. Berlin (Ost) 1975, S. 107 ff.), obwohl Sozialpolitik als »Einheit von theoretischer und praktisch-organisatorischer Aktivität« auf der theoretischen Grundlage des Marxismus-Leninismus gesehen wird (a. a. O., »Thesen«, S. 39). Diese während der 11. Tagung des wissenschaftlichen Rates für die wirtschaftswissenschaftliche Forschung bei der Akademie der Wissenschaften der DDR am 29. 10. 1974 vorgetragenen, von einem Autorenkollektiv unter Leitung von Gunnar Winkler erarbeiteten Thesen weisen der »Anhebung des materiellen und kulturellen Lebensniveaus auf der Grundlage der stetigen Steigerung des Leistungsvermögens der Volkswirtschaft« (a. a. O., S. 10) vorrangige Bedeutung zu. Dabei ist die Sozialpolitik auf Herausbildung solcher »Arbeits- und Lebensbedingungen gerichtet, die als Teil der intensiv erweiterten Reproduktion

— eine allseitige Reproduktion des Menschen und seiner Arbeitskraft gewährleisten;
— die Entwicklung des sozialistischen Bewußtseins und sozialistischer Persönlichkeiten fördern;
— die Leistungsfähigkeit der Werktätigen erhöhen und sie zu größerer Aktivität in der schöpferisch-produktiven Tätigkeit führen.« (a. a. O., S. 15 f.)

Die auf dieser Grundlage verbesserten Arbeits- und Lebensbedingungen wirken mithin direkt produktionsfördernd durch Erhöhung des Arbeitsvolumens, doch aus ihnen resultieren ebenso »Freude an der Arbeit, höhere produktiv-schöpferische Initiativen und wachsende Leistungsfähigkeit«. Ein umfassender Grundsatz bestimmt die Gestaltung der Sozialpolitik: Ihre »Realisierung ... verlangt, stets von den durch die herrschende Arbeiterklasse bestimmten gesellschaftlichen Gesamtinteressen auszugehen und als Ziel die Schaffung der sozialistischen/kommunistischen Gesellschaftsformation zu verfolgen« (vgl. Autorenkollektiv: Marxistisch-Leninistische Sozialpolitik. Berlin [Ost] 1975, S. 22).

gen im wesentlichen die vorliegende Einschätzung der Sozialpolitik in der DDR als einer Politik, die mit ihren Maßnahmen die Verwirklichung des gesellschaftspolitischen Leitbildes anzustreben und sich den primär ökonomisch determinierten Zielen der gesellschaftlichen Gesamtpolitik unterzuordnen hat, d. h. vor allem wachstumsorientiert ist [12].

## Die Praxis — Anfänge in der SBZ [13]

Auch in der SBZ hatte der Krieg Verwüstungen und Elend hinterlassen, Menschenverluste und Kriegszerstörungen behinderten den wirtschaftlichen Aufbau. Vordringlich war zunächst, die akute Not zu beseitigen und danach durch geeignete sozialpolitische Maßnahmen das angestrebte wirtschaftliche Wachstum zu unterstützen.

Die neuen Aufgaben konnten im wesentlichen mit dem übernommenen sozialrechtlichen Instrumentarium begonnen werden, wenn es auch in ein eigenes Sozialrecht einzubetten war, das um neue Teile erweitert wurde, die sich aus der gegenüber der klassischen Sozialpolitik veränderten Aufgabenstellung ergaben. Die Organisation des Systems entsprach dagegen nicht den politischen Vorstellungen und Erfordernissen. So wurde durch den Befehl der Sowjetischen Militäradministration Deutschlands (SMAD) Nr. 2 vom 10. Juni 1945 der »werktätigen Bevölkerung ... das Recht zur Vereinigung in freien Gewerkschaften und Organisationen zur Wahrung der Interessen und Rechte der Werktätigen« zuerkannt; hierzu zählte u. a. auch das Recht, Sozialversicherungskassen zu bilden.

Beim Wiederaufbau des Sozialleistungssystems in der SBZ spielte von Anfang an der »Freie Deutsche Gewerkschaftsbund (FDGB)« die dominierende Rolle. So wurde auf dem Gründungskongreß des FDGB im Februar 1946 (Erste Delegiertenkonferenz des FDGB für das sowjetisch besetzte deutsche Gebiet vom 9.—11. Februar 1946) beschlossen, auf eine einheitliche Sozialversicherung in Form von Sozialversicherungsanstalten hinzuwirken, die in den einzelnen Ländern der SBZ einzurichten waren.

Schon ein halbes Jahr zuvor, zum 1. Juli 1945, waren in der Viersektorenstadt Berlin durch Anordnung des Magistrats und mit Genehmigung des Alliierten Kontrollrats sämtliche Träger der früheren Reichsversicherungsordnung und die Ersatzkassen — insgesamt 156 Einrichtungen — aufgelöst worden. An ihre Stelle war als erster Träger einer einheitlichen Sozialversicherung in Deutschland die Versicherungsanstalt Berlin (VAB) getreten. Die *Einheitsversicherung* unterschied sich von den bisher geltenden organisatorischen Formen vor allem dadurch, daß sie

1. alle Versicherungszweige (Kranken-, Unfall- und Rentenversicherung) grundsätzlich in einem Versicherungsträger vereinte und
2. einen einheitlichen, nach Risiken nicht aufspaltbaren Sozialversicherungsbeitrag (in Höhe von 20 v. H. des versicherungspflichtigen Einkom-

12 Vgl. Peter Mitzscherling: Soziale Sicherung in der DDR, a. a. O., S. 109 f.

13 Die folgenden Ausführungen stützen sich im wesentlichen auf die Untersuchungen des Verfassers »Sozialpolitik im geteilten Deutschland«, Niedersächsische Landeszentrale für politische Bildung, Hannover 1971, und »Soziale Sicherung in der DDR«; a.a.O.

mens) erhob, der je zur Hälfte vom Arbeitnehmer und Arbeitgeber zu tragen war.

Schon bald war die FDGB-Forderung nach der Einheitsversicherung, ebenso von den Kommunisten erhoben, verwirklicht. Auch die am 30. Dezember 1946 beschlossenen »Sozialpolitischen Richtlinien« [14] der inzwischen durch Zusammenlegung der Kommunistischen Partei mit der Sozialdemokratischen Partei entstandenen SED enthielten die gleiche Forderung. Daneben trugen die Richtlinien den damaligen ökonomischen Verhältnissen — es gab noch viele Privatbetriebe — insoweit Rechnung, als sie zwar die volle Selbstverwaltung der Versicherungsträger forderten, aber zunächst noch die Beteiligung der Unternehmer zu einem Drittel zuließen. Doch war der beabsichtigte Weg der nächsten Jahre vorgezeichnet — die volle Überleitung der Sozialversicherung auf den FDGB.

Mit Billigung der sowjetischen Besatzungsmacht wurden noch 1946 — beginnend in Sachsen zum Jahresanfang — in den fünf Ländern der SBZ Sozialversicherungsanstalten errichtet, die grundsätzlich als Einheitsversicherungen aufgebaut waren. Nach dem Scheitern der Beratungen des Alliierten Kontrollrates über eine gesamtdeutsche Sozialversicherung erließ die SMAD am 28. Januar 1947 den Befehl Nr. 28 über die »Einführung eines einheitlichen Systems und von Maßnahmen zur Verbesserung der Sozialversicherung in der Sowjetischen Besatzungszone Deutschlands«, der als Anlagen

1. die Verordnung über Sozialversicherung (VSV),
2. die Verordnung über die freiwillige und zusätzliche Versicherung und
3. die Verordnung über die Versicherung bei Arbeitslosigkeit

enthielt [15]; gleichzeitig wurden die neugeschaffenen Landesversicherungsanstalten der Oberaufsicht der »Deutschen Verwaltung für Arbeit und Sozialfürsorge (DVAS)« [16] unterstellt. Sie vereinigten nunmehr in sich die Aufgaben der — insgesamt 1456 — Orts-, Betriebs-, Innungs- und Landkrankenkassen sowie der Ersatzkassen und aller Renten- und Unfallversicherungsträger. Gleichzeitig trat ein einheitliches Leistungsrecht in Kraft, das für alle Versicherten galt. Der Leistungsstand selbst, der bis Kriegsende gegolten hatte, wurde mit wenigen Ausnahmen aufrechterhalten. Einige Verbesserungen, wie die Aufhebung der Regel-, Mehr- und Kannleistungen und ihre Umwandlung in Pflichtleistungen sowie die Beseitigung von Krankenschein- und Rezeptgebühren kamen einem gegenüber der Zeit vor dem Kriege erheblich erweiterten Versichertenkreis zugute. Die Pflichtversicherungsgrenze wurde abgeschafft; neben Arbeitern und Angestellten wurden auch ehemalige Beamte in die Sozialversicherung einbezogen. Versicherungspflichtig wurden ferner alle Selbständigen, soweit sie nicht mehr als fünf Personen ständig beschäftigten. Auch die Aufgaben der ehemaligen

14 Vgl. Sozialpolitische Richtlinien. In: Dokumente der Sozialistischen Einheitspartei Deutschlands — Bd. 1. Berlin (Ost) 1951, S. 139 ff.

15 Arbeit und Sozialfürsorge, 1947, S. 92.

16 Die DVAS wurde noch im gleichen Jahr in die durch SMAD-Befehl 138 vom 27. 6. 1947 geschaffene Deutsche Wirtschaftskommission (DWK) eingegliedert. Die DWK war nunmehr die Zentrale Verwaltungsinstanz der SBZ mit eigener Rechtsetzungskompetenz; ihre Teile wurden am 9. 3. 1948 in »Hauptverwaltungen« umbenannt. Mit der Proklamation der DDR ging die DWK in der »Provisorischen Regierung der DDR« auf; ihre leitenden Persönlichkeiten wurden Minister und Staatssekretäre.

Versorgungsämter für die Kriegsopfer gingen auf die neugeschaffene Sozialversicherung über.
Die Betreuung der Versicherten erfolgte fortan in Verwaltungsstellen, die in den Kreisen und Orten eingerichtet wurden. Bei den Kreiskassen bildeten sich Ausschüsse der Selbstverwaltung, die die Aufgaben der Selbstverwaltung übernahmen. Sie bestanden — wie vorgesehen — zu zwei Dritteln aus Versichertenvertretern, die von den Gewerkschaften benannt, und zu einem Drittel aus Vertretern der Unternehmer, die von den Industrie- und Handelskammern vorgeschlagen wurden.
Die Einführung von »Bevollmächtigten für die Sozialversicherung«, die durch den Befehl 234 der SMAD vom 9. Oktober 1947 [17] verfügt wurde, brachte eine Erweiterung der Selbstverwaltung. Diese in den Betrieben tätigen Bevollmächtigten wurden von den Versicherten unter Beteiligung des FDGB gewählt. Sie hatten im wesentlichen die Aufgabe, Hilfeleistungen für erkrankte Arbeitnehmer zu gewähren oder zu beschaffen, zur Senkung von Unfällen in Zusammenarbeit mit den Arbeitsschutzkommissionen beizutragen und für die Verbesserung und Überwachung der Betriebshygiene zu sorgen. Auch waren sie zum Besuch von Arbeitnehmern, die aus ungeklärten Gründen nicht zur Arbeit erschienen, verpflichtet. Die Bevollmächtigten für Sozialversicherung wurden vom FDGB und den Sozialversicherungskassen, denen sie auch organisatorisch unterstanden, angeleitet.
Mit Ausnahme der Sozialfürsorge, die durch den SMAD-Befehl Nr. 92 und die damit verbundene Verordnung vom 22. April 1947 [18] eine eigene rechtliche Grundlage erhalten hatte, beruhte vor Gründung der DDR das gesamte System sozialer Leistungen in der SBZ auf einer Sozialversicherung, der auch
die Arbeitslosenversicherung,
die Versorgung der Kriegsbeschädigten und Kriegshinterbliebenen sowie
die Versorgung der ehemaligen Beamten und ihrer Hinterbliebenen
übertragen war.
Die sozialen Bemühungen richteten sich in den ersten Jahren nach dem Zusammenbruch angesichts der geringen verfügbaren Mittel zunächst auf die Erhaltung des vor Kriegsende vorhandenen Leistungsstandes, wobei einer Erweiterung der Leistungen selbst Minderungen in Einzelfällen gegenüberstanden. So waren die Renten zunächst auf einen Höchstbetrag von 90 Reichsmark monatlich begrenzt, der aber bereits am 1. September 1946 wieder aufgehoben wurde. Die Höhe des Betrages der mit dem Befehl Nr. 28 eingeführten Mindestrenten von 30 Reichsmark wurde am 1. Januar 1948 erhöht; sie betrug für Alters- und Invalidenrenten von diesem Zeitpunkt an monatlich 50 Reichsmark [19]. Der Einfluß des FDGB beschränkte sich in diesen Jahren auf die Beeinflussung der Arbeit der Bevollmächtigten für Sozialversicherung in den Betrieben sowie auf die Mitarbeit in den sonstigen Selbstverwaltungsorganen.

17 Zentralverordnungsblatt (ZVOBl.) 1/1948, S. 5. Dieser Befehl »Über Maßnahmen zur Steigerung der Arbeitsproduktivität und zur weiteren Verbesserung der materiellen Lage der Arbeiter und Angestellten in der Industrie und im Verkehrswesen« betraf verschiedene weitere sozialpolitische Maßnahmen, so u. a. Arbeits-, Jugend- und Frauenschutz, Ärztliche Betreuung der Arbeitnehmer und Regelung der Arbeitsbefreiung im Krankheitsfalle.
18 ZVOBl. 1947, S. 54.
19 Vgl. Befehl Nr. 44 der SMAD vom 18. 3. 1948, ZVOBl. 1948, S. 131.

## Weiterentwicklung in der DDR

In die Verfassung der am 7. Oktober 1949 errichteten DDR wurden Grundsätze sozialer Sicherung aufgenommen. So hieß es in Artikel 16, Abs. 3: »Der Erhaltung der Gesundheit und Arbeitsfähigkeit der arbeitenden Bevölkerung, dem Schutze der Mutterschaft und der Vorsorge gegen die wirtschaftlichen Folgen von Alter, Invalidität, Arbeitslosigkeit und sonstigen Wechselfälle des Lebens dient ein einheitliches, umfassendes Sozialversicherungswesen auf der Grundlage der Selbstverwaltung der Versicherten« [20]. Damit war die Absicht einer weiteren Vereinheitlichung der bis dahin noch nach regionalen Gesichtspunkten gegliederten Sozialversicherungsanstalten verfassungsmäßig verankert.

Die besonders enge Beziehung zwischen der SED und dem FDGB war für die weitere Entwicklung der sozialen Sicherung bestimmend. Bereits unmittelbar nach der Gründung der DDR forderte der FDGB für sich die zentrale Leitung der Sozialversicherung [21].

Zunächst wurde durch Verordnung vom 19. Dezember 1949 eine Zentralstelle der Sozialversicherung mit einem Zentralvorstand geschaffen, der sich aus Mitgliedern zusammensetzte, die zwar von den Ausschüssen der Sozialversicherungsanstalten gewählt wurden, aber ausschließlich aus Kandidaten bestanden, die vom Bundesvorstand des FDGB vorgeschlagen worden waren. Die Aufgaben lagen vorwiegend in der Koordination und in der Regelung des Finanzausgleichs zwischen den Sozialversicherungsanstalten. Gleichzeitig wurde den Gewerkschaften das Kontrollrecht über die Arbeit des Zentralvorstandes übertragen [22]. Schließlich machte kurz darauf das 1950 erlassene »Gesetz der Arbeit« auch die Bevollmächtigten der Sozialversicherung zu gewerkschaftlichen Organen, die durch die gewerkschaftlichen Gruppen in den Betrieben gewählt wurden. Die weitere Eingliederung der Sozialversicherung in die Betriebe und die Volkswirtschaftsplanung kamen in der folgenden Zeit rasch voran.

Bereits am 8. Februar 1951 [23] wurde durch Anordnung des Ministeriums für Arbeit den volkseigenen und den ihnen gleichgestellten Betrieben sowie den Verwaltungen das Recht zur Auszahlung von Barleistungen übertragen. Zwei Monate später ging mit dem Erlaß der grundlegenden »Verordnung über die Sozialversicherung« (26. 4. 1951) [24] die Verantwortung für Leitung und Kontrolle der Sozialversicherung vollständig an den FDGB über. Zur Durchführung der Aufgaben wurden Räte für Sozialversicherung (Zentralrat, Räte in den Ländern bzw. später in den Bezirken und Räte in den Kreisen) gebildet. Sie waren nun ausschließlich Organe des FDGB, deren Mitglieder von der Gewerkschaft eingesetzt wurden. Der Einfluß der Arbeitgeber auf die Selbstverwaltung war damit vollständig beseitigt.

20 Gesetzblatt der DDR (GBl.) 1950. S. 5.

21 Vgl. Gerhard Liebscher und Günter Thude: Die Prinzipien und Aufgaben der Sozialversicherung in der Deutschen Demokratischen Republik, Berlin (Ost), 1958, S. 64.

22 Vgl. Gewerkschaften, Gesundheitsschutz, Arbeitsschutz und Sozialversicherung (Leitfaden — Autorenkollektiv), Berlin (Ost) 1964, S. 99 ff.

23 GBl. I S. 113.

24 GBl. I S. 325.

Die betrieblichen Gewerkschaftsorgane hatten fortan weit stärkere Kontrollmöglichkeiten in den Betrieben. Die Sozialversicherung war zu einem »Instrument der Erfüllung der betrieblichen Planaufgaben geworden« [25]. Die Verordnung veränderte gleichzeitig die Organisation der Sozialversicherungsverwaltung. Die fünf Landesversicherungsanstalten wurden zu einer einheitlichen zentral gelenkten Sozialversicherung (Anstalt des öffentlichen Rechts) zusammengefaßt. Es entstand eine Zentralverwaltung der Sozialversicherung, der auf der Ebene der Länder Landesgeschäftsstellen und in den Kreisen Kreisgeschäftsstellen unterstanden. Gleichzeitig wurden bei den Zentralvorständen der Industriegewerkschaften und Gewerkschaften sowie beim Bundesvorstand des FDGB Abteilungen für Sozialversicherung eingerichtet.

Die Aufgaben der Sozialversicherung waren nunmehr auf drei Organe verlagert:

a) die Räte für Sozialversicherung
b) die Abteilungen der Gewerkschaften und
c) die Verwaltungsstellen.

Für die Lösung der anstehenden Aufgaben erwies sich diese Dreiteilung alsbald als hinderlich. Schon Ende 1951 war deshalb vom FDGB-Vorstand gefordert worden, den Zustand der Dreiteilung während des damals laufenden Fünfjahrplanes (1951—1955) abzuschaffen und die Gewerkschaften zum alleinigen Träger der Sozialversicherung zu erheben. Eine derartige Regelung war im Grunde nur nach einer organisatorischen Ausgliederung der nicht dem FDGB unterstehenden, jedoch auch der Sozialversicherung angehörenden Selbständigen zu rechtfertigen. 1956 wurde diese organisatorische Trennung der Sozialversicherung vollzogen. Mit Beginn des zweiten Fünfjahrplanes faßte am 16. Februar 1956 [26] der Bundesvorstand des FDGB den Beschluß, die *Sozialversicherung der Arbeiter und Angestellten* vollständig den Gewerkschaften zu übertragen. Durch Verordnung vom 2. März 1956 [27] wurden die Selbständigen (Bauern, Handwerker, selbständige Erwerbstätige sowie die freiberuflich Tätigen) aus der Sozialversicherung ausgegliedert. Ihre Versicherung ging — unter Erhaltung der erworbenen Ansprüche, aber bei gleichzeitiger Beitragserhöhung — auf die *Deutsche Versicherungs-Anstalt (DVA)* [28] über, die für die einzelnen Selbständigengruppen Versicherungsfonds einzurichten hatte.

Unmittelbar darauf wurde die Zentralverwaltung der Sozialversicherung mit der Abteilung Sozialversicherung des FDGB-Bundesvorstandes zusammengelegt und organisatorisch als *Verwaltung der Sozialversicherung des Bundesvorstandes des FDGB* fixiert. Alle Verwaltungsstellen der Sozialversicherung erhielten den Charakter einer Abteilung der jeweiligen Ge-

25 Wolf Dieter Puhlmann: Wesen und Funktionen der Sozialversicherung der Deutschen Demokratischen Republik unter besonderer Berücksichtigung der sich daraus ergebenden Finanzbeziehungen. Dissertation. Berlin (Ost) 1963, S. 30.

26 G. Liebscher — G. Thude, a. a. O., S. 77 ff.

27 GBl. I S. 257.

28 Die DVA — in Berlin die Vereinigte Großberliner Versicherungsanstalt — ersetzte die früheren privaten oder öffentlich-rechtlichen Versicherungsgesellschaften und -anstalten. Ihre Aufgabe lag bis 1956 ausschließlich in der Durchführung der Sach- und Personenversicherung.

werkschaftsorgane, während die Räte für Sozialversicherung beibehalten wurden.

Die Entwicklung zu einer auf zwei Trägern ruhenden Einheitsversicherung fand ihren vorläufigen Abschluß 1959:

Die Versicherung der Mitglieder der landwirtschaftlichen Produktionsgenossenschaften und der des Handwerks und der Fischerei wurde der DVA bzw. der Vereinigten Großberliner Versicherungsanstalt übertragen.

In den folgenden Jahren wurde die neue organisatorische Form der DDR-Sozialversicherung weiter gefestigt und weitgehend dem Interesse der Betriebe an reibungslosem Produktionsablauf und voller Planerfüllung angepaßt. Das »Gesetzbuch der Arbeit« vom 12. April 1961 [29] faßte nicht nur die bis dahin geschaffenen gesetzlichen Grundlagen des Gesundheits- und Arbeitsschutzes zusammen, sondern legte auch Grundsätze für eine umfassende Sozialversicherung der Arbeiter und Angestellten fest. Hierauf aufbauend erging am 21. Dezember 1961 die Verordnung über die Sozialversicherung der Arbeiter und Angestellten (SVO) [30], in der u. a. das bis dahin geltende komplizierte Beitrags- und Leistungsrecht mit Ausnahme des Rentenrechts in übersichtlicher Form zusammengestellt wurde. Dagegen galten die rechtlichen Grundlagen für die Versicherten bei der Deutschen Versicherungsanstalt, die mit Wirkung vom 1. 1. 1969 in *»Staatliche Versicherung der DDR«* umbenannt worden ist [31], in der alten Form grundsätzlich weiter. Mit der »Verordnung über die Gewährung und Berechnung von Renten der Sozialversicherung« [32] vom 15. März 1968 wurde schließlich auch das Rentenrecht neu gestaltet; sie galt aber nur für die ab 1. 7. 1968 neuzugehenden Renten, während die Altrenten erst 1974 angepaßt wurden. Gleichzeitig wurde eine freiwillige Zusatzrentenversicherung bei der Sozialversicherung eingeführt und 1971 weiter ausgebaut; sie ergänzt heute das System der Altersversorgung wesentlich.

Bei der Gestaltung eines *sozialen Sicherungssystems* nach sowjetsozialistischen Grundsätzen hat somit die *Sozialversicherung* im östlichen Deutschland von Beginn an dominiert. Abgesehen von wenigen nicht Erwerbstätigen ohne eigene Einkünfte und den Personen im Rentenalter ohne Anspruch auf Sozialversicherungs- oder Versorgungsleistungen, die von der auch in der DDR noch bestehenden *Sozialfürsorge* betreut werden, erfolgt die soziale Sicherung der gesamten Bevölkerung — mit nur wenigen Ausnahmen [33] — durch die Sozialversicherung; sie erfüllt auch eine Reihe von Aufgaben im Auftrage des Staates, für die sie zum Teil das Beitragsaufkommen der Versicherten einzusetzen hat. So werden die früheren Beamten einschließlich der Wehrmachtsangehörigen und ihrer Hinterbliebenen ebenso nach

29 GBl. I S. 27.
30 GBl. II S. 533.
31 Vgl. GBl. II 1968, S. 941.
32 GBl. II 1968, S. 135.
33 Nicht pflichtversichert sind z. B. Geistliche und Mitglieder religiöser Orden, während auch die Selbständigen, die mehr als 5 Personen beschäftigen, seit 1975 in die Pflichtversicherung einbezogen sind.

sozialversicherungsrechtlichen Grundsätzen durch die Sozialversicherung [34] versorgt, wie die *Kriegsopfer* und -hinterbliebenen [35], für die allerdings die aufgewandten Mittel vom Staatshaushalt zu erstatten sind [36].
Von den Leistungen, die nicht von der Sozialversicherung gewährt werden, haben die Versorgungsleistungen an besonders privilegierte Personengruppen zunehmend an Bedeutung gewonnen. So wurde bereits in den Jahren 1950 und 1951 eine zusätzliche Altersversorgung für die *»Intelligenz«* [37] geschaffen, die von der Staatlichen Versicherung der DDR für Techniker, Ingenieure, Wissenschaftler, Künstler, Pädagogen und ähnliche Berufe durchgeführt wird. Die Versorgung der »Technischen Intelligenz« wird durch die Betriebe im Umlageverfahren finanziert, während die übrigen erforderlichen Mittel aus dem Staatshaushalt zur Verfügung gestellt werden. Höhere Renten erhalten auch die Beschäftigten der »Deutschen *Reichsbahn«* [38] und der »Deutschen *Post«* (seit 1956) [39] sowie Beschäftigte in besonders nach der Bedeutung des Wirtschaftszweiges ausgewählten Betrieben nach zwanzigjähriger Betriebszugehörigkeit (seit 1954) [40]. Die hierfür notwendigen Mittel werden teils von den Betrieben, teils aus dem Staatshaushalt aufgebracht. Außerdem werden seit 1952 *Ehrenpensionen* [41] an Personen bei Invalidität oder bei Erreichen der Altersgrenze gewährt, die sich um den Staat besonders verdient gemacht haben. Eine ähnliche Regelung wurde 1965 für »Opfer des Faschismus« und »Kämpfer gegen den Faschismus« eingeführt [42].

34 ZVOBl. 1948, S. 467.
Ebenfalls aus Mitteln der Sozialversicherung werden Zuschläge zu den Renten an ehemalige Volkspolizisten oder ihre Hinterbliebenen gezahlt. Vgl. ZVOBl. 1948, S. 581. Auch anerkannte Verfolgte des Naziregimes erhalten erhöhte Leistungen. Vgl. ZVOBl. 1949, S. 467.

35 ZVOBl. 1948, S. 363.

36 Das Beitragsaufkommen der SV beim FDGB besteht fast vollständig aus Pflichtbeiträgen. Der Einheitsbeitrag für alle Leistungen (Ausnahme: Unfälle und Berufskrankheiten) beträgt 20 vH (Bergleute 30 vH) der Arbeitseinkünfte bis zu 600 M monatlich; die Hälfte des Beitrages wird grundsätzlich von den Betrieben getragen. In der Finanzierung der DDR-SV sind Versicherungselemente erkennbar, doch fehlt die Orientierung des von Beginn an unveränderten Beitrags- und Berechnungsmodus am Ausgabevolumen. Deshalb sind seit Mitte der fünfziger Jahre wachsende Haushaltszuschüsse erforderlich. Bei zunehmender Abkehr vom Versicherungsprinzip entspricht die Finanzierung einem begrenzten Umlageverfahren.

37 1. Verordnung über die zusätzliche Altersversorgung der technischen Intelligenz in den volkseigenen und ihnen gleichgestellten Betrieben vom 17. 8. 1950 (GBl. S. 844) und Ergänzung (GBl. II 1962, S. 116).
2. Verordnung über die Altersversorgung der Intelligenz an wissenschaftlichen, künstlerischen, pädagogischen und medizinischen Einrichtungen vom 12. 7. 1951 (GBl. I, S. 675) und Ergänzungen (GBl. I 1959, S. 521 und GBl. II S. 116).

38 Anordnung über die Einführung einer Altersversorgung für Eisenbahner vom 7. 1. 1956 (Verfügungen und Mitteilungen des Ministeriums für Verkehrswesen, Teil Deutsche Reichsbahn Nr. 1 S. 2).

39 Anordnungen über die Alters-, Invaliden-, Unfall- und Hinterbliebenenversorgung für die Bediensteten der Deutschen Post vom 31. 5. und 21. 6. 1956 (Verfügungen und Mitteilungen des Ministeriums für Post und Fernmeldewesen Nr. 21 a und 26 a).

40 Anordnung zur Einführung einer Zusatzrentenversorgung für die Arbeiter und Angestellten in den wichtigsten volkseigenen Betrieben vom 9. 3. 1954 (GBl. I, S. 301).

41 Verordnung über die Gewährung von Ehrenpensionen vom 28. 8. 1952 (GBl. S. 823).

42 Verordnung über Ehrenpensionen für Kämpfer gegen den Faschismus und für Verfolgte des Faschismus sowie deren Hinterbliebene vom 8. 4. 1965 (GBl. II S. 293).

Neben einer günstigeren Versorgung erhalten die Angehörigen dieser privilegierten Gruppen auch im Krankheitsfalle Einkommensersatz, der über die Leistungen der Sozialversicherung hinausgeht. Der Umfang dieser Leistungen ist teils in Einzelverträgen, teils in besonderen Vereinbarungen festgelegt und im einzelnen nicht bekannt. Ihre Finanzierung erfolgt im allgemeinen durch die Betriebe.
Für die Einführung weiterer Leistungen sind zum Teil bevölkerungs- oder arbeitsmarktpolitische Gesichtspunkte maßgebend gewesen. So muß auch die Gewährung von materieller *Unterstützung* an *alleinstehende werktätige Mütter* mit erkrankten Kindern durch die Sozialversicherung im Zusammenhang mit der Absicht gesehen werden, so weit wie möglich alle arbeitsfähigen Frauen in den Betrieben einzusetzen. Daraus erklärt sich andererseits aber auch die Gestaltung eines Systems von *Geburtenbeihilfen,* das den sich aus zunehmender Frauenarbeit ergebenden negativen Einflüssen auf die Zahl der Geburten entgegenwirkt [43]. Andere Leistungen wiederum sind auf preispolitische Maßnahmen zurückzuführen. Mit der Aufhebung der Lebensmittelrationierung im Mai 1958, durch die Preiserhöhungen der bis dahin rationierten Lebensmittel eintraten, wurde ein Zuschlagssystem geschaffen, das in unterschiedlichem Umfang Arbeitnehmer, Selbständige, Studierende, Rentner und Sozialunterstützte durch laufende *Ehegatten- oder Kinderzuschläge* [44] [45] begünstigt.

## Auf dem Wege zur »Sozialistischen Sozialpolitik«?

Insgesamt läßt sich feststellen, daß das Netz sozialer Maßnahmen seit Errichtung der DDR bis zur Mitte der sechziger Jahre zwar erweitert und engmaschiger wurde, ohne indes — abgesehen von der weitgehenden Veränderung der organisatorischen Struktur und der Leistungsgewährung — sich sehr weit von dem früher bestehenden Leistungsstand zu entfernen. Zwar waren nunmehr die Karenztage und die Aussteuerung bei stationärem Aufenthalt abgeschafft, wurde Zahnersatz kostenlos und Lohnausgleich bis zu 90 v.H. des Nettodurchschnittsverdienstes (bis zu 6 Wochen im Jahr, seit 1952) gewährt und Frauen erhielten Rente vom 60. Lebensjahr an. Doch blieb das Ausmaß von Verbesserungen und die Höhe der Leistungen vergleichsweise bescheiden — vor allem die der Renten [46].

43 Vgl. Gesetz über Mutter- und Kinderschutz und die Rechte der Frau vom 27. 9. 1950 GBl. S. 1037) in der Fassung des Änderungsgesetzes vom 28. 5. 1958 (GBl. I S. 416).

44 Vgl. Verordnung über die Zahlung eines Lohnzuschlages zum Lohn der Arbeiter und Angestellten bei Abschaffung der Lebensmittelkarten — Lohnzuschlagsverordnung — vom 28. 5. 1958 (GBl. I S. 417); Verordnung über die Zahlung eines staatlichen Kinderzuschlages vom 28. 5. 1958 (GBl. I S. 437).

45 Für kinderreiche Familien wird gegenwärtig vom 3. Kind an ein staatliches Kindergeld von 50—70 Mark gewährt.

46 So lag noch 1970 die Durchschnittsaltersrente der DDR-Sozialversicherung bei monatlich 188 Mark und damit dicht bei der geltenden Mindestrente (Mindestrente für Altersrentner: 150 Mark, für solche mit arbeitsfähiger Ehefrau ohne eigenen Rentenanspruch 190 Mark).
Vgl. Peter Mitzscherling u. a.: DDR-Wirtschaft — Eine Bestandsaufnahme. Fischer-Taschenbuch 6259. Frankfurt 1974, S. 235.

Diese Politik der Fixierung und Gewährung sozialer Leistungen, die sich rund zwanzig Jahre nicht als »Sozialpolitik« verstehen wollte, ist — unabhängig vom jeweiligen Stand theoretischer Fundierung — stets den gesamtpolitischen Zielen des Sowjetsozialismus in der SBZ/DDR gefolgt.
Sozialversicherung, Arbeitsschutz und Gesundheitswesen wurden in die Wirtschaftsplanung eingeordnet, um der Planerfüllung zu dienen und Störungen auszuschalten, die von fehlender oder mangelhafter Gesundheit auf den Produktionsprozeß hätten ausgehen können. Unter Verwendung der bestehenden rechtlichen und organisatorischen Institutionen der Vorkriegszeit wurde das Leistungsrecht den Erfordernissen der Wirtschaftsplanung angepaßt, dabei bildete das Leistungsniveau der Zeit vor 1945 im allgemeinen die untere Grenze. Zusätzliche sozialpolitische Maßnahmen erfolgten vorwiegend zu dem Zweck, den Anteil der arbeitsfähigen Bevölkerung an der Gesamtbevölkerung zu erhöhen, durch Sonderleistungen bestimmte qualifizierte oder privilegierte Gruppen, Betriebe oder Berufszweige zu fördern und damit generell zur Produktionssteigerung beizutragen. Sie haben vorzugsweise der Reproduktion der Arbeitskraft gedient oder bevölkerungspolitische Ziele verfolgt, und wurden — bei zunehmendem Mangel an Arbeitskräften — so gestaltet, daß sie der (Wieder-) Aufnahme einer Arbeit förderlich und ihrer Aufgabe hinderlich sind. Ihr Ausmaß erstreckte sich bei den Sachleistungen, die grundsätzlich auch Familienangehörige erhalten, auf das Notwendige und bei der Gewährung von Renten auf das — angesichts der hohen Rentnerzahl — unter verteilungspolitischem Aspekt für vertretbar gehaltene.
Mit Einführung des neuen Rentenrechts zum 1. 7. 1968, vor allem aber mit der wirtschaftlichen Konsolidierung seit 1971/72, hat sich die Situation deutlich gewandelt: Das Bemühen um die konzeptionelle Gestaltung einer sozialistischen Sozialpolitik und ihre Ausformung hat sich verstärkt. Die ehedem ausschließlich produktions- und wachstumsorientierte Sozialpolitik gewinnt andere Züge. Neben die vom sowjetsozialistischen Leistungsprinzip bestimmten Leistungen treten nunmehr auch leistungsunabhängige, von eher sozialem oder humanitärem Charakter getragen, sowie vermehrt Leistungen aus den für alle Bürger gedachten »gesellschaftlichen Konsumtionsfonds« (z. B. Preissubventionen). Vor allem die Beschlüsse des VIII. Parteitages (1973) sind Grundlage für neue bzw. verbesserte Leistungen geworden, die auch die Lage der bisher im Schatten der Wohlstandsmehrung stehenden Rentner spürbar verbessert haben.

## 2. Grundfragen der sozialen Sicherung

## Karl-Heinz Orda

# Im Vorfeld der Rentenreform

Die kaiserliche Botschaft vom 17. 11. 1881 sprach denjenigen, welche durch Alter oder Invalidität erwerbsunfähig werden, einen begründeten Anspruch auf ein höheres Maß staatlicher Fürsorge, als ihnen bisher hatte zuteil werden können, gegenüber der Gesamtheit zu. Bismarcks Vorstellungen gingen dahin, diese geforderte staatliche Fürsorge nicht als Almosen, sondern als Recht auf Versorgung zu sehen, »wo der gute Wille zur Arbeit nicht mehr kann. Wozu soll nur der, welcher im Kriege oder als Beamter erwerbsunfähig geworden ist, Pension haben und nicht auch der Soldat der Arbeit?« Fast zehn Jahre später, am 1. 1. 1891, trat das »Gesetz betr. Invaliditäts- und Altersversicherung« in Kraft. Dazu stellte Bismarck später in der Rückschau resignierend fest: »Ich habe es so nicht gemacht wie es ist, ich habe erstrebt, daß die Arbeiter überhaupt nicht beitragen sollen ... ich hatte nicht den Gedanken, daß der siebzehnjährige Arbeiter bezahlen sollte, einzahlen sollte für Ergebnisse, die er mit siebzig Jahren etwa erwarten konnte. Dieser psychologische Irrtum ist mir nicht passiert ... Das fand keinen Anklang; nachher wurde die Sache neu eingebracht, sie fiel in die Geheimratsmaschine und kam ziemlich anders wieder zum Vorschein, und als schließlich — ich glaube 7—8 Jahre, nachdem ich die Sache angeregt hatte — der parlamentarische und geheimrätliche Wechselbalg (so abfällig bezeichnet Bismarck nach seiner Entlassung das Gesetz und widersprach damit seinen lobend anerkennenden Worten in seiner früheren Stellungnahme im Reichstag) wieder aus der Maschine herauskam, da wurde ich gefragt: Willst du das, oder willst du das nicht? und da habe ich gesagt: Ich will lieber dieses wie gar nichts.«

### I.

Trotzdem: Dieser »Wechselbalg« war sozialpolitisch bahnbrechend und bestimmte für die kommenden Jahrzehnte das Gesicht der deutschen sozialen Rentenversicherung, die mit ihrem Prinzip der obligatorischen Selbstvorsorge durch eigene Beitragsleistung in den Jahrzehnten um die Jahrhundertwende zumindest in vielen Industriestaaten als nachahmens- und erstrebenswertes Modell galt. Denn die Frage, ob der einzelne Vorsorge treffen wollte oder nicht, blieb aus wohlerwogenen Gründen nicht seiner Entscheidung in restloser Ichbezogenheit überlassen, sondern wurde für ihn als Gesellschaftswesen von eben dieser Gesellschaft geregelt. Die Sicherung gegen die Wechselfälle »Berufsunfähigkeit/Erwerbsunfähigkeit« durch Versichertenrenten und »Tod« durch Hinterbliebenenrenten wurde der Möglichkeit der Sicherung durch Pensionen vorgezogen; anstelle der Versorgung trat die Versicherung, die für den Betroffenen durch die Sozialversicherungsgesetze geregelt wurde. Der »Versicherungsvertrag« verpflichtete den einzelnen in unselbständiger Tätigkeit zur genau vorgegebenen Beitragsleistung, für Arbeiter ohne Rücksicht auf die Höhe des verdienten Gesamtentgelts, für Angestellte bis zu bestimmter Einkommenshöhe, und sicherte ihm im Versicherungsfall in den drei Zweigen der Rentenversicherung — soweit im Einzelfall die Wartezeit erfüllt und die Anwartschaft erhalten war — Rentenleistungen zu mit im Grundsatz beitragsäquivalenten Steigerungsbeträgen und beitragsunabhängigen, verschieden hohen, festen Beträgen ohne eigene oder mit anteiliger Beitragsleistung.

Diese vertragliche Regelung kraft Gesetzes — das soll auch im nachhinein noch einmal klargestellt sein — entsprach uneingeschränkt dem Versicherungsprinzip; denn versicherbar ist jedes Risiko, das für den einzelnen ungewiß ist, für Kollektive gleicher Risiken aber Wahrscheinlichkeitsgesetzen unterliegt.

Die postulierte Beitrags-Leistungs-Äquivalenz beinhaltete, daß

— jede aktive Generation für ihre zukünftigen eigenen Rentenansprüche Beiträge entrichtete und
— in jedem Zweig jeder nominell gleichhohe Beitrag, sei er nach Klassen oder durch prozentualen Abzug erhoben, zu nominell gleich hoher Gegenleistung in der Rente führen sollte,

gleichgültig, wie die Entwicklung zeigte, ob der Beitrag in Mark, Gold-, Renten-, Reichsmark oder schließlich in Deutscher Mark entrichtet wurde (Statisches Prinzip). Es wurde also der »innere Wert« des über Jahrzehnte gezahlten Beitrages 1 als starr und unveränderlich angesehen. Aber die Welt, in die die sozialen Rentenversicherungen und ihre Mitglieder einbezogen waren, blieb nicht unverändert, sie war und ist und bleibt einem gesellschafts- und wirtschaftspolitischen Wandel unterworfen.

Jede entrichtete Beitragseinheit hatte für den Zahlenden je nach dem Zeitpunkt seiner Entrichtung sehr unterschiedliche Werte: Immer mußte seine Leistung aus dem erdienten Entgelt gezahlt werden und stellte einen prozentualen Abzug an diesem Entgelt dar, der für ihn zu einem entsprechenden Konsumverzicht führte. In den Jahrzehnten des Bestehens der deutschen sozialen Rentenversicherung hat sich die Bewertung der Arbeit geändert. Der Gegenwert für jede gearbeitete Stunde hatte steigende Tendenz; mit anderen Worten: für ein Stundenentgelt ließ sich immer mehr kaufen. Das aber bedeutete, daß der sich aus der *Unterentlohnung* nach der Beitrags-Leistungs-Äquivalenz ergebende Gegenwert für die Beitragseinheit um so geringer wurde, je früher diese vor der Rentenfestsetzung entrichtet worden war. Damit erwuchs aus dem Konsumverzicht des Beitragszahlers im nachhinein nur ein immer geringerer Konsumanspruch als Rentner.

Aber auch der Gegenwert für die Einheit des gezahlten Beitrages oder der Rente an der Konsummöglichkeit änderte sich im Laufe der Jahrzehnte zwar graduell unterschiedlich, aber mit gleichbleibendem, fallenden Trend: Für den Gegenwert der gezahlten Einheit ließ sich immer weniger kaufen (*Kaufkraftschwund*).
Entgelte und Geldwert sind und waren auch damals nicht statische Größen, sondern unterlagen dynamischen Gesetzen. Die von der Gesetzeskonzeption her vorgegebene statische Beitrags-Leistungs-Äquivalenz baute auf nicht realisierbaren Prämissen, wie u. a. Konstanz des Lohnes (gleichbleibende Bewertung der Arbeit absolut und relativ), der Kaufkraft und (als Grundlage für die Beitrags-Leistungs-Kalkulation) Erhaltung und Mehrung der Rücklagen über die Jahrzehnte nicht nur der Beitragszahlungsdauer, sondern auch noch der Rentenbezugsdauer, also einem Zeitraum, der nicht etwa nur im Einzelfall 70 oder 80 Jahre und auch mehr umfassen kann.
Zu der nominellen Schlechterstellung der zeitlich früher entrichteten Beiträge mußte insbesondere in der Arbeiterrentenversicherung eine weitere Beeinrächtigung des künftigen Rentenanspruchs durch die viel zu niedrige Beitragsbemessungsgrenze treten. Die nominelle Rente erreichte für den über die Beitragsbemessungsgrenze hinaus verdienenden Pflichtversicherten nur die durch diese Grenze bestimmte Höhe, bewertete damit aber nur einen Teilverdienst des den Lebensstandard des Beitragszahlers bestimmenden Gesamtverdienstes *(Unterversicherung)*.
Durch die starre Bindung des Leistungsanspruchs an die eigene Beitragsleistung war schon von der Konstruktion her das schicksalsbedingte Problem der Frühinvalidität überhaupt nicht zu lösen. Der Ausweg über die Gewährung von Mindestleistungen durch feste, beitragsunabhängige Beträge (in der ARV zusätzlich mit anzurechnenden Mindeststeigerungsbeträgen) war ohne Bezugnahme auf die individuelle Eigenleistung und damit auf den eigenen Standard.
Die sozialen Rentenversicherungen trugen ihre Risiken immer nur nach Maßgabe der gezahlten Beiträge. Der dadurch bedingte Mangel des ungedeckten Risikos traf besonders hart diejenigen, die zwar der Versicherungspflicht unter Umständen seit dem frühesten Alter unterlagen, aber durch Frühinvalidität vorzeitig aus dem Erwerbsprozeß ausscheiden mußten, sei es durch vorzeitigen Kräfteverfall, sei es durch chronisch gewordene, nicht mehr besserungsfähige Krankheit. Je weiter der Eintritt der Frühinvalidität zurücklag, um so mehr wurde die unzureichende Leistung aus der viel zu geringen Anzahl entrichteter Beiträge noch durch »Unterentlohnung«, »Unterversicherung« und »Kaufkraftschwund« — wie oben dargelegt — weiter im Niveau gedrückt. Frühinvalidität, so sagte man, war in der sozialen Rentenversicherung ein Risiko, das nicht »versicherungstechnisch gerecht« zu regeln war. Dazu sollte ein völlig neuer Weg beschritten werden »unter dem Gedanken einer fiktiven Fortsetzung des Arbeitslebens bis zu einem Zeitpunkt des Ausscheidens unter normaler Abnutzung«. (Vgl. z. B. Bundesarbeitsbl. 1954, S. 113).
Eine weitere Ungereimtheit war die Forderung nach Erhaltung der Anwartschaft, die den Zwang zur Beitragsentrichtung aufrecht erhielt gerade dann, wenn der Gesetzgeber für den bisherigen Beitragszahler ein soziales Schutzbedürfnis verneinte. Diese anwartschaftserhaltenden Beiträge bewirkten eine Verbesserung des künftigen Konsumanspruchs aus Rente für Zeiten,

die bei Pflichtversicherten zwar notwendig, aber gar nicht möglich war. Genauso war es vom Standpunkt der versicherungstechnischen Gerechtigkeit aus gesehen völlig unverständlich, daß gerade die für die Versicherung wertvollen, zu einem frühen Zeitpunkt im Verhältnis zum Eintritt des Versicherungsfalles entrichteten Beiträge über den Verlust der Anwartschaft verfallen konnten, während Beiträge, die zu einem Zeitpunkt nahe dem Eintritt des Versicherungsfalles aufgrund eines spät begründeten Pflichtversicherungsverhältnisses als technisch weniger wertvoll in aller Regel stets zu einer Versicherungsleistung führten. Das heißt eben nicht, »daß jeder zu irgendeiner Zeit gezahlte Beitrag die gleiche Leistung auslösen müßte. Gerade im Sinne versicherungsmäßiger Gerechtigkeit ist die Frage einer abgestuften Beitragsbewertung von erheblicher Bedeutung, die sich in technisch einwandfreier Weise auf die zu erwerbende Leistung auszuwirken hätte« (Bundesarbeitsbl. 1953, S. 169, 170).

## II.

Die deutsche soziale Rentenversicherung als Institution hatte in ihrer bisherigen Geschichte mancherlei Krisen und zwei Katastrophen überstanden — und ihren Bestand bewahrt. Allerdings mußten die statischen Voraussetzungen immer wieder geändert und gegeneinander berichtigt werden. So wurden z. B. für den Zeitraum von ihrer Begründung bis zur Inflation (1. 1. 1891 bis 30. 9. 1921) in der Arbeiterrentenversicherung für gleichbleibende Jahresarbeitsverdienstklassen vier Erhöhungen der je Klasse zu entrichtenden Beiträge durchgeführt, während ihr Gegenwert als Steigerungsbeträge in der niedrigsten Beitragsklasse nur einmal erhöht, in der nächst höheren Beitragsklasse gleich blieb und in den höheren Beitragsklassen sogar herabgesetzt wurde.

In der Inflationszeit waren die Rentenleistungen schließlich völlig unzureichend geworden. Sie mußten durch Zulagen und Beihilfen ergänzt werden. Die beitragsäquivalente Rente war nur noch insofern von Interesse, als ihr Bezug die Berechtigung zu den Ergänzungen mit sich brachte.

Die Arbeiterrentenversicherung begann am 1. 1. 1924 praktisch neu und zahlte bis zum 31. 3. 1925 Renten von einheitlich 13 Reichsmark monatlich; für vor dem 1. 1. 1924 entrichtete Beiträge wurden Steigerungsbeträge nicht mehr geleistet. Erst ab 1. 4. 1925 wurden auch für alle früheren, bis zum 30. 9. 1921 entrichteten Beiträge wieder Steigerungsbeträge gewährt, die aber bis zum 31. 3. 1927 je Beitrag noch unter dem nominellen Niveau von 1891 lagen! Erst danach erfolgte nach und nach eine höhere Bewertung. Nach dem 2. Weltkrieg setzten Rentenzahlungen und Neufeststellungen zunächst ganz aus. Dann wurden, wenn auch eingeschränkt, die Leistungsfestsetzungen und Leistungen nach und nach wieder aufgenommen, bis alle Rentenzahlungen ihren nominellen Stand erreicht hatten. Soweit Renten vor dem Zusammenbruch festgestellt waren, wurde die berechnete Rente weitergezahlt, neue Renten wurden grundsätzlich wieder nach den Rechtsvorschriften der einzelnen Zweige festgestellt. Es fiel jedoch nicht sonderlich auf, daß die nach Wiederaufnahme der Rentenzahlungen gewährten Renten kaum ausreichten, die zwangsbewirtschafteten Güter zu bezahlen. Denn die Armut der Rentner unterschied sich von der der übrigen Bevölkerung zunächst nur dem Grade nach.

Während des Krieges waren für den Fall, daß Versicherungsunterlagen (insbesondere Quittungs-/Versicherungskarten) durch Kriegshandlungen vernichtet würden, so daß eine Rentenberechnung aufgrund der in diesen Unterlagen nachgewiesenen Beiträge nicht möglich war, in der Rentenversicherung der Arbeiter und der der Angestellten besondere Tabellen aufgestellt worden, die für die Rentengewährung Pauschsätze vorsahen. Während die Pauschsätze für die Rentenversicherung der Arbeiter nur nach dem Alter des Rentenberechtigten bei Eintritt des Versicherungsfalles abgestuft waren, waren die der Angestelltenversicherung nach dem Alter und dem monatlichen Entgelt, der für den Durchschnitt der letzten fünf Jahre vor Eintritt des Versicherungsfalles nachgewiesen wurde, gestaffelt:

| Monatl. Entgelt in RM Durchschnitt in den letzten 5 Jahren | Monatlicher Rentenbetrag, wenn der Versicherte bei Eintritt des Versicherungsfalles das 35. Lebensjahr *noch nicht* vollendet hat | 35. | 40. | 45. | 50. | 55. | 60. | 65. |
|---|---|---|---|---|---|---|---|---|
| | | Lebensjahr vollendet hat | | | | | | |
| | A | B | C | D | E | F | G | H |
| bis 80,— | 30,— | 30,— | 30,— | 33,— | 36,— | 40,— | 44,— | 48,— |
| über 80,— bis 120,— | 32,— | 33,— | 33,— | 37,— | 40,— | 45,— | 48,— | 51,— |
| über 120,— bis 150,— | 34,— | 35,— | 36,— | 41,— | 45,— | 49,— | 51,— | 54,— |
| über 150,— bis 180,— | 41,— | 43,— | 45,— | 50,— | 54,— | 59,— | 64,— | 66,— |
| über 180,— bis 220,— | 50,— | 52,— | 54,— | 60,— | 66,— | 72,— | 76,— | 80,— |
| über 220,— bis 260,— | 60,— | 62,— | 65,— | 72,— | 79,— | 86,— | 91,— | 96,— |
| über 260,— bis 300,— | 70,— | 73,— | 76,— | 84,— | 92,— | 101,— | 106,— | 112,— |
| über 300,— bis 400,— | 78,— | 81,— | 85,— | 95,— | 106,— | 116,— | 123,— | 130,— |
| über 400,— bis 500,— | 83,— | 87,— | 92,— | 105,— | 119,— | 132,— | 141,— | 150,— |
| über 500,— | 88,— | 93,— | 99,— | 115,— | 132,— | 148,— | 159,— | 170,— |

Nach der Pauschtabelle der Arbeiterrentenversicherung festgestellte Arbeiterrenten unterschieden sich kaum von dem bisherigen Durchschnitt. Wurden jedoch Arbeiterrenten nach der Pauschtabelle für die Angestelltenversicherung gewährt, so ergaben sich wesentlich höhere Neuzugangsrenten. Die Versicherungsanstalt Berlin (VAB) stellte bei Wiederaufnahme der Rentenfeststellungen nach dem Zusammenbruch für alle Arbeiter und Angestellten einheitlich Renten nach obiger Pauschtabelle der Angestelltenversicherung fest. Während vor dem Zusammenbruch (Februar 1945) die durchschnittliche Versichertenrente für Arbeiter und Angestellte in Berlin 48,80 RM betrug, zahlte die VAB Ende 1947 um 27 % höhere durchschnittliche Versichertenrenten von 61,87 RM, insbesondere bedingt durch die nach der Pauschtabelle festgestellten Neuzugänge der Arbeiterrenten und hob damit das Rentenniveau für den Zugang für die damalige Zeit beachtlich an. Hier wurde — ohne Rückgriff auf eventuell vorhandene Unterlagen über bisher insgesamt geleistete Beiträge — die Höhe der Rente nach dem Entgelt des Durchschnitts der letzten 5 Jahre, die dem Eintritt des Versicherungsfalles vorausgingen, bestimmt und damit *erstmalig gezielt ein Anschluß an den bisherigen Lebensstandard versucht.* Selbstverständlich forderten die Altrentner, als dies bekannt wurde, auch ihre bereits laufenden Renten nach der Pauschtabelle umzustellen, was aber aus finanzwirtschaftlichen Überlegungen nicht möglich war.

## III.

Nach der Währungsreform, als das Geld wieder Wert hatte, blieben die Rentner mit ihren 1 : 1 umgestellten Nominalbeträgen mehr und mehr hinter den Arbeitseinkommen zurück, die mit dem wachsenden Sozialprodukt stiegen. Sie verloren nicht nur mit der parallel verlaufenden Geldwertminderung, d. h. durch Kaufkraftverlust, mehr und mehr von ihrem ohnehin stark eingeschränkten Konsumanspruch durch die Unterbewertung ihrer früheren Arbeitsleistung, die mit den damals entrichteten geringen nominellen Beiträgen überhaupt nur geringe Steigerungsbeträge in die Rente einbrachten. Immer stärker vergrößerte sich der Abstand ihres Lebensstandards zu den vergleichbaren Aktiven. Mit dem »Wirtschaftswunder« fielen Einkommen aus Erwerbstätigkeit und gleichzeitige Renteneinkommen mehr und mehr auseinander. Denn — um einen Maßstab zu setzen — in der ersten Hälfte unseres Jahrhunderts waren die Lebenshaltungskosten um rund das Zweieinhalbfache gestiegen!

Um das allgemeine Rentenniveau anzuheben, sind seit 1949 vom Gesetzgeber eine ganze Reihe von Maßnahmen durchgeführt worden: Die Anpassungsgesetze (SVAG und KnVAG) brachten mit Wirkung vom 1. 6. 1949 an globale Erhöhungen ohne jegliche Bezugnahme zum individuellen Versicherungsleben. Und zwar wurden alle Versichertenrenten um 15 DM, alle Witwenrenten um 12 DM und alle Waisenrenten um 6 DM erhöht mit der Maßgabe, daß alle Versichertenrenten mindestens 50 DM, alle Witwenrenten mindestens 40 DM und alle Waisenrenten mindestens 30 DM betragen sollten. Soweit dies durch die festen Zuschläge nicht erreichbar war, wurden zur Auffüllung auf die Mindestbeträge noch weitere Beträge (sogenannte Auffüllungsbeträge) hinzugefügt. Durch diese Sofortmaßnahme fand das Äquivalenzprinzip keine Berücksichtigung, im Gegenteil: der relative Nutzen aus dieser Maßnahme war für Versicherte um so größer, je geringer ihre eigenen Vorleistungen durch gezahlte Beiträge nach Anzahl und Höhe waren.

Das Rentenzulagen-Gesetz (RZG) erhöhte mit Wirkung vom 1. 7. 1951 an, ausgehend vom Rentenzahlbetrag, die Renten um durchschnittlich 25 %. Damit wurden nicht nur die beitragsunabhängigen, festen Bestandteile einschließlich der festen Zuschläge nach dem Anpassungsgesetz — wiederum entgegen dem Äquivalenzprinzip — weiter angehoben, sondern auch die von der Höhe und der Anzahl der geleisteten Beiträge abhängigen Steigerungsbeträge. Andererseits wurden die Auffüllungsbeträge auf die Rentenmindestbeträge — soweit dies ohne Leistungsverschlechterung für den Rentenempfänger blieb — gegen diese Rentenzulagen aufgerechnet und damit wieder mehr dem Äquivalenzprinzip gefolgt. Mit dem Grundbetragerhöhungsgesetz (GrEG) wählte der Gesetzgeber für eine weitere Rentenaufbesserung mit Wirkung vom 1. 12. 1952 an wiederum nur den Weg einer Anhebung der beitragsunabhängigen Rentenbestandteile wie in den Anpassungsgesetzen: einheitlich wurden Versichertenrenten um 5 DM, Witwenrenten um 4 DM und Waisenrenten um 2 DM erhöht.

| Aufbau der Renten vor dem RMG | Invaliden- versicherung Invalidenrente | Angestellten- versicherung Ruhegeld | Knappschaftliche Rentenversicherung Knappschafts- rente | Knappschaftliche Rentenversicherung Knappschafts- vollrente |
|---|---|---|---|---|
| Grundbetrag | 13,— DM | 37,— DM | — | — |
| Steigerungsbetrag: Bemessen nach | Lohnklassen | Gehaltsklassen | — | — |
| oder v.H. des versicherten Entgelts | 1,2 v. H. | 0,7 v. H. | 1,5 v. H. | 2,4 v. H. |
| Besonderheiten | Mindest- steigerungsbetr. 7,— DM | | Mindestrentenbetrag 30,— DM | Mindestrentenbetrag 50,— DM |
| Zuschlag nach SVAG/KnVAG | 15,— DM | 15,— DM | 15,— DM | 15,— DM |
| Mindestbetrag nach dem SVAG/KnVAG | 50,— DM | stets überschritt. | 50,— DM | (65,— DM) |
| Auffüllung auf Mindestbetrag | 0,10 bis 15,— DM | — | — | — |
| Rentenzulage nach dem RZG | 25 % für je 10,— DM Rentenbetrag gestuft 2,50 DM Zulage (Stufung: bis 25,— DM Rente 5,— DM Zulage, von mehr als 25,— DM bis 35,— DM 7,50 DM Zulage usw.) | | | |
| Grundbetragserhöhung nach dem GrEG | 5,— DM | 5,— DM | 5,— DM | 5,— DM |

Der Grund für derartige schematische Erhöhungen waren im wesentlichen verwaltungstechnische Überlegungen. Bei der Vorbereitung und Beratung der jeweiligen gesetzgeberischen Maßnahmen wurde es nicht für möglich gehalten, daß die Versicherungsträger eine individuelle Umrechnung der Renten des laufenden Bestandes in einem verhältnismäßig kurzen Zeitraum durchführen könnten. Denn vordringlich war stets, die jeweiligen Leistungsverbesserungen möglichst schnell den Rentenberechtigten zugute kommen zu lassen. Die gesetzlichen Regelungen mußten deshalb so einfach wie nur möglich sein, daß praktisch bei der Rentenzahlung selbst die Rentenerhöhungen von Tabellen ablesbar waren. Dies sei aber, so meinte man, nur durch schematische Erhöhung um feste, zum einstmals geleisteten Beitrag beziehungslose Beträge oder um feste Prozentsätze (praktisch in Stufen von 2,50 DM/mtl. für in Stufen von 10,— DM/mtl. fortschreitende Rentengruppen) des Rentenzahlbetrages erreichbar.

## IV.

Im Jahre 1953 wurde vom Bundestag ein Beirat für die Neuordnung der sozialen Leistungen mit mehreren Ausschüssen eingesetzt. Es war also abzusehen, daß auch im Bereich der sozialen Rentenversicherungen aus den jahrzehntelangen Erfahrungen Konsequenzen für die Gestaltung des Leistungsrechtes gezogen werden würden, um die sich immer und immer wieder öffnende Schere zwischen Arbeits- und Renteneinkommen zu schließen. Bei allen an Fragen der Sozialpolitik Interessierten bestand aber Übereinstimmung darüber, daß die Renten der gesetzlichen Rentenversicherungen noch vor der Sozialreform eine Erhöhung erfahren müßten, da die Arbeiten an der Sozialreform ihre Zeit erforderten. Alle waren sich auch einig in der Auffassung, die zwischenzeitlichen Erhöhungsmaßnahmen sollten sich vorab auf die besonders anhebungsbedürftigen Renten erstrecken. Und das waren die Renten derjenigen Rentner, die ihre Beiträge vornehmlich schon vor Jahrzehnten entrichtet hatten. Hier waren es insbesondere wieder die Renten, die in der Rentenversicherung der Arbeiter oder nach deren Recht festgestellt wurden. Aber auch in der Rentenversicherung der Angestellten erhielt ein Großteil der Berechtigten Leistungen, in denen Beitragszeiten der Arbeiterrentenversicherung enthalten waren, sei es daß der Versicherungsbeginn vor dem Inkrafttreten des Angestelltenversicherungsgesetzes (1. 1. 1913) lag und/oder der Versicherte auch eine arbeiterrentenversicherungspflichtige Beschäftigung oder Tätigkeit ausgeübt hatte. In der knappschaftlichen Rentenversicherung lagen die Verhältnisse ähnlich, zumal bis 1942 die Bergleute doppelt versichert waren, und zwar in der knappschaftlichen Pensionsversicherung und als Arbeiter auch in der Sonderanstalt Reichsknappschaft der Invalidenversicherung.

Die Ursachen für die geringe absolute Höhe der Renten, insbesondere der Rentenversicherung der Arbeiter, sind oben dargelegt. Bei der vorzunehmenden Aufbesserung der Renten sollten nicht die Tatbestände »Unterentlohnung« und »Unterversicherung« ausgeglichen werden. Gefordert wurde vielmehr den vom Arbeitsentgelt unter Konsumverzicht als Einheit gegebenen Beitrag durch eine bessere Bewertung aufzubessern, also für den Kaufkraftschwund einen möglichst generellen Ausgleich zu schaffen, um die auf den Entgelt bezogene Beitragsleistung annähernd dem geminderten Konsumanspruch im derzeitigen, von den festen Teilen abgesehen, entsprechenden Rentenanspruch anzuheben.

Die ideale technische Lösung wäre ohne Zweifel eine individuelle Aufwertung der den Beitragsleistungen zugrunde liegenden erdienten Entgelte durch Bestimmung individuell zu bemessender Faktoren gewesen. Dadurch wäre nach dem damals gültigen Äquivalenzprinzip der seinerzeitige Konsumverzicht in angemessener Relation gerecht bewertet worden. Allein die Tatsache, daß dann ein Rentenbestand von rd. 5 Millionen Renten ganz individuell hätte bearbeitet werden müssen, machte diesen Weg nicht gangbar, denn eine individuelle Umrechnung wäre einer Wiederholung aller bisher auf Jahrzehnte verteilten Rentenfeststellungsakte gleichgekommen, was die Versicherungsträger überfordert hätte.

Für den Neuzugang von Renten hätte sich ein komplizierteres Individualverfahren schon durchführen lassen. Für den Rentenbestand müßte jedoch, um eine Massendurchführung praktizieren zu können, unter Wahrung der Grundsätze für den Neuzugang eine stark generalisierende Abwandlung gefunden werden. In den Rentenversicherungen der Arbeiter und der Angestellten wurde bei der Rentenfeststellung nur festgehalten, welche Beiträge (im allgemeinen über Beitragsklassen) im Laufe des der Rentenfeststellung zugrunde liegenden Versicherungslebens der Anzahl und der Höhe nach entrichtet worden sind. Der Zeitraum jedoch, für den der einzelne Beitrag entrichtet worden war, war im nachhinein nicht mehr feststellbar. Nachdem nämlich die festgestellte Rente rechtskräftig geworden war, wurden die Beitragsunterlagen (Quittungs-/Versicherungskarten), die darüber aus dem Geltungszeitraum der Karten und dem Datum der Markenentwertung hätten Auskunft geben können, zur Entlastung der Magazine vernichtet. Günstigstenfalls standen dann also für den Rentner des Bestandes Beitragszusammenstellungen nach Anzahl der entrichteten Beiträge (Wochen/Monate) und ihrer Höhe (bis 1942 nach Beitragsklassen) zur Verfügung. Damit fehlte aber gerade der Nachweis nach ihrer zeitlichen Entrichtung, der für eine geforderte individuelle Anhebung des Rentenanspruchs zugrunde zu legen wäre mit der Maßgabe, daß der Konsumanspruch des Rentners seinem damaligen Konsumverzicht als Beitragszahler angepaßt wird.

Eine derartige Angleichung durchführen zu wollen, lief also darauf hinaus, etwas, was zum Zeitpunkt der Gesetzesvorbereitung nicht mehr bekannt war, um etwas, was in Bezug auf die aufzubessernde Rente noch nicht fixiert war, zu erhöhen mit dem Erfordernis, daß das Ergebnis dieser Erhöhungsmaßnahme insgesamt und am Einzelrentner gesehen sozialpolitisch sinnvoll, praktisch durchführbar und finanziell tragbar war.

Durch die Maßnahmen der Anpassungsgesetze, des Rentenzulagengesetzes und des Grundbetrags-Erhöhungs-Gesetzes war, wenn auch mit weiterer Verzerrung durch die verstärkte Anhebung der festen Rentenbestandteile, in gewissem Umfange der Unterschied in der Wertigkeit aus der Beitrags-Leistungs-Äquivalenz gemildert. Es war also bei den Vorbereitungen zu dem geforderten Gesetz zu überlegen, inwieweit nicht nur eine weitere Anhebung sondern auch ein weiterer Ausgleich zur Verbesserung dieser Beitrags-Leistungs-Äquivalenz notwendig war.

Es wurde deshalb zunächst eine Zäsur festgelegt, um diejenigen Beitragszeiten auszugrenzen, für die ein weiterer Ausgleich zur Wiederherstellung der Äquivalenz in der Wertigkeit von Beitragseinheit zu Renteneinheit nicht erforderlich war. Dafür bot sich als letzter, vor der Kriegskonjunktur gelegener Termin der 31. 12. 1938 an.

Da eine völlig individuelle Ausgleichsmöglichkeit aus Mangel an dafür notwendigen Unterlagen praktisch undurchführbar war, wurde als radikale Vereinfachungsmaßnahme für den Neuzugang anstelle der von Jahr zu Jahr gegebenenfalls wechselnden Korrektur diese für zwei große Zeitabschnitte, nämlich für Beitragszeiten vor dem 1. 1. 1924 und bis zum 31. 12. 1938, festgelegt.

Für alle nach dem 31. 12. 1938 festgestellten Renten z. B. können dann Beiträge entrichtet sein, die auf Zeiten vor dem 1. Januar 1924 (Zeitabschnitt I), vom 1. Januar 1924 bis zum 31. Dezember 1938 (Zeitabschnitt II), nach dem 31. Dezember 1938 (Zeitabschnitt III) zurückzuführen sind, wobei der Zeitabschnitt III von der Maßnahme nicht bedacht wird.

Statistische Unterlagen über die Aufteilung von Beitragszeiten waren nur für ganz wenige Zugangsjahre, nämlich nur für die ersten Quartale 1930, 1932 und 1933 und nur in der Rentenversicherung der Arbeiter ermittelt worden. Ganz abgesehen davon, daß diese Unterlagen nur die damalige Rechtslage berücksichtigten, reichten die drei erfaßten Jahre für eine genauere Analyse des Problems ohnehin nicht aus. Es blieb also für die Lösung der gestellten Aufgabe nur der Weg, für eine Synthese durch Modellrechnungen Unterlagen zu erstellen, die ein mögliches Bild der zeitlichen Verteilung der Beitragsleistung simulieren. Dazu wurden für die beiden Zeitabschnitte vorab grob abgeschätzte Faktoren vorgegeben. Mit Tausenden von Modellrechnungen, die die ganze Fülle der individuell unterschiedlichen, möglichen Abläufe von Versichertenleben enthielten, wurde mit vorgegebenen, unterschiedlichen Faktoren die jeweilige finanzielle Belastung ermittelt, bis für das erste Jahr (1955) die Belastungsgrenze im Rahmen der vorgegebenen finanziellen Möglichkeiten gefunden worden war. Alle Modellrechnungen wurden für die drei Versicherungszweige jeweils getrennt durchgeführt.

In den Modellfällen wurden die versicherten Entgelte für niedrigstmögliche, durchschnittliche und höchstmögliche Beitragsleistungen der gerade einbezogenen Zeitabschnitte nach der jeweiligen Rechtslage zugrunde gelegt. Das mittlere, zwischen den Extremen gelegene Entgelt wurde entsprechend dem jeweiligen durchschnittlichen Arbeitsentgelt der Versicherten jedes Versicherungszweiges (Arbeiter-Angestellte-Bergleute) angesetzt. Da die Versicherungsdauer für die laufenden Renten des Bestandes nicht bekannt war, wurde sie eingegrenzt durch den möglichen Eintritt in die Rentenversicherung bei Aufnahme einer versicherungspflichtigen Beschäftigung. Und dieser steht wiederum in Abhängigkeit zum Jahr der Geburt, da der Eintritt in die versicherungspflichtige Beschäftigung für den Arbeiter in aller Regel beim 15., für den Angestellten beim 16. Lebensjahr lag. Die Versicherungsdauer endete mit dem Eintritt des Versicherungsfalles (Berufsunfähigkeit, Invalidität, Alter, Tod) und schloß damit eindeutig die nach ihm gelegenen Zeiträume für jegliche Beitragszahlung aus. Zwischen den beiden Daten Geburtsjahr und Jahr des Eintritts des Versicherungsfalles liegt also die Versicherungsdauer eingegrenzt. Für jedes mögliche Rentenbeginnjahr und jedes mögliche Geburtsjahr und somit für unterschiedliche Laufzeiten der Versicherung wurden die Berechnungen unter der Annahme der Vollversicherung durchgeführt. Da tatsächlich die durchschnittliche Beitragsdichte aber kleiner als eins ist, erfolgte nach Abschluß der Rechnungen für jeden Zweig eine globale Korrektur.

Nach den die finanzielle Belastung eingrenzenden Versuchsrechnungen mit für die beiden großen Zeitabschnitte grob vorab geschätzten Faktoren wurde schließlich eine endgültige Faktorenbestimmung vorgenommen und sodann zu jedem möglichen Geburtsjahr für alle möglichen Jahre eines Rentenbeginns aus den versicherten maximalen, durchschnittlichen und minimalen Entgelten über die zugehörigen Steigerungsbeträge die zu erwartenden »Mehrbeträge« errechnet. Diese »Mehrbeträge« wurden in v. H.-Sätzen der in den Renten enthaltenen Steigerungsbeträge festgelegt. Auf dieser synthetischen Grundlage — gewissermaßen »am Reißbrett konstruiert« — konnten nunmehr auch die praktischen Folgerungen für ein geeignetes, praktikables Verfahren zur Festlegung von Mehrbeträgen für den Rentenbestand gezogen werden. Für die Beitragsbewertung war damit ein dynamisches Prinzip entwickelt worden, das bisherige statische System durchbrochen. An die Stelle der beiden auf die Zeitabschnitte I und II bezogenen v. H.-Sätze beim Neuzugang traten für den Bestand für jedes Rentenzugangsjahr, und innerhalb jedes Rentenzugangsjahres nach dem Jahr des Eintritts in die Versicherung (über das Geburtsjahr bestimmt) differenzierte v. H.-Sätze (Anlagen A und B zu § 3 des Gesetzes), die unter Beachtung der drei Zeitabschnitte I, II und III — letzterer wegen der Ausschließung von der Gewährung eines Mehrbetrages für Beitragszeiten nach dem 31. 12. 1938 — die Ermittlung des jeweiligen, individuellen Mehrbetrages gestatteten.

## Anlage A: Rentenversicherung der Arbeiter. Vomhundertsatz für die Ermittlung des Mehrbetrages

| Jahr des Rentenbeginns (Tod des Versicherten) | Geburtsjahr des Versicherten 23 | 22 | 21 | 1920 | 19 | 18 | 17 | 16 | 1915 | 14 | 13 | 12 | 11 | 1910 | 09 | . . . | 84 | 83 | 82 | 81 | 1880 | 79 | 78 | 77 | 76 | 1875 und früher | Jahr des Rentenbeginns (Tod des Versicherten) |
|---|---|---|---|---|---|---|---|---|---|---|---|---|---|---|---|---|---|---|---|---|---|---|---|---|---|---|---|
| 1954 | 5 | 5 | 5 | 5 | 5 | 5 | 5 | 5 | 5 | 6 | 6 | 7 | 8 | 9 | 9 | | 22 | 22 | 22 | 22 | 22 | 22 | 22 | 22 | 22 | 22 | 1954 |
| 53 | 5 | 5 | 5 | 5 | 5 | 5 | 6 | 6 | 7 | 8 | 8 | 9 | 10 | 11 | 11 | | 23 | 23 | 23 | 23 | 23 | 23 | 23 | 23 | 23 | 23 | 53 |
| 52 | 5 | 5 | 5 | 5 | 6 | 6 | 7 | 7 | 8 | 9 | 10 | 11 | 12 | 13 | 13 | | 25 | 25 | 25 | 25 | 25 | 25 | 25 | 25 | 25 | 25 | 52 |
| 51 | 5 | 5 | 5 | 6 | 6 | 7 | 8 | 8 | 9 | 10 | 11 | 12 | 13 | 14 | 14 | | 28 | 28 | 28 | 28 | 28 | 28 | 28 | 28 | 28 | 28 | 51 |
| . | | | | | | | | | | | | | | | | | | | | | | | | | | | . |
| . | | | | | | | | | | | | | | | | | | | | | | | | | | | . |
| . | | | | | | | | | | | | | | | | | | | | | | | | | | | . |
| 38 | 36 | 36 | 36 | 36 | 36 | 36 | 36 | 36 | 36 | 36 | 36 | 36 | 36 | 36 | 36 | | 52 | 52 | 53 | 53 | 53 | 54 | 54 | 55 | 55 | 55 | 38 |
| 37 | | 36 | 36 | 36 | 36 | 36 | 36 | 36 | 36 | 36 | 36 | 36 | 36 | 36 | 36 | | 53 | 53 | 54 | 54 | 55 | 55 | 55 | 56 | 56 | 56 | 37 |
| 36 | | | 36 | 36 | 36 | 36 | 36 | 36 | 36 | 36 | 36 | 36 | 36 | 36 | 36 | | 54 | 55 | 55 | 55 | 56 | 56 | 56 | 57 | 57 | 58 | 36 |
| 1935 | | | | 36 | 36 | 36 | 36 | 36 | 36 | 36 | 36 | 36 | 36 | 36 | 36 | | 56 | 56 | 56 | 56 | 57 | 57 | 58 | 58 | 58 | 59 | 1935 |
| 34 | | | | | 36 | 36 | 36 | 36 | 36 | 36 | 36 | 36 | 36 | 36 | 36 | | 56 | 57 | 57 | 58 | 58 | 59 | 59 | 59 | 59 | 60 | 34 |
| 33 | | | | | | 36 | 36 | 36 | 36 | 36 | 36 | 36 | 36 | 36 | 36 | | 58 | 58 | 59 | 59 | 59 | 60 | 60 | 61 | 61 | 61 | 33 |
| 32 | | | | | | | 36 | 36 | 36 | 36 | 36 | 36 | 36 | 36 | 36 | | 59 | 59 | 60 | 60 | 61 | 61 | 61 | 62 | 62 | 62 | 32 |
| 31 | | | | | | | | 36 | 36 | 36 | 36 | 36 | 36 | 36 | 36 | | 60 | 61 | 61 | 61 | 62 | 62 | 62 | 63 | 63 | 63 | 31 |
| 1930 | | | | | | | | | 36 | 36 | 36 | 36 | 36 | 36 | 36 | | 62 | 62 | 62 | 62 | 63 | 63 | 64 | 64 | 65 | 65 | 1930 |
| 29 | | | | | | | | | | 36 | 36 | 36 | 36 | 36 | 36 | | 63 | 63 | 64 | 64 | 64 | 64 | 65 | 65 | 65 | 65 | 29 |
| 28 | | | | | | | | | | | 36 | 36 | 36 | 36 | 36 | | 65 | 65 | 65 | 66 | 66 | 66 | 67 | 67 | 67 | 67 | 28 |
| 27 | | | | | | | | | | | | 36 | 36 | 36 | 36 | | 67 | 67 | 67 | 67 | 68 | 68 | 68 | 68 | 68 | 68 | 27 |
| 26 | | | | | | | | | | | | | 36 | 36 | 36 | | 69 | 69 | 69 | 69 | 69 | 70 | 70 | 70 | 70 | 70 | 26 |
| 1925 | | | | | | | | | | | | | | 36 | 36 | | 70 | 70 | 70 | 70 | 70 | 70 | 71 | 71 | 71 | 71 | 1925 |
| 1924 und früher | | | | | | | | | | | | | | | 72 | | 72 | 72 | 72 | 72 | 72 | 72 | 72 | 72 | 72 | 72 | 1924 und früher |

Aus Höhe und Anzahl der entrichteten Beiträge als Spiegelbild der erdienten, individuellen Entgelte errechnete sich der vom individuellen Versicherungsleben abhängige Steigerungsbetrag, der zum Maßstab wird zur Ermittlung der Höhe der individuellen Aufbesserung der Rente durch den Mehrbetrag. Damit wurden erstmalig lohnentwicklungsabhängige Faktoren bei der Rentenberechnung entwickelt und methodische Voraussetzungen der modernen Rentendynamik geschaffen.

## V.

Für die Renten des Bestandes waren bekannt:
der Rentenrechnungsstelle der Deutsche Bundespost
1. der Rentenzahlbetrag, der an den Rentenempfänger am Rentenzahlschalter ausgezahlt wurde,
2. das Geburtsjahr des Versicherten.

Darüber hinaus dem Versicherungsträger
3. das Jahr des Eintritts des Versicherungsfalles.

Aus einer Analyse des Zahlbetrages, so wie er auf dem Datenträger (Lochkarte) der Rentenrechnungsstelle vermerkt war, konnte die Höhe des Steigerungsbetrages gewonnen werden, und zwar voll maschinell, weil das Gesetz hierfür eine einfache Vorschrift gab: Von dem Zahlbetrag wurden in der Reihenfolge Kinderzuschüsse nach der Anzahl der berechtigten Kinder, Grundbetragserhöhung, Rentenzulage (gestuft um je 2,50 DM je 10,— DM des Rentenbetrages vor Anwendung des RZG, ggf. der Auffüllungsbetrag), der Zuschlag nach dem SVAG und schließlich der Grundbetrag abgezogen, alles ohne Rücksicht auf nach früheren Rechtsständen unterschiedliche Größen nach den Anfang 1955 geltenden Bestimmungen. Damit war das erste, automationsgerechte Gesetz in der deutschen Sozialversicherung geschaffen worden.
Was übrig blieb, war *der* Steigerungsbetrag, der, mit aus den gespeicherten Werten der Tabellen A und B abgerufenem, nach Geburts- und Zugangsjahr gestaffeltem Vomhundertsatz multipliziert, den individuellen Mehrbetrag je Rente ergab. (Der Versicherungsträger hatte zuvor der Rentenrechnungsstelle das Jahr des Eintritts des Versicherungsfalles mitgeteilt.)
Die Rentenrechnungsstellen der Deutschen Bundespost waren durch Einsatz von Datenverarbeitungsanlagen der ersten Generation in der Lage, diese Berechnungen für alle laufenden Renten in rund 10 Tagen durchzuführen und allen Rentenzahlstellen (Postämtern) die Rentenzahllisten zuzuschreiben, nach denen der neue Rentenbetrag einschließlich des Mehrbetrages zum 1. April 1955 ausgezahlt werden konnte.
Der Gesetzgeber war bei den Beratungen zum RMG davon ausgegangen, daß die in diesem Gesetz getroffene Regelung die letzte vor den Reformgesetzen sein sollte. Es erwies sich aber als notwendig, vor der großen Neuregelung doch noch eine Zwischenregelung zu treffen. Wie diese aussehen sollte, war innerhalb des Bundestages Gegenstand lebhafter Erörterungen und vom Prinzip her unterschiedlicher Anträge. Diejenigen, die Bedenken gegen das RMG (trotz einstimmiger Verabschiedung im Bundestag und Bundesrat) erhoben hatten, wollten keine dauernde Leistungsverbesserung nach diesem Gesetz, diejenigen, die die Mängel der »klassischen« Renten-

berechnung mildern wollten, wandten sich gegen die beantragte, natürlich schematische Rentenerhöhung durch prozentuale Erhöhung des Rentenzahlbetrages. In der parlamentarischen Behandlung der notwendigen Rentenaufbesserung waren in Kampfabstimmungen Normen teils aus dem einen, teils aus dem anderen Vorschlag sowie aus Abänderungsanträgen angenommen worden, die zueinander in einem unorganischen Verhältnis standen und bei Verabschiedung einer solchen Gesetzesfassung ein sofortiges Änderungsgesetz erforderlich gemacht hätten. In der dritten Lesung wurde deshalb nach Beendigung der allgemeinen Beratung dem Antrag auf Zurückverweisung an den Ausschuß für Sozialpolitik zugestimmt und eine Sondersitzung des Deutschen Bundestages angesetzt. Dem Ausschuß lag in seiner Sitzung (15. 11. 1955) außer den Beschlüssen des Bundestages noch ein Änderungsantrag »Entwurf eines Gesetzes über die Gewährung von Sonderzulagen in den gesetzlichen Rentenversicherungen (Sonderzulagengesetz — SZG —)« vor. Der Ausschuß sprach sich nach kurzer Grundsatzberatung einstimmig für die Annahme dieses Abänderungsantrages aus, der dann auch wenige Tage später im Plenum des Bundestages und im Bundesrat einstimmig angenommen wurde.

Durch das SZG wurden keine laufenden Leistungen, sondern nur zwei »Sonderzulagen« gewährt, die eine für diejenigen, die für Dezember 1955, die andere für diejenigen, die für Juni 1956 Anspruch auf einen Mehrbetrag hatten. Und zwar betrug jede dieser Sonderzulagen das Sechsfache des den Anspruch auslösenden Mehrbetrages.

Damit setzte das SZG die im RMG vorgezeichnete zusätzliche Bewertung der Steigerungsbeträge nach dem Zeitpunkt ihrer Entrichtung fort. Das zweite Sonderzulagengesetz vom 16. 11. 1956 schließlich überbrückte noch einmal die Zeit bis zu den Neuregelungsgesetzen durch eine Sonderzulage für Dezember 1956, während das Rentenvorschuß-Zahlungsgesetz vom 23. 12. 1956 bereits Vorschüsse auf die zu erwartenden Rentenerhöhungen der Rentenreform gewährte.

Kurt Jantz

# Die Rentendynamik 1957 als Vorbild im Sozialleistungsrecht

Die Renten folgen den Löhnen — mit diesem Prinzip hat die Rentenreform 1957 einen neuen Maßstab gebracht. Die Aufgabe der Rentenversicherungen beschränkt sich seither nicht mehr auf einen bloßen Schutz gegen Not. Vielmehr wird der Lebensstandard der Rentner in Beziehung gesetzt zum Lebensstandard der Arbeitnehmer.

Dieses Prinzip der Rentenreform 1957 hatte sich in den voraufgegangenen Jahren entfaltet. Zunächst trat, so z. B. in der Regierungserklärung vom 20. Oktober 1953, der Gedanke in Erscheinung, daß »an dem wirtschaftlichen Aufstieg in der Bundesrepublik ... nicht alle Bevölkerungskreise gleichmäßig teilgenommen« haben. »Es waren bisher in erster Linie die im Arbeitsprozeß Tätigen, die sichtbaren Nutzen aus den Erfolgen der sozialen Marktwirtschaft zogen.« Daraus entstand die Aufgabe, »dem Bundestag Maßnahmen vorzuschlagen, durch die die wirtschaftliche Lage der Rentner, Invaliden, Waisen und Hinterbliebenen weiter verbessert wird«. Eine weitere Erhöhung des Sozialprodukts wurde nicht nur als Voraussetzung einer umfassenden Sozialreform gesehen, sondern bildete zugleich den Maßstab: »Jedes weitere Ansteigen des Sozialproduktes gestattet auch eine entsprechend höhere Berücksichtigung der Sozialleistungsempfänger.« Bei den weiteren Arbeiten führte die Bedeutung der Aufgabe zu einem Organisationsplan der Bundesregierung, der in der Kabinettsitzung vom 13. Juli 1955 beschlossen wurde. Es wurde ein Ministerausschuß für Sozialreform, das sogenannte Sozialkabinett, gebildet, bei dem zum Unterschied von den meisten anderen Ausschüssen der Bundeskanzler den Vorsitz hatte; ferner ein interministerieller Ausschuß, dem je ein Vertreter der Bundesressorts angehörte, deren Minister Mitglieder des Sozialkabinetts waren und ein Generalsekretariat für die Sozialreform beim Bundesministerium für Arbeit — Generalsekretär wurde Ministerialdirektor Dr. Jantz im BMA. Er wirkte zugleich bei der Geschäftsführung des Ministerausschusses mit, war Vorsitzender des interministeriellen Ausschusses und Geschäftsführer des Beirats für die Neuordnung der sozialen Leistungen.

Während der Arbeiten im Jahre 1955 gewann der Gedanke der Lohnbezogenheit der Renten wesentlich an Kraft. In der Kabinettvorlage des Bundesministers für Arbeit »Grundgedanken zur Gesamtreform der sozialen Leistungen« vom 7. April 1955, für die öffentliche Diskussion freigegeben mit Schreiben vom 10. Juni 1955, wird es als Aufgabe der Altersrente bezeichnet, »den Lebensunterhalt unter Berücksichtigung des im Laufe eines Lebens erarbeiteten Lebensstandards und der besonderen Lage des alten und nicht mehr arbeitenden Menschen zu sichern«. Daraus wird der Schluß gezogen: »Wenn die Rente in der umschriebenen Weise den Lebensunterhalt sichern soll, so ist das technisch nur dadurch zu erreichen, daß sie in ihrer Höhe nach dem durchschnittlichen Arbeitsverdienst berechnet wird.« »Die individuelle Lebensleistung« — errechnet nach dem Durchschnittsverdienst des Arbeitslebens, die in der Beitragsleistung den sozialversicherungsrechtlichen Niederschlag gefunden hat — »spiegelt sich sodann in einer individuellen Altersrente wieder.« (Grundgedanken B 1 und 2)

Dieser Gedanke fand entscheidenden Niederschlag im Beschluß des Sozialkabinetts vom 13. Dezember 1955 mit dem Bekenntnis zu einer völligen »Neuordnung des bisherigen Rentensystems nach modernen Gesichtspunkten«. Um den damaligen Stand der Entwicklung festzuhalten, sei der wesentliche Teil des Beschlusses wörtlich wiedergegeben: »Das Kernstück der Neuordnung bildet der Übergang von der statischen zur sogenannten dynamischen Leistungsrente. Das bedeutet zweierlei:

1. Die auf der individuellen Arbeitsleistung beruhenden Renten sollen im Zeitpunkt der Rentenfestsetzung an die Entwicklung der Löhne und Gehälter angepaßt werden.
2. Darüber hinaus soll in periodischen Abständen eine Überprüfung der Rentenhöhe erfolgen mit dem Ziel, diese den wirtschaftlichen Gegebenheiten anzugleichen.

Damit werden in Zukunft auch die Rentner an der Erhöhung des Sozialprodukts teilnehmen.« Hier ist folgendes deutlich: Der Berechnungsmaßstab der individuellen Arbeitsleistung und der aktuelle Stand der Entwicklung der Löhne und Gehälter im Zeitpunkt der ersten Festsetzung der Rente wurden als Prinzipien anerkannt. Für die Anpassung der Renten während ihrer Laufzeit war lediglich eine Überprüfung der Rentenhöhe mit dem Ziel vorgesehen, diese »den wirtschaftlichen Gegebenheiten anzugleichen«. Der Gedanke der doppelten Lohnbezogenheit der Rente, nämlich auf die individuelle Lebensarbeitsleistung und auf den aktuellen Entwicklungsstand im Durchschnitt aller Löhne und Gehälter, hatte sich nur für die erste Festsetzung der Renten durchgesetzt. Für die Laufzeit der Renten blieb ein wesentlicher Orientierungsmaßstab aus der Fülle der wirtschaftlichen Gegebenheiten die »Erhöhung des Sozialprodukts«. Dieser Satz bildete aber, wie oben ersichtlich, nicht nur einen Teil der Nummer 2 des Beschlusses. Seiner Anordnung nach bezog er sich auch auf die Nummer 1. Entwicklung der Arbeitsverdienste und Erhöhung des Sozialproduktes waren die beiden Positionen, deren gegensätzliche Auswirkung auch für die Berechnung der Renten im Zeitpunkt der ersten Festsetzung noch nicht völlig überwunden war.

Diese weiter schwelende Diskrepanz fand in einem Beschluß des Sozialkabinetts vom 17. Februar 1956 einen psychologisch und sprachlich interessanten, konstruktiv im Ansatz präzisen Ausdruck. Der Ausdruck »Erhöhung des Sozialprodukts« wurde durch den Ausdruck »Steigerung der Produktivität« ersetzt. In dieser Weise ergab sich in Nummer 1 des neuen Beschlusses des Sozialkabinetts das »erneute« Bekenntnis zu dem Grundsatz, »daß die Alters- und Invaliditätsrentner sowie die Witwen und Waisen, die Renten beziehen, an der Steigerung der Produktivität beteiligt werden sollen.« Für sich allein konnte dieser Satz auf die Laufzeit der Renten beschränkt bleiben. Es wurde aber über die eben genannte sprachliche Änderung hinaus auch die Bezeichnung »dynamische Rente«, die ja in dem ersten Beschluß auch und insbesondere für die erste Rentenfestsetzung galt, fallen gelassen: »Da der Ausdruck ‚dynamische Rente' sprachlich falsch (!) ist, soll an seine Stelle der Ausdruck ‚Produktivitätsrente' treten.« Die Nummer 1 dieses Beschlusses ist dementsprechend unter die Überschrift »Produktivitätsrente« gesetzt worden. Hatte sich damit nun doch der Orientierungsmaßstab »Erhöhung des Sozialprodukts« oder statt dessen »Steigerung der Produktivität« für die Höhe der Rente durchgesetzt? Die Antwort ergibt sich aus Nummer 2 des gleichen Beschlusses des Sozialkabinetts: »Die Altersrente soll in ihrer Höhe von der Versicherungsdauer abhängig sein und so festgesetzt werden, daß sie bei einer Versicherungsdauer von 33 Jahren im Durchschnitt 58 bis 60 % des Nettoeinkommens und bei einer Versicherungsdauer von 40 Jahren 69 bis 72 % des Nettoeinkommens vergleichbarer Arbeitnehmer beträgt. Das sind 50 bzw. 60 % des Bruttoarbeitsverdienstes vergleichbarer Arbeitnehmer.« Damit war eine klare Grundsatzentscheidung für den Berechnungsmaßstab der doppelten Lohnbezogenheit (der Bezogenheit auf den durchschnittlichen Lebensarbeitsverdienst des einzelnen und auf seine Aktualisierung entsprechend der Entwicklung der Bruttoarbeitsverdienste vergleichbarer Arbeitnehmer) gefallen. Auch ein weiteres technisches Element der später Gesetz gewordenen Rentenformel, nämlich der Steigerungssatz von 1,5 v. H. pro Versicherungsjahr, ist hier deutlich erkennbar. Der noch eingefügte Vergleich der Höhe der Renten mit den Nettoeinkommen vergleichbarer Arbeitnehmer sollte lediglich einen Vergleich zwischen der angestrebten realen Situation der Rentner und der Arbeitnehmer erleichtern.

Damit war ein neues Maß gesetzt worden, die Rentner sollten »in die Nachbarschaft des Lohnempfängers zurückgeführt werden. Das ist die Absicht bei den sozialpolitischen Reformplänen der Bundesregierung. Das ist aber, weit darüber hinaus, die Forderung der Zeit. In der Formulierung von Jantz steckt die Erkenntnis, daß der moderne freiheitliche Staat seinen Bürgern das Gefühl der Sicherheit für das Alter geben muß — das Gefühl, nach einem Leben voller Arbeit nicht ‚deklassiert' zu werden, sondern zu bleiben was sie ihr Leben lang waren.« (Frankfurter Allgemeine Zeitung vom 11. April 1956, S. 1)

Dieser Tendenz und dem Beschluß des Sozialkabinetts entsprach die spätere und noch heute geltende gesetzliche Regelung, wie sie in der Rentenformel mit ihren vier Elementen, der persönlichen Rentenbemessungsgrundlage, der allgemeinen Bemessungsgrundlage, der Anzahl der anrechnungsfähigen Versicherungsjahre und dem Steigerungssatz für jedes anrechnungsfähige Versicherungsjahr, noch heute Geltung hat.

Bei der Anpassung der Renten während ihrer Laufzeit hatte sich das Prinzip der ständigen Aktualisierung, d.h. der jährlichen Anpassung an die Entwicklung der Löhne und Gehälter, wie sie für die Erstfestsetzung in der Veränderung der allgemeinen Bemessungsgrundlage zum Ausdruck kommt, nur zögernd durchgesetzt. Noch der Regierungsentwurf vom 23. Mai 1956 (Bundestagsdrucksache Nr. 2437) sah in seinem damaligen § 1276 vor: »Bei Veränderungen der allgemeinen Bemessungsgrundlage erfolgt eine Anpassung aller Renten in Abständen von jeweils fünf Jahren.« Anpassungsmaßstab sollte die »Veränderung des Volkseinkommens je Beschäftigten im Mittel des dreijährigen Zeitraums, der in dem voraufgegangenen Kalenderjahr am 30. September endet«, sein. Dabei ist Volkseinkommen »das Nettosozialprodukt zu Faktorkosten«. (§ 1277 der Entwurfsfassung)

Die Auseinandersetzungen um Zeitraum und Maßstäbe für die Rentenanpassung führten dann in den Rentenreformgesetzen von 1957 zu der bekannten sogenannten halbautomatischen jährlichen Anpassung. Die für die Berechnung der Rente bei ihrer ersten Festsetzung maßgebende allgemeine Bemessungsgrundlage bestimmt die Bundesregierung nach Anhören des Statistischen Bundesamtes durch Rechtsverordnung mit Zustimmung des Bundesrates bis zum 31. Dezember jeden Jahres. Die Steigerung der Bruttoarbeitsverdienste wirkt sich also über das Instrument der allgemeinen Bemessungsgrundlage jährlich auf die erste Festsetzung der Rente aus, ohne daß es eines besonderen Gesetzes bedarf (§ 1256 RVO). Für die Anpassung der Renten bei Veränderung der allgemeinen Bemessungsgrundlage bedarf es dagegen eines besonderen Gesetzes (§ 1272 Abs. 1 RVO).
Hinter dieser gesetzestechnisch halbautomatischen Lösung stand einmal das Motiv, bei der Einführung des Prinzips der bruttolohnbezogenen Rente, der Arbeitswertrente, wegen der schweren Überschaubarkeit der finanziellen Auswirkungen auf längere Sicht eine neben anderen vorgesehene Gestaltungsmöglichkeit zu schaffen, zum anderen stand hinter dieser Lösung folgender Erwartungskontrast: Die Anhänger der Rentenreform hatten die Hoffnung, daß die jährliche Veränderung der allgemeinen Bemessungsgrundlage und ihre »automatische« Auswirkung auf eine höhere Berechnung der Zugangsrenten sich auch mit einer gewissen Zwangsläufigkeit auf die Anpassung der laufenden Renten auswirken würde. Wer dagegen mit der Rentenreform nicht einverstanden war, konnte nach dieser halbautomatischen Regelung mit der Möglichkeit rechnen, daß Schwierigkeiten finanzieller Art bei der Anpassung der laufenden Renten um den gleichen Prozentsatz, um den die allgemeine Bemessungsgrundlage sich erhöht hatte, auch ihre Rückwirkung auf die Prinzipien der Erstfestsetzung der Renten und damit auf die Prinzipien der Rentendynamik überhaupt haben würden. Die Schwierigkeiten haben sich dadurch gelöst, daß einer Empfehlung des Sozialbeirats folgend, bei der ersten Rentenanpassung die Erhöhung der laufenden Renten zwar um den gleichen Prozentsatz erfolgte, um den die maßgebende allgemeine Bemessungsgrundlage sich erhöht hatte, daß aber der Zeitpunkt der Anpassung um ein Jahr verzögert wurde. Empfehlung des Sozialbeirats und Beschluß des Gesetzgebers sind aus der Erwägung erfolgt, daß ohne die einjährige Verzögerung künftige Anpassungen in »voller« Höhe gefährdet seien, daß aber einer gleichmäßigen an der Veränderung der allgemeinen Bemessungsgrundlage orientierten Anpassung der Renten auch um den Preis einer Verzögerung der Vorzug zu geben sei. Damit war in nunmehr fast zwei Jahrzehnte währender Gesetzgebungspraxis das Prinzip der Arbeitswertrente in ihrer individuellen und aktuellen Bedeutung auch für die Laufzeit der Rente gesichert.
Insbesondere wegen der Rentenanpassungen war gegen die Rentenreform 1957 eine Reihe ernster Bedenken erhoben worden. Sie haben sich nicht als zutreffend erwiesen.
Es war befürchtet worden, daß das Interesse der Rentner an der Entwicklung der Arbeitsentgelte die Tarifkämpfe verschärfen würde. Das ist nicht der Fall. In die Verhandlungen der Tarifpartner hat die Regierung zwischen Lohn, Rente und Arbeit keineswegs die befürchtete Verschärfung gebracht. Mancher hatte die Sorge, daß die bei den jährlichen Rentenanpassungsgesetzen besonders deutlich in Erscheinung tretende jährliche Veränderung

der für die Erstfestsetzung automatisch sich auswirkenden Veränderung der allgemeinen Bemessungsgrundlage inflationäre Tendenzen bedrohlich verstärken würde. Das war ein Irrtum. Er beruhte auch auf einer Verkennung der Größenordnung. Die Renten spielen trotz ihrer beachtlichen Höhe neben den Arbeitsverdiensten und den sonstigen, für die gesamte Volkswirtschaft bedeutungsvollen Faktoren nicht eine solche Rolle, daß von daher grundsätzliche Entwicklungstendenzen der Wirtschaft wesentlich beeinflußt werden können. Insbesondere hatte die Rentenreform nicht zu einem Konsumstoß geführt, der sich preissteigend ausgewirkt hätte. Gefahren späterer Konsumstöße, wie sie bei einer Nachprüfung und Veränderung der laufenden Renten im Abstand von fünf Jahren hätten erfolgen sollen, sind schon während des Gesetzgebungsganges erkannt und durch das Prinzip einer jährlichen Anpassung aufgefangen worden. In späteren Erwägungen hat sogar hin und wieder der Gedanke eine Rolle gespielt, daß die im Durchschnitt um drei Jahre verzögernde Auswirkung der Entwicklung der Löhne und Gehälter über das Instrument der allgemeinen Bemessungsgrundlage auf die erste Festsetzung der Renten und die weitere Verzögerung um ein bzw. um ein halbes Jahr eine erwünschte und antizyklische Wirkung haben.
Eine weitere Befürchtung hat sich ebenfalls als unzutreffend erwiesen, daß nämlich durch die Rentenreform 1957 und die von Jahr zu Jahr steigenden Bemessungsgrundlagen für die Renten das Vertrauen in die Währung erschüttert und dadurch die Spartätigkeit nachlassen würde. Das Gegenteil ist eingetreten. Die Spartätigkeit hatte in den Jahren nach der Rentenreform zugenommen. Hervorzuheben ist dabei die Zunahme der privaten Spareinlagen und der bemerkenswerte Anteil der Rentner hieran. Die Rentner haben von den Rentenerhöhungen einen besonnenen Gebrauch gemacht und sich sorgfältig überlegt, in welcher Weise sie ihre Rente verwenden. Die Rentenreform 1957 hat den Sinn für eigene Vorsorge nicht beeinträchtigt, sondern im Gegenteil verstärkt; sie hat eigene Vorsorge zum Teil erst wieder ermöglicht.
Der zunehmende Sinn für eigenverantwortliche Vorsorge zeigt sich in einem weiteren Punkt. Befürchtungen, daß die Privatversicherung erhebliche Einbußen erleiden würde, haben sich als irrig erwiesen. Bereits im ersten Jahr nach Inkrafttreten der Rentenreform hatte die private Lebensversicherung über erhebliche Ausdehnung ihrer Geschäftsabschlüsse berichten können. Diese Zunahme hing zwar damit zusammen, daß in den Übergangsvorschriften zu den Rentenreformgesetzen für einige Gruppen von Versicherten, die neu in die Sozialversicherung einbezogen waren, die Möglichkeit gegeben wurde, eine private Lebensversicherung abzuschließen. Aber auch späterhin hat die Privatversicherung eine erhebliche Zunahme beim Abschluß von Versicherungsverträgen erzielt. Diese Zunahme des privaten Lebensversicherungsgeschäfts hängt einerseits mit der zunehmenden Finanzkraft in der Bevölkerung sowie mit der Belebung durch bestimmte weitere Gesetzgebungsanlässe (z. B. »Vermögensbildung«) zusammen. Sie ist andererseits aber auch mit ein Ausdruck dafür, daß die Rentenreform den Versicherungsgedanken belebt hat. Sie hat den Gedanken der eigenen Vorsorge nicht geschwächt, sondern mit zu seiner Stärkung beigetragen.
Die Leitgedanken der Rentenreform 1957 sind noch heute in Wirkung. Die Rentenversicherung dient seither einem neuen sozialpolitischen Ziel.

Arbeitnehmer sowie weitere versicherte Personenkreise und Rentner, Produzierende und berechtigterweise ganz oder teilweise, vorübergehend oder endgültig aus dem Produktionsprozeß Ausgeschiedene sind von gleicher sozialer Qualität. Der Aktive hat keinen gesellschaftlich höheren Rang als der berechtigterweise Inaktive. Die Rente soll dazu beitragen, insbesondere den Arbeitnehmer beim Ausscheiden aus dem Arbeitsleben vor dem sozialen Abstieg, vor der Deklassierung zu bewahren. Die individuelle ökonomische Situation des Menschen im Durchschnitt seines Arbeitslebens soll sich fortsetzen in einer entsprechenden individuellen Situation nach dem Arbeitsleben. Der Rentner soll auch wirtschaftlich so gestellt sein, daß er in seinem Lebenskreis verbleiben kann. Das Prinzip ist geblieben. Der Höhe nach, wenn man etwa an den vorher genannten Beschluß des Sozialkabinetts vom 17. Februar 1956 denkt, ist die damals angestrebte Absicherung durch eine Kombination, z. B. mit betrieblicher Altersversorgung, erreichbar.

Die Wahrung des sozialen Standorts für den Rentner geht nicht nur ihn an. Jeder sieht sich im Laufe seines Arbeitslebens vor die Frage gestellt, wie seine Situation im Alter, wie seine Stellung in der Gesellschaft ist. Das Vertrauen des einzelnen zu der Gemeinschaft, in der er geboren und in die er mit seiner Arbeit hineingestellt ist, an deren Gesamtwirken er an seinem Platz teilnimmt, soll dadurch gestärkt werden, daß er in einem bedeutungsvollen und abschließenden Zeitraum seines Lebens nicht von der Beziehung zur Gesamtgemeinschaft und ihrer sozialen und wirtschaftlichen Entwicklung ausgeschlossen, sondern in diese Entwicklung einbezogen wird. Mit der Rentenreform 1957 ist eine neuartige Verbindung von sozialpolitischer und volkswirtschaftlicher Betrachtungsweise in die Rentenversicherung eingeführt worden. Der Wert der Arbeitsleistung drückt sich während des Arbeitslebens im Arbeitsentgelt (und weiteren Leistungen), nach Abschluß des Arbeitslebens in der Rente (und weiteren Leistungen) aus. Damit wird die Rente aus ihrer prinzipiellen Bezogenheit zum nominellen Geldwert des Beitrags gelöst. Sie ist nicht eine Geldleistung als Gegenwert für vorher erbrachte Geldleistungen, sondern sie ist eine Gegenleistung für vorher erbrachte und mit Konsumverzicht (insbes. Beitrag) verbundene Arbeitsleistung. Der Arbeitsentgelt stellt den Gegenwert für die Arbeitsleistung dar, mit der der Aktive einen bestimmten Anteil zur Erstellung des Sozialprodukts erbracht hat. Nach Abschluß des Arbeitslebens erhält er durch die Rente eine seinem Anteil an der Erstellung des Sozialproduktes entsprechende weitere Gegenleistung. Dadurch, daß der im Arbeitsentgelt sich ausdrückende Wert der Arbeit die Grundlage für die Rentenberechnung bildet, gehen sozialrechtliche und wirtschaftliche Betrachtungen eine Verbindung ein. Die menschliche Arbeit ist ein Wirtschaftsfaktor und zugleich ein sozialer Tatbestand. Ihre Bewertung ist eine wirtschaftliche und zugleich eine sozialpolitische Angelegenheit. Das Finden des gerechten Lohnes ist nicht nur eine Frage wirtschaftlicher Kalkulation, sondern auch sozialpolitischer Auffassung über den für die Leistung des Arbeiters und des Angestellten angemessenen Gegenwert. Das gilt seit der Rentenreform 1957 auch für die Renten. Die jeweilige gesamtwirtschaftliche Situation, die sich für den aktiven Arbeitnehmer im Arbeitsentgelt auswirkt, soll auch nach Abschluß des Arbeitslebens in der Bewertung der Arbeit durch eine dann entsprechende Rente berücksichtigt werden. Es wird nicht mehr der nominelle Geldwert der Rente und der nominelle Geldwert der Beiträge verglichen. Es wird auch nicht mehr Kaufkraft mit Kaufkraft verglichen. Vielmehr soll der Wert der Arbeit während des Arbeitslebens und auch nach seinem Abschluß in dem Arbeitsentgelt und in der Rente unter Berücksichtigung der jeweiligen Situation seine Gegenwerte bestimmen.

Spiegelt der Arbeitsentgelt in einer gewissen Weise den Wert der Arbeit wider und drückt sich der individuelle Wert der Arbeitsleistung im Arbeitsentgelt des einzelnen, die Bewertung der Arbeitsleistungen aller Arbeiter und Angestellten in der Bruttolohn- und -gehaltssumme und damit über die Faktoren der persönlichen und der allgemeinen Bemessungsgrundlage in der Berechnung der Renten wider, so wird dieser Vorgang mit dem Begriff der Arbeitswertrente zutreffend ausgedrückt.

Darin liegt ein weiteres: Wenn die Bewertung der Arbeit steigt, wenn die Löhne und Gehälter mehr steigen als die Preise, d. .h. wenn also die Reallöhne und -gehälter steigen, dann bessert sich mit dieser besseren Bewertung der Arbeit der Lebensstandard der aktiven Arbeitnehmer. An dieser besseren Bewertung der noch aktiven Arbeitnehmer soll der Rentner teilnehmen. Es wird ihm nicht nur der Lebensstandard gesichert, den er sich im Durchschnitt seines Arbeitslebens erarbeitet hat, sondern er kann nur dann in der Nachbarschaft vergleichbarer Arbeitnehmer bleiben, wenn deren Besserung des Lebensstandards, wie sie in den Löhnen und Gehältern zum Ausdruck kommt, auch ihm durch Abhängigkeit der Renten von den Löhnen gesichert ist.

Die Bewegung der Renten mit den Löhnen bedeutet also: Neben dem an der Vergangenheit orientierten individuellen Faktor der Rentenberechnung tritt der an der künftigen Lohn- und Gehaltsentwicklung orientierte Faktor der Bewertung der Arbeit. Es ging nicht bloß um eine ständige Besserung der Renten, sondern um die ständige Wahrung des Verhältnisses zwischen dem Rentenempfänger und dem aktiven Arbeitnehmer und damit um die Wahrung des Statuszusammenhanges. Arbeitswertrente bedeutet, daß die gegenwärtige Bewertung der Arbeit und ihre Entwicklung sich in der künftigen Bewertung der Rente auswirken.

Ziel der Rentenreform 1957 ist in dieser Sicht die Teilnahme des Rentners an der wirtschaftlichen und sozialen Entwicklung der Arbeitenden. Damit wird zugleich, da die Löhne mehr gestiegen sind als die Preise, auch das Problem der Kaufkraftentwicklung gelöst. Aber es war, wie sich hier zeigt, nicht das entscheidende Problem. Die Aktualisierung der Rente ist vielmehr im Grunde nichts anderes als die strenge Durchführung des Prinzips einer individuellen Rente. Nur durch die Aktualisierung der Rente wird nämlich erreicht, daß die individuelle Situation des Arbeitnehmers während seines Arbeitslebens ihre entsprechende Fortsetzung während des Empfanges der Rente findet. Ohne die Aktualisierung würde der Rentner gegenüber seiner während des Arbeitslebens innegehaltenen individuellen Situation absinken. Verzicht auf Aktualisierung der Rente bedeutet Beeinträchtigung der individuellen Situation des Rentners.

Das Wesen der sozialen Sicherung ist aufs engste verbunden mit der arbeitenden societas: Sicherung durch eigene Arbeit während des Arbeitslebens, Sicherung durch Arbeit der Aktiven in den Zeiten berechtigter Unterbrechung und Einschränkung, sowie am Ende des Arbeitslebens.

So sieht die Sozialpolitik den Menschen sowohl in seiner Individualität, wie in seiner Verbindung mit den übrigen Mitgliedern der Gesellschaft und trägt ihm von daher Pflichten nicht nur im eigenen Interesse, sondern im Interesse der anderen auf. Die Pflichtversicherung ist nicht nur um des einzelnen willen da, sondern ist zugleich Ausdruck solidarischer Hilfe. Die Aktiven schaffen das Sozialprodukt, an dessen Konsum die Arbeitenden und nicht mehr Arbeitenden teilhaben. Die Aktiven ermöglichen durch ihre Arbeit und durch ihren Konsumverzicht den Konsum der Alten. Beitrag ist Konsumverzicht, Rente ist Konsumermöglichung. Dem alten Menschen wird ein solcher anteilmäßiger Verzehr des Sozialprodukts ermöglicht, der seiner individuellen Vorleistung entspricht. Die Aktiven leisten ihren Konsumverzicht in der Erwartung, deren Erfüllung der Gesetzgeber garantiert, daß in ihrem Alter die dann Arbeitenden mit der Erstellung des Sozialprodukts und einem Konsumverzicht ihnen den Konsum ermöglichen, der ihrer Lebensarbeitsleistung entspricht. Das ist die Solidarität der Generationen, bei der die Arbeitenden insbesondere die Alten mittragen. Nur durch eine solche Verbindung der sozialen Sicherung mit der arbeitenden societas, durch eine entsprechende solidarische Hilfe, wird in den jeweiligen ökonomischen Situationen die Möglichkeit geschaffen, dem berechtigterweise Inaktiven ein Stück ökonomischer Freiheitssphäre zu gewähren. Sicherheit und Freiheit sind keine Gegensätze. Der Eingriff in die Entscheidungsfreiheit, wie er im Interesse der Solidarität durch ein System der Pflichtversicherung erfolgt, trägt dazu bei, mit der Gewährung von Sozialleistungen ein Stück Situationsfreiheit, ein Stück individueller Freiheitssphäre zu schaffen.

In einer dynamisch sich entwickelnden Wirtschaft kann die Aufgabe der Sicherung einer individuellen Freiheitssphäre nur durch eine entsprechende dynamische Sozialpolitik erfüllt werden. In der Erfüllung dieser Aufgabenstellung hat die Rentenreform 1957 zur Schaffung neuartiger Rechtsbegriffe geführt, für die die Erfassung beweglicher Sachverhalte geeignet sind. Zum Wesen der Rechtsordnung gehört die gleichmäßige Behandlung gleichartiger Sachverhalte und Situationen. Der Begriff der Gleichmäßigkeit war in dem früheren System der Rentenversicherungen auf statische Verhältnisse bezogen und damit wirklichkeitsfremd. Der neue Begriff der Gleichmäßigkeit bedeutet gleichmäßige organische Mitentwicklung der Situation des einzelnen Rentners mit der Entwicklung der Gesamtheit des arbeitenden Volkes. Zu der früheren mit statischen Elementen arbeitenden Rechtsordnung stellt William Seagle in seinem Werk »Weltgeschichte des Rechts« im 5. Buch »Der Horizont der Jurisprudenz« mit leicht kritischem Unterton fest: »Sie (die Rechtsordnung) stellt die Stetigkeit über den Fortschritt. Das Leben des Rechts ist der Präzedenzfall, das Wesen der Präzedenz ist das Wort, das ein für allemal gilt ... Zeit und Wechsel müssen außer Betracht bleiben« (S. 474). Demgegenüber erstrebt die Rechtsordnung, die mit der ersten Rentenreform geschaffen worden ist, die Stetigkeit im Fortschritt. Hier sind Zeit und Wechsel der Verhältnisse rechtsgestaltende Faktoren. Nur durch eine gesetzlich normierte parallele Bewegung zwischen Arbeitsentgelten und Geldleistungen der sozialen Sicherheit wird die Stetigkeit der Situation des Sozialleistungsempfängers im Sozialgefüge gewahrt. Diese Verbindung von Stetigkeit und Beweglichkeit kommt für einen Teilbereich auch in der neueren Gesetzessprache zum Ausdruck :»Durch die

Anpassung ist ein stabiles Rentenniveau zu sichern.« (§ 1272 Abs. 2 Satz 1 RVO)
Lohnbezogenheit bedeutet in der Gesetzgebungspraxis in der Bundesrepublik Deutschland Bezogenheit der Renten auf die Bruttoarbeitsentgelte. Es war und wird immer wieder die Frage aufgeworfen, ob nicht eine Bezogenheit der Renten, die im allgemeinen abgabenfrei sind, auf die Entwicklung der Nettoarbeitsentgelte vorzuziehen wäre. Die Befürworter einer nettolohnbezogenen Rente wiesen darauf hin, daß mit steigenden Bruttolöhnen ein stärkeres Hineinwachsen in die Steuerprogression verbunden sei und daß die Beiträge für die Sozialversicherung im Steigen begriffen seien. Würde man die ständige Anpassung der Renten an die Bruttolöhne fortsetzen, so würden die Renten und damit der Lebensstandard der Rentner stärker steigen als die im Vergleich zu den Bruttolöhnen schwächer ansteigenden Nettolöhne und damit der Lebensstandard der Lohnempfänger. Diese Auffassung, die sicherlich theoretisch interessant ist, vermochte sich in der Gesetzgebungspraxis nicht durchzusetzen, und zwar aus folgendem Grund: Da die Renten nicht »gleichzeitig« mit den Löhnen steigen, sondern bei ihrer Erstfestsetzung durch das zwischengeschaltete Instrument der allgemeinen Bemessungsgrundlage der Lohnentwicklung in einem etwa dreijährigen Abstand folgen, und da dieser Abstand bis vor kurzem bei der jeweils für einen Rentner ersten Anpassung seiner Rente um ein weiteres, jetzt um ein weiteres halbes Jahr vergrößert wird, ist das Rentenniveau trotz jährlicher Anpassung keineswegs so hoch, daß es nicht als verbesserungswürdig angesehen werden könnte. Die zeitliche Verzögerung bedeutet insbesondere bei einer starken Entwicklung der Löhne ein erhebliches Zurückbleiben des Niveaus der Renten hinter dem Niveau der Löhne. Weil die Renten z. B. nach einer Versicherungsdauer von 40 Jahren nicht das ursprünglich angestrebte Niveau von 60 v. H. vergleichbarer Bruttolöhne erreichen (vgl. den oben zitierten Beschluß des Sozialkabinetts vom 17. Februar 1956), ist im § 1272 Abs. 2 RVO durch Gesetze von 1972 und 1973 eine Rentenniveausicherungsklausel eingeführt worden, die in einer hier technisch nicht darzustellenden Weise die Sicherung einer Rentenhöhe von 50 v. H. (gemessen am zuletzt bestimmten durchschnittlichen Brutto-Arbeitsentgelt aller Versicherten) gewährleistet. Bei einem solchen Niveau ist ein etwaiges stärkeres Ansteigen der Renten innerhalb eines gewissen Rahmens nicht ungerechtfertigt. Die Frage, ob die Rente bruttolohn- oder nettolohnbezogen sein soll, ist daher nicht abstrakt, sondern jeweils im Blick auf das konkrete Rentenniveau zu entscheiden. Das derzeitige Niveau der Renten spricht für die Beibehaltung einer an den Bruttoarbeitsentgelten orientierten Rentendynamik.
Der Wert der Arbeit der Aktiven, ausgedrückt in seinem individuellen Bruttoarbeitsverdienst im Verhältnis zur gesamten Bruttolohn- und -gehaltssumme, wurde über die Rentenversicherungen hinaus im Laufe der weiteren Entwicklung zu einem Kriterium für eine Reihe anderer geldlicher Sozialleistungen. Auch hier führte die ständige bessere Bewertung der Arbeit zu einer, wenn auch in technisch unterschiedlicher Form daran orientierten Verbesserung der Sozialleistungen.
Zunächst wirkte sich der Maßstab des Arbeitswertes in einer Verbesserung der Unfallversicherung aus. Zwar war hier bereits nach dem Prinzip des abstrakten Schadenersatzes bei der ersten Festsetzung der Unfallrente ein

Höchstmaß an Individualität und Aktualität erreicht worden. Maßgebend für die Höhe der Rente war neben dem Grad der Minderung der Erwerbsfähigkeit der im letzten Jahr vor dem Unfall — also bei einem Unfall am 8. Juni eines Jahres der Jahresarbeitsverdienst in der Zeit vom 8. Juni vorigen Jahres bis zum 7. Juni, dem Tage vor dem Unfall, erzielten Jahresarbeitsverdienstes. Dagegen war, von besonderen Fällen abgesehen, keine Anpassung der Unfallrenten im Gesetz vorgesehen.

Durch das Gesetz zur Neuregelung der Unfallversicherung vom Jahre 1963 ist ebenfalls eine jährliche Anpassung der laufenden Unfallrenten, wenn auch in technisch anderer Form als in den Rentenversicherungen, eingeführt worden. Die Unfallrenten und andere vom Jahresarbeitsverdienst abhängige Geldleistungen der Unfallversicherung, werden in einem besonderen Abschnitt der jährlichen Anpassungsgesetze ebenfalls an eine bestimmte Entwicklung der Arbeitsentgelte angepaßt. Eine solche Regelung hätte sich bereits aus dem Prinzip des abstrakten Schadenersatzes entwickeln lassen; denn bei steigenden Arbeitsentgelten erfuhr — auch bei abstrakter Berechnung — der durch den Unfall verursachte Schaden grundsätzlich eine entsprechende Ausweitung. Das auf die Unfallversicherung übertragene Prinzip der Rentenreform, daß die Renten den Arbeitsentgelten folgen, bedeutete hier zugleich eine konsequente Durchführung des Grundgedankens des abstrakten Schadenersatzes. Das Prinzip der Rentendynamik hat das der Unfallversicherung innewohnende Prinzip des Schadenersatzes erst zu seiner vollen Wirkung entfaltet.

Die Dynamisierung der Renten (und sonstiger vom Jahresarbeitsverdienst abhängiger Leistungen) in der gesetzlichen Unfallversicherung auch während ihrer Laufzeit legte den Gedanken nahe, das entsprechende Problem der Leistungen in der Kriegsopferversorgung zu untersuchen. Durch § 56 des Bundesversorgungsgesetzes in der Fassung vom 20. Januar 1967, geändert durch Gesetz vom 27. Februar 1969, wurde die Bundesregierung verpflichtet, in zweijährigem Abstand, erstmals im Jahre 1969, den gesetzgebenden Körperschaften des Bundes zu berichten, »inwieweit es unter Berücksichtigung der wirtschaftlichen Leistungsfähigkeit und des realen Wachstums der Volkswirtschaft möglich ist, die Leistungen des Bundesversorgungsgesetzes zu ändern«. Auch hier ist, wie schon in Entwicklungsabschnitten vor Verabschiedung der Rentenreformgesetze zu erkennen war, zunächst an allgemeine volkswirtschaftliche Größen, und nicht an die spezielle Entwicklung der Löhne angeknüpft. Der Bericht der Bundesregierung vom 25. November 1969 — Bundestagsdrucksache VI/81 (Kriegs- und Wehrdienstopferbericht 1969) — gibt seinem Hauptteil die Überschrift: »Anpassungsbericht«. Er lehnt sich damit an die Terminologie des § 1272 Abs. 1 RVO und Parallelvorschriften an.

Im ersten Stadium der Entstehung dynamischer Geldleistungen in der Kriegsopferversorgung bestand aber trotz vorahnender Terminologie einer auf Anpassung hinzielenden Tendenz zunächst ein doppelter Unterschied zu der Rentendynamik in der Unfallversicherung und in den Rentenversicherungen. Einmal ist nur eine zweijährige Prüfung vorgesehen; zum anderen enthalten die Orientierungsdaten nicht die klare Zielsetzung der Bindung der Versorgungsleistungen an die Entwicklung der Löhne und Gehälter. Vielmehr sind allgemeinere wirtschaftliche Orientierungsdaten gesetzt worden. Es gelingt aber dem Anpassungsbericht, eine Beziehung zur Entwicklung der Arbeitsentgelte herzustellen.

Was unter wirtschaftlicher Leistungsfähigkeit zu verstehen ist, wird nach den Darlegungen in dem Anpassungsbericht als »nur aus einer Vielzahl ökonomischer Indikatoren und zum Teil nur indirekt« ableitbar angesehen. Insbesondere ist hiernach die Entwicklung der Leistungsfähigkeit abhängig »von der Quantität und Qualität der Produktionsfaktoren und der Organisation ihres Einsatzes«. Wenn auch für die Beurteilung der wirtschaftlichen Leistungsfähigkeit eine Fülle von Faktoren, »wie die Entwicklung der Bevölkerung und der Erwerbstätigkeit, das inländische und ausländische Arbeitsmarktpotential, die Kapitalbildung, die Investitionen, die Produktivitätsentwicklung (die in § 1272 Abs. 2 RVO und Parallelvorschriften als ein Kriterium neben der wirtschaftlichen Leistungsfähigkeit aufgeführt ist), die außenwirtschaftliche Wettbewerbsfähigkeit und die Preisentwicklung mit als »Orientierungsdaten« herangezogen werden, so ist jedenfalls auch im Sinne des Anpassungsberichtes unter den wichtigsten volkswirtschaftlichen Orientierungsdaten, welche die sachliche Grundlage bilden für die Beurteilung der wirtschaftlichen Leistungsfähigkeit und des realen Wachsens der Volkswirtschaft, wie sie § 56 des Bundesversorgungsgesetzes vorsieht, die Entwicklung der Bruttolohn- und -gehaltssumme je abhängig Beschäftigten zu beachten. In der Entwicklung der Löhne und Gehälter spiegelt sich die Entwicklung der Bewertung der »Arbeit« und damit des in unserer Wirtschaftsgesellschaft wichtigsten Produktionsfaktors wider. Dieser Gedanke kehrt in dem Anpassungsbericht noch einmal in anderer Form wieder, nämlich im Zusammenhang mit der Bewertung und Bedeutung der Verteilung des Sozialproduktes. Wirtschaftliche Leistungsfähigkeit zeigt sich, wie der Anpassungsbericht darlegt, gleichermaßen auch in einer »ausgewogenen Verteilung des Sozialproduktes«. Dabei wird sogleich Verteilung an die Produzierenden und Umverteilung an die endgültig oder auch nur vorübergehend, vollständig oder auch nur teilweise Nichtproduzierenden in einem Gedankengang zusammengefaßt: Steigende Masseneinkommen und hohe Sozialleistungen, die ohne Beeinträchtigung der internationalen Wettbewerbsfähigkeit gewährt werden können, sind ein Indiz wirtschaftlicher Stärke. Sie sind aber nicht nur ein Ergebnis der Leistungsfähigkeit der Volkswirtschaft, sondern sie tragen umgekehrt auch zu dieser Leistungsfähigkeit und ihrer dauerhaften Erhaltung bei. Sie sichern den sozialen Frieden und schaffen damit günstige Voraussetzungen für wirtschaftliche und politische Stabilität als Grundlagen eines stetigen Wirtschaftswachstums.

Ohne diese Berichtsdarlegungen und die Verzahnung verschiedener volkswirtschaftlicher Begriffe im einzelnen zu analysieren, kann für unsere Untersuchung entscheidend festgestellt werden, daß wirtschaftliche Betrachtungen im Zusammenhang mit der Entwicklung von Sozialleistungen letztlich in der Prüfung münden, wie sich die wirtschaftliche Entwicklung in einer für den einzelnen spürbaren Weise auswirkt. Das zeigt sich deutlich in der Entwicklung der Arbeitsentgelte für den Produzierenden. Die Entwicklung seiner Situation wird zum Maßstab für die insbesondere geldlichen Sozialleistungen für den nicht Produzierenden bzw. für solche Sozialleistungen, die nicht aus der Teilnahme am Produktionsprozeß erwachsen sind. Dient eine ausgewogene Verteilung und Umverteilung des Sozialpro-

duktes der Stetigkeit des Lebensstandards des einzelnen und zugleich der Vermeidung von Spannungen und damit der Aufrechterhaltung eines leistungsfähigen gesellschaftlichen Gesamtorganismus, so bietet sich zur Erreichung beider Ziele eine an der Rentendynamik in der Renten- und Unfallversicherung orientierte Anpassung anderer Leistungen, wie der Kriegsopferversorgung, an. Dementsprechend ist in dem Gesetz über die Anpassung der Leistungen des Bundesversorgungsgesetzes (Erstes Anpassungsgesetz vom 26. Januar 1970) an die Stelle des alten § 56 BVG eine neue Norm getreten, nach welcher in Anlehnung an die Rentendynamik in der Rentenversicherung nach dem gleichen Maßstab, nämlich der Veränderung der allgemeinen Bemessungsgrundlage, die laufenden Renten anzupassen sind. Es fehlt also der Hinweis auf andere, wenn auch bis dahin nicht zur Wirkung gekommene Maßstäbe, wie sie im § 1272 Abs. 2 RVO a. F. genannt und wie sie noch bei dem gesetzlichen Auftrag zum Kriegs- und Wehrdienstopferbericht enthalten waren, z. B. auf wirtschaftliche Leistungsfähigkeit. Vielmehr ist hier eindeutig nur auf die Veränderung der allgemeinen Bemessungsgrundlage und damit auf die Entwicklung der Arbeitsentgelte als Bezugsgröße Bezug genommen worden.
Grundrenten, die in einem Nachtrag zum Kriegs- und Wehrdienstopferbericht vom 3. Dezember 1969 (zu Bundestagsdrucksache VI/81) als »integrierender Bestandteil der Rehabilitation«, als »eine unabdingbare Voraussetzung zur Entfaltung des Leistungswillens und damit der Persönlichkeitswerte« als Leistung der »Allgemeinheit in Ansehung des ... erbrachten Opfers« bezeichnet werden, sollen nicht an einem Bedarf einer Preisentwicklung orientiert werden, sondern dazu beitragen, in die Gesamtgesellschaft zu integrieren. Eine solche Integration kann nicht im Statischen stecken bleiben. Sie muß die Entwicklung der Gesellschaft, der Lebensverhältnisse, des Lebensstandards mitvollziehen. Drückt sich aber der allgemeine Lebensstandard und seine Entwicklung in den Arbeitsentgelten und den daran orientierten Entwicklungen der Geldleistungen in der Renten- und der Unfallversicherung aus, so ergibt sich in Konsequenz dieses Gedankenganges die Übertragung des gleichen dynamischen Prinzips auf die genannten Leistungen der Kriegsopferversorgung.
In der Lastenausgleichsgesetzgebung ist die entscheidende Hinwendung zum Anpassungsprinzip der Rentendynamik im 25. Gesetz zur Änderung des Lastenausgleichsgesetzes vom Jahre 1972 vollzogen worden. Danach wird insbesondere die Unterhaltshilfe jährlich erstmals vom 1. Januar 1974 ab, späterhin in stufenweiser Angleichung an die Anpassungstermine in der gesetzlichen Rentenversicherung ab 1. Juli eines jeden Jahres durch Rechtsverordnung an die Entwicklung der Arbeitsentgelte angepaßt. Maßgebend für die Höhe der Anpassung ist der Vomhundertsatz der Anpassung in den Rentenversicherungen. Die Anpassung erstreckt sich auch auf die Einkommensgrenzen, den Selbständigenzuschlag, den Sozialzuschlag sowie andere von der wirtschaftlichen Entwicklung abhängige Beträge. Die jährliche Anpassung der Unterhaltshilfe durch Rechtsverordnung unterstreicht das Prinzip, daß es sich um eine stetige ökonomische Hilfe zur Integration in die Gesamtgesellschaft und damit um eine praktisch automatische Anpassung an die wirtschaftliche Entwicklung handelt, wie sie sich in der Entwicklung der Bruttoarbeitsentgelte ausdrückt.
In öffentlich-rechtlichen Zusatzrentensystemen wurde die Rentenanpassung

unter Berücksichtigung der besonderen Verhältnisse und Zwecke eingeführt, denen die jeweilige Zusatzversorgung dient. Bei den auf Beiträgen beruhenden Zusatzsystemen der öffentlichen Hand gilt folgendes: Tritt der Versicherungsfall in der Pflichtversicherung ein, so wird die den Zusatzversorgungseinrichtungen des öffentlichen Dienstes eigentümliche Versorgungsrente (Unterschiedsbetrag zwischen der sogenannten Gesamtversorgung — berechnet nach der anrechnungsfähigen Zeit und dem zuletzt bezogenen Arbeitsentgelt — und der Rente aus der gesetzlichen Rentenversicherung) gewährt; die Versorgungsrente ist dynamisch. Tritt der Versicherungsfall dagegen während der freiwilligen oder beitragsfreien Versicherung ein (diese Art der Versicherung ist gegeben, wenn ein Arbeitnehmer aus dem öffentlichen Dienst und damit aus der Pflichtversicherung bei der Zusatzversorgungseinrichtung ausscheidet und die Beiträge sich nicht erstatten läßt), so wird nur die rein beitragsbezogene, nicht dynamische Versicherungsrente (= versicherungstechnisches Äquivalent der eingezahlten Beiträge, also Leistung allein aus der sogenannten Versicherungsstufe) gewährt. Für den Hauptfall — Eintritt des Versicherungsfalles in der Pflichtversicherung — bedeutet die Regelung, daß das Prinzip der bruttolohnbezogenen Rentendynamik sich in Parallelität mit der Gehaltsentwicklung im öffentlichen Dienst vollzieht. Dabei wird die dynamische Rente aus der Rentenversicherung auf die ebenfalls dynamische Gesamtversorgung angerechnet. Dynamische Versicherungsrente und dynamische Versorgungsrente bilden eine dynamische Gesamtversorgung.

In der landwirtschaftlichen Sozialversicherung werden auf der Grundlage des Agrarberichts 1973 (Bundestagsdrucksache VII/146) und den entsprechenden gesetzlichen Regelungen auch die speziellen Leistungen des Altersgeldes und der Landabgaberente ab 1975, orientiert an den Anpassungssätzen der Rentenversicherung, an die veränderten Einkommensverhältnisse angepaßt.

Die allgemeine Bemessungsgrundlage, in der sich die Entwicklung der Bruttoarbeitsentgelte in bestimmter Weise ausdrückt, beeinflußt nicht nur in der dargestellten Weise die Entwicklung der einzelnen Leistungen, sondern sie wirkt sich darüber hinaus auf Beitragsbemessungsgrenzen, auf Leistungsbemessungsgrenzen, auf Versicherungspflichtgrenzen und auf die Höhe des Bundeszuschusses aus.

Beitragsbemessungsgrenze in den Rentenversicherungen der Arbeiter und der Angestellten ist das Doppelte der allgemeinen Bemessungsgrundlage (§ 1385 RVO, § 112 AVG). Mit der Dynamisierung dieser Beitragsbemessungsgrenze wird auf der Finanzierungsseite eine Konsequenz gezogen, die auf der Leistungsseite in der Rentendynamik zum Ausdruck kommt.

In der Arbeitslosenversicherung stimmt die Leistungsbemessungsgrenze mit der jeweiligen Beitragsbemessungsgrenze in den Rentenversicherungen der Arbeiter und der Angestellten überein. Da diese, wie eben dargelegt, als das Doppelte der allgemeinen Bemessungsgrundlage definiert und damit dynamisch ist, ist auch die Leistungsbemessungsgrenze in der Arbeitslosenversicherung dynamisiert.

Ferner hat sich die Entwicklung der allgemeinen Bemessungsgrundlage in der Rentenversicherung ausgewirkt auf die Höhe der Grenze der Versicherungspflicht für die Angestellten in der Krankenversicherung. Für den Fall der Krankheit sind nunmehr alle Arbeiter versichert, ferner Angestellte, wenn ihr regelmäßiger Jahresarbeitsverdienst fünfundsiebzig vom Hundert der für Jahresbezüge in der Rentenversicherung der Arbeiter geltenden Beitragsbemessungsgrenze nicht übersteigt. Diese Regelung fördert bei steigender Entwicklung der Arbeitsentgelte ein dadurch nicht beeinflußtes Verhältnis in der Konstanz der Zahl der Mitglieder. Vor dieser Regelung bei einer starren Versicherungspflichtgrenze wuchs ein Teil der gegen Krankheit versicherten Angestellten aus der Versicherungspflicht heraus; wenn nach einigen Jahren der Gesetzgeber die Versicherungspflichtgrenze in der Krankenversicherung wieder erhöhte, wurden sie grundsätzlich, soweit der Gesetzgeber nicht Ausnahmen zuließ, wieder versicherungspflichtig. Die jetzige Regelung beruht auf der Erkenntnis, daß die maßgebende Berücksichtigung der Entwicklung der Arbeitsentgelte auch in dieser Hinsicht zu einer Konstanz der Situation beiträgt. Das gilt sowohl für die Art des Versicherungsschutzes des einzelnen wie auch für eine Konstanz in der Finanzierung der Krankenversicherung überhaupt. Die Fluktuation des Mitgliederbestandes bei der früheren Regelung ist damit ausgeschaltet. Auch hier zeigt sich in einer neuen Nutzanwendung die Wirkungskraft des Gedankens, daß durch normierte Bewegung, orientiert an der Entwicklung der Arbeitsentgelte, die Stetigkeit einer bestimmten Situation gefördert wird.

Schließlich ist auch der Zuschuß des Bundes zu den Rentenversicherungen der Arbeiter und der Angestellten in der Weise dynamisiert, daß er sich entsprechend einer Änderung der allgemeinen Bemessungsgrundlage verändert (§ 1389 Abs. 2 RVO, § 116 Abs. 2 AVG).

Sieht man in der Rentendynamik ein geeignetes Instrument für ein möglichst ausgewogenes, in der wirtschaftlichen Größenordnung beständiges Verhältnis zwischen Produzierenden und berechtigterweise Nichtproduzierenden, zwischen Verteilung und Umverteilung, und damit ein geeignetes Instrument für die Integration der Umverteilungsempfänger in die gesamte Gesellschaft, so genügt es nicht, nur das Recht der sozialen Leistungen auf das Prinzip der Bruttoarbeitsentgeltbezogenheit abzustellen. Erforderlich ist vielmehr, die ständige Durchführung des Prinzips durch entsprechende nicht nur die eben genannte Regelung des Bundeszuschusses betreffende Finanzierung abzusichern. Die Absicherung ist für die Rentenversicherungen im Dritten Rentenversicherungs-Änderungsgesetz vom 26. Juli 1969 erfolgt. Nach den Rentenreformgesetzen 1957 galt das Finanzierungssystem als prinzipiell konstant, das Leistungssystem als notfalls variabel. Das Prinzip der Rentendynamik war bis zum Dritten Rentenversicherungs-Änderungsgesetz trotz seiner erwiesenen praktischen Durchsetzungskraft nicht unangefochten. Nunmehr kam die entscheidende Wendung, daß das Rentenleistungssystem in Form der bruttoarbeitsentgeltbezogenen dynamischen Rente das zu Bewahrende und das Finanzierungssystem gegebenenfalls das entsprechend zu Variierende ist.

Die Bewertung der Arbeit als Maßstab für soziale Geldleistungen, die verbesserte Bewertung der Arbeit als Richtschnur für die Bewertung sozialer Geldleistungen, weit über den Ansatz der Rentendynamik 1957 hinaus, ist Ausdruck einer allgemeinen gesellschaftlichen Entwicklung. Der Arbeitnehmer ist zu einer Leitfigur, die Bewertung der Arbeit zu einem ökonomischen Leitbild geworden. An dem Lebensstandard des Arbeitnehmers werden die Regelungen zur Absicherung des Lebensstandards der Sozialleistungsempfänger orientiert. Steigender Lebensstandard der Arbeitnehmer durch bessere Bewertung der Arbeit führt zu steigendem Lebensstandard der Sozialleistungsempfänger. So zeigt die Rentenreform 1957 ihre ständige aktuelle Wirkung.

Georg Tietz

# Die Erleichterung der Bezugsbedingungen für die Renten aus den Rentenversicherungen der Arbeiter und der Angestellten

Die Erleichterung der Rentenbezugsbedingungen ist eine der drei wesentlichen Verbesserungen im Leistungsrecht der Rentenversicherungen der Arbeiter und Angestellten; die beiden anderen wesentlichen Verbesserungen des Leistungsrechts betreffen die Erhöhung der Renten und die Einführung neuer Leistungsarten.

Die Rentenbezugsbedingungen umfassen Bedingungen, die
I in der Zeit vor dem Beginn der Rente,
II im Zeitpunkt des Beginns der Versichertenrente,
III im Zeitpunkt des Beginns der Hinterbliebenenrente,
IV während der Laufzeit der Rente
erfüllt sein müssen.

## I. Rentenbezugsbedingungen, die in der Zeit vor dem Beginn der Rente erfüllt sein müssen

Die wichtigsten dieser Bedingungen beziehen oder bezogen sich auf die Versicherungszeiten des Versicherten, daß nämlich

1. eine bestimmte Mindestzahl von Monaten als Versicherungszeit zurückgelegt worden ist (Erfüllung der »Wartezeit«),
2. die zurückgelegten Versicherungszeiten mit einer gewissen Regelmäßigkeit über die gesamte Zeit zwischen dem Beginn der Versicherung und dem Eintritt des Versicherungsfalls bzw. dem Tode des Versicherten verteilt sind (Erhaltung der »Anwartschaft«).

Eine dritte Gruppe von Bedingungen betrifft

3a) Unterhaltsverpflichtungen des Versicherten,
3b) Zusammentreffen der Rentenversicherungsrenten mit Renten aus der Unfallversicherung oder der Kriegsopferversorgung,
3c) gegen fremde Rentenversicherungsträger erworbene Rentenansprüche,
3d) Versichertenrenten-Bezug des Verstorbenen vor Beginn der Witwenrente,
3e) Zustand des Versicherten am 1. Januar 1912, dem Tage der Einführung von Witwenrenten.

### *1) Die Erfüllung der Wartezeit*

Das zu Anfang des letzten Kriegsjahres 1945 geltende Recht sah als Voraussetzung für den Rentenbezug vor, daß der Versicherte im Falle einer Versichertenrente, die nicht Altersrente ist, und im Falle einer Hinterbliebenenrente eine Versicherungszeit von 5 Jahren und im Falle einer Altersrente eine Versicherungszeit von 15 Jahren zurückgelegt hat. Als Versicherungszeiten wurden Beitragszeiten und Ersatzzeiten angerechnet. Ersatzzeiten waren Zeiten der Wehrpflicht, der Reichsarbeitsdienstpflicht, des Kriegsdienstes und Zeiten, in denen ein Nichtkriegsteilnehmer durch feindliche Maßnahmen an der Rückkehr aus dem Ausland verhindert gewesen ist; vor der Ersatzzeit mußte aber schon eine Versicherung bestanden haben. Die Wartezeit galt als erfüllt, wenn der Versicherte infolge eines Arbeitsunfalles oder infolge Feindeinwirkung invalide oder berufsunfähig geworden oder gestorben ist. Waren weniger als 5 Beitragsjahre auf Grund der Versicherungspflicht zurückgelegt, so waren statt 5 Beitragsjahren 10 Beitragsjahre erforderlich.

Die im letzten Satz behandelte Einschränkung wurde noch kurz vor dem Ende des Krieges in der Vereinfachungsverordnung [1] aufgehoben. Die Vereinfachungsverordnung wurde zwar zunächst nur in der ehemaligen britischen Zone angewendet. Sie wurde aber später auf das gesamte ehemalige Vereinigte Wirtschaftsgebiet erstreckt [2] und schließlich auch in der ehemaligen französischen Zone in Kraft gesetzt [3].

Bei der Rentenreform von 1957 wurden die vor dem 1. Januar 1924 zurückgelegten Versicherungszeiten nur dann als anrechnungsfähig für die Wartezeit erklärt, wenn in der Zeit zwischen dem 1. Januar 1924 und dem 30. November 1948 mindestens ein Beitrag (der sogenannte »Brückenbeitrag«) für die Zeit nach dem 31. Dezember 1923 entrichtet ist [4]. Diese Einschränkung war notwendig, weil bei der Rentenreform von 1957 alle Anwartschaftsbestimmungen aufgehoben worden waren (s. Abschnitt I 2). Auf die Vorlage des Brückenbeitrags wurde in der sogenannten »Härtenovelle« [5] dann verzichtet, wenn der Versicherte vor dem 1. Januar 1924 bereits eine Versicherungszeit von mindestens 180 Monaten oder mit den vor dem 1. Januar 1924 zurückgelegten Versicherungszeiten eine Versicherungszeit von mindestens 180 Monaten zurückgelegt hat [6]. Im übrigen wurde zugunsten der Spätheimkehrer die Zeit, innerhalb derer der Brückenbeitrag entrichtet sein muß, auch auf eine Dreijahresfrist nach Beendigung einer nach dem 31. Dezember 1923 zurückgelegten Ersatzzeit erstreckt [7].

Die Liste der Ersatzzeiten für die Erfüllung der Wartezeit wurde mehrmals verlängert, und zwar durch Zeiten

1. der Haft, der durch die erzwungene Aufgabe des Arbeitsverhältnisses

1 Art. 17 und 18 der Ersten Verordnung zur Vereinfachung des Leistungs- und Beitragsrechts in der Sozialversicherung vom 11. April 1945 (RGBl. I S. 41).

2 § 4 Abs. 1 des Sozialversicherungs-Anpassungsgesetzes vom 17. Juni 1949 (WiGBl. S. 99) und § 6 der Durchführungsverordnung vom 27. Juni 1949 (WiGBl. S. 101).

3 Verordnung über die Erstreckung von Sozialversicherungsrecht der Verwaltung des Vereinigten Wirtschaftsgebietes auf die Länder Baden, Rheinland-Pfalz, Württemberg-Hohenzollern und den bayerischen Kreis Lindau vom 12. Mai 1950 (BGBl. S. 179).

4 § 4 RVO i. d. F. des Arbeiterrentenversicherungs-Neuregelungsgesetzes vom 23. Februar 1957 — BGBl. I S. 45, § 26 AVG i. d. F. des Angestelltenversicherungs-Neuregelungsgesetzes vom 23. Februar 1957 — BGBl. I S. 88; beide Gesetze sollen fortan als »Neuregelungsgesetze 1957« zitiert werden.

5 Rentenversicherungs-Änderungsgesetz vom 9. Juni 1965 (BGBl. I S. 476).

6 § 1249 Buchst. b RVO, § 26 Buchst. b AVG, beide i. d. F. der Härtenovelle.

7 § 1249 Buchst. a RVO, § 26 Buchst. a AVG, beide i. d. F. der Härtenovelle.

hervorgerufenen Arbeitslosigkeit und des Auslandsaufenthalts bei den Verfolgten des Nationalsozialismus [8],
2. der Kriegsgefangenschaft und der Internierung [9],
3. des Gewahrsams (in der sowjetischen Besatzungszone aus politischen Gründen) [10],
4. der Vertreibung oder Flucht [11],
5. des deutschen Minenräumdienstes nach dem 8. Mai 1945 [12],
6. in denen der Versicherte an der Rückkehr aus den unter fremder Verwaltung stehenden deutschen Ostgebieten verhindert gewesen oder dort festgehalten worden ist [13].

Eine allgemeine Erleichterung der Anrechnung von Ersatzzeiten bewirkte die Bestimmung, daß auch dann, wenn vor der Ersatzzeit keine Versicherung bestanden hat, die Ersatzzeit dennoch angerechnet wird, wenn innerhalb von drei Jahren nach Beendigung der Ersatzzeit eine versicherungspflichtige Tätigkeit aufgenommen worden ist, oder wenn bei späterer Aufnahme der versicherungspflichtigen Tätigkeit die Zeit zwischen dem Eintritt in die Versicherung und dem Eintritt des Versicherungsfalles mindestens zur Hälfte mit Pflichtbeiträgen belegt ist [14].

Die zugunsten der Arbeitsunfall- und der Kriegsgeschädigten erlassene Bestimmung, daß bei ihnen vom Erfordernis der Wartezeit-Erfüllung abzusehen ist (s. Abs. 1 dieses Abschnitts I 1), wurde in der Nachkriegszeit auch auf andere Personenkreise erstreckt, nämlich auf

1. Verfolgte des Nationalsozialismus, die durch Verfolgungsmaßnahmen berufsunfähig geworden oder gestorben sind [15],
2. Internierte oder Verschleppte, die während oder infolge der Internierung oder Verschleppung berufsunfähig geworden oder gestorben sind [16],
3. Vertriebene oder Flüchtlinge, die durch die Folgen der Vertreibung oder der Flucht berufsunfähig geworden oder gestorben sind [17],
4. Unfallgeschädigte schlechthin, wenn der Versicherte vor Ablauf von

8 § 3 Abs. 1 des Gesetzes über die Behandlung der Verfolgten des Nationalsozialismus in der Sozialversicherung vom 22. August 1949 — WiGBl. S. 263 —; § 1251 Abs. 1 Nr. 4 RVO, § 28 Abs. 1 Nr. 4 AVG, beide i. d. F. des Gesetzes zur Änderung und Ergänzung der Vorschriften über die Wiedergutmachung nationalsozialistischen Unrechts in der Sozialversicherung vom 22. Dezember 1970 — BGBl. I S. 1846.

9 § 24 des Heimkehrergesetzes vom 19. Juni 1950 — BGBl. S. 221; § 1251 Abs. 1 Nr. 1 und 2 RVO, § 28 Abs. 1 Nr. 1 und 2 AVG, beide i. d. F. der Neuregelungsgesetze 1957.

10 § 1251 Abs. 1 Nr. 5 RVO, § 28 Abs. 1 Nr. 5 AVG, beide i. d. F. der Neuregelungsgesetze 1957.

11 § 1251 Abs. 1 Nr. 6 RVO, § 28 Abs. 1 Nr. 6 AVG, beide zunächst i. d. F. der Neuregelungsgesetze 1957, dann des Rentenversicherungs-Änderungsgesetzes vom 9. Juni 1965 — BGBl. I S. 476.

12 § 1251 Abs.. 1 Nr. 1 RVO, § 28 Abs. 1 Nr. 1 AVG, beide i. d. F. des Rentenversicherungs-Änderungsgesetzes vom 9. Juni 1965 — BGBl. I S. 476.

13 § 1251 Abs. 1 Nr. 3 RVO, § 28 Abs. 1 Nr. 3 AVG, beide i. d. F. des Rentenversicherungs-Änderungsgesetzes vom 9. Juni 1965 — BGBl. I S. 476.

14 § 1251 Abs. 2 RVO, § 28 Abs. 2 AVG, beide zunächst i.d.F. der Neuregelungsgesetze 1957, dann i. d. F. des Rentenversicherungs-Änderungsgesetzes vom 9. Juni 1965 — BGBl. I S. 476 —, schließlich i. d. F. des Rentenreformgesetzes vom 16. Oktober 1972 — BGBl. I S. 1965.

15 § 3 Abs. 2 des Gesetzes über die Behandlung der Verfolgten des Nationalsozialismus in der Sozialversicherung vom 22. August 1949 — WiGBl. S. 263 — und § 1252 Nr. 4 RVO, § 29 Nr. 4 AVG i. d. F. der Neuregelungsgesetzes 1957.

16 § 1252 Nr. 5 RVO, § 29 Nr. 5 AVG, beide i. d. F. der Neuregelungsgesetze 1957.

17 § 1252 Nr. 6 RVO, § 29 Nr. 6 AVG, beide i. d. F. der Neuregelungsgesetze 1957.

6 Jahren nach Beendigung einer Ausbildung infolge eines Unfalls erwerbsunfähig geworden oder gestorben ist und in den dem Versicherungsfall vorausgegangenen 24 Kalendermonaten mindestens für 6 Kalendermonate Pflichtbeiträge entrichtet hat [18].

Bei der Einführung der neuen Rentenarten (s. Abschnitte II 1 und II 2) mußten neue Wartezeitbestimmungen erlassen werden.

Für die Erwerbsunfähigkeitsrenten wurde die Wartezeit von 5 Jahren übernommen. 1975 ist eine zweite Art von Wartezeit für Erwerbsunfähigkeitsrenten eingeführt worden, nämlich die Zurücklegung einer Versicherungszeit von 20 Jahren vor Stellung des Rentenantrags. Nunmehr kann auch ein von Geburt an Erwerbsunfähiger das Recht auf eine Erwerbsunfähigkeitsrente erwerben; die allgemeine Wartezeit von 5 Jahren kann er nicht erfüllen, da diese Wartezeit *vor* Eintritt der Erwerbsunfähigkeit liegen muß [19].

Für die Altersruhegelder bei Vollendung des 63. bzw. des 62. Lebensjahres, die bei der Einführung der flexiblen Altersgrenze entstanden, ist eine besondere Wartezeit vorgeschrieben worden. Der Versicherte muß 35 anrechnungsfähige Versicherungsjahre (d. s. Versicherungszeiten, Ausfallzeiten, Zurechnungszeit) zurückgelegt haben, in denen mindestens 15 Jahren Versicherungszeiten (Beitragszeiten und Ersatzzeiten) enthalten sind [20].

*2) Die Erhaltung der Anwartschaft*

Die harten und schwer zu handhabenden Vorschriften über die Erhaltung der Anwartschaft verlangten, daß für jedes Kalenderjahr mindestens 26 Wochenbeiträge in der Rentenversicherung der Arbeiter oder mindestens 6 Monatsbeiträge in der Rentenversicherung der Angestellten entrichtet wurden; sonst erlosch die Anwartschaft aus allen früheren Beiträgen. Die Anwartschaft galt als erhalten, wenn die Zeit zwischen dem erstmaligen Eintritt in die Versicherung und dem Versicherungsfall mindestens zu drei Vierteln — später: zur Hälfte — mit Beiträgen belegt war.

In der Vereinfachungsverordnung [21] wurde bestimmt, daß die Anwartschaft aus Beiträgen, die bis zum Ablauf des Kalenderjahres entrichtet sind, das auf das Ende des Zweiten Weltkriegs folgt, als erhalten gilt, sofern nicht der Versicherungsfall vor dem 1. April 1945 eintritt; für Beiträge für Zeiten vor dem 1. Januar 1924 galt das nicht, wenn bis zum 31. März 1945 kein Beitrag für die Zeit nach dem 31. Dezember 1923 mehr entrichtet war. (Wann die Vereinfachungsverordnung vom 17. März 1945 in den drei ehemaligen Zonen des jetzigen Bundesgebiets Geltung erlangt hat, ist im Abschnitt 1) ausgeführt).

Die Vorschrift der Vereinfachungsverordnung wurde mit neuen Endterminen auch in das Sozialversicherungs-Anpassungsgesetz [22] übernommen.

Bei der Rentenreform im Jahre 1957 wurden die Anwartschaftsbestimmun-

18 § 1252 Abs. 2 RVO, § 29 Abs. 2 AVG, beide i. d. F. des Rentenreformgesetzes vom 16. Oktober 1972 — BGBl. I S. 1965.

19 § 1247 Abs. 3 Buchst. b RVO, § 24 Abs. 3 Buchst. b AVG, beide i. d. F. des Gesetzes über die Sozialversicherung Behinderter vom 7. Mai 1975 — BGBl. I S. 1061.

20 § 1248 Abs. 7 RVO, § 25 Abs. 7 AVG, beide i. d. F. des Rentenreformgesetzes vom 16. Oktober 1972 — BGBl. S. 1965.

21 Artikel 19 der Ersten Verordnung zur Vereinfachung des Leistungs- und Beitragsrechts in der Sozialversicherung vom 17. März 1945 (BGBl. I S. 41).

22 § 4 Abs. 2 des Sozialversicherungs-Anpassungsgesetzes vom 17. Juni 1949 — WiGBl. S. 99.

gen überhaupt beseitigt, und zwar rückwirkend für die Versicherungsfälle seit dem 1. April 1945 [23].

*3) Sonstige Rentenbezugsbedingungen*

a) Daß der Versicherte vor seinem Tode Unterhaltsverpflichtungen gegenüber Familienangehörigen hatte, ist oder war in einer Reihe von Fällen Bedingung für die Gewährung einer Hinterbliebenenrente.
   1. Von einer versicherten Ehefrau hinterlassene Kinder erhielten Waisenrenten nur, wenn die Verstorbene den Unterhalt der Kinder überwiegend bestritten hatte [24]. Die Vorschrift des Angestelltenversicherungsgesetzes ist aber für nichtig erklärt [25] und die Vorschrift der Reichsversicherungsordnung gestrichen worden [26].
   2. Witwerrente nach dem Tode der versicherten Ehefrau erhält der Ehemann nur, wenn die Verstorbene den Unterhalt ihrer Familie überwiegend bestritten hatte [27].
   3. Witwenrente an eine geschiedene Ehefrau wurde zunächst immer nur dann gewährt, wenn ihr der Versicherte Unterhalt zu leisten hatte. Witwenrenten an geschiedene Ehefrauen waren 1942 als Kannleistungen eingeführt worden [28] und wurden bei der Rentenreform von 1957 zu Regelleistungen erhoben [29]. Die Bezugsbedingungen sind später dahin verbessert worden, daß auch dann, wenn eine Unterhaltsverpflichtung des Mannes nicht bestanden hat, die Witwenrente für die geschiedene Ehefrau zu gewähren ist, falls keine andere Witwenrente zu gewähren ist und die frühere Ehefrau im Zeitpunkt der Scheidung mindestens ein waisenberechtigtes Kind zu erziehen oder das 45. Lebensjahr vollendet hatte und wenn sie berufsunfähig oder erwerbsunfähig ist oder mindestens ein waisenrentenberechtigtes Kind erzieht oder das 65. Lebensjahr vollendet hat [30].

b) In der ehemaligen britischen Zone durften zunächst keine Versichertenrenten oder Hinterbliebenenrenten aus den Rentenversicherungen der Arbeiter oder der Angestellten ausgezahlt werden, die mit einer höheren Unfallrente oder Versorgungsrente zusammentrafen [31]. Erst vom 1. September 1947 an durften Renten aus den Rentenversicherungen wieder neben Renten aus der Unfallversicherung gezahlt werden [32]. Neben Versorgungsrenten wurden Rentenversicherungs-Renten nach dem Bundesversorgungsgesetz wieder in voller Höhe gezahlt [33].

23 Artikel II § 8 der Neuregelungsgesetze 1957.

24 § 1267 Abs.2 RVO und § 44 Abs. 2 AVG.

25 Entscheidung des Bundesverfassungsgerichts vom 6. August 1963 (BGBl. I S. 693).

26 § 1267 Abs. 2 RVO im Rentenversicherungs-Änderungsgesetz vom 9. Juni 1965 (BGBl. I S. 476).

27 § 1266 RVO, § 43 AVG.

28 § 3 des Zweiten Gesetzes über die Verbesserung der Leistungen in der Rentenversicherung vom 19. Juni 1942 (RGBl. I S. 407).

29 § 1265 RVO, § 42 AVG, beide i. d. F. der Neuregelungsgesetze 1957.

30 § 1265 RVO, § 42 AVG, beide zunächst i. d. F. des Rentenversicherungs-Änderungsgesetzes vom 9. Juni 1965 — BGBl. I S. 476 —, sodann i. d.F. des Rentenreformgesetzes vom 16. Oktober 1972 — BGBl. I S. 1965.

31 Ziffer 5 Buchst. b und Ziffer 6 Buchst. b der Sozialversicherungsdirektive Nr. 1 vom 28. August 1945, abgedruckt im Arbeitsblatt für die britische Zone 1947 S. 10.

32 Ziffer 3 der Sozialversicherungsanordnung Nr. 17 vom 6. August 1947, Arbeitsblatt für die britische Zone 1947 S. 305.

33 § 87 des Bundesversorgungsgesetzes vom 20. Dezember 1950 (BGBl. S. 791).

c) Nach 1945 haben die Rentenansprüche große Bedeutung erlangt, die Bewohner des Bundesgebiets oder Berlins bei nicht mehr bestehenden stillgelegten oder außerhalb des Bundesgebiets und Berlins befindlichen deutschen oder außerdeutschen Versicherungsträgern erworben hatten. Einheimische, nicht erst seit 1945 zugezogene Bewohner des Bundesgebiets oder Berlins erhielten auf Ansprüche bei außerdeutschen Versicherungsträgern keine Renten. Erst das Fremdrenten- und Auslandsrentengesetz [34] räumte auch Einheimischen das Recht auf Fremdrenten ein.

d) Bei den Bezugsbedingungen für Hinterbliebenenrenten ist als Alternative zur Erfüllung der Wartezeit eingeführt worden, daß dem Verstorbenen zur Zeit des Todes Versichertenrente zustand [35]. Damit soll in den Fällen geholfen werden, in denen die Wartezeit für die Hinterbliebenenrente wegen des fehlenden Brückenbeitrags (s. Abschnitt 1) dritter Absatz) nicht erfüllt ist, dem Verstorbenen aber eine Versichertenrente nach dem vor dem 1. Januar 1957 geltenden Recht zustand.

e) Bei den Witwenrenten spielte es zeitweise eine Rolle, ob der Versicherte am 1. Januar 1912, dem Tage des Inkrafttretens der Reichsversicherungsordnung, bereits verstorben oder an diesem Tage dauernd erwerbsunfähig war und dann verstorben ist, ohne inzwischen die Erwerbsfähigkeit wiedererlangt zu haben.
Witwenrenten sind nämlich erst durch die Reichsversicherungsordnung vom 19. Juli 1911 in die Rentenversicherung eingeführt worden; das Gesetz, betreffend die Invaliditäts- und Altersversicherung vom 22. Juni 1889 und das Invalidenversicherungsgesetz vom 13. Juli 1899 sahen die Gewährung von Witwenrenten noch nicht vor. Den Witwen solcher Versicherten, die am 1. Januar 1912 bereits verstorben oder an diesem Tage dauernd erwerbsunfähig waren und dann verstorben sind, ohne inzwischen die Erwerbsfähigkeit wiedererlangt zu haben, war bei der Einführung der Reichsversicherungsordnung kein Rentenanspruch zugebilligt worden. Der Rentenanspruch wurde ihnen später zwar gegeben [36], aber alsbald schon wieder entzogen [37]. Erst bei der Rentenreform von 1957 lebten diese Witwenrenten wieder auf [38].

## II. Vom Versicherten beim Beginn der Versichertenrente zu erfüllende Bedingungen

### 1) *Invalidität, Berufsunfähigkeit, Erwerbsunfähigkeit*

Beim Beginn einer Versichertenrente, die keine Altersrente ist, muß der Versicherte in bestimmtem Maße in seiner Erwerbsfähigkeit gemindert sein; Beim Beginn einer anderen Versicherungsrente muß der Versicherte ein be-

34 vom 7. August 1953 (BGBl. I S. 848).
35 § 1263 Abs. 2 RVO, § 40 Abs. 2 AVG, beide i. d. F. des Rentenversicherungs-Änderungsgesetzes vom 9. Juni 1965 — BGBl. I S. 476.
36 Gesetz über Leistungen in der Invalidenversicherung vom 12. Juli 1929 (RGBl. I S. 135).
37 Notverordnung vom 8. Dezember 1931 (RGBl. I S. 699).
38 Art. 2 § 18 erster Halbsatz des Arbeiterrentenversicherungs-Neuregelungsgesetzes vom 23. Februar 1957 (BGBl. I S. 45).

stimmtes Lebensjahr vollendet haben und gegebenenfalls noch zusätzliche Bedingungen erfüllen.
In der Rentenversicherung der Arbeiter hatte die Versichertenrente, die keine Altersrente ist, noch im Jahre 1938 die »Invalidität« zur Voraussetzung. Die Erwerbsfähigkeit des Versicherten mußte auf weniger als ein Drittel der Erwerbsfähigkeit eines vergleichbaren körperlich und geistig gesunden Versicherten gesunken sein.
In der Nachkriegszeit wurde die »Invaliditätsgrenze« von 66²/₃prozentiger Erwerbsunfähigkeit auf 50prozentige Erwerbsunfähigkeit gesenkt. Das geschah zunächst allerdings nur für Versicherungsfälle seit dem 1. Juni 1949 [39]. Die Herabsetzung der Invaliditätsgrenze auf 50 v. H. auch für Versicherungsfälle vor dem 1. Juni 1949 wurde 1953 ausgesprochen [40].
In der Rentenversicherung der Angestellten hatte die Versichertenrente, die keine Altersrente ist, von Anfang an die »Berufsunfähigkeit« zur Voraussetzung. Die Erwerbsfähigkeit des Versicherten mußte auf weniger als die Hälfte der Erwerbsfähigkeit eines vergleichbaren körperlich und geistig gesunden Versicherten gesunken sein.
Die Rentenreform setzte neben die Rente wegen einer Minderung der Erwerbsfähigkeit um mehr als 50 v. H. — die seitdem auch in der Rentenversicherung der Arbeiter »Berufsunfähigkeitsrente« genannt wird — die Erwerbsunfähigkeitsrente ein. »Erwerbsunfähig« ist ein Versicherter, der auf absehbare Zeit eine geregelte Erwerbstätigkeit nicht mehr ausüben oder nur noch geringfügigen Arbeitsentgelt erzielen kann [41]. Die Erwerbsunfähigkeitsrente hat einen höheren Steigerungssatz als die Berufsunfähigkeitsrente, nämlich 1,5 v. H. statt 1 v. H. [42].

*2) Die Altersgrenze bei der Altersrente und den vorgezogenen Renten und die Nebenbedingungen bei den vorgezogenen Renten*

Die allgemeine Altersgrenze von 65 Jahren für die Altersrente hat in der Rentenversicherung der Angestellten von Anfang an gegolten [42a], in der Rentenversicherung der Arbeiter dagegen erst vom 1. Januar 1916 an [43]; vorher lag die Altersgrenze bei 70 Jahren (so noch in der Erstfassung der Reichsversicherungsordnung von 1911).
Neben das allgemeine Altersruhegeld bei Vollendung des 65. Lebensjahres sind nach und nach »vorgezogene« Renten getreten, d. h. Renten, die an Personen unter 65 Jahren gewährt werden, ohne daß die Empfänger den Nachweis der Invalidität, Berufsunfähigkeit oder Erwerbsunfähigkeit zu erbringen haben.
Die ersten dieser Renten gibt es in der Rentenversicherung der Angestellten seit dem 1. März 1929, als bestimmt wurde, daß »Berufsunfähigkeitsrente«

39 § 2 und § 21 Abs. 3 des Sozialversicherungs-Änderungsgesetzes vom 17. Juni 1949 (WiGBl. S. 99); § 21 Abs. 3 wurde später in § 21 Abs. 4 umnumeriert (im Änderungsgesetz vom 10. August 1949 — WiGBl. S. 248).
40 § 1 des Zweiten Änderungsgesetzes zum Sozialversicherungs-Anpassungsgesetz vom 4. August 1953 (BGBl. I S. 846).
41 § 1247 RVO, § 24 AVG, beide i. d. F. der Neuregelungsgesetze 1957.
42 § 1253 Abs. 1 und 2 RVO, § 30 Abs. 1 und 2 AVG.
42a § 25 des Angestelltenversicherungsgesetzes vom 20. Dezember 1911 — RGBl. S. 989.
43 Gesetz, betr. Renten in der Rentenversicherung vom 12. Juni 1916 — RGBl. S. 525.

auch nach Vollendung des 60. Lebensjahres und mindestens einjähriger ununterbrochener Arbeitslosigkeit zu gewähren ist [44]. Solche Renten wurden allerdings im Gebiet der ehemaligen britischen Zone bis zum 1. Januar 1955 nicht gewährt [45].

In der Rentenversicherung der Arbeiter gibt es »vorgezogene« Renten seit dem 1. Mai 1942, als die versicherte Ehefrau nach dem Tode des Ehemanns »Invalidenrente« auch dann erhielt, wenn sie das 55. Lebensjahr vollendet und mindestens vier lebende Kinder geboren hat [46]; seit der Rentenreform werden solche Renten allerdings nicht mehr festgestellt.

In Berlin erhielten in den Rentenversicherungen der Arbeiter und der Angestellten auch diejenigen weiblichen Versicherten Altersrente, die das 60. Lebensjahr vollendet hatten und nicht mehr erwerbstätig waren [47].

Die Gewährung der zuletzt genannten Renten wurde in der Rentenreform von 1957 auf das gesamte Bundesgebiet erstreckt; Voraussetzung ist, daß die Versicherte in den letzten 20 Jahren überwiegend eine versicherungspflichtige Tätigkeit ausgeübt hat [48].

Bei der Rentenreform wurde ab 1. Januar 1957 das Altersruhegeld an Versicherte, die das 60. Lebensjahr vollendet haben und seit mindestens einem Jahr ununterbrochen arbeitslos sind, eingeführt; seit dem 1. Januar 1973 ist die Nebenbedingung erleichtert worden in: »und nach einer Arbeitslosigkeit von mindestens 52 Wochen innerhalb der letzten eineinhalb Jahre arbeitslos« [49].

Voraussetzung für den Bezug der in den beiden letzten Absätzen behandelten Renten ist ferner, daß eine Erwerbstätigkeit nur gelegentlich oder gegen geringes Entgelt ausgeübt wird [50].

Neue vorgezogene Altersruhegelder wurden ab 1. Januar 1973 durch die Einführung der »flexiblen Altersgrenze« geschaffen. Wer das 63. Lebensjahr vollendet hat, kann Altersruhegeld beantragen; ein anerkannter Schwerbeschädigter oder ein Berufsunfähiger oder ein Erwerbsunfähiger kann den Antrag auf Altersruhegeld schon nach Vollendung des 62. Lebensjahres stellen. Voraussetzung für den Rentenbezug ist außerdem, daß eine Erwerbstätigkeit nur gelegentlich oder nur gegen geringes Entgelt ausgeübt wird [51].

44 Gesetz zur Änderung des Angestelltenversicherungsgesetzes vom 7. März 1929 (RGBl. I S. 75.

45 Art. 18 Abs. 3 der Ersten Vereinfachungsverordnung vom 17. März 1945 (RGBl. I S. 41), Gesetz zur einheitlichen Anwendung des § 397 des Angestelltenversicherungsgesetzes vom 25. Dezember 1954 (BGBl. I S. 506).

46 § 2 Abs. 2 des Zweiten Gesetzes über die Verbesserung der Leistungen in der Rentenversicherung vom 19. Juni 1942 (RGBl. I S. 407).

47 § 48 des Rentenversicherungsüberleitungsgesetzes vom 10. Juli 1952 — Gesetz — und Verordnungsblatt für Berlin S. 588.

48 § 1248 Abs. 3 RVO, § 25 Abs. 3 AVG, beide i. d. F. der Neuregelungsgesetze 1957.

49 § 1248 Abs. 2 RVO, § 25 Abs. 2 AVG, beide i. d. F. zunächst der Neuregelungsgesetze 1957, dann des Rentenreformgesetzes vom 16. Oktober 1972 — BGBl. I S. 1965; vergl. auch die Renten in der Angestelltenversicherung nach dem Gesetz vom 7. März 1929, dritter Absatz in diesem Abschnitt II 2).

50 § 1248 Abs. 4 RVO, § 25 Abs. 4 AVG, beide zunächst i. d. F. des Rentenreformgesetzes vom 16. Oktober 1972 — BGBl. I S. 1965 —, dann i. d. F. des Vierten Rentenversicherungs-Änderungsgesetzes vom 30. März 1973 — BGBl. I S. 257.

51 § 1248 Abs. 1, 4 RVO, § 25 Abs. 1, 4 AVG, beide i. d. F. zunächst des Rentenreformgesetzes vom 16. Oktober 1972 — BGBl. I S. 1965, dann des Vierten Rentenversicherungs-Änderungsgesetzes vom 30. März 1973 — BGBl. I S. 257.

## III. Vom Hinterbliebenen beim Beginn der Hinterbliebenenrente zu erfüllende Bedingungen

Unbedingte Witwenrenten hat es von Anfang an nur in der Angestelltenversicherung gegeben. Arbeiterwitwen mußten bis zur Rentenreform von 1957 einschränkende Rentenbezugsbedingungen erfüllen; sie mußten in bestimmtem Maße in ihrer Erwerbsfähigkeit gemindert sein oder ein bestimmtes Lebensjahr vollendet haben oder eine bestimmte Anzahl von Kindern haben. Geschiedenen Ehefrauen ist ein Witwenrentenanspruch erst in der Rentenreform von 1957 zugesprochen worden (vgl. Abschnitt I 3), Buchst. a, Ziffer 3).
Besondere vom Rentner zu erfüllende Bedingungen hat es früher bei der Witwerrente gegeben.
Waisen dürfen beim Beginn der Waisenrente eine bestimmte Altersgrenze noch nicht überschritten haben; für gebrechliche oder für in Schul- oder Berufsausbildung stehende Waisen kann eine besondere Altersgrenze vorgeschrieben sein.

### *1) Die Altersgrenze und sonstige Bedingungen bei Witwenrenten aus der Rentenversicherung der Arbeiter*

In der Rentenversicherung der Arbeiter waren noch im Jahre 1937 nur diejenigen Witwen rentenberechtigt, die das 65. Lebensjahr vollendet hatten oder dauernd invalide waren. Diese einschränkenden Bedingungen sind in mehreren Schritten gelockert und schließlich ganz abgebaut worden.
1937 wurde auch den Witwen die Rente zugesprochen, die zur Zeit des Todes des versicherten Ehemanns mehr als drei waisenrentenberechtigte Kinder erziehen [52] und 1942 den Witwen, die mindestens zwei waisenrentenberechtigte Kinder unter 6 Jahren erziehen oder das 55. Lebensjahr vollendet und mindestens 4 lebende Kinder geboren haben [53].
1949 wurde für Todesfälle nach dem 31. Mai 1949 die unbedingte Witwenrente eingeführt und für Todesfälle vor dem 1. Juni 1949 die Altersgrenze von 65 auf 60 Jahre und die Invaliditätsgrenze von $66^2/_3$ v. H. auf 50 v. H. herabgesetzt [54]).
Mit Wirkung vom 1. August 1955 wurde für Todesfälle vor dem 1. Juni 1949 die Altersgrenze der Witwe nochmals herabgesetzt, und zwar auf 45 Jahre, und die Witwenrente allen Witwen zuerkannt, die vorschul-, schulpflichtige oder in Berufsausbildung befindliche Kinder haben [55].
Die Rentenreform von 1957 baute auch die letzten noch bestehenden ein-

52 § 13 des Gesetzes über den Ausbau der Rentenversicherung vom 21. Dezember 1937 (RGBl. I S. 1393).

53 § 2 Abs. 1 des Zweiten Gesetzes über die Verbesserung der Leistungen in der Rentenversicherung vom 19. Juni 1942 RGBl. I S. 407.

54 § 3 Abs. 1 und § 21 Abs. 4 des Sozialversicherungs-Anpassungsgesetzes vom 17. Juni 1949 — WiGBl. S. 99 — und § 15 Abs. 1 der Durchführungsverordnung vom 27. Juni 1949 — WiGBl. S. 101.

55 § 1 des Dritten Gesetzes zur Änderung des Sozialversicherungs-Anpassungsgesetzes vom 3. Oktober 1955 — BGBl. I S. 653 — und Art. I des Änderungsgesetzes vom 21. Januar 1956 — BGBl. I S. 16.

schränkenden Bedingungen für den Bezug der Witwenrente aus der Rentenversicherung der Arbeiter ab [56].

*2) Vom Empfänger einer Witwenrente zu erfüllende Bedingungen*

Witwerrente nach dem Tode der versicherten Ehefrau, die den Unterhalt ihrer Familie überwiegend bestritten hat, erhielt der Ehemann früher nur, wenn er erwerbsunfähig und bedürftig war. Diese Bedingungen sind bei der Rentenreform von 1957 gestrichen worden [57].

*3) Die Altersgrenze und sonstige Nebenbedingungen bei Waisenrente*

Waisenrenten erhielten nach dem Rechtsstand von 1938 im Regelfall die Waisen, die das 15. Lebensjahr noch nicht vollendet hatten, bei Schul- oder Berufsausbildung oder Gebrechlichkeit die Waisen, die das 18. Lebensjahr noch nicht vollendet hatten [58].

Ab 1. Juli 1939 wurde die Altersgrenze für alle Waisen bis zum vollendeten 18. Lebensjahr ausgedehnt [59].

Ab 1956 gibt es wieder eine besondere Altersgrenze bei Ausbildung oder Gebrechlichkeit, nämlich die Vollendung des 25. Lebensjahres, zunächst — ab 1. Februar 1956 — zwar nur für das dritte und jedes weitere Kind, ab 1. Januar 1957 aber auch für das erste und zweite Kind [60].

Gleichgestellt der Ausbildung ist ab 1. April 1964 auch die Ableistung eines freiwilligen sozialen Jahres [61].

Ab 1. Juli 1964 wird im Falle der Unterbrechung oder Verzögerung der Schul- oder Berufsausbildung durch Erfüllung der gesetzlichen Wehr- oder Ersatzdienstpflicht des Kindes die Waisenrente auch für einen der Zeit dieses Dienstes entsprechenden Zeitraum über das 25. Lebensjahr hinaus gewährt [62].

Die Gewährung von Waisenrenten an über 18 Jahre alte Kinder war in den Neuregelungsgesetzen 1957 an die Bedingung geknüpft worden, daß die Waise unverheiratet ist. Diese Einschränkung wurde mit Wirkung vom 1. Juni 1970 aufgehoben [63].

56 Art. 2 § 18 zweiter Halbsatz des Arbeiterrentenversicherungs-Neuregelungsgesetzes vom 23. Februar 1957 — BGBl. I S. 45.

57 § 1266 RVO, § 43 AVG, beide i. d. F. der Neuregelungsgesetze 1957.

58 § 14 des Gesetzes über den Ausbau der Rentenversicherung vom 21. Dezember 1937 — RGBl. I S. 1393 —.

59 Art. 1 und Art. 4 § 1 des Gesetzes zum weiteren Abbau der Notverordnungen in der Reichsversicherung vom 19. April 1939 — RGBl. I S. 793; so auch in § 3 Abs. 2 des Sozialversicherungs-Anpassungsgesetzes vom 17. Juni 1949 — WiGBl. S. 99, nachdem in der ehemaligen britischen Zone vorübergehend wieder niedrigere Altersgrenzen für den Bezug von Waisenrenten gegolten hatten — § 3 der Sozialversicherungsdirektive Nr. 3 vom 14. Oktober 1945, abgedruckt im Arbeitsblatt für die britische Zone 1947 S. 12.

60 §§ 13 und 22 des Kindergeldergänzungsgesetzes vom 23. Dezember 1955 — BGBl. I S. 841; § 1267 RVO, § 44 AVG, beide i. d. F. der Neuregelungsgesetze 1957.

61 § 1267 Abs. 1 Satz 2 RVO, § 44 Abs. 1 Satz 2 AVG, beide i. d. F. des Gesetzes zur Förderung eines freiwilligen sozialen Jahres vom 17. August 1964 — BGBl. I S. 640.

62 § 1267 Abs. 1 Satz 3 RVO, § 44 Abs. 1 Satz 3 AVG, beide i. d. F. des Bundeskindergeldgesetzes vom 14. April 1964 — BGBl. I S. 265.

63 Art. 2 und 3 des Gesetzes zur Änderung sozial- und beamtenrechtlicher Vorschriften über Leistungen für verheiratete Kinder vom 25. Januar 1971 — BGBl. I S. 65.

## IV. Vom Rentner während der Laufzeit der Versichertenrente oder der Hinterbliebenenrente zu erfüllende Bedingungen

Die vom Rentner während der Laufzeit der Rente zu erfüllenden Bedingungen bestehen grundsätzlich im Fortbestand der Voraussetzungen, die zu Beginn der Rente zu erfüllen waren. Ist der Empfänger einer Berufsunfähigkeitsrente oder einer Erwerbsunfähigkeitsrente infolge einer Änderung in seinen Verhältnissen nicht mehr berufsunfähig, so wird die Rente entzogen; ist der Empfänger einer Erwerbsunfähigkeitsrente infolge einer Änderung in seinen Verhältnissen nicht mehr erwerbsunfähig, aber noch berufsunfähig, so wird die Erwerbsunfähigkeitsrente in eine Berufsunfähigkeitsrente umgewandelt (§ 1286 RVO, § 63 AVG). Bei den vorgezogenen Renten (s. Abschnitt II 2) müssen die vorgeschriebenen Nebenbedingungen (Arbeitslosigkeit, nur gelegentliche oder gegen geringes Entgelt ausgeübte Erwerbstätigkeit) erfüllt bleiben.
Beim Witwenrentner und beim Witwerrentner löst die Wiederverheiratung den Wegfall der Rente aus. In der Rentenreform von 1957 ist aber das Wiederaufleben der Rente bei Auflösung der neuen Ehe vorgesehen [64].
Der Waisenrentner behält seine Rente so lange, bis er das Höchstalter, das für den Bezug der Waisenrente vorgeschrieben ist, überschreitet oder bis gegebenenfalls seine Schul- oder Berufsausbildung endet oder seine Gebrechlichkeit behoben wird.

64 § 1291 Abs. 2 RVO, § 68 Abs. 2 AVG, beide i. d. F. der Neuregelungsgesetze 1957.

Hartmut Hensen

# Zur Geschichte der Rentenfinanzen

Eine Geschichte der Rentenfinanzen setzt ein Logbuch der sozialpolitischen Tagesarbeit voraus. Es fehlt bis heute, ließe sich aber rekonstruieren. Sein Umfang wäre erdrückend, sein Inhalt stellenweise atemberaubend. Beide Adjektive lassen auch nur den Versuch für den hier erwarteten Beitrag gleichermaßen ungeeignet erscheinen. Kenner der Materie wissen ohnehin, wo mit guter Aussicht auf Erfolg nachgeschlagen werden kann, und dem Verfasser widerstrebt es aus Überzeugung, sich in den Chor derer einreihen zu sollen, die immer wieder beklagen, wie schwer es ist, Tag für Tag die Last sozialer Wohltaten zu tragen. Sozialer Fortschritt ist stets finanzierbar, solange sich die Gesellschaft zu seinen Zielen bekennt, deren Qualität Grundbestandteil ihrer moralischen Wertvorstellungen ist. Um so reizvoller erscheint es, sich auf jene sozialpolitischen Ideen und Ereignisse zu besinnen, die nach dem 2. Weltkrieg Konzept und Wirklichkeit wurden, Markierungen auf einem breiten Pfad sozialer Sicherheit in der Bundesrepublik Deutschland, und trotz ihrer unmittelbaren Beziehung zur Gegenwart schon ein Stück Geschichte. Dabei ging es fast ausnahmslos um das finanziell Erreichbare.

Ein Rückblick auf die Entwicklung der Rentenfinanzen kann sich nicht auf die rein quantitativen Aspekte des Systems beschränken, wenngleich auch die damaligen und heutigen Größenordnungen der Finanzierungsmassen interessant genug für einen Vergleich sind. Mancher Streit um die Zahlen und manche bange Frage um die finanzielle Stabilität der Rentenversicherungen können nur verstanden werden vor dem Hintergrund einer völlig neuen sozialpolitischen Konzeption, die nach dem 2. Weltkrieg zum Durchbruch kam, nämlich die Einführung der dynamischen Rente.

## Die erste Sozialreform

Die Regierungserklärung zu Beginn der 2. Legislaturperiode des Deutschen Bundestages hatte eine umfassende Sozialreform angekündigt. Zu ihrer Vorbereitung wurden durch Kabinettsbeschluß drei Organe der Exekutive gebildet — ein Ministerausschuß, ein interministerieller Ausschuß und das Generalsekretariat für die Sozialreform, das mit der Sichtung und Zusammenfassung des damals vorliegenden Materials, eigener Planung und der Vorbereitung der Kodifizierung beauftragt wurde. Als Beratungsunterlagen standen eine Reihe von Dokumenten zur Verfügung, die sich mit Gesamt- und Einzelfragen der Sozialreform beschäftigten und zu deren Autoren vor allem die politischen Parteien, die Gewerkschaften und Arbeitgeberverbände, Wirtschaftsvereinigungen, sozialpolitische, sozialwissenschaftliche und

kirchliche Organisationen sowie sachverständige Einzelpersonen gehörten. Außerdem hatte sich die sozialpolitische Publizistik intensiv in den Dienst der Sozialreform gestellt.
Mitte der 50er Jahre näherte sich die Diskussion um die Neuordnung der gesetzlichen Rentenversicherungen ihrem Höhepunkt. Es herrschte weitgehende Einmütigkeit darüber, daß hinsichtlich der Rentenhöhe etwas Grundlegendes zu geschehen habe, weil das Verhältnis von Rente und vergleichbarem Arbeitsverdienst als völlig unbefriedigend empfunden wurde. Seinerzeit machten die Durchschnittsrenten in den Rentenversicherungen der Arbeiter und der Angestellten zwischen 28 und 32 % der vergleichbaren Löhne und Gehälter aus — und das auf einem Niveau, das kaum mehr als das Existenzminimum darstellen konnte. Die Diskussion konzentrierte sich zunehmend auf die Frage, ob eine Dauerlösung des Problems, angesichts rasch und nachhaltig steigender Nominalverdienste der Erwerbstätigen ständig »zu niedrige« Renten zu gewähren, nicht durch eine Bindung der Renten an die Höhe und Entwicklung der Arbeitsverdienste der Versicherten gefunden werden könnte.

## Philadelphia 1944

Die erste überhaupt bekannt gewordene Forderung, Renten in Beziehung zu Aktiveinkommen zu setzen, wurde auf der Internationalen Arbeitskonferenz von Philadelphia (1944) erhoben: Renten sollen laufend an wesentliche Veränderungen der Lohnhöhe im früheren Beruf des Versicherten angepaßt werden.
Das Fehlen Deutschlands auf dieser Konferenz und die für grundlegende soziale Reformen — mit unvermeidlich auch erheblichen finanziellen Auswirkungen — denkbar ungünstigen wirtschaftlichen Verhältnisse in den ersten Nachkriegsjahren dürften der Grund dafür gewesen sein, weshalb man sich dieser Forderung nicht schon früher besann. Andererseits bleibt es auch heute noch bemerkenswert, daß es — im historischen Rückblick — allein die Bundesrepublik Deutschland gewesen ist, die schließlich aus der Forderung der genannten Arbeitskonferenz im Verein mit der Einsicht in die langfristigen Wandlungen der Wirtschafts- und Sozialstruktur des modernen Industriezeitalters unbeirrt die Konsequenzen gezogen und eine Rentenreform durchgeführt hat, die in westlichen Ländern beispiellos war. Bemerkenswert bleibt ferner, daß die Impulse für die Einführung der dynamischen Rente ausschließlich aus dem Inland kamen und hier auf eine weit gespannte Aufnahmebereitschaft gestoßen waren — heute dürfte das Wort umfassend nicht übertrieben sein.
In seiner Kabinettsvorlage über Grundgedanken zur Gesamtreform der sozialen Leistungen vom April 1955 hatte der Bundesarbeitsminister u. a. ausgeführt, daß die Altersrente seit Schaffung der deutschen Sozialversicherung einen wesentlichen Wandel ihrer Funktion erfahren und jetzt die Aufgabe habe, den Lebensunterhalt unter Berücksichtigung des im Laufe eines Lebens erarbeiteten Lebensstandards und der besonderen Lage des alten und nicht mehr arbeitenden Menschen zu sichern; schließlich solle sich die individuelle Lebensleistung in einer individuellen Altersrente widerspiegeln.

## Das Rentenmehrbetragsgesetz

Dieser Regierungsvorlage war mit Wirkung vom 1. Dezember 1954 das Rentenmehrbetragsgesetz voraufgegangen, das als erstes sozialpolitisches Nachkriegsgesetz aus der langfristigen Lohnentwicklung infolge wachsender Produktivität und dem zwangsläufigen Zurückbleiben statisch bemessener Renten hinter den steigenden Erwerbseinkommen Folgerungen zog. Es schrieb vor, daß die aus den Entgelten und Beiträgen der Versicherten abgeleiteten Steigerungsbeträge der Renten in Abhängigkeit vom Zeitpunkt der Beitragsentrichtung den Gegenwartswerten anzupassen seien. Je rückwärtiger die Beitragsleistung lag, um so höher war der gewährte Mehrbetrag, der die Rente angemessenen Gegenwartswerten annähern sollte.
Trotz der Tatsache, daß es sich beim Rentenmehrbetragsgesetz nur um eine Einmalaktion handeln konnte, deren Erfolg zudem noch durch das recht bescheidene Finanzvolumen beengt wurde, das für die Durchführung dieses Gesetzes zur Verfügung stand, hatte der Gesetzgeber der Bundesrepublik Deutschland doch erstmals die Wurzel des Übels »zu niedriger« Renten angepackt.

## Lohnbindung der Renten

Die Idee einer Bindung der Renten an die Löhne wurde in den folgenden Monaten intensiv weiter verfolgt, sowohl in den Gremien der Exekutive als auch in den politischen Parteien und in der Sozialwissenschaft. Die Grundzüge einer zeitgemäßen Rentenformel wurden in den Jahren 1955 und 1956 immer deutlicher erkennbar. Ihr Kern war die Bindung der Rente schon im Zeitpunkt ihrer Erstfestsetzung an den aktuellen Lohn — d. h. an den Aktivverdienst eines dem Rentner vergleichbaren Versicherten — und die konsequente, laufende Anpassung der einmal festgesetzten Rente nach Maßgabe einer Veränderung des aktuellen Lohnes. Der aktuelle Lohn war damals der letzte statistisch einwandfrei ermittelbare Durchschnittsverdienst aller Versicherten. Dieses Element der dynamischen Rentenformel ist im Laufe der parlamentarischen Beratungen in die heute — und seit 1957 — gesetzlich vorgeschriebene Berechnungsweise der allgemeinen Bemessungsgrundlage umgewandelt worden, d. h. in einen Mittelwert der Durchschnittsverdienste in den drei Jahren, die dem Jahr vor Eintritt des Versicherungsfalles voraufgehen.
Die Modifizierung des Begriffs aktueller Lohn in der genannten Weise geht auch darauf zurück, daß die von dem damaligen Geschäftsführer des Bundes katholischer Unternehmer, Dr. Winfried Schreiber, im Sommer 1955 veröffentlichte Denkschrift über die Existenzsicherheit in der industriellen Gesellschaft in der interessierten Öffentlichkeit große Beachtung fand, nicht zuletzt auch in den parlamentarischen Gremien. Inhaltlich deckte sich Schreibers Plan mit den Zielen anderer Befürworter einer zeitgemäßeren Rentenformel, wobei es bei Schreiber wörtlich heißt: Die Altersrenten nehmen ... an der jeweiligen Steigerung der volkswirtschaftlichen Produktivität teil und werden aus demselben Grund immun gegen alle Geldwertschwankungen. Maßeinheit für Leistung und Gegenleistung ist nicht die DM, sondern das jeweilige Durchschnittseinkommen der Versicherten.

Ferner war Schreiber der erste, der neben einer sozialpolitischen Forderung auch einen Vorschlag zu seiner technischen Verwirklichung veröffentlichte — nämlich eine neue Rentenformel. Die Feststellung, daß andere Befürworter der dynamischen Rente wegen ihrer Bindung an Arbeitsgruppen der Exekutive oder einfach wegen fehlender Publikationsmöglichkeiten im Stadium der parlamentarischen Beratungen von Reformgesetzentwürfen dazu nicht gleichzeitig in der Lage waren, sei der guten Ordnung und Vollständigkeit halber erlaubt. Sie schmälert nicht das Verdienst von Schreiber, dessen glänzende Feder zu einer sozialpolitisch einmalig günstigen Stunde eine für die politische Entscheidung außerordentlich wichtige Leserschaft fand. Der historische Rückblick gebietet indessen auch die Bemerkung, daß zwischen dem Schreiber-Plan und den Vorschlägen der Bundesregierung und der Bundestags-Fraktion der SPD — um nur die Pläne zu nennen, die letztlich beraten und als Gesetz verabschiedet wurden — von Beginn an erhebliche Unterschiede bestanden, Unterschiede, die letztlich zur Durchsetzung der politisch getragenen Vorschläge führten, wenngleich mit Modifikationen, die auf die Veröffentlichungen von Schreiber zurückzuführen sind, der aus diesem Grunde vielfach als Vater der Rentenreform bezeichnet worden ist. Schon der Mut dieses sozialwissenschaftlichen Einzelgängers rechtfertigt die Ehre des Titels — sein wissenschaftlicher Beitrag zur Reform wird ohnedies stets unbestritten bleiben.
Schreiber hatte vorgeschlagen, eine Rentenkasse des deutschen Volkes zu gründen, in die Jahr für Jahr von den Aktiven ein bestimmter Prozentsatz ihrer Arbeitseinkommen einzuzahlen wäre. Die dabei vereinnahmten Mittel sollten Jahr für Jahr (abzüglich Verwaltungskosten) wieder als Renten und sonstige Leistungen der Versicherung ausgeschüttet werden. Dieser Gedanke bedeutet die Einführung des reinen finanziellen Umlageverfahrens. Die Arbeitgeberbeiträge herkömmlichen Rechts wären den Arbeitsverdiensten zuzuschlagen, um endlich die Fiktion eines Arbeitgeberbeitrages zu beseitigen, und die Staatszuschüsse sollten abgeschafft und dadurch kompensiert werden, daß die Steuern gesenkt würden (diese seit Anfang umstrittenen Vorschläge Schreibers können hier vernachlässigt werden, weil sie mit dem eigentlichen Inhalt seines Vorschlages — der dynamischen Rentenformel — nichts zu tun haben).

## Die Idee des Umlageverfahrens

Nach Schreiber sollten in jedem Jahr die Mittel, die als Beiträge in die Rentenkasse fließen, auf die jeweils vorhandene Zahl von bereits vorhandenen und neu zugegangenen Rentnern aufgeteilt werden. Er forderte als Korrelat des Solidaraktes zwischen den Generationen gebieterisch die Konstanthaltung des Beitragssatzes, der für alle Zeiten unverrückbar und jeglicher Manipulation entzogen sein müßte. Schreiber ging so weit zu fordern, seine (des Beitragssatzes) Unantastbarkeit müßte vielleicht gar in der Verfassung verankert werden.
Bei diesem Postulat schieden sich die Geister. Nach Schreiber wäre also die Bemessung der Renten bei der Erstfestsetzung und auch bei den schließlich im System vorgesehenen Anpassungen ein zufallsbedingtes Resultat des jeweiligen Beitragsaufkommens gewesen. Unter den wirtschaftlichen Gege-

benheiten der Jahre 1955/56 eine nicht nur wissenschaftlich, sondern auch wachstumspolitisch zu rechtfertigende Bedingung, die in jedem Fall damals mehr gebracht hätte als ein Null-Wachstum.
Auf Vorhaltungen, die vor allem aus der Einsicht in die sich bis etwa 1980 nachhaltig verschlechternde Zahlenrelation zwischen Rentnern und Aktiven entstanden, änderte Schreiber seinen Plan durch ein Memorandum. Er schlug dabei einen Ausgleichsfonds vor, den er zwar selbst als systemwidrig bezeichnete, weil er dem reinen Umlageverfahren schon prinzipiell entgegenstünde, und er mußte sich zur Initial-Finanzierung (wenn auch nur kalkulatorisch) zusätzliche Einnahmen verschaffen. Da eine Erhöhung des Beitragssatzes bei Schreiber aus grundsätzlichen Erwägungen nicht in Betracht kommen konnte, reduzierte er den verteilbaren Rentenfonds vom Beitragsaufkommen des jeweiligen Jahres auf den Mittelwert des Beitragsaufkommens der drei vorvergangenen Jahre. Schreiber erwähnt in seinem Memorandum, daß er diesen Vorschlag von einem Arbeitskreis der Wirtschaftsvereinigung Bergbau und Professor Dr. H. Müller (Freiburg) erhalten habe; Müller habe sogar eine Mittelwertbildung über fünf Jahre für ratsam gehalten.

## Die allgemeine Bemessungsgrundlage

Während also Schreiber eine Mittelwertbildung über drei bzw. fünf Jahre benötigte, um einen Reserve-Fonds bilden zu können, ist von anderen Befürwortern der dynamischen Rente der Vorschlag einer Mittelwertbildung u. a. auch damit begründet worden, daß sie antizyklisch wirke und daß dadurch die Lohnkurve von mehr oder weniger zufälligen Ausschlägen nach oben oder unten bereinigt und damit geglättet werden würde. Im Ergebnis liefen die Vorschläge, die allgemeine Bemessungsgrundlage für die Erstfestsetzung von Renten durch eine Mittelwertbildung zu gewinnen, auf die heute geltende Gesetzesfassung hinaus. Der Vollständigkeit halber ist zu erwähnen, daß im Regierungsentwurf zur Rentenreform (BR-Drucks. 196/56) im damaligen § 1260 RVO als allgemeine Bemessungsgrundlage der durchschnittliche Bruttojahresarbeitsentgelt im Mittel des dreijährigen Zeitraumes, der in dem Kalenderjahr vor Eintritt des Versicherungsfalles am 30. September endet, bestimmt wurde. Demgegenüber haben die gesetzgebenden Körperschaften des Bundes während der parlamentarischen Beratungen beschlossen, den gleitenden Dreijahreszeitraum auf die drei Kalenderjahre vor dem Jahr zu verlegen, das dem Eintritt des Versicherungsfalles voraufgeht. Im Schriftlichen Bericht des Sozialpolitischen Ausschusses des Deutschen Bundestages wurde dazu ausgeführt, daß durch die beschlossenen Änderungen ein volles Jahr zur Gewinnung der für die Ermittlung der Bezugsgrößen notwendigen statistischen Unterlagen zur Verfügung stünde. Ergänzend dazu sei vermerkt, daß die Vorverlegung des Dreijahreszeitraumes vom (ursprünglich) 30. 9. 1956 auf den 31. 12. 1955 die allgemeine Bemessungsgrundlage für das Jahr 1957 merklich gesenkt hat. Dadurch wurden bei der Umstellung des am 31. 12. 1956 laufenden Rentenbestandes auf das allgemeine Rentenniveau des Jahres 1957 Mittel in Höhe von mehr als einer halben Milliarde DM gespart. Dieses Ergebnis war den gesetzgebenden Körperschaften bekannt.

## Rentenanpassungen

Hinsichtlich der Rentenanpassungen wichen die Reformvorschläge voneinander ab. Der ursprüngliche Regierungsentwurf hatte vorgesehen, daß bei Veränderungen der allgemeinen Bemessungsgrundlage eine Überprüfung der Renten in Abständen von jeweils fünf Jahren erfolgen sollte. Als Anpassungsmaßstab war die Steigerung des Volkseinkommens im Mittel des Dreijahreszeitraumes, der im vorhergegangenen Kalenderjahr am 30. September endet, vorgesehen. Der SPD-Entwurf (BT-Drucksache 2314) sah demgegenüber eine Anpassung der Renten nach Maßgabe der Weiterentwicklung der Durchschnittsverdienste der Versicherten vor.

Während der parlamentarischen Beratungen verstärkte sich der Eindruck, daß angesichts rasch wachsender Nominalverdienste der Versicherten eine Rentenanpassung im Abstand von fünf Jahren zu einer so großen Diskrepanz zwischen laufenden Renten und vergleichbaren Aktiveinkommen führen würde, daß kürzere Anpassungszeiträume zweckmäßiger wären. Man einigte sich auf jährliche Rentenanpassungen nach einem sozialpolitisch und gesamtwirtschaftlich angemessenem Maßstab. Während der damaligen Beratungen sind diverse Möglichkeiten einer angemessenen Rentenanpassung erörtert worden, sehr eingehend sogar. Als vertretbare Möglichkeiten kamen in Betracht sowohl Brutto- als auch Nettogrößen der volkswirtschaftlichen Gesamtrechnung, deren Aufreihung hier nicht interessant ist. Man einigte sich auf die bis heute geltende Vorschrift, wonach die laufenden Renten bei Veränderungen der allgemeinen Bemessungsgrundlage durch Gesetz anzupassen sind. Es bestand bei der Beschlußfassung der Anpassungsvorschrift Einmütigkeit darüber, daß es sich dabei um nichts anderes handeln könne als um vorgesehene Rentenanpassungen jeweils nach Maßgabe einer Veränderung der allgemeinen Bemessungsgrundlage, es sei denn, daß die gesetzlich fixierten Kriterien, die im Sozialbericht der Bundesregierung und im Gutachten des Sozialbeirats zu würdigen wären, eine derartige Rentenanpassung nicht zulassen würden.

Die Wahl einer Netto-Bezugsgröße für die Erstfestsetzung bzw. Anpassung der Renten ist niemals ernsthaft in Betracht gezogen worden — wenngleich ausführlich erörtert. Es wurde argumentiert, daß die Beiträge der Versicherten vom Bruttolohn abgezogen würden und der dabei abgeführte Bruttoteil des Lohnes — also Sozialversicherungsbeiträge und direkte Steuern — auch persönlichen Gegenwert für den Versicherten enthalte, z. B. alle gesetzlich vorgesehenen Gesundheitsmaßnahmen und die ab Rentenbeginn einsetzende kostenlose Krankenversicherung der Rentner. Diese Überlegungen mündeten auch in die neue Bemessung des Bundeszuschusses, der nach den Beschlußfassungen der Bundestagsmehrheit des Jahres 1957 nur für Leistungen gewährt werden soll, die nicht Leistungen der Alterssicherung sind.

## Bundeszuschuß und Rentenberg

Die vor 1957 gesetzlich vorgesehene Zweckbindung des Bundeszuschusses für bestimmte Leistungsteile der Rentenversicherungen bzw. Erstattungen von sogenannten Kriegsfolgeleistungen wurde vor allem aus verwaltungs- und abrechnungstechnischen Gründen aufgehoben. Es wird sicherlich nicht wenige Menschen dieses Landes geben, die beim Bekanntwerden dieser fortschrittlichen Maßnahme tief aufgeatmet haben. Andererseits ist die neue Verwendungsabsicht für den Bundeszuschuß, nur diejenigen Leistungen der Rentenversicherung zu kräftigen, die nicht Leistungen der Alterssicherung sind, bis heute noch abgrenzungsbedürftig. Denn was sind eigentlich Leistungen der gesetzlichen Rentenversicherungen, die nicht Leistungen der Alterssicherung sind? Die fehlende Notwendigkeit, abrechnen zu müssen, möge über die fehlende Antwort hinwegtrösten.

Der Bundeszuschuß ist also finanzielles Element auch eines Rentensystems geblieben, das im Grundsatz die bruttolohnbezogene, dynamische Rente vorsieht, im Gegensatz zu dem von Schreiber vorgeschlagenen Finanzierungsverfahren. Der historische Rückblick verlangt die Erläuterung, daß der SPD-Entwurf zur Rentenreform recht pragmatisch eine Staatsbeteiligung in Höhe von 40 % der Renten-Aufwendungen vorsah, eine rechnerisch höchst einfache Bezugsgröße. Sie setzt lediglich das bekannte oder angenommene Wachstum der Rentenausgaben voraus und bildet dann eine finanzielle Konstante. Die Bezugnahme des Bundeszuschusses auf das Ausgabevolumen enthielt immanent auch die Vorschau auf die Entwicklung der künftigen Relation zwischen Einnahmen und Ausgaben der Rentenversicherung, die durch das Stichwort Rentenberg zu kennzeichnen sind.

Schon vor Verkündung der Rentenreformgesetze 1957 war bekannt, daß die langfristigen demographischen Verschiebungen im Aufbau der Bevölkerung dieses Landes — verursacht durch kriegs- und krisenbedingte Ereignisse — Wandlungen erfahren würden. Ihr Ausmaß war unter sinnvollen Annahmen errechenbar. Es muß heute allerdings bezweifelt werden, ob man sich Mitte der 50er Jahre der sozial- und finanzpolitischen Herausforderung durch das Anwachsen des demographischen Belastungsquotienten voll bewußt war. Schreiber glaubte, die wachsende Alterslast durch ein verringertes Rentenwachstum abfangen zu können — wobei er davon überzeugt war, daß auf die Dauer der Produktivitätsfortschritt größer sein würde als die — vorübergehende — Zunahme der Alterslast. Im Gesetzentwurf der SPD sollte die Koppelung des Bundeszuschusses an die Rentenausgaben zu einem automatischen Ausgleich führen. Der Regierungsentwurf sah ein zweifaches Regulativ vor: die Variation des Beitragssatzes und die Bindung des Bundeszuschusses an das Wachstum der allgemeinen Bemessungsgrundlage. Für die Erstfestsetzung des neuen Bundeszuschusses gab die finanzielle Begründung der Regierungsvorlage die nachstehende Erläuterung.

Bei den für das Jahr 1957 versicherungsmathematisch ermittelten — und für den Rest des ersten zehnjährigen Deckungsabschnitts zu erwartenden — Ausgaben auf Grund der neuen Rentenformel (und der sonstigen Verbesserungen des Leistungsrechts) und einer für das Jahr 1957 — und die übrigen Jahre des ersten Deckungsabschnitts — zu erwartenden Beitragseinnahme aus einem auf 14 % der zu versichernden Entgelte erhöhten Beitragssatz sowie begründeten Annahmen über die Höhe der Vermögenserträge verblieb zwischen Einnahmen und Ausgaben ein rechnerischer Fehlbetrag, der vom Bund getragen werden sollte. Insgesamt erwies sich unter den genannten Bedingungen eine Erhöhung des bis zum 31. Dezember 1956 gezahlten Bundeszuschusses um 700 Mio. DM als notwendig. Die Aufteilung des neuen Bundeszuschusses auf die Rentenversicherungen der Arbeiter und der Angestellten ist in der Weise erfolgt, daß in jedem der ersten drei Deckungsabschnitte, für die umfangreiche versicherungstechnische Vorausberechnungen angestellt worden sind, die Beitragssätze in den Rentenversicherungen der Arbeiter einerseits und der Angestellten andererseits gleich hoch sein sollten.

Das Anfang 1957 vom Parlament mit großer Mehrheit verabschiedete Rentenreformgesetz sah im Ergebnis ein finanzielles Mischverfahren vor, das sich — wenngleich mit unterschiedlichen Anteilen — auf Beitragseinnahmen, den Bundeszuschuß und Erträge aus dem gesetzlich vorgeschriebenen Rücklagevermögen stützte. Dieses Finanzierungssystem stellte ein solides Fundament für das neue Leistungsrecht dar, das schon während des ersten Deckungsabschnitts großzügig erweitert werden konnte. Als Beispiele für nachhaltige Leistungsverbesserungen — ohne gleichzeitige gesetzliche Erweiterungen des Finanzierungsspielraumes — seien nur die Neuregelung des Fremd- und Auslandsrentenrechts (1960) und die »Härtenovelle« des Jahres 1965 genannt.

## Nach dem ersten Deckungsabschnitt

Nach Ablauf des ersten Deckungsabschnitts (1. Januar 1957 bis 31. Dezember 1966) begann für die finanzielle Sicherung der gesetzlichen Rentenversicherungen eine neue Phase, die zu umfangreichen finanziellen Konsolidierungsmaßnahmen führte. Unmittelbarer — aber keineswegs einziger und ursächlicher — Anlaß war die Tatsache, daß der erste zehnjährige Deckungsabschnitt in einem unerwarteten und ungewohnten Tief der Wirtschaftskonjunktur geendet hatte, das die Finanzen der gesetzlichen Rentenversicherungen vor ebenso unerwartete wie ungewohnte Probleme stellte. Bis dahin war es — dank eines anhaltend hohen Wachstums der Wirtschaft und eines kräftigen Anstiegs der Beschäftigtenzahl — gelungen, bei einem gleichbleibenden Beitragssatz von 14 % die Aufwendungen einschließlich jährlicher Rentenanpassungen zu bestreiten und die für das Ende des Deckungsabschnitts geforderte Rücklage in Höhe einer Jahresausgabe (zu Lasten der Versicherungsträger) anzusammeln.

Schon in der finanziellen Begründung des Regierungsentwurfs zur Rentenreform des Jahres 1956 war klar zum Ausdruck gebracht worden, daß der Beitragssatz von 14 % auf die Dauer nicht ausreichen könnte, um die — wenn auch zeitlich befristete — Verschiebung im Zahlenverhältnis zwischen Rentnern und Versicherten abzufangen, also den sogenannten Rentenberg ohne Änderungen im Finanzierungssystem bei unverändertem Leistungsrecht zu überwinden. Damals war für den zweiten Deckungsabschnitt ein erforderlicher Beitragssatz von 16,25 % vorausberechnet worden. Nach versicherungsmathematischen Berechnungen zu Beginn des 2. Deckungsabschnitts hätte ein Festhalten an der ursprünglichen Rücklagevorschrift — einer vollen Jahresausgabe — nach einem weiteren zehnjährigen Abschnitt (also Ende 1976) zu einer Vermögensbildung bei den Rentenversicherungsträgern von rund 60 Milliarden DM und zum Ende des folgenden, dritten Deckungsabschnitts in Höhe von fast 100 Milliarden DM führen müssen. Angesichts der über alle ursprünglichen offiziellen und erlaubten Erwartungen weit hinausgegangenen Lohnsteigerungen wäre die dafür erforderliche Erhöhung des Beitragssatzes weit höher gewesen als nur 2,25 % Prozentpunkte, wie 1956 vorausgeschätzt; sie hätte auch den Spielraum für eine — politisch auch damals erwünschte — verstärkte private Vermögensbildung unzumutbar eingeengt.

## Das 3. Rentenversicherungs-Änderungsgesetz

Die Bundesregierung hatte den gesetzgebenden Körperschaften Mitte 1966, also noch vor Ablauf des ersten Deckungsabschnitts, den Entwurf eines Gesetzes zur Änderung des Deckungsverfahrens in den Rentenversicherungen der Arbeiter und der Angestellten (3. RVÄndG) zugeleitet. Dieses Gesetz wurde nach intensiven Beratungen im Ausschuß für Arbeit und Sozialordnung des Deutschen Bundestages Mitte 1969 verabschiedet. Ihm ging das Finanzänderungsgesetz 1967 voraus, das für die Jahre 1968 bis 1971 drastische Kürzungen des Bundeszuschusses — insgesamt mehr als 4 Milliarden DM — vorschrieb, gleichzeitig aber auch die Erhöhung des Beitragssatzes auf 15 % für 1968, auf 16 % für 1969 und auf 17 % für die Zeit ab 1970.

Das 3. RVÄndG beseitigte auch gesetzgeberisch die bisherige Abhängigkeit des Beitragssatzes von einer bestimmten Rücklagenhöhe — so die Hoffnung aller damals Beteiligten. Man war sich darin einig, daß als Aktionsparameter zur Überwindung des Rentenberges ein Beitragssatz von 18 % für die Zeit ab 1. Januar 1973 ausreichen würde, während sich die Rücklagenhöhe — mindestens drei Monatsausgaben zu Lasten der Versicherungsträger im jeweiligen Vorjahr — aus der Entwicklung von Einnahmen und Ausgaben als Residualgröße ergäbe. Daß jemals die Gefahr kommen könnte, diese Rücklagenhöhe könnte — wenn auch nur kalkulatorisch — überhaupt einmal unterschritten werden, ist während des damaligen Gesetzgebungsverfahrens ernsthaft niemals in die Überlegungen einbezogen worden, wenngleich die neugefaßten Rücklagevorschriften auch für diesen Fall eine Regelung vorsehen. Die neue Vorschrift, wonach die gemeinsame Rücklage der Rentenversicherungen der Arbeiter und der Angestellten mindestens drei — statt vorher zwölf — Monatsausgaben betragen soll, orientiert sich eindeutig nicht mehr an den bis dahin immer noch erkennbaren Restbeständen des früher angestrebten Anwartschaftsdeckungsverfahrens. Die Rücklage ist nur noch und ausschließlich Liquiditäts- und Schwankungsreserve. Dieser Wandel im Prinzip, d. h. in der Konzeption und ihrer gesetzestechnischen Regelung, bedarf der kurzen Erläuterung.

Die Ausgangslage, vor die sich der Gesetzgeber des Jahres 1969 bei seinen Beschlüssen zum 3. RVÄndG gestellt sah, läßt sich unter mehreren Blickwinkeln sehen. Nach Vorausberechnungen über die Entwicklung des Belastungsquotienten in den Rentenversicherungen der Arbeiter und der Angestellten ist der rein zeitliche Gipfel des sogenannten Rentenberges Ende der 70er Jahre dieses Jahrhunderts erreicht. Für die unmittelbar darauf folgenden Jahre ist mit einem merklichen Absinken des Belastungsquotienten zu rechnen. Verursacht wird der vorübergehende Anstieg des Belastungsquotienten durch die vergleichsweise ungünstige Altersgliederung der Bevölkerung. Bis Mitte der 70er Jahre dieses Jahrhunderts treten die relativ stark besetzten Geburtsjahrgänge aus der Zeit zwischen Jahrhundertwende und dem 1. Weltkrieg in das rentenberechtigende Alter, während die kriegs-, kriegsfolgebedingten und durch Wandlungen der Sozialstruktur verursachten Geburtenausfälle und die direkten Bevölkerungsverluste durch den 2. Weltkrieg, Vertreibung und Verfolgung ein entsprechend starkes Ansteigen der Versichertenzahl verhindern. Nach damaligen Berechnungen (1969) wächst die Belastungsquote der Rentenversicherungen der Arbeiter und der Angestellten in ihrer Gesamtheit auf fast 50 Versicherten- und Witwenrenten zu 100 Pflichtversicherten an. Eine getrennte Betrachtung der beiden Versicherungszweige zeigt, daß die Höhe der Belastung sehr erheblich vom gemeinsamen Durchschnitt abweicht. Während in der Angestelltenversicherung die Belastungsquote mit rund 33 ihren Höhepunkt erreicht, liegt dieser in der Rentenversicherung der Arbeiter fast doppelt so hoch, nämlich bei 61. Für das finanzielle Innenverhältnis beider Versicherungen ist aber nicht nur diese Entwicklung von besonderer Bedeutung.

Die unterschiedliche Entwicklung der Finanzlage der Rentenversicherungen der Arbeiter und der Angestellten beruht vor allem auf einer seit Jahrzehnten zu beobachtenden und vermutlich noch zunehmenden Verlagerung der Berufstätigkeit auf Angestelltenfunktionen. Sie kommt darin zum Ausdruck, daß eine wachsende Zahl von Berufsanfängern Angestelltenberufe ergreift und daß Arbeiter während ihres Berufslebens in Angestelltentätigkeiten überwechseln. Allein dieser Wanderungsprozeß wurde seinerzeit mit rund hunderttausend Versicherten pro Jahr beziffert. Hinzu kommen unterschiedliche Invaliditätshäufigkeiten und die Tatsache, daß Angestellte schon seit den 20er Jahren während der ersten sechs Wochen einer Erkrankung ihr Gehalt weiterbezogen, während eine entsprechende, für die Rentenversicherung auch beitragswirksame Regelung für Arbeiter erst am 1. Januar 1970 in Kraft getreten ist. Schließlich haben auch gesetzgeberische Maßnahmen die unterschiedliche finanzielle Entwicklung der beiden Versicherungszweige verstärkt (RV-Finanzausgleichsgesetz, das Ausgleichszahlungen der Rentenversicherung der Arbeiter an die Angestelltenversicherung vorschrieb).

Die genannten Gründe haben dazu geführt, daß Ende 1968 das Bar- und Anlagevermögen der Rentenversicherung der Arbeiter knapp 10 Milliarden DM, das der Angestelltenversicherung aber rund 12 Milliarden DM betragen hat. Trotz Einführung der Lohnfortzahlung für Arbeiter im Krankheitsfall hätte — ohne korrigierende gesetzliche Maßnahmen — das Vermögen der Arbeiterrentenversicherung weiterhin abgenommen und wäre nach den damaligen versicherungstechnischen Vorausschätzungen im Jahre 1976 vollständig aufgezehrt worden. In derselben Zeit wäre das Vermögen der Angestelltenversicherung auf den Betrag von 25 Milliarden DM angewachsen. Bis Ende 1985 würde sich — so die damaligen Berechnungen — das Vermögen der Rentenversicherung der Arbeiter auf einen Wert von fast minus 28 Milliarden DM und das der Angestelltenversicherung auf plus 55 Milliarden DM verändert haben. Diese Zahlen machen deutlich, wie notwendig die seinerzeit ergriffenen Maßnahmen des Gesetzgebers zur Sicherstellung einer ausgewogenen finanziellen Leistungsfähigkeit beider Versicherungszweige waren, aber auch die Maßnahmen, die innerhalb der Rentenversicherung der Arbeiter zur Erzielung eines vernünftigen finanziellen Ausgleichs getroffen worden sind.

## Der Finanzverbund

Für den engagierten Chronisten würde es einen Mangel an Information bedeuten, wenn nicht auch auf jene Maßnahmen des 3. RVÄndG hingewiesen würde, die eigentlich mit dem System der bruttolohnbezogenen, dynamischen Rente und seiner Sicherstellung durch konsolidierende Maßnahmen nichts zu tun haben. Gemeint sind die Ausgleichsmaßnahmen zwischen den Versicherungsträgern. Die im 3. RVÄndG vorgesehenen finanziellen Ausgleichsmaßnahmen bedingen ein vielfältiges System finanzieller Hilfen der Versicherungsträger untereinander. Nach Ansicht aller Beteiligten am 3. RVÄndG würde das gesetzlich beschlossene System zu einer wachsenden finanziellen Verflechtung der 21 rechtlich selbständigen Träger der Rentenversicherungen der Arbeiter und der Angestellten führen. Eine organisatorische Zusammenfassung der Versicherungsträger hätte die erstrebten Ziele allerdings vollständiger und auf weniger komplizierte Weise erreicht. Der Sozialbeirat hatte bereits im Juli 1968 in einem Memorandum die Zusammenfassung der Arbeiter und Angestellten in einer einheitlichen Bundesversicherungsanstalt als die sachlich klarste Lösung bezeichnet. Der Ausschuß für Arbeit und Sozialpolitik des Deutschen Bundestages hatte in seiner Sitzung am 12. Dezember 1968 in einem Grundsatzbeschluß ebenfalls eine organisatorische Lösung — allerdings beschränkt auf die Rentenversicherung der Arbeiter — befürwortet. In diesem einheitlichen Versicherungszweig sollten, so der Beschluß des Ausschusses, alle Einnahmen und Ausgaben sowie die gesamten Betriebsmittel und Vermögensanlagen zentral gesteuert werden. Trotz dieser Willensbekundung des federführenden Ausschusses hat das Plenum des Deutschen Bundestages wegen der Kürze der in der damaligen Legislaturperiode noch verfügbar gewesenen Zeit von der Inangriffnahme einer organisatorischen Neuregelung der Rentenversicherungen der Arbeiter und der Angestellten — mit zwangsläufig erheblichen Vereinfachungen des Finanzsystems — Abstand genommen, vor allem, um dadurch nicht die auch ohne organisatorische Neuregelungen notwendigen Finanzierungsmaßnahmen zu gefährden. Der damals geschaffene Finanzverbund der Rentenversicherungsträger untereinander funktioniert. Dennoch wurde die Finanzlage der gesetzlichen Rentenversicherungen nach Inkrafttreten des 3. RVÄndG keineswegs unproblematisch.

Zum Inhalt dieses Gesetzes gehörte u. a. die Vorschrift, daß der Bundesminister für Arbeit und Sozialordnung die Einnahmen, die Ausgaben und das Vermögen der Rentenversicherungen der Arbeiter und der Angestellten ... für die künftigen fünfzehn Kalenderjahre vorauszuschätzen und jährlich fortzuschreiben hat. Aus der Geschichte dieses Auftrages ergibt sich, daß der Gesetzgeber eigentlich nicht mehr gewollt hat als einmal einen Blick auf die sozio-demographische Geographie nach Überwindung des Rentenberges zu tun — um sicher zu sein, daß der Beschluß einer Erhöhung des Beitragssatzes auf 18 % wirklich ausreichen würde, das Leistungsrecht mit dem Finanzierungssystem ohne weitere Eingriffe zu vereinbaren.

## Fünfzehnjahrsbedingungen und 2. Rentenreformgesetz

Die seit Erteilung dieses Auftrages vorgelegten Berichte der Bundesregierung über die Finanzlage der gesetzlichen Rentenversicherungen haben immer wieder zu erkennen gegeben, unter welchen Bedingungen das geltende Leistungsrecht mit den gesetzlich fixierten Sicherungsbestimmungen des Finanzierungssystems vereinbar ist. Die Ergebnisse der Vorausberechnungen — in einer bis dahin nicht gewohnten Zeitdimension — sind mit bemerkenswertem Mut für die Weiterentwicklung des Leistungsrechts der gesetzlichen Rentenversicherungen genutzt worden. Die Reduktion der gesetzlichen Rücklagenhöhe von zwölf auf drei Monatsausgaben bei einem langfristig konstanten Beitragssatz von 18 % eröffnete nämlich im Verein mit einem kräftigen Wirtschaftsaufschwung nach der Rezession 1966/67 einen beachtlichen finanziellen und langfristigen Spielraum oberhalb der Rücklagenhöhe von drei Monatsausgaben. Dieser Raum damals ungebundener finanzieller Reserven kommender fünfzehn Jahre ist mit dem im Herbst 1972 verabschiedeten Rentenreformgesetz restlos ausgeschöpft worden. Dabei geht es heute nicht um die Größenordnung, sondern um die sozialpolitische Tatsache, daß ein Gesetz verabschiedet worden ist, dessen Qualität von niemandem bestritten wird. Die Öffnung der Rentenversicherung für jedermann war gewiß ein kalkulatorisches Risiko — aber eine längst überfällige Maßnahme. Die Rentenberechnung nach Mindesteinkommen stellt sicherlich mehr dar als nur eine finanzielle Wiedergutmachung für jene Mitbürger, die sich nicht Zeit ihres Lebens der strahlenden Sonne industrieller Arbeits- und Lohnbedingungen erfreuen konnten; die um ein halbes Jahr vorgezogene Rentenanpassung hat jenen Bürgern geholfen, die unverschuldet die Auswirkungen unvorstellbarer Preistreiberei internationaler Energiemonopole erleiden mußten, und schließlich bliebe noch zu fragen, wie die Lage am Arbeitsmarkt ausgesehen hätte ohne die Möglichkeit für die älteren Erwerbstätigen, von der flexiblen Altersgrenze Gebrauch machen zu können.

Auch zur Zeit der Abfassung dieses Beitrages machen die Rentenfinanzen einmal wieder Sorge. Die Ursachen dafür sind bekannt: ein spürbarer Beschäftigungsrückgang und ein merkliches Abflachen der Lohnsteigerungsraten. Noch verfügen die Rentenversicherungsträger über verwertbare Finanzreserven von rund 40 Milliarden DM. Angesichts des enger gewordenen Finanzspielraumes stellt sich die Frage, ob die Rücklagevorschriften der Rentenversicherungen in einer Weise modifiziert werden können, die es erlaubt, beim Unterschreiten der Mindestrücklage weniger dramatische Konsequenzen ziehen zu müssen, als dem Parlament Vorschläge über eine Erhöhung des Beitragssatzes zu machen. Das ist kein Problem der für die Finanzierung der Rentenversicherung verlangten Fünfzehnjahresrechnungen, sondern allein eine Frage der Wertung ihres Ergebnisses.

Die Vorläufer der heutigen Rentennanpassungsberichte, die als finanzielle Begründung der jeweils anstehenden Rentenanpassungen zu verstehen sind, begannen 1958 mit der Aussage, daß ohne eine ins Gewicht fallende Unterschreitung des Rücklage-Solls innerhalb des ersten Deckungsabschnitts in der Rentenversicherung der Arbeiter die Anpassungen für 1959 bis 1962 und in der Angestelltenversicherung die Anpassung für 1959 und zum Teil für

1960 vorgenommen werden könnten. Es wurde angepaßt, am 1. Juli 1976 zum 19. Mal seit der Rentenreform des Jahres 1957.
Heute stützt sich das System der bruttolohnbezogenen Rente auf eine breitere politische Mehrheit als zur Zeit ihrer Einführung. Das gilt auch für seine finanzielle Sicherung. Dabei stellt sich die Frage, was denn für die Sinnhaftigkeit des Konzeptes und die Solidität seiner finanziellen Durchführung überzeugender sein kann als die sozialpolitische Forderung der Opposition, mit der 20. Rentenanpassung nicht weniger zu verlangen als die Regierungsparteien.

Olaf Sund

# Die Entwicklung des Rechtsanspruchs in der sozialpolitischen Nachkriegsgeschichte

»Die Geschichte der Sozialpolitik ist eine Geschichte des Ringens um den Rechtsanspruch auf Sozialleistungen« — das konstatierte Ernst Schellenberg am 14. März 1961 vor dem Deutschen Bundestag, als er mit dem ihm eigenen Sachverstand und Engagement in die abschließenden Beratungen des damaligen Haushaltsgesetzes eingriff. Das von Schellenberg angesprochene Ringen um Rechtsansprüche war ein wesentliches Kennzeichen der sozialpolitischen Entwicklung schon seit jener Zeit vor der vergangenen Jahrhundertwende, als die staatliche Sozialpolitik noch in ihren Kinderschuhen steckte und von den Intentionen der »Kaiserlichen Botschaft« von 1881 bestimmt war. Die Absicherung für notwendig erkannter Sozialleistungen in Form von Rechtsansprüchen war auch eine wichtige Leitlinie bisheriger Sozialpolitik in der Bundesrepublik, die Ernst Schellenberg entscheidend mitgeprägt hat, zunächst als Mahnender und Fordernder und später als Gestaltender, nachdem die Sozialdemokraten im Bonner Parlament die Oppositionsbänke verlassen und Regierungsverantwortung übernommen hatten.

Die zentrale Bedeutung der Schaffung und Sicherung von Rechtsansprüchen in der Sozialpolitik steht in einem umgekehrten Verhältnis zu der Beachtung, die der Rechtsanspruch in der juristischen Literatur gefunden hat. Die Entwicklung dieses Rechtsanspruchs ist erstaunlicherweise bisher von der Rechtswissenschaft kaum zur Kenntnis genommen worden. Das Thema ist für Spezialisten reserviert geblieben. Dabei handelt es sich um einen Vorgang von einer Dynamik und Prägekraft, der im sozialen Leben seinesgleichen sucht.

Das Ringen um Rechtsansprüche hat sich in der langen Geschichte der Sozialpolitik nicht auf die Sozialleistungen beschränkt. Es charakterisiert vielmehr gleichermaßen den arbeitsrechtlichen Bereich, also die Gestaltung der Arbeitsbedingungen und der Arbeitsbeziehungen. Und es steht fest: Auf allen Feldern der Sozialpolitik wird der Kampf um den Rechtsanspruch weitergehen. Die Auseinandersetzung wird eher an Schärfe zunehmen, denn sie wird nicht nur um die Schaffung neuer und den Ausbau vorhandener Rechtsansprüche als Antwort auf sich verändernde soziale Tatbestände zu führen sein, die sich aus vielfältigen raschen Wandlungsprozessen ergeben. Die Spätfolgen der jüngsten Weltrezessionen haben in diesen Kampf eine bisher ungewohnte Dimension hineingetragen, und zwar die Verteidigung notwendiger und im Extremfall sogar die Aufgabe obsolet und fragwürdig gewordener Rechtsansprüche.

In der aktuellen sozialpolitischen Diskussion haben sich nun einmal die Akzente verschoben: Die Sozialpolitik der Nachkriegsjahre bis zum Beginn des weltweiten wirtschaftlichen Einbruchs wurde durch Vollbeschäftigung,

Einkommenssteigerungen und starkes Wirtschaftswachstum erleichtert. Sie orientierte sich daher weitgehend daran, bestehende Rechtsansprüche zu verbessern und neue zu begründen. Die Zäsur der Rezession hat die Sozialpolitik schwieriger gemacht. Die Erhöhung der Rohstoffpreise auf den Weltmärkten, die Erschütterung des internationalen Währungssystems, strukturelle Arbeitslosigkeit, verminderte Einkommenszuwächse der Arbeitnehmer, geringere Wachstumsraten, demographische und andere Faktoren haben inzwischen die finanzielle Konsolidierung des sozialen Leistungsgefüges ins Zentrum sowohl der öffentlichen sozialpolitischen Auseinandersetzung als auch der sozialpolitischen Aktivitäten der verantwortlichen Politiker in Parteien, Parlamenten und Regierungen gerückt. Neue Rechtsansprüche und neue Leistungen konnten in den Jahren starken Wachstums aus den Zuwächsen des Sozialprodukts geschöpft werden. Als Bestandteile des Verteilungskampfes wurden sie nicht auf Kosten der schon gegebenen Verteilung durchgesetzt. Sie wurden zu Quoten aus den Zuwächsen. Wo aber die Zuwächse kleiner werden, da verschärft sich der Verteilungskampf und damit auch der Kampf um die Sicherung von neuen und alten Rechtsansprüchen.

Denn immer nachdrücklicher wird nach der Grenze der finanziellen Belastbarkeit der Beitrags- und Steuerzahler gefragt, immer häufiger wird die Forderung erhoben, auch sogenannte soziale Besitzstände zu enttabuisieren und Irrationalismen in der sozialen Sicherung abzubauen, also Rechtsansprüche unter dem Aspekt zu überprüfen, ob sie noch zeitgemäß sind oder ob deren Erfüllung nicht in ungerechtfertigter Weise finanzielle Mittel bindet, die für inzwischen dringlicher gewordene sozialpolitische Maßnahmen verausgabt werden könnten. Darüber hinaus wenden zahlreiche Disputanten ein, die Aufrechterhaltung von Irrationalismen in der Sozialpolitik belaste das Verhältnis zwischen den dadurch Begünstigten und denen, die als Beitragszahler über Solidarausgleichsmechanismen und als Steuerzahler über Umverteilungsmechanismen die Finanzierung sicherzustellen haben. Es bestünde die Gefahr, daß die Solidarität überfordert werde und die Steuermoral leide, und zwar mit dem Ergebnis sich verstärkender Entsolidarisierungs- und aufkeimender poujadistischer Tendenzen. Eine derartige Gefahr muß man sicherlich sehr ernst nehmen und, um ihr zu begegnen, rechtzeitig in sein sozialpolitisches Kalkül einbeziehen.

Allerdings wäre es aus sozialdemokratischer Sicht aber falsch, jener konservativen Lesart zu folgen, die die Belastung des Systems der sozialen Sicherung durch die Weltrezession selbst sowie deren Spätfolgen zum Anlaß nimmt, den Sozialstaat in Mißkredit zu bringen und zu fordern, seine Grenzen zurückzuverlegen und sogar sozialpolitisch gebotene Rechtsansprüche preiszugeben. Entsprechend sollen nach konservativer Auffassung auch im Sektor der Arbeitsbedingungen und Arbeitsbeziehungen keine weiteren Verbesserungen für die Arbeitnehmer gesetzgeberisch abgesichert und nur geringfügige Verbesserungen tarifiert, also im wesentlichen Stoppzeichen aufgestellt werden.

In dieser Situation fällt der Sozialdemokratie und den Gewerkschaften die Aufgabe zu, auf den jeweiligen Aktionsfeldern ihrer Politik dafür zu sorgen, daß das sozialpolitische Pendel nicht in Richtung der Gegenreform ausschlägt und dabei auch solche Rechtsansprüche lädiert, auf die aus sozialpolitischen Gründen nicht verzichtet werden darf. Dabei sollten sich Sozialdemokratie und Gewerkschaften, die beiden wichtigsten Säulen der Arbeiterbewegung, die Erfahrungen ins Bewußtsein heben, die während zweier Weltrezessionen gesammelt werden konnten.

Die Weltwirtschaftskrise zu Beginn der Dreißiger Jahre wurde zu allererst auf dem Rücken des so apostrophierten kleinen Mannes ausgetragen; eine Notverordnung wurde in der Brüningschen Ära von der anderen abgelöst; die Streichungen führten zu immer neuen Nachfrageausfällen. Ein kumulativer Prozeß ließ die Wirtschaft völlig durchsacken und schließlich die Weimarer Republik in die Hitlerdiktatur einmünden.

In der Rezession der Jahre 1974/75 bot sich jedoch ein anderes Bild. Trotz der rezessionsbedingten Einnahmeausfälle des Staates wurden mit Hilfe von Kreditaufnahmen der öffentlichen Hand wirksame Konjunkturprogramme aufgelegt, durch die es gelang, dem Abschwung entgegenzusteuern und in eine neue Aufschwungphase überzuleiten. Hinzu kam — und das gehört zu den beachtlichsten Leistungen der sozialdemokratisch geführten Koalition —, daß es vermieden wurde, Rechtsansprüche auf Sozialleistungen zu kassieren. Im Gegenteil: Die Bundesregierung und die sie tragenden Koalitionsfraktionen trieben den sozialen Ausgleich voran und schotteten das Gebäude der sozialen Sicherung noch besser ab. Das soziale Netz, mit seinen vielfältigen Rechtsansprüchen gewissermaßen als Knotenpunkten, bestand den harten Belastungstest, dem es sich unterziehen mußte. Es steht außer Zweifel, daß diese Politik, mit der die Konsequenzen aus den bitteren Fehlern in der Wirtschaftskrise vor der Nazizeit gezogen wurden, die Grundlage dafür war, die jüngste Rezession abzufangen, keine sozialen Verwerfungen in Kauf zu nehmen, sondern den sozialen Frieden zu erhalten. Wilhelm Kaisen, eine der großen Persönlichkeiten der deutschen Sozialdemokratie, hat sicherlich recht, wenn er feststellt, daß zum ersten Mal eine Wirtschaftskrise nicht auf dem Rücken der kleinen Leute und nicht auf dem Rücken des Arbeitnehmers bewältigt worden sei. In der schwierigen Rezessionszeit hat sich also eindringlich offenbart, wie wertvoll sozial- und arbeitsrechtliche Ansprüche für die unmittelbar Betroffenen und die gesamte Gesellschaft sind.

Zugleich wird schlaglichtartig deutlich, daß der Rechtsanspruch nicht nur eine äußere Form ist, sondern Inhalt und Ausdruck einer Politik zur Sicherung der sozialen Rechte und damit der Freiheitsrechte. Der Ausbau des Rechtsanspruchs ist zugleich die Verwirklichung von Freiheit durch das Gesetz. Denn es geht in einer freiheitlichen Sozialpolitik nicht bloß um Verbesserung und Vervollkommnung eines Leistungsstandards, um Zuwendungen und Umverteilung. Es geht um die Art und die rechtliche Ausgestaltung des Anspruchs. Der Rechtsanspruch macht den einzelnen frei vom Willen eines anderen, von der Willkür eines anderen, auch von der bloßen fürsorglichen Zuwendung des anderen, so wichtig sie auch immer ist. Er verbindet die Werte Freiheit und Sicherheit und ist insoweit Kernstück freiheitlicher Sozialpolitik von Anfang an.

Vor diesem Hintergrund ist es aufschlußreich, die Entwicklung von Rechtsansprüchen in der sozialpolitischen Nachkriegsgeschichte zu skizzieren. Das kann hier allerdings keineswegs erschöpfend, sondern nur anhand einiger weniger Beispiele geschehen.

Oftmals hat es sich gezeigt, daß Vereinbarungen der Tarifvertragsparteien zu einem späteren Zeitpunkt zu gesetzlich verankerten Rechtsansprüchen geführt haben. Dazu gehören die gewerkschaftlichen Bemühungen um die Einkommenssicherung der Arbeiter im Krankheitsfall, um deren Gleichstellung mit den Angestellten. Nachdem in der Mitte der fünfziger Jahre eine sozialdemokratische Bundestagsinitiative am Widerstand der damaligen Regierungsparteien gescheitert war, verstärkten die Gewerkschaften ihren Druck auf eine Lohnfortzahlung. Vor allem der Konsequenz und Beharrlichkeit der IG Metall und hier besonders der Otto Brenners ist es zu verdanken, daß nach dem Metallarbeiterstreik in Schleswig-Holstein von Oktober 1956 bis Februar 1957 die Lohnfortzahlung für Arbeiter zunächst auf tarifvertraglichem Wege angestrebt wurde, was dann noch 1957 seinen Niederschlag in der Gesetzgebung fand: Danach hatte der Arbeitgeber zu den Leistungen der gesetzlichen Krankenkassen, die bis zu 65 Prozent des Grundlohnes betragen konnten, Zuschüsse bis zur Auffüllung von 90 Prozent des Grundlohns zu leisten. Im Jahre 1961 erfolgte die Aufstockung auf die volle Grundlohnhöhe. Während der Großen Koalition schließlich wurde die völlige Gleichstellung von Arbeitern und Angestellten erzielt: Das Lohnfortzahlungsgesetz räumte ab 1970 auch den Arbeitern einen Anspruch auf Fortzahlung des Arbeitsentgelts durch den Arbeitgeber in den ersten sechs Wochen der Arbeitsunfähigkeit ein.

Wer die sozialpolitische Nachkriegsgeschichte Revue passieren läßt und unter dem Aspekt der Entwicklung von Rechtsansprüchen beleuchtet, wird viele Beispiele dafür finden, daß sich die gewerkschaftliche Tarifpolitik als Motor des sozialen Fortschritts erwies, der häufig eine ausreichende Schubkraft hervorzubringen vermochte, um auch den bisweilen langsamen Karren der Gesetzgebung zu beschleunigen. Das gilt etwa für Arbeitszeit-, Urlaubs- oder auch Kündigungsschutzregelungen.

Das Verfahren, zunächst den Tarifvertragsparteien sozialpolitische Initiativen zu überlassen, hatte für den Gesetzgeber zumeist einen nicht zu unterschätzenden Vorteil: Widerstände gegen gesetzliche Fixierungen konnten unter Hinweis auf empirische Befunde, auf die bereits erfolgte Bewährung durch die Anwendung tariflicher Vereinbarungen, leichter ausgeräumt werden. Hinzu kommt, daß die Tarifvertragsparteien aus der unmittelbaren Betroffenheit eine große Sensibilität für Notwendigkeiten, Prioritäten und das jeweils Durchsetzbare entwickeln, das auch die Leistungsfähigkeit berücksichtigt.

Trotz der Maßnahmen der Tarifvertragsparteien konnte der Gesetzgeber in vielen Fällen im Nachhinein dennoch nicht darauf verzichten, tätig zu werden. Denn Tarifverträge haben Geltungsbereiche, während gesetzliche Bestimmungen Allgemeinverbindlichkeit erlangen, also generalisierend wirken, sofern der Gesetzgeber selbst keine Ausnahmeregelungen konzediert. In der Tatsache, daß der Gesetzgeber genötigt ist, möglichst generell gültige Lösungen zu finden, ist im übrigen auch der Grund dafür zu sehen, daß gesetzliche Vorschriften in der Praxis vielfach den Charakter von Mindestnormen haben, die zwischenzeitlich durch weitergehende Abmachungen in Tarifverträgen oder anderen Kontrakten, etwa in Betriebsvereinbarungen, überholt worden sind. Der Tarifvertrag erweist sich dann als das flexiblere Instrument zur Durchsetzung von Ansprüchen der Arbeitnehmer.

Im Falle anderer Rechtsansprüche freilich ergab sich für deren Entwicklung die entgegengesetzte Chronologie: Der Gesetzgeber steckte einen Rahmen ab, den auszufüllen dann den Tarifvertragsparteien aufgegeben war. Ein Beispiel jüngeren Datums stellt der neue Paragraph 12 a des Tarifvertragsgesetzes dar, der seit dem 1. November 1974 Gültigkeit hat. Mit dieser legislatorischen Maßnahme als Teil des Heimarbeitsänderungsgesetzes, das als Artikelgesetz konzipiert worden war, zog der Gesetzgeber die Konsequenz daraus, daß zahlreiche freie Mitarbeiter, z. B. der Massenmedien, wie Arbeitnehmer von ihren Auftraggebern wirtschaftlich abhängig sind und des sozialen Schutzes bedürfen. Als sogenannte arbeitnehmerähnliche Personen erhielten etwa Autoren, Komponisten, Schauspieler, Regisseure und Kameraleute das Recht, ihre Beschäftigungskonditionen mit den Auftraggebern durch Tarifverträge zu regeln. Voraussetzung dafür ist, daß ein Drittel des Gesamtentgelts von einem Auftraggeber oder einer Arbeitsgemeinschaft wie der ARD bezogen wird. Es zeichnet sich jetzt in Ansätzen ab, daß die neugeschaffenen Möglichkeiten in der tariflichen Praxis genutzt werden. Insgesamt läßt sich also feststellen, daß sich Tarifpolitik und Gesetzgebung wechselseitig befruchtet, häufig ergänzt und in ihrer Verzahnung zu Rechtsansprüchen geführt haben.

Sowohl im Bereich des Sozialrechts als auch des Arbeitsrechts gibt es Beispiele dafür, daß Gerichten eine Vorreiterfunktion bei der Entwicklung von Rechtsansprüchen zugekommen ist. Aus generellen Leitgedanken bestehender Gesetze wurde zunächst ein Richterrecht abgeleitet, das der Gesetzgeber später aufnahm und entsprechend oder in weiterentwickelter Form in Spezialgesetze übertrug.

So beseitigte ein Urteil des Bundesverwaltungsgerichts vom 24. Juni 1954 eine bis dahin vorhandene uneinheitliche Rechtsauffassung über den Rechtsanspruch auf Leistungen aus der öffentlichen Fürsorge und räumte damit zugleich das Recht ein, gegen Verwaltungsakte der öffentlichen Fürsorge zu klagen. Das beklagte Fürsorgeamt hatte in diesem Prozeß die bis dahin allgemein geltende Auffassung vertreten, daß dem Bedürftigen ein klagbares Recht auf Leistungen aus der öffentlichen Fürsorge nicht zustehe, weil die zu gewährenden Unterstützungen in das Ermessen der öffentlichen Fürsorge gestellt seien. In erster Linie die Leitgedanken des Grundgesetzes führten dazu, das Fürsorgerecht dahingehend auszulegen, daß die Rechtspflicht zur Fürsorge deren Trägern gegenüber dem Bedürftigen obliege und dieser einen entsprechenden Rechtsanspruch habe. Das Bundessozialhilfegesetz von 1961 sicherte dann Rechtsansprüche auf Sozialhilfe, die als Hilfe zum Lebensunterhalt oder als Hilfe in besonderen Lebenslagen erbracht wird, genau ab.

Es kennzeichnet das hochentwickelte Sozialleistungssystem in der Bundesrepublik, daß auch die öffentliche Sozialhilfe auf Rechtsansprüchen basiert, die Lücken schließen, die andere Sozialleistungssysteme offengelassen haben, weil sie Leistungen zur Behebung bestimmter Notlagen nicht vorsehen, bestimmte Personenkreise ausschließen oder im Einzelfall keine genügenden Leistungen bereitstellen. Die Rechtsansprüche der Sozialhilfe heben ab auf den Notstand des einzelnen und werden wirksam, wenn er seine Notlage nicht aus eigener Kraft und eigenen Mitteln überwinden kann. Grundsätze der Sozialhilfe sind die Individualisierung und die Nachrangigkeit — Leistungen als subsidiäre Hilfe, die von der Lage des einzelnen ausgehen.

Ein gutes Beispiel für die gerichtliche Pionierrolle im arbeitsrechtlichen Bereich bildet die betriebliche Altersversorgung. Betriebliche Versorgungseinrichtungen haben in Deutschland eine lange Tradition; einige dieser Einrichtungen gehen bereits auf das vergangene Jahrhundert zurück. Ursprünglich gründeten sie allein auf freier Vertragsgestaltung. In einer Reihe wichtiger Entscheidungen nahm das Bundesarbeitsgericht einen positiven Einfluß auf die betriebliche Altersversorgung, indem es dem betrieblichen Ruhegeld einen Versorgungs- und Entgeltcharakter bescheinigte und es als Sonderform der arbeitsvertraglichen Vergütung bewertete. Auf diese Weise wurde der Boden dafür bereitet, daß der Gesetzgeber auf Initiative der Bundesregierung im Dezember 1974 die betriebliche Altersversorgung auf ein arbeitsrechtliches Fundament stellte und deren gravierendste Mängel beseitigte. Zwar besteht kein Rechtsanspruch, der die Arbeitgeber zur Schaffung betrieblicher Versorgungssysteme zwingt; wurden Leistungen jedoch zugesagt, sind sie weitgehend gegen Verfallbarkeit, Auszehrung und Zahlungsunfähigkeit des Arbeitgebers geschützt. Zudem können Arbeitnehmer, die von der Möglichkeit des flexiblen Altersruhegeldes Gebrauch machen, mit Beginn der Rentenzahlungen aus der gesetzlichen Rentenversicherung auch ihre Betriebsrenten beanspruchen. Ein weiterer Anspruch ist darauf gerichtet, daß der Arbeitgeber laufende Versorgungsleistungen alle drei Jahre im Hinblick auf eine mögliche Anpassung zu überprüfen hat.

In der sozialpolitischen Nachkriegsgeschichte sind Rechtsansprüche auch dadurch zustandegekommen, daß der Gesetzgeber zunächst sogenannte Kann-Leistungen vorsah, die von zahlreichen Selbstverwaltungsorganen im Wege des Satzungsrechts dann tatsächlich erbracht wurden, bis sich die Legislative dann später in Erfüllung des Gleichheitspostulats entschloß, diesen Kann-Leistungen durch Transformation in Muß-Leistungen allgemeine Verbindlichkeit zu verschaffen. Oder der Gesetzgeber gestaltete das, was er für notwendig erachtete, als Muß-Leistungen aus und eröffnete den Selbstverwaltungsorganen einen darüber hinausreichenden Gestaltungsspielraum, um ihnen über einen weitergezogenen Rahmen von Kann-Leistungen die Chance einzuräumen, Wünschenswertes zu realisieren. Das Zweite Buch der Reichsversicherungsordnung, das das Recht der sozialen Krankenversicherung regelt, bietet dafür anschauliche Beispiele, die in der sozialpolitischen Nachkriegsgeschichte zurückverfolgt werden können.

Diese Beispiele deuten zugleich das Spannungsverhältnis an, das zwischen der gesetzlichen Fixierung von Rechtsansprüchen und der Selbstverwaltung besteht. Die Selbstverwaltung hat die Aufgabe, der Bürokratisierung entgegenzuwirken, den einzelnen zu aktivieren, ihm seine Rechte und Pflichten stärker bewußt zu machen und ihn zu veranlassen, seine Geschicke in die eigene Hand zu nehmen. Der Selbstverwaltung gebührt also ein hoher Rang, und daher muß ständig eine Erhöhung ihrer Effizienz angestrebt werden. Gleichwohl kann der Gesetzgeber nicht darauf verzichten, immer wieder regelnd einzugreifen, um einerseits die Selbstverwaltung nicht zu überfordern und um andererseits größere Leistungsdisparitäten zu vermeiden, die etwa aus den unterschiedlichen Mitgliederstrukturen und dem unterschiedlichen Finanzaufkommen der nach dem Selbstverwaltungsprinzip organisierten Solidargemeinschaften resultieren können.

Das neugestaltete Kassenarztrecht z. B. zeigt jedoch den großen Wert, den gerade Sozialdemokraten der Selbstverwaltung und ihrer Funktionsfähigkeit beimessen. Denn die Instrumente zum Abbau der Unterversorgung mit Ärzten in bestimmten Regionen wurden in die Hände der beruflichen Selbstverwaltung der Kassenärzte und der sozialen Selbstverwaltung der Krankenversicherten gelegt, während der staatliche Einfluß im Hintergrund bleibt. Sicherlich stellt sich künftig vor allem in der Krankenversicherung die Aufgabe, den Werkzeugkasten der Selbstverwaltung besser auszustatten, damit sie stärker auf die Kostenentwicklung im Gesundheitswesen einwirken kann. Das zeigt deutlich, daß das Spannungsverhältnis zwischen der fortschreitenden Entwicklung von Rechtsansprüchen und Zuständigkeiten der Selbstverwaltung nur ein Aspekt ist, unter dem Selbstverwaltung bewertet werden muß. Dieses Spannungsverhältnis tritt in den Hintergrund gegenüber neuen Aufgabenfeldern der Selbstverwaltung, die wie am Beispiel des Kassenarztsrechts mehr in der Gesamtvertretung der Interessen und Belange der Mitglieder gegenüber anderen liegen werden und in der Stärkung der unmittelbaren Beteiligung der Mitglieder oder Versicherten an der Willensbildung zu dieser Interessenwahrnehmung. Solche Perspektiven und Aufgabenverschiebungen können in diesem Zusammenhang jedoch nicht weiter untersucht werden.

Die dargelegten Beispiele für die Vorreiterfunktion tariflicher Abmachungen und gerichtlicher Entscheidungen schmälern jedoch keineswegs die wichtige Rolle, die der Gesetzgeber bei der Einführung und Verbesserung von Rechtsansprüchen in der Geschichte der bundesrepublikanischen Sozialpolitik gespielt hat. Die Palette ist außerordentlich weit gespannt und reicht bis in Bereiche wie die Wohngeldgesetzgebung und die Schaffung des Bundesausbildungsförderungsgesetzes. Das gilt auch für eine Fülle arbeitsrechtlicher Regelungen zugunsten der Arbeitnehmer.

Die Initiativen im Bereich der sozialen Sicherung erstreckten sich im wesentlichen auf die Erhöhung von Sozialleistungen, die Verbreiterung des Angebots an Sozialleistungen und die Ausdehnung von Sozialleistungen auf weitere Personenkreise. Von überragender Bedeutung für die Entwicklung der Leistungshöhe war der Rechtsanspruch auf regelmäßige Anpassungen, die Dynamisierung, die die Leistungsempfänger vor Kaufkraftverlusten bewahrt und ihnen eine Teilnahme an den allgemeinen Einkommenssteigerungen ermöglicht. Schon 1952 enthielten die »Grundlagen eines Sozialplanes der SPD« die Absichtserklärung: »Die Kaufkraft der Renten wird gesichert. Der Rentner soll in gleicher Weise wie der Arbeitende an der Steigerung des Sozialprodukts teilhaben.« Die Sozialdemokraten waren es auch, die am 18. April 1956 mit ihrem Gesetzentwurf über die Rentenversicherung der Arbeiter und Angestellten zuerst die parlamentarische Initiative für eine alljährliche Anpassung der Renten an die Entwicklung der Löhne und Gehälter ergriffen. Ein knapp zwei Monate später von der damaligen Bundesregierung vorgelegter Gesetzentwurf zur Neuregelung des Rechts der Rentenversicherung der Arbeiter und Angestellten sah nur eine Rentenanpassung in fünfjährigen Abständen vor. Während die Regierungskoalition noch in der ersten Beratung die SPD-Forderung entschieden ablehnte, vollzog sie im Ausschuß einen Kurswechsel, so daß letztlich der Rechtsanspruch auf die jährliche Anpassung normiert werden konnte.

Ab 1964 werden auch die Renten aus der gesetzlichen Unfallversicherung Jahr für Jahr angepaßt, und ab 1970 haben auch die Kriegsopfer einen

Rechtsanspruch auf eine alljährliche Rentenerhöhung, nachdem sie sich zuvor mit nur gelegentlichen Aufbesserungen ihrer Versorgungsbezüge zufrieden geben mußten. Eine weitere Etappe erreichte die Dynamisierung, als ab Jahresbeginn 1975 die Altersgelder und die Landabgaberenten der Landwirte in die Dynamisierung einbezogen wurden. Auch in anderen Sozialleistungsbereichen entwickelte sich der Rechtsanspruch auf die Anpassung zu einem wesentlichen Merkmal.

Für die Verbreiterung des Leistungsangebots sei exemplarisch die Ablösung des seit 1927 geltenden Gesetzes über Arbeitsvermittlung und Arbeitslosenversicherung durch das Arbeitsförderungsgesetz hervorgehoben, die im Jahre 1969 erfolgte. Das neue Gesetz wurde als Instrument aktiver Arbeitsmarktpolitik konzipiert, um es den Arbeitnehmern zu erleichtern, mit den Folgen einer raschen technischen Entwicklung und eines sich beschleunigenden Strukturwandels fertig zu werden. Daher wurde z. B. die Förderung der beruflichen Ausbildung, Fortbildung und Umschulung in das Gesetz aufgenommen. Das Arbeitsförderungsgesetz ist kein Instrument zur Verwirklichung des Rechts auf Arbeit. Es ist ein Instrument für eine leistungsfähigere, beweglichere und menschlichere Arbeitsmarktpolitik. Wenn aber das Recht auf Arbeit nicht in einen individuellen Rechtsanspruch gegossen werden konnte, dann war und bleibt es Aufgabe, die Maßnahmen zur individuellen Arbeitsförderung und Unterstützung in Rechtsansprüchen zu normieren und dies auch im Hinblick auf regelungsbedürftige und regelungsfähige neue Tatbestände zu tun. Dafür steht beispielsweise das Gesetz über das Konkursausfallgeld, das ab 1974 bei Konkursen des Arbeitgebers rückständige Lohn- und Gehaltsansprüche für die letzten drei Monate vor dem Konkurs in Höhe des vollen Nettolohnes absichert. Ebenfalls werden für diesen Zeitraum rückständige Sozialversicherungsbeiträge entrichtet.

In die Reihe von Initiativen, die eine Verbreiterung des Leistungsangebots zum Gegenstand haben, fügt sich auch die Aufnahme von Früherkennungsuntersuchungen in den Leistungskatalog der gesetzlichen Krankenversicherung ein, die der Gesetzgeber 1970 vorgenommen hat, oder die zum Jahresbeginn 1974 erfolgte Abschaffung der unsozialen Aussteuerung bei Krankenhausaufenthalten. Es hat viele solcher neugeschaffenen Rechtsansprüche gegeben; sie markieren eine wichtige Entwicklungslinie in der sozialpolitischen Nachkriegsgeschichte.

Für die Ausdehnung des Schutzes der sozialen Sicherung auf weitere Personenkreise hatte die 1972 vorgenommene Öffnung der Rentenversicherung für Selbständige und nichterwerbstätige Hausfrauen besonderes Gewicht. Durch diese Maßnahme wurde zugleich eine Forderung realisiert, die die SPD zwar schon in ihrem bereits angeführten Reformgesetzentwurf vom 18. April 1956 erhoben hatte, die aber auf die Ablehnung der damaligen Regierungsmehrheit gestoßen war. Im Jahre 1970 erhielten alle Angestellten den Zugang zur gesetzlichen Krankenversicherung; die Krankenversicherung für Landwirte, mithelfende Familienangehörige und Altenteiler wurde 1972 geschaffen; ab Herbst 1975 haben auch alle Studenten und Praktikanten einen Krankenversicherungsschutz — Beispiele, die zeigen, wie Personenkreise in den Sozialversicherungsschutz einbezogen wurden, denen zuvor der Zutritt verwehrt war.

Unter dem Thema »Humanisierung des Arbeitslebens« rückte seit Anfang dieses Jahrzehnts zunehmend die Gestaltung der Arbeitsbedingungen und Arbeitsbeziehungen in eine zentrale Position der Sozialpolitik. Daß die Humanisierung des Arbeitslebens zu mehr als zum Gegenstand hehrer Deklamationen gedieh, ist eng verknüpft mit Namen von Sozialdemokraten wie Walter Arendt, Helmut Rohde und Hans Matthöfer. Auch auf diesem Felde ging es um die Entwicklung konkreter Rechtsansprüche. Inzwischen läßt sich ein breites Spektrum von Maßnahmen nachzeichnen, mit denen die Weichen für eine Humanisierung des Arbeitslebens gestellt worden sind. So wurde 1972 das Betriebsverfassungsgesetz, das aus dem Jahre 1952 stammt, umfassend reformiert und auf neuere Erfordernisse zugeschnitten. Für die Beschäftigten des öffentlichen Dienstes trat zwei Jahre später, also 1974, das neue Bundespersonalvertretungsgesetz in Kraft und löste das bis dahin gültige Gesetz aus dem Jahre 1955 ab. Das Jahr 1976 schließlich brachte das Gesetz über die Mitbestimmung der Arbeitnehmer, das sich auf die Unternehmensebene erstreckte und das bewährte Montan-Mitbestimmungsgesetz von 1951 ergänzt, das weiterhin ungeschmälert für den Bergbau sowie die eisen- und stahlerzeugende Industrie Gültigkeit hat. Die Mitbestimmungs- und Mitwirkungsbefugnisse der Arbeitnehmer und ihrer Vertreter wurden als Rechtsansprüche ausgestaltet.

Die Schaffung von Rechtsansprüchen charakterisiert auch weitere Schritte des Gesetz- oder Verordnungsgebers, die ihren festen Platz im Rahmen der Bemühungen haben, das Arbeitsleben zu humanisieren. Für Arbeitnehmerunterkünfte und für Arbeitsstätten wurden Mindestanforderungen festgelegt. Das Arbeitssicherheitsgesetz verpflichtet seit 1974 die Arbeitgeber, Betriebsärzte, Sicherheitsingenieure und andere Fachkräfte für Arbeitssicherheit zu bestellen. Die Tätigkeit dieser Fachleute soll gewährleisten, daß sich arbeitsmedizinische und sicherheitstechnische Vorschriften und Erkenntnisse in der Betriebspraxis niederschlagen. Da das Jugendarbeitsschutzgesetz von 1960 dem Anspruch nicht mehr gerecht wurde, die Jugendlichen, die im Arbeitsleben stehen, vor Überforderung und Überbeanspruchung zu schützen, wurde ein neues Jugendarbeitsschutzgesetz geschaffen, das am 1. Mai 1976 in Kraft trat und zahlreiche erweiterte und neue Rechtsansprüche für die betroffenen Jugendlichen enthält.

Diese Zwischenbilanz konkreter Beispiele macht mehr als die abstrakte Reflexion über den Rechtsanspruch in der Sozialpolitik deutlich, wie sehr Form und Inhalt einander entsprechen müssen, wenn die Politik zu den gewünschten Zielen führen soll.

Ohne Zweifel hat die Entwicklung der zahlreichen Rechtsansprüche in der sozialpolitischen Nachkriegsgeschichte zu sozial- und arbeitsrechtlichen Systemen in der Bundesrepublik geführt, die wegen ihrer Geschlossenheit Vergleiche nicht zu scheuen brauchen. Gleichwohl heben Kritiker es seit langem als ein Manko hervor, daß diese Ansprüche in einer Fülle von Einzelgesetzen geregelt worden sind, die sich allein und in ihrem Zusammenwirken allenfalls dem Verständnis von Experten erschließen. Der anspruchsberechtigte Bürger — weitgehend gekennzeichnet durch Informationsdefizite — glaubt sich oftmals schier unüberwindbaren Barrieren gegenüber, wenn er seine Ansprüche einlösen möchte. Daraus ergeben sich negative Konsequenzen: Es leiden zum einen die Rechtssicherheit des Bürgers sowie sein Vertrauen in den sozialen Rechtsstaat, in die Rechtsanwendung durch

Verwaltung und Rechtsprechung. Zum anderen bleibt der so Betroffene häufig von materiellen Nachteilen nicht verschont, weil er Ansprüche nicht geltend macht, die ihm zustehen. Der Rechtsanspruch verfehlt dann also sein Ziel.

Schon 1959 haben daher die Sozialdemokraten in ihrem Godesberger Programm die Forderung erhoben, die gesamte Sozialgesetzgebung einheitlich und übersichtlich in einem Sozialgesetzbuch zu ordnen. Im Jahre 1970 wurde eine Sachverständigenkommission berufen, deren Vorsitz bis zu seinem Tod der Sozialdemokrat Walter Auerbach innehatte. Mittlerweile trug die Tätigkeit der Sachverständigen erste Früchte: Der Allgemeine Teil des Sozialgesetzbuches und die Gemeinsamen Vorschriften für die Sozialversicherung haben die parlamentarischen Hürden genommen und sind in Kraft getreten. Übersichtlichkeit, Durchschaubarkeit und Vertrautheit mit dem Sozialrecht haben für Sozialdemokraten eine eigene politische Qualität.

An der Fixierung von Rechtsansprüchen als sozialpolitischem Gestaltungsprinzip werden die Sozialdemokraten festhalten. Davon lassen sie sich auch nicht abbringen, wenn unter der Überschrift »Grenzen des Sozialstaats« an konservativen Reißbrettern versucht wird, einen vermeintlichen Gegensatz zwischen Rechtsanspruch und Freiheit zu konstruieren. Die Behauptung, die Freiheit werde nur noch als Begründung neuer Ansprüche von der ersten bis zur letzten Lebensminute an den Staat verstanden, der Bürger degeneriere zur Nummer im Kollektiv und zum Glied in einem gigantischen Bevormundungsstaat, geht an der sozialen Realität vorbei. In ihr manifestiert sich Geschichtslosigkeit und die Position derer, die stets auf der Seite der Besitzenden und Gewährenden waren und sind. Ein Spannungsverhältnis zwischen Freiheit und Rechtsanspruch existiert nicht. Im Gegenteil: Es gibt eine Reihe guter Beispiele, die verdeutlichen, daß eine Politik, die Rechtsansprüche schuf, die Freiheitsspielräume der Betroffenen erweitert und den sozialen Frieden sicherer gemacht hat. Wer verneint, daß Freiheit und Rechtsanspruch einander bedingen, hat in Wirklichkeit seine sozialgeschichtliche Lektion versäumt.

Reinhart Bartholomäi

# Der Volksversicherungsplan der SPD

Die Geschichte der Volksversicherung beginnt im Frühjahr 1964. Zur Vorbereitung für den Parteitag in Karlsruhe — ein Jahr vor der Bundestagswahl 1965 — wurde von Ernst Schellenberg eine sozialpolitische Resolution vorbereitet. Diese sozialpolitische Resolution des Karlsruher Parteitages wäre einer eigenen Untersuchung wert, weil sie die umfangreichste programmatische Aussage der Partei zur Sozialpolitik seit Godesberg war. In dem Abschnitt Rentenversicherung formulierte Schellenberg den Satz: »Die SPD erstrebt eine Neuordnung für eine Verbesserung der Rentenversicherung. Sie soll den Charakter einer Volksversicherung haben.«
Die Formulierung war taktisch. Mit dem unbestimmten Begriff »Volksversicherung« sollte der Parteitag um eine Art Generalvollmacht gebeten werden, eine Rentenkonzeption zu entwickeln, ohne auf die Einzelheiten des offiziellen Parteiprogramms festgelegt zu sein. Im Godesberger Programm ist im Abschnitt Soziale Verantwortung die SPD auf eine Mindestrente festgelegt worden. Schellenberg war aus zwei Gründen gegen Mindestrenten. Erstens hielt er schon die Bezeichnung für politisch gefährlich. Sie war in seinen Augen nur allzu leicht assoziierbar mit »Gleichmacherei« und »sozialpolitischem Eintopf«. Die Angst vor der gegnerischen Propaganda, die aus dem Wort »mindest« Vorstellungen wie »Wertminderung« und »minderwertig« herauspräparieren würde, störte ihn. Die Leute wollen aber »Höchstrenten«, nicht »Mindestrenten«.
Als später im Wahlkampf 1965 die CSU, der tatsächlichen Konzeption der Volksversicherung zum Trotz, in Bayern Anzeigen aufgab, in der sie von den Einheitsrenten sprach — »zum Leben zuviel, zum Sterben zu wenig«, fand Schellenberg seine Befürchtungen nur zu bestätigt.
Nun war es gar nicht einfach, gegen die attraktiven Aspekte der Konzeption der Mindestrenten zu argumentieren. Die Idee, daß die gesetzliche Rentenversicherung alten Bürgern eine gewisse Grundsicherung zugesteht, ist in der Tat sehr attraktiv. Andere Länder, besonders beispielgebend Schweden, aber auch die Schweiz und Großbritannien haben solche Staatsbürger-Grundrenten nach dem Kriege eingeführt. Schellenberg hat sehr bald erkannt, daß diese Modelle in der Bundesrepublik zu Problemen führen müssen. Das Hauptproblem besteht darin, daß in einem Land, in dem die Mehrzahl der Arbeitnehmer seit ihrer Jugend Beiträge zahlt, allein schon durch den Zeitablauf die Rentenansprüche vieler Versicherter höher sind als eine staatliche Mindestrente es aus finanziellen Gründen sein kann. Die Einführung einer Mindest- oder Grundrente müßte die Erwartungen der Mehrzahl der Arbeitnehmer enttäuschen, denn echt profitieren würden nur diejenigen, die nicht während längerer Jahre hindurch Beiträge zur gesetzlichen Rentenversicherung gezahlt haben. Es sind dies die Selbständigen, die

Hausfrauen und diejenigen Selbständigen, mithelfenden Familienangehörigen und Hausfrauen, die erst eine relativ kurze Zeit im Erwerbsleben tätig sind oder waren. Damit wäre die Einführung einer Mindestrente in der Bundesrepublik eine Art Mittelstandssubvention. Schellenberg sah dies ganz deutlich und hatte vor diesen verteilungspolitischen Auswirkungen einer Rentenpolitik, die auf den ersten Anschein sich den Armen widmet, politisch Angst.
So stand Schellenbergs Grundentscheidung fest: keine totale Reform der gesetzlichen Rentenversicherung. Das Versicherungsprinzip sollte erhalten werden, die Beziehung zwischen Beitragszahlung und Rentenhöhe nicht zerstört werden. Es galt nun, im System der Versicherung Mängel auszugleichen, die sozialpolitisch nicht hingenommen werden durften.
Wie sieht vor dem Hintergrund dieser politischen Überlegungen die Grundkonzeption des Volksversicherungsplans des Jahres 1965 aus?

## I. Volksversicherung der Arbeiter und Angestellten

### *A. Mitglieder*

*Alle Arbeiter und Angestellten sollten Mitglieder der Volksversicherung werden.*
Die damalige Bundesregierung hatte in dem Entwurf der sogenannten »Härtenovelle« versucht, erstmals in der deutschen Sozialgeschichte eine Versicherungspflichtgrenze für *Arbeiter* einzuführen und damit auch Arbeiter teilweise aus der Rentenversicherung auszuschließen. Dieser Versuch ist vor allem am Widerstand der Sozialdemokraten gescheitert.
*Angestellte* mußten seit 1957 bei Überschreiten einer Einkommensgrenze von 1250,— DM monatlich aus der Rentenpflichtversicherung ausscheiden. Sie verloren gleichzeitig den gesetzlichen Anspruch auf den Beitragsanteil ihres Arbeitgebers.
Viele, insbesondere jüngere Angestellte, hatten noch nicht einmal die Möglichkeit, sich dann freiwillig zu versichern.
Unter dem Druck der öffentlichen Meinung war die Versicherungspflichtgrenze von 1250,— DM monatlich unhaltbar, weil sie zu niedrig geworden war. Der Regierungsentwurf zur »Härtenovelle« sah eine Versicherungspflichtgrenze von 1500,— DM monatlich vor.
Nach harten politischen Auseinandersetzungen hatten die damaligen Regierungsparteien beschlossen, die Versicherungspflichtgrenze auf 1800,— DM monatlich festzusetzen. Diese Grenze sollte starr sein. Sie sollte also nicht, wie es der sozialen Wirklichkeit und der Rentendynamik angemessen wäre, mit der Entwicklung der Einkommen Schritt halten. Auch nach Inkrafttreten der »Härtenovelle« blieben 350.000 Angestellte aus der Rentenversicherungspflicht ausgeschlossen. Die Wirtschaftsentwicklung vergrößerte die Zahl der Ausgeschlossenen von Jahr zu Jahr.
Die Volksversicherung sollte als Antwort darauf allen Angestellten sozialen Schutz gewähren. Die Einbeziehung aller Angestellten in die Volksversicherung stellte einen entscheidenden sozialpolitischen Wandel dar. In der Präambel zur Volksversicherung heißt es dazu:
»Die Volksversicherung ist die Antwort der Sozialdemokraten auf die unüberhörbare Forderung der modernen Gesellschaft nach sozialer Sicherheit.

Bei uns sind heute weniger Bürger im Alter sozial gesichert als in anderen großen Industrienationen.
Wir Sozialdemokraten haben die Verpflichtung, allen Arbeitern, Angestellten und auch den Selbständigen soziale Sicherung im Alter, bei Erwerbsunfähigkeit sowie bei Tod des Ernährers zu gewährleisten.
Wie die Erfahrung beweist, stehen soziale Sicherung und individuelle Vorsorge nicht im Gegensatz zueinander. Die Erkenntnis, daß soziale Sicherung notwendig ist, fördert den Gedanken individueller Vorsorge.
Der historischen Entwicklung entsprechend gliedert sich die Volksversicherung in die

Volksversicherung für Arbeiter
Volksversicherung für Angestellte
Knappschaftliche Volksversicherung
Volksversicherung für Selbständige.«

*B. Altersruhegeld*

Beim Altersruhegeld stand die Altersgrenze und die Höhe des Altersruhegeldes im Vordergrund des allgemeinen Interesses.

*1. Altersgrenze*

Die Volksversicherung sollte die Altersgrenze den sozialen, gesundheitlichen und persönlichen Bedürfnissen anpassen. Sie wollte aber gleichzeitig die finanziellen Möglichkeiten der sozialen Sicherung berücksichtigen.
*Die Volksversicherung sah Wahlfreiheit der Altersgrenze vor.*
Der einzelne sollte selbst darüber entscheiden, von welchem Zeitpunkt an er Altersruhegeld beziehen will.
Die Volksversicherung bot für die Altersgrenze folgende vier Wahlmöglichkeiten:

»a) *Vorgezogenes Altersruhegeld*

Männer und Frauen können Altersruhegeld vom 62. Lebensjahr an beantragen, wenn sie keine versicherungspflichtige Beschäftigung oder Tätigkeit mehr ausüben und 15 Jahre lang versichert waren. Das vorgezogene Altersruhegeld wird schrittweise eingeführt. Bei Inkrafttreten der Volksversicherung wird vorgezogenes Altersruhegeld vom 64. Lebensjahr an, 1 Jahr später vom 63. Lebensjahr an, 2 Jahre später vom 62. Lebensjahr an gewährt.

b) *Unbedingtes Altersruhegeld*

Entsprechend dem bisherigen Recht können Männer und Frauen unbedingtes Altersruhegeld vom 65. Lebensjahr an beantragen. Neben unbedingtem Altersruhegeld kann Arbeitsverdienst bezogen werden.

c) *Zusätzliches Altersruhegeld*

Wer Altersruhegeld bezieht, erhält, wenn er bei Weiterarbeit noch Beiträge zahlt, ein zusätzliches Altersruhegeld. Das zusätzliche Altersruhegeld beträgt für jedes Jahr der Weiterarbeit 1,5 % des Arbeitsverdienstes. Zusätzliches Altersruhegeld kann für jedes Jahr der weiteren Beitragsleistung beantragt werden. Es wird in einem vereinfachten Verfahren festgesetzt und zusätzlich zur laufenden Rente gewährt. Das zusätzliche Altersruhegeld nimmt an der Rentendynamik teil.

d) *Erhöhtes Altersruhegeld*

Wer Anspruch auf unbedingtes Altersruhegeld hat, aber diese Leistung noch nicht beantragt, weiterarbeitet und Beiträge zahlt, erhält später ein

erhöhtes Altersruhegeld. Das erhöhte Altersruhegeld beträgt für jedes Jahr der Weiterarbeit 7,5 % des Arbeitsverdienstes.
Der Steigerungssatz für erhöhtes Altersruhegeld wird höchstens bis zum Betrage von 22,5 % des Arbeitsverdienstes gewährt. Dies wird in der Regel dazu führen, daß erhöhtes Altersruhegeld spätestens mit Vollendung des 68. Lebensjahres beantragt wird. Das erhöhte Altersruhegeld nimmt an der Rentendynamik teil.«

*2. Höhe des Altersruhegeldes*

Die Volksversicherung sollte den auf der Beitragszahlung beruhenden Versicherungsgedanken mit zeitgerechten sozialpolitischen Zielsetzungen verbinden.
Dies konnte aus finanziellen Gründen nur schrittweise geschehen. Zuerst galt es, allen, die überwiegend gearbeitet haben, eine ausreichende Alterssicherung zu gewähren.
Diesem sozialpolitischen Erfordernis entsprachen zwei Maßnahmen:
a) Sicherung der Rente bei sinkendem Arbeitsverdienst,
b) Gewährung von Mindestrenten.

a) *Rente bei sinkendem Arbeitsverdienst*

Die Volksversicherung sollte der Sorge vieler Menschen entgegentreten, daß sich bei zunehmendem Alter — im Zusammenhang mit der technischen Entwicklung — nicht nur ihr Arbeitsverdienst, sondern auch ihre spätere Rente mindert.
Bei Berechnung des Altersruhegeldes sollte deshalb für die Zeit nach dem 55. Lebensjahr mindestens der durchschnittliche dynamische Arbeitsverdienst, den der Versicherte in der Zeit vom 45. bis zum 55. Lebensjahr erzielt hat, zugrundegelegt werden.
Voraussetzung für die Gewährung von »Rente bei sinkendem Arbeitsverdienst« war, daß der Versicherte seit Eintritt in die Versicherung überwiegend eine versicherungspflichtige Erwerbstätigkeit voll ausgeübt hat. Die »Rente bei sinkendem Arbeitsverdienst« sollte verhindern, daß Automation mit sozialem Abstieg erkauft wird. »Sie ermöglicht einen Strukturwandel der Wirtschaft ohne Härten für unsere älteren Mitbürger.«

b) *Rente nach Mindesteinkommen*

Niedrige Löhne und Gehälter, die früher insbesondere in der Land- und Forstwirtschaft, im Handel, in der Krankenpflege, in der Textilwirtschaft und bei Heimarbeit gezahlt wurden, beeinträchtigten die Rentenhöhe.
Nur soweit unzureichend bewertete Sachbezüge zu niedrigen Renten geführt hatten, hatte die »Härtenovelle« einen Ausgleich geschaffen. Jetzt kam es sozialpolitisch darauf an, auch den Menschen zu helfen, die — ohne Sachbezüge — wegen zu niedriger Arbeitsverdienste immer noch eine unwürdige Altersrente erhielten.
Die Volksversicherung ging bei der Berechnung des Altersruhegeldes mindestens von einem Arbeitsverdienst in Höhe von 2/3 der allgemeinen Bemessungsgrundlage, also zur damaligen Zeit 400,— DM, monatlich aus. Voraussetzung für die Gewährung von Rente nach Mindesteinkommen war, daß der Versicherte seit Eintritt in die Versicherung überwiegend eine versicherungspflichtige Erwerbstätigkeit voll ausgeübt hat.

## II. Volksversicherung der Selbständigen

Ein weiteres wichtiges Problem war die Einbeziehung der Selbständigen in die Volksversicherung. Aus allgemeinpolitischen Erwägungen, nicht aus sozialpolitischem Kalkül, entschied sich Schellenberg sehr früh für das Angebot eines freiwilligen Beitritts. Aus seiner Berliner Erfahrung fürchtete er das Aufkeimen poujadistischer Strömungen unter den kleinen Selbständigen, wenn Zwangsmittel gegen Selbständige beim Beitragseinzug angewandt werden müssen. Die Konstruktion sah im einzelnen so aus:

A. *Mitglieder*

Alle Selbständigen sollten nach ihrer freien Wahl Mitglieder der Volksversicherung werden können.

Es sollte jedem Selbständigen frei stehen, ob und wieviel Beiträge zur Volksversicherung er entrichten wollte.

Die Leistungen in der Volksversicherung der Selbständigen waren allerdings so gestaltet, daß — unter Wahrung des Grundsatzes der Freiwilligkeit — bei den Selbständigen ein materielles Interesse geweckt wurde, sich an dieser Gemeinschaftseinrichtung zu beteiligen.

B. *Leistungen*

1. *Grundsatz*

Die Volksversicherung der Selbständigen sollte grundsätzlich Leistungen unter den gleichen Voraussetzungen und im gleichen Umfang wie für versicherte Arbeiter und Angestellte gewähren; nicht jedoch »Rente bei sinkendem Arbeitsverdienst« und »Rente nach Mindesteinkommen«, da diese Leistungen Pflichtversicherung voraussetzten.

2. *Leistungen während einer Übergangszeit*

Grundsätzlich sollte die Höhe der Renten von der Versicherungsdauer und den geleisteten Beiträgen abhängen. Zahlreiche Selbständige, die keine oder unzureichende Vorversicherungszeiten hatten, konnten jedoch bei dieser Konstruktion Leistungen der Volksversicherung erst nach vielen Jahren erhalten, sofern nicht eine Übergangsregelung getroffen wurde.

Die Volksversicherung wollte deshalb für eine Übergangszeit den Selbständigen, die vom Inkrafttreten der Volksversicherung an Beiträge zahlten, einen Ausgleich für fehlende Versicherungsjahre gewähren.

Für sie sollte deshalb während einer Übergangszeit unter bestimmten Voraussetzungen

a) die Wartezeit verkürzt (Mindestzeitraum, für den Beiträge entrichtet sein müssen, um Rente zu erhalten),
b) Zurechnungszeiten gewährt (Gleichstellung von Zeiten, in denen vor Inkrafttreten der Volksversicherung keine Beiträge entrichtet wurden, mit Beitragszeiten) werden.

C. *Selbstverwaltung*

Die Volksversicherung der Selbständigen sollte in Selbstverwaltung durchgeführt werden. »Die Finanzen der Volksversicherung der Selbständigen werden gesondert verwaltet. Die Bundesgarantie regelt sich nach den gleichen Grundsätzen wie in der Volksversicherung der Arbeiter und Angestellten.«

## III. Volksversicherung und Eigentumsbildung

Neu war Schellenbergs Idee, die Finanzreserven der Rentenversicherungsträger in einen engeren psychologischen Bezug zu den Versicherten zu bringen. Seine damaligen Vorschläge waren: »Das Vermögen der Volksversicherung soll — ohne Beeinträchtigung ihrer finanziellen Sicherheit — stärker den Versicherten und ihren Familien unmittelbar zugute kommen. Die Volksversicherung verdeutlicht damit über die Solidarität zwischen den Generationen hinaus, daß die Beitragszahler eine Sparleistung vollbracht haben.«

*Darlehensgewährung*
Ein Teil des Vermögens der Volksversicherung sollte für die Versicherten in einer Zeit nutzbar gemacht werden, in der sie durch Familiengründung oder Geburt von Kindern wirtschaftlich besonders belastet sind. Die Versicherten sollten aus diesem Anlaß im Rahmen der geleisteten Beiträge Darlehen erhalten können. Dadurch wollte Schellenberg auch die jüngere Generation stärker mit der Volksversicherung verbinden.
Im einzelnen war folgendes vorgesehen:
»1. *Darlehen bei Eheschließung*
Bei Eheschließungen erhalten versicherte Männer und Frauen auf Antrag zinslose Darlehen von je 3000,— DM, jedoch nicht mehr als die Hälfte der seit der Währungsumstellung geleisteten Beiträge.
Das Darlehen ist in 60 Monatsraten zurückzuzahlen. Die Rückzahlung beginnt 24 Monate nach Darlehensgewährung. Die Geburt jedes Kindes unterbricht die Rückzahlungspflicht für die Dauer von 12 Monaten. Die Frist zur Rückzahlung verlängert sich entsprechend.
2. *Darlehen bei Geburt eines Kindes*
Versicherten, die ein »Darlehen bei Eheschließung« nicht in Anspruch genommen haben, erhalten auf Antrag bei Geburt jedes Kindes ein Darlehen von 1000,— DM, jedoch nicht mehr als die Hälfte der seit der Währungsumstellung geleisteten Beiträge. Für jedes Kind wird nur ein Darlehen gewährt.
Das Darlehen ist in 25 Monatsraten zurückzuzahlen. Die Rückzahlung beginnt 24 Monate nach Darlehensgewährung. Die Geburt jedes weiteren Kindes unterbricht die Rückzahlungspflicht für 12 Monate. Die Frist zur Rückzahlung verlängert sich entsprechend. Wurden einem Versicherten mehrere Darlehen gewährt, so sind jeweils nur Rückzahlungen für ein Darlehen zu leisten. Die Frist zur Rückzahlung der anderen Darlehen verlängert sich entsprechend.«

*Beitragserstattung bei Eheschließung*
Weibliche Versicherte sollten bei Eheschließung zwischen der Inanspruchnahme eines Darlehens oder der nach geltendem Recht üblichen Beitragserstattung wählen können.

*Beitragserstattung im Todesfall*
Originell, aber sofort heftig umstritten war Schellenbergs Konzeption der Beitragserstattung im Todesfall. Sie war auf die Bedürfnisse der Unverheirateten zugeschnitten:

Nach dem Tod eines Versicherten, der keine Rente bezogen hat und für den Hinterbliebenenrenten nicht zu gewähren sind, sollte die Hälfte seiner seit der Währungsumstellung geleisteten Beiträge erstattet werden. Die Beitragserstattung im Todesfall sollte grundsätzlich dem gewährt werden, der nach den Vorschriften des bürgerlichen Rechts erbberechtigt ist. Sind weder ein Ehegatte noch gesetzliche Erben erster oder zweiter Ordnung vorhanden und hat der Versicherte keine Erben eingesetzt, so sollte keine Beitragserstattung erfolgen.

In der Begründung heißt es:

»Die Beitragserstattung stärkt den Familiengedanken. Sie kommt im allgemeinen den Eltern, Kindern, die nicht waisenrentenberechtigt sind und Geschwistern von Versicherten zugute. Die Beitragserstattung setzt viele Menschen erstmals in den Stand, Vermögen zu vererben. Dadurch wird das Bewußtsein eigener Vermögensbildung im Rahmen der Volksversicherung gefördert.«

## IV. Vereinfachung der Rentenberechnung

Ein zentraler Gedanke der Volksversicherung war, die Transparenz des Versicherungssystems für den Begünstigten zu erhöhen. Schellenberg verarbeitete eigene Ideen und Vorstellungen von Prof. H. J. Rüstow vom Ifo-Institut zu einer Vereinfachung der Rentenberechnung, der »Rentenberechnung nach Punkten«. Die Darstellung ist so plastisch, daß sie im Anhang voll wiedergegeben wird (s. Anhang S. 168 f.).

## V. Finanzierung der Volksversicherung

Auf die Finanzierungsrechnung legte Schellenberg allergrößten Wert. In einem internen Papier schrieb er dazu: »Die Leistungen der Volksversicherung sind so ansprechend, daß der Gegner mit allen Mitteln versuchen muß, sie als für die Zukunft der Rentenversicherung finanziell ruinös zu diffamieren.

Es ist daher politisch unbedingt erforderlich, exakte Vorschläge darüber zu machen, wie die Mehrausgaben der Volksversicherung gedeckt werden sollen.

Es kommt deshalb entscheidend darauf an, die Volksversicherung solide zu finanzieren und bei der Volksversicherung finanzwirtschaftlich seriöser vorzugehen als die gegenwärtige Bundesregierung und die gegenwärtigen Regierungsparteien bei der Härtenovelle.

Die Härtenovelle wird einerseits durch Mehreinnahmen aus der Erweiterung der Versicherungspflicht und andererseits aus laufenden Überschüssen der Rentenversicherungen finanziert. Das erste ist zulässig, das zweite bedenklich.

In Anbetracht der Entwicklung des Altersaufbaues werden grundsätzlich Überschüsse nicht zur Deckung von Mehrleistungen der Volksversicherung verwandt.«

Die Finanzierung der Mehrausgaben der Volksversicherung sollte auf verschiedene Weise vorgenommen werden:

a) Erweiterung der Versicherungspflicht
b) Erhöhung der Beitragsbemessungsgrenze auf das Doppelte des durchschnittlichen Arbeitsverdienstes aller Versicherten.
c) Beteiligung des Bundes an den Mehrausgaben in dem gleichen Verhältnis wie an den bisherigen Gesamtausgaben der Rentenversicherungen der Arbeiter und Angestellten.
d) Erhöhung der Beiträge um 1,2 Prozentpunkte.
e) Ersatz für Zinsverluste durch den Bund.

»Die Mehrausgaben der Volksversicherung der Arbeiter und der Angestellten in Höhe von 3341 Mio. DM [1] jährlich, werden somit wie folgt gedeckt:

| | |
|---|---|
| Erweiterung der Versicherungspflicht | 275 Mio. DM |
| Erhöhung der Beitragsbemessungsgrenze | 412 Mio. DM |
| Beteiligung des Bundes | 722 Mio. DM |
| Erhöhung der Beiträge | 2035 Mio. DM |
| Ersatz für Zinsverluste bei Darlehensgewährung | 105 Mio. DM |
| insgesamt | 3549 Mio. DM |

Die Mehrausgaben der Volksversicherung werden somit durch Mehreinnahmen voll gedeckt. Es ergibt sich als Sicherheitsfaktor ein Überschuß von 208 Mio. DM jährlich, der der Rücklage zugeführt wird.«

Die Darstellung der Volksversicherung bliebe unvollständig, wenn nicht erwähnt wird, welche Auswirkung diese Konzeption auf die Praxis sozialdemokratischer Sozialpolitik gehabt hat. Hier kann ganz eindeutig festgestellt werden: die sozialpolitische Gesetzgebung auf dem Gebiet der Rentenversicherung seit der Großen Koalition ist ohne die intellektuelle und politische Vorarbeit der Volksversicherung Ernst Schellenbergs nicht vorstellbar. In der Großen Koalition wurden verwirklicht: die Pflichtversicherung aller Angestellten und die Krankenversicherung für alle Rentner. Die sozialliberale Koalition hat von den Gedanken Ernst Schellenbergs gelebt bei der flexiblen Altersgrenze, der freiwilligen Einbeziehung der Selbständigen und Frauen in den Versicherungsschutz im Alter, der Rente nach Mindesteinkommen. Noch nicht alles ist Wirklichkeit geworden: die »Rente bei sinkendem Arbeitsverdienst« beispielsweise ist gesellschaftspolitisch 1976 noch genauso bedeutsam wie ein Jahrzehnt zuvor.

Doch unabhängig von den Inhalten der Konzeption wird eines immer Vorbild, leider wahrscheinlich unerreichbares Vorbild bleiben: der ungeheure Fleiß und die intellektuelle Durchdringung des Stoffes, die technische Präzision der Vorbereitung und das politische Geschick der Vorlage. Hier sind Maßstäbe gesetzt worden, die verpflichten.

## Anhang
## Vereinfachung der Rentenberechnung

### *A. Die Lage*

1. Die gegenwärtige Rentenformel

Die gegenwärtige Rentenformel für die Rentenberechnung ist außerordentlich kompliziert. Sie lautet in ihrer einfachsten Form:

1 Einschließlich der Vermögenseinbuße durch Verzicht auf Darlehensgewährung bei Tod.

$$R = \frac{(P \times B)}{100} \times (J \times St)$$

Dabei ist:
R die Rente,
P der Prozentsatz der persönlichen Rentenbemessungsgrundlage,
B die allgemeine Bemessungsgrundlage
J die Zahl der anrechnungsfähigen Versicherungsjahre,
St der Steigerungssatz je anrechnungsfähiges Versicherungsjahr.

In der Praxis ist die Rentenberechnung noch viel komplizierter. Es sind nämlich außer den Beitragszeiten auch sogenannte Ersatz- und Ausfallzeiten zu berücksichtigen, deren Berechnung nach anderen Methoden vorgenommen wird.

2. Nachteile für Versicherte und Rentner

Die komplizierte Rentenberechnung hat für Versicherte und Rentner unerfreuliche Auswirkungen. Der Versicherte kann zu keinem Zeitpunkt seines Arbeitslebens übersehen, welchen Rentenanspruch er schon erworben hat. Der Rentner kann auf Grund des Rentenbescheides die Berechnung seiner Rente nur in seltenen Ausnahmefällen verstehen.

Die gegenwärtigen Methoden der Rentenberechnung erwecken zwangsläufig Mißtrauen gegenüber der Rentenversicherung.

*B. Konsequenzen*

1. Einfachheit und Gerechtigkeit

Die Volksversicherung wird über die Gewährung von sozialpolitisch sinnvollen Leistungen hinaus auch die Rentenberechnung überschaubarer machen. Es gilt soweit wie möglich Gerechtigkeit mit Einfachheit zu verbinden.

2. Rentenberechnung nach Punkten [2]

Die Volksversicherung wird eine Rentenberechnung nach Punkten einführen. Das läßt sich durch verhältnismäßig geringfügige Änderungen des geltenden Rechts erreichen.

a) Punktwert der Beiträge

aa) Für jede Beitragszahlung wird dem Versicherten eine bestimmte Zahl von Punkten gutgeschrieben. Ein Punkt entspricht 1 Prozent des durchschnittlichen Jahresbeitrages aller Pflichtversicherten.[3]

Beispiel:

Es wird angenommen, daß im Jahre des Inkrafttretens der Volksversicherung das durchschnittliche Einkommen aller Versicherten 10.000,— DM jährlich oder 833,— DM monatlich beträgt. Dann wäre bei einem Beitragssatz von 15,2 Prozent der durchschnittliche Jahresbeitrag 1520,— DM.

2 Prof. Dr. Rüstow, IFO-Institut München, hat im Zusammenhang mit der Anhörung von Sachverständigen zu den Versicherungstechnischen Bilanzen im Ausschuß für Sozialpolitik des Deutschen Bundestages Ausführungen über »Anspruchspunkte« in den Rentenversicherungen gemacht. Er hat seine Darlegungen nach Rücksprache mit dem Vorsitzenden des Ausschusses für Sozialpolitik näher erläutert und schriftlich fixiert. Wir haben diese Darlegungen aufgenommen, konkretisiert und eine Rentenberechnung nach Punkten in der Volksversicherung entwickelt.

3 Die Bundesregierung setzt für jedes Jahr nach Anhörung des Stat. Bundesamtes durch Rechtsverordnung mit Zustimmung des Bundesrates fest, welche Beitragszahlung einem Beitragspunkt entspricht. Dies kann auf Grund des durchschnittlichen Bruttojahresarbeitsverdienstes aller Versicherten unter Anwendung des Beitragssatzes ohne weiteres erfolgen.

Den Versicherten würden in diesem Jahr gutgeschrieben:

| bei Beitragszahlung von | Punkte |
|---|---|
| 15,20 DM jährlich | 1 |
| 182,40 DM jährlich | 12 |
| 912,— DM jährlich | 60 |
| 1520,— DM jährlich | 100 |
| 2128,— DM jährlich | 140 |
| 3040,— DM jährlich | 200 |

Beim Umtausch der Versicherungskarte wird dem Versicherten in der üblichen Aufrechnungsbescheinigung die Zahl der von ihm in jedem Kalenderjahr erworbenen Punkte amtlich bescheinigt. Die Aufrechnungsbescheinigung wird somit zum Dokument der erworbenen Punkte.

bb) Für die Beiträge in den Jahren vor Inkrafttreten der Volksversicherung wird durch Rechtsverordnung bestimmt, mit wieviel Punkten die einzelnen Beitragszahlungen bewertet werden.

Jeder Versicherte kann dann nach diesen Punktwerttabellen anhand seiner Versicherungsunterlagen feststellen, wieviel Punkte er durch eine Beitragszahlung bisher erworben hat.

cc) Für beitragslose Zeiten, also Zeiten der Schul- und Berufsausbildung, des Kriegsdienstes, der politischen Verfolgung, der Vertreibung, der Krankheit, der Arbeitslosigkeit usw. stellt der Träger der Volksversicherung die Punkte, die dem Versicherten entsprechend seiner eigenen Beitragsleistung zusätzlich gutzuschreiben sind, im Zeitpunkt der Rentenberechnung fest.

b) Rentenwert der Punkte

aa) Altersruhegeld

Gemäß der Rentendynamik steigt der Wert der Punkte von Jahr zu Jahr. Deshalb wird jährlich durch Rechtsverordnung festgesetzt, welchen Rentenwert ein Punkt in diesem Jahr hat. Ein Punkt entspricht im Jahre 1965 einem jährlichen Altersruhegeld von 1,09 DM.[4]

Beispiel:

Ein Versicherter hat 40 Jahre gearbeitet und jährlich die durchschnittliche Zahl von 100 Punkten erworben. Er verfügt somit bei Erreichen der Altersgrenze über 4000 Punkte. Das Altersruhegeld aus seinen Beiträgen beträgt daher für ihn 4000 x 1,09 = 4360,— DM jährlich oder 363,40 DM monatlich. Hinzu kommen die Punkte für sogenannte beitragslose Zeiten.

bb) Sonstige Renten

Bei Gewährung von Erwerbsunfähigkeitsrenten wird den Punkten der gleiche Rentenwert zuerkannt wie bei Altersruhegeld. Für Berufsunfähigkeits- und Hinterbliebenenrenten wird entsprechend dem geringeren Steigerungsbetrag ein niedrigerer Rentenwert für den einzelnen Punkt gewährt.

cc) Rentenanpassung

Alle laufenden Renten werden — wie bisher jährlich — durch Gesetz angepaßt.

3. Auswirkungen des Punktsystems

a) Überschaubarkeit der Rentenberechnung

Jeder Versicherte kann nach Inkrafttreten der Volksversicherung selbst be-

4 Der Punktwert für 1965 errechnet sich wie folgt: 7275,— DM (allgemeine Bemessungsgrundlage) × 0,015 (Steigerungssatz) : 100 = 1,09 DM.

rechnen, wie hoch seine durch Beiträge erworbenen Rentenansprüche sind. Das stärkt sein Vertrauen zur Volksversicherung. Die Rentenberechnung nach Punkten erleichtert dem Versicherten die Planung seines weiteren Lebens, da er weiß, mit welcher Rente er mindestens rechnen kann.

b) Verbriefter Rentenanspruch

Das Punktsystem verdeutlicht dem Versicherten, daß er durch jede Beitragszahlung seine künftige Rente steigert.

Die Tatsache, daß jeder Beitrag zu einer Gutschrift von Punkten führt, verstärkt auch bei den freiwillig Versicherten das Interesse an der Beitragszahlung. Auf den Beitragsmarken wird der Punktwert stehen.

Der Jahr für Jahr steigende Rentenwert der Punkte zeigt dem Versicherten, daß auch seine bisherigen Beitragsleistungen in Form der früher erworbenen Punkte an Wert gewinnen.

Heute sieht der Versicherte in der Beitragszahlung vor allem den Abzug von Lohn und Gehalt. Das Punktsystem betont dagegen die Gutschrift von Leistungen. Die Versicherungskarte wird für den Versicherten von einer »Entgeltsbescheinigung« (§ 1401 RVO) zu einem Rentenbrief, dessen Wert von Jahr zu Jahr wächst.

c) Beschleunigte Rentenberechnung

Das Punktsystem erleichtert den Trägern der Volksversicherung den weiteren Ausbau der elektronischen Datenverarbeitung.

Für die Zeit vor Inkrafttreten der Volksversicherung werden die Versicherungsträger die Punkte, die der einzelne erworben hat, Jahrgang um Jahrgang zusammenstellen und dem Versicherten als Dokument übermitteln. Damit kommt die Volksversicherung dem Ziel näher, jedem Versicherten in gewissen Zeitabständen eine Bescheinigung über die erworbenen Rentenansprüche zuzustellen.

Die Träger der Volksversicherung können künftig schon während des Arbeitslebens ihrer Versicherten deren Leistungsansprüche speichern. Das beschleunigt die Rentenberechnung.

Die Versicherten werden künftig schon während ihres Arbeitslebens bestrebt sein, eine größtmögliche Zahl von Punkten nachzuweisen. Sie werden sich daher frühzeitig um die Rekonstruktion von fehlenden Versicherungsunterlagen bemühen. Das ist gegenüber der heutigen Praxis, anrechnungsfähige Zeiten in der Regel erst nach Eintritt des Versicherungsfalles festzustellen, eine Erleichterung für alle Beteiligten.

d) Bessere Finanzübersicht

Die Speicherung der nach Punkten zu berechnenden Leistungsansprüche aller Versicherten der Volksversicherung dient auch der Erstellung exakter Finanzunterlagen und beschleunigt die Vorlage der versicherungstechnischen Bilanzen. Die gegenwärtige Bundesregierung hat versicherungstechnische Bilanzen nur auf Grund unzureichenden Zahlenmaterials und mit sehr erheblicher Verspätung vorgelegt.

e) Entlastung der Sozialgerichte

Eine durchsichtige Rentenberechnung wird schließlich zu einer Verminderung der großen Zahl von Klagen in Rentensachen führen — Jahr für Jahr rd. 100.000 — und damit zur Entlastung der Sozialgerichte beitragen.

Hans Achinger

# Altershilfe und Sozialversicherung

Der Zufall hat mir in den letzten 20 Jahren die Aufgaben der Altenhilfe im Bereich der öffentlichen und freien Träger nahegebracht, wie sie sich in dem Fachausschuß »Altenhilfe« des Deutschen Vereins für öffentliche und private Fürsorge darstellen. Von diesem eingeschränkten Aspekt möchte ich ausgehen; für die *umfassenden* Aufgaben der Sozialreform und der entsprechenden Gesetzesreform sind viele andere Freunde des Jubilars tätig und kompetent.

Gegenüber den sozialen Problemen, die das Industriezeitalter gebracht hat, wirken die Sozialpläne aus der Aufklärungszeit heute fremdartig; die Wohlfahrtstheorien vor der Ära der Bismarckschen Sozialversicherung erscheinen heute leicht antiquiert und überholt. Gerade in dieser Vorzeit sind aber von dem reformbedürftigen Bereich des Gefängniswesens bis zum Kinderschutz, zur Armenhilfe, zum Wohnungswesen und zur Altershilfe viele nationale und internationale Anstrengungen gemacht worden; Wicherns Aufruf zur Inneren Mission von 1848, der vor allem den damaligen deutschen Ländern galt, hat einen großen Erfolg gehabt. Viele andere Erneuerer in unseren Nachbarländern haben dauernde Veränderungen erreicht.

Die Vorschriften, welche der Internationale Verein für Wohltätigkeit im Jahre 1856 in Brüssel als zweckmäßig bezeichnet hat, um Ordnung, Gesundheit, Sicherheit und Sittlichkeit der Arbeiter in der Industrie zu sichern, sind von der Frankfurter Konferenz im nächsten Jahr angenommen worden [1]. Die lange Liste von Verbesserungen, die den Arbeitern zugedacht sind, hat einen patriarchalischen Charakter, der Appell an die *ethischen Pflichten* der Arbeitgeber kehrt immer wieder. Daß stärkere Hilfsmittel erwünscht wären, wird ausdrücklich erklärt; was die Rolle der Staaten angeht, werden Zukunftswünsche ausgesprochen. Schäden der freien »Concurrenz« werden nicht verkannt, »erlaubter Wetteifer in der Industrie der verschiedenen Länder« dürfe sich »nicht zu einer den Arbeiter erdrückenden und verderbenden Concurrenz umgestalten«.

Die »Internationale Correspondenz, Anzeigenblatt« enthält 124 Einzelthemen und Daten über öffentliche Leistungen und die einschlägige Gesetzgebung.

Die werdenden Industriestaaten Westeuropas waren in diesen Kongressen durch die besten »Sozialarbeiter in spe« vertreten. Unter den Teilnehmern waren die Deutschen ganz überwiegend, Amtspersonen und andere, vor allem damals bekannte und berühmte Autoren im sozialen Bereich.

1 Congrés International de Bienfaisance de Francfort sur le Mein, Session de 1857, Tome I, Annexes, Francfort s. M. 1858.

Die Bismarcksche Sozialversicherungsgesetzgebung konnte trotz der großen Verbreitung sozialer Reformpläne daraus kein Arbeitsprogramm entnehmen. Die Möglichkeiten, die durch das Eingreifen des Staates gegeben wurden, waren nicht vorauszusehen.
Eine Besonderheit der älteren Zeit ist, daß die Altershilfe nur eine geringe Rolle gespielt hat. Der Altersaufbau der damaligen Bevölkerung erklärt diese Haltung: Der Anteil der Alten in der Gesamtgesellschaft war, verglichen mit den heutigen und künftigen Verhältnissen, gering. »Die Arbeiterfrage. Ihre Bedeutung für Gegenwart und Zukunft« betitelte Friedrich Albert Lange sein Buch, das 1870 in zweiter umgearbeiteter und vermehrter Auflage erschien [2]. (Lange hat aus Rücksicht auf die zweite Auflage von Marx' »Das Kapital« mit seiner zweiten Auflage bis zum Jahre 1870 gewartet.) Er behandelt sehr konkret viele Felder der Sozialpolitik. Die Einschränkung der Arbeitszeit ist sein erster (auch von Marx) behandelter Gegenstand. Die Mißhandlung von Kindern durch Überarbeitung folgt bei Lange. Hauptsächlich auf Beispiele aus England gestützt, berichtet er über die Jahrzehnte vor 1870, in denen die Gewinne der Betriebe und die Lebensmittelpreise kräftig steigen, die Löhne aber nicht mitkommen und die Verarmung unvermeidlich fortschreitet. Langes Anregungen und Dispute berühren die Probleme der Altenhilfe kaum. (Seine Skepsis gegen vermittelnde Autoren war groß, er wanderte aus in die Schweiz, um ganz für seine literarische und praktische Arbeit frei zu sein.)
Die Schaffung einer »Sozialversicherung« konnte vor der Gründung des Deutschen Reiches kaum vorgestellt werden. Auch nach 1871 erforderte die Errichtung einer Organisation von solchem Umfange mehr als ein Jahrzehnt. Von den beiden Hauptzielen, der Krankenversicherung und der Altersversicherung, war die Krankenversicherung wesentlich aktueller, auch konnte der Aufbau von Krankenkassen viel leichter mit den vorhandenen ähnlichen privaten Einrichtungen verbunden werden. Die Altersversicherung konnte für die politische Tagesarbeit nur eine bescheidene Rolle spielen, schon weil die kommenden Ansprüche erst in weiter Ferne akut werden konnten. Wie schon erwähnt, war die damalige Altersschicht, verglichen mit den heutigen und kommenden Zahlenverhältnissen, minimal.
Die Sozialversicherung ist eine späte Frucht der Erneuerungszeit, die sich nach den Leiden der napoleonischen Kriege entfaltet hatte. Dieter Schäfer, Trier, hat in seinem Buch: »Die Rolle der Fürsorge im System sozialer Sicherung« [3] im Hinblick auf die geschichtliche Folge der Entwicklung die heutige dominierende Auffassung zu korrigieren versucht: »Den Initiatoren der Sozialversicherungsgesetzgebung müßte sich diese Frage genau umgekehrt gestellt haben, wie der heutige Beobachter sie gewöhnlich formuliert, nämlich als die Frage nach der Rolle der Sozialversicherungen im Armenpflegesystem. Ein ausgebautes soziales Sicherungssystem, wie es heute besteht, legt den Einwand nahe, daß es die Fürsorge überflüssig machen müsse. Ein ausgebautes Armenpflegesystem, wie es in den Anfangszeiten

2 Winterthur 1870.
3 Schrift 231 der Schriften des Deutschen Vereins für öffentliche und private Fürsorge, Eigenverlag des Deutschen Vereins für öffentliche und private Fürsorge, Frankfurt am Main 1966, S. 5 f.

der Sozialpolitik existierte, mußte dagegen zu der Überlegung führen, warum denn außer den Armengesetzen noch besondere Arbeiterversicherungsgesetze notwendig seien.«
Gegenüber zahlreichen Aufgaben der Altershilfe erscheint auch heute noch die Sozialversicherung fremd, so bedeutend auch ihre Rentenleistungen inzwischen sind. Viele Teile der Altenhilfe waren nicht einmal im 19. Jahrhundert neu. Die christlichen Kirchen, die »Reichen Leute« in der Renaissance wie die Fugger in Augsburg und Standesgruppen haben Häuser für alte Frauen geschaffen. Goethe beschreibt den Arzt und Naturforscher Senckenberg, einen Mann des 18. Jahrhunderts. (Sein Kranken- und Altershaus, in diesem Jahrhundert durch Wilhelm Mertons Hilfe und auf Wilhelm Polligkeits Initiative für den Deutschen Verein für öffentliche und private Fürsorge eingerichtet, wurde im Zweiten Weltkrieg zerstört.) Solche und andere Einrichtungen können als Vorläufer der heutigen Altershilfe genannt werden. Die neuen Ansätze in der Zeit der Aufklärung sind nur durch die Pädagogische Bewegung, die durch Pestalozzi und seine Nachfolger in ganz Europa geschaffen wurde, in der öffentlichen Meinung übertroffen worden.
Trotz dieser langen Ahnenreihe hat die im letzten Viertel des vorigen Jahrhunderts geschaffene Sozialversicherung durch ihre Geldleistung für die Alten ein ganz neues Leistungsfeld eröffnet, das noch immer wachsende Bedeutung gewinnt. Der methodische Ansatz war neu und ohne Zusammenhang mit der älteren Altenhilfe. Ihr Ausgangspunkt und ihre gesetzlich festgelegten Mittel gehören einem neuen System an, das für das Industriezeitalter und seine sozialen Kontroversen in erster Linie zugeschnitten war. Man sprach von einer neuen Sache, der »Arbeiterfrage«; die Sozialversicherung wurde als ein Stück der Antwort auf diese »Arbeiterfrage« betrachtet. Diese einseitige Betrachtungsweise ist bis heute auch für die Angestelltenversicherung entscheidend.
Das derzeitige hohe Niveau der Rentenzahlungen aus den Kassen der Arbeiter- und Angestelltenversicherung ist noch sehr jung. Die Invalidenversicherung hatte noch im letzten Jahrzehnt des 19. Jahrhunderts die Kapitalansammlung für die Auszahlung von Renten begonnen. (Anfang des neuen Jahrhunderts wurden für den Reichstag Berichte der einzelnen Versicherungsanstalten gesammelt, die über die Anlage der Beiträge in der gemeinnützigen Wohnungswirtschaft Auskunft gaben.) Die Altersgruppe, die Renten erhalten sollte, war noch nicht auf den Status einer laufenden Belastung angewachsen, als die Inflation nach dem ersten verlorenen Kriege alles in Frage stellte.
Im Jahre 1911 wurde die Angestelltenversicherung geschaffen. Nach dem Ersten Weltkrieg und der Wiederherstellung der Währung im Dezember 1923 mußte auch damit von neuem begonnen werden. Aber der Aufstieg der Wirtschaft blieb aus: Bis Ende 1932 übertraf die Hilfsbedürftigkeit einer neuen Gruppe, der über 8 Millionen *Arbeitslosen*, alle anderen öffentlichen sozialen Aufgaben. (Diese Gruppe hatte es im Kaiserreich nicht gegeben, für sie war nichts vorgesehen.) Die nachfolgende, bis zum Rüstungsboom des Zweiten Weltkriegs ansteigende Wirtschaftskraft gab der Sozialversicherung einige Jahre für die Stabilisierung.
Der militärische und politische Zusammenbruch des »Dritten Reiches« und die Teilung Deutschlands zerstörten die bisherige gesetzliche und finan-

zielle Restauration erneut; die Schaffung einer stabilen Währung glückte erst im Jahre 1948.

Der »Wirtschaftsaufschwung« in Westdeutschland hat seitdem eine neue, bisher nicht versagende Möglichkeit geschaffen, unter vielen anderen Notwendigkeiten den finanziellen Apparat für eine erneuerte Sozialversicherung mit immer steigenden Zahlen zu sichern. Die »Rentenreform von 1957« garantierte die ständige Anpassung aller Renten an die steigenden Löhne und Gehälter. (Auch die sozialen Leistungen der Kommunen und die Arbeit der freien Verbände erlebten in bescheidenerem Maße eine neue Wachstumsperiode.) Die staatlichen Versorgungsleistungen für den stark gewachsenen Beamtenstab in Gestalt von Pensionen wurde vermehrt und im einzelnen stetig verbessert. Die Sorge, daß eine neue Zeit großer Arbeitslosigkeit das Gesamtbudget der sozialen Staatsleistungen erneut ins Wanken bringen könnte, ist zur Zeit nicht von Bedeutung. Die Stabilität der außenpolitischen Verhältnisse wird auch für die Zukunft vorausgesetzt.

Diese wenigen Daten aus den 90 Jahren, in denen es Sozialversicherung in Deutschland gegeben hat, auch die Erinnerung an die starken politischen Erschütterungen in dieser Zeit, müssen ergänzt werden durch andere soziale Daten, die im 20. Jahrhundert bedeutsam waren, aber von der Gesetzgebung und der sozialen Praxis nur schrittweise in ein logisch und gerecht empfundenes System gebracht werden konnten. In seinem Buch »Motive sozialer Hilfeleistungen« hat Heinrich Braun die Entwicklung der Ideen nach dem Zweiten Weltkrieg geschildert [4]. Diese Übersicht beginnt mit neuen sozialen Motiven nach dem Ersten Weltkrieg und endet mit der vielfältigen Kriegsschadensgesetzgebung nach dem Zweiten Weltkrieg, die Verantwortung für die Schäden und Morde im »Dritten Reich« eingeschlossen. Gegenüber der für friedliche Zeiten mit festen Geldverhältnissen geschaffenen Ordnung der Sozialversicherung und der Praxis der staatlichen Pensionsregelung, der Tätigkeit der sozialen Ämter der Kommunen und der freien Träger ist diese Fülle von Motiven nach 1945 verwirrend. Wer auch nur als Zuhörer einige Jahre in den Sitzungen des Ständigen Beirats beim Bundesausgleichsamt in Bad Homburg dabeigesessen hat, konnte leicht die Hoffnung auf eine klare und gerechte soziale Leistungsskala verlieren. Zu der Fülle von schwierigen Normen aus der Krisenzeit, zu den Normen aus dem Beamtenrecht, zu den Unterschieden zwischen Arbeiter- und Angestelltenrechten, der Einbeziehung der Sicherung für unverschuldete Arbeitslose brachte die zweite Nachkriegszeit neue Fragen und Wünsche an die Sozialpolitik heran, für die im normalen Sozial- und Rechtswesen keinerlei Normen vorhanden waren, zum Beispiel »Entschädigung für die Opfer der nationalsozialistischen Verfolgung« mit einer besonderen Skala der Erwerbsfähigkeit. Wie sollte in den vielfältigen sozialen Fällen, die mit dem Sammelbegriff Entschädigung (Vertriebene, Kriegssach- und Währungsschädigungen, quotale oder soziale Entschädigung usw.) bezeichnet sind, entschieden werden? Braun hat in dem erwähnten Buch einige Dutzend neue Felder für soziale Leistungen angeführt, die für Westdeutschland nicht lange Bestand hatten, nicht nur deshalb, weil die Tatbestände keine lange Dauer hatten, sondern weil die neuen Motivationen den Zusammenhang mit der

4 Verlag Vittorio Klostermann, Frankfurt am Main 1955.

früheren sozialen Praxis und ihren Prinzipien nicht fanden. Die sozialen Überlegungen aus den ersten Jahren nach dem zweiten Kriege wirken heute schon nicht mehr gegenwartsgemäß. Was sich allein unter dem Begriff »Heimatvertriebene« an Hilfsformen entwickelt hatte, um nur ein Beispiel zu nennen, kann heute von der Gesamtheit kaum mehr begriffen werden. Demgegenüber haben der altbekannte soziale Gehalt des Arbeitslebens, das Schicksal des Alters oder die Problematik der heranwachsenden Jugend als dauerhafte soziale Verpflichtungen von Staat und Gesellschaft in den neuen 31 Friedensjahren allmählich ihren Platz wieder erhalten.
Die Erfahrungen, die seit dem Beginn dieses Jahrhunderts gemacht wurden, können vielleicht behelfsweise geordnet werden, wenn der Unterschied von kurzlebigem und dauernd wiederkehrendem sozialen Unglück zu Hilfe genommen wird. So ist denn auch ein großer Teil der bei Braun explizierten Begriffe und Rechtstermini jetzt, mehr als 30 Jahre nach dem Zweiten Weltkrieg, nicht mehr relevant. (Das schließt nicht aus, daß für viele einzelne Menschen Kriegsverluste und -leiden heute so wirksam und bitter sind wie früher, während sie von der Allgemeinheit der heutigen Genießer der öffentlichen Hilfen nicht mehr wahrgenommen werden.)
Eine Reihe, man könnte sogar sagen, eine Kette von Komitees hat seit dem Ende des Zweiten Weltkriegs und dem Ende der Inflation der Aufgabe gedient, ein dauerhaftes, Friedensverhältnissen entsprechendes System der sozialen Leistungen zu begründen, sei es auf älteren oder neueren »Säulen« beruhend. Die »abnormen« Kriegsschäden traten dabei langsam zurück; ob diese Gewichtskorrektur zu einer früheren Ordnung zurückführen würde, blieb lange fraglich. Inzwischen ergab sich, daß die Nachkriegszeit neben ihrem neuen Wohlstand auch neue soziale Probleme gebracht hat, für die Antworten zum Teil noch ausstehen. Nur einiges sei erwähnt: Die Landflucht hat, durch die Wirtschaftsblüte angefeuert, bis heute nicht nachgelassen. Damit scheiden Millionen Menschen aus einem Lebenszusammenhang, der dem Typ des Industriezeitalters und seiner sozialen Ordnung nicht mehr gewachsen ist. (Im hinteren Odenwald ist dieser Abschied von einer alten Lebensform heute noch im Gange mit allen Übergangsformen, für die Omnibuslinien Hilfe leisten. Für die Alten unter den Männern und Frauen entstehen Verluste im Bereich der früher gegebenen gegenseitigen Hilfe; die Einschränkung der kirchlichen Sozialhilfe geht mit diesem Prozeß einher.) Solche Veränderungen sind überall da im Gange, wo bäuerliche Existenz bisher erhalten geblieben war. Die Konzentration der Schulausbildung, der modernen medizinischen Hilfe, der Mode, die heutigen Verkehrsmöglichkeiten führen zu einer neuen Lebensordnung, auch zu neuen sozialen Schäden, für die neue Formen der Abhilfe erstrebt werden. Die Wohnungsprobleme alter Menschen sind nach der Zerstörung der Kerngebiete vieler Großstädte erheblich. 95 Prozent der über 65 Jahre alten Menschen leben nicht in Heimen, sondern »zu Hause«. Da für diese Altersschicht das Berufsleben in der Industrie, im Handel oder in der Verwaltung als Platz des Erlebens und der Aussprache verlorengeht, hängt für sie sehr viel davon ab, wie die Nachbarschaft der Wohnung aussieht. Viele arme alte Leute von Frankfurt haben in der Zeit vor dem Ersten Weltkrieg in der Altstadt zwischen dem Main und der »Zeil« gewohnt; über ihren Lebensduktus hat der Lokaldichter Friedrich Stoltze gründlich berichtet.

Durch die Zentralisierung von Handel und Gewerbe und die Zerstörung der Innenstadt im Zweiten Weltkrieg haben die älteren Vororte, auch wenn sie nur noch weniges von ihrem halbländlichen Status behalten haben, vielen Alten Heimat und Nachbarschaft gewährt. Spezialitäten des Dialekts gehören dazu, Kartenspiel, Kaffeetrinken, genaue Kenntnis von allem menschlich Interessanten in diesem Bezirk, dem man sich zugehörig weiß; für gesunde und stabile »Senioren« spielen die Schrebergärten eine große Rolle in dieser Art von Bürgerschaft. Die Zukunft steht vor ganz anderen Problemen, wenn man die Bevölkerungsstatistik zu Rate zieht. In der neuesten stadtgeschichtlichen Phase ist inzwischen die Verminderung der Wohnbevölkerung im Gange, weil Berufstätige mit Hilfe eines täglichen Pendelverkehrs auf allen Ausfallstraßen eine bisher unbekannte ländliche Freiheit erreicht haben. Die große Anstrengung, den »Senioren« durch allerlei Unterhaltung, Kunst und Information, Gelegenheit zu Bekanntschaften usw. ein freundlicheres Leben, einen Inhalt zu geben, ist sicher nicht erfolglos, aber sie wird durch die neue Phase der Stadtflucht der mittleren Altersschicht erschwert.

## Aspekte von heute und morgen

»Im April 1974 lebten in der Bundesrepublik 8,9 Millionen über 65jährige. Davon waren 3,4 Millionen Männer und 5,5 Millionen Frauen. Das entspricht einem Anteil von 38,6 Prozent Männern und 61,4 Prozent Frauen. Mit dem Alter nimmt der Anteil der Frauen zu. Kamen nach den Zahlen von 1974 bei den unter 45jährigen auf 100 Männer 94 Frauen, so betrug die Sexualproportion bei den über 65jährigen 100 Männer zu 159 Frauen. Nach den Angaben der Statistik ist die Zahl der verwitweten Frauen deutlich höher als die der Männer: 3,0 Millionen = 54,5 Prozent Frauen gegenüber 0,6 Millionen = 17,9 Prozent Männer. Der Anteil der Verheirateten ist unter den Männern mit 76,5 Prozent mehr als zweimal so groß wie unter den Frauen. Von ihnen ist noch knapp ein Drittel, nämlich 32,1 Prozent, verheiratet« [5].

Daß es in den Altenheimen, auch in den Pflegeabteilungen, erheblich mehr Frauen als Männer gibt, hat mehrere Gründe: darunter die statistisch erwiesene längere Lebenserwartung der Frauen und die Verluste des Ersten und Zweiten Weltkriegs, die ganz überwiegend die Männer betreffen. Die Statistik von heute hat ermittelt, daß die älteren Männer eine stärkere Tendenz zur Wiederheirat haben als die Frauen. (Tendenz bedeutet hier nur, daß die Wiederheirat ungleich verteilt ist; die Gründe dafür dürften unter anderem in den besseren Einkommen auf der Mannesseite zu suchen sein.)

»Über das Einkommen der alten Menschen gibt die Statistik — wenn auch nur sehr grob — ebenfalls Auskunft. Von den über 65 Jahre alten Männern hatte im April 1974 stark die Hälfte, nämlich 57,6 Prozent, ein Einkommen

5 Margarete Heinz, Der ältere Mensch in seiner sozialen Umwelt, Referat, gehalten in einem Lehrgang des Fortbildungswerkes des Deutschen Vereins für öffentliche und private Fürsorge, Frankfurt am Main, am 12. Februar 1976 (unveröff. Manuskript).

von weniger als 1000 DM im Monat. Bei den Frauen entfielen 69,9 Prozent in die Einkommensgruppen bis 1000 DM. 44 Prozent der über 65 Jahre alten Frauen erhielten weniger als 600 DM im Monat, während es bei den Männern nur 19,2 Prozent waren. Einkommen aus der Sozialhilfe — laufende Hilfe zum Lebensunterhalt — erhielten im Jahre 1973 281.161 über 65 Jahre alte Personen. Der größte Teil von ihnen waren Frauen, nämlich 217.523 = 77,4 Prozent. Von den Männern erhielten 63.638 = 22,6 Prozent laufende Hilfe zum Lebensunterhalt« [6].

Nicht für die Renten, wohl aber für die anderen Sozialleistungen, vor allem für die Pflegekosten, ist die Verteilung der alten Mitbürger auf die Altersstufen oberhalb der 65-Jahresgrenze entscheidend. Das Statistische Bundesamt hat eine Übersicht versucht [7], die den Anteil der 60 und mehr Jahre alten Männer und Frauen an der männlichen beziehungsweise weiblichen Wohnbevölkerung in den Jahren von 1871 bis 2000 darstellt. Danach hat sich der Anteil der alten Männer schon bis 1975 reichlich verdoppelt. Die Schätzungen für die Zeit von jetzt bis zum Jahre 2000 lassen vermuten, daß der Anteil der über 65jährigen bis 1980 bei den Männern und Frauen wächst, dann aber bei den Männern und Frauen stark sinkt, um bis zum Jahre 2000 ungefähr auf den Status von 1970 zurückzukehren. Die politischen und wirtschaftlichen Schicksale bis zum Jahre 2000 sind dabei nicht vorherzusehen; sehr viel genauer ist die Prognose im Bereich der Fortschreibung der Altersstufen der jetzt bereits Geborenen. Die Schöpfer der deutschen Arbeiterversicherung hatten von 1871 bis 1890 einen Anteil an der Gesamtbevölkerung von etwas weniger als 8 Prozent von 60jährigen und älteren Männern und Frauen vor sich; in der Zeit von 1911 bis 1925 veränderte sich das Verhältnis zum erstenmal stark; der Erste Weltkrieg spielte dabei die entscheidende Rolle. Die weitere Steigerung auf 12 Prozent bis zum Jahre 1939 und auf 16 Prozent Alte in der männlichen Bevölkerung bis 1970 umfaßt die Veränderungen des Zweiten Weltkriegs.

Die noch wesentlich steilere Kurve der Zahlen bei den Frauen (von 8 Prozent 1871 auf fast 24 Prozent 1970) kann mit den Kriegsfolgen nicht erklärt werden. Hier kann vielleicht eher die im ganzen stetige Wohlstandssteigerung eine Rolle spielen. Für die bedeutende Wandlung bei Männern *und* Frauen wären die Verstädterung und die entsprechende Landflucht mit allen zivilisatorischen Fortschritten als Ursachen einzubeziehen.

Die Geschichte der deutschen Sozialversicherung, die in erster Linie als Gesetzesgeschichte oder als ein Stück der Politik aufgefaßt wird, ist durch die Altersdaten, aber auch durch die stetige und einseitige Veränderung der Wirtschafts- und Lebensformen bestimmt. Für die Altershilfe ist nicht nur die Verminderung der Zahl der Beitragszahler im Verhältnis zu den Rentnern, wie sie sich aus den Bevölkerungszahlen ergibt, von Bedeutung; sie wird auch nicht nur durch die wachsende Zahl der Alten beeinflußt, sondern auch durch die steigende Zahl der »Älteren unter den Alten«, die medizinische, oft dauernde Leistungen brauchen, die in Geld ein Vielfaches der Renten oder der Leistungen der Sozialhilfe ausmachen. Auch hierfür kann

6 Heinz, ebd.

7 Statistisches Bundesamt Wiesbaden, Die älteren Mitbürger und ihre Lebensverhältnisse, 1971, Verlag W. Kohlhammer Stuttgart und Mainz, S. 25.

die Tabelle des Statistischen Bundesamtes einen Hinweis geben, der wenigstens den Umriß der Veränderung der Lasten bezeichnen kann. Nimmt man die oft genannte Vermutung, daß der Bedarf an medizinisch kontrollierter Pflege ab dem 75. Lebensjahr häufiger wird, ja, daß neben einer laufenden medizinischen Beratung Krankenhausbehandlung oder die Einweisung in eine Pflegeabteilung eines Altenheims oft unvermeidlich wird, so tut sich ein neues Feld der öffentlichen Pflichten auf, das durch die Rentengewährung nicht abgetan ist; ein Feld, das trotz der Novelle der Krankenversicherungsgesetzgebung zugunsten der Alten aus dem Jahre 1942 bisher nicht ausreichend versorgt ist.

Nimmt man die Verlängerung der Pflichten für alte Menschen in Gestalt von Renten und den Aufgaben der Pflege, so ist die Einschränkung der Pflichtjahre bis zur Rentenzahlung wie auch die Einschränkung der Beitragspflicht durch die länger dauernde Ausbildungszeit für die Behebung der Nöte der Pflegebedürftigen, bei denen dauernde medizinische Versorgung wie auch der mit den Altersjahren steigende Aufwand in geeigneten Pflegeheimen erforderlich wird, eine zusätzliche Kalamität. Das Problem der medizinischen Hilfen und der geeigneten Pflegeheime ist erst akut geworden, als seit dem Ende des Ersten Weltkriegs der Anteil der Alten an der Gesamtbevölkerung stetig und bis heute auf ein Vielfaches der seit der Schaffung der Sozialversicherung stabilen Daten angewachsen ist.

Einzelheiten der zukünftigen Entwicklung hat Dieter Deininger vom Statistischen Bundesamt in Wiesbaden zusammengestellt [8]. Die deutsche Bevölkerung wird von 1975 bis 1990 um 3,1 Millionen auf 54,8 Millionen sinken (Männer — 4,4 %, Frauen — 6,4 %). Die Zahl der über 65jährigen erreicht ihr Maximum mit 9,2 Millionen im Jahre 1980 und sinkt danach ab — innerhalb von 5 Jahren auf 8,2 Millionen —. 1990 wird es 2 % mehr Frauen von 65 Jahren geben als 1975, aber 18 % weniger Männer. Im Jahr 1975 stehen 100 über 65jährigen Männern 166 gleichaltrige Frauen gegenüber, im Jahr 1980 180, 1985 198 und 1990 sogar 206. »Der Grund liegt darin, daß die Kriegsverluste des Zweiten Weltkriegs in zunehmendem Maße sich auf die Zahl der über 65jährigen Männer auswirken« [9].

Für die sozialen Aufgaben, die vor uns liegen, bedeutet der ungleiche Anteil zwischen Männern und Frauen in den Altersjahren, daß die Frauen, die in der Regel wesentlich weniger Sicherung aus Renten oder Pensionen haben, besonderer Hilfe bedürfen.

Diese Sorge wird sich bis zum Jahre 1990 steigern. Die Personen im Alter zwischen 65 und 75 Jahren machten 1975 zwei Drittel aller alten Menschen aus, 1990 wird diese Gruppe der 65—75jährigen nur noch 54,7 % stark sein. Die Zahl der über 75jährigen wird dagegen von 2.910.000 auf 3.759.000, also fast um 30 % steigen. Folgende Zunahmeraten werden für den Prognosezeitraum erwartet:

8 Dieter Deininger, Die zukünftige Entwicklung des Anteils älterer Menschen an der Bevölkerung unter besonderer Berücksichtigung der Sozialhilfeempfänger, Vortrag, gehalten auf einer Fachausschußsitzung des Deutschen Vereins für öffentliche und private Fürsorge, Frankfurt am Main, am 6. März 1976 (unveröff. Manuskript).

9 Deininger, ebd., S. 5.

bei den 75- bis unter 80jährigen um 276.000 bzw. 17 %,
bei den 80- bis unter 85jährigen um 363.000 bzw. 43 %,
bei den 85- bis unter 90jährigen um 170.000 bzw. 51 % und
bei den über 90jährigen um 40.000 bzw. 43 %.

»Das zahlenmäßige Übergewicht der Frauen wird übrigens — bedingt durch deren günstigere Lebenserwartung — mit zunehmendem Alter größer.« [10]

In diesem Zeitraum sinkt trotzdem die sogenannte Belastungsquote: Auf 100 Personen im erwerbsfähigen Alter kommen im Jahre 1975 58 Personen im nichterwerbsfähigen Alter, im Jahre 1990 nur noch 44, also fast ein Viertel weniger. Dieser Trost ist eine Täuschung: Der Anteil der Erwerbsfähigen wird ab 2000 erneut sinken.

Die Aufgaben der Altenhilfe hängen von der Zahl der alten Männer und Frauen ab. Der Mikrozensus ergab für April 1974, daß die Zahl der alleinwohnenden über 65jährigen Frauen wesentlich höher war als die Zahl der Männer, die allein wohnten. Insgesamt wohnten 63,3 % der über 65jährigen Einwohner in Mehrpersonenhaushalten, 33,5 % in Einpersonenhaushalten und 3,2 % in Anstalten. Auch bei diesen 3,2 % hatten die Frauen einen wesentlich höheren Anteil. Der Anteil der Heimbewohner steigt mit dem Alter; man schätzt, daß die Zahl der über 65jährigen Anstaltsbewohner von 285.000 (1974) auf 327.000 im Jahre 1990 steigen wird.

Für die 65- bis unter 75jährigen wird der Bedarf an Heimplätzen sinken, während er für die älteren Menschen, die zumeist pflegebedürftig sind, um rd. 60.000 steigen wird.

Die mindere Lage der Frauen kehrt in der Statistik immer wieder: Die älteren Menschen bestreiten ihren Lebensunterhalt überwiegend von Einkünften aus Renten, Pensionen usw.: die Männer zu 87 %, die Frauen zu 68 %. Bei den Frauen ist die zweithäufigste Einkommensquelle die Unterstützung durch Angehörige (23 %). Der Anteil derer, die überwiegend von Sozialhilfe leben, beträgt bei den über 65jährigen Männern 1,3 % und bei den über 65jährigen Frauen 2,9 %. Die Zahl der älteren Frauen, die Sozialhilfe in Anstalten erhalten, hat in den letzten Jahren zugenommen; für 1990 wird eine weitere kräftige Zunahme vermutet.

Die Altersstatistik weist einen stetigen Zuwachs der Greise aus:

Der Anteil der über 60 Jahre alten Männer an der Gesamtheit der männlichen Bevölkerung betrug, wie schon erwähnt, 1870 etwas unter 8 %, bei den Frauen etwas über 8 %. Bis 1911 blieben diese Prozentsätze ziemlich gleich; bis 1939 stieg dieser Anteil bei den Männern auf 12 %, bei den Frauen auf mehr als 13 % der Gesamtheit. Bis 1975 wuchs der Anteil der über 60 Jahre alten Frauen auf über 24 %, bei den Männern über 16 % (die Verluste im Zweiten Weltkrieg wirken sich aus). Das Statistische Bundesamt Wiesbaden hat die weitere Entwicklung des Anteils der Alten bis zum Jahre 2000 geschätzt: Der Anteil der Frauen wird etwas sinken, der Anteil der Männer im Alter von 60 Jahren und älter wird auf mehr als 16 % der Gesambevölkerung steigen [11].

»Nach den Annahmen, die der 5. Koordinierten Bevölkerungsvorausschätzung zugrunde liegen, ist für den gesamten Vorausschätzungszeitraum mit

10 Deininger, ebd., S. 5.
11 Siehe Fußnote 7.

einem Rückgang der deutschen Bevölkerung zu rechnen. Die Bevölkerung wird (wie schon erwähnt), von 1975 bis 1990 um 3,1 Millionen bzw. 5,4 % (Männer — 4,4 %, Frauen — 6,4 %) auf 54,8 Millionen sinken. Wegen der seit 1966 rückläufigen Geburtenziffern kommt es zu einem starken Rückgang der Zahl der unter 15jährigen: Sie sinkt von 12.482.000 im Jahr 1975 auf 8.399.200 im Jahr 1990, also rund um ein Drittel ... Wegen der früheren geburtenstarken Jahrgänge wird es dagegen bei den Personen im erwerbsfähigen Alter — von 15 bis unter 65 Jahren — zu einer leichten Zunahme kommen« [12]. Die Besonderheit der Kriegsverluste wirkt sich im Verhältnis von Männern und Frauen noch lange aus: »Im Jahre 1990 wird es 2 % mehr Frauen im Alter von 65 und mehr Jahren geben als 1975, aber 18 % weniger Männer dieses Alters« [13].

»Während 1975 zwei Drittel der über 65jährigen im Alter zwischen 65 und 75 Jahren standen (wie bereits erwähnt), werden es 1990 nur noch 54,7 % sein. Die Zahl der über 75jährigen wird dagegen ganz erheblich steigen, nämlich von 2.910.000 auf 3.759.000, also um fast 30 %. Der Anteil der Greise an der Bevölkerung nimmt damit von 5 % (1975) auf fast 7 % zu« [14].

Ob die Zukunft den Alten, die jetzt so gern »Senioren« genannt werden, mehr oder weniger erträgliche Lebensverhältnisse bereithält, wird vor allem davon abhängen, ob die Arbeitsbevölkerung die Last der Alten zu tragen bereit sein wird, wie sie sich aus den statistischen Daten ergibt. Hat die Sozialpolitik im Bereich des Alters ihre Aufgabe mit den Rentenzahlungen und ihrer dynamischen Steigerung erfüllt oder bedarf es für die übersehbare Zukunft einer ausgewogenen Strategie, die den alten Menschen Renten *und* medizinische Lebenshilfe gewähren kann?

12 Deininger, ebd.
13 Deininger, ebd.
14 Deininger, ebd.

Dieter Schewe

# Von der ersten zur zweiten Rentenreform 1957—1976

## Die Entwicklung der Gesetzgebung über die Rentenversicherung

Die stürmische Entwicklung der sozialen Rentenversicherung läßt sich leicht an den finanziellen Ergebnissen ablesen: Wurden 1956, im Jahr vor der Rentenreform, erst 9 Mrd. DM ausgegeben, so waren es 1976 131 Mrd. DM — eine Größe, die sich nicht mehr bildhaft vorstellen läßt. Auch wenn man die Lohn- und Preisentwicklung eliminiert, ist der Anteil der Ausgaben der Rentenversicherung am Bruttosozialprodukt in dieser Zeit von 5 Prozent auf 10 Prozent gewachsen. Eine Entwicklung, die sich in Zahlen so deutlich darstellen läßt, war für die Sozialgesetzgebung — und in ihr Ernst Schellenberg an der zentralen Stelle — nicht weniger stürmisch, und dies ohne große Unterbrechung, wenn auch der Wind — um im Bild zu bleiben — im Laufe der 20 Jahre vorübergehend die Richtung wechselte.

### Die Rentenreform als Grundlage der Entwicklung

Die Grundlagen der Rentenversicherung gehen auch heute noch auf die Rentenreform des Jahres 1957 zurück. Wenn auch heute noch die erste Rentenreform so mächtig im Bewußtsein der Beteiligten haften geblieben ist, so beruht dies nicht nur auf ihrer sozialen und politischen Wirkung, sondern auf ihrer politischen Einmaligkeit, wurde sie doch von (und auch gegen) einer eher konservativ zu nennenden Koalition gemacht und schien sie doch einen Durchbruch zu einer Sozialreform, die den Interessen der breiten Bevölkerungsschichten dient, glaubhaft zu machen. In der Öffentlichkeit setzte man vielfach den Inhalt der Rentenreform 1957 mit der Einführung der sogenannten Rentendynamik gleich. Tatsächlich bestimmen vier neue Elemente seinerzeit die Reform und die Jahre bis heute und noch darüber hinaus. Da war erstens der Gedanke der Beitragsrente, die in Wirklichkeit eine Lohnrente und letztlich eine Leistungsrente war.[1] Bei der Messung der Lebensarbeitsleistung wurde der Zeitfaktor durch den Steigerungssatz je Jahr (1,5 v. H.) höher als der Lohnfaktor (Prozentsatz des Durchschnittslohns) bemessen und damit der Arbeitstreue ein größeres Gewicht als der Arbeitsqualifizierung zugebilligt, die langjährig Pflichtversicherten wurden also von der damals neuen Rentenformel besonders bevorteilt. Das zweite neue Element, das die Rentenreform 1957 geschaffen hat, war die Dynamisierung der Leistung, also die Anpassung an die Lohn-

1 Der Gedanke ist zuerst im Gutachten von W. Bogs, Grundfragen des Rechts der sozialen Sicherheit und seiner Reform, Berlin 1955, S. 118, ausgebreitet worden, an dem der Verfasser mitgearbeitet hat.

und Gehaltsentwicklung mit einem time lag. Für das dritte Element hat sich heute die Bezeichnung »Rentenniveau« eingebürgert. 1957 ging man davon ab, die Rente nur als Zuschuß zum Lebensunterhalt zu sehen, und erkannte den Grundsatz an, daß die Rente für die breite Bevölkerung das einzige und gesamte Einkommen im Alter darstellt und daher deren Bedürfnisse, wenn auch bescheiden, decken soll. Schließlich gelang es damals als vierte Neuerung ein Element weiterzuführen, das in der Sozialversicherung im Unterschied zur Privatversicherung von Anfang an angelegt war, nämlich den sozialen Ausgleich zwischen den vom Schicksal benachteiligten und den bevorzugten Versicherten [2], verwirklicht u. a. durch die Anrechnung von Ersatz- und Ausfallzeiten, die Zurechnungszeit und die Rehabilitation.

Es war das politische Schicksal der Rentenreform und (neben den finanziellen Problemen) das Schicksal gerade dieser vier Elemente, daß sie zwar richtig gewählt und angesetzt waren, aber nicht voll ausgeprägt wurden. Daher hat sich die Gesetzgebung 15 lange Jahre bis zur Rentenreform 1972 mit ihnen abgeben müssen:

Mit dem Verhältnis von Lohn- und Beitragsrente bis zur Härtenovelle 1965,

mit der Dynamisierung der Renten bei jedem der jährlichen Rentenanpassungsgesetze, mindestens bis 1969,

mit dem Rentenniveau bis zur Rentenreform 1972 und

mit dem sozialen Ausgleich bis zur Rente nach Mindesteinkommen ebenfalls bis 1972.

So waren die Schöpfer und Mitgestalter der Rentenreform, wie weit man den Kreis auch immer ziehen mag und wie unterschiedlich auch immer ihre Mitwirkung war, mit den grundsätzlichen Erfolgen zufrieden oder mindestens einverstanden, während die konkret erzielten Ergebnisse teilweise hinter den Erwartungen zurückblieben.

## Die Rentengesetzgebung in der III. und IV. Legislaturperiode 1957—1961 und 1961—1965

Besonders deutlich wurde dies, als schon die erste Rentenanpassung 1958 ausfiel und die folgenden (1959—1962) auf politische Schwierigkeiten stießen [3] und in der Öffentlichkeit laut der Ruf nach einer »Reform der Rentenreform« erscholl, worunter sich der Wunsch nach einem Bremsen der Rentenanpassungen verbarg.

In die gleiche Richtung deutete es, wenn schon bei der Einführung der Altershilfe für Landwirte im Sommer 1957 ganz wenige Stimmen im Bundestag für die Einbeziehung der mithelfenden Familienangehörigen fehlten, die dann erst 1970 erfolgte. In der anschließenden Legislaturperiode des Bundestags (1957—1961) zeigte sich nämlich, daß der Gesetzgeber erst einmal auf dem Gebiet der Rentenversicherung eine Atempause einlegte

2 Vgl. Schewe, Die Umverteilung durch die soziale Rentenversicherung, in: Zeitschrift für Sozialrecht. 1967, S. 147 ff.

3 Schewe, Die Anpassung der Renten und der Sozialbeirat für die Rentenversicherung, in: Die Sozialversicherung, 1958, S. 270 und 303 (305).

und daß die damalige Mehrheit selbst die Nachläufer der Rentenreform hinausschob, so das Fremd- und Auslandsrenten-Neuregelungsgesetz (1960) und das Handwerkerversicherungsgesetz (1960). Nimmt man zu diesen beiden Gesetzen noch die Novelle zur Altershilfe für Landwirte von 1961, so sieht man, daß das Interesse der maßgebenden politischen Kräfte zwar nicht nur, aber vornehmlich darauf gerichtet war, gesellschaftlichen Sondergruppen — Vertriebenen, Selbständigen — Vorteile der sozialen Sicherung zukommen zu lassen, die der Großteil der Arbeitnehmer nach ihrer Meinung schon durch die Rentenreform erhalten hatte, wobei der Gesetzgeber bei der Anrechnung von Beschäftigungszeiten für Vertriebene, bei der Begrenzung der Versicherungspflicht von Handwerkern und bei dem Bundeszuschuß für die Altershilfe für Landwirte darüber hinausging. Vielleicht hätte hier das Tuberkulosehilfegesetz 1959 einen neuen Ansatz geboten, führte es doch erstmalig einen Rechtsanspruch auf Rehabilitation gegen die Rentenversicherung ein, aber einen Anschluß daran hat es erst 1974 durch das Rehabilitations-Angleichungsgesetz gegeben.

Die sozialpolitische Gesetzgebung in der dritten und vierten Legislaturperiode des Bundestages kann, ohne das Schicksal der (gescheiterten) Reform der Krankenversicherung zu schildern, nicht voll gewürdigt werden. Für die Rentenversicherung, die in diesem Beitrag allein abzuhandeln ist, stand die vierte Legislaturperiode unter dem Eindruck der sogenannten Härte-Novelle (Rentenversicherungs-Änderungsgesetz) des Jahres 1965, die durch einen Bericht vorbereitet war und die Sozialpolitik dieser Bundestagsperiode abschloß. Der Versuch, sie durch eine Ausweitung der Voraussetzungen bei der Anrechnung von Ersatz- und Ausfallzeiten zu einer Fortsetzung der Rentenreform zu machen — an dem Versuch war gerade Ernst Schellenberg hauptsächlich beteiligt [4] —, gelang nur zu einem Teil, andererseits hoben Änderungen in der Rentenberechnung die Bedeutung der Beitragshöhe hervor und verringerten die Wirkung einer langjährigen Pflichtversicherung auf die Rentenhöhe. Einerseits gelang es der Härte-Novelle, die »Reform der Rentenreform« zu einigen Verbesserungen umzulenken, andererseits veränderte sie den ersten der Grundsätze der Rentenreform.

Ebenso janusköpfig wie die Härte-Novelle mußte in den beschriebenen acht Jahren die Stellung und Einstellung der Sozialpolitiker in Regierung und Parlament, in Mehrheitskoalition und Opposition sein, erst recht schwierig für den Vorsitzenden des Ausschusses für Sozialpolitik des Bundestags, Ernst Schellenberg. Einerseits mußte das Ergebnis der Rentenreform 1957, die von der Bevölkerung begrüßt wurde, akzeptiert, andererseits mußten die Grundsätze der Rentenreform sogar gegen die Mehrheitskoalition, deren Regierung 1957 die Rentenreform durchgesetzt hatte, verteidigt werden. Einerseits verbesserten auch nicht sehr bedeutsame Gesetze und die Defacto-Automatik der Rentendynamik [5] die soziale Sicherheit, andererseits fand der soziale Impetus der Rentenreform keine Fortsetzung.

4 Nicht ohne Unterstützung aus der Ministerialbürokratie.
5 Schewe, Fünf Rentenanpassungen, Bundesarbeitsblatt 1963, S. 259.

## Die Rentengesetzgebung unter dem Eindruck der Wirtschaftsrezession 1965—1969 (V. Legislaturperiode)

Man könnte diesen Abschnitt mit der Abwandlung einiger Sprichwörter anfangen: »Die Krise ist der Vater aller Dinge« — und der Wirtschaftsrezession ist die Entscheidung des Streits über die Schutzbedürftigkeit und den Umkreis der Versicherungspflicht zu danken —, und »Die Wege der Gesetzgebung sind verschlungen«; von der Wirtschaftsrezession der Jahre 1966/67 führte zwar ein direkter Weg zur Einschränkung der Staatsausgaben und damit der Bundeszuschüsse zur Rentenversicherung im Finanzänderungsgesetz 1966/67, aber es war ein Kunststück, einen Ausgleich dafür durch Ausdehnung der Versicherungspflicht auf alle Angestellten zu finden und damit eine alte sozialpolitische Forderung auf Gleichheit von Arbeitern und Angestellten, jedenfalls auf dem Gebiet der Rentenversicherung, zu erfüllen. Auch andere Ergebnisse dieser verschlungenen Wege waren sozialpolitisch sinnvoll: Die Abschaffung der Beitragserstattung an Frauen bei Heirat mit dem Ziel, erworbene Rentenansprüche von Frauen wenigstens zu erhalten und nicht zu vernichten, die Wiedereinführung der Arbeitgeberbeiträge für Rentner (in der Härte-Novelle 1965 gestrichen) und schließlich auch die Erhöhung der Beitragssätze von 14 auf 17 v. H. der Arbeitsentgelte, die ohnehin für einige Jahre später vorgesehen war. Weniger von bleibendem Wert war die Einführung eines Beitrags der Rentner zu ihrer Krankenversicherung, der aber im Laufe des Gesetzgebungsverfahrens von 4 auf 2 v. H. herabgesetzt wurde und 1970 wieder aufgegeben wurde. Seine Einführung stand überdies in engem Zusammenhang mit der Einbeziehung aller Rentner in die soziale Krankenversicherung. So ließ sich [6] und läßt sich heute nur schwer ein einheitliches, zusammenfassendes Urteil über die Wirkung des Finanzänderungsgesetzes 1967 auf die Rentenversicherung abgeben; langfristig werden wohl die Vervollkommnungen des Systems die mehr kurzfristigen Verschlechterungen aufgewogen haben. Daß die Rentenversicherung besser über die Runde der mittelfristigen Finanzplanung kam, als viele es dachten und manche es wollten, ist wesentlich Ernst Schellenberg zu danken, bei dem die Fäden der Entscheidungen im Bundestag z. Z. der Großen Koalition zusammenliefen.

Nicht anders war es beim 3. Rentenversicherungs-Änderungsgesetz, das 1969 die Sozialpolitik dieser Legislaturperiode abschloß. Es führte zusammen mit dem Rentenfinanzausgleichs-Gesetz von 1964 den Finanzausgleich von der Angestelltenversicherung zur Arbeiterrentenversicherung ein, weiter den Defizitausgleich innerhalb der Arbeiterrentenversicherung und ein System der Liquiditätsreserven und -hilfen — Maßnahmen also, die sich im Wirtschaftsrückgang 1973/76 bewährt haben. Hinzu kam die Neuregelung des Deckungsverfahrens, hier vor allem die Begrenzung der Vorausschätzungen auf einen Zeitraum von 15 Jahren, die Herabsetzung der Rücklage und eine nochmalige Erhöhung des Beitragssatzes auf 18 v. H. ab 1973. Wichtig war schließlich die Besiegelung der jährlichen Regelmäßigkeit der Rentenanpassung (durch Streichung einer Ausnahmevorschrift) und die im ganzen

6 Schewe, Die Sozialversicherung im Finanzänderungsgesetz, in: Wege zur Sozialversicherung, 1968, S. 1.

getroffene politische Entscheidung, daß bei finanziellen Schwierigkeiten die Rentenanpassungen weitergehen. Dieses insgesamt positive Gesamtergebnis aus der Diskussion um die Rentenversicherung in einer Wirtschaftsrezession muß jeden Betrachter auch heute noch verblüffen. Nicht zuletzt war es die Überlegung von Ernst Schellenberg als Ausschußvorsitzendem, die Beratung des vorstehend geschilderten Gesetzes 3 Jahre lang hinauszuzögern, bis es in einer Zeit des Wiederanstiegs verabschiedet werden konnte.[7]

## Die zweite Rentenreform 1969—1972 (VI. Legislaturperiode)

Mit der Konsolidierung der Finanzen 1969 war die Ausgangslage für die Rentenreform 1972 gesichert, und aus der 15-Jahres-Rechnung ließ sich ein Überschuß erkennen, der anfänglich von der Regierung auf gut 100 und von der Opposition auf gut 200 Mrd. DM geschätzt wurde. Die Rentenreform verwirklichte vier hauptsächliche Programmpunkte, nämlich

1. die flexible Altersgrenze (63 Jahre i. a.),
2. die Rente nach Mindesteinkommen,
3. die Öffnung der Rentenversicherung für die gesamte Bevölkerung und
4. die vorgezogene Rentenanpassung (um ein halbes Jahr).

Hinzu kamen

5. die Einführung einer Rentenniveauklausel,
6. Verbesserungen bei der Anrechnung beitragsloser Zeiten und
7. die Intensivierung der elektronischen Datenverarbeitung mit Auskunftserteilung.

Leider fiel die Einführung eines sogenannten Baby-Jahrs für Frauen, das der Regierungsentwurf enthalten hatte, der vorzeitigen Ausschöpfung des finanziellen Spielraums zum Opfer.

Dem finanziellen Gewicht nach nimmt von den ersten vier Programmpunkten die vorgezogene Rentenanpassung fast die Hälfte der Mehrausgaben ein. Trotzdem kann die soziale Bedeutung der flexiblen Altersgrenze gar nicht unterschätzt werden, stellte sie doch erstmalig seit der Rentenreform des Jahres 1957 eine Änderung dar, die unmittelbar sich auf diejenigen bezog, die im Arbeitsleben standen, und die arbeitsmarktpolitische Bedeutung und die Wirkung für das Selbstgefühl dieser älteren Jahrgänge von Arbeitnehmern gehen über die Auswirkung auf die Rentenversicherung hinaus; denn die flexible Altersgrenze verändert den Status des älteren Arbeitnehmers und bringt deutlich zum Ausdruck, daß hier eine strukturelle Änderung des Arbeitslebens beabsichtigt war. Die Rente nach Mindesteinkommen stellt sich als notwendige Ergänzung der Leistungsrente der Rentenreform 1957 dar.[8] Sie hat fast ausschließlich Frauen betroffen, die durch die Entwicklung der Löhne in den letzten 40 Jahren (Tabakarbeiterin, Textilarbeiterin) benachteiligt waren.

Eine Wertung der Rentenreform des Jahres 1972 fällt schwerer als die des

7 Schewe, Zum Werdegang des Dritten Rentenversicherungs-Änderungsgesetz, in: Bundesarbeitsblatt, 1969, S. 463.

8 Dafür schon 1959 der Verfasser, Der soziale Ausgleich in der Rentenversicherung, in: Sozialreform und Sozialrecht, hrsg. von Jantz, Neumann-Duesberg, Schewe, Berlin 1959, S. 333 ff.

Jahres 1957. Dies liegt vor allen Dingen daran, daß sich bei der Rentenreform des Jahres 1972 unterschiedliche Ansätze durchgesetzt haben. Gewiß wurden diese Ansätze im Regierungsentwurf noch durch den Gedanken der Flexibilität (freiwillige, flexible Öffnung, flexible Altersgrenze) noch gerade verkettet, aber auf die Vorverlegung der Rentenanpassung trifft dieser Gedanke sicherlich nicht mehr zu.
Abgesehen hiervon ist bei der Rentenreform 1972 auch das rentenpolitische Gesamtbild differenziert. Stand eine generelle Rentenerhöhung im Vordergrund? Wollte man in erster Linie strukturelle Änderungen vornehmen, wie es bei der Altersgrenze geschah und wie es bei dem Wegfall des sogenannten Babyjahres nicht geschah, oder wurde ein komplementärer Ausbau der Rentenversicherung angestrebt? Alle drei Gesichtspunkte sind in der Rentenreform zum Zuge gekommen. Ursächlich dafür war die politische Lage am Ende der verzögert begonnenen Beratungen im Bundestag. Das Rentenreformgesetz, vorgelegt von Bundesminister Arendt und der Bundesregierung und im sozialpolitischen Ausschuß von der Regierungskoalition beschlossen, erhielt die letzte Fassung mit einer Stimme einer neuen Mehrheit am vorletzten Tag der bis dahin bestehenden Koalition. In jenen Tagen, in denen die alte Koalitionsmehrheit allmählich aus Gründen, die außerhalb der Sozialpolitik lagen, schwand, zeigte sich drastisch die Wirksamkeit des bekannten Satzes, daß Politik (nur) die Kunst des Möglichen ist, und zu dieser Kunst gehörte es in jenen turbulenten letzten Tagen, überhaupt noch ein verkündungsfähiges Gesetz im Wirbel der Abstimmungen zustandezubekommen; die Verantwortung hierfür lag zentral bei dem Ausschußvorsitzenden Ernst Schellenberg, der das Heft in der Hand behielt.
Inzwischen sind die neuen Regelungen des Rentenreformgesetzes 1972 längst in die Wirklichkeit umgesetzt, zuerst natürlich die vorgezogene Rentenanpassung, dann in etwa dreiviertel Jahren die Rente nach Mindesteinkommen, mit einer stärkeren Verzögerung die Flut der Rentenanträge mit der neuen Altersgrenze, und erst 1975 lief die Frist für die Anträge auf Nachentrichtung von Beiträgen für Selbständige und andere ab. Als Nachwirkung haben zwei Probleme den Gesetzgeber der nächsten (VII.) Legislaturperiode beschäftigt, nämlich die Korrektur der flexiblen Altersgrenze, die den Nebenverdienst bei der flexiblen Altersgrenze in der Richtung der ursprünglichen Regierungsvorlage begrenzte, und die Korrektur der Rentenniveauklausel auf ein normales Maß. Beide Lösungen (Viertes Rentenversicherungs-Änderungsgesetz 1973) haben die finanzielle Belastung der Rentenversicherung in Grenzen halten können, und wer sich die heutige Finanzentwicklung ohne diese Korrekturen vorstellt, wird den Widerstand, der sich ihnen noch vor drei Jahren entgegenstellte, kaum noch verstehen können.

## Die Ergänzungen der zweiten Rentenreform in der VII. Legislaturperiode (1972—1976)

Während nach der Rentenreform 1957 der Gesetzgeber auf diesem Gebiet erlahmte, setzte er 1973 seine rege Tätigkeit fort, und zwar auch ohne Berücksichtigung des bereits dargestellten 4. Rentenversicherungs-Änderungsgesetzes. Allerdings gaben die gesetzlichen Änderungen in der Rentenversicherung zum Teil sozusagen nur die Begleitmusik zu anderen Gesetzen ab, vor allem zu solchen, die im Zuge der Rechts- und Justizreform ergingen. Eine Aufzählung soll dies belegen, wenn sie auch Gesetze von unterschiedlichem Gewicht enthält.

Es begann mit dem Schwerbehindertengesetz, das das flexible Altersruhegeld auf einen größeren Kreis von Schwerbehinderten erstreckte. Es folgte das Rehabilitations-Angleichungsgesetz und die Nachversicherung der Pflegepersonen bei der Pflege von Behinderten in Kriegsopferversorgung und Sozialhilfe. Dann schloß sich die Zusatzversorgung für landwirtschaftliche Arbeitnehmer und die Dynamisierung und Staffelung der Altersgelder für Landwirte, also eine Anpassung an die Rentenformel der allgemeinen Rentenversicherung, an. Das Volljährigkeitsgesetz brachte Nebenregelungen für Witwen mit Kindern, das Konkursausfallgeld eine Erweiterung der Beitragspflicht zur Rentenversicherung. Das Sozialgesetzbuch bringt (abgesehen von seinem allgemeinen Inhalt) vor allem mit der Verzinsung fälliger Rentenansprüche eine wichtige Änderung. Die Sozialversicherung für Behinderte hat den Begriff der Erwerbsunfähigkeit für Behinderte praktisch vom Versicherungsbegriff gelöst. Die Sozialversicherung für Strafgefangene wird eine Regelung ermöglichen, nach der ab 1979 für Strafgefangene Beiträge entrichtet werden. Auch die erstmalige Regelung der betrieblichen Altersversorgung und dort vor allem der öffentlich-rechtlichen Zusatzversorgungen gehört in diesen Rahmen mit hinein. Die Veränderungen für den Kinderzuschuß anläßlich der Neuregelung des Kindergeldes und schließlich der Versorgungsausgleich bei Ehescheidungen treten hinzu. Dabei sind noch die internationalen Verträge, die Rentenanpassungsgesetze, die Sozialversicherungsgesetze, die das Verfahren betreffen, und einige andere kleinere Änderungen ausgelassen. Die Reihe der Aufführungen genügt, um erkennen zu lassen, daß auch in der VII. Legislaturperiode eine beachtliche Bilanz der Rentenversicherung gezogen werden kann, obwohl sie alle zusammengenommen natürlich nicht an das Ausmaß der Rentenreform 1972 oder 1957 herankommen.

Aus dieser Fülle der Gesetzgebung zur Rentenversicherung sind die Hilfen für Behinderte, der Versorgungsausgleich bei Ehescheidungen und die zusätzliche Altersversorgung bestimmter Arbeitnehmergruppen hervorzuheben. Deutlich geht die Entwicklung von der Schutzbedürftigkeit der Arbeitnehmer weiter zur Versicherung aller Erwerbstätigen — das war der Schritt der Rentenreform 1972 für die Selbständigen — und darüber hinaus auf Gruppen, die nicht oder nicht mehr im Erwerbsleben stehen — insbesondere Hausfrauen — oder sich an dessen Rande befinden (Strafgefangene, Pflegepersonen, Behinderte).

In den vier Jahren der letzten Legislaturperiode ist ein Problem einer Lösung nähergebracht worden, nämlich die weitere Angleichung des allgemeinen Rentenniveaus an das der Beamten, und zwar auf eine unorthodoxe Weise, in dem die Gesetzgebung auf die zusätzliche Alterssicherung übergegriffen hat. In der Rentenreform 1972 war bereits die Seemannsrente eingeführt worden, die landwirtschaftlichen Arbeitnehmer haben inzwischen eine Zusatzversorgung erhalten, und die betriebliche Altersversorgung hat die Prinzipien der Altersgrenze, der Unverfallbarkeit und der Nichtanrechnung sonstiger Leistungen in dem Gesetz über die betriebliche Altersversorgung übernommen. Damit ist der Bereich der zusätzlichen Alters-

versorgung, wenn auch erst einmal ohne sehr große Auswirkungen, erstmalig festgeschrieben worden, so daß es nicht nur eine gesetzliche Rentenversicherung, sondern darüber hinaus einen vom Gesetzgeber geregelten Bereich mit den verschiedenen Formen der öffentlich-rechtlichen Zusatzversicherung und der privatrechtlichen Zusatzversorgung gibt.
Schließlich hat mit dem Versorgungsausgleich bei Ehescheidung die Gesetzgebung über die Stellung der Frau im Rahmen der sozialen Rentenversicherung begonnen, nachdem in die Rentenreform 1972 zwar die vornehmlich für Frauen bestimmte Rente nach Mindesteinkommen, nicht aber das sog. Baby-Jahr aufgenommen wurde. Schlagen wir den Bogen zur Rentenreform 1957 zurück, so finden wir dort keine Ansätze für Lösungen für die soziale Sicherung der Frau, aber für die Zukunft ist der Gesetzgeber, auch wegen des Urteils des Bundesverfassungsgerichts (1975) über die Fortgeltung der Regelungen der Witwenrente bis 1984, zu neuer Überlegung aufgerufen.
Stärker als die neue Gesetzgebung in der VII. Legislaturperiode hat die Verschlechterung der finanziellen Lage der Rentenversicherung das politische Handeln beeinflußt. Haben sich auch die Instrumente des Finanzausgleichs und der Liquiditätsreserven über mehr als 3 Jahre bewährt und besteht diese Hoffnung auch für den größten Teil des Jahres 1977, so ist doch in den Jahren 1974 bis 1976 eine Überzahlung der Beiträge für die Krankenversicherung der Renten an die Krankenkassen hinzugekommen, die zwar wirtschaftlich vernünftig, aber doch unvorhersehbar war. Ohne sie würde die Liquidität der Rentenversicherung für mehr als fünf Jahre gesichert sein, und der Gesetzgeber über die Rentenversicherungsfinanzen hat sich 1969 nicht vorstellen können und nicht vorzustellen brauchen, daß eine Wirtschaftskrise länger als diese Zeit dauern würde. So ist die sog. Kostenexplosion in der Krankenversicherung auch für die Liquiditätslücke der Rentenversicherung ursächlich, wenngleich für die langfristig entstehenden Defizite andere Ursachen verantwortlich gemacht werden müssen und der Gesetzgeber sicherlich erneut tätig werden wird, damit die Rentenversicherung ihre Aufgabe, einen sozialen Ausgleich zwischen den Generationen und zwischen den Bevölkerungsschichten zu erreichen, voll erfüllen kann. Diesmal allerdings wird dem Gesetzgeber die direkte Mitgestaltung von Ernst Schellenberg, der der Rentengesetzgebung in den 20 Jahren, über die hier berichtet worden ist, seinen Stempel aufgedrückt hat, fehlen.

# 3. Kriegsopfer und Behinderte

## Leonhard Trometer

## Die Kriegsopferversorgung nach 1945

In der Geschichte der Völker hat die Versorgung von Kriegsopfern samt ihrer Probleme immer eine Rolle gespielt. Wie sollte es auch anders sein? Kriege gab es ja zu allen Zeiten, und ob Sieg oder Niederlage, auf allen Seiten gab es Tote und Verwundete und immer wieder gab es Menschen, die vergeblich auf die Heimkehr des Gatten, des Vaters oder des Sohnes warteten. Wahrhaftig eine Geschichte menschlichen Elends ohnegleichen, nicht attraktiv genug, um in den Annalen der Weltgeschichte größere Beachtung zu finden. Trotzdem, sie wäre lehrreich und könnte interessante Hinweise bieten für die Wertschätzung menschlichen Lebens in den einzelnen Zeiträumen und das soziale Verantwortungsbewußtsein der einzelnen Völker und Nationen. Dies gilt sicher auch für unser Jahrhundert, das sich gleich in seiner ersten Hälfte zwei furchtbare Weltkriege mit unermeßlichen Verlusten und Opfern geleistet hat. Deutschland stand im Mittelpunkt dieses Geschehens. Es hatte gewaltige Opfer zu beklagen und muß dazu noch in reichem Maße alle Folgen eines verlorenen Krieges tragen.

Gewiß war unter diesen Umständen die Versorgung der Kriegsopfer eine drückende Last, aber zugleich eine Bewährungsprobe für das soziale Verantwortungsbewußtsein und das rechtsstaatliche Ausdrucksvermögen unseres Staates.

So ist verständlich, daß die Versorgung der Opfer zweier Weltkriege zu einem wesentlichen Bestandteil deutscher Sozialpolitik geworden ist. Wenn ich mich hier auf die Geschichte der Kriegsopferversorgung nach dem Zweiten Weltkrieg beschränke, so sollte damit nicht der Eindruck erweckt werden, als habe die Entwicklung des Versorgungsrechts nach dem Ersten Weltkrieg einen weniger bedeutsamen Verlauf genommen. Im Gegenteil! Gerade das am 1. April 1920 in Kraft getretene Reichsversorgungsgesetz hat Grundelemente des Versorgungsrechts geschaffen, die auch für die Entwicklung dieser Rechtsmaterie nach dem Zweiten Weltkrieg von richtungweisendem Wert waren.

Andererseits muß gesehen werden, daß die Periode des Reichsversorgungsgesetzes heute trotz vieler Parallelen und Sachzusammenhänge doch nur reine Geschichte ist und als abgeschlossen betrachtet werden kann, während uns die Probleme der Kriegsopferversorgung nach dem Zweiten Weltkrieg noch geraume Zeit in Bann halten werden. Die Diskussionen um den Ausbau eines sozialen Entschädigungsrechts nach den Grundsätzen des Sozialgesetzbuches — Allgemeiner Teil — zeigen, daß die Entwicklung des Kriegsopferrechts keineswegs bereits abgeschlossen ist.

## Das Kriegsende

Ein Rückblick auf das Jahr 1945 zeigt ein erschütterndes Bild. Zerbombte Städte und Dörfer, Millionen Flüchtlinge ohne Heimat und Obdach, unzählig viele Tote und Verwundete. Wir wissen es nicht, wieviele es wirklich waren. Das Heer der Kriegsopfer war unermeßlich groß. Nur die Zahl derer, die einen Versorgungsanspruch später der Bundesrepublik Deutschland gegenüber geltend machten, läßt einen Rückschluß zu. Es waren über 4,5 Millionen. Sie erwarteten Hilfe. Aber von wem?

Der Staat, für den sie sich eingesetzt und dem sie ihre Gesundheit geopfert hatten, war zerschlagen. Die Besatzungsmächte hatten das Sagen. Das Organ zur Ausübung der obersten Regierungsgewalt war der Kontrollrat. Großes Verständnis für die Kriegsopfer konnte von ihm jedoch nicht erwartet werden. Im Gegenteil! Er ergriff bald Maßnahmen, um eine eigenständige Kriegsopferversorgung ganz zum Erliegen zu bringen. Eine Ausnahme davon bildete lediglich die französische Besatzungszone, in der die Versorgungsrenten, allerdings mit mehr oder minder starken Einschränkungen, nach dem Zusammenbruch im Jahre 1945 weitergezahlt wurden. In der britischen Zone erfolgte die Zahlung von Renten an Kriegsopfer nur noch im Rahmen der gesetzlichen Rentenversicherung, jedoch lediglich bei Bedürftigkeit. In der amerikanischen Zone wurden die Versorgungsämter aufgelöst und die Zahlung der Renten eingestellt.

Wahrhaftig, ein wenig ermutigender Anfang. Während die Soldaten der Siegermächte als Helden und Befreier gefeiert wurden, traf die deutschen Soldaten, vor allem aber die Kriegsopfer unter ihnen, die Niederlage in ihrem ganzen Ausmaß. Verbittert mußten sie sich als Hauptschuldige des kriegerischen Geschehens betrachten oder zumindest behandelt fühlen. Erst in den folgenden Jahren konnte nach langwierigen und schwierigen Verhandlungen erreicht werden, daß die Militärregierungen der amerikanischen und britischen Zone ihre Zustimmung zu einer Versorgung der Kriegsopfer unter sehr einschränkenden Bedingungen gaben.

## Besatzungsrecht — Länderrecht

In der amerikanischen Zone regelte das Gesetz über Leistungen an Körperbeschädigte (KBLG) vom 26. März 1947 die Versorgung von Personen, die durch unmittelbare Kriegseinwirkung oder anläßlich militärischen oder militärähnlichen Dienstes Gesundheitsstörungen erlitten hatten. Die Leistungen richteten sich grundsätzlich nach den Vorschriften der gesetzlichen Unfallversicherung bei Zugrundelegung eines nach Ortsklassen abgestuften Jahresarbeitsverdienstes von 1800, 1710 oder 1620 Reichsmark. Die Witwen,

Waisen und Eltern der an Schädigungsfolgen verstorbenen Beschädigten erhielten unter erschwerten Voraussetzungen, wozu auch die Bedürftigkeit gehörte, eine Hinterbliebenenversorgung, die sich von der Beschädigtenversorgung ableitete.
Die am 1. August 1946 in der britischen Zone in Kraft getretene Sozialversicherungsdirektive Nr. 11 bestimmte, daß die Kriegsopfer und ihre Hinterbliebenen Renten nach den Vorschriften der Sozialversicherung erhielten. Seit dem 1. August 1947 wurden aufgrund der Sozialversicherungsdirektive Nr. 27 vom 2. Mai 1947 die Leistungen nach den Grundsätzen der gesetzlichen Unfallversicherung gewährt, so daß im wesentlichen die gleichen Grundsätze galten wie in der amerikanischen Zone.
In der französischen Zone galt vom 1. Februar 1949 an das Landesversorgungsgesetz, das für die Beschädigtenversorgung die gleichen Rentensätze vorsah wie die Sozialversicherungsdirektive Nr. 27.
In Württemberg-Hohenzollern trat am 1. Juli 1949 das in der amerikanischen Zone geltende KB-Leistungsgesetz in Kraft. In Baden wurden unter teilweiser Einschränkung der Leistungen weiterhin die bis zum Jahre 1945 geltenden reichsrechtlichen Bestimmungen angewendet.
Gewiß waren diese Regelungen ein Fortschritt, und bei den Kriegsopfern konnten leise Hoffnungen wach werden auf gerechtere Behandlung. Vom versorgungsrechtlichen Standpunkt aus gesehen muß jedoch gesagt werden, daß sie keine zukunftsweisende Bedeutung haben konnten. Sie stellten eine vollkommen unorganische Verkopplung mit der Fürsorge einerseits und der Unfallversicherung andererseits dar. Dies insbesondere auch deshalb, weil gewisse Vorteile, die sich aus den einzelnen Leistungssystemen hätten ergeben können, den Kriegsopfern verwehrt blieben. Dazu kommt, daß Gesetzgebungstendenzen dieser Rechtsbereiche mit denen der Kriegsopferversorgung nicht immer in Einklang hätten gebracht werden können.

## Ein Neubeginn

Mit Inkrafttreten des Grundgesetzes wurde nun der Weg frei für bundesgesetzliche Regelungen des Versorgungsrechts, da die Versorgung der Kriegsbeschädigten und Kriegshinterbliebenen der konkurrierenden Gesetzgebung zugewiesen wurde (Art. 74 Nr. 10 GG). Der neue Bundestag hat sich dieser Aufgabe mit großem Nachdruck gewidmet. Ein eigener Ausschuß für Kriegsopfer- und Kriegsgefangenenfragen war gebildet worden.
So konnte die Arbeit an einem neuen Kriegsopferrecht bald aufgenommen werden. Innerhalb der Bundesregierung wurde der Bundesarbeitsminister für Fragen der Kriegsopferversorgung zuständig.

## Das Bundesversorgungsgesetz

Als erstes Bundesgesetz auf dem Gebiete der Kriegsopferversorgung wurde als »Überbrückungsmaßnahme« das Gesetz zur Verbesserung der Leistungen an Kriegsopfer vom 27. März 1950 (BGBl. S. 77) erlassen. Dieses Gesetz sah unter bestimmten Voraussetzungen die Gewährung eines Zuschlags zur Rente in Höhe von 20 v. H., eine Erweiterung des Kreises der anspruchsberechtigten Witwen, eine Ermächtigung zur Gewährung von Härteausgleichen sowie eine Verbesserung des Pflegegeldes (oder der Pflegezulage) vor. Den entscheidenden Schritt zur Vereinheitlichung des materiellen Versorgungsrechts stellte das Inkrafttreten des Gesetzes über die Versorgung der Opfer des Krieges — Bundesversorgungsgesetz — (BVG) vom 20. Dezember 1950 (BGBl. S. 791) dar.

Das Bundesversorgungsgesetz wurde in seinen Grundzügen dem Reichsversorgungsgesetz nachgebildet. Im Gegensatz zu diesem wurde jedoch der zu versorgende Personenkreis nicht auf die ehemaligen Angehörigen der Wehrmacht beschränkt, sondern auf Personen, die durch militärähnlichen Dienst oder durch »unmittelbare Kriegseinwirkung«, wie Flucht, Internierung, Bombenkrieg, Verschleppung, Umsiedlung, eine Schädigung erlitten hatten, ausgedehnt. Dadurch wurde gleichzeitig eine Vielzahl von besonderen gesetzlichen Regelungen, wie sie während der Geltung des Reichsversorgungsgesetzes notwendig waren, entbehrlich. Das Bundesversorgungsgesetz ist deutlich auf die individuellen gesundheitlichen und wirtschaftlichen Bedürfnisse der einzelnen Versorgungsberechtigten ausgerichtet. Vorrangige Bedeutung erhielten übereinstimmend mit dem Reichsversorgungsgesetz die Maßnahmen der Heilbehandlung (einschließlich der orthopädischen Versorgung) und Rehabilitation, wodurch vor allem Gesundheitsstörungen beseitigt oder gebessert und die berufliche Leistungsfähigkeit wiederhergestellt oder gefestigt werden sollen. Im Rahmen der Rentenversorgung wird die Anpassungsfähigkeit an die besonderen Bedarfslagen durch Leistungen, die vom Einkommen beeinflußt werden, verwirklicht. Der Grundsatz des Reichsversorgungsgesetzes, die mit den Schädigungsfolgen zusammenhängenden außergewöhnlichen Aufwendungen der Beschädigten durch besondere Leistungen abzugelten, z. B. durch Pflegezulage, Führhundzulage bzw. Beihilfe für fremde Führung, Entschädigung für vermehrten Verschleiß an Kleidern und Wäsche, wurde aufrechterhalten.

Das Bundesversorgungsgesetz führte in seiner ersten Fassung im Jahre 1951 zu einer finanziellen Belastung des Bundes in Höhe von rd. 3 Milliarden Deutsche Mark.

## Ein bescheidener, aber doch hoffnungsvoller Anfang

Was die Höhe der einzelnen Rentenleistungen angeht, so mußte man sich damals allerdings mit sehr bescheidenen Ansätzen begnügen. Die finanziellen Schwierigkeiten waren beachtlich und schlugen sich naturgemäß in der Ausgestaltung des Leistungsrechts nieder. Die Grenzen des Gesetzgebers werden in der amtlichen Begründung des Bundesversorgungsgesetzes verdeutlicht, wo es heißt:

»Die Finanzlage des Bundes und der Länder ermöglicht es nicht, alle berechtigten Wünsche und Forderungen der Kriegsbeschädigten und Kriegshinterbliebenen, deren Zahl überaus hoch ist und die noch ständig ansteigt, zu befriedigen.

Das neue Gesetz kann nur in beschränktem Maße einen Ersatz wirtschaftlichen Schadens bieten und das sonstige zur Verfügung stehende Einkommen des Versorgungsberechtigten nicht außer Acht lassen.

Wer sich aus eigener Kraft zu helfen in der Lage ist, muß mit seinen Wünschen gegenüber der Notwendigkeit zurücktreten, die für die Versorgung der Kriegsopfer zur Verfügung stehenden beschränkten Mittel in erster Linie denjenigen zukommen lassen, die auf die Hilfe des Staates besonders angewiesen sind.«

So wenig ermutigend solche Feststellungen zu sein schienen, es war ein Anfang, der 4½ Millionen Kriegsopfern zu erkennen gab, daß alle in unserem Lande bereit sind, Last und Bürde eines verlorenen Krieges gemeinsam zu tragen. Mit dem neuen Gesetz kam auch zum Ausdruck, daß die neugegründete Bundesrepublik Deutschland die Kriegsopferversorgung als einen festen Bestandteil ihres sozialen Sicherungssystems betrachtet. So gesehen wurde in der Tat das Bundesversorgungsgesetz als fortschrittliches Gesetz bewertet, auf dessen Verwirklichung alle demokratischen Parteien im Deutschen Bundestag stolz waren, auch wenn man sich eine bessere Ausgangsbasis gewünscht hätte.

Gewiß war man auch bei der Gestaltung des Leistungsrechts nicht immer einhelliger Meinung, aber man betrachtete es eben als brauchbaren Ausgangspunkt für eine spätere Weiterentwicklung. Dabei war von großem Vorteil, daß man in vielerlei Hinsicht an die bewährten Grundsätze des Reichsversorgungsgesetzes angeknüpft hat. In diesem Gesetz haben auch die bis heute in der Kriegsopferversorgung gültigen drei großen Leistungsbereiche ihr Vorbild gefunden:

1. Die medizinische Rehabilitation durch eine zeitnahe Ausgestaltung der Heil- und Krankenbehandlung;
2. eine auf die besonderen Bedürfnisse der Kriegsopfer abgestellte Fürsorge einschließlich geeigneter Maßnahmen zur Wiedereingliederung in Beruf und Gesellschaft;
3. ein breit gefächertes System von Rentenleistungen, das die vielseitigen Schäden der Kriegsopfer sinnvoll und zweckmäßig ausgleichen soll.

Auf der Basis dieser für das Versorgungsrecht typischen Bereiche konnte das Bundesversorgungsgesetz weiter ausgebaut werden. Sechs Novellen, drei Neuordnungsgesetze und acht Anpassungsgesetze kennzeichnen den Weg dieser Entwicklung. Mitunter war es ein sehr schwerer Weg. Fast immer waren große finanzielle Schwierigkeiten zu überwinden. Oft genug mußte man sich mit kleinen Schritten begnügen, um das Gesetz seinem Sinn entsprechend weiterzuentwickeln. Nicht selten kam es zu harten politischen Auseinandersetzungen. Das Rentenrecht stand dabei meist im Vordergrund des politischen Interesses und hat daher im Laufe der Jahre die stärkste Veränderung erfahren.

## Das Rentensystem

Die schwierige Ausgangsposition im Jahre 1950 zwang zu einem System, das auf der einen Seite den Rechtsanspruch jedes Kriegsopfers (Beschädigte, Witwen und Waisen) auf eine Versorgungsleistung durch die Zahlung einer Grundrente sicherte, auf der anderen Seite aber den verschiedenen wirtschaftlichen Situationen der einzelnen Berechtigten durch die Zahlung einer nach Bedürfnisgrundsätzen ausgestalteten Ausgleichsrente Rechnung zu tragen versuchte. Die Elternversorgung unterlag besonderen Grundsätzen.

Ernährereigenschaft und Bedürftigkeit waren hier für den Anspruch ausschlaggebend.
Diese Zweiteilung der Rentenleistungen war bei der Schaffung des Bundesversorgungsgesetzes umstritten. Ein großer Teil der Kritiker war der Meinung, daß die Zweiteilung den Rechtsanspruch jedes Kriegsopfers auf Versorgung schmälern könne durch eine verstärkte Anwendung des Fürsorgeprinzips. Und in der Tat schien die Entwicklung des Bundesversorgungsgesetzes bis zum Jahre 1960 den Kritikern recht zu geben; denn bis dahin war der Fürsorgegedanke ein beherrschendes Element in der Gestaltung des Rentenrechts.
Es war verständlich, daß dies von den Kriegsopfern mit großer Skepsis betrachtet worden ist, und es war deshalb ganz natürlich, wenn mit der Besserung der Wirtschafts- und Finanzlage des Bundes die Kriegsopfer danach strebten, eine Festigung ihrer Versorgungsbezüge unabhängig von Bedürftigkeitsprüfungen zu erreichen.

## Die Neuordnung

Die Diskussion um eine Reform der Kriegsopferversorgung begann schon bald nach der Rentenreform im Jahre 1957. Ermuntert durch den großen Erfolg der Reformgesetze und des wirtschaftlichen Aufstiegs in unserem Lande wurde es allgemein als günstig und notwendig angesehen, das Kriegsopferrecht neu zu ordnen. Von allen Kriegsopferverbänden wurden zahlreiche sehr interessante Vorschläge unterbreitet. Die Vielfalt der Vorschläge machte es allerdings sehr schwierig, eine einheitliche Linie herauszuarbeiten. In einem Punkt bestand jedoch volle Übereinstimmung: Die Grundrenten sollten als wesentlicher Bestandteil des Rentenrechts angesehen werden, als die Entschädigungsleistung schlechthin, und sollten deshalb auch entsprechend angehoben werden. Der Fürsorgegedanke, wie er sich in zahlreichen Vorschriften des Bundesversorgungsgesetzes niederschlug, sollte zugunsten entschädigungsrechtlichen Denkens zurückgedrängt werden. Alle diese sehr interessanten und durchaus diskutablen Vorschläge hatten leider nur einen großen Nachteil: sie machten über 3 Milliarden DM Mehraufwendungen jährlich notwendig. Trotz der mittlerweile günstigen wirtschaftlichen Entwicklung war das eine Größenordnung, die auch für den wohlwollendsten Finanzminister nicht akzeptabel sein konnte.
Nun aber war das Ministerium am Zuge, realisierbare Vorschläge und Entwürfe eines Reformgesetzes auszuarbeiten. Erste Anläufe in Form von Diskussionsentwürfen waren nicht sehr ermutigend. Für die Kriegsopfer waren sie enttäuschend, weil sie in keiner Weise ihren Forderungen entsprachen: keine Grundrentenerhöhung, lediglich verstärkter Ausbau der Ausgleichsrente und einige andere Verbesserungen. Harte Proteste waren die Folge. Das Für und Wider einer Grundrentenerhöhung, ja der Grundrente überhaupt, beherrschte die Diskussion. Man hatte zu wenig bedacht, daß die Versorgungsberechtigten die Grundrente eben als die Entschädigungsleistung schlechthin betrachten und die Mehrheit unter ihnen nur die Grundrente als einzige Rentenleistung überhaupt erhält. Den Finanzexperten bereitet sie allerdings immer Sorgen, weil sie den breitesten Raum

im Haushalt der Kriegsopferversorgung einnimmt. Das bedeutete für den Sozialpolitiker immer eine schwere Entscheidung. Er wollte den Kriegsopfern gerecht werden, mußte aber auch den Haushalt betrachten und dabei nicht selten feststellen, wie sehr oft Grundrentenerhöhungen in Konkurrenz zu anderen notwendigen Maßnahmen traten.
Schließlich fand sich die Regierung doch bereit, auch eine Grundrentenerhöhung neben anderen Leistungen in einem Entwurf zum Ersten Neuordnungsgesetz vorzuschlagen. Allerdings blieb es bei bescheidenen Ansätzen. Immerhin legte der Bundestag mehr als das Doppelte zu und erzielte damit beachtliche Rentensteigerungen. Der jährliche Mehraufwand belief sich auf 1,2 Milliarden DM.

## Besondere Behandlung des beruflichen Schadens

Von wesentlicher Bedeutung für die Fortentwicklung des Kriegsopferrechts war jedoch die Einführung des Berufsschadensausgleichs im Rahmen des Ersten Neuordnungsgesetzes. Man war sich bewußt, daß ohne Berücksichtigung tatsächlich eingetretener wirtschaftlicher Einbußen kein gerechter Ausgleich der Schäden die dem einzelnen wirtschaftlich zugefügt worden waren, erzielt werden konnte. Mit einer verstärkten Anhebung von Grund- und Ausgleichsrente allein, wie das bis dahin in den Novellen geschah, konnten solche Schäden nicht abgegolten werden. Die neue Leistungsart kam auch der Forderung entgegen, das Bundesversorgungsgesetz stärker als bisher nach entschädigungsrechtlichen Grundsätzen auszurichten.
Solche Forderungen wurden schließlich auch dadurch unterstützt, daß das Bundesversorgungsgesetz über den Kreis der Kriegsopfer hinaus auch für andere Personenkreise bedeutsam wurde. Nach Schaffung der Bundeswehr und der Einführung der allgemeinen Wehrpflicht sollte es nunmehr auch im Rahmen des Soldatenversorgungsgesetzes entsprechende Anwendung finden. Die alten Soldaten sollten nach den Vorstellungen des Gesetzgebers nicht anders behandelt werden als die neuen Soldaten der Bundeswehr. Sicher eine gerechte Entscheidung.
Für das Bundesversorgungsgesetz wurde damit aber auch der Grundstein für eine zeitgerechte und zukunftsweisende Weiterentwicklung gelegt. Dies aber bedeutete, brauchbare Kriterien zu finden, um echte individuelle Schäden ausgleichen zu können. Ein Instrument hierzu sollte der Berufsschadensausgleich sein.
Sicher war man bereits bei der Schaffung des Bundesversorgungsgesetzes im Jahre 1950 bestrebt gewesen, in gewisser Weise den besonderen beruflichen Schäden Rechnung zu tragen. Eine entsprechende Höherbewertung der Minderung der Erwerbsfähigkeit (MdE) sollte dies bewirken. Es hat sich jedoch ganz eindeutig gezeigt, daß die Verbindung eines beruflichen Schadensausgleichs mit der MdE herkömmlicher Prägung keine befriedigende Lösung darstellt. Die Praxis hat nur zögernd von einer Höherbewertung Gebrauch gemacht, weil es offenbar an brauchbaren Maßstäben für die Einstufung in die betreffende MdE-Stufe fehlte. MdE ist ohnehin für sie mehr oder weniger nur ein Gradmesser für die Versehrtheit.
Sie ist eine auf das allgemeine Erwerbsleben abgestellte Fiktion und gibt als solche für den konkreten Schaden des einzelnen kein echtes Bild ab.

Vollends versagte dieses System, wenn ein bereits allein nach gesundheitlichen Gesichtspunkten als erwerbsunfähig eingestufter Beschädigter einen besonderen beruflichen Schaden erlitten hatte. Hier war eine Berücksichtigung des Berufsschadens gänzlich ausgeschlossen.

Alle diese Schwierigkeiten und Widersprüche führten schließlich bei der Vorbereitung des Ersten Neuordnungsgesetzes zum Kriegsopferrecht zu dem Vorschlag, die Abgeltung eines beruflichen Schadens von der MdE-Bewertung loszulösen. Als Maßstab für die Bemessung der Entschädigungsleistung sollte der mutmaßliche Einkommensverlust, der als Folge der beruflichen Schädigung eingetreten war, dienen. Der Ausgleich für einen beruflichen Schaden sollte demnach eine möglichst nach schadensersatzrechtlichen Grundsätzen ausgerichtete Leistung werden.

Sicher waren sich alle an der Entwicklung des Kriegsopferrechts interessierten und beteiligten Kreise darüber im klaren, daß die Schaffung einer solchen Leistung mit großen verwaltungsmäßigen Schwierigkeiten verbunden sein würde. Zumindest vordergründig konnte darin auch die Ursache gesehen werden, daß diese Pläne nicht überall auf ein positives Echo gestoßen sind. Gegen eine solche Regelung führte man ins Feld, daß die Versorgungsberechtigten in einen gewissen Beweisnotstand geraten würden, so daß die notwendige Entscheidung über den oft nur fiktiv zu beurteilenden beruflichen Werdegang ungerecht sein könnte und nicht zuletzt die Verwaltung völlig überfordert wäre, die entsprechenden Vorschriften durchzuführen. Es war daher nicht ganz leicht, Freunde für die angestrebte Lösung zu finden, die mit dazu beitragen konnten, die vorgetragenen Bedenken zu entkräften. Sicher war man sich auch darüber im klaren, daß die in Aussicht genommene Regelung ein gewisses Wagnis gerade im Hinblick auf ihre Durchführbarkeit darstellte.

Der Entwurf der Bundesregierung ging davon aus, daß alle Beschädigten, auch die mit einer MdE von 30 und 40 v. H., Anspruch auf Berufsschadensausgleich haben sollten. Angesichts der großen Bedenken, die von den verschiedensten Seiten gegen die neue Regelung vorgebracht wurden, konnte sich der Bundestag nicht dazu entschließen, den Vorschlägen in vollem Umfang zu folgen. Er beschränkte sich darauf, lediglich für den Kreis der erwerbsunfähigen Beschädigten einen Berufsschadensausgleich einzuführen. Dabei machte er sich allerdings die Grundgedanken des Entwurfs, wenn auch in etwas abgewandelter Form, zu eigen. Die letztlich beschlossene Regelung ging gleichfalls von einem fiktiv zu errechnenden Einkommensverlust aus, von dem ein fester Vomhundertsatz — anfangs 30 v. H. — als Berufsschadensausgleich zu zahlen war. Die so getroffene Regelung hat sich dem Grunde nach bis zum heutigen Tage erhalten.

Für die Beschädigten, die nicht erwerbsunfähig waren, verblieb es bei der bisherigen Gesetzesregelung zur Abgeltung des beruflichen Schadens durch Höherbewertung der MdE. Wenn dies für die Betroffenen auch unbefriedigend war, so konnten sie doch hoffen, daß der nur für die Erwerbsunfähigen eingeschlagene Weg — sollte er sich bewähren — in absehbarer Zeit auch für die übrigen Beschädigtengruppen eingeschlagen werden würde. Immerhin war bereits jetzt der Durchbruch zu einer mehr entschädigungsrechtlichen Konzeption des Gesetzes erzielt. Verstärkt wurde diese Entwicklung durch eine beachtliche Anhebung der Grundrenten sowie aller anderen

Rentenleistungen. Das Erste Neuordnungsgesetz trat am 1. Juni 1960 in Kraft.
Die Durchführung des Gesetzes hat bald gezeigt, daß nach Anfangsschwierigkeiten die Verwaltung durchaus in der Lage war, die notwendigen Feststellungen für den Berufsschadensausgleich zu treffen. Es war daher bei der nächsten Änderung des Gesetzes viel leichter, den Gesetzgeber zu überzeugen, daß es vertretbar sei, den Berufsschadensausgleich für weitere Gruppen von Kriegsbeschädigten zu öffnen. Dies geschah im Zweiten Neuordnungsgesetz vom 21. Februar 1964, das am 1. Januar 1964 in Kraft trat. Nunmehr wurde der Berufsschadenausgleich für alle Schwerbeschädigtengruppen ermöglicht. Für die Beschädigten mit einer MdE von 30 und 40 v. H. mußte es bei der Höherbewertung der MdE verbleiben. Natürlich konnte man sich bei der Ausgestaltung des Bundesversorgungsgesetzes zu einem modernen Entschädigungsgesetz mit Hilfe eines solchen Leistungssystems nicht nur auf den Personenkreis der Beschädigten beschränken, sondern mußte auch die Versorgung der Kriegerwitwen unter diesem Gesichtspunkt sehen.
Es lag indes auf der Hand, daß für diesen Personenkreis die Abgeltung des beruflichen Schadens nach anderen Maßstäben vorgenommen werden mußte. Von einer beruflichen Schädigung in der Weise, wie dies beim Beschädigten möglich ist, konnte natürlich bei der Kriegerwitwe nicht gesprochen werden. Eine entsprechende, auf die Einkommenssituation der Witwe abgestellte Leistung mußte unter unterhaltsrechtlichen Gesichtspunkten gesehen und gewertet werden. So schien es vertretbar, bei der Ermittlung des Einkommensverlustes alle der Witwe zur Verfügung stehenden Einkünfte in ein gewisses Verhältnis zu den Einkünften zu setzen, die der Ehemann gehabt oder voraussichtlich erreicht hätte, wenn er nicht an den Folgen der Schädigung verstorben wäre. Auch die Grundrente wurde, da sie in gewisser Weise auch einen Ausgleich für die verlorengegangene Unterhaltschance darstellt, in die gesamte Einkommensermittlung mit einbezogen. Für die Einführung des Schadensausgleichs war aber auch sehr bedeutungsvoll die Tatsache, daß ein nicht geringer Teil der Kriegerwitwen nur auf die Bezüge des Bundesversorgungsgesetzes angewiesen war. Dabei handelte es sich vor allen Dingen um Witwen freiberuflich Tätiger, die weder Rentenversicherungs- noch Pensionsansprüche hatten.
Mittlerweile sind Berufsschadensausgleich und Schadensausgleich aus dem Bundesversorgungsgesetz nicht mehr wegzudenken. Ohne sie wäre es nicht möglich, trotz der beachtlichen Verbesserung von Grund- und Ausgleichsrente den individuellen Schäden der einzelnen Kriegsopfer Rechnung zu tragen.

## Die Anpassung der Rentenleistungen

Nachdem es gelungen war, mit den einschneidenden Maßnahmen des Ersten und Zweiten Neuordnungsgesetzes den Weg für eine entschädigungsrechtliche Ausgestaltung des Bundesversorgungsgesetzes freizumachen, galt es nun zu prüfen, ob sich nicht auch eine kontinuierliche Anpassung der Kriegsopferversorgung an die allgemeine wirtschaftliche Entwicklung erreichen ließe. Die Anpassung der Rentenleistungen sollte aus dem politischen Tagesstreit herausgenommen werden und von politischen Zufällen und Gewichtigkeiten verschont bleiben. Das war das Anliegen der Kriegsopferverbände und mußte auch das Bestreben der Bundesregierung sein.

Am 12. Mai 1965 gab die damalige Bundesregierung folgende Erklärung zur Weiterentwicklung des Kriegsopferrechts bekannt:
»Die Bundesregierung ist sich ihrer Verpflichtung gegenüber den Kriegsopfern bewußt und ist bestrebt, deren Versorgung würdig und gerecht weiterzuentwickeln. Sie ist daher bereit, im Haushaltsjahr 1966 dem Bundesrat und Bundestag ein Drittes Neuordnungsgesetz vorzulegen, das die Grundlage bilden soll für eine laufende Angleichung der Rentenleistungen in zweijährigem Abstand — erstmals also im Jahre 1968 —.
Die Angleichung soll unter Berücksichtigung der Entwicklung der wirtschaftlichen Leistungsfähigkeit und des realen Wachstums der Volkswirtschaft vorgenommen werden.
Damit wird es möglich, unter Wahrung der Währungsstabilität das Kriegsopferrecht fortschrittlich und zeitgemäß auszubauen.«
Gewiß war das eine sehr offene Formulierung, die über die eigentliche Anpassung nichts Konkretes sagte. Dies hatte seine Gründe. Einmal wollte sich natürlich die Bundesregierung letztlich ihre Entscheidungsfreiheit bewahren, andererseits bestanden auch unter den Kriegsopferverbänden große Meinungsverschiedenheiten über das *»wie«* der Rentenanpassung. Es war keineswegs so, daß eine Dynamisierung, wie wir sie heute haben, allgemein gewünscht wurde. Bedenken gingen vor allem dahin, daß das Bundesversorgungsgesetz nach dem damaligen Stand noch keine befriedigende Ausgangsposition bot, um darauf eine Dynamisierung aufbauen zu können. Dessen ungeachtet, das Problem stand im Raum und die Bundesregierung konnte nicht umhin, im Dritten Neuordnungsgesetz eine Regelung vorzuschlagen. Sie war jedoch noch unverbindlicher als in der Erklärung vom 12. Mai 1965 vorgesehen war, und zwar insofern, als einer Anpassung zuerst ein Bericht der Bundesregierung in zweijährigem Zeitabstand über die Möglichkeit einer solchen Maßnahme vorangehen sollte. Das Gesetz, das am 28. Dezember 1966 verkündet wurde, folgte diesem Vorschlag. Nach § 56 des Bundesversorgungsgesetzes sollte dieser Bericht erstmals im Jahre 1968 erstellt werden. Durch das Finanzänderungsgesetz wurde der Berichtszeitraum, also auch die Anpassung, auf 1969 verschoben. Erwähnenswert ist auch, daß das Dritte Neuordnungsgesetz neben beachtlichen Verbesserungen der Rentenleistungen — insbesondere auch der Grund- und Ausgleichsrenten — eine sehr wirkungsvolle Änderung der Anrechnungsvorschriften zur Ausgleichsrente und zur Elternrente brachte. Die Einkommensfreibeträge wurden gleichsam dynamisiert, und zwar unter Zugrundelegung der allgemeinen Bemessungsgrundlage in den gesetzlichen Rentenversicherungen. Diese Änderung war dringend notwendig, um dem Rentner der gesetzlichen Rentenversicherung seine jährlichen Erhöhungsbeträge zu erhalten.

## Die Dynamisierung

Das Jahr 1969 brachte nun eine bedeutsame Wende. Gemäß § 56 des Bundesversorgungsgesetzes legte die Bundesregierung der sozial-liberalen Koalition den Kriegsopferbericht vor mit der Feststellung, daß sie es — unter Berücksichtigung der volkswirtschaftlichen Orientierungsdaten sowie der für die Solidität und Stabilität des Haushalts maßgebenden Umstände — für möglich halte, die Leistungen des Bundesversorgungsgesetzes im Rahmen einer mehr als zwanzigprozentigen Erhöhung des Aufwandes für die zur Anpassung vorgesehenen Renten, und zwar um 938 Millionen DM, zu verbessern.

Die zur Verfügung stehenden Mittel sollten aber nicht nur für eine allgemeine lineare Anhebung der Renten, sondern auch für eine stärkere Verbesserung der Witwenversorgung verwandt werden, um das seit langem erwünschte Ableitungsverhältnis für die Witwenrente in Höhe von 60 v. H. der Rente eines erwerbsunfähigen Beschädigten zu erreichen. Demzufolge hielt es die Bundesregierung für gerechtfertigt und vertretbar, für Beschädigte, Waisen und Eltern eine allgemeine Anhebung der Vollrentenbeträge um durchschnittlich 16 v. H. und für Witwen um 25,3 v. H. vorzuschlagen. So der Vorschlag der Regierung. Das Gesetz selbst ließ nicht lange auf sich warten. Entsprechend dem Bericht wurden die Leistungen angehoben. Aber nicht allein das. Die jährliche Anpassung der Rentenleistungen wurde nunmehr gesetzlich verankert. Damit war das Problem der Dynamisierung gelöst. Ein weiterer großer Durchbruch in der Kriegsopferversorgung war erzielt. Das Gesetz trat, als Erstes Anpassungsgesetz bezeichnet, am 1. Januar 1970 in Kraft.

Das Leistungsniveau des Bundesversorgungsgesetzes ist durch die Dynamisierung der Kriegsopferrenten im Jahre 1970 entscheidend verbessert worden. Die rund 2,2 Millionen Kriegs- und Wehrdienstopfer haben damit die Gewißheit erhalten, daß sie — ohne dafür ständig kämpfen zu müssen — an der allgemeinen wirtschaftlichen Entwicklung teilhaben. Seit der Dynamisierung haben sich die Rentensätze des Bundesversorgungsgesetzes durch acht Anpassungsgesetze innerhalb von nur 6 1/2 Jahren um über 117 v. H. — die Rentensätze für Witwen gar um über 134 v. H. — erhöht. Diese Rentendynamisierung hat für den Bundeshaushalt allein in den Jahren 1970 bis 1976 Mehrausgaben in Höhe von rd. 15 1/2 Milliarden DM zur Folge. Sie wird auch in künftigen Haushalten wesentliche Mehrausgaben erfordern.

## Heil und Krankenbehandlung

Neuordnungsgesetze wie Anpassungsgesetze brachten auch beachtliche strukturelle Verbesserungen. Diese haben sich auch auf die beiden anderen Leistungsbereiche, nämlich die Heilbehandlung und die Kriegsopferfürsorge, erstreckt.

Medizinische Rehabilitation muß im Vordergrund eines jeden Gesetzes stehen, das die Entschädigung für Gesundheitsstörungen und Körperbeschädigungen zum Gegenstand hat. Wenn auch die Rentengestaltung politisch mehr in den Vordergrund getreten ist, so hat man gleichwohl die Heil- und Krankenbehandlung für die Kriegsopfer nicht vernachlässigt. Für die Heilbehandlung von Schädigungsfolgen wurde ein vollkommenes System geschaffen, das in der Lage ist, stets den Erkenntnissen der modernen Medizin Rechnung zu tragen. Das gilt für alle Bereiche, von der orthopädischen Versorgung, der Sofortbehandlung bis hin zu den Heil- und Badekuren. Auch der modernen Entwicklung des gesetzlichen Krankenversicherungsschutzes wurde dabei Rechnung getragen. Gerade das Rehabilitations-An-

gleichungsgesetz, das im Jahr 1974 in Kraft getreten ist, stellt hierbei einen wichtigen Schritt dar. Dieser Schritt war von besonderer Bedeutung auch für die Krankenbehandlung von Hinterbliebenen und Angehörigen von Schwerbeschädigten, die bald nahezu den Heilbehandlungsleistungen für die Beschädigten angeglichen worden ist. Zur Zeit bestehen nur noch wenige Beschränkungen.
Bei der Beratung des Rehabilitations-Angleichungsgesetzes hatte sich gezeigt, daß nicht selten die Kriegsopferversorgung für Regelungen auf dem Gebiete der medizinischen Rehabilitation Vorbild sein konnte. Typisch hierfür ist die orthopädische Versorgung.

## Kriegsopferfürsorge

Auch die Kriegsopferfürsorge ist in ihrem Leistungsangebot und in ihrem individuellen Leistungsvermögen für die Versorgung der Kriegsopfer und anderer Entschädigungsberechtigter von großer Bedeutung.
Entsprechend der schon im Jahre 1950 dem Bundesversorgungsgesetz zugrunde liegenden Konzeption als einem Rehabilitationsgesetz verfolgt die Kriegsopferfürsorge mit ihren Individualhilfen das Ziel, die Kriegsopfer im Anschluß an Maßnahmen der Heil- und Krankenbehandlung in Arbeit, Beruf und Gesellschaft einzugliedern. So ging es nach Beendigung des Krieges zunächst vordringlich darum, den Beschädigten bei der beruflichen Eingliederung zu helfen und den Beschädigten und Hinterbliebenen die Sorge um die Ausbildung der Kinder und Waisen soweit wie möglich abzunehmen. Diese beiden Schwerpunkte der Kriegsopferfürsorge wurden im Verlauf der späteren Ausgestaltung des Gesetzes und der Verordnung zur Kriegsopferfürsorge laufend den Entwicklungen angepaßt und trugen wesentlich zur Eingliederung der Kriegsopfer bei. Während sich die Maßnahmen der beruflichen Förderung naturgemäß zunächst auf Umschulung, Fortbildung und Ausbildung konzentrierten, nehmen inzwischen die ergänzenden Hilfen im Arbeitsleben breitesten Raum ein, wobei jedoch die Berufsförderung nach wie vor ihre besondere Bedeutung für wehrdienstbeschädigte Soldaten hat.
Besonderes Gewicht hatten, schon vom finanziellen Aufwand her gesehen, von Anfang an die Erziehungsbeihilfen. Da es allgemeine Förderungsmöglichkeiten, wie sie heute das BAFöG bietet, nicht gab, waren diese Leistungen besonders für die Kriegerwitwen eine unschätzbare Hilfe, die ihnen die Last für die Erziehung und Ausbildung ihrer Kinder weitgehend abgenommen hat. Auch den Beschädigten, die durch die Schädigungsfolgen in ihrer Lebensstellung beeinträchtigt sind, wurde durch die Erziehungsbeihilfe die finanzielle Last für die Ausbildung ihrer Kinder erleichtert. Während die Ausbildungsförderung für Waisen allmählich ausläuft (1975 nur rd. 5300 Fälle), werden Kinder von Beschädigten noch in erheblicher Zahl gefördert (1975 rd. 52.400 Fälle), so daß die Zahl der Empfänger von Erziehungsbeihilfen, die ursprünglich über 100.000 lag, im Jahre 1975 immer noch gegen 60.000 betrug.
Der finanzielle Aufwand für die Erziehungsbeihilfe ist von rund 58 Mio. DM im Jahre 1955 auf über 250 Mio. DM im Jahre 1974 angestiegen und betrug im Jahre 1975 immer noch rd. 230 Mio. DM.

Mit dem zunehmenden Alter der Kriegsopfer verlagert sich das Schwergewicht der Leistungen auf Hilfen in besonderen Lebenslagen, z. B. auf die Altenhilfe, und, vor allem für Hinterbliebene, auf die Hilfe zur Pflege und ähnliche Hilfen. Der Aufwand für die Hilfen in besonderen Lebenslagen betrug im Jahre 1975 über 360 Mio. DM und machte damit den größten Anteil innerhalb des Aufwandes für die Kriegsopferfürsorge aus.

## Ausblick

Diese kurze Darstellung über die Entwicklung des Bundesversorgungsgesetzes läßt natürlich nicht erkennen, wie schwierig es war, dieses Gesetz in seinen einzelnen Entwicklungsstufen politisch durchzusetzen. Zu verschieden waren oft die Meinungen darüber, was gerechterweise für die von einem schweren Schicksal betroffenen Menschen zu tun sei. Dazu kam, daß die Schatten finanzieller Engpässe die Fortentwicklung dieses Gesetzes stets begleitet haben. Trotzdem ist es gelungen, das Bundesversorgungsgesetz auf einen Stand zu bringen, der es erlaubt, dieses Gesetz als ein Modellgesetz für die soziale Entschädigung anzusehen.

Der besondere Gedanke der sozialen Entschädigung liegt darin, daß all denjenigen ein Recht auf Versorgung zuerkannt wird, die einen Gesundheitsschaden erlitten haben, für dessen Folgen die staatliche Gemeinschaft in Abgeltung eines besonderen Opfers oder aber aus anderen Gründen nach entschädigungsrechtlichen Grundsätzen einsteht. Die darin liegende verallgemeinernde und seine Bedeutung beträchtlich steigernde Weiterentwicklung des Bundesversorgungsgesetzes gleichsam zu einem Grund- oder Modellgesetz des sozialen Entschädigungsrechts ist im Ansatz bereits seit längerem in der Rechtsprechung vorgegeben. Sie geht insbesondere von der Rechtsprechung des Bundesgerichtshofes aus, die das Bundesversorgungsgesetz zur Grundlage für die Erfüllung bestimmter öffentlich-rechtlicher Entschädigungsansprüche besonderer Art und für bestimmte Aufopferungsansprüche gemacht und damit diesem Gesetz den Charakter eines Grundgesetzes für zahlreiche soziale Leistungsbereiche gegeben hat. Es stellt daher nur den logisch nächsten Schritt dar, wenn das Bundesversorgungsgesetz nunmehr über einzelne Rechtsbereiche hinaus, die ihrem Wesen nach Ausprägung des Gedankens eines sozialen Entschädigungsrechts sind, zur Grundlage des gesamten sozialen Entschädigungsrechts als eines einheitlichen und in sich geschlossenen sozialen und rechtlichen Tatbestands erhoben wird.

Mit der geschilderten Bewertung des Bundesversorgungsgesetzes als der geeigneten modellhaften Grundlage für soziales Entschädigungsrecht steht die Rechtsprechung nicht allein.

Die Tendenz einer in die Zukunft weisenden Verallgemeinerung des Bundesversorgungsgesetzes kommt auch in der Gesetzgebung zum Ausdruck. So hat der Gesetzgeber in zahlreichen anderen Gesetzen bestimmt, daß die darin angesprochenen Personenkreise aufgrund von entschädigungsrechtlichen Tatbeständen in entsprechender Anwendung der Vorschriften des Bundesversorgungsgesetzes zu versorgen sind. Als Beispiele seien hier nur erwähnt: das Soldatenversorgungsgesetz, das Häftlingsgesetz, das Bundes-

Seuchengesetz, das neben den impfgeschädigten Personen auch diejenigen betrifft, die aus bestimmten medizinischen Gründen Beschränkungen in der Ausübung ihres Berufes unterliegen und dadurch einen wirtschaftlichen Schaden erleiden, sowie das Gesetz über die Entschädigung der Opfer von Straftaten.
Dies alles spricht dafür, daß das Versorgungsrecht nach wie vor eine wichtige Säule in unserem sozialen Leistungssystem darstellt. Die rechtlichen Grundlagen dieses Rechtsinstituts sind gesichert und werden immer dort Gegenstand von Diskussionen sein, wo es darum geht, Menschen zu helfen, die im Dienst für die Allgemeinheit oder durch andere besondere Tatbestände, für die die Allgemeinheit einzutreten hat, in irgendeiner Weise Schaden genommen haben. Gerechtigkeit gegenüber den Kriegsopfern, aber auch die zukunftsweisende Bedeutung des Bundesversorgungsgesetzes machen es notwendig, auch weiterhin um eine ausgewogene Fortentwicklung dieses Gesetzes bemüht zu bleiben. Die gesamte Lebenssituation der Versorgungsberechtigten und die Sicherung ihrer Stellung in der Gesellschaft muß in seinem Leistungsangebot Berücksichtigung finden.
Auch heute noch ist die Kriegsopferversorgung wesentlicher Bestandteil deutscher Sozialpolitik. Ein Beweis dafür, daß man sich sehr wohl der Verantwortung gegenüber jenen Menschen bewußt ist, denen in einer schweren Zeit große Opfer abverlangt worden sind.

**Entwicklung des Rentenaufwands nach dem BVG, der Nettolöhne und -gehälter und der Preise (1969 = 100)**

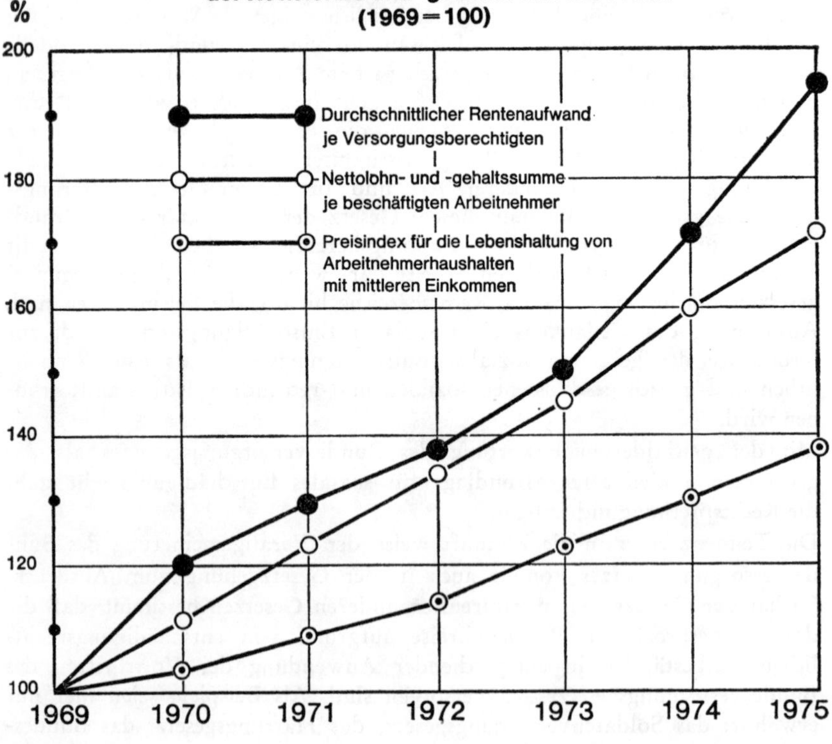

## Entwicklung des Rentenaufwands nach dem BVG, der Nettolöhne und -gehälter und der Preise (1950=100)

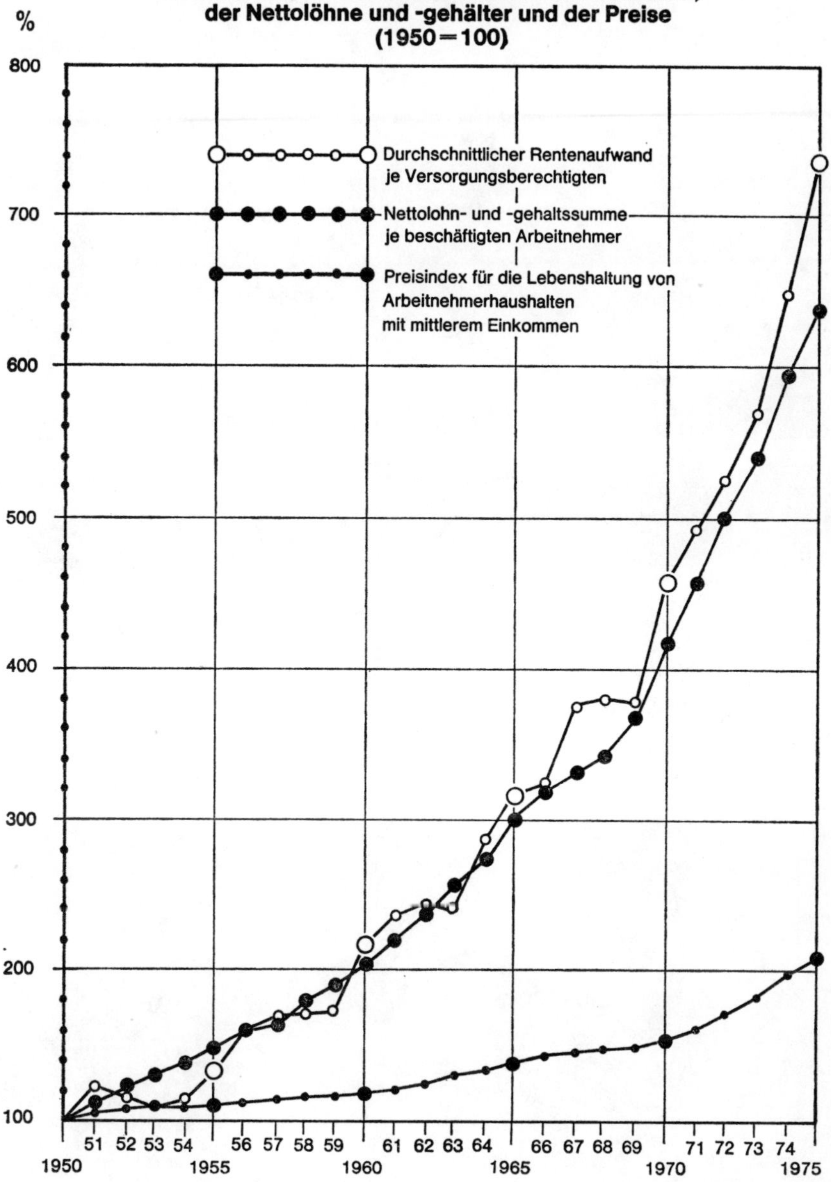

Clara Döhring

# Drei Jahre Einsatz für die Einführung eines gesetzlichen Pflegegeldes für Zivilblinde

Gleich bei Beginn der Bundestagsarbeit im Herbst 1949 war die sozialdemokratische Bundestagsfraktion bemüht, für die Zivilblinden ein Pflegegeld auf bundesgesetzlicher Basis zu erreichen. In diesem Sinne erfolgte auch die intensive Zusammenarbeit mit dem Deutschen Blindenverband, voran mit seinem damaligen Vorsitzenden Dr. Alfons Gottwald. Es ging uns um die Befreiung des blinden Menschen von einem Leben als lebenslanger Außenseiter unserer Gesellschaft, um die wirkliche Sicherung seiner Existenz in der Gesellschaft.

Nach Kriegsende, als den Millionen der Kriegsopfer, der Versehrten und Hinterbliebenen, der Vertriebenen und Ausgebombten wenn auch nicht ausreichend, so doch in irgendeiner Form geholfen wurde, konnte man in der Bevölkerung immer wieder der selbstverständlichen (aber irrtümlichen) Auffassung begegnen, daß auch die Zivilblinden ein Pflegegeld oder irgendeinen Ausgleich für ihre blindheitsbedingten Mehrausgaben erhalten würden. Dem war aber durchaus nicht so.

Bekanntlich erhalten die Kriegsblinden den Ausgleich für die Mehrbelastungen durch die im Bundesversorgungsgesetz vorgesehene Rente zuzüglich Pflegegeld. Die Unfallblinden bekommen diesen Ausgleich auf Grund der Reichsversicherungsordnung. Für die dritte Gruppe, die Zivilblinden, war die Regelung eines Ausgleichs ihrer Mehrbelastungen nunmehr vordringlich geworden, zumal sie sich früher im Deutschen Reichstag jahrzehntelang vergeblich um ihre Anerkennung bemüht hatten.

Bei dem Problem des Zivilblinden-Pflegegeldes ging es um die Frage, ob eine Versorgungsregelung auf Bundesebene oder eine Lösung im Rahmen fürsorgerechtlicher Bestimmungen erfolgen sollte. Der Deutsche Blindenverband hatte sich für diese strittigen Arbeiten stark eingesetzt und in die Auseinandersetzungen, ob die Hilfe für die Blinden als ein Rechtsanspruch oder als bloße Fürsorgeunterstützung anzusehen sei, immer wieder klärend eingegriffen.

Die sozialdemokratische Bundestagsfraktion setzte sich in Übereinstimmung mit dem Deutschen Blindenverband von Anfang an dafür ein, daß die Regelung eines Pflegegeldes für die Zivilblinden aus dem Fürsorgerecht herausgenommen und ein besonderes allgemeines Blindenversorgungsgesetz auf Bundesebene geschaffen werden sollte. Sie sah es grundsätzlich für falsch an, das Problem der Zivilblinden ausschließlich vom Standpunkt der Fürsorge aus zu sehen; schließlich ging es ja nicht nur um die auf Fürsorge angewiesenen Blinden. Im Mittelpunkt steht vielmehr der schaffende Blinde, der Tag für Tag mit einem bewundernswerten Aufwand von Tatkraft seine Arbeit in Wirtschaft und Verwaltung vollbringt. Ihn zu fördern ist soziales Gebot. Das Pflegegeld soll ja die erhöhten Lebenskosten für fremde

Wartung, für fremde Hilfe ausgleichen und auch das Leben der Zivilblinden — ihre Zahl betrug seinerzeit in der Bundesrepublik rund 25.000 — einigermaßen lebenswert machen. Es war zu befürchten, daß die von der Bundesregierung von vornherein beabsichtigte Regelung auf reiner Fürsorgebasis gegenteilige Konsequenzen haben würde. Seitens der Bundesregierung wurde jedoch auf verfassungsrechtliche Bedenken hingewiesen. Für Zivilblinde könne nur eine versorgungsähnliche Fürsorge in Betracht kommen, da das GG keine Versorgungsregelung auf Bundesebene zulasse.

Das Streben der Zivilblinden nach einem allgemeinen bundesgesetzlichen Pflegegeld war aber durchaus gerechtfertigt, wenn man von der Tatsache ausgeht, wie sie der Internationale Blindenkongreß in Oxford im Jahre 1949 feststellte. Danach tragen rund 70 v. H. der Zivilblinden das für uns Sehende unergründliche Leid infolge ungenügender sozialhygienischer Maßnahmen. Sie tragen also ihr schweres Schicksal im Namen und zu Lasten der ganzen Gesellschaft.

Die SPD war durchaus der gleichen Auffassung wie die Zivilblinden und brachte bereits im Mai 1950 eine Anfrage im Bundestag ein, dahingehend, ob die Bundesregierung bereit sei, auf diesem Gebiet eine soziale Regelung auf Gesetzesbasis zu treffen. Seinerzeit antwortete der Bundesinnenminister, die Angelegenheit werde bearbeitet. Es geschah aber weiterhin lange Zeit — über ein Jahr — nichts, so daß die SPD-Fraktion im Juni 1951 erneut aktiv wurde und in Form einer Interpellation auf Drucksache 2435 mit konkreten Vorschlägen die Regelung eines allgemeinen gesetzlichen Pflegegeldes für die Zivilblinden beantragte.

Inzwischen hatten einige Bundesländer Blindenpflegegeld-Gesetze geschaffen, so 1949 Bayern, 1950 Hessen und 1951 Nordrhein-Westfalen. (Später folgte auch Schleswig-Holstein.)

Am 19. September 1951 fand eine Groß-Kundgebung des Deutschen Blindenverbandes in Bonn statt; sie war eine sehr gute Unterstützung der von der sozialdemokratischen Fraktion im Bundestag eingebrachten oben erwähnten Interpellation.

Diese Interpellation wurde am 10. Oktober 1951 im Plenum des Deutschen Bundestages behandelt. Bei dieser Bundestagsdebatte führte die Verfasserin als Sprecherin der Fraktion auf diesem Gebiet u. a. aus, daß nur jeder zehnte Zivilblinde seinen Lebensunterhalt *voll* verdiene, während weitere 10 bis 15 v. H. nur teilweise für sich sorgen können und alle übrigen von Wohlfahrtsunterstützungen oder unzureichenden Sozialrenten im wahrsten Sinne des Wortes im Schatten leben. Die körperliche und seelische Belastung und Beeinträchtigung, die die Blindheit zur Folge hat, wirken sich bei keiner anderen Gruppe der Körperbehinderten so stark aus wie bei den Blinden. Sie sind und bleiben auf Wartung und ständige Hilfe angewiesen, ohne die sie am wirtschaftlichen, sozialen und kulturellen Leben nicht teilnehmen können. Aus der bitteren Tatsache des Blindseins resultieren damit Belastungen und Nachteile, die ausgeglichen werden müssen, weil wir vom humanitären, ethischen und sozialpolitischen Standpunkt aus gesehen verpflichtet sind, auch die Zivilblinden gegenüber ihren sehenden Berufskollegen soweit wie möglich wettbewerbsfähig zu machen. Für die Regelung eines Pflegegeldes für diese Gruppe werde es höchste Zeit.

Jedoch erst am 18. Juli 1952 legte die Bundesregierung ihren Gesetzentwurf über die Änderung und Ergänzung fürsorgerechtlicher Bestimmungen auf Drucksache Nr. 3440 dem Parlament vor.

Dieser Gesetzentwurf wurde dann in den beiden Bundestagsausschüssen für Fragen der öffentlichen Fürsorge und für Sozialpolitik fast ein Jahr lang gründlich beraten. Die abschließende Beratung fand dann am 12. Juni 1953 in zweiter und dritter Lesung im Plenum des Bundestages statt. Damit wurde das Gesetz endgültig verabschiedet.

Das Gesetz sah in seinem § 11 f. die Regelung eines Pflegegeldes für Zivilblinde vor. Nunmehr wurde den Zivilblinden das Zweifache des für sie maßgebenden Fürsorgerichtsatzes bis zur Höhe der Pflegezulage eines Kriegsblinden gewährt. Auch für die in Anstalts- und Heimpflege befindlichen Blinden wurden entsprechende Verbesserungen eingeführt.

Durch diese gesetzliche Regelung wurde es ermöglicht, daß endlich und erstmalig auch die Zivilblinden nach Abzug ihrer besonderen Ausgaben einen bescheidenen Betrag für ihre persönlichen Bedürfnisse in die Hand bekamen. Eine weitere entscheidende Verbesserung für die schaffenden Blinden wurde noch bei der letzten Beratung dieses Gesetzes durch die Annahme eines SPD-Antrages erreicht, indem der anrechnungsfreie Betrag des Einkommens erwerbstätiger Blinder von 33 ¹/₃ auf 40 v. H. des Einkommens erhöht wurde. Diese Verbesserung war sehr bedeutsam und erfreulich, wurde doch dadurch verhindert, daß erwerbstätige Blinde schon mit einem bescheidenen Einkommen von seinerzeit 260,— DM monatlich von der Pflegezulage ausgeschlossen waren.

Durch den erreichten gesetzlichen Anspruch auf das Blindengeld wurde die Arbeitsfreude der Blinden erhöht, waren sie doch ihren sehenden Berufskollegen gegenüber nunmehr wenigstens etwas wettbewerbsfähiger gestellt. Wenn auch diese Regelung im § 11 f. des Gesetzes über die Änderung und Ergänzung fürsorgerechtlicher Bestimmungen nicht alle durchaus berechtigten Wünsche der Zivilblinden erfüllte, so hat sie doch dem Grundsatz insofern entsprochen, als auch die im Erwerbsleben stehenden Blinden durch die Heraufsetzung der anrechnungsfreien Einkommensgrenze auf 40 v. H. weitgehend berücksichtigt waren.

Diese erstmalige gesetzliche Regelung war ein guter Anfang, ein schöner und großer Erfolg. Die SPD hatte nicht vergeblich die Initiative für die soziale Verbesserung des schweren Schicksals der lichtlosen Menschen ergriffen, sondern erleben können, daß die Vertreter der Regierungsparteien, der CDU/CSU und FDP, ihren Vorschlägen in wesentlichen Punkten zustimmten.

Durch diese gesetzliche Regelung war der erste, ja der entscheidende Schritt auf dem langen und mühsamen Weg der Einführung eines Pflegegeldes für die Zivilblinden getan. »Ein Lichtblick für die Blinden«, schrieb seinerzeit die Presse zu diesem erstmaligen gesetzlichen Erfolg für die Zivilblinden. »Der große Schritt vorwärts«, bestätigte der Vorstand des Deutschen Blindenverbandes den bei der Schaffung dieses Gesetzes besonders aktiv gewesenen Abgeordneten der sozialdemokratischen Bundestagsfraktion, »gelang durch Ihren unermüdlichen Einsatz bei der endgültigen Fassung des Fürsorge-Änderungs-Gesetzes«.

Dieser Initiative der SPD in der ersten Legislaturperiode war es daher zu verdanken, daß im später geschaffenen Bundessozialhilfegesetz (BSHG) weitere wesentliche Verbesserungen für die Zivilblinden gesetzlich verankert werden konnten. Bei Erlaß des BSHG bestanden vier Landesregelungen. In der Folgezeit waren weitere sieben Landesblindengeldgesetze hinzugekommen, die alle den blinden Menschen ein Blindengeld ohne Rücksicht auf Einkommen und Vermögen gewähren, so wie es auch das BSHG vorsieht.

Eugen Glombig

# Die Rehabilitation in der deutschen Nachkriegsgeschichte

Dieser Beitrag wurde am Ende der 7. Legislaturperiode des Deutschen Bundestages verfaßt. Diese Legislaturperiode war sicherlich eine der erfolgreichsten in der Geschichte der deutschen Sozialgesetzgebung und besonders auf dem Gebiet der Sozialpolitik für Behinderte. Um so reizvoller ist gerade aus dieser Perspektive der Rückblick auf die Entwicklung der Nachkriegszeit. Er zeigt, wie weit der Weg war, der zurückgelegt worden ist, aber auch wie lange es gedauert hat, bis wichtige Forderungen und neue Ideen sich durchsetzen konnten, und schließlich, daß auch heute noch manche gar nicht so neue grundlegende Einsichten noch immer auf ihre Verwirklichung warten.

## Die Ausgangslage nach dem Zweiten Weltkrieg

Als im Jahre 1949 die Sozialpolitik des Bundes ihren Anfang nahm, war die Rechtslage für die Behinderten durch den Stand bestimmt, den die Gesetzgebung des Deutschen Reiches auf den Gebieten der gesetzlichen Renten- und Unfallversicherung, der Kriegsopferversorgung, des Schwerbeschädigtenrechts und der Fürsorge erreicht hatte.

*Die gesetzliche Rentenversicherung*

Zu den Leistungen der gesetzlichen Rentenversicherung gehörten schon seit dem Reichsgesetz über die Invaliditäts- und Altersversicherung von 1889 neben Rentenzahlungen auch medizinische Maßnahmen zur Verhütung von Invalidität. Seine Existenz verdankte das Heilverfahren der Rentenversicherung ursprünglich weniger dem Gedanken der Rehabilitation als der Tatsache, daß der Versichertenkreis der Rentenversicherung wesentlich umfassender war als der der Krankenversicherung und daß sich die Rentenversicherung deshalb als Lückenbüßer für den weiterhin fehlenden Krankenversicherungsschutz anbot. Das Gesetz von 1889 sah deshalb vor, daß Versicherte und Witwen, die nicht krankenversichert waren, von der Rentenversicherung die nach dem Krankenversicherungsgesetz vorgesehenen Leistungen erhalten konnten, wenn dadurch die Zahlung einer Invalidenrente vermieden wurde.

Im Laufe der nächsten zwei Jahrzehnte wurde dieser enge Rahmen etwas ausgeweitet. Mit der Verabschiedung der Reichsversicherungsordnung und des Angestelltenversicherungsgesetzes im Jahre 1911 war diese Entwicklung dann abgeschlossen. Von einer planmäßigen Vorbeugung gegen Frühinvalidität und von einer wirkungsvollen Eingliederung Behinderter in Arbeit, Beruf und Gesellschaft konnte damals allerdings in der Rentenversicherung noch nicht die Rede sein. Dennoch hat sich bis in die fünfziger Jahre hinein an den gesetzlichen Grundlagen zur Rehabilitation in der Rentenversicherung nichts weiter geändert.

*Die gesetzliche Unfallversicherung*

Die gesetzliche Unfallversicherung kennt seit ihren Anfängen im Jahre 1884 neben der Entschädigung durch Rentenzahlungen und der Unfallverhütung auch medizinische Leistungen zur Wiedereingliederung Unfallverletzter. Eine für die Geschichte der Rehabilitation in Deutschland bahnbrechende Reform erlebte die Unfallversicherung bereits im Jahre 1925, als durch das 2. Unfallversicherungs-Änderungsgesetz die »Berufsfürsorge«, die Vorläuferin der heutigen Berufshilfe, zur Pflichtleistung der Unfallversicherung gemacht wurde. Dies war die Geburtsstunde der beruflichen Rehabilitation in der deutschen Sozialversicherung.

*Reichsversorgungsgesetz und Schwerbeschädigtengesetz*

In der Kriegsopferversorgung hat der Gedanke der Rehabilitation ebenfalls in der Zeit nach dem 1. Weltkrieg Eingang gefunden, und zwar durch das Reichsversorgungsgesetz von 1921, das jedem Kriegsbeschädigten — neben der Versorgung durch Geldleistungen — einen Rechtsanspruch auf Heilbehandlung und anschließende Maßnahmen zur beruflichen und sozialen Wiedereingliederung einräumte. Seitdem stellte die Versorgung und Rehabilitation der Kriegsbeschädigten, neben den Leistungen der Unfallversicherung, das Modell für die soziale Sicherung aller Behinderten, auch der Nicht-Kriegsbeschädigten, dar.

Auch der Gedanke, daß die Leistungen der medizinischen und beruflichen Rehabilitation durch geeignete Hilfen zur Schaffung und Erhaltung eines Arbeitsplatzes zu ergänzen seien, entstammt den Bemühungen um die Bewältigung der sozialen Folgelasten des Ersten Weltkrieges. Mit dem »Gesetz über die Beschäftigung Schwerbeschädigter« von 1920 ist bereits fast das gesamte Instrumentarium zur Eingliederung Schwerkriegsbeschädigter und Schwer-Arbeitsunfallverletzter in den allgemeinen Arbeitsprozeß geschaffen worden, das sich auch im späteren Schwerbeschädigtengesetz von 1953 und auch noch im Schwerbehindertengesetz von 1974 wiederfindet: Beschäftigungspflicht, Pflichtquote, Kündigungsschutz, nachgehende Hilfe im Arbeitsleben und besondere Interessenvertretung der Schwerbeschädigten im Rahmen der innerbetrieblichen Mitbestimmung. Auch bei der Eingliederung Behinderter in den allgemeinen Arbeitsprozeß hat also die Versorgung der Kriegsopfer ein Modell geschaffen, das erst ein halbes Jahrhundert später für alle Behinderten in die Realität umgesetzt werden konnte.

*Das Fürsorgerecht*

Während auf dem Gebiet der Unfallversicherung und der Kriegsopferversorgung der Gedanke der Eingliederung bzw. Wiedereingliederung der Behinderten bereits nach dem 1. Weltkrieg wenigstens im Grundsatz allgemein Anerkennung gefunden hatte, läßt sich dies von der öffentlichen Fürsorge nicht im gleichen Umfang behaupten.

Bis zum Ende des 1. Weltkrieges waren — wenn man von den nur für einen begrenzten Personenkreis in Frage kommenden Ansätzen in der Renten- und Unfallversicherung absieht — soziale Hilfen für Behinderte fast allein der freien Wohlfahrtspflege überlassen. Die öffentliche Fürsorge beschränkte sich vor dem 1. Weltkrieg auf die sogenannte »Armenpflege«, deren Zielsetzung weniger im Wohl des Hilfsbedürftigen als in der Aufrechterhaltung der öffentlichen Ordnung lag. Erst mit dem »Preußischen Krüppelfürsorgegesetz« aus dem Jahre 1920 wurde die Hilfe für Körperbehinderte eine Pflichtaufgabe der öffentlichen Fürsorge. Die Zielsetzung dieses Gesetzes — dessen Beispiel die meisten anderen Länder des Deutschen Reiches folgten — war jedoch begrenzt: es handelte sich hauptsächlich um Bestimmungen zur Meldepflicht von Körperbehinderten im Alter von unter 18 Jahren. Die frühzeitige Erfassung der Behinderten zwecks Anstaltsunterbringung stand im Vordergrund. In dieser Hinsicht stand das Preußische Krüppelfürsorgegesetz durchaus noch in der Tradition der obrigkeitsstaatlichen Armenpflege.

Das Krüppelfürsorgegesetz war vor allem ein Gesetz zur Organisation der Fürsorge für Körperbehinderte. Das Leistungsrecht der Fürsorge war in der »Verordnung über die Fürsorgepflicht« vom 13. 2. 1924, sowie in den darauf aufbauenden »Reichsgrundsätzen über Voraussetzung, Art und Maß der öffentlichen Fürsorge« vom 4. 12. 1924 niedergelegt. Danach hatten die Fürsorgeverbände die Pflicht, Hilfsbedürftigen den »notwendigen Lebensbedarf« zu garantieren. Dazu zählte neben Nahrung, Kleidung und Unterkunft bei »Blinden, Taubstummen und Krüppeln« auch »Erwerbsbefähigung«. Im Grundsatz hatte damit der Gedanke der Eingliederung bzw. Wiedereingliederung der Behinderten — also der Rehabilitation im heutigen Sinne — in das Fürsorgerecht Eingang gefunden.

In der Praxis beschränkte sich die »Erwerbsbefähigung« meistens jedoch auf Unterbringung in Anstalten. Dies geschah normalerweise in den sogenannten »Krüppelheimen«, in denen jugendliche Behinderte Schulbildung bis zum Volksschulabschluß und anschließend eine handwerkliche Berufsausbildung in einem der typischen »Krüppelberufe« wie Bürstenbinder, Korbmacher, Schneider, Schuhmacher oder Sattler, erhielten. Da diese Berufsausbildung sich mehr an den bescheidenen Möglichkeiten der Anstalten statt an den tatsächlichen Arbeitsmarktverhältnissen orientierte, konnte vielfach eine Eingliederung ins Erwerbsleben durch die Maßnahmen der Fürsorge nicht erreicht werden. Auch das Angebot an Anstaltsplätzen war längst nicht ausreichend, weil es weitgehend von den bescheidenen finanziellen Möglichkeiten der freien Wohlfahrtspflege abhing.

Zudem kannte das Fürsorgerecht des Deutschen Reiches keinen Rechtsanspruch des Hilfsbedürftigen auf Leistungen. Es gab lediglich eine Verpflichtung der Fürsorgeverbände, im öffentlichen Interesse und im Rahmen der gegebenen institutionellen Kapazitäten fürsorgerisch tätig zu werden. Daraus konnte nach der damaligen Rechtsauffassung kein individuell einklagbarer Anspruch abgeleitet werden. Eine schwere Belastung für den Behinderten, der auf die Fürsorgeleistungen angewiesen war, ergab sich aus der weitgehenden Verpflichtung zur Rückerstattung der Aufwendungen der Fürsorge nach Beendigung der Notlage. Die Rückerstattungspflicht folgte nach dem damaligen Rechtsverständnis zwingend aus den Grundsätzen der Fürsorge, die in der ersten Linie dem öffentlichen Interesse zu dienen hatte. Erst in den fünfziger Jahren wurde die Rückerstattungspflicht eingeschränkt. Im Grunde stand die Rückerstattung im unvereinbaren Widerspruch mit dem Gedanken der Eingliederung, denn sie bedeutete, daß der

Behinderte, sobald das Ziel der Eingliederungshilfe erreicht zu sein schien, durch die oft beträchtlichen Forderungen der Fürsorgeverbände gerade auf dem Niveau der Abhängigkeit festgehalten wurde.
Nachdem in der ersten Hälfte der zwanziger Jahre durch die Reformen in der Kriegsopferversorgung, im Fürsorgerecht und in der Unfallversicherung einige Fortschritte in der Sozialpolitik für Behinderte erzielt werden konnten, trat dann in der Mitte der zwanziger Jahre für ein Vierteljahrhundert ein nahezu völliger Stillstand ein. Die Weltwirtschaftskrise, die den Behinderten verständnislos und sogar feindselig gegenüberstehende nationalsozialistische Ideologie, der 2. Weltkrieg, der Zusammenbruch und das anschließende Auseinanderfallen der Rechtseinheit des Deutschen Reiches in Besatzungszonen und einzelne Länder machten jeden Fortschritt unmöglich.

## Die Rehabilitation in der Sozialreformdiskussion der fünfziger Jahre

Zu Beginn der fünfziger Jahre hatte sich ein großer Nachholbedarf an Reformen angestaut. Das betraf selbstverständlich nicht nur die Rehabilitation. Die Notwendigkeit einer umfassenden »Sozialreform« war während der Aufbauphase der Bundesrepublik nahezu allgemeine Überzeugung.

*Die Strukturschwäche des Sozialleistungssystems*
Die gesellschaftliche Entwicklung hatte ganz offenkundig dem ursprünglichen Konzept, das dem zum großen Teil noch aus der Bismarckzeit stammenden institutionellen und rechtlichen System der sozialen Sicherheit zugrundelag, den Boden entzogen. Aus der Rolle eines Notbehelfs in der »Arbeiterfrage« des ausgehenden 19. Jahrhunderts waren die Sozialleistungen in die Funktion eines notwendigen und tragenden Elements der gesamten Gesellschaft hineingewachsen. Um so mehr wurde deutlich, daß System und Leistungsstand der sozialen Sicherung den Erfordernissen des modernen Sozialstaates nicht genügen konnten. Die Mängel waren vor allem: Beschränkung des Sozialversicherungsschutzes auf Arbeitnehmer oder sogar nur auf bestimmte Teile der Arbeitnehmerschaft, organisatorische und rechtliche Zersplitterung des Systems mit der daraus folgenden Unübersichtlichkeit des Leistungsrechts, zahlreiche Versorgungslücken, Mehrfachleistungen, Aufblähung der Verwaltung und bürokratische Hemmnisse, Ungleichbehandlungen bei gleichen sozialen Tatbeständen, das Fehlen örtlicher oder ortsnaher Beratungs- und Betreuungsstellen, die Vernachlässigung der Vorsorge im Gesundheitswesen und schließlich völlige Undurchsichtigkeit der finanziellen Belastungs- und Verteilungswirkungen des Sozialleistungssystems.
Diese Strukturschwächen hatten sich besonders für die Behinderten nachteilig ausgewirkt. Die Eigenart der Rehabilitation im Schnittfeld zwischen Gesundheitswesen und Arbeitsförderung, Rentenversicherung, Unfallversicherung, Kriegsopferversorgung und Fürsorge bedingte eine besondere Anfälligkeit gegen Ungereimtheiten des Systems. Wie in einem Vergrößerungsglas zeigten sich auf dem Gebiet der Rehabilitation alle Mängel: Kompetenzwirrwarr, Ungleichbehandlung der Behinderten je nach der Ur-

sache der Behinderung, Mangel an geeigneten Rehabilitationseinrichtungen, völlige Vernachlässigung der von Kindheit und Jugend an Behinderten.
Eine geschlossene Konzeption für die Rehabilitation war eigentlich nie als eigenständige und wichtige sozialpolitische Aufgabe erkannt worden, sondern lediglich einzelnen Zweigen der sozialen Sicherung als Anhängsel hinzufügt worden. Soweit Sozialleistungen für Behinderte überhaupt vorhanden waren, beschränkte sich ihre Zielsetzung auf die Entschädigung von Kriegs- und Arbeitsunfallopfern und auf die Vermeidung von Rentenfällen. Es kann somit nicht verwundern, daß die soziale Sicherheit bei Behinderungen ein Schwerpunktthema der Sozialreformdiskussion der fünfziger Jahre gewesen ist. Dies gilt für die meisten der wichtigen Dokumente dieser programmatischen Auseinandersetzung, seien es die »Grundgedanken zur Gesamtreform der sozialen Leistungen«, in denen Bundesarbeitsminister Storch im März 1955 sein Sozialreformkonzept dem Bundeskabinett vorlegte [1], sei es die von Bundeskanzler Adenauer in Auftrag gegebene »Rothenfelser Denkschrift« der vier Professoren Achinger, Höffner, Muthesius und Neundörfer [2], sei es der »Sozialplan der SPD« [3]. Besondere Beachtung verdienen in diesem Zusammenhang die Entschließung des DGB-Bundeskongresses 1954 des Deutschen Gewerkschaftsbundes über die Neuordnung des Sozialrechts [4] und die weniger bekannt gewordenen Vorschläge des Verbandes der Ortskrankenkassenverbände (VOV), die auf dem Deutschen Krankenkassentag vom 17./18. Oktober 1955 vorgetragen wurden [5].

*Die Notwendigkeit einer Gesamtreform*

Aus Platzgründen muß es genügen, auf Tendenzen hinzuweisen, die diesen Reformvorschlägen — unabhängig vom politischen Standort der Autoren — gemeinsam waren. Übereinstimmung bestand vor allem darüber, daß eine Gesamtreform der sozialen Leistungen notwendig sei, d. h. nicht etwa nur partielle Verbesserungen des Leistungsrechts, sondern auch Veränderungen der rechtlichen und institutionellen Systematik der sozialen Sicherheit. Man war sich darüber klar, daß die Neuordnung sich nicht an den überkommenen institutionellen Abgrenzungen orientieren müsse, sondern an den »Lebenstatbeständen«, wie es die »Rothenfelser Denkschrift« formulierte. Allerdings war die Bereitschaft zu tiefgreifenden Veränderungen nicht überall gleich groß. Sie ging am weitesten im Sozialplan der SPD und in der »Rothenfelser Denkschrift« und war am zurückhaltendsten formuliert im Konzept des damaligen Bundesarbeitsministers.

1 abgedruckt bei Max Richter (Hrsg.) »Die Sozialreform. Dokumente und Stellungnahme«, Bad Godesberg 1955 ff. Bd. 1 Abschnitt B III 1.

2 »Neuordnung der sozialen Leistungen«, Denkschrift auf Anregung des Herrn Bundeskanzlers, erstattet von den Professoren Hans Achinger, Joseph Höffner, Hans Muthesius, Ludwig Neundörfer, Köln 1955.

3 »Sozialplan für Deutschland«, auf Anregung des Vorstandes der Sozialdemokratischen Partei Deutschlands, vorgelegt von Walter Auerbach, Edmund Bruch u. a., Hannover 1957.

4 abgedruckt bei Richter a.a.O., Bd. 5, Abschnitt H I 1 b S. 4 ff.

5 abgedruckt bei Richter a.a.O., Bd. 5, Abschnitt J I 1.

*Die Bedeutung von Prävention und von Rehabilitation*

Vor allem war man sich darüber einig, daß das Schwergewicht der sozialen Leistungen im Fall der Behinderung bei der Prävention und bei Maßnahmen zur Eingliederung oder Wiedereingliederung der Behinderten liegen müsse. Man forderte deshalb eine wesentliche Verbesserung der vorbeugenden Gesundheitsversorgung und der Rehabilitationsleistungen. Die Rehabilitationsleistungen sollten möglichst frühzeitig und nicht erst nach bereits erfolgtem oder unmittelbar drohendem Eintritt der Invalidität einsetzen. Daß die berufliche Rehabilitation bislang völlig vernachlässigt worden war und eines energischen Ausbaus bedürfe, wurde besonders betont.

*Ausweitung des geschützten Personenkreises*

In der Sozialreformdiskussion bildete sich auch die Tendenz heraus, den Personenkreis derer, die einen Anspruch auf Rehabilitationsleistungen haben sollten, auszuweiten. Am weitesten ging dabei der Sozialplan der SPD, der eine Einbeziehung der gesamten Bevölkerung in die Sozialversicherung anstrebte. Die »Rothenfelser Denkschrift« plädierte zwar nicht für eine Volks-Sozialversicherung, forderte aber, daß zumindest bei den Rehabilitationsleistungen ein Weg gefunden werden müsse, auch Selbständige einzubeziehen. Wenn auch in der Frage des anspruchsberechtigten Personenkreises in der Sozialreformdiskussion die Meinungen auseinandergingen, so war man sich jedoch insofern einig, daß diese Frage vorurteilslos zu prüfen sei und daß die Abgrenzung primär nach den sozialpolitischen Erfordernissen, nicht aber nach berufsständischen oder kausalen Kriterien erfolgen müsse.

*Die Diskussion über das Kausalprinzip*

Verbreitet war der Gedanke, daß die Ungleichbehandlung der Behinderten je nach der Ursache der Behinderung abgebaut oder sogar völlig beseitigt werden müsse. Am weitesten gingen mit dieser Forderung die Ortskrankenkassen, die verlangten, daß der Lebenstatbestand der Krankheit unabhängig von der Ursache gleichbehandelt werden müsse. Ähnlich äußerte sich der DGB. Der Sozialplan der SPD sah eine Sonderstellung der Kriegsversehrten und der Arbeitsunfallverletzten nur bezüglich der Geldleistungen vor. Bundesarbeitsminister Storch hingegen wollte die besonderen Rehabilitationsleistungen der Unfallversicherung und der Kriegsopferversorgung nicht antasten.

In der Diskussion über das Kausalitätsprinzip war auch die Empfehlung Nr. 99 der Internationalen Arbeitsorganisation »betreffend die berufliche Eingliederung und Wiedereingliederung der Behinderten« vom 22. Juni 1955 von Bedeutung. Diese Empfehlung enthielt nicht nur ein sehr detailliertes Programm für die berufliche Eingliederung und Wiedereingliederung Behinderter, das auch heute noch als vorbildlich gelten kann. Sie fand darüber hinaus auch große Aufmerksamkeit wegen ihrer kompromißlosen Orientierung am Finalitätsprinzip.

Erwähnt werden müssen schließlich zahlreiche Entschließungen des »Reichsbundes der Kriegs- und Zivilbeschädigten, Sozialrentner und Hinterbliebenen«, in denen bereits seit 1947 die Abkehr vom Kausalprinzip und die Gleichbehandlung aller Behinderten unabhängig von der Ursache der Behinderung gefordert wurde. Der Reichsbund entwarf zwar keinen grundsätzlichen und umfassend angelegten Sozialreformplan, sondern brachte sein Plädoyer für das Finalprinzip in Gestalt konkreter Forderungen zu einzelnen Gesetzen, meist zum Schwerbeschädigtengesetz vor. Dennoch hatte er damit einen gewissen Einfluß. Man kann sogar sagen, daß es teilweise den praxisbezogenen Forderungen des Reichsbundes zu verdanken ist, daß die programmatische Diskussion über das Kausalprinzip überhaupt in Gang gekommen ist.

Die Rolle des Reichsbundes in der Frage des Kausalprinzips ist daraus zu erklären, daß in ihm sowohl Kriegsbeschädigte als auch Zivilbehinderte organisiert waren. Dies geht wiederum auf eine Entscheidung der britischen Militärregierung zurück, die bei der Neugründung des Reichsbundes im Jahre 1946 keine reine Kriegsopferorganisation zuließ, um die Möglichkeit einer Entwicklung zum Kriegsveteranenverband auszuschließen.

*Die Forderungen nach organisatorischen Reformen*

Alle wichtigen Beiträge zur Sozialreformdiskussion der fünfziger Jahre enthielten Vorschläge zu organisatorischen Reformen der Rehabilitation. Im Bereich der medizinischen Rehabilitation wurde vor allem verlangt, sowohl das Leistungsrecht als auch die Organisation stärker aufeinander abzustimmen oder sogar zu vereinheitlichen. Die Vorschläge reichten von einer verbesserten Kooperation verschiedener selbständig bleibender Träger bis hin zur Konzentration aller Zuständigkeiten auf einen Träger. Der damalige Bundesarbeitsminister sah die Zusammenarbeit aller Rehabilitationsträger in »Arbeitsgemeinschaften« vor. Der Sozialplan der SPD und die »Rothenfelser Denkschrift« sprachen sich dafür aus, alle Leistungen der medizinischen Rehabilitation, auch die der Kriegsopferversorgung und der Unfallversicherung, auf die gesetzliche Krankenversicherung zu übertragen. Die SPD wollte darüber hinaus der Krankenversicherung weitgehend die Aufgabe der vorbeugenden Gesundheitsversorgung übertragen und sie damit zu einem einheitlichen System der Gesundheitssicherung ausbauen.

Eine Mittelposition in der Organisationsfrage nahmen der DGB und die Ortskrankenkassen ein. Der DGB wünschte, daß die Rehabilitation als »Gemeinschaftsaufgabe« der Sozialversicherung durchgeführt werden sollte. Die Ortskrankenkassen wollten die Akutbehandlung völlig den Krankenkassen überlassen. Bei Prävention und Rehabilitation einschließlich der Bereitstellung von Rehabilitationseinrichtungen sollten hingegen die beteiligten Träger zwar ihre bisherigen Aufgaben behalten, jedoch eng zusammenwirken. Zu diesem Zweck wurde die Bildung von Arbeitsgemeinschaften angeregt. Diese Arbeitsgemeinschaften sollten sich nicht etwa — wie vom Bundesarbeitsminister Storch vorgesehen und in der späteren Bundesarbeitsgemeinschaft für Rehabilitation verwirklicht — auf eine Koordinierung auf Spitzenverbandsebene beschränken, sondern auf regionaler Ebene gebildet werden und alle Verwaltungsarbeit, die mit dem einzelnen Rehabilitationsfall verbunden ist, übernehmen, wie z. B. die Einleitung des Rehabilitationsverfahrens sowie die Zusammenarbeit mit den Versicherungsträgern, Krankenhäusern und Rehabilitationseinrichtungen. Außerdem schlugen die Ortskrankenkassen einen gemeinsamen beratenden ärztlichen Dienst der Sozialversicherungsträger vor, der für die Diagnostik, Begutachtung und Entwicklung der Heilpläne zuständig sein sollte.

In der Frage, wie die berufliche Rehabilitation — die es damals außer in der Kriegsopferfürsorge und in der gesetzlichen Unfallversicherung noch gar nicht gab und erst neu aufgebaut werden mußte — zu organisieren sei, herrschte eine weitgehende Übereinstimmung. Allgemein hielt man es für zweckmäßig, alle Kompetenzen zur beruflichen Eingliederung und Wiedereingliederung der Arbeitsverwaltung zu übertragen und die Träger der medizinischen Rehabilitation zu enger Zusammenarbeit mit der Arbeitsverwaltung zu verpflichten.

## Die Rehabilitation in der Bundesgesetzgebung der Nachkriegszeit

Trotz der fruchtbaren programmatischen Diskussion der fünfziger Jahre ist die große Reform der institutionellen und rechtlichen Systematik der Rehabilitation weitgehend unterblieben. Die Veränderungen gingen nicht über Leistungsverbesserungen innerhalb des bestehenden Rahmens hinaus. Damit soll natürlich der Wert dieser Verbesserungen nicht geleugnet werden. Jedoch konnten diese partiellen Verbesserungen die aus einer geschlossenen Konzeption heraus entwickelte Gesamtreform der Rehabilitation nicht ersetzen und die tieferliegenden Strukturschwächen nicht beseitigen.
Eine der Ursachen für das Scheitern der Gesamtreform der Rehabilitation ist darin zu sehen, daß die Interessen der Behinderten zwar — vor allem im Reichsbund und im Verband der Kriegsopfer (VdK) — recht schlagkräftig organisiert waren, daß diese Verbände sich in ihrer praktischen Arbeit jedoch weitgehend auf die Kriegsopferpolitik konzentrierten und kaum effektiven Druck zur Durchsetzung einer Gesamtreform der Rehabilitation ausübten.
Vor allem aber zeigte sich bald, daß die anfängliche Aufgeschlossenheit der öffentlichen Diskussion gegenüber organisatorischen und institutionellen Neuerungen spürbar nachließ und einer zunehmenden Verhärtung Platz machte. Es setzten sich diejenigen Kräfte durch, die ein Interesse daran hatten, aus organisatorischen Fragen der sozialen Sicherheit grundsätzliche und weltanschauliche Fragen zu machen. Der Institutionismus der erst Anfang der fünfziger Jahre durch die Wiederherstellung der Selbstverwaltung neu konsolidierten Sozialversicherungsträger verstärkte sich. Die Idee der Selbstverwaltung, die bei der Masse der Versicherten kaum recht Wurzeln schlagen konnte, geriet immer mehr in die Gefahr, als Rechtfertigung für das Eigeninteresse der Verwaltungen der Sozialleistungsträger und als Betätigungsfeld falschverstandener berufsständischer Bestrebungen herhalten zu müssen. Nach wenigen Jahren war in der Öffentlichkeit ein Klima entstanden, in dem es möglich war, jede vernünftige Anregung, die überkommene Gliederung der Sozialversicherung zu überprüfen oder zu ändern, als Angriff auf das Prinzip der Selbstverwaltung darzustellen und damit abzuwehren, obwohl natürlich zwischen der Selbstverwaltung und einer bestimmten Form der institutionellen Gliederung des Sozialleistungssystems gar kein zwingender Zusammenhang besteht.

### *Bundesversorgungsgesetz und Schwerbeschädigtengesetz*

In der ersten Legislaturperiode des Deutschen Bundestages dominierten in der Gesetzgebung, soweit sie überhaupt die Situation der Behinderten betraf, eindeutig die Versorgung und Eingliederung der Kriegsopfer. Hierbei handelt es sich um zwei Gesetze, nämlich um das Bundesversorgungsgesetz

von 1950 und um das Schwerbeschädigtengesetz von 1953. Beide Gesetze brachten wenig Neues, sondern bewegten sich im konzeptionellen Rahmen des Reichsversorgungsgesetzes von 1921 bzw. des Schwerbeschädigtengesetzes von 1920 und beschränkten sich auf die Wiederherstellung der 1945 zerbrochenen Rechtseinheit für das Bundesgebiet und auf einige Anpassungen an die geänderten Verhältnisse.
Das Bundesversorgungsgesetz ließ die Grundsätze der medizinischen und beruflichen Rehabilitation der Kriegsopferversorgung unberührt. Die Neuordnung und auch die politischen Auseinandersetzungen betrafen in der Hauptsache die Rentenzahlungen an die Kriegsopfer.
Während der Diskussion über das Schwerbeschädigtengesetz wurde — insbesondere von seiten der Zivilbehinderten, die vor allem innerhalb des »Reichsbundes der Kriegs- und Zivilbeschädigten, Sozialrentner und Hinterbliebenen« organisiert waren — die Ausdehnung des berechtigten Personenkreises auf alle Körperbehinderten gefordert. Jedoch machten weder die Bundesregierung noch die im Bundestag vertretenen Parteien sich diese Forderungen zu eigen. Das geschah aus Rücksicht auf die Kriegsopfer, die in einer solchen Ausdehnung eine Beeinträchtigung ihrer Arbeitsmarktchancen gesehen hätten.
Zwei Jahre später, im März 1955, brachte die SPD-Bundestagsfraktion dann einen Gesetzentwurf [6] ein, der auf die Einbeziehung aller schwer Körperbehinderten in das Schwerbeschädigtengesetz abzielte. Er wurde jedoch von der Mehrheit des Bundestages abgelehnt.

*Die Rehabilitation in der Rentenreform 1957*

In der Diskussion um die Rentenreform 1957 nahm die soziale Sicherheit bei Invalidität von Anfang an einen breiten Raum ein. Die SPD-Bundestagsfraktion legte am 18. April 1956, die Bundesregierung Dr. Adenauers am 5. Juni 1956 jeweils einen Gesetzentwurf zur Rentenreform vor, die beide, was die Rehabilitation anging, in einer Reihe von wichtigen Punkten übereinstimmten. Der Entwurf der SPD-Bundestagsfraktion reichte jedoch in vielen Punkten konzeptionell wesentlich über den Regierungsentwurf hinaus.
Das schließlich auf der Basis des Regierungsentwurfs zustandegekommene Rentenreformgesetz führte in der Rentenversicherung erstmals Leistungen zur beruflichen Rehabilitation nach dem Muster der Unfallversicherung und der Kriegsopferversorgung ein. Neu war auch das Übergangsgeld. Im Bereich der medizinischen Rehabilitation brachte die Rentenreform 1957 in entscheidenden Punkten Verbesserungen gegenüber dem früheren Recht. Das alte »Heilverfahren« wurde zur »Heilbehandlung« erweitert, so daß es alle Arten von medizinischer Hilfe umfassen konnte. Die enge Zielsetzung der medizinischen Rehabilitation, die sich bis dahin auf die Vermeidung unmittelbar drohender Invalidität beschränkt hatte, wurde gelockert und auf die Erhaltung, Besserung oder Wiederherstellung der Erwerbsfähigkeit ausgedehnt.
Die sozialdemokratische Bundestagsfraktion verfolgte mit ihrem eigenen — maßgeblich von Ernst Schellenberg mitgestalteten — Gesetzentwurf zur

6 Bundestagsdrucksache 2. Wahlperiode Nr. 1267.

Rentenreform ebenso wie mit ihren Anträgen bei der parlamentarischen Behandlung der Rentenreform das Ziel, zentrale Anliegen der damals bereits in den Grundzügen ausgearbeiteten Sozialplankonzeption der SPD in konkrete Gesetzesinitiativen umzusetzen. Wesentlicher Bestandteil dieses Konzepts war der Ausbau einer umfassenden Gesundheitssicherung (einschließlich Prävention und medizinischer Rehabilitation) einerseits und einer Berufsförderung — heute würde man »Arbeitsförderung« sagen — (einschließlich beruflicher Rehabilitation) andererseits. Durch das Rentenreformgesetz wollte die SPD-Fraktion bis zum endgültigen Abschluß der umfassenden Sozialreform diese Aufgaben vorläufig insoweit der Rentenversicherung übertragen, als Krankenversicherung, Unfallversicherung, Arbeitsverwaltung oder Kriegsopferversorgung nicht für entsprechende Leistungen zuständig waren.

Gemäß dieser Zielsetzung sah der Gesetzentwurf der SPD als Aufgabe der Rentenversicherung »Leistungen der Gesundheits- und Berufsförderung« vor. Die Gesundheitsförderung sollte nicht nur das Heilverfahren, sondern auch Leistungen der gesundheitlichen Vorbeugung einschließlich Früherkennung und »allgemeine Maßnahmen zur Verbesserung der gesundheitlichen Verhältnisse« umfassen. Als Leistungen der Berufsförderung waren Ausbildung zur Wiedergewinnung oder Erhöhung der Erwerbstätigkeit im bisherigen Beruf, Ausbildung in einem anderen Beruf, Hilfe zur Erlangung eines geeigneten Arbeitsplatzes und Einkommensleistungen während der Dauer der Berufsförderung vorgesehen.

Im Unterschied zum Regierungsentwurf und zu dem späteren Rentenreformgesetz sollten nach dem SPD-Entwurf alle Versicherten, Rentner sowie deren unterhaltsberechtigte Kinder und Ehegatten ausnahmslos gesundheitsfördernde Leistungen erhalten. Da die SPD schon 1957 die Rentenversicherung für jedermann öffnen wollte, hätte dies bedeutet, daß praktisch die ganze Bevölkerung direkt oder indirekt in die Rehabilitationsleistungen der Rentenversicherung einbezogen worden wäre.

Sowohl mit der Zielsetzung der Förderung der »Gesundheit« statt der »Erwerbsfähigkeit« als auch durch die beabsichtigte Ausweitung des berechtigten Personenkreises sprengte der SPD-Entwurf also schon damals den Rahmen einer einseitig auf Eingliederung in den allgemeinen Arbeitsmarkt und auf bestimmte Bevölkerungsgruppen beschränkten Sicht der Rehabilitation. Es ist zweifellos nicht von der Hand zu weisen, daß der damalige SPD-Entwurf die Rentenversicherungs-Neuregelungsgesetze mit seinem kühnen Vorgriff auf die Sozialreform überfrachtet und vielleicht auch die damalige Leistungsfähigkeit der Rentenversicherung überfordert hätte. Dementsprechend wurden auch die Vorschläge von der CDU/CSU mit dem Hinweis auf die geplante Krankenversicherungsreform abgelehnt. Dennoch hat die spätere Entwicklung den Initiatoren des SPD-Entwurfs in gewisser Weise nachträglich recht gegeben. Die versprochene Krankenversicherungsreform scheiterte nämlich trotz absoluter Mehrheit der CDU/CSU am Widerstand zahlreicher gesellschaftlicher Gruppen.

### *Die berufliche Rehabilitation im AVAVG*

Ebenfalls in der 2. Legislaturperiode des Deutschen Bundestages, nämlich im April 1957, wurde die Neufassung des Gesetzes über die Arbeitsvermittlung und Arbeitslosenversicherung (AVAVG) verabschiedet, mit dessen § 39

Abs. 3 die berufliche Rehabilitation erstmals Eingang in den Leistungskatalog der Arbeitsförderung fand.

Für die damalige Zeit war mit dem AVAVG zweifellos ein Fortschritt erzielt worden. Die praktischen Erfolge blieben jedoch hinter den Erwartungen zurück. Das Fehlen präziser gesetzlicher Bestimmungen stellte sich im Laufe der Zeit als Nachteil heraus. Das AVAVG gewährte den einzelnen Behinderten noch keinen individuellen Rechtsanspruch auf berufsfördernde Maßnahmen. Die Förderung geschah teilweise unter Anrechnung des Einkommens des Behinderten. Einkommenshilfen während des Rehabilitationsverfahrens fehlten. Die Zusammenarbeit und Koordination der Bundesanstalt mit anderen Rehabilitationsträgern war noch nicht gesetzlich geregelt. All diese Mängel führten dann ein Jahrzehnt später zur detaillierten Regelung der beruflichen Rehabilitation im Arbeitsförderungsgesetz.

*Das Körperbehindertengesetz von 1957*

Am Ende der zweiten Legislaturperiode wurde schließlich nach langer Verzögerung auch das Gesetz über die Körperbehindertenfürsorge verabschiedet, mit dem endlich die dringend notwendige bundeseinheitliche Regelung der Fürsorgeleistungen für Behinderte verwirklicht wurde. Eine Reform der Körperbehindertenfürsorge war zu diesem Zeitpunkt schon fast ein Jahrzehnt überfällig, obwohl sowohl die SPD als auch die Behindertenverbände und die Vertreter der freien Wohlfahrtspflege immer wieder gemahnt hatten.

Das Körperbehindertengesetz von 1957 beschränkte sich — auch bezüglich des Leistungsumfangs — auf wenige allgemeine Vorschriften. Es bewegte sich insofern in der Tradition der früheren Fürsorgegesetzgebung, die stets von dem Grundsatz der Individualisierung geleitet war, der es verbot, das freie Ermessen des Fürsorgeträgers mehr als unbedingt nötig durch starre Rechtsnormen einzuschränken.

Die Leistungen sollten Heilverfahren, orthopädische Versorgung, angemessene Schulbildung (jedoch nur »erforderlichenfalls« über den Rahmen der Schulpflicht hinaus) sowie Fortbildung und Umschulung für einen angemessenen Beruf umfassen und sich im übrigen nach den allgemeinen fürsorgerechtlichen Regelungen orientieren. Weitergehende Wünsche der Behinderten, wie Pflegegeld, Taschengeld, Mehrbedarf über die Fürsorgesätze hinaus etc. wurden nicht berücksichtigt. Der Fortschritt des Gesetzes lag darin, daß die Kostenregelung, die Einkommensanrechnung und die Rückzahlungspflicht im Vergleich zum bis dahin geltenden Recht sehr großzügig geregelt wurden. Zu den Heilverfahren und zur Versorgung mit größeren orthopädischen Hilfsmitteln hatte der Behinderte nur aus eigenen Mitteln beizutragen, wenn sein Einkommen die Krankenversicherungspflichtgrenze für Angestellte überstieg. Auch unterhaltsverpflichtete Dritte konnten nur in dem genannten Rahmen zu den Kosten der Körperbehindertenfürsorge herangezogen werden. Damit war für Rehabilitationsleistungen eine de-facto-Dynamisierung der Einkommensgrenze (auf einem Niveau, das im Vergleich zu den allgemeinen Einkommensverhältnissen weit über den heutigen Einkommensgrenzen des BSHG lag) und somit eine nahezu versorgungsähnliche Regelung geschaffen. Sie wurde schon vom 3. Deutschen Bundestag im Juni 1959 gegen den Widerstand der Sozialdemokratischen Fraktion anläßlich der Verabschiedung des Tuberkulosehilfegesetzes aus finanziellen Gründen wieder rückgängig gemacht.

*Das Bundessozialhilfegesetz*

Das Körperbehindertengesetz wurde bereits nach etwas mehr als 5 Jahren am 1. Juni 1962 von dem neuen Bundessozialhilfegesetz abgelöst, das alle bis dahin bestehenden Fürsorgegesetze in einem einheitlichen Sozialhilferecht zusammenfaßte. Die Eingliederungshilfe für Behinderte im Rahmen des Bundessozialhilfegesetzes brachte gegenüber dem Körperbehindertengesetz zweifellos eine Reihe von Verbesserungen. Der berechtigte Personenkreis wurde über die eigentlichen Körperbehinderten hinaus auf die Gehörbehinderten, Blinden, Sprachbehinderten und geistig Behinderten ausgedehnt. Der Grundsatz des individuellen Rechtsanspruches wurde klar im Gesetz formuliert. Der Leistungskatalog der Eingliederungshilfe war — im Gegensatz zur Tradition der Fürsorgegesetzgebung — wesentlich präziser und auch umfangreicher als der des Körperbehindertengesetzes.

Eine sehr gravierende Verschlechterung gegenüber dem Körperbehindertengesetz — auch gegenüber seiner bereits durch das Tuberkulosehilfegesetz verschlechterten Fassung — bedeutete jedoch die drastische Herabsetzung der Einkommensgrenzen, die gegen die Stimmen der sozialdemokratischen Opposition beschlossen wurde.

Auch aus anderem Grunde bedeutete die Ablösung des Körperbehindertengesetzes durch das Bundessozialhilfegesetz eine falsche Weichenstellung. Das Körperbehindertengesetz hatte sich durch seine großzügigen Einkommensgrenzen zum Teil schon recht erheblich von dem fürsorgerechtlichen bzw. sozialhilferechtlichen Prinzip des Nachranges entfernt. Dadurch — und auch schon allein durch die Tatsache, daß es sich um ein Sondergesetz handelte — war durchaus die Chance gegeben, daß das Körperbehindertengesetz sich im Laufe der Zeit immer weiter weg von seinem Ursprung als Fürsorgegesetz in Richtung auf ein Versorgungsgesetz entwickelt hätte. Eines Tages hätte es dann vielleicht die von Sozialversicherung und Kriegsopferversorgung bei der Rehabilitation, bei der Einkommenssicherung und bei der Sicherung im Fall der Pflegebedürftigkeit offengelassene Lücke im Sozialleistungssystem vollwertig ausfüllen können. Mit der Eingliederung in das allgemeine Sozialhilferecht war eine solche Entwicklung unmöglich geworden, wie ja auch die spätere Erfahrung gezeigt hat. In den parlamentarischen Behandlungen des Bundessozialhilfegesetzes ist die strategische Bedeutung dieser Weichenstellung nicht erkannt worden, denn keine der Fraktionen des Bundestages schloß sich damals den Bedenken aus den Reihen der Behindertenverbände an.

*Stagnation in den 60er Jahren*

Sieht man vom Bundessozialhilfegesetz ab, so muß gesagt werden, daß in den sechziger Jahren in der Sozialpolitik für Behinderte keine wesentliche Weiterentwicklung stattfand. So ließ auch das Änderungsgesetz zum Schwerbeschädigtengesetz von 1961 die von seiten der Zivilbehinderten immer wieder vorgebrachte Forderung nach Einbeziehung aller Schwerbehinderten erneut unberücksichtigt. Trotz der von seiten der SPD-Fraktion daran geübten Kritik kam nicht mehr zustande, als eine vom Bundestag am 31. 5.

1961 einstimmig angenommene Entschließung, in der die Bundesregierung aufgefordert wurde, die Zahl der nicht unter den Schutz des Schwerbeschädigtengesetzes fallenden Schwerbehinderten zu ermitteln und »eine Regelung vorzubereiten, die diesem Personenkreis eine besondere Hilfe zur Eingliederung in das Arbeitsleben gewährt«.
Auch eine Entschließung des Bundestages vom 18. Mai 1960, in der die Schaffung einer Bundesanstalt für Rehabilitation zwecks Verbesserung des Zusammenwirkens aller Rehabilitationsträger gefordert wurde, führte zu keinen konkreten Reformen, ebensowenig wie die am 22. 1. 1964 angenommene Entschließung, in der die Bundesregierung ersucht wurde, dem Bundestag »ein Rehabilitationsgesetz vorzulegen, das die in der Kriegsopferversorgung gewonnenen Erkenntnisse und Erfahrungen auch den übrigen Staatsbürgern dienstbar macht«.

*Das Arbeitsförderungsgesetz*
Ein Schritt nach vorn war erst wieder das von der Großen Koalition beschlossene und seit dem 1. Juli 1969 in Kraft befindliche Arbeitsförderungsgesetz. Der vom Bundesarbeitsminister Katzer vorgelegte Regierungsentwurf hatte sich darauf beschränkt, die alte Bestimmung des § 39 Abs. 3 AVAVG nahezu unverändert zu übernehmen. In der parlamentarischen Beratung setzte sich jedoch die Auffassung durch, daß dies nicht ausreichen konnte. Die Ausschüsse für Arbeit, Sozialpolitik und für Kriegs- und Verfolgungsschäden bildeten eine gemeinsame Kommission, die nach intensiver Diskussion Vorschläge zu einer gesetzlichen Neuregelung der Leistungen zur beruflichen Rehabilitation erarbeitete.
Diese Vorschläge führten dann zu einer entscheidenden Verbesserung der gesetzlichen Grundlagen der beruflichen Rehabilitation. Der gesetzliche Rechtsanspruch auf Berufsförderung, die Klärung des Nachranges gegenüber der Rentenversicherung, Unfallversicherung und Kriegsopferversorgung bzw. des Vorranges gegenüber der Sozialhilfe, die Vorleistungspflicht der Bundesanstalt, die Initiativpflicht der Bundesanstalt bei erkennbarer Notwendigkeit berufsfördernder Maßnahmen, die Verpflichtung zum Zusammenwirken mit anderen Rehabilitationsträgern, die klare Fixierung des Leistungskatalogs, der Rechtsanspruch auf Unterhaltsgeld, die Regelung der institutionellen Förderung, dies alles erhielt mit dem Arbeitsförderungsgesetz erstmals eine klare gesetzliche Grundlage.

*Die Sozialenquête und das Wiederaufleben der Grundsatzdiskussion*
Neue Impulse hatte die Sozialpolitik für Behinderte schon im Jahre 1966 durch den Bericht der Sozialenquête-Kommission »Soziale Sicherung in der Bundesrepublik Deutschland« [7] erhalten, der auf einen Beschluß der Bundesregierung aus dem Jahre 1964 zurückgeht. Die Kommission kam zu dem Ergebnis, daß das »Problem der langfristigen Krankheiten« als »eine in der deutschen Sozialpolitik noch nicht völlig gelöste Aufgabe« betrachtet werden müsse. Deshalb erörterte die Sozialenquête-Kommission verschiedene alternative Organisationsmodelle, und zwar die Möglichkeiten, entweder die

7 »Soziale Sicherung in der Bundesrepublik Deutschland«, Bericht der Sozialenquête-Kommission. Erstattet von Walter Bogs, Hans Achinger, Helmut Meinhold, Ludwig Neundörfer und Wilfried Schreiber, Stuttgart/Berlin/Köln/Mainz, o. J.; s. insbes. S. 297 ff.

Krankenversicherung oder die Rentenversicherung oder die Sozialhilfe zum alleinigen Träger der Rehabilitation zu machen, oder aber einen neuen einheitlichen Träger, eine »Bundesanstalt für Rehabilitation« zu gründen. Die Sozialenquête formulierte kein eindeutiges Votum, ließ aber doch gewisse Sympathien für die letztgenannte Lösung erkennen.
Die von der Sozialenquête-Kommission neu angeregte Diskussion über das gegliederte System der Rehabilitation hat in der Zeit der Großen Koalition zu den verschiedensten Überlegungen und Plänen geführt und auch bei der Beratung des Arbeitsförderungsgesetzes eine Rolle gespielt. Die bereits erwähnte gemeinsame Kommission der an der Beratung des Arbeitsförderungsgesetzes beteiligten Bundestagsausschüsse hat sich eingehend mit den Fragen des gegliederten Systems der Rehabilitation befaßt und dabei sowohl die Schaffung einer Bundesanstalt für Rehabilitation als auch die Zusammenfassung aller Kompetenzen zur beruflichen Rehabilitation (also einschließlich der bislang von der Rentenversicherung, Unfallversicherung und der Kriegsopferfürsorge erbrachten Leistungen) bei der Bundesanstalt für Arbeit erwogen. All diese Pläne sind wegen des Widerstandes der Versicherungsträger und der mit ihnen verbundenen gesellschaftlichen Gruppen nicht weiter verfolgt worden.

## Die Gesetzgebung der sozialliberalen Koalition

Ohne Übertreibung kann gesagt werden, daß mit dem Amtsantritt der sozialliberalen Koalition im Oktober 1969 zum ersten Mal in der Bundesrepublik eine planmäßige und zielgerichtete Sozialpolitik für Behinderte einsetzte. In der Regierungserklärung vom 28. Oktober 1969 räumte der damalige Bundeskanzler Willy Brandt der Sozialpolitik für Behinderte eine besondere Priorität ein, während es zuvor kein Kanzler überhaupt für notwendig gehalten hatte, die Behinderten in einer Regierungserklärung auch nur zu erwähnen.

*Das Aktionsprogramm von 1970*

Schon ein halbes Jahr später, am 14. April 1970, legte Bundesarbeitsminister Walter Arendt das »Aktionsprogramm zur Förderung der Rehabilitation« [8] vor. Damit wurde eine Konzeption in der Sozialpolitik für Behinderte entwickelt, die über die Entschädigung von Kriegs- und Arbeitsopfern und über Maßnahmen zur Vermeidung von Rentenzahlungen hinausging und die versuchte, der umfassenden Aufgabe der Eingliederung aller Behinderten in die Gesellschaft, das heißt sowohl in Arbeit und Beruf als auch in das Leben der Gemeinschaft, gerecht zu werden.
Das Aktionsprogramm knüpfte jedoch nicht an frühere Entwürfe zu einer Neukonstruktion des Systems der sozialen Sicherheit an. Es war vielmehr pragmatisch angelegt und strebte eine Reform durch schrittweise Verbesserungen an. Daß keine grundsätzliche Veränderung des gegliederten Systems beabsichtigt war, verdeutlichte Bundesarbeitsminister Arendt: »Das Aktionsprogramm geht aus von dem gegliederten System der Rehabilitation und der

8 Abgedruckt samt der Einführungsrede vom 14. 4. 1970 von Minister Arendt in der Bundestagsdrucksache VI/896.

Selbstverwaltung seiner Träger; es will nicht eingreifen in bestehende Zuständigkeiten, sondern den Weg sichtbar machen, der gemeinsam zu gehen ist.«
Im Vordergrund des Aktionsprogramms standen erstens die Herstellung eines nahtlosen Rehabilitationsverfahrens durch Koordination und Zusammenarbeit der beteiligten Träger, zweitens die Angleichung der unterschiedlichen Rehabilitationsleistungen unter Beibehaltung des gegliederten Systems und drittens die Schaffung eines möglichst geschlossenen Systems von Rehabilitationseinrichtungen.
Die Bemühungen der von der SPD geführten Regierungskoalition haben auf der Basis des Aktionsprogramms zu einer Reihe wichtiger Gesetze geführt, die in ihrem Zusammenwirken für die Behinderten die sozialpolitische Landschaft der Bundesrepublik von Grund auf geändert haben. Nur die vier wichtigsten dieser Gesetze sollen hier skizziert werden.

*Die Dritte Novelle zum Bundessozialhilfegesetz*
Am 1. April 1974 ist die Dritte Novelle zum Bundessozialhilfegesetz in Kraft getreten. Ihr Schwerpunkt liegt im Bereich der Eingliederungshilfe und der Hilfe zur Pflege. Erstmals erhielten alle körperlich, geistig und seelisch wesentlich Behinderten ausnahmslos einen Rechtsanspruch auf Eingliederungshilfe. Durch die Aufnahme der Hilfe zur Teilnahme am Leben in der Gemeinschaft in den Leistungskatalog wurde dem Gedanken der sozialen Rehabilitation Rechnung getragen. Die Hilfen zur Pflege wurden verbessert. Das Pflegegeld wurde erhöht und dynamisiert. Die Kranken- und Rentenversicherung für Pflegepersonen wurde ausgebaut. Die Heranziehung der Unterhaltsverpflichteten zu den Kosten der Sozialhilfe wurde eingeschränkt und die Heranziehung des Einkommens und Vermögens von Enkeln und Großeltern beseitigt. Praktisch wird seit der 3. Novelle jede vorschulische, schulische und berufliche Eingliederungshilfe für jugendliche Behinderte unabhängig vom Einkommen und vom Vermögen der Eltern gewährt.

*Das Schwerbehindertengesetz*
Das am 1. Mai 1974 in Kraft getretene neue Schwerbehindertengesetz hat endlich den Grundsatz der Finalität verwirklicht. Die Rechte auf bevorzugte Arbeitsvermittlung und Einstellung, auf Kündigungsschutz und auf Zusatzurlaub, die ein halbes Jahrhundert lang weitgehend den Schwerbeschädigten und den Schwer-Arbeitsunfallverletzten vorbehalten waren, wurden nun allen Schwerbehinderten eingeräumt, unabhängig von Art und Ursache der Behinderung. Gerade in der durch die weltweite Rezession gekennzeichneten schwierigen Arbeitsmarktsituation hat sich das neue Schwerbehindertengesetz durchaus bewährt.

*Das Rehabilitations-Angleichungsgesetz*
Das Rehabilitations-Angleichungsgesetz, das am 1. Oktober 1974 in Kraft getreten ist, war vom Grundsätzlichen und Systematischen her gesehen das Herzstück der sozialliberalen Gesetzgebung auf dem Gebiet der Rehabilitation. Das Angleichungsgesetz hat das gegliederte System der Rehabilitation insoweit vervollständigt, als nun auch die gesetzliche Krankenversicherung zum Träger der Rehabilitation wurde. Dies hat den Personenkreis, der

Zugang zu den Rehabilitationsleistungen der Sozialversicherung hat, beträchtlich erweitert, und zwar vor allem um die jugendlichen Behinderten und die behinderten Hausfrauen, die bisher allein auf die Sozialhilfe angewiesen waren.
Das Angleichungsgesetz hat Art und Umfang der Leistungen zur medizinischen und beruflichen Rehabilitation sowie der ergänzenden Leistungen bei der Kranken-, Unfall- und Rentenversicherung, im Bereich der Arbeitsförderung und in der Kriegsopferversorgung weitgehend angeglichen. Damit sollte eine unterschiedliche Behandlung der Behinderten je nach Ursache der Behinderung und je nach dem jeweils zuständigen Träger weitgehend ausgeschlossen werden. Weitere Bestimmungen des Angleichungsgesetzes sollten ermöglichen, daß die Leistungen der einzelnen Leistungsträger möglichst nahtlos aufeinander abgestimmt werden und ineinander übergehen.

*Das Gesetz über die Sozialversicherung Behinderter*
Seit dem 1. Juli 1975 ist das Gesetz über die Sozialversicherung Behinderter in Kraft. Alle Behinderten, die in Werkstätten für Behinderte arbeiten oder die wegen ihrer Behinderung in Anstalten, Heimen und sonstigen Einrichtungen beschäftigt sind, erhalten den Schutz der gesetzlichen Kranken- und Rentenversicherung, wobei die Beiträge zur gesetzlichen Rentenversicherung aus Mitteln des Bundes und der Länder subventioniert werden. Alle Schwerbehinderten haben ungeachtet ihres Gesundheitszustands das Recht zum freiwilligen Beitritt zur gesetzlichen Krankenversicherung erhalten. Mit dem Gesetz über die Sozialversicherung Behinderter sollte ein erster Schritt unternommen werden, um die große Gruppe der von Kindheit und Jugend an Behinderten in das System der sozialen Sicherheit einzubeziehen, denen zuvor sowohl die Rehabilitations- als auch die Rentenleistungen der Sozialversicherung verschlossen waren.

*Der Ausbau von Rehabilitationseinrichtungen*
Neben diesen vier Gesetzen gehört auch die finanzielle Förderung von Rehabilitationseinrichtungen durch den Bund zu den bemerkenswerten Leistungen der sozialliberalen Koalition auf dem Gebiet der Eingliederung Behinderter. Der Bund hat mit der Förderung von Rehabilitationseinrichtungen auch teilweise die Funktion als Koordinierungsstelle für die Planung eines bedarfsgerechten Netzes von Einrichtungen übernommen und so z. B. dazu beigetragen, daß heute an Berufsförderungseinrichtungen kaum noch Mangel besteht.

## Ausblick

Angesichts der Ausgangslage in der Rehabilitation war schon im Jahre 1969 klar, daß auch bei größter Anstrengung eine umfassende Reform der Rehabilitation nur schrittweise und auf längere Sicht möglich sein würde. Deshalb überrascht es nicht, daß es trotz aller Bemühungen noch weiße Flecken auf der Landkarte der Sozialpolitik für Behinderte gibt. Das betrifft z. B. die Reform des Ausweis- und Vergünstigungswesens für Behinderte und die Beseitigung technischer und architektonischer Barrieren, vor allem bei öffentlichen Bauten und Verkehrseinrichtungen. Auf lange Sicht bedarf es

außerdem einer besseren Sicherung gegen das Risiko der langfristigen Pflegebedürftigkeit, das von der gesetzlichen Renten- und Krankenversicherung nicht erfaßt wird. Auch die Einkommenssicherung der Behinderten, die weder auf Dauer ins Arbeitsleben eingegliedert werden, noch jemals eine Erwerbstätigkeit ausüben können, ist weiterhin unbefriedigend.
Vor allem muß trotz der seit 1969 erzielten Fortschritte auch heute noch das jahrzehntealte Problem der mit dem gegliederten System verbundenen Strukturschwächen der Rehabilitation als ungelöst betrachtet werden. Mit dem Rehabilitations-Angleichungsgesetz war die weitgespannte Erwartung verbunden, daß die Nachteile des gegliederten Systems beseitigt werden könnten. Diese Erwartungen sind — bis heute jedenfalls — enttäuscht worden.
Das Rehabilitations-Angleichungsgesetz hatte sich darauf beschränkt, Art und Umfang der Rehabilitationsleistungen zu vereinheitlichen und die Arbeit der Träger zu koordinieren. Unterschiedlich blieben jedoch notwendigerweise die Anspruchsvoraussetzungen und die Zielsetzungen der Rehabilitationsleistungen der verschiedenen Träger sowie die institutionellen Bedingungen, unter denen die einzelnen Träger ihre Leistungen erbringen. Dadurch war das Weiterbestehen von Ungleichbehandlungen in gewissem Umfang von vornherein nicht zu vermeiden. Da die organisatorische Abgrenzung der zum größten Teil der Selbstverwaltung unterliegenden Sozialleistungsträger unangetastet bleiben sollte, war es in gewisser Weise auch konsequent, daß die Erarbeitung der konkreten Durchführungsbestimmungen weitgehend sogenannten »Gesamtvereinbarungen« der Rehabilitationsträger überlassen wurde. Trotz intensiver Bemühungen der Träger ist aber nach mehr als zwei Jahren seit Verabschiedung des Gesetzes noch keine einzige dieser Vereinbarungen zustandegekommen, weil die Unterschiedlichkeit der für die einzelnen Träger maßgeblichen Rechtssysteme und institutionellen Voraussetzungen die Harmonisierung außerordentlich erschwert.
Auf dem Hintergrund dieser Erfahrungen müssen im Bereich der Rehabilitation die Grundsatzfragen wieder aufgeworfen werden, die bereits in den fünfziger und Ende der sechziger Jahre diskutiert worden sind, und zwar weit vorurteilsloser als das derzeit möglich scheint. Dabei könnten viele der damals gemachten Vorschläge noch heute als Anregungen dienen, so z. B. die Pläne, die Kompetenzen der medizinischen Rehabilitation bei der gesetzlichen Krankenversicherung und die der beruflichen Rehabilitation bei der Bundesanstalt für Arbeit zusammenzufassen.
Was also nottut ist, daß wir uns erneut auf die Aufgabe der umfassenden Sozialreform besinnen. Nur im Rahmen einer solchen Gesamtreform werden schließlich auch die noch immer bestehenden Strukturprobleme der Rehabilitation gelöst werden können.

# 4. Familie

Elfriede Eilers / Marta Schanzenbach

## Zur Nachkriegsgeschichte der Familienpolitik aus sozialdemokratischer Sicht *

### Politischer Standort und Programmatik

Die Entwicklung der Familienpolitik über einen 25-Jahres-Zeitraum darzustellen, darf als einigermaßen schwieriges Unterfangen gelten. Dabei ist der zeitliche Ablauf weniger problematisch als vielmehr die Entscheidung darüber, wie die Familienpolitik abzugrenzen ist. Was heute allgemein unter Familienpolitik verstanden wird, unterscheidet sich grundlegend von jenen Aufgaben, die sich den Politikern »der ersten Stunde« stellten. Seinerzeit ging es zunächst einmal um die fundamentalen Existenzgrundlagen im materiellen Sinne für eine notleidende Bevölkerung und politisch um die Konstituierung eines demokratischen Rechtsstaates. Von einer speziellen Familienpolitik kann man eigentlich erst seit 1953 sprechen, also seit dem Beginn der zweiten Legislaturperiode des Deutschen Bundestages.
Aber auch zu diesem Zeitpunkt gab es noch keine eigenständige Familienpolitik in der Weise, daß die dazugehörige Gesetzgebung in einem für Familienfragen zuständigen Bundestagsausschuß behandelt worden wäre. Familienbelange wurden als Teilaspekt der Sozialpolitik gesehen und demzufolge im Sozialpolitischen Bundestagsausschuß beraten. Daneben gab es in den ersten beiden Wahlperioden noch einen Ausschuß für Jugendfragen. Erst 1957, in der 3. Legislaturperiode, wurde im Deutschen Bundestag ein Ausschuß für Familien- und Jugendfragen konstituiert. Ein Bundesministerium für Familienfragen gibt es seit dem Herbst 1953, das vier Jahre später zum Bundesministerium für Familien- und Jugendfragen erweitert wurde und seit der Mitte der vierten Wahlperiode, Oktober 1963, als Bundesministerium für Jugend und Familie geführt wird.
Wenn sich also die Arbeitsformen für die Familienpolitik — in der Legislative wie in der Exekutive — erst nach und nach herausgebildet haben, so gilt dies erst recht für ihre Inhalte. Ausgelöst durch die Diskussionen um das Grundgesetz stand zu Beginn der 50er Jahre die Frage der Gleichberechtigung der Frau im Vordergrund, daneben ging es um die Probleme

* Wir danken Frau Dorothea Brück, Referentin für Frauenpolitik der SPD-Bundestagsfraktion, sehr herzlich für die Mitarbeit an diesem Beitrag.

heimatloser und nicht ausgebildeter Jugendlicher; die ersten familienpolitischen Ansätze finden sich in den großen sozialpolitischen Gesetzen.
Wir haben es also in der Familienpolitik mit einem sehr vielschichtigen Bereich zu tun, in dem die Gesetzgebung nicht eindeutig abzugrenzen ist. Diese Konkretisierung wird auch nicht in den programmatischen Aussagen der SPD geleistet, die in jener Zeit den Begriff »Familienpolitik«, so wie wir ihn heute verstehen, nicht verwendet oder definiert hat.
Nach dem 1959 angenommenen Grundsatzprogramm der Sozialdemokratischen Partei Deutschlands haben Staat und Gesellschaft »die Familie zu schützen, zu fördern und zu stärken. In der materiellen Sicherung der Familie liegt die Anerkennung ihrer Werte.«[1]
Mit anderen Worten: Politik für Familien hat die erforderlichen Voraussetzungen zu schaffen, die es den Familien ermöglichen, die an sie gestellten Aufgaben zu erfüllen. Daraus folgt einmal, daß man von einer Familienpolitik in einem engeren Sinne sprechen kann, soweit es um Maßnahmen geht, die sich auf das »Funktionieren« von Familie schlechthin beziehen. Dies waren zumindest die eher konventionellen Vorstellungen von Familienpolitik, die etwa bis zur Mitte der 60er Jahre Gültigkeit besaßen. Sozialdemokraten gingen in ihrem politischen Ansatz für Familien darüber hinaus und sprechen — zumindest seit der Amtszeit Käthe Strobels als der ersten sozialdemokratischen Familienministerin — von Familienpolitik als einem integrierten Bestandteil der Gesellschaftspolitik. Wenn beispielsweise bei den politischen Entscheidungen im Bereich der Wirtschafts-, Wohnungsbau-, Sozial- und Bildungspolitik die Auswirkungen auf die Familie mit berücksichtigt werden, dann ist dies ein Zeichen dafür, daß Familienpolitik in einem umfassenden Sinn verstanden wird.
Nun haben sich aber gerade die von einer Familie in erster Linie wahrzunehmenden Aufgaben seit dem Zweiten Weltkrieg sehr entscheidend geändert. Einerseits sind Funktionen von der Familie an den Staat und die Gesellschaft abgegeben worden, wie beispielsweise die materielle Absicherung der älteren Mitbürger, die Pflege der Kranken, Behinderten und Älteren.
Andererseits werden heute an die Wahrnehmung gewisser familienbezogener Aufgaben in qualitativer Hinsicht höhere Anforderungen gestellt, etwa in bezug auf die Sozialisation der Kinder. Dies gilt insbesondere für die Kleinfamilie, die heute — bei durchschnittlich geringerer Kinderzahl als früher — ein besonderes Augenmerk auf die bessere soziale Plazierung ihres Nachwuchses legt. Insoweit sind auch die Maßnahmen der Familienpolitik darauf gerichtet, Lebenschancen für die einzelnen Mitglieder einer Familie gerechter zu verteilen.
Bereits aus dieser Aufgabenstellung ergibt sich, daß die Familienpolitik für Sozialdemokraten ein entscheidender Bestandteil einer allgemeinen Gesellschaftspolitik und dementsprechend umfassend angelegt ist. Vergleicht man beispielsweise die programmatischen Parteiaussagen zur Familienpolitik etwa über einen 15-Jahres-Zeitraum, so wird dies deutlich: 1959, im Godesberger Grundsatzprogramm, beschränkte man sich auf die eher lapidaren

1 Godesberger Grundsatzprogramm von 1959, herausgegeben vom SPD-Parteivorstand, Seite 20.

Feststellungen, wie: Familien seien zu fördern, zu schützen und materiell abzusichern — Leitsätze, die nach heutigem Verständnis für ergänzungsbedürftig, aber auch für ergänzungswürdig gehalten werden. In der »Familienpolitik der Sozialdemokratischen Partei Deutschlands« werden daher Ansatzpunkt und zentraler Inhalt der Familienpolitik konkretisiert. So heißt es dort, daß sich Familienpolitik nicht mit allen Aspekten der Wirklichkeit von Familien befassen kann.

»Sie muß sich wesentlich darauf konzentrieren, soziale Benachteiligung zu erkennen, um diese beseitigen zu können. Das heißt, daß sich unsere Politik vor allem den Schwächsten in diesem Bereich zuwenden muß, den Kindern: sozialdemokratische Familienpolitik ist daher vor allem eine Politik für das Kind.«[2]

Doch kaum eine andere politische Aussage von Sozialdemokraten ist so häufig mißverständlich interpretiert oder sogar in ihr Gegenteil verkehrt worden. Eine auf Kinder bezogene Familienpolitik darf nicht etwa dahingehend verstanden werden, als seien Elternrechte eingeschränkt und die Kinder »verstaatlicht« worden. Auch hierzu hat der Familienpolitische Ausschuß der Partei eindeutig Stellung bezogen: »Die Verantwortung für die Erziehung und Entwicklung der Kinder liegt bei den Eltern. Der Staat darf in dieses Eltern-Kind-Verhältnis nur dann eingreifen, wenn das Kindeswohl gefährdet ist.«[3]

Wenn in den Grundsätzen dieses familienpolitischen Programmentwurfs ausdrücklich hervorgehoben wird, daß die SPD die Ehe und Familie bejaht und in ihnen erstrebenswerte Formen des Zusammenlebens sieht, dann war es den Sozialdemokraten ein besonders wichtiges Anliegen, die unterschiedlichen Formen des Zusammenlebens in einer Familie oder als Familie nicht zu diskriminieren. Bereits diese Formulierung macht deutlich, daß »Familie« weit gefaßt definiert und nicht an die Institution »Ehe« gekoppelt wurde.

Mit anderen Worten: Als Grundmaximen sozialdemokratischer Politik für Familien gelten folglich die für Kinder — unter voller Wahrung der Elternrechte — durchgesetzten Maßnahmen, ferner die Beseitigung sozialer Benachteiligungen und Diskriminierungen von Familien. Hieraus ergibt sich aber auch, daß es keine pauschal auf alle Familien abgestellte »Einheitsfamilienpolitik« geben kann. Sozialdemokraten haben also, seitdem sie die Ziele der Familienpolitik maßgeblich bestimmen, für die einzelnen Formen familiären Zusammenlebens sehr differenzierte Hilfsangebote entwickelt und werden in dieser Richtung weiterarbeiten, etwa für Familien mit behinderten Kindern, für alleinstehende Elternteile mit Kindern, für junge Familien u. a., um deren spezielle soziale Nachteile auszugleichen.

Und noch eine Anmerkung zum Stellenwert der vorstehend erläuterten programmatischen Aussagen. Wenn auch die Ausformulierung des familienpolitischen Programmentwurfs erst auf die Mitte der siebziger Jahre zurückgeht, so haben diese skizzierten Grundsätze — wenn man von der besonderen politischen und wirtschaftlichen Situation in den ersten Nachkriegs-

2 Zweiter, noch nicht verabschiedeter Entwurf »Familienpolitik der SPD», vorgelegt vom Familienpolitischen Ausschuß der SPD, Bonn 1975, Seite 3.

3 Familienpolitik der SPD, a.a.O., Seite 3.

jahren einmal absieht — seit eh und je die sozialdemokratische Einstellung und Grundhaltung in der Familienpolitik bestimmt. Dies gilt für die Zeit, in der Sozialdemokraten die Regierungsverantwortung tragen ebenso wie für die vorhergehende zwanzigjährige Dauer der SPD-Opposition im Deutschen Bundestag.

Aus dem Gesagten ergibt sich bereits, daß die Familienpolitik oder das, was innerhalb dieses politischen Feldes angestrebt werden soll, von den jeweiligen politischen Wunschvorstellungen und Ideologien geprägt wird, und zwar sehr viel stärker als andere politische Bereiche. Und von daher ist es nahezu überflüssig darauf hinzuweisen, daß die Familienpolitik in der Bundesrepublik während ihrer zwanzigjährigen Nachkriegsgeschichte von den ideologischen Zielvorstellungen der CDU/CSU entscheidend bestimmt war. Das Engagement der sozialdemokratischen Politiker und die von ihnen abweichend zur Regierungspolitik gesetzten Prioritäten lassen sich fast ausschließlich anhand der unerledigt gebliebenen oder abgewiesenen Gesetzes- bzw. Änderungsanträge belegen. Sozialdemokraten konnten erst seit 1969 — seitdem sie im Bund die Regierungsverantwortung übernahmen — ihre zum Teil seit Jahrzehnten verfolgten politischen Intentionen in eine konkrete Familienpolitik umsetzen.

Die unterschiedlichen politischen Denkansätze in der Familienpolitik zwischen CDU/CSU einerseits und SPD/FDP andererseits lassen sich verkürzt auf die Formel zurückführen, ob die Familie als Institution oder als die Summe ihrer einzelnen Mitglieder und Einzelpersönlichkeiten zu sehen ist. Während nach sozialdemokratischer Auffassung durch familienbezogene gesetzgeberische Maßnahmen die Position des einzelnen Familienmitgliedes gestärkt werden soll, um sich von der Institution zu emanzipieren, so ist dieses Prinzip bis heute noch nicht durchgängig verwirklicht. Das Kindergeld beispielsweise ist rechtlich an die Familie gebunden und wird folglich selbst dann gewährt, wenn es nicht zugunsten der Kinder in einer Familie eingesetzt wird. Hin und wieder anklingende Vorschläge, materielle Zuwendungen enger an die Kinder zu binden und die Eltern treuhänderisch verwalten zu lassen, werden gerade von seiten der CDU/CSU mit der sicheren »Zerstörung von Familie« beantwortet. Mit anderen Worten: die Auseinandersetzungen um »Familie als Summe von Einzelpersönlichkeiten« sind keinesfalls abgeschlossen, sie sind auch nicht nur auf die familienbezogene Gesetzgebung im engeren Sinne beschränkt. In den Diskussionen um Rechtsreformen, die erst mit Beginn der siebziger Jahre geführt worden sind, etwa zur Eherechtsreform und zum neuen Ehescheidungsrecht, zur Reform des Sexualstrafrechts und Adoptionsrechts, klingen diese Vorstellungen immer wieder an.

## Politische Kontroverse — dargestellt an der Kindergeldgesetzgebung

Häufig bezeichnet man den »Familienlastenausgleich« als das Kernstück der Familienpolitik. Dabei ist der Begriff an sich mißverständlich, denn primär geht es nicht darum, eine Einkommensumverteilung zwischen den Familien herzustellen und Familien materiell zu entlasten, sondern darum, die Kinder zu fördern, also die Erziehungsleistungen von Familien zu honorieren. Nach den Vorstellungen der Sozialdemokraten soll sich das Kindergeld an den Kosten orientieren, die für die Erziehung eines Kindes aufzubringen sind, ohne diese jedoch voll abzudecken. Durch die materiellen Zuwendungen an Familien soll mehr Chancengerechtigkeit für alle Kinder erreicht werden, dies ist der Sinn von Kindergeld überhaupt.

Unter Familienlastenausgleich werden alle Geldleistungen zur materiellen Absicherung der Familie zusammengefaßt, die nicht zweckgebunden sind. Hierunter fällt einmal das Kindergeld, die Kinderzuschläge zum Lohn oder Gehalt im öffentlichen Dienst, ferner nach der Familiengröße gestaffelte Steuererleichterungen. In dieser Form zumindest wurde bis Ende 1974 der Familienlastenausgleich in der Bundesrepublik praktiziert: ein für alle Familien einheitliches Kindergeldsystem ist erst seit Anfang 1975 — auf Initiative der Sozialdemokraten hin — verwirklicht worden.

In welcher Form nun diese materiellen Hilfen für Familien gewährt werden sollen und tatsächlich gewährt worden sind, zieht sich gewissermaßen wie ein roter Faden durch die familienpolitischen Auseinandersetzungen in den sieben Legislaturperioden des Deutschen Bundestages.

Die ersten Weichen wurden in der Steuergesetzgebung gestellt, als es darum ging, Familien durch finanzielle Zuwendungen zu entlasten. Bereits in der ersten Legislaturperiode wurde eine sogenannte Kinderstaffel in der Besteuerung eingeführt, wodurch sich mit steigender Kinderzahl das zu versteuernde Einkommen verminderte und gleichzeitig das Nettoeinkommen der Familie erhöhte. Im Laufe von sechs Legislaturperioden wurden diese Steuerfreibeträge für Familien verschiedentlich angehoben — und damit zugleich ihr schichten- und einkommenspezifischer Effekt vergrößert. Steuerermäßigungen bei der Lohn- und Einkommensteuer in Form von Kinderfreibeträgen mußten sich in einem progressiven Steuersystem dahingehend auswirken, daß die Steuerersparnis mit wachsendem Einkommen überproportional anstieg. Eine von der ersten deutschen CDU/CSU-bestimmten Nachkriegsregierung eingeführte und späterhin mehrmals ausgebaute kinderbezogene Besteuerung wirkte sich praktisch also in der Weise aus, daß Familien mit hohem Einkommen für ihre Kinder auch eine hohe Steuerersparnis erhielten, während für Familien mit mittlerem oder niedrigem Einkommen die Steuerersparnis auch dementsprechend gering, teilweise gar nicht zu Buche schlug.

Mit anderen Worten: ein Familienlastenausgleich, so wie ihn Sozialdemokraten verstehen, fand nicht statt; die wirtschaftliche Situation jener Familien, die durch ihre Leistungen für Kindererziehung in besonderem Maße finanziell belastet waren, verbesserte sich nicht.

Die Kritik, die von sozialdemokratischer Seite an dieser sozial ungerechten Regelung geäußert wurde, verstummte erst dann, als Sozialdemokraten und Freie Demokraten die Regierungsverantwortung übernommen hatten und in der 7. Legislaturperiode — als Teilstück der Steuerreform — die Reform des Familienlastenausgleichs verwirklichten, die das fragwürdige System der steuerlichen Kinderfreibeträge abschaffte.

Gewissermaßen parallel dazu — und das seit Bestehen der Bundesrepublik — setzten sich Sozialdemokraten für allgemeine Kinderbeihilfen ein und legten hierzu bereits im Frühjahr 1950 einen ersten Gesetzentwurf vor, ohne daß es bereits zu einer gesetzlichen Regelung von Kinderbeihilfen gekommen wäre. Noch Jahre später stellten Sozialdemokraten bedauernd fest, daß Kinderbeihilfen auch unter den seinerzeit gegebenen sozialen und wirtschaftlichen Verhältnissen hätten realisiert werden können.

Dieses Versäumnis wurde bald auf eine fragwürdige Art kompensiert: in der 2. Wahlperiode gab es nicht weniger als vier Gesetze, die sich mit Kindergeld befaßten und zwischen Ende 1954 und Mitte 1957 verkündet wurden. Es war dies jene Serie von Kindergeld-Maßnahmen, die die Sozialgesetzgebung verkomplizierten und die Ernst Schellenberg in einer Schrift »Über den Leidensweg des Kinderbeihilfegesetzes« beschrieb, von der der SPD-Sozialpolitiker Ludwig Preller sagte, man könne das erste Kindergeldgesetz wohl als das schlechteste Gesetz bezeichnen, das je vor den Bundestag gekommen sei. Die Sozialdemokraten fanden sich bereits um die Mitte der fünfziger Jahre darin bestätigt, daß die von der CDU/CSU-Bundesregierung konzipierte Kindergeldgesetzgebung die schlechteste in ganz Europa und in gesetzessystematischer Hinsicht katastrophal war.

Dabei mag es heute ziemlich verwunderlich erscheinen, daß es Sozialdemokraten waren, die die Härten der von der CDU/CSU durchgesetzten Kindergeldgesetze vor allem gegenüber den Selbständigen und freiberuflich Tätigen herausgestellt hatten. Durch die ständige Kritik am ersten Kindergeldgesetz konnten zwar einige Novellierungen erreicht werden, aber die ursprünglich von den Sozialdemokraten angestrebte Regelung — Kindergeld vom ersten Kind an — erst zwei Jahrzehnte später in die Praxis umgesetzt werden, als Teilstück der Reform des bereits erwähnten Familienlastenausgleichs.

Die einzelnen Etappen in der Kindergeldgesetzgebung sprechen wahrlich für sich und belegen überzeugend die abfälligen Beurteilungen. Nachdem es in der ersten Legislaturperiode des Deutschen Bundestages zu einer Kindergeldgesetzgebung — wie von den Sozialdemokraten angestrebt — nicht gekommen war, legte die SPD-Bundestagsfraktion zu Beginn der zweiten Legislaturperiode — im März 1954 — wiederum einen Kindergeld-Gesetzentwurf vor, einen Tag später brachten die Regierungsparteien CDU und CSU ihrerseits einen Gesetzentwurf ein. Dabei war die Grundkonzeption dieser Kindergeldregelung völlig unterschiedlich angelegt: Nach den Vorstellungen der Sozialdemokraten sollte eine allgemeine Kinderbeihilfe für alle Erwerbstätigen gewährt werden, für Arbeitnehmer, Landwirte, Handwerker, Gewerbetreibende und freie Berufe, und zwar auch dann, wenn der Anspruchsberechtigte ohne eigenes Einkommen war, also bei Krankheit, Berufsunfähigkeit, Arbeitslosigkeit, Geschäftsaufgabe sowie Streik oder Aussperrung.

Nach den sozialdemokratischen Vorstellungen sollte die Kinderbeihilfe generell ab 1. Kind gewährt werden, im allgemeinen bis zum 15. Lebensjahr, bei in Berufsausbildung stehenden Kindern bis zum 20. Lebensjahr. An der Aufbringung der erforderlichen Mittel sollte die öffentliche Hand beteiligt werden.

Demgegenüber sah der Gesetzentwurf der CDU/CSU einen wesentlich kleineren Kreis von Anspruchsberechtigten vor, da Kinderbeihilfen erst ab drittem Kind gezahlt werden sollten. In diesem Zusammenhang ist daran zu erinnern, daß Kinderbeihilfen zum Lohn und Gehalt in Deutschland erstmals während des Nationalsozialistischen Regimes eingeführt worden sind, und zwar bewußt bevölkerungspolitisch eingesetzt für das fünfte und jedes weitere Kind, später dann auch für das vierte und dritte Kind in einer

Familie. Wenn also 1954 auf Betreiben der CDU/CSU an Familien mit drei und mehr Kindern eine Kinderbeihilfe gezahlt wurde, so knüpft diese Leistungsgewährung ihrer Art nach — wenn auch nicht in der Motivation — an frühere politische Vorbilder an.
Kontrovers zwischen den Regierungsparteien und der SPD-Opposition im Deutschen Bundestag war auch die Finanzierung des Kindergeldes: Während Sozialdemokraten der Finanzierung aus allgemeinen Steuermitteln den Vorzug gaben, sah die Regierungsvorlage die Finanzierung aus Beiträgen der Arbeitgeber vor, und zwar über spezielle Familienausgleichskassen, die eigens bei den Berufsgenossenschaften eingerichtet werden sollten.
Damit waren die politischen Kontroversen — über viele Jahre hin — vorprogrammiert. Sozialdemokraten haben wiederholt gefordert, für alle Kinder ein Kindergeld aus öffentlichen Mitteln zu gewähren. Erwartungsgemäß brachte die Art der Mittelaufbringung vor allem für den Kreis der Selbständigen aus der gewerblichen Wirtschaft, insbesondere in lohnintensiven Wirtschaftsbereichen, zahlreiche unbillige Härten mit sich.
Bei den gegebenen parlamentarischen Mehrheitsverhältnissen konnte sich die CDU/CSU-Konzeption durchsetzen. Im Laufe des Gesetzgebungsverfahrens hat sich die sozialdemokratische Bundestagsfraktion durch zahlreiche Abänderungsanträge darum bemüht, eine sozial befriedigendere Regelung der Kindergeldgesetzgebung zu erreichen, zum Beispiel, daß zumindest vom zweiten Kind an Kindergeld gewährt wurde. Nachdem auch dieser Antrag keine Mehrheit fand, setzten sich Sozialdemokraten dafür ein, wenigstens allen Familien mit drei Kindern die Gewährung von Kindergeld zu garantieren. Ähnlich verhielt es sich mit den Bemühungen der Sozialdemokraten, bei der Aufbringung der Mittel für das Kindergeld die gröbsten Ungerechtigkeiten zu beseitigen. So wurde einmal der Antrag der Sozialdemokraten, das Kindergeld aus dem allgemeinen Steueraufkommen zu finanzieren, abgelehnt, die später verschiedentlich eingebrachten Anträge, zumindest die Mittelaufbringung für den gewerblichen Mittelstand und die Landwirtschaft zu erleichtern, sind ebenfalls von der CDU/CSU-Mehrheit im Bundestag niedergestimmt worden.
Der kurz nach der Bundestagswahl 1957 vorgelegte Entwurf der Bundesregierung für ein Viertes Kindergeldgesetz beseitigte keinesfalls die Fehlkonstruktion der bisherigen Kindergeldgesetzgebung. Es wurden zwar Härten und Unbilligkeiten bei der Aufbringung gemildert, wenn auch nicht beseitigt, denn lohnintensive Klein- und Mittelbetriebe wurden nach wie vor in unzumutbarer Weise belastet. Auch eine 1955 vom damaligen CDU-Bundesminister für Familienfragen geforderte Kindergeldgewährung vom zweiten Kind ab wurde von der CDU/CSU-Bundesregierung nicht verwirklicht.
Der familienpolitische Standpunkt der SPD wurde durch eine 1959 im Auftrag des CDU-Bundesfamilienministers erstellte Denkschrift über die wirtschaftliche Situation der Familien in der Bundesrepublik erhärtet. Aus dieser Schrift, die seinerzeit nicht veröffentlicht wurde, ergab sich, daß die Beschränkung der öffentlichen Hilfen für Erst- und Zweitkinder ausschließlich auf steuerliche Vergünstigungen unsozial ist, ein Standpunkt, den Sozialdemokraten stets verfochten hatten.
Die sozialdemokratischen Vorstellungen für die Ausgestaltung des Kindergeldes wurden 1961 zumindest im Ansatz verwirklicht, als nämlich den

Familien — innerhalb bestimmter Einkommensgrenzen — für das zweite Kind ein Kindergeld gezahlt wurde. Neben die Familienausgleichskassen bei den Berufsgenossenschaften traten nun besondere Kindergeldkassen bei den Arbeitsämtern. Die Zuwendungen an Familien erfolgten zumindest für diesen Personenkreis aus allgemeinen Haushaltsmitteln. 1964 schließlich wurde ein Bundeskindergeldgesetz verabschiedet, wodurch das Kindergeld neu geregelt und die zweigleisig angelegte Organisation und Finanzierung zusammengefaßt wurde. Das Kindergeld wurde aus allgemeinen Haushaltsmitteln finanziert und durch Kindergeldkassen ausgezahlt, die bei der Bundesanstalt für Arbeit und bei den Arbeitsämtern geführt wurden. Das Kindergeld für Zweitkinder wurde einkommensabhängig ausgestaltet, die Einkommensgrenzen jedoch verschiedentlich an die gestiegenen Lebenshaltungskosten angepaßt. Neu eingeführt wurde auch ein nach der Anzahl der Kinder gestaffeltes Kindergeld. Die daneben bestehenden Steuerfreibeträge für Kinder — mit ihren einkommensabhängigen Effekten — wurden nicht beseitigt.
Das ursprüngliche Konzept der Sozialdemokraten für die Ausgestaltung eines Kindergeldes, das sie bereits in der ersten Legislaturperiode — seinerzeit ohne Aussicht auf politische Realisierbarkeit — vorbrachten, ist mit Inkrafttreten der Familienlastenausgleichsreform Anfang 1975 verwirklicht worden: an die Stelle der steuerlichen Kinderfreibeträge, die Eltern mit niedrigem Einkommen gar nicht oder kaum entlastet haben, trat ein nach der Anzahl der Kinder gestaffeltes Kindergeld, das auch die Erstkinder mit einbezieht. Dieses Kindergeld ist vom Einkommen der Familie unabhängig; der finanzielle Aufwand für den Familienlastenausgleich beläuft sich auf 14,5 Milliarden DM jährlich. Mit dieser Neuerung, die zum ersten Mal mit Recht als »Familienlastenausgleich« bezeichnet werden kann, wird mehr soziale Gerechtigkeit für Familien und vor allem eine größere Chancengerechtigkeit für Kinder geschaffen.

## Politische Inhalte in sozialdemokratischer Regierungsverantwortung

Nach sozialdemokratischer Auffassung bedeutet Familienpolitik aber sehr viel mehr als materielle Zuwendungen an Familien, wie sie sich in der Entwicklung des Familienlastenausgleichs darstellen. Insofern sind auch die politischen Kontroversen zwischen CDU/CSU einerseits und den Sozialdemokraten andererseits hinsichtlich ihrer Konzeption zur Familienpolitik sehr viel tiefgreifender, als es die dargestellten Auseinandersetzungen — so symptomatisch sie für sich genommen auch sein mögen — erkennen lassen. Familienpolitik, so wie sie unter der damaligen CDU/CSU-Regierung gesehen wurde, konzentrierte sich im wesentlichen auf das Kindergeld und noch dazu aus der eingeengten Perspektive der Mehrkinder- und finanziell gutgestellten Familien heraus. Kinder aus sogenannten unvollständigen Familien, deren Mütter nicht oder nicht mehr verheiratet sind und die in besonderem Maße auf Hilfen angewiesen sind, fanden politisch bei der CDU/CSU kaum Interesse, geschweige denn Unterstützung. Diese eher elitäre Ausprägung von Familienpolitik bestimmt auch heute die Einstellung der CDU, wenn sie ein pauschales Erziehungsgeld für Mütter fordert, das allenfalls jenen zugute kommen würde, deren wirtschaftliche Lage es ge-

stattet, die Entscheidung zwischen Familie und Beruf stets zugunsten des Kindes treffen zu können.
Den sozialdemokratischen Familienpolitikern wird von seiten der CDU/CSU eine Konzeptionslosigkeit in der Familienpolitik nachgesagt. Dies ist um so weniger verständlich, als gerade die sozialdemokratische Familienpolitik davon ausgeht, daß nicht mit Geld oder Kindergeld alle Probleme zu lösen sind, denen sich Familien gegenübergestellt sehen. Eine auf materielle Familienzuwendungen eingeengte Betrachtung versperrt den Blick dafür, welche Probleme sich etwa für Kinder alleinstehender Elternteile sowie für die beruflichen Startchancen jener Kinder ergeben, die entweder aus weniger begüterten Familien oder aber aus milieugeschädigter Umgebung stammen. Mehr Chancengerechtigkeit für Kinder jeder sozialen Herkunft zu verwirklichen und bestehende Diskriminierungen abzubauen, konnte erst in konkrete gesetzgeberische Maßnahmen umgesetzt werden, seitdem Sozialdemokraten die Regierungsverantwortung übernommen haben.
Sozialdemokraten stehen zu Art. 6 des Grundgesetzes, der Ehe und Familie unter den besonderen Schutz der staatlichen Ordnung stellt. Es blieb den Sozialdemokraten vorbehalten, diese Grundgesetznorm auch für die alleinstehenden Mütter und die nichtehelichen Kinder durchgesetzt zu haben, nachdem dieser Verfassungsauftrag schon 20 Jahre bestand. Als eine der ersten Rechtsreformen, die von dem ersten sozialdemokratischen Bundesjustizminister, Dr. Gustav Heinemann, in Angriff genommen worden sind, wurde 1970 das Gesetz über die rechtliche Stellung der nichtehelichen Kinder und ihrer Mütter verabschiedet. Seither sind nichteheliche Kinder den ehelichen in ihren Rechten gleichgesetzt, obgleich die gesellschaftlichen Benachteiligungen dieser Personengruppe noch keineswegs überall und in allen Bevölkerungsgruppen beseitigt sind. Daß eheliche Kinder deutscher Mütter und ausländischer Väter mit ihrer Geburt die deutsche Staatsangehörigkeit erwerben, geht auf eine Initiative der sozialdemokratischen Familienpolitikerinnen zurück.
1971 ist das Bundesausbildungsförderungsgesetz in Kraft getreten, das sich als wirksames Instrument erwiesen hat, die ungleichen Bildungs- und Ausbildungschancen von Kindern zu verringern. Seither sind die Kinder aus wirtschaftlich weniger gut gestellten Elternhäusern nicht länger vom Besuch einer weiterführenden Schule oder einer Universität ausgeschlossen. Die gesetzliche Ausbildungsförderung sieht individuelle Beihilfen vor, die vom Einkommen der Eltern bzw. dem des Ehemannes abhängig sind. Die Anzahl der geförderten Schüler wie auch der hierfür aufgewendeten Mittel, die vom Bund und den einzelnen Bundesländern aufgebracht werden, stieg stetig. »In keinem europäischen Land gibt es hierfür eine vergleichbar großzügige Regelung.«[4]
Als besondere Hilfen für Familien sind zwei Maßnahmen bedeutsam, die für Familien in Konfliktfällen konzipiert sind: Dies ist einmal die Freistellung erwerbstätiger Elternteile von der Arbeit, wenn ein im Haushalt lebendes Kind unter 8 Jahren erkrankt ist und der Betreuung bedarf. Für diese Personengruppe wird — pro Kind und Jahr — eine Freistellung von 5 Arbeitstagen gewährt, bei Verdienstausfall wird ein Krankengeld gezahlt.

4 Marie Schlei/Dorothea Brück: Wege zur Selbstbestimmung, Seite 105 ff.

Diese Regelung ist — und zwar auf die Initiative sozialdemokratischer Parlamentarierinnen hin — mit Jahresanfang 1974 in Kraft getreten. Eine Haushaltshilfe wird den Müttern unter 8jähriger oder behinderter Kinder gewährt, wenn sie aufgrund eines Aufenthalts im Krankenhaus, einem Entbindungsheim oder eines ärztlich verordneten Kuraufenthalts nicht in der Lage sind, ihre Familie zu versorgen. Die Haushaltshilfe wird entweder von der gesetzlichen Krankenversicherung gestellt oder diese übernimmt die Kosten für eine selbstbeschaffte Hilfe.

Die unterhaltsberechtigten Kinder geschiedener oder getrennt lebender Elternteile wurden zunehmend dadurch benachteiligt, daß sich heute die Höhe der Unterhaltsansprüche durch Einkommenssteigerungen und Erhöhung der Lebenshaltungskosten in immer kürzeren Abständen verändert. Seit dem Jahresbeginn 1977 werden Unterhaltsansprüche Minderjähriger dynamisiert; durch eine Verordnung der Bundesregierung werden sie an wesentliche Änderungen der allgemeinen wirtschaftlichen Verhältnisse angepaßt, ohne daß der unterhaltsberechtigte Elternteil seine Ansprüche auf dem Klageweg durchsetzen muß. Auch Streitfälle sollen nach dieser neuen gesetzlichen Regelung zwischen den unterhaltsverpflichteten und den unterhaltsberechtigten Parteien in einem vereinfachten Verfahren vor dem Rechtspfleger geklärt werden.

Viele alleinstehende Elternteile, meist handelt es sich um Mütter, sehen sich Schwierigkeiten ausgesetzt, wenn sie Unterhaltszahlungen für ihre minderjährigen Kinder eintreiben müssen. Hier Abhilfe zu schaffen ist eine langjährige Forderung, insbesondere der sozialdemokratischen Frauen, die im SPD-Regierungsprogramm für 1976—1980 ihren Niederschlag gefunden hat: Die von den Sozialdemokraten geführte Bundesregierung wird sich in der nächsten Zeit intensiv darum bekümmern, diese Unterhaltsleistungen für Kinder öffentlich abzusichern und damit die Existenzgrundlagen dieser speziellen Familiengruppe besser als bisher zu sichern. Ebenfalls im SPD-Regierungsprogramm für 1976—1980 angekündigt ist die Gewährung von sogenannten Familiengründungsdarlehen, die als Starthilfe für junge Familien gegeben werden sollen.

Das, was vor 25 Jahren ein eher vages familienpolitisches Wunschbild war, ist in zähem mühsamen Ringen Wirklichkeit geworden, sowohl rechtlich als auch materiell. Diese von vielen Politikern — aus der Perspektive der frühen fünfziger Jahre heraus — sogar für Utopie gehaltenen familienpolitischen Vorstellungen hier verwirklicht zu sehen, wäre ohne die Dynamik und den politischen Durchsetzungswillen Ernst Schellenbergs nicht möglich gewesen. Aus bescheidenen familienpolitischen Ansätzen ein Konzept in der Familienpolitik verwirklicht zu haben, wird mit seinem Namen verbunden bleiben.

# 5. Sondersysteme

Walter Arendt

## Das Sozialprogramm für den Bergbau in der Strukturkrise

### Strukturwandel und Sozialpolitik

Eine wachsende Volkswirtschaft ist mit einem ständigen Strukturwandel verbunden, weil sowohl die gesamtwirtschaftliche Nachfrage als auch das gesamtwirtschaftliche Angebot in ihrer quantitativen, qualitativen, sektoralen und regionalen Zusammensetzung laufend Veränderungen aufweisen. Der Strukturwandel in der Bundesrepublik fand seine markanteste Ausprägung im Energiesektor. 1950 wurden noch 90 % des deutschen Primärenergieverbrauchs mit der Kohle bestritten; heute beträgt der Anteil der Kohle nur noch knapp ein Drittel.

Gesamtwirtschaftlich war dieser Strukturwandel weitgehendst notwendig und sinnvoll bzw. unvermeidbar. Eine Konservierung der Struktur des Energiesektors von 1950 hätte erhebliche Wohlstands- und Wachstumsverluste zur Folge gehabt. Andererseits ergaben sich aus dem Strukturwandel im Energiesektor beträchtliche Beschäftigungseffekte. Während vom Anfang der 50er Jahre bis heute die Zahl der Erwerbstätigen von 21,5 Mio. auf 25,5 Mio. zunahm, ging die Beschäftigung im Kohlebergbau im gleichen Zeitraum von 560.000 auf rd. 220.000 zurück. Von 1958 bis Anfang 1963 wurden allein 24 Schachtanlagen mit 10,8 Mio. t Jahresförderung sowie 101 Klein-Kohlenzechen mit 0,6 Mio. t Jahresförderung stillgelegt. 10 Kokereianlagen und 8 Brikettfabriken wurden außer Betrieb gesetzt und 42 Schachtanlagen zu 21 Großanlagen zusammengelegt.

Die Freisetzung von Beschäftigten bedeutet für den betroffenen Arbeitnehmer zunächst einmal Arbeitsplatzverlust, der zu länger andauernder Arbeitslosigkeit, Einkommenseinbußen, Entwertung seiner beruflichen Qualifikation und unterwertiger Beschäftigung führen kann. Hinzu kommt die Zerstörung der gewachsenen Bindungen, die sich aus dem bisherigen Arbeitsleben ergeben haben. Der vom Strukturwandel betroffene Arbeitnehmer ist gezwungen, sich völlig neu in seinem Arbeitsleben zu orientieren. Dies kann zu erheblichen physischen und psychischen Belastungen führen. Es wäre politisch unverantwortlich gewesen, wenn der Bergmann allein die Anpassungslast des Strukturwandels mit den oben geschilderten Risiken hätte tragen müssen. Deshalb waren die sich aus dem Strukturwandel ergebenden Anpassungsprozesse durch sozialpolitische Maßnahmen zu fördern und zu erleichtern. Nur so konnten die Lasten des Strukturwandels gerechter verteilt werden.

## Verbesserungen im Bereich der knappschaftlichen Rentenversicherung

### *1. Der Anstoß zur Verbesserung durch die SPD*

Vor dem Hintergrund der Energie- und Kohlenabsatzlage, jedoch nicht nur durch sie veranlaßt, stellte am 4. 4. 1962 die Fraktion der SPD des Deutschen Bundestages den Antrag, die Altersgrenze für langjährig unter Tage tätig gewesene Bergleute vom 60. auf das 55. Lebensjahr herabzusetzen. Zur Begründung dieses Antrags, der einer langjährigen Forderung der IG Bergbau und Energie entsprach, habe ich im Deutschen Bundestag auf die besondere Schwere des Berufslebens der Bergleute, auf die Gefahren und die Geißel der Bergarbeit, die Silikose, hingewiesen. Mit dem Antrag der SPD-Fraktion sollte die gesetzliche Grundlage dafür geschaffen werden, daß dem schwerarbeitenden Menschen im Bergbau das Leben erleichtert und verlängert wird. Zugleich sollte der Antrag ein Beitrag dazu sein, die sozialen Belastungen im Rahmen der Anpassungsmaßnahmen des Bergbaus an die veränderte Wirtschaftslage zu erleichtern. Es kann mit Befriedigung festgestellt werden, daß dieses Ziel, wenn auch in Etappen, mit hervorragender Unterstützung der Sozialpartner im Bergbau faktisch erreicht worden ist. Ohne die Initiative der SPD-Fraktion und ohne das beharrliche Eintreten der IG Bergbau und Energie für den Bergmann wäre das sicherlich nicht der Fall.

Die CDU/CSU-Fraktion, die seinerzeit über die entsprechende Mehrheit im Deutschen Bundestag verfügte, antwortete auf den Antrag der SPD-Fraktion zunächst mit einem eindeutigen Nein aus systematischen Erwägungen. Sie vertrat die Auffassung, daß Betriebseinschränkungen oder Stillegungsmaßnahmen unter keinen Umständen der Anlaß dafür sein könnten, das Leistungsrecht der knappschaftlichen Rentenversicherung zu verändern.

Die Bergmannsrente gleiche eine durch einen Arbeitsplatzwechsel eingetretene Lohneinbuße aus. Knappschaftsrente wegen Berufs- oder Erwerbsunfähigkeit sei bei einem vollen bergmännischen Arbeitsleben so hoch, daß der Bergmann seinen erarbeiteten Lebensstandard aufrechterhalten könne. Mit der Gewährung des Knappschaftsruhegeldes ab Vollendung des 60. Lebensjahres würde der schweren bergmännischen Arbeit und dem damit verbundenen stärkeren Verschleiß der Leistungsfähigkeit des Bergmanns hinreichend Rechnung getragen. Davon abgesehen machte sich die CDU/CSU-Fraktion die Auffassung der Bergbauunternehmen zu eigen, daß bei Verwirklichung der Vorstellung der SPD-Fraktion befürchtet werden müsse, die etwa 20 000 anspruchsberechtigten Bergleute würden ihren Arbeitsplatz kurzfristig verlassen, um das Altersruhegeld in Anspruch zu nehmen. Auf diese erfahrenen Bergleute, insbesondere auf die etwa 10.000 noch unter Tage Beschäftigten, könne jedoch nicht verzichtet werden, weil sie durch jüngere Arbeitskräfte nicht zu ersetzen seien. Die Folge wäre ein nicht unbedeutender Produktionsausfall und eine weitere Verschlechterung der finanziellen Lage der Zechen. Geholfen werden könne — so zunächst die Auffassung der CDU/CSU-Fraktion — durch eine verbesserte Übergangshilfe auf Grund des Artikels 56 § 2 des Montanunion-Vertrages. Abgelehnt wurde von der CDU/CSU-Fraktion, obwohl in Einzelgesprächen zunächst eine Übereinstimmung erzielt worden war, auch der Alternativantrag der SPD-Fraktion, dem Bergmann, der das 55. Lebensjahr vollendet und die entsprechenden Wartezeitvoraussetzungen erfüllt hat (25 Jahre im knappschaftlichen Betrieb, 15 Jahre Hauerarbeiten), eine Knappschaftsrente wegen Berufsunfähigkeit zu gewähren. Zur Begründung dieses Antrags wurde darauf hingewiesen, daß bei dem genannten Personenkreis das Vorliegen von Berufsunfähigkeit angenommen werden könne, weil das durchschnittliche Alter der Bergleute bei Eintritt der Berufsunfähigkeit sowieso kurz nach dem 55. Lebensjahr liege.

Wenn es schließlich doch gelang, mit der Einführung einer Sonderleistung in der knappschaftlichen Rentenversicherung, nämlich der Knappschaftsausgleichsleistung (KAL), einen Durchbruch zu erzielen, so nur dank der großen Unterstützung der Vertreter der IG Bergbau und Energie im Deutschen Bundestag. Dabei soll nicht unerwähnt bleiben, daß die der IG Bergbau angehörenden Abgeordneten der CDU/CSU es sehr schwer hatten, sich in ihrer Fraktion das nötige Gehör für das von der SPD-Fraktion verfolgte Anliegen zu verschaffen, den über 55 Jahre alten Bergmann nicht zum Wanderarbeiter im Ruhrgebiet werden zu lassen. Denn wenn er auf Grund seines durch die schwere Arbeit angeschlagenen Gesundheitszustandes überhaupt eine Tätigkeit finden konnte, dann nur unter kaum zumutbaren Bedingungen.

### 2. *Die Knappschaftsausgleichsleistung (KAL)*

a) Die Regelung des Jahres 1963

Mit der Einführung der KAL (Gesetz zur Änderung des RKG vom 23. 5. 1963 — BGBl. I S. 359) blieb der Deutsche Bundestag zwar hinter den Erwartungen der Bergleute zurück. Gleichwohl brachte die KAL eine und nach ihrer Änderung im Jahre 1966 eine wesentliche Verbesserung für die älteren langjährig tätig gewesenen Bergleute. Denn mit dem Gesetz zur Änderung des RKG vom 10. 8. 1966 (BGBl. I S. 482) wurde zur Sicherung der Arbeitsplätze jüngerer Bergleute bestimmt, daß über 55 Jahre alte Bergleute, sofern sie die sonstigen Voraussetzungen erfüllten, auch freiwillig aus dem Bergbau ausscheiden konnten.

Bestimmend für die Einführung der KAL waren folgende Fakten: Während die infolge von Stillegungen oder Rationalisierungsmaßnahmen entlassenen jüngeren Arbeitnehmer in anderen Knappschaftsbetrieben oder in anderen Wirtschaftszweigen Arbeit fanden, galt das für ältere Arbeitnehmer nur in sehr vermindertem Umfang. Für die Facharbeiter des Bergbaus, die jahrelang unter Tage unter besonderen Arbeitsbedingungen beschäftigt waren, war und ist kaum ein entsprechender Arbeitsplatz außerhalb des Bergbaus zu finden. Als Altersgrenze für die Voraussetzungen des Bezugs der KAL wurde in diesem Zusammenhang, ebenso wie im Antrag der SPD-Fraktion bereits vorgeschlagen, die Vollendung des 55. Lebensjahres festgesetzt. In Übereinstimmung mit dem Antrag der SPD-Fraktion wurden auch die weiteren Voraussetzungen hinsichtlich der Wartezeit, die für den Bezug der KAL vorliegen müssen, bestimmt. Ein Anspruch auf

KAL wurde nur dem eingeräumt, der mindestens 25 Jahre in der knappschaftlichen Rentenversicherung versichert gewesen ist und während dieser Zeit mindestens 15 Jahre Hauerarbeiten oder diesen gleichgestellte Arbeiten verrichtet hat. Konnte aus gesundheitlichen Gründen die Hauertätigkeit nicht 15 Jahre lang ausgeübt werden, so mußte mindestens eine 25jährige Tätigkeit unter Tage vorliegen.

Entprechend der Zweckbestimmung der Leistung wurde sie (vgl. die späteren Änderungen unter b) nur gewährt, wenn die Beschäftigung in einem knappschaftlichen Betrieb nach Vollendung des 55. Lebensjahres endete und aus Gründen erfolgte, die nicht in der Person des Versicherten lagen, oder anders ausgedrückt: Es mußten betriebliche Gründe für die Entlassung des Arbeitnehmers maßgebend gewesen sein (Stillegung oder Teilstillegung des Betriebes, Betriebseinschränkungen oder Zusammenlegung von Betrieben). Die anfänglich vertretene Auffassung, daß die Entlassung des Versicherten und das Vorliegen betrieblicher Gründe in einem unmittelbaren Zusammenhang stehen müßten, wurde aufgegeben. Entsprechend dem Sinn, die bei Rationalisierungsmaßnahmen auftretenden Schwierigkeiten zu mindern, wurde die Vorschrift auch auf die Fälle ausgedehnt, in denen betriebliche Gründe mittelbar für die Entlassung maßgebend waren. Damit wurde den wirtschaftlichen Erfordernissen Rechnung getragen.

Kein Anspruch auf KAL bestand nach der 1963 beschlossenen Regelung, wenn das Arbeitsverhältnis vom Arbeitnehmer gekündigt wurde oder die Kündigung von seiten des Arbeitgebers ihren Grund in dem Verhalten des Arbeitnehmers hatte oder der Arbeitnehmer aus gesundheitlichen Gründen seiner Beschäftigung nicht mehr nachgehen konnte und deshalb die Tätigkeit aufgab. Die KAL wird entzogen, wenn der Versicherte eine Beschäftigung, gleichgültig welcher Art, in einem knappschaftlichen Betrieb wieder aufnimmt oder eine Rente aus der Rentenversicherung erhält. Der Anspruch auf KAL wird dagegen nicht dadurch ausgeschlossen, daß der Berechtigte eine Beschäftigung außerhalb eines knappschaftlichen Betriebes aufnimmt. Das gilt ohne Rücksicht auf die Höhe des in dieser Beschäftigung erzielten Arbeitsentgelts.

Darin, daß die Regelung des Jahres 1963 die Beendigung des Arbeitsverhältnisses aus betrieblichen Gründen forderte, unterschied sie sich von dem Alternativantrag der SPD-Fraktion zur Einführung einer fiktiven Berufsunfähigkeitsrente. Daraus ergab sich auch zwangsläufig ihr Unterschied in den Wirkungen, die seinerzeit von den Bergleuten als äußerst unbefriedigend angesehen wurden. Während der Bergmann (die sonstigen Voraussetzungen unterstellt), der auf einer Schachtanlage beschäftigt war, die stillgelegt oder auf der rationalisiert wurde, »Schluß machen« konnte, war Gleiches seinem Kumpel nicht möglich, der z. B. das 55. Lebensjahr zu einem Zeitpunkt vollendete, in dem die Rationalisierungsmaßnahmen bereits abgeschlossen waren. Bis zur Änderung im Jahre 1966 wurde zur Rechtfertigung dieser Regelung darauf hingewiesen, daß für die Einführung der KAL nur soziale und wirtschaftspolitische Gründe maßgebend sein sollten. Entsprechend dieser Auffassung wurde auch der Charakter der KAL bestimmt, nämlich als Sonderleistung und nicht als Rentenleistung, und die gesetzliche Vorschrift daher in dem Abschnitt »Zusätzliche Leistungen aus der Versicherung« ins RKG eingeführt. Dabei wiegte sich die Mehrheit des Deutschen Bundestages 1963 in der Hoffnung, daß es sich um eine Sondermaßnahme handele, die nur den seinerzeitigen Verhältnissen im Bergbau Rechnung zu tragen habe und von vorübergehender Natur sein werde. Ein Blick auf die vom Gesetzgeber zur Erweiterung der KAL beschlossenen Gesetze in den Jahren nach 1963 und auf die Zahlen der KAL-Empfänger in den vergangenen Jahren zeigt, daß sich diese Vorstellung nicht erfüllt hat.

Da die Gewährung der Knappschaftsausgleichsleistung wegen der Strukturveränderungen und der Rationalisierungsmaßnahmen im deutschen Bergbau eingeführt wurde, kann sie auch nur dann gewährt werden, wenn der Verlust des Arbeitsplatzes im deutschen Bergbau eingetreten ist. Der sich daraus ergebende Ausschluß der Grenzgänger, die in Gruben anderer Staaten gearbeitet haben, rechtfertigt sich aus den wirtschafts- und sozialpolitischen Erwägungen der KAL.

Selbstverständlich sind auch die Empfänger einer KAL wie die sonstigen Rentner Mitglieder der Krankenversicherung der Rentner. Sie haben daher auch den vollen Schutz der Krankenversicherung.

b) Änderungsgesetze zur KAL

Aus der Zielsetzung der KAL, die mit einer Entlassung aus einem langjährigen Arbeitsverhältnis verbundene Härte für den betroffenen Bergmann zu mildern, folgt notwendigerweise eine enge Wechselwirkung der Anspruchsvoraussetzungen der KAL mit den wirtschaftspolitischen Erfordernissen.

Einbezogen wurden demgemäß in die Regelung des Jahres 1963 nicht nur die nach dem Inkrafttreten des Gesetzes (1. 6. 1963) Ausgeschiedenen, sondern auch die Versicherten, die nach dem 31. 12. 1959 ihren Arbeitsplatz in einem knappschaftlichen Betrieb verloren hatten. Das war notwendig, weil bereits von diesem Zeitpunkt Strukturveränderungen im Bergbau in verstärktem Maße eingetreten und Rationalisierungsmaßnahmen durchgeführt worden waren.

Nach 1963 ist durch eine Reihe von Gesetzen die KAL weiter ausgebaut worden. Auf Grund der Härtenovelle vom 9. 6. 1965 (BGBl. I S. 476) wurden mit Wirkung vom 1. 7. 1965 an in den anspruchsberechtigten Personenkreis alle die Versicherten einbezogen, die eine Versicherungszeit von 300 Kalendermonaten unter Tage oder eine knappschaftliche Versicherungszeit von 300 Monaten zurückgelegt haben und eine Untertagetätigkeit aus gesundheitlichen Gründen aufgeben mußten.

Durch Artikel 1 des Gesetzes zur Änderung des RKG und des AVAVG vom 10. 8. 1966 (BGBl. I S. 482) wurde zur Sicherung der Arbeitsplätze jüngerer Bergleute bestimmten, über 55 Jahre alten Bergleuten mit Wirkung vom 17. 8. 1966 gestattet, freiwillig aus dem knappschaftlichen Betrieb auszuscheiden. Insbesondere diese Ergänzung brachte, wie den Zahlen der KAL-Empfänger ab 1967 zu entnehmen ist, eine wesentliche Ausdehnung des Anwendungsbereichs. Die oben erwähnte, von den Bergleuten beklagte ungleiche Behandlung hinsichtlich der Anspruchsberechtigten, die sich aus der engen zeitlichen Verknüpfung zwischen Vollendung des 55. Lebensjahres und Durchführung von Rationalisierungsmaßnahmen ergab, war damit beseitigt. Zugleich ermöglichte diese Ausweitung es den Bergbauunternehmen, eine bessere Personalpolitik betreiben zu können.

Mit dem Finanzänderungsgesetz 1967 vom 21. 12. 1967 (BGBl. I S. 1259) wurden die Voraussetzungen für die KAL auf die veränderte Wartezeit-

regelung umgestellt sowie der Leistungszuschlag zur KAL abgeschafft. Allerdings dieses nur unter Beibehaltung des Steigerungssatzes von 2 v. H., während die Steigerungssätze für das Knappschaftsruhegeld und die Erwerbsunfähigkeits- und Berufsunfähigkeitsrente stufenweise gesenkt wurden.
Schließlich wurde durch das Gesetz zur Änderung des RKG und anderer Gesetze vom 21. 12. 1971 (BGBl. I S. 2109) dem Versicherten, dessen bisherige Beschäftigung in einem knappschaftlichen Betrieb aus Gründen endete, die nicht in seiner Person lagen und der bis zur Vollendung des 55. Lebensjahres Anpassungsgeld für entlassene Arbeitnehmer des Bergbaus bezogen hat, der Einstieg in die KAL ermöglicht, wobei die Zeit des Bezuges von Anpassungsgeld auf die erforderliche knappschaftliche Versicherungszeit von 300 Kalendermonaten uneingeschränkt und auf die erforderliche Beschäftigungszeit unter Tage dann angerechnet wird, wenn unmittelbar vor der Entlassung eine solche Tätigkeit ausgeübt worden ist.

c) Zahl der Anspruchsberechtigten

Unter Berücksichtigung der erwähnten Änderungsgesetze wurde in den Jahren 1963, 1964, 1965 und 1966 jeweils an rd. 1000 bzw. 3000, 4000 und 7000 Bergleute die KAL gezahlt. Aufgrund des im Jahre 1966 ermöglichten freiwilligen Ausscheidens stiegen die Zahlen in den Jahren 1967 und 1968 auf 14.000 an, um dann vom Jahre 1969 von 13.000 auf 8000 wieder abzusinken. Im Dezember 1975 wurde wieder an über 9000 Bergleute die KAL gezahlt.

d) Höhe der Knappschaftsausgleichsleistung

Hinsichtlich der Höhe der Knappschaftsausgleichsleistung wurde sehr schnell eine Einigung darüber erzielt, daß kein wie auch immer gestaffelter fester Betrag gewährt werden sollte. Maßgebend für die Bemessung der Leistung sollten vielmehr die auch für die Rentenberechnung maßgebenden Faktoren sein, d. h. das im Bergbau erzielte Bruttoarbeitsentgelt und die Dauer der Beschäftigung im Bergbau. Ausgehend von dem Alternativantrag der SPD-Fraktion wurde als Steigerungsbetrag für jedes Versicherungsjahr der für die Knappschaftsrente wegen Berufsunfähigkeit nach Aufgabe einer Beschäftigung im Bergbau maßgebende Satz in Höhe von 2 v. H. festgelegt. Das gilt auch heute noch, obwohl durch das Finanzänderungsgesetz 1967 der Steigerungssatz für die Berufsunfähigkeitsrente auf 1,8 und für die Erwerbsunfähigkeitsrente und das Knappschaftsruhegeld stufenweise auf 2 v. H. festgesetzt wurde. Ende Juni 1976 betrug die KAL im Durchschnitt 1236,— DM. Damit dürfte die KAL eine Höhe haben, die auch unter Berücksichtigung des für den Bergmann bestehenden Leistungsrechts ihn in die Lage versetzt, den einmal erarbeiteten Lebensstandard aufrechtzuerhalten.

## Soziale Hilfen außerhalb der knappschaftlichen Rentenversicherung

### *1. Allgemeines*

Ebenso wie die Verbesserungen im Bereich der knappschaftlichen Rentenversicherung haben auch die sozialpolitischen Maßnahmen der Bundesregierung, der Kommission der Europäischen Gemeinschaft und der Länder einen außerordentlich hohen Anteil daran, daß die Anpassung des Steinkohlenbergbaus an die veränderte Lage auf dem Energiemarkt ohne sozialpolitische Härten für die betroffenen Arbeitnehmer vorgenommen werden konnte.

Bereits im Jahre 1959 hat die Bundesregierung eine Reihe von sozialpolitischen Maßnahmen mit dem Ziel getroffen, den Arbeitnehmern vor allem entweder die bisherigen Arbeitsplätze zu erhalten oder ihnen neue, ihren Fähigkeiten und ihrem Leistungsvermögen angepaßte Arbeitsplätze zu vermitteln. Die nachstehende Übersicht gibt einen Überblick über diese und die in den Folgejahren getroffenen Hilfen.

a) Richtlinien über die Gewährung von Beihilfen für Arbeitnehmer des Steinkohlenbergbaus, die von Maßnahmen im Sinne des Artikels 56 § 2 des Montanunionvertrages betroffen werden, vom 15. Januar 1962 (inzwischen mehrmals revidiert und zuletzt geändert am 2. Januar 1975 [Bundesanzeiger Nr. 7])
b) Richtlinien über die Gewährung eines Härteausgleichs für entgangene Schichten im Steinkohlenbergbau vom 19. Oktober 1959 (Bundesanzeiger Nr. 202)
c) Richtlinien über die Gewährung von Beihilfen aus Mitteln des Landes Nordrhein-Westfalen für Arbeitnehmer des Steinkohlenbergbaus, die von Maßnahmen im Sinne des Artikels 56 § 2 des Montanunionvertrages betroffen werden, vom 3. Mai 1966
d) Richtlinien über die Gewährung eines Härteausgleichs für entgangene Schichten im Steinkohlenbergbau vom 14. Juli 1967 (Bundesanzeiger Nr. 134)
e) Richtlinien über die vorläufige Gewährung eines Abfindungsgeldes an Arbeitnehmer des Steinkohlenbergbaus vom 14. Juli 1967 (Bundesanzeiger Nr. 134)
f) Richtlinien über die Gewährung eines Härteausgleichs für entgangene Schichten im Steinkohlenbergbau 1967/1968 vom 5. Dezember 1967 (Bundesanzeiger Nr. 229)
g) Gesetz zur Anpassung und Gesundung des deutschen Steinkohlenbergbaus und der deutschen Steinkohlenbergbaugebiete vom 15. Mai 1968 (BGBl. I S. 365)
h) Gesamtsozialplan über die öffentlichen und betrieblichen Leistungen und Vorsorgemaßnahmen für die von Stillegung betroffenen Arbeitnehmer des Steinkohlenbergbaus vom 15. Mai 1968 (Bundesanzeiger Nr. 94), zuletzt geändert am 11. Juni 1975 (Bundesanzeiger Nr. 107)
i) Richtlinien des Bundesministers für Wirtschaft und Finanzen über die Gewährung von Anpassungsgeld an Arbeitnehmer des Steinkohlenbergbaus vom 13. Dezember 1971 (Bundesanzeiger Nr. 223), zuletzt geändert am 3. Juli 1975 (Bundesanzeiger Nr. 175).

Es kann mit Befriedigung festgestellt werden, daß es durch diese Maßnahmen trotz der einleitend geschilderten tiefgreifenden Veränderungen in diesem Wirtschaftszweig gelungen ist, die Arbeits- und Lebensbedingungen der Bergleute und ihrer Familienangehörigen so zu gestalten, daß Spannungen und Konflikte vermieden wurden und daß das Gefühl der sozialen Sicherheit nicht verloren ging. Maßgebenden Anteil hieran haben die verschiedenen Initiativen der IG Bergbau und Energie — hier sei besonders an den eindrucksvollen Sternmarsch nach Bonn im September 1959 erinnert — und die mehrtägige Bereisung des Ruhrgebiets durch den damaligen Ausschuß für Sozialpolitik des Deutschen Bundestages unter Leitung seines Vorsitzenden, Professor Schellenberg, im Januar 1968, die den Durchbruch für die sozialpolitischen Flankierungsmaßnahmen des Kohlegesetzes brachten.

2. *Anpassungsbeihilfen nach den Richtlinien zu Artikel 56 § 2 des Montanunionvertrages*

Die Anpassungsbeihilfen nach den Richtlinien zu Artikel 56 § 2 des Montanunionvertrages sehen eine Reihe von gezielten Hilfen für Arbeitnehmer des Steinkohlenbergbaus vor, die von Stillegungsmaßnahmen betroffen werden. Finanziert werden die Leistungen je zur Hälfte aus Bundesmitteln und aus Mitteln der Kommission der Europäischen Gemeinschaften.

a) Zu erwähnen sind hier an erster Stelle die verschiedenen Beihilfen beim Arbeitsplatzwechsel. Aus dem richtigen Verständnis von Sozialpolitik, für jeden Arbeitnehmer möglichst einen geeigneten Arbeitsplatz zu schaffen, kommt diesen Hilfen besondere Bedeutung zu. Für die Dauer eines Jahres (das Land NRW gewährt die Leistungen aus seinen Mitteln für die Dauer eines weiteren Jahres) seit Wiederbeschäftigung oder Verlegung erhalten die Arbeitnehmer für die Fahrt zum neuen Arbeitsplatz die täglich entstehenden Fahrtkosten zu 50 % oder — falls dies günstiger ist — den 20 DM monatlich übersteigenden Betrag in voller Höhe erstattet. Erfordert der Arbeitsplatzwechsel einen Umzug, so werden die gesamten Umzugskosten und die Reisekosten für die Familie zum neuen Wohnort übernommen. Hinzu kommt beim Umzug eine je nach Familienstand gestaffelte Einrichtungsbeihilfe in Höhe von 750 bis 1500 DM. Eine Trennungsentschädigung und die Erstattung von Kosten für Familienheimfahrten sorgt für einen Ausgleich von Mehraufwendungen für eine doppelte Haushaltsführung bei einer auswärtigen Arbeitsaufnahme.

   Zu erwähnen ist ferner die Lohnbeihilfe, die für die Fälle gezahlt wird, in denen der Arbeitnehmer nach einer Zechenstillegung weniger verdient als in seiner letzten Beschäftigung. Die Lohnbeihilfe erhält er bis zum Ablauf von 12 Monaten (soweit er das 45. Lebensjahr vollendet hat bis zum Ablauf von 18 Monaten) seit seiner Entlassung. Damit wird ihm ein Gesamteinkommen garantiert, das für Ledige 65 und für Verheiratete 70 % des früheren Bruttoarbeitsentgelts beträgt (das entspricht etwa 93 bis 100 % des früheren Nettomonatsentgelts). Die Lohnbeihilfe wird jährlich den Veränderungen der Tariflöhne angepaßt. Das Land Nordrhein-Westfalen stockt die Leistungen ggf. bis zu 100 % des früheren Nettoarbeitsentgelts auf und verlängert die Bezugsdauer auf 24 Monate.

b) Mit Beihilfen bei vorübergehender Arbeitslosigkeit (Wartegeld und Übergangsbeihilfe) sollen die Leistungen der Bundesanstalt für Arbeit aufgestockt werden. Das Wartegeld wird bis zum Ablauf von 12 Monaten seit der Entlassung gewährt. Es garantiert dem entlassenen Bergmann — zusammen mit dem Arbeitslosengeld oder der Arbeitslosenhilfe — ein Gesamteinkommen, das für Ledige etwa 72 und für Verheiratete etwa 77 % des früher im Bergbau verdienten Nettomonatsentgelts entspricht. Im Lande Nordrhein-Westfalen werden aus Landesmitteln diese Leistungen erhöht und verlängert. Um die Zahlung von Übergangsbeihilfen bei längerer Arbeitslosigkeit durch die Unternehmen des Steinkohlenbergbaus zu fördern, übernehmen Bund und Kommission unter Beachtung bestimmter Höchstgrenzen die Hälfte dieser Übergangsbeihilfen. Sie kann auch unmittelbar an den Bergmann gezahlt werden. Mit der Übergangsbeihilfe ist für ältere Arbeitnehmer ein nahtloser Übergang bis zum Rentenbezug gesichert.

c) Beihilfen bei Umschulungen sollen die gesetzlichen Leistungen erhöhen, um damit den Entschluß zur Aufnahme einer anderen Berufstätigkeit zu fördern.

d) Die Richtlinien sehen ferner für entlassene Bergleute, die am Tage ihres Ausscheidens das 64. Lebensjahr noch nicht vollendet haben und bestimmte Renten aus der knappschaftlichen Rentenversicherung oder eine Unfallrente mit einer MdE von 50 v. H. beziehen oder Schwerbeschädigte sind, anstelle der Lohnbeihilfe oder des Wartegeldes eine Abfindung vor. Sie beträgt 4000 DM (für Empfänger von Knappschaftsausgleichsleistung 2000 DM zuzüglich 1000 DM vom Land Nordrhein-Westfalen).

*3. Härteausgleich für Feierschichten*

Arbeitnehmern, die eine bestimmte Anzahl von Feierschichten verfahren mußten, wurde auf Grund der erwähnten Richtlinien über den Härteausgleich bei Feierschichten zum Ausgleich der Verdiensteinbuße ein je nach Lohngruppe gestaffelter Betrag gezahlt. Insgesamt wurden für diese Regelung rd. 118 Mio. DM aufgewandt. Mit dem Inkrafttreten des Arbeitsförderungsgesetzes im Jahre 1969 werden vorübergehende, konjunkturell bedingte Feierschichten durch Gewährung von Kurzarbeitergeld ausgeglichen.

*4. Richtlinien über die vorläufige Gewährung eines Abfindungsgeldes und Abfindungsgeld nach dem Kohlegesetz*

Im Jahre 1967, auf dem Höhepunkt der damaligen Strukturkrise im Steinkohlenbergbau, wurde von der Bundesregierung der Entwurf eines Gesetzes zur Anpassung und Gesundung des deutschen Steinkohlenbergbaus und der deutschen Steinkohlenbergbaugebiete eingebracht. Kernstück dieses Gesetzes ist ein Abfindungsgeld für Bergleute, die den Bergbau verlassen und ihren Beruf aufgeben mußten. Mit Hilfe dieser Leistung sollten die finanziellen Folgen eines Arbeitsplatz- und Berufswechsels gemindert und damit das strukturelle Problem der Umschichtung in diesem Berufszweig aufgrund des einschneidenden Anpassungsprozesses gelöst werden.

Da sich die Verabschiedung des Gesetzes verzögerte, wurden vorab Richtlinien erlassen, nach denen das Abfindungsgeld unter grundsätzlich denselben Voraussetzungen gezahlt werden konnte, wie sie später im Gesetz vorgesehen waren.

Abfindungsgeld erhält der Bergmann, dessen Entlassung nach einem bestimmten Stichtag erfolgte. Der Entlassene muß ferner das 35. Lebensjahr vollendet haben und mindestens 10 Jahre im Bergbau beschäftigt gewesen sein, und zwar in den beiden der Entlassung vorausgegangenen Jahren ununterbrochen. Das Erfordernis der Mindestzugehörigkeit zum Bergbau verringert sich bei Entlassung ab dem 41. Lebensjahr um jeweils 1 Jahr.

Abfindungsgeld wird nicht gewährt, wenn aus der Knappschaftsversicherung ein Altersruhegeld, eine Rente wegen Erwerbsunfähigkeit oder eine Knappschaftsausgleichsleistung gewährt wird, oder dem Arbeitnehmer ein neuer

Arbeitsplatz im Steinkohlenbergbau zu zumutbaren Bedingungen angeboten worden ist. Das Abfindungsgeld besteht aus einem Grundbetrag von 2000 DM und erhöht sich für jeden über die Mindestdauer hinausgehenden Monat der Zugehörigkeit zum Bergbau um 25 DM bis zum Höchstbetrag von 5000 DM. Die Abfindung nach den Richtlinien zu Artikel 56 § 2 des Montanunionvertrages (4000 DM) wird auf das Abfindungsgeld angerechnet.

*5. Gesamtsozialplan*

Im Zusammenhang mit dem Kohlegesetz ist ein Gesamtsozialplan erlassen worden, der für die Bergbauunternehmen, die eine Stillegungsprämie nach den »Richtlinien über die Gewährung von Prämien für die Stillegung von Steinkohlenbergwerken« usw. vom 22. 3. 1967 (Bundesanzeiger Nr. 59) erhalten oder beantragt haben, Mindestbedingungen für die Gewährung von betrieblichen Leistungen vorsieht. Diese Verknüpfung von Leistungen an Unternehmen mit entsprechenden Forderungen hinsichtlich sozialer Maßnahmen unterstreicht den auch sonst verfolgten Grundgedanken, strukturelle Veränderungen unter größtmöglicher Wahrung der Interessenlage der Arbeitnehmer vorzunehmen. Die Art der betrieblichen Leistungen an die von Stillegungsmaßnahmen betroffenen Bergleute ähnelt denen, die nach den Richtlinien der Montanunion vorgesehen sind. Auch hier ist zugunsten der Arbeitnehmer, die zu einer anderen Arbeitsstelle verlegt werden, eine Erstattung von erhöhten Fahrtkosten und Umzugskosten, die Gewährung von Einrichtungs- und Mietbeihilfen vorgesehen. Betriebliche Lohnbeihilfen und betriebliche Zuschüsse für verlegte und entlassene Arbeitnehmer sollen den Übergang in einen anderen Beruf erleichtern bzw. für die Zeit der Arbeitslosigkeit nach Auslaufen der Leistungen der öffentlichen Hand einen Beitrag zum Lebensunterhalt darstellen. Daneben ist, allerdings unter Anrechnung des Abfindungsgeldes nach dem Kohlegesetz und der Abfindung nach den Montanunionsrichtlinien, an entlassene Arbeitnehmer eine einmalige Betriebsabfindung zu zahlen. Die Betriebsabfindung ist je nach Dauer der Zugehörigkeit zum Steinkohlenbergbau gestaffelt und beträgt $^1/_2$ bis $2^1/_2$ Bruttomonatsgehälter.

*6. Anpassungsgeld*

Eines der Grundziele des Kohlegesetzes ist es, die Anpassung der Förderkapazitäten des Steinkohlenbergbaus an die dauerhafte Aufnahmefähigkeit des Marktes zu unterstützen. Dabei ist es erforderlich, die Förderung auf die Steinkohlenbergwerke mit der stärksten Ertragskraft zu verlagern. Um dieses Ziel zu erreichen, haben die Steinkohlenbergbauunternehmen langfristige Anpassungsprogramme erarbeitet. Als sozial flankierende Maßnahme hat die Bundesregierung am 15. 12. 1971 durch Richtlinien eine neue soziale Leistung — das Anpassungsgeld — eingeführt.

Anspruchsberechtigt sind 50jährige und ältere Arbeitnehmer des Steinkohlenbergbaus, die aus Anlaß einer Stillegung oder Rationalisierungsmaßnahme ihren Arbeitsplatz im Steinkohlenbergbau verlieren.

Der Anspruchsberechtigte muß in den letzten zwei Jahren vor seiner Entlassung ununterbrochen im deutschen Steinkohlenbergbau beschäftigt gewesen sein, und in längstens fünf Jahren — vom Tage der Entlassung an gerechnet — die Voraussetzungen zum Bezuge eines Knappschaftsruhegeldes oder der Knappschaftsausgleichsleistung erfüllen. Außerdem muß die

Entlassung aufgrund einer Belegschaftsplanung erfolgen, die mit dem Bundesbeauftragten für den Steinkohlenbergbau abgestimmt worden ist. Das Anpassungsgeld ermöglicht den entlassenen Bergleuten bis zum Erreichen einer der Altersgrenzen oder der sonstigen Voraussetzungen für eine Leistung aus der knappschaftlichen Rentenversicherung einen nahtlosen Übergang in die Rentenversicherung.

Das Anpassungsgeld wird in Höhe der Rentenleistung gewährt, deren Bezug dem Arbeitnehmer zum frühestmöglichen Zeitpunkt zuerkannt werden kann, d. h. entweder nach dem Steigerungssatz für Altersruhegeldempfänger oder nach dem der Knappschaftsausgleichsleistung. Wie die Renten wird auch das Anpassungsgeld jährlich dynamisiert. Angerechnet werden auf das Anpassungsgeld bestimmte Leistungen aus der knappschaftlichen Rentenversicherung, der Krankenversicherung und nach dem Bundeskindergeldgesetz. Während der Dauer des Bezuges von Anpassungsgeld ist der Arbeitnehmer, soweit keine Pflichtversicherung vorliegt, als freiwilliges Mitglied in der gesetzlichen Krankenversicherung versichert. Auch die Krankenversicherungsbeiträge werden aus öffentlichen Mitteln gezahlt.

Entsprechend der Funktion des Anpassungsgeldes fällt es mit Beginn des Bezuges von Knappschaftsrente wegen Erwerbsunfähigkeit, von Knappschaftsruhegeld und Knappschaftsausgleichsleistung weg. Das gleiche gilt, wenn der Arbeitnehmer Anpassungsbeihilfen nach den Montanrichtlinien oder den Abfindungsrichtlinien nach dem Kohlegesetz bezieht. Der Anspruch auf Anpassungsgeld vermindert sich auf 40 v. H., wenn der Arbeitnehmer eine mehr als geringfügige Beschäftigung außerhalb des Steinkohlenbergbaus aufnimmt.

Neben dem Anpassungsgeld werden Beihilfen nach Artikel 56 § 2 des Montanunionvertrages und Abfindungsgeld nach dem Kohlegesetz grundsätzlich nicht gewährt. Dem einzelnen Arbeitnehmer wird jedoch ein Wahlrecht eingeräumt. Die Anpassungsgeldregelung ist zeitlich begrenzt. Sie gilt nur für Entlassungen bis zum 31. 12. 1979 aus Anlaß einer Stillegungs- oder Rationalisierungsmaßnahme.

Adolf Schmidt

# Die Selbstverwaltung in der knappschaftlichen Versicherung — Organisation und Wiederaufbau nach dem Krieg *

Das Deutsche Reich war mit Ende des Zweiten Weltkrieges ein Opfer der »Staatskunst« der Nazis geworden. Es existierte nicht mehr. Auch die Reichsknappschaft, 1924 entsprechend den Forderungen der Bergarbeiter und Bergbauangestellten zur Beendigung der Zersplitterung des Knappschaftswesens, zur Schaffung einheitlicher Leistungen und damit zur Herstellung der Freizügigkeit der Bergleute geschaffen, erlitt das Schicksal des Deutschen Reiches. Sie wurde stillgelegt.
Lediglich die Bezirksknappschaften als nachgeordnete Gliederungen der Reichsknappschaft blieben — bis auf die Oberschlesische und die Niederschlesische Knappschaft, die nach der Besetzung Schlesiens ihre Tätigkeit einstellen mußten — bestehen. Aber wie! Von einer geregelten Tätigkeit war beim Zusammenbruch des Hitlerreiches nicht mehr die Rede. Verwaltungsgebäude und -einrichtungen waren durch Bombenangriffe und infolge von Kampfhandlungen betroffen. So wurde u. a. das Gebäude der Aachener Knappschaft vollständig zerstört, die Verwaltung dieser Bezirksknappschaft mußte in verschiedene Orte verlegt werden. Die Siegerländer Knappschaft verlor bei nahezu vollständiger Zerstörung ihres Verwaltungsgebäudes ihre Verwaltungseinrichtungen. Das Gebäude der Ruhrknappschaft in Bochum, sie war die mitgliederstärkste Bezirksknappschaft der Reichsknappschaft, wurde am 4. 11. 1944 durch Bomben schwer beschädigt. Dabei wurden alle Rentenakten der Arbeiterabteilungen, bis auf wenige, die sich außer Haus im Geschäftsgang befanden, vernichtet. Ein Glück war es, daß die über zwei Millionen Katasterkarten, in denen die Beitragskonten der Versicherten festgehalten waren, rechtzeitig, teils im alten Schacht Friederika in Bochum, teils nach Barnten bei Hildesheim in die dort gelegene ehemalige Kaligrube Rössing ausgelagert waren. Auch die Hollerithstelle der Knappschaft mit ihrem Maschinenpark und Hollerithkarten war rechtzeitig ausgelagert worden, und zwar zum Ausflugslokal »Habichtshöhe« Gaddabaum bei Bielefeld. Das war für die Zahlung der Renten der Ruhrknappschaft an rd. 300.000 Invaliden, Witwen und Waisen sehr wichtig, weil mit Hilfe dieser Holleritheinrichtung allmonatlich die Rentenzahllisten unter Berücksichtigung der Änderungen im Zu- und Abgang sowie der Rentenhöhe neu erstellt wurden. Im Gebiet der ehemaligen sowjetischen Besatzungszone wurden die dortigen Bezirksknappschaften schon bald nach Kriegsende trotz des Bemühens einiger ehemaliger Funktionäre des alten Bergarbeiterverbandes um den Erhalt einer selbständigen Versicherung der

* Unter Mitarbeit von Karl-Heinz Marquardt, Leiter der Abteilung Sozialversicherung der IG Bergbau und Energie.

Bergleute, in Einheitsversicherungsanstalten eingegliedert. Die in den drei westlichen Besatzungszonen befindlichen Bezirksknappschaften der Reichsknappschaft waren die Aachener Knappschaft, die Brühler Knappschaft, die Niederrheinische Knappschaft, die Ruhrknappschaft, die Siegerländer Knappschaft (sie wurde auf Dekret der britischen Militärregierung vom 24. 5. 1946 mit der Ruhrknappschaft vereinigt), die Hessische Knappschaft (sie wurde aus den im Land Hessen liegenden Teilen der Gießener und der Hessisch-Thüringischen Knappschaft gebildet), die Hannoversche Knappschaft und die Süddeutsche Knappschaft. Nach Angliederung des Saarlandes kam die Saarknappschaft dazu.

In den Bereichen der Westzonen gingen Vertreter der Bergarbeiter und Bergbauangestellten sofort unmittelbar nach Beendigung der Kampfhandlungen mit den Angestellten der Verwaltung (soweit sie nicht Nazi-Amtsträger waren) daran, ihre Bezirksknappschaft aufzubauen und eine neue demokratische Selbstverwaltung einzurichten oder ihre Wiedereinrichtung vorzubereiten.

Organe der Bezirksknappschaften — meist nur vorläufige Vorstände oder Beiräte — wurden teils auf Anordnung teils mit Duldung der Militärregierungen vorläufig neu gebildet.

Noch vor offiziellem Kriegsende kam bereits, und zwar am 27. 4. 1945 auf Initiative des Vorsitzenden des neugebildeten Betriebsausschusses (später Betriebsrat) einer großen Bochumer Schachtanlage ein kleines Gremium, bestehend aus Bergbauarbeitern und Bergbauangestellten, das sich »vorläufiger Knappschaftsvorstand« nannte, mit Vertretern der Zahlstellen der Ruhrknappschaft in Bochum zusammen. Bei dieser Zusammenkunft befaßte man sich insbesondere mit Knappschaftsältestenfragen. Es ging vor allem darum, die amtierenden Knappschaftsältesten der Arbeiter und Knappschaftsältesten der Angestellten, die ihr Amt nach der Entfernung der vor 1933 gewählten Ältesten als Gewährsmänner der NSDAP auf Vorschlag der DAF erhalten hatten, durch Vertrauensmänner der am demokratischen Aufbau arbeitenden Bergbauarbeiter und Bergbauangestellten zu ersetzen. Die sich bildenden Betriebsratsgremien der Schachtanlagen wurden aufgefordert, neue Knappschaftsälteste zu benennen.

Durch diese Aktion wurden im Bereich der Ruhrknappschaft bereits 1945 in der Regel die 1933 von den Nazis aus ihrem Amt entfernten Knappschaftsältesten wieder eingesetzt.

Diese Aktion war nicht nur für den demokratischen Wiederaufbau der knappschaftlichen Selbstverwaltung wichtig, sie sollte, wie auch die Entfernung der Nazi-Amtsträger aus der Verwaltung der Knappschaft, dazu beitragen, das verlorengegangene Vertrauen der Bergleute, Invaliden, Witwen und Waisen in ihre Knappschaftsversicherung wieder zu gewinnen. Die Knappschaftsältesten hatten immer eine Schlüsselposition innerhalb der Selbstverwaltung der knappschaftlichen Versicherung inne. Der Knappschaftsälteste hatte nach der Knappschaftssatzung die Aufgabe, den gesamten geschäftlichen Verkehr zwischen dem einzelnen Versicherten seines Sprengels (Wohnbereichs) und der Knappschaft zu vermitteln. Er nahm u. a. Rentenanträge von den Versicherten, die er zu betreuen hatte, entgegen und stellte ihnen die Rentenbescheide zu. Er war anwesend bei der Rentenzahlung in Zahllokalen. Er führte ein Krankentagebuch, d. h. bei ihm mußte sich der Versicherte als Arbeitsunfähiger an- und nach Eintritt der Arbeitsfähigkeit wieder abmelden. Der Knappschaftsälteste hatte die Befolgung der Satzung durch die Versicherten zu überwachen und andererseits die Pflicht, die Rechte der Versicherten und Rentner gegenüber der Verwaltung der Knappschaft wahrzunehmen und ihr die Wünsche der ihm anvertrauten Versicherten und Rentner zur Kenntnis zu bringen. Die Knappschaftsältesten waren aber nicht nur Mittler zwischen Versicherten und Verwaltung und umgekehrt, sondern vor 1933 auch Wahlmänner für die Wahl der Versichertenvertreter zur Bezirksversammlung (heute Vertreterversammlung). Ein weiteres Interesse des Ende April 1945 selbst ernannten vorläufigen Vorstandes der Ruhrknappschaft galt auch der notdürftigen Inbetriebnahme der Verwaltungseinrichtungen. Mit Hilfe einiger Betriebsausschüsse von Schachtanlagen der näheren Umgebung wurden Baustoffe und Heizmaterial »organisiert«.

In allen Betrieben des Bergbaus gingen Funktionäre der Bergarbeitergewerkschaft aus der Zeit vor 1933, die auch während der Nazi-Zeit ihrer Gewerkschaftsauffassung treu geblieben waren, sofort nach dem Zusammenbruch daran, eine Gewerkschaftsbewegung wieder aufzubauen. Allen war aus der Erfahrung der zurückliegenden Jahre klar, daß der frühere Richtungsstreit sich nicht wiederholen darf und eine Einheitsgewerkschaft für den gesamten Industriebereich aufzubauen sei.

Zunächst kam es in der britischen Zone mit Billigung der Militärregierung zur Bildung von Betriebsgewerkschaften auf den einzelnen Schachtanlagen, die sich schon bald im Ruhrrevier zu einem Industriearbeiterverband der Betriebsgewerkschaften zusammenschlossen. Bereits im September 1945 wurden von diesem Verband fünf Vertreter für einen Arbeitsausschuß der Ruhrknappschaft benannt, die aus den verschiedenen vor 1933 bestehenden Gewerkschaftsrichtungen einschließlich des Angestelltenbundes kamen. Diesem Kreis oblag es, gemäß dem Auftrag des genannten Industriearbeiterverbandes die notwendigen Vorbereitungen für die Wahl von Selbstverwaltungsorganen bei den Bezirksknappschaften der britischen Zone zu treffen. Dabei galt es, wie es in Unterlagen festgehalten ist, der Besatzungsmacht zunächst klar zu machen, in welcher Form die Demokratie in der Knappschaft vor 1933 wirkte und daß die Organe der knappschaftlichen Selbstverwaltung vor 1933 entsprechend des Auftrages des Artikels 161 der Weimarer Verfassung unter maßgebender Mitwirkung der Versicherten zu 3/5 aus Vertretern der Versicherten und zu 2/5 aus Vertretern der Arbeitgeber bestanden haben. Der Besatzungsmacht wurde anheim gestellt, die Demokratie in der Knappschaft, die von der Nazi-Diktatur 1933 als erstes beseitigt wurde, wiederherzustellen.

Ende 1945 gestattete die britische Militärregierung, daß bei den Bezirksknappschaften in ihrer Zone offiziell vorläufige Vorstände gebildet werden durften, die allerdings nur beratende Tätigkeiten ausüben konnten. Sie verfügten u. a., daß dem vorläufigen Vorstand der Ruhrknappschaft 10 Mitglieder angehören sollten, von denen 6 Versichertenvertreter und 4 Werksvertreter sein mußten. Auf Befehl der Militärregierung wurde der Bereich der Ruhrknappschaft zum Zwecke der Wahl der 6 Versichertenvertreter in 6 Bezirke aufgeteilt. In jedem dieser Bezirke wurde durch ein Wahlmännergremium, bestehend aus den Mitgliedern der im Bezirk vertretenen Betriebsausschüsse (Betriebsräte) der Schachtanlagen, ein Versichertenvertreter gewählt. Die Wahlversammlungen fanden Anfang 1946 statt.

Die 4 Werksvertreter wurden von der Versorgungszentrale des Deutschen Kohlenbergbaus (später Deutsche Kohlenbergbauleitung — DKBL —) benannt. In der konstituierenden Sitzung wählte der Vorstand der Ruhrknappschaft Fritz Viktor, der am 8. 4. 1933 aus seinen Ämtern als Vorsitzender des Vorstandes der Reichsknappschaft und der Ruhrknappschaft entfernt worden war, zum Vorsitzenden.

In Württemberg/Baden wurde die Mitwirkung der Arbeitnehmer und Arbeitgeber durch Erlaß vom 20. 7. 1945 und 31. 8. 1945 vorläufig geregelt. Durch Gesetz vom 7. 7. 1948 wurde in Baden die Selbstverwaltung vorläufig nach den Vorschriften aus der Zeit vor 1933 neu geregelt. Ähnliches galt durch eine Rechtsverordnung vom 16. 5. 1947 in Württemberg/Hohenzollern. In Bayern wurden nach dem Gesetz vom 31. 12. 1948 für die ehrenamtlich tätigen Mitglieder die Selbstverwaltungsvorschriften wieder in Kraft gesetzt, wie sie am 30. 1. 1933 galten. Den Organen der Süddeutschen Knappschaft gehörten 3/5 Versichertenvertreter und 2/5 Arbeitgebervertreter an. Außerdem gehörte zum Vorstand ein Vertreter aus dem Arbeitsministerium.

Vor diesen vorläufig neu errichteten Organen der Selbstverwaltung der Bezirksknappschaften lagen mannigfache Aufgaben. Es galt nicht nur, die in einem desolaten Zustand befindlichen Verwaltungen aufzubauen und die zerrüttete Finanzlage zu bewältigen, damit die erforderlichen Leistungen gewährt werden konnten, sondern es mußte auch bereits damals Bestrebungen entgegengetreten werden, die die Eigenständigkeit der knappschaftlichen Versicherung bedrohten.

Am 8. 12. 1946 schlossen sich die Bezirksverbände der Betriebsgewerkschaften des Bergbaus in der britischen Zone zusammen und gründeten den Industrieverband Bergbau, der sich auf Beschluß seiner zweiten Generalversammlung im November 1948 Industriegewerkschaft Bergbau nannte. 1948 kam es zur Vereinigung mit den Bergarbeitergewerkschaften der amerikanischen Zone, der sich im März 1949 die Industriegewerkschaften Bergbau der französischen Zone anschlossen.

Für die Einheitsgewerkschaft des Bergbaus haben nach 1945 von der ersten Aufbauphase an die Fragen der bergmännischen Sozialversicherung einen bedeutenden Rang gehabt. Bereits vor dem Zusammenschluß wurden über die Zonengrenzen hinweg in sogenannten Interzonenkonferenzen Kontakte mit den Vertretern der Arbeitnehmer in den Organen aller Bezirksknappschaften geknüpft. Diese Kontakte galten nicht nur dem Erfahrungsaustausch, ihr Ziel war auch die möglichst baldige Schaffung einheitlicher Regelungen sowie die Beibehaltung der Sonderrechte der Bergleute in ihrer Versicherung. Außerdem wurden neue Rechtsformen für die Bezirksknappschaften, die nur im Rahmen ihrer Rechte und Pflichten für die Reichsknappschaft handlungsfähig waren, gesucht.

Die nach der Währungsreform im Juni 1948 einsetzenden Preissteigerungen machten dringend eine Aufbesserung der Renten erforderlich. Die Industriegewerkschaft Bergbau setzte sich im Interesse der Rentner, Witwen und Waisen nicht nur für eine Verbesserung der Rentenzahlbeträge ein, sondern forderte gleichzeitig eine Regelung der Rechtsstellung der Bezirksknappschaften und eine finanzielle Sicherstellung der knappschaftlichen Rentenversicherung.

Ende 1948 war vom Wirtschaftsrat des Vereinigten Wirtschaftsgebietes der

Westzonen ein Anpassungsgesetz verabschiedet worden. Dieses Gesetz wurde aber von der Militärregierung zunächst angehalten. In dem allgemeinen Anpassungsgesetz waren auch die Knappschaft betreffende Bestimmungen enthalten. Aber wegen der besonderen Lage, in der sich die knappschaftliche Versicherung befand, drängte die Industriegewerkschaft Bergbau auf ein eigenes, die knappschaftliche Versicherung betreffendes Anpassungsgesetz.

Das Sozialversicherungsanpassungsgesetz (SVAG) wurde schließlich am 17. 6. 1949 erlassen (Gesetzblatt der Verwaltung des Vereinigten Wirtschaftsgebietes S. 99). Das SVAG stellte entsprechend dem Wunsch der Industriegewerkschaft Bergbau ein besonderes Anpassungsgesetz für die Knappschaftsversicherung in Aussicht. Dieses Gesetz über die Anpassung von Leistungen der knappschaftlichen Rentenversicherung an das veränderte Lohn- und Preisgefüge und über ihre finanzielle Sicherstellung (KnVAG) erging am 30. 7. 1949 (Gesetzblatt der Verwaltung des Vereinigten Wirtschaftsgebietes Nr. 27 S. 202) und trat rückwirkend am 1. 6. 1949 in Kraft. — Dieses Gesetz wurde später durch die Verordnung vom 20. 5. 1950 (BGBl I S. 179) auch für die Länder Baden, Rheinland-Pfalz, Württemberg/Hohenzollern und den bayrischen Kreis Lindau rückwirkend vom 1. 6. 1949 in Kraft gesetzt. —

Das KnVAG brachte für die Organisation und die Finanzierung der knappschaftlichen Versicherung entscheidende Änderungen. § 12 KnVAG bestimmte, daß die bei Inkrafttreten des Gesetzes bestehenden ehemaligen Bezirksknappschaften der Reichsknappschaft selbständige und rechtsfähige Träger der Knappschaftsversicherung unter der Bezeichnung Knappschaften sind, und zwar »solange die Knappschaftsversicherung nicht von einem einheitlichen Versicherungsträger durchgeführt wird«. Für die Rentenausgaben der knappschaftlichen Rentenversicherung wurde durch § 4 KnVAG eine Gemeinlast eingeführt. Nach § 6 KnVAG wurde zur Durchführung dieser Gemeinlast bestimmt, daß die Knappschaften eine Arbeitsgemeinschaft bilden, die zwar rechtsfähig war, aber nicht die Stellung eines Versicherungsträgers hatte. Diese Arbeitsgemeinschaft konnte auch weitere Aufgaben übernehmen, »soweit deren einheitliche und gemeinsame Durchführung für den Bereich aller Knappschaften zweckmäßig ist«. Die Arbeitsgemeinschaft hatte nur ein Selbstverwaltungsorgan, den Vorstand. Er setzte sich aus Vorstandsmitgliedern der Knappschaften zusammen, und zwar aus je zwei Vertretern der Versicherten und einem Vertreter der Arbeitgeber, die von den Knappschaften zu wählen waren. Die Gründungsversammlung der Arbeitsgemeinschaft der Knappschaften fand am 22. 9. 1949 statt. Als Sitz der Arbeitsgemeinschaft wurde Bochum bestimmt.

Die vorläufigen Organe, die nach 1945 bei den Knappschaften tätig waren, wurden 1953 durch neugewählte Vorstände und Vertreterversammlungen abgelöst. Das Selbstverwaltungsgesetz vom 13. 8. 1952, nach dem die ersten Selbstverwaltungswahlen durchgeführt wurden, war mit erheblichen Geburtswehen zustande gekommen. Das Gesetz ging zurück auf ein Gesetz des Wirtschaftsrates des Vereinigten Wirtschaftsgebietes über die Wiederherstellung der Selbstverwaltung in der Sozialversicherung vom 24. 5. 1949, das jedoch wegen eines Einspruchs der Besatzungsmächte nicht in Kraft treten konnte. Die erste Bundesregierung legte Anfang 1950 dem ersten Deutschen Bundestag einen Gesetzentwurf vor, der inhaltlich im wesentlichen dem vorgenannten Gesetz entsprach. Der Gesetzentwurf sah im Gegensatz zum früheren Reichsrecht grundsätzlich die Einführung der Parität der Besetzung der Selbstverwaltungsorgane vor. Das sollte auch für die gesetzlichen Krankenkassen gelten, bei denen vor 1933 die Versicherten zu 2/3 vertreten waren. Abgesehen von einer Sonderregelung für Ersatzkassen und die Träger der Landwirtschaftlichen Unfallversicherung war lediglich für die Organe der Knappschaftsversicherung eine 2/3-Beteiligung der Versicherten vorgesehen.

Der Gesetzentwurf der Bundesregierung führte zu ganz erheblichen Auseinandersetzungen im Bundestag, die sich im Bundesrat fortsetzten. Auch der Vermittlungsausschuß mußte sich damit befassen. Das Gesetz wurde schließlich hinsichtlich der Besetzung der Organe gegen die Stimmen der Opposition mit knapper Mehrheit im Bundestag verabschiedet und am 23. 2. 1951 im Bundesgesetzblatt verkündet.

Aber auch danach konnte das Gesetz noch nicht praktiziert werden. Es fehlte die Wahlordnung, die der Bundesarbeitsminister mit Zustimmung des Bundesrates zu erlassen hatte. Ferner wies das Gesetz, wie sich bald herausstellte, wesentliche Lücken und Unklarheiten auf. Das führte zu einer umfangreichen Novelle des gerade verabschiedeten Gesetzes, die erneut heftige Debatten im Bundestag und seinen Ausschüssen auslöste. Nach monatelanger Beratung wurde das Änderungsgesetz (Gesetz zur Änderung und Ergänzung des Gesetzes über die Selbstverwaltung und über Änderungen von Vorschriften auf dem Gebiet der Sozialversicherung) im Juli 1952 vom Bundestag und Bundesrat gebilligt und am 15. 8. 1952 im Bundesgesetzblatt verkündet (BGBl I S. 427).

An der ursprünglichen Regelung der Zusammensetzung der Organe hielt auch das geänderte Gesetz fest.

Es blieb auch dabei, daß sich in der knappschaftlichen Selbstverwaltung die Organe zu 2/3 aus Vertretern der Versicherten und zu 1/3 aus Vertretern der Arbeitgeber zusammensetzten. Auch an dem vor 1933 bewährten Wahlverfahren in der knappschaftlichen Versicherung wurde grundsätzlich festgehalten.

Seither ist das Selbstverwaltungsgesetz wie die dazu gehörende Wahlordnung noch vor jeder Neuwahl geändert oder ergänzt worden. Dabei fehlte es nie an Bestrebungen, sowohl die Besetzung der Organe als auch das Wahlverfahren in der knappschaftlichen Versicherung den allgemeinen Grundsätzen anzupassen. Die Industriegewerkschaft Bergbau und Energie hat sich stets erfolgreich dagegen zur Wehr gesetzt.

Die den ehemaligen Bezirksknappschaften der Reichsknappschaft durch das KnVAG verliehene Selbständigkeit sowie die Schaffung der Arbeitsgemeinschaft der Knappschaften waren, wie bereits dargelegt, nur als Übergangslösung gedacht. Ziel des Gesetzgebers war die Errichtung eines einheitlichen knappschaftlichen Versicherungsträgers. Das wurde von ihm noch einmal deutlich durch die Entschließung zum Ausdruck gebracht, die einstimmig am 11. 4. 1957 im Anschluß an die dritte Lesung des Knappschaftsrentenversicherungs-Neuregelungsgesetzes (KnVNG) vom Deutschen Bundestag angenommen wurde. Mit dieser Entschließung (Umdruck 1020 zur 204. Sitzung des zweiten Deutschen Bundestages) wurde die Bundesregierung ersucht, baldmöglichst einen Gesetzentwurf über die Errichtung eines einheitlichen Versicherungsträgers in der Knappschaftsversicherung (Bundesknappschaft) vorzulegen.

Der nur als Provisorium 1949 vollzogene Aufbau der knappschaftlichen Versicherung mit der nach dem Selbstverwaltungsgesetz aus 1952 errichteten Selbstverwaltung bewährte sich. Bei allen Knappschaften bestand eine Selbstverwaltung mit lebhafter und verantwortungsvoller Anteilnahme aller Beteiligten. Die koordinierende Tätigkeit der Arbeitsgemeinschaft der Knappschaften sorgte u. a. für eine gleichmäßige Auslegung und Anwendung des für alle Knappschaften einheitlich geltenden Rechts.

Diese Erfahrungen veranlaßten die Industriegewerkschaft Bergbau und Energie zu fordern, daß bei der Errichtung einer Bundesknappschaft der föderative Aufbau der Knappschaften möglichst erhalten und dadurch eine versichertennahe Betreuung gewährleistet wird.

Nach der Annahme der Entschließung des Deutschen Bundestages vom 11. 4. 1957 hat es an Initiativen seitens der Bundesregierung zur Errichtung einer Bundesknappschaft nicht gefehlt. Bereits 1959 wurde der erste Referentenentwurf eines Gesetzes zur Errichtung der Bundesknappschaft vorgelegt, dem weitere folgten. Meinungsstreit bestand unter den Beteiligten damals über den Organisationsaufbau der Bundesknappschaft und über die Frage, wieweit der Einfluß der Aufsichtsbehörde gehen sollte.

Im Grunde hat diesem Meinungsstreit die Ende der 50er Jahre einsetzende Entwicklung im Bergbau ein Ende gesetzt.

Die Folgen zweier Weltkriege, Inflation und Währungsverfall und nicht zuletzt der Rückgang der Zahl der Beschäftigten im Bergbau infolge der Strukturkrise in nahezu allen Bereichen der deutschen Bergbauwirtschaft haben dazu geführt, daß die knappschaftliche Versicherung nur mit zunehmendem Solidaraufwand des deutschen Volkes in Form von staatlichen Zuschüssen die gesetzlich festgelegten und durch Beitragszahlungen erdienten Renten zahlen kann. Mehr als einmal ist wegen des größer werdenden staatlichen Aufwandes zugunsten der knappschaftlichen Rentenversicherung in den 60er Jahren die Frage nach der weiteren Existenzberechtigung der Knappschaft als eigenständige Sonderversicherung der Bergleute gestellt worden.

Bereits in einer Vorlage des Bundesfinanzministers vom 19. 1. 1960 an den Haushaltsausschuß des Deutschen Bundestages wird gefragt, »ob angesichts des Überwiegens der Bundeszuschüsse (Fremdmittel) im Verhältnis zu den Eigenleistungen aus Beiträgen noch eine Selbstverwaltung in früherem Umfang aufrechterhalten werden kann«. Auch bei der Vorbereitung des »Finanzänderungsgesetzes 1967« (BGBl. I S. 1259) sind Erwägungen bekanntgeworden, die knappschaftliche Versicherung in Frage zu stellen, die Versicherten in die Arbeiter- bzw. Angestelltenversicherung einzubeziehen und die Knappschaftsversicherung nur noch als eine Art zusätzliche betriebliche Altersversorgung bestehen zu lassen.

Die Industriegewerkschaft Bergbau und Energie hat sich jeweils sofort nach Bekanntwerden dieser und ähnlicher Äußerungen ganz entschlossen gegen solche Bestrebungen gewandt und von der Bundesregierung und den Parteien die alsbaldige Errichtung der Bundesknappschaft zur Aufrechterhaltung der Sonderversicherung der Bergleute gefordert. Diese Proteste und die Forderung hatten Erfolg.

Durch das »Finanzänderungsgesetz 1967«, das vor allem im Leistungsrecht der knappschaftlichen Rentenversicherung erhebliche Änderungen brachte, wurde mit Wirkung ab 1. 1. 1968 die Bundesknappschaft zum Träger der knappschaftlichen Versicherung. Es fehlte allerdings zu diesem Zeitpunkt das erforderliche Errichtungsgesetz. Ende November 1968 wurde ein entsprechender Gesetzentwurf von der Bundesregierung dem Parlament vorgelegt.

Das Gesetz zur Errichtung der Bundesknappschaft (Bundesknappschafts-Errichtungsgesetz — BKnEG —) trägt das Datum vom 28. 7. 1969 und trat am 1. 8. 1969 in Kraft (BGBl I S. 974). Mit dem Inkrafttreten des BKnEG verloren die bisherigen 8 Knappschaften ihre Selbständigkeit. Auch die im Mai 1945 stillgelegte Reichsknappschaft wurde damit aufgelöst. Das Vermögen der Reichsknappschaft ging auf die Bundesknappschaft über. Alleiniger Träger der Knappschaftsversicherung, die die knappschaftliche Kranken- und Rentenversicherung umfaßt, ist die Bundesknappschaft. Sie ist Körperschaft des öffentlichen Rechts und hat ihren Sitz in Bochum. Sie umfaßt sämtliche knappschaftlichen Betriebe und die Beschäftigten, die nach dem Reichsknappschaftsgesetz oder anderen Vorschriften knappschaftlich versichert sind.

Nach der von den Selbstverwaltungsorganen der Bundesknappschaft erlassenen Satzung wurden zur Erledigung der laufenden Verwaltungsgeschäfte außerhalb des Bereichs der Hauptverwaltung 7 nachgeordnete Verwaltungsstellen errichtet. Die Bezirke der ehemaligen Ruhrknappschaft (außer Bereich Siegen) und Niiederrheinischen Knappschaft gehörten nach der Satzung zum Bereich der Hauptverwaltung. Die übrigen ehemaligen Knappschaften einschließlich der Geschäftsstelle Siegen der Ruhrknappschaft sind nachgeordnete Verwaltungsstellen geworden, die ihre Aufgaben im Auftrag und nach Weisung der Bundesknappschaft erledigen.

Alleinige Organe der Selbstverwaltung der Bundesknappschaft sind eine Vertreterversammlung, bestehend aus 60 Personen und ein Vorstand, dem 24 Mitglieder angehören. Beide Organe setzen sich zu 2/3 aus Vertretern der Versicherten und zu 1/3 aus Vertretern der Arbeitgeber zusammen. Auch an dem knappschaftstypischen Verfahren zur Wahl der Versichertenvertreter der Vertreterversammlung hat sich nicht Grundsätzliches geändert. Die von den knappschaftlich Versicherten gewählten Knappschaftsältesten der Arbeiter und der Angestellten haben, wie seit ehedem, nicht nur mannigfache Aufgaben aus ihrer Tätigkeit als Mittler zwischen den Versicherten und der Verwaltung und umgekehrt, sie sind auch aus unserem Verständnis als Wahlmänner, die die Versichertenvertreter wählen, das Fundament der knappschaftlichen Selbstverwaltung geblieben.

Durch das BKnEG hat die Bundesknappschaft einen zentralen Aufbau erhalten, dem an der Basis das ortsnahe ehrenamtliche Engagement fehlt. Zur Begründung des zentralen Aufbaus wurde herausgestellt, daß die zentrale Durchführung der knappschaftlichen Rentenversicherung eine einheitliche Finanzgebarung sicherstellt und eine bessere Durchführung von Aufgaben, die einer einheitlichen Regelung bedürfen, ermöglicht. Die einheitliche Erledigung von Aufgaben der knappschaftlichen Krankenversicherung soll ein einheitliches Beitrags- und Leistungsrecht sichern, denn der Rückgang der im Bergbau tätigen Personen erfordert die Bildung einer Risikogemeinschaft, innerhalb der nicht nur einheitliche Beiträge erhoben, sondern auch gleichhohe Leistungen gewährt werden.

Noch während der letzten Beratung des BKnEG im Bundestag wurde der § 153 RKG neu formuliert, der es der Bundesknappschaft gestattet, nach näherer Bestimmung der Satzung, allerdings nur zur Durchführung der knappschaftlichen Krankenversicherung, Sektionen zu bilden. Das Einfügen dieser »Kannvorschrift« ins Reichsknappschaftsgesetz ist sicherlich als Kompromiß zur Forderung der Industriegewerkschaft Bergbau und Energie nach dezentraler Gliederung der Bundesknappschaft in Verwaltungsstellen mit Organen der Selbstverwaltung gedacht. Der Sozialpolitische Ausschuß des Bundestages, der diesen Kompromiß formulierte, hat die Anzahl der Sektionen weder benannt noch begrenzt. Aber er brachte zum Ausdruck, daß eine stärkere Konzentration auch in der knappschaftlichen Krankenversicherung notwendig sei.

Nach dem ausdrücklichen Hinweis auf § 1 Abs. 2 des Selbstverwaltungsgesetzes im § 153 RKG hätten bei den zu bildenden Sektionen Organe der Selbstverwaltung errichtet werden können. Es stellten sich aber schon bald eine Reihe von Fragen. Vor allem Fragen nach den Aufgaben, die bei dem vom Gesetzgeber konzipierten zentralen Aufbau der Bundesknappschaft den Sektionsorganen übertragen werden können.

Nur die Bundesknappschaft ist Träger auch der knappschaftlichen Krankenversicherung. Nur sie besitzt das Recht, eine Satzung zu erlassen, in der die Beiträge der knappschaftlichen Krankenversicherung festzusetzen und Mehrleistungen einheitlich für das ganze Bundesgebiet zu regeln sind. Nur die Bundesknappschaft, nicht die Sektionen, sind rechtsfähig. Nur der Vorstand der Bundesknappschaft vertritt den Versicherungsträger gerichtlich und außergerichtlich und hat die Stellung eines gesetzlichen Vertreters. Nach der Vorschrift des § 13 Abs. 2 des Selbstverwaltungsgesetzes haben die Vorstände der Sektionen solche Befugnisse nicht. Die Verwaltungsausgaben der knappschaftlichen Krankenversicherung im Haushaltsplan der Bundesknappschaft gelten nach § 142 RKG als Verwaltungsausgaben der knappschaftlichen Rentenversicherung, die die knappschaftliche Krankenversicherung der knappschaftlichen Rentenversicherung nach einem von der Aufsichtsbehörde zu genehmigenden Schlüssel zu erstatten hat. Hinzu kommt, daß die Personalhoheit, die Dienstherreneigenschaft, die Stellung einer Obersten Dienstbehörde der Bundesknappschaft zukommt und nicht den Sektionen.

Nach alledem hatte man auf die Vorstände der Sektionen, vor allem der Sektionen, in deren Bereich eigene Einrichtungen der knappschaftlichen Krankenversicherung, wie Knappschafts-Krankenhäuser oder -Kliniken, liegen, noch einige wenige Aufgaben zur selbständigen Erledigung übertragen können. Das traf aber für die Vertreterversammlungen der Sektionen nicht zu.

Der Industriegewerkschaft Bergbau und Energie (IGBE) ist es bei allen Gesprächen und Verhandlungen vor Verabschiedung des BKnEG u. a. vor allem darauf angekommen, daß die Selbstverwaltung nicht nur am Sitz der Bundesknappschaft angesiedelt wird, sondern auch da präsent ist, wo die Versicherten arbeiten und wohnen.

Nach langen Diskussionen, die unmittelbar nach Verabschiedung des BKnEG einsetzten, kamen die zuständigen Gremien der IGBE und der Bundesknappschaft überein, daß dieses Ziel in etwa auch erreicht werden kann, wenn statt Sektionen Knappschaftsausschüsse eingerichtet werden. Diesen Knappschaftsausschüssen können zwar keine Aufgaben der Selbstverwaltung zur selbständigen Erledigung übertragen werden, aber sie können die örtlichen Gremien sein, die den Vorstand und die Geschäftsführung der Bundesknappschaft beraten und an die sich der Versicherte oder Rentner mit örtlichen Beschwerden wenden kann. Eine beratende Tätigkeit wäre nicht nur — wie bei Sektionen — auf Fragen der knappschaftlichen Krankenversicherung beschränkt.

Auf Grund dieser Überlegungen ist in der neu geschaffenen Satzung der Bundesknappschaft die Bildung von Knappschaftsausschüssen vorgesehen. Sie sind nach der Satzung Bindeglied zwischen dem Vorstand sowie der Geschäftsführung der Bundesknappschaft einerseits und den Knappschaftsmitgliedern sowie den Betrieben mit knappschaftlich Versicherten andererseits. Sitz, Aufgaben und örtliche Zuständigkeit sind in den Richtlinien festgehalten, die der Vorstand der Bundesknappschaft erlassen hat.

20 Knappschaftsausschüsse, verteilt auf die Bereiche des Bundesgebietes mit Bergbauschwerpunkten, sind gebildet worden. Jedem Knappschaftsausschuß gehören 4 Vertreter der versicherten Arbeiter und Angestellten und 2 Vertreter der Arbeitgeber an. Jedes Mitglied hat 2 Stellvertreter. Mitglieder und Stellvertreter müssen zur Bundesknappschaft eine besondere rechtliche Beziehung haben. Darum bestimmt die Satzung, daß zu Mitgliedern der Knappschaftsausschüsse oder deren Stellvertretern nur Knappschaftsälteste, Vertrauensmänner der Arbeitgeber oder Mitglieder (Stellvertreter) des Vorstandes oder der Vertreterversammlung der Bundesknappschaft gewählt werden können. Scheidet ein Mitglied des Knappschaftsausschusses (Stellvertreter) aus einem vorgenannten Ehrenamt aus, dann gehört er damit gleichzeitig nicht mehr dem Knappschaftsausschuß an. Mitglieder und Stellvertreter eines jeden Knappschaftsausschusses werden vom Vorstand — getrennt in den Gruppen der Versicherten und Arbeitgeber — gewählt.

Nach den Richtlinien des Vorstandes können die Knappschaftsausschüsse sich in ihren Sitzungen mit allen örtlich aktuellen Problemen der Knappschaftsversicherung befassen, hierzu Vorschläge erarbeiten und diese unter Einschaltung der örtlichen Verwaltungsstelle über die Geschäftsführung an den Vorstand leiten. Vorstand sowie Geschäftsführung der Bundesknappschaft können zu allen Fragen der Knappschaftsversicherung sich des Rates der Knappschaftsausschüsse bedienen. In den Richtlinien ist im einzelnen festgelegt, in welchen Angelegenheiten die örtlich zuständigen Verwaltungsstellen vor ihrer Entscheidung erst eine Stellungnahme des örtlich zuständigen Knappschaftsausschusses einholen müssen. Auch Geschäftsführung und Vorstand müssen, bevor sie bestimmte, in den Richtlinien näher genannte Entscheidungen treffen, den örtlich zuständigen Knappschaftsausschuß um eine Stellungnahme bitten. So u. a. bei der Auswahl der Knappschaftsärzte, der Knappschaftsfach- und -zahnärzte, bei Festlegung der Sitze dieser Ärzte, bei Abgrenzung von Ältestensprengeln, bei der Errichtung oder Auflösung von Geschäftsstellen oder Sozialmedizinischen Dienststellen, bei Anträgen auf Niederschlagung oder Erlaß eines Anspruches. Da sich jedes Knappschaftsmitglied und jeder Arbeitgeber im Bereich des Bergbaus in Angelegenheiten der knappschaftlichen Versicherung schriftlich an den für ihn zuständigen Knappschaftsausschuß wenden kann, wirkt er auch wie ein Petitionsausschuß.

An den Beratungen der Knappschaftsausschüsse können die Mitglieder der Geschäftsführung oder von ihnen beauftragte nachgeordnete Bedienstete beratend teilnehmen. Der Vorstand der Bundesknappschaft hat zur Vertiefung der Verbindung zu den Knappschaftsausschüssen aus seiner Mitte je einen Vertreter der Versicherten und einen Vertreter der Arbeitgeber für jeden Knappschaftsausschuß benannt. Diese Vorstandsmitglieder können an den Sitzungen der Knappschaftsausschüsse, zu denen sie Verbindungsmänner sind, teilnehmen.

Die Knappschaftsausschüsse haben kein Vorbild. Sie sind ein neues Instrument der knappschaftlichen Selbstverwaltung. Sie bieten die Möglichkeit, die knappschaftliche Selbstverwaltung in Verbindung mit den Knappschaftsältesten und Organen noch lebendiger zu gestalten und das Vertrauen der knappschaftlich Versicherten in ihre Bundesknappschaft zu vertiefen. Die bisherigen Erfahrungen zeigen, daß diese Möglichkeit in sinnvoller Weise zum Wohle der knappschaftlichen Versichertengemeinschaft genutzt wird.

Heinz Frehsee / Detlev Zöllner

# Die Entwicklung der Agrarsozialpolitik

## Die Ausgangslage (bis 1955)

Die Entwicklung der Agrarsozialpolitik mußte sich gegen widerstrebende Interessen und gegen eine herrschende Ideologie durchsetzen, die in der Einbeziehung Selbständiger in die soziale Sicherung nichts als Schaden und Unheil erkennen konnte. Noch Mitte der 50er Jahre war es weit verbreitete Meinung in der Sozialpolitik, daß die Ausdehnung der Sozialversicherung auf weitere Bevölkerungskreise gegen ethische Prinzipien verstoße. Diese Sicht kam den meisten der damaligen Agrarpolitiker entgegen, die je nach Standort entweder auf Fragen der Agrarreform oder auf Fragen der Besitzerhaltung einschließlich der »Paritätsforderung« konzentriert waren. Von der vorherrschenden Meinung in der Agrarpolitik wurden sozialpolitische Maßnahmen als Mittel zur Verbesserung der sozialen Situation der Menschen auf dem Lande nicht erkannt, ignoriert oder offen abgelehnt. Die Bauernverbände sprachen verächtlich von Almosen; ihre »Paritätsforderung« sollte durch Hochpreispolitik und Grenzbarrieren erfüllt werden.
Dies vollzog sich bei der Beratung des Landwirtschaftsgesetzes im Deutschen Bundestag 1955. In der heftigen Auseinandersetzung um die im Gesetz festzulegenden Mittel zur Verwirklichung der Forderung nach Teilnahme der Landwirtschaft am wirtschaftlichen Wachstum beantragte die SPD-Fraktion die Aufnahme der Sozialpolitik als eines dieser Mittel neben der Handels-, Steuer-, Kredit- und Preispolitik. Dies wurde von der Bundestagsmehrheit abgelehnt.
Angesichts der Tatsache, daß heute nahezu die Hälfte des Haushalts des Bundesministeriums für Ernährung, Landwirtschaft und Forsten für sozialpolitische Zwecke ausgegeben wird, erscheint dieser Vorgang kaum mehr verständlich. Man muß sich seiner jedoch erinnern, um die Ausgangslage würdigen zu können, aus der heraus Agrarsozialpolitik sich entwickeln mußte. Diese Ausgangslage und die Mehrheitsverhältnisse im Deutschen Bundestag erlaubten nicht ein konzeptionell abgestimmtes Vorgehen auf einheitlicher Grundlage; sie zwang zu partiellen Schritten, die sachlich gut vorbereitet und in sich bietende Gelegenheiten eingepaßt werden mußten.

## Verbesserungen für Arbeitnehmer in der Arbeitslosen- und Rentenversicherung (1955—1960)

Dies zeigte sich bei der Diskussion über eine ganze Reihe von Ausnahme- und Sondervorschriften des Sozialrechts für Arbeitnehmer in der Landwirtschaft, die aus der Vergangenheit übernommen und mit Hinweis auf beson-

dere Verhältnisse in der Landwirtschaft begründet worden waren. Die zunehmende Integration der Landwirtschaft in die Gesamtwirtschaft sowie der abnehmende Überschuß landwirtschaftlicher Arbeitskräfte ließ solche Sonderbestimmungen zunehmend fragwürdig erscheinen. Die Forderung nach ihrer Beseitigung ging vor allem von der Gewerkschaft Gartenbau, Land- und Forstwirtschaft (GGLF) aus und wurde von der SPD und ihrer Bundestagsfraktion übernommen. Die Erweiterung des Schutzes im Falle der Arbeitslosigkeit für Landarbeiter durch Einengung der Befreiungsvorschriften für die Versicherungspflicht kam in Fluß, als die Bundesregierung den Entwurf eines Änderungsgesetzes zum AVAVG vorlegte. Während der parlamentarischen Beratungen dieses Entwurfs wurden den beteiligten Bundestagsausschüssen Materialien der Agrarsozialen Gesellschaft vorgelegt, die die Notwendigkeit der vollen Einbeziehung der land- und forstwirtschaftlichen Arbeitnehmer in den Arbeitslosenversicherungsschutz bewiesen. Das im November 1956 verabschiedete Gesetz engte die Befreiung der Landarbeiter von der Versicherungspflicht erheblich ein. Damit war der entscheidende Schritt in Richtung auf eine Angleichung getan, die schließlich 1969 im Arbeitsförderungsgesetz praktisch erreicht wurde.
Eine andere Erinnerung aus dieser Zeit drängt sich auf: Seit langem war es ein Anliegen der GGLF, den Nachteil bei der Rentenversicherung zu beseitigen, der sich für Landarbeiter (und einige andere Arbeitnehmergruppen) daraus ergab, daß ihre Naturallohnbestandteile für die Berechnung der Sozialversicherungsbeiträge früher unterbewertet worden waren. Da die Rentenreform von 1957 den Grundsatz der Lohnbezogenheit der Rente verstärkt zur Geltung bringen sollte, drohte die Unterbewertung der Naturallohnbestandteile den Erfolg der Rentenreform in Frage zu stellen. Einer Lösung stellte sich noch während der Ausschußberatungen die Mehrheitsmeinung entgegen, daß die Konzeption der dynamischen Rente eine nachträgliche Korrektur des Lohnes — und sei diese auch nur fiktiv — nicht zulasse. In zäher Aktivität gelang es dem Abgeordneten Heinz Frehsee mit besonderer Unterstützung der Abgeordneten Ernst Schellenberg und Willi Richter schließlich, die Regierungsfraktionen von der Notwendigkeit einer Regelung zu überzeugen, die buchstäblich in letzter Minute — während der zweiten Lesung im Plenum des Bundestages — in das Gesetz eingefügt wurde [1].
Rückschauend kann man feststellen, daß hiermit in Abkehr vom Dogma der strengen Lohnbezogenheit ein erster Schritt in die Richtung getan wurde, die später im Jahre 1972 zur Einführung der Rente nach Mindesteinkommen führte.
Eine dritte Benachteiligung der landwirtschaftlichen Arbeitnehmer lag darin, daß ihre Geldleistungen aus der Unfallversicherung nicht nach dem tatsächlichen früheren Lohn, sondern nach einem festgesetzten Jahresarbeitsverdienst berechnet wurde, der regelmäßig und erheblich unter dem Effektivverdienst lag. Diese Frage wurde im Regierungsentwurf zur Neuregelung der gesetzlichen Unfallversicherung aufgegriffen (1956) und im Zweiten

1 Art. 2 § 55 des Gesetzes zur Neuregelung des Rechts der Rentenversicherung der Arbeiter vom 23. 2. 1957.

Gesetz zur vorläufigen Neuregelung von Geldleistungen in der gesetzlichen Unfallversicherung 1960 geregelt.

## Einführung der Alterssicherung für Landwirte (1957—1961)

Im Zusammenhang mit der vorparlamentarischen Diskussion um die Rentenreform intensivierte sich auch die Diskussion um eine geregelte Alterssicherung für selbständige Landwirte und ihre Familienangehörigen. Im Dezember 1955 faßten Vorstand und Kuratorium der Agrarsozialen Gesellschaft einen Beschluß, in dem sie die Auffassung vertraten, »daß eine gesetzliche Regelung geschaffen werden muß, welche die Altersversorgung der gesamten selbständigen bäuerlichen Bevölkerung und die Verpflichtung des Staates zur Übernahme der ,Alten Last' sichert« [2]. Namhafte Wissenschaftler (wie z. B. von Nell-Breuning) befürworteten eine gesetzliche Regelung. Kötter begründete agrarsoziologisch das Bedürfnis nach sozialer Sicherheit in der Landwirtschaft [3]; Abel begründete öffentlich, warum er »aus einem Saulus der freien Altersvorsorge zu einem Paulus der Pflichtversicherung wurde« [4]. Im Februar 1956 erarbeiteten Walter Auerbach, Diether Deneke und Heinz Frehsee in der SPD-Fraktion einen Gesetzentwurf, der die Diskussion konkretisierte und beschleunigte.

Im Juni 1956 legte das Bundesarbeitsministerium einen Referenten-Entwurf eines Gesetzes über eine Alterssicherung der Landwirte vor, der die Grundzüge der heutigen Regelung enthielt. In dieser Situation — im Juli 1956 — bejahte auch der Deutsche Bauernverband eine Alterssicherungspflicht, nachdem er lange Zeit hindurch eine gesetzliche Regelung der Alterssicherung mit der Begründung abgelehnt hatte, daß ein Versicherungszwang sich nicht mit der Daseinsform des freien Bauern auf freier Scholle vereinbaren lasse.

Eine leicht überarbeitete Fassung des Referenten-Entwurfs wurde im Januar 1957 von der CDU-Fraktion dem Bundestag als Initiativ-Gesetzentwurf vorgelegt. Die Beratungen des Entwurfs wurden innerhalb der CDU-Fraktion tatkräftig gefördert vom damaligen Abgeordneten Werner Schwarz, dem späteren Bundesminister für Ernährung, Landwirtschaft und Forsten. Im Ausschuß für Ernährung, Landwirtschaft und Forsten wirkten die Abgeordneten Dr. Martin Schmidt (Gellersen) und Max Seither aktiv mit. Im Ausschuß für Arbeit und Sozialpolitik wurden die Beratungen maßgeblich gestaltet von den Abgeordneten Peter Horn, Heinz Frehsee und Ernst Schellenberg. Kurt Noell als Geschäftsführer des Bundesverbandes der landwirtschaftlichen Berufsgenossenschaften, bei dem die landwirtschaftlichen Alterskassen errichtet werden sollten, wurde mehrfach beratend hinzugezogen.

Das im Juli 1957 verabschiedete Gesetz über eine Altershilfe für Landwirte (GAL, in Kraft getreten am 1. Oktober 1957) schrieb im einzelnen vor:

2 Soziale Sicherheit für das Landvolk, Heft 15 der Schriftenreihe für ländliche Sozialfragen, hsg. von W. Abel, Hannover 1956, S. 138.

3 Herbert Kötter: Das Bedürfnis nach sozialer Sicherheit in der Landwirtschaft, in: Soziale Sicherheit für das Landvolk, a.a.O.

4 Wilhelm Abel: Die Altersversicherung der bäuerlichen Bevölkerung, Heft 17 der Schriftenreihe für ländliche Sozialfragen, Hannover 1956, S. 7.

Die Errichtung der landwirtschaftlichen Alterskassen bei den landwirtschaftlichen Berufsgenossenschaften, Gewährung eines Altersgeldes (damals 60 DM/Monat für Verheiratete, 40 DM/Monat für Alleinstehende) bei Vollendung des 65. Lebensjahres und bei Hofabgabe, Pflichtmitgliedschaft der hauptberuflich tätigen Landwirte, die zu einer einheitlichen Umlage herangezogen wurden (damals 10 DM/Monat). Nicht verwirklicht waren die Forderungen nach einem Bundeszuschuß, nach Einbeziehung der mitarbeitenden Familienangehörigen und nach Leistungen bei vorzeitiger Erwerbsunfähigkeit.

Die ersten Erfahrungen mit dem neuen Altershilfe-Gesetz führten zu der Einsicht, daß die von der Statistik ausgewiesenen hauptberuflichen Landwirte keineswegs alle beitragspflichtig zur landwirtschaftlichen Alterskasse waren, weil ein größerer Teil entweder keine »Existenzgrundlage« im Sinne des Gesetzes hatte oder als Arbeitnehmer versichert war. Außer der hinter den Schätzungen zurückbleibenden Zahl der beitragspflichtigen Landwirte ergab sich auch eine unerwartet hohe Zahl von altersgeldberechtigten ehemaligen Landwirten. Daraus ergab sich die Einsicht, daß der im Gesetz festgelegte Beitrag nicht ausreichen würde. Die SPD-Fraktion des Bundestages beantragte im Juli 1958 die Einführung eines laufenden Bundeszuschusses zur landwirtschaftlichen Altershilfe. Die Bundesregierung verabschiedete im März 1959 den Entwurf eines Änderungsgesetzes, der sowohl Mehreinnahmen als auch Minderausgaben bewirken sollte. Die Zahlungsfähigkeit der Alterskassen wurde faktisch durch Bereitstellung von Mitteln aus dem Grünen Plan gesichert.

Als das erste Änderungsgesetz zum GAL im Juli 1969 verkündet wurde, setzte es den Beitrag auf 12 DM fest und enthielt den im Bundestag eingefügten § 13 mit der Regelung, daß der Unterschiedsbetrag zwischen Beitragseinnahmen und Ausgaben der landwirtschaftlichen Alterskassen aus Bundesmitteln zu leisten ist.

## Landwirtschaftliche Sozialpläne und der weitere Ausbau der Alterssicherung der Landwirte (1962—1965)

Es bestand keine Meinungsverschiedenheit darüber, daß die landwirtschaftliche Altershilfe sich bewährt habe. Unterschiedlich waren die Auffassungen darüber, in welcher Richtung und in welchem Tempo die Entwicklung weiterzugehen habe. Die Aufmerksamkeit richtete sich nach der finanziellen Konsolidierung der Altershilfe wieder verstärkt auf die noch offen gebliebenen Fragen des Leistungsrechts.

Im Herbst 1962 schlug K. Noell erneut vor, im Falle der Erwerbsunfähigkeit ein vorzeitiges Altersgeld zu gewähren [5]. Allgemein machte sich ein Bedürfnis nach ganzheitlicher Schau der Agrarsozialpolitik geltend. Dieses Bedürfnis wurde Anfang 1963 von verschiedenen Seiten artikuliert. Am 11. 1. 1963 forderten Vorstand und Kuratorium der Agrarsozialen Gesell-

5 Kurt Noell: Möglichkeiten und Grenzen der landwirtschaftlichen Sozialpolitik unter besonderer Berücksichtigung der Sozialversicherung, in: Soziale Sicherheit für die Bauernfamilien, Heft 39 der Schriftenreihe für ländliche Sozialfragen, Hannover 1963, S. 17 ff.

schaft die Schaffung eines umfassenden Sozialplans für die Landwirtschaft [6]. Die Entschließung stellte folgende neue Forderungen auf: Schutz bei Invalidität, Schutz im Krankheitsfalle, Hilfe beim Ausscheiden aus der landwirtschaftlichen Erwerbstätigkeit. Vorsichtiger war der vom Deutschen Bauernverband am 18. 1. 1963 verabschiedete Sozialplan für die deutsche Landwirtschaft [7]. Neben einer Reihe von finanziellen Vergünstigungen wurde auch die Einführung von Leistungen im Falle der Erwerbsunfähigkeit gefordert. Hinsichtlich des Risikos Krankheit hieß es lediglich: »Für die altersgeldberechtigten Personen und deren Ehegatten muß für schwere und häufig langdauernde Krankheitsfälle eine gesetzliche Krankenhilfe geschaffen werden.«

Fast zur gleichen Zeit, am 9. 2. 1963, erschien der Landwirtschaftliche Sozialplan der Sozialdemokratischen Partei Deutschlands [8]. Dieser Plan war umfassend, konkret und realistisch. Er enthielt folgende Hauptforderungen:

— Krankheitsschutz für alle selbständigen Landwirte und ihre mithelfenden Familienangehörigen;
— Gewährung eines vorzeitigen Altersgeldes bei Erwerbsunfähigkeit und von Maßnahmen zur Erhaltung, Besserung und Wiederherstellung der Erwerbsfähigkeit;
— Einbeziehung der mithelfenden Familienarbeitskräfte in die landwirtschaftliche Altershilfe, soweit sie keine Altersversorgung haben;
— Volle Gleichstellung der landwirtschaftlichen Arbeitnehmer in ihrer sozialen Sicherung mit den übrigen Arbeitnehmern; Erhöhung des Sonderzuschlages zum Altersruhegeld der Landarbeiter;
— Errichtung eines landwirtschaftlichen Sozialwerks als gemeinsamer Träger;
— Verhältnis zwischen Beitragsaufkommen und Bundeszuschüssen wie 1 : 1;
— Bemessung des Beitrags nach einem einheitlichen Mindestbeitrag und einem nach dem Betriebsumfang gestaffelten Zusatzbeitrag.

Die weitere Schilderung der Ereignisse wird zeigen, ob, in welchen Stufen und in welcher Weise diese Forderungen verwirklicht wurden.

Zunächst wurde bald darauf, im Mai 1963, das auf Initiativentwürfen (SPD: BT-Drs. IV/901; CDU/CSU und FDP: BT-Drs. IV/904) beruhende zweite Änderungsgesetz zum GAL verkündet, das neben einer Erhöhung des Altersgeldes von 60 DM auf 100 DM für Verheiratete die Gewährung eines vorzeitigen Altersgeldes bei Erwerbsunfähigkeit und Hofabgabe vorsah. Die im SPD-Entwurf enthaltenen Forderungen auf Einbeziehung der mithelfenden Familienangehörigen und der Einführung von Heilmaßnahmen wurden noch nicht verwirklicht.

Schon im Februar 1964 behandelte ein erneuter Initiativantrag der SPD-Fraktion [9] die noch offen gebliebenen Fragen der mithelfenden Familienan-

6 Entschließung »Freier Bauer in sozialer Sicherheit« vom 11. 1. 1963, abgedruckt in Heft 43 der Schriftenreihe für ländliche Sozialfragen, Hannover 1964, S. 101.

7 Abgedruckt in Heft 43, a.a.O., S. 102.

8 Abgedruckt in Heft 43, a.a.O., S. 105; vgl. hierzu auch: Erläuterungen zum landwirtschaftlichen Sozialplan der SPD von Heinz Frehsee, veröff. als Manuskript vom Parteivorstand der SPD, Bonn, den 9. Februar 1963.

9 BT-Drs. IV/1947; später auch Initiativantrag der CDU/CSU und FDP, BT-Drs. IV/2425.

gehörigen und Maßnahmen zur Erhaltung, Besserung und Wiederherstellung der Erwerbsfähigkeit.
Diese Maßnahmen fanden schließlich Eingang in das dritte Änderungsgesetz zum GAL vom August 1965. Dieses Gesetz erhöhte das Altersgeld von 100 auf 150 DM für Verheiratete, den Beitrag auf 16 DM und führte die Vorschriften über Gesundheitsmaßnahmen ein (§ 6—9 GAL). Während die Gesundheitsmaßnahmen selbst sich an die entsprechenden Regelungen der Rentenversicherung der Arbeitnehmer anlehnten, wurde als neuartige Leistung die Gestellung einer Ersatzkraft — oder hilfsweise die Gewährung eines Ersatzgeldes — während der Durchführung von Gesundheitsmaßnahmen vorgesehen. Hinsichtlich der mithelfenden Familienangehörigen kam im gleichen Gesetz ein Kompromiß zustande: Ältere mithelfende Familienangehörige (zum damaligen Zeitpunkt über 50 Jahre) konnten sich unter bestimmten Bedingungen in die Altershilfe »einkaufen«. Im Prinzip wurde weiterhin davon ausgegangen, daß sich dieser Personenkreis in einer arbeitnehmerähnlichen Situation befindet und daher seine soziale Sicherung wie Arbeitnehmer durch Begründung eines Beschäftigungsverhältnisses mit Versicherungspflicht sicherstellen sollte. Man wollte vermeiden, daß begünstigende Sonderregelungen die Neigung zum Abschluß von Arbeitsverträgen verschütten.

## Landabgaberente und Zuschuß zur Beitragsnachentrichtung (1966—1970)

Mit dem GAL von 1957 war bereits eine sozialpolitische Maßnahme bewußt in den Dienst der Strukturpolitik gestellt worden. Die Förderung der frühzeitigen Hofabgabe stand als Motiv des Gesetzgebers neben der Sicherstellung einer geregelten Altersversorgung. Etwa ab Mitte der 60er Jahre wurde in der Agrarpolitik allgemein akzeptiert, daß eine Verbesserung der Einkommenslage der in der Landwirtschaft Erwerbstätigen nur zu erreichen ist, wenn von der gleichen Fläche weniger Menschen ihr Einkommen erwirtschaften müssen. Strukturwandel wurde weitgehend mindestens auch als Reduzierung der Erwerbstätigen in der Landwirtschaft verstanden. Dies legte den Gedanken zusätzlicher sozialpolitischer Maßnahmen zur Förderung und Flankierung des Strukturwandels nahe. Agrarsozialpolitik wurde als Teil der gesellschaftlichen Entwicklung gesehen.
Ein weiterer Grund für die stärkere Betonung (oder wenigstens Bejahung) sozialpolitischer Maßnahmen erwuchs aus den Erfahrungen mit dem EWG-Vertrag. In dem Maße, in dem eine gemeinsame Agrarpolitik innerhalb der EWG verwirklicht wurde, waren nationale Maßnahmen auf dem Gebiet der Preis- und Marktpolitik unzulässig geworden. Da die Kompetenzen der EWG auf dem Gebiete der Sozialpolitik recht eng begrenzt sind, bestehen hier für nationale Maßnahmen keine Begrenzungen. Auch von daher erhöhten sich die Möglichkeiten und der Anreiz, sozialpolitische Maßnahmen in den Dienst insbesondere der agrarischen Einkommenspolitik zu stellen [10].

10 Detlev Zöllner: Sozialpolitische Redistribution als Mittel der Agrarpolitik, in: Möglichkeiten und Grenzen der Agrarpolitik in der EWG, Schr. der Gesellschaft für Wirt-

Damit wurde die Gefahr sichtbar, daß Sozialpolitik ausschließlich oder vorwiegend als Mittel der Subventionierung gesehen wird. Dies gab Anlaß zu der Feststellung: »Soziale Sicherheit für die bäuerliche Bevölkerung ist deshalb keine getarnte Subventionspolitik, sondern im Hinblick auf die Entwicklung des gemeinsamen Marktes ein Teil der Aufgabe, die Landwirtschaft in einer ihren wirtschaftlichen Bedingungen und gesellschaftlichen Struktur entsprechenden Form in die Gesamtgesellschaft zu integrieren« [11].
Vor diesem Hintergrund entstand der Entwurf eines vierten Änderungsgesetzes zum GAL, das die Einführung einer Landabgaberente vorsah. Dieser Vorschlag ging von der Erfahrung aus, daß viele Inhaber kleinerer Betriebe sich nicht zur Hofabgabe entschließen konnten, weil die Erträgnisse aus Übergabe oder Verpachtung auch zusammen mit dem Altersgeld den Lebensunterhalt nicht sicherstellen. Ferner sollte die Hofabgabe auch Landwirten unterhalb der traditionellen Altersgrenze erleichtert werden. Das im Juli 1969 verkündete Gesetz sprach die Landabgaberente solchen Landwirten zu, deren Betrieb nicht mehr als das Doppelte der Existenzgrundlage umfaßt und die 60 Jahre alt sind. Ein 55jähriger erhält die Leistung, wenn nicht zu erwarten ist, daß er in ein Arbeitsverhältnis vermittelt werden kann. Die Betriebe müssen zum Zwecke der Strukturverbesserung abgegeben worden sein. Die Aufwendungen für die Landabgaberente übernahm der Bund.
Mit dem vierten Änderungsgesetz zum GAL wurde das Altersgeld für Verheiratete auf 175 DM erhöht. Der Beitrag, der durch das Finanzplanungsgesetz ab 1. 1. 1967 auf 20 DM und durch das Finanzänderungsgesetz ab 1. 1. 1969 auf 22 DM erhöht worden war, wurde nunmehr ab 1. 1. 1970 auf 27 DM festgesetzt.
Die Erfahrungen mit der Landabgaberente führten dazu, daß das fünfte Änderungsgesetz zum GAL vom Dezember 1970 den begünstigten Betriebsgrößenbereich auf das Fünffache der Existenzgrundlage erweiterte und die Leistung von 275 DM auf 350 DM (für Verheiratete) erhöhte.
Mit dem gleichen Gesetz wurde auch eine Maßnahme für jüngere aus der Landwirtschaft ausscheidende Selbständige eingeführt. Um diesen Personen, die eine außerlandwirtschaftliche Tätigkeit aufnehmen, den Aufbau einer vollen Alterssicherung im allgemeinen System zu erleichtern, wurde ihnen das Recht eingeräumt, Beiträge zur Rentenversicherung nachzuentrichten. Der Bund zahlt einen Zuschuß in Höhe von 70 v. H. der nachentrichteten Beiträge.

schafts- und Sozialwissenschaften des Landbaus, Bd. 6, München 1969, S. 383; vgl. auch Karola Dahm: Entwicklungstendenzen der sozialen Sicherung landwirtschaftlicher Familien in den Ländern der EWG und in den Nachbarländern, in: Ausbau der sozialen Sicherung für landwirtschaftliche Familien, Heft 62 der Schriftenreihe für ländliche Sozialfragen, Hannover 1972, S. 5.

11 Diether Deneke: Entwicklungstendenzen in der sozialen Sicherung der landwirtschaftlichen Bevölkerung, in Sozialpläne für die Landwirtschaft, Heft 43 der Schriftenreihe für ländliche Sozialfragen, S. 49.

## Einführung der Krankenversicherung der Landwirte (1972)

Die Diskussion über die Einführung einer auf Pflichtversicherung beruhenden Krankenversicherung für Landwirte erstreckte sich über fast ein Jahrzehnt. Erstmals wurde die Forderung im landwirtschaftlichen Sozialplan der SPD vom 9. Februar 1963 ausgesprochen. Im März 1963 entstand in der SPD-Fraktion unter Federführung von Heinz Frehsee ein Gesetzentwurf über die Einführung einer landwirtschaftlichen Krankenversicherung. Der Vorstand der Agrarsozialen Gesellschaft führte im Herbst 1965 in einer Übersicht über die Aufgaben der fünften Legislaturperiode des Deutschen Bundestages u. a. aus: »Als neue große Aufgabe ist ... die bäuerliche Familie in die Krankenversicherungspflicht mit berufsständischer Trägerschaft einzubeziehen [12]. Im November 1966 sprach sich auch das Präsidium des Deutschen Bauernverbandes für eine Pflichtkrankenversicherung für die selbständigen Landwirte aus. Parallel wurden Materialien über den Gesundheitszustand und den faktischen Versicherungsschutz der landwirtschaftlichen Bevölkerung vorgelegt [13].

Gesetzgeberisch wurde die Frage der Krankenversicherung sofort nach Bildung der sozial-liberalen Koalition aufgegriffen. Im Februar 1970 forderten die Fraktionen der SPD und FDP in einem Antrag die Vorlage eines Gesetzentwurfs. Die Bundesregierung bat die soeben berufene Sachverständigenkommission für die Weiterentwicklung der sozialen Krankenversicherung um eine Stellungnahme; diese sprach sich mit Mehrheit für die jetzige gesetzliche Regelung aus. Im Oktober 1970 beschloß das Bundeskabinett Grundsätze und beauftragte den Bundesarbeitsminister, einen entsprechenden Gesetzentwurf vorzulegen. Dieser wurde ein Jahr später vom Kabinett verabschiedet und nach zügiger Beratung im Ausschuß für Arbeit und Sozialordnung im August 1972 verkündet.

Vom Inhalt des Gesetzes sollen hier nur solche Schwerpunkte erwähnt werden, die Bezug zur historischen Entwicklung oder zu Grundelementen der Agrarsozialpolitik haben:

— Pflichtversicherung für die landwirtschaftlichen Unternehmer, ihre mitarbeitenden Familienangehörigen und Altersgeldbezieher;
— Einführung der Betriebs- und Haushaltshilfe als neue Leistungsart (auch in der landwirtschaftlichen Unfallversicherung);
— Einführung eines nach der Leistungsfähigkeit des Betriebes gestaffelten Beitragssatzes;
— Übernahme der Krankheitskosten für Altenteiler durch den Bund;
— Errichtung landwirtschaftlicher Krankenkassen bei den bereits bestehenden landwirtschaftlichen Berufsgenossenschaften und landwirtschaftlichen Alterskassen.

12 Rundbrief der Agrarsozialen Gesellschaft, 1965; S. 165; vgl. auch die weiter in Einzelheiten gehende Entschließung des Vorstandes der ASG vom 2. 12. 1966, abgedruckt im Rundbrief der ASG, 1966, S. 165.

13 H. Kötter und B. van Deenen: Ergebnisse einer vergleichenden Vorbeugeuntersuchung von landwirtschaftlichen und gewerblichen Bevölkerungsgruppen in unterschiedlich strukturierten Kreisen, Stuttgart 1963. Der Krankenversicherungsschutz der landwirtschaftlichen Unternehmer und ihrer Familien in der Bundesrepublik Deutschland, Materialsammlung der ASG, Nr. 64, Göttingen 1967.

Die letztgenannte Regelung war eine Bestätigung dafür, daß sich die landwirtschaftlichen Sozialversicherungsträger bewährt hatten. Wegen ihrer Nähe zum Berufsstand und ihrer wiederholt bewiesenen Anpassungsfähigkeit hat ihnen der Gesetzgeber mehrfach Auftragsangelegenheiten übertragen, wie die Auszahlung der Anpassungshilfe 1965, der Liquiditätshilfe 1969 und des Aufwertungsausgleichs 1970 bis 1973. In diesem Zusammenhang ist auch zu erwähnen, daß der Bund jeweils nach Maßgabe der Haushaltsgesetze Zuschüsse zur Senkung der Beiträge zur Unfallversicherung über die landwirtschaftlichen Berufsgenossenschaften abwickelt.

## Weiterer Ausbau der Altershilfe (1972/73)

Im Juli 1972 wurde das sechste Änderungsgesetz zum GAL verkündet. Es enthielt eine Erhöhung des Altersgeldes von 175 auf 240 DM und der Landabgaberente von 350 auf 415 DM für Verheiratete. Der Beitrag, der im Jahre 1972 30 DM betragen hatte, wurde für 1973 auf 36 DM festgesetzt.

Einschneidende und die bislang letzten Entwicklungen brachte das siebente Änderungsgesetz zum GAL vom Dezember 1973. Die bisher unregelmäßigen und unsystematischen Erhöhungen des Altersgeldes wurden ersetzt durch eine Dynamisierungs-Regelung. Ausgehend von einem Betrag von 264 DM für Verheiratete am 1. 1. 1974 erhöht sich das Altersgeld jährlich nach Maßgabe der allgemeinen Bemessungsgrundlage der Rentenversicherung. Die Erhöhung wird jährlich mit dem Rentenanpassungsgesetz beschlossen. Ferner wurde eine Staffelung der Höhe des Altersgeldes nach Maßgabe der Beitragsjahre eingeführt. Jedes über 15 hinausgehende Beitragsjahr führt zu einer Erhöhung des Altersgeldes um 3 v. H. Durch diese Regelungen wird das Altersgeld, das ursprünglich 60 DM betrug, für einen verheirateten Berechtigten mit 19 Beitragsjahren im Jahre 1977 über 400 DM betragen. Die Landabgaberente wird künftig immer jeweils 175 DM (für Verheiratete) höher als die Grundstufe des Altersgeldes sein. Auf eine neue Grundlage wurde auch die Finanzierung gestellt. Bisher war der Beitrag gesetzlich festgelegt und das Defizit vom Bund gezahlt worden. Der Anteil der Bundesmittel an den Gesamtaufwendungen der landwirtschaftlichen Alterskassen hatte sich von 30 v. H. im Jahre 1962 auf 77,7 v. H. im Jahre 1973 erhöht. Nunmehr bestimmt das Gesetz, daß sich der Bundeszuschuß des Jahres 1973 in jedem folgenden Jahr nach Maßgabe der Aufwendungen für das Altersgeld erhöht. Der Bundeszuschuß ist also dynamisiert, bleibt aber fortan in einem festen Verhältnis zu den Aufwendungen für das Altersgeld (84,6 v. H.). Der fehlende Betrag ist durch Beiträge aufzubringen. Der für 1974 auf 41 DM festgesetzte Beirag wird fortan jährlich durch Rechtsverordnung der Bundesregierung festgesetzt (1977: 63 DM).

## Einführung einer Zusatzversorgung für den Arbeitnehmer (1974)

Das Problem, daß die Renten der landwirtschaftlichen Arbeitnehmer unzureichend sind, war immer noch nicht befriedigend gelöst trotz der Regelung des Art. 2 § 55 des Rentenversicherungs-Neuregelungsgesetzes von 1957,

nach der ehemalige land- und forstwirtschaftliche Arbeitnehmer Zuschläge auf ihre persönliche Bemessungsgrundlage erhalten. Nach wie vor waren auch die Löhne der Landarbeiter vergleichsweise gering. Zwar hatte die mit der Rentenreform von 1972 eingeführte Rente nach Mindesteinkommen viele Landarbeiter begünstigt. Doch diese Verbesserungen konnten weder verhindern, daß die Renten der Landarbeiter in vielen Fällen relativ niedrig bleiben, noch konnten sie die Aussicht begründen, daß die Situation sich künftig automatisch bessern werde.
Angesichts dieser Situation mußte die Gewerkschaft Gartenbau, Land- und Forstwirtschaft weiterhin auf eine Verbesserung der Altersversorgung drängen. Es erschien schwierig, Sonderregelungen in der allgemeinen Rentenversicherung durchzusetzen. Ferner war in der gewerblichen Wirtschaft eine lebhafte Expansion der betrieblichen Altersversorgung zu vermerken. Dies führte zu der Forderung nach Schaffung einer überbetrieblichen Zusatz-Altersversorgung in der Landwirtschaft. Die hierüber mit der Arbeitgeberseite geführten Verhandlungen stockten über Jahre hin angesichts der Frage der »alten Last«. Es erschien zwar möglich, Zusatzbeiträge für künftige Beschäftigungszeiten zu erbringen, nicht jedoch für zurückliegende Zeiten und für Leistungen an Personen, die bereits aus dem Erwerbsleben ausgeschieden waren. Dabei wirkte sich auch aus, daß die Zahl der Landarbeiter und der landwirtschaftlichen Betriebe früher sehr viel größer war als gegenwärtig. Es lag ein ähnlicher Sachverhalt vor, wie er zu den hohen Bundeszuschüssen an die landwirtschaftliche Altershilfe und zur Übernahme der Krankheitskosten für Altenteiler durch den Bund Anlaß gegeben hatte. Die Bundesregierung verschloß sich denn auch nicht der Einsicht, daß sie hier im Interesse der »sozialen Symmetrie« gleichfalls bei der finanziellen Bewältigung von Folgen des Strukturwandels behilflich sein müsse.
Nachdem die Tarifvertragsparteien im November 1973 die Schaffung einer überbetrieblichen Zusatzaltersversorgung vereinbart hatten, die kurz darauf vom Bundesarbeitsminister für allgemeinverbindlich erklärt worden war, legte die Bundesregierung den Entwurf eines Gesetzes über die Errichtung einer Zusatzversorgungskasse für Arbeitnehmer in der Land- und Forstwirtschaft vor. Dieses im Juli 1974 verkündete Gesetz schafft den organisatorischen Rahmen und bestimmt Voraussetzungen und Höhe für Ausgleichsleistungen an landwirtschaftliche Arbeitnehmer, die nicht mehr erwerbstätig sind sowie für Beschäftigungszeiten vor Inkrafttreten des Tarifvertrages. Seither erhalten ehemalige Landarbeiter eine Ausgleichsleistung zu ihrer Rente in Höhe von 50 DM/Monat.

## Schlußbemerkungen

Der vorstehende Rückblick verdeutlicht die stürmische Entwicklung der Agrarsozialpolitik in den letzten 20 Jahren. Es ist ein geschlossenes System entstanden, das nicht nur die Grundrisiken deckt, sondern auch besonderen Bedürfnissen der landwirtschaftlichen Bevölkerung Rechnung trägt. Die Ausgaben der Träger der landwirtschaftlichen Sozialversicherung sind auf über 5 Milliarden DM gestiegen. Etwa die Hälfte des Haushalts des Bundesministers für Ernährung, Landwirtschaft und Forsten dient sozialpolitischen

Zwecken. Der Überschuß der Einnahmen der Landwirtschaft aus Sozialleistungen über die Ausgaben für Sozialabgaben, d. h. ihre zusätzliche Einnahme aus sozialpolitischen Quellen, macht mehr als 10 v. H. ihrer gesamten Wertschöpfung aus. Die Forderungen des landwirtschaftlichen Sozialplans der SPD von 1963 sind in allen wesentlichen Punkten erfüllt. Dies bedeutet gewiß nicht, daß die Agrarsozialpolitik zum Stillstand kommen wird; neue Fragen und Probleme werden diskutiert [14]. Absehbar ist jedoch, daß Tempo und Umfang der Entwicklung nicht demjenigen der vergangenen 20 Jahre entsprechen werden. Nachdem die Landwirtschaft weitgehend in das System der sozialen Sicherung integriert ist, wird sich die weitere Entwicklung mehr an den Gegebenheiten und Möglichkeiten des Gesamtsystems zu orientieren haben [15].

In dem 20jährigen Zeitraum von 1957—1976 wurden 10 Gesetze mit speziellem agrarsozialem Inhalt verabschiedet, davon 5 in dem 7jährigen Zeitraum der sozial-liberalen Koalition. Diese Gesetze wurden stets im Ausschuß für Ernährung, Landwirtschaft und Forsten mit- (d. h. praktisch vor-) beraten und im Ausschuß für Arbeit und Sozialordnung federführend behandelt, in dem Ernst Schellenberg seit Ende 1957 den Vorsitz führte. Der erreichte Integrationsstand ist in einer Zeitspanne erzielt worden, in der Ernst Schellenberg als Vorsitzender des sozialpolitischen Ausschusses des Deutschen Bundestages die Fäden der sozialpolitischen Gesetzgebung der Bundesrepublik Deutschland in Händen hielt. Es ist bemerkenswert, daß dieser führende Sozialpolitiker dieser Zeit, der stets für eine Einheit der sozialen Sicherung eingetreten ist, doch die Notwendigkeit von Sonderregelungen bejahte. Er sah sie als Teilschritte auf dem Wege zur vollen Integration. Mitwirkende Akteure können berichten, daß der Vorsitzende seinem Wesen gemäß bemüht war, die Grundlinien einer von ihm als richtig erkannten Sozialpolitik einzuhalten. Zugleich hat er jedoch Neu- und Sonderregelungen, die er als richtig und notwendig erkannt hatte, nicht nur akzeptiert, sondern auch aktiv unterstützt.

14 Kurt Noell: Soziale Sicherung der landwirtschaftlichen Bevölkerung, Zwischenbilanz und Weiterentwicklung, in: Soziale Sicherung der landwirtschaftlichen Bevölkerung, Heft 75 der Schriftenreihe für ländliche Sozialfragen, Hannover 1976, S. 5.

15 Detlev Zöllner: Agrarsozialpolitik im Zuge der sozialpolitischen Entwicklung, in Heft 75 a.a.O., S. 61.

Lisa Korspeter/Walter Haack

# Politik für Vertriebene, Flüchtlinge, Kriegsgeschädigte, Heimkehrer, politische Häftlinge und Aussiedler

## Die Ausgangssituation

Die Bundesrepublik Deutschland gehört zu den Ländern Europas, die nach dem Zweiten Weltkrieg am stärksten durch den Zustrom von vertriebenen und geflüchteten Menschen belastet wurden. Das lag an der zunächst noch äußerst schwachen Wirtschaftskraft des stark zerstörten Landes, aber auch an der großen Zahl der Menschen, die aufgenommen und eingegliedert werden mußten. Von den ca. 16,5 Millionen Deutschen, die bei Kriegsende in den deutschen Ostgebieten und in den ost- und südosteuropäischen Staaten lebten, wurden 11,7 Millionen aus ihrer Heimat vertrieben, 2,1 Millionen fanden auf der Flucht, bei der Vertreibung oder Deportation den Tod; nur 2,7 Millionen leben heute noch in ihren Heimatgebieten.

Heute leben in der Bundesrepublik noch 10,6 Millionen Vertriebene, das sind 17,5 % der Bevölkerung.

Die Fluchtbewegung aus der Sowjetischen Besatzungszone begann bald nach 1945; bis 1961 flüchteten 2,7 Millionen. In den Jahren seit dem 13. August 1961, dem Bau der Mauer in Berlin, kamen weitere 351 000 Bewohner Mitteldeutschlands in die Bundesrepublik. Insgesamt leben heute 3,5 Millionen Deutsche aus der DDR und Ostberlin in der Bundesrepublik. Vertriebene und Flüchtlinge stellen heute zusammen einen Bevölkerungsanteil von 23,3 % dar. Die Zahl der Menschen, die in den Nachkriegsjahren staatlicher Hilfe bedurften und wieder eingegliedert werden mußten, ist jedoch noch viel größer. Zu ihnen gehörten auch die Ausgebombten unter der einheimischen Bevölkerung, die Wohnung und Existenzgrundlage verloren hatten. Rund 5 Millionen Heimkehrer aus der Kriegsgefangenschaft und ca. 330.000 heimgekehrte Zivilverschleppte und Zivilinternierte waren zu betreuen, außerdem wollten Millionen Evakuierte in ihre Heimatorte zurück und Hunderttausende von Ausländern warteten in Lagern auf ihre Heimkehr oder eine Möglichkeit der Auswanderung. Verschleppte aus Ost- und Südosteuropa, ehemalige Kriegsgefangene und ausländische Flüchtlinge gehörten ebenfalls zu den Opfern des 2. Weltkrieges. Ein Rest dieser »displaced persons« und die in späteren Jahren in die Bundesrepublik gekommenen Angehörigen osteuropäischer Völker, wie z. B. die ungarischen Flüchtlinge von 1956 und die tschechischen und slowakischen Flüchtlinge von 1968 werden heute noch betreut. Nach der Repatriierung von mehr als 7 Millionen Personen und der Auswanderung einer weiteren Dreiviertelmillion leben heute rund 180.000 heimatlose Ausländer und nichtdeutsche Flüchtlinge in der Bundesrepublik.

Die rechtliche Stellung der Vertriebenen und Flüchtlinge und die Maßnahmen zu ihrer wirtschaftlichen Eingliederung und sozialen Existenzsicherung wurden anfangs von den einzelnen Ländern unterschiedlich gesetzlich geregelt. Nach der Gründung der Bundesrepublik war es notwendig, einheitliche Rechtsvorschriften über die Vertriebenen- und Flüchtlingseigenschaften und die verschiedenen Hilfsmaßnahmen zu erlassen. Durch den Artikel 74 des Grundgesetzes wurden die Angelegenheiten der Vertriebenen und Flüchtlinge der konkurrierenden Gesetzgebung des Bundes zugewiesen. Durch Artikel 116 Abs. 1 stellte das Grundgesetz die deutschen Volkszugehörigen den deutschen Staatsangehörigen gleich.

Am 5. Juni 1953 trat dann das Bundesvertriebenengesetz in Kraft, das man als eine Art Grundgesetz der Vertriebenen und Flüchtlinge bezeichnet. Es regelt die Betreuungsberechtigung, die Ausstellung von Ausweisen, die Maßnahmen zur Eingliederung sowie die Zuweisung von Wohnraum und die Einrichtung von Flüchtlingsverwaltungen in den Ländern. Es enthält außerdem Vorschriften über Schuldenregelung, die Anerkennung von Prüfungen und Befähigungsnachweisen, den Ersatz von verlorenen Urkunden sowie sozialrechtliche Einzelheiten und Fragen der Familienzusammenführung.

Die Rechtsstellung, die das Bundesvertriebenengesetz den Vertriebenen und Flüchtlingen einräumt, soll sie gegenüber den einheimischen Staatsbürgern nicht bevorzugen, sondern ihre Gleichstellung sichern. Dazu war staatliche Hilfe notwendig. Die Deutschen, die durch Vertreibung und Spaltung in eine besonders schwierige Lage geraten waren, sollten soweit wie möglich die gleichen Startbedingungen erhalten, die der einheimischen Bevölkerung trotz aller Kriegsschäden geblieben waren. Diese Aufgabe hat das Gesetz — soweit wie möglich — erfüllt, es ist jedoch dadurch nicht überflüssg geworden, denn noch immer kommen zahlreiche deutsche Aussiedler aus dem Osten und Südosten Europas, für die die Statusregelung und die Grundhilfen dieses Gesetzes wichtig sind. Die Verlegung der Zuzugsstichtage bezog sie in das ganze System der Leistungen und Eingliederungsmaßnahmen ein.

Die Berücksichtigung von Ansprüchen und Anwartschaften, die Vertriebene und Flüchtlinge in ihrer Heimat für eine Altersversorgung erworben hatten, wurde zunächst durch landesrechtliche Vorschriften geregelt. Sie waren mehr oder weniger fürsorgerechtlicher Art, wobei der § 90 des Bundesvertriebenengesetzes dann bundeseinheitlich die grundsätzliche Gleichberechtigung mit der einheimischen Bevölkerung auf dem Gebiet der Sozialversicherung festlegte.

Den Vertriebenen und Flüchtlingen wurde das Recht eingeräumt, ihre vor der Vertreibung oder Flucht erworbenen Ansprüche gegenüber den Trägern der deutschen Sozialversicherung geltend zu machen. Die näheren Bestimmungen dazu wurden in dem Fremdrenten- und Auslandsrentengesetz vom 7. 8. 1953 getroffen.

Das Entschädigungsprinzip dieses Gesetzes wurde in einem Neuregelungsgesetz von 1960 aufgegeben. Heute werden Vertriebene und Flüchtlinge grundsätzlich so behandelt, als wenn sie immer im Bundesgebiet gearbeitet hätten und hier versichert gewesen wären. Ihre Beitragszeiten und Beschäftigungszeiten werden entsprechend berücksichtigt. Darüber hinaus werden die Zeiten der Flucht und der Vertreibung als Ersatzzeiten in der gesetzlichen Rentenversicherung angerechnet. Entsprechende Regelungen gelten auch für die Heimkehrer. In der Kriegsopferversorgung wird den Belangen der Vertriebenen und Flüchtlinge dadurch Rechnung getragen, daß ihnen für gesundheitliche Schäden, die durch Flucht und Vertreibung entstanden sind, Versorgungsansprüche nach Maßgabe des Bundesversorgungsgesetzes zustehen. Die ehemaligen Angehörigen des öffentlichen Dienstes oder aufgelöster Dienststellen aus der Kriegszeit erhalten durch das Gesetz zu Artikel 131 des Grundgesetzes Ruhegehalt, Witwen- und Waisengeld, Unterhaltsbeiträge, Übergangsbezüge, Beihilfen in Krankheitsfällen, Unterstützungen oder auch Nachversicherung in den gesetzlichen Rentenversicherungen. Bis zum 1. Oktober 1961 galten auch noch Unterbringungsvorschriften, die die Wiederaufnahme in den öffentlichen Dienst regelten. Hinsichtlich der Alterssicherung blieben lediglich die ehemals Selbständigen in einer unglücklichen Lage. Für sie konnte nur im Rahmen des Lastenausgleichs gesorgt werden, der erst durch die sozialliberale Bundesregierung wesentlich verbessert worden ist.

## Nichtdeutsche Flüchtlinge in Westdeutschland

Rechtliche Grundlagen für die Eingliederung der nichtdeutschen Flüchtlinge sind durch das Gesetz über die Rechtsstellung heimatloser Ausländer schon 1951 geschaffen worden. Das Gesetz stellt sie den deutschen Staatsangehörigen nahezu gleich. Für sie gilt außerdem seit 1953 das Genfer Flüchtlingsabkommen vom 28. Juli 1951. Ihre Situation war zunächst wenig hoffnungsvoll:
Die Alters- und Berufsstruktur, der mangelnde Kontakt mit der deutschen Bevölkerung durch ihre Unterbringung in Lagern, die geringen Sprachkenntnisse und die Unkenntnis der Verhältnisse im Lande waren starke Hindernisse. Aus öffentlichen Mitteln wurden auch für sie Wohnungen geschaffen und Kredite für den Existenzaufbau gegeben.

## Suchdienst — Heimatortskarteien

Bis 1949 gab es für das gesamte Bundesgebiet keine verläßlichen Unterlagen über die Zahl der im Zusammenhang mit den Kriegsereignissen noch vermißten Personen. Erst eine im März 1950 im Bundesgebiet und in Berlin (West) durchgeführte Registrierung der Kriegsgefangenen und Vermißten brachte einen — wenn auch lückenhaften — Überblick. Diese Registrierung, die auch jetzt noch laufend ergänzt wird, führte auch zu Namenslisten, die der UN-Kommission für Kriegsgefangenenfragen vorgelegt wurden. Das Material enthielt Namen von über 1 Million auf dem östlichen Kriegsschauplatz vermißten ehemaligen Wehrmachtsangehörigen sowie von annähernd 100.000 deutschen Kriegsgefangenen in der Sowjetunion. Ein Sonderband gab auch eine Schilderung des Schicksals und einen zahlenmäßigen Nachweis über etwa 800.000 Zivilverschleppte in der UdSSR.
Erst nach dieser Registrierung wurde es der Bundesregierung möglich, für die namentlich bekannten deutschen Gefangenen Hilfsmaßnahmen einzuleiten.
Mit Hilfe der Wohlfahrtsverbände konnten den deutschen Gefangenen in monatlichen oder vierteljährlichen Paketsendungen Lebensmittel, Bekleidung und Gebrauchsartikel übermittelt werden. Daneben war die Über-

weisung von Geldbeihilfen notwendig, weil oft zur Einlösung der Pakete ein unverhältnismäßig hoher Zoll zu entrichten war. In Einzelfällen konnten auch dringend benötigte Medikamente zugestellt werden. Den Angehörigen in westlichen Ländern inhaftierter Deutscher wurden Unterstützungen zu Besuchsreisen gewährt.

Von 1951 bis 1976 sind für Hilfsmaßnahmen für zurückgehaltene Deutsche weit mehr als 100 Millionen DM Bundesmittel aufgewendet worden.

Das Deutsche Rote Kreuz konnte im Laufe der letzten Jahre bereits 195.000 Suchanträge an das Sowjetische Rote Kreuz richten, von denen fast 30 % zur Klärung des Vermißtenschicksals führten. Ebenso wurde diese Nachforschungshilfe auch von den anderen östlichen Rotkreuz-Gesellschaften geleistet.

Den größten Anteil an der Klärung des Schicksals von Vermißten sowie von Kriegs- und Zivilgefangenen hatten jedoch die vom DRK-Suchdienst durchgeführten rund 6 Millionen Befragungen von Heimkehrern mittels der aus Bundesmitteln finanzierten Namens- und Bildlisten der Vermißten.

Von den 16,5 Millionen Deutschen, die bis 1945 in den deutschen Ostgebieten und in den deutschen Siedlungsgebieten in Osteuropa lebten (ohne Berücksichtigung der Deutschen in Rußland), sind im Zusammenhang mit Flucht und Vertreibung 2,1 Millionen ums Leben gekommen oder werden vermißt.

## 30 Jahre Heimatortskarteien

Die Zentralstelle des Kirchlichen Suchdienstes München, bei der alle Heimatortskarteien der kirchlichen Wohlfahrtsverbände im Bundesgebiet zusammengefaßt sind, hat vor kurzem den Arbeitsbericht für sein 30jähriges erfolgreiches Wirken von 1945 bis 1975 sowie den Bericht des Jahres 1975 veröffentlicht. Während in der ersten Zeit — und bis zum heutigen Tage anhaltend — die Nachforschung nach vermißten Soldaten und Zivilpersonen aus den Vertreibungsgebieten an vorrangiger Stelle stand und Millionen Vermißtenschicksale dank einer ausgezeichneten Organisation der eingerichteten Heimatortskarteien geklärt werden konnten, wurde nach Gründung der Bundesrepublik Deutschland und der damit verbundenen Gesetzgebung zugunsten der Heimatvertriebenen, Flüchtlinge und Kriegsopfer die Auskunftserteilung in behördlichen Angelegenheiten zum dominierenden Aufgabengebiet der Heimatortskarteien (HOK).

Behörden und Dienststellen, aber auch die Betroffenen selbst wenden sich vor allem dann an die Heimatortskarteien, wenn Urkunden fehlen, notwendige Nachweise also auf anderem Weg erbracht werden müssen. Die Heimatortskarteien werden mit diesen Angelegenheiten befaßt, weil eigene Behörden, die für die Bearbeitung zuständig wären, nicht mehr geschaffen wurden, nachdem mehrfach wiederholte Prüfungen ergaben, daß die vom Kirchlichen Suchdienst errichteten Karteien für diese Aufgaben geradezu prädestiniert sind.

Der Durchschnitt der jährlichen Anfragen und Auskünfte der HOK's liegt jährlich bei rund 400.000. 42 % der bearbeiteten Vorgänge betreffen dabei Personenstandsanfragen, 33 % Renten- und Versorgungsleistungen, 8 % Lastenausgleichs- und sonstige Entschädigungsfragen.

Um aus aktuellem Anlaß des Arbeitsberichtes alle Geschädigten und insbesondere die jetzt erst in das Bundesgebiet kommenden Aussiedler zu informieren, sollen nachstehend die wichtigsten Gründe aufgeführt werden, in welchen Fällen sich Bürgerinnen und Bürger an die jeweilige Heimatsortskartei ihres Herkunftslandes — im Bundesgebiet — wenden können:

| | |
|---|---|
| Versorgung: | Hinterbliebene und Geschädigte haben Anspruch auf Versorgung. Es muß aber der Nachweis erbracht werden, daß das schädigende Ereignis durch eine militärische oder ähnliche — Verschleppung, Flucht, Umsiedlung — Dienstverrichtung eintrat. |
| Renten: | Sind Originalunterlagen nicht vorhanden — viele wurden infolge Kriegseinwirkungen vernichtet, in manchen Ländern gab es auch keine der deutschen Rentenversicherung entsprechende Einrichtung — muß der Nachweis erbracht werden, daß eine versicherungspflichtige Tätigkeit ausgeübt wurde. |
| Entschädigung: | Es ist der Nachweis zu führen, daß ein Antragsteller dem Kreis der politisch oder rassisch Verfolgten angehörte. |
| Lastenausgleich: | In den meisten Fällen verfügt der Antragsteller über keine Unterlagen. Auskünfte über Besitzverhältnisse werden von den Behörden der Heimatländer noch weitestgehend verweigert. Also ist auch hier ein Nachweis nur mit Hilfe von § 93 BVFG (Glaubhaftmachung) möglich. |
| Personenstand: | Sind Personenstandsurkunden nicht mehr vorhanden, kann ein Familienbuch beantragt werden. Nach § 244/2 der Dienstanweisung für Standesbeamte haben die Heimatortskarteien die Angaben im Antrag zu überprüfen. |
| | Ferner gehen Anfragen ein wegen des Nachweises des Wohnsitzes, der Vertriebeneneigenschaft, der Staatsangehörigkeit, der Volkszugehörigkeit, der Namensschreibung, der Ortsbezeichnungen usw. Die Heimatortskarteien haben auch die »Aufgebote« und »Beschlüsse« in den Verschollenheitslisten des Bundesministers der Justiz durchzuarbeiten. |
| Sonstiges: | Das Spektrum der »sonstigen Anfragen« ist weit gestreut. Hier nur einige Beispiele: Mitwirkung bei Personenidentifizierungen, Aufklärung von Straftaten, Zeugen und Erbenermittlung, Zustellung von Nachlässen, Auffindung der Angehörigen von Gefallenen und sonstigen Kriegs- und Nachkriegstoten. |

Die Anschriften jeder Heimatsortskartei sollte jedes Vertriebenen-, Flüchtlings- oder Ausgleichsamt im Bundesgebiet haben.

Da die Heimatortskarteien nach wie vor von der Bundesregierung unterstützt werden und sie zum Zentralen Einwohnermeldeamt von über 18 Millionen erfaßten Personen aus den Vertreibungsgebieten geworden sind, sollte sich jeder, der Unterlagen oder Zeugen benötigt, dorthin wenden.

## Die Umsiedlung innerhalb der Bundesrepublik — Eingliederung in Arbeit und Wohnung

Der große Strom der Heimatvertriebenen ergoß sich zunächst in die an die Sowjetische Besatzungszone und die Tschechoslowakei angrenzenden Gebiete Westdeutschlands, wo sie nur notdürftig und behelfsmäßig untergebracht werden konnten. Steuerkraft und Wirtschaftspotential der betroffenen Länder standen in keinem Verhältnis zu der sprunghaft angestiegenen Bevölkerungszahl; Wohnungen und Arbeitsplätze fehlten.
Schleswig-Holstein, Niedersachsen und Bayern mußten entlastet werden, um die Not der Menschen zu lindern und ihnen Möglichkeiten der Eingliederung in das Wirtschaftsleben zu schaffen. Am 1. Juli 1948 waren z. B. über ein Drittel der Bevölkerung Schleswig-Holsteins Vertriebene, während deren Anteil in den Ländern der französischen Zone nur 3 % ausmachte.
Eine große Umsiedlungsaktion war notwendig; sie begann nach einem vergeblichen Versuch der bizonalen Verwaltung in Frankfurt praktisch am 29. 11. 1949 mit einer Initiative der Bundesregierung zur Umsiedlung von 300.000 Vertriebenen. Drei weitere Programme folgten. Die Umsiedlung war grundsätzlich freiwillig; den Betroffenen war jedoch selbst daran gelegen, so bald wie möglich wieder eine gesicherte Existenz aufbauen zu können. Bis Ende 1968 wurden 1.032.400 Personen von den Aufnahmeländern in Arbeitsplätze vermittelt und mit Wohnungen versorgt. Für Transportkosten und Wohnungsbau sind über 2 Milliarden DM aus Bundesmitteln aufgewandt worden.
512.250 Personen wurden in Nordrhein-Westfalen,
276.400 Personen in Baden-Württemberg,
123.850 Personen in Rheinland-Pfalz,
65.100 Personen in Hamburg,
37.700 Personen in Hessen und
17.100 Personen in Bremen aufgenommen.
Auch innerhalb der Bundesländer hat es Umsiedlungsmaßnahmen gegeben. Bis Ende 1963 wurden weitere 400.000 Personen in anderen Teilen des jeweiligen Bundeslandes mit Arbeitsplätzen und Wohnungen versorgt.

## Der Lastenausgleich

Zur Bewältigung der mit der Eingliederung der Vertriebenen und der Ausgebombten zusammenhängenden Probleme wurde das große Werk des Lastenausgleichs begonnen. Es war vor der Bildung der ersten Bundesregierung mit dem am 8. August 1949 erlassenen Soforthilfegesetz im Frankfurter Wirtschaftsrat eingeleitet worden und wurde am 31. August 1952 durch das Lastenausgleichsgesetz abgelöst.
Aus der Grundidee, durch eine Belastung der erhalten gebliebenen Vermögen einen besonderen Fonds anzusammeln, aus dem die notwendigen sozialen Hilfsmaßnahmen und die Entschädigungsleistungen für die durch Krieg und Kriegsfolgen besonders belasteten Bevölkerungsgruppen finanziert werden, ist ein umfangreiches und kompliziertes Gesetzgebungswerk entstanden.

Die Auffassungen über die Aufgaben des Lastenausgleichs waren sehr unterschiedlich. Das Gesetz konnte und kann nicht alle Hoffnungen der Betroffenen erfüllen. Die einen erwarteten eine möglichst hohe Entschädigung für die eingetretenen Vermögensverluste, die ohne Rücksicht auf die derzeitige wirtschaftliche Situation des Geschädigten gegeben werden sollte; die anderen glaubten, der Lastenausgleich sollte ausschließlich der Wiedereingliederung in das wirtschaftliche Leben dienen, die Dritten sahen die Aufgaben des Lastenausgleichs allein in der Behebung sozialer Nöte. Im Endergebnis sind dem Lastenausgleich alle diese Aufgaben nebeneinander übertragen worden.
Die Unterschiedlichkeit der Interessen und Konzeptionen sollte jedoch nicht die Tatsache verdunkeln, daß der Lastenausgleich ohne Beispiel in der Geschichte dasteht: als eine große Solidaritätsleistung der Deutschen. Sie kommt nicht nur den Vertriebenen zugute, sondern auch den anderen Geschädigtengruppen. Von den bisher erbrachten Lastenausgleichsleistungen erhielten

| | |
|---|---|
| Vertriebene | 66,0 % |
| einheimische Kriegssachgeschädigte | 21,1 % |
| einheimische Sparergeschädigte | 9,4 % |
| und | |
| Flüchtlinge aus Mitteldeutschland | 2,9 % |

## Gesetze — Novellen — Weisungen — Richtlinien — Erlasse ...

Das Lastenausgleichsgesetz ist von 1953 bis 1975 28mal durch Novellierungen verbessert und ergänzt worden. Daneben mußten Hunderte von Weisungen, Richtlinien, Durchführungsbestimmungen und Erlassen ergehen, um ein völlig neues Sozialgebiet der Nachkriegsgeschichte praktikabel, anwendbar und durchführbar zu machen. Die Kompliziertheit der Materie verlangte eine besondere — eigenständige — Lastenausgleichsverwaltung ebenso wie den Aufbau von Heimatauskunftsstellen zur Bewertung des Vermögens der einzelnen — regional verschiedenen — Bereiche der gesamten Vertreibungsgebiete und Mitteldeutschlands. Die Gesamtverantwortung für die Durchführung des Lastenausgleichs wurde dem Bundesausgleichsamt in Bad Homburg übertragen, das in vorbildlicher Weise gearbeitet hat und als obere Dienstbehörde im Interesse einer einheitlichen Verwaltung und im Interesse aller Geschädigten mindestens bis weit in die 80er Jahre hinein zentral tätig sein muß. Die Völkerwanderung in Ost- und Mitteleuropa sowie im deutsch-deutschen Raum ist nach wie vor in ständiger Bewegung (Aussiedler, Flucht aus der DDR usw.); die erst 1971/72 im größeren Umfang angelaufene Schadensfeststellung für frühere Bewohner der DDR sowie die Abwicklung aller Schäden wird noch viele Jahre weitergehen; die Rentenzahlungen nach dem LAG werden z. B. erst um das Jahr 2015 endgültig auslaufen.

## 100 Milliarden DM sind aus dem Ausgleichsfonds gezahlt

Insgesamt bedeutet der Lastenausgleich eine Vermögensumschichtung in einer Größenordnung von 140 Milliarden DM.
Die Auszahlungen aus dem Ausgleichsfonds haben im Sommer 1976 (bei Leistungsgewährung in Höhe von 91 Milliarden DM) die 100-Milliarden-Grenze überschritten. Darin spiegelt sich die Durchführung der beiden großen Aufträge, die dem Bundesausgleichsamt und der Ausgleichsverwaltung in Bund, Ländern und Kreisen mit der Durchführung des Lastenausgleichs seit mehr als einem Vierteljahrhundert gestellt sind: Wiedereingliederung und Entschädigung für rund 20 Millionen Kriegs- und Kriegsfolgengeschädigte.
Von den insgesamt 100 Milliarden DM Auszahlungen aus dem Ausgleichsfonds entfallen 91 Milliarden DM auf die den Geschädigten unmittelbar gewährten Ausgleichsleistungen. 9 Milliarden DM dienten im wesentlichen zur Tilgung und Verzinsung der Vorfinanzierungskredite, die der Ausgleichsfonds zur Beschleunigung der Leistungsgewährung aufgenommen hat, sowie der Kostenübernahme für Darlehensverwaltung. Andererseits sind 900 Millionen DM Lastenausgleichsleistungen aus Haushaltsmitteln zuzurechnen.

## Aufteilung nach Leistungsarten

Die Ausgleichsleistungen in Höhe von 91 Milliarden DM verteilen sich auf folgende Leistungsarten:
*Altersversorgung Geschädigter* durch Gewährung
der Kriegsschadenrente und laufender Beihilfen . . 36 Milliarden DM.
Für *Hauptentschädigung* . . . . . . . . . . 27 Milliarden DM.
*Darlehen zur Förderung des Wohnungsbaus* und der
Wohnungsversorgung zugunsten Geschädigter
sowie zur *Wiedereingliederung in die Landwirtschaft*
und zur *Neubegründung oder Sicherung gewerblicher*
*und freiberuflicher Existenzen* . . . . . . . . 18 Milliarden DM.
Ein Teil dieser Darlehen führt unter Wegfall der Tilgung und Verzinsung ebenfalls zur Erfüllung der Hauptentschädigung.
*Andere Ausgleichsleistungen* . . . . . . . . . 16 Milliarden DM.
Darunter befinden sich 9,4 Milliarden DM für Entschädigungen oder Beihilfen wegen Hausratverlusten und 5,4 Milliarden DM zum Währungsausgleich für Sparguthaben Vertriebener oder zur Altsparerentschädigung sowie weiterer Beträge für Ausbildungshilfe, Heimförderung und verschiedene Sonderprogramme.

## Aufteilung auf Personengruppen

Von den insgesamt 91 Milliarden DM Ausgleichsleistungen kamen über 61 Milliarden DM = 2/3 den Vertriebenen zugute.
16 Milliarden DM = 1/6 wurden an Kriegssachgeschädigte im Bundesgebiet einschließlich des Landes Berlin gezahlt.
Fast 14 Milliarden DM erhielten Deutsche, denen Vermögensschäden in der

heutigen DDR oder in Berlin (Ost) entstanden sind, währungsgeschädigte »einheimische« Sparer, Verfolgte und Nichtvertriebene mit Ostschäden.

## Der Lastenausgleich geht weiter

Die künftigen Auszahlungen aus dem Ausgleichsfonds werden nach den Schätzungen des Bundesausgleichsamts zunächst weiterhin jährlich rund 4 Milliarden DM betragen. Insgesamt werden — mit Schwerpunkt in den nächsten zehn Jahren — schätzungsweise noch fast 40 Milliarden DM im Rahmen des Lastenausgleichs zu zahlen sein. Dabei kommt der Betreuung und Eingliederung der neu eintreffenden Spätaussiedler und Zuwanderer besondere Bedeutung zu.

## Eingliederung

Im Rahmen der allumfassenden sozialen und wirtschaftlichen Eingliederung verlangte die soziologisch unterschiedliche Zusammensetzung der Geschädigten auch besondere Maßnahmen. Es können hier nur generell die Probleme genannt werden, die neben dem Lastenausgleich und der Altersversorgung vom Bund, den Ländern, Kreisen und Städten — schlechthin vom Steuerzahler aufgebracht werden mußten.

## Wohnungsbau

Nach 1945 schien die Versorgung der Vertriebenen, Flüchtlinge und Ausgebombten mit Wohnungen unmöglich zu sein. Damals fehlten 5 Millionen Wohnungen. Von 40 Millionen Einwohnern waren 20 Millionen nur notdürftig in Baracken, Nissenhütten und Lagern, sowie als Untermieter in beengten Verhältnissen untergebracht. Viele Milliarden DM mußten vom Bund und den Ländern aufgebracht werden, um im Rahmen besonderer Wohnungbauprogramme die Geschädigten mit ausreichendem Wohnraum zu versorgen. Dabei sind zusätzliche »Barackenräumprogramme« und bis heute und in Zukunft anhaltende Aussiedlungsprogramme geschaffen worden, die — global gesehen — zu einer in Europa einmaligen Leistung des sozialen Wohnungsbaus geführt haben.

## Siedlungsprogramm

Insgesamt etwa 300.000 vertriebene und geflüchtete Bauern standen vor dem Nichts, als sie in das westliche Deutschland kamen. Sie alle wieder in der Landwirtschaft einzugliedern war eine von vorherein unlösbare Aufgabe, denn es gab ja nur wenig geeignetes Land für eine Neuansiedlung und nur sehr geringe Möglichkeiten, durch Eindeichung an der Küste oder durch Kultivierung von Moorflächen neues Ackerland zu gewinnen.

Auch die Zahl der freiwerdenden Höfe reichte bei weitem nicht aus.
Die Bundesregierung tat alles Erdenkliche, um Bauern wieder die Möglichkeit zu geben, landwirtschaftliche Betriebe zu übernehmen. Den meisten aber blieb für eine wirtschaftliche Wiedereingliederung nur der Weg in andere Berufe.
Die auf besatzungsrechtlicher Grundlage in den Ländern durchgeführten Bodenreformmaßnahmen machten nur in geringem Umfang eine Neuansiedlung möglich. Der Frankfurter Wirtschaftsrat für das Zweizonengebiet erließ bereits erste gesetzliche Regelungen, um alle Möglichkeiten ausschöpfen zu können.
Erst das im Jahre 1953 in Kraft getretene Bundesvertriebenengesetz (BVFG) und die im Zusammenhang damit verabschiedeten Siedlungsprogramme von Bund und Ländern sowie deren Finanzierung durch diese und die Deutsche Siedlungs- und Landesrentenbank von 1949 bis 1975 brachten folgendes Ergebnis:
206.798 Voll- und Nebenerwerbsstellen mit insgesamt
796.844 Hektar und
einem finanziellen Aufkommen von
10,071.246 Milliarden DM
konnten vertriebenen und geflüchteten Landwirten zur Verfügung gestellt werden; dadurch wurden
ca. 1,2 Millionen Personen eingegliedert.

## Gewerbliche Wirtschaft

Vertriebene und geflüchtete Unternehmer waren bestrebt, wieder Betriebe zu gründen, Handwerker wollten ihren Beruf wieder ausüben, Ärzte und Kaufleute suchten Möglichkeiten, wieder eine Praxis oder ein Geschäft zu eröffnen.
Da ihnen in erster Linie das notwendige Kapital fehlte, bemühte sich die Bundesregierung, ihnen durch Kredite oder Bürgschaften eine Starthilfe zu geben. Schon nach dem Soforthilfegesetz von 1949 konnten Existenzaufbaudarlehen vergeben werden. Sie waren jedoch auf 5000, später 12.000 DM in der Höhe begrenzt. Ungleich wirksamer war die Förderung durch das Lastenausgleichsgesetz, das die Gewährung von Darlehen bis zu 35.000 bzw. 50.000 DM ermöglichte. Insgesamt wurden bisher in ca. 300.000 Fällen Aufbaudarlehen für den Bereich der gewerblichen Wirtschaft aus dem Ausgleichsfonds vergeben. Sie ergeben eine Summe von 3 Milliarden DM.
Heute werden solche Darlehen nur noch an die während der letzten fünf Jahre eingetroffenen Aussiedler und Flüchtlinge gegeben.
Gegenwärtig gibt es in der Bundesrepublik ca. 11.500 Vertriebenen- und Flüchtlingsbetriebe in der Industrie, die etwa 400.000 Arbeitnehmer beschäftigen. Rund 70.000 Handwerksbetriebe und fast 6000 Betriebe der Bauwirtschaft sind von Vertriebenen und Flüchtlingen errichtet worden. Im Hotel- und Gaststättengewerbe wurden schon 1960 über 80.000 solcher Betriebe gezählt. Diese Zahlen zeugen von einem beachtlichen Erfolg der Eingliederungs- und Finanzierungsmaßnahmen. Dennoch liegen die prozentualen Anteile an der Gesamtzahl der Betriebe unter dem Anteil der Vertriebenen an der Gesamtbevölkerung: 9,6 % der Industrieunternehmen sind

in Händen von Vertriebenen und Flüchtlingen, aber sie stellen zusammen einen Bevölkerungsanteil von 23,4 %. Während 12,3 % der einheimischen Bevölkerung zur Gruppe der Selbständigen gehören, sind es bei den Vertriebenen nur 6,1 %. Das bedeutet, daß sie strukturell gegenüber den Einheimischen noch immer im Nachteil sind, jedoch wird eine volle Angleichung nicht möglich sein. Heute steht vielmehr die Sicherung der Lebensfähigkeit dieser Betriebe im Vordergrund, denn noch immer sind sie wegen ihrer ungünstigeren Kapitalausstattung krisenanfälliger als die Betriebe einheimischer Unternehmer.
In diesem Zusammenhang muß die Lastenausgleichsbank (LAB) erwähnt werden, die den jeweiligen Zeiträumen nach 1953 angepaßte Kreditprogramme entwickelte; dabei flossen u. a. eine dreiviertel Milliarde DM allein aus dem ERP-Fonds wieder in die Wirtschaft. Die jährliche Bilanzsumme erreichte 1975 die 10-Milliarden-Grenze.
Im Jahre 1969 wurden auf Initiative der SPD-Bundestagsfraktion der LAB neben den bisherigen Aufgaben auch Aufgaben des Bundes übertragen, die zu einer teilweise bereits geglückten Umstrukturierung dieser Bank geführt haben.

## Kriegsgefangene und politische Häftlinge aus der DDR

Zwei weitere Gruppen von Kriegs- und Nachkriegsopfern bedurften staatlicher Hilfe, um wieder den Anschluß an das Zivilleben zu finden und sich wirtschaftlich eingliedern zu können: die heimgekehrten Kriegsgefangenen und Zivilinternierten sowie die ehemaligen politischen Häftlinge der sowjetischen Besatzungsmacht und des SED-Regimes.
Neben den Hilfsmaßnahmen, die aufgrund des Heimkehrergesetzes und des Bundesversorgungsgesetzes ergriffen wurden, stehen die Leistungen nach dem Kriegsgefangenen-Entschädigungsgesetz vom 30. Januar 1954.
Insgesamt wurden 2 Millionen Heimkehrern 1,4 Milliarden DM Entschädigungen gezahlt.
Daneben sieht das Gesetz Darlehen zum Aufbau oder zur Sicherung der wirtschaftlichen Existenz, zur Beschaffung von Wohnraum, sowie Beihilfen zur Beschaffung von Hausrat vor.
Insgesamt wurden Darlehen in Höhe von rd. 335 Millionen DM und Beihilfen in Höhe von 36 Millionen DM gewährt.
Es gibt jedoch noch immer Notfälle unter den Heimkehrern, denen nach den bisherigen Bestimmungen nicht geholfen werden konnte. Deshalb ist durch eine am 13. Juni 1969 verabschiedete 4. Novelle zum einschlägigen Gesetz eine Möglichkeit geschaffen worden, unbürokratisch, gezielt und individuell wirksam zu helfen. Es ist 1970 eine Stiftung für Heimkehrer errichtet worden. Der Stiftung wurden 60 Millionen DM aus Bundesmitteln und 22 Millionen DM früherer Kriegsgefangenenzertifikate der Landeszentralbanken übertragen; sie soll daraus Darlehen und Unterstützungen bewilligen.
Von der *Heimkehrerstiftung* wurden von Mitte 1970 bis zum 30. Juni 1976 bewilligt:
*Unterstützungen* zur Linderung einer Notlage an 10.600 Personen mit 22,1 Millionen DM,

*Darlehen* zur Wohnraumbeschaffung und zum Existenzaufbau an 1942 Personen mit einer Summe von 40,8 Millionen DM.
Für die ehemaligen politischen Gefangenen aus der DDR ist durch das Häftlingshilfegesetz vom 6. August 1955 eine ähnliche Regelung getroffen worden. An Stelle der Entschädigungsleistungen wurden Eingliederungshilfen gewährt, die einer Haftentschädigung im Ergebnis gleichkommen.
Die SPD hat durch ihre Initiativen wesentlich zur Verbesserung der Leistungen beigetragen und damit das Schicksal dieser Menschen erleichtert.
82.000 ehemalige politische Häftlinge erhielten nach diesem Gesetz bis Juni 1976 insgesamt 458 Millionen DM. Auch für die verbliebenen Notfälle im Bereich der ehemaligen politischen Häftlinge ist eine Stiftung geschaffen worden. Die am gleichen Tage wie die Novelle zum Kriegsgefangenen-Entschädigungsgesetz vom Bundestag beschlossene 4. Novelle zum Häftlingshilfegesetz schuf die gesetzliche Grundlage. Die Stiftung ist aus dem Bundeshaushalt mit 10 Millionen DM ausgestattet. Die Stiftung für ehemalige politische Häftlinge hat von Juli 1970 bis zum 30. Juni 1976 für 3600 Berechtigte Unterstützungen von insgesamt 6,3 Millionen DM bewilligt.

## Flucht über die deutsch-deutsche Grenze

Schon bald nach dem Ende des zweiten Weltkrieges setzte die Flucht von Bewohnern der sowjetischen Besatzungszone in die westlichen Zonen ein. Nur wenige Mitteldeutsche erhielten damals einen Interzonenpaß; die meisten flüchteten illegal über Berlin oder über die »Grüne Grenze«. 1950 wurde das Gesetz über die Notaufnahme von Deutschen in das Bundesgebiet geschaffen, Aufnahmelager wurden in Berlin, Ülzen und Gießen eingerichtet. Die ankommenden Flüchtlinge wurden zunächst in diese Lager gebracht und dann auf die Länder verteilt und dort eingegliedert.
Von 1949 bis Mitte 1975 sind über 3 Millionen Bürger des anderen Teils Deutschlands in den Notaufnahmelagern registriert worden, davon 351.500 seit Errichtung der Mauer und Sperren am 13. August 1961.
Die Historiker werden bemüht bleiben müssen, die über 3 Millionen zählenden Einzelschicksale und die monatlichen Fluchtbewegungen bis zu 50.000 Personen der Erlebnisgeneration und der nachfolgenden Generation darzustellen.
Erst nach 1969 ist es durch die Maßnahmen der sozial-liberalen Bundesregierung und ihrer Friedens- und Verständigungspolitik im Rahmen von Verträgen möglich geworden, wesentliche Erleichterungen im humanitären Bereich zugunsten menschlicher Kontakte zu schaffen.

## Bis heute: Täglich Aussiedler

Nach Abschluß der Vertreibungsmaßnahmen waren die Grenzen zunächst geschlossen; erst durch intensive Bemühungen des Internationalen Roten Kreuzes konnten Lockerungen erreicht und den vielen Tausenden auseinandergerissenen Familien eine Hoffnung auf Wiederzusammenführung gegeben werden. 1950 begann in Zusammenarbeit mit den Besatzungsmächten die erste organisierte Aktion zur Familienzusammenführung, die sogenannte »Operation Link«. Rund 42.000 Personen kamen in die westlichen Besatzungszonen, ca. 40.000 in die sowjetische Besatzungszone. Die Tschechoslowakei ließ 17.000 Deutsche ausreisen. Nach Abschluß dieser Aktion ging der Zustrom bis auf ein Minimum zurück.

Erneute Bemühungen des Deutschen und Internationalen Roten Kreuzes führten dann zu neuen Vereinbarungen mit dem Polnischen Roten Kreuz. Dadurch konnten 1957 und 1958 ca. 190.000 Deutsche in amtlichen Transporten in die Bundesrepublik ausreisen. Nach 1959 fiel die Zahl der Aussiedler aus den von Polen verwalteten deutschen Ostgebieten zunächst wieder auf rd. 6000 im Jahr zurück und stieg dann allmählich wieder bis auf 15.810 Personen im Jahre 1966. Seither ist die Tendenz wieder rückläufig. Auch hier muß im Rahmen der sozialpolitischen Leistungen der Bundesrepublik Deutschland und ihrer erfolgreichen Vertragspolitik mit der Volksrepublik Polen sowie der Aufnahme diplomatischer Beziehungen mit allen Ostblockstaaten festgestellt werden, daß es Bundeskanzler Helmut Schmidt in seinen Verhandlungen mit dem polnischen Parteichef Edward Gierek zu verdanken ist, im Zusammenhang mit dem deutsch-polnischen Rentenabkommen die Zusicherung erhalten zu haben, daß in den kommenden vier Jahren 120.000—125.000 Deutsche aus dem polnischen Machtbereich aussiedeln dürfen.

Bis einschließlich September sind 1976 aus Polen über 20.000 Aussiedler in Friedland eingetroffen, insgesamt in der gleichen Zeit 32.000 aus allen Ostblockstaaten.

Die Bundesregierung hat im Mai 1976 ein umfangreiches sozialpolitisches Eingliederungsprogramm verabschiedet, das für Aussiedler und Zuwanderer aus der DDR folgende Maßnahmen beinhaltet und sicherstellt:

Versorgung mit Wohnraum,
Zinsverbilligte Darlehen zur Anschaffung von Möbeln und Hausrat,
Gewährung von Eingliederungshilfen nach dem Arbeitsförderungsgesetz,
Hilfen zur Existenzgründung,
Sprachförderung sowie
verstärkte soziale Betreuung von Jugendgemeinschaftswerken, Wohlfahrtsverbänden und Kirchen.

Nach einer von der SPD im Dezember 1975 eingeleiteten konzertierten Aktion zugunsten dieser Neubürger geht es den Sozialdemokraten und der sie tragenden Bundesregierung darum, neben der materiellen Eingliederung die gesellschaftliche Integration zu vollziehen. In einem Appell vom Mai 1976 bittet die Bundesregierung alle Bürger in diesem Lande, hierbei mitzuhelfen, wann immer sich dazu die Möglichkeit ergibt. Sie setzt sich insbesondere dafür ein, daß einheimische Familien Patenschaften für Aussiedler übernehmen, um diesen das Einleben in der neuen Heimat zu erleichtern.

## Zeittafel

| | |
|---|---|
| 14. 2. 1949 | Errichtung des Amtes für Heimatvertriebene bei der Verwaltung der Bizone in Frankfurt |
| 23. 5. 1949 | Grundgesetz der Bundesrepublik Deutschland (Es enthielt: Gleichstellung der Vertriebenen und Flüchtlinge |

deutscher Volkszugehörigkeit mit den deutschen Staatsangehörigen — Auftrag an den Bund zur Regelung der Verteilung und Eingliederung, Sicherung der Wiederverwendung und Versorgung der Angehörigen des öffentlichen Dienstes — Übertragung der finanziellen Hauptlast der Kriegsfolgen auf den Bund)

8. 8. 1949 Gesetz zur Milderung dringender sozialer Notstände *(Soforthilfegesetz)*

10. 8. 1949 Gesetz zur Förderung der Eingliederung in die Landwirtschaft *(Flüchtlingssiedlungsgesetz)*

*I. Legislaturperiode des Deutschen Bundestages*
vom 14. 8. 1949 bis zum 5. 9. 1953

20. 9. 1949 Errichtung des Bundesvertriebenenministeriums bei der Bildung der 1. Bundesregierung

29. 11. 1949 Verordnung zur Umsiedlung von Heimatvertriebenen aus Bayern, Niedersachsen und Schleswig-Holstein
(Neufassung am 23. 9. 1952 und Verordnung vom 13. 2. 1953)

24. 4. 1950 1. Wohnungsbaugesetz

12. 5. 1950 Gründung der Vertriebenenbank

13. 6. 1950 Gesetz über die Unterhaltsbeihilfe für Angehörige von Kriegsgefangenen

19. 6. 1950 Gesetz über Hilfsmaßnahmen für Heimkehrer *(Heimkehrergesetz)*
30. 10. 1951 1. und 17. 8. 1953 (2. Änderungsgesetz)

22. 8. 1950 Gesetz über die Notaufnahme von Deutschen in das Bundesgebiet

28. 11. 1950 1. Überleitungsgesetz (Kriegsfolgenhilfe)

20. 12. 1950 *Gesetz über die Versorgung der Opfer des Krieges (Bundesversorgungsgesetz)*

23. 4. 1951 Gesetz zur Sammlung von Nachrichten über Kriegsgefangene, festgehaltene oder verschleppte Zivilpersonen und Vermißte

25. 4. 1951 Gesetz über die Rechtsstellung heimatloser Ausländer

11. 5. 1951 Gesetz zur Regelung der Rechtsverhältnisse der unter Artikel 131 des Grundgesetzes fallenden Personen
19. 8. 1953: 1. Änderungsgesetz

17. 10. 1951 Richtlinien über die Gewährung von Bundesbeihilfen für die betriebliche Altersfürsorge

28. 3. 1952 Verordnung über Durchgangslager und Verteilung der Vertriebenen auf die Länder des Bundesgebietes

30. 6. 1952 Gründung des Ostdeutschen Kulturrates

12. 8. 1952 Verordnung über die vorläufige Unterbringung von Flüchtlingen aus der SBZ und Ostberlin

14. 8. 1952 Gesetz über die Feststellung von Vertreibungsschäden und Kriegssachschäden *(Feststellungsgesetz)*

14. 8. 1952 *Gesetz über den Lastenausgleich (Lastenausgleichsgesetz)*

14. 8. 1952 *Gesetz über Währungsausgleich für Sparguthaben* von Vertriebenen

6. 1. 1953 Verordnung über die Anerkennung und die Verteilung von ausländischen Flüchtlingen

| | |
|---|---|
| 24. 2. 1953 | Erstes Sonderprogramm zur Bereitstellung von Wohnungsbaumitteln für Flüchtlinge und Aussiedler (Bis 1969: 22 Sonderprogramme) |
| 9. 3. 1953 | Flüchtlingsnotleistungsgesetz |
| 19. 5. 1953 | *Gesetz über die Angelegenheiten der Vertriebenen und Flüchtlinge (Bundesvertriebenengesetz — BVFG)* |
| 19. 5. 1953 | Gesetz über Steuervergünstigungen für Vertriebene und Sowjetzonenflüchtlinge |
| 14. 7. 1953 | Gesetz zur Milderung von Härten der Währungsreform *(Altsparergesetz)* |
| 14. 7. 1953 | *Bundesevakuiertengesetz* |
| 30. 7. 1953 | Gesetz über die Förderung des Wohnungsbaues für Umsiedler in den Aufnahmeländern und des Wohnungsbaues für Sowjetzonenflüchtlinge in Berlin |
| 7. 8. 1953 | Fremdrenten- und Auslandsrentengesetz |
| 20. 8. 1953 | Gesetz über die Änderung und Ergänzung fürsorgerechtlicher Bestimmungen |
| 1. 9. 1953 | Gesetz über die Rechtsstellung der Flüchtlinge *(Genfer Flüchtlings-Konvention)* |

*II. Legislaturperiode* vom 6. 9. 1953 bis zum 14. 9. 1957

| | |
|---|---|
| 30. 1. 1954 | *Kriegsgefangenen-Entschädigungsgesetz* |
| 3. 8. 1954 | 1. Änderungsgesetz zum Bundesvertriebenengesetz |
| 28. 10. 1954 | Gesetz über die Lastenausgleichsbank |
| 19. 1. 1955 | Verordnung zur Umsiedlung von Vertriebenen und Flüchtlingen und Verordnung vom 5. 6. 1956 |
| 22. 2. 1955 | 1. Gesetz zur Regelung von Fragen der Staatsangehörigkeit (2. Gesetz vom 17. 5. 1956) |
| 12. 7. 1955 | 4. Novelle zum Lastenausgleichsgesetz (Leistungsverbesserungen) |
| 6. 8. 1955 | *Häftlingshilfegesetz* |
| 27. 6. 1956 | 2. Wohnungsbaugesetz (Wohnungsbau- und Familienheimgesetz) |
| 23. 2. und 21. 5. 1957 | Gesetze zur Neuregelung des Rechts der Rentenversicherung |
| 23. 3. 1957 | 2. Umstellungsergänzungsgesetz |
| 26. 7. 1957 | 8. Novelle zum Lastenausgleichsgesetz (Erhöhung der Hauptentschädigung, Aufstockung der Hausratsentschädigung) |
| 27. 7. 1957 | Gesetz über eine Altershilfe für Landwirte |
| 27. 7. 1957 | 2. Änderungsgesetz zum Bundesvertriebenengesetz |
| 11. 9. 1957 | 2. Änderungsgesetz zum 131er-Gesetz |
| 3. 10. 1957 | 1. Gesetz zur Änderung des Bundesevakuiertengesetzes |

*III. Legislaturperiode* vom 15. 9. 1957 bis zum 16. 9. 1961

| | |
|---|---|
| 5. 11. 1957 | Allgemeines Kriegsfolgengesetz |
| 7. 3. 1959 | 1. Fünfjahresplan der Bundesregierung zur weiteren Eingliederung in die Landwirtschaft |
| 14. 5. 1959 | Beschluß der Bundesregierung über ein Wohnlager-Räumungsprogramm |

| | |
|---|---|
| 24. 7. 1959 | 10. Novelle zum Lastenausgleichsgesetz (Übertragung der Dienstaufsicht über das Bundesausgleichsamt auf den Bundesvertriebenenminister) |
| 29. 7. 1959 | 11. Novelle zum Lastenausgleichsgesetz (Leistungsverbesserungen) |
| 25. 2. 1960 | Fremdrenten- und Auslandsrenten-Neuregelungsgesetz |
| 23. 6. 1960 | Gesetz über den Abbau der Wohnungszwangswirtschaft und über ein soziales Miet- und Wohnrecht (mit Gesetz über die Gewährung von Miet- und Lastenbeihilfen, geändert 10. 4. 1961) |
| 16. 7. 1960 | 2. Änderungsgesetz zum Häftlingshilfegesetz |
| 30. 7. 1960 | Gesetz zur Einführung von Vorschriften des Lastenausgleichsrechts im Saarland |
| 23. 6. 1961 | Richtlinien zur Einrichtungshilfe für Deutsche aus der Sowjetzone und dem Sowjetsektor von Berlin |
| 26. 6. 1961 | 14. Novelle zum Lastenausgleichsgesetz (Verbesserungen der Altersversorgung und Hauptentschädigung, Beihilfen an Vertriebene im Ausland) |
| 29. 6. 1961 | 3. Änderungsgesetz zum Bundesvertriebenengesetz |
| 30. 6. 1961 | Bundessozialhilfegesetz |
| 3. 7. 1961 | Gesetz zur Neuregelung der Altershilfe für Landwirte |
| 21. 8. 1961 | 3. Änderungsgesetz zum 131er-Gesetz |
| 19. 9. 1961 | 4. Änderungsgesetz zum Bundesvertriebenengesetz |
| 26. 9. 1961 | 2. Änderungsgesetz zum Bundesevakuiertengesetz |

*IV. Legislaturperiode* vom 17. 9. 1961 bis zum 18. 9. 1965

| | |
|---|---|
| 23. 5. 1963 | 16. Novelle zum Lastenausgleichsgesetz (Stichtagserweiterung für Flüchtlinge aus der Sowjetzone) |
| 29. 7. 1963 | Gesetz über Wohnbeihilfen (Neufassung vom 1. 4. 1965 als »Wohngeldgesetz«) |
| 23. 4. 1964 | 2. Fünfjahresplan der Bundesregierung zur weiteren Eingliederung in die Landwirtschaft |
| 3. 8. 1964 | 5. Änderungsgesetz zum Bundesvertriebenengesetz |
| 23. 11. 1964 | Abschlußregelung der Umsiedlung aus überbelegten Ländern |
| 22. 5. 1965 | *Beweissicherungs-* und *Feststellungsgesetz* für Vermögensschäden in der SBZ und Ostberlin |
| 15. 7. 1965 | *Flüchtlingshilfegesetz* |
| 3. 9. 1965 | 18. Novelle zum Lastenausgleichsgesetz (Verbesserung der Kriegsschadenrente, Stichtagserweiterung) |
| 9. 9. 1965 | 4. Änderungsgesetz zum 131er-Gesetz |

*V. Legislaturperiode* vom 19. 9. 1965 bis zum 27. 9. 1969

| | |
|---|---|
| 3. 5. 1967 | 19. Novelle zum Lastenausgleichsgesetz (weitere Erhöhung der Hauptentschädigung) |
| 15. 7. 1968 | 20. Novelle zum Lastenausgleichsgesetz (Verbesserung der Kriegsschadenrente und der laufenden Beihilfen aus dem Härtefonds) |
| 17. 7. 1968 | Gesetz zur Fortführung des sozialen Wohnungsbaues |

| | |
|---|---|
| 12. 2. 1969 | Gesetz zur Abgeltung von Reparations-, Restitutions-, Zerstörungs- und Rückerstattungsschäden *(Reparationsschädengesetz)* |
| 30. 5. 1969 | 3. Änderungsgesetz zum Häftlingshilfegesetz |
| 22. 7. 1969 | 1. Gesetz zur Anpassung der Unterhaltshilfe nach dem Lastenausgleichsgesetz |
| 22. 7. 1969 | 4. Änderungsgesetz zum Kriegsgefangenen-Entschädigungsgesetz |
| 22. 7. 1969 | 4. Änderungsgesetz zum Häftlingshilfegesetz (Errichtung von Stiftungen für verbliebene Notfälle) |
| 4. 8. 1969 | Gesetz über den ehelichen Güterstand von Vertriebenen und Flüchtlingen |

*VI. und VII. Legislaturperiode* von Oktober 1969 bis 13. Dezember 1976
*— sozialliberale Koalition —*

Mit diesem Teil des Berichts soll die Nachkriegsgeschichte aller Geschädigten abgeschlossen werden. Während in der Regierungserklärung am 13. Dezember 1966 bereits erklärt worden war, daß die Kriegsfolgengesetzgebung abgeschlossen werden soll, weil wichtige Aufgaben der Zukunftsvorsorge sträflich vernachlässigt werden würden, wenn die kommenden Jahre durch neue Zahlungen für die Vergangenheit belastet würden und auch die geltenden Regelungen mit dem Ziel überprüft werden müßten, Ausgabeverpflichtungen mit der Einnahmeentwicklung des Bundes in Einklang zu bringen, führte Willy Brandt in seiner Regierungserklärung vom 28. Oktober 1969 folgendes aus:

»Die Bundesregierung bleibt sich ihrer Verantwortung für die Vertriebenen, Flüchtlinge und Kriegsgeschädigten bewußt. Sie wird die notwendigen Maßnahmen zur Eingliederung vollenden. Sie wird den Lastenausgleich und die Kriegsfolgegesetzgebung, auch im Interesse der Flüchtlinge aus der DDR, zu einem gerechten Abschluß bringen. Sie wird weiter alle Bestrebungen fördern, die der Erhaltung und Entfaltung der kulturellen Leistungen und Werte Ostdeutschlands dienen.«

1969 haben wir große soziale Probleme vorgefunden. Die früheren Bundesregierungen von CDU/CSU haben uns ein kostspieliges Erbe hinterlassen. Wir mußten mehr soziale Gerechtigkeit schaffen.

## Leistung

*Altersversorgung*

Die Altersversorgung wurde im Lastenausgleich entsprechend den gesellschaftspolitischen Grundsätzen der SPD für 400.000 Berechtigte erheblich verbessert und erweitert. 1969 erhielt ein ehemals selbständiges Ehepaar — über 70 % aller Berechtigten — noch 490 DM, ab Juli 1976: 1002 DM Unterhaltshilfe. Seit der Dynamisierung der Unterhaltshilfe im Jahre 1972 betrug die Steigerung mehr als 75 %, ein Vielfaches der Preissteigerung. Die Altersversorgung im Lastenausgleich wird nicht mehr vom Vermögen abhängig gemacht. Die Berechtigten haben Anspruch auf Vorsorgeuntersuchungen; der Zuschuß zu einer privaten Krankenversicherung wurde 1974 von 30 DM auf 45,— DM, 1975 auf 72,— DM erhöht. Ehemals Selbständige wachsen auch künftig in die LAG-Altersversorgung hinein, es gibt keine bestimmte Jahrgangsbegrenzung mehr; es wurde ein Sozialzuschlag zur Unterhaltshilfe eingeführt.

*Geschädigte aus der DDR und Ostberlin*

Die von der CDU/CSU geführten Bundesregierungen haben es von 1953 bis 1969 trotz vielfacher Versprechungen unterlassen, den Geschädigten aus der DDR für ihre Schäden eine Hauptentschädigung zu zahlen.
Die CDU/CSU-regierten Länder haben nach 1972 zweimal versucht, den Ausgleichsfonds für die Jahre 1972 bis 1979 um insgesamt 720 Millionen DM zu kürzen. Dieses Ansinnen ist von der Bundesregierung als gegen die Vertriebenen und Flüchtlinge gerichtet abgelehnt worden.
Die Gleichstellung erfolgte dann mit der 23. LAG-Novelle zum 1. 1. 1971.
Die Verzinsung aller Frühschäden ab 1. 1. 1953 erfolgte durch die 28. LAG-Novelle vom 1. 2. 1975. Von 1972 bis Mitte 1976 wurden fast 2,5 Milliarden DM an Berechtigte ausgezahlt.

*Ehemalige politische Häftlinge in der DDR*

Ehemalige politische Häftlinge aus der DDR, die länger als zwei Jahre in Haft waren, erhalten verbesserte Entschädigungen und einen Berufsschadenausgleich.

*Flüchtlingshilfegesetz*

Im Flüchtlingshilfegesetz wurden die Einkommensgrenzen für nicht anerkannte Flüchtlinge für die Bewilligung von Hausrathilfe um 50 % angehoben.

*Mehr Hilfe für Heimkehrer*

Allen Heimkehrern wird weit mehr als bisher geholfen. 1975 hat die SPD im Bundestag durchgesetzt, daß von 1975 bis 1979 18 Millionen DM aus der Heimkehrerstiftung für Darlehen und Unterstützungen gewährt werden.

*Regelung in Härtefällen*

In Härtefällen kann seit 1972 Vertriebenen und Flüchtlingen durch Einführung einer weitgefaßten Bestimmung im Lastenausgleichsgesetz geholfen werden.

*Fortsetzung der Eingliederung*

Die Eingliederung der Geschädigten ist noch nicht abgeschlossen und muß daher fortgesetzt werden. Durch das Haushaltsstrukturgesetz 1975 sind für vertriebene und geflüchtete Landwirte alle Vorteile erhalten geblieben. Die Bundesregierung hat 1976 das umfangreichste ERP-Programm seit Kriegsende verabschiedet; im Programm für Geschädigte stehen auch 1976 20 Millionen DM Darlehen zur Verfügung. Für das Zonenrandgebiet und Berlin ist eine besondere Regionalförderung vorhanden.

*Hilfe für Aussiedler*

Über das Eingliederungsprogramm ist bereits an anderer Stelle berichtet worden.

## Politische Schlußbemerkungen

Die großartigen sozialpolitischen Leistungen der Bundesrepublik Deutschland, ihrer Bürgerinnen und Bürger legen ein Zeugnis vor der Geschichte ab. Durch die Solidarität aller fühlten sich die Geschädigten des Zweiten Weltkrieges nicht allein gelassen; sie haben zu keiner Zeit Radikalisierungstendenzen gezeigt, sondern sich als stabilisierender Faktor in unserem Staatswesen entwickelt. Sozialdemokraten haben seit 1949 entscheidend mit dazu beigetragen, für diese Millionen Entwurzelten den Auftrag des Artikels 20 des Grundgesetzes zu erfüllen, die Bundesrepublik zu einem demokratischen und sozialen Bundesstaat werden zu lassen.

Fast 30 Jahre nach dem letzten Weltkrieg hat Bundeskanzler Helmut Schmidt in der Regierungserklärung vom 17. Mai 1974 hierzu folgendes ausgeführt:

»Mit der von der Bundesregierung eingebrachten 28. Novelle zum Lastenausgleichsgesetz, die zur Zeit beraten wird, und eventuellen geringfügigen Korrekturen, die mit der Geschichte der Deutschen notwendigerweise zusammenhängen, betrachtet die Bundesregierung den Komplex dieser Kriegsfolgelast, d. h. also insbesondere Kriegsgefangenenentschädigung, Lastenausgleich, Wiedergutmachung und Gesetz zu Artikel 131, als abgeschlossen. Die Bundesrepublik Deutschland, d. h. die Steuerzahler der Bundesrepublik haben in den vergangenen Jahren 220 Milliarden DM aufgebracht, und sie werden nach dem geltenden Recht in der Zukunft noch einmal 174 Milliarden DM für diese Kriegsfolgelast aufbringen müssen. Darüber hinaus sieht die Bundesregierung keine Möglichkeit mehr, noch weitere Belastungen auf die Steuerzahler zu wälzen.

Die Bundesregierung weiß dabei, daß eine voll befriedigende Regelung all der vielen Entschädigungen, die man sich wünschen möchte, nicht zu erreichen ist. Dazu reicht eben die steuerliche Leistungsfähigkeit dieses Volkes nicht aus. Jetzt müssen die in der Zukunft liegenden Aufgaben den Vorrang bekommen. Auch deren Erfüllung dient den Geschädigten.«

# 6. Gesundheitspolitik

Hans Bardens

## Zur Nachkriegsentwicklung der Gesundheitspolitik

Ich weiß nicht, wann zum ersten Mal die Bezeichnung »Gesundheitspolitik« öffentlich gebraucht wurde; sicher aber ist, daß das, was heute unter Gesundheitspolitik verstanden wird, in der Sozialdemokratischen Partei entwickelt wurde, vor allem von sozialdemokratischen Ärzten.
Einige gesundheits-»politische« Gedanken waren im vorigen Jahrhundert aufgetaucht. Erinnert sei zum Beispiel an den Leipziger Arzt Schreber, der die sozial-hygienische Bedeutung von Kinderspielplätzen und Kleingartenkolonien erkannt hatte und eine Bewegung in Gang setzte, die heute noch wirkt.
Auch Rudolf Virchow, oft abgestempelt als Anhänger einer nur naturwissenschaftlich-materialistischen Medizin, muß hier erwähnt werden. Schon Mitte des vorigen Jahrhunderts schrieb er in der Zeitschrift »Die medizinische Reform«, die Medizin sei eine soziale Wissenschaft und die soziale Frage gehöre deshalb in die Jurisdiktion des Arztes.
Sicher wollte Virchow damit nicht unterstellen, daß die Ärzte seiner Zeit nach Ausbildung und praktischem Verhalten schon auf diese Aufgabe vorbereitet gewesen seien; vielmehr wollte er wohl ausdrücken, daß man künftig Ärzte befähigen müsse, den Menschen, der sich ihnen anvertraut, in seinem sozialen Bezug zu begreifen, zu erkennen, daß die Situation im Sprechzimmer eine Ausnahmesituation ist, daß körperliche, seelische und soziale Störungen Teilursachen am Arbeitsplatz, in der Familie, der Wohnung, der Nachbarschaft haben und schließlich: daß der Arzt sich selbst nicht außerhalb des sozialen Rahmens stellen darf, in dem sein Patient lebt, wenn er Partner sein soll.
In den zwanziger Jahren dieses Jahrhunderts wurden dann Ziel und Umfang der Gesundheitspolitik schrittweise formuliert und konkretisiert. Alfred Grotjahn schuf mit seiner »Sozialen Pathologie« zum ersten Mal ein wissenschaflich fundiertes Lehrbuch zur Sozialhygiene.
Grotjahn, Moses, Glaser und andere haben bis 1933 im Verband sozialistischer Ärzte wissenschaftlich und politisch gearbeitet, ohne allerdings sehr großen Einfluß auf die Gesetzgebung zu gewinnen.
Dies hatte verschiedene Ursachen, die teilweise auch heute noch fortwirken.

Vor allem den Ärzten wurde (und wird) häufig von Juristen und Sozialpolitikern ihr kasuistisches Denken vorgehalten, was wohl auch heißen soll, ihr zu wenig grundsätzliches oder gar zu wenig ideologisches Denken. Aber dieses Dilemma wird bleiben (ich bin ohnehin der Meinung, daß hier nur ein generelles Problem der praktischen Politik aufscheint); mag sein, daß die Sozialpolitik als spezielle Gesellschaftspolitik das ganze Neue vorstellen muß, um die Richtung der Veränderung anzugeben und daß andererseits ihre wichtigsten praktischen Hilfsmittel Statistik, Organisation und Verwaltung sind.

Grundlage der Gesundheitssicherung, die durch Gesundheitspolitik möglich werden soll, bleibt aber die Medizin, bleibt überwiegend ärztliche Tätigkeit, die sich dem jeweils konkreten einzelnen Menschen zuwenden muß.

Alfred Grotjahn schrieb 1923 in der Einleitung zur »Sozialen Pathologie«: »Selbstverständlich kann sich eine soziale Pathologie nur auf die Ergebnisse der nach exakten naturwissenschaftlichen Methoden arbeitenden kasuistischen Medizin aufbauen. Ohne eine vorausgegangene sorgfältige Bemühung der pathologischen Anatomie und der Klinik am einzelnen Fall würde eine verallgemeinernde sozial-pathologische Betrachtung jeder Zuverlässigkeit entbehren. Der Vorrang der kasuistischen Medizin ist also durchaus anzuerkennen und nur zu verlangen, daß sie von der statistischen Beobachtung ergänzt wird, was gegenwärtig leider noch keine überflüssige Forderung ist.«

Aus dieser notwendigerweise unterschiedlichen Orientierung von Sozialpolitik und Gesundheitspolitik ergeben sich Verständnisschwierigkeiten in dem Sektor der Politik, in dem sich beide überschneiden und durchdringen. Die Reformfähigkeit von Parteien wird davon abhängen, ob und wie diese durchaus nicht fruchtbare Spannung für die tägliche Arbeit aufgehoben wird.

## Namen und Stichworte

Nach dem letzten Krieg haben sich ältere Gesundheitspolitiker, die zum Teil aus der Emigration zurückgekehrt waren, mit jüngeren, die Krieg und Gefangenschaft erlebt hatten, wieder zusammengefunden. Daß dies möglich war, ist vor allem Hermann Karl zu danken, der schon 1946 begann, die »Arbeitsgemeinschaft sozialistischer Ärzte« aufzubauen. Diese Gruppe war nie sehr groß, aber durch den Ernst ihres sozialen Engagements und durch das hohe Niveau an fachlicher Bildung und beruflicher Erfahrung konnte sie doch 25 Jahre lang die gesundheitspolitische Diskussion in der Bundesrepublik Deutschland bestimmen.

Wenn man die Entwicklung der gesundheitspolitischen Diskussion bis zum Beginn der 70er Jahre darstellen will, muß man Namen und Jahreszahlen erwähnen, die gleichbedeutend sind mit entscheidenden Schritten hin zu einem geschlossenen gesundheitspolitischen Konzept.

Auf dem Kongreß der »Arbeitsgemeinschaft sozialdemokratischer Ärzte« in Stuttgart 1956 wurden nach einem Referat von Prof. Raedeker über die Massenunfälle bei den ersten Kinderlähmungsimpfungen in den USA grundsätzliche Fragen der Massenimpfung und der Impfgesetzgebung diskutiert. Das Ergebnis waren Grundsätze, die später voll in der staatlichen Impfpolitik übernommen wurden.

Der Frankfurter Kongreß 1958 hat sich bereits lange vor dem Doorn-Prozeß mit dem Problem einer medizinisch-sozialen Indikation für die Sterilisation befaßt, kam allerdings damals noch aus überwiegend politisch-psychologischen Gründen zu keiner ausformulierten Empfehlung.

Eine wesentliche neue Dimension gewann die Gesundheitspolitik 1964 in Düsseldorf, als unter starker internationaler Beteiligung über Probleme einer europäischen Gesundheitspolitik beraten wurde. Prof. Halter, damals Generaldirektor im belgischen Gesundheitsministerium, referierte über Ziele und Aufgaben europäischer Gesundheitspolitik. Er meinte damals: »Es erscheint heutzutage nicht unmöglich, ein Forum zu finden, in welchem eine vertiefte Studie der Gegebenheiten einer allgemeinen Gesundheitspolitik den Anstoß zur Begründung einer europäischen Gesundheitscharta gibt, die alle Gesichtspunkte wirklicher Gesundheitsforderung umfaßt. Die Festlegung eines allgemeinen Rahmens einer Gesundheitspolitik aufgrund eines Übereinkommens zwischen den Ländern könnte die erste Phase einer lange dauernden Arbeit bilden, welche eines Tages in eine wirkliche gemeinschaftliche Gesundheitspolitik münden könnte.« Leider ist bisher, abgesehen von Sozialversicherungsabkommen und Richtlinien der europäischen Gemeinschaft im Lebensmittel- und Arzneimittelrecht, kaum etwas geschehen. Vor allem in Fragen der allgemeinen Hygiene (Umweltschutz) ist noch enorm viel nachzuholen. Ohne die Sicherung gleichmäßiger Gesundheitschancen für alle Bürger in der Europäischen Gemeinschaft wird die Gemeinschaftspolitik auch auf anderen Feldern nicht recht vorankommen. Es genügt vielleicht der Hinweis, daß zum Beispiel unterschiedliche Anforderungen an die Abwasserwirtschaft zu erheblichen Wettbewerbsverzerrungen im Bereich der produzierenden Wirtschaft führen. Wir können nur hoffen und müssen dafür arbeiten, daß in Zukunft ein europäisches Parlament, das mit mehr Kompetenzen ausgestattet ist, auch den Weg für eine europäische Gesundheitspolitik frei machen wird.

Auf dem gleichen Kongreß hielt Elinor Hubert ein wichtiges Grundsatzreferat über die »Bedeutung der Selbstverantwortung des einzelnen in der Gesundheitspolitik« und verglich dabei die Verhältnisse mehrerer europäischer Länder. Sie kam dabei zu zwei wesentlichen Feststellungen. Erstens: Das deutsche Gesundheitssicherungssystem, vor allem die soziale Krankenversicherung, bietet im Verhältnis zu Systemen anderer Länder ein hohes Maß an sozialem Schutz, verbunden mit mehr Möglichkeiten der individuellen Entscheidungsfreiheit. Dieser Entscheidungsfreiheit muß ein Äquivalent an Selbstverantwortung gegenüberstehen. Zweitens: Diese Selbstverantwortung kann nur durch intensive Information und durch Gesundheitserziehung in den Schulen gefördert werden. Die Selbstverantwortung durch irgendeine Form zusätzlicher finanzieller Beteiligung an den Gesundheitskosten erreichen zu wollen, geht an der Situation des kranken Menschen vorbei. »Es erscheint mir irrig«, stellte Elinor Hubert fest, »gerade an das Selbstverantwortungsgefühl des Kranken zu appellieren. Seine Verantwortung für seine Krankheit endet in dem Augenblick, wo er sich entschlossen hat, einen Arzt seines Vertrauens aufzusuchen. Er überträgt damit die Verantwortung für seine Krankheit auf den Arzt. Von nun an ist es Aufgabe des Arztes, das für die Heilung Notwendige zu tun, ohne die Gemeinschaft der Ver-

sicherten über Gebühr zu belasten. Seine Verantwortung ist insoweit doppelseitig.«
Einen Höhepunkt in der gesundheitspolitischen Diskussion brachte der Münchener Kongreß 1962, der sein hohes Niveau schon den Referaten von Wilhelm Hagen und Kurt Glaser zu verdanken hatte.
Wilhelm Hagen sprach über »die Stellung des Arztes in der modernen Industriegesellschaft«. Nach einem historischen Rückblick fuhr er damals fort: »So führte der Fortschritt der kapitalistischen Ordnung nicht zu der fortschreitenden Verelendung der Massen, sondern zu einer echten Vermehrung der wünschenswerten Güter dieser Erde und der Beteiligung einer immer größeren Anzahl von Menschen an dem Besitz dieser Güter. Allerdings wurde dieser Fortschritt nicht aus der menschlichen Einsicht erzielt, sondern im harten Klassenkampf der Sozialdemokraten durchgesetzt. Es gibt Skeptiker, die behaupten, es gäbe keinen Fortschritt des Menschengeschlechts. Ich möchte ihnen erwidern, was denn nun ein Fortschritt sei, wenn nicht die Tatsache, daß mehr Menschen ausreichend genährt sind, gut wohnen und gut gekleidet sind und mehr freie Zeit haben, als dies in früheren Zeiten der Fall war.«
»Welche Rolle haben nun die Ärzte bei diesem ganzen Prozeß gespielt? Wo stehen wir heute? Und wie ist die Aufgabe des Arztes in der heutigen Industriegesellschaft abzugrenzen?«
»Die erste Industrialisierungsphase brachte den Einbruch von Elend und Krankheit in die in den Städten unzureichend untergebrachten Menschenmassen ... Die Tuberkulosesterblichkeit erreicht ihren Höhepunkt 1835 im Rhein-Ruhr-Gebiet. Erst 1890 folgt das oberschlesische Industriegebiet und nach 1900 wandert sie weiter nach Osten.« ...
»Unter dem Eindruck dieses Geschehens waren es Ärzte, die zuerst die warnende Stimme erhoben. Neumann sagte in den 40er Jahren, daß der Arzt der natürliche Anwalt der Armen sei. ... Praktische Ärzte waren es, die den Zusammenhang der sozialen Zustände mit den Krankheiten zuerst erkannten. Aus der Praxis ihres Mannes aus dem Berliner Norden hatte Käthe Kollwitz ihre Bilder geschöpft, die uns erschüttern. Der Kassenarzt Alfred Grotjahn sah die Abhängigkeit des Krankheitsgeschehens von den sozialen Bedingungen und schrieb sein Werk »Soziale Pathologie«. Es ist bis heute ohne Nachfolger geblieben, obwohl unsere veränderten Umweltverhältnisse dringend eine Neubearbeitung verlangen.« ...
»Zu den Merkmalen der neuen Zeit gehört der Begriff der Kollektivierung. Nicht nur die Arbeitnehmer mußten sich zusammenschließen, um ihre Ziele durchsetzen zu können, sondern auch auf der Unternehmerseite brachte die Größe der zu bewältigenden Aufgabe die Ablösung der Persönlichkeit des Einzelunternehmers durch das Kollektiv der Gesellschaft, und Großanlagen der Produktion konnten nur durch weiteren Zusammenschluß in Aktiengesellschaften möglich werden.« ...
»Dieser Zwang zur Kollektivierung wurde auch der Ärzteschaft auferlegt. Ohne ihre Verbände wären die Ärzte in der Auseinandersetzung mit den Krankenkassen schon früh unterlegen. Es ist ein echtes Paradoxon, daß der Kampf um die Freiheit des ärztlichen Berufes mit gewerkschaftlichen Mitteln durchgefochten werden mußte. Die Ärzteschaft hat bis heute in Westdeutschland mit Erfolg die freie persönliche Beziehung zwischen Arzt und Patient verteidigt, und das ist gut so.«

»Es darf aber nicht vergessen werden, daß die ganzen Prozesse der Kollektivierung, der Massensiedlung, der Umgestaltung des Lebensraumes durch die modernen Arbeitsbedingungen auch ärztliche Aufgaben mit sich brachten, die der kollektiven Lösung durch festbesoldete Ärzte bedurften. Da war nicht nur die Gesundheitspolizei mit ihrer jahrhundertealten Aufgabe des Seuchenschutzes, sondern auch die notwendige besondere und prophylaktische Betreuung bestimmter Bevölkerungsgruppen. Besondere Notstände, wie die Säuglingssterblichkeit, die hohe Tuberkulosesterblichkeit, bedingten zur Bekämpfung der Entwicklung einer Kollektivmethode, der Säuglingsberatungsstellen und der Tuberkulosefürsorgestellen. Schon Virchow hatte erkannt, daß die Einführung der Schulpflicht auch eine Verpflichtung des Staates mit sich brachte, sich nun um die Gesundheit der Schüler zu kümmern. Es gibt nun keinen Zweifel daran, daß unter primitiven Verhältnissen, wenn ein Volk einer geordneten ärztlichen Hilfe überhaupt entbehrt, mit dem System der beamteten Ärzte und Ambulatorien unter starker Betonung sozial-hygienischer Maßnahmen zunächst am raschesten ein Erfolg in der Besserung der Volksgesundheit erreicht wird. Aber dort, wo ein differenziertes, individualistisches Arzttum besteht, wie in Mitteleuropa, bringt die Zwangskollektivierung auch der ärztlichen Behandlung zweifellos den Verlust starker ethischer Werte mit sich.«

Schließlich forderte Wilhelm Hagen eine Verbesserung des öffentlichen Gesundheitsdienstes und bessere Zusammenarbeit: »Es heißt also nicht, Gesundheitsvorsorge durch den praktischen Arzt o d e r die Gesundheitsbehörden, sondern organisch gegliederte Zusammenarbeit dieser beiden.«

»Für die Zusammenarbeit bedarf es des gegenseitigen Vertrauens. Es soll nicht geleugnet werden, daß dieses Vertrauen durch die Maßnahmen des totalitären Staates schwer erschüttert wurde. Die Allmacht eines anonymen Gutachters im Stile Heyde-Savade über Leben und Tod wollen wir nie wieder vergessen und erleben. Je enger die tägliche Zusammenarbeit in der Hilfe für den einzelnen Menschen zwischen der praktizierenden und der beamteten Ärzteschaft sich gestaltet, um so mehr wird diese Gefahr gebannt sein.«

Wilhelm Hagen schloß schließlich mit der Feststellung, daß der Arzt die soziologischen Beziehungen seiner Patienten zu den Gruppierungen der modernen Gesellschaft kennen und gewillt sein muß, mit den Organen dieser staatlichen Ordnung ebenso zusammenzuarbeiten wie mit den Trägern der ärztlichen Wissenschaft. Die Diagnose, die heute oft zur reinen Laboratoriumsdiagnose geworden sei, bedürfe nicht nur der Ausdehnung auf die Persönlichkeit des Kranken, sondern auch der Einsicht in die sozialen Lebensumstände. Auf dieses Ziel hin müßten Ärzte heute ausgebildet werden.

Kurt Glaser baute auf diesen Feststellungen auf in seiner Darstellung der »Ziele und Aufgaben einer medizinischen Studienreform« und stellte die Frage, ob der junge Medizinstudent heute die Ausbildung findet, die jene von Prof. Hagen angedeutete gesellschaftsbedingte Aufgabe des Arztes bereits beim Studenten in das Bewußtsein eindringen läßt. Er entwickelte dann das Modell einer modernen medizinischen Hochschule. Seine Thesen sind zu einem erheblichen Teil (aber eben nicht vollständig) in die neue Approbationsordnung für Ärzte eingegangen. Es wäre gut, wenn endlich die Länder auch die faktischen Voraussetzungen für eine breite moderne

Ausbildung der Ärzte schaffen würden, die ihren Platz unter den heutigen gesellschaftlichen Bedingungen ausfüllen können.

Dieser Kongreß in München hat darüber hinaus noch eine Arbeit von vielen Jahren abgeschlossen. Der Entwurf von Leitsätzen sozialdemokratischer Gesundheitspolitik wurde verabschiedet.

Der SPD-Parteitag 1964 hat schließlich dieses gesundheitspolitische Programm für die ganze Sozialdemokratie übernommen.

Wenn man heute dieses Programm noch einmal liest, erkennt man, daß es das fachlich und politisch fundierteste gesundheitspolitische Programm ist, das es bisher gibt. Es müßte freilich heute nach 15 Jahren fortgeschrieben werden. Aber alles, was in der Zwischenzeit an Einwendungen und Vorschlägen vorgebracht wurde, ist entweder schwächer als das Original oder aber will scheinbar gesundheitspolitische Thesen für ganz andere politische Zwecke mißbrauchen.

Während dieser langen Zeitspanne gesundheitspolitischer Arbeit mußten immer wieder Gefahren für die individuellen Beziehungen zwischen dem Kranken und seinem Arzt abgewehrt werden. Die ärztliche Schweigepflicht wird immer wieder mißverstanden als ein Privileg des Arztes; sie ist in Wirklichkeit ein grundlegendes, notwendiges Recht des Patienten. Es bedurfte jahrelanger Auseinandersetzungen, um aus dem Zentralregistergesetz eine Bestimmung wieder zu streichen, die die lebenslange Registrierung psychisch Kranker vorsah. Das (unvermeidliche) Eindringen moderner Datentechnik in den Bereich der Sozialgesetzgebung und Sozialverwaltung gefährdet die schutzwürdige Privatsphäre der Bürger. Hier ist, gerade auch unter gesundheitspolitischen Aspekten, auf Dauer erhöhte Wachsamkeit geboten. Dabei folgen wir einer Warnung des Godesberger Programmes: »Alle Lebensbereiche werden zunehmend technisiert und organisiert. Dadurch entstehen immer neue Abhängigkeiten, die die Freiheit bedrohen.« Ich habe versucht, anhand von Stichworten und Namen die gesundheitspolitische Entwicklung der letzten Jahrzehnte zu skizzieren. Wenn man das schon tut, dürfen drei Namen nicht unerwähnt bleiben: ohne Hermann Karl, Barbara von Renthe-Fink und Erwin Jahn wäre die Nachkriegsentwicklung der Gesundheitspolitik ohne Organisation und ohne geistige Spannung abgelaufen, und ohne Käthe Strobel wäre es nicht gelungen, manches von dem, was vorbereitet war, in Gesetze des Bundes umzumünzen.

## Die heutige Situation der Gesundheitspolitik

Gesundheitspolitik, in Ansätzen im 19. Jahrhundert von sozial- und demokratisch engagierten Ärzten begonnen, wurde nach dem 1. Weltkrieg vor allem von sozialdemokratischen Ärzten fortentwickelt. Auch nach 1945 waren es wieder sozialdemokratische Ärzte, die Gesundheitspolitik trieben und schrittweise gesundheitspolitische Forderungen in ihrer Partei und schließlich in der Gesetzgebung durchsetzten. Eine wichtige Etappe war mit dem Godesberger Programm erreicht. Nicht nur, daß mit diesem Programm auch wichtige gesundheitspolitische Festlegungen beschlossen wurden; die Beschreibung des Verhältnisses des einzelnen zur Gesellschaft, der Spannung zwischen individueller Freiheit und sozialer Bindung (die sich gegenseitig

konstituieren) gibt den Rahmen, innerhalb dessen sich auch eine moderne Gesundheitspolitik entfalten kann.
Schon früh und bis in die letzten Jahre wurde Gesundheitspolitik von den Konservativen überhaupt abgelehnt, weil Gesundheit mit Politik nichts zu tun habe. Von Leuten, die sich selbst das Attribut »progressiv« zulegten, wurde gar sozialdemokratische Gesundheitspolitik verketzert mit der Behauptung, sie sei weiter nichts als eine besondere Form ärztlicher Standespolitik. Dabei haben alle Kritiker, zum Teil geflissentlich, übersehen, daß Medizin in der Industriegesellschaft nur als soziale Medizin wirksam werden kann, aber auch, daß Gesundheitspolitik und einschlägige Sozialpolitik in dieser Zeit nur möglich sind, wenn sie die wissenschaftliche Grundlage der Medizin und die in dieser Disziplin Ausgebildeten, nämlich die Ärzte, akzeptieren.
Politik für die Gesundheit der Menschen hat Rücksicht zu nehmen auf deren originäre soziale, psychische und physische Bedürfnisse, auf die Bedürfnisse der vielen einzelnen in der Gesellschaft. Gesundheitspolitik hat diesen Anspruch unter jeweils anderen gesellschaftlichen Gesamtbedingungen zu vertreten. Sie ist insofern Funktion der Gesellschaftspolitik. Gerade aber deshalb ist die Gesundheitspolitik nicht der Hebel, mit dem sogenannte systemüberwindende Reformen in Bewegung gesetzt werden, sondern sie hat in der jeweiligen Ordnung immer wieder Wege zu suchen, optimale Bedingungen für die Gesundheit des einzelnen und der Gesellschaft zu sichern.
Alfred Grotjahn hat die treffendste Zielbeschreibung der Gesundheitspolitik schon vor über 50 Jahren formuliert:
»Eine sozial-pathologische Betrachtung führt mit zwingender Notwendigkeit zu der Erkenntnis, daß uns die erstaunliche Entwicklung der Gesundheitstechnik nichts helfen kann, wenn es uns nicht gelingt, diese Möglichkeiten zu verallgemeinern. Medizin und Hygiene bedürfen, falls sie nicht durch Hypertrophie der Technik in Luxusmedizin und Komforthygiene ausarten sollen, eines kräftigen sozialen Einschlages. Ihr Ziel ist nicht die Gesundheit einiger Bevorzugter, sondern die Verallgemeinerung hygienischer Kultur.«
In diesem Sinne war sozialdemokratische Gesundheitspolitik doch lange Zeit einigermaßen erfolgreich. Ich darf erinnern an die Einführung von Früherkennungsuntersuchungen in der sozialen Krankenversicherung, die Einführung der flexiblen Altersgrenze in der Rentenversicherung, an die Reform der ärztlichen Ausbildung, die Verbesserung der Arzneimittel- und Lebensmittelgesetzgebung und an wesentliche Fortschritte in den Umweltschutzvorschriften.
Ein seltsamer Umschwung in der Haltung der diversen Opponenten gegen eine moderne Gesundheitspolitik wurde 1972 deutlich. Als ich damals in einer Pressekonferenz den überarbeiteten Entwurf »Gesundheitspolitischer Leitsätze« vorstellte, kamen von den Journalisten keinerlei Fragen, die sich auf unsere Vorschläge für die Ausbildung der Gesundheitsberufe, für Lebensmittelhygiene und Arzneimittelrecht oder neue Formen ärztlicher Praxisausübung bezogen, es kam nur die Frage nach unseren Vorschlägen zur Bewältigung der Kostenexplosion im Gesundheitswesen.
Das war eine wichtige Frage, auf deren Beantwortung heute noch zu Recht gewartet wird. Diese Frage ist zugleich so interessant, daß alle möglichen

Leute (zum Beispiel auch der rheinland-pfälzische Sozialminister Geißler) sie ununterbrochen wiederholen und damit den Anspruch erheben, »Gesundheitspolitiker« zu sein. Eine Antwort geben diese Fragesteller allerdings nicht, unabhängig davon, in welchem Lager sie stehen. Die Frage ist auch falsch adressiert, wenn angenommen wird, ihre Beantwortung sei in erster Linie ein Problem der Gesundheitspolitik.

An dieser Stelle wird es notwendig, etwas über die Kompetenz der Gesundheitspolitik und über ihre Abgrenzung gegen andere Bereiche, mit denen sie zusammenhängt, zu sagen.

Der Gesundheitspolitiker kann und muß bestimmte Leistungen im Interesse der Gesundheit des Menschen fordern. Die Entscheidung darüber, ob und wie solche Leistungen unter jeweiligen Bedingungen organisierbar und finanzierbar sind, haben im Sinne ihrer gesamtpolitischen Verantwortung alle, vor allem aber die für die Sozial- und Finanzpolitik Verantwortlichen zu fällen. Dabei gilt analog, was Grotjahn schon 1923 schrieb:

»Diese dehnbaren Bestimmungen (im Krankenversicherungsrecht) haben sich in der jahrzehntelangen Praxis nicht bewährt, sondern zu Auswüchsen geführt. Man wird allerdings nach wie vor nicht umhin können, außer den objektiv notwendigen Leistungen auch auf die subjektive Befriedigung gerichtete zugestehen zu müssen. Aber es muß dafür Sorge getragen werden, daß nicht mehr wie gegenwärtig für Bagatellsachen Mittel aufgebraucht werden, die für die wichtigen Aufgaben fehlen.«

Es ist zu hoffen, daß in der jetzigen politischen Phase der Konsolidierung und der Fortsetzung einer ausgewogenen Reformpolitik auch die Gesundheitspolitik wieder ihren richtigen Platz in der Gesamtpolitik einnehmen kann. Voraussetzung dafür ist, daß sich die verantwortlichen Gesundheits- und Sozialpolitiker über eine sinnvolle Arbeitsteilung und Kooperation verständigen. Ernst Schellenberg hat auf dem Kongreß sozialdemokratischer Ärzte im Jahre 1966 das dazu Notwendige gesagt:

»Heute hat die Gesundheitspolitik ihren eigenständigen Raum in der Gesellschaftspolitik. Sozialpolitik und Gesundheitspolitik müssen aber aufeinander abgestimmt sein und eng kooperieren. Keine der beiden an sich selbständigen gesellschaftspolitischen Aufgaben kann ohne die andere sinnvoll für den einzelnen wie die Gemeinschaft wirksam werden.«

Albert Holler

# Die Entwicklung der sozialen Krankenversicherung in den Jahren 1945 bis 1975

Die gesetzliche Krankenversicherung ist in den letzten Jahren geradezu der Brennpunkt geworden, in dem sich die wachsenden Probleme des Gesundheitssystems, vor allem die nicht ausreichend effektive und effiziente gesundheitliche Versorgung der Bevölkerung, verdichten und vereinigen. Diese Stellung der Krankenversicherung erklärt sich zum einen daraus, daß rd. 92 % der Bevölkerung ihren Anspruch auf eine umfassende medizinische Versorgung gegen die gesetzlichen Krankenkassen geltend machen; zum anderen organisieren, steuern und finanzieren sich die zentralen Bereiche des Gesundheitswesens, die ambulante und stationäre ärztliche Behandlung, die Versorgung mit Arzneien sowie mit anderen medizinischen Mitteln überwiegend über die gesetzliche Krankenversicherung. Dadurch hat sich das Krankenversicherungssystem in der Versorgung der Bevölkerung mit Gesundheitsgütern zu einer Art Schaltstelle entwickelt.
Diese tiefgreifende Entwicklung im Gesundheitssektor hat zusehends die bisherige, tradierte Funktion der Krankenkassen verändert. Sie verstanden sich über Jahrzehnte hinweg vor allem als Einrichtungen, die in Krankheitsfällen die wirtschaftliche Sicherung der abhängig Beschäftigten durch Krankengeldzahlung zu gewährleisten und außerdem die erforderlichen Finanzmittel für die Übernahme der Kosten der Krankenpflege bereitzustellen hatten. Heute jedoch sehen sich die Kassen vor allem mit den Kernproblemen des medizinischen Versorgungssystems, mit Fragen einer kostengünstigen Leistungserstellung und einer bedarfsgerechten Versorgung der Bevölkerung konfrontiert. Der hierbei entstandene Problemdruck macht den Kassen ihre eigene Situation drastisch deutlich; sie sollen wegen ihrer Finanzhoheit politische Verantwortung für die erforderliche Kostengünstigkeit des medizinischen Versorgungssystems übernehmen, obwohl sie über keine geeigneten Mitwirkungsmöglichkeiten verfügen. Selbst bei der ambulanten ärztlichen Versorgung, die ein zentraler Bereich der gesetzlichen Krankenversicherung selbst ist, sind die an sich bestehenden ökonomischen und finanziellen Zusammenhänge zwischen der Deckung des medizinischen Bedarfs und den verfügbaren knappen Ressourcen durch die prinzipielle Trennung der Aufgaben der Kassen von den Aufgaben der Kassenärztlichen Vereinigungen aufgespalten. Auf diesen Systemfehler des Krankenversicherungswesens haben die Krankenkassen in den letzten Jahren zunehmend hingewiesen und erhebliche Anstrengungen unternommen, aus ihrer vom Krankenversicherungsrecht zugewiesenen passiven Rolle herauszukommen. Immer nachdrücklicher lehnen sie ihre Funktionseinschränkung auf den »stillen Finanzier« des ohnehin nicht ausreichend auf Wirtschaftlichkeit und Sparsamkeit angelegten medizinischen Versorgungssystems ab

und verlangen eine gleichberechtigte Mitwirkung bei der Planung und Steuerung des Gesundheitssystems.
Im Zuge der bereits sichtbar gewordenen Veränderung der Stellung der Krankenkassen im Gesundheitssystem wird sich auch die Frage stellen, ob ihre eigene Leistungsfähigkeit in finanzieller und organisatorischer Hinsicht groß genug ist, um die Aufgaben aus ihrer geänderten Funktionsstellung optimal erfüllen zu können. Bemerkenswerte wissenschaftliche Untersuchungen liegen zu dieser Fragestellung nicht vor; diese Fragen sind von der Organisations- und Finanzwissenschaft noch aufzunehmen. Allerdings läßt sich aus der faktischen Situation heraus soviel erkennen, daß sich eine Strategie der Krankenkassen, die gesundheitlichen und finanziellen Interessen der Versicherten und Beitragszahler im medizinischen Versorgungssystem nachdrücklich ins Spiel zu bringen, nur verfolgen läßt, wenn die Kassen selbst auf eine verstärkte Kooperation untereinander abzielen, ohne damit ihre Selbständigkeit aufgeben zu müssen. Nur so wird es den Kassen gelingen, in dem mit Machtpositionen besetzten medizinischen Versorgungssystem eine neu zu definierende, aktive Rolle zu übernehmen.
Allerdings muß man von vornherein davor warnen, die Lösungsmöglichkeiten der Gesundheitsprobleme einer industriell verfaßten Gesellschaft durch die Träger der medizinischen Versorgung einschließlich der Krankenkassen zu überschätzen. Vielfach wird eine mehr vordergründige Analyse der Problemlage des medizinischen Versorgungssystems und der finanziellen Lage der Krankenkassen zum Anlaß genommen, die prinzipiellen Fragen des derzeitigen Systems zu »überspielen« und die Ursachen für die bestehenden Schwierigkeiten einseitig der gesetzlich verfügten Leistungsausweitung und dem »Anspruchsdenken« der Versicherten anzulasten. Diese Sicht ist so stark verkürzt, daß sie den Zugang zu den tieferen Ursachen der sich anbahnenden Krise des professionellen Medizinbetriebs und möglicherweise der Medizin selbst versperrt. Dabei wird oftmals übersehen, daß eine der wesentlichen Ursachen der gegenwärtigen Versorgungsprobleme des Gesundheitswesens mit dem hohen Grad der industriellen Entwicklung der Volkswirtschaft, wie wir ihn bereits Mitte der 50er Jahre erreicht hatten, zusammenhängt. Dieser hohe Industrialisierungsgrad und das stark gewachsene und zu wenig an der Gesunderhaltung orientierte Angebot an Konsumgütern haben neue »Brennpunkte« der Gesundheitsgefährdung geschaffen, denen wir, wie z. B. im Verkehr, in der Umwelt, noch weitgehend passiv gegenüberstehen. Selbst die Gefahren, die aus dem Medizinbetrieb selbst entstehen, wie die Übermedikation, werden weitgehend gesellschaftlich verdrängt. Diese ausgesprochen gefährliche Entwicklung ist völlig im Kontext mit der gängigen Sozialkonzeption zu sehen, die sozialen und gesundheitlichen Probleme und Kosten der wirtschaftlichen Verwertung der Arbeitskraft möglichst aus dem Produktionsbereich heraus auf den einzelnen Bürger zu verlagern, dem hierfür Sozialversicherungseinrichtungen als »Selbsthilfeeinrichtungen« zur Verfügung stehen.
Einer solchen Strategie der Heilung der sozialen Wunden als »unvermeidliche« Opfer einer industrialisierten Gesellschaft entspricht die tradierte Krankenversicherungskonzeption, die bei der Gewährung einer ausreichenden Krankenhilfe stehenbleibt. Die Vertreter dieser Auffassung beklagen daher auch, daß in den letzten Jahren durch den Ausbau der Gesundheitsvorsorge, der Maßnahmen zur Früherkennung von Krankheiten, der ärzt-

lichen Hilfe bei Schwangerschaftsabbruch und durch Ausweitung des Krankheitsbegriffs Änderungen im Krankenversicherungsrecht erfolgten, die den Versicherungscharakter der Krankenversicherung beeinträchtigen. Sie würden es auch für richtiger halten, den Personenkreis der Krankenversicherung wieder auf die wirtschaftlich schwachen Gruppen zurückzuführen und die Leistungen auf den eingetretenen Versicherungsfall einer Erkrankung zu beschränken. Eine derart auf Heilung eingetretener Schäden eingeschränkte Krankenversicherung bliebe auch dann völlig kompatibel mit einer Sozialpolitik, die vor allem die wirtschaftlichen Folgen der als weitgehend unveränderbar angesehenen Sozialrisiken abzufangen hätte, es aber vermeidet, ihr strategisches Konzept auf eine Änderung krankmachender Strukturen der Gesellschaft auszudehnen. Allerdings ist schon in den ersten Nachkriegsjahren prinzipiell anerkannt worden, diese Krankenversicherungskonzeption Bismarcks grundlegend zu ändern; zu einer Neuorientierung der staatlichen Gesundheits- und Sozialpolitik ist es trotzdem nicht gekommen.

In der historischen Entwicklung der gesetzlichen Krankenversicherung der letzten drei Jahrzehnte spiegelt sich diese Situation erkennbar wider. Es soll daher nachstehend in notwendigerweise groben Zügen auf diese Entwicklung eingegangen werden.

## Restaurationsphase

Die Entwicklung des Krankenversicherungswesens in der Zeit nach dem politischen Zusammenbruch des Nationalsozialismus Anfang des Jahres 1945 bis zur heutigen Zeit ist in etwa drei gleich langen zeitlichen Phasen verlaufen. Die erste Phase umfaßt die Jahre von 1945 bis 1955 und läßt sich am besten als die »Restaurationsphase« charakterisieren. Die Ausgangslage im Jahre 1945 mit ihrem hohen Bedarf an ärztlicher Versorgung machte eine rasche Wiederherstellung der Funktionsfähigkeit der Krankenkassen auf örtlicher Ebene erforderlich, was sich verständlicherweise nur auf der noch vorhandenen Struktur der Kassenorganisation erreichen ließ, zumal ein neues Organisationskonzept in den ersten Stunden des Wiederaufbaus nicht vorhanden war. Es gibt keinen Zweifel, daß der rasche Aufbau der Krankenkassen viel dazu beigetragen hat, die materielle Not der breiten Massen des Volkes schnell zu beheben. Große Verdienste hat sich hierbei auch die Ärzteschaft erworben, durch deren Opferbereitschaft die medizinische Versorgung aufrecht erhaltenwerden konnte. Ein systematischer Aufbau des medizinischen Versorgungssystems unter verstärkter Ausformung demokratischer Prinzipien hätte dagegen nur durch eine »radikale« Veränderung des Krankenversicherungswesens erfolgen können. Die hierfür erforderliche Gesetzgebungsgewalt war jedoch im besetzten Deutschland auf den »Kontrollrat in Deutschland« mit Sitz in Berlin übergegangen. Unter seiner Regie wurden zwar erste Entwürfe für eine einheitliche Sozialversicherung entwickelt, die jedoch mit seiner Auflösung im Jahre 1948 bis auf Großberlin Makulatur blieben. In der britischen Besatzungszone entwickelte das errichtete »Zentralamt für Arbeit« in Lemgo ebenfalls Reformansätze, während im amerikanischen Besatzungsgebiet der Länderrat den Aufbau der Sozialversicherung auf der bestehenden Struktur forcierte. In der französischen Zone wurden durch Besatzerrecht die Ersatz-, Land-, Betriebs- und Innungskrankenkassen zugunsten der Ortskrankenkassen aufgelöst. In Berlin wurde die „Sozialversicherungsanstalt Berlin« als Träger der gesamten Sozialversicherung errichtet. Diese Sonderentwicklungen wurden jedoch bald wieder rückgängig gemacht, in der französischen Zone im Jahre 1949 und in Westberlin nach der Errichtung der Bundesrepublik bis zum Jahre 1957. Dies alles vollzog sich auf der existent gebliebenen alten, wenn auch »entnazifizierten« Rechtsordnung, die noch heute zur Anwendung kommt. Als mit dem Grundgesetz im Jahre 1949 die Rechtseinheit wieder hergestellt werden konnte, wurden für die Sozialversicherungsgesetzgebung Bund und Länder zuständig. Als eine der ersten Maßnahmen, die sämtliche Versicherungszweige berührte, wurde auf Grund des Artikels 127 GG durch Verordnung der Bundesregierung vom Mai 1950 [1] das Sozialversicherungsrecht des Vereinigten Wirtschaftsgebiets (britische und amerikanische Zone) auf das gesamte Bundesgebiet ausgedehnt.

Das erste größere Gesetzeswerk, das »Gesetz über die Selbstverwaltung und Änderungen auf dem Gebiete der Sozialversicherung« vom 22. 2. 1951, stellte auch für die Krankenkassen weitgehend den Rechtszustand vor dem Jahre 1933 wieder her. In der Begründung des Gesetzentwurfes wurde darauf hingewiesen, daß damit sechs Jahre nach Kriegsende die aus der Zeit des Nationalsozialismus verbliebene autoritäre Verwaltung vieler Sozialversicherungsträger endlich beseitigt ist und daß die in der Wirtschaft maßgebenden Faktoren der Arbeitnehmer und Arbeitgeber in höherem Maße als in der Vergangenheit jetzt auch die Sozialversicherung in eigener Verantwortlichkeit übernehmen können. »Die Sozialversicherung der Zukunft muß von dem Gedanken der sozialen Gerechtigkeit in der Wirtschaft getragen werden.« [2] Diesem neuen »Sozialpartnermodell« sind allerdings heftige parlamentarische Auseinandersetzungen mit der SPD-Fraktion im Bundestag vorausgegangen, die eine überwiegende Beteiligung der Versicherten an der Selbstverwaltung gefordert hatte; diese Ansätze zur Verschiebung der Machtverhältnisse zugunsten der Arbeitnehmer sind jedoch genauso gescheitert wie die vorausgegangenen gleichgerichteten Entwürfe des Zentralamts für Arbeit in der britischen Zone und einer Arbeitsgemeinschaft der britischen und amerikanischen Zone für Sozialversicherung in den Jahren 1946 bis 1948.

Mit einem weiteren Gesetz, dem »Gesetz über Kassenarztrecht« vom 17. 8. 1955, wurde die Nachkriegsentwicklung im Bereich der Krankenversicherung abgeschlossen. Grundlage des neuen Kassenarztrechts wurde die bereits in den Jahren 1930 bis 1935 verrechtlichte Aufgabe der Kassenärztlichen Vereinigungen, die medizinische Versorgung im ambulanten Bereich zusammen mit den Ärzten sicherzustellen. Damit war das hartnäckig über Jahrzehnte hinweg verfolgte berufspolitische Ziel, die autonome Stellung des Arztes im Krankenversicherungssystem rechtlich voll abzusichern,

1 Verordnung über die Erstreckung von Sozial-Versicherungs-Recht der Verwaltung des Vereinigten Wirtschaftsgebietes auf die Länder Baden, Rheinland-Pfalz, Württemberg-Hohenzollern und den bayerischen Kreis Lindau vom 12. 5. 1950 (BGBl. I, S. 179).

2 Bundestags-Drucksache Nr. 444 vom 20. 1. 1950.

erreicht. Der erste Schritt in diese Richtung war mit der Gesetzgebung zur Schaffung der Reichsversicherungsordnung im Jahre 1911 erfolgt; seit dieser Zeit mußten die Rechtsbeziehungen der Kassen zu den Ärzten auf Vertragsbasis geregelt werden. Mit dem sogenannten Berliner Abkommen vom Jahre 1913 erhielten die Ärzte die gleichberechtigte Mitwirkung bei der Wahl der Kassenärzte und bei der Gestaltung der Vertragsbedingungen. Die Verordnung über Ärzte und Krankenkassen vom 30. 10. 1923 brachte die erste gesetzliche Regelung des Kassenarztrechts; ein Reichsausschuß für Ärzte und Krankenkassen hatte Richtlinien für Ärzteverträge und Zulassungen zu erlassen. Im Rahmen der Notverordnungen im Jahre 1932 kam es schließlich zur kollektiv-rechtlichen Ausgestaltung des Vertragsrechts; es waren Gesamtvergütungsverträge abzuschließen, wobei sich der Vergütungsanspruch des Arztes an die Kassenärztliche Vereinigung richtete. Der Einfluß der Kassen auf die Steuerung der medizinischen Versorgung wurde tendenziell noch weiter vermindert, als im Jahre 1935 die Verantwortung für die ordnungsgemäße ärztliche Versorgung völlig auf die Kassenärztliche Vereinigung überging. Diese geschichtliche Entwicklung führte dazu, daß die Kassen im medizinischen Versorgungssystem ihre früher ausgeübten Funktionen weitgehend einbüßten. Erst im Jahre 1976 konnte durch das »Gesetz zur Weiterentwicklung des Kassenarztrechts« eine Positionsverbesserung der Kassen dadurch erreicht werden, daß sie künftig an der gesetzlich vorgeschriebenen Bedarfsplanung und Zulassungssteuerung der Ärzte im Falle der Unterversorgung gleichberechtigt mitwirken können. Das Kassenarztrecht führt auch dadurch zu einer deutlichen Schwächung der Position der Kassen bei der Durchsetzung der Versicherteninteressen, daß die Ersatzkassen nicht in das neue Rechtssystem einbezogen sind. Zum einen schwächt dies bis heute das Argument der Kassenärztlichen Vereinigungen, die ambulante medizinische Versorgung am optimalsten mit dem geltenden Kassenarztrecht sicherstellen zu können, weil schließlich doch rd. 30 % der Versicherten außerhalb dieses Regelungsbereiches bleiben und offensichtlich keine Nachteile haben. Zum anderen kommt es dadurch zu einer Zersplitterung der Position der Krankenkassen gegenüber den Kassenärztlichen Vereinigungen insbesondere bei der Regelung von Vergütungen, obwohl es gerade hier mangels marktwirtschaftlicher Preisbildungsmechanismen auf eine gleichgewichtige Marktgegenmacht ankommt.

Diese Nachkriegsgesetzgebung verfestigte die »Restauration« der aus dem politischen und wirschaftlichen Zusammenbruch »geretteten« Krankenversorgungsstrukturen. Politische Neuordnungskonzepte, die auf eine Vereinheitlichung der Sozialversicherung und auf eine verstärkte demokratische Mitwirkung der Versicherten abzielten, hatten außer in Berlin keine Realisierungschance. Es lassen sich hierfür drei Gründe erkennen: eine neue, vereinheitlichte Verwaltungsorganisation aufzubauen machte in einer Zeit, in der es zunächst darauf ankam, schnell und unbürokratisch zu helfen, große praktische Schwierigkeiten; außerdem konnten die demokratischen Reformer ihr auf Zentralisierung und Vereinheitlichung angelegtes Neuordnungskonzept nicht ohne weiteres durch Fortsetzung der im Dritten Reich vorhanden gewesenen Zentralisierungstendenzen verwirklichen, obwohl diese Zentralisierung eine völlig andere politische Zielsetzung gehabt hatte; und schließlich waren in den Ländern zunehmend sozialkonservative Kräfte an politischen Entscheidungen beteiligt, die sich durch »Zeitgewinn« eine bessere Ausgangsposition verschafften, um die tradierte Gliederung der Sozialversicherung im Prinzip unverändert beibehalten und den Einfluß der Gewerkschaften auf eine paritätische Beteiligung in der Selbstverwaltung begrenzen zu können. Aus der Sicht dieser Nachkriegsjahre wird auch verständlich, daß die sozialpartnerschaftliche Selbstverwaltungskonzeption auch Anhänger in der christlich-demokratischen Arbeitnehmerschaft fand. Sie sahen in der prinzipiell gleichberechtigten Mitwirkung der Arbeitgeberverbände und Gewerkschaften in der Sozialversicherung eine Ausdehnung der Gestaltungsrechte im Wirtschaftsleben auf den Sozialbereich. Diese Konzeption stößt aber schon dadurch an Grenzen, weil sich inzwischen die Sozialversicherung prinzipiell für alle Bevölkerungsgruppen geöffnet hat und damit die Beschränkung der Versicherung auf das »Beschäftigungsverhältnis« aufgebrochen hat. Die Beschränkung der Selbstverwaltung auf das »Sozialpartner-Modell« gibt daher in einer offenen, pluralistisch ausgelegten demokratischen Gesellschaft, deren soziale Sicherung fast ausschließlich durch die Sozialversicherung erfolgt, zunehmend zu Fragen Anlaß.

## Soziale Konfliktsphase

In einem 2. Zehnjahresabschnitt, in den Jahren 1955 bis 1965, entwickelte sich die gesetzliche Krankenversicherung zunehmend zu einem Bereich sozialer Konflikte. Diese »Konfliktsphase« war durch das politische Unvermögen, die Anfang der 50er Jahre angekündigte »Sozialreform« nach Abschluß der Arbeiten zur Rentenreform im Jahre 1957 auf den Gesundheitsbereich oder zumindest auf die gesetzliche Krankenversicherung auszudehnen, vorprogrammiert. Schon im Jahre 1955 war ein »Ausschuß für Fragen der Krankheitsbekämpfung einschließlich der Krankenversicherung« gebildet worden. In der Regierungserklärung im Jahre 1957 war die Fortsetzung der Sozialreform durch Vorlage eines Entwurfs zur Neuordnung der Krankenversicherung angekündigt worden. Ein Referentenentwurf wurde im Dezember 1958 und der Regierungsentwurf ein Jahr später vorgelegt. Das Kernstück der Vorlage war der Übergang zur Vergütung der Ärzte nach Einzelleistungen und die damit verknüpfte Zuzahlung des Patienten an jeder erbrachten ärztlichen Einzelleistung von DM 1,50. Mit dieser Neuregelung sollte der Versicherte motiviert werden, die ärztliche Beratung und Hilfe nicht »leichtfertig« in Anspruch zu nehmen und bei der Inanspruchnahme des Arztes finanziell daran interessiert zu sein, daß der Arzt seine Leistungen nicht »ungerechtfertigt« ausweitet. Der Entwurf ließ zwar die bestehende Organisation des Krankenversicherungswesens unberührt, bezog aber doch die Ersatzkassen in das Krankenversicherungsrecht einschließlich des Kassenarztrechts ein. Eine Reform des Finanzierungssystems der Krankenkassen war dagegen nicht vorgesehen. Der Gesetzentwurf wurde vor allem von den Ärzten und den Gewerkschaften wegen seiner offensichtlichen schweren Mängel hinsichtlich der ärztlichen Betreuung der Bevölkerung strikt abgelehnt. Im Bundestag scheiterte der Entwurf an der SPD-Fraktion und an der fehlenden Zustimmung der übrigen Fraktionen im Februar 1961. Die SPD-Fraktion hatte bereits im Juni

1960 den Entwurf eines Gesetzes über vordringliche Maßnahmen in der gesetzlichen Krankenversicherung eingebracht, der ebenfalls nicht weiterberaten wurde. Schließlich kam es auf Initiativen der Fraktionen im Mai 1961 zur Verabschiedung eines Änderungsgesetzes, mit dem vor allem die Geldleistungen im Falle der Arbeitsunfähigkeit verbessert wurden.[3]
Die Bundesregierung legte trotz ihres Fehlschlages im Oktober 1962 erneut einen Gesetzentwurf zur Neuregelung der Krankenversicherung vor, der im Kern unverändert war. Die Kostenbeteiligung der Versicherten sollte jetzt durch einen besonderen Beitrag von 2 % erfolgen. Zur besseren politischen Durchsetzung wurde dieser Entwurf mit einem Gesetzentwurf zur Einführung der Lohnfortzahlung an kranke Arbeiter und einem Bundeskindergeldentwurf verknüpft. Dieses »Sozialpaket« stieß nochmals auf erheblichen politischen Widerstand aller relevanten Sozialgruppen. Im Januar 1963 begannen die parlamentarischen Beratungen, die schließlich Ende 1964 aufgegeben wurden. Ein Antrag der SPD-Fraktion, eine Sachverständigenkommission für die Krankenversicherungsreform einzusetzen, wurde zwar im Oktober 1963 abgelehnt, im April 1964 kam es jedoch zu dem Beschluß, eine Sozialenquête-Kommission einzusetzen. Bundesarbeitsminister Blank schied im Jahre 1965 aus dem Bundeskabinett aus.
Die 2. Phase der Entwicklung der Krankenversicherung endete mit einem völligen Scheitern aller gesetzgeberischer Neuordnungsversuche. Dieser »Fehlschlag« war von den Gewerkschaften, Ärzten und der seinerzeitigen parlamentarischen Opposition, der SPD, in Kauf genommen worden, um die gesundheitspolitisch falsche Weichenstellung der Regierungsvorlagen zu verhindern. Diese politische Abwehrposition ließ es nicht zu, eine Neuordnung des Krankenversicherungswesens einzuleiten, obwohl dessen Reformbedürftigkeit allgemein anerkannt worden war. Allerdings hatten die Gesetzesentwürfe nur vereinzelt Ansätze, die geeignet waren, den erforderlichen strukturellen Wandel von der Krankenhilfe zur Gesundheitssicherung in die Wege zu leiten. Auch die schon für die 50er und 60er Jahre erforderlich gewesene Ausdehnung des Versicherungsschutzes auf weitere Bevölkerungsgruppen, wie z. B. auf die Landwirte, Studenten und Behinderte, wurde nicht angestrebt. Die Krankenversicherung sollte wegen ordnungspolitischer Vorstellungen auf den Kreis sogenannter Schutzbedürftiger eingeengt bleiben, obwohl ein Sicherungsbedürfnis gegen die Folgen von Erkrankungen nahezu für alle Bürger bestand. Völlig unbeachtet blieb auch, daß die Krankenkassen instand gesetzt werden mußten, an der Planung und Steuerung des medizinischen Versorgungssystems zur Verbesserung der Effizienz und zur Begrenzung des finanziellen Aufwands mitzuwirken. Diese Fragen stellten sich daher sozusagen verspätet, aber um so dringlicher, Mitte der 70er Jahre. Auch die Fragen nach verbesserten medizinischen Versorgungsstrukturen, einer effektiveren Verzahnung der einzelnen Versorgungsbereiche, blieben unberücksichtigt und daher auch ungelöst. Schließlich ist aus dieser Zeit eine außerordentlich hohe Sensibilisierung des Themas Krankenhausversicherungsreform zurückgeblieben, was sich insbesondere bei den Kassenärzten und Gewerkschaften bis auf den heutigen Tag erhalten hat.

3 Gesetz zur Änderung und Ergänzung des Gesetzes zur Verbesserung der wirtschaftlichen Sicherung der Arbeiter im Krankheitsfalle vom 12. 7. 1961 (BGBl. I, S. 913).

Weiterentwicklungsphase

Erst in einer 3. Phase, in den Jahren ab 1965 konnte die Weiterentwicklung der Krankenversicherung vorbereitet und in Gang gesetzt werden. Diese »Weiterentwicklungs-Phase« der Krankenversicherung wurde durch die Vorlage des Berichtes der Sozialenquête-Kommission im Juli 1966 nicht besonders gefördert. Das Kapitel über die Sicherung im Krankheitsfall war zu widersprüchlich dargestellt. Auf der einen Seite attestierte man dem GKV-System »imponierende Geschlossenheit und innere Konsequenz«, die Mängel und Schwächen fanden sich im wesentlichen nur in Randgebieten; andererseits ließ sich »der Verdacht, daß das System teurer ist als nötig, nicht leicht abweisen«; auch wurde dargelegt, daß das Problem der Arzthonorierung »das entscheidende Problem einer Reform der gesetzlichen Krankenversicherung« sein dürfte.[4]

Ein wesentlicher Anstoß zur Weiterentwicklung der gesetzlichen Krankenversicherung ging erst von der im Juli 1969 beschlossenen und ab 1. Januar 1970 in Kraft getretenen Lohnfortzahlung an kranke Arbeiter durch die Arbeitgeber aus. Zum ersten Mal war ein solcher, auf Gleichbehandlung der Arbeiter mit den Angestellten bei Arbeitsunfähigkeit abzielender Gesetzesvorschlag im Jahre 1955 von der SPD-Fraktion in den Deutschen Bundestag eingebracht worden. Das Lohnfortzahlungsgesetz [5], das von der »großen Regierungskoalition« unter Bundesarbeitsminister Katzer beschlossen wurde, führte zu einer deutlichen finanziellen Entlastung der Krankenkassen; die Ausgaben für die wirtschaftliche Sicherung der Kranken ging je Mitglied von DM 194,— im Jahre 1969 auf DM 109,— im Jahre 1970 zurück; die Gesamtersparnis betrug über 2 Mrd. DM; der durchschnittliche Beitragssatz reduzierte sich von 10,6 v. H. auf 8,1 v. H. Das »Lohnfortzahlungsgesetz« verminderte gleichzeitig das Interesse der Kassen an der ohnehin recht unergiebigen, vielfach schematisch gehandhabten Kontrolle der Arbeitsunfähigen durch den Vertrauensärztlichen Dienst. Trotzdem kam es nicht zu einem generellen Anstieg des Krankenstandes, wie sich aus einem Erfahrungsbericht der Bundesregierung ergibt.[6] Auch die mit der Einführung der Lohnfortzahlung verknüpfte Beitragsrückgewähr für nicht in Anspruch genommene Krankenscheine hat nicht zu dem erhofften dämpfenden Einfluß auf die Kostenentwicklung geführt.[7]

Die Weiterentwicklung der sozialen Krankenversicherung wurde Anfang des Jahres 1970 von Bundesarbeitsminister Arendt aufgenommen. Grundlage war ein im Bundesarbeitsministerium nach Prioritäten aufgestelltes »Entwicklungsprogramm«, das von einer eingesetzten »Sachverständigen-

4 Bericht der Sozialenquête-Kommission, Soziale Sicherung in der Bundesrepublik Deutschland, Verlag Kohlhammer, S. 198 ff.

5 Gesetz über die Fortzahlung des Arbeitsentgelts im Krankheitsfalle und über Änderungen des Rechts der gesetzlichen Krankenversicherung vom 27. 7. 1969 (BGBl. I, S. 946).

6 Bericht über die Erfahrungen mit der Begutachtung der Arbeitsunfähigkeit durch den Vertrauensärztlichen Dienst (VäD) und über das Zusammenwirken der Kassenärzte (Kassenzahnärzte), der Krankenkassen und des VäD (Bundestags-Drucks. VI/3200).

7 Bericht über die Erfahrungen mit dem neugefaßten § 188 der RVO (Zahlung einer Prämie für nicht in Anspruch genommene ärztliche Behandlung und Krankenhauspflege — Krankenscheinprämie) — Bundesrats-Drucksache 98/72.

kommission« politisch und fachlich beraten worden ist. Als vorrangige Ziele wurden festgelegt:
- die Entwicklung einer medizinischen Versorgungsstruktur im ambulanten Bereich, die eine gleichmäßige ärztliche Versorgung vor allem im ländlichen Bereich sicherstellt;
- die Ausdehnung der Krankenhilfe der Krankenkassen auf Maßnahmen zur Früherkennung von Krankheiten;
- die Einbeziehung weiterer Personenkreise in den Versicherungsschutz unter laufender Anpassung der Versicherungspflichtgrenze für Angestellte an die wirtschaftliche Entwicklung;
- die Sicherung eines finanziellen Gleichgewichts durch eine aufeinander abgestimmte Ausgaben- und Einnahmenentwicklung unter Stärkung der Position der Krankenkassen;
- die Kodifizierung des Krankenversicherungsrechts, das seit langem unübersichtlich und auch widersprüchlich geworden war.

Die »Sachverständigenkommission zur Weiterentwicklung der sozialen Krankenversicherung« wurde unter Vorsitz von Prof. Dr. Bogs sen. im April 1970 konstituiert; es gehörten ihr als unabhängige Sachverständige an: je 3 Vertreter der Gewerkschaften, der Arbeitgeber, der Krankenkassen und der Ärzte sowie 8 Wissenschaftler.

Die »Sachverständigenkommission« hat folgende Empfehlungen beschlossen und dem Bundesarbeitsministerium vorgelegt:

a) zum Personenkreis
   - Einführung einer Pflichtversicherung für Landwirte,
   - Einführung einer Pflichtversicherung für Studenten und sonstiger Personen in Ausbildung und Beruf;

b) zum Leistungsrecht
   - Einführung von Untersuchungen zur Früherkennung von Krankheiten als Pflichtleistung der gesetzlichen Krankenversicherung, und zwar
     - zunächst: Kinderprogramm und Erkennung von Krebs bei Männern und Frauen und
     - als weitere Maßnahmen: Erkennung von Herz-/Kreislaufschäden,
   - Einbeziehung der Krankenkassen als Träger der Rehabilitation,
   - Versorgung der Versicherten mit Zahnersatz;

c) zur kassenärztlichen Versorgung
   - Vorschläge zur Verbesserung der Sicherstellung der kassenärztlichen/kassenzahnärztlichen Versorgung in ländlichen Gebieten und in Stadtrandgebieten sowie
   - zur einheitlichen Zulassung von Ärzten und Zahnärzten zu den RVO- und Ersatzkassen,
   - Vorschläge zur Verbesserung der Position der Krankenkassen auf dem Arzneimittelmarkt;

d) zur Finanzierung
   - Abschaffung der Prämie für nicht in Anspruch genommene ärztliche Behandlung und Krankenhauspflege,
   - Neuregelung der Krankenversicherung der Rentner;

e) zum Vertrauensärztlichen Dienst
   - ein Thesenpapier über Aufgaben und Organisation eines einheit-

lichen und gemeinsamen sozialmedizinischen Dienstes der Träger der Sozialversicherung;

f) zur Funktionstüchtigkeit der Krankenkassen
   - verstärkter Einsatz der EDV in der Krankenversicherung, insbesondere auch durch Verwendung einer Versicherungsnummer für die Versicherten und mitversicherten Familienangehörigen,
   - Einführung eines Versichertenausweises in der gesetzlichen Krankenversicherung,
   - Beachtung einer EDV-gerechten Gesetzgebung,
   - Empfehlung zum Datenschutz in der GKV.

Vorarbeiten zur Kodifizierung des Krankenversicherungsrechts sind im Oktober 1976 von einem Ausschuß der Sachverständigenkommission abgeschlossen worden. Die Kodifizierung selbst erfolgt durch die hierfür zuständige Sozialgesetzbuchkommission.

Die Weiterentwicklung der gesetzlichen Krankenversicherung erfolgte durch Vorlage von Gesetzentwürfen der Bundesregierung möglichst parallel zu den Beratungen der Sachverständigenkommission. Es sind bis zum Ende der 7. Legislaturperiode (Dezember 1976) folgende wesentliche Gesetze beschlossen worden:

- Gesetz zur Weiterentwicklung des Rechts der gesetzlichen Krankenversicherung (Zweites Krankenversicherungsänderungsgesetz) vom 21. 12. 1970 (BGBl. I S. 1770); das Gesetz regelt vor allem die ab 1. Juli 1971 obligatorischen Maßnahmen zur Früherkennung von Krankheiten und die ab 1. Januar 1971 generelle Beitrittsmöglichkeit von Angestellten und die Zahlung eines Arbeitgeberanteils zum Beitrag.
- Gesetz zur Weiterentwicklung des Rechts der gesetzlichen Krankenversicherung (Gesetz über die Krankenversicherung der Landwirte) vom 10. 8. 1972 (BGBl. I S. 1433); mit diesem Gesetz sind ab 1. Oktober 1972 sämtliche landwirtschaftlichen Unternehmer, mitarbeitende Familienangehörige und Altenteiler in der Krankenversicherung der Landwirte pflichtversichert worden; sie erhalten generell die gleichen Leistungen wie in der allgemeinen Krankenversicherung; ergänzend ist die Betriebshilfe vorgesehen. Träger der Versicherung sind 19 landwirtschaftliche Krankenkassen als Selbstverwaltungskörperschaften; die Landkrankenkassen wurden mit den landwirtschaftlichen Kassen vereinigt.
- Gesetz zur Verbesserung von Leistungen in der gesetzlichen Krankenversicherung (Leistungsverbesserungsgesetz) vom 19. 12. 1973 (BGBl. I S. 1925); durch dieses Gesetz haben Versicherte unter bestimmten Voraussetzungen ab 1. Januar 1974 Anspruch auf Haushaltshilfe bei Krankenhaus- und Kuraufenthalt und Krankengeld bei Erkrankung eines Kindes; die Krankenhauspflege ist zeitlich unbegrenzt zu gewähren.
- Gesetz über die Angleichung der Leistungen zur Rehabilitation vom 7. 8. 1974 (BGBl. I S. 1881); mit diesem Gesetz sind ab 1. Oktober 1974 vor allem medizinische Rehabilitationsleistungen in die Leistungspflicht der Krankenkassen aufgenommen worden, die insbesondere den bislang nicht ausreichend versorgten Familienangehörigen zugute kommen.
- Gesetz über die Krankenversicherung der Studenten vom 24. 6. 1975 (BGBl. I S. 1536); dieses Gesetz sieht ab 1. 9. bzw. 1. 10. 1975 eine obligatorische Einbeziehung aller Studenten in den gesetzlichen Kranken-

versicherungsschutz vor, soweit sie nicht bereits durch die Familienhilfe geschützt sind; als sozial tragbarer Beitrag sind 5 % des jeweiligen Ausbildungsförderungsbetrages (Beitrag für 1975: DM 25,—) zu zahlen.

— Gesetz über ergänzende Maßnahmen zum 5. Strafrechtsreformgesetz (Strafrechtsreform-Ergänzungsgesetz) vom 28. 8. 1975 (BGBl. I S. 2289); als »sonstige Hilfen« erhalten ab 1. 12. 1975 Versicherte ärztliche Beratung zur Empfängnisregelung, Leistungen bei Sterilisation und Schwangerschaftsabbruch.

— Gesetz zur Weiterentwicklung des Kassenarztrechts vom 28. 12. 1976 (BGBl. I S. 3871); dieses Gesetz sieht vor allem die Einführung einer Bedarfsplanung für die (ambulante) kassenärztliche Tätigkeit und besondere Maßnahmen für eine gleichmäßige ärztliche Versorgung der Bevölkerung vor.

Die gesetzliche Krankenversicherung ist in den letzten fünf Jahren durch weitere gesetzliche Änderungen für besonders sozial schwache Personengruppen geöffnet worden, wie für Schwerbehinderte ab 1. Juli 1975, für Behinderte nach dem Gesetz über die Sozialversicherung Behinderter vom 7. 5. 1975 (BGBl. I S. 1061); mit einer Regelung des Sozialversicherungsschutzes für Künstler ist in Kürze zu rechnen. Angesichts dieses umfassenden Versicherungsschutzes — die Versicherungsdichte beträgt jetzt. rd. 92 % der Gesamtbevölkerung —, dürfte z. Zt. kein sozialpolitisches Bedürfnis bestehen, weitere Personengruppen in die gesetzliche Krankenversicherung einzubeziehen. Allerdings hinterläßt die in den letzten Jahren forciert erfolgte Einbeziehung von Personengruppen mit einem relativ hohen Krankheitsrisiko das strukturelle Problem einer ungleichen Verteilung der Risiken auf die einzelnen Krankenkassen. Dieses Problem besteht auch für die als Rentner krankenversicherten Mitglieder. Der im Oktober 1974 von der Bundesregierung gemachte Vorschlag, die Aufwendungen für die Rentnerkrankenversicherung durch einen Belastungsausgleich unter allen Krankenkassen möglichst gleichmäßig zu verteilen, konnte im Bundestag nicht abschließend beraten werden, so daß dieses Problem in der 8. Legislaturperiode zu lösen ist.

In den letzten Jahren der »Weiterentwicklungs-Phase« der Krankenversicherung kam es durch eine äußerst expansive Ausgabenentwicklung bei gleichzeitiger Verlangsamung des laufenden Einnahmenanstiegs als Folge der wirtschaftlichen Rezession im Jahre 1975 zu einer kritischen Finanzierungssituation. Die Ausgaben der Krankenkassen erhöhten sich im Durchschnitt der Jahre 1970 bis 1975 um + 17,2 v. H. gegenüber + 8,5 v. H. in den Jahren 1965 bis 1970. Der durch laufende Einnahmen nicht finanzierte Ausgabenüberhang mußte vor allem in den Jahren 1972, 1975 und Anfang des Jahres 1976 durch eine sprunghafte Beitragssatzerhöhung ausgeglichen werden. Mit 10,4 v. H. im Jahre 1975 erreichte der Beitragssatz den Stand vor Einführung der Lohnfortzahlung durch die Arbeitgeber im Jahre 1969 mit 10,6 v. H.; im Jahre 1976 stieg der Beitragssatz bereits auf rd. 11,3 v. H. Diese äußerst ungünstige finanzielle Entwicklung führte auch zu einem ständig steigenden Anteil der Aufwendungen der gesetzlichen Krankenversicherung am Bruttosozialprodukt; betrug im Jahre 1960 dieser Anteil 3,1 v. H. und im Jahre 1965 noch 3,4 v. H., so erhöhte er sich trotz Entlastung der Kassen durch die Lohnfortzahlung im Jahre 1970 auf 3,7 v. H. und schließlich im Jahre 1975 auf 5,9 v. H. Eine eingehende

Ursachenanalyse läßt erkennen, daß die zunehmende Verteuerung der Gesundheitsleistungen neben einigen vorübergehenden Sonderfaktoren vor allem eine Folge nicht funktionierender Preisbildungsmechanismen im Gesundheitssystem ist; dies zeigt sich darin, daß dem relativ starken Angebotsdruck der Anbieter von Gesundheitsleistungen die Versicherten und ihre Krankenkassen weitgehend ohne Gegenmacht gegenüberstehen. Diese Konstellation führt zu einem systembedingten Steuerungsdefizit, das zwar durch eine energische und verantwortungsvolle Kostendämpfungspolitik aller Beteiligten in den Jahren 1975/1976 zunächst aufgefangen werden konnte, das aber im Verlauf des wirtschaftlichen Aufschwungs erneut Anlaß zu finanziellen Schwierigkeiten geben wird.

Der Gesetzgeber steht angesichts der Gefahr, daß die expansive Kostenentwicklung Ende des Jahres 1977 wieder voll einsetzen kann, vor schwierigen politischen Entscheidungen. Die Auffassung, daß sich ohne eine durchgreifende Strukturreform im gesamten Gesundheitswesen keine ausreichende Effizienz des Gesundheitssystems und keine angemessene Begrenzung des immer noch steigenden Mittelaufwands erreichen läßt, ist bei vielen Beteiligten vorhanden. Selbst in der Ärzteschaft gibt es ein beachtliches Reformpotential, wenngleich nicht zu übersehen ist, daß ihre Therapievorschläge vielfach problematisch bleiben. Allerdings hat auch diese Gesellschaftsgruppe, die durch die notwendigen Reformen im Gesundheitswesen möglicherweise ein gewisses Berufsrisiko trägt, Anspruch darauf, von den verantwortlichen Politikern rechtzeitig zu erfahren, welche Ziele angestrebt werden. Es wäre jedenfalls angebracht, vor den notwendigen Veränderungen deutlich zu machen, welche Ziele ausgeschlossen sein sollen. Von seiten der Regierungskoalition ist wiederholt klargestellt worden, daß nicht beabsichtigt sei, die ambulante ärztliche Versorgung durch den Übergang zu einem staatlichen Gesundheitsdienst zu verändern und an dem freien, von der wirtschaftlichen Situation des Patienten unabhängigen Zugang zum medizinischen Versorgungssystem zu rütteln oder zu experimentieren. Auch eine Umorganisation der Krankenkassen auf eine Einheitsversicherung hin ist von vornherein ausgeschlossen worden.

Es sollte angesichts der hohen Kosten des medizinischen Versorgungssystems, die vor allem mit Beiträgen — und zwar auch in Zukunft mit noch steigenden Beiträgen — über die Krankenversicherung finanziert werden müssen, überlegt werden, ob künftig nahezu jede Nachfrage nach medizinischen Leistungen solidarisch von der Versichertengemeinschaft getragen werden muß. Bei der Versorgung mit Arzneimitteln, bei der Durchführung von Badekuren, bei der Abgrenzung der Zahnprothetik zu kosmetischen »Aufbesserungen« lassen sich diese Fragen vor allem stellen. Eine dadurch zu erzielende finanzielle Entlastung des Budgets der Krankenkassen sollte dazu genutzt werden, den weiteren medizinischen Fortschritt und seine Kosten mitzufinanzieren. Ohne die Einsicht der am System Beteiligten, daß beherzte Reformschritte erforderlich sind, läßt sich die Funktionsfähigkeit des über viele Jahrzehnte hinweg entwickelten Gesundheitssystems mit den stark ausgeprägten Elementen der Selbstverwaltung durch die Beteiligten kaum erhalten. Reformen, über deren Ziele grundsätzliches Einvernehmen besteht, dürften immer noch das beste Mittel sein, um Systemänderungen überflüssig zu machen. In dieser »Reformphase« wird die Krankenversicherung »Brennpunkt« des Gesundheitswesens bleiben.

# 7. Arbeitsschutz/Unfallversicherung

Helmut Schüssler

## Bedeutung und Stellenwert des Arbeitsschutzes im sozialpolitischen Kräftespiel der Bundesrepublik nach 1945

Der Rückblick in die Geschichte und die Entwicklung des Arbeitsschutzes der Zeit nach dem Zweiten Weltkrieg darf nicht den engen Zusammenhang dieses Bereichs der Sozialpolitik mit anderen Zweigen der sozialen Sicherheit außer acht lassen.
Dabei spielt der Stand der technischen Entwicklung seit dem Wiederaufbau der Wirtschaft in der Bundesrepublik Deutschland auf die Entwicklung des Arbeitsschutzes nicht nur hinsichtlich der Arbeitsschutzgesetzgebung eine besondere Rolle.
Von großer Bedeutung jedenfalls ist, daß die Entwicklung eines zum Teil beispielhaften Systems sozialer Sicherung, wie es zu Beginn des 20. Jahrhunderts für die in abhängiger Arbeit stehenden Arbeiter und Angestellten des ehemaligen deutschen Reichsgebietes Schritt für Schritt geschaffen wurde auf den Arbeitsschutz in einem Maße Einfluß nahm, der zuvor nicht exakt zu bestimmen war.
Die Ablösung der zivilrechtlichen Unternehmerhaftung für das Risiko des Arbeitsunfalls einschließlich der Berufskrankheiten mit all ihren Problemen bezüglich des Verschuldensnachweises zugunsten einer allumfassenden gesetzlichen Unfallversicherung, hat dabei für den Arbeitsschutz und seine fortschrittliche Entwicklung große Bedeutung.
Das heute in der Bundesrepublik Deutschland (BRD) bestehende und insgesamt bewährte abgestufte System staatlichen Arbeitsschutzrechts einerseits und autonomen Arbeitsschutzrechts der gesetzlichen Unfallversicherungsträger andererseits hat eine sinnvolle Ergänzung dadurch erfahren, als sogenannte technische Regelwerte vorhandene oder neu zu schaffende Normen den Arbeitsschutz insgesamt integrieren.

### So fing es an

Die ersten Jahre nach Beendigung des Krieges im Frühjahr 1945 bis zur Währungsreform im Sommer 1948 haben auf den Arbeitsschutz keinen Einfluß gehabt. Die kriegsbedingte Zerstörung so vieler Arbeitsstätten konnte erst ab 1950 weitgehend durch Wiederaufbau überwunden werden, eine Entwicklung, die für den Arbeitsschutz leider negative Auswirkungen hatte. Von 1950 bis 1960 stieg die Zahl angezeigter Arbeitsunfälle und Berufskrankheiten allein in der gewerblichen Wirtschaft von ca. 980.000 auf über 2,5 Millionen! Was war geschehen? War der Wiederaufbau der deutschen Wirtschaft ohne die notwendige Rücksicht auf Leben und Gesundheit der Arbeitnehmer vonstatten gegangen? Eine so pauschale Feststellung wird sicherlich den zum Teil vorbildlichen Anstrengungen in einer ganzen Reihe von Großbetrieben nicht gerecht, die unabhängig von der Tatsache, daß u. a. staatliche Vorschriften nicht oder noch nicht betriebliche Arbeitsschutzinvestitionen verlangten, auf freiwilliger Grundlage eine betriebliche Arbeitssicherheitsorganisation einrichteten.

Grundsätzlich ist jedoch festzustellen, daß die inzwischen allgemein anerkannte These, wonach Vorbeugen besser als Heilen ist, auch im Bereich des Arbeitsschutzes ebenso lange zu wenig Berücksichtigung fand, wie in der gesetzlichen Kranken- und Rentenversicherung.

## Ein beschwerlicher Weg

So bleibt dem Betrachter der Arbeitsschutz-Entwicklung der 50er Jahre im wesentlichen die Feststellung, daß weder die viel zu kleine Zahl staatlicher Gewerbeaufsichtsbeamter noch ihre Kollegen aus den technischen Aufsichts- und Beratungsdiensten der Berufsgenossenschaften über geeignete Mittel verfügten, dem Anstieg von Unfallhäufigkeit und Unfallschwere spürbar Einhalt bieten zu können.

Erst allmählich wurden organisatorische Änderungen im Aufbau und Tätigwerden der staatlichen Gewerbeaufsichtsämter durchgeführt, die durch verstärkte fachliche Gliederung ihre Aufsichts- und Beratungsaufgaben effektiver gestalteten.

Hinzu kam, daß das vorhandene Vorschriftenwerk zum großen Teil antiquiert war, so daß erfolgversprechendes Tätigwerden der staatlichen und berufsgenossenschaftlichen Stellen zusätzlich belastet war. Außerdem wachte eine bürokratisch mit strengem fiskalischen Anstrich versehene Aufsichtsbehörde darüber, daß die Träger der gesetzlichen Unfallversicherung keine Unfallverhütungsanstrengungen machten, die über den in der Reichsversicherungsordnung beschriebenen Umfang hinausgingen.

## Mit allen geeigneten Mitteln

1957 wurde nach intensiven parlamentarischen Debatten die grundlegende Reform der gesetzlichen Arbeiter- und Angestelltenrenten-Versicherung verwirklicht, ein Neuordnungswerk, das auch für die gesetzliche Unfallversicherung Konsequenzen haben sollte. Nachdem der Grundsatz des »Verhüten ist besser als Vergüten« durch Verstärkung präventiver, gesundheitssichernder Maßnahmen in der gesetzlichen Rentenversicherung verwirklicht war, stand erfreulicherweise bei der Neuregelung der gesetzlichen Unfallversicherung nicht mehr nur die Verbesserung der Geldleistungen, sondern die der Unfallverhütungsmaßnahmen im Mittelpunkt.

Dadurch, daß ein spürbarer Gesinnungswandel innerhalb und zwischen den unterschiedlich orientierten gesellschaftspolitischen Gruppen der BRD gegen Ende der 50er bzw. zu Beginn der 60er Jahre eingetreten war, konnte ein neues Unfallversicherungsrecht geschaffen werden, das die Unfallverhütung zur wichtigsten Aufgabe der Berufsgenossenschaften und der Betriebe machte. Unfallverhütung ist nunmehr danach »mit allen geeigneten Mitteln« zu betreiben!

Sechs Forderungen sind vom Deutschen Bundestag dabei besonders herausgestellt worden:

1. In den Betrieben sollen Sicherheitsorgane geschaffen werden, in denen Betriebsrat und Betriebsleitung vertreten sind und vertrauensvoll zusammenarbeiten.
2. Das Interesse jedes Betriebes an einer erfolgreichen Unfallverhütung soll gestärkt werden. Hierzu müssen finanzielle Anreize geschaffen werden.
3. Die Unfallversicherungsträger, also die Berufsgenossenschaften, sollen gemeinsam Unfallursachenforschung betreiben. Die hieraus gewonnenen Erkenntnisse müssen der Unfallverhütungsarbeit dienen. Eine weitere Gemeinschaftsaufgabe besteht in der allgemeinen Aufklärung über die Unfallverhütung. Diese hat mit modernsten Mitteln zu erfolgen.
4. Die technische Aufsicht der Berufsgenossenschaften soll besser und öfter die Betriebe beraten.
5. Die arbeitsmedizinische Betreuung der Beschäftigten ist gemäß den heutigen Produktions- und Arbeitsverfahren zu verstärken.
6. Die Berichterstattung über das Unfallgeschehen soll verbessert werden. Die breiteste Öffentlichkeit soll erfahren, was auf dem Gebiet der Unfallverhütung versäumt und getan wird.

## Verstärkte Öffentlichkeitsarbeit

Vor allem durch die jährliche Vorlage eines Unfallverhütungsberichtes, mit dem die Bundesregierung über den Stand der Unfallverhütung und das Unfallgeschehen in der BRD zu berichten hat, gewinnt der Arbeitsschutz, was seinen Stellenwert im sozialpolitischen Kräftespiel angeht, erheblich. Dadurch, daß der Ausschuß für Sozialpolitik unter der engagierten Leitung des Abgeordneten Professor Dr. Schellenberg zu den beiden ersten Unfallverhütungsberichten öffentliche Informationssitzungen mit der Anhörung von Sachverständigen durchführte, sind Wege freigemacht worden, durch welche vielschichtige Initiativen im Interesse des Arbeitsschutzes überhaupt erst möglich wurden!

Das gilt nicht nur für neue gesetzliche Vorhaben, wie die Beratung und Verabschiedung des Gesetzes über technische Arbeitsmittel (Maschinenschutzgesetz), sondern vor allem auch für die Versachlichung der bis dahin oft widersprüchlichen Argumente vor allem zwischen Arbeitgeberverbänden und Gewerkschaften bzw. deren Sprechern.

Auch die Vertreter der paritätisch mit Versicherten und Arbeitgebern zusammengesetzten Selbstverwaltungsorgane der gesetzlichen Unfallversicherungsträger, die bis dahin meist hinter verschlossenen Türen ihre Beschlüsse gefaßt hatten, profitierten durch diese der Sache dienende Öffentlichkeitsarbeit, an der sie aktiv teilnahmen und entsprechend reagierten.

## Arbeitsschutz geht alle an

Die Tatsache, daß sich Politiker, Sozialpartner und betriebliche Arbeitsschutzfachleute näher kamen, hatte zahlreiche positive Auswirkungen. 1961 bereits kam es zum bundesweiten organisatorischen Zusammenschluß der verschiedenen im Arbeitsschutz tätigen Verbände und Behörden, der heute als Bundesarbeitsgemeinschaft für Arbeitssicherheit — Deutsche Gesellschaft für Arbeitsschutz — den in der Satzung festgelegten anspruchsvollen Zweck verfolgt, den Stand der Arbeitssicherheit zu verbessern. Damit dieses große Ziel erreicht wird, soll insbesondere die
- — Zusammenarbeit der Mitglieder unterstützt,
- — das öffentliche Interesse für die Arbeitssicherheit gefördert,
- — Unfallverhütungsmaßnahmen für Neulinge im Betrieb angeregt,
- — Maßnahmen zur Erhöhung der Sicherheit auf dem Arbeitsweg intensiviert,
- — regionale Arbeitsschutz-Gemeinschaftsgremien gefördert,
- — die Sicherheitserziehung im Kindesalter garantiert,
- — die Einbeziehung der Arbeitssicherheit in Lehre und Forschung gefördert,
- — Unfallverhütungsmaßnahmen in Schule, Heim und Freizeit durchgeführt werden.

Die Gemeinschaftsarbeit im Interesse der Arbeitssicherheit ist im übrigen durch weitere beispielhafte Aktivitäten und Maßnahmen begünstigt worden. Dazu gehören:
- — Die Durchführung von Arbeitsschutzkongressen und Tagungen.
- — Die Veranstaltung von bundesweiten oder regionalen Unfallverhütungsaktionen.
- — Die Entwicklung und Verbreitung von Arbeitsschutz-Informationshilfen für die betriebliche Praxis.
- — Die Zusammenarbeit mit Verbänden und Behörden im Interesse der Verkehrssicherheit und der Verhütung von Unfällen in Schule und Freizeit.

## Erfolge kamen nicht von selbst

Trotz allem bleibt die Feststellung, daß die insgesamt eigentlich schon zu Anfang der 60er Jahre erwarteten spürbaren Arbeitsschutzerfolge erst fast 10 Jahre später eingetreten sind. Das war ganz und gar nicht im Sinne derer, die mahnend und drängend eine rasche, günstige Entwicklung verlangten.

Dennoch bleibt festzustellen, daß angesichts des relativ großen Nachholbedarfs sowohl bei der Überarbeitung des Arbeitsschutz-Vorschriftenwerks als auch im Hinblick auf die Verbesserung der betrieblichen Arbeitssicherheitsorganisation nicht von heute auf morgen eine generelle Änderung der Situation zu erreichen war.

Der Gesetzgeber und die Bundesregierung haben, nachdem durch die Reform der gesetzlichen Unfallversicherung im Sommer 1963 die Weichen für die Unfallverhütung »mit allen geeigneten Mitteln« gestellt waren, Schritt für Schritt den Nachholbedarf auf gesetzlicher Arbeitsschutzebene erfüllt.

Dazu zählen:

- Die Verwaltungsvorschrift über das Zusammenwirken der technischen Aufsichtsbeamten der Träger der Unfallversicherung mit den Betriebsvertretungen vom 21. 6. 1968.
- Das Gesetz über technische Arbeitsmittel — allgemein Maschinenschutzgesetz genannt — vom 28. 6. 1968. Inkrafttreten: 1. 12. 1968.
- Die Arbeitstoffverordnung vom 17. 9. 1971 (in Kraft seit 1. 1. 1972), ergänzt durch Verordnung vom 8. 9. 1975 (in Kraft ab 1. 5. 1976).
- Das Betriebsverfassungsgesetz vom 15. 1. 1972 mit erweiterten Rechten der Arbeitnehmer zur Verbesserung des Arbeitsschutzes.
- Das Gesetz über Betriebsärzte, Sicherheitsingenieure und andere Fachkräfte für Arbeitssicherheit (Arbeitssicherheitsgesetz) vom 12. 12. 1973 (in Kraft seit 1. 12. 1974).
- Die Arbeitsstättenverordnung vom 20. 3. 1975 (in Kraft ab 1. 5. 1976).
- Das Gesetz zum Schutze der arbeitenden Jugend (Jugendarbeitsschutzgesetz) vom 12. 4. 1976 (in Kraft seit dem 1. 5. 1976).

Seit Mai 1976 bestehen keine staatlichen Arbeitsschutzvorschriften mehr, die vor dem Jahre 1968 erlassen worden sind!
Von Bedeutung ist, daß der Staat in vielen Fällen — in Übereinstimmung mit allen Beteiligten und Interessenten — sein Arbeitsschutzvorschriftenwerk im wesentlichen als Rahmengesetze bzw. -verordnungen erläßt, wobei Bezugnahme erfolgt auf allgemein anerkannte sicherheitstechnische, arbeitsmedizinische und hygienische Regeln sowie sonstige gesicherte arbeitswissenschaftliche Erkenntnisse.

## Staatliches Recht und private Normen

Die Abstellung auf technische Regelwerke, die unter Beteiligung aller betroffenen privaten und staatlichen Stellen bzw. Personengruppen erarbeitet wurden, hat den großen Vorteil, daß die neuen staatlichen Vorschriften flexibler gestaltet werden bzw. leichter und schneller der oft rasanten technischen und organisatorischen Entwicklung durch die jeweiligen Normsetzer angepaßt werden können.
Grundsätzliche staatliche Eingriffsmöglichkeiten sind jedoch möglich, weil die Anerkennung als allgemein anerkannte Regeln der Technik erst durch die Veröffentlichung der jeweiligen Norm im Bundesarbeitsblatt, Fachteil Arbeitsschutz, eintritt.
In diesem Zusammenhang ist auch von Wichtigkeit, daß im Juni 1975 zwischen Bundesregierung und dem Deutschen Institut für Normung (DIN) ein Vertrag geschlossen wurde, in dem vereinbart ist, daß in DIN-Normen zukünftig für Konstruktion und Beschaffenheit von Geräten und Maschinen Forderungen des Arbeits- und Gesundheitsschutzes berücksichtigt werden. Dadurch können staatliche Einzelregelungen weitgehend unterbleiben.
Dieser »neue Weg« für die konzeptionelle und materielle Gestaltung des staatlichen Arbeitsschutzrechtes stellt hohe Anforderungen an alle mit und an der Durchführung des betrieblichen Arbeitsschutzes Beteiligten!

## Sicherheitsfachkräfte und Betriebsärzte

Dadurch, daß die über den klassischen Unfallschutz hinausgehenden arbeitswissenschaftlichen Zielvorstellungen im Sinne der menschengerechten Gestaltung von Arbeitsplätzen und Arbeitsabläufen mehr und mehr Bedeutung erhalten, ist die betriebsnahe Unterstützung durch qualifizierte Sachverständige für die Betriebsarbeit unerläßlich.
Das hat der Gesetzgeber auch vor Augen gehabt, als er das neue Arbeitssicherheitsgesetz verabschiedete, wodurch die Betriebe und Verwaltungen gehalten sind, Sicherheitsfachkräfte und Betriebsärzte zur Durchführung des Arbeitsschutzes im Betrieb zu beschäftigen. Inzwischen haben eine große Zahl von Ausbildungseinrichtungen, insbesondere auch die gesetzlichen Unfallversicherungsträger, mit der erforderlichen Aus- und Weiterbildung von Arbeitssicherheitsfachkräften begonnen, nachdem die Bundesanstalt für Arbeitsschutz und Unfallforschung (BAU) eine für alle verbindliche Ausbildungskonzeption erarbeitet hatte. Auch diese wichtige Arbeit wurde unter Beteiligung aller Interessierten in relativ kurzer Zeit bewältigt.

## Die Wissenschaft soll unterstützen

All diese Anstrengungen sind seit Errichtung der BAU am 1. 1. 1972 durch finanzielle Unterstützung arbeitswissenschaftlicher Forschungsvorhaben gefördert worden; bis dahin lebte die sogenannte Unfallforschung im wesentlichen von betrieblicher und berufsgenossenschaftlicher Förderung. Zu Beginn der 7. Legislaturperiode des Deutschen Bundestages wurde ein Forschungsprogramm »Humanisierung des Arbeitslebens« durch Bundesarbeitsministerium und Bundesforschungsministerium vorgelegt, das bis 1979 ein finanzielles Volumen von fast 300 Millionen (!) DM vorsieht.
Das Programm ist von der Erkenntnis geleitet, daß der herkömmliche Arbeitsschutz, der sich in erster Linie auf den Schutz des Arbeitnehmers vor Arbeitsunfällen und Berufskrankheiten beschränkt, in unserer hochentwickelten Industrie- und Leistungsgesellschaft nicht mehr ausreicht.
Hauptziele des Forschungsprogramms sind:

1. Erarbeitung von Schutzdaten, Richtwerten, Mindestanforderungen an Maschinen, Anlagen und Arbeitsstätten.
2. Entwicklung von menschengerechten Arbeitstechnologien.
3. Erarbeitung von beispielhaften Vorschlägen und Modellen für die Arbeitsorganisation und die Gestaltung von Arbeitsplätzen.
4. Auswertung bereits vorliegender Forschungsergebnisse und Betriebserfahrungen.
5. Verbreitung und Anwendung arbeitswissenschaftlicher Erkenntnisse.

## Umsetzung der Erkenntnisse

Auch diese Aktivitäten sind Beweis dafür, daß im Mittelpunkt der zukünftigen Bemühungen, sowohl betrieblich als auch überbetrieblich, die praxisnahe Umsetzung der vorhandenen Erkenntnisse stehen wird. Ob und wie sich diese neue Strategie hinsichtlich Zahl und Schwere der Arbeitsunfälle

— einschließlich der berufsbedingten Erkrankungen — im weiteren Sinne auswirken wird, hängt von der Einstellung und Bereitschaft zur Mitarbeit aller Beteiligten ab.

## Gewerbeaufsicht und Berufsgenossenschaften

Auch die Tätigkeit der staatlichen und berufsgenossenschaftlichen Aufsichtsorgane wird neue und andere Schwerpunkte erhalten.
Friedrich Tentrop vom Ministerium für Arbeit, Gesundheit und Soziales des Landes Nordrhein-Westfalen hat Ende März 1976 anläßlich einer Fachtagung dazu u. a. geäußert:
»Wo die Eigenverantwortlichkeit institutionalisiert ist (Betriebsärzte, Sicherheitsfachkräfte, Betriebsrat), erübrigt sich die klassische Revision herkömmlicher Art. An ihre Stelle treten Stichproben zur Überprüfung dieser Eigenverantwortlichkeit.
Wo die Eigenverantwortlichkeit noch nicht institutionalisiert ist (vorwiegend Kleinbetriebe), bleibt es noch bei der alten Revision.
Das Gebiet der Arbeitswissenschaften und der Meßtechnik am Arbeitsplatz wird künftig verstärkt zur Aus- und Fortbildung gehören.«
Auch der Hauptverband der gewerblichen Berufsgenossenschaften hat neuerlich durch eine Untersuchung über die Schwere der Unfallfolgen nachgewiesen, daß von 1967 bis 1974 die Zahl der Bezieher von Verletztenrenten, deren Minderung der Erwerbsfähigkeit zwischen 50 und 100 Prozent liegt, von 98.582 auf 81.371 Fälle, das sind 17,4 Prozent, zurückgegangen ist. Die Spitzenorganisation aller gewerblichen Unfallversicherungsträger betrachtet dieses Ergebnis als Bestätigung der intensiven Unfallverhütungsbemühungen aller Beteiligten.
Erfreulich, daß sich die Steuerungskosten für die Unfallverhütung der gewerblichen Berufsgenossenschaften im vergangenen Jahrzehnt verdreifacht haben und 1975 über 191 Millionen DM betrugen.
Aus einer Hochrechnung desselben Verbandes schließlich ist zu entnehmen, daß

- die gewerblichen Berufsgenossenschaften 1974 einen Betrag von 1,224 Mrd. DM nicht ausgaben, den sie bei konstanter Unfallhäufigkeit von 1960 an im Jahre 1974 wahrscheinlich hätten ausgeben müssen;
- die Gesamtausgaben (Umlagesoll) der gewerblichen Berufsgenossenschaften 1974 5,409 Mrd. DM betrugen.
  Bei konstanter Unfallhäufigkeit nach 1960 hätten 1974 die Gesamtausgaben wahrscheinlich 6,633 Mrd. DM betragen; sie wären somit um 24,6 Prozent höher gewesen als sie tatsächlich waren;
- der Beitragsfuß (Ausgaben je 1000 DM Entgelt) 1974 13,87 DM betrug. Bei konstanter Unfallhäufigkeit nach 1960 hätte er 1974 17,28 DM betragen müssen.

Der Hauptgeschäftsführer des Hauptverbandes der gewerblichen Berufsgenossenschaften, Dr. Friedrich Watermann, hat vor der Mitgliederversammlung seines Verbandes am 15. 6. 1976 zu diesem Sachverhalt u. a. folgendes ausgeführt:
»Für uns alle besteht Veranlassung, die Entwicklung unserer Belastungsverhältnisse genau zu beobachten und alle Möglichkeiten einer positiven

Beeinflussung, soweit dies in unseren Kräften steht, zur Geltung zu bringen. Das bedeutet in bezug auf unsere Maßnahmen der Unfallverhütung, deren positive Auswirkungen auf unsere Belastung exakt nachweisbar sind, kein Nachlassen, sondern eine Verstärkung aller effizienten Maßnahmen. Zu diesen Maßnahmen gehört auch die Durchführung der Aufgaben, die den Betrieben in sicherheitstechnischer und in arbeitsmedizinischer Hinsicht nach dem Arbeitssicherheitsgesetz auferlegt worden sind, obwohl sie den Betrieben zunächst zusätzliche Aufwendungen verursachen.«

## Aussicht auf weitere Erfolge

Auch die Bundesregierung gehört zum Kreis derjenigen, die in den nächsten Jahren einen weiteren Rückgang von Unfallhäufigkeit und -schwere erwarten. In der Einleitung zum Unfallverhütungsbericht 1976 wird dazu u. a. bemerkt:

»Arbeitsschutz, Unfallverhütung und Arbeitsmedizin sind stärker in das Bewußtsein der Bevölkerung gerückt worden. Bei Abwägung aller bekannten Einflüsse auf das Unfallgeschehen in den Betrieben und Verwaltungen, kann jedoch bereits heute von einem positiven Trend zu weniger Unfällen gesprochen werden. Die aus der Statistik gegen Ende der sechziger Jahre abgeleitete Aussage, die betrieblichen Unfallzahlen würden sich bei einer Größenordnung von jährlich 2,5 Millionen Unfällen einpendeln, gilt nicht mehr. Für 1975 ist nur noch mit 2 Millionen Unfällen und Berufskrankheiten zu rechnen. Das ist ein Erfolg der Bemühungen aller Beteiligten. — Nach einer wissenschaftlichen Studie der Bundesanstalt für Arbeitsschutz und Unfallforschung betragen die volkswirtschaftlichen Gesamtkosten der Unfälle und Berufskrankheiten im Arbeitsleben insgesamt etwa 25 Milliarden DM in einem Jahr. Ziel der Bemühungen ist es, die Zahl der Arbeitsunfälle und der arbeitsbedingten Erkrankungen weiter zu senken. Dadurch kann das Arbeitsleben für den einzelnen erträglicher und die Sozialkostenbelastung der Wirtschaft auf die Dauer vermindert werden.«

Dieser Aussage ist nichts hinzuzufügen. Berechtigte Aussichten bestehen, daß die verstärkten Bemühungen auf allen Ebenen im Sinne der Humanisierung der Arbeit, die erfreulicherweise ebenso wie der Umweltschutz kein Lippenbekenntnis zu bleiben scheint, weitere spürbare Erfolge im Arbeitsschutz möglich machen.

## Arbeitsschutz ständige Aufgabe

Die Entwicklung des Arbeitsschutzes seit 1945 hat gezeigt, daß sozialpolitische Tatbestände und Sachverhalte immer dann positiv beeinflußbar sind, wenn nicht nur die jeweils davon Betroffenen, sondern die Gesellschaft insgesamt an einer günstigen Lösung interessiert sind und sich entsprechend engagieren.

Solange Arbeitsschutz eines von vielen Themen von und für Fachleute war, bewegte sich nur relativ wenig. Nachdem aber Staat, Politiker, Arbeitgeberverbände, Gewerkschaften und die vielen betrieblich und überbetrieblich für die Arbeitssicherheit im weiteren Sinne Tätigen gemeinsam daran

gingen, die längere Zeit wenig erfreuliche Situation zu ändern, stellten sich spürbare Erfolge im Hinblick auf die Häufigkeit und Schwere der Arbeitsunfälle ein.
Vieles bleibt noch zu tun! Das gilt sowohl für die weitere Verbesserung und Intensivierung im Bereich der Aus- und Fortbildung im Arbeitsschutz, als auch für das Vermeiden von Doppelarbeit infolge gleicher oder gleichgelagerter Aufgaben.
Durch weitere Verstärkung der Zusammenarbeit, insbesondere auch auf betrieblicher Ebene, liegt eine vielleicht einmalige Chance, Unfallverletzungen, beruflich bedingten oder verschlimmerten Erkrankungen, ja sogar frühzeitiger Berufs- oder Erwerbsunfähigkeit, mit noch größerer Erfolgsaussicht zu begegnen.

Kurt Spitzmüller

# Reform der Unfallversicherung

## Geschichtliche Einordnung

Die gesetzliche Unfallversicherung wurde im Jahre 1963 in der 4. Wahlperiode des Deutschen Bundestages grundlegend überarbeitet. Sie war in dem Unfallversicherungsgesetz vom 6. Juli 1884 (RGBl. S. 69) begründet worden, angekündigt bereits in der Kaiserlichen Botschaft vom 17. November 1881, die die Versicherung der Arbeiter gegen Betriebsunfälle als Fürsorge bezeichnete, die »eine der höchsten Aufgaben jedes Gemeinwesens« und die Weiterentwicklung der Idee sei, welche der staatlichen Armenpflege zu Grunde liegt [1].
Das öffentlich-rechtliche Unfallversicherungsgesetz löste das privat-rechtliche Reichshaftpflichtgesetz, das die Erwartungen nicht erfüllt hatte, ab. An die Stelle der schadenersatzpflichtigen Unternehmer traten die Berufsgenossenschaften als Solidargemeinschaften der Unternehmer, die auch die Beträge allein aufbrachten, und an die Stelle der Verschuldenshaftung trat die Gefährdungshaftung. Die Ablösung der zivilrechtlichen Ansprüche gegenüber dem Arbeitgeber und die Fürsorgepflicht der Arbeitgeber waren grundlegende Ideen des neuen Gesetzes [2].
Seit der Begründung der gesetzlichen Unfallversicherung hat sie zahlreiche Erweiterungen und Verbesserungen erfahren. In der Nachkriegszeit galt es zunächst, die Selbstverwaltung der Sozialversicherungsträger wiederherzustellen und die Leistungen soweit wie möglich den wirtschaftlichen Verhältnissen anzupassen.
Die Unfallversicherungsreform 1963 hielt an den bewährten Grundsätzen fest, paßte sie aber zugleich den veränderten gesellschaftlichen Verhältnissen und den wirtschaftlichen Gegebenheiten an [3].
Abgesehen von inhaltlichen Änderungen wurde die Unfallversicherung systematisch neu geordnet und die Rechts- und Gesetzeseinheit in ihrem Bereich wieder hergestellt.

1 Zitiert nach Wannagat, Lehrbuch des Sozialversicherungsrechts, 1. Band, 1965, S. 63/64.
2 Wannagat a.a.O., S. 67.
3 Entwurf eines Gesetzes zur Neuregelung des Rechts der gesetzlichen Unfallversicherung, Antrag der Fraktion der CDU/CSU, BT Drs. IV/120, S. 48.

## Gang des Gesetzgebungsverfahrens

Nachdem in der 2. und 3. Wahlperiode die Reform der Unfallversicherung zwar begonnen, aber nicht zum Abschluß geführt wurde, brachte die CDU/CSU-Fraktion zu Beginn der 4. Wahlperiode den Entwurf eines Gesetzes zur Neuregelung des Rechts der gesetzlichen Unfallversicherung (Unfallversicherungs-Neuregelungsgesetz — UVNG —), Drucksache IV/120, im Deutschen Bundestag ein. Der Entwurf war mit der Formulierungshilfe des Bundesministers für Arbeit erarbeitet worden. Die Regierung nahm jedoch nicht den Weg über den Bundesrat, in dem seinerzeit die SPD-regierten Länder die Mehrheit hatten.

Die Opposition wies kritisierend darauf hin, daß die F. D. P. als Koalitionspartner nicht wie vorgesehen den Entwurf gemeinsam mit der CDU/CSU-Fraktion einbrachte. Die F. D. P.-Fraktion trug den Entwurf im wesentlichen mit; da er aber so schnell wie möglich eingebracht werden sollte, eine Abstimmung zwischen den Fraktionen in allen Punkten jedoch weitere Koalitionsverhandlungen erforderlich gemacht hätte, ging der Entwurf als Initiativantrag der CDU/CSU-Fraktion in die parlamentarischen Beratungen. Die F. D. P. trat dem Entwurf bei und brachte ihre besonderen Vorstellungen durch Änderungsanträge ein.

Innerhalb von 14 Monaten wurde der Entwurf im federführenden Ausschuß für Sozialpolitik in 29 Sitzungen beraten. Die 150 angenommenen Änderungsanträge zeigen, wie intensiv der Ausschuß bemüht war, die gesetzliche Unfallversicherung wirksam zu reformieren. Nicht nur die oppositionelle SPD-Fraktion, sondern auch die Koalitionsfraktionen stellten zahlreiche Anträge, so daß die Situation für Kompromisse günstig war. Noch in der Zweiten und Dritten Beratung im Plenum standen 30 Änderungsanträge zur Debatte. In wesentlichen Punkten änderte das Plenum die Vorschläge des federführenden Ausschusses, z. B. die Regelung der Gemeinlast (Verteilung alter Rentenlasten auf weitere Berufsgenossenschaften) und der Auflösung von Berufsgenossenschaften. Am 1. Juli 1963 trat das Gesetz in Kraft (Bundesgesetzblatt I 1968 S. 241).

## Schwerpunkte der Reform

Nachdem im Jahre 1957 im Rahmen der grundlegenden Reform der Rentenversicherung die jährliche Anpassung der Renten an die Lohn- und Gehaltsentwicklung beschlossen worden war, zeigte sich der Mangel der Renten der Unfallversicherung, die, wie vor 1957 in der Rentenversicherung, nur von Fall zu Fall auf besondere Initiative des Gesetzgebers erhöht wurden. Ein Hauptanliegen war daher die Regelung eines Anpassungsmodus auch für Unfallrenten.

Ferner war Kritik an dem Durchgangsarzt-Verfahren der Berufsgenossenschaften im Rahmen der Heilbehandlung laut geworden, insbesondere seitens der Ärzteschaft. Dieser Punkt nahm bis zu der schließlich gefundenen Regelung einen breiten, kontroversen Raum in den Beratungen ein. Weiter stand zur Diskussion, die Leistungen, nämlich Heilbehandlung, Berufshilfe und Renten, in verschiedenen Punkten strukturell zu verbessern und zu erhöhen.

In der Erkenntnis, daß aus humanitären und wirtschaftlichen Gründen die Verhütung von Unfällen besser ist als nachträgliche Leistungsgewährung und Rehabilitation, war auch die Unfallverhütung ein Mittelpunkt der Beratungen; insbesondere die SPD-Fraktion versuchte, zahlreiche, über den Regierungsentwurf hinausgehende Regelungen zur Unfallverhütung in das Gesetz zu bringen.

## Die Neuregelungen im einzelnen

(1) *Erweiterung des Kreises der Versicherten*
In allen Zweigen der Sozialversicherung besteht bis heute die Tendenz, den Kreis der Personen oder Personengruppen, die in den Schutz der Versicherung einbezogen sind, zu erweitern. Diese Tendenz setzte sich auch in dem UVNG durch. Einbezogen wurden z. B. Gefangene, die zuvor bei Unfällen Fürsorgeleistungen erhielten, ehrenamtlich Tätige und Zeugen. In der Diskussion war ferner, ob Hausfrauen die Möglichkeit zur freiwilligen Versicherung in der gesetzlichen Unfallversicherung eröffnet werden sollte, da schon damals die Zahl der Unfälle im häuslichen Bereich beträchtlich war. In diesem Punkt unterstützte insbesondere die F. D. P. den Regierungsentwurf, wonach der häusliche Bereich systematisch nicht in den der Unfallversicherung, nämlich den des Erwerbslebens passe und in die Privatversicherung gehöre [4]. Dort kann die freiwillige Versicherung billiger erreicht werden, weil in der gesetzlichen Unfallversicherung zwangsläufig die technische Überwachung der betreffenden Haushalte durchgeführt werden müßte.

(2) *Ausdehnung der Versicherungsfälle*
Eine Ausdehnung des Versicherungsschutzes fand auch bei den Versicherungsfällen statt. Schon zuvor war der Wegeunfall neben dem Arbeitsunfall in den Versicherungsschutz einbezogen worden. Nachdem die Arbeitgeber dazu übergegangen waren, den Lohn bzw. das Gehalt bargeldlos zu zahlen, kam man in den Beratungen zum UVNG nach längerer Diskussion dazu, auch den ersten Gang nach Ablauf eines Gehaltszahlungszeitraumes zum Geldinstitut in den Unfallversicherungsschutz aufzunehmen. Ferner hatte sich gezeigt, daß bei Unfällen, die durch Arbeitskollegen verursacht waren, weiterhin Schadenersatzforderungen gegen diese erhoben und klageweise geltend gemacht wurden. Dies widersprach den Intentionen bei Einführung einer gesetzlichen Unfallversicherung, nämlich dem Unfallverletzten einen sicheren Schuldner zu verschaffen und außerdem den Betriebsfrieden nicht durch Schadenersatzprozesse zwischen Verletztem und Arbeitgeber zu gefährden. In Anwendung dieses Prinzips schloß der Gesetzgeber die von Arbeitskollegen verursachten Unfälle in den Begriff des Arbeitsunfalles ein.
Eine wesentliche Verbesserung wurde bei der Entschädigung für Berufskrankheiten erzielt. Es hatte sich in der Praxis gezeigt, daß die starre Regelung der Entschädigung nur derjenigen Berufskrankheiten, die in eine nach

4 Vgl. Ausschuß für Sozialpolitik, 4. WP, Kurzprotokoll der 15. Sitzung, S. 45.

bestimmten Voraussetzungen vom Bundesminister für Arbeit erstellte Liste aufgenommen waren, vielen Einzelfällen nicht gerecht wurde. Vor allem neue technische Entwicklungen brachten bisher unbekannte Krankheiten hervor, die nach bisherigem Recht nicht entschädigt werden konnten. Das UVNG räumte den Berufsgenossenschaften die Möglichkeit ein, unabhängig von den im Katalog aufgeführten Berufskrankheiten auch andere Krankheiten zu entschädigen, nämlich die durch besondere Einwirkung verursacht wurden, denen bestimmte Personengruppen durch ihre Arbeit in höherem Grade als die übrige Bevölkerung ausgesetzt sind. Die im Regierungsentwurf als Kann-Vorschrift vorgesehene Neuregelung wurde auf Antrag der SPD-Fraktion als Sollvorschrift beschlossen.

(3) *Heilbehandlung und Berufshilfe*

Neben Verbesserungen bei den Leistungen der Heilbehandlung und der Berufshilfe ist in den Ausschußberatungen und im Plenum das Durchgangsarztverfahren als Einrichtung der Berufsgenossenschaften eingehend beraten worden.

Es obliegt den Berufsgenossenschaften, alle Maßnahmen zu treffen, durch die eine möglichst bald nach dem Arbeitsunfall einsetzende schnelle und sachgemäße Heilbehandlung, insbesondere auch, soweit nötig, eine fachärztliche oder besondere unfallmedizinische Versorgung gewährleistet wird. In Wahrnehmung dieser Pflicht werden von einem aus Arbeitgebern und Arbeitnehmern zusammengesetzten Ausschuß freiberuflich Tätige oder in Krankenhäusern angestellte Ärzte als Durchgangsärzte bestellt. Unfälle, die nicht von vornherein stationärer Behandlung bedurften, aber Arbeitsunfähigkeit zur Folge hatten, waren dem Durchgangsarzt vorzustellen. Dieser entschied, welche Maßnahmen für den Verletzten zu treffen waren, d. h. ob er im berufsgenossenschaftlichen Heilverfahren weiter behandelt oder in kassenärztliche Behandlung überwiesen wurde.

Die Parteien waren sich darin einig, daß sich diese Einrichtung in der Praxis im Grunde bewährt hatte, daß aber versucht werden sollte, Schwächen des Systems auszugleichen, unter Wahrung aber der gesetzlichen Verantwortlichkeit der Berufsgenossenschaften für die Durchführung der Heilbehandlung.

Die Berufsgenossenschaften hatten sich für die Beibehaltung des bisherigen Systems ausgesprochen [5]. Sie hielten die zahlenmäßige Begrenzung der Durchgangsärzte durch die von einem Ausschuß getroffene Auswahl für zweckmäßig und geboten, denn nur eine begrenzte Zahl von Durchgangsärzten gewährleiste, daß jeder eine ausreichende Zahl von Unfallverletzten zur Diagnose und Therapie erhalte und damit in der »Übung« bleibe. Andernfalls könnten Fehlbehandlungen nicht ausgeschlossen werden. Die Berufsgenossenschaften sahen den Grundsatz der freien Arztwahl darin gewahrt, daß der Patient die freie Wahl unter den Durchgangsärzten hatte. Die Ärzteverbände hatten sich ausdrücklich gegen das Durchgangsarzt-Verfahren ausgesprochen und freie Arztwahl für alle Verletzten gefordert mit der Begründung, daß nur so der Verletzte die ihm gebührende Heilbehandlung erhalten könne [6].

5 Vgl. Ausschuß für Sozialpolitik, 4. WP, Anlage zum Protokoll Nr. 8, S. 2 ff.
6 Vgl. Ausschuß für Gesundheitswesen, 4. WP, Prot. Nr. 8, Anlage S. 23 ff.

In den Ausschußberatungen gab es unterschiedlich starke Bestrebungen, die bisherige Handhabung aufzulockern und dem Grundsatz der freien Arztwahl mehr Geltung zu verschaffen. Begründet wurde dieses Anliegen insbesondere damit, daß die geringe Zahl der Durchgangsärzte eine schnelle Behandlung nicht sicherstelle, insbesondere nicht im ländlichen Raum.

Im Ausschuß hatte hierzu die SPD-Fraktion — ohne Erfolg — beantragt, die Versicherungsträger zur Bestellung einer ausreichenden Zahl von Fachärzten gesetzlich zu verpflichten [7].

Auch die F. D. P.-Fraktion konnte für ihren weitergehenden Antrag, der der Empfehlung des Ausschusses für Gesundheitswesen entsprach, keine Mehrheit finden [8].

Der Antrag sah die grundsätzlich unbeschränkte Freiheit in der Arztwahl vor.

Die vom Ausschuß zu lösende Problematik lag darin, daß die Berufsgenossenschaften einerseits die Verantwortlichkeit für die Heilbehandlung behalten sollten, daß aber andererseits eine Auflockerung des Durchgangsarztverfahrens die Wahrnehmung dieser Verantwortlichkeit erschwerte, jedenfalls dann, wenn die völlig freie Arztwahl ohne Einwirkungsmöglichkeiten der Berufsgenossenschaften auf die Auswahl dieser Ärzte eingeführt wurde. Als Lösung beschloß der Ausschuß mehrheitlich, daß die Beziehungen zwischen den Trägern der Unfallversicherung und den kassenärztlichen Vereinigungen in Verträgen geregelt werden sollten, wobei die Anregung an die Versicherungsträger erging, das Durchgangsarzt-Verfahren auszubauen [9].

In der Zweiten und Dritten Lesung im Plenum war das Problem Durchgangsärzte — das übrigens im Entwurf nicht angesprochen war — erneut Gegenstand ausführlicher Debatten und führte schließlich zur Auflockerung des Zulassungsverfahrens. In einem interfraktionellen Antrag und einem Antrag der SPD-Fraktion hatten die Fraktionen fast inhaltsgleiche Änderungsanträge eingebracht, nämlich an der Durchführung der Heilbehandlung diejenigen Ärzte zwingend zu beteiligen, die dazu fachlich befähigt, entsprechend ausgestattet und zur Übernahme der damit verbundenen Pflichten bereit sind [10].

Die SPD wollte hinzufügen, daß der Verletzte unter diesen Ärzten frei wählen könne. Damit war die im Ausschuß gefundene Regelung, das Durchgangsarzt-Verfahren geringfügig zu lockern, wieder in Frage gestellt. Die Anträge wurden damit begründet, daß das bisherige Auswahlverfahren durch die Berufsgenossenschaften die nicht zugelassenen fachlich qualifizierten Ärzte diskriminiere und daß den Verletzten nicht die bestmögliche Heilbehandlung zuteil würde. Die Ausschußfassung biete dafür keine Gewähr. Einige Abgeordnete der CDU/CSU-Fraktion verteidigten die Ausschußfassung und wiesen demgegenüber darauf hin, daß man im Ausschuß — unter Zustimmung der Ärzteschaft — übereingekommen sei, eine Erwei-

7 Vgl. Schriftlicher Bericht des Ausschusses für Sozialpolitik, Dr. IV/938 (neu) zu § 557 Abs. 2a, S. 8.

8 Vgl. Schriftlicher Bericht des Ausschusses für Sozialpolitik a.a.O.

9 Vgl. Schriftlicher Bericht des Ausschusses für Sozialpolitik, a.a.O. und Deutscher Bundestag 4. WP 62. Sitzung v. 6. 3. 1963, S. 2826.

10 Vgl. Umdruck 172 zu TO 62/63 Punkt 14 und Umdruck 189 Ziff. 2.

terung, wie nunmehr wieder beantragt, nicht durchzusetzen, weil man den Berufsgenossenschaften nicht einerseits die Verantwortung für die sachgerechte Behandlung aufbürden könne, ihnen aber andererseits die Auswahl der Ärzte verweigere [11].

In der Abstimmung wurde der interfraktionelle Antrag mehrheitlich gegen zahlreiche Gegenstimmen angenommen, so daß nunmehr jeder Arzt, der fachlich befähigt, entsprechend ausgebildet und zur Übernahme der damit verbundenen Pflichten bereit ist, einen Anspruch auf Beteiligung an der Durchführung der Heilbehandlung hat.

Wenn der Verletzte unfallbedingt seinen bisherigen Beruf nicht mehr ausüben kann, so hatte die Berufsgenossenschaft schon nach altem Recht den Verletzten im Rahmen der Berufsfürsorge auf einen neuen Beruf umzuschulen. Während nach früherer Sozialpolitik der Gedanke der Heilung der Krankheit im Vordergrund stand, richteten sich zunehmend die Bemühungen auf eine Wiedereingliederung in das Erwerbsleben. Im Regierungsentwurf waren daher als Berufsfürsorge vorgesehen Maßnahmen zur Ausübung des bisherigen oder verwandten Berufes. Um die Stellung des Verletzten zu stärken und zu verhindern, daß er auf einen minderwertigen Beruf verwiesen wird, beschloß der Ausschuß, daß der neue Beruf möglichst gleichwertig sein soll. Ein weitergehender Antrag der SPD-Fraktion, wonach ein höherwertiger Beruf angestrebt werden sollte, fand keine Mehrheit. Die Umschulung auf einen höherwertigen Beruf gehört in den Bereich der Arbeitsmarktpolitik und der Arbeitsförderung, nicht aber in die Unfallversicherung, der das Prinzip des Schadenersatzes zu Grunde liegt.

(4) *Rentenleistungen*

Die Gesetze zur vorläufigen Neuregelung von Geldleistungen in der gesetzlichen Unfallversicherung vom 27. 7. 1957 (BGBl. I S. 1071) und vom 29. 12. 1960 (BGBl. I S. 1085) hatten die Neugestaltung des Leistungsrechts bereits begonnen und den Unfallverletzten und ihren Hinterbliebenen wirtschaftliche Vergünstigungen gewährt. Mit dem UVNG verbesserte der Gesetzgeber die Renten erneut strukturell und in ihrer Höhe.

Durch die Beratungen zum Leistungsrecht zeigten sich durchgehend Spannungsverhältnisse darüber, daß zwar einerseits Leistungsverbesserungen notwendig und Härten, die sich in der Praxis ergeben hatten, auszugleichen waren, daß aber andererseits aus prinzipiellen und finanziellen Gründen eine unangemessene Leistungsausweitung zu vermeiden war. Zahlreiche, noch über den Regierungsentwurf hinausgehende Verbesserungen wurden von den Regierungsfraktionen eingebracht und verabschiedet; auch die SPD-Fraktion brachte Anträge durch, konnte aber mit weiteren Anträgen nicht durchdringen.

Die Intentionen des Gesetzgebers gingen einerseits dahin, die moderne Sozialpolitik auch in der gesetzlichen Unfallversicherung zu verwirklichen, also dem Verletzten seine Stellung im Sozialgefüge möglichst zu erhalten. Andererseits durfte der Aspekt nicht außer acht gelassen werden, daß die Unternehmer die Mittel über die Umlage in Ablösung ihrer Schadenersatzpflicht aufbrachten. Die F. D. P. betonte, daß die Auswirkungen von sozia-

11 Vgl. 62. Sitzung, S. 2831 Abg. Berberich (CDU/CSU), Abg. Porten (CDU/CSU).

len Neuordnungen auf die Wirtschaftsstruktur geprüft werden müßten [12]. Mit der Lohnsumme als Grundlage für die Berechnung der Umlage würde eine Erhöhung der Leistungen eine Belastung der Unternehmer und insbesondere eine Belastung der lohnintensiven Klein- und Mittelbetriebe bedeuten. Für neue Belastungen müßte auch geprüft werden, ob nicht auf Dauer ein Ausgleich der Lasten möglich ist durch lohnbezogene Abgaben der Arbeitnehmer.

Im folgenden seien einige wichtige Neuregelungen im Rentenrecht aufgezählt.

Die schon bestehenden Regelungen über eine Ergänzung des Jahresarbeitsverdienstes für Verletzte, die vor dem Unfall einen besonders niedrigen Arbeitsverdienst hatten, wurden ausgebaut. Aus Billigkeitsgründen sollten Verletzte nicht unfallbedingt für die gesamte Laufzeit der Rente auf einem niedrigen Lebensstandard gehalten werden. Dieser Gedanke hat sich in allen Zweigen der Sozialversicherung durchgesetzt, zu denken ist beispielsweise auch an die Zurechnungszeit und die Rente nach Mindesteinkommen in der gesetzlichen Rentenversicherung. Der Ausschuß beschloß insbesondere eine über den Regierungsentwurf hinausgehende Regelung für Verletzte, die sich in Ausbildung befinden und für jugendliche Verletzte, die noch einen geringen Lohn erzielt, z. B. noch nicht den Ecklohn erreicht haben und für die individuelle Verdienststeigerungen, die ohne den Unfall eingetreten wären, unberücksichtigt blieben. Der Ausschuß löste diese Probleme, indem er bestimmte, daß stets das Entgelt zu Grunde gelegt werden sollte, das der Tarifvertrag für bestimmte spätere Lebensjahre für den Verletzten vorgesehen hätte; dabei gelang es der SPD-Fraktion, als Höchstgrenze das 25. statt des vorgesehenen 21. Lebensjahres durchzubringen [13].

Ist der genannte Personenkreis so schwer durch den Arbeitsunfall betroffen, daß eine Erwerbstätigkeit nicht mehr ausgeübt werden kann, sind auch weitere tarifliche Erhöhungen bei Erreichen des bestimmten Lebens- oder Berufsjahres zu berücksichtigen. Hier ergab sich allerdings das Problem der doppelten Berücksichtigung von Lohnsteigerungen, wenn nämlich die jährliche Anpassung der Renten nach dem Lohn- und Gehaltsniveau hinzu kam, also Anpassungen nach der individuellen und der allgemeinen Entgeltsentwicklung zusammentrafen. Das Problem wurde gelöst, indem man den Tarifvertrag zur Zeit des Arbeitsunfalles als Bemessungsgrundlage festlegte. Ein noch weitergehender Antrag der SPD-Fraktion fand keine Mehrheit. Danach sollte die Vergünstigung für Schwerbetroffene schon bei einer Minderung der Erwerbsfähigkeit von 80 % eintreten, ohne Rücksicht darauf, ob der Verletzte noch erwerbstätig war. Insbesondere die F. D. P.-Fraktion wandte sich dagegen, daß dann der Schwerverletzte über die genannten Vorteile hinaus auch noch vollen Verdienst erzielen könnte [14].

Weitere Verbesserungen auf dem Leistungssektor, die bis heute nicht geändert wurden, sind insbesondere die Anhebung des Höchstbetrages des Jahresarbeitsverdienstes von 9000 auf 36.000 DM, ein Zuschlag von 10 % zur Rente für Schwerverletzte, wenn sie keine Rente aus der Rentenversicherung beziehen, Anhebung des Jahresarbeitsverdienstes für die Wit-

12 Deutscher Bundestag, 4. WP., 10. Sitzung, S. 245.
13 Schriftl. Bericht des Ausschusses für Sozialpolitik zu § 574 Abs. 2 S. 11.
14 Deutscher Bundestag, 4. WP., 62. Sitzung vom 6. 3. 1963, S. 2836.

wenrente von 1/5 auf 3/10, sowie die weitere Erhöhung auf 2/5 nach Vollendung des 45. Lebensjahres der Witwe, bei Erziehung von mindestens einem waisenberechtigten Kind oder Berufs- oder Erwerbsunfähigkeit, sowie entsprechende Erhöhungen der Waisen- und Elternrenten.
Seinerzeit war der Antrag der SPD-Fraktion noch abgelehnt worden, die Kinderzulage für Schwerverletzte über das 18. Lebensjahr hinaus den Kindern mit körperlichen oder geistigen Gebrechen, die sich nicht selbst unterhalten können, oder Kindern in Schul- und Berufsausbildung zu gewähren. Diese Kinderzulage wurde inzwischen durch das Gesetz zur Änderung sozial- und beamtenrechtlicher Vorschriften über Leistungen für verheiratete Kinder vom 25. Januar 1971 (BGBl. I S. 63) eingeführt.
Ein grundlegendes Problem, das bei Neuregelungen von Gesetzen der Sozialversicherung immer wieder neu zu entscheiden ist, ergab sich bei der Erörterung der Schwerverletztenzulage, nämlich die Überschneidung mit Leistungen aus anderen Versicherungszweigen. Einigkeit bestand darüber, daß den Schwerstbetroffenen eine Zulage zukommen sollte. Umstritten war aber, ob die 10prozentige Zulage zur Verletztenrente nur denjenigen zugute kommen sollte, die nicht erwerbstätig sind und keine Rente aus den gesetzlichen Rentenversicherungen erhalten, wie von der CDU/CSU im Ausschuß beantragt und schließlich einstimmig beschlossen wurde. Die SPD-Fraktion befürwortete demgegenüber eine Schwerstverletztenzulage unabhängig von anderem Rentenbezug und unabhängig von Erwerbstätigkeit, weil sonst derjenige durch den Zuschlag begünstigt werde, der keine Vorsorge für den Fall einer Einschränkung der Erwerbstätigkeit getroffen hat. Um zu vermeiden, daß ein Verletzter 2 Renten zuzüglich des Zuschlags bezieht und evtl. mehr Einkommen als ein Erwerbstätiger erzielt, stimmte der Ausschuß dem Antrag der CDU/CSU zu.
Neu geregelt wurde die Abfindung für Verletztenrenten, wobei problematisch insbesondere die Abfindung von Dauerrenten bei einer Erwerbsminderung unter 30 % war; davon waren ca. 300.000 Rentner betroffen. Die im Regierungsentwurf vorgesehene Abfindung mit einer fünffachen Jahresrente, ohne Rücksicht auf Alter und Zustimmung des Verletzten (es sei denn, besondere Interessen des Verletzten stehen entgegen) fand keine Billigung. Begründung für diesen Vorschlag war die Verwaltungsvereinfachung und die Tatsache, daß eine Erwerbsminderung von unter 30 % die wirtschaftliche Lage des Verletzten nicht ändert, da er weiter erwerbstätig sein kann. Bereits in den Ausschußberatungen gaben die Fraktionen den Gedanken an die »Zwangsabfindung« auf, weil es nicht der Entscheidung des Versicherungsträgers überlassen bleiben sollte, ob ein Verletzter abgefunden wird [15].
Da nach dem Regierungsentwurf ein Wiederaufleben nach der Abfindung ausgeschlossen sein sollte, wäre dem Verletzten gegen seinen Willen eine wirtschaftliche Grundsicherung genommen worden, die beispielsweise bei Verlust des Arbeitsplatzes — etwa wegen seiner Behinderung — wichtig werden könnte. Der Ausschuß beschloß daher die Abfindung nur auf Grund eines Antrags des Verletzten.

15 Ausschuß für Sozialpolitik, 21. Sitzung, S. 30 ff., 35. Sitzung, S. 4.

Der Antrag der SPD-Fraktion, die Rente nicht nach dem fünffachen Jahresbetrag, sondern nach dem Kapitalwert abzufinden, fand im Ausschuß noch keine Mehrheit, wurde in der 2. Beratung im Plenum jedoch von der F. D. P.-Fraktion unterstützt und schließlich einstimmig beschlossen [16].

Zur Absicherung der wirtschaftlichen Existenz können Verletzte mit Anspruch auf Dauerrenten von 30 % der Vollrente oder mehr nach der Neuregelung die Abfindung zum Erwerb von Grundbesitz und ähnlichen Rechten verlangen.

Kernstück der Verbesserungen im Leistungssektor war die Entscheidung des Gesetzgebers, die Renten der gesetzlichen Unfallversicherung jährlich an die allgemeine Lohn- und Gehaltsentwicklung anzupassen. Bei ihrer Festsetzung waren die Unfallrenten schon nach bisherigem Recht aktualisiert, d. h. an das aktuelle Lohngefüge durch die Berechnung der Rente nach dem Jahresarbeitsverdienst des Verletzten im Jahre vor dem Arbeitsunfall angepaßt. Die laufenden Renten dagegen hatte der Gesetzgeber lediglich von Zeit zu Zeit angehoben.

Das UVNG schrieb für Unfallrenten, ähnlich wie die Rentenreform 1957 für Sozialrenten, vor, daß bei Veränderungen der durchschnittlichen Bruttolohn und -gehaltssumme die vom Jahresarbeitsverdienst abhängigen Geldleistungen durch Gesetz angepaßt werden. Die Aufgabe des Sozialbeirats, der zur Begutachtung der Anpassungen in der Rentenversicherung begründet worden war, wurde nunmehr auf die Begutachtung für die Anpassung in der Unfallversicherung ausgedehnt.

Mit der Dynamisierung der Unfallrenten fand die moderne Sozialpolitik weiteren Eingang in die Unfallversicherung, sie entsprach aber auch dem der Unfallversicherung zugrundeliegenden Schadenersatzprinzip. Die Sozialpolitik wandte sich davon ab, lediglich einen Schutz gegen Notfälle zu gewähren und entwickelte und verwirklichte in allen Sozialversicherungszweigen Stück für Stück den Gedanken, daß demjenigen, der durch Krankheit, Unfall oder Alter aus dem Erwerbsleben ausscheidet oder dort Einbußen erleidet, seine Stellung im Sozialgefüge soweit wie möglich erhalten bleibt. Die Renten der gesetzlichen Unfallversicherung und der gesetzlichen Rentenversicherung haben Lohnersatzfunktion, und schon bei ihrer Feststellung werden sie mittels besonderer Berechnungsfaktoren auf das aktuelle Lohngefüge bezogen. Dieser Bezug kann nur erhalten bleiben, wenn eine Änderung in diesem Gefüge sich fortlaufend auf die laufenden Renten auswirkt.

Jedoch auch unter dem Gesichtspunkt des Schadenersatzes ist die Dynamisierung folgerichtig: Hätte der Verletzte den Unfall nicht erlitten, hätte er an der allgemeinen Lohnentwicklung teilgenommen (abstrakter Schaden). Dennoch ist die Dynamisierung für alle Unfallrenten als Schadenersatz nicht unproblematisch, weil bei Renten nach einer Minderung der Erwerbsfähigkeit von unter 50 % der Verletzte in der Regel voll erwerbstätig sein kann und ist. Er nimmt daher schon als Erwerbstätiger an der allgemeinen Lohn- und Gehaltsentwicklung teil. In diesen Fällen könnte aber bereits bei der Gewährung des Rentenanspruchs selbst geltend gemacht werden, daß

16 4. WP., 62. Sitzung, vom 16. 3. 1963, S. 2842/43; Ausschuß für Sozialpolitik, 35. Sitzung.

das Prinzip des Schadenersatzes durchbrochen wird. Nach Begründung eines neuen Zweiges der gesetzlichen Sozialversicherung anstelle der Schadenersatzpflicht der Unternehmer für Arbeitsunfälle kann und soll das Schadenersatzprinzip ohnehin nicht mehr rein erhalten bleiben.
Die drei Fraktionen waren sich in den Beratungen im Prinzip einig, daß eine Dynamisierung beschlossen werden sollte. Die SPD-Fraktion setzte sich für eine automatische Anpassung ein, während die Ausschußmehrheit dem Gesetzgeber die Entscheidung im Falle einer Änderung des Lohn- und Gehaltsgefüges einräumen wollte [17].
Die SPD-Fraktion konnte sich auch nicht mit einem weiteren Antrag durchsetzen, wonach die Renten, wie in der gesetzlichen Rentenversicherung, entsprechend der allgemeinen Bemessungsgrundlage (durchschnittliche Entgelte aller Versicherten im Dreijahreszeitraum vor dem Jahr des Eintritts des Versicherungsfalles) angehoben werden sollten. Die Ausschußmehrheit war der Auffassung, daß für die Unfallversicherung andere Maßstäbe gesetzt werden müßten, da der Versichertenkreis in der Unfall- und Rentenversicherung nicht identisch sei.

(5) *Unfallverhütung*
In der Bundesrepublik Deutschland war im Vergleich zu anderen Ländern eine hohe Zahl von Arbeitsunfällen zu verzeichnen. Selbst unter Berücksichtigung der Tatsache, daß die hohen Unfallquoten zum Teil auf den Anstieg der Zahl der Erwerbstätigen zurückzuführen waren und ein großer Prozentsatz auf die Wegeunfälle entfiel, die sich den betrieblichen Einflußmöglichkeiten entziehen, war nach allgemeiner Erkenntnis die Verstärkung der Bemühungen für eine wirksame Unfallverhütung unumgänglich. Sowohl aus wirtschaftlichen als auch insbesondere aus humanitären Gründen bestand Einmütigkeit darüber, daß es besser sei, Unfälle weitestgehend zu verhüten, als nachträglich Unfälle zu entschädigen. Diese Betonung der Prävention setzt sich bis heute in allen Sozialversicherungsbereichen, in den letzten Jahren insbesondere in der gesetzlichen Krankenversicherung, fort. Das UVNG brachte auf dem Gebiet der Unfallverhütung im Ergebnis insbesondere folgende Neuregelungen, die die geltenden Vorschriften erheblich verschärften: In Unternehmen mit mehr als 20 Beschäftigten hat der Unternehmer unter Mitwirkung des Betriebsrates einen oder mehrere Sicherheitsbeauftragte zu bestellen, die den Unternehmer bei der Durchführung des Unfallschutzes zu unterstützen haben. Für die Ausbildung der damit betrauten Personen haben die Berufsgenossenschaften zu sorgen. Die Einhaltung der Unfallverhütungsvorschriften wird schärfer überwacht; dafür erhalten die technischen Aufsichtsbeamten der Berufsgenossenschaften das Recht, Auskünfte über Einrichtungen, Arbeitsverfahren und Arbeitsstoffe zu verlangen. Bei vorsätzlichen oder grob fahrlässigen Verstößen gegen Unfallverhütungsvorschriften muß der Vorstand Ordnungsstrafen festsetzen. Als Anreiz für die Betriebe, die Unfallverhütung zu intensivieren, sind die Berufsgenossenschaften verpflichtet, den einzelnen Unternehmungen je nach Zahl und Schwere der Arbeitsunfälle Zuschläge zur Umlage aufzuerlegen oder Nachlässe zu bewilligen. Ferner wurde die Verpflich-

17 Vgl. Ausschuß für Sozialpolitik, 4. WP., 29. Sitzung, S. 27 ff.

tung der Bundesregierung zur jährlichen Vorlage eines Unfallverhütungsberichtes festgelegt.
Im Ergebnis wurde damit der Regierungsentwurf durch zahlreiche Änderungen im Ausschuß und in der Zweiten und Dritten Beratung im Plenum ergänzt.
Im Grundsatz waren sich die Mitglieder der Fraktionen einig gewesen, die Sicherheitsorgane zu verstärken, die technische Aufsicht zu intensivieren, die medizinische Seite der Unfallverhütung mehr zu beachten, das Interesse der Betriebe an einer erfolgreichen Unfallverhütung zu stärken, sowie Unfallforschung und -berichterstattung über Unfallgeschehen zu verbessern [18].
Unterschiedliche Auffassungen bestanden darüber, inwieweit diese Ziele durch gesetzliche Regelungen erreicht werden sollen. Während die Regierungsparteien dahin tendierten, den Betrieben und den Berufsgenossenschaften einen möglichst weitgehenden Spielraum für die Gestaltung der Unfallverhütung im einzelnen einzuräumen, weil dadurch im Rahmen der Selbstverwaltung die Eigeninitiative genutzt werden könnte, setzte sich die SPD-Fraktion für gesetzlich geregelte detaillierte Verpflichtungen der Unternehmungen und Berufsgenossenschaften ein und unterstrich ihr besonderes Interesse an der Unfallverhütung mit einer bei der SPD-Fraktion durchgeführten Sachverständigenanhörung speziell zu diesem Bereich, nachdem der Ausschuß einen entsprechenden Antrag abgelehnt hatte.
Alle drei Fraktionen trugen durch Änderungsanträge zum Ausbau der Unfallverhütung über den Regierungsentwurf hinaus bei. Die Bestellung von Sicherheitsbeauftragten wurde auf Grund eines Antrages der CDU/CSU-Fraktion beschlossen, ebenso wie die Verpflichtung zum Erlaß von Ordnungsstrafen gegen Mitglieder oder Versicherte der Berufsgenossenschaften bei Verstößen gegen Unfallverhütungsvorschriften; der Regierungsentwurf hatte den Erlaß der Ordnungsstrafe in das Ermessen des Vorstandes stellen wollen [19].
Die SPD-Fraktion konnte im Ausschuß eine Mehrheit dafür gewinnen, daß die Berufsgenossenschaften für die Ausbildung der mit der Unfallverhütung betrauten Personen zu sorgen hatten und daß jährlich ein Unfallverhütungsbericht der Bundesregierung erstellt wird. Mit den Stimmen der CDU/CSU und der F. D. P.-Fraktion ging in der Zweiten Beratung im Plenum der Antrag der SPD-Fraktion durch, wonach die Beschäftigten vor ihrer Beschäftigung mit außergewöhnlich unfall- oder gesundheitsgefährlichen Arbeiten auf ihre Eignung ärztlich untersucht werden sollten. Wenn auch für viele Betriebe diese Untersuchung schon selbstverständlich war, wurde die Aufnahme in das Gesetz für notwendig erachtet [20].
Die SPD-Fraktion konnte jedoch zahlreiche weitere Vorschläge zur Unfallverhütung nicht durchsetzen [21].
Im Vordergrund stand das Bemühen, hauptamtliche Sicherheitsbeauftragte

18 Vgl. Schriftlicher Bericht des Ausschusses für Sozialpolitik, a.a.O., S. 21.
19 Vgl. Schriftlicher Bericht a.a.O., S. 2223.
20 Vgl. 4. WP. 62. Sitzung vom 6. 3. 1963, S. 2846, 2854.
21 Vgl. 62. Sitzung, S. 2846.

für Betriebe mit bestimmter Größenordnung oder außergewöhnlich hoher Unfallgefährdung als Verpflichtung einzuführen, sowie, je nach Betriebsgröße oder Unfallgefahr, nebenamtliche oder hauptamtliche Betriebsärzte vorzusehen. Ferner schlug die SPD-Fraktion vor, ein Kuratorium für Unfallverhütung zu gründen, um die Voraussetzungen für gemeinsame Unfallverhütung, -forschung, Ausarbeitung von Unfallverhütungsvorschriften, sowie die Aufklärung zu fördern. Schließlich wollte die SPD-Fraktion erreichen, daß obligatorisch jährliche Betriebsinspektionen eingeführt und daß die Aufgaben der Sicherheitsingenieure im Gesetz umschrieben würden. Diese Vorschläge stießen jedoch insbesondere bei der F. D. P.-Fraktion auf Widerstand [22].

Die F. D. P. hielt die verstärkte Überwachung und die Gründung neuer Institutionen für nicht geeignet, dem Problem der Unfallverhütung näherzukommen. Vielmehr sollte die Eigeninitiative der Betriebe gefördert und auf die Führungsaufgabe der Unternehmer vertraut werden, die, auf ihren Betrieb bezogen, die Unfallgefahren erkennen und ihnen entgegenwirken können. Die F. D. P. wies ferner darauf hin, daß dem einzelnen im Betrieb die Erkenntnis vermittelt werden müsse, daß ein Unfall Schaden bringt und er sich deshalb unfallverhütend verhalten muß.

Einstimmig wurde schließlich ein Entschließungsantrag angenommen, der die Bundesregierung aufforderte, einen Gesetzentwurf über hauptamtliche Sicherheitsbeauftragte, insbesondere über Sicherheitsingenieure vorzulegen [23]. Das Gesetz über Betriebsärzte, Sicherheitsingenieure und andere Fachkräfte für Arbeitssicherheit vom 12. Dezember 1973 (Bundesgesetzblatt I S. 1885) ist dann in der 7. Wahlperiode verabschiedet worden.

(6) *Die Gemeinlast*

Durch einen Antrag der CDU/CSU-Fraktion wurde der Ausschuß gegen Ende seiner Beratungen mit dem Problem der sogenannten »alten Last« in schrumpfenden Gewerbezweigen befaßt [24].

Diese Gewerbezweige hatten aus Zeiten mit höheren Beschäftigungszahlen unverhältnismäßig hohe Unfallasten zu tragen, während die Zahl der Erwerbstätigen sank. Da die Umlage zur Berufsgenossenschaft nach der Lohnsumme erhoben wird, ergab sich für diese Gewerbezweige eine im Vergleich zu anderen hohe Belastung.

Betroffen war insbesondere der Bergbau. Damals betrugen die Entschädigungsleistungen für Berufskrankheiten das fünffache aller anderen gewerblichen Berufsgenossenschaften, obwohl nur 5 % der Beschäftigten auf den Bergbau entfielen. Der Beitragssatz lag allgemein bei 1,5 bis 2 % der Lohnsumme, bei den Beiträgen des Steinkohlenbergbaus bei 15 bis 20 %. Das Problem der Gemeinlast war bereits bei der Diskussion zur Aufbringung der Mittel der Berufsgenossenschaften angeklungen, als der Vorsitzende des Ausschusses auf die Probleme der Bergbau-Berufsgenossenschaft hinwies und aufforderte, nach Wegen für einen Ausgleich zu suchen [25].

22 Vgl. 62. Sitzung v. 6. 3. 1963, S. 2851.
23 Vgl. 62. Sitzung, S. 2886.
24 Ausschuß für Sozialpolitik, 4. WP., Prot. Nr. 35, vom 12. 12. 1962, S. 26.
25 Ausschuß für Sozialpolitik, Prot. Nr. 24, vom 20. 6. 62, S. 36.

Der Antrag der CDU/CSU sah vor, daß Gruppen von gewerblichen Berufsgenossenschaften gebildet wurden, die die Rentenlast aus Unfällen vor 1953 gemeinsam tragen sollten.
Der Ausschuß beschloß schon am 17. Januar 1963 mehrheitlich diesen Antrag [26].
Zu der Gruppe der Berufsgenossenschaften, die die alte Last des Bergbaus mittragen sollte, gehörten die Berufsgenossenschaften der chemischen Industrie und der Eisen- und Stahlindustrie [27].
Zur Begründung dieses Beschlusses wird angeführt, daß nach 80jährigem Bestehen der Unfallversicherung Verschiebungen innerhalb der Gewerbezweige und zwischen den Gewerbezweigen vor sich gegangen seien, daß im übrigen nur eine einmalige Umverteilung der Lasten aus der Zeit vor 1953 vorgenommen werden sollte, weil anderenfalls nachteilige Wirkungen auf dem Gebiet der Unfallverhütung zu erwarten seien, denn der Anreiz dazu könnte bei gemeinsamer Lastenverteilung abgeschwächt werden. Um der Selbstverwaltung der Berufsgenossenschaften die Chance einer anderweitigen Regelung zu eröffnen, sollte ihnen nach dem Ausschußbeschluß die Möglichkeit einer anderweitigen Regelung innerhalb einer bestimmten Frist eingeräumt werden, andernfalls die gesetzliche Regelung verbindlich werden sollte [28].
Die SPD hatte gegen den Antrag gestimmt. Sie wandte sich insbesondere dagegen, daß mit dem Vorschlag eine Zusage des Bundesarbeitsministers im nordrhein-westfälischen Wahlkampf von 1962 an den Unternehmerverband Bergbau über eine Entlastung um rund 200 Mio. DM im Jahr nunmehr eingelöst werden sollte. Das Problem sei energiepolitischer Art und könne nicht sozialpolitisch gelöst werden. Die SPD-Fraktion wies ferner darauf hin, daß Betriebe, insbesondere auch Kleinbetriebe, die nichts mit dem Bergbau zu tun haben, erhebliche Beitragssteigerungen hinnehmen müssen. Die SPD-Fraktion befürchtete ferner negative Auswirkungen auf die Anstrengungen für die Unfallverhütung [29].
Der Beschluß zum Problem der Gemeinlast war darüber hinaus brisant durch den gleichzeitig gefaßten Beschluß, zur Straffung der Organisation der allgemeinen Unfallversicherung die Zahl der Berufsgenossenschaften von 35 auf 25 zu senken und einige Berufsgenossenschaften zusammenzulegen, weil wegen wirtschaftlicher Änderungen unterschiedliche Größen entstanden waren [30].
Erst im Januar 1963 beschloß der Ausschuß nach kurzer Debatte auf einen interfraktionellen Vorschlag hin bei 2 Stimmenthaltungen diese Zusammenlegung der Berufsgenossenschaften [31].
Die Beschlüsse des Ausschusses riefen erhebliche Proteste der Betroffenen hervor. Die Berufsgenossenschaften sahen einen Eingriff in ihr Recht zur Selbstverwaltung und protestierten dagegen, daß sie zuvor nicht gehört worden seien. Selbst (stellvertretende) Abgeordnete des federführenden

26 Ausschuß für Sozialpolitik, Prot. Nr. 38.
27 Schriftlicher Bericht des Ausschusses für Sozialpolitik, Drs. IV/938 (neu) Anlage 3, S. 148.
28 Schriftlicher Bericht des Ausschusses für Sozialpolitik, a.a.O., S. 31/32.
29 Deutscher Bundestag, 4. WP., 62. Sitzung, S. 2858 ff.
30 Schriftlicher Bericht des Ausschusses für Sozialpolitik, a.a.O., S. 34 (zu Art. 3§ 11 a).
31 Ausschuß für Sozialpolitik, Prot. Nr. 39, vom 17. 1. 63, S. 17.

Ausschusses hatten wegen der Art des Verfahrens (»Überrumpelung«) Bedenken, wenn sie auch in der Sache keine andere Lösung sahen [32].

Die Reaktion der Öffentlichkeit führte dazu, daß der Ältestenrat die für Anfang Februar 1963 vorgesehene 2. und 3. Lesung des Gesetzentwurfs von der Tagesordnung absetzte [33].

In einem Informationsgespräch auf Einladung der CDU/CSU-Fraktion mit Bundesarbeitsminister Blank, Vertretern der Wirtschaft und den wirtschafts- und sozialpolitischen Experten der Regierungsparteien sprachen sich die Vertreter der Wirtschaft dafür aus, eine Solidarhaftung aller Berufsgenossenschaften einzuführen und widersprachen einer Zusammenlegung von Berufsgenossenschaften [34].

Die Berufsgenossenschaften waren sich im Ergebnis mehrheitlich einig, daß sie eine Regelung akzeptieren würden, wonach alle gewerblichen Berufsgenossenschaften die Altlast tragen, der Anteil jeder Berufsgenossenschaft an der Gemeinlast dem Verhältnis der Lohnsumme der Berufsgenossenschaft zu der Lohnsumme aller beteiligten Berufsgenossenschaften entspricht und, zur Entlastung der Klein- und Mittelbetriebe, eine Lohnsumme bis zu 30.000 DM außer Ansatz bleibt. Dieses Ergebnis wurde in den Änderungsantrag der Fraktionen der CDU/CSU-F. D. P. zur 2. Beratung des UVNG übernommen [35].

Hinsichtlich der Frage der Zusammenlegung der Berufsgenossenschaften brachten diese Fraktionen einen Änderungsantrag ein, wonach den Berufsgenossenschaften Gelegenheit zur Vorlage eines Planes zur Zusammenlegung der gewerblichen Berufsgenossenschaften gegeben werden sollte [36].

Die Fragen der Gemeinlast und der Zusammenlegung von Berufsgenossenschaften führten in der 2. und 3. Lesung erneut zu langen Debatten und weiteren Änderungsanträgen. Die Debatte zeigte insbesondere die enge Verzahnung zwischen Wirtschafts- und Sozialpolitik [37].

Gegen die Stimmen der SPD wurde beschlossen, daß die gewerblichen Berufsgenossenschaften und die Seeberufsgenossenschaft die alte Rentenlast gemeinsam tragen sollten und bei der Bemessung der Beiträge eine Jahreslohnsumme von 30.000 DM außer Ansatz blieb. Von dem Plan zur Zusammenlegung von Berufsgenossenschaften blieb lediglich eine einstimmig beschlossene Entschließung auf Antrag der SPD-Fraktion übrig, wonach die Bundesregierung mit der Vorlage eines Gesetzentwurfs über die Neuregelung der Organisation und Zuständigkeit der Träger der gesetzlichen Unfallversicherung beauftragt wurde [38]

32 Abgeordneter Dr. Danz (F.D.P.) in: Industrie-Kurier vom 9. 2. 63.
33 Industrie-Kurier vom 7. 2. 63.
34 freie demokratische korrespondenz vom 1. 3. 1963.
35 Umdruck 197 zu TO 62/63. Punkt 14.
36 Umdruck 200 zu TO 62/63. Punkt 14.
37 Deutscher Bundestag, 4. WP., 62. Sitzung, S. 2857 ff., 2873 ff.
38 Deutscher Bundestag, 4. WP., 62. Sitzung, S. 2886.

# 8. Arbeitsmarkt

Walter Behrendt

## Der Entwurf des Arbeitsmarktanpassungsgesetzes als Beginn einer aktiven Arbeitsmarktpolitik

### Vorgeschichte

Erste Versuche zur gesetzlichen Neuregelung der Berufsausbildung wurden von der Sozialdemokratischen Partei Deutschlands bereits in der Weimarer Zeit unternommen. Der sozialdemokratische Reichsarbeitsminister Rudolf Wissel erklärte schon damals im Reichstag, daß die überkommene Gesetzgebung auf dem Gebiet der Berufsausbildung zersplittert, unzulänglich, lückenhaft und zum Teil veraltet sei. Mit einem 1929 im Reichstag vorgelegten Gesetzentwurf konnte sich die Sozialdemokratische Partei jedoch nicht durchsetzen; es kam nicht zur Verabschiedung eines neuen Gesetzes. Weder die Weimarer Demokratie noch das Hitlersystem brachten es fertig, das unzureichende Ausbildungsrecht zu verbessern.

Zu Beginn der 60er Jahre wurde die Notwendigkeit einer Überarbeitung der bestehenden Gesetze immer evidenter und eine gesetzliche Neuregelung immer dringender. Die Berufsausbildung vollzog sich noch immer nach der Gewerbeordnung von 1869 und dem Handelsgesetzbuch von 1897, deren gesetzliche Bestimmungen mit der Entwicklung der modernen Industriegesellschaft nicht mehr in Einklang zu bringen waren: Rationalisierung, ständige Wandlungen der technologischen und organisatorischen Bedingungen im Arbeitsprozeß sowie die soziale Entwicklung führten dazu, daß während der Berufsausbildung erworbene Kenntnisse den Anforderungen späterer Berufstätigkeit nicht mehr entsprachen. Der einmal erlernte Beruf gab keine Garantie mehr für eine stetige Berufsausübung, da sich sowohl das Berufsbild des erlernten Berufes wandelte und immer neue Anforderungen an den Arbeitnehmer stellte, als auch durch Automatisierung, Rationalisierung und Konzentrationsvorgänge in der Wirtschaft viele traditionelle Berufe verschwanden und völlig neue hinzukamen. Die grundlegenden Strukturveränderungen in der Wirtschaft zwangen viele Arbeitnehmer, zwei bis drei verschiedene Tätigkeiten während ihres Arbeitslebens zu erlernen und auszuüben. Der bisher an eine stabile Berufsausübung gewohnte Arbeitnehmer konnte — da nur mangelhaft oder gar nicht vorbereitet auf die Veränderungsprozesse — den wachsenden Anforderungen an seine Mobilität und Anpassungsfähigkeit nicht immer gerecht werden, und viele sanken aus solide fundierten Berufen ab auf die Ebene des Hilfsarbeiters in großen Industriebetrieben: Das Phänomen der ‚unterwertigen Beschäftigung' trat immer deutlicher hervor.

Bereits 1963 hatte das Internationale Arbeitsamt errechnet, daß bis 1970 7 bis 8 Millionen Bundesbürger gezwungen sein würden, ihren einmal erlernten Beruf zu wechseln und auch die vom Rationalisierungskuratorium der Deutschen Wirtschaft bis 1970 hochgerechnete Zahl von 25 % aller Arbeitnehmer in der Bundesrepublik, die gezwungen sein würden, den erlernten Beruf aufzugeben und in einen anderen überzuwechseln, zeigte deutlich, daß die stürmische Entwicklung auf dem Arbeitsmarkt den veralteten gesetzlichen Regelungen davongelaufen war. In welche Richtung diese Veränderungen tendierten, konnte deutlich aus den Angaben großer Industriebetriebe ersehen werden: So gab die Firma Bosch GmbH z. B. an, daß 50 % der Arbeitnehmer dieses Konzerns für Elektronik und Feinmechanik ursprünglich gelernte Friseure, Bäcker, Schuster, Fleischer, Sattler, Maler, Stellmacher oder Gärtner gewesen seien und in einem Metallbetrieb des Krupp-Konzerns hatten sogar 60 % aller Arbeitnehmer einen ganz anderen Beruf erlernt.

Sollte die Berufsbildungsgesetzgebung den gewandelten Anforderungen gerecht werden, war es notwendig, die Aufgaben der Wirtschafts-, Industrie- und Beschäftigungspolitik neu zu formulieren und besonders in einer einheitlichen Regelung zusammenzufassen, denn das geltende Berufsbildungsrecht war auf zu viele Bereiche der Rechtsordnung verteilt und völlig unüberschaubar. Die Verantwortung für den Gesamtkomplex Berufsberatung, Berufsausbildung, berufliche Fortbildung, Umschulung und Rehabilitation waren unnötig auseinandergerissen und unterstanden teilweise dem Wirtschaftsminister und teilweise dem Arbeitsminister.

Es war daher das Ansinnen der Sozialdemokraten, ein einheitliches und zukunftsorientiertes Gesetz zu schaffen, und mit ihrem Antrag zur Berufsausbildung [1] im April 1962 gaben sie dazu im Deutschen Bundestag den Anstoß: Das Ergebnis der ersten Beratung war die einstimmige Aufforderung an die Bundesregierung, bis Februar 1963 einen Gesetzentwurf über die Berufsausbildung vorzulegen [2]. Dieser Termin wurde von der Bundesregierung jedoch nicht eingehalten, die Frist zur Vorlage lief ergebnislos ab. Auf eine große Anfrage der SPD-Fraktion im Dezember 1963 [3], die im Februar 1964 im Bundestag beraten wurde [4], erklärte der damalige Bundeswirtschaftsminister Schmücker, es solle ein ausgereiftes Gesetz vorgelegt werden, für das eine Terminzusage jedoch zu diesem Zeitpunkt nicht gegeben werden könne.

Im Juni 1965 stand dann ein Änderungsgesetzentwurf zur Handwerksordnung zur dritten Beratung an [5]. Der Bundestag beschloß dazu, daß

1 Vgl. Drucksache IV/354.
2 Vgl. Deutscher Bundestag, 36. Sitzung, 2. 6. 62, S. 1541
3 Vgl. Drucksache IV/1748
4 Vgl. Deutscher Bundestag, 112./113. Sitzung, 7. 2. 64, S. 5170.
5 Vgl. Deutscher Bundestag, 191. Sitzung, 23. 6. 65, S. 9591.

diese Novelle einer umfassenden gesetzlichen Regelung der Berufsausbildung nicht vorgreifen solle, und im November 1965 betonte Bundeskanzler Erhard in seiner Regierungserklärung noch einmal die Notwendigkeit einer Verbesserung und Weiterentwicklung des Berufsbildungsrechts: »Wir müssen diese Ausbildung viel mehr in ihrer ganzen Mannigfaltigkeit verbessern, das heißt weiterentwickeln und überschaubarer machen. Die Bundesregierung wird die Methoden dieser Förderung zügig und zielbewußt weiterentwickeln und auch das Berufsbildungsrecht auf eine bessere und klarere Basis als bisher stellen« [6].
Trotz dieser und anderer Versprechen und der Ersuchen sowohl vom Parlament als auch der EWG — die EWG-Kommission empfahl im Dezember 1963 allgemeine Grundsätze zur Durchführung einer gemeinsamen Politik der Berufsausbildung [7] — blieb es zunächst bei der alten Gesetzgebung. Die Untätigkeit der Bundesregierung veranlaßte die SPD-Bundestagsfraktion, die von der Notwendigkeit einer baldigen gesetzlichen Neuregelung überzeugt war, auf Vorschlag von Ernst Schellenberg einen eigenen Gesetzentwurf vorzulegen. Zusammen mit führenden Politikern der SPD-regierten Länder — hier seien besonders die Länder Berlin und Hessen genannt [8] — schuf eine besondere Arbeitsgruppe der SPD-Fraktion einen ‚Gesetzentwurf zur Anpassung des Arbeitsmarktes an die Entwicklung von Wirtschaft und Technik', das ‚Arbeitsmarkt-Anpassungsgesetz', das am 26. Oktober 1966 dem Bundestag zur ersten Beratung vorgelegt wurde.

## Das Arbeitsmarkt-Anpassungsgesetz

Der von der SPD-Fraktion eingebrachte Gesetzentwurf ging davon aus, daß Berufsausbildung ein lebenslanger Prozeß ist, ein Gesichtspunkt, der in der klassischen Berufsausbildung noch keine Rolle spielte und auch nicht zu spielen brauchte, da der einmal erlernte Beruf ein ganzes Leben lang ausgeübt werden konnte. Erst die tiefgreifenden Strukturänderungen unserer Wirtschaft bedingten einen permanenten Wandel der Anforderungen an die berufliche Qualifikation und machten damit eine größere Anpassungsfähigkeit und Flexibilität der Arbeitnehmer an die Bedingungen des Arbeitsmarktes erforderlich. Daher bestimmten die Faktoren des Arbeitsmarktes den Ausgang, den Aufbau und die Richtung unseres Gesetzentwurfes. Es bestand Einigkeit darüber, daß das geltende Berufsausbildungsrecht den Anforderungen des gegenwärtigen und noch viel mehr des zukünftigen Arbeitsmarktes nicht mehr gerecht wurde. Das Berufsausbildungsrecht war auf zu viele Bereiche der Rechtsordnung verteilt und daher völlig unüberschaubar. Die Gesetze waren aber auch von dem immer rascher fortschreitenden Wandel in den beruflichen Anforderungen und in den Arbeitsbedingungen überholt. Die Entwicklung von Wirtschaft und Technik veränderte die Arbeitsgegebenheiten, begründete neue Berufe und machte alte Berufsbilder überflüssig und entbehrlich.

6 Ludwig Erhard, Regierungserklärung vor dem Deutschen Bundestag am 1C 11. 1965.
7 Vgl. Amtsblatt der Europäischen Gemeinschaften Nr. 190 vom 30. 12. 1963, S. 3090/63.
8 Berlin besaß bereits seit 1951 ein Berufsausbildungsgesetz, das in der Praxis ausgezeichnet funktionierte.

Benötigt wurde eine Konzeption, die einmal die Grundausbildung unabhängig vom späteren Beruf so weiträumig umfaßte, daß es möglich wurde, die unterschiedlichsten Berufsausbildungen daran anzuschließen und die zum anderen auch eine gezielte berufliche Fortbildung und ständige Anpassung an veränderte Arbeitsmarkt- und Berufsstrukturen vorsah, d. h. sie mußte der ständig steigenden sozialen Mobilität der Arbeitnehmer gerecht werden. »Die Qualität beruflicher Tätigkeit wird nicht allein von den fachlichen Kenntnissen und Fertigkeiten bestimmt, sondern ganz entscheidend auch von der allgemeinen Bildung des Berufstätigen. Von der Breite der beruflichen Grundbildung und von der allgemeinen Bildung hängt zugleich ab, wieweit der Berufstätige seine Aufstiegschancen erkennen und nutzen und sich seine berufliche Handlungsfähigkeit auch dann bewahren kann, wenn technologische Entwicklung und Änderungen des Arbeitsmarktes ihn zu Umorientierungen und Berufswechsel zwingen« [9].

Ausgehend von dieser Erkenntnis legten wir besonderes Gewicht auf eine umfassende Grundausbildung, die bei der von uns konzipierten Stufenausbildung die erste Stufe, d. h. die Grundstufe, darstellte. Sie sollte in sich abgeschlossen sein und eine Grundausbildung für eine Vielzahl verwandter Berufe darstellen und somit verhindern, daß abgebrochene Lehrzeiten ganz verloren gingen. Darauf aufbauend sollte die zweite, die Förderstufe, folgen, die eine Qualifizierung in Teilbereichen auf breiter Grundlage vorsah. Erst die dritte und letzte Stufe sollte zu dem gewählten Spezialberuf führen. Unser Ziel war es, die Berufsausbildung zu einer ausgewogenen Einheit von wissenschaftsbezogener Grundbildung, beruflicher Fachbildung und allgemeiner Bildung zu führen.

Unser Gesetz wollte nicht nur die Ausbildung zu *einem* Beruf umfassen, sondern arbeitsmarktpolitische und Ausbildungsfragen koppeln, um sowohl unterwertige Beschäftigung derjenigen zu verhindern, deren Ausbildung den Anforderungen der gewandelten Berufsbilder nicht mehr entsprach, als auch drohender Arbeitslosigkeit vorzubeugen, besonders bei den Arbeitnehmern, deren Berufe verschwanden oder deren Arbeitsplätze durch Rationalisierung, Automatisierung oder Konzentration verloren gingen. Der Gesetzentwurf bezog also neben der eigentlichen Ausbildung die Fortbildung und auch die Umschulung mit ein.

Es war uns klar, daß, sosehr sich auch die Träger der Berufsausbildung bemühten, die mangelhaften Zustände zu ändern [10], die Ergebnisse solcher Bemühungen unvollständig bleiben mußten, solange nicht eine bundeseinheitliche, umfassende Gesetzgebung dieses wichtige Gebiet zukunftsorientiert regelte.

In diesem Sinne konnte auch die vom Bundestag beschlossene Novelle zur Handwerksordnung eine umfassende gesetzliche Regelung der Berufsausbildung nicht ersetzen; sie konnte nur einen Schritt auf dem Wege zu einer

9 Senat der Freien und Hansestadt Hamburg, Berufsbildungsbericht 1972, S. 5.

10 Die Tarifvertragsparteien des Wirtschaftslebens versuchten, in eigenen Institutionen und Kursen die Berufsausbildung effektiver und moderner zu gestalten. Die Bundesvereinigung der Deutschen Arbeitgeberverbände, der Bundesverband der Deutschen Industrie und der Deutsche Industrie- und Handelstag gründeten hierzu Institutionen wie z. B. der Gemeinschaftsausschuß »Arbeitskreis für Berufsausbildung« oder die »Arbeitsstelle für betriebliche Berufsausbildung«.

solchen Regelung bedeuten. Die vom Bundestag angenommene Entschließung zu dieser Novelle ließ ausdrücklich die Weiterentwicklung einer gesetzlichen Regelung zu:

— Die umfassende gesetzliche Regelung der Berufsausbildung muß alle Bereiche der Wirtschaft umfassen, um so der gesamten Volkswirtschaft die Leistungs- und Wettbewerbsfähigkeit zu gewährleisten.
— In einer solchen umfassenden Regelung ist den Bedürfnissen des Auszubildenden insoweit Rechnung zu tragen, als er gegenüber den aus der technisch-wirtschaftlichen Entwicklung sich ergebenden strukturellen Veränderungen anpassungsfähiger gemacht wird.
— Die gesetzliche Regelung der Berufsausbildung sollte den technisch-wirtschaftlichen Notwendigkeiten und ihrer erkennbaren Entwicklung entsprechen [11].

Der Gesetzentwurf der SPD-Fraktion versuchte denn auch, diesen beschlossenen Vorstellungen der künftigen Arbeitsmarkterfordernisse gerecht zu werden. Die folgenden vier Zielsetzungen stellten die Kernpunkte des Gesetzentwurfes dar:

— Durch eine Arbeitsmarkt- und Berufsforschung sollte die ständige Anpassung des Arbeitsmarktes an die Entwicklung von Wirtschaft und Technik gefördert werden.
— Die Berufsausbildung sollte der Entwicklung von Wirtschaft und Technik angepaßt werden.
— Die berufliche Qualifizierung der Arbeitnehmer sollte durch die Teilnahme an beruflichen Bildungsveranstaltungen gefördert werden.
— Die Arbeitslosigkeit oder unterwertige Beschäftigung, die durch Strukturveränderungen oder Rationalisierungsmaßnahmen oder durch Betriebsveränderungen aus anderem Anlaß eintreten kann, sollte verhütet werden.

In seinem ersten Teil befaßte sich der Entwurf mit der Arbeitsmarkt- und Berufsforschung, einem Gebiet, das anerkanntermaßen zu den wichtigsten Aufgaben einer zukunftsorientierten Arbeitsmarktpolitik gehört.

Um Berufsanfängern eine den wirtschaftlichen, sozialen und technischen Verhältnissen entsprechende Eingliederung in den Arbeitsprozeß zu ermöglichen, mußte man sowohl umfassende Kenntnisse über die bestehenden Berufsstrukturen erlangen als auch über die sie bestimmenden mittel- und langfristigen Entwicklungstendenzen. Der damalige Stand von Berufsforschung und Berufsstatistik reichte in keiner Weise aus, um die zukünftige Entwicklung einzelner Berufe oder Ausbildungswege mit Sicherheit bestimmen zu können. Hierzu sagte der Leiter der Berufsstatistik im Statistischen Bundesamt: »Eine systematische Vervollständigung der Berufsanalysen ist, insbesondere mit den modernen Mitteln der Technik, noch nicht in Angriff genommen. Die Notwendigkeit einer amtlichen Koordinierung dieser Arbeiten und einer zentralen Dokumentation ist offenbar erkannt. Der Weg hierzu bedarf noch der Entschließung.«

Wir sahen die Lösung dieses Problems in einer Berufsberatung, die sich mit Hilfe von berufskundlicher Forschung auf wissenschaftliches Grundlagen-

11 Vgl. Deutscher Bundestag, 191. Sitzung, 23. 6. 65, S. 9591.

material über den augenblicklichen und zukünftigen Bedarf an Nachwuchskräften stützen konnte. Ohne diese Basisdaten aus einer eingehenden Arbeitsmarktanalyse hielten wir eine qualifizierte Berufsberatung nicht für möglich.
Zur Durchführung der Arbeitsmarkt- und Berufsforschung sollte die Bundesanstalt für Arbeitsvermittlung und Arbeitslosenversicherung [12] in Berlin ein Institut errichten, das die Entwicklung von Wirtschaft und Technik beobachten und ihre Auswirkungen auf den Arbeitsmarkt mit Hilfe der Arbeitsmarkt- und Berufsforschung ermitteln sollte. Unser Entwurf wollte diese Aufgabe durch einen kompletten Auftrag an die Bundesanstalt fördern, ohne ihr jedoch einen Ausschließlichkeitsanspruch einzuräumen.
Die Errichtung eines Instituts für Arbeitsmarkt- und Berufsforschung erschien uns die logische Folge dieses der Bundesanstalt zu erteilenden Auftrages. Wir hielten es jedoch für nicht sinnvoll, lediglich den Kreis schon vorhandener Institute um ein neues zu vergrößern. Die Forschung sollte vielmehr in Verbindung mit anderen Instituten betrieben werden, wobei dem Institut der Bundesanstalt im wesentlichen die Aufgabe zugedacht war, Programme aufzustellen, Forschungsmethoden zu entwickeln und die Ergebnisse zu koordinieren.
Unser Entwurf sah ferner die Möglichkeit vor, daß die Bundesregierung der Bundesanstalt auch Aufgaben der Berufsausbildungsforschung übertragen konnte. Der Gedanke an ein besonderes Institut für Berufsbildung war damit nicht aufgegeben, zumal eine solche Forschung bisher kaum betrieben worden war. Wir hielten es jedoch für richtiger, wegen möglicher Überschneidungen der Aufgabenstellung eines Instituts für Arbeitsmarkt- und Berufsforschung und der eines Instituts für Berufsbildung zunächst Erfahrungen zu sammeln.
Einigkeit bestand prinzipiell, daß ein Institut für Arbeitsmarkt- und Berufsforschung notwendig sei. Wir hielten es jedoch nicht für ausreichend, daß die Bundesanstalt ein solches Institut errichtet — wie sie es geplant hatte —, ohne daß die gesetzlichen Grundlagen dafür geschaffen worden waren. Der Bundesanstalt, die zu dieser Zeit eine Einrichtung der Arbeitsvermittlung und Arbeitslosenversicherung war, fehlte für die Ermittlung der Auswirkungen der technischen und wirtschaftlichen Entwicklung jegliche gesetzliche Legitimation — und die wollten wir herbeiführen. Darüber hinaus wollten wir verhindern, daß ein solches Institut eine neue Verwaltungsabteilung werde. Wir meinten, daß es nur dann einen Sinn habe, wenn es eine Stelle freier wissenschaftlicher Forschung werde mit einem wissenschaftlichen Leiter und einer dynamisch angelegten Auftragserteilung [13].
Im zweiten, dem größten Teil des Gesetzentwurfs, wurde mit Hilfe der Ergebnisse der Arbeitsmarkt- und Berufsforschung die Berufsausbildung der Entwicklung von Wirtschaft und Technik angepaßt. Dieser Teil umfaßte Ordnungsvorschriften, Regeln für die Berufsausbildung, Vorschriften über das Prüfungswesen, Organisationsvorschriften, Vorschriften über

12 Die heutige Bundesanstalt für Arbeit.
13 Wir wählten Berlin als Standort, weil wir glaubten, daß schon eine räumliche Trennung von der Nürnberger Anstalt eine größere Eigenständigkeit des Instituts gewährleisten könne.

gleichgestellte Berufsausbildung und Vorschriften über Ausschüsse für Berufsausbildung. Wir wollten, daß der zukünftige Arbeitnehmer von Anfang an so ausgebildet wird, daß er auf die Dauer durch eine umfassende Grundausbildung in vielen Bereichen der Wirtschaft tätig sein und sich auf der Grundlage seines erlernten Berufs schnellstens umstellen und den veränderten Gegebenheiten des Arbeitsmarktes anpassen kann.

Aus der Erkenntnis heraus, daß Berufsausbildung eine öffentliche Aufgabe ist, hielten wir es für richtig, die Verantwortlichkeit nicht mehr nur den entsprechenden Kammern der Wirtschaft zu überlassen, sondern auch die öffentliche Seite gleichrangig am Entscheidungsprozeß zu beteiligen. Wir schlugen daher die Bildung eines ‚Bundesausschusses für Berufsausbildung' vor, in dem die unmittelbar beteiligten Arbeitgeber, Arbeitnehmer und öffentlichen Körperschaften gleichberechtigt vertreten sein sollten. Der Ausschuß sollte beim Bundesminister für Arbeit und Sozialordnung errichtet werden und bei der Neuordnung der Berufsausbildung eine beratende Funktion im Sinne einer Initiative erhalten. Ähnliche Funktionen waren auch den wie dem Bundesausschuß zusammengesetzten ‚Länderausschüssen für Berufsausbildung' zugeordnet worden. Darüber hinaus sollten sie auch aktiv tätig werden bei der Schaffung geeigneter Ausbildungseinrichtungen und der Entwicklung optimaler Ausbildungsvoraussetzungen. Damit sollte auch die Mitwirkung der Länder, die für den theoretischen Bereich der Berufsausbildung den größten Teil der Verantwortung tragen, gesichert werden.

Bei den Kammern der Wirtschaft sollten ‚Bezirksausschüsse für Berufsausbildung' errichtet werden, die speziell die Kammern bei der Durchführung ihrer Arbeit unterstützen sollten. Innerhalb dieser Bezirksausschüsse sollten zum ersten Male auch die Berufsschullehrer ein Mitspracherecht erhalten und damit Einfluß auf die betriebliche Ausbildung nehmen können.

Mit der Errichtung dieser verschiedenen Ausschüsse wollten wir der sozialpolitischen, volkswirtschaftlichen und gesellschaftspolitischen Bedeutung der Berufsausbildung Rechnung tragen und dafür sorgen, daß auch die öffentlichen Körperschaften ihrer Verantwortung für den gesamten Ausbildungskomplex der Berufsausbildung gerecht werden können.

Die dritte große Aufgabe dieses Gesetzes stellte die Teilnahme der Arbeitnehmer an beruflichen Fortbildungsveranstaltungen dar. Dazu hatten die Arbeitnehmer nach unserem Gesetzentwurf Anspruch auf Freistellung von der Arbeit für die erforderliche Zeit zu ganztägiger Teilnahme an anerkannten beruflichen Bildungsveranstaltungen bis zu zehn Tagen im Jahr. Diesen Punkt hielten wir für besonders wichtig, um die Arbeitnehmer in die Lage zu versetzen, durch entsprechende Weiterbildung in ihrem Beruf den durch technischen Wandel und Fortschritt gesteigerten Anforderungen gerecht werden zu können. Eine ständige Fort- und Weiterbildung ist nicht nur für den einzelnen Arbeitnehmer wichtig, der dadurch seine einmal erlangte Position bis ins hohe Lebensalter durch qualifizierte Arbeit erhalten kann, sondern bedeutet auch gleichzeitig eine volkswirtschaftliche Investition in dem Sinne, daß der Wirtschaft genügend qualifizierte Arbeitnehmer zur Verfügung stehen, die in der Lage sind, mit der ständig fortschreitenden Technisierung Schritt zu halten. Dabei reicht es heute nicht mehr aus, sich nur durch Lernen am Arbeitsplatz weiterzubilden, da die

Grundstrukturen gewandelter Berufsbilder auf diesem Wege kaum noch vermittelt werden können. Es erschien uns daher notwendig, »daß die formale Ausbildung, also die Ausbildung in Form organisierter Lernprozesse, auch in späteren Lebensjahren fortgesetzt wird« [14].
Diese organisierten Lernprozesse waren als ganztägige berufliche Bildungsveranstaltungen gedacht, die, wenn die arbeitsmarktpolitische Notwendigkeit dafür vorliegt, auch entsprechend anerkannt werden müssen und deren Teilnahme durch den Arbeitnehmer nachzuweisen wäre. »Uns lag nicht daran, dogmatische oder perfektionistische Grundsätze aufzustellen, sondern lediglich daran, einen bedeutenden Merkposten moderner Arbeitswelt prinzipiell in ein Gesetz mit einzubeziehen« [15].
Den vierten Schwerpunkt dieses Gesetzes bildete die Verhütung von Arbeitslosigkeit oder unterwertiger Beschäftigung. Als eine unterwertige Beschäftigung wurde die Ausübung einer Tätigkeit, die dem Arbeitnehmer eine Ausschöpfung der bisher erworbenen beruflichen Fertigkeiten und Kenntnisse nicht mehr gestattet, angesehen. Arbeitslosigkeit und unterwertige Beschäftigung als Folge unternehmerischer Dispositionen wären aber nur zu verhindern, wenn die Arbeitsämter rechtzeitig von solchen für die Arbeitnehmer zu erwartenden Nachteilen Kenntnis erhalten. Daher enthielt unser Entwurf eine Anzeigepflicht der Arbeitgeber bei geplanten Veränderungen, damit das Arbeitsamt schon vor der Freisetzung der Arbeitnehmer tätig werden konnte, d. h. neue Arbeitsplätze zu vermitteln bzw. vor Eintritt der Arbeitslosigkeit die Förderung einzuleiten, die nach geltendem Recht nur den Arbeitslosen zustand.
Wir waren uns jedoch damals schon einig, daß erst einige Jahre Erfahrung notwendig waren, um Erkenntnisse darüber zu sammeln, ob die berufliche Anpassung allein ausreichte, die soziale Sicherung des Arbeitnehmers herbeizuführen, oder ob weitere Maßnahmen — hier war an Kündigungsschutz, Lohn- oder Gehaltsgarantie, Vorverlegung der Altersgrenze für das Altersruhegeld und Ähnliches gedacht worden — erforderlich wurden. Erste Regelungen gab es ja erfreulicherweise bereits durch die Tarifvertragsparteien.
Wir hielten es auch für falsch, in diesem Falle mit dem Angebot und der Nachfrage zu operieren. Das war zumeist überhaupt nicht gedeckt, und vielfach war eine Deckung wegen der fehlenden geistigen, beruflichen oder räumlichen Mobilität mancher Arbeitnehmer oder der konventionellen Haltung mancher Arbeitgeber auch gar nicht durchführbar.
Bei dieser Ausrichtung des Gesetzentwurfs wurde das Berufsausbildungsrecht — das lag uns besonders am Herzen — in einen sozialpolitischen Rahmen gestellt. Wir wollten die soziale Sicherung des Arbeitnehmers durch berufliche Anpassung an die Gegebenheiten des Arbeitsmarktes herbeiführen.
Die Fragen der Berufsvorbereitung durch die Hauptschule, bei dem vorherrschend dualen Ausbildungssystem um das Berufsschulwesen und mindestens noch um das Berufsfach- und Fachschulwesen, konnten wegen der Zustän-

14 Jahresgutachten 1965 des Sachverständigenrates.
15 Harry Liehr, Rede vor dem Deutschen Bundestag, in: Deutscher Bundestag, 67. Sitzung, Bonn 26. 10. 66, S. 3193.

digkeit nach dem Grundgesetz in diesem Gesetzentwurf nicht zum Tragen kommen.

Für alle diese Fragen lag die Zuständigkeit bei den Ländern, so daß wir uns darauf beschränken mußten, diese Kräfte wirkungsvoll in Bewegung zu setzen. Die Tatsache aber, daß Jahr für Jahr rund 500.000 junge Menschen in eine oft wenig zukunftssichere praktische Berufsausbildung eintraten und noch eintreten, machte eine gesetzliche Regelung notwendig. Hierbei war uns klar: Die sozialpolitische Zielsetzung war die zwingende. Der Entwurf konnte und wollte nicht wirtschaftspolitische Maßnahmen zur Abwendung struktureller Krisen in der Wirtschaft und zur Sicherung der Vollbeschäftigung ersetzen.

In der Abgrenzung der einzelnen Ausbildungsbereiche sprach der Entwurf zunächst nur die Berufsausbildung in der Wirtschaft an. Zur Wirtschaft gehören nach Art. 74 Nr. 11 unseres Grundgesetzes Bergbau, Industrie, Energiewirtschaft, Handwerk, Gewerbe, Handel, Bank- und Börsenwesen, privatrechtliches Versicherungswesen. Damit erfaßte der Entwurf zunächst 94 bis 96 % aller jungen Menschen in einer praktischen Berufsausbildung. Bewußt blieb der Bereich der Landwirtschaft und der freien Berufe aus diesem Entwurf ausgeklammert, obwohl nach unserer Auffassung auch diese Bereiche in diesen Gesetzentwurf hineingenommen werden mußten. Wir wollten die Beratung jedoch nicht an scheinbaren Kompetenzschwierigkeiten scheitern lassen, hatten aber geplant, diese fehlenden Bereiche im Laufe des Gesetzgebungsverfahrens noch mit einzubeziehen.

Unser Ziel bei der Vorlage des Gesetzentwurfes war es gewesen, eine Lösung für die moderne Berufsausbildung von morgen zu ermöglichen, die

— erstens der Wirtschaft die erforderlichen quantitativen und qualitativen Kräfte entsprechend der Entwicklung von Wirtschaft und Technik zur Verfügung stellen konnte,
— zweitens durch diese Mobilität die soziale Sicherung der Arbeitnehmer entscheidend gewährleistete und
— drittens damit neue Aufstiegschancen in unserer modernen technisierten Arbeitswelt erschloß.

## Die weitere Entwicklung der Gesetzgebung

Der Entwurf der SPD-Fraktion fand ein großes Echo in der Öffentlichkeit und in den Fachkreisen. Er veranlaßte nun auch die Unionsparteien, ein eigenes Berufsausbildungsgesetz vorzulegen, das zusammen mit dem Entwurf unserer Fraktion am 26. Oktober 1966 im Bundestag beraten wurde. Beide Entwürfe wurden nach der ersten Lesung an den Ausschuß für Arbeit zur weiteren Überarbeitung und zur Anhörung von Sachverständigen überwiesen. Gleichzeitig stellte die damalige Regierungskoalition eine Novellierung des AVAVG in Aussicht.

Kurze Zeit danach wurden die Ereignisse jedoch durch die Bildung der Großen Koalition in der veränderten politischen Landschaft beschleunigt. Die Sozialdemokraten hatten als mitverantwortliche Teilnehmer am politischen Entscheidungsprozeß nun mehr und bessere Möglichkeiten zur Durchsetzung ihrer Vorstellungen.

So enthielt das am 16. November 1967 von der neuen Bundesregierung vorgelegte Arbeitsförderungsgesetz (AFG) bereits wesentliche Gedankengänge unseres Arbeitsmarkt-Anpassungsgesetzes. Im übrigen wurde bei der weiteren Bearbeitung der drei Gesetzesvorlagen (AFG, Berufsausbildungsgesetz und Arbeitsmarkt-Anpassungsgesetz) beschlossen, einen Teil unseres Gesetzes dem AFG zuzuordnen und der Teil, der die Berufsausbildung betraf, sollte im Zusammenhang mit dem Berufsausbildungsgesetz beraten werden. Es bestand allgemeine Übereinstimmung darin, daß ein Gesetz zur Regelung der Berufsausbildung zur Ergänzung und sozusagen als Unterbau des AFG unbedingt notwendig war.

Beide Gesetze konnten denn auch in der 5. Legislaturperiode verabschiedet werden und in Kraft treten: Das AFG am 1. Juli 1969 und das Berufsbildungsgesetz am 1. September 1969.

Damit hatte die Sozialdemokratische Partei den Anstoß dazu gegeben, daß die Belange der Berufsausbildung und Berufsausübung sowie die Probleme der Arbeitsmarktpolitik in umfassenden, den Anforderungen der modernen Industriegesellschaft gerecht werdenden Gesetzen einheitlich geregelt wurden. Und Ernst Schellenberg war dabei einer der entscheidenden Motoren für diese erfolgreich abgeschlossene Gesetzgebung.

Josef Stingl

# Vom Gesetz über Arbeitsvermittlung und Arbeitslosenversicherung (AVAVG) zum Arbeitsförderungsgesetz (AFG)

## Sozialexperte Schellenberg

Ernst Schellenberg, der bedeutende Sozialexperte seiner Partei im Deutschen Bundestag seit 1952, genießt über die Grenzen der Sozialdemokratie hinaus den verdienten Ruf, eine der profiliertesten Persönlichkeiten bundesdeutscher Sozialpolitik zu sein. Trotz parteipolitischer Verschiedenheit sind wir einander freundschaftlich verbunden. Das ist möglich, weil Schellenberg das sachliche Anliegen über parteipolitische Gesichtspunkte stellt. Die Haltung dieses Vorsitzenden des Sozialpolitischen Ausschusses könnte mit den gleichen Worten gekennzeichnet werden, die der Abgeordnete Folger (SPD) bei der Beratung des AFG so formulierte: »Es ging in der Regel nicht um ‚schwarze' oder ‚rote' Entscheidungen, sondern um die sachlich bestmögliche Lösung der uns gestellten Aufgabe.« Darüber hinaus standen Ernst Schellenberg und ich einander als Vertreter Berlins im Deutschen Bundestag nahe und teilen die Sorgen und Nöte um diese Stadt in besonderer Weise.

Wenn dieser Beitrag sich mit dem Weg vom Gesetz über Arbeitsvermittlung und Arbeitslosenversicherung zum Arbeitsförderungsgesetz befaßt, so wird man den Namen Schellenberg unter den Verantwortlichen zunächst vergeblich suchen. Die Federführung für die Vorbereitung der Gesetzesvorlage lag zur damaligen Zeit beim Bundestagsausschuß für Arbeit (19. Ausschuß). Das AFG trat am 1. 7. 1969 in Kraft. Der Ausschuß für Arbeit wirkte unter Vorsitz des CDU-Abgeordneten Müller (Remscheid). Erst 1970 erfolgte die Zusammenlegung des Ausschusses für Arbeit mit dem bis dahin von Professor Schellenberg geleiteten Sozialpolitischen Ausschuß. Schellenberg übernahm auch in diesem neuen Bundestagsausschuß für Arbeit und Sozialordnung den Vorsitz.

Dennoch hat Professor Schellenberg nicht erst an der Verwirklichung des neuen Arbeitsförderungsgesetzes wesentlich mitgearbeitet. Der Ausschuß für Arbeit und seine Arbeitsgruppen haben den Regierungsentwurf mit den verschiedensten politischen Bereichen, die das AFG berührt, abgestimmt und nach gemeinsamen Lösungen gesucht. Daß hierbei der Zusammenarbeit mit dem Sozialpolitischen Ausschuß unter Schellenberg besonderes Gewicht zukam, ergibt sich aus der Natur der Sache. Das AFG kann als besondere Auszeichnung für sich in Anspruch nehmen, daß es am 13. 5. 1969 in der 234. Sitzung des Deutschen Bundestages nach 2. und 3. Beratung einstimmig beschlossen wurde. Das mag als ein Erfolg der Großen Koalition gelten. Nicht unwesentlich hat aber auch dazu beigetragen, daß das umfangreiche sozialpolitische Fachwissen von Professor Schellenberg in die Mitwirkung seiner Fraktion bei der Abfassung des Gesetzes eingeflossen ist.

Das Arbeitsförderungsgesetz ist inzwischen wiederholt durch Ergänzungen und Anpassungen novelliert worden. Einer der wichtigsten Gesprächspartner war für die Bundesanstalt für Arbeit seit 1970 der genannte Ausschuß für Arbeit und Sozialordnung unter dem Vorsitz von Professor Schellenberg. Sein umfangreiches Wissen, seine vielseitige Erfahrung und sein Ideenreichtum haben immer wieder anregend gewirkt und neue Wege gewiesen. Seine fundierte Kritik wurde dankbar angenommen, weil sie bei notwendigen Korrekturen nie das Wesentliche aus dem Auge verlor, auch wenn die Meinungen über den besten Weg auseinandergehen konnten. Zwischen ihm und mir herrschte stets eine verständnisvolle Offenheit, die sich nicht zuletzt bewährte, wenn ich vor dem Ausschuß für Arbeit und Sozialordnung die Position der Bundesanstalt zu vertreten hatte.

## Gesetzesgeschichtlicher Prozeß

Nach der kurzen Standortbestimmung des Sozialpolitikers Schellenberg im Hinblick auf die heutige Arbeitsmarktpolitik muß in groben Zügen auf die geschichtliche Entwicklung eingegangen werden, die schließlich zur Abfassung des Arbeitsförderungsgesetzes als Grundlage heutiger Arbeitsmarktpolitik führte.
Erste Ansätze zu einer organisierten Arbeitsvermittlung in Deutschland enthielten die Zunftordnungen des Mittelalters. Aber erst im Verlaufe der stürmischen Industrialisierung in der zweiten Hälfte des 19. Jahrhunderts, als sich die ungelösten sozialen Fragen häuften, wurden die für die spätere Entwicklung der Arbeitsmarktverwaltung bedeutsamen Schritte getan. Damals verelendeten viele Arbeiter nur deswegen, weil sie nicht wußten, wo und wie sie eine geeignete Arbeit finden sollten. Gewerbliche Stellenvermittler nutzten oft die Notlage der Arbeitsuchenden aus, indem sie übermäßig hohe Provisionen forderten, zum Bruch der bestehenden Arbeitsverträge verleiteten und den Stellenwechsel begünstigten. Die nicht gewerbsmäßige Stellenvermittlung, hauptsächlich von caritativen Verbänden ausgeübt, konnte sich nur begrenzt auswirken. Nachdem Gewerkschaften und Arbeitgeberverbände eigene Arbeitsnachweise errichtet hatten, besserte sich die Situation. Grundlegend änderte sich aber nichts, weil damals Unternehmer und Arbeiter von einer Partnerschaft noch weit entfernt waren. Bereits vor der Jahrhundertwende waren zwar einzelne öffentliche kommunale Arbeitsnachweise entstanden, insbesondere in Großstädten, weil diese sich zuerst vor schwierige Arbeitsmarktprobleme gestellt sahen. Ihnen fehlte jedoch der Überblick über größere, sich nicht an Gemeindegrenzen, sondern an wirtschaftlichen Gegebenheiten orientierende Ausschnitte des Arbeitsmarktes. Als nach dem 1. Weltkrieg Arbeitslosigkeit erstmals als Massenerscheinung auftrat, erhielten die Bestrebungen, zu einer umfassenden Arbeitsmarktorganisation zu gelangen, neuen Auftrieb. Am 15. November 1918 vereinbarten die Demobilmachungsbehörden mit Gewerkschaften und Arbeitgebern, Arbeitsnachweise mit paritätischer Verwaltung einzurichten. Gleichzeitig wurden die Landeszentralbehörden ermächtigt und die Gemeindeverbände verpflichtet, in den Arbeitsnachweisen eine gemeinnützige Berufsberatung und Lehrstellenvermittlung aufzubauen. Die Organisation

dieser Arbeitsnachweise, 1922 schließlich gesetzlich verankert, war aber noch nicht genügend entwickelt. Sie ermöglichte vor allem nicht den überbezirklichen Arbeitsmarktausgleich, d. h. die Vermittlung von Arbeitnehmern aus Gebieten mit geringen Beschäftigungsmöglichkeiten in Regionen, die zusätzlich Arbeitskräfte aufnehmen konnten.

War Deutschland mit seiner fortschrittlichen Sozialgesetzgebung auch schon vor dem Ersten Weltkrieg an die Spitze der großen Industriestaaten der Welt gerückt, so konnte doch das Prinzip der Arbeitslosenversicherung erst viel später verwirklicht werden. Vor dem Jahre 1914 herrschte noch die Auffassung vor, daß, wer keine Arbeit fand, selbst dafür verantwortlich war. Der Gedanke, daß damit die jeweilige Arbeitsmarktlage etwas zu tun haben könnte, erschien damals absurd.

Obwohl die Unternehmer die Arbeiter inzwischen auch als gleichberechtigte Partner anerkannt hatten, ließ sich ein ausreichender finanzieller Schutz bei unverschuldeter Arbeitslosigkeit damals noch nicht erreichen. Soweit Hilfe für die Arbeitslosen — in der Regel von den Gemeinden — überhaupt gewährt wurde, geschah dies in der Form der Armenfürsorge. Erst 1918 wurde — als Folge des Ersten Weltkrieges — eine staatliche Erwerbslosenfürsorge eingeführt. Sie wurde anfangs lediglich dann gewährt, wenn Arbeitslosigkeit infolge des Krieges und Bedürftigkeit vorlag. In den Jahren 1923 und 1924 wurde sie dem Versicherungsprinzip angenähert. Unterstützung erhielt ein Arbeitsloser für eine begrenzte Zeit nur dann, wenn er vorher eine krankenversicherungspflichtige Beschäftigung von bestimmter Dauer ausgeübt hatte. Die 1926 eingeführte und nur bei Bedürftigkeit gewährte Krisenfürsorge wurde an Arbeitslose gezahlt, deren Anspruch auf Erwerbslosenfürsorge erschöpft war. Sie wurde aus allgemeinen Steuermitteln finanziert.

Arbeitsvermittlung und Arbeitslosenversicherung rechtlich und institutionell zu verknüpfen lag nunmehr nahe, weil die Vermittlung von Arbeit finanziellen Leistungen an Arbeitslose vorgehen muß. Mit dem Gesetz über Arbeitsvermittlung und Arbeitslosenversicherung (AVAVG) vom 16. Juli 1927, das am 1. Oktober 1927 in Kraft trat, wurde die Reichsanstalt für Arbeitsvermittlung und Arbeitslosenversicherung als selbständige Körperschaft mit Selbstverwaltung errichtet und zum Träger der Arbeitsvermittlung und einer obligatorischen Arbeitslosenversicherung nach dem Prinzip von Leistung und Gegenleistung bestimmt. Außerdem wurden ihr die öffentliche Berufsberatung und die Vermittlung von Lehrstellen übertragen. In der kurzen Zeitspanne von der Gründung der Reichsanstalt bis zum Ausbruch der Weltwirtschaftskrise von 1929/1932 konnte die Arbeitslosenversicherung jedoch noch keine finanziellen Reserven bilden. So war sie der ungeheueren finanziellen Belastung nicht gewachsen, die ihr durch die von Jahr zu Jahr höher anschwellende Massenarbeitslosigkeit auferlegt wurde. Im Juli 1927 hatte es in Deutschland ³/₄ Millionen Arbeitslose gegeben; Ende 1928 waren es bereits 2 Millionen. 1932 wurde die Höchstzahl von über 6 Millionen bei den Arbeitsämtern registrierten Arbeitslosen erreicht; das war fast ein Drittel aller Arbeitnehmer. Die Hauptaufgabe, Arbeit zu vermitteln, wurde in diesen schweren Jahren der Wirtschaftsdepression notgedrungen zur Nebenaufgabe gegenüber der Notwendigkeit, die Millionen von Arbeitslosen zu unterstützen. Die Wirtschaftskatastrophe wirkte sich

auch insofern ungünstig aus, als vorbildliche Grundgedanken des Gesetzes vom 16. Juli 1927, wie z. B. der einer entwickelten Berufsberatung, nicht ausreifen konnten.
Mit dem nationalsozialistischen Regime im Jahre 1933 verlor die Reichsanstalt schließlich ihre Bestimmung, treuhänderisch im Gemeinsinn demokratisch zu wirken. Ihre Selbstverwaltung wurde, nachdem die Organisationen der Arbeitgeber und Arbeitnehmer aufgelöst worden waren, beseitigt. Die freie Berufswahl und die freie Wahl des Arbeitsplatzes wurden stark eingeschränkt, die »Lenkung der Arbeitskräfte« 1935 zum Staatsprogramm erhoben. Als Lenkungsmittel dienten der staatspolitisch orientierte »Arbeitseinsatz« und die »Nachwuchslenkung«. Im Jahre 1939 wurde die Hauptstelle der Reichsanstalt dem Reichsarbeitsministerium eingegliedert; die Landesarbeitsämter und die Arbeitsämter wurden dem Reichsarbeitsministerium unterstellte Reichsbehörden.
Unmittelbar nach dem Ende des Zweiten Weltkrieges nahmen die Arbeitsämter und Landesarbeitsämter ihre Tätigkeit wieder auf; sie wurden den Arbeitsministern der neu entstandenen Länder unterstellt. Bald setzten Bestrebungen ein, die Arbeitsvermittlung und Arbeitslosenversicherung für das gesamte Bundesgebiet einschließlich Berlin (West) wieder einer Institution mit Selbstverwaltung zu übertragen. Der Wunsch der Gewerkschaften und der Arbeitgebervereinigungen ging dahin, in der Selbstverwaltung der Bundesanstalt allein vertreten zu sein. In dem Gesetz über die Errichtung einer Bundesanstalt für Arbeitsvermittlung und Arbeitslosenversicherung vom 10. März 1952 wurde aber die paritätische Beteiligung der Sozialpartner und der Vertreter der öffentlichen Körperschaften an der Selbstverwaltung festgelegt, weil die Aufgaben der Bundesanstalt über die einer bloßen Versicherungsanstalt weit hinausgehen, denn ihre Hauptaufgaben sind neben der Arbeitslosenversicherung die öffentliche Arbeitsvermittlung und Berufsberatung. Am 1. Juli 1969 löste das Arbeitsförderungsgesetz das Gesetz über Arbeitsvermittlung und Arbeitslosenversicherung vom 1. Oktober 1927 ab und definierte den Gesetzesauftrag der nunmehr »Bundesanstalt für Arbeit« genannten Einrichtung neu. Nicht mehr der Schadensausgleich, sondern die Vorsorge für einen quantitativen und qualitativen Ausgleich von Angebot und Nachfrage auf dem Arbeitsmarkt steht seitdem im Vordergrund ihrer Tätigkeit. Zusätzlich zur Berufsberatung, Arbeitsvermittlung und Arbeitslosenversicherung ist den Arbeitsämtern die Förderung der beruflichen Bildung zugewiesen worden. Die Bundesanstalt für Arbeit mit ihren Landesarbeitsämtern und Arbeitsämtern hat sich der neuen Gewichtung ihrer Aufgaben organisatorisch angepaßt in dem Bemühen, als moderne Dienstleistungseinrichtung ihren Gesetzesauftrag wirksam zu erfüllen.
In der Entwicklung der Arbeitsverwaltung bis zum Ende des Zweiten Weltkrieges spiegeln sich deutlich die Erschütterungen und Wandlungen des staatlichen, gesellschaftlichen und wirtschaftlichen Lebens wider. Dagegen konnte die als »Bundesanstalt« am 1. Mai 1952 neu entstandene, demokratisch aufgebaute Institution auf dem Gebiete des Arbeitsmarktes und der sozialen Sicherung in einer freien Gesellschaft und Wirtschaft eine vielseitige und wirkungsvolle Tätigkeit entfalten.

## Das Arbeitsförderungsgesetz setzt das Gesetz über Arbeitsvermittlung und Arbeitslosenversicherung fort

Stellt man also AFG und AVAVG einander gegenüber, so ist nicht zu übersehen, daß mit dem AFG nicht etwas völlig Neues entstanden ist. Ob es sich um Arbeitsvermittlung, Berufsberatung, Lehrstellenvermittlung oder Hilfe bei Arbeitslosigkeit durch Geld oder Arbeitsbeschaffung handelt, alles war irgendwie im Gesetz über Arbeitsvermittlung und Arbeitslosenversicherung bereits enthalten.

Dennoch unterscheidet sich das Gesetz von 1969 deutlich von den zahlreichen Novellen zum AVAVG. Mit der sogenannten »Großen Novelle« vom 23. Dezember 1957 war noch einmal eine Anpassung des bestehenden Gesetzes an die veränderten Verhältnisse vorgenommen worden. Dieser folgten bis zum 28. 12. 1967 weitere acht Änderungsgesetze.

Selbst der Beschluß des Deutschen Bundestages auf Antrag der CDU/CSU-Fraktion, mit der die Bundesregierung am 29. 6. 1966 beauftragt wurde, einen weiteren Novellenentwurf vorzulegen, lag offensichtlich noch auf der Linie, das bestehende AVAVG in angepaßter Form fortzuschreiben. Wörtlich hieß es, man wolle das Gesetz »an den technischen Fortschritt und die wirtschaftliche Entwicklung anpassen«. Näherhin hatte man die Anpassung der Leistungsbemessungsgrenzen und des arbeitsmarktpolitischen Instrumentariums im Auge, sowie eine gezielte Berufsforschung.

Hatte die SPD-Fraktion am 26. 10. 1966 den Entwurf eines »Arbeitsmarkt-Anpassungsgesetzes« vorgelegt, so datiert der Regierungsentwurf eines neuen Arbeitsförderungsgesetzes vom 16. 11. 1967. Nach erster Beratung im Bundestag wurden beide Entwürfe an den Ausschuß für Arbeit zur gemeinsamen Beratung überwiesen, was sich als sehr fruchtbar erwies. Es war die Zeit der Großen Koalition im Bundestag.

Immer klarer hatte sich gezeigt, daß der Rahmen des AVAVG ausgeschöpft war. Sollten weitere Novellen nicht nur Flickwerk werden, so bedurfte es eines neuen Konzeptes, das freilich die Elemente des bisherigen mit zu verarbeiten hatte. Dennoch muß gesagt werden, daß die Konzeption des Gesetzes über Arbeitsvermittlung und Arbeitslosenversicherung (AVAVG) für die 20er Jahre außerordentlich fortschrittlich war. Es verband bereits die Arbeitslosenversicherung mit ihren Lohnersatzleistungen organisatorisch und funktionell eng mit der Arbeitsvermittlung und Berufsberatung. Schon im AVAVG waren Arbeitsvermittlung und Berufsberatung der Gewährung von Geldleistungen gegenüber vorrangig. Von der Idee her sollten sie jedoch vor allem dazu dienen, Geld zu sparen. Wer in Arbeit vermittelt wird, dem braucht man kein Arbeitslosengeld mehr zu zahlen. Wie sehr der Gedanke, bei Arbeitslosigkeit finanzielle Sicherheit zu bieten, das AVAVG bestimmte, zeigt sich auch im Bestimmungszweck des Rücklagevermögens der Anstalt. Es wurde vor allem als Sicherheit für den Fall größerer Arbeitslosigkeit angesehen. Die Frage, wie sich die Rücklagebildung, die Verwendung der angesammelten Gelder und ihre Auszahlung bei Arbeitslosigkeit jeweils gesamtwirtschaftlich auswirkten, wurde kaum gestellt.

Die gleiche Betrachtungsweise kennzeichnet die gesamte damalige Arbeitsmarktpolitik. Sie war vornehmlich sozialpolitisch orientiert. Beschäftigungsschwankungen und damit auch zeitweilige Arbeitslosigkeit wurden als unabwendbare Begleiterscheinungen des Wirtschaftslebens angesehen. Man beschränkte sich darauf, Wunden, die im Auf und Ab der Wirtschaftsentwicklung geschlagen wurden, erträglicher zu machen und nach Möglichkeit zu heilen. Heute mag diese Konzeption der Arbeitsmarktpolitik als zu eng erscheinen. Man muß aber die Arbeitsmarktsituation und den Stand der Erkenntnisse der späten 20er Jahre bedenken.

Weiterreichende Gedankengänge waren durchaus geläufig. Sie traten besonders nach 1945 trotz schlechter Arbeitsmarktlage mehr und mehr in den Vordergrund. So findet sich im Heft 10/1951 der Fachzeitschrift »Arbeit, Beruf und Arbeitslosenhilfe« die Feststellung: »Die Arbeitsverwaltung ist nicht nur ein soziales Verwaltungsressort; sie ist in erster Linie Wirtschaftsressort. Sie muß das wirtschaftliche Geschehen mitverantwortlich gestalten und sich bemühen, die Entwicklung der gewerblichen Wirtschaft unter den Gesichtspunkten des Arbeitsmarktes dahin zu steuern, daß Beschäftigungskrisen nicht mehr auftreten und die Zahl der Arbeitslosen auf ein denkbar niedriges Maß gesenkt wird.« Die Idee der arbeitsmarktpolitischen Vorsorge, die in diesen Worten anklingt, ist in den folgenden 20 Jahren für die Arbeit der Bundesanstalt immer bestimmender geworden. Diese entscheidende Akzentverschiebung hat dann im Arbeitsförderungsgesetz von 1969 ihren deutlichen Niederschlag gefunden. Dort heißt es bereits in § 1, der als Präambel gelten darf: »Die Maßnahmen nach diesem Gesetz sind im Rahmen der Sozial- und Wirtschaftspolitik der Bundesregierung darauf auszurichten, daß ein hoher Beschäftigungsstand erzielt und aufrechterhalten, die Beschäftigungsstruktur ständig verbessert und damit das Wachstum der Wirtschaft gefördert wird.« In § 2 AFG fehlt bei der arbeitsmarktpolitischen Zielsetzung des Gesetzes die Linderung entstandener Not völlig. Es geht vielmehr rein darum, solche Not gar nicht erst entstehen zu lassen. In § 3 AFG werden die Aufgaben der Bundesanstalt für Arbeit (BA) aufgezählt. Der Reihenfolge nach sind das Berufsberatung, Arbeitsvermittlung, Förderung beruflicher Bildung, berufsfördernde Leistungen zur Rehabilitation, Leistungen zur Erhaltung und Schaffung von Arbeitsplätzen. Dann erst folgen die Zahlung von Arbeitslosengeld, Konkursausfallgeld und Arbeitslosenhilfe.

Da der Aufgabenkomplex der Bundesanstalt für Arbeit historisch gewachsen ist, finden sich auch im AFG verschiedene sozialpolitische Konzeptionen nebeneinander: Elemente der Fürsorge, etwa in Form der Arbeitslosenhilfe und die Prinzipien von Leistung und Gegenleistung, dies vor allem in der Arbeitslosenversicherung. Beherrschend ist jedoch der Gedanke der Vorsorge. Er drückt sich nicht nur in der Neugestaltung und Erweiterung der Maßnahmen zur Förderung der beruflichen Bildung aus, sondern auch in der Neuorientierung anderer Aufgaben. So wurden die Bauarbeiter bis 1959 im Winter in der Regel arbeitslos. Die dann eingeführte Schlechtwetterregelung erhielt dem Arbeitnehmer den Arbeitsplatz, dem Arbeitgeber die eingespielte Belegschaft. Sie brachte sowohl sozial- als auch wirtschaftspolitisch einen sichtbaren Fortschritt. Inzwischen ist dieser Ansatz in der produktiven Winterbauförderung, die auf dem Weg der Umlage von der Bauwirtschaft selbst finanziert wird, weiterentwickelt worden. Man

will damit nicht nur die Arbeitsplätze, sondern auch die Arbeit selbst als Leistung und Einkommensquelle sichern.
Arbeitsmarktpolitische Vorsorge zur sozialen Sicherung und Förderung der Menschen erscheint besonders wichtig, wenn man aus der überall feststellbaren technischen und wirtschaftlichen Entwicklung die arbeitsmarktpolitische Konsequenz ziehen will. Anders, als man sich 1927 bewußt war, kann und muß die Arbeitsmarktpolitik die Verbindung von Wirtschafts-, Arbeitsmarkt- und Sozialpolitik gebührend berücksichtigen. Das AFG gibt in den genannten Paragraphen 1 und 3 den entsprechenden Auftrag. Damit liegt der Schwerpunkt der Aufgaben der Bundesanstalt heute in der Stärkung der beruflichen Mobilität der Arbeitnehmer, d. h. in der Stärkung der notwendigen Fähigkeit zur rechtzeitigen Einstellung auf die jeweiligen Anforderungen des Berufs. Die Notwendigkeit der Förderung von Ausbildung, Fortbildung und — notfalls — Umschulung durch die Bundesanstalt wird heute von niemandem, der die Arbeitsmarktverhältnisse übersieht, in Frage gestellt. Dagegen wird es ständige Aufgabe bleiben, diese Maßnahmen möglichst ökonomisch und effektiv zu gestalten.
Bei der skizzierten Entwicklung, die durch Schaffung des AFG zunächst abgeschlossen wurde, ist folgendes hervorzuheben: Durch die vorsorgende Arbeitsmarktpolitik sind erstmals in der deutschen Sozialgesetzgebung Lösungsmöglichkeiten für sich abzeichnende Probleme geschaffen worden, auch wenn sie noch gar nicht allgemein offenkundig oder bedrückend geworden sind. Heute berücksichtigt die Arbeitsmarktpolitik Entwicklungen in Wirtschaft und Gesellschaft und bemüht sich, mit ihnen Schritt zu halten. Die Bundesanstalt für Arbeit beschränkt sich nicht darauf, mögliche nachteilige Folgen technischer, wirtschaftlicher und sozialer Prozesse auszugleichen, indem sie dem einzelnen nachgehend hilft. Sie greift vielmehr in solche Entwicklungen selbst ein und unterstützt vor allem ein angemessenes Berufs- und Arbeitsverhalten. Die Bundesanstalt für Arbeit versteht sich heute als moderne Dienstleistungseinrichtung und unternimmt große Anstrengungen, diesem Selbstverständnis durch Leistung gerecht zu werden. Sie weist alle Kennzeichen einer modernen, leistungsorientierten Behörde auf: Spezialisierung, z. B. durch das Angebot besonderer Vermittlungsstellen für qualifizierte Berufe; durch den Einsatz der elektronischen Datenverarbeitung; wissenschaftliche Klärung der Voraussetzungen und Möglichkeiten ihrer Arbeit durch ein eigenes Institut für Arbeitsmarkt- und Berufsforschung.

## Bewährung des Arbeitsförderungsgesetzes

Inzwischen sind seit Inkrafttreten des Arbeitsförderungsgesetzes über sieben Jahre ins Land gegangen. Ähnlich wie das AVAVG, das die Weltwirtschaftskrise Anfang der 30er Jahre mit Millionen von Arbeitslosen auf eine harte Probe stellte, wurde das AFG seit 1974 mit der längsten und tiefgreifendsten Rezession nach 1945 konfrontiert. Die Arbeitsmarktpolitik konnte nicht verhindern, daß es mehr als ein Jahr hindurch über 1 Million Arbeitslose gab. Hinzu kamen zeitweilig fast 1 Million Kurzarbeiter. Wurden auch die Größenordnungen der Massenarbeitslosigkeit in den 30er

Jahren nicht annähernd erreicht, so hatte der erhebliche Beschäftigungseinbruch doch zur Folge, daß nicht nur die beträchtliche Rücklage der Bundesanstalt für Arbeit aufgezehrt wurde, sondern darüber hinaus die Bundesregierung Zuschüsse und Darlehen von mehreren Milliarden DM leisten mußte.
Auf den ersten Blick könnte es scheinen, daß sich die in das AFG gesetzten Erwartungen nicht erfüllt haben. Das ist aber nicht der Fall. Man darf ja nicht vergessen, daß Arbeitsmarktpolitik und Beschäftigungslage von vielerlei äußeren Faktoren abhängen, die sich einer Beeinflussung durch Maßnahmen des AFG entziehen müssen. Das gilt für die allgemeine Sozialpolitik, die Bildungspolitik, für die Wirtschaftspolitik auf nationaler und internationaler Ebene, für die Finanzpolitik usw. Hier spielen Konjunktur, Geldwertstabilität, Außenhandel und Wechselkurse ebenso herein wie Lohntarife, Produktionsverlagerungen und vor allem Investitionen der Wirtschaft und der öffentlichen Hand. Mißt man die Arbeitsmarktpolitik an dem ihr zukommenden Stellenwert, so zeigt sich, daß im AFG einer flexiblen Arbeitsmarktpolitik das nötige Instrumentarium in die Hand gegeben ist, auch und gerade in Zeiten eines Ungleichgewichtes auf dem Arbeitsmarkt konstruktiv zu wirken.
Hier ist als erste, unerläßliche Dienstleistung die Information zu nennen, zu der die Bundesanstalt gesetzlich verpflichtet ist. Wer in Politik und Wirtschaft Entscheidungen zu treffen hat, die sich konjunkturell und strukturell auswirken, ist auf verläßliche Informationen über den Arbeitsmarkt angewiesen. Das gleiche gilt etwa für Verhandlungen der Sozialpartner, der Träger der Sozialversicherung und schließlich die breite Öffentlichkeit der Bevölkerung, die ein Lebensinteresse an der Entwicklung des Arbeitsmarktes haben muß. Information darf sich nicht beschränken auf die statistischen Daten über die Zahlen von Arbeitslosen, Kurzarbeitern und offenen Stellen. Wichtig ist die Ursachen- und Trendforschung, wie sie vor allem vom Institut für Arbeitsmarkt- und Berufsforschung betrieben wird. Daß sich diese Information auch konkret ummünzt und praktische Erfolge in Richtung auf einen Arbeitsmarktausgleich erzielt, wurde z. B. sichtbar an Programmen der Bundesregierung etwa zur Bekämpfung der Jugendarbeitslosigkeit oder auch an den vermehrten Anstrengungen von Industrie und Handwerk um ein größeres Angebot an Ausbildungsplätzen. Hätte die Bundesanstalt nicht immer wieder nachdrücklich auf diese Probleme hingewiesen, wäre sicher manche wertvolle Initiative unterblieben. Information ist aber erst eine der Aufgaben der Bundesanstalt für Arbeit.
Das Arbeitsförderungsgesetz hat darüber hinaus ein recht brauchbares Instrumentarium bereitgestellt, durch gezielte Maßnahmen auf einen Ausgleich auf dem Arbeitsmarkt hinzusteuern. Es ist da zu unterscheiden zwischen kurzfristigen Maßnahmen, die akuten Arbeitsplatzmangel quantitativ abmildern sollen, und mittel- und langfristigen Programmen, die hauptsächlich strukturell auf einen vor allem qualitativen Ausgleich ausgerichtet sind.
Unter den kurzfristigen Maßnahmen wäre zuerst die Kurzarbeit zu nennen. Bei verringertem Arbeitsvolumen wird durch Kurzarbeit diese Verringerung auf mehr Schultern verteilt. Geht z. B. in einem Betrieb mit 100 Beschäftigten die Auftragslage um 50 % zurück, so könnte man entweder 50 Be-

schäftigte entlassen oder alle 100 Beschäftigten mit 50 % Kurzarbeit weiterbeschäftigen. Letzteres ist sicher die sozialpolitisch bessere Lösung. Der Vorteil liegt dabei nicht nur auf seiten jener 50 Arbeitnehmer, die sonst entlassen worden wären. Der Betrieb selbst behält seine Stammbelegschaft und kann die Zeit bis zu einer Besserung der Auftragslage überbrücken. Die Volkswirtschaft wird weniger belastet als durch die Zahlung von Arbeitslosengeld. Gerade in der jüngsten Rezession wurde das Instrument der Kurzarbeit sehr stark eingesetzt. Der Gesetzgeber hat diese Zielrichtung unterstützt, indem er die äußerst mögliche Bezugsfrist für das Kurzarbeitergeld nach dem Arbeitsförderungsgesetz von einem Jahr auf zwei Jahre ausweitete. In Auswirkung solcher Arbeitsmarktpolitik gab es 1975/76 Kurzarbeiterzahlen wie nie zuvor.

Die nächste Möglichkeit, unmittelbar auf den Beschäftigungsstand einzuwirken, sind die sogenannten Arbeitsbeschaffungsmaßnahmen. 1974 bis 1976 wurden sie mit starker finanzieller Unterstützung der Bundesregierung in erheblichem Umfang eingesetzt. Über 1,1 Milliarden DM standen dafür allein 1975 zur Verfügung. Das ganze Volumen konnte fristgerecht und gezielt ausgeschöpft werden. Vor allem die Bauwirtschaft hat hierdurch starke Impulse erfahren.

Vom Schlechtwettergeld und der produktiven Winterbauförderung war bereits die Rede. Eine andere kurzfristige Maßnahme wirkt nicht nur quantitativ, sondern gleichzeitig auch schon qualitativ auf den Arbeitsmarkt. Es sind die berufsvorbereitenden Maßnahmen für noch nicht berufsreife Jugendliche. Das Problem der Ausbildung und Beschäftigung junger Menschen wird sich in den nächsten Jahren zuspitzen, wenn geburtenstarke Jahrgänge bis in die Mitte der 80er Jahre neu auf den Arbeitsmarkt drängen. Daher gilt es, vor allem das Angebot an beruflichen Ausbildungsplätzen auszuweiten, obwohl im Mangel an Ausbildungsplätzen heute, 1976, noch nicht die Hauptursache für die Jugendarbeitslosigkeit zu suchen ist. Mit den genannten berufsvorbereitenden Maßnahmen für noch nicht berufsreife Jugendliche bringt man zunächst viele Jugendliche von der Straße. In erster Linie handelt es sich um ehemalige Sonderschüler und Abgänger von Hauptschulen ohne Abschluß. Gerade diese Jugendlichen haben die geringsten Chancen bei der Bewerbung um einen Ausbildungs- oder Arbeitsplatz. Im Jahre 1975 konnten in 919 Lehrgängen 27.700 solcher junger Menschen auf eine berufliche Eingliederung vorbereitet werden. Die Erfahrungen haben bewiesen, daß die Teilnehmer an diesen Maßnahmen nachher auch tatsächlich leichter in eine Ausbildung oder an einen Arbeitsplatz zu vermitteln waren.

Damit wären wir bei einem Kernpunkt des Arbeitsförderungsgesetzes in seiner finalen Ausrichtung, nämlich vorrangig mit Maßnahmen einer vorausschauenden Arbeitsmarktpolitik Arbeitslosigkeit nach Möglichkeit zu verhindern. Dabei geht es wesentlich nicht nur um den quantitativen, sondern viel stärker noch um den qualitativen Aspekt des Arbeitsmarktes. In jeder Rezession hat sich gezeigt, daß vor allem beruflich wenig qualifizierte Arbeitnehmer von Arbeitslosigkeit bedroht und betroffen sind. Die Strukturanalyse der Arbeitslosigkeit von Ende Mai 1976 ergab einen Anteil von 55 % Ungelernten an den Arbeitslosen, während Ungelernte sonst im Erwerbsleben nur mit 31,8 % vertreten sind. Man kann das auf die Formel bringen: Wer weniger gelernt hat, wird schneller arbeitslos und ist schwerer wieder in Arbeit zu vermitteln. Eine Verlaufsuntersuchung des Instituts für Arbeitsmarkt- und Berufsforschung erbrachte, daß von jenen erwachsenen Fachkräften, die im September 1974 arbeitslos waren, innerhalb eines Jahres 41 % beruflich wieder eingegliedert werden konnten, von den Ungelernten dagegen nur 29 %. Im gleichen Zeitraum waren nach einem Jahr nur 19 % der arbeitslosen Jugendlichen mit Berufsausbildung noch immer arbeitslos, dagegen 37 % der arbeitslosen Jugendlichen ohne Berufsausbildung. Die Strukturanalyse der Arbeitslosen Ende Mai 1976 ergab, daß unter denen, die länger als ein Jahr arbeitslos waren, 62,1 % keine Berufsausbildung aufzuweisen hatten.

Die berufliche Qualifikation ist also mitentscheidend für die Chancen des einzelnen Arbeitnehmers auf dem Arbeitsmarkt. In einer hochindustrialisierten Volkswirtschaft ist diese Qualifikation mindestens ebenso bedeutsam für die wirtschaftliche Fortentwicklung. Bei beruflicher Qualifikation geht es aber nicht allein um die einmal erworbene schulische und berufliche Ausbildung. Die ständige Anpassung an die Entwicklung ist eine zwingende Notwendigkeit. Anders wäre der strukturelle Ausgleich des Arbeitsmarktes nicht zu erzielen. Dem sucht die Bundesanstalt gerecht zu werden durch die Maßnahmen zur Förderung beruflicher Ausbildung, Fortbildung und Umschulung. Bekanntlich hat das Haushaltsstrukturgesetz vom 18. Dezember 1975 im Interesse notwendiger Sparmaßnahmen gewisse Einschränkungen auf diesem Sektor gebracht. Der arbeitsmarktpolitische Ansatz des Arbeitsförderungsgesetzes, der nicht zuletzt im Rechtsanspruch auf diese Förderung zum Ausdruck kommt, blieb unangetastet.

Gelegentlich wurde der Vorwurf erhoben, man schule in die Arbeitslosigkeit hinein. Daß dies nicht stimmt, läßt sich an folgendem Zahlenmaterial darstellen: In der Zeit von September 1974 bis Mai 1975 stieg die gesamte Arbeitslosigkeit um 83 %, während die Arbeitslosigkeit bei Förderungsabsolventen im gleichen Zeitraum lediglich um 30 % zunahm. Dabei war außerdem zu beobachten, daß der Anstieg der Arbeitslosigkeit desto geringer wurde, je höher die Qualifikation ausfiel.

Der beschäftigungspolitische Erfolg, der mit dem genannten Instrumentarium zu erreichen ist, läßt sich durch weitere Erfahrungswerte gerade aus den schwierigen Jahren 1974 bis 1976 belegen. Dabei sollen einmal die laufenden Aktivitäten von der Darstellung ausgeklammert bleiben, die von der konjunkturellen Situation weniger abhängig sind, also Arbeits- und Berufsberatung, Arbeits- und Ausbildungsstellenvermittlung, berufliche Rehabilitation, produktive Winterbauförderung sowie die vielfältigen Hilfen für besondere Personengruppen, obwohl sie ebenfalls erhebliche beschäftigungspolitische Bedeutung haben.

Da ergibt sich schließlich als beschäftigungspolitischer Erfolg von Maßnahmen nach dem AFG, daß die Arbeitslosenzahl 1975 um mindestens 330.000 höher gewesen wäre als der tatsächliche Jahresdurchschnitt von 1,074 Mio. Durch Kurzarbeitergeld ergab sich ein Entlastungseffekt von 170.000 Arbeitslosen. Leistungen zur Förderung der Arbeitsaufnahme durch Beschäftigungshilfen (Lohnkostenzuschüsse, Mobilitätszulagen) und allgemeine Maßnahmen zur Arbeitsbeschaffung verminderten die Zahl der Arbeitslosen im Jahresdurchschnitt um 30.000. Der Entlastungseffekt durch berufsvor-

bereitende Maßnahmen und die Förderung von beruflicher Fortbildung und Umschulung war schließlich mit 130.000 Arbeitslosen anzusetzen. Hier wäre nebenbei anzumerken, daß die prekäre Haushaltslage der Bundesanstalt 1975 nicht durch die Förderung beruflicher Bildung entstanden ist, sondern durch die hohe Arbeitslosigkeit. Noch 1973 konnten bei vermindertem Beitragssatz von 1,7 % und umfangreicher Förderung beruflicher Bildung immer noch 660 Mio. DM der Rücklage zugeführt werden.
Die Erfolgsbilanz weist mehr als einen Tropfen auf den heißen Stein aus, 1,1 oder 1,4 Mio. Arbeitslose im Jahresdurchschnitt sind kein belangloser Unterschied. Viele dieser Maßnahmen waren nur möglich durch umfassende finanzielle Hilfen des Bundes und der Länder. Aber alle Maßnahmen konnten im Rahmen jenes Konzeptes verwirklicht werden, das im Arbeitsförderungsgesetz angelegt ist. Damit wird zugleich klar, daß in großen Krisen die finanziellen Möglichkeiten, die der Bundesanstalt durch das AFG gegeben sind, einer Ergänzung durch Bundes- und Ländermittel bedürfen. Eine Abdeckung aller Risiken auf rein versicherungsmathematischer Grundlage wäre weder möglich noch wünschenswert. Wie hoch müßte sonst eigentlich die Rücklage sein? Für wie viele Arbeitslose auf wie lange Zeit sollte sie reichen?
Da Arbeitsmarktpolitik sich immer im Rahmen der Wirtschafts- und Sozialpolitik bewegen muß, die wiederum einer ständigen Weiterentwicklung unterworfen sind, wird auch das AFG immer wieder einer Anpassung bedürfen. Das Gesamtkonzept dieses Gesetzes aber ist zukunftgerichtet und hat sich bewährt. Es kann gerade nach der Belastungsprobe der letzten Jahre als eine gelungene Neuorientierung jener Arbeitsmarktpolitik gelten, die im AVAVG bereits grundlegende Ansätze hatte. Auf der Basis des Arbeitsförderungsgesetzes heißt es sich weiter den schwierigen Aufgaben zu stellen, die für die nächste Zukunft ablesbar sind: Ausbildung und Beschäftigung geburtenstarker Jahrgänge, die in den nächsten Jahren neu auf den Arbeitsmarkt drängen, Beschäftigungspolitik für ausländische Arbeitnehmer im Zusammenhang mit der Entwicklung des deutschen Erwerbstätigenpotentials und nicht zuletzt natürlich die Wiedererreichung eines hohen Beschäftigungsstandes. Hierbei zeichnen sich besondere Problemgruppen des Arbeitsmarktes ab: Schwerbehinderte, Frauen und ältere Arbeitnehmer, vor allem aus dem Bereich der Angestelltenberufe.
Die Bundesanstalt für Arbeit kann sich nur wünschen, daß ihr, wie bisher, Professor Schellenberg und Persönlichkeiten mit ähnlich fundiertem Sachverstand bei der Bewältigung ihrer Aufgaben zur Seite stehen. Professor Schellenberg und sein Ausschuß haben in erfreulichem Maße den Kontakt gesucht, wie zahlreiche gemeinsame Sitzungen in Nürnberg und Bonn beweisen. Die deutsche Arbeitsmarktpolitik bleibt dem Jubilar zu Dank verpflichtet gerade für die Phase der Weiterentwicklung vom Gesetz über Arbeitsvermittlung und Arbeitslosenversicherung zum Arbeitsförderungsgesetz. Ich persönlich danke ihm für die stets kollegiale Zusammenarbeit.

# 9. Mitbestimmung

Otto Kunze

## Zur Entstehung des Mitbestimmungsberichtes

### I. Der Bericht

Mit Schreiben vom 4. 4. 1970 (BT-Drucksache VI/334) übersandte der Bundeskanzler Brandt dem Präsidenten des Deutschen Bundestages »unter Bezugnahme auf die Entschließung des Deutschen Bundestages vom 14. 6. 1967 den von der Sachverständigenkommission zur Auswertung der bisherigen Erfahrungen bei der Mitbestimmung erstatteten Bericht ‚Mitbestimmung im Unternehmen'« und bemerkte, daß sich die Bundesregierung vorbehalte, zu dem Bericht Stellung zu nehmen. Dieser Bericht gliedert sich in fünf Teile: Einführung — Zum gegenwärtigen Stand der Auseinandersetzungen um die Mitbestimmung — Erfahrungen mit der Mitbestimmung — Grundlagen der Empfehlungen der Kommission — Die Empfehlungen der Kommission zur institutionellen Mitbestimmung der Arbeitnehmer im Unternehmen. Außerdem waren fast 60 Seiten Anlagen beigefügt.

### II. Die Vorgeschichte

Der Bericht hat eine bewegte Vorgeschichte.
Zu dem von der Bundesregierung im 4. Bundestag wieder eingebrachten und im Mai 1965 verabschiedeten Entwurf eines Aktiengesetzes hatte der Bundesvorstand des Deutschen Gewerkschaftsbundes in seiner im November 1962 herausgegebenen Broschüre »Aktienrechtsreform und Mitbestimmung — Stellungnahmen und Vorschläge« erklärt, der Entwurf enthalte eine Reihe begrüßenswerter Neuerungen, besonders in seinem konzernrechtlichen Teil; in allen übrigen Teilen und grundsätzlich bewege er sich aber auf den ausgetretenen Pfaden des hergebrachten Gesellschaftsrechts. Damals forderte der DGB auch erneut eine Reform des gesamten Unternehmensrechts, die für Unternehmen gleicher Art und Größe gleiche Rechte und insbesondere für Großunternehmen eine moderne, ihrer volkswirtschaftlichen Bedeutung entsprechende Unternehmensverfassung schafft. Trotzdem

hat das neue Aktiengesetz die gesamte Mitbestimmungsproblematik ausgeklammert und sich darauf beschränkt, das Gesetz mit den bestehenden Mitbestimmungsvorschriften zu verzahnen. Die Gewerkschaften drängten aber nach dem Erlaß des Aktiengesetzes weiter, und zwar mit zunehmender Intensität. Sie fanden mit ihrem Drängen bei der SPD und dem Arbeitnehmerflügel der CDU immerhin so starken Widerhall, daß sich die im Herbst 1966 gebildete große Koalition zu zwei mitbestimmungspolitischen Schritten veranlaßt sah. Die Fraktionen der CDU/CSU und der SPD brachten Anfang März 1967 den Entwurf zur Änderung des Mitbestimmungsergänzungsgesetzes ein, den der Bundestag alsbald verabschiedete. Schon vorher, am 13. Dezember 1966, hatte Bundeskanzler Dr. Kiesinger in seiner Regierungserklärung gesagt:

»Die Bundesregierung wird eine Kommission unabhängiger Sachverständiger berufen und sie mit der Auswertung der bisherigen Erfahrungen bei der Mitbestimmung als Grundlage weiterer Überlegungen beauftragen. Die Bundesregierung lehnt Bestrebungen ab, die den bewußten und erkennbaren Zweck einer Aushöhlung der Mitbestimmung verfolgen.«

In den beiden Sätzen dieser Erklärung weht kein revolutionärer mitbestimmungspolitischer Geist. Die Aushöhlungsbestrebungen waren zwar im Bereiche der Montanholdingsgesellschaften durch das Änderungsgesetz zum Mitbestimmungsergänzungsgesetz vom 27. 4. 1967, die sogenannte Rheinstahl-Novelle, abgewehrt worden, aber doch nur für eine kurze Zeitspanne, die lediglich eine Atempause zur Überlegung weiterer durchgreifender Schritte gewährte; und die Ankündigung der Absicht, eine Sachverständigenkommission zu berufen, wird man dahin beurteilen dürfen, daß sie weniger dem Bedürfnis entsprach, mit dem Kommissionsbericht den baldigen Erlaß eines Mitbestimmungsgesetzes für die großen Kapitalgesellschaften vorzubereiten, wie es der DGB vorgeschlagen hatte, sondern daß die Einberufung einer Kommission der Kompromiß war, mit dem die Entscheidung über ein Mitbestimmungsgesetz erheblich hinausgezögert werden konnte. Diese Deutung der zitierten Sätze der Regierungserklärung wurden dadurch bestätigt, daß die Regierung zunächst nichts unternahm. In einem Referat über »Gegenwartsprobleme und Zukunftsaspekte der Mitbestimmung« in einer Veranstaltung der Hans-Böckler-Gesellschaft im April 1967 in Düsseldorf stellte deshalb der damalige Leiter der Abteilung Mitbestimmung des Bundesvorstandes des Deutschen Gewerkschaftsbundes und jetzige nordrhein-westfälische Landesminister für Arbeit, Gesundheit und Soziales, Professor Dr. Farthmann, fest, so vielgestaltig das Bild der Mitbestimmungsdiskussion sei, so wenig sei über parlamentarische Mitbestimmungsaktionen zu berichten; er erklärte, die Gewerkschaften vertrauten auf die Zusage der führenden politischen Kräfte, nach der die Sachverständigenkommission zur Lösung und nicht zur Beerdigung der Mitbestimmungsfrage eingesetzt werden solle. Im September berichtete die Zeitschrift der Hans-Böckler-Gesellschaft »Das Mitbestimmungsgespräch«, daß innerhalb der SPD und bei den Arbeitnehmervertretern der CDU auf eine baldige Entscheidung der Bundesregierung über die Einsetzung der Sachverständigenkommission gedrängt werde; die Entscheidung habe jetzt Bundeskanzler Kiesinger; eine Kabinettsvorlage liege noch nicht vor; die offen Fragen zwischen Bundeswirtschaftsminister Schiller und Bundesarbeitsminister Katzer schienen weitgehend geklärt zu sein; es müsse aber noch eine Aussprache zwischen diesem und dem Kanzler stattfinden; in Bonn werde mit gesetzgeberischen Entscheidungen in dieser Legislaturperiode nicht mehr gerechnet. Damit war diese Bundesregierung mitbestimmungspolitisch über die Runden gekommen.

## III. Die Mitbestimmungskommission

In der Sitzung am 14. 6. 1967 nahm der Bundestag ohne Debatte einstimmig einen Entschließungsantrag der Fraktionen der CDU/CSU und der SPD an, der folgenden Wortlaut hatte:

»Die Bundesregierung wird ersucht, entsprechend der Ankündigung der Regierungserklärung vom 13. Dezember 1966 alsbald eine Kommission unabhängiger Sachverständiger zu berufen und sie mit der Auswertung der bisherigen Erfahrungen bei der Mitbestimmung als Grundlage weiterer Überlegungen zu beauftragen. Das Gutachten ist dem Bundestag vorzulegen.«

Am 8. November 1967 beschloß die Bundesregierung die Bildung der Mitbestimmungskommission und die sogenannten Grundsätze, von denen hier besonders die nachstehend wörtlich wiedergegebenen Nummern I, III, V, VI und IX interessieren:

»Zur Auswertung der bisherigen Erfahrungen mit der Mitbestimmung als Grundlage weiterer Überlegungen auf diesem Gebiet wird die in der Regierungserklärung vom 13. Dezember 1966 angekündigte Sachverständigenkommission gebildet.

...

Als Berater nehmen an den Arbeiten der Kommission je 3 Vertreter der Sozialpartner teil.

...

Die Kommission gibt sich eine Geschäftsordnung.

Die Kommission kann Vertreter der Sozialpartner sowie sachkundige Personen, darunter auch solche aus Kreisen der Kirchen, befragen oder zur gutachtlichen Stellungnahme auffordern. Soweit dadurch zusätzliche Kosten entstehen, ist die Zustimmung des Bundesministers für Arbeit und Sozialordnung einzuholen.

...

Die Kommission legt die Ergebnisse ihrer Arbeit der Bundesregierung vor. Vertritt eine Minderheit eine abweichende Auffassung, so hat sie die Möglichkeit, diese in der Stellungnahme zum Ausdruck zu bringen.

...«

Mit der Zuziehung der Vertreter der Sozialpartner nur als fachkundige Berater war in etwa der Empfehlung des DGB entsprochen worden, die Vertreter der Sozialpartner im Interesse der Objektivität der Kommission nicht zu Kommissionsmitgliedern zu bestellen.

Die Beratungen und Verhandlungen darüber, welche Persönlichkeiten zu Mitgliedern der Kommission bestellt werden sollten, zogen sich bis Anfang Dezember 1967 hin. Am 1. Dezember 1967 benannte die Bundesregierung die folgenden Universitätsprofessoren zu Mitgliedern der Kommission:

Dr. Ballerstedt, Bonn
Dr. Gutenberg, Köln

Dr. Jürgensen, Hamburg
Dr. Krelle, Bonn
Dr. Mestmäcker, Bielefeld
Dr. Reinhardt, Marburg
Dr. Voigt, Bonn
Dr. Willgerodt, Köln.

Zum Vorsitzenden wurde Professor Dr. Biedenkopf, damals Universität Bochum, bestellt. Von den neun Professoren waren vier Vertreter der Nationalökonomie, einer Vertreter der Betriebswirtschaftslehre und vier Vertreter der Jurisprudenz. Die Frankfurter Allgemeine Zeitung bemerkte hierzu:

»Mit der Berufung der neun Wissenschaftler ist das politische Tauziehen um die Mitbestimmungskommission beendet. Nicht alle der ursprünglich von Katzer benannten Persönlichkeiten sind berufen worden. Gegen einige der Wissenschaftler sind Bedenken geltend gemacht worden, weil sie als einseitige Befürworter einer Ausweitung der Mitbestimmung galten. Andere Persönlichkeiten haben von sich aus die Mitarbeit in der Kommission abgelehnt. Als entschiedene Befürworter der Mitbestimmung sind wohl nur noch die Professoren Ballerstedt und Krelle anzusehen. Insgesamt scheint die Kommission annähernd ausgewogen besetzt zu sein.«

Der Bundesminister für Arbeit und Sozialordnung, Hans Katzer, bat am 4. Dezember 1967 die neun Mitglieder brieflich um ihre Mitarbeit und die Gewerkschaften sowie die Bundesvereinigung der Deutschen Arbeitgeberverbände um die Benennung von je drei Vertretern. Der Bundesvorstand des DGB benannte am 5. Dezember 1967 als ständige Berater den Verfasser, seinen damaligen Justitiar, und Dr. Wolfgang Spieker, einen juristischen Mitarbeiter der IG Metall, jetzt Mitgeschäftsführer des Wirtschafts- und Sozialwissenschaftlichen Instituts des DGB. Die Deutsche Angestellten-Gewerkschaft benannte Dipl.-Pol. Günter Apel, jetzt Senator in Hamburg. Die BdA benannte Dr. Ernst-Gerhard Erdmann, ihren heutigen Hauptgeschäftsführer, Dr. Heintzeler, damals Mitglied des Vorstandes der Badischen Anilin- & Soda-Fabrik AG, und Dr. Kley, damals Mitglied des Vorstandes der Siemens AG. Am 24. Januar 1968 händigte Bundesminister Katzer den Kommissionsmitgliedern die Berufungsurkunden aus und bestellte die ständigen Berater.

Jetzt noch den Versuch zu unternehmen, die Mitglieder der Kommission in Befürworter der Mitbestimmung, Gegner und Vertreter einer vermittelnden Auffassung aufzuteilen, ist müßig, nachdem die Kommission ausweislich des Berichtes, abgesehen von zwei nicht besonders wichtigen Punkten, einhellig votiert hat. Nach meiner Kenntnis der Persönlichkeiten und meinen Beobachtungen haben sich alle Kommissionsmitglieder um äußerste Objektivität, insbesondere bei der Erforschung der Tatsachen, bemüht. Wenn das einer Bestätigung bedarf, so durch meinen Eindruck, daß mehr oder minder alle Herren mit anderen Vorstellungen an die Arbeit herangegangen sind, als sie nunmehr dem Bericht zugrunde liegen.

## IV. Der Kommissionsauftrag

Ein besonderes Auftragsschreiben ist nicht ergangen. Der Auftrag der Kommission ergibt sich lediglich aus dem bereits angeführten Grundsatz Nr. I. Wie die Kommission ihre Aufgabe sachlich abgegrenzt hat, kann am besten mit ihren eigenen Worten gesagt werden:

»Diese weite Fassung des von der Kommission zugrunde gelegten Mitbestimmungsbegriffs bedeutet nicht, daß die Kommission ihren Auftrag darin gesehen hat, sämtliche Mitbestimmungsformen im einzelnen zu untersuchen. Im Mittelpunkt der Mitbestimmungsdiskussion steht die Erörterung der Forderung nach Ausweitung der Mitbestimmung der Arbeitnehmer; Kern der Diskussion ist die Forderung nach einer Übertragung der sogenannten paritätischen Mitbestimmung auf alle Wirtschaftsbereiche und Unternehmen ab einer bestimmten Größe. Diese Form ‚qualifizierter Mitbestimmung' ist bislang nur in der Montan-Industrie verwirklicht. Den aus diesem Bereich resultierenden Erfahrungen mit der Mitbestimmung kommt deshalb bei der politischen Entscheidung des Problems eine wesentliche Bedeutung zu. Im Hinblick darauf hat die Kommission ihren Auftrag darin gesehen, die Erfahrungen mit den gesetzlichen Mitbestimmungsregelungen und -wirkungen in erster Linie in der Montan-Industrie auszuwerten. Soweit sie die Erfahrungen mit der Mitbestimmung aus dem Anwendungsbereich des Betriebsverfassungsgesetzes in die Untersuchung einbezogen hat, ist dies im Vergleich mit den Erfahrungen aus dem Montan-Bereich geschehen sowie im Hinblick darauf, ob und inwieweit sich hier Ansatzpunkte für eine Fortentwicklung der Mitbestimmung zeigen.«

Ich halte diese Abgrenzung für zutreffend, insbesondere auch im Hinblick auf das Betriebsverfassungsgesetz, dessen grundsätzliche Nichteinbeziehung anfänglich, vor allem zwischen den von beiden Sozialpartnern benannten Beratern, umstritten war.

## V. Organisation und Ablauf der Kommissionsberatungen

Die Kommission trat unmittelbar nach dem Empfang beim Bundeskanzler am 24. Januar 1968 zu einer konstituierenden Sitzung ohne die ständigen Berater zusammen. Am 12. März 1968 fand die erste Sitzung unter Zuziehung der Berater statt.

Zur Unterstützung der Kommission wurde am Sitz des Kommissionsvorsitzenden, der Ruhr-Universität Bochum, ein Evidenzbüro eingerichtet. Dieser Stab war mit der organisatorischen Durchführung der von der Kommission beschlossenen empirischen Untersuchungen sowie mit den für die Berichtsabfassung notwendigen wissenschaftlichen Vorarbeiten betraut. Bei der Auswahl der Mitglieder des Evidenzbüros — eines Nationalökonomen, eines Betriebswirts, eines Soziologen und einer Juristin — ist auf Empfehlungen von seiten der Sozialpartner Rücksicht genommen worden. Leiter des Büros war Dipl.-Kaufmann Dr. Tegtmeier.

Die Kommission hielt insgesamt 19 Arbeitssitzungen ab, davon 14 gemeinsam mit den ständigen Beratern und einige als mehrtägige Klausurtagungen. Dementsprechend groß war der Anfall an Schriftwechsel, Vorlagen und sonstigem Material. Allein beim Verfasser sind, obwohl er nur Berater war, 11 Bände Akten entstanden.

Die Beratungen waren vertraulich. Professor Biedenkopf hat jedoch mehrmals die Presse informiert. Die vereinbarte Vertraulichkeit sollte aber die Berater nicht hindern, zu dem veröffentlichten Bericht kritisch Stellung zu nehmen, soweit der Berichtswortlaut die Kritik stützt.

Während es in den erwähnten »Grundsätzen« nur lapidar hieß: »Die Berater nehmen an den Arbeiten der Kommission teil«, bestimmte die von der Kommission beschlossene Geschäftsordnung des näheren, daß die Kommission die Berater nicht zu allen Beratungen zuzuziehen brauchte. Von dieser Möglichkeit hat die Kommission, insbesondere im Frühjahr und im Sommer 1969, mehrmals Gebrauch gemacht, um eine Klärung und Abstimmung der Kommissionsmitglieder untereinander herbeizuführen. Trotz anfänglicher Bedenken möchte ich meinen, daß sich dieses Vorgehen bewährt hat. Jedenfalls wurde dadurch den Beratern die Möglichkeit, ihre Meinung eingehend und eindringlich darzulegen, nicht beschnitten. Der Kommissionsbericht charakterisiert die Stellung der Berater wie folgt:

»Die ständigen Berater haben sich als persönlich berufene Sachverständige zur Mitbestimmungsfrage verstanden und in diesem Rahmen an Beratungen der Kommission teilgenommen. Das konnte nicht ausschließen, daß von Außenstehenden in den ständigen Beratern zugleich auch die Vertreter von Organisationen und Verbänden gesehen wurden, deren Auffassungen zur Mitbestimmung divergieren. Die Kommission hat dieser Tatsache ... dadurch Rechnung getragen, daß an den Anhörungen der Kommission keine Berater teilgenommen haben.«

Der Beschluß der Kommission, die ständigen Berater nicht an den Anhörungen teilnehmen zu lassen, war sicher richtig, weil andernfalls zu befürchten gewesen wäre, daß die in den Anhörungen vernommenen Personen nicht unbefangen aussagten. Andererseits hätten aber die ständigen Berater durch Fragen aufgrund ihrer besonderen Sachkunde das Befragungsergebnis in einer die Einsicht in die Zusammenhänge fördernden Weise anreichern können.

## VI. Die Anhörungen und die schriftlichen Befragungen

Die Anhörungen bilden das Fundament der Kommissionsarbeit. Das erhellt am besten aus den betreffenden, wörtlich wiedergegebenen Passagen des Berichtes, denen nichts hinzuzufügen ist:

»Zur Ermittlung der Erfahrungen mit der Mitbestimmung hat die Kommission folgende Untersuchungen durchgeführt:

1. Anhörungen,
2. eine schriftliche Befragung.

Von zentraler Bedeutung für die Kommissionsarbeit waren die Anhörungen; sie haben in entscheidender Weise zur Meinungsbildung innerhalb der Kommission beigetragen. Auf der Grundlage der in den Anhörungen gewonnenen Eindrücke wurde die schriftliche Untersuchung veranlaßt; ihr Ziel war, in Ergänzung der Anhörungen sowohl aus dem Bereich der Montan-Mitbestimmung als auch aus dem Bereich der Mitbestimmung nach dem Be-

triebsverfassungsgesetz ausgewählte und quantitativ vergleichbare Fakten zur Mitbestimmung zu ermitteln.
Aufgabe der Anhörungen war, der Kommission einen Einblick in die konkrete Ausgestaltung der Mitbestimmung und in ihre Wirkungen zu ermöglichen. Im Mittelpunkt stand dabei die Untersuchung der Wirkungen der Mitbestimmung auf den Willensbildungsprozeß des Unternehmens sowie auf verschiedene Bereiche der Unternehmenspolitik.
Als Ausgangspunkt für die Anhörungen wurde von der Kommission in Zusammenarbeit mit den ständigen Beratern ein detaillierter Problemkatalog entwickelt, der die wesentlichen, als relevant angesehenen Aspekte enthielt und der im Verlauf der Anhörungen fortgeschrieben wurde.
Der Kommission lag außerdem jeweils eine Zusammenstellung von Informationen über die Unternehmen vor, aus denen ausgewählte Positionsträger zu den Anhörungen eingeladen wurden. Diese Unterlagen enthielten unter anderem Angaben über die personelle Zusammensetzung der Unternehmensorgane, über die Geschäftsverteilung des Vorstandes sowie eine kurze Darstellung und Analyse der ökonomischen Entwicklung des Unternehmens und spezifischer unternehmenspolitischer Probleme.
Die Kommission hat insgesamt 55 Positionsträger aus Unternehmen des Montan-Bereichs und aus dem Bereich des Betriebsverfassungsgesetzes in jeweils zwei- bis dreistündigen Gesprächen gehört. Die Befragungen haben sich auf folgenden Personenkreis erstreckt:
Aufsichtsratsvorsitzende und deren Stellvertreter; ‚neutrale' Mitglieder des Aufsichtsrates; Vorstandsvorsitzende oder kaufmännische Vorstandsmitglieder; Arbeitsdirektoren; Vorsitzende des Betriebsrates oder des Gesamtbetriebsrates.
Die schriftliche Befragung umfaßte 62 Unternehmen des Montan-Bereichs sowie 373 Unternehmen aus dem Bereich des Betriebsverfassungsgesetzes. Grundlage für die Auswahl der Unternehmen aus dem Anwendungsbereich des Betriebsverfassungsgesetzes bildete eine Zusammenstellung des Wirtschaftswissenschaftlichen Instituts der Gewerkschaften (WWI) derjenigen Unternehmen, die nach den Kriterien, die der DGB, die DAG und die SPD in ihren Vorschlägen zur Neuregelung der Mitbestimmung aufgestellt haben, von einer Ausweitung der Mitbestimmung betroffen würden.
Im Rahmen dieser Untersuchungen wurden unabhängig voneinander und ad personam folgende Positionsträger mit gleichlautenden Befragungsunterlagen angeschrieben:
Aufsichtsratsvorsitzende oder deren Stellvertreter; Vorstandsvorsitzende oder kaufmännische Vorstandsmitglieder; Betriebsratsvorsitzende oder Gesamtbetriebsratsvorsitzende; im Montan-Bereich zusätzlich die Arbeitsdirektoren.
Die Kommission erhielt 1164 Fragebogen (86,3 % der versandten Fragebogen) zurück. Da einige die Befragungsunterlagen erst nach Ablauf des für die Rückgabe festgesetzten Termines eingingen, konnten in die Auswertung, bezogen auf die Positionsträger, nur 1091 (80,8 %) Antworten einbezogen werden. Eine auf die Unternehmen bezogene Analyse, bei der die Angaben mindestens eines der befragten Positionsträger vorlagen, ergab, daß für die Auswertung die Daten aus 414 Unternehmen (95,2 % des gesamten Untersuchungsbereiches) zur Verfügung standen.«
Um einen möglichst hohen Grad an Offenheit der in den Hearings Befrag-

ten zu gewährleisten, war diesen versprochen worden, daß den Beratern die Befragungsergebnisse nur in einer Weise bekanntgegeben würden, die keinerlei Rückschlüsse auf die betreffenden Personen und Firmen erlaubte. Daher hat sich der Kommissionsvorsitzende darauf beschränkt, jeweils in einer nachfolgenden Kommissionssitzung einen kurzen Bericht ohne Nennung von Namen und Firmen und ohne zu konkrete Einzelheiten zu erstatten. Das war vom Standpunkt der Berater aus kein ideales Verfahren, weil es naturgemäß eine umfassende und präzise Stellungnahme zu den Aussagen der Angehörten unmöglich machte. Insbesondere meine ich, daß bei Anwesenheit der ständigen Berater die Anhörung zur Problematik des sogenannten 11. Mannes im Aufsichtsrat nicht das Ergebnis gehabt hätte, die befragten Personen seien »überwiegend der Auffassung« gewesen, »daß sich die Institution des ‚Neutralen' nicht bewährt habe« (S. 40 des Berichtes). Demgemäß hat die Kommission keinen 11. Mann, sondern gradzahlige Aufsichtsräte empfohlen (S. 103 des Berichtes). Die Annahme liegt nicht ganz fern, daß diese Empfehlung sich auf den Inhalt des Mitbestimmungsgesetzes vom 4. 5. 1976 ausgewirkt hat. Der lange und heftige Streit um die Verfassungsgemäßheit eines »voll«-paritätisch besetzten Aufsichtsrates und die Frage der Auflösung eines etwaigen Abstimmungs-Patts hätte vermieden werden können, wenn von vornherein ein ungradzahliger Aufsichtsrat mit einem »neutralen« Mitglied in Aussicht genommen worden wäre. Trotzdem war es wohl richtig, daß sich die Berater damit abgefunden haben, nicht an den Anhörungen teilnehmen zu können. Insgesamt wird man das Ergebnis der Anhörungen durchaus positiv bewerten müssen. Trotz aller kritischer Einwendungen, die nach der Veröffentlichung des Berichtes gegen die von der Kommission gewählte Untersuchungsmethode und ihre sachlichen Feststellungen erhoben worden sind, kann nicht ernsthaft bezweifelt werden, daß die Anhörungen erstmals die Diskussion einer Reihe bis dahin streitiger wichtiger Fragen auf eine im wesentlichen solide empirische Basis gestellt haben.

## VII. Der Bericht als Gemeinschaftsarbeit

Der Kommissionsbericht ist eine Gemeinschaftsarbeit der Kommissionsmitglieder. Der Vorsitzende hat auf die Gestaltung des Berichtes und die Fassung der gesellschaftspolitisch entscheidenden Partien den ihm zukommenden, ihm aber auch obliegenden besonderen Einfluß genommen. Das Verdienst der übrigen Kommissionsmitglieder wird mit dieser Bemerkung selbstverständlich in keiner Weise geschmälert. Die von der Kommission oder einzelnen ihrer Mitglieder erstellten Teilentwürfe sind von der Kommission und den Beratern eingehend erörtert worden und haben aufgrund dieser Diskussion noch zahlreiche Änderungen erfahren. An der von ihr in den Beratungen ohne die ständigen Berater festgelegten Grundkonzeption hat allerdings die Kommission festgehalten. Im Bericht sind die auf Anregung der Mitbestimmungskommission von den ständigen Beratern erarbeiteten Stellungnahmen zur Mitbestimmung berücksichtigt worden. Die Texte sind dem Bericht als Anlage beigefügt.

Die endgültige Fassung wurde in der gemeinsamen Beratung am 10. Januar 1970 verabschiedet. Die Reinschrift des Berichtes hat der Vorsitzende in

Gegenwart der anderen Kommissionsmitglieder und der Berater am 21. Januar 1970 Bundeskanzler Brandt übergeben.
Bei der Erteilung des Auftrages war die Erwartung ausgesprochen worden, daß die Kommission ihre Untersuchung noch während der damals laufenden Legislaturperiode, also etwa Mitte 1969, abschließen werde. Diese Frist wurde um etwa ein halbes Jahr überschritten. Ein schnellerer Abschluß war schon deshalb nicht möglich, weil sich die Untersuchung als weitaus schwieriger herausstellte, als alle Beteiligten angenommen hatten.

## VIII. Würdigung des Berichts

Wenn es auch nicht die Aufgabe dieses Beitrages ist, zum Inhalt des Berichtes Stellung zu nehmen, so soll doch im Hinblick auf die weitere rechtspolitische Entwicklung folgendes bemerkt werden:
Die Kommission hat konkrete und zum Teil sehr detaillierte Empfehlungen für die gesetzliche Ausgestaltung der Mitbestimmung in den Organen der Aktiengesellschaft ausgesprochen und sich hinsichtlich der übrigen Unternehmensrechtsformen auf kurze allgemeine Ausführungen beschränkt. Ob sich die Kommission damit, daß sie Empfehlungen aussprach, im Rahmen ihres Auftrages gehalten hat, ist zweifelhaft und wurde insbesondere von den Gewerkschaften nachdrücklich bestritten. Aus dem Wortlaut des Auftrages ergab es sich zumindest nicht zwingend. Wenn sich aber die Kommission schon zu Empfehlungen entschloß, hätte sie sich wenigstens viel eingehender als auf nur drei Spalten des Berichtes (S. 115 bis 117) mit der Frage auseinandersetzen müssen, welche rechtspolitischen Folgerungen aus den Ergebnissen ihrer empirischen Untersuchungen nicht nur für die Aktiengesellschaft, sondern auch für die übrigen Rechtsformen zu ziehen sind. Das hätte allerdings den Abschluß ihrer Beratungen erheblich hinausgezögert.
Dieser Mangel hindert indessen nicht, mit der Bundesregierung in ihrer Stellungnahme zum Bericht der Mitbestimmungskommission vom 4. 12. 1970 (BT-Drucksache VI/1551) festzustellen, »daß der ausführliche Bericht der Kommission die Diskussion über die Frage der künftigen Ausgestaltung der Mitbestimmung der Arbeitnehmer in den Unternehmensorganen zu versachlichen geeignet ist« und eine »schlüssige Ableitung und Rechtfertigung der Mitbestimmung aus der uns gegebenen Wertordnung, aus der Stellung der Arbeitnehmer im Unternehmen und unter Berücksichtigung der sozialen Erfordernisse« enthält.

## IX. Die wissenschaftliche und politische Aktualität des Berichts

Die Bundesregierung hat den Bericht als »eine Grundlage für weitere Überlegungen auf diesem wichtigen sozialpolitischen Gebiet« bezeichnet und im letzten Abschnitt ihrer Stellungnahme (S. 7 ff.) in einem umfangreichen Katalog die einzelnen sich aus dem Bericht ergebenden rechtspolitischen und rechtstechnischen Fragen zusammengestellt, die beantwortet werden müssen, ehe darangegangen werden kann, die entsprechenden gesetzlichen Mitbestimmungsvorschriften auszuarbeiten. Dieser Katalog enthält

im Grunde schon alle wichtigen Punkte einer umfassenden Unternehmensrechtsreform.
Am 6. 10. 1971 hat das Bundeskabinett den Bundesminister der Justiz ermächtigt, eine Kommission unabhängiger Sachverständiger zur Untersuchung unternehmensrechtlicher Fragen (Unternehmensrechtskommission) zu berufen. Diese Kommission hat sich am 9. 5. 1972 konstituiert. In dieser Sitzung hat Justizminister Jahn seine Vorstellungen von den Aufgaben der Unternehmensrechtskommission entwickelt. Diese Vorstellungen decken sich weitgehend mit dem vorgenannten Fragenkatalog in der Stellungnahme der Bundesregierung zum Mitbestimmungsbericht. Die Mitbestimmungskommission hatte im wesentlichen und jedenfalls in erster Linie Aufgaben empirischer und gesellschaftspolitischer Art. Ihre Untersuchungen sind eine wichtige Voraussetzung für die rein juristische Arbeit der Unternehmensrechtskommission, deren Beratungen noch andauern. Daraus ergibt sich, daß der Mitbestimmungsbericht noch heute wissenschaftlich und politisch aktuell ist.

Karl Fitting

# Die Entwicklung der Mitbestimmung

## Einleitung

Das Ringen der Arbeitnehmer und ihrer Gewerkschaften um die Mitbestimmung reicht in Deutschland bis in das 19. Jahrhundert zurück. Von Anfang an stellte sich ihre Forderung nach mehr Rechten und — später — nach gleichberechtigter Beteiligung in den Betrieben und in der Wirtschaft als ein Teil des allgemeinen Strebens nach demokratischer Gestaltung der Gesellschaft dar. Die Entwicklung der Mitbestimmung war deshalb eng mit der Geschichte der Demokratie in Deutschland verknüpft. Gemeinsam wurden beide Strömungen von den politischen Entwicklungen erfaßt und erlebten deren Höhen und Tiefen. Insbesondere gab die nach dem Zusammenbruch des Hitlerreiches wiedererlangte Demokratie auch dem Mitbestimmungsgedanken in Deutschland neue und kräftige Impulse. Ebenso wie nach der Zwangsherrschaft die Würde der menschlichen Person wieder entdeckt wurde, rückte die Erkenntnis in den Vordergrund, daß der einzelne als Bürger wie als Arbeitnehmer nicht bloßes »Rädchen im Getriebe« sein soll. Wie im staatlichen Gemeinwesen sollte der einzelne auch an seinem Arbeitsplatz als verantwortliche, selbstbestimmte Persönlichkeit anerkannt werden und nicht bloß Gegenstand, sondern Mittelpunkt des wirtschaftlichen Geschehens sein. Die Zeit nach dem Zweiten Weltkrieg wurde deshalb zur wohl wichtigsten historischen Phase im Ringen der Arbeitnehmer um ihre Rechte. In diesen Jahren wurden die Weichen gestellt, die noch heute Form, Inhalt und Umfang der Mitbestimmung der Arbeitnehmer entscheidend bestimmen.

## Rückblick auf die Zeit vor 1945

Die Geschichte der Mitbestimmung nach dem Zweiten Weltkrieg kann von ihrer Entwicklung vor 1933 nicht gelöst werden und ist ohne diese nicht zu verstehen. Sie beginnt — beeinflußt von den Vorstellungen der utopischen Frühsozialisten — unmittelbar mit der einsetzenden Industrialisierung und findet in Deutschland ihren ersten parlamentarischen, rudimentären Niederschlag in dem Entwurf einer Gewerbeordnung, der in der Frankfurter Nationalversammlung in den Jahren 1848/49 eingebracht wurde. Der Entwurf sah die Bildung von Fabrikausschüssen vor, die bei Streitigkeiten zwischen Arbeitgebern und Arbeitnehmern vermitteln und bei der Aufstellung der Fabrikordnung sowie der Verwaltung von Sozialeinrichtungen mitwirken sollten. Zu einer Verabschiedung des Entwurfs durch die Nationalversammlung kam es jedoch nicht.

Erste gesetzlich geregelte Ansätze einer Beteiligung der Arbeitnehmer auf betrieblicher Ebene folgten erst mit dem Arbeiterschutzgesetz vom 1. Juni 1891. Dieses sah Arbeiterausschüsse vor, deren Bildung allerdings in das Ermessen des Arbeitgebers gestellt war; sie mußten vor Erlaß von Arbeitsordnungen angehört werden. Eine größere praktische Bedeutung erhielten diese Ausschüsse allerdings nie. Zwingend wurden sie erst durch die Novellen zum Preußischen Berggesetz von 1905 und 1909 für Bergbaubetriebe mit mehr als 100 Beschäftigten vorgeschrieben, nachdem es zu schweren Arbeitskämpfen der Bergarbeiter an der Ruhr gekommen war.

Die Notlage während des Ersten Weltkrieges zwang die Regierung im Jahre 1916 zu Konzessionen gegenüber den Arbeitnehmern und den Gewerkschaften. Die zunehmende Verknappung der Arbeitskräfte machte Lenkungsmaßnahmen erforderlich. Dies führte zum Erlaß des Vaterländischen Hilfsdienstgesetzes vom 5. Dezember 1916. Durch das Gesetz wurde für alle männlichen Personen zwischen dem 17. und dem 60. Lebensjahr die Arbeitspflicht eingeführt und das Recht des Arbeitsplatzwechsels aufgehoben. Die Gewerkschaften machten ihre Zustimmung zu diesem Gesetz von der Erfüllung bestimmter Forderungen abhängig. Um die Rechte der Hilfsdienstwilligen zu sichern und den Arbeitnehmern den Übergang zu einer anderen Arbeitsstelle nicht völlig unmöglich zu machen, setzten sie durch, daß in Betrieben mit mindestens 50 Beschäftigten obligatorische Arbeiter- und Angestelltenausschüsse eingerichtet wurden, die bei Streitfällen über die Arbeitsbedingungen mit den Arbeitgebern verhandeln sollten. Die Ausschüsse waren ferner berechtigt, im Fall von Streitigkeiten zwischen Arbeitgebern und Arbeitnehmern einen paritätisch zusammengesetzten Schlichtungsausschuß anzurufen.

Diese Konzessionen wurden von den Arbeitgebern z. T. heftig abgelehnt. Der Verein deutscher Eisen- und Stahlindustrieller verlangte, die Arbeiterausschüsse müßten sofort nach dem Kriege abgeschafft werden. In der Tat brachte das zunächst nur für die Dauer des Krieges gedachte Hilfsdienstgesetz zum ersten Male eine gesetzlich begründete Betriebsvertretung der Arbeitnehmer, die auch gegenüber einer überbetrieblichen Schlichtungsbehörde vertretungsbefugt war. Zudem wurden auch die Gewerkschaften als Vertreter der Arbeiterschaft offiziell anerkannt. Die Koalitionsfreiheit wurde allerdings erst am 12. November 1918 durch den Rat der Volksbeauftragten eingeführt.

Nach dem Zusammenbruch des deutschen Kaiserreichs im Jahre 1918 stand die Frage zur Entscheidung, ob Deutschland eine Räterepublik oder eine parlamentarische Demokratie werden sollte. Die deutsche Arbeitnehmerschaft war in dieser Frage gespalten. Eine radikale Richtung verlangte mit der Parole »Alle Macht den Räten!« die Einführung des Rätesystems in Staat und Wirtschaft. Ihr standen die Gewerkschaften und die Mehrheitssozialisten gegenüber, die sich für die Idee des demokratischen Parlamentarismus entschieden hatten und es einer Nationalversammlung überlassen wollten, die soziale Struktur des Reiches zu ordnen. Angesichts der nach dem Kriege herrschenden Not und der sich aus der Niederlage ergebenden Kriegslasten versuchten sie, die sozialen und wirtschaftlichen Probleme gemeinsam mit den Arbeitgebern zu lösen. Am 15. November 1918 schlossen 21 Arbeitgeberverbände und die Gewerkschaften eine Vereinbarung über die Gründung einer Zentralarbeitsgemeinschaft der gewerblichen Arbeitgeber und Arbeitnehmer ab, in der neben einer Reihe sozialpolitischer Regelungen auch Angestellten- und Arbeiterausschüsse für alle Betriebe mit mindestens 50 Arbeitnehmern und paritätisch besetzte Schlichtungsausschüsse vorgesehen waren. Ein ebenfalls paritätisch besetzter Zentralausschuß sollte alle notwendigen Maßnahmen zur Aufrechterhaltung des Wirtschaftslebens treffen. In der am 4. Dezember 1918 verabschiedeten Satzung der Arbeitsgemeinschaft war die »gemeinsame Lösung aller die Industrie und das Gewerbe Deutschlands berührenden wirtschafts- und sozialpolitischen Fragen sowie alle sie betreffenden Gesetzgebungs- und Verwaltungsangelegenheiten« als Aufgabe vorgesehen. Die Arbeitsgemeinschaft war jedoch von Anfang an in beiden Lagern hart umstritten. Die Notjahre nach dem Kriege ließen radikalen Strömungen weitesten Spielraum. Auf Arbeitgeber- wie auf Arbeitnehmerseite herrschte gegenseitiges tiefes Mißtrauen. So mißlang der Versuch der Gewerkschaften, auf der Grundlage des Abkommens über die Arbeitsgemeinschaft Einfluß auf die Gestaltung der Wirtschaftsverfassung zu gewinnen.

Die Arbeitsgemeinschaft war insbesondere bei den Arbeiter- und Soldatenräten, die außerhalb der gewerkschaftlichen Organisation spontan entstanden waren, auf scharfe Ablehnung gestoßen. Obwohl der Reichskongreß der Arbeiter- und Soldatenräte vom 16. bis 21. Dezember 1918, auf dem die Vertreter der Mehrheitssozialisten in der Mehrheit waren, sich gegen das Rätesystem und für die Bildung einer parlamentarischen Demokratie entschied und Wahlen zur verfassungsgebenden Nationalversammlung beschloß, wurde die Rätefrage erneut akut, als nach der Wahl zur Nationalversammlung die sozialpolitischen Artikel der Weimarer Reichsverfassung beraten wurden. Die Reichsregierung sagte anläßlich des Berliner Generalstreiks vom 5. März 1919 zu, das Rätesystem in der Verfassung zu verankern. Demgemäß wurde in Artikel 165 der Weimarer Reichsverfassung die Einführung eines allgemeinen Rätesystems vorgesehen. Danach sollten auf betrieblicher Ebene Betriebsräte, auf überbetrieblicher Ebene Bezirkswirtschaftsräte und auf Reichsebene ein Reichsarbeiter- und ein Reichswirtschaftsrat gebildet werden.

Das erste Ausführungsgesetz zu Artikel 165 WV war das Betriebsrätegesetz. Es wurde am 18. Januar 1920 von der Nationalversammlung mit 215 gegen 63 Stimmen verabschiedet. Vor der zweiten Lesung des Gesetzes versuchten Radikale den Reichstag zu stürmen; das zum Schutz der Nationalversammlung eingesetzte Militär schoß in die Menge, zahlreiche Menschen wurden getötet.

Das Betriebsrätegesetz sah in Betrieben mit 20 Beschäftigten und mehr die Bildung von Betriebsräten vor. Ihre Aufgaben bestanden in der Interessenvertretung der Arbeitnehmer auf sozialem und personellem Gebiet sowie in der Unterstützung der Betriebsleitung bei der Erfüllung der wirtschaftlichen Zwecke des Betriebs. Das Mitbestimmungsrecht im Sinne einer Bindung des Arbeitgebers an die Zustimmung der Betriebsvertretungen war verhältnismäßig schwach ausgebildet. Auf sozialem Gebiet umfaßte es den Erlaß von Arbeitsordnungen, Dienstvorschriften und Einstellungsrichtlinien, auf personellem Gebiet im wesentlichen die Einspruchsmöglichkeit gegen Kündigungen und Entlassungen. Im wirtschaftlichen Bereich beschränkte sich die Beteiligung der Arbeitnehmer auf die Einsichtnahme der Betriebsräte in die wirtschaftlichen Verhältnisse des Unternehmens, die Verpflichtung des Unternehmens zur Berichterstattung über wirtschaftliche Fragen und zur Bilanzvorlage sowie eine Beratung mit dem Arbeitgeber.

Durch das Ausführungsgesetz über die Entsendung von Betriebsratsmitgliedern in den Aufsichtsrat vom 15. Februar 1922 kam es aber auch erstmals zu einer direkten Mitwirkung auf Unternehmensebene. Sofern in einem Unternehmen, das dem Gesetz unterfiel, ein Aufsichtsrat bestand, waren in diesen ein oder zwei Arbeitnehmervertreter zu entsenden.

Der in Ausführung des Artikels 165 der Weimarer Reichsverfassung durch Verordnung vom 4. Mai 1920 gebildete vorläufige Reichswirtschaftsrat hatte gegenüber dem Reichstag immer eine unzulängliche Stellung. Ihm fehlten vor allen Dingen der Unterbau der Bezirkswirtschaftsräte, die nach den Vorstellungen des Verfassungsgebers die Basis seiner Arbeit bilden sollten.

Insgesamt blieben die Bestrebungen, den Arbeitnehmern in der Weimarer Republik mehr Einfluß auf Wirtschaft und Gesellschaft einzuräumen, in den Ansätzen stecken. Die Beteiligung der Arbeitnehmer erhielt insbesondere im wirtschaftlichen Bereich keine praktische Bedeutung. Dies lag neben der Unzulänglichkeit der gesetzlichen Bestimmungen insbesondere an dem erbitterten Widerstand der Arbeitgeberverbände, der erheblich geschlossener und schärfer war als die Reaktionen auf die Mitbestimmungsgesetze nach 1945.

Nach der Machtübernahme durch die Nationalsozialisten erlitt der Gedanke der Mitbestimmung einen schweren Rückschlag. Das Gesetz zur Ordnung der nationalen Arbeit vom 20. Januar 1934 setzte das Betriebsrätegesetz außer Kraft und führte das in Staat und Partei geltende Führerprinzip auch in den Betrieben ein. Die nach diesem Leitbild geschaffene Einrichtung der Vertrauensleute hatte mit der bis dahin bestehenden Betriebsverfassung nichts mehr zu tun. Der Vertrauensrat war kein unabhängiges Organ mehr, das dem Arbeitgeber gegenüberstand, sondern war dem Betriebsführer als Beirat beigegeben, dessen Meinungsäußerung nach Belieben beachtet werden konnte oder nicht. Mit der Zerschlagung der Gewerkschaften, der Besetzung aller Gewerkschaftshäuser in Deutschland durch SA und SS und der Verhaftung zahlreicher Gewerkschafter am 2. Mai 1933 waren bereits vorher die tatsächlichen Grundlagen des kollektiven Arbeitsrechts in Deutschland beseitigt worden.

## Die Entwicklung nach dem Zweiten Weltkrieg

Nach der Niederlage des Dritten Reiches und dem Zusammenbruch der staatlichen, wirtschaftlichen und sozialen Ordnung eröffneten sich für die Arbeitnehmer neue Möglichkeiten, ihre Forderungen nach mehr Mitbestimmung in den Betrieben durchzusetzen. Nach der totalen Mißachtung der Würde des Menschen, des Selbstbestimmungsrechts und der demokratischen Bürgerrechte durch das nationalsozialistische Regime gewannen diese Werte bei allen Parteien und politisch tragenden Kräften einen hohen Stellenwert. Alle damals Verantwortlichen hatten die Vergänglichkeit der materiellen Werte am eigenen Leibe erfahren müssen. Auf der Grundlage dieser gemeinsamen Erfahrung war man sich einig, daß die Arbeit als gleichberechtigte Kraft neben dem Kapital anzuerkennen sei, und die Arbeitnehmer in der Wirtschaft eine gleichberechtigte Stellung mit den Arbeitgebern erhalten sollten. Die Entwicklung während des Dritten Reiches hatte darüber hinaus zu der allgemeinen Überzeugung geführt, daß auch wirtschaftliche Macht zukünftig demokratisch legitimiert und kontrolliert werden müsse. Die demokratische Staatsform sollte so durch eine demokratische Ordnung der gesamten Gesellschaft dauerhaft abgesichert werden. Wenn dieser allgemeine Konsens sich auch nicht als dauerhaft erwies und schon bald eine erbitterte Auseinandersetzung um die Mitbestimmung der Arbeitnehmer begann, so gab die Zeit unmittelbar nach dem Krieg dennoch die wohl entscheidenden Anstöße für die Entwicklung der Mitbestimmung in der Bundesrepublik Deutschland bis in die heutige Zeit.

Nach dem Einmarsch der Alliierten Truppen bildeten sich auf betrieblicher Ebene spontan und zunächst ohne Wahlen Arbeiterausschüsse und Betriebsräte. Sie setzten sich zum Teil aus Gewerkschaftern zusammen, die die nationalsozialistische Diktatur in Haft oder Konzentrationslagern bzw. im Untergrund überlebt hatten. Angesichts der weitgehenden Zerstörung der Produktionsstätten gingen sie gleich daran, die Wiederaufnahme der Produktion zu organisieren und die Arbeitnehmer mit den notwendigsten Dingen des Lebens zu versorgen. Soweit die Arbeitgeber, aus welchen Gründen auch immer, die Leitung ihrer Betriebe nicht selbst in die Hand nehmen konnten, vertraten die Betriebsräte die Interessen der Arbeitnehmer und der Betriebe gegenüber den von den Alliierten eingesetzten Treuhändern. Parallel zu der Bildung der Arbeiterausschüsse und Betriebsräte wurden zunächst auf örtlicher, nach ihrer offiziellen Zulassung durch die Alliierten auch auf höherer Ebene die Gewerkschaften wieder gegründet.

Die Arbeit der Gewerkschaften war zunächst gesamtwirtschaftlich darauf konzentriert, die Lage der Bevölkerung zu verbessern. Die deutsche Wirtschaft war nach Kriegsende etwa zur Hälfte zerstört, die Ernährungslage katastrophal. Das Geld, das die Arbeitnehmer für ihre Arbeit bekamen, war wegen der hohen Inflation seiner Funktionsfähigkeit beraubt. Zigarettenwährung diente als Ersatz. In dieser Situation waren es vor allem die Gewerkschaften, die sich entschieden für die gesamtwirtschaftlichen Belange einsetzten — auch für die unpopulären Rationalisierungsmaßnahmen. Nicht zuletzt ihnen ist es zu verdanken, daß die Arbeitnehmer in den Jahren 1945 bis 1948 unter schwersten Verhältnissen den Wiederaufbau einleiteten und damit die Voraussetzungen für das spätere deutsche »Wirtschaftswunder« schufen.

Gleichzeitig mit dem Wiederaufbau bemühten sich die Gewerkschaften um eine Neuordnung der deutschen Wirtschaft. In der britischen Zone erarbeitete in den Jahren 1946/47 ein wirtschaftspolitischer Ausschuß der Gewerkschaften Vorschläge, die eine Neuordnung der gesamten Wirtschaftsverfassung umfaßten. Auf überbetrieblichem Gebiet ging es dabei um die Frage der Sozialisierung der Schlüsselindustrien, der Mitwirkung der Arbeitnehmer in der staatlichen Wirtschaftsplanung und in den wirtschaftlichen Selbstverwaltungskörperschaften. Für die wirtschaftlichen Selbstverwaltungskörperschaften forderten die Gewerkschaften die unmittelbare, gleichberechtigte Beteiligung in den Handels- und Industriekammern und den Spitzenkörperschaften der Wirtschaft. Sie sollte über eine paritätische Besetzung von Wirtschaftskammern erfolgen. Für die betriebliche Mitbestimmung wurde die paritätische Besetzung der Aufsichtsräte in allen Großbetrieben gefordert.

Ähnliche Pläne und Konzepte wurden auch bei den neugegründeten politischen Parteien entwickelt. Bereits auf dem ersten Parteitag der SPD der Westzonen im Mai 1946 traten Kurt Schumacher und Viktor Agartz für die Sozialisierung der Schlüsselindustrien und für eine demokratische Wirtschaftskontrolle, paritätisch besetzte Wirtschaftskammern und die Vertretung der Gewerkschaften in den Aufsichtsräten der privaten Kapitalgesellschaften ein. Auch der erste Aufruf der neugegründeten Christlich-Demokratischen Union vom 26. Juni 1945 sprach sich für eine Vergesellschaftung der Monopole und Schlüsselindustrien aus. Das im Februar 1947 beschlossene Ahlener Programm enthielt neben Richtlinien zur Vergesellschaftung monopolartiger Unternehmen der Grundindustrie und zur zukünftigen Industriestruktur Aussagen zur Neugestaltung des Verhältnisses zwischen Arbeitgebern und Arbeitnehmern im Betrieb und im Unternehmen sowie zur Planung und Leitung der Wirtschaft durch Selbstverwaltungskörperschaften.

Auch die christlichen Kirchen befürworteten in den Jahren nach dem Kriege die Mitbestimmung der Arbeitnehmer Auf dem 73. deutschen Katholikentag im September 1949 stand das Mitbestimmungsrecht im Zentrum der Beratungen. Einstimmig und ohne Vorbehalte nahmen die Vertreter des Katholikentages eine Entschließung an, in der der Mensch in den Mittelpunkt jeglicher wirtschaftlicher und betriebswirtschaftlicher Betrachtung gestellt wird. Wörtlich heißt es in der Entschließung: »Die katholischen Arbeiter und Unternehmer stimmen darin überein, daß das Mitbestimmungsrecht aller Mitarbeitenden bei sozialen, personalen und wirtschaftlichen Fragen ein natürliches Recht in gottgewollter Ordnung ist, dem die Mitverantwortung aller entspricht. Wir fordern eine gesetzliche Regelung.« Auch der ein Jahr später in Essen stattfindende Evangelische Kirchentag äußerte sich ähnlich.

Nach 1945 hätte es nahegelegen zu überdenken, ob die Doppelrepräsentation der Arbeitnehmer durch Gewerkschaften als Vertreter der organisierten Arbeitnehmer und Betriebsräte als Vertreter aller Arbeitnehmer der Betriebe nach dem Vorbild der Weimarer Republik wieder eingeführt werden sollte. Eine Neuordnung dieser Organisationsformen in einem großen Wurf fand jedoch nicht statt. Dem stand entgegen, daß die Betriebsräte sich bereits gebildet hatten und gerade in der Notzeit erforderlich waren. Zudem wurde am 10. April 1946 das Kontrollratsgesetz Nr. 22 (Betriebsrätegesetz) erlassen, das zu einer Restauration des Betriebsräterechts führte und denjenigen Kreisen in der Arbeitnehmerschaft Auftrieb gab, die eine gesetzliche Regelung der Betriebsverfassung anstrebten. Das Kontrollratsgesetz Nr. 22 wurde als Rahmengesetz genutzt. Es war ein mit »heißer Nadel genähtes« und dazu noch schlecht übersetztes Machwerk. Trotzdem genügte es in den ersten Jahren als Grundlage für die Betriebsratstätigkeit. Das Gesetz enthielt nur einige Grundsätze der Betriebsverfassung, schuf aber die Grundlage für eigene Betriebsrätegesetze der westdeutschen Länder (mit Ausnahme von Nordrhein-Westfalen, Niedersachsen und Hamburg), die im wesentlichen an das Betriebsrätegesetz der Weimarer Republik anknüpften, aber trotzdem eine erhebliche Rechtszersplitterung bewirkten. Der Versuch, die Zuständigkeit der Betriebsräte durch Tarifvertrag zu regeln, wurde nur in Bayern für die Unternehmen der Metallindustrie gemacht, fand aber keine Nachahmung.

Neben dieser parlamentarischen Regelung der Betriebsverfassung in den Ländern kam es in der britischen Besatzungszone zu einer bahnbrechenden Entwicklung in der Frage der Unternehmensmitbestimmung. Am 20. August 1946 wurde die North German Iron and Steel Control (NGISC) gegründet und von der Britischen Militärregierung mit der Kontrolle und Neuordnung der Eisen- und Stahlindustrie beauftragt. Um eine drohende Entflechtung aufzuhalten und abzuwenden, versuchten die Arbeitgeber mit den Gewerkschaften eine gemeinsame Front aufzubauen. Am 18. Januar 1947 bot der Aufsichtsratsvorsitzende der Klöckner-Werke AG, Dr. Jarres, den Gewerkschaften an, in gemeinsamer Zusammenarbeit Vorschläge zur Neuordnung der Eisen- und Stahlindustrie unter Beachtung der Gleichberechtigung von Kapital und Arbeit auszuarbeiten. Auch die Vorstandsmitglieder der Gutehoffnungshütte Oberhausen AG äußerten sich entsprechend. In einem gemeinsamen Brief der Vorstandsmitglieder der drei Konzerne Klöckner-Werke AG, Gutehoffnungshütte AG und Otto Wolff vom 21. Januar 1947 wurde die aufrichtige Bereitwilligkeit erklärt, den Belegschaften und den Gewerkschaften volle Mitwirkungsrechte einzuräumen. Diese grundsätzliche Bereitschaft wurde noch einmal in einer gemeinsamen Besprechung am 6. Februar 1947, an der unter Leitung des britischen Leiters der NGISC, Harris-Burland, Vertreter der Gewerkschaften, der Konzerne und Dr. Heinrich Dinkelbach, der Leiter der deutschen Treuhandverwaltung, sowie Vertreter der Industriekonzerne teilgenommen hatten, ausdrücklich versichert. Die Entflechtung der Konzerne war mit diesem Angebot jedoch nicht mehr aufzuhalten. Zum 1. März 1947 wurden die ersten vier Hüttenwerke aus den Konzernen ausgegliedert. Bis zum 1. April 1948 folgten 21 weitere Werke.

In den Aufsichtsräten der neuen Gesellschaften saßen neben einem Vertreter der Treuhandverwaltung als 11. Mann je fünf Unternehmer und Arbeitnehmervertreter. Von den Unternehmervertretern kamen drei aus den Konzernen, einer aus den Leitungen der entflochtenen Gesellschaften und ein weiteres Mitglied, das der Unternehmerseite nahestand, aus dem Bereich der öffentlichen Hand. Die fünf Arbeitnehmervertreter setzten sich aus zwei Vertretern des Betriebsrats, zwei Gewerkschaftsmitgliedern und einem Vertreter der öffentlichen Hand zusammen, der der Arbeitnehmerseite nahestand. Im Vorstand waren die Arbeitnehmer durch einen Arbeitsdirektor vertreten, der für die sozialen und personellen Angelegenheiten zuständig war. Mit dieser Regelung war das Modell für die spätere Montan-Mitbestimmung weitgehend vorgezeichnet.

Der zeitliche Zusammenhang der Durchsetzung der Mitbestimmung mit den Entflechtungsmaßnahmen der Besatzungsmächte brachte die Mitbestimmung später in den Verdacht, sie sei der Eisen- und Stahlindustrie durch die Alliierten aufgezwungen worden, ebenso wie die Beschlagnahme und die Demontage. Dies entspricht jedoch nicht den Tatsachen. Die Mitbestimmung in den entflochtenen Werken wurde den Gewerkschaften und den Arbeitnehmern von der Unternehmerseite selbst angeboten, wenn auch sicherlich in der Absicht, die demokratische Integrität der maßgebenden deutschen Gewerkschafter und ihr Vertrauenskapital bei der britischen

Labourregierung einzusetzen, um den Wiederaufbau der Unternehmen zu fördern bzw. Eingriffe zu verhindern.

Obwohl in den ersten Nachkriegsjahren alle politischen Kräfte übereinstimmend die gleichberechtigte Mitbestimmung der Arbeitnehmer in allen Bereichen als notwendig anerkannten und die Vielgestaltigkeit der Betriebsrätegesetze der Länder eine einheitliche Regelung der Betriebsverfassung erforderlich machte, stieß die gesetzliche Regelung auf Bundesebene zunächst auf Schwierigkeiten. Zwar hatte der erste Bundeskanzler der Bundesrepublik Deutschland, Konrad Adenauer, in seiner ersten Regierungserklärung vom 20. September 1949 erklärt, daß die Rechtsbeziehungen zwischen Arbeitgebern und Arbeitnehmern zeitgemäß neu geordnet werden müßten. Die damals in der Regierungskoalition befindlichen liberalen und konservativen Parteien übten jedoch einen starken Gegendruck auf die Regierung aus. Außerdem wünschte die Bundesregierung, wohl auch um eine große Belastungsprobe für das junge Parlament zu vermeiden, vorherige Verhandlungen der betroffenen Organisationen miteinander.

Dieses Verfahren hatte sich anläßlich der Vorbereitung des Kündigungsschutzgesetzes vom 10. 8. 1951 als erfolgreich erwiesen. Die Gewerkschaften, die selbst an einer Neuordnung in größerem Rahmen interessiert waren, erklärten sich zu Verhandlungen mit den Arbeitgebern über das Thema »Neuordnung der Wirtschaft« bereit. Diese fanden im Januar und März 1950 in Hattenheim (Rheingau) statt. Beide Seiten einigten sich zwar sehr schnell auf die Errichtung eines Bundeswirtschaftsrates, der zu wirtschaftlichen und sozialen Fragen Stellung nehmen sollte, sowie auf regionale Landeswirtschafsräte und Wirtschaftskammern. Die paritätische Besetzung der Industrie- und Handelskammer sowie der Aufsichtsräte der Unternehmen wurde von der Arbeitgeberseite jedoch abgelehnt. Auch über ein Recht der Gewerkschaften, selbst Arbeitnehmervertreter für die Aufsichtsräte zu bestellen oder zu benennen, wurde keine Einigung erzielt. Die Arbeitgeber waren lediglich bereit, den Arbeitnehmervertretern ein Drittel der Sitze in den Aufsichtsräten einzuräumen. Paritätisch besetzte Wirtschaftsräte sollten nur Informations- und Beratungsrechte erhalten. Obwohl man in der Frage des Mitbestimmungsrechts der Betriebsräte in sozialen und personellen Angelegenheiten noch zu einer Übereinstimmung kam, waren die Verhandlungen insgesamt zunächst gescheitert.

Nach dem Abbruch der Hattenheimer Gespräche unternahm der Bundesvorstand des DGB den Versuch, die gewerkschaftlichen Vorstellungen auf parlamentarischem Wege durchzusetzen. Am 14. April 1950 wurden vom Bundesausschuß des DGB »Vorschläge für die Neuordnung der deutschen Wirtschaft« verabschiedet, die als Grundlage für einen Gesetzesvorschlag dienten, den der DGB am 22. Mai 1950 Bundesregierung, Bundestag und Bundesrat zuleitete. Der Gesetzesvorschlag faßte noch einmal alle Vorstellungen der Gewerkschaften zur Wirtschaftsdemokratie auf allen Ebenen zusammen. Im Gegenzug gaben die Vereinigung der Deutschen Arbeitgeberverbände und der Bundesverband der Deutschen Industrie gemeinsam mit weiteren Spitzenverbänden eine Denkschrift heraus, in der wiederum eine Drittelbeteiligung der Arbeitnehmer im Aufsichtsrat angeboten wurde. Die Beteiligung der Arbeitnehmer in wirtschaftlichen Angelegenheiten sollte sich auf ein Beratungsrecht beschränken. Auch die Fraktionen des Deutschen Bundestages legten in der folgenden Zeit Gesetzentwürfe vor. Am

17. Mai reichte die CDU/CSU-Fraktion einen Entwurf ein, der in wirtschaftlichen Fragen in Anlehnung an die Arbeitgebervorstellung nur ein Informations- und Beratungsrecht vorsah. Am 25. 7. 1950 legte die SPD-Fraktion des Deutschen Bundestages einen Entwurf vor, der sich im wesentlichen mit dem Vorschlag und den Vorstellungen des Deutschen Gewerkschaftsbundes deckte.

Die Bundesregierung unternahm nochmals den Versuch, die Probleme in Verhandlungen mit den beteiligten Verbänden zu lösen. Diese fanden unter Leitung des damaligen Bundesarbeitsministers, Anton Storch, am 24. Mai 1950 und am 2., 9. und 23. Juni 1950 in Bonn statt und wurden vom 5. bis 6. Juli 1950 in Maria Laach fortgesetzt. Verhandlungsvertreter des Deutschen Gewerkschaftsbundes waren u. a. Dr. Agartz, Bührig, Föcher und Freitag. Auf seiten der Arbeitgeber nahmen u. a. Dr. Raymond, Dr. Erdmann sen., Bielstein, Dr. Petersen, Vorwerk und Berg an den Verhandlungen teil. Der Bundesminister für Arbeit war durch Staatssekretär Sauerborn, Ministerialdirektor Prof. Dr. Herschel und Oberregierungsrat Fitting, der Bundesminister für Wirtschaft war durch Dr. Kattenstroth vertreten. Auch in diesen streng vertraulich geführten Besprechungen blieben die Differenzen, die in Hattenheim offengeblieben waren, ungelöst. Man einigte sich wiederum grundsätzlich auf eine überbetriebliche, gleichberechtigte Zusammenarbeit der Unternehmer und Gewerkschaften in einem Bundeswirtschaftsrat und in paritätisch zusammengesetzten Wirtschaftskammern auf bezirklicher Ebene. Auf personellem und sozialem Gebiet wurden den Arbeitnehmern Mitbestimmungsrechte zugestanden, im Bereich der wirtschaftlichen Mitbestimmung und bezüglich des Umfanges der Vertretung der Arbeitnehmer im Aufsichtsrat gab es jedoch keine Übereinstimmung. Die Gespräche endeten in formlosen Unterhaltungen zwischen Vertretern beider Seiten, die mit der Abgabe von Vorschlägen der Arbeitgeberseite und einer Stellungnahme der Gewerkschaften abgeschlossen wurden. Die Arbeitgeberseite bot in ihren Vorschlägen auf personellem Gebiet unter bestimmten Voraussetzungen ein Einspruchsrecht des Betriebsrats gegen Einstellungen und Beförderungen von Arbeitnehmern an. Für den Fall der Nichteinigung zwischen Arbeitgeber und Betriebsrat sollte auf Antrag einer Seite eine paritätisch besetzte Schiedsstelle entscheiden. In sozialen Angelegenheiten sollte dem Betriebsrat ein Mitbestimmungsrecht bei der Verwaltung von betrieblichen Wohlfahrtseinrichtungen eingeräumt werden. Bei der Durchführung von Maßnahmen zum Schutz von Leben und Gesundheit der Arbeitnehmer sollte dem Betriebsrat im Rahmen der Gesetze und Unfallverhütungsvorschriften ein gleichberechtigtes Mitwirkungsrecht eingeräumt werden. Ferner sollte im Rahmen der bestehenden Gesetze und Tarifverträge der Betriebsrat das Recht erhalten, als gleichberechtigter Partner des Arbeitgebers Betriebsvereinbarungen über die Ordnung im Betrieb sowie über Lohn- und Gehaltsbedingungen (Löhne, Löhnungsmethoden, Arbeitszeit, Urlaub) abzuschließen und die Durchführung von Kollektivverträgen im Betrieb zu überwachen. Im wirtschaftlichen Bereich sollte der Arbeitgeber verpflichtet sein, dem Wirtschaftsausschuß mindestens vierteljährlich einen mündlichen Bericht zu erstatten über die wirtschaftliche Lage und den Gang des Betriebes, insbesondere über die Produktion, den Umsatz, den Auftragsbestand und die voraussichtliche Entwicklung des Unternehmens. In Betrieben, die in der Regel mindestens 300 Arbeitnehmer oder

100 Angestellte beschäftigen, sollte der Unternehmer verpflichtet sein, dem Wirtschaftsausschuß jährlich eine Betriebsbilanz und eine Bilanzgewinn- und Verlustrechnung vorzulegen und zu erläutern.

Die Vertreter der Gewerkschaften betonten in ihrer Stellungnahme, daß der Schwerpunkt der gewerkschaftlichen Wünsche in der überbetrieblichen Ebene liege. Sie forderten deshalb die Verwirklichung des Gedankens der Wirtschaftsdemokratie durch Zusammenarbeit der Vertreter der beiden Sozialpartner in Gemeinschaftsorganen auf Bundes-, Länder- und bezirklicher Ebene. Neben der Bildung von Bundeswirtschaftsrat und Landwirtschaftsräten forderten sie daher auf der Grundlage der Einigungsformel von Hattenheim paritätische Wirtschaftskammern für bestimmte Wirtschaftsbezirke als Gesamtrepräsentanz der Wirtschaft des betreffenden Bezirks. Für die Aufsichtsorgane der Aktiengesellschaften, Kommanditgesellschaften auf Aktien und GmbHs wurde die Beteiligung der Arbeitnehmer gefordert, und zwar für die Unternehmen mit mehr als 1000 Beschäftigten in voller Parität, für die Unternehmungen von 500—1000 Beschäftigten in Höhe von einem Drittel und für die Unternehmungen unter 500 Beschäftigten auf der Grundlage des alten Gesetzes über die Entsendung von Betriebsratsmitgliedern in den Aufsichtsrat vom 15. Februar 1922. Für den Fall der Annahme dieser beiden Grundforderungen erklärten die Vertreter der Gewerkschaften das Mitbestimmungsrecht in der betrieblichen Ebene als von sekundärer Bedeutung. Einer Einigung zwischen Arbeitgebern und Arbeitnehmern auch auf diesem Gebiete stünden dann keine grundsätzlichen Schwierigkeiten mehr entgegen.

Die gemeinsame Abschlußerklärung von Maria Laach betonte den ernsten Willen beider Sozialpartner, zur Verwirklichung einer Wirtschaftsdemokratie und damit zum inneren sozialen Frieden in der Bundesrepublik Deutschland beizutragen. In diesem Geiste sei eine grundsätzliche Übereinstimmung über eine überbetriebliche, gleichberechtigte Zusammenarbeit in einem Bundeswirtschaftsrat und in paritätischen bezirklichen Wirtschaftskammern erzielt worden.

In den Fragen des personellen und sozialen Mitbestimmungsrechts sei eine grundsätzliche Übereinstimmung erreicht worden. Da im Bereich der wirtschaftlichen Mitbestimmung und bezüglich des Umfanges der Vertretung der Arbeitnehmer im Aufsichtsrat nach wie vor Differenzen bestanden, waren die Verhandlungen jedoch insgesamt gescheitert.

In der Folgezeit spitzten sich die Auseinandersetzungen weiter zu. Die Spitzenverbände der Arbeitgeber lehnten die Forderungen der Gewerkschaften mit der Begründung ab, sie führten zur Übernahme »östlicher Methoden«. Inzwischen begann am 27. Juli 1950 die parlamentarische Behandlung der Betriebsverfassung. Der Gesetzentwurf der CDU/CSU-Fraktion, der von Dr. Gerhard Schröder begründet wurde, und der Entwurf der SPD-Fraktion wurden in erster Lesung ebenso wie der am 31. August 1950 dem Bundestag zugeleitete Regierungsentwurf zur »Neuordnung der Beziehungen von Arbeitnehmern und Arbeitgebern (Betriebsverfassungsgesetz)« an die Ausschüsse für Arbeit und Wirtschaft überwiesen, die für die Beratung der Betriebsverfassung einen besonderen Arbeitskreis gebildet hatten.

Die Beratungen des Betriebsverfassungsgesetzes und die Ausschußarbeiten wurden in den folgenden Monaten durch die Auseinandersetzungen um die

Mitbestimmung im Montanbereich unterbrochen. Die Alliierten hatten im Mai 1950 das Kontrollratsgesetz Nr. 27 zur Umgestaltung des deutschen Kohlebergbaus und der Stahl- und Eisenindustrie veröffentlicht, das die übermäßige Konzentration wirtschaftlicher Macht beseitigen und die Entwicklung neuen Kriegspotentials verhindern sollte. Das Bundeswirtschaftsministerium arbeitete zu diesem Gesetz eine Durchführungsverordnung aus, in der vorgesehen war, daß die neuen Gesellschaften an der Ruhr nach deutschem Recht gebildet werden sollten. Dieses sah aber eine Vertretung der Arbeitnehmer in den Aufsichtsräten nicht vor.

Damit war die paritätische Mitbestimmung der Arbeitnehmer in der Montanindustrie in Gefahr. Die Gewerkschaften beschlossen nun Kampfmaßnahmen, um die bestehende Mitbestimmung zu verteidigen.

Am 25. November 1950 wurde in einer Konferenz der Betriebsräte aller eisenschaffenden Werke und der IG Metall in Essen die Streikfrage gestellt. Einstimmig sprachen sich alle Teilnehmer für die Durchführung einer Urabstimmung aus, in der die Arbeitnehmer in sämtlichen Werken der Eisen- und Stahlindustrie in geheimer Abstimmung darüber entscheiden sollten, ob die IG Metall notfalls zum Streik aufrufen könne. Von den Hüttenarbeitern und den Hüttenangestellten entschieden sich in der Urabstimmung vom 29. und 30. November 1950 97,8 % für den Streik, 3,14 % dagegen. Die Bergarbeiter sprachen sich in einer eigenen Urabstimmung, die vom 17. bis 19. Januar 1951 durchgeführt wurde, mit 92,8 % für Kampfmaßnahmen aus. 5,4 % von ihnen stimmten dagegen. Am 3. Januar 1951 wurde auf einer Delegiertenkonferenz der IG Metall der Beschluß des Beirats und Vorstands der Gewerkschaft bekanntgegeben, am 1. Februar 1951 mit Kampfmaßnahmen zu beginnen, wenn bis zu diesem Zeitpunkt eine befriedigende Regelung nicht gefunden worden sei. In diesem Stadium der Entwicklung schaltete sich der Bundeskanzler ein, der um den sozialen Frieden und die ungestörte Produktion in der für den Wiederaufbau lebenswichtigen Montanindustrie besorgt war. Er traf sich am 11. Januar 1951 mit dem damaligen DGB-Vorsitzenden Hans Böckler. Am 17. Januar folgten Gespräche mit Vertretern der Unternehmerschaft. Am folgenden Tage wurden Besprechungen mit Vertretern des DGB-Bundesvorstandes und der beteiligten IG Metall und IG Bergbau geführt, und am 19. Januar eröffnete der Bundeskanzler eine gemeinsame Zusammenkunft von Gewerkschaftern und Vertretern der Montanindustrie. Diese Verhandlungen führten am 25. Januar 1951 zu einer grundsätzlichen Einigung über die »Richtlinien zur Mitbestimmung im Bergbau und in der eisenschaffenden Industrie«. Noch während die Verhandlungen liefen, wurde im Bundesministerium für Arbeit bis zum 28. Januar 1951 ein Referentenentwurf erstellt und bereits am 30. Januar 1951 der Regierungsentwurf verabschiedet. Dieser wurde unverzüglich dem Deutschen Bundestag zugeleitet. Der Regierungsentwurf behandelte nicht nur die Mitbestimmung der Arbeitnehmer in den Gesellschaftsorganen, sondern enthielt in Form von Senaten darüber hinaus Ansätze für eine branchenbezogene Wirtschaftsverfassung. Für die Wirtschaftszweige des Bergbaus sowie der Eisen und Stahl erzeugenden Industrie sollte je ein paritätisch besetzter Senat gebildet werden, der innerhalb seines Wirtschaftszweiges auf die Beilegung von Meinungsverschiedenheiten hinwirken sowie die zuständigen Stellen in Angelegenheiten der Produktionsförderung, der Rationalisierung, der Menschenführung und der Entwicklung des Wirtschaftszweiges beraten sollte. Der Deutsche Bundestag übernahm diese Ansätze einer Wirtschaftsverfassung jedoch nicht. Damit war die gesetzliche Regelung von paritätischen Organen im Sinne einer gemeinsamen Wirtschaftsverfassung auf lange Zeit vertagt. Die aktuelle politische Diskussion kreiste fortan vorrangig um die Mitbestimmung in Betrieb und Unternehmen.

Am 10. April 1951 wurde das Montan-Mitbestimmungsgesetz bei 50 Gegenstimmen verabschiedet und nachdem es den Bundesrat ohne Einspruch passiert hatte, am 21. Mai 1951 verkündet.

Obwohl das Montan-Mitbestimmungsgesetz nur für Teilbereiche der Wirtschaft die gleichberechtigte Mitbestimmung der Arbeitnehmer verwirklicht, ist es in seiner Bedeutung als Beispiel und Vorbild für das von den Arbeitnehmern und den Gewerkschaften weiter verfolgte Ziel der Ausweitung der paritätischen Mitbestimmung auf die übrigen Wirtschaftszweige nicht zu unterschätzen. Für lange Zeit sollte es als Modell dienen und immer wieder zur Diskussion der Mitbestimmungsfrage anregen.

Nach der Verabschiedung des Montan-Mitbestimmungsgesetzes versuchten die Gewerkschaften zunächst durch Verhandlungen mit der Bundesregierung auch für die übrigen Wirtschaftsbereiche eine vergleichbare parlamentarische Lösung zu erreichen. Die Verhandlungen zwischen den Gewerkschaften und dem Bundeskanzler sowie einigen Kabinettsmitgliedern stellten sich allerdings gegen Ende 1951 endgültig als aussichtslos heraus. Nach dem Gang der Beratungen in den zuständigen Ausschüssen des Bundestages zeichnete sich ab, daß die Arbeitnehmer in den Aufsichtsräten nur eine Drittelbeteiligung und die Wirtschaftsausschüsse lediglich ein Unterrichtungsrecht erhalten sollten. Die Gewerkschaften sollten zwar auch mit den Betriebsräten zusammenwirken können, jedoch kein eigenes Recht erhalten, auf die Bildung von Betriebsräten hinzuwirken. Als außerdem Pläne der Bundesregierung bekannt wurden, für den öffentlichen Dienst ein besonderes Personalvertretungsgesetz zu verabschieden, entschloß sich der DGB nicht zuletzt auf Drängen der Gewerkschaft ÖTV kurz vor der Verabschiedung des Betriebsverfassungsgesetzes, Kampfmaßnahmen einzuleiten. Die Gewerkschaften bildeten eine elfköpfige Kommission, die einen Aktionsplan vorbereitete. Im Mai 1952 liefen die ersten Kundgebungen an. Sie wurden von Warnstreiks und Arbeitsniederlegungen begleitet. Die Öffentlichkeit reagierte allerdings nicht so positiv, wie die Gewerkschaften erwartet hatten. Insbesondere der Druckerstreik vom 27. bis 29. Mai 1952 stellte sich als taktisch verfehlt heraus, da er als Angriff auf die Pressefreiheit empfunden wurde.

Die Aktionen der Gewerkschaften führten allerdings zu einer Verschiebung der abschließenden Lesung des Betriebsverfassungsgesetzes. Der Bundeskanzler bot dem DGB neue Verhandlungen an, in die die Gewerkschaften allerdings ohne ein eigenes, klares Konzept gingen. Einig war man sich nur in der Ablehnung des Entwurfs, wie er sich in den Ausschüssen abzeichnete. Die Verhandlungsposition der Gewerkschaften wurde zudem dadurch erschwert, daß sie sich mit Vorwürfen über die Unrechtmäßigkeit der gewerkschaftlichen Aktionen auseinandersetzen mußten, die mit Drohungen aus der Sowjetzone gegen die Unterzeichnung des Deutschlandvertrages verglichen wurden. Mit Rücksicht auf die Beratungen mit der Bundesregierung ordneten die Gewerkschaften den Abbruch aller Aktionen an.

Am 13. Juni 1952 wurden die Verhandlungen zwischen der Bundesregierung und der Gewerkschaftsdelegation unter Leitung des damaligen DGB-Vorsitzenden Christian Fette aufgenommen. Sie führten zur Einsetzung einer Achterkommission, die paritätisch aus Vertretern der Gewerkschaften und Abgeordneten des Deutschen Bundestages zusammengesetzt war. Die Kommission sollte noch vor der Beendigung der Beratungen in den Ausschüssen des Bundestages die Vorschläge besprechen, die der DGB zum Betriebsverfassungsgesetz vortragen wollte. Unter dem Eindruck, daß weitere Beratungen im Bundestag erst nach der Stellungnahme der Achterkommission erfolgen würden, stimmte der Bundesausschuß des DGB diesem Verhandlungsergebnis zu. Die Beratungen des Gesetzentwurfs wurden indes von den damaligen Koalitionsfraktionen weiter fortgesetzt und beschleunigt. Als den Gewerkschaften einen Monat später bekannt wurde, daß das Kabinett am gleichen Tage, an dem zum ersten Male verhandelt worden war, den Entwurf eines Personalvertretungsgesetzes für den öffentlichen Dienst verabschiedet hatte, einem Vorhaben, dem mit der Hauptwiderstand der Gewerkschaften galt, brachen sie die Verhandlungen ab. Andererseits fand sich innerhalb des DGB nunmehr keine Mehrheit mehr für die Wiederaufnahme der abgebrochenen Kampfaktionen. Die Gewerkschaften wollten sich nicht erneut dem Vorwurf aussetzen, das Parlament unter Druck setzen zu wollen.

Nach langen Verhandlungen und Schlußberatungen, in denen die Oppositionsparteien (nach der Erinnerung des Verfassers) zum ersten und wohl einzigen Mal das parlamentarische Mittel des Filibusterns einzusetzen versuchten, um die Schlußabstimmungen zu verschieben, wurde das Betriebsverfassungsgesetz am 19. Juli 1952 in namentlicher Abstimmung mit 195 gegen 139 Nein-Stimmen bei 7 Enthaltungen, die von Abgeordneten der CDU-Sozialausschüsse stammten, verabschiedet. Es stellt den Versuch dar, die Betriebsverfassung der Privatwirtschaft der Bundesrepublik Deutschland in eine für beide Teile tragbaren Weise zu regeln.

Den Betriebsräten wurden Mitbestimmungsrechte in sozialen und personellen Angelegenheiten eingeräumt. In wirtschaftlichen Angelegenheiten wurde den Arbeitnehmern ein Unterrichtungsrecht durch die Wirtschaftsausschüsse zuerkannt. Bei Betriebsänderungen, die wesentliche Nachteile für die Belegschaft zur Folge haben konnten, hatten Arbeitgeber und Betriebsrat zunächst über einen Interessenausgleich zu verhandeln. Kam es zu keinem Interessenausgleich, so konnte eine von beiden Seiten paritätisch besetzte Vermittlungsstelle angerufen werden.

Für den Fall, daß der Unternehmer von einer Einigung oder einem Einigungsvorschlag der Vermittlungsstelle ohne zwingenden Grund abwich und dadurch genötigt war, Kündigungen auszusprechen, konnten die betroffenen Arbeitnehmer vom Unternehmer die Zahlung einer Abfindung verlangen. Diese Regelung war der Vorläufer des Sozialplans, wie er bei der Reform der Betriebsverfassung im Jahre 1972 entwickelt wurde. Die Aufsichtsräte der unter das Betriebsverfassungsgesetz fallenden Unternehmen wurden zu einem Drittel von Arbeitnehmern besetzt.

Wenn auch viele Anregungen und Wünsche der Gewerkschaften und der Arbeitgeberverbände nicht berücksichtigt werden konnten, so stellte das Gesetz in seiner Gesamtheit gegenüber dem Betriebsrätegesetz von 1920 einen erheblichen Fortschritt dar. Unter anderem waren die Institute der Arbeiter-

und der Angestelltenräte nicht übernommen worden, der Betriebsrat bildete von nun an vielmehr eine Einheit. Dieser Fortschritt wurde allerdings dadurch überschattet, daß die durch die Entwicklung weitgehend überholte und nur mit Hilfe der altertümlichen Kataloge der Reichsversicherungsordnung aufrechtzuerhaltende Aufteilung der Arbeitnehmer in Arbeiter- und Angestelltengruppen beibehalten und durch einen ausgeprägten Minderheitenschutz noch verfestigt wurde. Diese Entwicklung sollte sich bis in die jüngste Geschichte fortsetzen und wurde, wenn man an das Mitbestimmungsgesetz des Jahres 1976 denkt, entgegen den betriebssoziologischen Gegebenheiten eher noch verstärkt.

Mit der Verabschiedung des Betriebsverfassungsgesetzes im Jahre 1952 hatte die Entwicklung der Mitbestimmung in der Bundesrepublik zunächst einen Punkt erreicht, dem eine lange Zeit des Stillstands folgte. Diese wurde von den Gewerkschaften und Arbeitnehmern jedoch dazu benutzt, sich durch intensive Schulung die erforderlichen Kenntnisse anzueignen und das geltende Recht in der Praxis zu erproben. Bei den späteren Reformen standen so den Arbeitnehmern geeignete Vertreter zur Verfügung, die den gesteigerten Anforderungen gewachsen waren.

In den folgenden Jahren verlor der Gedanke der Mitbestimmung vorübergehend an politischer Aktualität. Die wirtschaftliche Entwicklung der Bundesrepublik seit Beginn der fünfziger Jahre, das sogenannte »Wirtschaftswunder«, ließ die Probleme der Neuordnung der Wirtschaft in den Hintergrund treten. Unter diesen Gegebenheiten konnten sich die Gewerkschaften in den folgenden Jahren nur auf die Erhaltung der Mitbestimmung im erreichten Umfange konzentrieren. Dies wurde notwendig, als zu Beginn der fünfziger Jahre die Wiederverflechtung der deutschen Wirtschaft einsetzte, von der auch die Montanindustrie erfaßt wurde. Im Zuge dieser Entwicklung verloren mitbestimmte Unternehmen ihre wirtschaftliche, teils sogar ihre rechtliche Selbständigkeit. Entscheidungen, die bisher der Mitbestimmung unterlagen, wurden dadurch auf nicht mitbestimmte Ebenen verlagert. Darüber hinaus verlor die Montanindustrie gegenüber den anderen Industriezweigen immer mehr an Gewicht, so daß ein ständig geringer werdender Teil der deutschen Wirtschaft von der paritätischen Mitbestimmung der Arbeitnehmer erfaßt wurde. Die Bundesregierung verschloß sich dem Problem der Aushöhlung der Mitbestimmung durch die Konzentration der deutschen Wirtschaft nicht, zumal sie die als wirtschaftlich notwendig angesehene Rückverflechtung nicht durch Schwierigkeiten in den mitbestimmten Aufsichtsräten belasten wollte. Im September 1954 verabschiedete sie einen Kabinettentwurf über die Ergänzung der Mitbestimmung in den Konzerndachgesellschaften. Gleichzeitig arbeiteten auch die CDU-Sozialausschüsse einen Entwurf aus, der wenig später dem Deutschen Bundestag zugeleitet wurde. Die parlamentarischen Aktivitäten führten wieder zu Auseinandersetzungen zwischen den Gewerkschaften und den Gegnern der Mitbestimmung. Sie wurden von zahlreichen öffentlichen Protesten und einem 24stündigen Warn- und Proteststreik der Arbeitnehmer des Hüttenwerks Oberhausen am 14. Januar 1955 begleitet. Am 1. Mai 1955 verabschiedeten die Gewerkschaften ein Aktionsprogramm, das als wichtigste Punkte die Sicherung und Ausweitung der Montan-Mitbestimmung auf die Obergesellschaften enthielt. Mit Flugblattaktionen und zahlreichen Entschließungen versuchten in der Folgezeit die Gewerkschaften und Betriebsräte, die Beratung der im Bundestag eingebrachten Gesetzentwürfe über die Ergänzung der Mitbestimmung zu beschleunigen. Die Beratungen, an denen neben dem Ausschuß für Arbeit auch der Wirtschafts- und der Rechtsausschuß mitberatend beteiligt waren, gestalteten sich äußerst langwierig. Erst am 7. Juni 1956 wurde das »Gesetz zur Ergänzung der Mitbestimmung der Arbeitnehmer in den Aufsichtsräten und Vorständen der Unternehmen des Bergbaus und der Eisen und Stahl erzeugenden Industrie« durch den Bundestag verabschiedet. Wenn auch die Forderungen der Gewerkschaften nicht in vollem Umfange erfüllt worden waren, so wurden die Aufsichtsräte der Holding-Gesellschaften, für die die Spitzenorganisationen der Gewerkschaften echte Entsendungsrechte erhielten, paritätisch zusammengesetzt. Auch die Position des Arbeitsdirektors blieb erhalten. Für seine Bestellung reichte zwar ebenso wie später nach dem Mitbestimmungsgesetz 1976 die einfache Mehrheit im Aufsichtsrat aus, eine Regelung, die auch von einigen beteiligten Arbeitsdirektoren als wünschenswert betrachtet wurde und die nicht verhindert hat, daß auch die Arbeitsdirektoren der Obergesellschaften in einem besonderen Vertrauensverhältnis zu den Gewerkschaften standen und stehen. Weiterhin wurde durch das Gesetz im Hinblick auf die zu erwartenden Größen der Unternehmenseinheiten das Wahlmännerverfahren eingeführt. Die Bedeutung des Mitbestimmungsergänzungsgesetzes ergibt sich aus der Alternative, die in der Anwendung des Betriebsverfassungsgesetzes von 1952 auf die Holding-Gesellschaften bestanden hätte, also die Drittelbeteiligung der Arbeitnehmer im Aufsichtsrat und der Wegfall der Position des Arbeitsdirektors. Um bei dieser Sachlage eine Ablehnung des Mitbestimmungsergänzungsgesetzes durch den Bundestag zu verhindern, stimmte auch die Sozialdemokratische Fraktion dem Gesetz zu.

Die Diskussion um den weiteren Ausbau der Mitbestimmung kam erst in der zweiten Hälfte der sechziger Jahre insbesondere unter dem Druck der ständigen Forderungen des DGB und der eindringlichen Mahnungen seines damaligen Vorsitzenden Ludwig Rosenberg wieder in Gang. Um eine objektive Untersuchung seiner Forderung zu ermöglichen, schlug der Deutsche Gewerkschaftsbund bereits 1965 die Bildung einer Sachverständigenkommission vor, die die Diskussion versachlichen und Bundestag und Bundesregierung Unterlagenmaterial zu einer gesetzlichen Regelung vermitteln sollte. Am 8. November 1967 setzte die Regierung Kiesinger/Brandt eine derartige Kommission unter Leitung von Professor Kurt Biedenkopf mit dem Auftrag ein, die bisherigen Erfahrungen mit der Mitbestimmung zu untersuchen und auszuwerten. Der von der Kommission im Jahre 1970 vorgelegte Bericht kam zu dem Ergebnis, daß sich die paritätische Mitbestimmung in den Unternehmen der Montanindustrie bewährt habe. In einem besonderen Teil gab die Kommission Empfehlungen zur institutionellen Mitbestimmung der Arbeitnehmer im Unternehmen ab, die jedoch in ihrem Sachgehalt nicht in vollem Umfange den positiven Ergebnissen des Erfahrungsberichts entsprachen. Vorgeschlagen wurde nämlich, die Zahl der Vertreter der Arbeitnehmer relativ zu vermehren, den Anteilseignern jedoch ein zahlenmäßiges Übergewicht zu erhalten. Dem Vorstand sollte ein Mitglied für Personalangelegenheiten angehören, für dessen Berufung gegenüber den anderen Vorstandsmitgliedern keine Besonderheiten gelten sollten. Bereits vor der Abgabe des Mitbestimmungsberichtes hatte die Sozialdemokratische Partei

Deutschlands am 18. Dezember 1968 ihre Forderungen zur Mitbestimmung der Arbeitnehmer, die in vier Gesetzentwürfen niedergelegt waren, im Deutschen Bundestag eingebracht. Einer dieser Anträge sah die Einführung der paritätischen Mitbestimmung in allen Großunternehmen und Konzernen vor. Mehrheiten waren in diesen Jahren im Deutschen Bundestag für die Durchsetzung dieser Forderungen allerdings nicht vorhanden.

Während der Ausbau der Mitbestimmung auf Unternehmensebene stagnierte, kam es zu Beginn der siebziger Jahre auf dem Gebiet der betrieblichen Mitbestimmung zu weiteren, erheblichen Fortschritten. Das Betriebsverfassungsgesetz von 1952 war fast zwei Jahrzehnte nahezu unverändert geblieben. Es hatte sich zwar im großen und ganzen bewährt, entsprach jedoch zuletzt nicht mehr den geänderten wirtschaftlichen und sozialen Verhältnissen. Deshalb hatten noch in der 5. Legislaturperiode alle im Bundestag vertretenen Parteien Gesetzentwürfe für eine Reform dieses Gesetzes vorgelegt, die jedoch sämtlich über die erste Lesung und die Ausschußberatungen nicht hinauskamen. Auch die Gewerkschaften und die Arbeitgeberverbände sowie die Kirchen beteiligten sich mit Vorschlägen und Gesetzentwürfen an der öffentlichen Diskussion. Zu Beginn der 6. Legislaturperiode kündigte schließlich die sozialliberale Regierung Brandt/Scheel in ihrer Regierungserklärung vom 28. Oktober 1969 die Reform des Betriebsverfassungsgesetzes an. Bereits am 3. Dezember 1970 verabschiedete das Bundeskabinett einen entsprechenden Entwurf, der am 29. Januar 1971 dem Bundestag vorgelegt wurde. Die CDU/CSU-Fraktion reichte am 5. Februar 1971 einen eigenen Entwurf ein. Bereits am 18. Januar 1972 konnte der Deutsche Bundestag nach intensiven und leidenschaftlich geführten parlamentarischen Beratungen das Gesetz verabschieden. Es brachte gegenüber dem alten Betriebsverfassungsgesetz von 1952 zahlreiche Verbesserungen. Die Mitbestimmungs- und Mitwirkungsrechte des Betriebsrats in sozialen, personellen und wirtschaftlichen Angelegenheiten wurden wesentlich verstärkt. Im Bereich des Arbeitsschutzes und der Unfallverhütung sowie bei der Gestaltung des Arbeitsplatzes, des Arbeitsablaufs und der menschengerechten Gestaltung der Arbeit erhielt der Betriebsrat umfangreiche Mitbestimmungsrechte. Auf dem Gebiet der Personalplanung sichert das Gesetz dem Betriebsrat eine rechtzeitige und umfassende Unterrichtung und Beteiligung zu. Bei Betriebsänderungen kann der Betriebsrat nunmehr über eine Einigungsstelle einen Sozialplan für die betroffenen Arbeitnehmer erzwingen. Ferner wurde die Tätigkeit der Betriebsräte erleichtert, ihr persönlicher Schutz erheblich ausgebaut. Auch die Stellung der Gewerkschaften in den Betrieben und ihre Zusammenarbeit mit den Betriebsräten wurde gesetzlich geregelt. Erstmals erhielt auch der einzelne Arbeitnehmer eigene betriebsverfassungsrechtliche Rechte in den Angelegenheiten, die ihn und seinen Arbeitsplatz betreffen. Das Engagement der Arbeitnehmer in tarifpolitischen, sozialpolitischen und wirtschaftlichen Fragen erhielt verstärkten Schutz. Das neue Gesetz erleichtert darüber hinaus die Wahl von Betriebsräten, um insbesondere in kleinen und mittleren Betrieben die Mitbestimmung der Arbeitnehmer zu verbessern. Die letzten Betriebsratswahlen nach dem alten Gesetz hatten nämlich ergeben, daß in nur etwa 25.000 von rund 400.000 betriebsratsfähigen Betrieben Arbeitnehmervertretungen gewählt worden waren. Millionen von Arbeitnehmern arbeiteten also ohne den Schutz des Betriebsverfassungsgesetzes. Bei den Wahlen im Jahre 1975 wurden bereits in etwa

34.000 Betrieben Betriebsräte mit etwa 190.000 Betriebsratsmitgliedern gewählt.

Um das Gesamtwerk nicht zu gefährden, waren Kompromisse innerhalb der Koalition erforderlich. Insbesondere konnte die Integrierung der leitenden Angestellten in die Betriebsverfassung nicht gelöst werden. Diese Frage mußte deshalb ausgeklammert werden. Durch die Gruppenwahl wurde die überholte Aufteilung der Arbeitnehmer in Arbeiter und Angestellte auch weiterhin aufrechterhalten. Auch die mitverantwortliche Teilnahme der Arbeitnehmer auf Unternehmensebene konnte 1972 noch nicht geregelt werden. Für diesen Bereich blieben die entsprechenden Regelungen des Betriebsverfassungsgesetzes von 1952, d. h. die Drittelbeteiligung der Arbeitnehmer in den Aufsichtsräten, in Kraft.

Nach Abschluß der Reform der Betriebsverfassung wurden auch in der Frage der Mitbestimmung auf Unternehmensebene erhebliche Fortschritte erzielt. Nach den oben bereits genannten Entwürfen des DGB und der SPD beschloß auch die CDU auf ihrem Düsseldorfer Parteitag 1971 ein Mitbestimmungsmodell. Dieses sah vor, daß in Großunternehmen die Arbeitnehmer nicht mehr wie nach dem insoweit noch geltenden Betriebsverfassungsgesetz 1952 mit einem Drittel, sondern im Verhältnis von 5:7 im Aufsichtsrat vertreten sein sollten. Ein von den Sozialausschüssen der CDU vorgeschlagenes paritätisches Mitbestimmungsmodell wurde vom Parteitag mit fast vier Fünfteln der Stimmen abgelehnt. Die CDU/CSU-Fraktion brachte noch im Jahre 1971 einen dem beschlossenen Modell entsprechenden Gesetzentwurf im Bundestag ein, der jedoch wie auch die übrigen Entwürfe nicht verabschiedet wurde, da sich das Parlament ganz auf die Reform der Betriebsverfassung konzentrierte. Auch die Freien Demokraten bekannten sich auf ihrem Parteitag in Freiburg 1971 grundsätzlich zur Mitbestimmung der Arbeitnehmer auf Unternehmensebene. Nach dem »Freiburger Modell« sollten die Aufsichtsratssitze unter den Faktoren »Kapital«, »Arbeit« und »Disposition« (leitende Angestellte) im Verhältnis 6:4:2 verteilt werden. Die Gewerkschaften sollten weder ein Entsendungs- noch ein Vorschlagsrecht für die Arbeitnehmervertreter im Aufsichtsrat erhalten. Gleichzeitig lehnte der Parteitag das Montan-Mitbestimmungsmodell ab und verlangte die Abschaffung der geltenden Montan-Mitbestimmungsgesetze.

Trotz der Meinungsunterschiede zwischen SPD und FDP konnte die sozialliberale Koalition schon bald nach ihrer Bestätigung durch die vorgezogene Neuwahl des Deutschen Bundestags im Jahre 1972 die Mitbestimmung auf Unternehmensebene neu regeln und erheblich erweitern. In seiner Regierungserklärung vom 18. Januar 1973 kündete Bundeskanzler Brandt den Ausbau der Mitbestimmung der Arbeitnehmer auf der Grundlage von Gleichberechtigung und Gleichgewichtigkeit von Arbeitnehmern und Anteilseignern für die 7. Legislaturperiode des Deutschen Bundestages an. In intensiven Gesprächen und Verhandlungen einigten sich die Koalitionspartner auf einen Regierungsentwurf, der am 20. Februar 1974 im Kabinett beschlossen wurde. Nach der Vorlage des Regierungsentwurfs setzte eine heftige Diskussion ein. Sie konzentrierte sich im wesentlichen auf drei Fragen: Ein gefürchtetes Übergewicht der Gewerkschaften auf Grund der Neuordnung der Machtverhältnisse in der Wirtschaft, die angeblich funktionslähmende Wirkung der Parität und die Stellung der leitenden Angestellten. Parallel dazu wurden aus verfassungsrechtlicher Sicht Bedenken gegen den Regierungsentwurf vorgetragen. Sie richteten sich vor allem gegen eine Beeinträchtigung der Eigentumsgarantie des Art. 14 GG und der Tarifautonomie nach Art. 9 Abs. 3 GG. Die Sachverständigenanhörung vor dem zuständigen Bundestagsausschuß für Arbeit und Sozialordnung erbrachte (wechselnde) Mehrheiten der gehörten Rechtsgelehrten zugunsten der vorgetragenen verfassungsrechtlichen Bedenken. Da auf der anderen Seite der von der Regierung vorgelegte Entwurf durch die Gewerkschaften, die in ihrer Mehrheit am Montan-Mitbestimmungsmodell festhielten, keine Unterstützung erhielt, weil der DGB sich am Mitbestimmungsgesetz von 1951 orientierte, während die DAG ähnlich wie die Union leitender Angestellter eine stärkere Berücksichtigung der Gruppeninteressen forderte, konnte die Koalition nicht umhin, in neuen langwierigen Verhandlungen den Regierungsentwurf abzuändern. Das Ergebnis führte zu einer noch stärkeren Berücksichtigung der Gruppeninteressen und einem weiteren Ausbau des Minderheitenschutzes und damit zu einer weiteren Komplizierung des Wahlverfahrens durch die Einführung von Vorabstimmungen und Regelungen der Vorschlagsrechte für die Mitglieder des Aufsichtsrates. Im Aufsichtsrat erhielt die Anteilseignerseite nun mit dem Stichentscheid des Vorsitzenden, der in der Regel von der Anteilseignerseite gestellt werden dürfte, ein Übergewicht. Der Kompromiß brachte andererseits jedoch die Position des Arbeitsdirektors, der im ursprünglichen Regierungsentwurf nicht vorgesehen war. Dieser kann zwar anders als nach dem Montan-Mitbestimmungsgesetz auch gegen die Mehrheit der Arbeitnehmerstimmen im Aufsichtsrat bestellt werden, die Erfahrungen mit dem Mitbestimmungsergänzungsgesetz lassen jedoch erwarten, daß er in aller Regel nicht gegen den Willen der Arbeitnehmerseite gewählt werden wird. Daß dieser Kompromiß die Mitbestimmungsforderung im Sinne der vollen Parität nicht erfüllt, sollte auch und gerade im Interesse einer künftigen Weiterentwicklung nicht verschwiegen werden. Es fragt sich zudem, ob das Problem der Mitbestimmung überhaupt allein durch die Umgestaltung von Unternehmensorganen und ohne Ausbau einer überbetrieblichen Wirtschaftsverfassung endgültig sinnvoll gelöst werden kann. Jedenfalls aber konnte mit der Verabschiedung des Mitbestimmungsgesetzes am 18. März 1976 nach fast 25jährigem Stillstand ein weiterer wesentlicher Schritt in Richtung auf die Gleichberechtigung von Kapital und Arbeit und die Demokratisierung unserer Wirtschaft getan werden. Auf Unternehmensebene stellt sich die Unternehmensmitbestimmung dabei auf der Grundlage verschiedener Gesetze gegenwärtig noch uneinheitlich dar. Nebeneinander gelten das Mitbestimmungsgesetz von 1976, das Montan-Mitbestimmungsgesetz von 1951, das Mitbestimmungsergänzungsgesetz von 1956 und die Vorschriften über die Drittelbeteiligung der Arbeitnehmer im Aufsichtsrat nach dem Betriebsverfassungsgesetz von 1952. Diese Vorschriften sind auf das im Grunde unveränderte Gesellschaftsrecht und damit auf die unterschiedlichsten Unternehmensformen aufgestockt. Eine Vereinheitlichung dieser unterschiedlichen Systeme und die Beseitigung von Lücken und Unstimmigkeiten sind im Rahmen einer umfassenden Reform des Unternehmensrechts geplant. Mit der Vorbereitung dieser schwierigen Aufgabe ist seit 1972 eine Sachverständigenkommission beauftragt, die beim Bundesminister der Jusitiz gebildet worden ist. Ihre Lösung wird noch dadurch erschwert, daß sich auch die Europäische Gemeinschaft darum bemüht, das

Unternehmensrecht zu harmonisieren, und damit die Probleme der Mitbestimmung aus der Sicht von Mitgliedsstaaten aufgeworfen werden, deren Wirtschaftsstruktur und politische Bewußtseinslage erhebliche Unterschiede aufweisen.

Die Entwicklung der Mitbestimmung nach dem Kriege hat erwiesen, daß die ursprüngliche Kraft der sie tragenden Ideen bis heute erhalten blieb. Wenn auch die nach 1945 sich abzeichnenden Ansätze in Richtung auf eine gesamtwirtschaftliche Mitbestimmung der Arbeitnehmer nicht zum Tragen gekommen sind, so wurden doch die Beziehungen zwischen Arbeitgebern und Arbeitnehmern insbesondere in den letzten Jahren durch das Betriebsverfassungsgesetz und das Mitbestimmungsgesetz auf eine neue Ebene gestellt. Beide Gesetze haben die Arbeitnehmer in der Bundesrepublik einem Ziel nähergebracht, das Ernst Schellenberg in der Dritten Beratung des Betriebsverfassungsgesetzes am 10. November 1971 in eindrucksvoller Weise zusammenfaßte: »Mitbestimmung ist ein Gebot sozialer Demokratie. Mit dem vorliegenden Gesetzentwurf bemühen wir uns, den Grundsätzen der Demokratie als der Lebensform, die der Eigenverantwortung des einzelnen und seinem Recht auf persönliche Gestaltung und Entfaltung Vorrang gibt, auch in der harten Wirklichkeit industrieller Sachzwänge Geltung zu verschaffen. Deshalb verpflichtet dieses Gesetz alle, in gleichberechtigter Zusammenarbeit zur menschengerechten Gestaltung des Arbeitslebens nach den Erkenntnissen der modernen Arbeitswissenschaft beizutragen.«



## 10. Selbstverwaltung

Alfred Schmidt

# Zum Entstehen der Selbstverwaltung in der Nachkriegszeit

### Rückblick aus gewerkschaftlicher Sicht

Seit einigen Jahren wird immer deutlicher eine Auseinandersetzung um Standort und Bedeutung der Selbstverwaltung — insbesondere der sozialen Selbstverwaltung — im modernen Sozialstaat spürbar. Es verstärkt sich der Eindruck, daß Regierung und Parlament der Selbstverwaltung zum Teil recht kritisch gegenüberstehen und der Spielraum der Selbstverwaltung langfristig immer mehr eingeengt wird. Darüber hinaus wurden in letzter Zeit immer stärkere Zweifel an der Aufgabe und Funktionsfähigkeit der Selbstverwaltung laut, und unterschwellig wird oftmals die Frage gestellt: Was bringt sie im Hinblick auf die soziale Sicherung der Betroffenen?

Diese Entwicklung kommt nicht von ungefähr. Die Ursachen dafür liegen weitgehend in ihrer Struktur begründet, deren wesentliche Merkmale in den ersten Nachkriegsjahren anläßlich der Gesetzgebung um das Selbstverwaltungsrecht festgeschrieben wurden. In welch entscheidendem Umfang es auf die ersten gesetzgeberischen Akte in der Nachkriegszeit ankommt, zeigt das Beispiel Österreich, wo durch eine andere Zusammensetzung wie auch organisatorische Gliederung eine lebendigere Selbstverwaltungsdemokratie erreicht wurde. Sicher haben in der Bundesrepublik im Laufe der Zeit eine ganze Reihe von Ursachen zum jetzigen Zustand beigetragen, doch scheint es gerechtfertigt, sich in diesem Beitrag zu Ehren Ernst Schellenbergs einmal im Rahmen eines geschichtlichen Überblicks auf jenen Aspekt zu beschränken, der wegen seiner Bedeutung für die Stellung der Selbstverwaltung am heftigsten umstritten war, nämlich die paritätische Zusammensetzung der Organe. Nach Ansicht des Verfassers hat nämlich die paritätische Zusammensetzung der Organe (auf Ausnahmen braucht hier nicht eingegangen zu werden) erheblich dazu beigetragen, sozial- und gesundheitspolitische Abstinenz zu üben, wobei eine der beiden Selbstverwaltungsgruppen (früher mehr als heute) diese Haltung als der Selbstverwaltung angemessen betrachtete. Daß bei einem solchen historischen Überblick nicht unmittelbar mit dem Ende des Zweiten Weltkriegs begonnen werden kann, versteht sich von selbst, denn zu sehr ist die Entwicklung — trotz ihrer abrupten Unterbrechung durch die Zeit des Nationalsozialismus — auch durch Strömungen seit Beginn der Bismarckschen Gesetzgebung vorgezeichnet. Deswegen soll auch hierauf — und zwar immer unter besonderem gewerkschaftlichen Aspekt — kurz eingegangen werden.

## Der Beginn der Selbstverwaltung

»Die Reichsverfassung verspricht den Versicherten maßgebenden Einfluß bei den Versicherungsträgern. Sie wird damit sowohl dem Zweck der Versicherung gerecht als auch dem Umstand, daß die Versicherung getragen wird von den Beiträgen der Arbeitnehmer, denn auch die Beiträge der Arbeitgeber stammen aus dem Arbeitsertrag der Versicherten. Der Kongreß fordert daher erneut Befreiung von der Vormundschaft der Arbeitgeber und der behördlichen Bürokratie. Die Versicherten haben ein Recht auf die Selbstverwaltung« [1].

Diese historische Forderung der Arbeiterbewegung auf »maßgebende Mitwirkung der Versicherten« in der Verwaltung der Sozialversicherung, wie sie der Artikel 161 der Weimarer Reichsverfassung vorsah, ist bis heute nicht verlorengegangen. Die Einschränkung bzw. die Vorenthaltung dieses Rechts in der Geschichte seit Beginn der Sozialversicherung spiegelt die jeweilige gesellschaftliche Machtverteilung wider sowie die unterschiedlichen Versuche, das Problem im Sinn einer Befriedung dieses Konflikts zu »lösen«. Der Beginn der staatlichen Sozialversicherungspolitik im Deutschen Kaiserreich (1883 die Einführung der Krankenversicherung, 1884 das Unfallversicherungsgesetz, 1889 die Invaliditäts- und Alterssicherung) deckte sich zeitlich mit dem »Sozialistengesetz« (1878—1890). Die Selbstverwaltung [2], wie sie durch die Sozialversicherungsgesetzgebung eingeführt wurde, hatte ihre unmittelbaren Vorläufer in der Selbstverwaltung in den Gesellen- und Knappschaftskassen und den freien Hilfskassen der Arbeitervereine, deren Status durch das Hilfskassengesetz von 1876 abgesichert wurde. Die Organe der Selbstverwaltung bei den Krankenkassen wurden nach der Sozialgesetzgebung von Vertretern der Versicherten und ihrer Arbeitgeber gebildet, wobei die Versicherten zwei Drittel und die Arbeitgeber ein Drittel der Stimmen hatten. Die Beteiligung der Arbeitgeber wurde damit begründet, daß sie durch ihren Beitragsanteil die Verwaltung unterhalten würden. Weder die aus dem wissenschaftlichen Bereich vorgetragenen Ansichten über den Charakter der Arbeitgeberbeiträge als Lohnbestandteile noch politische Initiativen konnten die Arbeitgeberbeteiligung verhindern. Diese Zusammensetzung der Organe galt bis zur »Aufbaugesetzgebung« 1934, die das Selbstverwaltungsprinzip durch das »Führerprinzip« ablöste. In der Unfallversicherung bestand eine alleinige Selbstverwaltung der Unternehmer, in der Rentenversicherung die paritätische

1 Entschließung des Hamburger Gewerkschaftskongresses (ADGB) über die Sozialversicherung.

2 Vgl. zur Geschichte der Selbstverwaltung vor allem: *Tennstedt, F.*, Sozialgeschichte der Sozialversicherung, in: Handbuch der Sozialmedizin, Band 3, Stuttgart 1976, sowie sein Gutachten für das Bundesministerium für Arbeit und Sozialordnung (im Erscheinen); ferner: *Dobbernack, W.*, Die Selbstverwaltung in der Sozialversicherung, Essen 1951; *Strassert, H.*, Die Selbstverwaltung in der Sozialversicherung, Berlin 1932.

Besetzung von Arbeitgebern und Versicherten, in der Knappschaftsversicherung eine Dreifünftelmehrheit der Versicherten (vgl. Strassert, H., S. 23 ff. sowie S. 52 ff.).

Zeigten vor allem die organisierten Arbeiter an den gesetzlichen »Zwangskassen« zunächst nur geringes Interesse, so begann mit der Aufhebung des Sozialistengesetzes der »Ansturm der Sozialdemokratie« auf die gesetzlichen Krankenkassen. »Sozialistengesetz und Sozialgesetzgebung hatten sich — gemessen an den Absichten Otto von Bismarcks — als Fehlschlag erwiesen: die SPD ging aus der 12 Jahre währenden Verfolgung als stärkste Reichstagsfraktion hervor, und die Selbstverwaltung in der Krankenversicherung brachte — anstatt ihr Anhänger zu nehmen und die Arbeiter in das herrschende System zu integrieren — Einfluß auf die ihr ansonsten strikt verschlossene (mittelbare) Staatsverwaltung« [3].

Alsbald waren die Herrschenden bestrebt, diese »Mißstände« — die Selbstverwaltung als Betätigungsfeld sozialdemokratischer und gewerkschaftlicher Politik — zu beseitigen. Ihre Bemühungen kumulierten in der Reichsversicherungsordnung von 1911, die hinsichtlich der Selbstverwaltung vor allem eine Ausdehnung des Einflusses der Arbeitgeber und des Staates auf Kosten der Versicherten bewirken sollte. Zwar wurde die von der Regierung vorgeschlagene Einführung der Parität abgelehnt, der Arbeitgebereinfluß aber dadurch gestärkt, daß für wichtige Angelegenheiten Mehrheitsbeschlüsse beider Gruppen vorgeschrieben wurden. Gleichzeitig wurden die Befugnisse der Aufsichtsbehörde erweitert, vor allem in den Fällen, in denen sich Arbeitgeber und Arbeitnehmer nicht einigen konnten [4]. Die Stärkung des staatlichen und des Arbeitgebereinflusses durch die RVO sollte den sozialdemokratischen und gewerkschaftlichen Einfluß in der Selbstverwaltung zurückdrängen, um die ursprüngliche, aber fehlgeschlagene Integrationsabsicht durch gesetzlichen Zugriff wirksam zu machen. Durch die sogenannte Revolutionsgesetzgebung von 1919 wurde die Organisation der Sozialversicherung entsprechend den neuen politischen Machtverhältnissen modifiziert. Beseitigt wurden vor allem die durch die RVO erweiterten Befugnisse der Aufsichtsbehörde bei der Anstellung von Hilfspersonen und die Notwendigkeit von Mehrheitsbeschlüssen der Arbeitgeber- und Versichertenvertreter in vier wichtigen Fällen, insbesondere der Wahl der Vorsitzenden (vgl. Strassert, H., S. 62). Hingegen verschaffte die in Artikel 161 der Weimarer Reichsverfassung vorgesehene »maßgebende Mitwirkung der Versicherten« der Selbstverwaltung keine neuen Impulse. In der Krankenversicherung galt diese Forderung durch die Zweidrittelmehrheit der Arbeitnehmer als bereits verwirklicht, für eine einheitliche Selbstverwaltung in den anderen Zweigen der Sozialversicherung blieb dieser Artikel folgenlos.

In den letzten Jahren der Weimarer Republik begann unter dem Druck der wirtschaftlichen Verhältnisse die Einschränkung der Sozialversicherung, die auch die Befugnisse und Möglichkeiten der Selbstverwaltung nicht unge-

3 *Tennstedt, F.*, Sozialgeschichte . . ., a.a.O., S. 390.
4 Vgl. *Strassert, H.*, Die Selbstverwaltung . . ., a.a.O., S. 59 ff.

schoren ließ. Die Notverordnungen schränkten die Rechte der Selbstverwaltungsorgane bei der Beitrags- und Leistungsgestaltung ein, die Reichsregierung wurde ermächtigt, Verordnungen über Ausgabenkürzungen bei den Sozialversicherungsträgern zu erlassen (vgl. Strassert, H., S. 64).
Die Beurteilung dieser ersten 50jährigen »Epoche« sozialer Selbstverwaltung aus der Sicht der Arbeiterbewegung ist zwiespältig. Während einerseits die gewerkschaftlichen Vorstellungen zur materiellen und organisatorischen Reform der Sozialversicherung sich nicht durchsetzen konnten, wurde die personelle Durchdringung der Krankenkassen durch Arbeiter und Gewerkschaftsfunktionäre zum Positivum der verstärkten Mitwirkung in der Selbstverwaltung. Für die Arbeiterbewegung lag die Bedeutung der Selbstverwaltung nach Eduard Heimann vor allem darin, daß sie »die Aufstiegsmöglichkeiten für Zehntausende von Menschen aus der Arbeiterschaft in die Selbstverwaltungsbürokratie der Sozialversicherung (schuf); denn darauf läuft die Selbstverwaltung der Versicherten in den Krankenkassen hinaus. Dies Moment darf keineswegs unterschätzt werden, weil es eine breite Gelegenheit zur Ausbildung administrativer Talente und zur geschäftlichen Schulung bietet, insofern also die Kraft der sozialen Bewegung unzweifelhaft stärkt. Andererseits scheinen aus den Krankenkassen bedeutendere Vertreter der sozialen Bewegung nicht hervorgegangen zu sein, und über jenen Vorteil dürfen doch auch die Gefahren nicht verkannt werden, die in dieser wie in jeder Bürokratisierung der Arbeiterbewegung lauern, so unvermeidlich sie im ganzen sein mögen. Das gilt gerade bei den Krankenkassen, und um so mehr, als ihre Verwalter aus der eigentlichen Front der sozialen Bewegung ausscheiden und an eine nach dem Aufgabenkreis entlegenere Stelle gerückt werden, so daß der Vorteil für die soziale Bewegung als Ganzes auch in dieser Beziehung fraglich wird« [5]. Soweit also E. Heimann, der gegenüber der nichtrevisionistischen Kritik an der Sozialpolitik deren Doppelcharakter — Erhaltung und gleichzeitig Veränderung des Kapitalismus — in der gesellschaftlichen Entwicklung begründet hat.

## Das Ende der Selbstverwaltung

Mit der nationalsozialistischen Machtergreifung wurde die bisherige Selbstverwaltung in der Sozialversicherung beseitigt. Dies geschah durch die Entfernung freigewerkschaftlicher Mitglieder aus den Organen und teilweise durch die Einsetzung staatlicher Kommissare, die die Aufgaben von Vorstand und Ausschuß übernahmen, und durch die Wiedereinführung des Berufsbeamtentums, wodurch der Weg frei wurde, die (gewerkschaftlich orientierten) Krankenkassenangestellten durch »alte Kämpfer« zu ersetzen (vgl. Tennstedt, F., S. 405 ff.). Durch die »Aufbaugesetzgebung« wurde das Führerprinzip in der Sozialversicherung verwirklicht. Dem verantwortlichen »Leiter« wurde ein Beirat zur Seite gestellt, der zwar gewisse Mitwirkungsrechte, aber keine Entscheidungsbefugnisse besaß.

5 *Heimann, E.*, Soziale Theorie des Kapitalismus, Tübingen 1929.

## Der Neuaufbau

Nach 1945 begannen unter Mitwirkung deutscher Fachleute die Alliierten mit Plänen einer Sozialversicherungsreform. Ein entsprechender Entwurf des Alliierten Kontrollrats orientierte sich an gewerkschaftlichen Vorstellungen der Weimarer Republik, eine regional organisierte Einheitsversicherung zu schaffen. Die Selbstverwaltungsorgane sollten zu zwei Dritteln aus Versichertenvertretern und zu einem Drittel aus Arbeitgebervertretern bestehen, wobei die Beitragszahlung gehälftet sein sollte. Lediglich für die Unfallversicherung und das Krankengeld war ein vom Einheitsbeitrag abgetrenntes Finanzierungsverfahren vorgesehen. Die Vorstellungen dieses Entwurfs wurden allerdings (nach Berlin durch Ernst Schellenberg) nur in der sowjetischen Besatzungszone verwirklicht [6]. In den Westzonen scheiterte die Durchsetzung dieser Vorstellungen einmal am Protest unterschiedlicher deutscher Gruppen (u. a. der CSU, der Privatversicherung und der organisierten Ärzteschaft) und zum zweiten durch das Zuendegehen der gemeinsamen alliierten Verantwortung für Deutschland und der inzwischen gewachsenen Kompetenz deutscher Stellen, die diese grundsätzliche Frage in eigener Verantwortung entschieden wissen wollten [7]. Dazu schrieb Ernst Schellenberg am 15. Oktober 1947: »Jeder aufmerksame Beobachter kann feststellen, daß in Westdeutschland in Zeitungen, Zeitschriften, auf Ärztekongressen, wissenschaftlichen Arbeitstagungen, bei Verbänden der Versicherungsträger eine wüste Kampagne gegen den sozialpolitischen Fortschritt, der sich in der Vereinheitlichung der Sozialversicherung dokumentiert, entfaltet wird. Besonders aktiv ist die jetzt in Köln gegründete Gesellschaft für Versicherungswissenschaft und -gestaltung, die ausschließlich den Zweck verfolgt, die einheitliche Sozialversicherung zu bekämpfen. Hinter ihr stecken die private Krankenversicherung, die Angestellten-Ersatzkassen, Berufsgenossenschaften, Ärztevereine, Handwerkskammern, Unternehmerverbände, ,Wissenschaftler' und alles, was sonst noch zur sozialen Reaktion gehört. Die erlauchte Gesellschaft hat mit großem Aufwand bereits Tagungen in Hamburg, Köln, Bielefeld abgehalten, auf denen sogenannte Autoritäten gegen die Sozialversicherung sprachen« [8].

## Der Kampf um die Wiederherstellung der Selbstverwaltung

Die anschließenden Bemühungen (1948) um die Wiederherstellung der Selbstverwaltung durch die zonalen Stellen kumulierten in den Beratungen und Vorschlägen des Ausschusses für Arbeit in der Verwaltung des Vereinigten Wirtschaftsgebietes, der Bizone [9]. Dabei bestanden keine Meinungsverschie-

6 Vgl. die entsprechenden Beiträge in dieser Festschrift.

7 Vgl. *Tennstedt, F.*, Gutachten (Manuskript 1975), S. 284 ff.

8 Schreiben von Ernst Schellenberg an Bernhard Göring, Zentralarchiv FDGB, Akte 40/3a/2251, zitiert nach *Tennstedt, F.*, Gutachten (Manuskript 1975), S. 290, dort zitiert nach: *Behrendt, A.*, Die Interzonenkonferenzen der deutschen Gewerkschaften, S. 224 f.

9 Diese Beratungen bis zum Selbstverwaltungsgesetz vom 22. Februar 1951 sind dokumentiert in einem Weißbuch des DGB: Die Wiederherstellung der Selbstverwaltung in der Sozialversicherung und die Forderungen der Gewerkschaften, hrsg. vom Bundesvorstand des Deutschen Gewerkschaftsbundes, Düsseldorf o. J.

denheiten bei den politischen Gruppen über den Grundsatz der Wiederherstellung der Selbstverwaltung, allerdings waren, wie Wilhelm Dobbernack schreibt, die Methoden umstritten, so daß das »Führerprinzip« im wesentlichen den Zusammenbruch des Dritten Reiches noch um Jahre (mit Ausnahme der französischen Besatzungszone) überdauerte. »Die eine Gruppe, zu der auch der Verfasser gehörte, setzte sich in den Debatten dafür ein, das nationalsozialistische Führerprinzip so schnell wie möglich wenigstens auf provisorischer Basis zu beseitigen und zu diesem Zweck vorläufige Organe zu bilden, deren Mitglieder von den wirtschaftlichen Vereinigungen der Arbeitnehmer (Gewerkschaften) und der Arbeitgeber berufen werden sollten. ... Die andere Gruppe bestand darauf, daß sofort Sozialwahlen durchgeführt würden und erhob den Vorwurf, daß die Berufung von Organmitgliedern durch Gewerkschaften und Arbeitgeberverbände diesen Vereinigungen ein unangemessenes Privileg gäbe und die Berufungsform undemokratisch sei.«

Aber nicht nur der Zeitpunkt der Selbstverwaltungsneuregelung war umstritten, sondern auch die Zusammensetzung der Organe:

»Die eine Gruppe setzte sich für eine alleinige Vertretung oder wenigstens für eine Zweidrittelmajorität der Versicherten in allen Organen ein, eine zweite Gruppe wollte insofern alles beim alten lassen, als die Organe der Krankenkassen und der Knappschaften eine Majorität der Versichertenvertreter, diejenigen der Rentenversicherungsträger eine paritätische Zusammensetzung der beiden Sozialpartner und diejenigen der Unfallversicherungsträger eine alleinige Vertretung oder wenigstens eine Majorität der Arbeitgeber haben sollten, während eine dritte Gruppe sich für eine paritätische Zusammensetzung in allen Organen einsetzte« [10].

Die »Bizonale Arbeitsgemeinschaft für Sozialversicherung«, die vom Präsidenten des Zentralamtes für Arbeit in der britischen Zone (J. Scheuble) einberufen worden war, verabschiedete auf ihrer zweiten Tagung am 13./14. Juli 1948 »Grundsätze zur Wiederherstellung der Selbstverwaltung in der Sozialversicherung (ohne Arbeitslosenversicherung) des Vereinigten Wirtschaftsgebietes«, die der nächsten Konferenz der Arbeitsbehörden des Vereinigten Wirtschaftsgebietes zur Entscheidung vorgelegt werden sollten. Über die Grundsätze bestand — mit Ausnahme der Organzusammensetzung — Einigkeit. Zur Organzusammensetzung wurden zwei Varianten vorgelegt, von denen die erste eine generelle Zweidrittelmehrheit der Versicherten vorsah, während die zweite Variante in der Krankenversicherung und in der Knappschaft eine Zweidrittelmehrheit der Versicherten, in der Unfallversicherung und in den Rentenversicherungen der Arbeiter und Angestellten eine paritätische Besetzung vorsah [11].

Mitte des Jahres 1948 wurde in der Bizone eine »Verwaltung für Arbeit« eingerichtet, Direktor wurde Anton Storch, Stellvertreter Julius Scheuble [12]. Die SPD-Fraktion reichte Ende des Jahres den Entwurf eines Gesetzes

10 *Dobbernack, W.*, Die Selbstverwaltung ..., a.a.O., S. 52.
11 Vgl. Weißbuch des DGB, S. 4 f.
12 A. Storch war u. a. Leiter der sozialpolitischen Abteilung des DGB, von 1949 bis 1957 Bundesminister für Arbeit.

über die Selbstverwaltung in der Sozialversicherung ein, der u. a. forderte: »Die Selbstverwaltung in der Sozialversicherung ist die maßgebende Mitwirkung der Versicherten durch ihre Vertretung in der Verwaltung der Versicherungsträger aller Zweige der Sozialversicherung. Nicht die Leitung und die Bürokratie des Versicherungsträgers dürfen in der Verwaltung maßgebend sein, sondern die Versicherten durch ihre Vertretung« [13].

Anfang 1949 erging ein Gesetzentwurf des Verwaltungsrats, der auf Beratungen im Zentralamt für Arbeit zurückging [14]. Dieser folgte im wesentlichen der Variante B der oben erwähnten »Grundsätze«, Zweidrittelmehrheit für Versicherte in der Krankenversicherung, Parität in der Unfall- und Rentenversicherung.

In der Sitzung des Ausschusses für Arbeit am 18. Mai 1949, in der eine Beschlußvorlage für den Wirtschaftsrat erarbeitet wurde, wurde offensichtlich die Parität offiziell geboren. In einem Schreiben an Willi Richter, den damaligen Vorsitzenden des Ausschusses für Arbeit, hat Anton Storch dies wie folgt begründet:

»Wunschgemäß bestätige ich hiermit die Erklärung, die mein Beauftragter in der Sitzung des Ausschusses für Arbeit am 18. Mai 1949 zu § 2 Abs. 1 des Gesetzentwurfes abgegeben hat:

Nachdem das Sozialversicherungs-Anpassungsgesetz durch die Militärgouverneure genehmigt worden ist, bedarf die Fassung des § 2 Abs. 1 des Gesetzentwurfes über die Selbstverwaltung in der Sozialversicherung einer erneuten Überprüfung, da nach § 12 des Sozialversicherungs-Anpassungsgesetzes die Beiträge in der Krankenversicherung für Versicherungspflichtige je zur Hälfte von ihnen und ihren Arbeitgebern getragen werden. Bereits in der Gesetzesvorlage des Verwaltungsrates (Drucksache des Wirtschaftsrates Nr. 898 vom 17. Januar 1949) sind in der Begründung zu § 2 folgende Sätze vorgesehen:

‚In der Krankenversicherung wird an dem Verhältnis von 2:1 zwischen Versicherten und Arbeitgebern gemäß dem bisherigen Beitragsaufkommen vorläufig nichts geändert. Nach Inkrafttreten des Sozialversicherungs-Anpassungsgesetzes erscheint es aber gerechtfertigt, dem geänderten Beitragsaufkommen (1:1) entsprechend das Verhältnis in der Zusammensetzung der Organe der Krankenkassen zu ändern.‘

Sowohl aus dem vorgenannten Grunde als auch nach den Grundsätzen einer wirklichen Wirtschaftsdemokratie vertrete ich den Standpunkt, daß künftig die Organe der Krankenkassen paritätisch aus Vertretern der Versicherten und der Arbeitgeber zusammengesetzt werden müssen. Beide Sozialpartner (Arbeitnehmer und Arbeitgeber) müssen zur Erreichung einer echten Selbstverwaltung mit gleicher Verantwortung, gleichen Pflichten und gleichen Rechten an der Verwaltung der Sozialversicherung teilnehmen. ...« [15].

Gegen die auf Antrag der FDP-Fraktion im Wirtschaftsrat beschlossene

13 Wirtschaftsrat des Vereinigten Wirtschaftsgebietes, Frankfurt/Main, Drucksachen, 829, zitiert nach *Tennstedt, F.*, Gutachten (Manuskript S. 308).

14 Vgl. *Dobbernack, W.*, Die Selbstverwaltung . . ., a.a.O., S. 55 f.

15 Schreiben des Direktors der Verwaltung für Arbeit des Vereinigten Wirtschaftsgebietes, vgl. Weißbuch des DGB, S. 5.

paritätische Zusammensetzung der Selbstverwaltungsorgane faßte der Gewerkschaftsrat der Vereinten Zonen eine Entschließung, die an die sozialpolitischen Grundsätze des DGB, beschlossen auf dem Gründungskongreß 1949 in München, anknüpfte und die alleinige Selbstverwaltung der Versicherten verlangte, jedoch auch die Zweidrittelmehrheitsforderung des Ausschusses für Arbeit unterstützte.

Zwar scheiterte dieses Gesetz des Wirtschaftsrates am Einspruch der Alliierten, die nach dem Beschluß des Grundgesetzes die Gesetzgebung über die Selbstverwaltung in der Sozialversicherung dem Bund überlassen wollten, doch wurde es mit geringfügigen Veränderungen von der Bundesregierung 1950 wieder eingebracht.

Bezüglich der Zusammensetzung der Selbstverwaltung standen drei Grundmodelle zur Diskussion:

— die paritätische Selbstverwaltung, die von der CDU, der FDP und den Arbeitgebern gefordert wurde;
— die Zweidrittelmehrheit für die Vertreter der Versicherten, die von der SPD gefordert wurde;
— die alleinige Selbstverwaltung durch die Vertreter der Versicherten; diese Forderung wurde von den Gewerkschaften erhoben, die allerdings später als Kompromißlösung ebenfalls für den Zweidrittel-Vorschlag plädierten.

In einem Schreiben des DGB an den damaligen Bundeskanzler Adenauer begründete Hans Böckler die gewerkschaftliche Forderung und Bereitschaft zum »$^2/_3$-Kompromiß«. Die Parität wurde als sozialpolitischer Rückschlag deklariert, die einer »Verewigung des von Hitler diktierten Zustandes« gleichkäme und stellte unter solchen Bedingungen eine Wahlbeteiligung der Gewerkschaften in Frage [16]. Die vielfältigen Aktivitäten der Gewerkschaften (Meinungsumfragen in der Bevölkerung, bei den Bundestagsabgeordneten usw.) waren vergebens: per Hammelsprung entschied der Bundestag am 13. Oktober 1950 mit einer Mehrheit von 172 zu 160 Stimmen (4 Enthaltungen), die paritätische Zusammensetzung der Organe in die Selbstverwaltung einzuführen. Nach dieser Abstimmung erklärte der SPD-Abgeordnete Schoettle: »Herr Präsident! Meine Damen und Herren! Nachdem die entscheidenden Anträge der sozialdemokratischen Fraktion zu diesem Gesetzentwurf abgelehnt worden sind, erkläre ich im Namen meiner Fraktion, daß wir gegen das Gesetz stimmen werden, weil es sich nicht um ein Gesetz zur Wiederherstellung der Selbstverwaltung in der Sozialversicherung, sondern um ein Gesetz zur Herabminderung des Einflusses der Versicherten in der Selbstverwaltung handelt« [17].

Die »Herabminderung des Einflusses der Versicherten« ist trotz immer wiederholter Forderungen der Gewerkschaften auf alleinige Selbstverwaltung durch die Versicherten erhalten geblieben.

Dies hat nicht unerheblich zum Fehlen der politischen Komponente in der paritätischen Selbstverwaltung beigetragen, was schließlich auch dazu führte, daß die Selbstverwaltung kein eigenständiger Faktor in sozialpoli-

16 Schreiben des DGB an den Herrn Bundeskanzler vom 4. September 1950. Der Brief wurde nicht beantwortet. Vgl. Weißbuch des DGB, S. 12 f.

17 Protokoll des Deutschen Bundestages, vgl. Weißbuch des DGB, S. 81.

tischen Grundsatzfragen werden konnte. Obwohl in letzter Zeit Auflockerungstendenzen vorhanden sind, die hier nicht geleugnet werden sollen, wird von Soziologen oftmals nicht zu Unrecht vom »Modellfall der Konfliktregelung zur Vermeidung des Austragens sozialer Konflikte« gesprochen, wobei diese Institutionalisierung des Dauerkonflikts zwischen Gewerkschaften und Arbeitgebern den Immobilismus der Selbstverwaltung mit herbeigeführt hat [18]. In seiner Stellungnahme zum Sozialpaket 1963 hat der DGB auf die Nachteile der paritätischen Selbstverwaltung ausdrücklich hingewiesen: »... Außerdem erschwert die Beteiligung von Selbständigen und deren Angehörigen oftmals eine sozialfortschrittliche Anwendung des Rechts im Bereich der Sozialversicherung oder verhindert sie sogar. Die bisherige Mitwirkung der Arbeitgeber in der Selbstverwaltung ließ überdies erkennen, daß der Schutz und die Stärkung der Solidargemeinschaft der Sozialversicherten von ihnen nicht ausreichend gefördert wurde« [19]. Nach 1951 wurde das Selbstverwaltungsgesetz zwar mehrfach geändert (zum ersten Mal bereits 1952, das 8. Änderungsgesetz erging 1973), jedoch handelte es sich in aller Regel nur um technische Änderungen, die dem Gesetz mehr Praktikabilität verleihen sollten; die Substanz des Gesetzes aus gewerkschaftlicher Sicht — die Zusammensetzung der Organe — hat alle Änderungen überdauert.

## Ausblick

In den letzten Jahren hat die Diskussion um eine Reform der Selbstverwaltung neu eingesetzt [20]. Im Mittelpunkt der Überlegungen stehen vor allem folgende Gesichtspunkte:
Angesichts des fortschreitenden sozialstaatlichen Interventionismus und des wachsenden Problemdrucks auf die Sozialversicherung (Kostenentwicklung, Verschiebung der Risikostruktur, verstärkte Tendenz zu Sach- und Dienstleistungen) stellen sich der Sozialpolitik vor allem zwei Aufgaben:
erstens ist nach den organisatorischen Voraussetzungen zu fragen, die für erforderlich gehalten werden, um der veränderten Risikostruktur und dem Aufgabenwandel der Sozialpolitik (Tendenz zur Vorsorge) unter *funktionalen* Gesichtspunkten angemessen gerecht zu werden;
zweitens ist nach den partizipatorischen Potentialen und Möglichkeiten zu fragen, die in der Lage wären, das demokratische Defizit des immer stärker umverteilenden, planenden und lenkenden Sozialstaats auszufüllen.
Die Selbstverwaltung in der Sozialversicherung verfügt theoretisch über

18 Vgl. *Ferber, Chr. von,* Soziologie und Sozialpolitik, Manuskript zum 18. Deutschen Soziologentag 1976 in Bielefeld.

19 Erklärung des DGB zum »Sozialpaket« vom 21. Januar 1963.

20 Vgl. z. B. *Holler, A.,* Die Selbstverwaltung im Bereich der Sozialversicherung — Aspekte und Tendenzen —, in: Soziale Sicherheit, 9/1974; *Ferber, Chr. von,* Selbstverwaltung und soziale Sicherung, in: Gewerkschaftliche Monatshefte, 3/1975; Bundesarbeitsblatt, 1/1976: die Beiträge von *Holler, A., Ferber, Chr. von, Tennstedt, F.* und *Bogs, W.* Ferner *Bull, H. P.,* Zur Lage der Selbstverwaltung in der Sozialversicherung, in: Die Krankenversicherung, 7/8-1976; *Schmidt, A.,* Die Selbstverwaltung der sozialen Krankenversicherung vor schwierigen Aufgaben, in: Die Betriebskrankenkasse, 4-5/1974.

das Organisations- und Demokratiepotential, um diese beiden Funktionen ausfüllen zu können. Allerdings werden diese Fragestellungen in der Selbstverwaltung bisher kaum diskutiert, eine Folge der heute noch nachwirkenden sozialpolitischen Selbstlähmung ihrer Organe.
Dieser Selbstlähmung steht allerdings ein wachsender Problemdruck gegenüber: Selbstverwaltung und vor allem Gesetzgeber sind aufgerufen, die organisatorischen und demokratischen Strukturen und Handlungsmöglichkeiten zu schaffen, die sowohl eine funktional sinnvolle Arbeit ermöglichen als auch die partizipatorische Repräsentanz der Versicherten und ihrer Gewerkschaften in den Organen der Selbstverwaltung sicherstellen. Die Erklärung des Abgeordneten Erwin Schoettle in der 37. Vollversammlung des Wirtschaftsrates des Vereinigten Wirtschaftsgebietes nach der Ablehnung der Zweidrittel-Forderung hat nach wie vor Gültigkeit: »Wir sind uns darüber klar, daß damit der Kampf um die Wiederherstellung der Selbstverwaltung nicht aufhören wird. ... Ich nehme an, es wird in Deutschland einmal eine gesetzgebende Körperschaft geben, die die wirkliche Selbstverwaltung in der Sozialversicherung herzustellen gewillt ist« [21].

21 Wörtlicher Bericht über die 37. Vollversammlung des Wirtschaftsrates des Vereinigten Wirtschaftsgebietes, zitiert nach: *Tennstedt, F.*, Gutachten (Manuskript, S.325).

# 11. Sozialhilfe

## Willy Könen

## Der Weg zur Sozialhilfe

Es ist auch heute noch nicht selbstverständlich, daß bei der Aufzählung der verschiedenen Leistungsarten und ihrer Träger, wenn von der sozialen Sicherheit die Rede ist, auch die Sozialhilfe genannt wird und ihren Platz erhält. Das ist bedauerlich, denn der soziale Rechtsstaat wird mitgeprägt von der Art und Weise, wie Hilfen für den Bürger geleistet werden und der Bürger zu seinen Rechten und Pflichten steht, die sich aus dem Angebot und der Inanspruchnahme der Sozialhilfe ergeben.

Es war ein weiter Weg zu dem modernen Begriff der Sozialhilfe und zu ihrer gesetzlichen Grundlage, dem Bundessozialhilfegesetz (BSHG) — ein Weg, gekennzeichnet von politischen Entwicklungen und Veränderungen, von Ablösungen der Staatsgrundlagen und Machtverhältnisse. Das Denken der Menschen änderte sich und damit die Haltung zum hilfsbedürftigen Bürger und Mitmenschen.

Am Anfang stand die Armenpflege. Die christliche Verantwortung für die Menschen in Not und Armut, Verzweiflung und Ausweglosigkeit machte die Kirchen zu den Helfern der Mühseligen und Beladenen. Die Suppe an der Klosterpforte für die Armen und Hungernden war typische Darstellung und Verdeutlichung dieses Helfens. Dabei ist zu bedenken, daß in der damaligen Zeit eine enge, Grenzen kaum merkbar werden lassende Verzahnung zwischen kirchlicher Gewalt und bürgerlicher Gemeindeverantwortung bestand. Einzelne wohlhabende Bürger fühlten sich angesprochen — sie halfen. Wöchnerinnen erhielten Besuch und Hilfen durch Frauen der bürgerlichen Gesellschaft. Das alles geschah unter Umständen und Ansichten, die nur aus der damaligen Zeit zu begreifen sind. Diese Hilfen mischten sich oft mit Vorbehalten. Schuldbekenntnisse, Wohlverhalten, Reue und ähnliche Demutsbezeugungen waren oft die Voraussetzung dazu, für würdig gehalten zu werden, Hilfen zu bekommen.

Als die Städte begannen, sich der Armenpflege anzunehmen, war das Motiv in erster Linie darin zu suchen, ein »Ärgernis« zu beseitigen. Das öffentlich erkennbare Schicksal der Armen, der Krüppel und Hilflosen beunruhigte und störte den Bürger, die Ordnung litt unter den Schönheitsfehlern, die sichtbar wurden. Es mußte etwas geschehen. —

Die kommunale Armenpflege wurde tätig, Hospitäler wurden gebaut, aber auch die Polizei erhielt ihre Anweisungen, damit die Harmonie des bürgerlichen Zusammenlebens nicht gestört wurde. Als die Menschen vom Lande in die Städte strömten, um Arbeitsplätze in der sich entwickelnden Industrie zu erhalten, mußte es zu anderen Betrachtungsweisen auf dem Gebiete der Hilfe für die Bedürftigen kommen. Die armenpolizeilichen Grundsätze wurden abgelöst vom Fürsorgedenken. Die Arbeiterschaft stellte eine bisher nicht bekannte Schicht der Armen. Der Frühkapitalismus, der in unerbittlicher Weise nur die »Arbeitskraft« sah und nicht den Menschen, forderte zu Gegenmaßnahmen heraus. Ausbeutung und Mißachtung jeglicher Menschenwürde waren eine Provokation. Die Sozialpolitik wurde geboren. Eric Nölting hat einmal festgestellt, daß die Sozialpolitik ein ungewolltes Kind des Kapitalismus sei, aber ein Wunschkind des Sozialismus. Obwohl — das sei nur am Rande vermerkt — die Verelendungstheorie in der Sozialdemokratie und den Gewerkschaften sich dadurch bemerkbar machte, daß große Gruppen der Arbeiterschaft jegliche sozialpolitischen Maßnahmen ablehnte, weil sie eine Verbrämung der Gegensätze und ein Hindernis im Klassenkampf darstellten. Eine Haltung, die bis nach dem Ersten Weltkrieg spürbar war. —

1881 wurde durch den Reichskanzler Bismarck damit begonnen, die Sozialversicherung zu begründen. Vorbeugende Maßnahmen sollten die Arbeiter davor schützen, in Armut und Elend zu geraten und sich zu radikalisieren. Aber auch der Kritik der Arbeiterschaft in der Sozialdemokratie sollte der Boden entzogen werden. Die alte Armenpflege wurde reformiert. 1870 kam das Unterstützungswohnsitzgesetz, das in seiner praktischen Auswirkung eine Grundlage für die im gesamten Deutschen Reich geltende staatliche Armenpflege schuf. Die diffamierenden Auswirkungen für diejenigen, die Hilfe in Anspruch nehmen mußten, blieben. Die Hilfeempfänger waren Bürger zweiter Klasse. Der Erste Weltkrieg brachte Veränderungen. Die »Damen der Gesellschaft« und die Frauen aus den einfachen Schichten trafen sich in helfender Tätigkeit an den Lazarettzügen. Sie lernten sich kennen und respektieren. Es war zum ersten Mal, daß sozialdemokratische Frauen zur Mitarbeit zugelassen wurden, um gemeinsam mit andern in der Kriegswohlfahrtspflege tätig zu sein. Bisher hatten die SPD-Frauen in den Kinderschutzkommissionen, den Vorläufern der Arbeiterwohlfahrt, gewirkt. Obwohl Frauen in der Armen- und Waisenpflege der Gemeinden tätig sein konnten, schloß man Sozialdemokratinnen aus. Ihre politischen Auffassungen galten vielleicht als ansteckend.

Es wurde notwendig, den nunmehr auf öffentliche Hilfe angewiesenen Kriegsopfern und ihren Angehörigen einen anderen Status zu geben. — Die Weimarer Republik brachte eine Veränderung der Machtverhältnisse, die politische Vertretung der Arbeiterschaft, des Proletariats bekam Einfluß auf das Staatsgeschehen. Die Sozialdemokratie stellte an führenden Positionen ihre Vertreter. Sie fühlte sich verantwortlich für das Geschehen in dieser Republik, auch auf sozialpolitischem Gebiet. Dieser Staat war ihr Staat, sie konnte und wollte sich nicht der Einsicht entziehen, daß sie eine Aufgabe übernehmen mußte, die dringend war: die Anpassung der Armenpflege an die Veränderungen in Staat und Gesellschaft.

Auf diesem Hintergrund geschah am 13. Dezember 1919 die Gründung des Hauptausschusses der Arbeiterwohlfahrt als Organisation der Sozialdemokratischen Partei. Marie Juchacz, die Frauensekretärin der SPD und Mitglied des Reichstages, mußte die Bereitschaft der Partei gegen viele Widerstände erkämpfen. Die Gründung bezweckte »die Mitwirkung der Arbeiterschaft bei der Wohlfahrtspflege, um hierbei die soziale Auffassung der Arbeiterschaft durchzusetzen. Insbesondere will er die gesetzliche Regelung der Wohlfahrtspflege und ihre sachgemäße Durchführung fördern«. Diese Zielsetzung, durch Einflußnahme der Sozialdemokraten, und damit der Arbeiterschaft, entscheidend den Weg mitzubestimmen, der von der öffentlichen Wohlfahrtspflege zu gehen war, bedeutete Mitarbeit auf allen Wegen des Fürsorgewesens. Eine wohlfahrtspolitische Aufgabe war zu meistern, deren gesellschaftspolitische Auswirkung nicht unterschätzt werden durfte. Besonders interessierte Männer und Frauen der Sozialdemokratie stellten sich ihr. —

Allerdings, es gab Unterschiede gegenüber anderen Wohlfahrtsverbänden, geprägt durch das Wollen der Partei. Als die Wohlfahrtsverbände 1924 einen Zusammenschluß auf Reichsebene in der »Deutschen Liga der Freien Wohlfahrtspflege« vollzogen, blieb die Arbeiterwohlfahrt außerhalb. Im Gegensatz zu den anderen Verbänden hielt sie die öffentliche Wohlfahrtspflege und ihre behördlichen Träger für die selbstverständliche Form der Arbeit, die so lange die ehrenamtliche und freiwillige Mitarbeit der Wohlfahrtsverbände partnerschaftlich praktizieren sollte, bis die weitere Entwicklung Staat und Gemeinden in die Lage versetzte, sämtliche Fürsorgetätigkeit selbst und vollständig durchzuführen. Nur als Übergangslösung war die ehrenamtliche Mitarbeit zu verstehen. Dieses Ziel wurde nicht erreicht. Sozialdemokraten in den zuständigen Gremien, die vielen Helfer der Arbeiterwohlfahrt waren bis 1933 auf vielen Gebieten tätig, wobei der Vorrang der öffentlichen Hand nie angezweifelt wurde. Ob Hilfe für den einzelnen Menschen, jung oder alt, ob modellhafte Einrichtungen der Jugendhilfe oder beeinflussende Mitarbeit in der Gesetzgebung, die Arbeiterwohlfahrt entzog sich trotz ihrer grundsätzlichen Haltung der Mitarbeit nicht. Das ist Geschichte. — Heute steht die Arbeiterwohlfahrt als selbständige und unabhängige Organisation im Kreise der anderen Wohlfahrtsverbände, verbunden mit der Sozialdemokratie durch ihre Richtlinien, die ein Bekenntnis zum freiheitlichen demokratischen Sozialismus enthalten. Sie bekennt sich zur Partnerschaft zu den öffentlichen Trägern, deren Verantwortlichkeit für die Wohlfahrtspflege vorrangig ist. —

Die erste Reichskonferenz der Arbeiterwohlfahrt fand im September 1921 in Görlitz statt. Eine Entschließung forderte ein einheitliches Reichsjugendwohlfahrtsgesetz. Die Wohlfahrtspflege sollte den kommunalen Selbstverwaltungen verantwortlich zugewiesen werden. Eine Denkschrift wurde der Reichsregierung zugeleitet.

Der Weg zur Fürsorge, die Ablösung der Armenpflege alten Stils, mußte gegangen werden. Hinzu kam, daß die Auswirkungen des Krieges 1914 bis 1918 zu Notzuständen führten, die große Teile der Bevölkerung umfaßten. Verschärft wurde die Lage durch die sich in rasendem Tempo entwickelnde Inflation. Die Reichsverordnung über die Fürsorgepflicht vom 13. Dezember 1924 und die Reichsgrundsätze über Voraussetzung, Art und Maß der öffentlichen Fürsorge vom 4. Dezember 1924 (RGr) brachten die gesetzliche Fürsorgepflicht. Die Träger der öffentlichen Fürsorge wurden die Gemeinden auf der Ebene der Stadt- und Landkreise. Ihre Organisationsform waren

die Bezirksfürsorgeverbände und auf Landesebene die Landesfürsorgeverbände, eine Konstruktion, die erst durch das Bundessozialhilfegesetz abgelöst wurde. Sowohl aus seiner Begründung im Regierungsentwurf zum BSHG als auch aus vielen Veröffentlichungen und Stellungnahmen anläßlich der Beratung des neuen Sozialhilferechts ist deutlich erkennbar, welch hoher Rang den Reichsgrundsätzen zuerkannt wurde. Zu ihrer Zeit bedeuteten sie einen außerordentlichen Fortschritt; sie waren Wegbereiter einer Entwicklung, die in das heutige moderne Recht der Sozialhilfe einmündete. Die Forderungen nach einer Sozialreform umfassenden Ausmaßes trafen sich mit der Erklärung der Bundesregierung, daß sie diese Reform in Angriff nehmen werde. Im Januar 1950 erwog die Regierung, ein soziales Gesetzgebungswerk zu schaffen, das alle minderbemittelten Volksschichten umfassen und voraussichtlich am 1. April mit dem Beginn des neuen Haushaltsjahres der Bundesregierung in Kraft treten sollte. Das neue soziale Hilfswerk sollte die Heimatvertriebenen, die Kriegsbeschädigten und die Altersversorgung berücksichtigen. Durch ein entsprechendes Gesetz beabsichtigte die Bundesregierung zu verhindern, daß eine Reihe von Einzelgesetzentwürfen beschlossen würde. Dieser Neuordnungsplan kam nicht zum Tragen. Es blieb bei der Absichtserklärung. 1952 beantragte die SPD-Bundestagsfraktion eine *unabhängige* Studienkommission zur Vorbereitung der Sozialreform. Das Erfordernis dieser Reform wurde von allen Fachleuten gesehen. Aber der beantragten unabhängigen Studienkommission wurde nicht zugestimmt. Für die Reform der sozialen Gesetzgebung wurde der Bundesarbeitsminister zuständig. Ein beratender Beirat wurde dem Ministerium beigestellt, der aber erst im März 1953 mit seiner Tätigkeit begann. Der Bundestag hatte mit Mehrheit beschlossen, daß es bei den Säulen Versicherung, Versorgung und Fürsorge bleiben sollte. —
Im Januar 1953 legte die SPD in Hannover ihren Sozialplan vor. Es war das erste Mal, daß eine Partei ein Gesamtprogramm über die Neuordnung zur öffentlichen Diskussion stellte. Vieles ist überholt und durch die Entwicklung erledigt. Manches kann auch heute noch als diskussionswürdig angesehen werden. Als die Neuregelungsgesetze der Rentenversicherung beraten wurden, forderte der Bundestag im Januar 1957 die Regierung auf, einen Gesetzentwurf einzubringen, der die Neuordnung des Fürsorgerechts zum Inhalt habe. —
Inzwischen gab es Verordnungen und gesetzliche Regelungen auf verschiedenen Gebieten, die bereits richtungsweisende, für ein späteres neues Fürsorgerecht bedeutsame Inhalte aufwiesen. Dazu gehörten insbesondere das Fürsorgerechts-Änderungsgesetz von 1953, das Gesetz über die Fürsorge für Körperbehinderte und von einer Körperbehinderung bedrohte Personen vom 27. Februar 1957 (Körperbehindertengesetz) und das Gesetz über die Tuberkulosehilfe vom 23. Juli 1959.

Als 1920 das Preußische Krüppelfürsorgegesetz festlegte, daß die öffentliche Fürsorge die Krüppelfürsorge als Pflichtaufgabe durchzuführen habe, wenn Hilfsbedürftigkeit vorlag, war das ein entscheidender Durchbruch zur Verantwortlichkeit der öffentlichen Hand für die Körperbehinderten. Dieses Gesetz enthielt bereits die Anzeigepflicht an das Jugendamt durch die Personen, die beruflich mit jugendlichen Körperbehinderten zu tun hatten. Jahrzehnte später gab es eine erbitterte Auseinandersetzung über den Umfang einer Melde- bzw. Anzeigepflicht bei der Beratung des Körperbehindertengesetzes. Bis 1920 war die Hilfe für die Körperbehinderten nur durch kirchliche und private Institutionen gegeben. Es gab nur ganz geringe Ausnahmen von dieser Regel. Andere Länder folgten dem Beispiel Preußens in mehr oder weniger abgeschwächter Weise. Krüppelheime waren in völlig ungenügender Zahl und ohne die notwendigen personellen und technischen Voraussetzungen für eine wirksame Betreuung der Insassen entstanden. Nur in wenigen Ausnahmefällen gab es Häuser, die mehr als ein Aufenthaltsheim darstellten, die sich mit den Mitteln ihrer Zeit um Eingliederung bemühten und der Problematik dieser »Randgruppe« in der Gesellschaft auf den Grund gingen. Die Deutsche Vereinigung für die Rehabilitation Behinderter e. V. kann auf viele Jahre Pionierarbeit auf diesem Gebiet zurückblicken. Dem Körperbehindertengesetz von 1957 gingen harte, z. T. groteske Auseinandersetzungen voraus. Besonders die vom Gesetz »betroffenen« Ärzte reagierten in einer Weise, die nur Kopfschütteln hervorrufen konnte. Da war tatsächlich die Angst um die Existenz und die ärztliche Freiheit. Fachzeitschriften prangten mit Überschriften wie »Orthopäden packt Eure Koffer« oder »Jeder Senkfuß wird erfaßt« und ähnlichem Unsinn. Weite Kreise der Ärzteschaft betrachteten das Gesetz als eines für Ärzte und nicht für die Körperbehinderten selbst. In Wirklichkeit wurde der Personenkreis der Körperbehinderten eindeutig festgelegt, und zwar nach medizinischen Gesichtspunkten. Die Fürsorgeverbände waren zuständig. Der Hilfesuchende konnte sich auf einen Rechtsanspruch berufen. Der Charakter als Fürsorgegesetz wurde deutlich unterstrichen durch die Stufen der Hilfenotwendigkeiten: Verhütung einer drohenden Körperbehinderung, Eingliederungsmaßnahmen, Freiwerden von fremder Hilfe, und wenn nichts von diesen Zielen zu erreichen war, wenigstens eine Erleichterung für den kranken, behinderten Menschen. — Das liest sich heute so selbstverständlich. Das Für und Wider ist in den Akten untergegangen. Das Gesetz selbst wurde in das Bundessozialhilfegesetz eingearbeitet. — Als die SPD-Opposition im zuständigen Ausschuß für Kommunalpolitik und öffentliche Fürsorge ihre Vorschläge für eine neue Begriffsbestimmung der Hilfebedürftigkeit und des Hilfesuchenden machte, hielt man ihr vorwurfsvoll entgegen, sie wolle Tatsachen schaffen für ein modernes späteres Fürsorgerecht. Freimütig gaben die Gescholtenen diese Absicht zu. Die Entwicklung hat ihnen Recht gegeben. Auch das Tuberkulosehilfegesetz vom 23. Juli 1959 hatte für die Entwicklung des neuen Sozialhilferechtes, insbesondere für die Eingliederung, eine ähnliche Bedeutung, obwohl es inhaltlich die zentralen Bestimmungen der Verordnung über Tuberkulosehilfe vom 8. September 1942 übernahm. Als Träger wurden die Landesfürsorgeverbände bestimmt. Wichtig waren die Veränderungen in der Reichsversicherungsordnung (§ 1244 a), im Angestelltenversicherungsgesetz (§ 21 a) und im Reichsknappschaftsgesetz (§ 43 a). Der Rechtsanspruch der Rentenversicherten, Rentner und Angehörigen war damit für Leistungen der Tuberkulosehilfe festgelegt.

Am 17. Februar 1960 legte die Bundesregierung den Entwurf eines Bundessozialhilfegesetzs (BSHG) vor. Ihm waren mindestens drei Referentenentwürfe vorausgegangen. An den Vorarbeiten waren die kommunalen Spitzenverbände, die Länder mit ihren Fachgremien, die Spitzenverbände der freien Wohlfahrtspflege, der Deutsche Verein für öffentliche und private Fürsorge beteiligt. Beim Bundesministerium für Arbeit und Sozialordnung bestand der Beirat für die Neuordnung der sozialen Leistungen. Der Fürsorgeausschuß dieses Beirates war maßgeblich an den Vorbereitungen beteiligt. Das Urteil des Bundesverwaltungsgerichts vom 24. Juli 1954, das im bestimmten Umfang einen Rechtsanspruch auf fürsorgerische Leistungen bejahte, beeinflußte die Gesetzesvorlage ebenfalls. Das Urteil bezog sich auf die Aussagen des Grundgesetzes über den sozialen Rechtsstaat. Die Bestimmungen des Grundgesetzes über die Entfaltung der Persönlichkeit und der Menschenwürde sind keine programmatischen Stilübungen. Sie sind Grundlagen für das Zusammenleben in unserer Gesellschaft und finden in den Gesetzen ihre Bestätigung. — Bei der Vorbereitung des Sozialhilfegesetzes wurden — das war neu in der gesetzgeberischen Tätigkeit — in einigen Groß- und Mittelstädten, in Landkreisen anhand existierender Aktenvorgänge die vorgesehenen Bestimmungen durchgespielt. Sachbearbeiter und Amtsleiter gaben ihre Berichte über die Ergebnisse nach Bonn. Diese »Sandkastenspiele« waren von außerordentlicher Bedeutung, zeigten sie doch oft, daß die Praxis bei wohlgemeinten Leistungsverbesserungen, Änderungen der Rechtssituation betroffener Bevölkerungskreise, Zusammenarbeit von Behörden usw. nachwies, daß enorme Verwaltungsschwierigkeiten und durchaus nicht erwünschte Folgen für Hilfesuchende und Hilfeempfänger sichtbar wurden. Die Einarbeitung dieser Erkenntnisse in den Gesetzentwurf hat sich bewährt. Die Notwendigkeit, ein neues Fürsorgerecht zu schaffen, ergab sich eigentlich zwangsläufig. Die allgemeine Entwicklung in Gesellschaft und Staat bedeutete auch auf dem Gebiete der Fürsorge die Pflicht zu einer Neuorientierung im Rahmen der angestrebten Sozialreform. Die Verordnung über die Fürsorgepflicht (RFV) und die Reichsgrundsätze aus dem Jahre 1924 waren noch immer die Grundlagen der Fürsorge. Daran änderte sich vom Grundsätzlichen her auch nichts durch die im Laufe der Zeit vorgenommenen Anpassungen und Korrekturen auf gesetzlichem und dem Verordnungswege. Es bedeutete keine Mißachtung der hervorragenden Rolle, die RFV und RGr in den vergangenen Jahrzehnten bei der Durchführung der Fürsorgeaufgaben gespielt hatten, wenn nun die Feststellung getroffen werden mußte, daß unsere Zeit und unsere Menschen Anspruch auf ein neues modernes Fürsorgerecht hatten. Die mittlerweile festzustellende Unübersichtlichkeit des Fürsorgerechts erforderte eine Zusammenfassung in einem Gesetz. Hinzu kam, daß eine Modernisierung des Fürsorgerechts durch eine Anzahl von Einzelgesetzen der erforderlichen einheitlichen Festlegung einer Grundkonzeption im Wege stehen würde. Dabei blieb zu beachten, daß für die Verwaltungsvereinfachung und damit für eine Kostenersparnis die klare Übersicht des gesamten Fürsorgerechts Voraussetzung war. Diese Übersicht mußte im Interesse der Menschen, die fürsorgerische Leistungen in Anspruch nehmen wollten, ebenso geschaffen werden wie für die Träger der Hilfeleistungen. Die Begründung für die Neuordnung des Fürsorgerechts im Gesetzentwurf der Bundesregierung führt im einzelnen diese Überlegungen auf. Da ist der Begriff der fürsorgerechtlichen Hilfsbedürftigkeit zu nennen, wie er in den §§ 5, 8 RGr festgelegt ist. Er paßte nicht mehr in die soziale Wirklichkeit und wurde den Notlagen nicht gerecht.

Noch bestanden Restbestimmungen über Armenfürsorge und gehobene Gruppenfürsorge. Die Behebung individueller Notzustände hatte inzwischen an Bedeutung gewonnen gegenüber der Hilfe zum Lebensunterhalt. Die

Fürsorgerechtsvereinbarung, die nach dem Kriege zwischen den Fürsorgeverbänden abgeschlossen wurde, war ausdrücklich als Provisorium bezeichnet worden, das nur als eine Überbrückung bis zur notwendigen neuen Gesetzgebung dienen sollte. In den Fachverbänden, bei den kommunalen Spitzenverbänden und den Organisationen der freien Wohlfahrtspflege waren Diskussionen geführt worden, die unterschiedlich in der Aussage, aber im Ergebnis die Forderung nach einer modernen Fürsorgerechtsgesetzgebung unterstützt hatten.

In enger Zusammenarbeit zwischen der SPD-Bundestagsfraktion, insbesondere dem Arbeitskreis Sozialpolitik unter dem Vorsitz von Ernst Schellenberg und den Fachausschüssen der Partei und der Arbeiterwohlfahrt, wurde der Gesetzentwurf beraten. —

Es zeigte sich bald eine Entwicklung auf, die zu harten Auseinandersetzungen sowohl außerparlamentarisch als auch im Bundestag selbst führte. Das neue Sozialhilferecht zeigt unleugbar fortschrittliche Tendenzen auf, sowohl was die Stellung der Hilfesuchenden als auch der Hilfeempfänger anging. Die Festlegung, daß die Würde des Menschen zu beachten sei, war für eine spätere Durchführung des Gesetzes Leitfaden und Verpflichtung. Die Leistungsseite wies nicht nur materielle Verbesserungen auf, sondern auch eine Schwerpunktverlagerung von der Hilfe zum Lebensunterhalt zu den Hilfen in besonderen Lebenslagen. Sowohl der Entwurf als auch das später verabschiedete Gesetz zeigten deutlich, daß die Vorschläge aus der SPD-Bundestagsfraktion einen beachtenswerten Niederschlag gefunden hatten.

Am 4. Mai 1960 wurde der Gesetzentwurf vom Bundestag dem Ausschuß für Kommunalpolitik und öffentliche Fürsorge — federführend — und dem Ausschuß für Gesundheitswesen sowie dem Haushaltsausschuß mitberatend überwiesen. Der federführende Ausschuß beriet den Entwurf in 25 Sitzungen, hörte Sachverständige und ließ insbesondere die Vertreter der kommunalen Spitzenverbände und der freien Wohlfahrtspflege zu Worte kommen. Der Bericht des federführenden Ausschusses wurde dem Bundestag am 25. April 1961 vorgelegt. Er enthält Änderungen der Vorlage und Ergänzungen, die sich aus den Beratungen ergeben hatten. Der Bericht stellte einleitend in lapidarer Kürze fest: »Im Grundsatz verschiedene Auffassungen ergaben sich zu zwei Paragraphen. Im übrigen stimmte der Ausschuß den mit dem Entwurf verfolgten Zielen zu.« Diese Feststellung bedeutete, daß der Gesetzentwurf den Rahmen eines Fachgesetzes gesprengt hatte. Weltanschauliche, gesellschaftspolitische und verfassungsrechtliche Fragen standen auf der Tagesordnung.

Hatte schon bei der Beratung des Körperbehindertengesetzes die Melde- bzw. Anzeigepflicht zu unsachlichen emotionsgeladenen Diskussionen geführt, so wiederholte sich dies erneut bei der Beratung des Sozialhilferechts. Die Kompromißformel blieb, die SPD konnte sich mit ihren weitergehenden Vorschlägen nicht durchsetzen. Soweit im Ausschuß fachliche Themen zur Debatte standen, waren sich die Fachleute im Grunde genommen bald einig, obwohl es über Umfang und Bedeutung bestimmter Leistungen oder Leistungsverbesserungen unterschiedliche Auffassungen gab. Dem Gesetzentwurf lag eine Fortsetzung der durch die entsprechenden Bestimmungen von 1924 bewährten Partnerschaft zwischen den öffentlichen Trägern und den freien Trägern, als in erster Linie den Wohlfahrtsverbänden, zugrunde. Es kam nun zu Auseinandersetzungen, die sich um die Frage der Subsidiarität drehten. Das Gesetz bestimmte, daß seine Leistungen nachrangig seien und erst dann beansprucht werden könnten, wenn keine anderen Verpflichteten vorhanden waren. Dieser Nachrang gegenüber anderen Stellen, deren Wirken auf anderen gesetzlichen Grundlagen beruhte, war nicht umstritten. Der geforderte Nachrang der öffentlichen Träger, d. h. also der Gemeinden und der überörtlichen Instanzen gegenüber der freien Tätigkeit wurde ein Angelpunkt der Beratungen.

Die Behandlung dieser Forderung, wonach die »Gemeinschaften gleichgesinnter Bürger« auch auf dem Gebiete der Sozialhilfe Vorrang vor den öffentlichen Trägern haben müßten, führte zu tiefgehenden grundsätzlichen Auseinandersetzungen. Bundeskanzler Konrad Adenauer war vom Katholischen Büro in Bonn gebeten worden, im Sinne der katholischen Soziallehre tätig zu werden. Das bedeutete in der Praxis die Subsidiarität in einem Sinn und Umfang zu fordern, daß sie als überspitzt und unvertretbar bezeichnet werden mußte. Viele Veröffentlichungen zu diesem Thema zeigten die Brisanz der Auseinandersetzungen. Beide Kirchen äußerten sich durch bekannte Persönlichkeiten. Dabei schränkte die evangelische Kirche deutlich ein, daß es eine allgemeinverbindliche Aussage nicht gäbe. Nell-Breuning aus dem katholischen Raum führte den Begriff der Subsidiarität auf seine vertretbare Basis zurück, zeigte aber keine Besorgnis, wenn aus der politischen Situation heraus mehr zu erreichen war. Die SPD-Bundestagsfraktion machte es sich nicht leicht. Der Arbeitskreis Sozialpolitik hörte und diskutierte ein Referat von Professor Janssen über die Haltung der evangelischen Kirche und die Leitbilder, die sich aus der Sozialethik der Kirche entwickeln. Es war erkennbar, daß die evangelische Kirche nicht gewillt und in der Lage war, in solch eindeutiger und massiver Weise aufzutreten wie die katholische Kirche. Die CDU-Bundestagsfraktion hatte sich dem katholischen Subsidiaritätsbegriff angeschlossen. Die gleiche Tendenz entwickelte sich bei der Beratung des Jugendwohlfahrtsrechts. Als die kühne Behauptung aufgestellt wurde, im wertneutralen Raum ließe sich keine erfolgreiche Arbeit am und für den Menschen durchführen, fühlten sich die vielen Fachkräfte bei den Kommunen mit Recht angegriffen; in einer scharfen Erklärung wies die ÖTV die Angriffe zurück. Natürlich fehlte bei den Debatten und Angriffen auch nicht die absurde Behauptung, das Bestreiten der Richtigkeit der Subsidiaritätsforderungen der CDU und kirchlicher Sprecher sei identisch mit Angriffen auf Kirche und Religion. Es war bemerkenswert, daß bereits während der Debatten und nach Verabschiedung des Gesetzes das Prinzip vom Vorrang der »Gemeinschaft gleichgesinnter Bürger« gegenüber Staat und Gemeinden auch für andere Bereiche, z. B. die Schulen, als durchführbar bezeichnet wurde. Leider kamen die wichtigen, z. T. neue Richtungen weisenden Bestimmungen im Entwurf zu kurz. Hatte im Bundestagsausschuß der Zwang des Fachwissens zu Resultaten geführt, die annehmbar waren, wobei natürlich nicht alles erreicht werden konnte, was aus der Sicht der sozialdemokratischen Politiker zu fordern war, so war Fachwissen nicht mehr gefragt, als es um die Subsidiarität im Sinne extremer Forderungen ging.

Ein typisches Beispiel für Überlegungen im Ausschuß: Wenn heute im § 10 (4) BSHG steht: »Dies gilt nicht für die Gewährung von Geldleistungen«, so ist dies dem Vorschlag der erfahrenen CDU-Abgeordneten Frau Welters zu verdanken, die sich der Tragweite der überspitzten Subsidiaritätsforderungen bewußt wurde. Am 3. Mai 1961 fand in der 157. Sitzung des Deutschen Bundestages die zweite Lesung und am 4. Mai in der 158. Sitzung die dritte Lesung des Entwurfs statt. Wie zu erwarten war, spielte die CDU-Fraktion im Bundestag ihre absolute Mehrheit aus. Die Änderungsanträge der SPD und auch der FDP stießen bis auf Ausnahmen auf Ablehnung. Die große Auseinandersetzung kam bei den Beratungen über das Verhältnis der öffentlichen Träger zur freien Wohlfahrtspflege. Hier wurde noch einmal ganz deutlich: das Bundessozialhilfegesetz wurde mehr als ein neues Fürsorgerecht, es wurde in den Rang einer gesellschaftspolitischen und weltanschaulichen Auseinandersetzung gehoben, die das Grundgesetz berührte und in der pluralistischen Gesellschaft unseren Staat zwingen sollte, nach »einer Facon selig zu werden«. Es nutzte nichts, daß in der Debatte dieses Thema leidenschaftlich behandelt und die Gefahren für die kommende Entwicklung aufgezeigt wurden. Es nutzte nichts, daß auf den Unterschied zwischen dem Staat und der Selbstverwaltung der Gemeinden hingewiesen wurde. Es nutzte nichts, daß ohne Ausnahme und ohne Rücksicht auf Parteizugehörigkeit der zuständigen Landesminister die Fachleute der verschiedenen Gremien in den kommunalen Spitzenverbänden, kurzum die gesamte Fachwelt, die mit dem neuen Sozialhilferecht befaßt wurde, sich den Forderungen nach einem Prinzip, das ein mißverstandenes Subsidiaritätsprinzip war, nicht anschlossen. Die CDU war eingeschworen auf ihre Haltung, sie war nicht zugängig den Argumenten der anderen, ja — sie schwieg einfach dazu. Der FDP-Antrag, den Rechtsausschuß mit der Verfassungsmäßigkeit der strittigen Bestimmungen zu befassen, wurde abgelehnt, wie bereits im Ausschuß während seiner Berliner Sitzung (bei einem Stimmenverhältnis 10:11).

Es war für die SPD-Bundestagsfraktion eine bittere Feststellung, insbesondere für die Frauen und Männer, die sich sowohl außerhalb als auch innerhalb des Parlaments nach Kräften um die Gestaltung eines modernen Sozialhilferechts bemüht hatten, daß sie dem Gesetz die Zustimmung verweigern müsse. Zu schwer wogen die rückschrittlichen, aus dem Machtbewußtsein erwachsenen Bestimmungen des Gesetzes über die Stellung der öffentlichen Sozialhilfeträger zu den Kirchen und den Wohlfahrtsverbänden. Noch während der Beratungen fanden Gespräche mit Vertretern aus den Ländern und Gemeinden statt, die auf die Belastung der praktischen Arbeit hinwiesen, wenn das Gesetz nicht auf einer breiten Basis verabschiedet würde. Die Bitten waren verständlich. Sie konnten nicht berücksichtigt werden. Die SPD-Fraktion verzichtete wegen der durch die Haltung der CDU-Fraktion bewirkten Aussichtslosigkeit auf Änderungsanträge in der dritten Lesung. Die Abstimmung erfolgte im Hammelsprung. 193 Ja-Stimmen, 150 Nein-Stimmen und 3 Enthaltungen waren das Ergebnis. Das neue Sozialhilferecht war beschlossen. Es brachte Neuerungen und Verbesserungen auf der Leistungsseite und in der Organisation, für die Stellung von Hilfesuchenden und Hilfeempfängern, sowie der Unterhaltsverpflichteten.

Die persönliche Hilfe und die Beratung sind nun ein fester Bestandteil der Hilfe. Form und Maß der Hilfe richten sich nach der Besonderheit des Einzelfalles, ein Prinzip, das nach dem Kriege im Meer der unerhörten Notzustände untergegangen war. Durch dieses Individualisierungsprinzip unterscheidet sich die Sozialhilfe im System der sozialen Sicherung von den anderen Leistungsträgern. Der Rechtsanspruch wird festgestellt, wobei bestimmte Voraussetzungen erfüllt sein müssen. Das Wahlrecht, d. h. die gesetzlich gerantierte Berücksichtigung der Wünsche des Hilfeempfängers bei der Gestaltung der Hilfe, muß im Zusammenhang mit der Würde des Menschen gesehen werden. Die Wünsche müssen angemessen sein und dürfen keine unvertretbaren Mehrkosten verursachen. Das BSHG brachte zum ersten Mal in die Fürsorgeleistungen ein Pflegegeldanrecht ein. Eine Bemerkung dazu: bei der Beratung im Ausschuß stellte sich heraus, daß in dieser statistikfreudigen Bundesrepublik nicht zu erfahren war, wie hoch die Zahl der unter die Pflegegeldbestimmungen fallenden Personen in etwa sein würde, so daß der Betrag von DM 100,— »gegriffen« wurde.

Im Rahmen eines solchen Aufsatzes kann es nicht zu einer vollständigen Aufzählung des Inhaltes des Gesetzes kommen. Über den Einsatz von Einkommen und Vermögen mit einer Sonderregelung für Blinde sind verbesserte Schutzbestimmungen geschaffen worden.

Ein besonderes, aus fortschrittlichem Denken geprägtes Kapitel sind die Bestimmungen über die Hilfe in besonderen Lebenslagen. Diese Hilfen sind mehr als materielle Leistungen. Sie füllen Lücken aus, die in anderen Gesetzen oder im Personenkreis begründet sein können, darin eingebaut sind die Hilfen für Körperbehinderte und Tuberkulosekranke. Die beiden Spezialgesetze wurden aufgehoben. Trotz einiger Verbesserungen blieb eine befriedigende Regelung der Kostenerstattung durch den Hilfeempfänger und die Unterhaltspflichtigen auf halbem Wege stecken. Man war sich darüber im klaren, daß die Ausbildungshilfe ebenso wie die Blindenhilfe nur deshalb im BSHG aufgenommen wurden, weil vergleichbare Regelungen in anderen Gesetzen nicht vorhanden waren.

Die bereits bei der Verabschiedung des Gesetzes befürchtete verfassungsrechtliche Auseinandersetzung folgte. Die Stadt Dortmund reichte Beschwerde ein, sowohl gegen das BSHG vom 30. Juni 1961, als auch gegen das Jugendwohlfahrtsgesetz vom 11. August 1961. Andere Städte schlossen sich an. Das Land Hessen erhob Normenkontrollklage gegen beide Gesetze. Bremen schloß sich an. Es ging unter anderem um die Bestimmungen, die eine Betätigung der öffentlichen Träger im Verhältnis zur freien Wohlfahrtspflege betrafen. Das Subsidiaritätsprinzip, aus katholisch-theologischer Sicht gesehen, mußte zu Bedenken führen, wenn das Prinzip in diesen beiden Gesetzen in dieser Weise ausgelegt wurde. Schon im Bundestag war von einem überspitzten, mißverständlichen Prinzip die Rede gewesen, das der Zusammenarbeit nicht dienlich sein konnte und zu unvertretbaren Machtansprüchen führen mußte. Auch hier war das Verhältnis zum Wahlrecht des Hilfeempfängers zu beachten. Hier entstand ein Widerspruch. Das Bundesverfassungsgericht hat sich nicht mit all diesen Vorwürfen und Behauptungen befaßt. Es stellte die Gültigkeit der in beiden Gesetzen verankerten Bestimmungen über das Verhältnis der Verbände zu den öffentlichen Trägern fest. Damit war die Verfassungsbeschwerde zurückgewiesen. Das Normenkontrollverfahren führte praktisch zu Ergebnissen, die im Sinne einer vernünftigen Partnerschaft zu verstehen waren. Ein Monopol der öffentlichen Träger auf soziale Betätigung wurde abgelehnt. Die Verpflichtung aus der Sozialstaatlichkeit, so das Bundesverfassungsgericht, sei für die freien Kräfte der Gesellschaft ebenso eine Grundlage ihrer Betätigung. Der Behauptung, der Artikel 28, Abs. 2, Satz 1 des Grundgesetzes sei verletzt worden und damit das Recht der Selbstverwaltung eingeschränkt, folgte das Bundesverfassungsgericht nicht. Für die Zusammenarbeit der öffentlichen Sozialhilfe mit den Wohlfahrtsverbänden beschied das Bundesverfassungsgericht, daß der Text der §§ 10 und 93 nicht zu dem Schluß führen könne, den Verbänden schlechthin einen Vorrang einzuräumen, sondern daß hier die sinnvolle Zusammenarbeit ihre Grundlage habe, die im Interesse der Hilfesuchenden und Hilfeempfänger zu praktizieren sei. Die Jahre, die bis zur Entscheidung des Bundesverfassungsgerichts vergingen, wurden Jahre praktischer Erfahrungen dieser Zusammenarbeit. Gibt es Sieger und Besiegte? Die Erkenntnis setzte sich durch, daß aus vielerlei Gründen völlig einseitige Positionen nicht zu halten waren. Eine richtig verstandene Partnerschaft und Zusammenarbeit ist heute das Erfordernis. Inzwischen sind Novellen zum BSHG beschlossen worden, das am 1. Juni 1962 in Kraft trat. Es hat Änderungen durch den Einfluß anderer Gesetze gegeben, und das BSHG in seiner heutigen Form ist auch nicht endgültig. Es ist eine merkwürdige Situation, daß Gestalt und Inhalt eines Gesetzes weitgehend und mit berechtigtem Stolz als eine Leistung der politischen Kräfte angesehen werden, die das Gesetz dann ablehnten. Das geschah beim BSHG. Es waren Sozialdemokraten, die das Tor zu einem modernen Sozialhilferecht aufstießen und es mit Leben erfüllten. Das fing an mit der Verwendung des Begriffes »Sozialhilfe«. Das war nicht nur ein anderes Wort, es war ein neuer Inhalt und Verpflichtung für eine gesellschaftliche Leistung in einem sozialen Rechtsstaat.

Herbert Ehrenberg

# Der »Leber-Plan« 1964 — ein heute noch zukunftsweisendes Projekt

Mit der konsequenten, gleichzeitig auf Stabilität und Wachstum gerichteten Wirtschafts- und Finanzpolitik der sozialliberalen Koalition ist in der Bundesrepublik die Überwindung der tiefsten Weltrezession seit 1945 schneller und mit weniger sozialen Härten gelungen als bei vielen unserer Nachbarn. Im Herbst 1976 liegt das Konjunkturtal hinter uns, der an Breite und Intensität zunehmende Aufschwung enthält freilich noch zahlreiche Risiken; Risiken für Wachstum *und* Stabilität. Aus den Erfahrungen früherer boom-Perioden und vor dem Hintergrund einer seit über zwei Jahrzehnten — wenn auch mit sehr unterschiedlicher Effektivität — geführten Diskussion erklärt sich, daß den Fragen der Vermögenspolitik seit einigen Monaten erneut sehr große Aufmerksamkeit geschenkt wird. Und es ist zu hoffen, daß diese wiedergewonnene hohe Aktualität noch in diesem Winter handfeste Resultate in Form neuer Tarifabschlüsse zeitigt.

Dieser aktuelle Hintergrund macht es besonders reizvoll, in einer Festschrift für meinen verehrten Freund und Lehrmeister, Ernst Schellenberg, über den »Leber-Plan« zu schreiben. Mit dem vermögenspolitischen »Leber-Plan« wurde 1964 die seit Beginn der Bundesrepublik geführte theoretische Diskussion um die gesellschaftspolitische und ökonomische Notwendigkeit einer breiten Beteiligung der Arbeitnehmer am wachsenden Produktivvermögen durchbrochen, um in konkrete tarifpolitische Aktionen umgesetzt zu werden. Arbeitgeberverbände und Gesetzgeber konnten nicht länger über die gesellschaftspolitische Wünschbarkeit breiter Vermögensstreuung philosophieren und im übrigen in Untätigkeit verharren. Von nun an ging es darum, Tarifverträge zu unterschreiben und die gesetzlichen Rahmenbedingungen dafür zu schaffen. Unter dem Vorsitz von Ernst Schellenberg wurde 1965 im Bundestagsausschuß für Arbeit und Sozialordnung das Zweite Vermögenbildungsgesetz erarbeitet, das — bei allen Unzulänglichkeiten, die erst 1970 ausgeräumt werden konnten — die Grundlagen für die Durchführung des »Leber-Planes« schuf.

Der Diskussion um den ersten Tarifvertrag über vermögenswirksame Leistungen und den dafür erforderlichen gesetzlichen Rahmenbedingungen nachzuspüren, ist im Herbst 1976 besonders interessant, weil der neue ver-

mögenspolitische Vorschlag der Arbeitgeberverbände und die darin enthaltene Forderung nach Abschluß von Tarifverträgen über Beteiligung der Arbeitnehmer am Produktivvermögen in einem merkwürdigen Kontrast zu jener Diskussion steht, die gerade ein Dutzend Jahre hinter uns liegt.
Für die Akzente dieser Diskussion nur drei Beispiele: »Die Industriegewerkschaft Bau hat die Forderung aufgestellt, wonach eineinhalb Prozent der Lohnsumme in einen Fonds übergeführt werden sollen. Dieser Vorschlag bedeutet eine unvorstellbare Kapital- und Machtzusammenballung in der Hand der Gewerkschaften, woran auch eine noch so paritätische Zusammensetzung des Verwaltungsrats nichts ändern würde. Das Ergebnis wäre die Einleitung einer Entwicklung, die zur zentralen Kommandowirtschaft führen und damit das Ende einer freiheitlichen Marktwirtschaft bedeuten würde.« (Albrecht Pickert in der Frankfurter Allgemeinen Zeitung vom 23. 10. 1964.)
»Der Leber-Plan ist modernisierter Sozialismus. Unvorstellbare Kapitalmengen sollen den Planern in die Hand gegeben werden.« (Bayern-Kurier, 7. 11. 1964) »Eigentum durch Zwang?« (Der Arbeitgeber, 20. 9. 1964.)
Drei Beispiele aus vielen, die damals den Ruin der marktwirtschaftlichen Ordnung und Schlimmeres voraussagten. Düstere Prognosen als begleitende Kommentare zu einem Programm, das ernst machte mit den Grundsatzerklärungen zum hohen Stellenwert eines breitgestreuten Vermögens.
Hier das Programm und ein Auszug aus Georg Lebers Begründung:

## »DAS PROGRAMM zur Vermögensbildung der Arbeitnehmer im Baugewerbe

Die beabsichtigte Vereinbarung hat zum Ziel, die Vermögensbildung der Arbeitnehmer im Baugewerbe zu fördern, um allen Beschäftigten zusätzlich Sicherheit durch persönliches Eigentum zu geben.
Zur Verwirklichung dieses Zieles sollen die Aufgaben der Zusatzversorgungskasse des Baugewerbes als bereits bestehender gemeinsamer Einrichtung erweitert werden.

### Vorschlag für eine tarifliche Regelung

*A. Aufbringung der Mittel*

In einem Tarifvertrag wird vereinbart, daß die Arbeitgeber zum Zwecke der Vermögensbildung der Arbeitnehmer 1,5 Prozent der Lohnsumme aufbringen. Diese Beiträge werden von der Zusatzversorgungskasse eingezogen und an eine zu bildende Einrichtung, im folgenden Fonds genannt, weitergeleitet. Diese Mittel unterscheiden sich aber von sonstigen Beiträgen dadurch, daß sie nicht in bar abgeführt werden müssen, sondern für betriebliche Investitionen im Unternehmen verbleiben können.
Der Arbeitgeber hat für die Form der Aufbringung mehrere Wahlmöglichkeiten:

1. Die Summe der Beiträge kann als Fremdkapital dem Unternehmen zur Verfügung stehen, das heißt, es entsteht ein Gläubiger-Schuldner-Verhältnis zwischen Fonds und Unternehmen. Das dem Unternehmen eingeräumte Darlehn ist zu verzinsen.

2. Der Unternehmer kann dieses Fremdkapital in Eigenkapital umwandeln. Damit würden dem Fonds Gesellschaftsanteile des Unternehmens übertragen werden. Die Ertragsbeteiligung hätte im Rahmen der üblichen Gewinnausschüttungen zu erfolgen.
3. Der Arbeitgeber kann die Beiträge in bar an die Zusatzversorgungskasse zugunsten des Fonds abführen. Diese Möglichkeit ist vorgesehen, um insbesondere Personalfirmen Gelegenheit zu geben, den Fonds weder als Gesellschafter noch als Gläubiger in das Unternehmen einzubeziehen.

*B. Aufgabe des Fonds*

Der Fonds hat die Aufgabe, Forderungen und Beteiligungen ähnlich wie ein Investmentfonds zu verwalten. Diejenigen Beiträge, die der Fonds in bar einnimmt, legt er vermögens- und bauwirksam an. Er hat dafür insbesondere folgende Möglichkeiten:

1. Die Gelder können Baubetrieben für zusätzliche Investitionszwecke als Kredit oder Gesellschaftskapital zur Verfügung gestellt werden.
2. Zur Durchführung von Gemeinschaftsaufgaben — wobei gleichzeitig eine ausgeglichene Baukonjunktur und damit die ganzjährige Vollbeschäftigung des Baugewerbes zu fördern wäre — können zweckgebundene Anleihen vergeben werden.
3. Die Gelder können als Kredite zu günstigen Bedingungen an Bauarbeiter zur Verfügung gestellt werden, die eigene Bauabsichten verfolgen, um auf diese Weise auch den Eigenheimbau des Bauarbeiters fördern zu helfen.

*C. Ansprüche der Arbeitnehmer*

Der Arbeitnehmer erhält, wenn die für ihn bestimmten Beiträge eine bestimmte Summe erreicht haben, einen Anteilschein in Höhe der für ihn angesammelten Mittel. Dieser Anteilschein stellt seinen Anspruch an den Fonds dar.

Bei Erreichung der Altersgrenze oder Gewährung einer Sozialversicherungsrente wegen Erwerbs- oder Berufsunfähigkeit kann der Arbeitnehmer seine Anteilscheine an den Fonds zurückgeben, und er erhält dann das angesammelte Kapital mit Zins und Zinseszinsen ausgezahlt. Er hat aber auch die Möglichkeit, die weiterhin zinstragenden Anteilscheine zu behalten und sie sogar gegebenenfalls zu vererben.

In Ausnahmefällen kann eine frühere Auszahlung des bis dahin angesparten Anspruchs des Arbeitnehmers erfolgen. Diese Fälle werden in der Geschäftsordnung des Fonds im einzelnen geregelt.

Frankfurt am Main, 9. September 1964«

## Die Begründung:

»Das Ärgernis der ungleichmäßigen Vermögensbildung in der Bundesrepublik ist seit Jahren bekannt. Doch mit den Mitteln der bisherigen Lohnpolitik sind Änderungen der gegenwärtigen Vermögensstruktur nicht möglich. Wenn die Vermögensstruktur verbessert werden soll, so muß von der Lohnpolitik zu umfassenderer Einkommenspolitik übergegangen werden. Es genügt nicht, nur das konsumbestimmte Einkommen des Arbeitnehmers zu erhöhen, sondern wir müssen auch dem Lohn- und Gehaltsempfänger die Beteiligung am Kapitalvermögen der Wirtschaft — und damit am Eigentum an Produktionsmitteln — ermöglichen und zugänglich machen.

1. Der Arbeitnehmer soll mit einem gerechteren Anteil am Sozialprodukt beteiligt werden.
2. Diese Beteiligung wird den Arbeitnehmer am wirtschaftlichen Wachstum teilnehmen lassen und seiner staatsbürgerlichen Existenz weiteren Rückhalt geben.
3. Da die für den wirtschaftlichen Fortschritt notwendige Investitionsquote gesichert bleibt, ist die geplante Förderung der Vermögensbildung auch ein Beitrag zur Währungsstabilität.

Technischer Fortschritt und moderne Arbeitsmethoden erfordern ständig größeren Kapitaleinsatz. Als Karl Marx sein ‚Kapital' schrieb, bestand die Ausstattung eines Baubetriebes in einem gewissen Quantum an Gerüstholz, das meistens direkt im Walde ersteigert und auf dem Bauhof selber zugerichtet worden war. Dazu kamen ein paar Kübel für die Aufnahme von Mörtel, ein paar Karren oder in günstigen Fällen Pferdefuhrwerke. Das war alles. Noch vor etwa 30 Jahren bestand die Ausstattung einer Autobahngroßbaustelle aus Hunderten von Spaten, Hacken, Schaufeln und einer Anzahl von Loren, die häufig von Hand bewegt wurden. Heute werden dort Dutzende maschineller Giganten für die Erdbewegung und Erdbearbeitung eingesetzt.

Die Kapitalausstattung für einen Arbeitnehmer im Wohnungsbau betrug vor 40 Jahren etwa 450 DM. Neuerdings werden Wohnungen mehr und mehr in Fabriken hergestellt und in kurzer Zeit auf der Baustelle montiert. Der Kapitaleinsatz je Arbeitnehmer liegt in einer solchen Fabrik bei 46 000 DM. Das ist einhundertzweimal soviel wie vor 40 Jahren, als der Wohnungsbau noch so gut wie ohne jede Maschine in handwerklicher Arbeit geleistet wurde.

Der Kapitaleinsatz in der gesamten Industrie betrug im Jahre 1950 im Durchschnitt je Arbeitnehmer 12 800 DM. Er stieg bis zum Jahre 1962 auf 26 200 DM je Arbeitnehmer. Im Fahrzeugbau beispielsweise verdreifachte sich der Kapitaleinsatz je Arbeitnehmer in dieser Zeitspanne. In der Erdölgewinnung betrug der Kapitaleinsatz je Arbeitnehmer 1962 261 800 DM. Einige Kilometer von hier ist vor ein paar Tagen eine neue Raffinerie eingerichtet worden. Nach den Angaben, die das Unternehmen selber über sich gemacht hat, beträgt der Investitionsaufwand 240 Millionen DM, und in der Beschreibung, die das Unternehmen von sich gibt, heißt es, nur 34 Personen führen die Produktion. Das heißt, daß in der reinen Produktion auf einen Beschäftigten 7 Millionen DM an Kapital eingesetzt sind. Es heißt in der Schrift weiter: ‚Hinter dem Arbeiter stehen der Ingenieur, neben diesem der Chemiker und der Kaufmann. Alle zusammen, etwa 300, repräsentieren das Werk.' 240 Millionen Kapitalaufwand und im ganzen 300 Beschäftigte, das sind rund 800 000 DM auf jeden, vom Leiter des Unternehmens bis zum letzten Helfer. Diese Entwicklung wird weitergehen. Sie ist längst nicht mehr am Anfang, sie ist längst nicht am Ende, und niemand weiß, weil es wahrscheinlich einen Stillstand nie geben wird, wo wir in 30, wo wir in 50 oder wo wir in 100 Jahren einmal sein werden. Fest steht eines: Die technische Entwicklung wird weitergehen. Der Kapitaleinsatz je Beschäftigten wird immer größer werden. Er wird größer und größer und größer. Von der Ausbildung des Menschen, von seinem Leistungsvermögen und von der Höhe des Kapitals, das einer Wirtschaft zur Ver-

fügung stehen wird, wird auch abhängen, wie die Zukunft eines Volkes aussehen wird.
Es wird viele neue Probleme geben, vor denen der Mensch stehen wird und mit denen er fertig werden muß, wenn diese Entwicklung sich zum Segen für ihn auswirken soll. Eines dieser Probleme, ein zentrales und wichtiges, das wird die Frage einer vernünftigen Eigentums- und Vermögensordnung sein — die Frage: Wer soll Eigentümer dieser immer größer werdenden Kapitalmengen werden? Es wird nicht möglich sein, der Antwort auf solche Fragen auszuweichen. Eine Industriegesellschaft, die sich weiter entwickeln will, muß in wachsendem Maße investieren. Dieser Zwang zur Investition und die damit verbundene Kapitalausdehnung stellen immer dringender die Frage nach einer vernünftigen Vermögensordnung. Es ist selbstverständlich, daß auch der Lebensstandard aller Bürger, also auch der Arbeitnehmer, sich in einer wachsenden Wirtschaft ständig nach oben entwickeln wird. Aber auch ein ständig wachsender Lebensstandard der Arbeitnehmer wird nicht davon ablenken, daß — lassen wir die Dinge, wie sie sind — gleichzeitig die Vermögenskonzentration in den Händen einer kleinen Schicht weiter fortschreitet. Ein Kampf gegen die Kapitalbildung an sich wäre ein Kampf gegen Fortschritt und Zukunft. Aber eine Auseinandersetzung um eine gerechtere Vermögensordnung ist unvermeidbar.
Wer daran zweifelt, daß es zu einer solchen Auseinandersetzung kommen kann, der mag sich die politische Entwicklung in der ganzen Welt ansehen. Auch wir werden von diesen Auseinandersetzungen nicht verschont bleiben. Wer die Lage unseres Landes an der Trennungslinie zwischen West und Ost kennt und sich von Zeit zu Zeit die Wahlergebnisse benachbarter Länder im Westen Europas ansieht, kann sich nicht mehr bequem und kurzsichtig verhalten.
Angesichts der Tatsache, daß der Staat selber nicht in diese Probleme der Vermögensbildung einzugreifen gedenkt und daß es in vielerlei Hinsicht auch nicht gut wäre, wenn er selbständig eine Regelung herbeiführen wollte, und angesichts der Tatsache, daß betriebliche Lösungen nicht zum Ziele führen können und angestellte Versuche sich als nicht wirkungsvoll herausgestellt haben, sollte der ernsthafte Versuch gemacht werden, eine Lösung über entsprechende Tarifverträge herbeizuführen. Für die tarifliche Lösung sprechen insbesondere folgende Gesichtspunkte:

1. Die Vermögensbildung der Arbeitnehmer ist eine Frage, die unmittelbar mit der Einkommensbildung und der Einkommensgestaltung des Arbeitnehmers verbunden bleibt. Jede Lösung, die die Gewerkschaften dabei ausschaltet, oder jede Lösung, mit der sich die Gewerkschaften selbst ausschalten würden, widerspricht dem in einer freien Wirtschaftsordnung unabdingbaren Recht auf freie Gestaltung der Arbeits- und Einkommensbedingungen durch die Tarifpartner.
2. Bei einer Lösung durch Tarifverträge wird die Einflußmöglichkeit des einzelnen Arbeitnehmers und seine Nähe zu der Sache immer größer sein als bei einer Lösung durch Gesetz. Das sind bei der Besonderheit der Fragen, um die es geht, zwei wichtige Gesichtspunkte. Für eine tarifliche Lösung sind am wenigsten harte gesetzgeberische Eingriffe in unser ganzes Rechtsgefüge erforderlich.
3. Eine tarifliche Lösung gestattet die meiste Toleranz in der Praxis sowohl im Anmodellieren an die Bedingungen eines einzelnen Wirtschaftszwei-

ges als auch im Zusammenfügen von Lösungen, die für viele Wirtschaftszweige möglich sind, aber sich auch sinnvoll in eine Gesamtlösung einpassen sollen.

4. Auch die von der Industriegewerkschaft Bau-Steine-Erden vorgeschlagene Lösung will alle Arbeitnehmer einbeziehen. Sie läßt aber sowohl dem einzelnen Unternehmer wie auch dem Arbeitnehmer in den entscheidenden Fragen eigene Entscheidungsmöglichkeiten. Die Erfahrung wird lehren, ob das Verantwortungsbewußtsein oder die Kurzsichtigkeit das Verhalten des einzelnen bestimmen, ob Toleranzen so bleiben, ob sie eingeengt oder ob sie erweitert werden sollen.

Die Lösung wurde im ganzen so erwogen, um nicht nur den Bedingungen des Wirtschaftszweiges und einer Beteiligung aller Unternehmungen wie auch einer Einbeziehung aller Arbeitnehmer entgegenzukommen, sondern auch, um den Vorwurf des Zwangs zu vermeiden. Wer aber weiß, daß individuelle und betriebliche Lösungen nicht zum Ziele führen, und eine tarifliche Lösung als Zwang abtun möchte, gleichzeitig aber gesetzliche Regelungen fordert, der vergißt, daß eine gesetzliche Regelung, wenn sie eine ernsthafte Wirkung haben soll, viel mehr Zwang ausüben muß, als es einem Tarifvertrag überhaupt möglich ist.

Bei der Vermögensbildung der Arbeitnehmer oder, konkreter gesagt, bei der Beteiligung des Arbeitnehmers am Produktivvermögen geht es um eine der wichtigsten und der politischsten Fragen unserer Zeit. Mit ihr ist die Sicherung der menschlichen Freiheit aufs engste verbunden. Wenn es eine Lösung gäbe, die auf der völligen Freiwilligkeit des einzelnen beruht und die zum Ziele führen würde, dann müßte man eine solche Lösung wählen. Eine solche Lösung ist aber nicht bekannt.

Wenn die Sicherung unserer Freiheit auf dem Wege über eine völlig individuelle Freiwilligkeit und Freizügigkeit nicht erreicht werden kann, dann rechtfertigt dieses hohe Gut, daß der einzelne Bürger zu seiner Pflicht angehalten wird.

Wissenschaftler sagen uns, daß der Hauptgrund, warum der Arbeitnehmer trotz aller Fortschritte auch heute noch nicht entproletarisiert sei, seine Nichtbeteiligung am Besitz der Produktionsmittel ist. Es wird gesagt, mit allen sozialpolitischen Erfolgen, mit aller Hebung des Lebensstandards, mit seiner Anerkennung in der Gesellschaft und mit mehr Rechten, die gewährt worden seien, sei sein proletarisches Dasein lediglich abgemildert und in seinen Erscheinungsformen geändert worden. Aber während die Wissenschaftler hierüber diskutieren, ist für die Hälfte der Erdbevölkerung eine Entscheidung bereits gefallen.

Die Menschen östlich der Mauer haben mit der dort durchgeführten Änderung der Eigentumsordnung auch die Freiheit verloren. Jeder, der darüber nachdenkt, muß sich daher der Verantwortung für unsere Freiheit bewußt sein. Die von der Technik und vom wirtschaftlichen Fortschritt gebotene weitere Kapitalbildung kann, wenn der Westen seine Aufgabe nicht begreift, unseren freiheitlichen Lebensraum gefährden. Wir möchten aber, daß Einsicht und Vernunft auf allen Seiten und die Bereitschaft, sich von alten Vorstellungen zu lösen und einen Schritt auf den anderen zuzugehen, die Grundlage abgeben, die technische Entwicklung in einer freien Gesellschaft zu sichern. Nur so können wir die Zukunft meistern.

Die Industriegewerkschaft Bau-Steine-Erden möchte im zweitgrößten Be-

reich der Wirtschaft unseres Landes einen ersten Schritt von der theoretischen Diskussion in die Praxis machen.
Wir wissen selber um vieles, was man über unseren Vorschlag an Kritischem sagen könnte. Wir haben selber lange genug auch kritisch darüber nachgedacht, und wir haben uns des Rates hervorragender Sachkenner bedient. Wir halten diesen Vorschlag aber im Hinblick auf die Bedingungen und die Besonderheiten des Gewerbes, auf das er bezogen ist, für angemessen und für durchführbar.«

Dieses Programm fand ein breites und — neben vielen abwehrend-bösartigen Kommentierungen — auch ein sehr positives Echo. Dieses öffentliche Echo war für viele überraschend. Denn das Programm enthielt nichts wesentlich Neues für den, der die vermögenspolitische Diskussion der vorausgegangenen fünfzehn Jahre kannte. Doch es war der erste konkrete Ansatz, Konsequenzen aus der bisherigen Diskussion zu ziehen, und es war der erste praktische Versuch, das Instrumentarium der Tarifpolitik zur Veränderung der Vermögensstruktur einzusetzen. Dieser Tatbestand und der entschlossene Wille der Baugewerkschaft, es nicht bei theoretischen Diskussionen zu belassen, sondern einen konkreten Tarifvertrag durchzusetzen, erregten in der Öffentlichkeit die Gemüter und führten zu einer in diesem Umfang und dieser Intensität gegenüber gewerkschaftlichen Vorhaben selten erlebten Diskussion [1].

Eine Analyse des Verlaufs der öffentlichen Diskussion von der ersten Bekanntgabe des Programms der IG Bau im September 1964 bis zum Abschluß des Tarifvertrages im März 1965 zeigt vor allem drei für die Durchsetzung tarifpolitischer Vorhaben wesentliche Tatbestände:

— Die Bedeutung des richtigen politischen »timing« für die Chancen der Durchsetzung,
— die Rückwirkungen der öffentlichen Meinung auf ein angestrebtes Verhandlungsergebnis und die Möglichkeiten der Berücksichtigung dieser Rückwirkungen im eigenen strategischen Handlungskonzept und
— die Möglichkeit, im richtigen Zeitpunkt mit den Mitteln der Tarifpolitik auch auf den Gesetzgeber Einfluß zu nehmen.

Rund ein halbes Jahr nach der ersten Veröffentlichung des von der Industriegewerkschaft Bau-Steine-Erden konzipierten »Programms zur Vermögensbildung der Arbeitnehmer im Baugewerbe« wurde im Bauhauptgewerbe der erste Tarifvertrag über vermögenswirksame Leistungen abgeschlossen. Die im März 1965 getroffene Vereinbarung nahm Bezug auf das vom Deutschen Bundestag noch gar nicht verabschiedete Zweite Vermögensbildungsgesetz. Der Vertrag wurde unter der aufschiebbaren Bedingung abgeschlossen, daß das Zweite Vermögensbildungsgesetz bis zum 30. September 1965 verabschiedet sei und auch vermögenswirksame Leistungen aus Tarifverträgen begünstigen würde. Mit dieser »Präambel« unternahmen die Tarifvertragsparteien des Baugewerbes den erfolgreichen Versuch, speziell auf die anstehende Novellierung des Ersten Vermögensbildungsgesetzes Einfluß zu nehmen.

Der Tarifvertrag für das Bauhauptgewerbe bestimmte, daß die Arbeitgeber verpflichtet sind, 9 Pfennig je geleisteter Arbeitsstunde zur Vermögens-

1 Vgl. die vierbändige Dokumentation, hrsg. von Georg Leber, »Vermögensbildung in Arbeitnehmerhand«, Frankfurt 1964—1966.

bildung der Bauarbeiter aufzubringen, wenn der einzelne Arbeitnehmer bereit ist, selber 2 Pfennig je Arbeitsstunde vermögenswirksam anzulegen. Die vermögenswirksamen Leistungen sind nicht abdingbar und können auch nicht in Betriebsvereinbarungen oder durch andere Leistungen ersetzt oder in bar abgegolten werden. Die Anlage erfolgte entsprechend den Anlagemöglichkeiten des Zweiten Vermögensbildungsgesetzes, ab 1970 nach dem Dritten. In dem Tarifvertrag wurde ausdrücklich nochmals bestätigt, daß über Art und Ort der vermögenswirksamen Anlage allein der Arbeitnehmer entscheidet.

Diese Vereinbarung entsprach nicht dem »Programm«, das ein Verhandlungsangebot war, sie enthielt das Erreichbare als Ergebnis der Bemühungen, für die Vermögensbildung der Arbeitnehmer im Baugewerbe eine diesem Wirtschaftszweig angemessene Lösung zu finden. In der Diskussion während der Verhandlungen hatte die Industriegewerkschaft Bau-Steine-Erden vier Punkte herausgestellt, die unbedingt zu beachten waren, wenn über Tarifverträge eine wirksame Vermögensbildung der Arbeitnehmer erreicht werden sollte:

1. Es muß eine tarifvertragliche Regelung sein,
2. die Vereinbarung muß für alle Arbeitgeber und alle Arbeitnehmer des betreffenden Wirtschaftszweiges gelten,
3. vermögenswirksame Leistungen müssen zusätzlich erbracht werden, d. h., die jeweils möglichen Lohnerhöhungen dürfen von den vermögenswirksamen Leistungen nicht berührt werden; mit der Anlage der Mittel ist ein Beitrag zur Geldwertstabilität zu leisten,
4. eine Einschränkung der Freizügigkeit der Arbeitnehmer darf nicht stattfinden.

Diese Bedingungen wurden durch den im März 1965 abgeschlossenen Tarifvertrag erfüllt. Später wurden für eine Reihe kleinerer Gewerbezweige im Tarifbereich der Baugewerkschaft ähnliche Tarifverträge abgeschlossen. Dort wird zum Teil keine Eigenleistung der Arbeitnehmer verlangt, im übrigen aber enthalten diese Verträge die gleichen Bestimmungen wie der im Bauhauptgewerbe. Dieser Vertrag ist dann für allgemeinverbindlich erklärt worden, so daß sichergestellt ist, daß alle Arbeitgeber zu der vermögenswirksamen Leistung verpflichtet sind. Die 2 Pfennig Eigenleistung des Arbeitnehmers bedeuten keine Einschränkung des Lebensstandards, sondern lediglich eine Art materielle Bereitschaftserklärung, mit der der Arbeitnehmer mitteilt, daß er an der Vermögensbildung teilnehmen will.

Dieser Tarifvertrag setzte nicht nur Zeichen für die künftige gewerkschaftliche Tarifpolitik, er beeinflußte auch direkt die Gesetzgebung des Deutschen Bundestages. Die Bundestagsprotokolle über die Debatten der Jahre 1964/65 zeigen deutlich, wie umstritten eine Ausdehnung der Begünstigungen des Vermögensbildungsgesetzes auf Leistungen aus Tarifverträgen auch während der bereits vorbereiteten Novellierung des Ersten Vermögensbildungsgesetzes noch war. Vor allem in der damaligen Bundesregierung war diese Frage umstritten. Noch in der Haushaltsdebatte vom 15. Oktober 1964 hatte Bundeskanzler Erhard unter anderem erklärt: »Die Bundesregierung lehnt ein Verfügungsrecht der Tarifpartner über die Verwendung eines Teils des Lohnes ab.«

Diese Erklärung spiegelt die Auffassung eines großen Teils der damaligen Regierungsparteien wider. Selbst in der entscheidenden Debatte während

der zweiten und dritten Lesung des Zweiten Vermögensbildungsgesetzes am 5. Mai 1965 war die Haltung der Regierungsfraktionen recht uneinheitlich.
Ein sehr deutlicher Exponent für eine ablehnende Haltung war der CSU-Abgeordnete Balke, damals Präsident der Bundesvereinigung der Deutschen Arbeitgeberverbände, der in der Bundestagsdebatte vom 5. Mai 1965 u. a. sagte:
»Das zur Beratung anstehende Zweite Vermögensbildungsgesetz, meine Damen und Herren, zählt zu den umstrittensten Gesetzen, die diesem Hohen Hause in der nun zu Ende gehenden Legislaturperiode zur Beschlußfassung vorgelegt worden sind. In Anbetracht der grundsätzlichen Bedeutung des Gesetzes und angesichts der sehr kontroversen Auffassungen, die in der öffentlichen Diskussion der vergangenen Monate und auch hier im Parlament zum Inhalt wie zur Methodik des Gesetzes laut geworden sind, kann es nicht verwundern, wenn auch innerhalb der einzelnen Fraktionen unterschiedliche Meinungen bestehen, und es tut mir leid, wenn ich den Ansichten und den Überzeugungen einiger von mir sehr geschätzter Kollegen widersprechen muß. Ich halte aber nichts davon, wenn solche Meinungsdifferenzen verschwiegen werden, halte es vielmehr für meine Pflicht, nochmals auf die Problematik und die Konsequenzen hinzuweisen, die mit der Verabschiedung des Gesetzentwurfs verbunden sind ...
Vorwiegend geht es um die Frage, ob der Gesetzgeber den Arbeitnehmer zur Eigentumsbildung zwingen soll oder ob er die selbstverantwortliche Eigentumspolitik des Arbeitnehmers fordern will. Der federführende Ausschuß für Arbeit hat sich klar und konsequent für den Zwang entschieden — ich verweise auf die von ihm in die Regierungsvorlage eingefügten Absätze 2 bis 5 des § 3 —, und damit hat er das Subsidiaritätsprinzip aufgegeben ...
Erlauben Sie mir zum Schluß noch einige Bemerkungen zu der in dem Gesetzentwurf begründeten Zuständigkeit der Tarifpartner, mit normativer Wirkung Fragen der Eigentumsbildung zu regeln. Das Gesetz erteilt den Tarifpartnern indirekt den Auftrag, über die Regelung der Einkommensverhältnisse hinaus nun auch für die Eigentumsbildung der Arbeitnehmer Sorge zu tragen. Damit überträgt der Gesetzgeber auf die Tarifpartner nicht nur eine neue Aufgabe, sondern er begibt sich damit insoweit zugleich seiner eigenen Verantwortung für diesen Bereich. Diese Übertragung von Aufgabe und Verantwortung ist deshalb so problematisch, weil der Gesetzgeber damit nur die Eigentumsbildung derjenigen Arbeitnehmer durch Steuerbegünstigung und dergleichen fördert, die durch einen Tarifvertrag erfaßbar sind ... Zu der in dem Gesetzentwurf vorgesehenen Übertragung von Zuständigkeiten auf die Tarifpartner ist ferner zu sagen, daß sie — von der praktischen Erschwerung der Tarifverhandlungen ganz abgesehen — das Tarifrecht und die Stellung der Tarifpartner in unserem öffentlichen Leben entscheidend verändern. Da die vermögenswirksamen Leistungen an das Arbeitsverhältnis geknüpft sind, wird man zwar davon ausgehen müssen, daß es sich hierbei um einen Lohnbestandteil handelt, wenngleich dies nicht unbestritten ist. Durch den Verwendungszwang, der nach bisherigem Tarifrecht jedenfalls unzulässig ist, unterscheidet sich die Leistung aber grundsätzlich vom üblichen Lohn, über den der Arbeitnehmer frei verfügen kann. Damit werden die Tarifpartner in einer Weise tätig, die nicht

mehr in den Bereich der Schutzfunktion fällt, die ihnen durch Art. 9 des Grundgesetzes zugewiesen ist« [2].

Bei dieser Haltung innerhalb der damaligen Regierungsfraktionen muß es mehr als fraglich erscheinen, ob es ohne den massiven Druck, der von den Tarifvertragsparteien des Baugewerbes ausging, zu einer entsprechenden Fassung des Zweiten Vermögensbildungsgesetzes gekommen wäre. Freilich war die Meinung des Abgeordneten Balke auch nicht repräsentativ, wie Georg Leber bereits in dieser kontroversen Bundestagsdebatte feststellte: »Für mich ist es ein überraschendes Erlebnis, daß sich hier ein so prominenter Abgeordneter, der auch ein so prominenter Vertreter der Unternehmerseite ist, vor die Freiheit der Arbeitnehmer stellt. Meine Damen und Herren, wenn Sie in den letzten hundert Jahren so gehandelt hätten, wie Sie heute hier reden, dann brauchten wir kein Gesetz über Vermögensbildung zu machen, dann hätten die Arbeitnehmer Vermögen ... Was Herr Kollege Balke hier geboten hat, war, wenn das so gedeutet werden sollte, auch nicht die Gesinnung aller Unternehmer in Deutschland. Ich kenne Unternehmer, die in die Zukunft hinein verantwortlich denken und handeln. In deren Namen haben Sie nicht gesprochen, Herr Balke.« [3]

Daß es anders ging, bewiesen die Unternehmer der Bauwirtschaft. In der Präambel des Tarifvertragsentwurfes vom 4. März 1965 stand deutlich, daß dieser Tarifvertrag nur dann in Kraft treten würde, wenn im Zweiten Vermögensbildungsgesetz auch Leistungen aus Tarifverträgen begünstigt werden. Die Aussicht, dafür verantwortlich zu sein, mitten im Wahljahr einen Tarifvertrag für 1,5 Millionen Beschäftigte nicht in Kraft treten zu lassen, mußte ihren entsprechenden Einfluß auf den Ablauf der Bundestagsdebatten ausüben. Die Tarifvertragsparteien des Baugewerbes haben hier konsequent die in einer pluralistischen Gesellschaft und demokratischen Staatsordnung legitimen Mittel zur Beeinflussung des Gesetzgebungsverfahrens zur Anwendung gebracht.

Mit dem Abschluß des Tarifvertrages vom März 1965 konnte die einkommenspolitische Aufgabe der IG Bau freilich nicht erfüllt sein. Der 5-Punkte-Katalog [4] des Zweiten Vermögensbildungsgesetzes enthielt eine

2 Georg Leber, »Vermögensbildung in Arbeitnehmerhand«, Frankfurt 1964—1966.

3 Ebd., S. 149 und 151.

4 Gefördert wurden nach dem Zweiten Vermögensbildungsgesetz folgende Anlagen:
1. Sparbeiträge, die nach dem Wohnungsbau-Prämiengesetz angelegt werden (z. B. aufgrund von Sparverträgen oder zum Erwerb von Aktien, Pfandbriefen, Anleihen, Industrieobligationen oder Investmentzertifikaten) und sechs Jahre angelegt bleiben,
2. Aufwendungen, die nach dem Wohnungsbau-Prämiengesetz angelegt werden und je nach Sparform drei bis sieben Jahre angelegt bleiben,
3. Aufwendungen für den Bau oder den Erwerb oder die Entschuldung eines Eigenheims, eines Kaufeigenheims, einer Kleinsiedlung oder einer eigengenutzten Eigentumswohnung, sofern sie öffentlich gefördert oder steuerbegünstigt sind,
4. Aufwendungen für den Erwerb eigener Aktien des Arbeitgebers zu einem Vorzugskurs unter Vereinbarung einer fünfjährigen Sperrfrist,
5. Aufwendungen zur Begründung von Darlehnsforderungen gegen den Arbeitgeber zu einem Zinsfuß, der mindestens dem Zins für Spareinlagen mit einer Kündigungsfrist von einem Jahr entspricht. Voraussetzung ist ein Sperrfrist von fünf Jahren. Die Sperrfrist entfällt beim Tod des Arbeitnehmers oder bei seiner völligen Erwerbsunfähigkeit. Der Darlehensvertrag muß durch ein Kreditinstitut verbürgt sein. Die Kosten der Bürgschaft muß der Arbeitgeber tragen.

Reihe von Anlageformen, aber kaum eine, die der Forderung nach Beteiligung der Arbeitnehmer am Produktivvermögen gerecht wurde. Zwar war im Rahmen des Sparprämiengesetzes auch der Erwerb von Aktien, Pfandbriefen, Anleihen und anderen Wertpapieren begünstigt, doch die Kapitalmarktstruktur der Bundesrepublik bot einer breiten Anlage relativ kleiner Beträge kaum entsprechende Möglichkeiten. Die Anlage wurde um so schwieriger, wenn die Beiträge in unregelmäßig großen monatlichen Beträgen ausfielen.
Die Industriegewerkschaft Bau-Steine-Erden stand darum nach Abschluß des Tarifvertrages über vermögenswirksame Leistungen vor zahlreichen Problemen der Durchführung dieses Vertrages. Ziel der gewerkschaftlichen Vermögenspolitik kann ja nicht lediglich eine etwas wirksamere Sparförderung als bisher sein, Ziel ist eine allmähliche, aber kontinuierliche Neuordnung der Vermögensstruktur in Richtung auf eine breite Vermögensstreuung in der Zukunft. Mit dem Abschluß von Bausparverträgen oder ähnlichen Sparaktionen allein kann aber eine größere Beteiligung der Arbeitnehmer am künftigen Vermögenszuwachs nicht erreicht werden. Der rasche Wiederaufbau der Wirtschaft in der Bundesrepublik mit der steuerpolitisch geförderten Selbstfinanzierung und der sich daraus ergebenden einseitigen Vermögenskonzentration hat auch die Struktur des Kapitalmarktes in der Bundesrepublik bestimmt. Auf diesem Kapitalmarkt gibt es nur ein sehr begrenztes Angebot von Anlagemöglichkeiten für kleine Beträge. Aber nur über den Weg der Anlage von Millionen kleiner Beträge in Vermögenstiteln an Produktivgütern sind die Ziele der Vermögenspolitik erreichbar. Hinzu kommt, daß Eigentum untrennbar mit Verfügungsgewalt verbunden ist. Diese Verbindung ist zwar in der modernen Industriegesellschaft direkt in der Mehrzahl der Fälle nicht erreichbar, aber sie muß bei der Vermögensbildung in Arbeitnehmerhand zumindest indirekt gewährleistet sein. Mit der ausdrücklichen Sicherung der Entscheidungsfreiheit des Arbeitnehmers über Art und Ort seiner Vermögensanlage im Zweiten Vermögensbildungsgesetz und in den Tarifverträgen der Bauwirtschaft wurde eine wesentliche Voraussetzung individueller Vermögensbildung geschaffen. Zwei weitere Grundsätze sind zumindest ebenso wichtig:

1. Die Arbeitnehmer müssen die Möglichkeit zu einer Anlage haben, die ihnen über eine gute Verzinsung hinaus Beteiligung am wirtschaftlichen Wachstum und damit am wachsenden Produktivvermögen bietet.
2. Die langfristigen Sparer müssen eine Möglichkeit haben, die Anlagepolitik des Instituts, bei dem sie ihre Vermögensbildung durchführen, zu kontrollieren.

Eine sorgfältige Prüfung des Angebots an Anlagemöglichkeiten in der Bundesrepublik kam 1965 zu dem Ergebnis, daß diese Bedingungen nicht erfüllt wurden. Damit wurde die garantierte Wahlfreiheit bei der Vermögensanlage weitgehend zu einer Scheinfreiheit, denn das bestehende Angebot an Vermögensanlagen für kleinere Beträge ist relativ gleichförmig. Weder bei den Habenzinsen noch bei den sonstigen Geschäftsbedingungen gibt es wesentliche Unterschiede zwischen Großbanken, Privatbanken und Sparkassen. Und nirgendwo wird dem kleinen Vermögensanleger der geringste Einfluß auf die Anlagepolitik des Unternehmens eingeräumt.
Um den mit dem Abschluß der Tarifvereinbarungen über Vermögensbildung beschrittenen Weg fortzusetzen, stand die Industriegewerkschaft

Bau-Steine-Erden vor der Aufgabe, nach besseren Anlagemöglichkeiten zu suchen. Nach grundsätzlichen Überlegungen mit der Bank für Gemeinwirtschaft wurde darum die »Bank für Sparanlagen und Vermögensbildung AG« gegründet. Diese Bank, deren Stammkapital voll speziell von der Bank für Gemeinwirtschaft gezeichnet wird, ist auf die Vermögensbildung und Vermögensanlage der Arbeitnehmer ausgerichtet. Folgende Besonderheiten sind hervorzuheben:

1. Die Bank für Sparanlagen und Vermögensbildung bietet ihren langfristigen Sparern die jeweils höchstmögliche Verzinsung und die Sparer werden am Ertrag der Bank beteiligt. Jeder Inhaber eines langfristigen Sparkontos nimmt damit indirekt am wachsenden Produktivvermögen der Wirtschaft teil.
2. In den Aufsichtsorganen dieser Bank sind die langfristigen Sparer mit Mehrheit vertreten. Jeder Arbeitnehmer, der ein langfristiges Konto bei dieser Bank eröffnet, hat dabei das aktive und passive Wahlrecht für den Aufsichtsrat.
3. Die Anlagepolitik der Bank ist darauf gerichtet, durch breite Streuung ihrer Anlagen das Risiko für den Sparer möglichst klein zu halten. Ziel der Anlagepolitik ist es, eine optimale Kombination zwischen sicherer Anlage und hoher Rendite zu finden.

Aufgrund dieser Bedingungen ist gewährleistet, daß der einzelne Sparer nicht einem anonymen Geldinstitut gegenübersteht, über dessen Kapitalverhältnisse und Anlagepolitik er wenig oder nichts weiß, sondern einer Einrichtung, bei der er die Gewißheit hat, daß sie seine Interessen vertritt. Der Aktionär der Bank für Sparanlagen und Vermögensbildung (BSV), die Bank für Gemeinwirtschaft, beschränkt sich auf die notwendige Verzinsung ihres Kapitals. Alle darüber hinausgehenden Erträge werden — selbstverständlich nach Vornahme der banknotwendigen Rücklagen — an die Kontoinhaber ausgeschüttet. Damit ist das langfristige Sparkonto bei dieser Bank nicht lediglich eine Sparanlage mit fester Verzinsung, sondern diese Anlage ist ertragsberechtigt. Dieses Sparkonto ist damit zu einem Instrument geworden, um an den Erfolgen einer wachsenden Wirtschaft teilnehmen zu können.

Walter Hesselbach, der Vorstandsvorsitzende der Bank für Gemeinwirtschaft, hat die Bank für Sparanlagen und Vermögensbildung einmal einen »Wachstumsfonds an sich« genannt. Damit wurde zum Ausdruck gebracht, daß in der bei dieser Bank gefundenen Kombination von langfristiger Sparanlage und Beteiligung am wirtschaftlichen Wachstum eine Anlageform gefunden sei, die den Bestrebungen nach mehr Beteiligung der Arbeitnehmer am Produktivvermögen der Wirtschaft bei gleichzeitiger Absicherung vor kurzfristigen Schwankungen entspricht.

Die Gründung der Bank für Sparanlagen und Vermögensbildung hat im Herbst 1965 ähnliches Aufsehen erregt wie das Programm zur Vermögensbildung der Arbeitnehmer im Baugewerbe ein Jahr davor. Die Zusammenarbeit zwischen der Industriegewerkschaft Bau-Steine-Erden und der Bank für Gemeinwirtschaft — die sich voll im Besitz der sechzehn DGB-Gewerkschaften befindet — erregte die Gemüter, obwohl eine Zusammenarbeit dieser Art bei den wechselseitigen Kapitalverflechtungen zwischen Banken und Wirtschaft in der Marktwirtschaft zu den Selbstverständlichkeiten gehört. Aber was Großbanken und Großunternehmen seit Jahrhunderten tun, schien suspekt zu sein, wenn es auf der Gewerkschaftsseite praktiziert wurde.

Aus heutiger Sicht entbehrt es nicht einer gewissen Ironie, daß die Bedenken und Befürchtungen, die seinerzeit gegen die tarifvertragliche Förderung der Vermögensbildung und gegen die BSV-Gründung vorgebracht wurden, nicht nur gänzlich verstummt sind, sondern daß inzwischen ehemalige Kritiker die tarifvertragliche Vermögensbildung als »erfolgreich beschrittenen Weg« oder als »wertvollen und wichtigen Ansatz in der Praxis« bezeichnen. Das Konzept, das der Gründung der BSV zugrunde lag, erwies sich — das kann man mittlerweile nach einem mehr als zehnjährigen Bestehen dieser Spezialbank sagen — als richtig. Es bestand die Aufgabe, sowohl zu einem Erfolg der tarifvertraglichen Vermögensbildung beizutragen, als auch an dem durch die gewerkschaftliche Vermögenspolitik neu erschlossenen Sparaufkommen zu partizipieren. Dabei war sicherzustellen, daß die Verwaltung der Arbeitnehmer-Ersparnisse so kostengünstig wie möglich erfolgte. Die Errichtung eines teuren neuen Zweigstellennetzes sollte vermieden werden.

Konsequenterweise wurde die BSV als filiallose Bank aufgebaut. Sie arbeitet ohne kostspieliges Zweigstellennetz mittels Computer und per Post.

Der in Zahlen belegbare Erfolg der BSV beweist die Richtigkeit dieses Konzepts. Nach zehnjährigem Bestehen schließt die BSV-Bilanz zum 31. Dezember 1975 mit einer Bilanzsumme von 2,086 Milliarden DM ab. Die Verbindlichkeiten aus dem Bankgeschäft gegenüber anderen Gläubigern betrugen 1,124 Milliarden DM. Hiervon entfielen rund 203 Millionen DM auf Spareinlagen mit gesetzlicher Kündigungsfrist und 870 Millionen DM auf Spareinlagen mit vereinbarten Kündigungsfristen, wobei es sich im wesentlichen um vermögenswirksame und prämienbegünstigt angelegte Spareinlagen handelt. Angesichts dieser Zahlen ist nachfolgende Größenordnung besonders interessant: Für die BSV waren zum 31. Dezember 1975 225 Mitarbeiter tätig.

Wenn man die Fähigkeit zu Innovationen auch als einen wesentlichen Gradmesser für die Entwicklungsfähigkeit eines Unternehmens ansieht, dann kann die BSV auch den kommenden Jahren getrost entgegensehen. Innerhalb eines Jahres wurden zwei neue Produkte entwickelt und angeboten. Anfang Oktober 1975 wurde mit der Einführung des »Brief-Kredits« das Angebot der gemeinwirtschaftlichen Leistungen um einen weiteren Bereich erweitert. Diese Form des Kredits sollte noch eine bestehende Lücke im Angebot der Konsumentenkreditformen schließen. Das Angebot Brief-Kredit richtet sich besonders an diejenigen Arbeitnehmer, die bisher — aus welchen Gründen auch immer — ihre Kreditwünsche nicht an einem Bankschalter befriedigen mochten. Zwar haben Sparkassen und Verbraucherverbände gegen das Kreditvermittler-Unwesen gewettert, aber eine Änderung der Verhältnisse brachte erst eine neue Organisationsform, nämlich die Möglichkeit für den »kleinen Mann«, ohne ein Bankgebäude zu betreten, zu einem Kredit zu kommen. Der Brief-Kredit liegt derzeit mit 8 % Zinsen sehr gut im Markt. Gewisse Kreditvermittler, auch manche »seriöse« nehmen immer noch Zinsen zwischen 15, 18, ja bis 23 %. Nicht zu reden von den tatsächlichen »unseriösen«, die mit allen möglichen Tricks — nach einer Untersuchung der »D-Mark«, auf Zinsen über 40 % kommen. Daß die Einführung des Brief-Kredits einem Bedürfnis entgegengekommen ist,

ergibt sich aus der bisherigen positiven Entwicklung dieses neuen Geschäftszweiges.
Ein weiteres neues BSV-Angebot, das im September 1976 der Öffentlichkeit vorgestellt wurde, hat nicht nur bei der Wirtschaftspresse starke Beachtung gefunden. Auch die BSV-Sparer, die im Laufe des Jahres 1977 über einen freiwerdenden Sparvertrag verfügen können, zeigen sich stark interessiert. Es handelt sich um den BSV-Rentensparbrief, eine Wachstumsanlage ohne Kursrisiko. Er bietet bei einer vom Sparer festgelegten Laufzeit zwischen vier und fünfundzwanzig Jahren einen hohen garantierten Zinssatz von 7 %. Dazu kommt ein einmaliger Treuebonus von 2 %. Die Auszahlung in Form einer Rente oder als Gesamtbetrag erfolgt zu einem vom Sparer bestimmten Zeitpunkt.
Die bereits erwähnte BSV-Ertragsbeteiligung betrug für das Jahr 1975 zusätzlich zu den Zinsen 1 %, d. h., den BSV-Sparern wurden zusätzlich 8 Millionen DM gutgeschrieben. Zum Vergleich: Die Dividende in Höhe von 8 % auf das gewinnberechtigte Kapital in Höhe von 60 Millionen DM betrug für 1975 4,8 Millionen DM. Auch für 1976 haben Vorstand und Aufsichtsrat der BSV bereits eine Ertragsbeteiligung in Höhe von 1 % beschlossen.
Das sind Zahlen, die für sich sprechen.
Ein Tarifvertrag, der wesentlich von dem ursprünglichen Plan abwich, aber wesentliche gewerkschaftliche Grundpositionen für eine breitere Vermögensbildung in Arbeitnehmerhand festlegte und eine speziell auf die Anlage dieser Mittel ausgerichtete Bank — das sind die Ergebnisse des Leberplans von 1964, buchhalterisch betrachtet. Die politische Wirkung ist weitaus größer. Mit diesem Plan wurde zum ersten Mal die jahrzehntelange Diskussion in tarifpolitische Aktivität umgesetzt. Diese Aktivität eröffnete in den Folgejahren breites tarifliches Neuland. Heute wird in der Bauwirtschaft und anderswo das Terrain für Beteiligung der Arbeitnehmer am Produktivvermögen ohne den Umweg über zwischengeschaltete andere Einrichtungen sondiert. Die Bundesvereinigung der Arbeitgeberverbände — die 1964 Tarifverträge über Vermögensbildung der Arbeitnehmer für den Untergang der freien Wirtschaftsordnung hielt — hat Vorschläge unterbreitet, die sehr in die Nähe des alten Leberplans kommen. Die nächsten Jahren werden zeigen, wie nahe man mit dem tarifpolitischen Instrumentarium an diese Ursprungsidee herankommen kann. Aufzuhalten ist sie nicht mehr.

Thomas Ruf

# Zur Geschichte der Vermögenspolitik nach dem Krieg

## Die Zeit vor dem Krieg

Von Vermögenspolitik im Sinne einer bewußten Streuung des Volksvermögens, insbesondere des Eigentums an Produktionsmitteln, kann erst nach dem Zweiten Weltkrieg gesprochen werden. In den Jahren und Jahrzehnten vor dem Krieg ist zwar insbesondere von der Katholischen Soziallehre unter dem Stichwort »Entproletarisierung« die Vermögensbildung der Arbeitnehmer gefordert worden [1]. Die Vermögenspolitik war aber damals nie ein besonderer Gegenstand der staatlichen Sozialpolitik. Lediglich einige Unternehmer haben als »soziale Pioniere« für ihre Arbeitnehmer Gewinn- und Kapitalbeteiligungen eingeführt. Im übrigen ging die öffentliche Diskussion mehr um die Frage der Sozialisierung, also der Abschaffung des privaten Eigentums, als um dessen stärkere Verbreitung.

## Vom Kriegsende bis zum Lastenausgleichsgesetz 1952

Auch in den ersten Jahren nach 1945 war die Vermögenspolitik noch nicht Gegenstand des besonderen Interesses von gesellschaftlichen Gruppen und Parteien wie in den späteren Jahren. Das ist verständlich, denn zunächst galt es, die katastrophalen Folgen des Krieges zu beseitigen, den Wirtschaftsprozeß wieder in Gang zu setzen und Millionen von Flüchtlingen, Heimatvertriebenen und Heimkehrern einzugliedern. Dies ist in relativ kurzer Frist gelungen. Allerdings muß zugegeben werden, daß dieser Erfolg mit einer zunächst einseitigen Vermögensbildung erkauft worden ist. Die Denkschrift der Evangelischen Kirche in Deutschland zur Eigentumsfrage erklärt dazu im Jahre 1962: »Der rasche wirtschaftliche Aufbau zum Nutzen aller und die gerechte Verteilung des entstandenen Vermögens waren unter den gesellschaftspolitischen Verhältnissen der Nachkriegszeit vielleicht nicht gleichzeitig erreichbar« [2]. Ohne die Hinnahme von Einseitigkeiten in der Vermögensbildung wäre in der Tat der rasche wirtschaftliche Wiederaufbau in der Bundesrepublik nicht möglich gewesen. So blieb z. B. angesichts des fehlenden Kapitalmarktes nichts anderes übrig, als die Selbstfinanzierung der Unternehmen über die Preise zu Lasten der Verbraucher in größerem Umfang zuzulassen. Diese Selbstfinanzierung der Unternehmen

1 Oswald von Nell-Breuning, »Die soziale Enzyklika« (Quadragesimo anno), Köln 1932, Seite 105 ff.

2 »Eigentumsbildung in sozialer Verantwortung«, Kapitel 3, Ziff. 14, »Eigentumsentwicklung in der Bundesrepublik Deutschland«.

hat sich unter den besonderen Verhältnissen der Nachkriegszeit als einziger Weg angeboten, der in einer freien Ordnung gangbar war. Die Alternative dazu wäre die Planwirtschaft mit staatlicher Kapital- und Investitionslenkung gewesen. Auch war es bei den damaligen überhöhten, von den Besatzungsmächten verordneten Steuersätzen unumgänglich, steuerliche Erleichterungen zu gewähren und steuerliche Anreize für die volkswirtschaftliche Kapitalbildung, die Investitionsfinanzierung und für den Wohnungsbau zu schaffen, auch wenn diese Steuerbegünstigungen nur einem kleinen Teil der Bevölkerung — nämlich den Beziehern höherer Einkommen und den Sachwertbesitzern — zugute kamen.

Von besonders nachteiliger Wirkung im Hinblick auf eine gleichmäßige Vermögensverteilung war schon die Währungsreform des Jahres 1948. Die Gesetze zur Neuordnung des Geldwesens vom Juni und Oktober 1948 haben nämlich die Geldvermögen abgewertet und die nach dem Krieg noch vorhandenen Sachvermögen geschont. Diese Währungsreformgesetze hatten jedoch lediglich das Ziel, das Geldwesen als Grundvoraussetzung für den wirtschaftlichen Aufbau neu zu ordnen. Eine vermögenspolitische Absicht war damit nicht verbunden. Die ungleichen sozialen und wirtschaftlichen Folgen der Währungsreform auszugleichen, haben die Besatzungsmächte dem späteren Bundesgesetzgeber überlassen. Prof. Ludwig Erhard hatte im Gegensatz dazu als Auffassung der Deutschen Verwaltung des Vereinigten Wirtschaftsgebietes eine gleichzeitige und aufeinander abgestimmte Lösung der Währungsprobleme und gewisser Grundregelungen des Lastenausgleichs vorgeschlagen, konnte sich aber damit bei den Alliierten nicht durchsetzen. So war es denn eine der wichtigsten Aufgaben des 1. Deutschen Bundestages, diesen Lastenausgleich herbeizuführen. Bereits am 8. 8. 1949 wurde das sogenannte Soforthilfegesetz verkündet. Diesem folgten einige weitere Gesetzgebungsmaßnahmen, die schließlich durch das Gesetz über den Lastenausgleich vom 14. 8. 1952 abgelöst worden sind. Über das für seine Zeit großartige Gesetzgebungswerk des Lastenausgleichs konnte in zahllosen Fällen schnell geholfen werden. Es wurde aber auch aus den Mitteln dieses Lastenausgleichs in nicht unerheblichem Umfang für Vertriebene und Kriegssachgeschädigte neues Eigentum geschaffen (Wohnungsbau, Eingliederungs- und Existenzaufbauhilfen etc.). »Wer sich diese Summen und die Kompliziertheit der Materie vor Augen hält, der muß einen Gesetzgeber bewundern, der ein solches Werk binnen ganz kurzer Zeit fertigstellte. Bewußte Vermögenspolitik ist also keineswegs eine Sache neueren Datums. Sie stand am Anfang der Bundesrepublik Deutschland, und sie hat sich eigentlich bruchlos bis in die Gegenwart fortgesetzt.«

Dieser Würdigung des Lastenausgleichs durch Prof. Engels, auch im Hinblick auf die Vermögenspolitik, kann wohl nicht ernsthaft widersprochen werden [3].

Überhaupt muß gesagt werden, daß alsbald nach der Währungsreform die vermögenspolitische Diskussion in der Bundesrepublik eingesetzt hat. So hat z. B. schon im Jahre 1950 der Wissenschaftliche Beirat beim Bundeswirtschaftsministerium ein Gutachten über »Struktur- und konjunkturpoli-

3 W. Engels, H. Sablotny, D. Zickler, »Das Volksvermögen«, Frankfurt 1974, S. 25.

tische Fragen der Einkommensverteilung« erstattet. In diesem Gutachten steht wörtlich: »Zu einer sozialen Marktwirtschaft gehören eine befriedigende Einkommens- und Vermögensverteilung; alle wirtschaftspolitischen Maßnahmen müssen diesem Erfordernis Rechnung tragen«... ferner haben die Gutachter gefordert, den Arbeitnehmern die Möglichkeit zu verschaffen, »durch Ersparnisse aus dem Arbeitseinkommen individuelles Vermögen zu bilden, und zwar nicht nur in der Form langdauernder Gebrauchsgüter (Eigenheim u. s. w.), sondern auch in Gestalt von Produktionsmitteln« [4].

## Vermögenspolitische Pläne

Karl Arnold hat als Ministerpräsident von Nordrhein-Westfalen schon im Jahre 1951 einen Investivlohn-Plan (Arnold-Plan) vorgelegt und danach immer wieder vermögenspolitische Initiativen gefordert. Er hat im Deutschen Bundestag 1958 z. B. zur Vermögensverteilung und Vermögenspolitik folgende Erklärung abgegeben: »Sicherlich ist es richtig gewesen, nach dem Zusammenbruch zunächst dafür zu sorgen, daß wir alle wieder Arbeit und Wohnung bekommen konnten. Nachdem aber der Aufbau der Wirtschaft erreicht ist, nachdem die Vollbeschäftigung Tatsache geworden ist, muß die Frage der Eigentumsbildung in den Vordergrund gestellt werden« [5].
Karl Arnold stand mit dieser Forderung nicht allein, er ist dabei von zahlreichen Vertretern der Wissenschaft und der Politik unterstützt worden. Anstelle vieler Namen seien lediglich die Professoren Oswald von Nell-Breuning, H. J. Wallraff, W. Schreiber und Karl Föhl erwähnt. Der Letztere hat schon im Jahre 1960 auf einer Tagung der Gesellschaft für Wirtschafts- und Sozialwissenschaften in Bad Kissingen sich in damals vielbeachteter Weise zur Vermögenskonzentration, deren Ursachen und Beeinflußbarkeit geäußert. Im Jahre 1964 hat er dann im Auftrag der Bundesregierung eine Untersuchung der Vermögenspolitik in der Bundesrepublik und der Beeinflußbarkeit ihrer Verteilung vorgelegt. Darin wurde u. a. festgestellt, daß 75 % des privaten Vermögenszuwachses in den Jahren 1950 bis 1959 auf nur 17 % aller Haushalte entfielen [6]. In den Fünfziger Jahren sind schließlich aus Wissenschaft und Politik neben dem Arnold- und dem Föhl-Plan eine ganze Reihe von Plänen zur Vermögensbildung vorgelegt worden, die nach ihren Verfassern benannt worden sind. Hier können nur die wichtigsten aufgezählt werden: Büttner-Plan, Gleitze-Plan, Deist-Plan, Burgbacher-Plan, Schreiber-Dräger-Plan, O. A. Friedrich-Plan.
Von den Politikern, die den Investivlohngedanken von Karl Arnold aufgegriffen haben, ist an erster Stelle der frühere CDU-Bundestagsabgeordnete Erwin Häussler, Stuttgart, zu nennen. Er hat als einer der unermüdlich-

4 Dieses Gutachten ist allerdings erst im Jahre 1953 veröffentlicht worden. Siehe »Der Wissenschaftliche Beirat beim Bundeswirtschaftsministerium«, 2. Bd., Gutachten vom Juni 1950 bis Nov. 1952, Göttingen 1953, Seite 31 f.

5 Erste Beratung der VW-Privatisierung am 22. 1. 1958, 8. Sitzung der 3. Legislaturperiode.

6 Siehe Prof. Carl Föhl, »Kreislaufanalytische Untersuchung der Vermögensbildung in der Bundesrepublik Deutschland und der Beeinflußbarkeit ihrer Verteilung«, Tübingen 1964 — Gutachten im Auftrag des Bundeswirtschaftsministeriums erstattet.

sten Vorkämpfer der Vermögenspolitik im Tarifstreit der Metallindustrie Nordwürttemberg/Nordbaden im Jahre 1954 seinen Investivlohnvorschlag gemacht, hat sich aber leider damals nicht durchsetzen können [7]. Dies ist erst Georg Leber, dem früheren Vorsitzenden der IG-Bau-Steine-Erden, gelungen. Er hat im September 1964 eine Tarifvereinbarung zum Zweck der Vermögensbildung der Arbeitnehmer im Baugewerbe vorgeschlagen und auch durchgesetzt.

## Motive der Vermögenspolitik

Herbert Ehrenberg hat neuerdings die Auffassung vertreten, die beiden Pläne von Arnold und Häussler hätten den Investivlohngedanken diskreditiert. Sie seien »nicht auf progressive Veränderung der Verteilung, sondern auf Stabilisierung und Verbreiterung der Finanzierungsbasis für Investitionen allein ausgerichtet gewesen« [8]. In Wirklichkeit ist es den beiden Vermögenspolitikern — wie auch später Georg Leber — keineswegs nur und in erster Linie um die Finanzierung der Investitionen der Wirtschaft, sondern um die individuelle Vermögensbildung der Arbeitnehmer gegangen. Stets lag der Forderung einer breiteren Vermögensstreuung eine ganze Reihe von ordnungspolitischen sowie wirtschafts- und gesellschaftspolitischen Motiven zugrunde. Lediglich die Akzente waren unterschiedlich gesetzt. Im Vordergrund stand bei den meisten Vermögenspolitikern die Absicht, das Eigentum in seiner Bedeutung für eine freie Gesellschafts- und Wirtschaftsordnung zu sichern. Sie gingen davon aus, daß auf die Dauer eine freie, auf dem privaten Eigentum beruhende Wirtschaftsordnung nur gehalten werden kann, wenn dieses Eigentum durch die Mehrheit der Bevölkerung bejaht wird. Diese große Mehrheit der Bevölkerung wird aber die Institution des Eigentums nur dann freudig bejahen, wenn sie am Eigentum selber beteiligt ist.

Die großen DGB-Gewerkschaften hatten in der Vergangenheit leider relativ wenig Interesse an der Vermögenspolitik gezeigt. Dem DGB-Vorsitzenden Vetter wird das Wort zugeschrieben, die Vermögensbildung der Arbeitnehmer solle nicht der Bereicherung des einzelnen Arbeitnehmers dienen. Er ist daher für die Bildung von kollektiven Fonds eingetreten, bei deren Verwaltung die Gewerkschaften maßgeblich beteiligt werden sollen, um so ihre gesellschaftspolitischen Ziele, insbesondere ihren Einfluß auf die Investitionen, besser verfolgen zu können.

In der Vermögensbildungsdiskussion der letzten Monate steht die Notwendigkeit, die Arbeitnehmereinkommen zur Finanzierung der Investitionen und zur Stärkung der Eigenkapitalbildung der Unternehmen mit heranzuziehen, im Vordergrund. So bezeichnet z. B. Bundeswirtschaftsminister Friderichs die Vermögenspolitik als »Wachstums- und Vollbeschäftigungs-

7 Siehe u. a. E. Häussler, »Jedem sein Eigentum — Vermögensbildung in der modernen Gesellschaft«, Stuttgart 1965 — im Auszug abgedruckt in »Aktuelle Dokumente de Gruyter«, »Vermögensbildung und Vermögensverteilung«, Berlin 1973, S. 209 f. Ferner E. Häussler/G. Stehle, »Eine Idee bricht sich Bahn«, Rottweil 1972.

8 Siehe H. Ehrenberg, »Vermögenspolitik für die 70er Jahre«, Stuttgart 1971, Seite 19.

politik«: »Die Vermögenspolitik ist bisher vorwiegend unter dem sozialpolitischen Aspekt gesehen worden: gleichmäßigere Verteilung des Vermögens, vor allem auch des Produktivvermögens. Daneben gibt es jedoch weitere gewichtige Gründe für eine aktive Vermögenspolitik. Einmal eine einkommenspolitische Motivation, die die Vermögenspolitik als Flankierung der Einkommenspolitik versteht, mit dem Ziel einer Entschärfung des Verteilungskonfliktes; zum anderen wirtschaftspolitische Motive, die auf mehr Investitionen und einen höheren Beschäftigungsstand über eine Erhöhung der Eigenkapitalbasis der Unternehmen und damit eine Erleichterung der Unternehmensfinanzierung zielen. Vermögenspolitik ist folglich nicht nur eine sozialpolitische Aufgabe, sondern auch Teil einer breitangelegten, stabilitätsorientierten Wachstums- und Vollbeschäftigungspolitik«[9].
Im übrigen waren sich die Vermögenspolitiker der Nachkriegszeit von Anfang an darin einig, daß »gerechtere« Verteilung der Vermögen nur in einem langandauernden Prozeß und nur durch ein ganzes Bündel von Maßnahmen erreicht werden kann[10]. Auf die verschiedenen vermögenspolitischen Einzelmaßnahmen soll nunmehr nachstehend kurz eingegangen werden.

## Die Steuerpolitik

Von besonderer Auswirkung auf die Vermögensverteilung war die Steuerpolitik des Bundes. Durch einen allmählichen Abbau der durch die Kontrollratsgesetzgebung überhöhten Einkommensteuerprogression, durch die Gewährung von Abschreibungs- und Rückstellungsmöglichkeiten und die Schaffung verschiedener Sonderbegünstigungen wurde der Wiederaufbau der Wirtschaft und das Anlaufen der Konjunktur gefördert. Unmittelbar im Anschluß an die Währungsreform wurde das DM-Eröffnungsbilanzgesetz erlassen, das für die Unternehmen eine großzügige Bewertungsfreiheit des Anlagevermögens brachte und für die erste auf DM lautende Bilanz die notwendigen Abschreibungsmöglichkeiten schuf. Zu erwähnen sind insbesondere die Siebenerparagraphen des Einkommensteuergesetzes (§ 7 a Bewertungsfreiheit für bewegliche Wirtschaftsgüter, § 7 b erhöhte Abschreibungen für eigene Wohngebäude, § 7 c Förderung des Fremdenwohnungsbaus, § 7 d Förderung des Schiffbaus usw.). Bis 1. 1. 1951 gab es für nichtentnommene Gewinne generell eine steuerliche Begünstigung, wodurch die Selbstfinanzierung und die Kapitalbildung der Unternehmen zusätzlich gefördert wurde. Hier ist nicht der Ort, auf die zahlreichen Maßnahmen der Steuerpolitik im einzelnen einzugehen. Sie dienten allesamt und in erster Linie wirtschaftspolitischen Zielen, hatten aber selbstverständlich — wie gesagt — nicht unerhebliche vermögenspolitische Auswirkungen.
Viele steuerlichen Begünstigungen kamen für Arbeitnehmer nicht in Betracht, da sie nur für die Unternehmen gedacht waren. Auch war manche

9 Bundesminister Dr. Hans Friderichs, »Realistische Vorschläge zur Fortentwicklung der Vermögenspolitik«, August 1976.

10 Siehe u. v. a. H. Ehrenberg, L. Storck, »Durchbruch zum sozialen Rechtsstaat, Eigentum und Sozialdemokratie«, Bonn 1969, Seite 29.

steuerliche Begünstigung anfangs nur für die Bezieher entsprechend hoher Einkommen interessant. Daher sind Ende der Fünfzigerjahre/Anfang der Sechzigerjahre durch verschiedene Steueränderungsgesetze Erleichterungen geschaffen worden, die die Sparfähigkeit insbesondere der Arbeitnehmer mit niederem und mittlerem Einkommen heben sollten (z. B. Erhöhung der Pauschbeträge für Werbungskosten und Sonderausgaben, Arbeitnehmerfreibetrag, höhere Kinderfreibeträge etc.).
Trotzdem behielt das, was der Wissenschaftliche Beirat beim Bundesfinanzministerium in seinem Bericht »Organische Steuerreform« schon im Februar 1953 gesagt hatte, seine Gültigkeit: »Die ungleichen Möglichkeiten der Einkommen- und Steuergestaltung sowie die ungleichmäßige Verteilung der Steuerlast führen auch dazu, daß die Vermögensbildung der einen übermäßig begünstigt, die der anderen dagegen in hohem Grade erschwert wird. Die zur Verwirklichung gerechterer Einkommens- und Vermögensverteilung besonders berufene Einkommensbesteuerung bewirkt so unter den heutigen Verhältnissen keine größere soziale Gerechtigkeit, sondern deren Gegenteil« [11].

## Die Sparförderung

Eine steuerliche Sparförderung gab es vorübergehend schon nach dem Ersten Weltkrieg. Im Jahre 1922 wurde eine Steuerbegünstigung in gewissem Umfang gewährt, wenn entsprechende Sparverträge der Altersvorsorge dienten und eine Mindestlaufzeit von 20 Jahren hatten. Diese Form der Sparförderung wurde im Jahre 1934 wieder abgeschafft, dafür wurde aber gleichzeitig die steuerliche Begünstigung des Bausparens eingeführt.
Nach der Währungsreform 1948 sind Beiträge an Lebensversicherungen und Bausparkassen sowie Zahlungen für Kapitalansammlungsverträge sowie Aufwendungen für den Ersterwerb von Aktien nach § 10 des EKStG in die Sonderausgabenregelung einbezogen worden. Der Deutsche Sparkassen- und Giroverband schrieb dazu in seiner Schrift »Ziel und Wege der Sparförderung« (Bonn 1971, S. 10) folgendes: »Freilich hat hierbei der Gedanke, das Sparen und die Vermögensbildung zu fördern, kaum eine Rolle gespielt. Wer sich an jene Zeit zu erinnern vermag, der weiß auch, daß es damals andere Sorgen gab ... Die Steuerbegünstigung hatte damals allein den Sinn, für den einsetzenden Wiederaufbau der Industrie und für den Wohnungsbau das notwendige Kapital zu beschaffen ... Der kleine Mann, auf den sich die Politiker heute so gerne berufen, hatte jedenfalls von dieser Form der Sparförderung wenig.«
Da diese Form der Steuerbegünstigung immer mehr auf Kritik stieß, ging man im Laufe der Zeit von der Steuerbegünstigung auf die Gewährung von Prämien über. Den Anfang machten die Bausparprämien im Jahre 1952. Im Jahre 1955 wurden die Festlegungsfristen für das steuerlich begünstigte Kontensparen von 2½—4 Jahren auf 10 Jahre verlängert, was sofort einen erheblichen Rückgang im Kontensparen bewirkte und den

11 »Organische Steuerreform«, Bericht des Wissenschaftlichen Beirats beim Bundesministerium der Finanzen, Seite 22 f.

Gesetzgeber im Herbst 1956 zur Rückkehr zu den alten Festlegungsfristen veranlaßte. Ab Mai 1959 ist schließlich an die Stelle der Steuerbegünstigung die Sparprämie beim Kontensparen getreten. Mit dieser Umstellung sollte im Gegensatz zu bisher den Beziehern mittlerer und kleinerer Einkommen ein Anreiz zum Sparen gegeben werden, um so bei steigendem Einkommen für die kleinen Einkommensbezieher die Grundlage für eine Geldvermögensbildung zu legen. Der damalige Bundesfinanzminister, Franz Etzel, hat bei der ersten Beratung des Sparprämiengesetzes am 13. 3. 1958 dazu folgendes ausgeführt: »Das Sparprämiengesetz soll neben dem Wohnungsbauprämiengesetz der Förderung des Sparens der kleinen Einkommensbezieher dienen. Es beruht auf der Erkenntnis, daß steuerliche Maßnahmen allein nicht ausreichen, um eine breite Streuung des privaten Eigentums zu erreichen. Nur die Gewährung der Sparprämien bietet gegenüber der bisherigen Begünstigung über die Sonderausgaben auch denjenigen Sparern greifbare Vorteile, die keine oder nur eine geringe Einkommensteuer zu bezahlen haben (3. Legislaturperiode, 17. Sitzung vom 13. 3. 1958).

Die Prämie betrug damals einheitlich 20 % des gesparten Betrages, höchstens aber 120,— DM bei Alleinstehenden, 240,— DM bei Verheirateten und 360,— DM bei Ehepaaren mit 3 oder mehr Kindern. Im Februar 1961 wurde eine Erhöhung der Höchstgrenzen der Prämien und der prämienbegünstigten Sparbeträge zugunsten kinderreicher Familien eingeführt. Von 1967 an galt jedoch für Verträge, die nach dem 8. 12. 1966 abgeschlossen wurden, das sogenannte Kumulierungsverbot, d. h., es konnten nicht mehr gleichzeitig Sparprämien und Bausparprämien oder die Steuervergünstigung für das Bausparen in Anspruch genommen werden. Mit dem Steueränderungsgesetz 1969 (Große Koalition) wurde für das Prämiensparen des Kleinverdieners (6000,— DM bei Alleinstehenden, 12.000,— DM bei Verheirateten) eine Zusatzprämie von 40 % der bisherigen Prämien eingeführt und das Kumulierungsverbot für vermögenswirksame Leistungen nach dem Vermögensbildungsgesetz gelockert. Seit Anfang 1975 werden, um öffentliche Mittel zu sparen, Sparprämien sowie Bausparprämien nur noch bis zu einer Einkommensgrenze (24.000,— DM bei Ledigen, 48.000,— DM bei Verheirateten) gewährt.

Bei der Anhörung von Sachverständigen durch den Ausschuß für Arbeit und Sozialordnung zum 3. Vermögensbildungsgesetz im Jahre 1970 hat der Vertreter der Bundesbank darauf hingewiesen, daß die Sparförderung mit zunehmender Entfernung von der Währungsreform und der zunehmenden Anreicherung der Volkswirtschaft durch Geldbestände an Effizienz verloren hat. Die Bezieher hoher Einkommen hätten — so sagte er — eine Sparquote erreicht, die sie auch ohne staatliche Sparförderung erreichen konnten. Die Nettosparleistung entspräche nicht dem, was der Staat aufwende.

Diese Kritik an der staatlichen Sparförderung war nicht neu. Schon in früheren Jahren wurde deren Effizienz bezweifelt und die Frage gestellt, ob die begünstigten Beträge, insbesondere von den Empfängern mittlerer und höherer Einkommen nicht sowieso gespart worden wären. Jedenfalls war der sparpolitische Wert der Steuerbegünstigung wie auch der späteren Sparprämien umstritten. Es ist daher kein Wunder, daß das sogenannte Haushaltsstrukturgesetz ab 1976 die Sparprämien (gleichzeitig auch die Bausparprämien) herabgesetzt hat, und daß von verschiedenen Seiten die

Aussetzung der Prämien in letzter Zeit vorgeschlagen worden ist. Schließlich hat schon der Subventionsbericht 1975 der Bundesregierung festgestellt: »Unter den heutigen wirtschaftlichen Verhältnissen erscheint eine Förderung des Sparens nicht mehr in diesem Umfang erforderlich.«

## Wertpapiersparen

Schon das Kapitalmarktförderungsgesetz vom Dezember 1952 sah die Steuerfreiheit oder Steuerermäßigung für Zinserträge bestimmter Schuldverschreibungen vor. Dieses Gesetz wurde zwar im Jahre 1954 wieder aufgehoben. Aber die Begünstigung der vor 1954 ausgegebenen Wertpapiere wirkt weiterhin fort. Das Gesetz über Kapitalanlagegesellschaften vom 16. 4. 1975 (Investmentgesetz) hat ohne Zweifel zur Verbreitung des Investmentsparens beigetragen und ist auch den Kleinsparern zugute gekommen. Das Gesetz über die Kapitalerhöhung aus Gesellschaftsmitteln vom 23. 12. 1959 und das dazugehörende Steuergesetz vom 30. 12. 1959 (Kleine Aktienrechtsreform) erleichterten die Ausgabe von Belegschaftsaktien. Im Jahre 1959 ist auch ein Verzicht auf die Kapitalertragssteuer für lohnsteuerpflichtige Kleinaktionäre bis zu 25 % der ausgeschüttete Dividende unter bestimmten Voraussetzungen eingeführt worden. In diesem Zusammenhang ist auch an die Teilprivatisierung von Bundesunternehmen und die Schaffung von Volksaktien, die kleingestückelt mit einem Sozialbonus ausgestattet oder zu einem sozialen Ausgabekurs eingeführt wurden, zu erinnern. Im Jahre 1959 wurde die Preußische Bergwerks- und Hütten AG (PREUSSAG) privatisiert. Damals sind nominal 30 Mio. DM junger Aktien sowie 51 Mio. DM alter Aktien zu einem sozialen Ausgabekurs verkauft worden, der an der unteren Grenze des kaufmännisch vertretbaren Bewertungsrahmens lag. Im Jahre 1960 wurde das Volkswagenwerk zu einem Teil privatisiert, indem von dem nominal 600 Mio. DM betragenden Grundkapital 360 Mio. DM als Volksaktien verkauft wurden. Auf den Ausgabekurs wurde ein Sozialrabatt gewährt, der entsprechend dem Einkommen und der Kinderzahl von 10 %—25 % gestaffelt war. Der Bezieherkreis war auf Personen beschränkt, deren zu versteuerndes Jahreseinkommen 8000,— DM bei Unverheirateten und 16.000,— DM bei Verheirateten nicht überschritt. Die letzte Privatisierungsaktion fand im Jahre 1965 statt. Damals wurden nominal 375 Mio. DM junger Aktien sowie 153 Mio. DM alter Aktien der Vereinigten Elektrizitäts- und Bergwerke AG (VEBA) verkauft. Ein Sozialrabatt wurde nicht gewährt. Zeichnungsberechtigt waren Personen, deren zu versteuerndes Jahreseinkommen bei Unverheirateten 14.000,— DM und bei Verheirateten 28.000,— DM nicht überschritt. Auch hier konnte von einem ausgesprochenen sozialen Ausgabekurs gesprochen werden. In diesem Zusammenhang sei noch erwähnt, daß Anfang 1969 der Bundesschatzbrief als neuer Wertpapiertyp eingeführt worden ist. Damit wurde eine Anlageform geschaffen, die zwischen dem Sparkonto und der öffentlichen Anleihe steht und die den Sparer anregen soll, über das Kontensparen hinaus einen Teil seiner Ersparnisse zinsgünstiger in einem besonderen Wertpapier anzulegen. Näheres über den Bundesschatzbrief sowie über die staatliche Sparförderung überhaupt ist aus dem Bericht der Bundesregierung über die Auswirkungen der Sparförderung, Bundestagsdrucksache VI/3186, vom 23. Februar 1972, zu entnehmen.

## Wohnungsbaupolitik

Schon 1951 hatte der Bundestag einstimmig die Bundesregierung ersucht, »die für den sozialen Wohnungsbau bestimmten Bundesmittel mit der Auflage zu verteilen, daß ein angemessener Anteil dieser Mittel von den Ländern zum Bau von Eigenheimen und Kleinsiedlungen sowie von Wohnungen für Kinderreiche Verwendung finden muß«. Das 1. Wohnungsbaugesetz vom April 1950 diente in der Hauptsache noch der Wohnraumbeschaffung durch Förderung des Mietwohnungsbaus. Bereits im Jahre 1951 wurde aber das Wohnungseigentumsgesetz erlassen, das als neue Eigentumsform das Wohnungseigentum vorsah. Das 2. Wohnungsbaugesetz von 1956 hatte bereits einen ausgesprochen vermögenspolitischen Charakter, indem es vorrangig den Eigenheimbau einkommensschwacher Personen, kinderreicher Familien und Schwerbeschädigter förderte. Die Novellierung des 2. Wohnungsbaugesetzes im Jahre 1965 (Wohnungsbauänderungsgesetz) hat den Wohnungsbau, insbesondere den Eigenheimbau, noch mehr in den Dienst staatlicher Vermögenspolitik gestellt. Das Bausparen ist in der Nachkriegszeit in besonderer Weise gefördert worden. Von 1952 bis 1973 sind ca. 18,4 Mrd. DM an Prämien nach dem Wohnungsbauprämiengesetz ausgezahlt worden. Hinzu kommen Steuermindereinnahmen durch Sonderausgabenabzug in Höhe von ca. 10,6 Mrd. DM.

Das Wohnungsbauprämiengesetz, eine neue Form der Sparförderung, ist bereits im Jahre 1952 einstimmig vom Deutschen Bundestag gebilligt worden. Es ergänzte die schon seit 1934 bestehende steuerliche Bausparförderung über Sonderausgaben. Es sollte besonders den Empfängern niedriger Einkommen zugute kommen. Die zweigleisige Bausparförderung über Prämien und Steuerbegünstigung war zwar sehr aufwendig (29 Mrd. DM = 60 % aller von 1950 bis 1973 vom Staat eingesetzten Sparförderungsmittel), aber die Aufwendungen haben sich vermögenspolitisch gelohnt. Die Bauspartätigkeit hat besonders in den Arbeitnehmerhaushalten stark zugenommen.

## Vermögensbildungsgesetze

Das Erste Gesetz zur Förderung der Vermögensbildung der Arbeitnehmer vom 21. 7. 1961 befreite Arbeitnehmer und Arbeitgeber bei vermögenswirksamen Leistungen des Arbeitgebers bis zu einem Betrag von DM 312,— jährlich von den Beiträgen zur Sozialversicherung. Die Arbeitnehmer wurden auch von der Lohnsteuer befreit, wenn der Arbeitgeber die Lohnsteuer in Form einer Pauschale von 8 % übernahm. Als Anlagemöglichkeiten boten sich die bestehenden Sparförderungsgesetze an (Sparprämiengesetz, Wohnungsbauprämiengesetz). Die vermögenswirksamen Beträge konnten jedoch auch unmittelbar in Eigenheimen angelegt oder als Arbeitnehmerdarlehen dem Arbeitgeber zur Verfügung gestellt werden. Das Erste Vermögensbildungsgesetz hat keine besondere Bedeutung erlangt. Im Jahre 1964 — vor der Novellierung — hatten nur 380.000 Arbeitnehmer vermögenswirksame Leistungen erhalten. Dieser Mißerfolg ist u. a. darauf zurückzuführen, daß das Gesetz die Möglichkeiten tariflicher Vereinbarungen ausschloß und sich auf Einzel- oder Betriebsvereinbarungen beschränkte. Der Regierungsentwurf hatte von »vereinbarten vermögenswirksamen Leistungen« gesprochen und demzufolge auch Tarifverträge über vermögenswirksame Leistungen zugelassen. Der Ausschuß für Arbeit hat aber demgegenüber ausdrücklich festgestellt, daß unter »vereinbarte Leistungen« nicht Tarifvereinbarungen fallen. (Siehe Bundesarbeitsminister Theo Blank bei der 1. Beratung des Zweiten Vermögensbildungsgesetzes am 22. 1. 1965.) Das Zweite Vermögensbildungsgesetz vom 5. Mai 1965 hat die Möglichkeit, Tarifverträge über vermögenswirksame Leistungen abzuschließen, eingeführt. Hier ist daran zu erinnern, daß im September 1964 die Industrie-Gewerkschaft Bau-Steine-Erden ihr »Programm zur Vermögensbildung der Arbeitnehmer im Baugewerbe« zur öffentlichen Diskussion gestellt hat und ein halbes Jahr später (März 1965) im Bauhauptgewerbe der erste Tarifvertrag über vermögenswirksame Leistungen zum Abschluß gekommen ist. Bei der entsprechenden Vereinbarung wurde ausdrücklich auf das vom Bundestag noch zu verabschiedende Zweite Vermögensbildungsgesetz Bezug genommen. Der Vertrag ist seinerzeit unter der Bedingung geschlossen worden, daß das Zweite Vermögensbildungsgesetz bis zum 30. 9. 1965 verabschiedet werde. Die Tarifvertragsparteien des Baugewerbes haben also die Verabschiedung des Zweiten Vermögensbildungsgesetzes mit der Einbeziehung der Tarifverträge erleichtert.

Das Zweite Vermögensbildungsgesetz hat den Öffentlichen Dienst einbezogen, ferner wurde die Möglichkeit geschaffen, Teile des eigenen Arbeitseinkommens vermögenswirksam anzulegen; die Lohnsteuerpauschale wurde abgeschafft, und die vermögenswirksamen Leistungen wurden von der Lohnsteuer ganz freigestellt. Für Familien mit mehr als 2 Kindern ist der begünstigte Betrag auf DM 468,— erhöht worden und einiges andere mehr. Jedoch brachte auch das Zweite Vermögensbildungsgesetz nicht den erwarteten Erfolg. 1969 betrug die Zahl der Arbeitnehmer, die aufgrund eines Tarifvertrages unter das Gesetz fielen, nicht ganz 1 Million. Auch die Novelle zum Zweiten Vermögensbildungsgesetz vom 3. 9. 1969, die unter anderem gewisse Benachteiligungen bei der Berechnung der Höhe des Kranken- und Arbeitslosengeldes beseitigte, führte nicht zu mehr Tarifverträgen. Erst das Dritte Vermögensbildungsgesetz vom Jahre 1970 hat in größerem Umfang die Tarifparteien veranlaßt, entsprechende Tarifverträge abzuschließen. Bereits im Jahre 1970 erhielten 6,5 Millionen Arbeitnehmer aufgrund von Tarifverträgen vermögenswirksame Leistungen. Nach dem Jahreswirtschaftsbericht 1976 der Bundesregierung bilden heute mehr als 16 Millionen Arbeitnehmer Vermögen nach dem Dritten Vermögensbildungsgesetz, davon ca. 15 Millionen mit tarifvertraglich vereinbarten Leistungen der Arbeitgeber. Der durchschnittliche Sparbetrag beträgt 1975 ca. 600,— DM. Die Arbeitgeber haben 1974 ca. 4,8 Mrd. DM an Investivlohn bezahlt. Die Sparleistung (incl. Eigenleistungen der Arbeitnehmer) belief sich 1974 auf 9,7 Mrd. DM, die Arbeitnehmer-Sparzulage des Staates betrug 3,2 Mrd. DM. Somit ist im Jahre 1974 für die Arbeitnehmer ein Vermögenszuwachs von über 12 Mrd. DM aufgrund des Vermögensbildungsgesetzes entstanden (siehe Einkommens- und Vermögensverteilung in der Bundesrepublik Deutschland, herausgegeben vom Bundesministerium für Arbeit und Sozialordnung, Ausgabe 1976, Seite 182 f.).

Der Erfolg des Gesetzes ist vor allem der Umstellung des Begünstigungssystems von der Lohnsteuer- und Sozialabgabenfreiheit auf die Zahlung einer Arbeitnehmersparzulage in Höhe von 30 % des angelegten Betrages (von 40 % bei Familien mit 3 und mehr Kindern) zurückzuführen. Dieser Übergang zur Arbeitnehmer-Sparzulage war in dem für das Vermögensbildungsgesetz zuständigen Bundesministerium für Arbeit und Sozialordnung schon zur Zeit der Großen Koalition vorgesehen (siehe Ausführungen des früheren Bundesarbeitsministers Hans Katzer bei der 1. Beratung des Dritten Vermögensbildungsgesetzes vom 15. 4. 1970).

Die Umstellung auf die Arbeitnehmer-Sparzulage kam besonders den Beziehern niedriger Einkommen zugute. Wer bis dahin wegen niederen Einkommens keine oder wenig Lohnsteuer zahlte, hatte von der Lohnsteuerbefreiung nichts bzw. weniger als der Empfänger eines höheren Einkommens. Auch führte die Befreiung von den Sozialabgaben in der Rentenversicherung zu geringeren Rentenansprüchen und trotz der erwähnten Novellierung des Zweiten Vermögensbildungsgesetzes 1969 zu Nachteilen auf dem Gebiet der Kranken- und Arbeitslosenversicherung.

Die Verdoppelung des Begünstigungshöchstbetrages auf 624,— DM war eine notwendige Anpassung an die Lohn- und Gehaltsentwicklung seit dem 312,—-DM-Gesetz von 1961. Neu war die Einbeziehung von bestimmten Lebensversicherungsverträgen in den Anlagekatalog. Nach Mitteilung des Bundesarbeitsministeriums sind von den vermögenswirksamen Sparbeträgen im Jahre 1974 51 % nach dem Sparprämiengesetz, 28 % nach dem Wohnungsbauprämiengesetz und 20 % in vermögenswirksamen Lebensversicherungsverträgen angelegt worden. Neu war auch die Einführung einer Einkommensgrenze (24.000,— DM, bzw. 48.000,— DM bei zusammenveranlagten Ehegatten). Die Einführung dieser Einkommensgrenze war ursprünglich im Regierungsentwurf nicht vorgesehen. Sie ist erst im Laufe der Beratungen im Ausschuß für Arbeit und Sozialordnung beschlossen worden. MdB Herbert Ehrenberg hat in seiner Schrift »Vermögenspolitik für die 70er Jahre«, Stuttgart 1971, darauf aufmerksam gemacht, daß es besonders dem Betreiben von Professor Schellenberg zu verdanken ist, daß diese Einkommensgrenze eingeführt wurde: »Dem Vorsitzenden des Bundestagsausschusses für Arbeit und Sozialordnung, Professor Schellenberg, kommt das große Verdienst zu, mit der Einführung der Einkommensgrenze im Dritten Vermögensbildungsgesetz eine wichtige Vorentscheidung für die im Zusammenhang mit der Großen Steuerreform angestrebte Harmonisierung der Sparförderung in die richtige Bahn gelenkt zu haben.« Den Bericht des Ausschusses über die Beratungen des Dritten Vermögensbildungsgesetzes und des Entwurfes der CDU/CSU eines Beteiligungslohngesetzes hat übrigens, angesichts der Bedeutung dieses Gesetzes — es war die einzige, aber auch die erfolgreichste gesetzgeberische Maßnahme auf dem Gebiet der Vermögenspolitik in der 6. Legislaturperiode des Bundestages — der Ausschußvorsitzende Ernst Schellenberg selber erstattet. In diesem Bericht (Bundestagsdrucksache VI/860 vom 31. 5. 1970) heißt es, der Ausschuß habe die Erwartung ausgesprochen, daß die Einführung einer Einkommensgrenze im Dritten Vermögensbildungsgesetz auch eine Signalwirkung für die geplante Reform der Sparförderung habe. Diese Erwartung drückte auch der einstimmig beschlossene Entschließungsantrag aus, wonach die Bundesregierung ersucht wurde, die Sparförderung gezielt auf die unteren und mittleren Einkommensschichten auszurichten.

Bedauerlich ist, daß das 624,— DM-Gesetz in der Hauptsache die Geldvermögensbildung fördert und nicht die Beteiligung der Arbeitnehmer am Produktivvermögen. In den Anlagekatalog sind zwar Aufwendungen für den Erwerb von Aktien und für Arbeitnehmerdarlehen an den Arbeitgeber sowie Aufwendungen des Arbeitnehmers für den Erwerb eigener Aktien des Arbeitgebers zum Vorzugskurs aufgenommen, aber diese Aufwendungen machen nur etwa 1 % der Leistungen aus, die nach dem Dritten Vermögensbildungsgesetz gefördert werden. Die Vermögenspolitik wäre einen großen Schritt in Richtung Produktivvermögen vorangekommen, wenn sich die Mehrheit des Bundestages rechtzeitig entschlossen hätte, den von der CDU/CSU vorgelegten Entwurf eines Beteiligungslohngesetzes, wenn auch in entsprechend modifizierter Form, aufzugreifen.

Es kann jedoch nicht geleugnet werden, daß das 624,— DM-Gesetz einen beachtlichen Durchbruch in der Vermögenspolitik gebracht hat. Erfreulicherweise machen sich die Tarifparteien und auch maßgebliche Vermögenspolitiker Gedanken darüber, wie dieses Gesetz noch weiter ausgebaut werden könne. So hat z. B. der DGB-Vorsitzende Vetter in einem Brief an die Vorsitzenden der Einzelgewerkschaften festgestellt, daß »Überbetriebliche Fondsmodelle auf absehbare Zeit keine Chancen auf eine gesetzliche Ver-
Seite Überlegungen darüber, wie die Vermögensbildung in die Lohn- und
wirklichung haben«. Offensichtlich gibt es auch auf gewerkschaftlicher
Gehaltspolitik einbezogen werden könnte. Die Bundesvereinigung der Deutschen Arbeitgeberverbände hat in ihrer Erklärung zu gesellschaftspolitischen Grundsatzfragen »Fortschritt aus Idee und Leistung« (Köln 1975) folgendes ausgeführt: »Als sinnvolles und erfolgversprechendes Instrument zur Erreichung des Ziels einer verstärkten Vermögensbildung in Arbeitnehmerhand hat sich der vermögenswirksame Tarifvertrag im Rahmen des 624,— DM-Gesetzes erwiesen« ... »Es liegt nahe, den tarifvertraglichen Weg auch in Zukunft weiterzugehen, um schließlich den Begünstigungsrahmen des Vermögensbildungsgesetzes je nach den wirtschaftlichen Gegebenheiten der einzelnen Branchen voll auszuschöpfen« ... »Im Interesse der verteilungspolitischen Zielsetzung können dabei die vermögenswirksamen Lohnvereinbarungen auch etwas über diejenigen Grenzen hinausgehen, die einer kostenniveau-neutralen Barlohnpolitik gezogen sind. Diese — in den Betrieben zwar kostenwirksamen — Vermögensleistungen gehen nicht in den Konsum, sondern stehen als Ersparnis für die Investitionsfinanzierung direkt oder indirekt zur Verfügung.« Bemerkenswert ist auch, was Präsident Sohl auf der diesjährigen Jahresversammlung des Bundesverbandes der Deutschen Industrie am 1. Juli 1976 zur Vermögenspolitik gesagt hat: »Wenn wir auf das soziale Klima und den sozialen Fortschritt in unserem Lande stolz sind, dann sollten wir auch in der Tarifpolitik zu neuen Wegen finden. Alle Parteien im Bundestag betonen die Notwendigkeit einer Vermögensbildung in Arbeitnehmerhand, aber noch

keine ist bisher auf die Idee gekommen, derartige Vorschläge von produktivitätsgerechten Tarifabschlüssen abhängig zu machen. Man kann aber nicht doppelt umverteilen.«

## Überbetriebliche Vermögensbeteiligung

In der 7. Legislaturperiode des Bundestages kam es, wenn man von der auch für die Vermögenspolitik bedeutsamen Körperschaftsteuerreform — Beseitigung der Doppelbesteuerung der Aktie — absieht, zu keinerlei neuen vermögenspolitischen Maßnahmen. Die Vermögenspolitik nahm zwar auf den Parteitagen aller Parteien (Hamburger CDU-Parteitag, November 1973, Hannoveraner Parteitag der SPD, April 1973, und Freiburger Parteitag der FDP, 1971) einen breiten Raum ein. Gesetzentwürfe sind jedoch nur von der CDU/CSU eingebracht worden. Am 19. 1. 1974 hat die Bundesregierung die Grundlinien eines Vermögensbeteiligungsgesetzes verabschiedet, die in der Öffentlichkeit auf harte Kritik gestoßen sind. Bundeskanzler Schmidt hat in seiner Regierungserklärung vom 17. 5. 1974 angekündigt, daß dieses Vermögensbeteiligungsgesetz zu Beginn des Jahres 1978 in Kraft treten soll. Im Jahreswirtschaftsbericht 1976 mußte jedoch die Bundesregierung zugeben, daß sich bei der Erarbeitung eines entsprechenden Gesetzentwurfs zur Zeit unüberwindbare Schwierigkeiten ergeben haben. Insbesondere könne eine Gleichbehandlung, so heißt es, von Unternehmen verschiedener Rechtsform nicht verwirklicht werden. Auch fehle es an geeigneten Maßstäben für die Bewertung von Unternehmensanteilen, die nicht an der Börse gehandelt werden.

## Förderung freiwilliger betrieblicher Gewinn- und Kapital-Beteiligungen

Die CDU/CSU-Fraktion hat im Mai 1975 ihren von der Arbeitsgruppe Eigentum unter Vorsitz von E. Pieroth M.d.B. ausgearbeiteten Antrag zur Förderung der betrieblichen Gewinn- und Kapitalbeteiligung »der Arbeitnehmer« aus der vorigen Legislaturperiode erneut eingebracht. Eine interne Studie des Bundeswirtschaftsministeriums hat sich positiv dazu geäußert: »Anreiz zum Ausbau der betrieblichen Vermögensbildung: hier könnte in der Substanz dem CDU/CSU-Antrag gefolgt werden. Eine Vorlage der Regierung wäre vorzubereiten.« Leider ist der Antrag im 7. Bundestag nicht weiter behandelt worden. Für die künftige Entwicklung freiwilliger betrieblicher Gewinn- und Kapitalbeteiligungen ist jedoch die von der Bundesregierung im Jahreswirtschaftsbericht erklärte Bereitschaft, betriebliche oder tarifvertragliche Unternehmensbeteiligungen bei etwaigen späteren gesetzlichen überbetrieblichen Regelungen nicht anzurechnen, von Bedeutung. Auch kann sich die Beseitigung der Doppelbesteuerung der Aktie, die oben erwähnt wurde, günstig im Sinne der Vermögensbildung auswirken.

## Zusammenfassende Würdigung der Vermögenspolitik der Nachkriegszeit

In der Mitte der Sechzigerjahre hat Professor Krelle in seiner im Auftrag des Bundesministeriums für Arbeit und Sozialordnung durchgeführten Untersuchung über die Vermögensstruktur der Bundesrepublik Deutschland festgestellt, daß 1,7 % der Haushalte 70 % des (privaten, gewerblichen) Produktivvermögens besitzen. Dieser Satz hat damals viel Furore gemacht. Es wurde von einem Skandal in der Vermögensverteilung gesprochen. In der Zwischenzeit sind dazu von wissenschaftlicher Seite die notwendigen Klarstellungen erfolgt [12]. Schließlich war es jedoch Professor Krelle selber, der schon in der erwähnten Schrift ausdrücklich erklärt hat, daß von einer Konzentration des privaten Vermögens in wenigen Händen keine Rede sein kann [13].

Betrachtet man die Ergebnisse der neuesten Einkommens- und Verbrauchsstichprobe 1973, insbesondere deren Aussagen über die Vermögensbestände, und vergleicht die Vermögenssituation der privaten Haushalte mit den Ergebnissen früherer Stichproben, so wird man feststellen, daß sich die Vermögenssituation der privaten Haushalte laufend verbessert hat und daß man in Bezug auf das Geld- und das Grundvermögen von einer relativ ausgeglichenen Vermögensverteilung sprechen kann. Dies ist sicherlich auch auf die zahlreichen vermögenspolitischen Aktivitäten der Nachkriegszeit zurückzuführen. Das Produktivvermögen ist nach wie vor ungleich verteilt. Hier bleibt noch einiges zu tun [14].

12 Willgerodt, Bartel, Schillert, »Vermögen für Alle«, Düsseldorf 1971.
Engels, Sablotny, Zickler »Das Volksvermögen — seine Verteilungs- und wohlstandspolitische Bedeutung«, Frankfurt/Main 1974.

13 Krelle, Schunck, Siebke, »Überbetriebliche Ertragsbeteiligung der Arbeitnehmer«, Tübingen 1968, Bd. 2, Seiten 379, 490.

14 »Vermögensbestände 1973« in Arbeits- und Sozialstatistik, herausgegeben vom Bundesminister für Arbeit und Sozialordnung, Mai 1976.

# 13. Arbeits- und Sozialrecht

## Friedhelm Farthmann

## Entwicklungen im Tarifrecht der Nachkriegszeit *

### I. Gesetzliche Regelungen

*1. Allgemeines*

Die mit Abschluß des Tarifvertrages der Buchdrucker im Jahre 1873 einsetzende und sich in den folgenden Jahrzehnten stürmisch fortsetzende Entwicklung des Tarifvertrages wurde im Jahre 1933 durch den Nationalsozialismus schroff unterbrochen. Nachdem durch Auflösung der Gewerkschaften und der Arbeitgeberverbände sowie durch die Einsetzung von Treuhändern der Arbeit [1], die die Aufgabe der Verbände wahrzunehmen hatten, bereits die Träger der bis dahin abgeschlossenen Tarifverträge fortgefallen waren, beseitigte das »Gesetz zur Ordnung der nationalen Arbeit« [2] die bisherigen Tarifverträge und ersetzte sie durch staatliche Rechtsverordnungen. An die Stelle der Tarifverträge traten die Tarifordnungen, die ohne Mitwirkung von Arbeitgebern und Arbeitnehmern zustande kamen. Diese Regelungen zusammen mit der Verordnung über die Lohngestaltung vom 25. Juni 1938 [3] und ihrer Durchführungsverordnung vom 23. April 1941 [4], durch die den staatlichen Treuhändern die Möglichkeit gegeben wurde, Höchstlöhne und andere Arbeitsbedingungen mit bindender Wirkung auch nach oben festzusetzen, bedeuteten die völlige Beseitigung der Tarifautonomie der Tarifvertragsparteien.

Dies war die rechtliche und tatsächliche Ausgangslage, von der aus nach Kriegsende die im Jahre 1933 unterbrochene tatsächliche und rechtliche Entwicklung des Tarifvertrages und des Tarifrechts wieder aufgenommen und fortgesetzt werden mußte. In der Folgezeit hat sich der Tarifvertrag sodann

*) Herrn Ministerialrat Pieper aus dem nordrhein-westfälischen Ministerium für Arbeit, Gesundheit und Soziales in Düsseldorf danke ich sehr für die Mitarbeit an diesem Beitrag.

1 Gesetz über Treuhänder der Arbeit vom 19. 5. 1933 (RGBl. I S. 285).
2 Gesetz zur Ordnung der nationalen Arbeit vom 20. 1. 1934 (RGBl. I S. 45).
3 RGBl. I S. 691.
4 RGBl. I S. 222.

zu einem Instrument unserer Wirtschaftsordnung entwickelt, das heute die Arbeitsbedingungen von ca. 90 % aller abhängig Beschäftigten regelt [5], von dem das wirtschaftliche Schicksal dieser Arbeitnehmer in weitestem Umfange abhängt und durch das die wirtschaftliche Entwicklung des Staatsganzen wesentlich mitbestimmt wird.

Trotz dieser außergewöhnlichen Bedeutung, die der Tarifvertrag für den einzelnen und für das Ganze hat, beschränken sich die gesetzlichen Regelungen, die die Bundesrepublik Deutschland als freiheitlich-demokratischer Rechtsstaat zum Tarifvertrag erlassen hat, auf wenige Bestimmungen. Nachdem die zuständigen Militärregierungen im Jahre 1946 die Tätigkeit der Treuhänder für Arbeit untersagt [6], das AOG außer Kraft gesetzt [7], die Berufsverbände wieder zugelassen [8], den Abschluß von Verträgen über Lohn und andere Arbeitsbedingungen in gewissem Umfange wieder gestattet [9] und die volle Tariffreiheit wieder eingeführt hatten [10], wurde unter wesentlicher Beteiligung der Gewerkschaften und der Arbeitgeberverbände ein Tarifvertragsgesetz zunächst für den Bereich des Vereinigten Wirtschaftsgebietes erlassen [11] und seine Geltung schrittweise auf das gesamte Bundesgebiet ausgedehnt [12]. Dieses Gesetz gilt in seinen wesentlichen Grundzügen noch heute. Es geht von der durch Artikel 9 Abs. 3 i. V. m. Artikel 2 Abs. 1 GG garantierten Tarifautonomie der zur Wahrung und Förderung der Arbeits- und Wirtschaftsbedingungen gebildeten Vereinigungen aus und überläßt die Festlegung der Arbeitsbedingungen den Tarifvertragsparteien im Wege des freien Spiels der Kräfte. Der Staat beschränkt sich auf Mindestregelungen [13].

Diese Zurückhaltung des Gesetzgebers, der nach unserer Rechtsordnung grundsätzlich in erster Linie zur Verbesserung der Rechtsstellung eines schutzbedürftigen Vertragspartners berufen ist, beruht auf der Einsicht, daß ein Eingreifen des Staates bei der Regelung der Arbeitsbedingungen, jedenfalls in einer freiheitlichen Gesellschaftsordnung, nur in sehr engen Grenzen sinnvoll ist. Maßgebend dafür, daß sich der Gesetzgeber gerade in entscheidenden Fragen der Regelung der Arbeitsbedingungen entweder auf die Normierung äußerster Mindestgrenzen beschränkt oder — wie etwa bei der

5 Clasen, Arbeitsbedingungen im Jahre 1975 in BABl. 1976 S. 94.

6 Gesetz der Militärregierung Nr. 77 (Amtsbl. der Militärregierung Nr. 1 S. 35).

7 KRG Nr. 40 vom 30. 11. 1946 (Amtsbl. des KR S. 229).

8 KR-Direktive Nr. 31 vom 3. 6. 1946 (Amtsbl. des KR S. 160).

9 KR-Direktiven Nr. 14, 26 und 41 vom 12. 10. 1945, 26. 1. 1946 und 17. 10. 1946 (Amtsbl. des KR S. 40, 115, 213).
Verordnung vom 22. 5. 1946 amerikanische Zone (Amtsbl. des Bay. ArbMin. 1946 S. 75 ff.).

10 Gesetz zur Aufhebung des Lohnstops vom 3. 11. 1948 (GBl. der Verwaltung des Vereinigten Wirtschaftsgebietes 1948 S. 117).

11 Tarifvertragsgesetz vom 9. 4. 1949 (GBl. der Verwaltung des Vereinigten Wirtschaftsgebietes 1949 S. 55).

12 Durch Gesetz vom 23. 4. 1953 (BGBl. I S. 156) auf die Länder der ehemaligen französischen Zone;
durch Gesetz vom 29. 10. 1974 (BGBl. I S. 2879) und das Gesetz Berlins vom 14. 11. 1974 (GVBl. Berlin S. 2721) auf das Land Berlin.

13 Z. B. Bundesurlaubsgesetz, Gesetz über den Mindestlohn, Arbeitszeitordnung, Heimarbeitsgesetz.

Festlegung der Höhe des Arbeitsentgelts — auf eine Regelung völlig verzichtet hat [14], sind vor allem zwei Gründe:

a) Einmal wäre der Gesetzgeber schon aus rein technischen Gründen überfordert, wenn er in allen Wirtschaftszweigen für alle vorkommenden Tätigkeiten die Arbeitsentgelte und die übrigen Arbeitsbedingungen festsetzen wollte. Nicht nur die wirtschaftliche Entwicklung befindet sich ständig im Fluß, sondern auch die betriebstechnischen und arbeitsorganisatorischen Voraussetzungen sind dauernden Umwälzungen unterworfen, die zudem nicht nur in den einzelnen Wirtschaftszweigen, sondern sogar von Betrieb zu Betrieb sehr verschiedenartig ausfallen. Das hat zur Folge, daß im Arbeitsprozeß laufend neue Arten von Tätigkeiten herausgebildet, während bestehende modifiziert oder gar abgeschafft werden. Sich diesen Veränderungen jeweils rechtzeitig anzupassen, wäre der staatliche Gesetzgeber selbst bei einem aufwendigen Verwaltungsapparat nicht in der Lage; ihm fehlte es nicht nur an genügender Elastizität, sondern auch an der erforderlichen Unmittelbarkeit zum betrieblichen Geschehen.

b) Der zweite Gesichtspunkt, der es nicht ratsam erscheinen läßt, dem Staat die Regelung der Arbeitsentgelte und der anderen vergleichbaren Arbeitsbedingungen zu übertragen, ist der Gedanke der sozialen Befriedung. Die Höhe des Lohns ist ein hochpolitischer Faktor, für dessen Ermittlung objektive und wissenschaftliche Methoden höchstens Anhaltspunkte liefern können. Jede staatliche Lohnfestsetzung berührt deshalb notwendigerweise politische Interessen und Kräfte von erheblicher Intensität und Empfindlichkeit. Die Lohngestaltung durch die Interessenverbände entschärft diese Problematik, indem sie die auftretenden Lohnkonflikte von der staats- und parteipolitischen in die verbandspolitische Ebene verlagert. Dadurch wird dem Staat die Möglichkeit gegeben, die Rolle eines obersten und neutralen Schiedsrichters einzunehmen, während die wirklichen oder vermeintlichen Ungerechtigkeiten der erzielten Ergebnisse von den Beteiligten dem sozialen Gegenspieler angelastet und demgemäß bereitwilliger hingenommen werden [15].

Die Koalitionen nehmen mit der ihnen in dieser Weise überlassenen Aufgabe, das Arbeitsleben sinnvoll zu ordnen und zu befrieden, ein wichtiges Stück öffentlicher Ordnungsfunktionen wahr, die der Staat respektiert und durch gesetzgeberische Zurückhaltung anerkennt. Der ihnen dadurch zugefallenen Verantwortung sind die Koalitionen in der Bundesrepublik bisher

14 Eine Ausnahme bildet allerdings das Gesetz über die Festsetzung von Mindestarbeitsbedingungen vom 11. 1. 1952 (BGBl. I S. 17);von der dadurch gegebenen Möglichkeit einer staatlichen Regelung der Arbeitsentgelte ist jedoch nicht zuletzt aufgrund der durch die Tarifvertragsparteien geschaffenen lückenlosen Lohnordnung kein Gebrauch gemacht worden. Daneben ist der Staat im Rahmen der Lohngestaltung noch in verschiedenen Zwischenformen beteiligt, die hier aber außer Betracht bleiben können (Entgeltfestsetzung nach § 19 HAG, Allgemeinverbindlicherklärung nach § 5 TVG).

15 Dagegen ist es für alle totalitären Staaten, gleich welcher Richtung, kennzeichnend, daß sie die wesentlichen Fragen der Gestaltung des Arbeitslebens, vor allem die für die gesamte Volkswirtschaft äußerst bedeutsame Frage der Lohngestaltung entweder durch Rechtsnorm direkt oder durch mittelbaren Staatseinfluß regeln.

voll gerecht geworden. Nach dem Zweiten Weltkrieg hat die Bundesrepublik innerhalb kürzester Zeit einen beispiellosen wirtschaftlichen Aufstieg erlebt. Es ist den Koalitionen gelungen, die durch einen solchen Aufschwung unvermeidbar entstehenden sozialen Probleme und Spannungen bei einem Maximum an sozialem Frieden zu bewältigen.

2. *Schlichtungsrecht*

Der Staat hat sich daher auch bisher noch nicht genötigt gesehen, zur Vermeidung eines Arbeitskampfes gesetzliche Schlichtungsregelungen für den Fall zu schaffen, daß die Verhandlungen der Tarifvertragsparteien nicht zu einer Verständigung führen. Die aufgrund des KRG Nr. 35 vom 20. 8. 1946 [16] oder der dazu von einzelnen Ländern erlassenen Ausführungsbestimmungen [17] bestellten Schiedsausschüsse und Landesschlichter stellen lediglich ein Angebot des Staates dar, im Einverständnis beider Parteien zwischen diesen zu vermitteln. Die Inanspruchnahme des staatlichen Schlichtungsdienstes und die Annahme des Regelungsvorschlags stehen deshalb im freien Ermessen der Tarifvertragsparteien. Lediglich die Schlichtungsgesetze des Landes Rheinland-Pfalz (§ 13 Abs. 3) und des früheren Landes Baden (§ 18 Abs. 1) sehen eine Verbindlicherklärung des Schiedsspruchs gegen den Willen der Tarifvertragsparteien vor, wenn der Streitigkeit »wesentliche öffentliche Bedeutung« zukommt oder das »öffentliche Interesse es erfordert« [18].

Der Staat hat nach anfänglichen Überlegungen zum Erlaß eines Schlichtungsgesetzes in den Jahren 1949/50 eine eingehende gesetzliche Regelung des Schlichtungswesens bewußt abgelehnt. Die Fraktion der FDP hat zwar mehrfach versucht [19], eine bundeseinheitliche gesetzliche Regelung des Schlichtungswesens herbeizuführen und kraft Gesetzes die Tarifvertragsparteien bei Vermeidung des Eingreifens einer gesetzlichen Schlichtungsregelung zur Vereinbarung eines Schlichtungsverfahrens zu zwingen und das Verbot von Kampfmaßnahmen während und zwei Wochen nach der Schlichtung sowie die Einlassungspflicht im Verfahren einzuführen.

Der Deutsche Bundestag hat diese Bestrebungen jedoch abgelehnt. Er hat zuletzt im Jahre 1961 folgenden Beschluß gefaßt [20]:

16 Amtsbl. des KR S. 174.

17 Baden: Landesgesetz über das Schlichtungswesen bei Arbeitsstreitigkeiten vom 19. 10. 1949 (GVBl. S. 50, 60) i. d. F. des Änderungsgesetzes vom 29. 8. 1951 (GVBl. S. 135);
Rheinland-Pfalz: Landesgesetz über das Ausgleichs- und Schiedsverfahren in Arbeitsstreitigkeiten vom 30. 3. 1949 (GVBl. S. 98) nebst 1. DVO vom 3. 8. 1949 (GVBl. S. 498) und 2. DVO von 7. 4. 1951 (GVBl. S. 107);
Berlin: Verfahrensregeln zum KRG Nr. 35 vom 28. 6. 1949 (VOBl. S. 213);
Nordrhein-Westfalen: 2. DVO zum KRG Nr. 35 (Arbeit und Sozialpolitik 1948 Nr. 18 S. 15). Die DVO beruht auf einer Vereinbarung der Länder der ehemaligen britischen Zone. Sie gilt daher gleichlautend in Schleswig-Holstein und Niedersachsen.
Württemberg-Baden: VO Nr. 701 des Arbeitsministers; AusfVO zum KRG Nr. 35 vom 2. 10. 1947 (RegBl. S. 187).
Württemberg-Hohenzollern: VO des Arbeitsministers zur Ausführung des KRG Nr. 35 vom 23. 7. 1948 (RegBl. S. 112).

18 Die in diesem Zusammenhang auftretende Frage, ob und inwieweit bei einem akuten sozialen oder wirtschaftlichen Notstand staatliche Zwangsmaßnahmen verfassungsrechtlich zulässig sind, soll hier nicht näher untersucht werden.

19 BT-Drucksachen 2/3590;3/8; 3/1563.

20 BT-Drucksache 3/2960.

»Der Bundestag hält eine bundesgesetzliche Regelung des Schlichtungswesens, die der Gesetzentwurf der FDP-Fraktion vorsieht, nicht für erforderlich. Er ersucht die Bundesregierung, einen Appell an die Tarifvertragsparteien zu richten, das freiwillige Schlichtungswesen zur Regelung von Lohn- und Arbeitsbedingungen im Rahmen ihrer Autonomie weiter auszubauen. Gleichzeitig sollen die Vertragspartner an ihre Verantwortung gegenüber der Allgemeinheit erinnert werden, die es erforderlich macht, Arbeitskämpfe nur als letzte Mittel der Auseinandersetzung in Betracht zu ziehen und in jedem Fall ein Schlichtungsverfahren vorausgehen zu lassen.«
Seit dieser Zeit sind keine staatlichen Bestrebungen zur gesetzlichen Regelung des Schlichtungswesens mehr bekannt geworden.

Die Koalitionen haben sich jedoch schon sehr bald nach Kriegsende des Problems der freiwilligen Schlichtung angenommen. Nachdem die Bestrebungen zum Erlaß eines Schlichtungsgesetzes [21] nicht vorankamen, einigten sich die Gewerkschaften und Arbeitgeberverbände schon in den Jahren 1949/50 darauf, ein tariflich vereinbartes autonomes Schlichtungswesen aufzubauen. Als erste Mustervereinbarung wurde das sog. Hattenheimer Abkommen vom 12. 1. 1950 abgeschlossen [22], das ein Tätigwerden der Schlichtungsstellen nur auf Antrag einer Partei und eine Friedenspflicht bis zum Ausschöpfen aller Möglichkeiten zur Beilegung der gesamten Streitigkeit vorsah. Der Schiedsspruch sollte mit der Annahme durch beide Parteien verbindlich werden, d. h. Tarifvertragswirkung erlangen. Diese Mustervereinbarung wurde allerdings von den Tarifvertragsparteien nur in sehr geringem Umfang übernommen. Im Jahre 1954 war von insgesamt über 1000 im Tarifregister des Bundesarbeitsministeriums eingetragenen Manteltarifverträgen in lediglich 63 Tarifverträgen eine Schlichtungsklausel enthalten. Vier dieser Tarifverträge sahen ein automatisches Tätigwerden der Schlichungsinstanz vor, neun der 63 Tarifverträge verzichteten auf die Festlegung einer Friedenspflicht [23]. Als wichtige Wirtschaftszweige haben die chemische Industrie und die Textilindustrie Schlichtungsvereinbarungen in den Jahren 1953/54 getroffen.

Erst von dem am 7. 9. 1954 zwischen dem Deutschen Gewerkschaftsbund und der Bundesvereinigung der Arbeitgeberverbände geschlossenen sog. Margarethenhof-Abkommen [24] ging eine Initialzündung zur Aufnahme freiwilliger Schlichtungsvereinbarungen in die Tarifpraxis aus. Als wesentliche Punkte waren in der Vereinbarung eine Automatik der Schlichtung, eine Einlassungspflicht und eine absolute Friedenspflicht bis zum endgültigen Scheitern des Schlichtungsverfahrens vorgesehen. Mit der Bauindustrie, der holzverarbeitenden Industrie, der Metallindustrie [25] und der Ernährungs-

21 Entwurf eines Gesetzes betr. Schlichtung von Arbeitsstreitigkeiten in RdA 1949 S. 177.

22 Mustervereinbarung einer tariflichen Schlichtungsordnung am 12. 1. 1950 in Hattenheim, RdA 1950 S. 68.

23 Steinkämper, Zur Entwicklung des Schlichtungswesens in der Bundesrepublik in ArbG 1962 S. 458 ff. und 489 ff.

24 RdA 1954 S. 383.

25 Mit einer Unterbrechung von 1959 bis 1964. Die IG Metall hatte die Schlichtungsvereinbarung vom 14. Juni 1955 nach dem Urteil des Bundesarbeitsgerichts vom 31. 10. 1958 (BAGE 6 S. 327 ff.) im Rechtsstreit zwischen der IG Metall und dem Arbeitgeberverband der Metallindustrie in Schleswig-Holstein, der sich aus dem Streik in der Metallindustrie Schleswig-Holsteins im Jahre 1956 entwickelt hatte, gekündigt.

industrie entschlossen sich im Jahre 1955 weitere bedeutende Wirtschaftszweige zum Abschluß von Schlichtungsvereinbarungen. Ein Untersuchung von Welter [26] errechnete für Anfang 1958, daß ca. 8,7 Mio. = 40 bis 50 % der Arbeitnehmer von Schlichtungsabkommen erfaßt seien. Nach einer späteren Arbeit von Königsbauer [27] galten zum 1. 2. 1968 für ca. 9,8 Mio. = 50 % aller Arbeitnehmer Schlichtungsabkommen. Eine Auswertung der beim Bundesminister für Arbeit und Sozialordnung registrierten Tarifverträge durch das Ministerium hat erbracht, daß es Ende des Jahres 1975 ebenfalls für 50 % aller Arbeitnehmer Schlichtungsvereinbarungen gab. Obschon nach Abschluß der Schlichtungsvereinbarung für den öffentlichen Dienst vom 12. 12. 1974 [28] nach dem von Königsbauer gewählten Stichtag ein weiterer gewichtiger Tarifbereich mit ca. 2,5 Mio. Arbeitnehmern von einem Schlichtungsabkommen erfaßt ist, dürften die von Königsbauer ermittelten Zahlen zu den wesentlichen Punkten einer Schlichtungsvereinbarung, die auf die einzelnen Abkommen, nicht auf die Anzahl der betroffenen Arbeitnehmer bezogen sind, noch heute von Interesse sein, zumal da es, soweit ersichtlich, eine neuere Untersuchung dieser Art nicht gibt. Die obligatorische Schlichtung war danach nur in 11 % aller Schlichtungsordnungen vereinbart, im übrigen galt die fakultative Schlichtung mit Anrufung durch in der Regel eine Partei [29]. Der Schiedsspruch war in 13 % der Vereinbarungen eo ipso verbindlich, 46 % der Schlichtungsordnungen sahen von der Annahmebedürftigkeit des Schiedsspruchs ab, wenn er mit qualifizierter Mehrheit oder einstimmig gefällt worden war. In 41 % der Abkommen war die Annahme des Schiedsspruchs durch die Parteien erforderlich [30], 93 % der Schlichtungsvereinbarungen enthielten Bestimmungen über die Einhaltung der Friedenspflicht [31].

### 3. *Tarifdispositives Gesetzesrecht*

Der Staat hat nicht nur davon abgesehen, das Tarifrecht in allen Einzelheiten gesetzlich zu regeln, er hat darüber hinaus in zunehmendem Maße tarifdispositives Gesetzesrecht geschaffen [32]. Dabei handelt es sich um Gesetzesnormen, die es den Tarifvertragsparteien erlauben, Vereinbarungen zu treffen, die anderenfalls durch zwingendes Recht verboten wären. Es handelt sich dabei um den »Einbau von Geltungsbeschränkungen in das davon berührte Gesetz selbst« [33]. Der Gesetzgeber geht davon aus, daß der Tarifvertrag — allerdings auch nur er — die Gewähr für einen hinreichenden Schutz des Arbeitnehmers bietet [34]. Es müssen dabei nicht unbedingt im Tarifvertrag selbst für die tarifgebundenen Arbeitsvertragsparteien zwingen-

26 Welter, Entwicklung, Stand und Problematik der vereinbarten Schlichtung in der Bundesrepublik, Dissertation Marburg 1958.
27 Königsbauer, Freiwillige Schlichtung und Schiedsgerichtsbarkeit in Arbeits- und sozialrechtliche Studien, Heft 5 S. 6.
28 Die Vereinbarung ist von der Gewerkschaft ÖTV zum 31. 12. 1976 gekündigt worden.
29 Königsbauer a. a. O., S. 65.
30 Königsbauer a. a. O., S. 84, 88.
31 Königsbauer a. a. O., S. 109.
32 Das tarifdispositive Richterrecht soll hier nicht näher behandelt werden.
33 Herschel, Die Zulassungsnormen des Tarifvertrages in RdA 1969 S. 211 ff.
34 Hueck-Nipperdey, Grundriß des Arbeitsrechts, 5. Auflage 1970, § 51 II.

de, von den Gesetzen abweichende Regelungen getroffen werden. Der Tarifvertrag kann auch sog. Zulassungsnormen enthalten, d. h. Normen, die den Arbeitsvertragsparteien lediglich die Möglichkeiten geben, im Einzelarbeitsvertrag Vereinbarungen zu treffen, die ihnen ohne die tarifvertragliche Zulassungsnorm vom Gesetzgeber verboten wären. Durch solche tarifdispositiven Vorschriften erlangt das Gesetz eine Elastizität, die es erlaubt, ohne erneutes Tätigwerden des Gesetzgebers sich den jeweiligen geänderten Situationen anzupassen. Es wird damit der im Rahmen der Tarifautonomie vereinbarten Regelung der Vorrang vor der staatlichen Gesetzesbestimmung eingeräumt. Beispiele für solche tarifdispositiven gesetzlichen Regelungen sind §§ 7 Abs. 1 Satz 2 AZO, 13 Abs. 1 BUrlG, 622 Abs. 3, 616 Abs. 2 BGB, 19 Abs. 8, 22 Nr. 2 Satz 2 JArbSchG, 101 Abs. 1 und 2 ArbGG, 4 Abs. 4. 2. VermBG, 17 Abs. 2 BetrAVG, 2 Abs. 3 LohnFG.

*4. Arbeitnehmerähnliche Personen*

Der Gesetzgeber hat darüber hinaus die Tarifautonomie durch Gesetz vom 29. 10. 1974 [35] ausgeweitet. Während das sich aus § 1 TVG ergebende Tarifvertragssystem bisher nur die tarifvertragliche Festlegung normativer Bestimmungen für reine Arbeitsverhältnisse vorsah, wurde durch die Einführung des § 12 a in das TVG die Geltung des Tarifvertragsgesetzes nunmehr auch auf arbeitnehmerähnliche Personen ausgedehnt. Bis zu dieser Neuregelung konnte ein Tarifvertrag nach § 1 TVG nur Rechtsnormen enthalten, die den Inhalt, den Abschluß und die Beendigung von Arbeitsverhältnissen ordnen. Nun können auch bestimmte durch Dienst- oder Werkvertrag begründete Rechtsverhältnisse arbeitnehmerähnlicher Personen zu ihren Auftraggebern durch Tarifvertrag geregelt werden. Der Neuregelung liegt nach der Begründung zum Gesetzentwurf [36] die Erfahrung zugrunde, »daß einige Gruppen der Selbständigen infolge sehr weitgehender wirtschaftlicher Abhängigkeit gegenüber den durch Gesetz und Tarifverträge abgesicherten Arbeitnehmern sozial zurückbleiben können«. Diesen Gruppen — vor allem den freien Mitarbeitern der Rundfunk- und Fernsehanstalten, den freien Journalisten an Tageszeitungen und Zeitschriften, ferner Schriftstellern und Künstlern — soll nach dem Willen des Bundesgesetzgebers, soweit sie arbeitnehmerähnliche Personen sind, durch die Einbeziehung in das Tarifvertragsgesetz die Möglichkeit zur Selbsthilfe mit den Mitteln und im Rahmen der Tarifautonomie gegeben werden. Die gesetzliche Begriffsbestimmung der arbeitnehmerähnlichen Personen als Personen, die wirtschaftlich abhängig und vergleichbar einem Arbeitnehmer sozial schutzbedürftig sind, berücksichtigt die Rechtsprechung des BAG [37] zu dem in den §§ 2 BUrlG, 5 Satz 2 ArbGG bereits vor Änderung des TVG vom Gesetzgeber verwendeten Begriff der arbeitnehmerähnlichen Personen.

Als Träger dieser besonderen Tarifautonomie kommen die Auftraggeber oder Vereinigungen von Auftraggebern auf der einen und Gewerkschaften

35 Gesetz zur Änderung des Heimarbeitsgesetzes und anderer arbeitsrechtlicher Vorschriften vom 29. 10. 1974 (BGBl. I S. 2879).

36 BT-Drucksache 7/975.

37 BAG AP Nr. 2 zu § 717 ZPO; BAG AP Nr. 17 zu § 5 ArbGG.

sowie Vereinigungen von arbeitnehmerähnlichen Personen auf der anderen Seite in Betracht. Die durch das Gesetz gegebene Möglichkeit des Abschlusses von Tarifverträgen für arbeitnehmerähnliche Personen leidet jedoch offensichtlich noch unter Anfangsschwierigkeiten. Bisher ist von ihr nahezu kein Gebrauch gemacht worden. Zum 1. 7. 1976 waren im Tarifregister des Bundesministers für Arbeit und Sozialordnung zwei Tarifverträge für arbeitnehmerähnliche Personen registriert [38]. Der vom Bundestag von der Bundesregierung bis zum 30. 6. 1975 erbetene Bericht über die Erfahrungen mit dem neuen Gesetz [39] ist daher auch im Einvernehmen mit dem Bundestag wegen des geringen Erfahrungsmaterials bisher noch nicht erstellt worden.

## II. Entwicklung der Rechtsprechung

Wenn der Gesetzgeber in den Nachkriegsjahren auf dem Gebiet des Tarifrechts sehr zurückhaltend gewesen ist, so bedeutet das nicht, daß nicht eine Fülle von Streitfragen und Meinungsverschiedenheiten auf diesem Rechtsgebiet bestanden hätten und nicht noch heute bestehen würden. Im Rahmen dieses Beitrages können nur einige Schwerpunkte behandelt werden, die nicht nur von rein theoretisch-wissenschaftlichem Interesse sind, sondern erhebliche praktische Bedeutung haben und in denen die Rechtsprechung durch Richterrecht das Recht fortgebildet hat.

### *1. Tariffähigkeit*

Ein zentraler Begriff des Tarifrechts ist die Tariffähigkeit. Sie ist die Fähigkeit, Partei eines Tarifvertrages zu sein [40]. Das Bundesverfassungsgericht [41] hat eine ausführliche Begriffsbestimmung gegeben: »Tariffähigkeit bedeutet die Fähigkeit, durch Vereinbarung mit dem sozialen Gegenspieler u. a. die Arbeitsbedingungen des Einzelarbeitsvertrages mit der Wirkung zu regeln, daß sie für die tarifgebundenen Parteien unmittelbar und unabdingbar wie Rechtsnormen gelten.« Welche Voraussetzungen die Koalitionen im einzelnen erfüllen müssen, um tariffähig zu sein, hat das Gesetz nicht geregelt. Diese Lücke haben sich Rechtsprechung und -lehre zu schließen bemüht.

Es besteht Einigkeit darüber, daß die Tariffähigkeit nicht jeder beliebigen Vereinigung zukommt, die sich zum Ziele setzt, die Arbeits- und Wirtschaftsbedingungen ihrer Mitglieder zu wahren und zu fördern. Das BAG [42] hat in Übereinstimmung mit dem Bundesverfassungsgericht [43] die von der

38 Manteltarifvertrag für die ständigen freien Mitarbeiter des Hessischen Rundfunks vom 9. 2. 1976; Tarifvertrag über Sozialleistung für ständige freie Mitarbeiter des Hessischen Rundfunks vom 10. 2. 1976.

39 BT-Drucksache 7/2025.

40 BAG AP Nr. 1 zu § 2 TVG Tarifzuständigkeit; Hueck-Nipperdey-Stahlhacke, Kommentar zum TVG 4. Aufl. 1964 RN 1.

41 BVerfGE 20/312, 313.

42 AP Nr. 14 zu § 2 TVG.

43 BVerfG AP Nr. 1 zu Art. 9 GG; AP Nr. 15 zu § 2 TVG.

Lehre und Rechtsprechung als unstreitig anerkannten Merkmale der Tariffähigkeit einer Koalition wie folgt genannt:

— Es muß sich um eine Vereinigung von Arbeitnehmern als solchen handeln.
— Die Vereinigung muß ein Verein sein.
— Sie muß freiwillig gebildet sein.
— Sie muß unabhängig von der Gegenseite sein.
— Sie muß parteipolitisch neutral sein.
— Sie muß kirchlich unabhängig sein.
— Sie muß unabhängig vom Staat sein.
— Sie muß auf überbetrieblicher Grundlage organisiert sein.
— Sie muß sich selbst zur Aufgabe gesetzt haben, Tarifverträge abzuschließen.
— Sie muß das geltende Tarif- und Schlichtungsrecht anerkennen.

Während diese Merkmale keine nennenswerten Probleme in der Vergangenheit aufgeworfen haben, ist die Frage, ob zur Voraussetzung der Tariffähigkeit auch die Bereitschaft zum Arbeitskampf gehört, in der Rechtslehre umstritten [44]. Auch die höchstrichterliche Rechtsprechung hierzu hat gewechselt. Das RAG [45] hat die Arbeitskampfbereitschaft nicht als Voraussetzung der Tariffähigkeit gefordert. Demgegenüber hat sich das BAG [46] ausdrücklich auf den entgegengesetzten Standpunkt gestellt. Es hat seine Ansicht daraus hergeleitet, daß der Gesetzgeber in der neuen Gesetzgebung bewußt zwischen «wirtschaftlichen Vereinigungen von Arbeitnehmern», zu denen auch die sogenannten wirtschaftsfriedlichen Verbände zählen, und Gewerkschaften unterscheidet. Das Gericht argumentiert weiter: Mit Gewerkschaften sind nur die historisch auf dem Boden der Arbeitskampfbereitschaft entstandenen Arbeitnehmerverbände gemeint. Es gibt rechtstatsächlich keine Gewerkschaft — mit Ausnahme der Beamten- und Ärzteverbände —, die sich nicht satzungsgemäß zum Arbeitskampf als letztem Mittel bekennt. Arbeitskampfbereitschaft ist geradezu ein Charakteristikum der Gewerkschaft. Der Gesetzgeber ist daher von diesem Gewerkschaftsbegriff ausgegangen. Die Tarifautonomie kann nicht sinnvoll ihre Aufgabe der Ordnung und Befriedung des Arbeitslebens durch Tarifverträge erfüllen, wenn das Bekenntnis zum Arbeitskampf fehlt.

Dieser Auffassung ist das Bundesverfassungsgericht [47] jedenfalls generell nicht gefolgt. Es hat ausgeführt: Die durch Art. 9 Abs. 3 GG garantierte Koalitionsfreiheit umfaßt die Bildung, die Betätigung und die Entwicklung der Organisationen in ihrer Mannigfaltigkeit und überläßt ihnen grundsätzlich die Wahl der Mittel, die sie zur Erreichung ihres Zwecks für geeignet halten. Es bleibt dem freien Spiel der Kräfte überlassen, ob mit dem gewählten Mittel der erstrebte Erfolg erreicht wird. Will man die Tariffähigkeit von der Kampfwilligkeit abhängig machen, engt man die von sich aus kampfunwilligen Koalitionen in der Freiheit der Wahl der Mittel zur Erreichung des Koalitionszwecks ein und zwingt ihnen im Ergebnis Mittel auf, deren sie selbst zur Erreichung ihres Zwecks nicht zu bedürfen

44 Vgl. die Zusammenstellung im Urteil des BAG AP Nr. 13 zu § 2 TVG.
45 RAG ARS 4/239/294; 5/217; 9/487.
46 BAG AP Nr. 11 zu § 11 ArbGG; BAG AP Nr. 13 zu § 2 TVG.
47 BVerfG AP Nr. 15 zu § 2 TVG.

glauben oder die sie aus anderen Gründen ablehnen. Das sinnvolle Funktionieren der Tarifautonomie ist jedenfalls für die Berufe des Haushaltes (die Entscheidung hatte sich mit einem Verband katholischer Hausgehilfinnen und Hausangestellten zu befassen) nicht dadurch in Frage gestellt, daß Koalitionen tariffähig sind, obschon sie den Arbeitskampf ablehnen. Es läßt sich nicht sagen, daß kampfunwillige Koalitionen ihre Aufgabe der Ordnung und Befriedung des Arbeitslebens weniger vollkommen erfüllen als kampfwillige Koalitionen.

Unter dem Eindruck dieser Rechtsprechung des Bundesverfassungsgerichts, das im übrigen zur Frage der Arbeitskampfbereitschaft nicht abschließend für alle Organisationen Stellung genommen hat, hat das BAG [48] seine Rechtsprechung modifiziert und folgende Rechtsgrundsätze aufgestellt, die wegen ihrer Bedeutung wörtlich wiedergegeben werden sollen:

»Tariffähig sind nur Vereinigungen von Arbeitnehmern und Arbeitgebern zur Förderung der Arbeits- und Wirtschaftsbedingungen, die die tarifrechtlichen Aufgaben einer Koalition sinnvoll, d. h. durch einen im Rahmen der Rechtsordnung sich haltenden wirkungsvollen Druck und Gegendruck erfüllen können.

Vereinigungen, denen nur eine zahlenmäßig unbedeutende Gruppe von Arbeitnehmern oder Arbeitgebern angehört, sind in der Regel nicht tariffähig. Dabei kommt es auf die derzeitigen Mitgliederzahlen an, nicht auf die Zahl von Mitgliedern, die die Vereinigung in Zukunft für sich zu werben hofft. Eine zahlenmäßig kleine Vereinigung von Arbeitnehmern und Arbeitgebern ist tariffähig, wenn sie nach Lage der Dinge einen wirkungsvollen Druck und Gegendruck auf ihre tarifrechtlichen Gegenspieler auszuüben vermag.«

Das BAG begründet seine Rechtsansicht damit, daß eine Koalition, deren Aufgabe es nach der Rechtsprechung des Bundesverfassungsgerichts ist, in dem von der staatlichen Rechtsetzung freigelassenen Raum das Arbeitsleben im einzelnen durch Tarifverträge sinnvoll zu ordnen und zu befrieden, diese ihr obliegende Aufgabe nur dann erfüllen kann, wenn sie in der Lage ist, einen im Rahmen der Rechtsordnung zulässigen fühlbaren Druck auszuüben und den sozialen Gegenspieler so zur Aufnahme von Tarifverhandlungen und zum Abschluß von Tarifverträgen zu veranlassen. Anderenfalls ist die Schaffung einer sinnvollen Ordnung des Arbeitslebens nach Ansicht des Gerichts nicht gewährleistet. Eine nach ihrer Stellung im Arbeitsleben völlig unbedeutende Gruppe ist — so das BAG — grundsätzlich nicht in der Lage, in der geforderten Weise durch Ausübung von Druck tätig zu werden.

Diese Rechtsprechung hat das BAG in einer weiteren Entscheidung [49] trotz Kritik [50] fortgeführt. Von den Kritikern wird insbesondere hervorgehoben, daß die Auffassung des Gerichts kleinen und jungen Organisationen

48 BAG AP Nr. 25 zu § 2 TVG.

49 BAG AP Nr. 2 zu § 97 ArbGG.

50 Z. B. Mayer-Maly, Anmerkung zu BAG AP Nr. 25 zu § 2 TVG; Galperin in DB 1970 S. 298, 299; Herschel, Anmerkung zu Entscheidung 7 in ArbR-Blattei; Zöllner in SAE 1969 S. 140; Reichel in RdA 1972 S. 143 ff.; Säcker in ArbR-Blattei D Tarifvertrag II A Tariffähigkeit und Tarifzuständigkeit.

den Aufbau und die Anerkennung durch Dritte erschwert und den auch auf diesem Gebiet zugelassenen Verbandspluralismus hemmt.

Es ist zu wünschen, daß das BAG an seiner Rechtsprechung festhält. Zwar ist nicht zu bestreiten, daß die Rechtsauffassung des Gerichts für kleine und junge Organisationen die von den Kritikern aufgezeigten Folgen haben kann. Entgegen deren Meinung erscheint jedoch ein Verbandspluralismus auf dem Gebiet der Arbeitnehmerorganisationen nicht erstrebenswert. Eine große Anzahl kleiner Gewerkschaften wird in hohem Maße zu einer Aufsplitterung der Kräfte der Arbeitnehmer und damit zu einer geringen Durchschlagskraft der jeweiligen Organisationen führen. Hinzu kommt, daß sich konkurrierende Verbände nach aller Erfahrung in ihren Forderungen zu überbieten trachten, um auf diese Weise für neue Mitglieder attraktiv zu werden.

Ein solches Verfahren führt leicht zu unrealistisch überhöhten Forderungen und gefährdet den sozialen Frieden. Die schwierigen Strukturprozesse, die der wirtschaftliche und technologische Wandel mit sich bringt, können nur von gewerkschaftlichen Organisationen gelöst werden, die nicht um ihre Existenz zu ringen brauchen und gegebenenfalls auch ihren Mitgliedern gegenüber kritisch und selbstbewußt auftreten können. Der Ansicht des BAG, daß diese Aufgabe nur die Koalitionen wahrnehmen können, die in der Lage sind, einen wirkungsvollen Druck auf den sozialen Gegenspieler auszuüben, und daß daher nur diesen Koalitionen die Tariffähigkeit zuerkannt werden kann, ist in vollem Umfange zuzustimmen.

Die Frage der Tariffähigkeit ist von großer praktischer Wichtigkeit. Es hängen davon z. B. die Wirksamkeit eines Tarifvertrages, die Zulässigkeit einer Allgemeinverbindlicherklärung, die Zulässigkeit eines Schlichtungsverfahrens oder die Rechtmäßigkeit von Arbeitskämpfen ab. Deshalb bestand schon immer ein Bedürfnis, die Tariffähigkeit für alle beteiligten Verbände gerichtlich feststellen zu lassen. Dies umso mehr, als die Registrierung der Tarifverträge in dem bei dem Bundesminister für Arbeit und Sozialordnung geführten Tarifregister (§ 6 TVG) lediglich deklaratorische, jedoch keine konstitutive Wirkung hat [51]. Dem Streit, ob eine Feststellungsklage nach § 256 ZPO oder eine Zwischenfeststellungsklage nach § 280 ZPO auf Feststellung der Tariffähigkeit zulässig oder die Feststellung der Tariffähigkeit nur als Vorfrage in einem anderen Rechtsstreit im Wege der Inzidentfeststellung möglich war, hat der Gesetzgeber [52] durch Einführung des Beschlußverfahrens vor dem Arbeitsgericht über die Tariffähigkeit einer Arbeitnehmer- oder Arbeitgebervereinigung ein Ende bereitet (§ 2 Abs. 1 Nr. 6 ArbGG). Die Bedeutung, die der Gesetzgeber der Klarstellung der Frage der Tariffähigkeit beimißt, zeigt sich auch in der mit demselben Gesetz eingeführten Regelung des § 97 Abs. 5 ArbGG. Danach hat das Gericht, wenn die Entscheidung eines Rechtsstreites davon abhängt, ob eine Vereinigung tariffähig ist, das Verfahren bis zur Erledigung des Beschlußverfahrens nach § 2 Abs. 1 Nr. 6 ArbGG von Amts wegen auszusetzen.

51 Lediglich in Berlin hatte die Eintragung in das bei der Abteilung Arbeit geführte Tarifregister nach § 6 Abs. 2 TVG Berlin konstitutive Wirkung. Aufgrund des Gesetzes vom 14. 11. 1974 (GVBl. S. 2721) gilt aber auch das TVG des Bundes in Berlin.

52 Arbeitsgerichtsgesetz vom 3. 9. 1953 (BGBl. I S. 1267).

*2. Differenzierungsklauseln*

Seit jeher bemühen sich die deutschen Gewerkschaften, das Problem der sogenannten »Trittbrettfahrer« zu lösen. Die Frage, wie in rechtlich unangreifbarer Weise den organisierten Arbeitnehmern mit dem Ziel des Lastenausgleichs und auch der Werbung für den Beitritt zur Gewerkschaft tarifvertraglich ein Vorteil gegenüber den nichtorganisierten Arbeitnehmern gesichert werden kann, ist in der Literatur ausführlich behandelt worden [53]. Während in der Nachkriegszeit die groben und undifferenzierten Organisations- und Absperrklauseln, mit denen sich der tarifgebundene Arbeitgeber verpflichten sollte, nur Mitglieder der vertragschließenden Gewerkschaft zu beschäftigen, von den Gewerkschaften nicht weiterverfolgt wurden [54], sind differenziertere Klauseln in die Diskussion gekommen. Mit der allgemeinen Differenzierungsklausel soll erreicht werden, daß alle in irgendeiner Gewerkschaft organisierten Arbeitnehmer gegenüber den nichtorganisierten begünstigt werden. Die beschränkte Differenzierungsklausel hat zum Ziel, nur den in einer bestimmten Gewerkschaft organisierten Arbeitnehmern gegenüber den übrigen Arbeitnehmern einen Vorteil zu verschaffen. Um den organisierten Arbeitnehmern den tarifvertraglich vereinbarten Vorteil gegenüber den nichtorganisierten zu sichern, ist eine sogenannte Spannenklausel entwickelt worden. Danach soll der Arbeitgeber verpflichtet werden, die Differenzierung zu beachten und sie im Falle der Nichtbeachtung durch zusätzliche Leistungen an die organisierten Arbeitnehmer wiederherstellen. Über die Zulässigkeit solcher Klauseln und möglicher weiterer Kombinationen gehen die Ansichten im Schrifttum weit auseinander [55]. Der Streit ist auch durch die grundlegende Entscheidung des Großen Senats des BAG vom 29. 11. 1967 [56] nicht beigelegt worden. In diesem Beschluß hat das BAG entschieden, daß es den Tarifvertragsparteien zwar nicht verwehrt ist, im schuldrechtlichen Teil der Tarifverträge oder in den Satzungen der tarifvertraglich geschaffenen gemeinsamen Einrichtungen Regelungen für Außenseiter zu treffen. In Tarifverträgen darf nach Ansicht des Gerichts jedoch nicht zwischen den bei der vertragschließenden Gewerkschaft organisierten und anders oder nichtorganisierten Arbeitnehmern differenziert werden [57]. Diese Klauseln hält das BAG wegen fehlender Tarifmacht der Koalitionen und wegen Verstoßes gegen das individuelle Grundrecht der Koalitionsfreiheit für ungültig.

Das Gericht begründet seine Ansicht im wesentlichen wie folgt:

Das Bestreben der Gewerkschaften auf Ausgleich des Vorteils, den der Außenseiter durch Teilnahme an den Früchten gewerkschaftlicher Arbeit genießt, stellt »der Sache nach eine Art Leistung, eine Art Beitrag, eine Art

53 Anmerkungen 6—15 bei Zöllner, Tarifvertragliche Differenzierungsklauseln, Verlag Handelsblatt GmbH, Düsseldorf.

54 Soweit den Arbeitnehmern keine andere Arbeitsmöglichkeit in diesem Beruf offen stand, hat das Reichsgericht in RGZ 104, S. 327 solche Klauseln bereits für unzulässig erklärt.

55 Zöllner a. a. O.; Hanau in Jus 1969 S. 213 ff., Anmerkung 8; BAG AP Nr. 13 zu Art. 9 GG; auf eine Schilderung des Meinungsstreits muß im Rahmen dieses Beitrags verzichtet werden.

56 BAG AP Nr. 13 zu Art. 9 GG.

57 Die gegen diesen Beschluß eingelegte Verfassungsbeschwerde ist als unzulässig verworfen worden.

Gebühr, eine Art Abgabe, eine Art Herausgabe von ungerechtfertigter Bereicherung o. ä.« dar. Nach demokratischen Grundsätzen sind Steuern, Beiträge oder sonstige Lasten nur zulässig aufgrund eines unter parlamentarischer Kontrolle zustandegekommenen Gesetzes oder kraft rechtsgeschäftlicher Unterwerfung der auf Beitragszahlung in Anspruch Genommenen unter eine Beitragsregelung. An beidem fehlt es im Verhältnis zu den Außenseitern.

Die Tarifmacht deckt die Differenzierungsklauseln auch deshalb nicht, weil die Gewerkschaft von dem Arbeitgeber Unzumutbares verlangt, wenn dieser bei der tariflichen Durchsetzung der Differenzierung mitwirkt. In der Regel sind organisierte und nichtorganisierte Arbeitnehmer von den Arbeitgebern als Ausdruck einer sozialen Gerechtigkeit gleich behandelt worden. Es ist ein legitimes Anliegen der Arbeitgeber, dieser Entwicklung Rechnung zu tragen und nicht durch eine Differenzierung den optimalen unternehmerische Erfolg zu gefährden.

Ein Verstoß gegen die durch Art. 9 Abs. 3 Satz 2 GG garantierte positive Koalitionsfreiheit liegt in der beschränkten Differenzierungsklausel. Soweit die Klausel sich nur gegen die nichtorganisierten Arbeitnehmer richtet, ist ein Verstoß gegen die durch Art. 9 Abs. 3 Satz 1 und 2 GG geschützte negative Koalitionsfreiheit gegeben. Dieses Grundrecht muß zwar sozialadäquaten Druck hinnehmen. Es handelt sich im vorliegenden Fall aber bereits um sozialinadäquaten Druck, dem der nichtorganisierte Arbeitnehmer nicht ausgesetzt werden darf; denn das Gerechtigkeitsempfinden wird gröblich verletzt, wenn die Gewährung des Urlaubs, Urlaubsentgelts und zusätzlichen Urlaubsgeldes u. ä. tariflicher Leistungen von Fragen der Organisationszugehörigkeit abhängig gemacht und dadurch auf den nichtorganisierten Arbeitnehmer ein Druck zum Beitritt zur Gewerkschaft ausgeübt wird.

Diese Entscheidung des BAG ist zu Recht auf erhebliche Kritik gestoßen [58]. Abgesehen davon, daß jede klare Definition dessen fehlt, wie die Benachteiligung der Außenseiter begrifflich einzuordnen ist, scheint der Ansatzpunkt des Gerichts, es handele sich »um eine Art Leistung, eine Art Beitrag ...« verfehlt. Der Außenseiter wird nicht gezwungen, etwas aus seinem Vermögen herzugeben. Ihm wird lediglich aus dem Vermögen des Arbeitgebers oder einer gemeinsamen Einrichtung nicht das gleiche wie dem organisierten Arbeitnehmer gewährt. Das kann schwerlich rechtlich als Beitrag gewertet werden. Es wird auch von dem betroffenen Arbeitnehmer nicht als solcher angesehen. Der Arbeitnehmer bewertet es vielmehr unterschiedlich, wenn er von einem Dritten einen bestimmten Betrag nicht bekommt oder wenn er die gleiche Summe aus seinem Vermögen hergeben muß.

Die weitere These des Gerichts, die Vereinbarung der Differenzierungsklausel sei den Arbeitgebern im Interesse eines optimalen unternehmerischen Erfolges nicht zuzumuten, ist ebenfalls schwer haltbar. Es ist ein wesentliches Merkmal der Tarifautonomie, daß die Tarifvertragsparteien bestimmen können, was ihnen gegenseitig zuzumuten ist oder nicht. Warum

58 Reuß in AuR 1970, S. 33 ff.; Weller in AuR 1970, S. 161 ff.; Dietlein in AuR 1970, S. 200 ff.; Ritter in JZ 1969, S. 111 ff.; Hanau in Jus 1969, S. 213 ff., Radke in AuR 1971, S. 4 ff.

soll ein Arbeitgeber die Gefahr der Störung des Betriebsfriedens nicht höher einschätzen, wenn er der gewerkschaftlichen Forderung nach Einführung einer Differenzierungsklausel nicht nachgibt als im umgekehrten Falle? Oder warum soll ein Arbeitgeber nicht bereit sein, aus welchen Gründen auch immer, die Gefahr der Störung des Betriebsfriedens in Kauf zu nehmen? Die Grenze der Tarifautonomie ist das Gesetz und sind die Rechte Dritter. Die Grenze der Zumutbarkeit bestimmen die Tarifpartner selbst.

Ebensowenig überzeugt das verfassungsrechtliche Argument des Gerichts, die allgemeine Differenzierungsklausel verstoße gegen die negative Koalitionsfreiheit, da der nichtorganisierte Arbeitnehmer einem sozialinadäquaten Druck ausgesetzt sei. In derartiger Allgemeinheit läßt sich diese These nicht halten. Dem Gericht ist insoweit zuzustimmen, als auf die nichtorganisierten Arbeitnehmer kein inadäquater Druck ausgeübt werden darf. Solange sich der Nachteil des Außenseiters aber nur als Anreiz darstellt, Mitglied einer Gewerkschaft zu werden, kann von einem bedrängenden, unzumutbaren und sozialinadäquaten Druck keine Rede sein. Dies gilt auf jeden Fall solange, wie der Nachteil der nichtorganisierten Arbeitnehmer den Jahresbeitrag für die Gewerkschaft nicht übersteigt. In einem solchen Fall steht der Außenseiter nicht schlechter als das Gewerkschaftsmitglied. Ein Druck oder Zwang zum Beitritt liegt dann nicht vor.

Die Rechtsprechung des BAG berücksichtigt nicht in ausreichendem Umfang die ordnungs- und sozialpolitische Funktion der Gewerkschaften bei der sinnvollen und zweckmäßigen Gestaltung des Arbeits- und Soziallebens. Die Tarifautonomie ist garantiert im Interesse aller Arbeitnehmer. Ihr Funktionieren wäre ohne die Gewerkschaften undenkbar. Der Gesetzgeber hat die Mitwirkung von Laienrichtern in der Arbeitsgerichtsbarkeit vorgesehen. Er hat den Betriebsräten in den Betrieben wesentliche Befugnisse bei der Gestaltung der betrieblichen Verhältnisse gegeben. Alle diese Funktionen können nur sinnvoll und effektiv wahrgenommen werden, wenn die sie ausfüllenden Arbeitnehmer hinreichend auf ihre Aufgaben vorbereitet sind. Die dazu erforderliche Schulung wird wie selbstverständlich im wesentlichen Umfang von der Gewerkschaft übernommen. Es ist auf Dauer nicht zu erwarten, daß lediglich etwa ein Drittel aller Arbeitnehmer durch private Beiträge die gewichtigen Funktionen der Gewerkschaften auf dem Gebiet des sozialen Lebens und deren überragende Funktion bei der Gestaltung des gesamten Arbeitslebens und damit die Wahrnehmung wichtiger öffentlicher Aufgaben finanziert. Bleibt es bei der vom BAG vertretenen Rechtsansicht, wird auf Dauer der Ruf nach einer gesetzlichen Regelung des Problems, die das BAG ebenfalls bereits angedeutet hat, nicht zu vermeiden sein.

### 3. *Effektivklauseln*

In der arbeitsrechtlichen Literatur der Nachkriegszeit hat die Frage der Zulässigkeit von tariflichen Effektivklauseln einen breiten Raum eingenommen [59]. Durch die Effektivklauseln soll die beinahe bei jeder Tarif-

59 Vergl. z. B. die Anmerkungen bei Ricardi in DB 1969 S. 1986 ff.

erhöhung auftretende Frage gelöst werden, ob eine bisherige übertarifliche Vergütung von der Tariferhöhung aufgesogen werden oder ob der bisherige Abstand zu dem Tariflohn auch für den neuen erhöhten Tariflohn aufrecht erhalten bleiben soll. Die Arbeitnehmerkoalitionen haben das Ziel der Erhaltung der übertariflichen Vergütung mit Hilfe der Effektivgarantieklausel und der begrenzten Effektivklausel zu erreichen versucht.

Durch die Effektivgarantieklausel soll jedem Arbeitnehmer die Summe des bisher tatsächlich gezahlten — auch des übertariflichen — Lohnes und des Betrages der tariflichen Lohnerhöhung als neuer tariflicher Mindestlohn garantiert werden, der nur durch einen neuen Tarifvertrag herabgesetzt werden kann. Diese Klausel ist nach h. M. wegen Verstoßes gegen Art. 3 GG und die nach § 1 Abs. 2 TVG vorgeschriebene Schriftform unwirksam [60]. Das BAG und weitere Stimmen im Schrifttum [61] sehen in der Klausel darüber hinaus einen Verstoß gegen das Grundprinzip des Tarifrechts. Nach dieser Auffassung ist das Tarifrecht auf die Festsetzung allgemeiner und gleicher Mindestarbeitsbedingungen beschränkt und darf nicht — wie es bei der Effektivklausel geschieht — in den Bereich eingreifen, der der freien und frei abänderlichen Vereinbarung durch den Einzelarbeitsvertrag vorbehalten ist.

Die begrenzte Effektivklausel soll tarifvertraglich sicherstellen, daß sich der Effektivlohn jedes Arbeitnehmers um den Betrag der Tariflohnsteigerung erhöht. Dabei soll der übertarifliche Lohnbestandteil nicht selbst zum Tariflohn werden. Er unterliegt vielmehr weiterhin den Regeln der einzelarbeitsvertraglichen Abmachung zwischen den Vertragsparteien, kann daher auch im Wege der Änderungskündigung abgebaut werden. Diese begrenzte Effektivklausel ist in Fortsetzung der Rechtsprechung des RAG vom BAG zunächst für zulässig gehalten worden [62]. In seiner Entscheidung vom 14. 2. 1968 [63] hat das BAG jedoch seine Rechtsprechung aufgegeben und auch begrenzte Effektivklauseln für unwirksam erklärt. Durch Tarifvertrag kann nach Auffassung des Gerichts nicht bewirkt werden, daß ein Anspruch auf einen den Tariflohn übersteigenden Lohnanteil durch eine Effektivklausel, also normativ, begründet wird, daß aber dieser Lohnanteil dennoch nicht als Tariflohn, sondern als Anspruch aus dem Einzelarbeitsvertrag geschuldet wird. In dieser Weise können die Rechtsquellen für Ansprüche aus dem Arbeitsverhältnis nicht vertauscht werden. Eine Tarifnorm kann — so das BAG — keine arbeitsvertraglichen Abreden schaffen oder ändern, sondern nur die bisher im tariffreien Raum liegenden vertraglichen Regelungen zum Inhalt tariflicher Abmachungen und damit zum Gegenstand des objektiven Rechts machen. Die gleichen Gründe, aus denen nach h. M. die Unwirksamkeit der Effektivgarantieklausel hergeleitet wird, haben nach Auffassung des BAG auch Geltung für den einmaligen Effekt der Aufstockung der bisherigen übertariflichen Lohnbestandteile auf den neuen

60 BAG AP Nr. 7 zu § 4 TVG Effektivklausel mit weiteren Zitaten.
61 Vergl. Anmerkung 37 bei Ricardi a. a. O.
62 BAG AP Nr. 1 und 5 zu § 4 TVG Effektivklausel.
63 BAG AP Nr. 7 zu § 4 TVG Effektivklausel.

erhöhten Tariflohn, wie er kraft der zwingenden normativen Wirkung der begrenzten Effektivklausel eintreten soll.

Diese Entscheidung des BAG ist kritisiert worden [64]. Das Gericht hat diese Rechtsprechung jedoch in einer weiteren Entscheidung bestätigt [65]. Während es bereits in der grundlegenden Entscheidung die später von Kunze [66] wieder aufgeworfene Frage der Zulässigkeit einer Klausel nach § 4 Abs. 3 TVG abgelehnt hatte, hat das Gericht in der späteren Entscheidung auch die weitere von Kunze aufgezeigte Möglichkeit einer begrenzten Effektivklausel als Auslegungsregel zugunsten einer Aufstockung der Tariflohnerhöhung auf den effektiven übertariflichen Lohn abgelehnt, weil einzelvertragliche Abmachungen nur aus sich selbst heraus ausgelegt werden könnten. Sollte das BAG seine Rechtsprechung aufrechterhalten, werden die Tarifvertragsparteien nicht umhinkommen, auf Dauer eine Identität der Tariflöhne und der Effektivlöhne herbeizuführen, um auf diese Weise das Problem, das durch die Effektivklauseln gelöst werden soll, erst gar nicht entstehen zu lassen. Läßt sich dieses Ziel nicht erreichen, werden verstärkte Überlegungen angestellt werden müssen, statt normativer Klauseln schuldrechtliche Effektivklauseln in die Tarifverträge aufzunehmen, was durch das Grundsatzurteil des BAG nicht ausgeschlossen ist.

## III. Gesamtwürdigung

Im Rahmen dieses Beitrags mußte darauf verzichtet werden, weitere Problemkreise des Tarifrechts wie z. B. der gemeinsamen Einrichtungen i. S. des § 4 Abs. 2 TVG, der Allgemeinverbindlicherklärung nach § 5 TVG, der Grundrechtsbindung der Tarifvertragsparteien oder des Verhältnisses von Betriebsverfassungs- und Tarifrecht zu behandeln. Der Beitrag mußte sich darauf beschränken, die Schwerpunkte der Entwicklung des Tarifrechts in der Nachkriegszeit aufzuzeigen, die in Gesetzesänderungen und in der Rechtsprechung ihren Niederschlag gefunden haben. Entwicklungen zu vielen Problemen des Tarifrechts, die bisher erst im Streit der Meinungen in der Literatur zu beobachten sind, mußten außer Betracht bleiben. Soweit auf besonders schwerwiegende Probleme des Tarifrechts eingegangen werden konnte, haben die Ausführungen gezeigt, daß trotz der sehr knappen Regelungen des Tarifvertragsgesetzes ein gut funktionierendes Tarifvertragssystem aufgebaut worden ist. Rechtsprechung und Rechtslehre haben die auftretenden Fragen im wesentlichen gelöst, wenn auch die Rechtsprechung des BAG nicht in jedem Falle voll akzeptiert werden kann. Die gemeinsamen Bemühungen von Rechtsprechung und Rechtslehre haben wesentlich dazu beigetragen, daß es den Koalitionen gelungen ist, die durch den steilen wirtschaftlichen Aufschwung der Nachkriegszeit unvermeidbar ent-

64 Bötticher Anm. zu BAG AP Nr. 7 zu § 4 Effektivklausel; Etzel in AuR 1969, S. 257 ff.; Stahlhacke in DB 1969, S. 791 ff.; Rumpf in BB 1968, S. 1161 ff.; zurückhaltend Kunze in AuR 1969, S. 225 ff.

65 BAG AP Nr. 8 zu § 4 TVG Effektivklausel mit Anm. von Wiedemann.

66 Kunze a.a.O.

stehenden sozialen Probleme und Spannungen bei einem Maximum an sozialem Frieden zu bewältigen und daß der Tarifautonomie sowie den sie tragenden Koalitionen eine von niemandem bestrittene und von allen Kräften im Staat anerkannte überragende Rolle bei der Gestaltung des Arbeits- und Wirtschaftslebens zukommt.

Georg Wannagat

# Der Beitrag der Rechtsprechung zur Nachkriegsentwicklung des Sozialrechts

In der Zeit vom Zusammenbruch des Deutschen Reiches im Mai 1945 bis zur Errichtung der Bundesrepublik Deutschland im Mai 1949 galten im wesentlichen die alten sozialrechtlichen Vorschriften (der Sozialversicherung, Fürsorge und Kriegsbeschädigtenversorgung, hier allerdings mit erheblichen Abweichungen) des Reiches und der Länder weiter, weil die Besatzungsmächte auf diesem Gebiet von ihren Zuständigkeiten kaum Gebrauch gemacht hatten und die deutschen Stellen wegen ihrer bescheidenen Rechtssetzungsmöglichkeiten keine entscheidenden Änderungen vornehmen konnten [1]. Deshalb kann in diesem Zeitabschnitt von einer nennenswerten Entwicklung des Sozialrechts nicht gesprochen werden.

Erst als mit dem Inkrafttreten des Grundgesetzes am 23. Mai 1949 die Gesetzgebungsbefugnis wieder an die hierfür verfassungsmäßig berufenen deutschen Stellen zurückgegeben war und die letzten Einschränkungen, die noch das Besatzungsrecht enthielt, mit dem Deutschland-Vertrag im Jahre 1955 aufgehoben wurden, begann der Ausbau des Sozialrechts. Zunächst vollzog er sich behutsam und vorsichtig. Hierbei standen im Vordergrund die Anpassung des Rechts an die veränderten wirtschaftlichen und sozialen Verhältnisse sowie die Beseitigung der innerhalb der Zonen und Länder eingetretenen Rechtszersplitterung.

In der Folgezeit ist eine kraft- und schwungvolle Entwicklung des Sozialrechts zu verzeichnen, die in der Konzeption des Sozialgesetzbuchs (SGB), dessen Allgemeiner Teil (BGBl 1975 S. 3015) und die Gemeinsamen Vorschriften für die Sozialversicherung sich bereits zu konkreten Gesetzen verdichtet haben, ihren überzeugenden Ausdruck finden. Parallel hierzu wurden die erforderlichen verfahrensrechtlichen Regelungen getroffen. Diese gesamte Rechtsentwicklung wurde von einer umfangreichen, breit angelegten Rechtsprechung begleitet und durch diese stark beeinflußt.

## Die Bedeutung der Rechtsprechung des Bundesverfassungsgerichts für das Sozialrecht

Durch die Rechtsprechung des Bundesverfassungsgerichts (BVerfG) wird die Verfassung auf allen Gebieten des »einfachen« Sozialrechts aktualisiert und konkretisiert.

Das BVerfG hatte sich mit einer Fülle von Entscheidungen aus dem Bereich des Sozialrechts zu befassen und hat es dabei mitgeformt und mitgestaltet.

1 *Wannagat,* Lehrbuch des Sozialversicherungsrechts, 1965 S. 93 ff.

Etwa 90 in die amtliche Sammlung aufgenommene Entscheidungen haben sozialrechtliche Probleme zu ihrem Gegenstand. Mehr als 2000 Entscheidungen dürften die Richterausschüsse beider Senate im Rahmen der Vorprüfung von Verfassungsbeschwerden nach § 93 a BVerfGG getroffen haben [2].

Es würde den Rahmen dieses Beitrags sprengen, wollte man hier auf die verfassungsrechtliche Relevanz des Sozialrechts näher eingehen [3]. Sie erstreckt sich insbesondere auf die Ausdeutung des Sozialstaats- und Rechtsstaatsprinzips, auf die Anwendung des allgemeinen Gleichheitssatzes, auf spezielle Diskriminierungsverbote, auf die Eigentumsgarantie und den Vertrauensschutz. Hierbei stehen im Vordergrund die Entscheidungen, die das Grundverhältnis zwischen dem Bürger und dem Staat betreffen.

Die Vielfalt der sozialrechtlichen Probleme, mit denen das BVerfG bisher konfrontiert war, und die Kasuistik, die das Sozialrecht immer noch kennzeichnet, beeinträchtigten nicht die Einheitlichkeit und die innere Geschlossenheit der bundesverfassungsrechtlichen Rechtsprechung zu diesem Rechtsbereich. Dies gilt ebenso hervorgehoben zu werden wie die Tatsache, daß das BVerfG sich nicht scheut, alte Positionen, die es als überholt ansieht, zu modifizieren oder gar aufzugeben. So hatte es in seiner Entscheidung von 1951 (Bd. 1, 97 [104] noch ausgeführt, die in Art. 1 Abs. 1 Satz 2 Grundgesetz (GG) enthaltene Verpflichtung des Staates, die Menschenwürde nicht nur zu achten, sondern auch zu schützen, meine nicht den Schutz vor materieller Not, sondern vor Angriffen durch andere. Sie begründe kein Grundrecht des einzelnen auf angemessene Versorgung durch den Staat. Demgegenüber hat es im Jahre 1973 im Numerus-clausus-Urteil (Bd. 33, 303 [330]) erklärt: »Je stärker der moderne Staat sich der sozialen Sicherung und kulturellen Förderung der Bürger zuwendet, desto mehr tritt im Verhältnis zwischen Bürger und Staat neben das ursprüngliche Postulat grundrechtlicher Freiheitssicherung vor dem Staat die komplementäre Forderung nach grundrechtlicher Verbürgung der Teilhabe an staatlichen Leistungen.« Demnach wird heute ein verfassungsrechtlicher Anspruch auf Gewährleistung des Existenzminimums, auf Hilfe in der Höhe, die dem Empfänger die Führung eines Lebens ermöglicht, das der Würde des Menschen entspricht, zu bejahen sein [4].

Die ungewöhnlich zahlreiche Konfrontation des höchsten deutschen Gerichts mit vielfältigen Fragen aus einem Rechtsbereich, der bisher lange Zeit ein Eigenleben führte und sich in einer Isolation befand, hatte — über die sonst übliche Wirkung der verfassungsrechtlichen Rechtsprechung hinaus — zwei weitere in diesem Zusammenhang erwähnenswerte Folgen. Einmal vollzog sich durch diese auch nach außen stark ausstrahlende verfassungsrechtliche Relevanz des Sozialrechts ein gutes Stück der Integration dieses Rechtsgebiets in die Gesamtrechtsordnung. Zum anderen wurde deutlich, welch ein fruchtbares — bisher aber vernachlässigtes, ja vielfach brachliegendes — Betätigungsfeld für rechtswissenschaftliche Arbeiten hier noch vorliegt.

2 *Wand* und *Rüfner*, Das Sozialrecht in der Rechtsprechung des Bundesverfassungsgerichts, Vierteljahresschrift für Sozialrecht, 1974 S. 53 u. S. 68 ff.

3 Vgl. hierzu *Benda*, Schriftenreihe des Deutschen Sozialgerichtsverbandes, 1975 S. 32 ff.; ferner *Bley*, Die Sozialgerichtsbarkeit, 1974 S. 321.

4 *Benda* a.a.O. S. 38.

Zugleich wurden der hohe Schwierigkeitsgrad und die wachsende Bedeutung dieses Rechtsgebiets erkennbar. Letztere erschöpft sich nicht in dem für diesen Bereich erforderlichen Aufwand, der bereits die Grenze von 250 Milliarden DM jährlich überschritten hat und der die volkswirtschaftlichen, gesellschaftspolitischen unf finanziellen Auswirkungen erkennen läßt. Vielmehr wird in den hier auftretenden grundlegenden Rechtsfragen evident, daß ohne das Verständnis der sich hier ergebenden Zusammenhänge der Jurist heute seiner sozialen Verantwortung nicht gerecht werden kann [5].

## Die Auswirkungen der sozialgerichtlichen Rechtsprechung

Bei der verfassungsrechtlichen Ordnung des Gerichtswesens hat das GG die Sozialgerichtsbarkeit als einen besonderen eigenständigen Gerichtszweig anerkannt (Art. 95 Abs. 1, Art. 92 GG) und dadurch die Bedeutung und das große Gewicht, das dem Sozialrecht für unsere Gesellschaftsordnung zukommt, hervorgehoben. Gleichzeitig sichert das GG dem Bürger durch eine vom Richtervorbehalt gelöste Rechtswegegarantie (Art. 19 Abs. 4) einen weitgespannten gerichtlichen Schutz in allen Fällen zu, in denen in seine Rechtssphäre durch einen Akt der Verwaltung eingegriffen wird.
Mit diesen Regelungen geht die Hervorhebung der bedeutsamen verfassungsrechtlichen Stellung der rechtsprechenden Gewalt und der Richter einher (Art. 92 ff GG). Hierdurch waren die Voraussetzungen für einen besonders umfassend ausgestalteten Rechtsschutz im Bereich des Sozialrechts gegeben.
Im Vollzug dieses verfassungsrechtlichen Auftrags hat das Sozialgerichtsgesetz (SGG) vom 3. September 1953, das am 1. Januar 1954 in Kraft getreten ist, den Aufbau einer von den Verwaltungsbehörden getrennten unabhängigen Sozialgerichtsbarkeit ermöglicht (§ 1 SGG). In ihren Zuständigkeitsbereich fallen alle öffentlich-rechtlichen Streitigkeiten aus dem Bereich der Sozialversicherung, der Arbeitslosenversicherung einschließlich der übrigen Aufgaben der Bundesanstalt für Arbeit (so z. B. die Arbeitsförderung), der Kriegsopferversorgung und die sonst ausdrücklich den Gerichten der Sozialgerichtsbarkeit übertragenen Angelegenheiten [6].
Durch die Einbeziehung immer weiterer Kreise der Bevölkerung in die Sozialversicherung (der Handwerker 1939 und 1962, der Landwirte 1957 und 1972, sämtlicher Angestellten 1968, der Studenten und Schüler 1972) und die weitgehende Öffnung der Rentenversicherung für fast alle Bürger, die das 16. Lebensjahr vollendet haben (1972), hat sich auch der Wirkungsbereich der Sozialgerichtsbarkeit erweitert [7].
Hinzu kommt, daß im Zuständigkeitsbereich der Sozialgerichtsbarkeit die sozialen Probleme mit besonderer Häufigkeit und Intensität auftreten. Sie

5 *Wannagat,* Die soziale Komponente der Sozialgerichtsbarkeit, Die Sozialgerichtsbarkeit 1974 S. 361 (362).

6 Z. B. Rechtsstreitigkeiten nach dem Kindergeldgesetz (BGBl I 1975, S. 412), dem Soldatenversorgungsgesetz (BGBl I 1975, S. 1481), dem Bundesseuchengesetz (BGBl I 1961, S. 1012, 1300), dem Gesetz über die Krankenversicherung der Landwirte (BGBl I 1972, S. 1433), dem Schwerbehindertengesetz (BGBl I 1974, S. 1085), dem Gesetz über die Entschädigung der Opfer von Gewalttaten (BGBl I 1976, S. 1181).

7 Vgl. hierzu *Schellenberg,* Von der Sozialversicherung zur Volksversicherung 1968, S. 11 ff.; *Wannagat,* Auf dem Wege zur Volksversicherung in: Festschrift für Fechner, 1973 S. 212 ff.

füllen nicht nur Randzonen sozialgerichtlicher Tätigkeit, sondern bilden deren Kernbereich. So erwächst dieser Gerichtsbarkeit eine besonders hervorzuhebende soziale Funktion.

Dementsprechend orientiert sich die hier entwickelte Rechtsprechung an dem sozialen Schutzprinzip in ähnlicher Weise wie es der Sozialgesetzgebung selbst immanent ist.

Die Schutzfunktion dieser Normen, ihre besondere Funktionsweise und Ordnungsaufgabe zeigen sich auch darin, daß durch öffentlich-rechtliche Leistungen den berechtigten Bürgern geholfen werden soll, ein menschenwürdiges Dasein zu sichern, gleiche Voraussetzungen für die freie Entfaltung der Persönlichkeit zu schaffen, die Risiken des Lebens zu mindern, ihnen eine gewisse Berechenbarkeit zu verleihen, besondere Belastungen des Lebens, auch durch Hilfe zur Selbsthilfe, abzuwenden oder auszugleichen (vgl. Art. 1 § 1 SGB).

Seit dem Inkrafttreten des SGG haben die Richter der Sozialgerichtsbarkeit durch ihre Rechtsprechung einen wesentlichen Anteil an der Gestaltung und Entwicklung des Sozialrechts. Sie bilden es fort und helfen, diese Rechtsmaterie dem raschen Wandel der sozialen und gesellschaftspolitischen Veränderungen anzupassen. Die Rechtsprechung ist vielfach Wegbereiterin für neue Regelungen und nachschöpferische Gestalterin für Fälle, die der Gesetzgeber bei der getroffenen Regelung nicht in seinem Blickfeld gehabt hat. Diese Aufgabe vollzieht sich vielfach unter schwierigeren Verhältnissen und Bedingungen als in den anderen Gerichtsbarkeiten.

Denn einmal erschweren die unterschiedliche Herkunft der Normen, ihre verschiedene rechtliche Intensität und Qualität die praktische Rechtsanwendung und das Verständnis für Einzelregelungen. Zahlreiche situationsbedingte Gesetze, Novellen, Verordnungen und Erlasse verschiedener historischer Herkunft, zerstreut auf eine Vielzahl gesetzlicher Fundstellen, kennzeichnen die Entwicklungstendenzen des Sozialrechts.

Zum anderen mußte es sich, insbesondere sein Kernstück, das Sozialversicherungsrecht, wesentlich schneller als z. B. das bürgerliche Recht dem raschen Wandel der sozialen und gesellschaftlichen Verhältnisse anpassen. Die sozialen Forderungen richteten sich nicht an einzelne Individuen, sondern an den Staat, der sich auf diesem Gebiet schon seit den achtziger Jahren des vorigen Jahrhunderts und nicht erst mit der Einführung der Sozialstaatsklausel im Bonner Grundgesetz zur sozialen Aktivität aufgerufen fühlte und diese zumindest auf dem Gebiet der sozialrechtlichen Rechtssetzung ernstgenommen hatte. Dies geschah in einer Zeit, in der der Gesetzgeber dem Privatrecht noch keine eigentliche soziale Aufgabe zuerkannt hatte und der Staat noch lange nicht bereit war, sich als sozialer Rechtsstaat zu verstehen. Schließlich wird das Sozialrecht von einem raschen und breiten Wachstum und einer ihm innewohnenden natürlichen Dynamik geprägt. In ihm werden nicht nur die permanenten gesellschaftlichen Veränderungen sichtbar, sondern in ihm vollzieht sich auch ein fortdauernder sozialer und gesellschaftlicher Integrationsprozeß, der alle Bevölkerungsschichten erfaßt.

Dieser gesellschaftlichen Integration hat die rechtliche lange Zeit nicht standgehalten. Das zeigt sich besonders deutlich in der Sozialversicherung. Hier vollzog sich die Entwicklung — ausgenommen vielleicht die grundlegenden Erstlingsgesetze der achtziger Jahre — nicht nach einer festen Gesamtkonzeption, die ihren Niederschlag in einem geschlossenen Gesetzeswerk gefunden hätte, sondern in rascher Entwicklung etappen-, stufenweise und in rechtsdogmatischer Isolation zu anderen Rechtsgebieten. Hierbei wurden vielfach die neuen Normen mit dem bestehenden Recht wenig aufeinander abgestimmt, so daß sie kaum jemals zu einem einheitlichen organischen Rechtsgebilde zusammenwachsen konnten.

Bei dieser schwierigen Rechtsanwendung stellte die Rechtsprechung, insbesondere die des Bundessozialgerichts (BSG), vielfach Regelsätze und Leitlinien auf, sie konkretisierte ausfüllungsbedürftige und ausfüllungsfähige Begriffe, verdeutlichte sie und gab ihnen einen besseren und schärfer konturierten, manchmal auch einen neuen Inhalt. Dadurch sollte die Handhabung der komplizierten Gesetze leichter und praktikabler gemacht und eine annähernd gleichmäßige Behandlung aller Rechtsuchenden sichergestellt werden. Vor allem bildete die Rechtsprechung das Recht durch eine ergänzende Rechtsfindung fort. Nicht selten wirkte sie auch bahnbrechend, z. B. bei der Neuorientierung in bezug auf den verfassungsrechtlichen Inhalt der Eigentumsgarantie des Art. 14 GG, in dem sie auch öffentlich-rechtliche Rechtspositionen — wie die Zulassung zur kassenärztlichen Praxis (BSGE 5, 40) — und Ansprüche auf Rentenversicherungsleistungen (BSGE 9, 127) — diese allerdings nur in ihrem Kernbestand — dem Eigentumsbegriff unterstellte [8].

Das BSG sah sich auch vor die Frage gestellt, ob es durch Richterspruch eine Korrektur des geltenden Rechts vornehmen soll. Hierbei ist es stets mit großer Zurückhaltung vorgegangen.

In seiner Entscheidung vom 9. Juni 1961 (BSGE 14, 246) hat es allerdings entgegen dem eindeutigen Wortlaut des Gesetzes, wonach Kriegsbeschädigte oder ihre Hinterbliebenen ihre Versorgungsansprüche »zur Vermeidung des Ausschlusses« binnen zwei Jahren anzumelden hatten (§§ 56 Abs. 1, 58 Abs. 1 BVG a. F.), diese Frist für unanwendbar erklärt, wenn im Falle einer verspäteten Anmeldung die Anspruchsvoraussetzungen zweifelsfrei gegeben waren.

Zu diesem Ergebnis ist das Gericht gekommen, wie es der Begründung zu entnehmen ist, im Wege der Auslegung des § 58 Abs. 1 BVG a. F. Es sei zu beachten, daß dem Inhalt jeder Rechtsvorschrift durch ihre rechtsethische und soziale Funktion Grenzen gesetzt seien. Diese Funktion bestehe darin, daß nach der Entstehungsgeschichte, die der der §§ 1546 ff. RVO (Unfallversicherung) entspricht, die Versorgungsverwaltung gegen Ansprüche geschützt sein müsse, deren tatsächliche Grundlagen zur Zeit der Anspruchserhebung nur noch unter großen Schwierigkeiten aufgeklärt werden könnten. Dieser Zweck der Fristvorschrift habe Vorrang gegenüber ihrem Ordnungscharakter, der darauf abstellt, der Verwaltung innerhalb einer bestimmten Zeit einen ausreichenden Überblick über den Umfang der Versorgungslast zu ermöglichen. Diese Ordnungsfunktion müsse nach Entstehungsgeschichte, Sinn und Zweck der Fristvorschrift hinter der ersten Funktion zurücktreten. Sind die Voraussetzungen des verspätet angemeldeten Anspruchs — so heißt es in der Begründung abschließend — zweifels-

8 *Wannagat,* Die umstrittene Eigentumsgarantie für die Renten der Rentenversicherung in: Festschrift für Peters, 1975 S. 171 [177 ff].

frei gegeben, so wiederspreche eine Anwendung der Fristvorschrift ihrer Funktion und führe zu einem sozial unangemessenen und nicht gewollten Ergebnis; diese Fälle sollten von der Vorschrift nicht getroffen werden. Der Große Senat hat seine Entscheidung mit höherrangigen Werten begründet, und zwar mit der rechtsethischen und sozialen Funktion der Vorschrift, die bei ihrer wortgetreuen Anwendung zu einem sozial unangemessenen und nicht gewollten Ergebnis geführt hätte.

Das BSG hat die Entscheidung des Gesetzgebers, der die absolute Geltung der Fristversäumnis auch dann gewollt hatte, wenn der Rechtsanspruch eindeutig bestand, nicht hingenommen, sondern sie im Ergebnis abgeändert. Daran ändert die Tatsache nichts, daß diese durch Richterspruch vorgenommene Korrektur später die Billigung des Gesetzgebers gefunden hat und bei der Neuregelung der §§ 60 Abs. 1 BVG und 1546 Abs. 1 RVO berücksichtigt worden ist. Diese Rechtsfortbildung vollzog sich allerdings im Rahmen der Grundwertungen der gesamten Rechtsordnung (»extra legem«, aber »intra ius«).

Das Bundesverwaltungsgericht (BVerwG) war in einem rechtlich ähnlich gelagerten Fall aus dem Lastenausgleichsrecht zurückhaltender. Es ist dieser Entscheidung des BSG nicht gefolgt und hat es abgelehnt, im Wege des Richterrechts einen fristgebundenen Antrag auf eine Leistung als fristgerecht anzusehen, wenn er sachlich begründet ist (BVerwGE 17, 199). Bei dieser Art der Rechtsfindung sind Behutsamkeit und Vorsicht geboten. Sie kann nur mit besonderen Umständen, wie Rechtsnotstand, unabweisbares Bedürfnis, Unvereinbarkeit mit eindeutig gewandelten Anschauungen der Rechtsgemeinschaft, oder wenn sich eine Vorschrift mit der Gerechtigkeit in einem unerträglichen Widerspruch befindet usw., gerechtfertigt werden [9]. Denn hier droht der Übergriff in den Kernbereich der Kompetenz des Gesetzgebers (vgl. hierzu auch BVerfGE 34, 269 ff.).

In mehreren Fällen hat das BSG die begehrte Normenkorrektur nicht vorgenommen. So lehnte es z. B. in seinem Urteil vom 23. Juni 1959 (BSGE 10, 97) die Ausdehnung des Unfallversicherungsschutzes auf den nasciturus (Leibesfrucht) ab, weil der Kreis der versicherten Personen nicht Kinder umfasse, die vor der Geburt durch einen Arbeitsunfall der Mutter geschädigt worden sind. Das BSG hat hier keine Lücke angenommen. Der Gesetzgeber habe diese und andere Fälle einer mittelbaren Schädigung nicht übersehen. Diese Auffassung erhielt dann im Gesetzgebungsverfahren bei der Neuordnung der gesetzlichen Unfallversicherung im Jahre 1963 volle Bestätigung. Das Parlament hat auch der dort verlangten Ausdehnung des Unfallversicherungsschutzes nicht stattgegeben (vgl. Beratungen des Ausschusses für Sozialpolitik — Drucks. IV/938 [neu] — S. 4—5 und neue Fassung des Unfallversicherungsgesetzes von 1963).

In zwei späteren Fällen aus der Kriegsopferversorgung hat dagegen das BSG dem nasciturus Versorgungsschutz zugestanden. Einmal einem Kinde, das durch Mißhandlungen der Mutter während der Schwangerschaft krank zur Welt gekommen war (BSG 18, 55 [59]); zum anderen sogar einem Kind, das erst nach einer Schädigung der Mutter (durch eine Luesinfektion

9 Vgl. *Radbruch*, Gesetzliches Unrecht und übergesetzliches Recht in: Der Mensch im Recht, 1957, S. 119; *Larenz*, Kennzeichen geglückter richterlicher Rechtsfortbildung, 1965, S. 12 ff.

infolge Vergewaltigung) erzeugt worden ist (BSG 20, 41). Hier hat das BSG eine Lücke im Gesetz erblickt, die der Richter im Wege der »ergänzenden Rechtsfindung« auszufüllen habe. Die unmittelbare Kriegseinwirkung habe nicht nur die Mutter, sondern auch das später erzeugte und geborene Kind dieser Mutter getroffen. Beide seien Opfer des Krieges. Beide Tatbestände fielen unter das BVG. Durch die umfassende Gewährung des Versorgungsschutzes werde auch dem Wandel des Rechtsgefühls Rechnung getragen, dem das Grundgesetz mit dem Bekenntnis zum sozialen Rechtsstaat und der Garantie der körperlichen Unversehrtheit Ausdruck verliehen habe. Hier wurden verfassungsrechtliche Grundsätze ergänzend zur Rechtsfindung herangezogen.

Diese unterschiedliche Rechtsprechung im Bereich der Unfallversicherung und Kriegsopferversorgung findet ihre Stütze in dem anderweitigen Zweck und in der anderen Zielsetzung der Unfallversicherungs- und Kriegsopferversorgungsgesetze.

In dieser Rechtsfortbildung, die das Recht ergänzt, liegt die große Bedeutung des Richterrechts; ohne dessen Wirken hätte das Sozialrecht seine Funktion nicht erfüllen können.

Nachfolgend seien einige Schwerpunkte dieser richterlichen Tätigkeit im einzelnen aufgezeigt.

## Verdeutlichung und Konkretisierung von Grundbegriffen

Viele Grundbegriffe wie z. B. Krankheit, Arbeitsunfähigkeit, Berufs- und Erwerbsunfähigkeit, Arbeitsunfall, Entgelt, Beschäftigungsverhältnis usw. werden im Gesetz lediglich vage und skizzenhaft umschrieben oder gar nur angedeutet; ihren Inhalt erhielten sie erst durch die Rechtsprechung. Es handelt sich ähnlich wie bei den Generalklauseln um »Stücke offengelassener« [10], unfertiger und obendrein manchmal noch unausgereifter Gesetzgebung. Diese hat entweder bestimmte Fragen absichtlich nicht regeln wollen, weil sie legislatorisch noch nicht entscheidungsreif waren oder weil sie sich im ständigen Wandel befinden und ihre Konkretisierung mit besserem Erfolg der Rechtsprechung vorbehalten bleiben sollte.

So verdankt z. B. der Begriff »Krankheit«, der in den Sozialversicherungsgesetzen vielfach verwendet wird, von dem Gesetzgeber aber niemals definiert wurde, seine Ausformung der Rechtsprechung. Hieran waren maßgeblich das Preußische Oberverwaltungsgericht (OVGE Bd. 42, 308 [310]), das Reichsversicherungsamt und das Bundessozialgericht (BSGE 13, 134 [136]; 16, 177 [178]; 19, 179 [183]; 26, 240, 242) beteiligt. Dieser Begriff ist stets den veränderten medizinischen Erkenntnissen und den gesellschaftspolitischen Anschauungen angepaßt worden. So wird jetzt eine Krankheit im Rechtssinne auch dann angenommen, wenn keine Aussicht besteht, sie zu heilen oder zu bessern (was früher als Voraussetzung galt). Es genügt, wenn eine Verschlimmerung der Krankheit verhütet oder die Verschlimmerung verzögert werden kann oder wenn Schmerzen oder sonstige Beschwerden gelindert werden können (BSG SozR § 184 a. F. Nr. 23).

10 *Hedemann,* Die Flucht in die Generalklauseln, 1933, S. 58.

Diese von der Rechtsprechung entwickelten Grundsätze fanden Eingang in das Gesetz zur Verbesserung von Leistungen der gesetzlichen Krankenversicherung vom 25. März 1974 (BGBl I S. 777).

Auch der Begriff »Beschäftigungsverhältnis« [11] erfuhr seine Ausgestaltung durch die Rechtsprechung. Er wurde zwar weitgehend dem arbeitsrechtlichen Arbeitsverhältnis angeglichen, ihm aber nicht gleichgestellt (BSGE 33, 254 [258]; BSGE 37 S. 10 ff.). Ebenso verfährt § 7 der Gemeinsamen Vorschriften für die Sozialversicherung, der die erwähnte Rechtsprechung zugrunde legt. Auch die in der gesetzlichen Unfallversicherung und in der Kriegsopferversorgung geltende eigenständige Kausalitätslehre (von der wesentlichen Bedingung), die sich ganz erheblich von den im Strafrecht und im Zivilrecht herrschenden Lehren (Äquivalenz- und Adäquanztheorie) unterscheidet, wurde durch die sozialgerichtliche Rechtsprechung entwickelt [12].

In diesem Zusammenhang sei auch auf die umfangreiche und sicher recht kasuistische Rechtsprechung zum Arbeitsunfall hingewiesen. Auch dieser Begriff ist im Gesetz nicht definiert; er wird durch die Rechtsprechung geformt und ausgestaltet. Gerade in diesem Bereich zeigt sich deutlich, wie schwierig es ist, der Allgemeingültigkeit und der Fallgerechtigkeit zu entsprechen. Dieser Aufgabe versucht eine jahrzehntelange Rechtsprechung gerecht zu werden. Durch die Gerichtspraxis wurden anhand von Einzelfällen richtungweisende Leit- und Obersätze erarbeitet, unter die wiederum neue Einzelfälle eingeordnet werden konnten, die erneut Anlaß zu weiteren Obersätzen gegeben haben. Und so wurde das Rechtsinstitut des Arbeitsunfalls im Wege der »punktuellen« Rechtsneubildung immer differenzierter und subtiler ausgebaut, wo jeder neue Obersatz, Leitsatz und Unterleitsatz wie einzelne »Nadelstiche am Gewebe« wirken [13]. Dadurch entstand zwar ein mosaikhaftes, aber ein in sich geschlossenes und weiter ausbaufähiges Ganzes. Hier bedient sich die Rechtsprechung der traditionellen Methode der Rechtsfortbildung — durch Bildung von Regeln und Leitsätzen —, die sich auf typische Tatbestände beziehen und von dort aus eine beschränkte Generalisierung und Typisierung ermöglichen.

Auch die Begriffe »Berufs- und Erwerbsunfähigkeit« erfuhren eine tiefgreifende Ausformung durch die Rechtsprechung. Das BSG hat diesen Begriffen über die subjektive Komponente der geminderten Leistungsfähigkeit, die sich unmittelbar aus dem Wortlaut des Gesetzes ergibt, hinaus ein weiteres objektives Element (das Vorhandensein von Teilzeitarbeitsplätzen), das im Gesetzestext nicht enthalten ist, hinzugefügt und die rechtliche Relevanz zwischen den Arbeitsplätzen und der geminderten Erwerbsfähigkeit der Versicherten angenommen. Hierbei hat sich das BSG auf die Zielsetzung und Zweckbestimmung sowie auf die Grundgedanken der einschlägigen Gesetze berufen.

Der Begriff der Berufsunfähigkeit erhielt durch die Rechtsprechung noch eine weitere interessante Variante. Sie bezieht sich auf die Verweisbarkeit auf andere Tätigkeiten. Nach Auffassung des BSG darf mit der Ver-

11 *Bley,* Sozialrecht, 1975, S. 73 ff.
12 *Wannagat,* Lehrbuch, a.a.O., S. 223 ff.
13 *Wieacker,* Zur rechtstheoretischen Präzisierung des § 242 BGB, 1956, S. 15.

weisung kein sozialer Abstieg verbunden sein. Damit hat es ein weiteres Element in diesen Begriff eingeführt, das das Gesetz selbst nicht enthält. Hierbei handelt es sich um außerrechtliche Tatbestände, die der Wirklichkeit des sozialen Lebens abzugewinnen sind.

In einer Reihe von Fällen konkretisierte das BSG Rechtsbegriffe insofern, als es sie in feste Zahlen bzw. Prozentsätze übersetzte (quantifizierte). Die Notwendigkeit hierzu ergab sich daraus, daß die sozialrechtliche Rechtsprechung die Rechtskontrolle über eine Massenverwaltung ausübt, die jährlich mehrere Millionen von Bescheiden erläßt. Hinzu kommt, daß in grundsätzlichen Fragen zunehmend die Inhalte der Bescheide im Rahmen der elektronischen Datenverarbeitung (EDV) an einer zentralen Stelle programmiert werden, so daß Zweifelsfragen immer häufiger in Form von Musterprozessen durch die Gerichte der Sozialgerichtsbarkeit geklärt werden müssen.

Eine solche Verwaltungstätigkeit kann auf eindeutige, leicht zu handhabende Rechtsregeln nicht verzichten. Sie ist auf Rationalisierung, Typisierung und Berechenbarkeit angelegt und angewiesen. Enthalten die Gesetze derartige Regelungen nicht, so muß sie die Verwaltung oder der Richter selbst aufstellen, wobei ihm die letzte Entscheidung vorbehalten ist. Hierzu seien aus der umfangreichen Rechtsprechung des BSG einige Beispiele angeführt. In seinen Entscheidungen vom 11. Dezember 1969 hat der Große Senat (BSGE 30, 167) bei der Ausgestaltung und Konkretisierung der rentenversicherungsrechtlichen Begriffe »Berufsunfähigkeit« und »Erwerbsunfähigkeit« die Risiken der Rentenversicherung und der Arbeitslosenversicherung in bezug auf die Teilzeitarbeit durch eine Richtzahl abgegrenzt. Der Senat legte fest, der Arbeitsmarkt sei für den Versicherten praktisch verschlossen, wenn das Verhältnis der im Verweisungsgebiet vorhandenen, für den Versicherten in Betracht kommenden Teilzeitarbeitsplätze zur Zahl der Interessenten für solche Beschäftigungen ungünstiger als 75 : 100 ist. Aus Gründen einer besseren Praktikabilität hielt es der Senat für zweckmäßig, diesen Indikator zu nennen. Hierbei ging er davon aus, daß die in Betracht kommenden Zahlenelemente von der Arbeitsverwaltung anhand ihrer Ermittlungen und der statistischen Unterlagen leicht festzustellen sind. In der Praxis ergaben sich sodann allerdings erhebliche Schwierigkeiten, die eine erneute Anrufung des Großen Senats zur Folge gehabt haben.

Einen Grenzwert hat die Rechtsprechung auch bei der Festlegung des Begriffs »Unterhalt« i. S. des § 1265 RVO festgesetzt.

Nach dieser Vorschrift hat die geschiedene Ehefrau eines Versicherten nach seinem Tode u. a. Anspruch auf eine Hinterbliebenenrente, wenn ihr der Versicherte zur Zeit seines Todes Unterhalt zu leisten hatte oder im letzten Lebensjahr Unterhalt geleistet hat.

In diesem Zusammenhang hat das BSG (BSGE 21, 155; 22, 44) den Begriff »Unterhalt« konkretisiert. Danach sind kein Unterhalt Beträge, die wegen ihrer Geringfügigkeit für die Lebensführung der Frau ohne nennenswerte wirtschaftliche Bedeutung sind. Deshalb ist der Anspruch auf Hinterbliebenenrente nur dann begründet, wenn der Unterhaltsbetrag in der Regel mindestens etwa 25 v. H. des Mindestbedarfs eines Unterhaltsberechtigten (Sozialhilferichtsatz) ausmacht. Hier wird durch Festlegung eines Prozentsatzes gesagt, was noch als Unterhalt im Sinne dieser Vorschrift angesehen werden könne. Dieser Prozentsatz beruht nicht auf empirischen Erfahrungen, auf Ergebnissen exakter Untersuchungen, wie z. B. der Blutalkoholgrenzwert, er ist auch nicht im Wege der gesetzlichen Analogie im Vergleich mit einer ähnlichen anderen gesetzlichen Regelung gewonnen worden. Er entspricht auch nicht dem Unterhaltsbegriff i. S. des BGB. Die »Limitierung«, was noch als Unterhalt gilt, hat die Rechtsprechung im Wege der Rechtsfindung gewonnen. Hierbei hat sie auch die Feststellung — der Unterhaltsanspruch muß das Maß des Geringfügigen überschritten haben — selbst getroffen, ohne hierzu etwa einen ausdrücklichen gesetzlichen Anhalt in Form eines unbestimmten Begriffs zu haben. Es handelt sich hier um eine »Faustregel«, um eine »gegriffene« Größe, die das Gericht dem Grundgedanken der rentenversicherungsrechtlichen Regelungen entnommen hat. Es läßt sich darüber streiten, ob diese Verhältniszahl hätte niedriger oder höher ausfallen sollen und was mehr dem richtigen Normverständnis entspräche.

Gewiß ist diese Quantifizierung zulässig. Sie hat auch weitgehend, insbesondere in der Praxis, Zustimmung gefunden, weil sie vernünftig erscheint und die Anwendung der gesetzlichen Regelung praktikabler macht. Es ist nicht zu verkennen, daß dadurch die individualisierende, auf den konkreten Fall abgestellte Betrachtungsweise Schaden nehmen und zu einer nicht befriedigenden Schematisierung führen kann, weil der hier zwar eingeräumte Toleranzbereich (»in der Regel«) in der Praxis kaum ausgeschöpft wird. Dadurch kann die Richtlinie zu einem festen, starren, unbeweglichen Richtpunkt werden.

Nur eine allgemeine Leitlinie hat das BSG (BSGE 32, 197) dagegen im Rahmen des § 1265 RVO für die Ermittlung des angemessenen Unterhalts i. S. des § 58 Abs. 1 des Ehegesetzes (EheG) aufgestellt. Danach sind bei Prüfung des angemessenen Unterhalts die Nettoeinkünfte beider Ehegatten zusammenzulegen und jedem Ehegatten ist der für ihn angemessene Teil des Gesamtbetrages zuzuweisen. Der Ehefrau steht ein Betrag von einem Drittel bis drei Siebentel des Gesamteinkommens zu. Der hier genannte Grenzwert stellt lediglich einen Rahmen dar und darf — wie die Entscheidung ausdrücklich betont — nicht schematisch, sondern immer nur unter dem Vorbehalt einer Abweichung bei Besonderheiten des Einzelfalls angewandt werden. Dem Rechtsanwender verbleibt ein erheblicher Spielraum.

Demgegenüber setzt jetzt das BSG (BSGE 32, 245) einen starren Grenzwert im Zusammenhang mit der Prüfung der Frage, wann sich im Recht der gesetzlichen Unfallversicherung eine Besserung oder Verschlechterung von Unfallfolgen, »eine wesentliche Änderung« der Verhältnisse im Sinne des § 622 Abs. 1 RVO als Voraussetzung für eine Neufestsetzung der Unfallrente darstellt.

Nach der früheren Rechtsprechung des RVA und des BSG war eine Änderung des Grades der MdE um nur 5 v. H. in der Regel als wesentlich zu bewerten. Diese Regel wurde in der Praxis durch zahlreiche Ausnahmen durchbrochen. Jetzt entschied das BSG unter Aufgabe seiner früheren Rechtsprechung, daß eine wesentliche Änderung ausnahmslos nur dann vorliegt, wenn der Grad der MdE um mehr als 5 v. H. gesunken oder gestiegen ist. Diese Entscheidung dient sicherlich der Praktikabilität und der Rechtssicherheit.

Die Ersetzung eines gleitenden Maßstabes durch ziffernmäßig festgelegte Tatbestände sollte auf solche Fälle beschränkt bleiben, in denen die Vernachlässigung der individuellen Momente wegen ihrer Massenhaftigkeit und Gleichförmigkeit und mit Rücksicht auf das überragende Interesse an Rechtssicherheit und Rechtsklarheit geboten erscheint und das Gericht die Auswirkungen und Folgen seiner Entscheidung voll zu überblicken vermag.

## Fehlende gesetzliche Neuregelung

Besonders tiefgreifend wirkt die Rechtsfortbildung in den Bereichen, in denen der Gesetzgeber eine längst fällig gewesene Neuordnung noch nicht vorgenommen hat.
Das gilt in vollem Umfang für die Krankenversicherung, die im Gegensatz zur Renten- und Unfallversicherung noch immer keine Neuregelung erfahren hat. Hier erwächst der Rechtsprechung die Aufgabe, dieses alte, von der Rechtsgemeinschaft vielfach als überholt angesehene Recht aus seiner zeitbedingten Situation zu lösen und es in die Wirklichkeit von heute zu übersetzen [14].
Der Bürger unserer Tage ist nicht mehr bereit, die Krankheit wie auch die übrigen Wechselfälle des Lebens als schicksalhaft hinzunehmen. Er versucht, diese abzuwehren oder zumindest zu mildern. Ausgestattet mit einem globalen Recht auf Gesundheit, auf körperliches, seelisches und soziales Wohlbefinden verlangt der »homo patiens«, der zum mündigen Bürger geworden ist, sein Recht auf Gesunderhaltung, auf Heilung oder Linderung seiner Leiden, auf eine bestmögliche ärztliche, zahnärztliche und krankenhäusliche sowie medikamentöse Versorgung, und zwar unabhängig davon, ob er einer sozialen oder privaten Krankenversicherung angehört. Hierbei nimmt er den Schutz der Gemeinschaft, des Staates, in Anspruch.
Diesem Wandel in den Anschauungen, die sich rasch zu einer breiten Rechtsüberzeugung verdichteten, versuchte die Rechtsprechung des BSG in zahlreichen Entscheidungen Rechnung zu tragen. Erfreulicherweise hat der Gesetzgeber die Ergebnisse dieser Rechtsfortbildung in der Folgezeit sanktioniert und in geschriebenes Gesetzesrecht umgeformt.
So hat z. B. das BSG den Begriff »Krankheit« — wie bereits dargelegt — den veränderten Verhältnissen und Anschauungen angepaßt. Darüber hinaus hat es aber auch eine Kiefer- oder Zahnstellungsanomalie als einen »regelwidrigen Körperzustand« angesehen und ihm Krankheitswert beigemessen, wenn eine oder mehrere der Körperfunktionen des Beißens, Kauens oder Artikulierens der Sprache hierdurch in nicht unerheblichem Maße beeinträchtigt werden (BSGE 35, 105). Zugleich hat das BSG festgestellt — und das war für die weitere Rechtsentwicklung bedeutsam —, daß die Verordnung von Zahnersatz zur »kassenzahnärztlichen Versorgung« i. S. des § 368 Abs. 2 RVO gehört.
Diese Beurteilung der Zahnprothetik hat dann der Gesetzgeber 1972 bei der Neufassung des § 368 Abs. 2 Satz 2 RVO (BGBl I S. 1433) über-

14 *Langkeit,* Sozialrecht in der Wechselwirkung der drei Gewalten in: Schriftenreihe des Deutschen Sozialgerichtsverbandes, 1975, S. 150.

nommen, indem er in die Aufzählung der verschiedenen Teilbereiche der kassenzahnärztlichen Versorgung auch »die Versorgung mit Zahnersatz und Zahnkronen« eingefügt hat.

Ebenso ist der Gesetzgeber der Rechtsprechung des BSG (BSGE 37, 74) gefolgt, wonach auch über die Versorgung mit Zahnersatz wie über jedes andere Gebiet der kassenärztlichen Versorgung Gesamtverträge abzuschließen sind (vgl. § 182 Abs. 1 Nr. 1 RVO Buchst. d i. d. F. des § 21 Nr. 5 a des Gesetzes vom 7. August 1974; BGBl I S. 1881). Als weiteres Beispiel kann in diesem Zusammenhang die Rechtsprechung des BSG zur Gewährung von Krankenhauspflege nach § 184 Abs. 1 RVO a. F. angeführt werden. Nach dieser Vorschrift (in der bis 1974 geltenden Fassung), die auf das Jahr 1911 zurückging, *konnte* die Krankenkasse anstelle ambulanter Krankenpflege und eines bei Arbeitsunfähigkeit zu zahlenden Krankengeldes »Kur und Verpflegung in einem Krankenhaus gewähren«. Aus dem Wortlaut und der Entstehungsgeschichte dieser Vorschrift ergab sich eindeutig der objektivierte Wille des Gesetzgebers: die Gewährung der Krankenhauspflege sollte »dem pflichtgemäßen Ermessen« der Träger der Krankenversicherung überlassen bleiben. An diesem Prinzip hatte zwar die Rechtsprechung festgehalten, jedoch entgegen der ursprünglichen Zielsetzung dieser Vorschrift das Ermessen der Krankenkassen derart eingeengt, daß Krankenhauspflege, war sie medizinisch indiziert, praktisch zu einer Pflichtleistung geworden ist, auf die ein Rechtsanspruch besteht. Diese Rechtsänderung war sicher veranlaßt durch das gewandelte Rechtsbewußtsein, das nicht mehr ertrug, an überholten Anschauungen festzuhalten und eine so bedeutsame, für die Erhaltung der Gesundheit entscheidende Leistung, wie die Krankenhauspflege, im Ermessen der Verwaltung zu belassen und sie daher möglicherweise von anderen als medizinischen Überlegungen (z. B. fiskalischen) abhängig zu machen.

Der Gesetzgeber hat im Leistungsverbesserungsgesetz vom 19. Dezember 1973 (BGBl I S. 1925) diese Rechtsprechung voll akzeptiert und den Versicherten einen Rechtsanspruch auf Krankenhauspflege eingeräumt und somit die Gewährung dieser Leistung nicht mehr in das Ermessen der Krankenkassen gestellt.

Es gibt noch viele andere nennenswerte Beispiele, die hier nicht mehr angeführt werden sollen, die aber darauf hinweisen, daß der Gesetzgeber das durch die Rechtsprechung fortgebildete Recht später als gesetzliche Regelung übernommen hat [15].

## Mitwirkung der ehrenamtlichen Richter und der Prozeßvertreter an der Rechtsprechung

Die sozialgerichtliche Rechtsprechung wird von den Berufsrichtern und den ehrenamtlichen Richtern der Sozialgerichtsbarkeit getragen.

Die ehrenamtlichen Richter wirken an der Rechtsprechung in allen drei Instanzen (den Sozialgerichten, den Landessozialgerichten und dem Bundessozialgericht) mit gleichen Rechten und Pflichten wie die Berufsrichter mit.

15 *Langkeit*, a.a.O., S. 147.

Sie sind nicht »Laienrichter« wie etwa die Schöffen und Geschworenen, sondern sachkundige Beisitzer (BSGE 11, 181 [183]; 18, 18 [20]), die ihr Fachwissen und ihre Lebenserfahrung der Rechtsprechung nutzbar machen sollen.

Mitbeeinflußt wird die Rechtsprechung auch durch das Wirken der Prozeßvertreter, die ein Organ der Rechtspflege sind [16]. In der Sozialgerichtsbarkeit können sich die Beteiligten in jeder Lage des Verfahrens durch prozeßfähige Bevollmächtigte vertreten lassen. Ein Vertretungszwang besteht lediglich vor dem BSG (§ 166 Abs. 1 SGG), nicht aber vor den Sozial- und Landessozialgerichten. Er gilt nicht für die Behörden sowie die Körperschaften und Anstalten des öffentlichen Rechts. Als Bevollmächtigte vor dem BSG können neben jedem bei einem deutschen Gericht zugelassenen Rechtsanwalt (es bedarf keiner besonderen Zulassung wie beim Bundesgerichtshof — § 162 BRAO —) auch Mitglieder und Angestellte von Gewerkschaften, von selbständigen Vereinigungen von Arbeitnehmern mit sozial- oder berufspolitischer Zwecksetzung, von Vereinigungen von Arbeitgebern, von berufsständischen Vereinigungen der Landwirtschaft und von Vereinigungen der Kriegsopfer auftreten, sofern sie kraft Satzung oder Vollmacht zur Prozeßvertretung befugt sind (§ 166 Abs. 2 SGG).

Da die Rechtsanwälte immer noch eine nur geringe Neigung zeigen, sich mit dem Sozialrecht zu befassen, kommt der Tätigkeit der Rechtsschutzsekretäre der Sozialverbände eine große Rolle zu. Sie zeichnen sich im allgemeinen durch gründliche Sach- und Fachkunde, Lebenserfahrung, hohes Verantwortungsgefühl aus und sind ernsthaft bemüht, den Rechtsuchenden zur Durchsetzung der ihnen zustehenden Ansprüche zu verhelfen und dadurch einen Beitrag zur Festigung des Vertrauens in eine gerechte Sozialordnung zu leisten.

## Rechtsprechung der Verwaltungsgerichtsbarkeit

Für das Sozialrecht ist auch die Rechtsprechung der Verwaltungsgerichtsbarkeit bedeutsam. Das gilt vor allem für das Sozialhilferecht und die Kriegsopferfürsorge (§§ 25—27 Bundesversorgungsgesetz). Das Lastenausgleichsrecht als ein auslaufender Leistungsbereich kann hier außer Betracht bleiben.

Von den zahlreichen einschlägigen Entscheidungen sei hier das Urteil des BVerwG vom 25. Juni 1954 (BVerwGE 1, 159) erwähnt. Ihm war für die weitere Entwicklung des Fürsorgerechts eine besonders weittragende Bedeutung zugekommen. Es hat den Fürsorgeempfängern entgegen der bis dahin herrschenden Auffassung einen Rechtsanspruch auf Fürsorgeleistung eingeräumt. Dieses Ergebnis hat das Gericht im Wege einer verfassungskonformen Auslegung aus dem Fürsorgerecht gewonnen. Der Gesetzgeber ist dann dieser Rechtsprechung gefolgt und hat in § 4 Abs. 4 des Bundessozialhilfegesetzes (BSHG) vom 30. Juni 1961 (BGBl I S. 815) einen entsprechenden gesetzlichen Anspruch festgelegt.

16 *Wannagat*, Rechtsprechung und soziale Sicherheit in: Sozialpolitik, Ziele und Wege, 1974, S. 365 [372].

## Die Bedeutung der Rechtsprechung über den Einzelfall hinaus

Der Richter bildet in der Regel seine Entscheidungsmaxime nach den Grundsätzen der individuellen Gerechtigkeit anhand des ihm gerade vorliegenden Einzelfalles, der besondere Eigenarten aufweist. Die rechtskräftigen Entscheidungen der Gerichte wirken lediglich zwischen den Parteien, inter partes; sie haben keine gesetzliche Bindungskraft; die Rechtsprechung bleibt für Änderungen offen. Sie ist auf Flexibilität angelegt und an keine Präjudizien gebunden.

Andererseits rücken jedoch mit zunehmender Typizität der Fälle die Urteile von grundsätzlicher Bedeutung, besonders die letztinstanzlichen, über den Einzelfall hinaus in die Nähe des Gesetzes. Denn ihre Wirksamkeit erstreckt sich nicht nur auf einen bereits abgeschlossenen Sachverhalt, der in der Vergangenheit liegt, sondern erhält Geltungskraft für viele weitere Tatbestände, die in die Zukunft wirken. Es seien hier lediglich die »Musterprozesse« erwähnt, die zwar nur für die den Rechtsstreit führenden Parteien verbindlich entschieden werden, aber praktisch für eine Vielzahl rechtlich gleichgelagerter Fälle Geltung haben.

Häufig legt der Gesetzgeber selbst der Rechtsprechung eine allgemein verbindliche Bedeutung bei. So hat z. B. in der Kriegsopferversorgung (§ 40 Abs. 2 des Verwaltungsverfahrensgesetzes) die Versorgungsbehörde auf Antrag des Versicherten einen neuen Bescheid zu erteilen, wenn das BSG in ständiger Rechtsprechung nachträglich eine andere Rechtsauffassung vertritt, als sie der früheren Entscheidung zugrunde gelegen hat. Hierdurch wird die Versorgungsverwaltung auch rechtlich an die Rechtsprechung des BSG gebunden.

## Grenzen sozialgerichtlicher Rechtsfortbildung

Das BSG hat — wie bereits dargelegt — die Befugnis zu schöpferischer Rechtsfindung, zur Fortbildung des Rechts durch die Rechtsprechung von Anfang an in Anspruch genommen. Der Gesetzgeber hat dies als eine Aufgabe der Gerichte angesehen (§ 137 GVG, § 43 SGG). Das BVerfG hat sie stets anerkannt und legitimiert, aber auch begrenzt (BVerfGE 34, 269). Die Wirkkraft der Rechtsprechung ist nicht nur eine faktische, sondern auch eine rechtliche. Die hier auftretende Bindungswirkung ist gewiß besonderer Art. Sie findet ihren Ausdruck in den Vorschriften über die Anrufung des Großen Senats (§ 42 SGG) oder des Gemeinsamen Senats der obersten Gerichtshöfe des Bundes [17], falls beabsichtigt wird, von einer höchstrichterlichen Rechtsprechung abzuweichen. Ferner in den Regelungen, die es zur Pflicht machen, die Berufung (§ 150 Nr. 1 SGG) und die Revision (§ 160 Abs. 2 Nr. 2 SGG) zuzulassen, wenn das Urteil von einer Entscheidung eines LSG, des BSG oder des Gemeinsamen Senats abweicht.

Auch bejahen die Gerichte selbst die Bindung an die Rechtsprechung neben

17 § 2 des Gesetzes zur Wahrung der Einheitlichkeit der Rechtsprechung der obersten Gerichtshöfe des Bundes vom 19. Juni 1968 (BGBl. I S. 661).

dem gesetzten Recht und dem Gewohnheitsrecht. Das zeigt die Rechtsprechung zur Haftung von Beamten, Notaren und Anwälten, wenn gerichtliche Entscheidungen nicht beachtet werden (z. B. BGH in VersR 1964, 195; vgl. auch Redeker, NJW 1972, 409 [411] bei Note 30).

Die verfassungsrechtliche Grundlage für die richterliche Rechtsfindung, aber auch für seine Rechtsfortbildung enthält Art. 20 Abs. 3 GG, wonach die Rechtsprechung an Gesetz und Recht gebunden ist.

Danach ist nicht allein vom positiven Recht auszugehen; vielmehr sind auch die gesellschaftlichen Rechtsauffassungen, wie sie insbesondere in der Verfassung und in der gesamten Rechtsordnung zum Ausdruck kommen, zu berücksichtigen. Sie müssen aber mit der Verfassung als Ganzem in Einklang stehen.

Andererseits verbietet es die Einteilung der Gewalten in Gesetzgebung, Rechtsprechung und Verwaltung (Art. 20 Abs. 2 GG), den Richter grundsätzlich an die Stelle des Gesetzgebers treten zu lassen und ihn mit Aufgaben zu betrauen, die dem Gesetzgeber vorbehalten sind. Mithin teilt sich die rechtsprechende Gewalt mit der Gesetzgebung in die Aufgabe der Rechtsfortbildung und der Rechtsgewinnung. Hierbei liegt eindeutig der Vorrang bei dem vom Parlament beschlossenen Gesetz. Zutreffend wird in der Verfassungslehre diese Kompetenzverteilung so umschrieben, daß dem Gesetzgeber die Rechtssetzungspraerogative, aber nicht das Rechtsetzungsmonopol, zusteht [18].

In der Regel — besonders bei neueren Gesetzen — stehen »die allgemeine Überzeugung«, die »fundierten Gerechtigkeitsvorstellungen der Gemeinschaft«, »die konkrete Vernunft des Alltags«, »der Konsens der Rechtdenkenden« oder wie man das alles nennt, mit dem positiven Recht in Einklang. Denn das gesellschaftliche Rechtsbewußtsein prägt das positive Gesetz, zugleich wird es von ihm aber auch stark mitbeeinflußt.

Deshalb besteht eine fruchtbare Wechselwirkung zwischen Rechtsprechung und Gesetzgebung.

Die sozialgerichtliche Rechtsprechung, deren Schwerpunkt in der ergänzenden Rechtsfindung liegt, ist Helfer des Gesetzgebers, wo dieser bewußt oder auch ungewollt Spielräume offenläßt oder wo er es unterläßt, notwendige Anpassungen der geschriebenen Norm an die veränderten Verhältnisse vorzunehmen.

Zumeist hat der Gesetzgeber — wie aufgezeigt — das, was Richterrecht im Vorgriff normiert hatte, später in Gesetzesrecht umgewandelt.

18 *Kriele,* Theorie der Rechtsgewinnung, 1967, S. 60 ff.

# Kapitel III
# Die Sozialpolitik im gesellschaftlichen Kräftefeld

Gerd Muhr

# Sozialpolitik der Nachkriegszeit — Betrachtungen aus der Sicht des DGB

## I.

Wird gefragt, auf welche Faktoren die Stellung der Bundesrepublik im internationalen Staatengefüge zurückzuführen ist, so wären die Sozialpolitiker wohl am meisten überrascht, wenn geantwortet würde, daß in ihrem Bereich der wohl wesentlichste Beitrag zum derzeitigen Status geleistet würde. Und doch: die Rolle der Sozial- und Arbeitspolitik, also Fragen der Gestaltung der Verhältnisse in der Arbeitswelt, der Beziehungen zwischen den Sozialkontrahenten, der Ausgestaltung des Systems sozialer Sicherheit sind an erster Stelle zu nennen (trotz der bis heute fehlenden paritätischen Mitbestimmung), wenn es darum geht, Ursachen für jenes Phänomen zu nennen, welches angefangen vom »Wirtschaftswunder« bis zum »Modell Bundesrepublik« so unterschiedliche Bezeichnungen gefunden hat. Obwohl sowohl von der Zahl der Gesetze als auch von deren Bedeutung für die soziale Lebenswirklichkeit her der Sozialpolitiker als der gewichtigste »Gesetzgeber« angesehen werden muß, findet er kaum den angemessenen Platz in der Nachkriegsgeschichte. Bedauernd kann man feststellen, daß es der Sozialpolitik in den letzten Jahrzehnten nicht immer gelang, die ihr adäquate Rolle in der bundesdeutschen Innenpolitik zu spielen, obwohl gerade sie für Existenz und Schicksal des einzelnen von zentraler Bedeutung ist. Erinnert man sich an die Hungerrenten von vor zwanzig Jahren oder an die Tatsache, daß z. B. in der Krankenversicherung damals als Krankengeld vom 4. Tag an 50 % des Lohnes für 26 Wochen gezahlt wurde, während heute in der Regel für 1½ Jahre der volle Netto-Lohn weitergezahlt wird, fragt man sich, wie der dauernde Prozeß sozialer Leistungsverbesserungen und damit die Sozialpolitik im allgemeinen politischen Geschehen einen so geringen Nachhall erzeugen konnte.

Gewerkschaftliche Sozialpolitik betrachtet dabei die Entwicklung von einem besonderen Standpunkt aus. Sie will ebenso wie die übrige Gewerkschaftspolitik die derzeit überwiegend an Kapitalinteressen orientierte Wirtschafts- und Gesellschaftsstruktur wandeln, wobei als Kriterium für diese Wandlungsprozesse die Emanzipation und Selbstverwirklichung der Arbeitnehmer gilt. Dabei geht es sowohl um ihre materielle Sicherung als auch um freiheitliche Entfaltungsmöglichkeiten in einer sich ständig wandelnden Industriegesellschaft. Dies gilt sowohl für die Sozialpolitik im weiteren Sinne (d. h. sozialpolitisch umfassend als Gesellschaftspolitik verstanden) als auch für die Sozialpolitik im engeren Sinne, von der im weiteren die Rede sein wird und die um den Bereich des Arbeitslebens sowie um unser System sozialer Sicherheit angesiedelt ist. Der Wunsch nach Selbstbestimmung und Selbstentfaltung, nach Gesundheit und sicheren und menschengerechteren

Arbeitsplätzen, nach beruflicher Qualifikation und einer dementsprechenden Tätigkeit steht ebenso wie die Forderung nach ausreichenden und gesicherten Einkommen sowie einer bedarfsgerechten Versorgung mit sozialen Gütern und Diensten im Zentrum gewerkschaftlicher Bemühungen. Zur Realisierung solcher Zielvorstellungen muß die Sozialpolitik vom Aspekt des Arbeitslebens aus auf die Struktur der menschlichen Gesellschaft einwirken. Dabei wird der gewerkschaftlichen Perspektive jene Auffassung des Grundgesetzes zugrunde gelegt, welche eben nicht das isolierte souveräne Individuum hervorhebt, sondern die Spannung zwischen Individuum und Gemeinschaft im Sinne der Gemeinschaftsbezogenheit der Person entschieden hat. Preller hat in diesem Zusammenhang von der »Persönlichkeit in der Gemeinschaft« gesprochen.

Betrachtet man die Sozialpolitik der letzten Jahre, so kann als unbestritten gelten, daß wichtige Schritte nach vorn — die mehr als bloße Leistungsverbesserungen brachten — vollzogen wurden. Der Konturenwandel der Sozialpolitik ist hierfür ein deutlicher Beweis. Ihre Maßnahmen brachten ein Abgehen von punktuellen Vorschriften zugunsten einiger Bevölkerungsgruppen hin zu einem umfassenden Trend der sozialen Sicherung, der sämtliche Bevölkerungsgruppen einschließt. Die Dynamik aller Leistungen wurde zum Ziel erhoben; Vorsorge und Prävention in den Vordergrund geschoben. Das Gewicht verlagerte sich hin zu den sozial- und gesundheitspolitischen Dienst- und Sachleistungen, bei denen auch unbestritten die größten Probleme vorhanden sind. Dem entsprach es, wenn das Kausalitätsprinzip, welches Leistungen abhängig von der Ursache des Leistungsfalles gewährt, durch das einer modernen Gesellschaft besser entsprechende Finalitätsprinzip verdrängt werden sollte, das sich ausschließlich am jeweiligen Sachverhalt ausrichtet und beim Vorliegen gleicher Tatbestände auch auf gleiche Leistungen hinausläuft. Damit verbunden war der Abbau ungerechtfertigter Unterschiede, sei es nun zwischen einzelnen Arbeitnehmergruppen, wie Arbeitern einerseits und Angestellten andererseits, oder Gruppen von Leistungsempfängern, z. B. durch die Rehabilitationsgesetze.

Was die inhaltlichen Schwerpunkte der Sozialpolitik, insbesondere der gewerkschaftlichen Sozialpolitik anlangt, so wird deutlich, daß sie nun stärker auf die eigentlichen gesellschaftlichen Gefährdungsbereiche der menschlichen Existenz abzielen, vor allem auf die Arbeitswelt, die weitgehend auch auf andere Lebensbereiche ausstrahlt. Dies ist schon deshalb notwendig, weil die Risiken, mit denen Sozialpolitik heute und in der Zukunft konfrontiert ist, mit traditionellen schadenausgleichenden Maßnahmen und Verteilungsmaßstäben nicht angemessen bewältigt werden können. Vielmehr zeigt sich, daß die Beeinflussung und die Gestaltung der Gefährdungsbereiche nach sozialen Zielen sowie eine stärkere Berücksichtigung allgemeiner Bedarfsgesichtspunkte zu immer wichtiger werdenden Aufgaben künftiger Sozialpolitik gehören.

Trotz dieser Schritte nach vorn ist — sozusagen als Zwischenbilanz der Sozialpolitik der Nachkriegszeit in der Bundesrepublik — die Frage angebracht, inwieweit sie in den letzten Jahrzehnten den weiter oben erwähnten Zielvorstellungen näherkam, wie stark die durch sie erreichten strukturellen Veränderungen gewesen sind, oder ob, wie viele behaupten, die Sozialpolitik nicht wesentlich mehr als ein Reflex der Wirtschaftspolitik und Wirtschaftsexpansion war, die einerseits das hohe Sozialleistungsniveau ermöglichte und andererseits davon profitierte. Gefragt ist also, inwieweit die eigenständigen Zielsetzungen der Sozialpolitik ihrer Erfüllung nähergebracht wurden. In welchem Umfang wurden Selbstverwirklichungs- und Selbstentfaltungsmöglichkeiten in den verschiedensten Bereichen, vor allem im Arbeitsleben, geschaffen, Entfremdungsprozesse abgebaut und Voraussetzungen für ein menschenwürdiges Leben in allen relevanten Gebieten hergestellt?

Schon Auerbach hat ja in seiner denkwürdigen Schrift »Mut zur sozialen Sicherheit« darauf hingewiesen, daß eine Sozialreform nicht — wie er schon damals feststellte — über permanente Verbesserungen der Sozialleistungen erreicht werden kann. „Über Sozialleistungen kann keine Sozialreform erschlichen werden“, so lautete das erste Kapitel dieser Broschüre. Aber vollzog sich bei uns nicht doch sowohl durch permanente Verbesserungen der Sozialleistungen als auch durch strukturelle Veränderungen im Sozialgefüge so etwas wie eine Sozialreform, und wo stehen wir heute? Es geht damit um die Doppelfunktion der Sozialpolitik, auf die schon Heimann hingewiesen hat und die die Sozialpolitik mit gewerkschaftlicher Tätigkeit schlechthin teilt. Gemeint ist, daß sich in ihrem Handeln sowohl eine progressive als auch eine konservative Funktion zugleich offenbart, denn indem die Sozialpolitik das vorwiegend an Kapitalinteressen orientierte Wirtschafts- und Gesellschaftssystem stückweise verändert, wird die Lebensdauer der weiter der Emanzipation und Selbstverwirklichung entgegenstehenden Strukturen verlängert. Mit dieser Doppelfunktion, die oft auch mit den Stichworten »Anpassung und Gegenmacht« gekennzeichnet wird, trifft sie das Schicksal aller evolutionären, aber immer noch einzig sinnvollen Bestrebungen. Wie weit stehen wir also mitten in dieser permanenten Sozialreform, wie weit kann der Verfassungsauftrag des Grundgesetzes zur Verwirklichung des sozialen Rechtsstaates als erfüllt angesehen werden? Dies abzuklären ist schon deshalb wichtig, weil sich zur Zeit wieder einmal die sozialpolitische Bühne zu wandeln beginnt. Nach der Expansionsphase von 1969—1974, in der wesentliche Leistungsverbesserungen durchgesetzt werden konnten, leitete der Wirtschaftseinbruch wiederum eine restriktive Phase ein, die nun von vielen Seiten zum Anlaß genommen wird, das sozialpolitische Leistungsniveau zu überdenken und — soweit möglich — abzubauen. Hinter dem Deckmantel einer Neubesinnung bzw. Neuorientierung steht zumeist nichts anderes als die Absicht, der Sozialpolitik aus ausschließlich fiskalischer Perspektive ein enges Korsett anzulegen. Es wird gar nicht erst nach den sozialpolitischen Zielen gefragt und festgestellt, inwieweit diese noch aktuell sind, bereits als erfüllt gelten können bzw. inwieweit der soziale Wandel neue Probleme und Prioritäten geschaffen hat. Gerade weil Stimmen laut werden, die nicht nur wie sonst üblich die Grenzen des Wohlfahrtsstaates als erreicht ansehen, sondern mit dem perfekten Sozialstaat das Ende der Demokratie als vorprogrammiert betrachten und den »autoritären Wohlfahrtsstaat« als Schreckgespenst an die Wand malen, braucht es eine Antwort auf die Frage, wo wir denn nun stehen.

Solchen Fragen nachzugehen heißt, zunächst einmal in einem gerafften Rückblick auf die letzten drei Jahrzehnte die Entwicklung der Sozialpolitik aus gewerkschaftlicher Sicht zu skizzieren, um Erfolge und Mißerfolge deutlich zu machen und Entwicklungstendenzen herauszuschälen. Dies soll im nachfolgenden Kapitel geschehen. Im Anschluß daran wird dann deutlich zu machen sein, welche Fragen offengeblieben sind und welchen Schwerpunkten sich die Sozialpolitik zukünftig zuwenden muß.

## II.

Heute längst vergessene Aktivitäten der Sozialpolitik zeigen, wie Ausgang der vierziger und zu Beginn der fünfziger Jahre dieses Jahrzehnts die Sozialpolitiker der ersten Stunde noch alle Hände voll zu tun hatten, um die Folgen des Zweiten Weltkrieges zu mildern und die Belastungen daraus gleichmäßiger zu verteilen. So weist z. B. der Geschäftsbericht des DGB für die britische Besatzungszone für die Jahre 1945 bis 1949 darauf hin, welch große Probleme die Not der Flüchtlinge und Schwerbeschädigten aufwarf. Fragen wie das Ernährungszulagewesen oder die Erhöhung der ungenügenden Sozialrenten standen im Vordergrund. Das inzwischen vielfach geänderte Bundesversorgungsgesetz, das im Hinblick auf den Leistungsrahmen sowie die Höhe der Leistungen vorbildlich werden sollte, nahm damals ebenso breiten Raum ein wie die Rentenerhöhungen durch das Sozialversicherungsanpassungsgesetz, das Rentenzulagengesetz, das Teuerungszulagengesetz usw. In der Arbeitslosenversicherung ging es neben einer grundsätzlichen Neuordnung dieses Bereichs um Sofortprogramme für Arbeitsbeschaffung, um Notstandsarbeiten — insbesondere in den Bundesländern mit größeren Flüchtlingsanteilen — während die Kapitel, die sich mit dem Fürsorgewesen befassen, als wesentlichsten Punkt das Thema Winterhilfe für Kohlen und Kartoffeln behandeln.
Erster Höhepunkt der Sozialpolitik war zweifellos die Rentenreform von 1957 mit dem Ziel, die Rentner im Hinblick auf die Erhaltung des Lebensstandards den Arbeitnehmern weitgehend gleichzustellen. Der DGB hatte die Bundesregierung immer wieder an ihre Versprechungen, die Rentenversicherung wirkungsvoll zu reformieren, erinnern müssen und dabei durch seine Forderungen zur Neuordnung dieses Bereichs das Gesicht der Reform entscheidend mitgeprägt. Obwohl ein Teil der gewerkschaftlichen Vorschläge seinerzeit unberücksichtigt blieb, muß doch festgehalten werden, daß dieses Gesetz für die soziale Sicherung im Alter bahnbrechend war und im internationalen Vergleich hervorragend abschnitt. Schon hier zeigte sich trotz der organisatorischen Trennung zwischen der Rentenversicherung der Arbeiter und Angestellten durch die Einführung eines weitgehend gleichen Rechts für beide Arbeitnehmergruppen ein neuer gesellschaftspolitischer Grundzug der Sozialpolitik, der sich in den nächsten Jahren noch verstärkt ausprägen sollte. Es ging darum, gleichzeitig mit dem Ausbau der sozialen Sicherheit und den materiellen Verbesserungen auch die Unterschiede zwischen den einzelnen Arbeitnehmergruppen abzubauen.
Die nächsten Jahre sollten erhebliche Spannungen in die Sozialpolitik hineintragen. Bereits 1958 veröffentlichte das Arbeitsministerium einen Referentenentwurf zur Neuregelung des Rechts der sozialen Krankenversicherung, der auf den entschiedensten Widerstand der Gewerkschaften und SPD stieß. Wichtigstes Kennzeichen dieses hauptsächlich von den Arbeitgeberverbänden bejahten Entwurfs war die zusätzliche Selbstbeteiligung der Versicherten, die sowohl bei der ärztlichen Behandlung als auch bei der Arzneimittelversorgung und ebenso bei Krankenhausaufenthalten vorgesehen war.

Mit diesen Vorschlägen verschlechterte sich das Klima der sozialpolitischen Diskussionen in der Bundesrepublik erheblich. Die Empörung der Arbeitnehmerschaft über die unsozialen Pläne führte vielfach zu spontanen und umfangreichen Protestaktionen, wie sie bisher bei keinen anderen sozialpolitischen Reformvorhaben zustande kamen. In vielen Städten fanden Großkundgebungen gegen die Pläne der Bundesregierung statt. Zunächst mit Erfolg, denn im Laufe der parlamentarischen Beratungen wurden die Pläne für eine zusätzliche Kostenbeteiligung immer wieder geändert und schließlich im Februar 1961 aufgegeben. Allerdings nicht endgültig, wie sich in der nächsten Legislaturperiode rasch herausstellen sollte.

Im Dezember 1962 legte die Bundesregierung das sogenannte »Sozialpaket« vor: Einen Gesetzentwurf zur Krankenversicherungsreform, zur Lohnfortzahlung im Krankheitsfalle sowie zur Reform des Kindergeldrechts. Mit diesem Paket glaubte man, vor allem die in der dritten Legislaturperiode gescheiterte Krankenversicherungsreform einschließlich der zusätzlichen Kostenbeteiligung für die Versicherten und ihre Angehörigen doch noch durchsetzen zu können. Die von den Gewerkschaften abgelehnte Kostenbeteiligung sollte ihnen durch die Lohnfortzahlung schmackhaft gemacht werden, während die Arbeitgeber wiederum aus Steuermitteln für die Kostensteigerungen im Zusammenhang mit der Lohnfortzahlung entschädigt werden sollten. Die Bundestagsfraktion der SPD lehnte damals ebenso wie der DGB diese Pläne unnachgiebig ab, da für die vorgesehene Koppelung der Sozialgesetze nur politisch taktische, aber keine sachlichen Gründe maßgebend waren. Das Sozialpaket scheiterte denn auch, wobei dem Widerstand des DGB, der diese Auseinandersetzung außerhalb des Parlaments in aller Schärfe führte, ebenso wie den Gegnern dieser Pläne im Parlament und damit vor allem der SPD-Fraktion das entscheidende Gewicht zukam. Aber auch andere Gruppen, z. B. Apotheker, Krankenhausträger, Krankenkassen und Ärzte lehnten die Regierungspläne ab. Das Sozialpaket wurde aufgeschnürt; als erstes Gesetz das Bundeskindergeldgesetz im Jahre 1964 verabschiedet. Obwohl in der Krankenversicherung auch Änderungen beschlossen wurden, die den Arbeitern und Angestellten zugute kamen, wurde das Reformgesetz selbst ebenso wie das Lohnfortzahlungsgesetz nicht mehr verabschiedet.

Mit der Lohnfortzahlung war dann der Fünfte Bundestag gefordert, dessen letzte Jahre durch die Große Koalition gekennzeichnet waren. Allerdings war hier die Sozialpolitik zunächst überschattet durch die Rezession. Die mittelfristige Finanzplanung mit ihren negativen Eingriffen, wie zum Beispiel mit der Kürzung der Bundeszuschüsse, dem Rentnerbeitrag zur Krankenversicherung sowie der Verschiebung des Rentenbeginns und der Verdoppelung der Rezeptblattgebühr waren Beispiele dafür, daß das konjunkturelle Tief auch an der Sozialpolitik nicht spurlos vorüberging. Die damals für diese Maßnahmen ins Feld geführte Behauptung, daß der Sozialkonsum zu Lasten der Sozialinvestitionen drastisch eingeschränkt werden müsse, führte zu ernsthaften Spannungen zwischen Gewerkschaften und Großer Koalition. Protestaktionen fanden vor allem gegen die Kürzung der Bundeszuschüsse statt. Es spricht für die Sozialpolitik der Großen Koalition, daß von diesen Spannungen gegen Schluß der Legislaturperiode kaum noch etwas übrig blieb. Mit dem damals vorgelegten ersten Sozialbudget und dessen mutigem Plädoyer für den weiteren Ausbau der sozialen

Sicherheit konnte aus dem Schreckgespenst vom bundesdeutschen Sozialgiganten rasch die Luft herausgelassen werden.

Bedeutsam war dann vor allem die sozialpolitische Schlußbilanz der Großen Koalition. Gesellschaftspolitisch entscheidende Durchbrüche wurden noch kurz vor Toresschluß erzielt. Die Bedeutung der damaligen Maßnahmen lag in erster Linie im gesellschaftspolitischen Bereich, vor allem in der Beseitigung sozialrechtlicher Unterschiede zwischen den verschiedenen Arbeitnehmergruppen. Wichtigstes Beispiel: Das Lohnfortzahlungsgesetz, mit dem der entscheidende Schritt zur Beseitigung des sozialrechtlichen Grabens zwischen Arbeitern und Angestellten vollzogen wurde. Was mit dem Metallarbeiterstreik 1956 in Schleswig-Holstein begann, fand hier nach verschiedenen gesetzgeberischen Zwischenstationen ein gutes Ende. Die positiven Auswirkungen dieser Entscheidung, mit der eine jahrzehntelange Diskriminierung einer breiten Gesellschaftsschicht endlich beendet wurde, werden noch lange nachwirken. Vergessen wurde leider allzu schnell die Entschließung des Bundesrats, der forderte, daß nach Verabschiedung dieses Gesetzes die Überprüfung der durch die technische und soziale Entwicklung überholten Abgrenzung zwischen Arbeitern und Angestellten mit dem Ziel einer Neuabgrenzung unverzüglich in Angriff genommen werden sollte. Durch die gleichzeitig mit dem Lohnfortzahlungsgesetz erfolgte Anhebung der Versicherungspflichtgrenze in der Krankenversicherung wurde die erwähnte positive Tendenz unterstrichen. Auch der mit diesem Gesetz verbundene Schönheitsfehler, vor allem der sogenannte Einstieg in die Krankenversicherungsreform (Krankenscheinrückerstattung) kann über den Erfolg nicht hinwegtäuschen. Inzwischen wurde diese Prämie als gesundheitspolitische Fehlspekulation entlarvt und bereits wieder rückgängig gemacht.

Ebenfalls Produkt der Großen Koalition war das Arbeitsförderungsgesetz, dessen Schwerpunkte unbestritten auf eine moderne und aktive Arbeitsmarktpolitik hinzielten. Auch bei einem dritten großen in dieser Legislaturperiode abgeschlossenen Gesetzesvorhaben, dem dritten Rentenversicherungsänderungsgesetz, drängte die gesellschaftspolitische Bedeutung alle anderen Fragen in den Hintergrund. Gemeint ist die Tatsache, daß der mit diesem Gesetz installierte Finanzausgleich zwischen Arbeiter- und Angestellten-Rentenversicherung auf der Basis der von der Selbstverwaltung der Rentenversicherung gemachten Vorschläge endlich beide Rentenversicherungszweige zu einer finanziellen Einheit zusammenschloß. Den darin liegenden gesellschaftspolitischen Fortschritt kann nur ermessen, wer sich an die Haltung jener Kräfte ein Jahr zuvor erinnert, die noch zu diesem Zeitpunkt den unvermeidlichen Finanzausgleich als Enteignung der Angestellten bezeichneten und statt dessen geringere Beiträge beziehungsweise höhere Leistungen für die Angestellten forderten. Weiterhin wurde mit diesem Gesetz die langfristige Finanzierung der Rentenversicherung auf der Grundlage der bruttolohndynamischen Rente sichergestellt. Was dies angesichts des massiven Widerstands von seiten der Arbeitgeber, der privaten Versicherungswirtschaft, des Wirtschaftsrates der Christlich-Demokratischen Union (CDU) und anderer Organisationen bedeutete, kann nicht hoch genug eingeschätzt werden.

Auch auf das Arbeitsrecht erstreckte sich die Anpassung des Rechts an veränderte Gesellschaftsstrukturen. Mit dem ersten Arbeitsrechtsbereinigungsgesetz wurde vor allem der Kündigungsschutz der Arbeiter dem der Angestellten angenähert. Mit all diesen vielen Schritten zog der Gesetzgeber langsam, aber zielstrebig Konsequenzen aus dem gesellschaftlichen Wandel einerseits und den nicht mehr gerechtfertigten Unterschieden zwischen Arbeitern und Angestellten andererseits.

Mit erhöhtem Tempo fortgesetzt wurden diese Maßnahmen dann durch die Sozialliberale Koalition, deren Erfolgsbilanz trotz der nur dreijährigen 6. Legislaturperiode des Bundestags jedem Vergleich standhält. Noch in keiner Periode zuvor konnte eine so erhebliche Zahl gewerkschaftlicher Forderungen — angefangen mit der Krankenversicherungsreform und der Zahlung des Arbeitgeberanteils für alle Angestellten, der Öffnung der Krankenversicherung sowie der Dynamisierung der Versicherungspflichtgrenze über die Einführung von Früherkennungsuntersuchungen bis hin zur zweiten umfassenden Rentenreform — durchgesetzt werden. Vor allem die Zweite Rentenreform mit ihrem Kernstück »flexible Altersgrenze« wird von den Gewerkschaften als historisch bedeutsamster Schritt zur notwendigen Weiterentwicklung unseres Sozialleistungssystems angesehen. Der erste Schritt zum freiheitlicheren und humaneren Übergang vom Arbeitsleben ins Rentenalter wurde damit vollzogen. Mit der flexiblen Altersgrenze, der Rente nach Mindesteinkommen und der Anhebung des allgemeinen Rentenniveaus kam eine umfassende Reform vorläufig zum Abschluß, die den damals vorhandenen Finanzspielraum in einem sinnvollen und ausgewogenen Verhältnis sowohl auf die Rentner als auch die älteren Arbeitnehmer verteilte. Nachdem wenige Jahre zuvor für den sozialen Fortschritt noch die Gefahr bestand, in den Fesseln der Finanz- und Wirtschaftspolitik zu ersticken, war dieses Gesetz nun der beste Beweis dafür, daß es möglich war, die Sozialpolitik aus diesen Bindungen zu lösen und in erheblichem Umfang eigenständige Initiativen zu entfalten.

Nimmt man aus dem Bereich des Arbeitsrechts das Betriebsverfassungsgesetz hinzu, welches der Arbeitnehmervertretung im Betrieb in den wesentlichen Fragen, die für die Existenz der Arbeitnehmer im Betrieb und darüber hinaus von zentraler Bedeutung sind, mehr Rechte einräumte, dann läßt sich ohne Übertreibung sagen, daß die Sozialpolitik einschließlich des Arbeitsrechts zum Motor jener inneren Reformen wurde, die die sozialliberale Koalition in den Vordergrund ihrer Arbeit stellte.

Auch in der 7. Legislaturperiode des Bundestages wurden die sozialpolitischen Bemühungen kontinuierlich fortgesetzt. Als wesentlicher Schwerpunkt der Sozial- und Gesellschaftspolitik in dieser Zeit können die Bemühungen um die stärkere Humanisierung des Arbeitslebens hervorgehoben werden. Zu nennen ist vor allem das Arbeitssicherheitsgesetz vom Dezember 1973, welches die Arbeitgeber verpflichtet, zur Verbesserung der Arbeitssicherheit in den Betrieben Betriebsärzte und Sicherheitsfachkräfte einzustellen. Hingewiesen werden muß weiterhin auf die Arbeitsstättenverordnung, welche Mindestanforderungen für Belüftung, Beleuchtung, Temperatur, Bewegungsfreiheit am Arbeitsplatz, Lärmschutz usw. festlegt. Auch die Stellung der Betriebs- und Personalräte wurde durch die Arbeitsschutzgesetzgebung bedeutsam gestärkt. Zusammen mit der Verbesserung des Jugendarbeitsschutzgesetzes, den Verordnungen über gefährliche Arbeitsstoffe, dem Forschungsprogramm für die Humanisierung der Arbeitswelt sowie dem weiteren Ausbau der Bundesanstalt für Arbeitsschutz und Unfallforschung wird hier ein Schwerpunkt deutlich, der im Sinne gewerkschaftlicher Politik, nämlich der Beseitigung der Ursachen sozialer Risiken in der Arbeitswelt, nur begrüßt werden kann. Auch die übrigen sozialpolitischen Maßnahmen — seien es nun im Bereich der sozialen Sicherung die Rehabilitationsgesetze zugunsten der Behinderten oder im arbeitsrechtlichen Bereich z. B. das Gesetz zur Verbesserung der betrieblichen Altersversorgung oder die Einführung eines Konkursausfallgeldes — zeigen, daß zielstrebig das »soziale Netz« enger geknüpft wurde. Dies gilt auch für die Bemühungen, das unübersichtliche Sozialrecht transparenter zu machen; hier sind der Allgemeine Teil des Sozialgesetzbuches sowie der Teil Gemeinsame Vorschriften für die Sozialversicherung zu nennen. Trotz des vorzeitigen Endes der ersten Legislaturperiode der sozialliberalen Koalition und der damit notwendigen Bundestagswahlen trat also in der Sozialpolitik keine Stockung ein; vielmehr wurde die Arbeit ohne Zögern fortgesetzt.

## III.

Eines läßt sich jetzt schon sagen: In den 30 skizzierten Jahren ist kontinuierlich um den Ausbau des sozialen Rechtsstaates gerungen worden. Höhe- und Tiefpunkte — in der Regel Wahl- und Rezessionsjahre — wechselten sich in dieser Zeit ab. Die Rentenreform von 1957, die sozialpolitische Schlußbilanz der Großen Koalition sowie der sozialpolitische Endspurt der ersten dreijährigen Legislaturperiode der sozialliberalen Koalition brachten Höhepunkte mit zum Teil dramatischen Akzenten, denen allerdings auch Zeiten fruchtloser Auseinandersetzungen gegenüberstehen; erinnert sei noch einmal an den Streit um das Sozialpaket und die Selbstbeteiligung. Trotzdem dürfte die Tatsache, daß die Sozialpolitik in der Bundesrepublik eine hervorragende Bilanz vorweisen kann, bei den politischen und gesellschaftlichen Gruppen nicht umstritten sein. Ebenso wurde deutlich, daß die Sozialpolitik keinen statischen, sondern Prozeßcharakter hat, da die Probleme, mit denen sie konfrontiert ist, sich ständig wandeln. Entsprechend diesem Wandel mußten sozialpolitische Maßnahmen laufend neu orientiert werden und sich den veränderten Verhältnissen anpassen. Was nicht neu zu orientieren ist, sind die Prinzipien, wie z. B. das Solidaritätsprinzip, welches in den 30 Jahren der Nachkriegszeit nicht an seiner Bedeutung verloren hat. Angriffe darauf, wie z. B. die Selbstbeteiligung, konnten abgewehrt werden. Es bleibt zu hoffen, daß sich auch in Zukunft hieran nichts ändert.

Trotz dieser positiven Bilanz und der Tatsache, daß sich die soziale Lage der Arbeitnehmerschaft nicht unerheblich verbessert hat, bleiben zentrale Probleme, die auch auf die übrigen Bereiche der Gesellschaft ausstrahlen. Entgegen den Thesen von der nivellierten Mittelstandsgesellschaft zieht sich noch immer ein durchgängig roter Faden von unterschiedlichen Bildungschancen über unterschiedliche Ausbildungschancen zu unterschiedlichen Einkommen und gleichzeitig damit unterschiedlichen Möglichkeiten der Selbstverwirklichung und Selbstgestaltung in der Arbeitswelt. Unterschiedliche Gesundheitschancen korrelieren damit (einschließlich einer unterschiedlichen Frühinvalidität), und dies setzt sich fort bis hin zu einer unterschiedlichen Lebenserwartung. Die Grundschichten unserer Bevölkerung, insbesondere

Arbeiter, sind bei all diesen Fragen die am stärksten benachteiligte Gruppe, so daß die Formel: geringere Bildung — geringeres Einkommen — schlechtere Gesundheit — früherer Tod — immer noch stimmt. Im Gegensatz zum Gerede von einer neuen sozialen Frage, die angeblich außerhalb der Arbeitswelt angesiedelt sein soll, bleibt festzustellen, daß in den eben erwähnten Fakten auch heute noch der wesentliche Teil der sozialen Frage begründet liegt. Sie ist nicht neu zu stellen, sondern an ihrer Lösung muß hart und kontinuierlich — wie schon in der Vergangenheit auch — gearbeitet werden. Dabei hat bereits die Sozialpolitik der letzten Jahre gezeigt, und in der Zukunft wird dies verstärkt der Fall sein müssen, daß sozialpolitische Konzeptionen sich daran zu orientieren haben, wie und wo sich die gewichtigsten Gefährdungsbereiche und Risikostrukturen darstellen und entwickeln und welche Wirkungen sozialpolitische Bewältigungsstrategien hinsichtlich sozialer und gesundheitlicher Ziele erreichen. Als solche Gefährdungsbereiche, die soziale und gesundheitliche Risiken produzieren, wurden in der Diskussion inzwischen herausgearbeitet: Betrieb, Arbeitsmarkt und eine Reihe außerberuflicher Faktoren, die häufig in engem Zusammenhang mit der gesellschaftlich-zivilisatorischen Umwelt stehen. Gerade der expansivste Teil der Sozialleistungen, nämlich der Bereich der Gesundheitssicherung, stellt zu einem erheblichen Teil Reproduktionskosten der Arbeitskraft dar, die auf das System öffentlicher Sozialleistungen überwälzt wurden. Deshalb gilt auch: je fortgeschrittener die Industrialisierung, je höher das wirtschaftliche Wachstum, um so größer ist der Anteil der Sozialleistungen am Bruttosozialprodukt. Dies hängt eben nicht nur mit der einfachen These, daß bei höherem Volkseinkommen mehr umverteilt werden kann, zusammen, sondern ist im wesentlichen auf die gesundheitlichen, sozialen und ökologischen Kosten des Produktionsprozesses zurückzuführen. Deshalb versucht auch die Sozialpolitik der letzten Jahre über eine Politik der Einkommenssicherung hinaus die Voraussetzungen zur umfassenden Sicherung der physischen, psychischen und kulturellen Existenz der Arbeitnehmer zu schaffen und damit die Chancen ihrer Selbstentfaltung zu verbessern. Dies heißt, daß vor allem die vorbeugende Sozialpolitik noch weiter ausgebaut werden muß, wobei die Diskussion zunächst um die geeigneten Instrumente gehen dürfte, damit die Sozialpolitik in die Gefährdungsbereiche in stärkerem Umfang soziale Ziele einbringen und auch durchsetzen kann. Ich glaube, daß wir uns heute an diesem Punkt befinden, wobei hinzuzufügen ist, daß es sich hier nicht um neue Erkenntnisse handelt, sondern lediglich das Problembewußtsein für diese längst bekannten Sachverhalte gestiegen ist.

Man ist überhaupt erstaunt, wenn man z. B. die alten Geschäftsberichte des DGB liest, wie wenig Neues doch in den sozialpolitischen Auseinandersetzungen der jüngsten Zeit zu finden ist. Dies gilt sowohl für die theoretische Durchdringung als auch die praktische Gestaltung der Sozialpolitik. So wurde z. B. vom DGB schon 1951 eine einmal jährlich stattfindende vorbeugende Familienuntersuchung gefordert, die zur Erfüllung gesundheitspolitischer Aufgaben ungenügende Organisationsstruktur der Versicherungsträger bemängelt, die unbefriedigende Zustände im Verhältnis zwischen Versicherten und Ärzteschaft angeklagt usw. Obwohl sich die Sozialpolitik in den ersten Jahren nach dem zweiten Weltkrieg mit den dringlichsten Notlagen herumzuschlagen hatte, steht man erstaunt vor der Tatsache, wie sie sich damals mit konzeptionellen und Grundsatzfragen befaßte und wie die Erkenntnisse von damals größtenteils auch noch heute Gültigkeit besitzen.

Unbestritten dürfte sein:

Die Schwerpunkte sozialpolitischer Aktivitäten werden sich in der Zukunft weiter verschieben. Problem- und Handlungsfelder werden in wesentlich stärkerem Umfang die zentralen Gefährdungsbereiche, wie z. B. die Arbeitswelt, das Wohnungs- und Bildungssystem werden. Hier werden wir nur vorankommen, wenn die Verzahnung von Sozialpolitik, insbesondere Sozialleistungsträgern einerseits und Gefährdungsbereichen, vor allem Arbeitswelt andererseits so verbessert wird, daß die Sozialpolitik in größerem Umfang direkt in die Arbeitswelt ausstrahlt und diese zum Gegenstand sozialpolitischer Maßnahmen werden läßt. Auch von der Diskussion der Gesundheitspolitik her und den Ursachen für die erheblich angestiegenen Kosten des Gesundheitswesens wird eine solche Haltung nahegelegt.

Neue Bedeutung wird in diesem Zusammenhang die Selbstverwaltung der Sozialleistungsträger gewinnen. Der von vielen Seiten beklagte Prozeß zunehmender Funktionslosigkeit wird sich umkehren, wobei sich die Schwerpunkte mehr auf die Durchführung, vor allem auf die Funktionen der Steuerung, Planung und bedarfsgerechten Verteilung von Sach- und Dienstleistungen ausrichten. An Gewicht für die Selbstverwaltung verliert das Gebiet des materiellen Leistungsrechts, welches weitgehend an den Gesetzgeber gegangen ist. Die Selbstverwaltung kann nach gewerkschaftlicher Auffassung die anstehenden Probleme nicht nur sachgerechter lösen als die staatliche Bürokratie, sie leistet darüber hinaus einen wichtigen Beitrag zur Demokratisierung des Sozialstaates. Damit ist der Prozeß materieller Leistungsausweitung, wie er in der Vergangenheit im Vordergrund stand, zwar nicht abgeschlossen, wird aber verlangsamt, während sich künftig die Gewichte tendenziell in Richtung einer Erhöhung und der organisatorischen Effektivität verschieben. Organisationsstruktur und Finanzierungsfragen werden im Mittelpunkt stehen. Dies gilt vor allem für die Renten- und Krankenversicherung. Erinnert sei in der Rentenversicherung nur an die ausstehende Reform der Alterssicherung der Frauen, die Neuordnung des Frühinvaliditätssystems, die notwendige Organisationsreform der Rentenversicherung, die ebenso erforderliche Neufassung des Vorausrechnungs- und Finanzierungssystems usw. In der Krankenversicherung geht es darum, der Selbstverwaltung der Krankenkassen ein gleichgewichtiges Mitbestimmungsrecht gegenüber den Leistungsanbietern einzuräumen, damit sie gleichberechtigt ihre Auf- und Ausgabenschwerpunkte mitbestimmen können.

Weiter wird es darauf ankommen, deutlicher als bisher Prioritäten für den weiteren Ausbau der Sozialpolitik zu setzen, ähnlich wie dies Mackenroth mit seinem bereits 1951 geforderten Sozialplan und dem einfachen, aber einleuchtenden Prinzip, die dringlicheren Ansprüche vor den weniger dringlichen zu befriedigen, anstrebte. Heute erleichtert uns das Sozialbudget zwar die Orientierung, aber als Instrument für planvolles sozialpolitisches Handeln wurde es noch nicht weiterentwickelt. Deshalb existieren auch Disparitäten (so steht z. B. einem überbordenden Gesundheitssektor ein unterprivilegierter Familienlastenausgleich gegenüber), die in der Zukunft abgebaut werden müssen.

Die schwierigste Aufgabe aber wird sein, wie das durch das steigende

Sozialleistungsniveau bedingte »solidarische Verhalten« aller mit Hilfe der von Preller als »Sozialpädagogik« gekennzeichneten Zukunftsaufgabe erreicht werden kann. Es geht dabei darum, dem einzelnen im wachsenden Sozialstaat jene Hilfen zur »Persönlichkeit in der Gemeinschaft« zu geben, mit denen das Ziel einer Gesellschaft von gemeinschaftsorientiert handelnden Persönlichkeiten gefördert wird. »Menschlichkeit als Gesinnung« umschrieb Preller dies. Es ist die Frage nach dem »Lernziel Solidarität« als Hilfe zur Verwirklichung des Solidaritätsprinzips, welches eben nicht nur darin besteht, dem einzelnen entsprechend seinen Bedürfnissen Leistungen zuzuerkennen, sondern auch von ihm ein gemeinschaftsorientiertes Handeln zu verlangen. Deutlich wird damit noch einmal, daß die Sozialpolitik sich nicht gegenüber anderen Lebensbereichen, hier z. B. dem Bildungssystem, abschotten darf, sondern sich diesen Bereichen öffnen und auf sie einwirken muß.

Bei all diesen Fragen stehen wir, dies sei nochmals betont, nicht am Anfang, sondern befinden uns auf dem richtigen Weg. Die zweite und dritte Generation der Sozialpolitik wird dabei das Vermächtnis der Sozialpolitiker der ersten Stunde — gleichgültig, ob sie nun Auerbach, Preller oder Schellenberg heißen und ebenso gleichgültig, ob sie mehr theoretisch oder praktisch zum Aufbau des sozialen Rechtsstaates in der Bundesrepublik beigetragen haben — berücksichtigen müssen. Geschieht dies, dann braucht uns um den weiteren Weg nicht bange zu sein.

Karl Weishäupl

# Die Bedeutung des VdK für die Nachkriegsgeschichte der deutschen Sozialpolitik

## Zusammenschluß der Kriegsopfer von 1917 bis 1945

Die Geschichte des Zusammenschlusses deutscher Kriegsopfer zu freien gesellschaftlichen Vereinigungen setzt bereits während des Ersten Weltkriegs ein. In verschiedenen Teilen des Deutschen Reiches schlossen sich seit 1917 Kriegsversehrte lokal und regional zu Organisationen zusammen, um sich gegenseitig bei der Bewältigung ihres harten Schicksals besser helfen und die Versorgungsansprüche an den Staat wirksamer vertreten zu können.

Das Ende des Kaiserreiches, die Novemberrevolution und schließlich der von sehr vielen Deutschen als schmachvoll empfundene Versailler Vertrag hatten — entgegen dem emphatischen Kaiserwort: »Ich kenne keine Parteien mehr, ich kenne nur noch Deutsche« — die parteipolitische Zerklüftung im deutschen Volk noch vertieft, so daß die eben entstehenden Kriegsopfervereinigungen sich trotz ihres gemeinsamen Anliegens parteipolitisch orientierten und organisierten. So entstanden als Tendenzverbände unter anderem der Zentralverband, der Reichsbund, der Reichsverband und schließlich noch der Frontkämpferverband. Alle diese Verbände hatten unter den Abgeordneten des Reichstags eigene Sprecher, die sich im Namen der von ihnen vertretenen Kriegsopfer nicht nur mit den Gesetzesvorschlägen der Regierung auseinanderzusetzen hatten, sondern auch bei bestimmten Sachfragen den Meinungsstreit zwischen den einzelnen Verbänden austragen mußten. Dennoch bleibt festzuhalten, daß es trotz dieser zusätzlichen Erschwernisse damals gelungen ist, mit dem »Reichsversorgungsgesetz« ein Kriegsopferrecht zu schaffen, das in seiner prinzipiellen Bedeutung wie in seiner Fortwirkung gar nicht hoch genug eingeschätzt werden kann. Fachleute behaupten, daß die sozialpolitischen Grundgedanken des Reichsversorgungsgesetzes — verglichen mit den Leistungen für die Kriegsopfer in der kaiserlichen Zeit — derart fortschrittlich und beispielhaft waren, daß sie noch das 1950 geschaffene Bundesversorgungsgesetz entscheidend beeinflußt haben. Es war daher kein Zufall, daß sich der erste Bundespräsident der Bundesrepublik Deutschland, Professor Dr. Theodor Heuß, — Friedenspreisträger des VdK — mit einigem Stolz daran erinnerte, daß er als junger Reichstagsabgeordneter bei der Mitarbeit am Reichsversorgungsgesetz sein gesetzgeberisches Gesellenstück gemacht habe.

Während der Weimarer Epoche hat die parteipolitische Rivalität unter den Kriegsopferverbänden zu manchen unnötigen Reibungsverlusten innerhalb der Kriegsopferbewegung geführt. Trotzdem läßt das erfolgreiche Zustandekommen des Reichsversorgungsgesetzes keinen Zweifel daran, daß die damaligen Kriegsopferverbände über alle parteilichen Sonderinteressen hinweg in den wesentlichen Zielvorstellungen ein hohes Maß an Übereinstimmung erzielten und sich deshalb auch politisch durchsetzen konnten. Nach der Machtergreifung der Nationalsozialisten wurden alle Kriegsopferverbände »gleichgeschaltet« und in der »Nationalsozialistischen Kriegsopferversorgung« (NSKOV) zusammengefaßt.

## Die Jahre nach dem Zweiten Weltkrieg

Nach dem Zweiten Weltkrieg ergab sich eine völlig neue Situation. Das Reichsgebiet war in vier Besatzungszonen aufgeteilt; es gab keine zentrale Regierungsgewalt mehr und damit keine Möglichkeit, allgemein verbindliche Regelungen zum Schutz und zur Hilfe für die vom Krieg besonders schwer betroffenen Bürger zu schaffen. Die Not der Kriegsbeschädigten, der Witwen, Waisen und der alten Kriegereltern war in den ersten Nachkriegsjahren erheblich größer als nach dem Ersten Weltkrieg. Diese Kriegsopfer fielen zumeist der Armenfürsorge anheim. Die Siegermächte zeigten sich zunächst an einer Lösung dieses Problems wenig interessiert; ihre Ressentiments gegen alles, was einmal deutsche Uniform getragen hatte, waren noch zu stark. In dieser Zeit hatten die Kriegsopfer nur die Möglichkeit, sich in Selbsthilfeorganisationen zunächst örtlich, dann auch regional zusammenzuschließen. Es war dem organisatorischen Geschick der noch lebenden Funktionäre der Kriegsopferverbände vor 1933 zu verdanken, daß bereits Ende 1947 und Anfang 1948 über die Grenzen der Besatzungszonen hinaus Verbindungen unter den einzelnen regionalen Gliederungen geschaffen und immer fester geknüpft wurden. Im September 1948 konnte schließlich in Stuttgart der »Bund der Kriegs- und Zivilgeschädigten, Sozialrentner und Hinterbliebenenverband Deutschlands (BKD)«, der Vorläufer des VdK, gegründet werden. Das entscheidend Neue bei dieser Gründung war der Gedanke der parteipolitischen und konfessionellen Neutralität. Aus den Erfahrungen der Zeit nach 1918 hatte man gelernt, daß eine parteipolitische oder gar religiöse Zersplitterung der Kriegsopfervereinigungen dem gemeinsamen Anliegen nicht nützt, sondern eher die Kriegsopfer und ihre Rechtsansprüche zum Spielball politischer Taktik werden läßt. Dieser Grundsatz der parteipolitischen Neutralität wurde seither konsequent durchgehalten. Er ist und bleibt auch die maßgebliche Grundlage für das sozialpolitische und organisatorische Wirken dieses Verbandes, der sich im Januar 1950 in Düsseldorf endgültig als Bundesverband konstitutierte und sich dabei den Namen gab: »Verband der Kriegsbeschädigten, Kriegshinterbliebenen und Sozialrentner e. V.« mit dem Sitz in Bonn. Jetzt trägt der VdK den Namen: »Verband der Kriegs- und Wehrdienstopfer, Behinderten und Sozialrentner Deutschlands e. V.«.

## VdK — eine große Sozialorganisation

Der VdK gehört zu den großen Sozialorganisationen. Nach dem Stand vom 31. 12. 1975 gehören ihm 1.116.817 Mitglieder an; darunter sind 502.587 Frauen, die in allen Gliederungen des Verbands gleichberechtigt mitwirken. Der VdK praktiziert den Grundsatz der geteilten Macht; darum wurde er föderativ, nicht zentralistisch aufgebaut. Seine zehn Landesverbände sind ebenso wie der Gesamtverband eingetragene Vereine und damit selbständige Träger von Rechten und Pflichten. So wird die Eintönigkeit einer zentralistischen Organisation verhindert und das Leitbild des Föderalismus — die Einheit in der Vielheit — vorbildlich verwirklicht. Gegliedert in rund 11.000 Ortsgruppen, Kreis- und Bezirksverbände ist der VdK heute in jeder politischen Gemeinde vertreten. Der Verband verfolgt ausschließlich soziale und gemeinnützige Zwecke. Als Interessenverband vertritt er die Ansprüche der Kriegs- und Wehrdienstopfer, der Behinderten und Sozialrentner gegenüber der Öffentlichkeit und nimmt Einfluß auf Gesetzgebung und Verwaltung. Dadurch erreichte er erst, daß Sozialgesetze erlassen wurden, die dem Charakter der Bundesrepublik als eines demokratischen und sozialen Rechtsstaats Rechnung tragen.

Der VdK ist aber auch eine Selbsthilfeorganisation. Um seinen Aufgaben nachzukommen, verfügt der VdK über 95.000 ehrenamtliche Vorstandsmitglieder und Helfer, sowie über 967 hauptamtliche Mitarbeiter in 253 Dienststellen, die an jedem Wochentag geöffnet sind. Dieses dichte Netz von Dienststellen verbürgt, daß die Mitglieder den Verband jederzeit in Anspruch nehmen und auf seine Hilfe rechnen können.

In den ersten Nachkriegsjahren hat der VdK die übergroße Not bekämpft; in unermüdlichem Einsatz halfen seine Mitarbeiter, die Kriegsopfer moralisch aufzurichten, ihnen das verlorene Selbstvertrauen und die nötige Selbstachtung zurückzugeben.

Durch sein sozialpolitisches Wirken hat der VdK einen nicht unbeträchtlichen Beitrag zur Sicherung des sozialen Friedens in der Bundesrepublik Deutschland geleistet.

Das heute bestehende Netz der sozialen Sicherheit wurde in vielen Bereichen vom VdK mitgestaltet. In zähen und oft schwierigen Verhandlungen konnten die führenden Sozialpolitiker von der Notwendigkeit seiner konstruktiven Vorschläge überzeugt werden.

## Einheitliches Bundesversorgungsgesetz

Die im Januar 1950 verkündeten Grundsätze des VdK zu einem neuen Versorgungsrecht führten nach zähem Ringen zu dem in seinen Grundzügen noch heute bestehenden Bundesversorgungsgesetz. Mit ihm wurde die Trennung der Versorgung von der Sozialversicherung vollzogen, eine eigenständige Versorgungsverwaltung geschaffen und die Priorität der Kriegsopferansprüche anerkannt. Die Übernahme zahlreicher Vorschläge des VdK zu Einzelregelungen des Bundesversorgungsgesetzes durch den Deutschen Bundestag waren der sichtbare Ausdruck der sachgerechten Mitwirkung in den Beratungen über die Gestaltung eines neuen bundeseinheitlichen Kriegsopferrechts. Auch bei der weiteren Entwicklung der Kriegsopferversorgung mußte der Verband oftmals sein ganzes sozialpolitisches Gewicht einsetzen, um nicht nur Leistungsverbesserungen und Neuordnungen des Versorgungsrechtes zu erreichen, sondern auch um massive Angriffe auf das Bundesversorgungsgesetz abzuwehren. Bereits im Januar 1958 forderte der VdK die Einführung einer Gleitklausel, um eine laufende An-

passung der Geldleistungen des Bundesversorgungsgesetzes an die wirtschaftlichen Verhältnisse zu gewährleisten, wie dies 1957 für den Bereich der gesetzlichen Rentenversicherung einschließlich der Unfallversicherung eingeführt wurde. Als eine der ersten Maßnahmen der Sozialliberalen Koalition wurde diesem vordringlichen Anliegen ab 1970 in vollem Umfange entsprochen. Außerdem wurde durch eine Verbesserung des Ableitungsverhältnisses der Witwenrente mit 60 v. H. zur Rente des erwerbsunfähigen Beschädigten eine alte Forderung des Verbands realisiert.
Das jetzt geschaffene moderne soziale Entschädigungsrecht auf der Grundlage des Bundesversorgungsgesetzes verpflichtet den VdK, sich auch weiterhin mit besonderem Nachdruck für eine sachgerechte und dem gebrachten Opfer angemessene Versorgung einzusetzen.

## Eingliederung der Schwerbehinderten

Neben der Versorgung der Kriegsopfer stand die gesetzliche Regelung über die Beschäftigung Schwerbeschädigter mit im Vordergrund der sozialpolitischen Bestrebungen des VdK. Schon 1951 trat er dafür ein, daß sich eine gesetzliche Neuregelung in diesem Bereich nicht schlechthin auf eine Arbeitsvermittlung beschränken dürfe, sondern darüber hinaus vorbeugend, begleitend und nachgehend eine ständige fürsorgerische Aufgabe bilden müsse. Diese Grundsätze wurden nicht nur im Gesetz von 1953 verwirklicht, sondern bildeten auch die Grundlage für das Gesetz zur Sicherung der Eingliederung Schwerbehinderter in Arbeit, Beruf und Gesellschaft, das 1974 im Rahmen des Aktionsprogramms der Bundesregierung zur Förderung der Rehabilitation Behinderter verabschiedet werden konnte. Die Stärkung der Stellung des Vertrauensmanns der Schwerbehinderten in den Betrieben, die Einbeziehung des öffentlichen Dienstes in die Verpflichtung zur Zahlung einer Ausgleichsabgabe sowie die besondere Berücksichtigung von älteren Arbeitnehmern und spezieller Gruppen von Behinderten bezüglich ihrer Beschäftigung sind nur einige wichtige Punkte. Der VdK hat sich vorbehaltlos hinter das Aktionsprogramm der Bundesregierung zur Förderung der Rehabilitation gestellt und sich nicht nur auf die Mitwirkung bei der Gestaltung der erforderlichen gesetzlichen Grundlagen beschränkt, sondern darüber hinaus durch die Schaffung von Rehabilitationseinrichtungen aktiv zu seiner Verwirklichung beigetragen.

## Solidargemeinschaft für die Sozialrentner

Da der größte Teil der Kriegsopfer entweder der Solidargemeinschaft der Sozialversicherten angehört oder aber bereits eine Rente aus den gesetzlichen Rentenversicherungen einschließlich der gesetzlichen Unfallversicherung bezieht, hat der VdK stets die Sozialversicherung mit als sein Aufgabengebiet angesehen. Auch in diesem Bereich war er unablässig und mit gutem Erfolg an der Gestaltung der Sozialgesetzgebung beteiligt. Nicht wenige seiner Forderungen haben ihren gesetzlichen Niederschlag gefunden. Aus der Vielzahl der Anliegen sollen nur zwei angeführt werden. Der

VdK hat sich stets gegen eine Beteiligung der Rentner an deren Krankenversicherung ausgesprochen. Es ist vor allem der Einsicht führender Sozialpolitiker der SPD-Bundestagsfraktion, an ihrer Spitze Professor Schellenberg, zu danken, daß die kurz vorher eingeführte Kostenbeteiligung der Rentner an ihrer Krankenversicherung wieder beseitigt werden konnte.
Das Rentenreformgesetz 1972 schuf schließlich eine besondere Altersgrenze für den Kreis der Schwerbehinderten und der Empfänger einer Berufsbzw. Erwerbsunfähigkeitsrente. Mit der Möglichkeit, bereits vom 62. Lebensjahr an, also drei Jahre früher als nach altem Recht, Altersruhegeld zu beziehen, wurde ein entscheidender Teilerfolg in den Bemühungen des VdK um Vorverlegung der Altersgrenze in der gesetzlichen Rentenversicherung erzielt. Beim Zustandekommen dieser Verbesserung war gleichfalls Herr Professor Ernst Schellenberg maßgeblich beteiligt.

## Kriegsopferversorgung in Zahlen

Die Bedeutung der Kriegsopferversorgung läßt sich an den Zahlen der Versorgungsberechtigten nach dem Bundesversorgungsgesetz (ohne Ausland) ablesen. Hier eine Gegenüberstellung der Zahlen aus den Jahren 1950 und 1976:

| | November 1950 | Juli 1976 |
|---|---:|---:|
| Beschädigte | 1 541 287 | 1 039 933 |
| Witwen | 937 857 | 1 028 011 |
| Halbwaisen | 1 334 354 | 27 755 |
| Vollwaisen | 36 925 | 5 388 |
| Eltern | 202 670 | 101 572 |
| insgesamt | 4 053 093 | 2 202 659 |

## VdK — allen Behinderten verpflichtet

Der VdK weiß sich allen Behinderten verpflichtet. Mit derselben Dynamik, mit der er seit Jahren die Interessen der Kriegsopfer vertritt, setzt er sich für die Opfer von Arbeits- und Verkehrsunfällen sowie für die übrigen Körperbehinderten ein. So gewann der VdK das Profil einer umfassenden Behindertenorganisation, die sich bemüht, allen Behinderten aus dem Ghetto der Isolierung und aus ihrer derzeitigen sozialen Unterprivilegierung herauszuhelfen. So ist der VdK zum Beispiel Mitbegründer eines großen Berufsförderungswerks für Behinderte in Nürnberg mit 450 Plätzen; anderswo beteiligt er sich an modernen Rehabilitationseinrichtungen. Damit beweist er, daß das Engagement für die Behinderten aller Kategorien kein Lippenbekenntnis ist, sondern eine hohe moralische Verpflichtung, die von allen Mitgliedern ernst genommen wird.

## VdK — für Frieden und Freiheit

Der VdK beschränkt seine Tätigkeit nicht auf das Bundesgebiet, er pflegt auch internationale Beziehungen, um damit den Frieden sichern zu helfen. So gehört er seit 1953 dem Weltfrontkämpferverband an, ebenso dem europäischen Verband der ehemaligen Kriegsteilnehmer und Kriegsopfer. 600 Partnerschaften mit französischen, britischen, belgischen und italienischen Kriegsopferverbänden bezeugen den festen Willen des VdK, zu den ehemaligen Kriegsgegnern Brücken der Verständigung zu schlagen und die Freundschaft gerade unter den europäischen Nationen zu vertiefen.

## VdK — parteipolitisch unabhängig und neutral

An anderer Stelle wurde bereits davon gesprochen, daß der VdK seit seiner Gründung streng auf parteipolitische Neutralität achtet. Das bedeutet freilich keine politische Abstinenz. Nur sind die politischen Entscheidungen im VdK nicht parteibezogen, sondern immer sachbezogen. Zur Unabhängigkeit von den Parteien tritt die Unabhängigkeit vom Staat. Von ihm erhält der VdK keinerlei finanzielle Unterstützung, er lebt ausschließlich von den Beiträgen seiner Mitglieder. Trotzdem vermeidet es der VdK, als engstirniger und rücksichtsloser Interessenverband aufzutreten, sondern behält immer das Gemeinwohl im Auge; er stellt keine unvernünftigen Forderungen, sondern berücksichtigt stets, was politisch und finanziell möglich ist. Darum benötigt er nicht die oft recht fragwürdigen Methoden einer Lobby, um Abgeordnete zu beeinflussen; er trägt vielmehr seine Anliegen offen den Vertretern aller Parteien vor und versucht, sie von der Notwendigkeit dieser oder jener Gesetzesänderung zu überzeugen. Der VdK hat die Erfahrung gemacht, daß die Politiker sachlichen Argumenten durchaus zugänglich sind und nicht erst der massive Druck einer Interessengruppe erforderlich ist, um berechtigte Ansprüche durchzusetzen.

## VdK und Parlament

Bei dieser Einstellung des VdK zu den parlamentarischen Institutionen muß die Feststellung befriedigen, daß viele sozialpolitische Gesetze einstimmig die Zustimmung aller Bundestagsfraktionen gefunden haben, wie z. B. das Bundesversorgungsgesetz für die Kriegsopfer, seine Novellen, die Neuordnungsgesetze, die acht Anpassungsgesetze sowie das Schwerbehindertengesetz. Verschiedentlich bildeten sich sogar quer durch alle Fraktionen Mehrheiten gegen Regierungsvorlagen, wenn diese von den führenden Kriegsopfervertretern als unzureichend empfunden wurden. Solche Entscheidungen gehören zu den großen Stunden des Deutschen Bundestags, weil sie die Macht des Parlaments gegenüber der Exekutive deutlich machten. Natürlich gehörten auch spektakuläre öffentliche Veranstaltungen des VdK, darunter ein Marsch nach Bonn, zu den Mitteln, mit denen die Kriegsopfer die breite Öffentlichkeit von der Berechtigung ihrer Anliegen überzeugen und das Verständnis der politischen Kräfte wecken wollen.

Es sei noch angefügt, daß der VdK als echte Selbsthilfeorganisation rund 43.000 Wohnungen errichtet hat, zu 80 % als Eigenheime. In 15 verbandseigenen Erholungsheimen werden Behinderte jeder Art medizinisch vorbildlich betreut. Bei den Leistungen des VdK darf nicht vergessen werden, daß er in den drei Instanzen der Sozialgerichtsbarkeit seine Mitglieder durch eigene Prozeßbevollmächtigte vertritt. Auf diese Weise hat der VdK bisher rund dreiviertel Milliarden DM erstritten.
Faßt man alles zusammen, was der VdK zur gesellschaftlichen und rechtlichen Bewältigung des Kriegsopferproblems, bei der Ausformung des sozialen Rechts und für die Festigung des inneren Friedens geleistet hat — ohne für diese Arbeit auch nur einen Pfennig aus öffentlichen Mitteln zu beanspruchen —, dann kann man sicher den Schluß ziehen, daß die Kriegsopferverbände erfunden werden müßten, wenn es sie nicht schon gäbe.

## Das Engagement von Professor Schellenberg

Aus der Geschichte des VdK und aus der deutschen Sozialpolitik der Nachkriegsjahre ist der Name von Professor Ernst Schellenberg nicht hinwegzudenken. Professor Schellenberg hat jeweils die Anliegen des VdK unterstützt. Als leidenschaftlicher Vorkämpfer für ein soziales Recht in der Bundesrepublik wandte er sich stets energisch gegen jede Gefährdung des Rechtsanspruchs oder die Anrechnung der Grundrenten in der Kriegsopferversorgung auf andere Leistungen. Als Vorsitzender des Bundestagsausschusses für Arbeits- und Sozialpolitik hat Professor Schellenberg in der Debatte vom 14. Juni 1972 unmißverständlich folgendes festgestellt: »Nach Meinung der Ausschußmehrheit besteht seit der Dynamisierung der Kriegsopferrenten eine Bindung zwischen den Anpassungen in der Rentenversicherung und der Kriegsopferversorgung. Dieser Grundsatz der Gleichbehandlung von Rentnern und Kriegsopfern darf nicht aufgegeben werden.« Die Erfolge des VdK und sein Kampf um soziale Gerechtigkeit werden für immer mit dem Namen Schellenberg verbunden bleiben.

Rudolf Kleine

# Die Geschichte des Reichsbundes in ihrer Bedeutung für die Nachkriegsentwicklung der Sozialpolitik

Die sozialpolitische Tätigkeit des am 23. Mai 1917 in Berlin gegründeten Reichsbundes der Kriegsbeschädigten und ehemaligen Kriegsteilnehmer erwuchs aus jenem Katastrophenereignis, das in den Geschichtsbüchern unserer Tage als Erster Weltkrieg 1914 bis 1918 verzeichnet steht. Eine Katastrophe, deren Kriegsverluste — auf das frühere deutsche Reichsgebiet bezogen — auf 1,81 Millionen Tote, 4,25 Millionen Verwundete und 772.000 Kriegsgefangene beziffert wurden.

## Aus Diskussionen in Lazaretten wuchs der Gedanke zur Selbsthilfe

Schon in den Jahren 1915 und 1916 hatten in Lazaretten und bei Ersatztruppenteilen unter den verwundeten Soldaten Diskussionen über unzureichende Versorgungsleistungen eingesetzt, die den Gedanken wachriefen und zunehmend vertieften, eine eigenständige sozialpolitische Interessenvertretung zu schaffen und durch eigene Vorschläge an einer Verbesserung der als unzureichend empfundenen Versorgungsgesetze für Soldaten und ihre Angehörigen mitzuarbeiten.

In diesen Diskussionen wurde zum Ausdruck gebracht, daß die Versorgung von Soldaten nicht als militärische, sondern als eine sozialpolitische Aufgabe angesehen werden muß. Für die Bemessung von Versorgungsleistungen müsse der bürgerliche Beruf und nicht der militärische Dienstgrad des Soldaten entscheidend sein, weil durch Tod oder Verwundung die wirtschaftlichen und sozialen Lebensbedingungen der Soldaten und ihrer Familien beeinflußt werden und einen gerechten und angemessenen Ausgleich erfordern.

## Reichsbund-Initiativen schon während des Ersten Weltkrieges

Die ersten wirksamen Initiativen des Reichsbundes gingen von der Ostern 1918 in Weimar durchgeführten Bundestagung aus, die ein umfassendes sozialpolitisches Programm verabschiedete. Es war vorrangig abgestellt auf eine Beseitigung akuter Notstände, enthielt aber darüber hinaus grundlegende und detaillierte Forderungen zur Neuordnung des Versorgungsrechts.

Dieses sozialpolitische Programm des Reichsbundes wurde der Reichsregierung und den Mitgliedern des Reichsausschusses der Kriegsbeschädigten- und Kriegshinterbliebenenfürsorge überreicht und hat wesentlich zu einer Belebung der Vorarbeiten im Reichsausschuß beigetragen, der in der Folge-

zeit den Reichsbund mehrfach zu einer gutachtlichen Mitwirkung bei den Gesetzgebungsvorarbeiten für ein Reichsversorgungsgesetz herangezogen hat.
Die Entschlossenheit des Reichsbundes zur Erreichung seiner Ziele fand einen sichtbaren Ausdruck in einer am 22. Dezember 1918 in Berlin durchgeführten ebenso eindrucksvollen wie aufsehenerregenden Straßendemonstration. Die damit zum Ausdruck gebrachte eindringliche Mahnung, die Opfer des Krieges gerecht zu entschädigen, brachte erkennbare Bewegung in die bisher sehr schleppenden Vorarbeiten für ein neues Versorgungsrecht.
Mit der am 12. Mai 1920 erfolgten Verabschiedung des Gesetzes über die Versorgung der Militärpersonen und ihrer Hinterbliebenen bei Dienstbeschädigung (Reichsversorgungsgesetz) war dem tatkräftigen Einsatz des Reichsbundes ein erster großer Erfolg beschieden. Dieses Gesetz wurde unter Mitwirkung des Reichsbundes bis zur zwangsweisen Einstellung seiner Tätigkeit im Jahre 1933 ständig weiterentwickelt.

## Recht auf Arbeit und Schutz des Arbeitsplatzes für beschädigte Soldaten

Parallel zu den Bemühungen um eine Neuordnung des Versorgungsrechts vollzog sich mit gleicher Intensität der Einsatz für eine Verwirklichung des Rechts auf Arbeit und einen besonderen Schutz der Arbeitsplätze für beschädigte Soldaten. Auch diese Forderung war ein wesentlicher Bestandteil des ersten sozialpolitischen Programms des Reichsbundes.
Die den demonstrierenden Kriegsopfern von der damaligen Reichsregierung gemachten Zusagen wurden auch gehalten. Bereits mit einer Verordnung vom 19. Januar 1919 wurde ein Kündigungsverbot für Schwerbeschädigte ausgesprochen. Der provisorische Charakter dieser Verordnung führte jedoch dazu, daß von allen Seiten auf ein ordnungsgemäßes Gesetz gedrängt wurde. Schließlich wurde diese Verordnung nach mehrfachen Änderungen durch das Gesetz über die Beschäftigung Schwerbeschädigter vom 6. April 1920 abgelöst, das sich dann in der allgemein bekannten Fassung vom 12. Januar 1923 mit Ausnahme weniger Änderungen über mehr als zwei Jahrzehnte in einer für die Schwerbeschädigten segensreichen Weise bewährte. Auch diese Entwicklung wurde vom Reichsbund in allen Phasen wesentlich beeinflußt.
Gemessen an den großen politischen und wirtschaftlichen Schwierigkeiten nach dem Zusammenbruch des Kaiserreichs konnten durch den tatkräftigen Einsatz des Reichsbundes verhältnismäßig schnell gesetzliche Grundlagen für eine Rentenversorgung, für ergänzende fürsorgerische Leistungen sowie für die Bereitstellung und den Schutz von Arbeitsplätzen geschaffen werden. Dennoch mußte der Reichsbund in den folgenden Zeiträumen der Inflation, der großen Arbeitslosigkeit und der Periode des Erlasses von Notverordnungen immer wieder gegen Rechtsverschlechterungen kämpfen.

## Politische Gewalt beendet ein erfolgreiches Wirken

Am 29. April 1933 beschloß die letzte Reichskonferenz die Auflösung des Reichsbundes zum 31. Mai 1933, weil ein Eigenleben des Reichsbundes durch die bekannten Maßnahmen der Nationalsozialisten für die Zukunft nicht mehr möglich war. Im Zeitpunkt des Auflösungsbeschlusses waren bereits acht Gaue des Reichsbundes auf Anordnung der zuständigen Behörden in kommissarische Verwaltung genommen worden. Die Überführung des Bundes in den Nationalsozialistischen Reichsverband deutscher Kriegsopfer e. V. stand mit Sicherheit bevor. Die nationalsozialistischen Machthaber hatten den Reichsbund zerschlagen.

Diese »historische Reminiszenz« soll dem Verständnis dafür dienen, daß sich das sozialpolitische Wirken des Reichsbundes nunmehr über einen Zeitraum von sechs Jahrzehnten erstreckt und lediglich während der Jahre 1933 bis 1945 zwangsweise durch politische Gewalt unterbrochen wurde.

## Die Sozialpolitik des Reichsbundes von 1946 bis 1976

Ein von verblendeten politischen Machthabern geführter »totaler Krieg« hatte das deutsche Volk in die größte Katastrophe seiner Geschichte gestürzt. Die Menschenverluste in Kampfhandlungen betrugen allein auf deutscher Seite 3,5 Millionen. Die Verluste der Zivilbevölkerung beliefen sich durch die Auswirkungen von Luftangriffen auf 593.000. Hinzu traten jedoch die Menschenverluste durch politische Massenvernichtung, durch Flucht, Evakuierung oder Vertreibung, deren unvorstellbares Ausmaß die Verluste an Eigentum durch Kriegsverwüstungen, durch zerstörte Städte und durch eine völlig zerschlagene Wirtschaft zu einem Chaos summierte, aus dem kein Weg in eine neue Zukunft zu führen schien.

Es wird immer ein nicht hoch genug einzuschätzendes Verdienst jener Männer und Frauen bleiben, deren demokratische Gesinnung auch von den nationalsozialistischen Machthabern nicht erdrückt werden konnte, die unbeirrt das Ziel verfolgten, aus den Trümmern des Krieges einen neuen demokratischen Staat aufzubauen, dessen moralische Pflicht es ist, jeden denkbaren Beitrag zum Frieden zu leisten.

Unter diesen Männern und Frauen befanden sich auch viele führende Mitarbeiter des 1933 von den Nationalsozialisten zerschlagenen Reichsbundes, die zu einem Teil die Haft in Konzentrationslagern und Gefängnissen und andere Formen politischer Drangsalierung überlebten und auch und gerade in den schwersten Stunden deutscher Geschichte ihrer Überzeugung treu blieben, dem sozial hilfsbedürftigen Menschen zu dienen. Für sie stand unverrückbar fest, daß der Reichsbund wieder ins Leben gerufen werden und seine sozialpolitische Betreuungsarbeit wieder aufnehmen mußte.

Bereits wenige Monate nach Beendigung des Zweiten Weltkrieges fanden sich unter Führung alter Reichsbündler auf örtlicher Ebene in allen vier Besatzungszonen die ersten Gruppen von Kriegs- und Zivilbeschädigten zusammen, um zur Wahrnehmung ihrer Interessen erneut eine Organisation aufzubauen. Dabei bildeten sich insbesondere in der britischen Besatzungszone Orts- und Kreisgruppen mit dem Streben nach zonaler Vereinigung.

Am 1. März 1946 verhandelte der Hamburger Sozialsenator Paul Nevermann mit der britischen Militärregierung und erreichte, daß Senator a. D. Paul Neumann damit beauftragt wurde, eine Zonenkonferenz durchzuführen mit dem Ziel, eine organisatorische Einheit für die in der britischen Besatzungszone lebenden Körperbeschädigten, Sozialrentner und Hinterbliebenen zu schaffen.

## Der wiedergegründete Reichsbund entfaltete erste sozialpolitische Initiativen

Die am 29. November 1946 im »Phönixsaal« des Hamburger Rathauses erfolgte Wiedergründung des Reichsbundes kennzeichnete einen symbolischen Akt, denn wie sich einst der Vogel Phönix aus der Asche erhob, begann der Reichsbund mahnend, fordernd, aufklärend und aufbauend eine sozialpolitische Tätigkeit, die allen Opfern des Krieges und der Arbeit, den zivilen Körperbehinderten und allen sozial Schwachen neue Hoffnung gab. Ausmaß und Größe der sozialpolitischen Aufgaben des Reichsbundes wurden gekennzeichnet von der umfassenden sozialpolitischen Aufgabenstellung selbst, die sich aus der Ausdehnung der organisatorisch erfaßten und zu betreuenden Personenkreise ergab. Die Ressentiments der Besatzungsmächte gegen jede Identifizierung von Personengruppen mit dem Wort und Begriff »Krieg« führte zu einer organisatorischen Zusammenschließung aller Körperbehinderten ohne Rücksicht auf die Ursachen ihrer Behinderung, aller Sozialrentner und Hinterbliebenen und erweiterte damit zwangsläufig die sozialpolitische Aufgabenstellung des Reichsbundes.

Als ein positives Element dieser Entwicklung kann verzeichnet werden, daß dem Reichsbund bereits im Zeitpunkt der Wiedergründung ein sich schnell vergrößernder Kreis von Funktionären zur Verfügung stand, die über weitreichende sozialpolitische Erfahrungen aus der in den Jahren 1917 bis 1933 geleisteten aktiven Mitarbeit im Reichsbund verfügten. Sie hatten zu einem erheblichen Teil dazu beigetragen, die Grundlagen des früheren Reichsversorgungsgesetzes und des Gesetzes über die Beschäftigung Schwerbeschädigter zu schaffen. Sie verfügten über die Erfahrungen in der Abwehr seinerzeit vollzogener Einbrüche in das geltende Sozialrecht, und sie stellten sehr schnell unter Beweis, daß sie aus den Gegebenheiten der neuen Notsituation heraus klare sozialpolitische Konzeptionen entwickeln konnten.

Zu diesen erfahrenen Funktionären stießen in der Folgezeit Mitarbeiter der jüngeren Generation des Zweiten Weltkrieges und führten in praktischer Zusammenarbeit zu einer Synthese zwischen Alt und Jung, die sich ebenso belebend wie fördernd auf die sozialpolitische Arbeit des Reichsbundes auswirken sollte.

Die Bildung eines Sozialpolitischen Ausschusses als beratendes Organ des Bundesvorstandes und die sich anbahnende Zusammenarbeit mit den in der amerikanischen Besatzungszone gebildeten Verbänden führten zur Konzeptierung eines sozialpolitischen Programms, das später als »Goslarer Programm« weitgehend fachliche Anerkennung gefunden hat und einer breiten Öffentlichkeit bewußt machte, mit welcher Intensität sich die Körperbehinderten, Sozialrentner und Hinterbliebenen anschickten, die Gestaltung ihrer sozialpolitischen Lebensfragen zu beeinflussen. Ihr Einsatz galt einer Erhaltung der Leistungskraft der deutschen Sozialversicherung in gleicher Weise wie der Forderung nach einer gerechten Kriegsopferversorgung, der Verwirklichung des Rechts auf Arbeit und der Gewährung von Fürsorgeleistungen des Staates an alle sozial Hilfsbedürftigen.

## Erster sozialpolitischer Schwerpunkt: Versorgung der Opfer des Krieges

Die Tatsache, daß bei den Besatzungsmächten erhebliche Unterschiede in der Auffassung über die Bedeutung und den Ausbau einer Sozialgesetzgebung bestanden, veranlaßte den Reichsbund immer wieder zu der Forderung, die Sozialgesetzgebung nach einheitlichen Maßstäben zu entwickeln und durchzuführen. Diese Bemühungen wurden von Vertretern des Reichsbundes über das Zentralamt für Arbeit in Lemgo eingeleitet und nach Bildung des bizonalen Wirtschaftsrates in Frankfurt mit aller Intensität fortgesetzt.

Als die gewählten Abgeordneten des Ersten Deutschen Bundestages zur konstituierenden Sitzung das Bonner Bundeshaus betraten, führte ihr Weg vorbei an aufgestellten Transparenten des Reichsbundes, die sie an ihre Verpflichtungen gegenüber den im Reichsbund organisierten Personenkreisen erinnerten. Auf ihren neuen Arbeitsplätzen fanden sie den vom Reichsbund erarbeiteten Entwurf eines Gesetzes über die Versorgung der Opfer des Krieges vor, der sie klar und präzis mit den damaligen Vorstellungen der Kriegsopfer von einer gerechten Versorgung vertraut machen sollte. Dieser Gesetzentwurf basierte auf folgenden Grundsätzen:

1. Verwaltungsmäßige Loslösung von allen früheren Bindungen zur Sozialversicherung und Aufbau einer eigenen Versorgungsverwaltung,
2. Unteilbarkeit des Rentenanspruchs,
3. Anrechnung von Arbeitseinkommen auf Rentenleistungen bei Überschreiten eines Mindest-Netto-Einkommens von DM 300,— monatlich, wobei dem Beschädigten mindestens die Hälfte seiner Rente verbleiben muß,
4. Nichtanrechnung von Rentenleistungen aus der Sozialversicherung bzw. von Pensionsleistungen,
5. Sicherstellung einer ausreichenden Heilbehandlung für alle Versorgungsberechtigten und deren Angehörige,
6. bestmögliche orthopädische Versorgung,
7. Verankerung des Anspruchs auf Berufsfürsorge,
8. Gewährleistung einer Kapitalabfindung,
9. Zahlung von Gebührnissen für das Sterbevierteljahr und Bestattungsgeld,
10. Gewährung von Beihilfen und Unterstützung in Härtefällen.

Mit diesen Forderungen bekannte sich der Reichsbund als erste sozialpolitische Interessenvertretung unverrückbar zu dem Rechtsgedanken eines gegen den Staat gerichteten unteilbaren Rentenanspruchs nach entschädigungsrechtlichen Grundsätzen. Zu Punkt 3 seiner Forderungen räumte er die

Möglichkeit einer Anrechnung von Einkommen auf Rentenleistungen nur ein, um der damaligen Finanznot des neuen Staatsgefüges Rechnung zu tragen in der Erwartung, daß diese Einschränkung bei einer Weiterentwicklung des Rechts zum frühestmöglichen Zeitpunkt wieder entfallen muß.

Als das Bundesversorgungsgesetz am 1. Oktober 1950 in Kraft gesetzt wurde, betrug die Zahl der im Bundesgebiet und in Berlin (West) lebenden anerkannten Versorgungsberechtigten rund 4,05 Millionen. Diese von den Kriegsopfern selbst nicht zu vertretende hohe Zahl hat die Konzeption des Bundesversorgungsgesetzes ebenso entscheidend wie nachteilig beeinflußt, denn sie führte zur Verankerung versorgungsfremder Bedürftigkeitselemente, deren Beseitigung seither immer das vorrangige Ziel des Reichsbundes geblieben ist.

## Erst argumentieren — dann demonstrieren

Sechs Novellen und drei Neuordnungsgesetze kennzeichneten bis zum Jahre 1969 einen Weg ständigen Ringens um notwendige Leistungsverbesserungen und die großen Zeitabstände, in denen nach harten Auseinandersetzungen gesteckte Ziele oft nur zum Teil erreicht werden konnten. Kriegsopferparlamente des Reichsbundes in Bonn in den Jahren 1950, 1952, 1956 und 1963 sowie ungezählte Protestkundgebungen rückten die Kriegsopferversorgung immer wieder in den Blickpunkt des öffentlichen Interesses. Die mitgestaltende Kraft des Reichsbundes fand in jeder Phase der Gesamtentwicklung ihren Ausdruck in der Bereitschaft zur Zusammenarbeit und konstruktiven Mitwirkung in allen sachverständigen Gremien der amtierenden Bundesregierung sowie der gesetzgebenden Körperschaften des Bundes.

Hierbei fungierten die Sprecher des Reichsbundes sowohl als Mitglieder des Beratenden Beirates für Versorgungsrecht und des Bundesausschusses der Kriegsbeschädigten- und Kriegshinterbliebenenfürsorge sowie als Sachverständige vor den sozialpolitischen Fachausschüssen des Bundestages und des Bundesrates. Unter anderem trugen die von ihnen geführten Nachweise über erzielte Einsparungen im Kriegsopfer-Etat dazu bei, daß der Gesetzgeber bei mehrfachen Anlässen das von der jeweiligen Bundesregierung bei der Vorlage von Novellen oder Neuordnungsgesetzen vorgesehene Finanzvolumen erhöhte und in einigen Fällen sogar verdoppelte.

## Die Dynamisierung der Kriegsopferrenten

Ein entscheidender Durchbruch wurde in der Kriegsopferversorgung mit dem von der sozialliberalen Bundesregierung vorgelegten und am 1. Januar 1970 in Kraft getretenen Ersten Anpassungsgesetz vollzogen, mit dem die jährliche Anpassung der Versorgungsleistungen an die Entwicklung der Löhne und Gehälter entsprechend den eingetretenen Veränderungen der allgemeinen Bemessungsgrundlage eingeführt wurde. Seither hat sich durch die Verabschiedung von insgesamt acht Anpassungsgesetzen eine Entwicklung vollzogen, wie sie in diesem Ausmaß für einen vergleichbaren Zeitraum in der Vergangenheit noch niemals verzeichnet wurde.

## Weiterentwicklung notwendig

Dennoch — auch 25 Jahre nach dem Inkrafttreten des Bundesversorgungsgesetzes — kann und darf kein Zweifel daran bestehen, daß die Kriegsopferversorgung einer rechtlichen Weiterentwicklung bedarf, die sich unabhängig von den laufenden Anpassungen vollziehen und notwendige strukturelle Verbesserungen in gleicher Weise einschließen muß wie den weiteren Abbau noch bestehender Anrechnungsvorschriften. Diese Notwendigkeit besteht um so mehr, als dieses Gesetz ein Leistungsmodell für ein soziales Entschädigungsrecht im Rahmen des Sozialgesetzbuches darstellen soll. Der Modellcharakter ist jedoch nur dann gerechtfertigt, wenn das materielle Leistungsrecht erhebliche Verbesserungen, insbesondere in den Bereichen des Berufsschadensausgleichs und des Schadensausgleichs für Witwen erfährt.

## Ausbau des Schwerbeschädigtengesetzes zu einem modernen Wiedereingliederungsgesetz

Mit dem Ende des Zweiten Weltkrieges wurde das Gesetz über die Beschäftigung Schwerbeschädigter aus dem Jahre 1923 zwar nicht ausdrücklich außer Kraft gesetzt, es wurde jedoch durch eine Vielzahl von Verordnungen der Alliierten, der sich später konstituierenden Länder, ja sogar durch Anordnungen von Kreispräsidenten derart in der praktischen Anwendung differenziert, daß von einer Rechtseinheit auf dem Gebiet der Beschäftigung Schwerbeschädigter keine Rede sein konnte. Die Rechtszersplitterung zeigte sich insbesondere in einer Differenziertheit des schutzberechtigten Personenkreises, des Umfangs der Beschäftigungspflicht und der Zuständigkeit bei der Durchführung der geltenden gesetzlichen Regelungen.
Schon bei den ersten Verhandlungen mit der Verwaltung für Arbeit im Jahre 1949 traten die Sprecher des Reichsbundes für eine einheitliche Anwendung des Schwerbeschädigtengesetzes ein und überreichten präzise Vorschläge zu einer Erweiterung des schutzberechtigten Personenkreises und einer den Notwendigkeiten angepaßten Regelung der Beschäftigungspflicht für öffentliche und private Arbeitgeber.
Kernpunkt der Auseinandersetzungen war bereits damals die Frage, ob dieses Gesetz den besonders auf den Kreis der Schwerkriegsbeschädigten zugeschnittenen Charakter eines Fürsorgegesetzes haben soll, mit dem eine der Gemeinschaft erbrachte Vorleistung eine besondere Anerkennung findet, oder ob es sich um ein Beschäftigungsgesetz ohne besondere Prioritäten handelt. Der Reichsbund vertrat hierzu die Auffassung, daß die Priorität der Kriegsopfer unbestritten sei, daß man das Recht auf Arbeit aber nicht allein von der Ursache eines Körperschadens her beurteilen dürfe.
Schon im Rahmen einer im Herbst 1952 vom Bundestagsausschuß für Kriegsopfer- und Kriegsgefangenenfragen durchgeführten Anhörung zu dem von der Bundesregierung vorgelegten Entwurf eines Schwerbeschädigtengesetzes

trat der Reichsbund dafür ein, in den Schutz eines solchen Gesetzes auch Körperbehinderte einzubeziehen, die durch Fehlform oder Fehlfunktion ihres Stütz- oder Bewegungssystems nicht nur vorübergehend um mindestens 50 vom Hundert in ihrer Erwerbsfähigkeit gemindert sind. Diese Forderung wurde bei mehrfachen späteren Anlässen wiederholt.

Als leidenschaftlicher Verfechter der »finalen« Betrachtung in der Rehabilitation Behinderter ist der Reichsbund über zwei Jahrzehnte beharrlich und überzeugend dafür eingetreten, daß ein Recht auf Arbeit nur dann sinnvoll und gerecht verwirklicht werden kann, wenn unter Verzicht auf eine vorrangige oder ausschließliche Anwendung des »Kausalitätsprinzips« in den Schutz eines künftigen Schwerbehindertengesetzes alle Behinderten — unabhängig von der Ursache ihrer Behinderung — einbezogen werden. In jahrelangem hartnäckigem Ringen gegen viel Engstirnigkeit und Unverstand sowie gegen viele individuelle und institutionelle Widerstände mußte dieser frühzeitigen sozialpolitischen Erkenntnis des Reichsbundes erst zu einem Durchbruch verholfen werden.

Am 25. Januar 1974 konnte der Reichsbund jedoch durch die einstimmig erfolgte Verabschiedung des Gesetzes zur Sicherung der Eingliederung Schwerbehinderer in Arbeit, Beruf und Gesellschaft (Schwerbehindertengesetz) einen seiner größten sozialpolitischen Erfolge in der Nachkriegszeit erreichen.

## Die Sozialversicherung — selbst im Chaos bewährt

Am Ende des Zweiten Weltkrieges hatten die großen Solidargemeinschaften der Versicherten (die gesetzliche Krankenversicherung, die gesetzliche Unfallversicherung und die gesetzlichen Rentenversicherungen) im Chaos des Zusammenbruchs ihre große Bewährungsprobe zu bestehen. Sie wurden für Millionen von Versicherten zu einer Hoffnung, die vielfach über Sein oder Nichtsein entschied.

Zwar blieben die Kapitalreserven dieser Versicherungen von voraufgegangenen Zwangseingriffen der gestürzten politischen Machthaber nicht verschont, doch konnte immerhin noch genügend Substanz erhalten werden, um in der Phase der größten Not das Schicksal der Versicherten meistern zu helfen. Diese Tatsache gab zugleich dem Vertrauen zu Grundsätzen der Solidarität neuen Auftrieb.

Obwohl die Leistungen aus der Reichsversicherungsordnung über längere Zeiträume erheblich eingeschränkt werden mußten, konnten dennoch die schlimmsten Härten ausgeglichen werden. So erreichte der Reichsbund in Verhandlungen mit dem Zentralamt für Arbeit in Lemgo im Wege des Erlasses von Sozialversicherungsdirektiven den Aufbau einer provisorischen Kriegsopferversorgung, die zunächst aus Mitteln der Reichsversicherungsordnung finanziert werden mußte.

In der Folgezeit konzentrierten sich alle Bemühungen des Reichsbundes darauf, eine Erhöhung der im großen Durchschnitt außerordentlich niedrigen Sozialversicherungsrenten zu erreichen. Die Entwicklung führte zunächst zur Verabschiedung des am 1. Juli 1951 in Kraft getretenen Rentenzulagengesetzes. Es folgte die einstweilige Gewährung einer Teuerungs-

zulage zur Abgeltung von Preiserhöhungen bei Grundnahrungsmitteln sowie die Erhöhung der Grundbeträge in den Rentenversicherungen. Durch beide Gesetze wurden Zuschläge gewährt, die jedoch mit erheblicher zeitlicher Verzögerung zur Auszahlung gelangten und zum Gegenstand massiver Proteste des Reichsbundes wurden.
Aus der sich nach Durchführung der Währungsreform zunehmend günstig entwickelnden Wirtschaftslage hatte der Reichsbund die Forderung abgeleitet, eine notwendige Angleichung der Renten aus der Sozialversicherung an das veränderte Lohn- und Preisgefüge vorzunehmen. In sozialpolitischen Aktionsprogrammen und Entschließungen der Jahre 1950—1956 trat er immer wieder ein für

— die Ausdehnung des Personenkreises der Versicherten,
— die Beseitigung des Kapitaldeckungsverfahrens zugunsten eines Abschnittdeckungsverfahrens,
— den Wegfall der Anwartschaftsbestimmungen,
— eine Neugestaltung der Rentenformel,
— eine Anpassung der Rentenhöhe an Lohn bzw. Gehalt,
— eine Angleichung der verschiedenen Versicherungstatbestände aneinander.

Diese Forderungen wurden durch die am 1. Januar 1957 in Kraft getretenen Rentenversicherungs-Neuregelungsgesetzte in wesentlichen Teilen verwirklicht.

## Reichsbund zur Beseitigung von Härten in den Rentenversicherungen

Seit dem Inkrafttreten der Rentenversicherungs-Neuregelungegesetze hat der Reichsbund die bei der Durchführung aufgetretenen Härten und Ungerechtigkeiten sorgfältig registriert. Er unterbreitete am 15. Juni 1964 der Bundesregierung, den Fraktionen des Deutschen Bundestages sowie den Mitgliedern der zuständigen Fachausschüsse des Bundestages und des Bundesrates Vorschläge zur Änderung und Ergänzung der Rentenversicherungs-Neuregelungsgesetze, mit denen in insgesamt 75 Positionen Änderungen und Ergänzungen wichtiger Einzelbestimmungen erreicht werden sollten. Er wies in seiner Stellungnahme darauf hin, daß das Rentenversicherungsrecht, über die begrenzten Absichten der Bundesregierung hinaus, einer weiteren gründlichen Überarbeitung bedarf.
Am 5. November 1964 wurde dem Reichsbund Gelegenheit gegeben, im Rahmen einer Sachverständigenanhörung durch den Bundestagsausschuß für Sozialpolitik die zur Änderung der Rentenversicherungs-Neuregelungsgesetze erhobenen Forderungen in einem mündlichen Sachvortrag zu erläutern und damit die zu dem Regierungsentwurf abgegebene schriftliche Stellungnahme zu ergänzen.

## Bundestag verabschiedet „Härtenovelle“

Das Gesetz zur Beseitigung von Härten in den gesetzlichen Rentenversicherungen und zur Änderung sozialrechtlicher Vorschriften (»Härtenovelle«) wurde am 2. April 1965 vom Deutschen Bundestag verabschiedet.

Mit diesem Gesetz wurden die mit der Rentenreform im Jahre 1957 neugestalteten Grundsätze nicht verändert, sondern lediglich eine Reihe von unbilligen Härten beseitigt. Von den eingetretenen Verbesserungen seien — soweit sie den Forderungen des Reichsbundes entsprechen — besonders erwähnt:

— die Anrechnung älterer Versicherungszeiten (praktisch Wegfall des Brückenbeitrages),
— die Erhöhung der Versicherungspflichtgrenze in der Angestelltenversicherung von DM 15.000 auf DM 21.600 jährlich,
— eine bessere Bewertung von Ersatz- und Ausfallzeiten,
— Verbesserungen bei der Anrechnung von Ersatz- und Ausfallzeiten,
— die Festsetzung der Witwenrente auf mindestens 60 v. H. der Rente des Versicherten,
— Verbesserungen beim Zusammentreffen einer Waisenrente mit einer Versichertenrente,
— die Beseitigung der 5/6-Begrenzung im Fremdrentengesetz für eine 10jährige Beschäftigungszeit.

Besonderer Erwähnung bedarf die Ablehnung aller Forderungen auf Einführung einer Jahresarbeitsverdienstgrenze in der Rentenversicherung der Arbeiter.

## Reichsbund zum Rentenreformgesetz 1972

Bereits im Stadium der Vorarbeiten für eine weitere Rentenreform nutzte der Reichsbund alle Möglichkeiten, Vorschläge zur Weiterentwicklung des Rentenversicherungsrechts zu unterbreiten.

Zur Öffnung der Rentenversicherung für weitere Personengruppen sprach sich der Reichsbund für die Einbeziehung von Hausfrauen und Selbständigen aus. Diese Einbeziehung müsse jedoch eine angemessene Eigenbeteiligung gewährleisten und dürfe nicht in einseitiger Weise die Versichertengemeinschaft belasten.

Zur Einführung einer flexiblen Altersgrenze stellte der Reichsbund fest, daß die hierfür angeführten Argumente in besonderer Weise für den Personenkreis der schwerbehinderten Versicherten zutreffen. Er plädierte daher für eine Sonderregelung, mit der sichergestellt wird, daß schwerbehinderten Versicherten ein vorgezogenes Altersruhegeld auf Antrag bereits nach Vollendung des 60. Lebensjahres gewährt werden kann.

Eine Rente nach Mindesteinkommen bei langjähriger Versicherungszeit wurde vom Reichsbund bejaht, weil er hier die Möglichkeiten eines Ausgleichs für Leistungsminderungen sah, deren Ursache von den betroffenen Versicherten selbst nicht zu verantworten ist.

Die vom Bundestagsausschuß für Arbeit und Sozialordnung im Januar 1972 durchgeführte Anhörung von Sachverständigen wurde für den Reichsbund insoweit zu einem bedeutsamen Erfolg, als die Argumentation seiner sozialpolitischen Sprecher einen Durchbruch nach zwei Richtungen bewirkte:

1. Es konnten bestehende erhebliche Vorbehalte gegen die vom Reichsbund angestrebte Sonderregelung für schwerbehinderte Versicherte im Rahmen der flexiblen Altersgrenze abgebaut werden, weil durch die Vorlage von Schätzungen annähernde Klarheit über den Umfang des

begünstigten Personenkreises und die sich hieraus ergebenden finanziellen Aufwendungen geschaffen wurde.

2. Es konnte ein zunehmendes Verständnis für die Notwendigkeit geweckt werden, daß Behinderte, die in geschützten Werkstätten beschäftigt sind, in die gesetzliche Rentenversicherung einbezogen werden müssen.

## Das Bundessozialhilfegesetz, ein dornenreicher Weg von der Armenfürsorge zum Rechtsanspruch

Die nach dem Zweiten Weltkrieg selbstgewählte Betreuungsaufgabe für den Personenkreis der zivilen Körperbehinderten veranlaßte den Reichsbund zu ständigen Bemühungen, die im Jahre 1924 geschaffenen Grundlagen des Fürsorgerechts (die Verordnung über die Fürsorgepflicht und die Reichsgrundsätze über Voraussetzung, Art und Maß der öffentlichen Fürsorge) den veränderten sozialen Verhältnissen und Anschauungen anzupassen. Diesen Bemühungen war jedoch erst mit dem im Februar 1957 verabschiedeten Gesetz über die Fürsorge für Körperbehinderte und von einer Körperbehinderung bedrohte Personen ein wesentlicher Teilerfolg beschieden. Mit besonderem Nachdruck war der Reichsbund bemüht, die bei den Landesfürsorgeverbänden zu bildenden Beratenden Arbeitsgemeinschaften zu verwirklichen. Ein Bemühen, das bedauerlicherweise wegen des mangelnden Willens verschiedener Landesfürsorgeverbände nicht in allen Bundesländern erfolgreich war. Nur so ist es aber auch verständlich, daß die mit dem Körperbehindertenfürsorgegesetz geschaffenen Möglichkeiten nicht in allen Ländern ausgenutzt worden sind.
Der nächste Schritt bestand in einer erforderlichen Anpassung der Tuberkulosehilfe an die gewandelten Möglichkeiten und Notwendigkeiten. Eine Entwicklung, die sich über zwei Legislaturperioden des Deutschen Bundestages erstreckte und erst im Juli 1959 zum Abschluß gelangte.

## Bundessozialhilfegesetz seit dem 1. Juni 1962 wirksam

Insgesamt über ein Jahrzehnt hinaus vollzog sich das intensive Bemühen des Reichsbundes, eine endgültige Abkehr von der Armenfürsorge alter Prägung und von einer diskriminierenden Bewertung der öffentlichen Fürsorge zu erreichen. Diesem Ziel sollte der Entwurf eines Bundessozialhilfegesetzes dienen, in dem das gesamte Fürsorgerecht zu einem einzigen Gesetzeswerk zusammengefaßt, eine bis dahin bestehende Zersplitterung des Fürsorgerechts beseitigt und eine künftige weitere Zersplitterung verhütet werden soll. Dieses am 1. Juni 1962 in Kraft getretene Gesetz verwirklichte die Vorstellungen des Reichsbundes, den Menschen verstärkt in den Mittelpunkt zu rücken, der einer Hilfe durch die Allgemeinheit bedarf. Mit diesem Gesetz wurde eindeutig der vom Reichsbund geforderte Rechtsanspruch auf Sozialhilfe formuliert und die bestehende Pflicht des Hilfeempfängers, die Kosten einer ihm gewährten Hilfe zu ersetzen, erheblich eingeschränkt.
Stärker als bisher liegt im Bundessozialhilfegesetz das Gewicht auf den

individuellen Hilfen in besonderen Lebenslagen. Hierzu zählen insbesondere die Hilfe zum Aufbau oder zur Sicherung der Lebensgrundlage, Ausbildungshilfe, vorbeugende Gesundheitshilfe, Krankenhilfe, Hilfe für werdende Mütter und Wöchnerinnen, Eingliederungshilfe für Behinderte, Tuberkulosehilfe, Blindenhilfe, Hilfe zur Pflege, Hilfe zur Weiterführung des Haushalts, Hilfe für Gefährdete und Altenhilfe.

## Weitere Verbesserungen wurden erreicht

Mehrfach vom Reichsbund gegebene Anstöße führten zu Verbesserungen sowohl durch das Gesetz zur Änderung und Ergänzung des Bundessozialhilfegesetzes vom 31. August 1965 als auch durch das Zweite Gesetz zur Änderung des Bundessozialhilfegesetzes vom 14. August 1969. Während das Erste Änderungsgesetz nur wenige Änderungen brachte (Erhöhung des Mehrbedarfs nach § 23 BSHG von 20 auf 30 v. H. des maßgebenden Regelsatzes, Verbesserung der Anspruchsvoraussetzungen für die Blindenhilfe und Erhöhung dieser Leistung), wurde das Bundessozialhilfegesetz durch das Zweite Änderungsgesetz in größerem Umfang novelliert. Diese Novellierung diente folgenden Zielen:

1. Aus den Erfahrungen der bisherigen Anwendung des Gesetzes wurden weitere Möglichkeiten und Hilfen geschaffen, die bisher im Gesetz fehlten.
2. Das BSHG wurde der allgemeinen wirtschaftlichen und sozialen Entwicklung in der Bundesrepublik angepaßt. Dabei wurden vor allem die Leistungen für Behinderte, insbesondere für Blinde und wesentlich sehbehinderte Personen, sowie für pflegebedürftige Personen verbessert.
3. Die für den gesamten Leistungsbereich bedeutsamen Sonderbestimmungen des Abschnitts 12 zur Sicherung der Eingliederung Behinderter wurden wirksamer gestaltet, um eine rechtzeitige Einleitung der erforderlichen medizinischen, schulischen, beruflichen und sozialen Eingliederungsmaßnahmen zu erreichen.

## Der Durchbruch zu einer modernen Rehabilitationspolitik

Der Reichsbund hat die Rehabilitation Behinderter immer wieder als eine der bedeutendsten sozialpolitischen Gegenwarts- und Zukunftsaufgaben gekennzeichnet. Er ist dabei stets für eine auf die Gesamtpersönlichkeit des Behinderten abgestellte Eingliederung oder Wiedereingliederung in Arbeit, Beruf und Gesellschaft eingetreten. Der in den letzten Jahren in der Gesetzgebung vollzogene Durchbruch einer modernen Rehabilitationspolitik mit der Verwirklichung zeitgerechter Lösungen ist zugleich ein Stück praktischer Sozialpolitik des Reichsbundes. Wenn es für diese Feststellung eines Beweises bedürfte, so liegt er in der weitgehenden Übereinstimmung des im April 1970 von der Bundesregierung vorgelegten »Aktionsprogramms zur Förderung der Rehabilitation der Behinderten« mit den sozialpolitischen Grundsatzforderungen, die der Bundesvorstand des Reichsbundes für die neu gewählten Abgeordneten des Sechsten Deutschen Bundestages formuliert hatte.

Aus Denkanstößen wurden gesetzgeberische Lösungen entwickelt, an deren praxisbezogener Ausgestaltung der Reichsbund wesentlich mit beteiligt war. Dies gilt für den Gedanken einer notwendigen Koordinierung der Rehabilitationsleistungen durch die Verabschiedung des Rehabilitationsangleichungsgesetzes in gleicher Weise wie für die Verwirklichung der »finalen Betrachtung« durch die Verabschiedung des neuen Schwerbehindertengesetzes und die Verbesserung der Voraussetzungen eines Versicherungsschutzes für Behinderte durch die Verabschiedung des Gesetzes über die Sozialversicherung Behinderter.
Weitere gravierende Denkanstöße bleiben in der aktuellen Diskussion. Gemeint sind die Forderungen, eine Früherfassung von Behinderungen durch Einführung einer gesetzlichen Meldepflicht zu regeln, eine Behinderten-Enquete in Auftrag zu geben, in der über die Situation der Behinderten in Schule, Ausbildung, Beruf, Familie und Gesellschaft berichtet wird, das Amt eines Bundesbeauftragten für die Rehabilitation zu schaffen oder durch die Errichtung einer Bundesanstalt für Rehabilitation eine einheitliche Anwendung aller Rehabilitationsvorschriften und eine bessere Koordinierung von Planung und Finanzierung sicherzustellen.

## Initiativen des Reichsbundes zur Beseitigung baulicher und technischer Hindernisse

Die Vorschläge des Reichsbundes zur Eingliederung Behinderter in die Gesellschaft dienten insbesondere dem Ziel,
— die Öffentlichkeit über Behinderungen, ihre Auswirkungen und die daraus erwachsenden Notwendigkeiten einer besonderen Anpassung baulicher und technischer Lösungen in den Bereichen des Wohnungsbaues für Schwerbehinderte, der öffentlichen Bauten und des öffentlichen Verkehrs aufzuklären,
— Behinderte, insbesondere Rollstuhlfahrer, über Möglichkeiten und Zweckmäßigkeiten einer ihrer Behinderung angepaßten Einrichtung und Ausstattung der Wohnung zu informieren,
— Architekten auf alle Voraussetzungen eines behindertengerechten Wohnungsbaues hinzuweisen und sie zu sinnvoller Planung und zur Erreichung baulich und technisch optimaler Lösungen aufzufordern,
— alle Städtebauer und Verkehrsplaner dazu anzuhalten, den besonderen Bedürfnissen Behinderter, alter Menschen und von Müttern mit Kleinkindern Rechnung zu tragen, sich in einer zeitgemäßen Umwelt ohne bauliche und technische Hindernisse gefahrlos bewegen zu können.

Die Initiativen des Reichsbundes zur Beseitigung baulicher und technischer Hindernissen haben nicht allein in den zitierten Vorschlägen zur Eingliederung der Behinderten in die Gesellschaft ihren Niederschlag gefunden, sie wurden darüber hinaus insoweit auch Gegenstand gesetzgeberischer Maßnahmen, als in verschiedenen Bundesländern die Einbeziehung entsprechender Vorschriften in Landesbauordnungen erfolgte.
Unter dem Leitmotiv »Ein gutes Beispiel: Überlegt geplant — an Behinderte gedacht!« wurde in Verbindung mit dem Symbol eines Rollstuhlfahrers vom Reichsbund ein Haftschild entwickelt und zum Gegenstand einer bundesweiten Aktion für behindertengerechtes Bauen gemacht.

Diese Aktion hat zum Ziel, öffentliche und private Bauherren auszuzeichnen, deren Bauten so gestaltet sind, daß sie von allen Behinderten — Rollstuhlfahrer eingeschlossen — ohne jegliche Beeinträchtigung und ohne fremde Hilfe erreichbar sind.

## Die Rechtsschutzbetreuung im Reichsbund

Der Ring einer notwendigerweise sehr globalen Betrachtung der Sozialpolitik des Reichsbundes über insgesamt sechs Jahrzehnte segensreichen Wirkens kann nicht geschlossen werden, ohne das Kernstück praktischer Betreuungsarbeit in kurzen Zügen zu würdigen: die erfolgreiche Rechtsschutztätigkeit auf allen Ebenen des organisatorischen Wirkens.
Leider gibt keine zentrale Statistik verbindlichen Aufschluß darüber, in welchem Ausmaß innerhalb dieses Zeitraumes laufende Leistungen und Nachzahlungen in legaler Anwendung und Auswirkung des geltenden Rechts von Prozeßbevollmächtigten des Reichsbundes erstritten wurden. Die Zahlen würden Größenordnungen von einem nahezu unvorstellbaren Ausmaß erbringen und damit einmal mehr die Berechtigung der Existenz des Reichsbundes untermauern.
Darum galt der Einsatz des Reichsbundes auch dem rechtzeitigen Aufbau einer Sozialgerichtsbarkeit, in der seine Mitarbeiter sowohl als ehrenamtliche Richter wie auch als Prozeßbevollmächtigte in allen Instanzen eine wirksame Mitarbeit leisten konnten. Diese Mitarbeit wurde durch das am 8. Juli 1954 verabschiedete Sozialgerichtsgesetz sichergestellt. Tausende auf Vorschlag des Reichsbundes berufene Sozialrichter, Landessozialrichter und Bundessozialrichter haben seither zu einer optimalen Rechtsfindung beigetragen.
Dennoch hat es nicht an Versuchen gefehlt, Eingriffe in dieses Rechtsgebiet zu vollziehen. So wurden verschiedentlich Bestrebungen erkennbar, eine erhebliche rechtliche Umgestaltung des nach Auffassung des Reichsbundes im Grundsatz vollauf bewährten Sozialgerichtsgesetzes zu erreichen. Die weitestgehenden Überlegungen gingen dahin, die rechtliche Eigenständigkeit der Sozialgerichtsbarkeit aufzuheben und sie gemeinsam mit anderen Zweigen der Gerichtsbarkeit zu einer »Einheitsgerichtsbarkeit« zusammenzufassen.
Der Reichsbund hat Überlegungen dieser Art mit der Feststellung zurückgewiesen, daß die Sozialgerichtsbarkeit, deren Rechtsprechung die sozialpolitischen Schicksalsfragen der gesamten Bevölkerung umfaßt, unter allen Umständen als eigenständiger Gerichtszweig erhalten bleiben muß.
Darüber hinaus wandte sich der Reichsbund gegen Versuche, die Mitwirkung der ehrenamtlichen Richter in der Sozialgerichtsbarkeit einzuschränken und die Vertretungsbefugnis der Prozeßbevollmächtigten des Reichsbundes durch einen Anwaltszwang zu ersetzen. Nach den in der Rechtsschutztätigkeit des Reichsbundes gemachten Erfahrungen hat sich die Besetzung der Richterbank in der ersten und zweiten Tatsacheninstanz vollauf bewährt, so daß für eine Erweiterung des Einflusses der Berufsrichter in der ersten Instanz (vorgeschlagen wurde die Mitwirkung von drei Berufsrichtern) kein zwingendes Bedürfnis besteht. Bestrebungen dieser Art wurden vom Reichsbund mit Entschiedenheit zurückgewiesen.

## Über sechs Jahrzehnte bewährt: der Reichsbund als mitgestaltende Kraft in der deutschen Sozialpolitik

Dieser Überblick mußte sich auf den sicher unvollkommenen Versuch beschränken, in gestraffter Form unter Verzicht auf viele fachlich interessante Details und bei einer bewußten Beschränkung der Darstellung auf die wichtigsten Rechtsgebiete, den unermüdlichen Einsatz des Reichsbundes in Aufbau und Abwehr deutlich zu machen, um einen Maßstab anlegen zu können für eine geschichtlich gewordene Leistung. Eine Leistung, die nach keinem Prädikat sucht, weil sie von allen, die sie erbrachten, als ein selbstverständlicher Beitrag zu einem Wiederaufbau und zur sozialen Ordnung in unserem Gemeinwesen aufgefaßt worden ist.

Diese freiwillig übernommene Aufgabe wuchs ebenso zwangsläufig wie gewollt schnell über jede begrenzte und einseitige Interessenvertretung hinaus, obgleich sie in Ursprung und Wirklichkeit immer die berechtigten Interessen derer wahrte, die sich aus eigener Kraft nicht zu helfen vermögen. Die Sozialpolitik des Reichsbundes aber war nie Selbstzweck. Sie wurde und bleibt ein mitgestaltender Beitrag zur sozialen Gerechtigkeit. Ihr gravierender Ausdruck war die Synthese zwischen sachlicher Überzeugungskraft und kämpferischem Einsatz für die Idee der sozialen Gerechtigkeit.

Initiativen aus aktuellem Anlaß und weitsichtige Konzeptionen entwickelten sich aus dem großen Erfahrungsgut einer Organisation, die auf allen Ebenen ihres Wirkens sozialen Ungerechtigkeiten mit den Mitteln sachlicher Argumentation zu begegnen suchte. So konnte der Reichsbund aus den sozialpolitischen Schicksalen seiner Mitglieder, aus den Beratungsstunden seiner Ortsgruppen und Kreise, aus der Rechtsschutztätigkeit auf den verschiedensten Rechtsgebieten und aus vielen anderen Quellen des sozialpolitischen Geschehens immer wieder ein vervollständigtes Leitbild der Vorstellungen von sozialer Gerechtigkeit entwickeln, das wirklichkeitsnäher war, als es amtliche Statistiken zum Ausdruck bringen konnten.

Nie hat sich der Reichsbund darauf beschränkt, sich in der Kritik an sozialen Härten und Ungerechtigkeiten zu erschöpfen. Immer hat er Alternativen aufgezeigt, konstruktive Vorschläge entwickelt und tatkräftige Mitarbeit geleistet. Seine Sprecher wirkten in allen Fachgremien des Bundes, der Länder, der Kreise und Gemeinden, in Selbstverwaltungsorganen und in freiwilligen Ehrenämtern der vielfältigsten Formen daran mit, Erfahrungen für Lösungen zu gewinnen und nutzbar zu machen, mit denen ein Höchstmaß an sozialer Gerechtigkeit erreicht werden kann.

Durch diese Mitarbeit wurde der Reichsbund zum Berater von Regierungen und Parlamenten des Bundes und der Länder. Seine parteipolitische und konfessionelle Neutralität verhalf ihm aber auch zu jener Unabhängigkeit, die das Recht auf kämpferischen Einsatz wahrte, wenn Grundsätze der Sozialpolitik in Gefahr waren und staatliche Gewalt im Abbau sozialer Leistungen den Weg des geringsten Widerstandes gehen zu können glaubte.

Es hat in der Geschichte des Reichsbundes nicht an kämpferischen Auseinandersetzungen gefehlt. Sie wurden zu Stationen der Bewährung und der Bestätigung, daß der Reichsbund durch sechs Jahrzehnte segensreichen Wirkens zu einer unverzichtbaren mitgestaltenden Kraft in der Sozialpolitik der Bundesrepublik Deutschland geworden ist.

J. F. Volrad Deneke

# Die Organisationsstruktur der deutschen Ärzteschaft

Die große Vielfalt des ärztlichen Organisationswesens gliedert sich nach drei Strukturprinzipien:
— Körperschaften öffentlichen Rechts mit Pflichtmitgliedschaft
— Verbände mit freiwilliger Mitgliedschaft und mit vorwiegend berufspolitischer Zwecksetzung
— Medizinisch-wissenschaftliche Fachgesellschaften.
Praktisch alle diese Organisationen sind auch in der Vielfalt des internationalen Organisationswesens aktiv. Und sie sind mehr oder weniger in das ihnen benachbarte nationale Organisationsgeflecht gesellschaftlich relevanter Gruppen eingebunden.
Die Vielfalt ist zur jetzigen schier unübersehbaren Fülle erst nach 1945 gewachsen, als auch relativ rasch das Organisationswesen der gewerblichen Wirtschaft neu erblühte. Wie dieses knüpfte auch das ärztliche Organisationswesen an generationenalte Traditionen an.

## Die Körperschaften öffentlichen Rechts

Bei den Körperschaften öffentlichen Rechts mit Pflichtmitgliedschaft handelt es sich um
— die Ärztekammern
— die Kassenärztlichen Vereinigungen.
In der Bundesrepublik Deutschland sind alle Ärzte Pflichtmitglieder einer Landesärztekammer. Die föderative Struktur der Bundesrepublik Deutschland bringt es mit sich, daß nicht alle Kammergesetze voll übereinstimmen. Daher erfassen nicht alle Landesärztekammern auch diejenigen Ärzte, die zwar approbiert, aber ärztlich nicht tätig sind.
Die Bundesärztekammer (Arbeitsgemeinschaft der westdeutschen Ärztekammern) ist als organisatorischer Zusammenschluß der Landesärztekammern ein Zusammenschluß von Körperschaften öffentlichen Rechts; die Bundesärztekammer selbst ist jedoch nicht Körperschaft öffentlichen Rechts.
Geschichtlich sind Landesärztekammern und Bundesärztekammer aus dem Zusammenschluß der örtlichen Ärztevereine entstanden. Diese bildeten 1873 den deutschen Ärztevereinsbund, der seit dieser Zeit die Deutschen Ärztetage abhält. Ziel des Deutschen Ärztevereinsbundes war die Anerkennung als Körperschaft öffentlichen Rechts, um in allen gesundheitspolitischen Fragen von Legislative und Exekutive gehört zu werden und um die Unabhängigkeit der ärztlichen Berufsausübung durch ärztliche Selbstverwaltung wahren zu können.
Die örtlichen Ärztevereine waren seit der ersten Hälfte des 19. Jahr-

hunderts allenthalben auf der Grundlage gemeinsamen wissenschaftlichen Interesses und zugleich aus gesellschaftlicher Motivation entstanden. Sie begannen als ärztliche Lesegesellschaften mit gemeinsamem Bezug von Fachzeitschriften und Büchern oder zur Abhaltung regelmäßiger Vortragsveranstaltungen. Über berufs- und gesundheitspolitische Probleme wurde dann zwangsläufig auch gesprochen. Es entspricht dieser Tradition, daß der erste Deutsche Ärztetag 1873 anläßlich einer Tagung der deutschen Naturforscher und Ärzte zusammentrat.

Die vornehmste Motivation der Gründung von Ärztevereinen war also die Fortbildung. In der ersten Hälfte des 19. Jahrhunderts wandte sich dann angesichts der Rechtszersplitterung in den 39 Staaten des Deutschen Bundes das Interesse der Medizinalreform zu. Das Scheitern der Revolution von 1848 machte alle entsprechenden Hoffnungen zunichte.

Es bleibt für die Kontinuität der Organisationsgeschichte ärztlicher berufsständischer Aktivitäten jedoch bezeichnend, daß der Begründer des Deutschen Ärztevereinsbundes, Hermann Eberhard Richter, als Parteigänger der Freisinnigen 1849 in einen Hochverratsprozeß verwickelt gewesen war. Das ärztliche Vereinsleben war durch das Scheitern der bürgerlichen Revolution zwar für Jahre gestört und gelähmt, die vorgezeichnete Organisationsstruktur blieb jedoch erhalten und wurde Jahrzehnte später von Männern des Jahres 1848 zum Neubau genutzt.

Der deutsche Ärztetag ist heute die Hauptversammlung der Bundesärztekammer (Arbeitsgemeinschaft der Westdeutschen Ärztekammern). Der Vorstand der Bundesärztekammer besteht aus dem Präsidenten und zwei Vizepräsidenten, zwei Vertretern der angestellten Ärzte und als »geborenen« Mitgliedern den Präsidenten der Landesärztekammern, die Mitglieder der Bundesärztekammer sind.

Besondere Institutionen der Bundesärztekammer mit eigenen Statuten bzw. Geschäftsordnungen sind:

— Der deutsche Senat für ärztliche Fortbildung — Ausschuß der Bundesärztekammer;
— Arzneimittelkommission der deutschen Ärzteschaft — Fachausschuß der Bundesärztekammer;
— Wissenschaftlicher Beirat der Bundesärztekammer — Ständiger Ausschuß der Bundesärztekammer;
— Deutsche Akademie der praktischen Ärzte — Beirat als ständiger Ausschuß der Bundesärztekammer;
— Deutsche Akademie der Fachärzte — Beirat als ständiger Ausschuß der Bundesärztekammer.

Für die einzelnen Sachgebiete bestehen außerdem vom Vorstand eingesetzte besondere Ausschüsse und mit Sachverständigen der Landesärztekammern beschickte ständige Konferenzen sowie Vorstandsreferate in Arbeitsteilung der Vorstandsmitglieder.

Bundesärztekammer und Kassenärztliche Bundesvereinigung haben für bestimmte Sachgebiete gemeinsame Ausschüsse. Sie bedienen sich einer gemeinsamen Rechtsabteilung und einer gemeinsamen Informationsabteilung. Sie sind gemeinsam Herausgeber des »Deutschen Ärzteblattes — Ärztliche Mitteilungen«.

Der Deutsche Senat für ärztliche Fortbildung wurde vom 56. Deutschen

Ärztetag 1953 in Lindau gegründet. Der Senat besteht aus 7 ordentlichen Mitgliedern, die auf Vorschlag des Vorstandes der Bundesärztekammer vom Deutschen Ärztetag für den gleichen Zeitraum wie die vom Deutschen Ärztetag zu wählenden Vorstandsmitglieder der Bundesärztekammer zu wählen sind. Die ordentlichen Mitglieder des Senats wählen jeweils aus ihrer Mitte den Vorsitzenden und dessen Stellvertreter für die Dauer der Wahlperiode.

Nach seinem Statut ist es Aufgabe des Senats, die Bundesärztekammer in allen grundsätzlichen Fragen der Fortbildung zu beraten und entsprechend den vom 56. Deutschen Ärztetag 1953 in Lindau beschlossenen Richtlinien um Ausbau und Entwicklung der ärztlichen Fortbildung bemüht zu sein. Um die Fortbildungsarbeit auf eine breitere Basis zu stellen und zu intensivieren, wurden den 7 ordentlichen Mitgliedern des Senats außerordentliche und korrespondierende Mitglieder zur Seite gestellt, die zusammen mit dem engeren Senat in der Regel einmal jährlich zu einer »Großen Senatssitzung« zusammentreten. Dem »Großen Senat« gehören die Fortbildungsbeauftragten der Landesärztekammern an sowie die Organisatoren bzw. Vertreter aller größeren ständigen Fortbildungskongresse des Bundesgebietes sowie die Fortbildungsbeauftragten Wissenschaftlicher Gesellschaften und Einrichtungen, die sich mit der ärztlichen Fortbildung befassen. Weitere Teilnehmer der »Großen-Senatssitzungen« sind: Vertreter des wissenschaftlichen Beirats der Bundesärztekammer, der Arzneimittelkommission der Deutschen Ärzteschaft, der Deutschen Akademie für praktische Ärzte und der Deutschen Akademie für Fachärzte.

Von der Bundesärztekammer selbst werden im Auftrage der Landesärztekammern jährlich acht Fortbildungskongresse für Ärzte und ein Kongreß für Assistenzberufe veranstaltet. Ein »Interdisziplinäres Forum« sorgt seit 1976 für rasche Präsentation, Bewertung und Auswahl der Fortschritte der Forschung aller Fachgebiete für die Fortbildung.

Die Arzneimittelkommission der Deutschen Ärzteschaft ist aus der Arzneimittelkommission der Deutschen Gesellschaft für innere Medizin hervorgegangen, die sich im Frühjahr 1950 an die damalige »Arbeitsgemeinschaft der Westdeutschen Ärztekammern« mit der Bitte wandte, sie zur Verstärkung und Sicherung ihrer Wirkensmöglichkeiten auf dem Gebiet des Arzneimittelwesens organisatorisch in die Arbeitsgemeinschaft der Westdeutschen Ärztekammern einzugliedern. Fachausschuß der Bundesärztekammer ist die Arzneimittelkommission der Deutschen Ärzteschaft seit 1955.

Um die organisatorische Basis für die in der Geschäftsführung der Arzneimittelkommission tätigen Mitarbeiter zu konsolidieren, wurde 1964 der »Arzneimittelinformationsdienst e. V.« gegründet, dessen Vorstand sich aus den Hauptgeschäftsführern und dem Leiter der Rechtsabteilung der Bundesärztekammer und der Kassenärztlichen Bundesvereinigung zusammensetzt. Die Mitarbeiter des Arzneimittelinformationsdienstes sind gleichzeitig in der Geschäftsführung der Arzneimittelkommission tätig. Sie führen u. a. die wichtige ständige Erfassung, Sammlung und Auswertung von Arzneimittelnebenwirkungen für den von der Arzneimittelkommission eingerichteten »Arzneimittel-Warndienst« durch.

Der Wissenschaftliche Beirat der Bundesärztekammer wurde anläßlich des 54. Deutschen Ärztetages 1951 in München zunächst als »Wissenschaftlicher

Beirat des Präsidiums des Deutschen Ärztetages« gegründet. Zusammensetzung, Aufgabe und Arbeitsweise des Wissenschaftlichen Beirats sind in einem besonderen Statut niedergelegt. Danach ist der Wissenschaftliche Beirat der Bundesärztekammer einer ihrer ständigen Ausschüsse und Einrichtungen. Er setzt sich aus namhaften Persönlichkeiten der medizinischen Wissenschaft zusammen. Seine Aufgabe ist es, die Bundesärztekammer in allen medizinisch-wissenschaftlichen, und zwar Grundsatz- und Einzelfragen zu beraten. Insbesondere gilt das bei der Vorbereitung und Durchführung von Gesetzen auf dem Gebiet des öffentlichen Gesundheitswesens, auf dem Gebiet der ärztlichen Fortbildung in Zusammenarbeit mit dem Deutschen Senat für ärztliche Fortbildung, auf dem Gebiet der Arzneimitteltherapie in Zusammenarbeit mit der Arzneimittelkommission der Deutschen Ärzteschaft und bei der Beratung von Fragen der ärztlichen Ausbildung und Berufsausübung in Zusammenarbeit mit den dafür zuständigen Fachausschüssen der Bundesärztekammer.

Die Deutsche Akademie der praktischen Ärzte ist auf Beschluß des 61. Deutschen Ärztetages 1968 in Garmisch-Partenkirchen gegründet worden. Das vom Deutschen Ärztetag festgelegte Statut dieses Ausschusses sieht einen 5köpfigen, aus praktischen Ärzten bzw. Ärzten für Allgemeinmedizin bestehenden Vorstand vor, der auf Vorschlag des Vorstandes der Bundesärztekammer durch den Deutschen Ärztetag gewählt wird. Die Akademie ist seit ihrer Gründung bemüht, die Position und vor allem die Wirkensmöglichkeiten der Ärzte für Allgemeinmedizin zu verbessern. Sie arbeitet zu diesem Zweck mit allen anderen Ausschüssen und Einrichtungen der Bundesärztekammer zusammen. Ihr obliegt dabei die Bearbeitung und Förderung aller Berufsfragen der Ärzte für Allgemeinmedizin.

Ausgehend von der Gründung der »Deutschen Akademie der praktischen Ärzte« und in gleicher Weise mit ähnlichem Statut und mit gleicher Zielsetzung für die Gruppe der Fachärzte wurde die »Deutsche Akademie der Fachärzte« durch den 70. Deutschen Ärztetag 1967 gegründet. Aufgabe dieser Akademie ist es, alle — bis auf die unmittelbar zum Bereich der Weiterbildungsordnung gehörenden — Angelegenheiten der Fachärzte zu bearbeiten und den Vorstand der Bundesärztekammer darüber zu beraten. Dabei ist diese Akademie in gleicher Weise wie die Deutsche Akademie der praktischen Ärzte gehalten, mit allen Institutionen und Einrichtungen der Bundesärztekammer zusammenzuarbeiten.

Die Kassenärztlichen Vereinigungen als Körperschaften öffentlichen Rechts erfassen in Pflichtmitgliedschaft alle Kassenärzte. Im Unterschied zur Bundesärztekammer ist auch die Kassenärztliche Bundesvereinigung Körperschaft öffentlichen Rechts.

Grundlage des Selbstverwaltungsrechts der Kassenärztlichen Vereinigungen ist Bundesrecht. Die Vielgestaltigkeit und Selbständigkeit der Kassenärztlichen Vereinigungen in den Ländern ist vom Bundesgesetzgeber gewollt, während die Vielgestaltigkeit und Selbständigkeit der Landesärztekammern Ausfluß des vielgestaltigen Landesrechtes ist.

Geschichtlich sind die Kassenärztlichen Vereinigungen aus dem Verband zur Wahrung der wirtschaftlichen Interessen der Ärzte Deutschlands, dem späteren Verband der Ärzte Deutschlands (Hartmannbund), entstanden. Dieser im Jahre 1900 von Hermann Hartmann gegründete Verband wurde als ein Verband mit Einzelmitgliedschaft von Ärzten des ganzen Deutschen Reichsgebietes gegründet. Die zentrale Organisationsstruktur kontrastierte klar zur föderalen Struktur des Ärztevereinsbundes.

Die Gründung des Hartmannbundes resultierte nicht zuletzt aus der Tatsache, daß Ärztevereine und Ärztevereinsbund die mit der Gründung der gesetzlichen Krankenversicherung für die Ärzteschaft wachsenden Probleme nach Meinung der ärztlichen Öffentlichkeit nicht entschieden genug anpackten. Konfliktmöglichkeiten und Spannungsverhältnis zum Ärztevereinsbund waren also mit der Gründung bereits eingebaut. Die Überwindung und Nutzung dieses organisatorischen Duals ist seither integrierter Bestandteil ärztlicher Verbandspolitik.

Wie die Politik des Ärztevereinsbundes von Anfang an auf Ärztekammern als Körperschaften öffentlichen Rechts mit Pflichtmitgliedschaft für alle Ärzte gerichtet war, um in Fragen der ärztlichen Versorgung die Ärzteschaft der Regierung gegenüber kompetent vertreten zu können, so war die Politik des im Jahre 1900 gegründeten Hartmannbundes von Anfang an darauf gerichtet, die Kassenärzte zu Körperschaften öffentlichen Rechts zusammenzuschließen, damit sie in der Organisationsform den Krankenkassen als Vertragspartnern gleichberechtigt und gleichrangig gegenübertreten konnten.

Die Bildung kassenärztlicher Vereinigungen und schließlich die Ausgestaltung des Kassenarztrechts von 1955 entsprachen insoweit jahrzehntealten Forderungen der Ärzte. Die derzeitige föderale Struktur ist nicht geschichtlich bedingt, sondern der alliiertem Willen entsprechenden Verfassungsstruktur der Bundesrepublik Deutschland notwendigerweise nachgebildet. Kassenärztliche Bundesvereinigung und Kassenärztliche Vereinigungen der Länder haben 1973 das »Zentralinstitut für die kassenärztliche Versorgung in der Bundesrepublik Deutschland« als rechtsfähige Stiftung gegründet.

## Verbände mit freiwilliger Mitgliedschaft

Innerhalb der ärztlichen Verbände mit freiwilliger Mitgliedschaft und vorwiegend berufspolitischer Zwecksetzung unterscheidet sich der »Verband der Ärzte Deutschlands (Hartmannbund) e. V.« von den anderen Verbänden mit freiwilliger Mitgliedschaft dadurch, daß er für die Interessen aller Ärzte Deutschlands eintritt, während es sich bei den anderen ärztlichen Verbänden um Zusammenschlüsse handelt, die für bestimmte Gruppen innerhalb der Ärzteschaft eintreten.

Durch diese Zweckbestimmung der Interessenvertretung aller Ärzte Deutschlands rückt der »Verband der Ärzte Deutschlands (Hartmannbund) e. V.« nahe an die gleichgerichtete Zweckbestimmung der »Bundesärztekammer (Arbeitsgemeinschaft der westdeutschen Ärztekammern)« heran. Durch seine geschichtliche Berufung auf den im Jahre 1900 von Hermann Hartmann gegründeten Verband, der sich zu den Kassenärztlichen Vereinigungen weiterentwickelte, ist der heutige »Verband der Ärzte Deutschlands (Hartmannbund) e. V.« andererseits auch den Kassenärztlichen Vereinigungen traditionell eng verbunden.

Damit ist zugleich das Verhältnis des jetzigen Hartmannbundes zu den

Kammern und Kassenärztlichen Vereinigungen als ein Kooperations- und Spannungsverhältnis eigener Art charakterisiert. Während die Wieder- oder Neugründung 1949 einerseits zur Organisationseinheit der Deutschen Ärzteschaft wahrenden Gründung des Präsidiums des Deutschen Ärztetages führte, kam es andererseits sofort zu Kompetenzkonflikten mit beiden Körperschaftsorganisationen, denen sich zeitweise handfeste Sach- und Personalkonflikte zugesellten. Je breiter jedoch die Organisationsziele deckungsgleich sind, desto mehr kommt es in den existenziellen Interessen der Ärzteschaft zu Übereinstimmung und Kooperation, durch mannigfaltige Personalunion gefördert.

In der Wahrnehmung der grundgesetzlich garantierten Koalitionsfreiheit und in der freiwilligen Mitgliedschaft steht der »Verband der Ärzte Deutschlands (Hartmannbund) e. V.« auf gleichem Fuße mit allen anderen auf freiwilliger Mitgliedschaft gegründeten ärztlichen Verbänden mit vorwiegend berufspolitischer Zwecksetzung.

In aller Regel drücken die Verbandsbezeichnungen, soweit sie nicht wie »Hartmannbund« und »Marburger Bund« traditionelle Bestandteile enthalten, die Zwecksetzung in Bezug auf die innerhalb der Ärzteschaft zu vertretende Gruppe klar aus, z. B. »Verband der angestellten und beamteten Ärzte Deutschlands«, »Verband der niedergelassenen Ärzte Deutschlands«, »Verband der leitenden Krankenhausärzte Deutschlands«, »Deutscher Ärztinnenbund« usw.

Die wichtigsten ärztlichen Verbände mit freiwilliger Mitgliedschaft und berufspolitischer Zwecksetzung sind im Präsidium des Deutschen Ärztetages vertreten. Das Präsidium des Deutschen Ärztetages bildet damit die organisatorische Klammer für alle berufspolitisch relevanten ärztlichen Organisationen. Den besonderen Positionen von Bundesärztekammer, Kassenärztlicher Bundesvereinigung und Hartmannbund entspricht es, daß diese Organisationen jeweils von ihrem gesamten Vorstand im Präsidium vertreten werden, während die anderen ärztlichen Organisationen jeweils zwei oder einen Repräsentanten in das Präsidium entsenden. Außerdem gehören dem Präsidium an:

— Der Inspekteur des Sanitäts- und Gesundheitswesens der Bundeswehr,
— der Leiter der Abteilung »Humanmedizin« im Bundesministerium für Jugend, Familie und Gesundheit,
— der Hauptgeschäftsführer der Bundesärztekammer,
— für jeweils drei Jahre die Ehrenpräsidenten der Deutschen Ärztetage.

Neben dem Präsidium des Deutschen Ärztetages, das allein dem Umfang nach sich nicht zu schneller Koordination eignet, ist der erweiterte Vorstand der Bundesärztekammer Instrument der innerärztlichen Meinungsbildung. Jedoch auch dieses Gremium, in das u. a. alle im Präsidium des Deutschen Ärztetages vertretenen Körperschaften und Verbände je einen Vertreter entsenden, ist für kontinuierliche Kooperation zu schwerfällig. In berufspolitisch kritischen Zeiten haben sich dagegen informelle, nirgends satzungsgemäß institutionalisierte Beratungen von wenigen Vertretern der größten Verbände bewährt.

Abgesehen vom Verband der Ärzte Deutschlands (Hartmannbund) e. V. läßt sich die Organisationsstruktur der berufspolitischen Verbände mit freiwilliger Mitgliedschaft nach folgenden Interessenkategorien systematisieren:

— Art der Berufsausübung und Stellung im Berufsleben,
— Fachrichtung,
— nicht medizinisch oder beruflich indizierte ideelle oder materielle Interessenkongruenz.

In die erstgenannte Gruppe gehören die Zusammenschlüsse der niedergelassenen Ärzte, der angestellten und beamteten Ärzte, der leitenden Krankenhausärzte u. ä. Zur zweiten Kategorie gehören die Berufsverbände der Fachärzte, der Allgemeinärzte, der Ärzte für Naturheilverfahren u. ä. Hier gibt es Tangenten zu den wissenschaftlichen Fachgesellschaften. Zur dritten Gruppe gehören Vereinigungen der kraftfahrenden Ärzte, der Ärztinnenbund, aber auch Zusammenschlüsse schriftstellernder Ärzte u. a. Das Spektrum dieser dritten Gruppe ist besonders breit.

Die Bedeutung des ärztlichen Nachwuchses wird in manchen Organisationen besonders gewürdigt. Sie kommt in den Körperschaften öffentlichen Rechts insoweit organisatorisch und satzungsgemäß zum Ausdruck, als in den Vorstand der Bundesärztekammer jeweils zwei Persönlichkeiten zu wählen sind, die von den angestellten Ärzten zu benennen sind, während im Vorstand der Kassenärztlichen Bundesvereinigung jeweils ein Vorstandsmitglied die noch nicht zu den Krankenkassen zugelassenen, aber bereits ins Arztregister eingetragenen Ärzte vertritt.

Aufgrund besonderer Situationen wurden 1960 Aktionsgemeinschaften Deutscher Ärzte und 1972 die »Aktion Freiheit für Arzt und Patient« gegründet. An diesen Gründungen, die einerseits zur Verteidigung und Erhaltung des Kassenarztrechts von 1955 und andererseits zur Verteidigung der Unabhängigkeit ärztlicher Berufsausübung gegründet wurden, waren führende Persönlichkeiten der ärztlichen Körperschaften initiativ beteiligt. Die Gründungen zielten vor allem auf die Aufbringung von Mitteln zur Verfolgung der Organisationszwecke, nicht aber auf Mitgliedsorganisationen mit kontinuierlicher Verbandstätigkeit.

## Medizinisch-wissenschaftliche Fachgesellschaften

Die wissenschaftlichen Fachgesellschaften sind der Organisationsstruktur der Bundesärztekammer insoweit integriert, als sie bei der Berufung in den Wissenschaftlichen Beirat der Bundesärztekammer gehört werden. Bei der Weiterentwicklung des Facharztwesens werden die wissenschaftlichen Fachgesellschaften ebenfalls zur Mitarbeit durch die entsprechenden Gremien der Bundesärztekammer und der Landesärztekammern herangezogen.

Nicht zuletzt erweist sich die große Bedeutung der wissenschaftlichen Fachgesellschaften bei der Veranstaltung wissenschaftlicher Fachkongresse, die ihrerseits eine bedeutende Rolle für die ärztliche Fortbildung spielen.

Enge Verbindungen bestehen in aller Regel auch zwischen den wissenschaftlichen Fachgesellschaften einerseits und den entsprechenden Berufsverbänden der Fachärzte. In der Tat läßt sich nicht immer zwischen ideellen wissenschaftlichen und materiellen praktischen Interessen und Motivationen unterscheiden.

Auch auf dem Gebiete des medizinisch-wissenschaftlichen Organisationswesens gibt es fachübergreifende Zusammenschlüsse, wie die Vereinigung der Wissenschaftlichen Fachgesellschaften als Dachverband oder wie der Deutsche Medizinische Fakultätentag. Aber auch die altehrwürdige Gesellschaft Deutscher Naturforscher und Ärzte ist an dieser Stelle ebenso zu nennen wie der medizinischen Forschung oder Fortbildung ganz allgemein dienende Sozietäten.

Nicht unerwähnt mögen in diesem Zusammenhang die Stiftungen bleiben, die der medizinischen Forschung und Lehre oder der Erforschung der medizinischen Praxis und ärztlichen Versorgung dienen. Manche Stiftungen sind bestimmten Berufsorganisationen besonders verbunden.

## Internationale Zusammenarbeit

Die Bundesärztekammer ist Mitglied des Weltärztebundes (World Medical Association — WMA), zu dem sich im Jahre 1947 die nationalen Ärzteorganisationen der westlichen Welt zusammengeschlossen haben. Jugoslawien gehört als einziges kommunistisches Land dem Weltärztebund an. Dieser ist insofern kein berufsorganisatorisches Pendant zur Weltgesundheitsorganisation (WHO). Er ist jedoch die einzige legitime internationale Berufsorganisation der Ärzte, die demokratisch von Ärzten gewählt deren gesamte berufliche Belange autonom vertritt. Und insofern ist der Weltärztebund legitimer Gesprächspartner der WHO. Die Beteiligung autoritärer Nationen am Weltärztebund würde ja bedeuten, daß für die entsprechenden Ärzteschaften von den Regierungen bestellte Repräsentanten entsandt werden, die dann Gesprächspartner der von den gleichen Regierungen entsandten WHO-Delegierten wären, — ein nicht sinnvolles Verfahren regierungsamtlichen Selbstgespräches.

Andererseits ist nach dem Ausscheiden der American Medical Association die internationale Repräsentanz der World Medical Association rein quantitativ nicht gerade schlagkräftiger geworden, wenn die Gründe dieses Ausscheidens auch nicht prinzipieller, sondern verbandsinterner und etatistischer Natur sind.

Während früher nur Ärzteorganisationen Mitglieder des Weltärztebundes werden konnten, besteht seit 1969 auch für einzelne Ärzte die Möglichkeit, dem Weltärztebund beizutreten.

Die Generalversammlung des Weltärztebundes tritt einmal jährlich zusammen. Der Tagungsort wechselt; die Einladungen zu diesen Tagungen gehen von den Mitgliedsorganisationen aus. Die Beratungen der Generalversammlung stellen den Mittelpunkt der Aktivität des Weltärztebundes dar.

Seit Bestehen des Weltärztebundes sind verschiedene Entschließungen und Erklärungen angenommen worden, die weltweite Beachtung fanden. In dem »Genfer Gelöbnis« wurden 1948 die ethischen Grundsätze des Arzttums neu formuliert, die »Erklärung von Helsinki« verkündete 1964 Grundsätze zu Versuchen am Menschen. Auf der Generalversammlung 1968 konnte als »Deklaration von Sidney« eine Definition des Todeszeitpunktes festgelegt werden, die wegen der Organtransplantationen von aktueller Bedeutung geblieben ist. Schließlich befaßte sich die Generalversammlung 1970 mit dem Schwangerschaftsabbruch und legte in der »Deklaration von Oslo« die Auffassung der Ärzteschaft zu diesem Thema in den Grundzügen dar. Der Weltärztetag in Tokio 1975 überarbeitete die Deklaration von Helsinki und nahm u. a. zur ärztlichen Behandlung Gefangener Stellung.

Der Vorstand des Weltärztebundes (Council) tagt in jedem Jahr zweimal, wobei eine der Sitzungen in Verbindung mit der Generalversammlung durchgeführt wird. Die Geschäfte führt das Generalsekretariat, das in Ferney-Voltaire (Frankreich) in der Nähe von Genf seinen Sitz hat. Offizielle Verhandlungssprachen des Weltärztebundes sind Englisch, Französisch, Spanisch und seit 1960 auch Deutsch.

Während die Aufnahme der Bundesärztekammer in den Weltärztebund noch ein international beachteter Akt der Versöhnung war und die Führungsrolle der US-Amerikaner damals als selbstverständlich galt, gehört die Vertretung der deutschen Ärzteschaft heute zum Führungskern der WMA, aus der die Nordamerikaner ausgeschieden sind. Innenpolitisch verursachter Mitgliederschwund und Finanzschwäche der American Medical Association machen die Verwirklichung der wohl grundsätzlich bestehenden Bereitschaft der US-Amerikaner zur Rückkehr in die WMA auf absehbare Zeit nicht wahrscheinlich.

Wenn auch aufgrund der Satzung jeweils nur eine Ärzteorganisation für einen Staat Mitglied der WMA sein kann und dies für die Bundesrepublik Deutschland die Bundesärztekammer ist, so wird die organisatorische Vielfalt der deutschen Ärzteschaft doch in der WMA dadurch vertreten, daß die Bundesärztekammer Vertreter anderer großer ärztlicher Organisationen stets in ihre Delegation für die Weltärztetage aufnimmt.

Um die Auffassungen der Ärzteschaften der Länder der Europäischen Gemeinschaft zu gesundheits-, sozial- und berufspolitischen Fragen zu koordinieren, wurde nach Abschluß der Verträge von Rom der »Ständige Ausschuß der Ärzteschaften der EG-Länder« gebildet, dessen Plenum im Allgemeinen zweimal jährlich zusammentritt. Das Präsidium und das Generalsekretariat wechseln im dreijährigen Turnus unter den nationalen Ärzteschaften. Seit 1. Januar 1974 ist die britische Mitgliedsorganisation federführend.

Im Mittelpunkt der Beratungen dieses Comité permanent standen und stehen alle Fragen und Probleme zur 1975 erfolgten Verabschiedung der Richtlinien über die Niederlassungsfreiheit der Ärzte innerhalb der Europäischen Gemeinschaften. Das Statut sieht in seiner derzeit gültigen Fassung vor, daß jede nationale Organisation aus höchstens sechs Delegierten und nicht mehr als sechs stellvertretenden Delegierten besteht, die Ärzte sein müssen. Dazu können bis zu sechs Berater oder Beobachter, die über besondere Kenntnisse in Spezialfragen verfügen, ebenfalls an den Beratungen je Delegation teilnehmen. Auf besonderen Antrag erhalten sie Rederecht.

Nationalen europäischen Ärzteorganisationen, die nicht der Europäischen Gemeinschaft angehören, wird die Möglichkeit gegeben, bis zu zwei Beobachter zu den Beratungen zu entsenden. Sämtliche internationale Ärzteorganisationen, soweit sie von dem Ständigen Ausschuß anerkannt sind, erhalten Gelegenheit, Vertreter beim Ständigen Ausschuß zu benennen. Die Amtsperiode des Präsidenten und des Sekretariats beträgt drei Jahre. Die Ausgaben, die mit der Geschäftsführung zusammenhängen, werden von den nationalen Delegationen gemeinsam getragen, wobei man sich auf den Verteilungsschlüssel geeinigt hat, der im Rahmen der Europäischen Gemeinschaft seit langer Zeit angewandt wird.

Als Organ fungiert die sog. »Delegationsleiter-Sitzung«, an der der nationale Delegationsleiter mit einem weiteren Delegationsmitglied und zwei Beratern teilnehmen kann. Außerdem besteht die Möglichkeit, die Vertreter anderer internationaler Ärzteorganisationen und die Vorsitzenden der Arbeitsgruppen zu diesen Beratungen hinzuzuziehen, sofern Themen behandelt werden, die in deren Arbeitsbereich fallen.

Zur Zusammensetzung der nationalen Delegationen bei Sitzungen von Arbeitsgruppen wurde bestimmt, daß zwei Delegierte je Mitgliedsorganisation teilnahmeberechtigt sind, zu denen zwei stellvertretende Delegierte und zwei Berater oder Beobachter treten können.

Seit 1952 treffen sich in der Regel einmal jährlich die Vertreter der ärztlichen Organisationen Österreichs, der Schweiz, Luxemburgs, Liechtensteins, der Bundesrepublik Deutschland und seit einigen Jahren auch Südtirols zu einem kontinuierlichen Meinungs- und Erfahrungsaustausch über die Probleme der Ärzteschaften dieser Länder. Dieser Erfahrungsaustausch gewinnt an Bedeutung, weil die gesellschafts- und sozialpolitischen Tendenzen in den deutschsprachigen Ländern parallel laufen und der Erfahrungsaustausch wichtige Anregungen für die Politik der nationalen Ärzteschaften vermittelt.

Für die Ärzteschaft der Bundesrepublik Deutschland ist die Bundesärztekammer federführend für diese institutionalisierten Zusammenkünfte. Die ausschließlich dem Meinungsaustausch dienenden Zusammenkünfte sind jedoch offen auch für die Teilnahme von Vertretern anderer deutscher Ärzteorganisationen.

## Kooperation mit anderen Verbänden

Legt man den Begriff der Kooperation nicht extensiv aus, um beispielsweise die Vertragspartnerschaft und gemeinsame Selbstverwaltung von Krankenkassen und Kassenärzten damit zu erfassen, sondern begrenzt den Begriff auf die Verbände gleicher oder vergleichbarer sozialer, wirtschaftlicher und kultureller Ziele und Interessen, dann erscheint das Organisationswesen der Deutschen Ärzteschaft vor allem

— im Kontext zu dem der anderen Gesundheitsberufe und
— im Gleichklang mit den Organisationen der anderen Freien Berufe.

Verbandspolitisch fest institutionalisiert ist nur die Koalition mit den anderen Freien Berufen, und zwar im Bundesverband der Freien Berufe. Dieser ist eine Dachorganisation aus Spitzenverbänden auf Bundesebene und Landesverbänden der Freien Berufe, die ihrerseits Dachverbände sind. Die ärztlichen Organisationen und ihre Repräsentanten spielen hier allein aufgrund der quantitativen und etatistischen Gegebenheiten eine führende Rolle. Von den ärztlichen Spitzenverbänden sind Mitgliedsverbände des Bundesverbandes der Freien Berufe: Die Bundesärztekammer, die Kassenärztliche Bundesvereinigung, der Verband der Ärzte Deutschlands (Hartmannbund) e. V., der Verband der niedergelassenen Ärzte Deutschlands (NAV) e. V. und der Verband der Privatärztlichen Verrechnungsstellen e. V.

Insgesamt gehören dem Bundesverband 36 Spitzenverbände und 10 Landesverbände an; mit weiteren 6 Spitzenverbänden, die auch freie Berufe vertreten, besteht eine institutionalisierte Zusammenarbeit.
Während die Kooperation ärztlicher Organisationen mit Organisationen anderer Gesundheitsberufe nicht oder kaum durch verbandliche Zusammenschlüsse institutionalisiert ist, wird auf wirtschaftlichem Gebiet eine sehr eindrucksvolle Kooperation praktiziert: Die Deutsche Apotheker- und Ärztebank ist die größte Genossenschaftsbank in der Bundesrepublik Deutschland. Sie arbeitet als berufsständisches Bankinstitut für Apotheker, Ärzte, Zahnärzte, Tierärzte, deren Organisationen und Geschäftspartner. Geschichtlich ging dieser Einrichtung ein vor dem Ersten Weltkrieg gegründetes genossenschaftliches Kreditinstitut der Apotheker voraus. Die Neugründung nach dem Zweiten Weltkrieg, in die inzwischen das ältere Institut aufgegangen ist, zielte von Anbeginn auf die Zusammenfassung der Wirtschaftskraft aller Heilberufe.

# Kapitel IV
# Die sozialpolitische Nachkriegsgeschichte aus journalistischer Sicht

Heiner Stempell

# Gewerkschafts-, gesellschafts- und sozialpolitische Entwicklungstendenzen im ersten Jahrfünft nach dem „Jahre Null" 1945

## Das Deutsche Reich — ein Trümmerfeld scheinbar für immer

Vom »Segen des Jahres Null« hätte man nach 1945 gesprochen, »man meinte den geistigen Bereich damit, und da gab es diesen Segen nicht ganz so sehr, wie man glaubte«. Im wirtschaftlichen Bereich dagegen gäbe es ihn, wie der Historiker Golo Mann urteilend fortfährt, in der Bundesrepublik Deutschland [1]. Ob uns am 8. Mai 1945 mit dem offiziellen Ende des bislang fürchterlichsten Weltkrieges aller Zeiten, mit dem Sieg über eine totalitäre Diktatur angesichts von zahllosen Toten und Verstümmelten, Heimatvertriebenen und Trümmern in unserem von den Siegermächten beherrschten Land tatsächlich die Chance eines neuen Anfangs ohne Revolution geboten und ob sie genutzt wurde, dürfte noch nicht endgültig beantwortet werden können. Das kann wohl schon heute gesagt werden: Im wirtschaftlichen und sozialen Bereich sind Erfolge unverkennbar — Erfolge, die ein beizeiten aus der Kriegsgefangenschaft entlassener Frontsoldat überhaupt nicht und ein erst in den fünfziger Jahren nach Adenauers Intervention aus sibirischen Zwangsarbeitslagern entronnener, halbverhungerter Soldat schon gar nicht für möglich gehalten hätte. Wer nämlich als Vertriebener oder entlassener Kriegsgefangener nach bedingungsloser Kapitulation seinen Heimweg antrat oder die Suche einer neuen Heimat verzweifelt begann, mußte dies im allgemeinen mangels verfügbarer anderweitiger Transportmittel zu Fuß tun — so weit der Weg auch sein mochte oder wie Ausgehverbote der Besatzungstruppen auf Schleichwegen umgehbar waren. Am schwierigsten war allerdings das Fertigwerden mit der allgemeinen Hungersnot; wer sich trotzdem seines täglichen Brots erfreute oder gar über mehr, war sich selbst der Nächste. Allenfalls mußte, wer Hunger hatte, Wertstücke oder noch besser amerikanische Zigaretten hergeben, um den größten Hunger zu stillen. Tausch- und Schwarzhandel — sogenannte »Kompensation« — blühten. Wer das Glück hatte, das Kriegsende an der »Heimatfront« zu erleben, hatte unter Umständen die Chance, Lebensmittelkarten zu besitzen und höchstens tausend Kalorien pro Tag erwerben zu können.
Die Verwaltung wurde von den Besatzungsbehörden, vom Kontrollrat, kommandiert. Es existierte keine deutsche Regierung, kein Parlament. Erst nach und nach setzten die Militärbehörden der Siegermächte integere, politisch unbelastete deutsche Persönlichkeiten, politisch Verfolgte der inneren und äußeren Emigration ein, um sukzessive die Verwaltung Deutschen

1 Golo Mann: »Deutsche Geschichte des 20. Jahrhunderts«; 1958, Büchergilde Gutenberg, Seite 553.

anzuvertrauen. Die eigentliche Gesetzgebungsbefugnis behielt sich aber der Kontrollrat der Besatzungsmächte vor. Erst Ende 1949 sollte die Gesetzgebungsbefugnis bis zur Ablösung des Besatzungsstatuts immer noch bedingt einem freigewählten Parlament übertragen werden.

## Gewerkschaftliche Aktivität zum und beim Neuanfang

In dieser Situation eines Interregnums oblag es vor allem auch Gewerkschaftern, die trotz Widerstand gegen die Machthaber des »Dritten Reichs« mehr schlecht als recht — überwiegend in menschenunwürdigen Konzentrationslagern — überlebt hatten, ein Übermaß an Verantwortung zu übernehmen. Beispielsweise in Aachen begann das bereits im Oktober 1944, als der Leiter der Arbeitsabteilung der 12. amerikanischen Armeegruppe, Henry Rutz von der American Federation of Labour (AFL), den ersten Organisationsausschuß der deutschen Gewerkschaften bestätigte [2]. Bereits am 27. März 1945 trafen sich Gewerkschafter aller vor 1933 bestehender »Richtungen« — das heißt freier sozialdemokratischer, christlicher oder Hirsch-Dunkerscher liberaler Richtung — in Köln, und am 11. Mai 1945 nahm eine »Sozialistische Freie Gewerkschaft« ihre Arbeit auf. Am 14. Mai 1945 fand eine erste Funktionärskonferenz in Hannover statt, und im August 1945 schließlich erschienen die ersten offiziellen Bekanntmachungen der britischen Militärregierung über die Gründung von Gewerkschaften: Absicht der Alliierten war es, die Bildung freier Gewerkschaften in ganz Deutschland unter bestimmten Bedingungen zuzulassen. Erwartet wurde von ihnen, nicht nur in beruflichen, wirtschaftlichen und sozialen Fragen für das Wohl ihrer Mitglieder zu wirken, sondern die Militärregierung auch bei der »Entnazifizierung und Ausrottung des Militarismus« zu unterstützen, die Erziehung des deutschen Volkes und sein Trachten nach freiheitlicher Lebensgestaltung und demokratischem Gedankengut zu fördern, Hand in Hand mit deutschen wie alliierten Behörden am Wiederaufbau und der Schaffung einer dem Frieden dienenden deutschen Wirtschaft zu arbeiten, und an der Verwirklichung des alliierten Planes mitzuwirken, um Monopolwesen und Kartelle zu beseitigen [3].
Im Laufe des Jahres 1945 wurden an vielen Orten Westdeutschlands Gruppen gebildet, die mit gewerkschaftlicher Zielsetzung tätig wurden und den Stamm für den Deutschen Gewerkschaftsbund (DGB) bildeten [4]. Mit Befehl Nummer 2 der Sowjetischen Militäradministration vom 10. Juni 1945 wurde die Gründung von Gewerkschaften und Parteien in der sowjetischen Besatzungszone (SBZ) zugelassen, und die ersten Organisationen begannen ihre Tätigkeit.
Die erste Gewerkschaftskonferenz der britischen Zone tagte vom 12. bis 14. März 1946 in Hannover mit dem Ergebnis, einen Zonenausschuß zu

2 Protokoll des »Gründungskongresses des Deutschen Gewerkschaftsbundes« (DGB), München, 12.—14. Oktober 1949, Seiten 12 und 38.
3 D. Schuster: »Die deutschen Gewerkschaften seit 1945«; 1973; Verlag W. Kohlhammer GmbH; Seiten 9 ff.
4 R. Herbig: »Notizen aus der Sozial-, Wirtschafts- und Gewerkschaftsgeschichte vom 14. Jahrhundert bis zur Gegenwart«; herausgegeben vom DGB-Bundesvorstand 1973; Seiten 152 ff.

beauftragen, ein Sekretariat zu bilden. Die erste gewerkschaftliche Konferenz für die amerikanische Besatzungszone tagte am 14. April 1946 in Frankfurt/Main; sie legte Richtlinien für die zukünftige Gewerkschaftsarbeit fest. Die erste gemeinsame Beratung von Gewerkschaftsfunktionären Bayerns galt vom 13. bis 16. Juli 1946 der Wahl eines vorläufigen Ausschusses, dem die Vorarbeiten für die Bildung eines Bayerischen Gewerkschaftsbundes (BGB) oblagen. Auch in der französischen Besatzungszone tagte eine erste Landeskonferenz des Gewerkschaftsbundes Südwürttemberg-Hohenzollern am 5. Oktober 1946.

Interzonenkonferenzen, an denen Delegierte der Gewerkschaftsorganisationen aller vier Besatzungszonen teilnahmen, folgten im November und Dezember des Jahres 1946 [5]. Bereits im Februar dieses Jahres hatte sich übrigens der erste Kongreß des Freien Deutschen Gewerkschaftsbundes (FDGB) der SBZ in Ost-Berlin konstituiert. Über die Vorgeschichte dieses sogenannten »freien« Gewerkschaftsbundes weiß Wolfgang Leonhard, vormals engster Mitarbeiter Ulbrichts, Aufschlußreiches zu berichten [6]: Um den FDGB vollkommen linientreu auf die Kommunistische Partei (KPD) auszurichten, wurde mit allen erdenklichen Mitteln und Täuschungsmanövern manipuliert; Ulbricht »hatte alles aufs Spiel gesetzt, um die Stärke der KPD in den Gewerkschaften zu demonstrieren und dann die Parität angeboten, um die höheren Funktionäre der Sozialdemokratischen Partei Deutschlands (SPD) zu gewinnen«.

Wie wir nicht erst heute wissen, gelang es den Kommunisten nicht erstmalig damals, echte demokratische Mehrheiten mit allen illegalen und legalen Mitteln rücksichtslos auszubooten. In diesem Falle ging es darum, die Gewerkschaftsbewegung als den berühmten »Treibriemen« für das Gelingen der Revolution mit dem Ziel einer angeblichen »Klassenlosen Gesellschaft« mißbrauchen zu können. Die KPD gebärdete sich schon damals unter Duldung von Parteien vermeintlich auf dem eigenen Weg zum Sozialismus erstaunlich demokratisch — wie immer so auch heute aus taktischen Gründen bis zur Erreichung eines mehr oder weniger wichtigen Zieles auf dem Wege zur Diktatur des Proletariats unter Moskaus Protektorat. Umso demokratischer war es zugegangen, als in den Tagen vom 22. bis 25. April 1946 der DGB in der Britischen Besatzungszone in Bielefeld gegründet wurde. Erster Vorsitzender wurde der unvergessene Hans Böckler, Exponent der Inneren Emigration und bewährter Politiker der Weimarer Republik. Im August dieses Jahres wurden ferner der Freie Gewerkschaftsbund Hessen mit Willi Richter, dem späteren Vorsitzenden des DGB der Bundesrepublik Deutschland an der Spitze, und der Gewerkschaftsbund Württemberg-Baden offiziell gegründet [7].

Erst anno 1947 wurden der Gewerkschaftsbund Südwürttemberg-Hohenzollern, am 27. April 1947 der BGB, am 2. Mai der Allgemeine Gewerkschaftsbund Rheinland-Pfalz und am 18. Juli der Badische Gewerkschaftsbund gegründet. In allen diesen Landesgewerkschaftsbünden überwog das

5 »Der DGB und die Wiedervereinigung Deutschland«; herausgegeben vom DGB-Bundesvorstand 1959.

6 »Die Revolution entläßt ihre Kinder«; Verlag Kiepenheuer und Witsch, Seiten 428 ff.

7 Schuster a.a.O., Seite 13.

»Industrie-Gewerkschafts-Prinzip«; danach ist für jeweils einen Betrieb, für einen Industriezweig eine Gewerkschaft, und zwar sowohl für die dort beschäftigten Arbeiter als (außer in der britischen Zone) auch Angestellten und Beamten zuständig. Allerdings waren auch Berufs- und Mischverbände, so beispielsweise auch Angestellten-Verbände für nicht in die herkömmlichen Industriebereiche einbeziehbare Angestellte gebildet worden.
Wie mir nach meinen vor allem auch in der Praxis erworbenen Erfahrungen scheinen will, waren derartige spezifische Angestellten-Verbände Sammelbecken für Menschen mit dem besonderen Standesbewußtsein der Vertrauensperson des Prinzipals, des »Handlungsgehülfen« oder moderner — amerikanisch — ausgedrückt: des »White Collar«[8], was volkstümlich hier und da mit »Stehkragenproletarier« verdeutscht wird. Angesichts der Tatsache, daß sich aus diesen damals in die Gewerkschaftsbünde einbezogenen Angestelltenorganisationen die jetzt immer noch agierende Deutsche Angestelltengewerkschaft (DAG) außerhalb des großen DGB rekrutierte, ist vielleicht diese Annahme zulässig: Noch immer gibt es anscheinend Angestellte — sogar Mitglieder der SPD oder der Sozialausschüsse der Christlich-Demokratischen Union (CDU), also kaum im herkömmlichen Sinne konservative —, die ihre speziellen Belange von arbeiterfreien Organisationen vertreten wissen wollen [9]. Bekanntlich dürfte ähnliches für viele Beamte gelten, die ihre Interessen lieber vom Deutschen Beamtenbund (DBB) — ebenfalls außerhalb des DGB — vertreten lassen. Dabei florieren innerhalb des DGB besondere Ausschüsse für Angestellte und Beamte, und zwar für größere Kreise als in den Standesorganisationen — also außerhalb des DGB — organisiert sind. Ob damals mit dieser wenig flexiblen Prinzipientreue und mangels taktischer Zugeständnisse an den Zeitgeist nicht schier unabänderliche Fehlentwicklungen zugunsten des »divide et impera« der Arbeitgeberschaft eingeleitet wurden, die Gunst der Stunde genutzt worden ist, kann hier nicht untersucht werden.
So wichtig alle diese zonalen Zusammenschlüsse auch gewesen sein mögen, so herausragend ist die Bildung eines Gewerkschaftsrates für die amerikanische und britische Zone in Frankfurt/Main im Mai 1947; diesem Rat durften sich kraft Widerstands der Franzosen erst im November 1948 die mittlerweile vereinigten Bünde der französischen Zone anschließen.
Die Gewerkschaften wurden über ihre energischen Bemühungen um menschengerechtere Lebensmittelversorgung, den Kampf gegen Arbeitslosigkeit und Demontagen ganzer Werke zum Ausgleich für Kriegsschulden hinaus dank steigender Mitgliederzahlen und wachsenden Vertrauens der Besatzer auch anderweitig erstaunlich initiativ: Im Juni 1947 gründeten der DGB und die Großeinkaufsgenossenschaft der Konsumgenossenschaften (GEG) die Gemeinnützige Hochseefischerei-Gesellschaft; die Büchergilde Gutenberg nahm ihre 1933 verbotene Tätigkeit wieder auf; in Dortmund wurde vom DGB und dem Land Nordrhein-Westfalen (NRW) die Sozialakademie neu-,

8 C. Wright Mills: »White Collar« ins Deutsche übertragen von Bernt Engelmann; 1955; Bund-Verlag GmbH.

9 Siehe auch »Die Quelle« für Gewerkschaftsfunktionäre in Bayern — Organ des Bayerischen Gewerkschaftsbundes, Nummern 10 und 20 des ersten Jahrgangs 1948 und Nummer 3 Jahrgang 1949.

in Frankfurt/Main die »Akademie der Arbeit« wiedergegründet. Diese Volksakademien im besten Sinne des Worts haben bekanntlich mittlerweile viele profilierte Persönlichkeiten den Gewerkschaften wie den Parteien und nicht zuletzt der Presse zur Verfügung gestellt.

Keinesfalls aber darf in diesem Zusammenhang die kulturelle Großtat der heute noch immer erfolgreichen Ruhrfestspiele in Recklinghausen vergessen werden; ihr Entstehen ist symptomatisch für die damalige, unseren Jungen kaum verständliche Situation: für eine unvorstellbare Hungersnot und einen Mangel an Kleidung und Heizmaterial. Die Künstler der Hamburger Staatstheater einschließlich Bühnen- und Opernstars spielten vor Kumpels aus den Zechen großes Theater gegen Kohlenlieferungen. Verantwortlich waren dafür vor allem der DGB britische Zone, das Land NRW und die Stadt Recklinghausen.

Der Bildung und Fortbildung im akademischen Bereich diente ferner die Akademie für Gemeinwirtschaft — jetzt Hochschule für Wirtschaft und Politik —, die 1948 gemeinsam von der Stadt Hamburg, dem DGB, den Genossenschaften und den Gemeinnützigen Wohnungsbau-Unternehmen den Arbeitnehmern gewidmet wurde.

Im ersten Halbjahr 1948 kam es in vielen westdeutschen Städten zu gewerkschaftsseitig initiierten Streiks und Demonstrationen gegen die völlig unzureichende Versorgung mit Lebensmitteln. Gewerkschaften und Betriebsräte mußten vielfach ihre Hauptaufgabe darin erblicken, auf allen erdenklichen, notfalls auch nach damaligem Sonderrecht illegalen Wegen per »Kompensation« den Lebensmittelbedarf zur Abwendung bittersten Hungers zu decken.

Mehrere Interzonenkonferenzen, die eigentlich auch dem Ziel eines Zentralrats der deutschen Gewerkschaften und eines gesamtdeutschen Gewerkschaftskongresses dienen sollten, scheiterten letztendlich am Aufbau einer Unabhängigen Gewerkschaftsorganisation Berlin (UGO) außerhalb des kommunistisch gezügelten FDGB Berlin-Ost. Mitentscheidend für diese endgültige Trennung dürfte auch gewesen sein die Währungsreform in den drei westlichen Zonen vom 20. Juni 1948 und die Einführung einer eigenen Währung in der SBZ drei Tage später. Am 18. August 1948 kam es wohl aus den gleichen Gründen zum Bruch mit dem ebenfalls kommunistisch beherrschten Weltgewerkschaftsbund (WGB).

Der Internationale Bund Freier Gewerkschaften (IBFG) wurde daraufhin anno 1949 unter Beteiligung von freien Gewerkschaften aus 52 Ländern in London gegründet.

Das Jahr 1949 bereits — wer hätte das 1945 zu prophezeien gewagt, ohne verlacht zu werden — sollte nach der — freilich besonders für Horter lebenserhaltender Waren — einigermaßen gelungenen Währungsreform mit Fußangeln das Schicksalsjahr für die Westdeutschen werden. Das kann ebenso für die Gewerkschaften wie auch für die BR Deutschland gelten.

In München wurde in den Tagen vom 12. bis 14. Oktober der DGB für die BR Deutschland, auf demokratischer Basis zusammengesetzt, aus 16 autonomen Industrie-Gewerkschaften und Gewerkschaften bestehend, gegründet. Hans Böckler wurde Vorsitzender, Stellvertretende Vorsitzende Matthias Föcher (als Repräsentant christlich sozialer Arbeitnehmer) und Georg Reuter, vormals Generalsekretär des BGB.

Böckler war m. E. in weiser Voraussicht zwar für eine zentralere Einheitsorganisation ähnlich der des von Reuter repräsentierten BGB eingetreten: Bei gemeinsamer, meines Erachtens sehr zweckmäßiger, Beitragskassierung erhielten die selbständigen Gewerkschaften 85 %, und der Bund behielt 15 % zur Erfüllung aller seiner Aufgaben. Eine ähnliche Regelung gilt nach wie vor für den Österreichischen Gewerkschaftsbund und die ihm angeschlossenen Gewerkschaften. Aber sowohl die alliierten Siegermächte wegen ihres Argwohns gegen Zentralismus aller Art als auch viele von Böcklers Kollegen hielten — leider — das ausschließliche, wohl nicht immer notwendige Solidarität fördernde Industrie-Verbands-Prinzip für besser [10].

Nachdem die Länder- bzw. Zonengewerkschaftsbünde ihre Auflösung beschlossen hatten, konnten sich sowohl die Industriegewerkschaften und Gewerkschaften als auch der DGB-Bundesvorstand mit Sitz in Düsseldorf, dem »Schreibtisch« des damals noch so umstrittenen Ruhrgebiets, endgültig konstituieren, und zwar mit Wirkung vom 1. Januar 1950.

Die wirtschaftlichen und sozialpolitischen Grundsätze ebenso wie Richtlinien zur Führung von Arbeitskämpfen, für die Angestellten- und die Beamten-Arbeit sowie Forderungen für die arbeitende Jugend und für die erwerbstätigen Frauen waren bei dem Gründungsakt basierend sowohl auf den Erfahrungen seit besagter Stunde Null als auch auf — darauf soll im folgenden näher eingegangen werden — jenen aus der Zeit der Weimarer Republik gesellschaftspolitisch stärkstens akzentuiert [11]. Aus den wirtschaftlichen Grundsatzforderungen müssen wenigstens diese wörtlich zitiert werden:

»I. Eine Wirtschaftspolitik, die unter Wahrung der Würde freier Menschen die volle Beschäftigung aller Arbeitswilligen, den zweckmäßigsten Einsatz aller volkswirtschaftlichen Produktivkräfte und die Deckung des volkswirtschaftlich wichtigen Bedarfs sichert.

II. Mitbestimmung der organisierten Arbeitnehmer in allen personellen, wirtschaftlichen und sozialen Fragen der Wirtschaftsführung und Wirtschaftsgestaltung.

III. Überführung der Schlüsselindustrien in Gemeineigentum, insbesondere des Bergbaues, der Eisen- und Stahlindustrien, der Großchemie, der Energiewirtschaft, der wichtigen Verkehrseinrichtungen und der Kreditinstitute.

IV. Soziale Gerechtigkeit durch angemessene Beteiligung aller Werktätigen am volkswirtschaftlichen Gesamtertrag und Gewährung eines ausreichenden Lebensunterhaltes für die infolge Alter, Invalidität oder Krankheit nicht Arbeitsfähigen.«

Den »Sozialpolitischen Grundsätzen« darf folgendes auszugsweise entnommen werden:

»I. Als Selbsthilfeorganisationen gebildet, sind die Gewerkschaften durch die Erweiterung ihres Aufgabenkreises über diesen ihren ursprünglichen Charakter hinausgewachsen. Dennoch ist die sozialpolitische

10 Schuster a.a.O., Seite 30; »Hans Böckler Leben und Wirken« Broschüre herausgegeben vom DGB; Helga Grebing: »Geschichte der deutschen Arbeiterbewegung«, 1966 erschienen in der Nymphenburger Verlagshandlung GmbH, München, Seiten 269 ff.

11 Protokoll des DGB-Gründungskongresses — siehe Fußnote 2, Seiten 318 ff.

Arbeit immer eine der vornehmsten und bedeutsamsten Aufgaben der Gewerkschaften.

Die Gewerkschaften betrachten als Sozialpolitik alle Maßnahmen und Bestrebungen in der Gesellschaft, die der Sicherung der Existenz des arbeitenden Menschen und seiner Familie, dem Schutze seiner Arbeitskraft, der Existenzsicherung der Arbeitsunfähigen und unfreiwillig Arbeitslosen sowie der Hebung des Lebensstandards dieser Gruppen dienen und der Würde des arbeitenden Menschen gerecht werden.

Sozialpolitische Arbeit der Gewerkschaften ist einerseits Selbsthilfe, d. h. Kampf um die Verbesserung der Lebenslage und der Arbeitsbedingungen der Arbeitnehmer mit den sozialen Gegenspielern, den Arbeitgebern. Sie ist andererseits Beeinflussung der Gesetzgebung, damit diese den sozialpolitischen Erfordernissen Rechnung trägt.

II. Die Freiheit der Gewerkschaftsbewegung erfordert allseitige und uneingeschränkte Anerkennung des Koalitionsrechts. Koalitionsrecht ist nicht nur die Freiheit und das Recht der Arbeitnehmer, sich miteinander zu vereinigen zur Erlangung günstiger Arbeits- und Wirtschaftsbedingungen; es schließt das Recht der Koalitionen der Gewerkschaften zur Selbstbestimmung ihres Aufgaben- und Zuständigkeitsbereiches sowie das Recht des Arbeitskampfes zur Erreichung ihrer Ziele ein.

III. Die Regelung der Lohn- und Arbeitsbedingungen ist Angelegenheit der Unternehmer und der Gewerkschaften, die ihre Vereinbarungen in voller Selbstverantwortung zu treffen haben. Dem haben Gesetzgebung und Verwaltung Rechnung zu tragen.

IV. Für besonders schutzbedürftige Arbeitnehmergruppen und solche, bei denen die Voraussetzungen zur tarifvertraglichen Regelung der Lohn- und Arbeitsbedingungen fehlen, sind unter maßgeblicher Beteiligung der Gewerkschaften Mindestarbeitsbedingungen festzusetzen.

V. Der Unterschied in der Lebenshaltung des unverheirateten Arbeitnehmers gegenüber dem verheirateten Arbeitnehmer, der für mehrere Kinder zu sorgen hat, ist ein sozialpolitisches Problem, dem mit der Lohngestaltung allein nicht beizukommen ist. Die immer stärkere Entwicklung zum Leistungslohn vertieft diesen Unterschied und zwingt zu Maßnahmen, die einen Ausgleich schaffen. Durch die Gewährung eines nach dem Familienstand abgestuften Lohnes durch den Betrieb kann dieses Problem nicht gelöst werden, da ein solcher Lohn zu Benachteiligungen des kinderreichen Arbeitnehmers bei Einstellungen und Entlassungen führen würde. Es muß daher auf überbetrieblicher Grundlage ein Ausgleich geschaffen werden, der — neben ausreichender Berücksichtigung des Familienstandes in der Steuergesetzgebung — dem kinderreichen Arbeitnehmer und seinen Angehörigen durch die Gewährung von Beihilfen eine angemessene Lebenshaltung ermöglicht.

VI. Aufgabe des Staates ist die Erfüllung der der Gesellschaft obliegenden Verpflichtung, Vorsorge zu treffen für einen angemessenen Lebensunterhalt der Arbeitsunfähigen und der ohne eigenes Verschulden

Arbeitslosen. Hierbei ist in der Gesetzgebung jede nachteilige Behandlung einzelner Gruppen aufzugeben.

Daher fordern die Gewerkschaften einen Neuaufbau der Sozialversicherung, der unter Beseitigung der Zersplitterung in zweckmäßiger Organisationsform ausreichende Leistungen sicherstellt und in der Aufbringung der Mittel der gesellschaftlichen Verpflichtung der Fürsorge für die dauernd Arbeits- und Erwerbsunfähigen Rechnung trägt.

Die Sozialversicherung ist als eigene Angelegenheit der Versicherten unter deren Selbstverwaltung zu stellen.

Die Arbeitslosenversicherung und mit ihr die Arbeitsvermittlung sind einer für das ganze Bundesgebiet zu errichtenden Anstalt in Selbstverwaltung zu übertragen. Die Beschlußfassung in den Organen der Anstalt obliegt den von den Gewerkschaften und den Vereinigungen der Arbeiter zu benennenden Vertretern.

Die Unterstützung der Arbeitslosen bei Massenarbeitslosigkeit, die immer durch politische Ereignisse der Wirtschaftspolitik verursacht ist, kann nicht aus den von den Arbeitnehmern und den Unternehmungen und Betrieben aufgebrachten Beiträgen erfolgen. Für sie hat der Staat die notwendigen Mittel zur Verfügung zu stellen.

VII. Aufgabe des Staates ist ferner ein ausreichender Schutz des Arbeitnehmers gegen Ausbeutung und gegen die ihm an seiner Arbeitsstelle und aus seiner Arbeit drohenden Unfall- und Gesundheitsgefahren. Daher ist ein ausreichender Arbeitsschutz notwendig, der insbesondere den erwerbstätigen Frauen und den Jugendlichen Schutz vor einer Überbeanspruchung ihrer Kräfte gewährt, der erwerbstätigen Frau ausreichende Freizeit zur Erfüllung ihrer Aufgaben als Frau und Mutter sichert und den Jugendlichen die notwendige Zeit zur Schulung und Bildung gibt.

Frauen und Jugendliche müssen auch vor der Beschäftigung mit Arbeiten geschützt werden, die ihre Kräfte übersteigen und ihrer körperlichen Konstitution nicht entsprechen.

Die verstärkte Einschaltung der Frau und anderer bisher nicht erwerbstätiger Personen ins Erwerbsleben infolge der sozialen Umschichtung unseres Volkes, die Einwirkung von Krieg und Kriegsfolgen auf die betrieblichen Verhältnisse gebieten neben dem Ausbau der gesetzlichen Vorschriften eine verstärkte Überwachung der Betriebe bezüglich des Arbeitsschutzes, insbesondere des Unfall- und Gesundheitsschutzes. Die Gewerkschaften fordern daher eine Zusammenfassung der für den Arbeitsschutz zuständigen Behörden und Stellen zu einheitlichen Arbeitsschutz- und Aufsichtsbehörden, in denen den Gewerkschaften ein maßgeblicher Einfluß zu gewähren ist.

VIII. Die Zersplitterung und Uneinheitlichkeit der arbeitsrechtlichen Gesetzgebung muß beseitigt werden durch die Schaffung eines einheitlichen Arbeitsrechts, das in einem Arbeitsgesetzbuch zusammenzufassen ist. Das zu schaffende einheitliche Arbeitsrecht muß insbesondere folgende Forderungen erfüllen:

1. Die Arbeit ist eine persönliche Leistung des einzelnen für die

Gesellschaft. Sie darf nicht als Ware gewertet werden. Für gleiche Arbeit und gleiche Leistung besteht Anspruch auf gleichen Lohn.

2. Alle Maßnahmen und Abreden, die das Koalitionsrecht einschränken oder behindern, sind rechtswidrig.
3. Das Recht des Arbeitskampfes ist den Gewerkschaften zu gewährleisten mit der Maßgabe, daß nicht rechtswidrig handelt, wer sich an einem gewerkschaftlichen Kampf beteiligt.
4. Als Gesamtvereinbarungen zur Gestaltung der Arbeitsbedingungen haben Tarifverträge unmittelbare Wirkung und sind unabdingbar. Jede Umgehung der im Tarifvertrag festgesetzten Regelungen ist rechtswidrig. Zwangstarife sind unzulässig.
5. Jedem Arbeitnehmer ist ein bezahlter Mindesturlaub zu gewährleisten.
6. Die Freizügigkeit der Arbeitnehmer muß gesichert werden.
7. Keinem Arbeitnehmer darf das Arbeitsverhältnis ohne hinreichende sachliche Gründe gekündigt werden.
8. Für alle arbeitsrechtlichen Streitigkeiten einschließlich solcher aus der Sozialversicherung und der Arbeitslosenversicherung sind die Arbeitsgerichte zuständig. Diese unterstehen verwaltungsmäßig den Arbeitsministerien.«

Bereits wenige Wochen nach dem mit der bedingungslosen Kapitulation der deutschen Wehrmacht eingeleiteten Kriegsende vom 8. Mai 1945 hatten gewerkschaftliche Organisationen in der allerersten Aufbauphase eine grundlegende Neugestaltung der Sozialversicherung gefordert unter Berufung auf Aussagen prominenter Väter oder Kenner der ersten drei Sozialversicherungsgesetze über die Kranken-, Invaliden- und Unfallversicherung [12]. So wurde der seinerzeitige Staatssekretär im Reichsarbeitsministerium Graf Posadowsky-Wehner zitiert, der anno 1902 vor dem Reichstag ausgeführt hat:

»Würde man heute die sozialpolitische Gesetzgebung neu aufbauen, dann wäre, glaube ich, in diesem Hause auch nicht der geringste Streit darüber, daß eine einheitliche Organisation geschaffen werden müßte. Das würde den Gang des ganzen Werkes sehr vereinfachen, verbessern und seine Kosten bedeutend verringern. Ich glaube, es muß eine Aufgabe der Zukunft sein, diese Versicherungsgesellschaften in eine einheitliche Form zusammenzufassen.«

Und im Jahre 1924 hatte, wie man sich ferner erinnerte, der nachmalige Staatssekretär im Bayerischen Staatsministerium für Arbeit und Soziale Fürsorge, Dr. Grieser, anläßlich des 28. Deutschen Krankenkassentags in Hamburg über die beste Form der Krankenversicherung gesagt:

»Wenn Sie die Versicherungstechnik sprechen lassen und wenn die Versicherungstechnik allein berufen wäre, so würde die Entscheidung zugunsten der Einheitskasse fallen; in ihr werden die Wagnisse am vollkommensten ausgeglichen, in ihr kommt die Selbstverwaltung der Versicherung am deutlichsten in Erscheinung.«

Einschlägig äußerte sich auch Professor Dr. L. Preller; er schrieb 1947,

12 »Die Quelle« — siehe Fußnote 9, Sondernummer vom April 1948; siehe auch: »Männer der deutschen Verwaltung« — Essay von Prof. Dr. K. E. Born: »Arthur Graf Posadowsky-Wehner«, 1963 erschienen in: Grote Verlag, Köln und Berlin.

»hinsichtlich des Kapitalverlustes der Rentenversicherung, den ja der (nationalsozialistische) Staat verschuldet hat, besteht Anspruch der Versicherten an den Staat; hier liegt der Zwang zu rationellster Zusammenfassung aller Versicherungszweige und zu jener Erweiterung des Versichertenkreises ...« [13].
Dementsprechend wurde von vornherein eine einheitliche Sozialversicherungsgesetzgebung, für ganz Deutschland einheitliche, selbstverwaltete Versicherungsträger für das ganze Land und weitestgehende Ausdehnung der Versicherungspflicht gefordert.

## Politischer Neuanfang mit Hindernissen — von den Besatzungsmächten diktiert

Freilich schloß die damalige besondere Art eines Interregnums sozialpolitische bzw. sozialrechtliche Aktivitäten aus. Unserer Bevölkerung ging es notwendig ums nackte Überleben, und die machtbefugten Siegermächte mußten sich erst einmal einig werden über die Rangfolge der dringendsten Maßnahmen. Immerhin war bereits vier Wochen nach der Kapitulation der Alliierte Kontrollrat gebildet worden, der vorerst die oberste Gewalt in Deutschland auszuüben hatte. Am 17. Juli schließlich begann die »Potsdamer Konferenz«, die mit dem Abschluß des »Potsdamer Abkommens« der Großen Drei, Churchill bzw. Attlee für Großbritannien (GB), Stalin für die Sowjetunion (USSR) und Truman für die Vereinigten Staaten von Amerika (USA), am 2. August endete; in den wirtschaftlichen Grundsätzen heißt es unter anderem:
»In praktisch kürzester Frist ist das deutsche Wirtschaftsleben zu dezentralisieren mit dem Ziel der Vernichtung der bestehenden übermäßigen Konzentration der Wirtschaftskraft ... Während der Besatzungszeit ist Deutschland als einziges wirtschaftliches Ganzes zu betrachten ... Zur Einführung und Unterstützung der wirtschaftlichen Kontrolle, die durch den Kontrollrat errichtet worden ist, ist ein deutscher Verwaltungsapparat zu schaffen ...«.
Einer Aufteilung Deutschlands, wie sie Ende 1944 der unselige »Morgenthau-Plan« — Umwandlung Deutschlands in einen Agrarstaat — vorsah, wurde ebenso wenig zugestimmt wie diesem Vorhaben:
»Das Ruhrgebiet ... sollte nicht nur aller jetzt dort vorhandenen Industrie entkleidet werden ... Aus den Bergwerken soll die gesamte Einrichtung entfernt werden. Die Gruben selbst sind zu schließen« [14].
Nun, inwieweit derartige Pläne oder Abkommen angesichts der faktischen historischen Entwicklung bestehen können, wissen wir heute besser: Deutschland wurde doch, wenn auch anders als einmal vorgesehen, geteilt, und das Ruhrgebiet blieb lange Streitobjekt, aber trotzdem Zentrum westdeutscher Produktion. Der Zweite Weltkrieg war zwar im europäischen Bereich,

13 L. Preller: »Sozialpolitik-Kernfrage des Aufbaues«, 1947 erschienen im Franz Mittelbach Verlag, Seite 54.
14 Siehe auch: J. Kuczinski: »So war es wirklich — ein Rückblick auf 20 Jahre Bundesrepublik«, 1969, herausgegeben vom Staatssekretariat für westdeutsche Fragen Berlin-Ost.

aber damit nicht im Fernen Osten, beendet; erst mußten nach der ersten gelungenen Kernwaffen-Detonation über dem Versuchsgelände von Los Alamos (USA) zwei weitere Kernwaffen über Hiroshima am 6. und über Nagasaki am 9. August 1945 vielfachen Tod, Entsetzen und unbeschreibliche Folgen nicht allein für das bis dahin unbesiegte Japan verbreiten.
Der Zweite Weltkrieg hat nach Schweizer Schätzungen mindestens 59 Millionen Menschen das Leben oder die Gesundheit und mehr als 800 Milliarden Dollar an Geld kostet [15]. Hinter diesen nackten Zahlen verbirgt sich unbeschreibliches Leid und maßloses Elend — kaum verwunderlich, daß man sich in der ganzen Welt bemühen wollte, solchem Völkermorden für immer ein Ende und neues Recht zur Aburteilung von Kriegsverbrechen mittels eines Abkommens vom 8. August 1945 zwischen den Siegermächten zu setzen. Der mittlerweile leider allzu tief in die Geschichte eingegangene, fast vergessene Nürnberger Prozeß des Internationalen Militärgerichtshofs begann am 20. November 1945 und endete nach etwa einjähriger Dauer am 30. September und 1. Oktober 1946 mit zahlreichen Todesurteilen, die an Ministern und Verantwortlichen des ehemaligen »Dritten Reiches« auch vollstreckt wurden. Seitdem haben bemerkenswerterweise derartige Prozesse wegen Verbrechen gegen den Frieden, die Menschlichkeit und Kriegsverbrechen nicht mehr stattgefunden [16].
Im eigentlichen Sinne sozialpolitisch relevant erscheint mir die diktierte Errichtung der Versicherungsanstalt Berlin (VAB) — alleiniger Groß-Berliner Träger der Kranken-, Unfall- und Rentenversicherung:
»Die bis dahin (1945) in Berlin bestehenden Versicherungsträger, 122 Krankenkassen, 30 Unfallberufsgenossenschaften und 4 Rentenanstalten mit 250 Geschäfts- und Verwaltungsstellen und rund 9000 Angestellten mußten versagen ... Seit März 1945 warteten 378.000 Rentner mit ihren Familienangehörigen auf ihre Rentenzahlungen; dazu kamen 100.000 arbeitsunfähige Kranke, die auf ärztliche Versorgung und Krankengeld warteten ... Diese Notwendigkeit führte dazu, für alle Zweige der Sozialversicherung eine gemeinsame Einrichtung zu schaffen ... Durch diese Neuordnung konnte die VAB bereits vom 1. Juli 1945 ab die Leistungen der Krankenversicherung und vom 1. November 1945 ab die Leistungen der Rentenversicherung zunächst in beschränktem Maße, vom 1. April 1946 ab in vollem Umfang übernehmen« [17].
Um diese VAB hat sich ihr damaliger Geschäftsführer, Professor Dr. Ernst Schellenberg, dank vollen Einsatzes und Sachkenntnis, besonders verdient gemacht. Resümierend schrieb er 1952 unter anderem:
»Ob der in Berlin beschrittene Weg sozialpolitisch sinnvoll ist oder nicht, bedarf eingehender Erörterungen. In gleicher Weise sollte aber auch geprüft werden, inwieweit die Gestaltung der Sozialversicherung in der Bundes-

15 W. Keller: »Zeittabellen von 1800—1955 — International und in der Schweiz«, 1955 herausgegeben vom Schweizerischen Gewerkschaftsbund.

16 »Das Urteil von Nürnberg — Grundlage eines Völkerrechts — Der vollständige Text«, 1946 herausgegeben von Military Governement Information Control in der Nymphenburger Verlagshandlung.

17 Auszugsweises Zitat aus dem Beitrag von Senator Otto Bach: »Soziale Sicherheit in Berlin«, in »Soziale Sicherheit — Die sozialpolitische Monatsschrift der Gewerkschaften«, Seiten 230 ff. des ersten Jahrgangs 1952.

republik den gegenwärtigen Bedürfnissen unseres Volkes entspricht. Bereits am 30. September 1949 hat die Unabhängige Gewerkschaftsorganisation auf einer Arbeitstagung in Berlin beschlossen, die Bundesregierung zu bitten, ‚in Vorbereitung einer künftigen gesamtdeutschen Reform eine in jeder Beziehung unabhängige Studienkommission einzusetzen, die Aufwand, Leistungen und Zweckmäßigkeit der bestehenden Formen der Sozialversicherung einschließlich der einheitlichen Sozialversicherung in Berlin sorgfältig prüft‘« [18].

Schon lange vorher hatte der damalige Direktor für Arbeit, Anton Storch, modernere Sozialversicherung betreffend im »Arbeitsblatt« 1947, Seite 139 f. u. a. geschrieben:

»Die Neuordnung der Sozialversicherung muß nach anderen Gesichtspunkten vorgenommen werden. Heute, da die Vermögenssubstanz des deutschen Volkes durch zwei große Kriege weitgehend zerstört ist und die Volkswirtschaft ausgepreßt und zusammengebrochen am Boden liegt, ist die Arbeitskraft des Volkes die einzige Grundlage für den Neuaufbau. Diese Arbeitskraft zu schützen und zu erhalten und ihre Träger, die Arbeitnehmer, weitestgehend vor Not und Elend zu bewahren, ist die Aufgabe der Sozialversicherung der Zukunft. Sie muß die Erfüllung eines sozialen Rechtsanspruches sein. In ihr müssen alle in der Wirtschaft tätigen Menschen zu einer Not- und Schicksalsgemeinschaft zusammengefaßt werden, um füreinander einzustehen, wenn die Not in irgendeiner Form an den einzelnen herantritt . . .«

»Deshalb können in der neuen Sozialversicherung die Sonderinteressen einzelner Gruppen keinen Platz finden. Jeder muß wissen, daß die Mittel auch für seine Lebenshaltung aus den Erträgnissen der Wirtschaft entnommen werden müssen. Keiner der ein höheres Einkommen hat, darf glauben, er könne sein soziales Risiko nur mit gleichgelagerten ausgleichen und die schlechter bezahlten Arbeitnehmer ihrem Schicksal überlassen. Der Kreis der versicherungspflichtigen Personen muß möglichst weit ausgedehnt werden. Alle gegen Lohn und Gehalt Beschäftigten und alle Selbständigen sind zu erfassen. Dadurch läßt sich eine gleichmäßige Verteilung der Sozialversicherungslasten auf die gesamte erwerbstätige Bevölkerung erreichen . . .«

»Die geschichtliche Entwicklung der Sozialversicherung hat zur Bildung einer großen Anzahl von Versicherungsträgern, vor allem in der Krankenversicherung, geführt. Hier bestehen neben den Ortskrankenkassen die Innungs-, Betriebs-, Land- und Ersatzkrankenkassen. Bei einem Teil dieser Versicherungsträger mögen Fragen der reinen Zweckmäßigkeit für die Bildung maßgebend gewesen sein; ein Teil ist aber entstanden, um die besseren Versicherungsrisiken von der breiten Schicht der Versicherungspflichtigen zu trennen, um auf diese Weise bei niedrigeren Beiträgen möglichst weitgehende Leistungen zu gewähren. Für solche eigensüchtige Bestrebungen kann in der neuen Sozialversicherung kein Platz sein. Das völlige Nebeneinanderstehen der Kranken-, Unfall- und Rentenversicherung führt zu Kompetenzstreitigkeiten, die viel Verwaltungsarbeiten hervorrufen und die

18 E. Schellenberg: »Die Versicherungsanstalt Berlin« in »Soziale Sicherheit« a.a.O., Seiten 10 ff.

Versicherten nicht immer auf dem schnellsten Wege zu ihrem Recht kommen lassen. Deshalb muß die äußere Organisation der neuen Versicherungsträger eine Zusammenlegung aller seither bestehenden Versicherungsträger bringen. Es dürfte zweckmäßig sein, einheitliche Landesversicherungsanstalten zu errichten, die das gesamte Versicherungsrisiko übernehmen.

Innerhalb dieser Versicherungsanstalten muß aber eine finanziell getrennte Untergliederung in Kranken-, Unfall- und Rentenversicherung vorgenommen werden. Diese Versicherungsrisiken eignen sich nicht zur finanziellen gegenseitigen Ausgleichung ...«

»Wichtig in diesem Zusammenhang ist es aber zu sagen, daß die Schaffung solch großer Versicherungsträger zu keiner Verbürokratisierung der Sozialversicherung führen darf. Fast alle Einsprüche gegen die Vereinheitlichung der Sozialversicherung werden damit begründet, daß bei solch großem Versicherungsträger ein weltfremder Verwaltungskörper entsteht, der keine Verbindung mit den Versicherten behält. Der Versicherte muß aber der Mittelpunkt der Sozialversicherung bleiben, wenn diese ihren Zweck erfüllen soll.

Deshalb muß den Versicherten eine weitgehende Selbstverwaltung sowohl in den Landesversicherungsanstalten als auch in den Zweigstellen gegeben werden. Hierdurch schafft man eine lebendige Verbindung zwischen den Versicherten und ihrer Versicherung ...«

Die Folgerungen, die bis dato aus den Erfahrungen mit der Organisation unserer Sozialversicherung gezogen wurden, sind, wie wir heute wissen, seit der »Stunde Null« m. E. höchst unbefriedigend.

In der französischen Zone wurde damals ein großer Fortschritt erzielt, indem man der unseligen, nur historisch erklärbaren Zersplitterung der sozialen Krankenversicherung ein Ende bereitete: Sämtliche Land-, Betriebs-, Innungs- und Ersatzkassen wurden aufgelöst und ihre Aufgaben einheitlich den Allgemeinen Ortskrankenkassen übertragen. Dagegen blieb in der britischen und der amerikanischen Besatzungszone im wesentlichen alles beim alten, allerdings mit Ausnahme innerhalb der Enklave Bremen, wo die Organisation ähnlich wie in der französischen Zone geregelt wurde. In der SBZ dagegen wurde die gesamte Sozialversicherung einheitlich organisiert[19].

Im Verlauf des Jahres 1945 wurde außerdem noch mit der Kontrollrats-Direktive mit Gesetzeskraft die Lohnstop-Verordnung vom 12. Oktober 1939 bestätigt, ein Jahr später zwar etwas gemildert, aber erst 1949 aufgehoben.

## Die SPD wurde wieder-, andere Parteien neu-gegründet

»Der Neubeginn des parteipolitischen Lebens konnte auch nur langsam vonstatten gehen. Bereits am 19. April 1945 beschloß Dr. Kurt Schumacher mit einem Kreis alter Freunde die Neugründung der Sozialdemokratischen Partei Deutschlands (SPD).«

19 »Die Quelle«, Sondernummer 4/1948, S. 8.

Schumacher wies der SPD damals (auszugsweise zitiert) diesen, fast prophetisch auf das »Godesberger Programm« der SPD von 1959 zielenden, ja sogar den sogenannten »Euro-Kommunismus« von 1976 vorausahnenden Weg:
»Die SPD sollte den Mut haben, den Ausdruck »Klassenkampf« zu eliminieren; der Anlauf ist schon im ersten Görlitzer Programmentwurf 1921 gemacht worden. Die derzeitige Überlegung, daß die Partei alle Schaffenden zusammenfassen will, die vom Ertrag ihrer Arbeit leben, sollte gemeinsam mit der Erkenntnis, daß der Klassenkampf Vorbote der Diktatur ist, zum endgültigen Verzicht auf diesen Ausdruck führen. Seine Eliminierung ist eine logische Notwendigkeit, hinter der heute jede taktische Erwägung oder jede gewohnheitsmäßige Anwendung zurücktreten sollte. Wer sich zur umfassenden Demokratie bekennt, wer Bindungen und Verpflichtungen dem Volk im staatsrechtlichen Sinne gegenüber anerkennt, wer in dieser Stunde des Abgleitens offensiv werden will, muß in seinen politischen Vorstellungen absolut klar sein. Wenn die SPD in der Demokratie im politischen Sinne (gegenüber der ‚Demokratie' im kommunistischen Sinne), das heißt über die Wahlurne, sich durchsetzen will, muß sie mindestens die einfache Stimmenmehrheit haben; wenn sie die Stimmenmehrheit haben will, muß sie an die Wähler mehrerer Klassenteile appellieren . . ..«
»Aus Kreisen der Widerstandskämpfer wie Jakob Kaiser und Dr. Eugen Gerstenmaier, aus früheren Zentrumspolitikern wie Dr. Konrad Adenauer und evangelischen Persönlichkeiten entstand im Laufe des Sommers 1945 die Christlich-Demokratische Union (CDU), die, über den Wählerkreis der früheren Zentrumspartei weit hinausgreifend, diese ablösen und an politischem Gewicht weit übertreffen sollte« [20]. Anfänglich war diese noch nicht endgültig organisierte Gruppierung »von christlich-sozialistischen Impulsen geprägt«; in der zweiten Fassung der »Kölner Leitsätze« vom September 1945 heißt es nämlich: »Die Eigentumsverhältnisse werden nach dem Grundsatz der sozialen Gerechtigkeit und den Erfordernissen des Gemeinwohls geordnet . . . Das Gemeineigentum ist so weit zu erweitern, wie das Allgemeinwohl das erfordert . . .«. In den »Frankfurter Leitsätzen« vom September 1945 bekennen sich die Christdemokraten »zu einem wirtschaftlichen Sozialismus auf demokratischer Grundlage, und zwar in folgender Form: Wir erstreben die Überführung gewisser großer Urproduktionen, der Großindustrie und Großbanken in Gemeineigentum. Wir wollen ferner, daß die Wirtschaft im Großen einheitlich und planvoll gelenkt werde . . .«. In anderen Regionen unseres Landes zogen Christdemokraten ähnliche, teilweise noch radikalere Folgerungen aus kriegstreibendem Einfluß »durch Finanz- und Wirtschaftsmächte« und dem noch nie dagewesenen Ruin des Deutschen Reiches. »Mit der Bildung der Sozialausschüsse war schon im Dezember 1945 begonnen worden: Hier fanden sich die ehemaligen christlichen Gewerkschafter zusammen« [21]. Im »Ahlener Wirtschaftsprogramm der CDU für Nordrhein-Westfalen« von 1947 wird denn

20 Frolinde Balser: »Aufbruch zur Freiheit — 1863—1963 — Wege zu Mitverantwortung und sozialer Sicherheit«, 1963 vom Verlag für Literatur und Zeitgeschehen GmbH, Hannover.

21 Helga Grebing: a.a.O., Seiten 296 ff.

auch gefordert, daß »eine Struktur der deutschen industriellen Wirtschaft« gefunden werden müsse, daß Konzerne grundsätzlich zu entflechten, daß Monopole durch Beteiligung der öffentlichen Hand zu kontrollieren, daß Bergbau und Eisenindustrie zu vergesellschaften und daß Genossenschaften auszubauen seien'. Ferner wurde außer einer Änderung der Wirtschaftsverfassung im Sinne des »Machtverteilenden Prinzips« ein weitgehendes Mitbestimmungsrecht gefordert [22].

So weitgehend gemeinsam überlebte Schreckensjahre profilierte Politiker und Gewerkschafter aller Richtungen mit demokratischer Einstellung während ihrer inneren oder äußeren Emigration, während ihres aktiven Widerstandes gegen Tyrannei und/oder während qualvoller Konzentrationslagerhaft nicht allein menschlich sondern auch politisch einander nähergebracht haben mögen, so viel Verständnis gewannen sie für die wechselseitigen Grundanliegen. Ja, man zitierte sich in wirklich wohlwollender Absicht gegenseitig — vor allem auch im sozialen Bereich. So war beispielsweise den Sozialenzykliken »Rerum novarum« von Leo XIII. vom 15. Mai 1891 »über die Arbeiterfrage« im Zusammenhang mit jener von Pius XI. »Quadragesimo anno« (»Vierzig Jahre danach«) vom 15. Mai 1931 über die gesellschaftliche Ordnung ein Höhepunkt an Publizität beschieden; bedauerlicherweise ist es stiller darum geworden, und zwar, wie mir scheint, nicht nur in der Amtskirche, sondern auch in politischen Kreisen.

Damals anno 1946 nahm der bekannte Jesuitenpater Paul Jostock eine »Sozialgeschichtliche Einordnung des Rundschreibens« vor; daraus mag kennzeichnend dies auszugsweise zitiert werden:

»Von Papst Leo XIII. im Jahre 1891 erlassen, stellt ‚Rerum novarum' die grundlegende Äußerung der Kirche zur sozialen Frage des Kapitalismus dar. Es ist das Hauptdokument christlichen Sozialdenkens und christlicher Sozialpolitik unseres Zeitalters. Zum 40. Jahrestage seines Erscheinens trat ihm 1931 das zweite große soziale Rundschreiben ‚Quadragesimo anno' zur Seite. Ihm gab Pius XI. eine erneute Bestätigung der Grundsätze von ‚Rerum novarum', dazu in manchen Punkten eine genauere Auslegung sowie auf verschiedenen Gebieten eine zeitgemäße Fortbildung der Lehren« [23].

Auch von seiten der evangelischen Kirchen wurden Stimmen laut, die sich zur sozialen Frage um zukunftsweisende Antworten bemühten: Besonders erwähnt seien die einschlägigen Arbeiten des »Sozialethischen Ausschusses der Evangelischen Kirche im Rheinland«, so zum Beispiel über »Das Eigentum als Problem evangelischer Sozialethik« [24]:

»Die evangelische Kirche und die evangelischen Arbeiterorganisationen ... haben von Anfang an die Einheitsgewerkschaft bejaht ... Sie können der Forderung einer verbindlichen Anerkennung des Naturrechtes und der

22 Rainer Barzel: »Die deutschen Parteien«, 1947 in erster Auflage erschienen bei L. W. Schaffrath, Geldern, Seiten 112 ff.

23 P. Jostok: »Die sozialen Rundschreiben« 1948 herausgegeben im Verlag Herder, Freiburg; siehe auch: Joseph Kardinal Frings: »Verantwortung und Mitverantwortung in der Wirtschaft«, 1949 herausgegeben im Verlag J. P. Bachem, Köln.

24 1949 herausgegeben von der Leitung der Evangelischen Kirche im Rheinland — Heft 2 in der Schriftenreihe Kirche und Volk; »Evangelisches Soziallexikon«, 1954 in erster Auflage herausgegeben von F. Karrenberg im Kreuz-Verlag, Stuttgart.

katholischen Soziallehre nicht zustimmen ... auch aus politischen Gründen: Christlich kann nach evangelischer Ansicht heute nicht mehr antisozialistisch bedeuten ... Grundsätzlich sind nach evangelischer Auffassung die Gewerkschaften ein ‚legitimes Mittel' der Arbeitnehmer im (sozialethisch berechtigten) Arbeitskampf ...« [25]. Wie wir heute wissen, hat sich die CDU Adenauers und Erhards seit der »Stunde Null« im liberalistischen Sinne zur »Sozialen Marktwirtschaft« und Privatisierung hin-, zurück- bzw. weiterentwickelt. Immerhin konnte der ehemalige christliche Gewerkschafter Anton Storch als frischgebackener Bundesminister für Arbeit beim DGB-Gründungskongreß anno 1949 noch aus der ersten Regierungserklärung von Bundeskanzler Adenauer dies zitieren:
»Die Rechtsbeziehungen zwischen Arbeitnehmern und Arbeitgebern müssen zeitgemäß neu geändert werden. Die Selbstverwaltung der Sozialpartner muß an die Stelle staatlicher Bevormundung treten. Die Bundesregierung steht auf dem Boden der Koalitionsfreiheit. Sie wird es den Verbänden überlassen, alles das in freier Selbstverwaltung zu tun, was den wirtschaftlichen Interessen förderlich ist. Ein verständiger Ausgleich sozialer Gegensätze ist die unumgängliche Voraussetzung für den Aufstieg des Volkes. Dieser Ausgleich muß durch die Sozialpartner selbst herbeigeführt werden. Die soziale und wirtschaftspolitische Anerkennung der Arbeitnehmerschaft macht eine Neuordnung der Besitzverhältnisse in den Grundstoffindustrien notwendig.«
Derartige, so neue gesellschaftspolitische Motivationen sind angesichts der Eindrücke, die das Kriegsende, die Kriegs- und Wirtschaftsführer (Krupp usw.)-Prozesse und der Kernwaffenabwürfe mit nachgerade apokalyptischen Folgen für Japan zeitweilig hinterlassen hatten, allzu verständlich. Ich glaube mich bestimmt recht zu erinnern, daß der nachmalige NRW-Ministerpräsident Franz Meyers bereits anläßlich des Siebenten CDU-Bundesparteitags im Jahre 1952 offenherzig erklärte: »Das Ahlener Programm war ein Programm dazu ausersehen, den Sozialismus zu verhindern!«
Dieser notwendig kurze Exkurs in die Geschichte unserer beiden großen Parteien möge genügen, weil im Mittelpunkt dieser Betrachtungen die Sozialpolitik allgemein und das Sozialrecht besonders der ersten Jahre nach dem Zweiten Weltkrieg stehen soll.
Abschließend sei noch vermerkt: Die auf den Freistaat Bayern beschränkte Christlich-Soziale Union (CSU) entwickelte sich ähnlich wie die CDU; die Freie Demokratische Partei (FDP), Verfechterin des Liberalismus, konstituierte sich erst im Dezember 1948; die anfänglich noch durchaus existente KPD, die sich nach ihrem Verbot in der BR Deutschland zur Deutschen Kommunistischen Partei (DKP) mauserte, zog — anders als wohl in der SBZ bzw. in der Deutschen Demokratischen Republik (DDR) — bekanntlich trotz unverkennbaren sozialpolitischen Engagements immer weniger Wähler an und zwar vor allem auch deshalb, weil Diktaturen welcher Art auch immer hierzulande verdächtig sind.
Die erste Bundestagswahl am 14. August 1949 ergab diese Aufteilung der insgesamt 402 Sitze: CDU/CSU 140; SPD 131; FDP 52; Deutsche Partei

25 Grebing a.a.O., Seiten 308 f.

17; Bayern-Partei 17; KPD 15; Wirtschaftliche Aufbau-Partei 12; Zentrum 10; Nationale Rechte 5; Südschleswigsche Wählervereinigung 1; Unabhängige 2. Bundeskanzler Adenauer bildete eine Koalitionsregierung, an der die CDU/CSU, die FDP und die DP beteiligt waren. Der SPD-Vorsitzende Dr. Kurt Schumacher übernahm den Vorsitz der Opposition [26].

## Sozial- und Gesellschaftspolitik begann zögernd

Sozialrechtliche Aktivitäten über die Eindämmung der Hungersnot hinaus erwiesen sich schon 1945 als immer weniger aufschiebbar. »Normal-Verbraucher« hatten sich damals beispielsweise in Berlin — falls sie Glück und Schlange-Steh-Vermögen hatten — pro Tag zu begnügen mit: 40 g Fleisch, 138 g Fett, 300 g Brot, 43 g Hülsenfrüchten, 24 g Zucker, 400 g Kartoffeln, 44 g Magermilch und 5 g Kaffee-Ersatz; Käse, Fisch, Eier, Gemüse und Obst waren nicht aufzutreiben. Obendrein wurde die hungernde Bevölkerung unseres Landes schockiert von den Industrieplänen der Besatzungsmächte, die anfänglich 1800 Betriebe mit dem Ziel demontieren wollten, die deutsche Industrieproduktion auf 55 % von 1938 zu begrenzen. Vor allem auch gewerkschaftliche Interventionen bewirkten, daß die Demontageliste im Laufe des Jahres 1945 nur noch 682 Betriebe, im Laufe der Zeit dann noch weniger enthielt; immerhin liefen Demontagen bis in die fünfziger Jahre hinein. Heute wissen wir: Dies war im Grunde genommen nolens volens ein Beitrag zu modernisierender Rationalisierung — zu erhöhter Produktivität.

Der Kontrollratsbefehl Nummer 3 verpflichtete gleich nach der Kapitulation alle arbeitsfähigen 14- bis 65jährigen Männer und alle 15- bis 50jährigen Frauen, sich arbeitsamtlich registrieren zu lassen; Arbeitsplatzwechsel blieb wie seit Kriegsbeginn (1. September 1939) beschränkt.

Das Kontrollratsgesetz Nummer 21 vom 30. März 1946 führte in Anlehnung an das Arbeitsgerichtsgesetz von 1926 die Arbeitsgerichtsbarkeit Erster und Zweiter Instanz wieder ein, und mit dem Kontrollratsgesetz Nummer 22 vom 10. April 1946 — Betriebsrätegesetz — »begann ein neuer Abschnitt insofern, als die Begriffsbestimmung ‚Betriebsrat' offiziell endlich wieder eingeführt und deren Funktion nunmehr im allgemeinen als auch bezüglich der Betriebsvereinbarungen auf eine Gesetzesgrundlage gestellt wurden ...« [27]. Die Kontrollratsdirektive Nummer 35 regelte Schlichtungs- und Schiedsverfahren und damit die Möglichkeit, Tarifkonflikte zu schlichten — ebenfalls in Anlehnung einschlägiger Vorschriften der Weimarer Republik — neuerlich.

Bereits am 10. Juni 1946 sah die Ziffer 7 der Grundsätze des Kontrollrats für eine Neugestaltung der deutschen Sozialversicherung eine einheitliche

26 Fritz Sänger: »Die Volksvertretung — Handbuch des Deutschen Bundestags«; 1949 herausgegeben von der J. G. Cotta'schen Buchhandlung Nachf., Stuttgart, Seite 277.

27 Dr. H. Zigan: »Betriebsvereinbarungen nach Kontrollratsgesetz Nummer 22 (Betriebsrätegesetz) mit einem Geleitwort von Professor Dr. Nipperdey, 1948 erschienen im Rechtsverlag GmbH, Düsseldorf, Seiten 11 f.

Versicherungsanstalt mit verschiedenen Verwaltungszweigen vor [28]. Das geschah unter Berücksichtigung zahlreicher Gutachten und wohl nicht zuletzt basierend auf den bereits zitierten Aussagen Posadowskys und anderer. Außerdem wurde ein Sozialversicherungs-Einheitsbeitrag von mindestens 20 % gefordert.

Das »Gesetz über Leistungen an Körperbeschädigte (KB-Leistungsgesetz)« verabschiedete der Sozialpolitische Ausschuß des mittlerweile gebildeten Länderrats am 10. September 1946. Es wurde von der Militärregierung am 15. Januar 1947 genehmigt; in der amerikanischen Zone trat es am 1. Februar in Kraft. Die Ausführung des freilich sehr lückenhaften Gesetzes oblag den Landesversicherungsanstalten, die außerdem neben der Invalidenversicherung übrigens auch die Angestelltenversicherung mitzuverwalten hatten. Anspruch auf KB-Leistungen wurde zugebilligt »Personen, die durch unmittelbare Kriegseinwirkungen oder anläßlich militärischen oder militärähnlichen Dienstes Gesundheitsschädigungen haben ...« [29] mit Minderung der Erwerbsfähigkeit um mindestens (anfänglich) 40 %, später 30 %.

Mit Sozialversicherungs-Direktiven bzw. -Anordnungen wurden ferner eingeführt: einheitliche Beiträge in der Krankenversicherung; Sozialversicherungs-Renten für Flüchtlinge und Vertriebene, die zahllos vor allem aus den ehemaligen Ostgebieten in Elendszügen in das trizonale Rumpfdeutschland strömten; Versorgungsbezüge an verdrängte Bedienstete der Sozialversicherungsträger [30].

Anfang 1947 ging die Zuteilung von Lebensmitteln nicht allein in den Ruhr-Großstädten zeitweilig auf weniger als 900 Kalorien pro Tag zurück, und es kam deshalb zu Massen-Demonstrationen und -Arbeitsniederlegungen, an denen Hunderttausende von Arbeitnehmern in NRW, Hamburg, Niedersachsen und Baden-Württemberg teilnahmen. »Die Arbeitnehmer ließen sich dabei von heftigen Reaktionen der Militärregierung nicht einschüchtern; die Führung der Gewerkschaften hatte stets die Bewegung in der Hand« [31]. Im März 1947 war ein »Lohnberatender Ausschuß« beim Zentralamt für Arbeit in Lemgo für die britische Besatzungszone gebildet worden; er empfahl eine Lohnerhöhung um 15 % — die erste seit dem Lohnstop von 1945. Diesem Zentralamt ebenso wie dem Stuttgarter Länderrat für die süddeutschen Länder oblag »die Wiederherstellung einer organisatorischen Zusammenarbeit und die Einheitlichkeit des technischen Verfahrens in der Arbeitsvermittlung«, nachdem in den ersten Jahren nach 1945 Arbeitsämter in ihrer Tätigkeit ausschließlich auf örtlicher Ebene im Rahmen der kommunalen Verwaltung notdürftig tätig werden durften [32].

Eine entscheidende Wende sowohl in politischer wie besonders auch in

28 Siehe »Die Quelle« Nummer 13/1948: »Die deutsche und die englische Sozialversicherung«, Seiten 308 ff.

29 Siehe: »Das Gesetz über Leistungen an Körperbeschädigte«, 1949 erschienen im »Wille und Weg« — Verlag des VDK.

30 Siehe auch Brackmann: »Handbuch der Sozialversicherung«, Asgard-Verlag, Bad Godesberg, Seiten 98 ff.

31 Schuster a.a.O., Seite 25.

32 Draeger/Buchwitz-Schönefleder: »AVAVG«, 1961 erschienen bei W. Kohlhammer Verlag, Stuttgart, Seiten 14 ff; F. Küster: »Fachkunde für den Dienst beim Arbeitsamt«, 1956 erschienen im W. Kohlhammer Verlag GmbH, Seiten 326 ff.

sozialpolitischer Hinsicht brachten die Proklamationen der Militärregierung Deutschland für das Amerikanische Kontrollgebiet Nummer 5 und für das Britische Kontrollgebiet Nummer 88:
»Ein Abkommen vom 29. Mai 1947, das zwischen den Militärgouverneuren und Oberbefehlshabern der amerikanischen und britischen Besatzungszonen getroffen worden ist, sieht die Einsetzung eines Wirtschaftsrates, eines Exekutivausschusses und von Direktoren vor, um die Lösung dringender wirtschaftlicher Probleme und den Aufbau des Wirtschaftslebens durch dem Volke verantwortliche deutsche Stellen zu fördern ...« [33].
Zunächst sollte sich dieser Rat aus 54 Mitgliedern zusammensetzen, die durch die Landtage zu wählen waren; Anfang 1948 wurde die »Verwaltung des Vereinigten Wirtschaftsgebietes« so umgebildet, daß sie danach aus dem Wirtschaftsrat, dem Länderrat, dem Verwaltungsrat und einigen weiteren Verwaltungsstellen bestand. Den 52 Mitgliedern des bestehenden Wirtschaftsrates gesellten sich 52 weitere ebenfalls von den Landtagen gewählte Mitglieder hinzu. Der Länderrat bestand aus je zwei von der jeweiligen Landesregierung bestellten Mitgliedern für jedes Land. Der Verwaltungsrat schließlich bestand aus einem vom Wirtschaftsrat gewählten Vorsitzenden ohne besonderen Geschäftsbereich und den Direktoren der Verwaltungen des Vereinigten Wirtschaftsgebiets.
Der Parteizugehörigkeit nach hatte sich der Wirtschaftsrat so zusammengesetzt: CDU/CSU 43, SPD 40, FDP 8, KPD 6, DP 4, Zentrum 1, WAV 1, Parteilos 1 Abgeordnete. Die ersten Gesetze dieses Wirtschaftsrats galten der Lebensmittelversorgung, so hinsichtlich öffentlicher Kontrolle der landwirtschaftlichen Ablieferungen, der Sicherung der Kartoffel- und Fleischversorgung und zur Verhinderung volkswirtschaftlich mißbräuchlicher Benutzung von Kraftfahrzeugen.
Mit dem Marshall-Plan, der noch Ende 1947 in Washington verkündet worden war, begann eine völlig neue, hoffnungsvollere Situation: Mit diesem Programm zur wirtschaftlichen Gesundung Europas leiteten die USA einen Wechsel der Besatzungspolitik ein: Der Beitrag der deutschen Wirtschaft sollte nicht mehr nur durch Produktionsbeschränkungen bestimmt werden, sondern zur Stabilität der westlichen Staaten beitragen. Einem revidierten Industrieplan zufolge sollte etwa die Industriekapazität von 1936 wiederhergestellt bzw. sogar überschritten werden können.

## 1948 — Jahr der Wende zum Besseren

Trotzdem begannen die Amerikaner und die Briten 1948 gegen energische Proteste der Gewerkschaften die ersten Betriebe zu demontieren, und erst 1950 wurden, wie bereits betont, die letzten Demontagen eingestellt [34]. Diese und andere Entscheidungen trugen zur Trennung Deutschlands wesentlich bei. »Die Wiederherstellung eines einheitlichen Wirtschaftsraumes

33 »Der Wirtschaftsrat des Vereinigten Wirtschaftsgebietet 1947—1949«, 1949 herausgegeben vom Büro des Wirtschaftsrates, Frankfurt am Main, Seiten 7 ff.
34 Siehe: Schuster a.a.O., Seiten 26 f.

war zunächst am französischen und dann am Widerspruch der sowjetischen Besatzungsmacht gescheitert; die politische Trennung folgte nach« [35].
Hatte sich der Wirtschaftsrat in den ersten Monaten des Schicksalsjahrs 1948 immer noch gesetzgeberisch mit der Bewältigung des Hungers und vor allem auch noch mit einem Gesetz über Preisbildung und Preisüberwachung intensiv zu befassen, so kam es noch wenige Stunden vor der Verkündung der Gesetze über die Währungsreform zu einer Kampfabstimmung über Erweiterung oder Verminderung der Vollmachten der Wirtschaftsverwaltung: Gegen die Stimmen der SPD- und KPD-Abgeordneten wurde schließlich dank besonderen Einsatzes des Direktors für Wirtschaft, Professor Dr. Ludwig Erhard, beschlossen, die Bewirtschaftung auf fast allen Gebieten der gewerblichen Wirtschaft und sogar für einzelne bislang nicht aufzutreibende Erzeugnisse der Landwirtschaft aufzuheben. Das knappe Geld sollte statt der Bezugsscheine wieder allein der Rationierung dienen; alle wären ja gleichgestellt — allerdings, wie sich bald zeigen sollte — nur scheinbar.
In der Rückschau erinnerten sich Erhard und sein Intimus Müller-Armack: »Die Konzeption der Sozialen Marktwirtschaft wurde zu einer Zeit entworfen, als angesichts des totalen militärischen, wirtschaftlichen und moralischen Zusammenbruchs des Deutschen Reiches der Ausweg aus einer heute kaum noch vorstellbaren Not gefunden werden mußte. Unter der Schirmherrschaft der Besatzungsmächte befehdeten sich die Anhänger der Wirtschaftslenkung und Marktwirtschaft in allen Schichten der Bevölkerung und in allen Parteien, bis mit der Währungsreform am 20. Juni 1948 für das Gebiet der heutigen Bundesrepublik die Entscheidung gegen die Bewirtschaftung und für die Soziale Marktwirtschaft fiel« [36].
Am 18. Juni 1948 folgte dann die Verkündung dreier Währungsgesetze (Währungs-, Umstellungs- und Emissionsgesetz) im »Wirtschaftsgesetzblatt«; am 20. Juni und danach bekam jedermann für 100 Reichsmark 6,50 Deutsche Mark. Bislang gehortete Waren aller Art erschienen, was man kaum für möglich gehalten hatte, in großen Mengen in den sonst leeren Schaufenstern; die Zwangsbewirtschaftung lebensnotwendiger Güter konnte tatsächlich sukzessive aufgehoben werden — kraft »guten Geldes«. Die Hauptlast der Währungsumstellung wurde wieder einmal den kleinen Sparern, Rentnern und vor allem den Arbeitnehmern aufgebürdet, während die Sachwertbesitzer große finanzielle Vorteile einheimsen konnten. Diese Währungsreform galt übrigens auch für die französische Besatzungszone. In der SBZ folgte eine Währungsreform mit allerdings wesentlich sozialerem Umtauschmodus.
Das dritte Gesetz zur Neuordnung des Geldwesens — das sogenannte »Umstellungsgesetz« vom 20. Juni 1948 — sah in seinem § 23 vor: »Die Leistungen der Sozialversicherung sind bis zu ihrer Neuordnung zu demselben Nennbetrag in Deutscher Mark zu bewirken, wie sie bisher in Reichsmark zu bewirken waren; Beiträge zur Sozialversicherung hat ein Versicherer von dem Tag an, zu dem zum ersten Mal für ihn Lohnsteuer

35 Siehe: Balser a.a.O., Seite 113.
36 Siehe: L. Erhard/A. Müller-Armack: »Soziale Marktwirtschaft«, erschienen als ein Ullstein Buch, Seite 42.

in DM einbehalten wird, zu demselben Nennbetrag in DM zu leisten wie bisher in RM«[37].

Zwangsläufig ergaben sich aus dieser Regelung für die Sozialversicherung allergrößte Schwierigkeiten. Der DGB für die britische Zone kritisierte daher am 1. September 1948, »daß der Sozialversicherung durch die Währungsgesetze einerseits mit Recht die Pflicht zur vollen Leistung erhalten geblieben ist, andererseits aber die finanzielle Grundlage durch Abwertung ihrer Reserven zehn zu eins zerstört worden ist. Der DGB fordert als Sofortmaßnahme zur Beseitigung des eingetretenen Notstandes: 1. sofortige Freigabe des Festkontos von 5 %; 2. sofortige Genehmigung und Freigabe der in § 2 des Umstellungsgesetzes vorgesehenen weiteren 10 % der Bankguthaben der Sozialversicherungsträger; 3. im Vorgriff auf den Lastenausgleich eine Hergabe von 500 Millionen DM zur Stützung der Sozialversicherung der britischen Zone ...«[38]. Ähnliches galt freilich auch für die gesamte Trizone. Nicht zuletzt dieser Umstand trug dazu bei, daß endlich ein sechstes Verwaltungsdirektorium des Wirtschaftsrats für Arbeit eingerichtet werden mußte, und zwar nach dem »Gesetz über die Errichtung einer Verwaltung für Arbeit des Vereinigten Wirtschaftsgebietes« vom 8. September 1948. Als Leiter dieses neuen Amtes wurde Anton Storch gewählt. Bei einer Pressekonferenz erklärte Storch nach seiner Wahl: Das Sozialrecht des arbeitenden Menschen gehe dem Steuerrecht des Staates vor. Das alte, beseitigte Tarifrecht müsse in einer der heutigen Zeit angepaßten Form wieder in Kraft gesetzt werden. Die Versorgung der sozialversicherten Rentner sei eine der wichtigsten Aufgaben der Verwaltung für Arbeit. Er, Storch, werde sich für die Zurückführung der Arbeitslosenversicherungsbeiträge auf ein normales Maß von 4 % des Arbeitseinkommens einsetzen[39].

Einem »Gesetz gegen Preistreiberei« vom 7. Oktober 1948 folgte notgedrungen endlich am 3. November 1948 das »Gesetz zur Aufhebung des Lohnstops«. Ein weiteres Gesetz gegen Preistreiberei mußte bereits am 28. Januar 1949 folgen: Damit wurden die im November 1948 gezahlten Löhne als Mindestlöhne erklärt.

Die Generalversammlung der Vereinten Nationen verkündete am 10. Dezember 1948 die »Allgemeine Erklärung der Menschenrechte«. Darin heißt es:

»Jeder Mensch hat als Mitglied der Gesellschaft Recht auf soziale Sicherheit.«

Die folgenden Sätze zeigen, daß die Vereinten Nationen unter sozialer Sicherung die »für seine (des Menschen) Würde und die freie Entfaltung seiner Persönlichkeit unentbehrlichen wirtschaftlichen, sozialen und kulturellen Rechte« verstehen. In vier weiteren Artikeln wird in bemerkenswerter Reihenfolge der Inhalt des Rechtes auf soziale Sicherheit dargestellt: »Das ‚Recht auf Arbeit' und mit ihm die ‚Vollbeschäftigung' steht an der Spitze. Es folgt das — durch Koalitionen zu sichernde — ‚Recht auf angemessene und befriedigende Entlohnung, das Recht auf Sicherheit im Falle

37 Siehe: Brackmann a.a.O., Seite 99.
38 Siehe: »Die Quelle« Nummer 14/1948, Seite 394.
39 a.a.O. Nummer 13/1948, Seite 316.

von Arbeitslosigkeit, Invalidität, Verwitwung, Alter oder anderem Verlust seiner Unterhaltsmittel durch unverschuldete Umstände'« [40].
Als nicht minder fundamental hat sich international bzw. supranational dieses Ereignis erwiesen:
»Am 28. Dezember 1948 ... wurde in London der Entwurf eines Abkommens über die Errichtung einer Internationalen Ruhrbehörde verkündet. Die Vertreter Belgiens, Frankreichs, Luxemburgs, der Niederlande, des Vereinigten Königreiches von Großbritannien und der Vereinigten Staaten von Amerika fügten anderen Organisationen und Regelungen für das Nachkriegsdeutschland nunmehr eine neue hinzu. Diese alle zusammen sollten ,dem dreifachen Zwecke dienen: die Abrüstung und Entmilitarisierung Deutschlands zu sichern, den Wiederaufbau der Länder Europas einschließlich eines demokratischen Deutschlands zu unterstützen und die enge Verflechtung ihres Wirtschaftslebens zu fördern, die allein letzten Endes ein friedliches und blühendes Europa sichern kann! Die Ruhrbehörde speziell sollte sicherstellen, ,daß die Hilfsquellen der Ruhr zukünftig nicht für Angriffszwecke, sondern allein im Interesse des Friedens verwendet werden, und Sorge tragen für eine engere Koordinierung des Wirtschaftslebens der Länder Europas, die zum allgemeinen Besten zusammenarbeiten' ...« [41].

## 1949 — die Bundesrepublik Deutschland entsteht

Im Januar des fünften Nachkriegsjahres 1949 gab der sowjetzonale Freie Deutsche Gewerkschaftsbund (FDGB) bekannt, der Ost-Magistrat von Berlin habe mit Wirkung vom 29. Januar 1949 verkündet, daß die Selbstverwaltung der VAB zu zwei Dritteln aus ernannten FDGB-Mitgliedern und zu einem Drittel aus vom Ost-Magistrat ernannten Personen bestehen soll. Damit war die einheitliche Berliner Sozialversicherung zerschlagen. Unmittelbar danach erließen die Stadtverordnetenversammlung und der Senat West-Berlins ein Gesetz über die Vorläufige Verwaltung der VAB-West mit Wirkung vom 1. Februar 1949.
Der Frankfurter Wirtschaftsrat entfaltete nun auch zunehmend sozialpolitische Aktivitäten. Besonders herausragendes Gesetz war das »über die Anpassung der Leistungen der Sozialversicherung an das veränderte Lohn- und Preisgefüge und über ihre finanzielle Sicherstellung« (Sozialversicherungs-Anpassungsgesetz-SVAG) vom 17. Juni 1949 (später wurde dies Gesetz auch für die französische Zone in Kraft gesetzt): So wurden Invalidenrenten und Ruhegelder um 15 DM auf mindestens 50 DM, Witwen- und Witwerrenten um 12 DM auf mindestens 40 DM und Waisenrenten um 6 DM auf mindestens 30 DM monatlich erhöht; die Invaliditätsgrenze wurde entsprechend jener der Angestelltenversicherung (AV) auch für die Invalidenversicherung (IV) der Arbeiter (bisher: zwei Drittel) bei der Hälfte

40 W. Auerbach: »Zusammenhänge — Illusion und Wirklichkeit der sozialen Sicherheit«, 1968 erschienen bei Europäische Verlagsanstalt, Frankfurt/Main, Seiten 7 f.
41 H. Potthoff: »Vom Besatzungsstatut zur europäischen Gemeinschaft — Ruhrbehörde, Montanunion, EWG, Euratom«, 1964 erschienen im Verlag für Literatur und Zeitgeschehen GmbH, Hannover, Seite 17.

vereinheitlicht; die Beiträge zur Rentenversicherung wurden von 5,6 % auf 10 % erhöht. In der Krankenversicherung wurde die Versicherungs-Pflichtgrenze von 3600 auf 4500 DM erweitert; die Beiträge wurden nun gleichmäßig auf Arbeitnehmer und Arbeitgeber — je die Hälfte — aufgeteilt; falls die Beiträge zur Deckung der gesetzlichen und satzungsmäßigen Leistungen nicht ausreichen, ist ein Finanzausgleich vorzunehmen. Am 30. Juli folgte das Knappschaftsversicherungs-Anpassungsgesetz, das ähnliche Vorschriften wie das SVAG enthielt; anders als in der IV und AV mit hälftiger Beitragsaufteilung wurden in der Knappschaftsversicherung die Beiträge zwar ebenfalls erhöht, aber zu 14,5 % den Arbeitgebern und zu 8 % den Arbeitnehmern auferlegt; alle in knappschaftlichen Betrieben beschäftigten Angestellten wurden, soweit sie der AV-Pflicht unterliegen, in die Knappschaftliche Rentenversicherung übernommen. Ein »Gesetz über Verbesserungen der gesetzlichen Unfallversicherung«, datiert vom 10. August 1949, sieht ebenfalls eine Erhöhung der Renten für Schwerverletzte vor. Zwei Tage vorher war das Gesetz zur Milderung sozialer Notstände (Soforthilfegesetz) quasi zur Einleitung der späteren Lastenausgleichsgesetzgebung ergangen. Abschließend ist in diesem Zusammenhang noch das Gesetz über die Behandlung der Verfolgten des Nationalsozialismus in der Sozialversicherung vom 22. August 1949 zu nennen. Danach sind für diesen besonders betroffenen Personenkreis verlorengegangene Versicherungszeiten leistungssteigernd anzurechnen, vorenthaltene Leistungen nachzuzahlen und Verluste in der Rentenhöhe auszugleichen« [42].
Arbeitsrechtlich von besonderer Relevanz war auch das Tarifvertragsgesetz des Wirtschaftsrats vom 9. April 1949, das der Aufhebung des Lohnstops und der damit wiedergewonnenen überragenden Bedeutung des Tarifvertrags Rechnung trug. Für die Länder der französischen Besatzungszone trat diese Gesetzgebung allerdings erst 1953 in Kraft.
Wer damals wie ich öfter einmal den Sitzungen des Wirtschaftsrates — besonders noch vor der Währungsumstellung — beiwohnen konnte, wird sich sicherlich auch einiger heutzutage kurios erscheinender Debatten erinnern, so zum Beispiel als es um das damals heißumstrittene sogenannte »Jedermann-Programm« nach britischem Vorbild und damit um möglichst schnelle Deckung bitter notwendigen Bedarfs an Kleidungsstücken und Schuhwaren ging. Vor allem von seiten der Gewerkschaften war die Erweiterung des Jedermann-Programms über Textilien und Schuhwaren hinaus auf alle wichtigen Gebrauchsgüter verlangt worden: Die Auswahl der Produktionsbetriebe dürfe nicht Fachverbänden überlassen bleiben, sondern müsse Ausschüssen aus Vertretern der einschlägigen Industrie, des Groß- und Einzelhandels und der Konsumgenossenschaften unter paritätischer Beteiligung der Gewerkschaften übertragen werden.... Hinsichtlich des Absatzes wurde gefordert, daß der private Einzelhandel, die Kauf- und Warenhäuser und die Konsumgenossenschaften zu gleichen Teilen berücksichtigt werden müßten, und zwar unter Festlegung von Länderkontingenten, die eine weitgehende Streuung der Jedermann-Waren gewährleisten könnten; dabei dürfe die Abgabe der Waren nur gegen Punkt-

42 Siehe: Brackmann a.a.O., Seiten 99 f.

karten erfolgen.... [43] Die heute noch berühmt-berüchtigte Kleiderfabrik Müller-Wipperfürth war für längere Zeit von der Mitarbeit im Jedermann-Programm ausgeschlossen worden: Ihre Fertigwaren-Preise waren nämlich angeblich zu niedrig; denn Müllers Herrenanzüge kosteten »nur« 55 und 70 DM.

Der Frankfurter Wirtschaftsrat hatte bis zum Herbst 1949 gesetzgebend tätig zu sein; vom 22. August datiert noch ein »Zweites Gesetz zur Änderung des Gesetzes zur Aufhebung des Lohnstops«, und die allerletzten Gesetze tragen das Datum vom 2. September 1949.

Schon vorher war auf terminierte Anordnung des Besatzungsregimes von den Ministerpräsidenten der Länder ein sogenannter Verfassungskonvent einberufen worden; er hatte am 10. bis 23. August 1948 auf Herrenchiemsee getagt, um den »Herrenchiemseer Entwurf« einer Verfassung als Diskussionsgrundlage auszuarbeiten. Man war entschlossen, das neue Staatsgebilde weitgehend föderalistisch bei Vermeidung von Konstruktionsfehlern der Weimarer Verfassung und von Fehlentwicklungen besonders der Jahre seit 1930 zu verfassen. Der aus 65 in den elf Landtagen gewählten Abgeordneten bestehende »Parlamentarische Rat« unter Vorsitz von Konrad Adenauer begann seine schwierigen, von den Besatzungsmächten alles mehr als erleichterten Beratungen am 1. September 1948, und endlich am 8. Mai 1949, genau vier Jahre nach der deutschen Kapitulation, nahm der Parlamentarische Rat mit 53 gegen 12 Stimmen das Grundgesetz vom 23. Mai 1949 an [44].

Der ersten Bundestagswahl und bundesdeutscher Gesetzgebung standen, abgesehen von Hemmnissen infolge des sogenannten »Besatzungsstatuts« vom 6. August 1949, nichts mehr im Wege. Sozialrechtlich begann in der Tat ein neuer Geist in Gesetzgebung und Rechtsprechung zu wirken. Mit dem absoluten Vorrang der Persönlichkeitsrechte — dazu gehört auch die Vereinigung-(Koalitions-)-freiheit — korrespondieren vor allem die Bestimmungen der §§ 20 und 28 des Grundgesetzes (GG):

»Die Bundesrepublik ist ein demokratischer und sozialer Bundesstaat.... Die verfassungsmäßige Ordnung in den Ländern muß den Grundsätzen des republikanischen, demokratischen und sozialen Rechtsstaates entsprechen ...«

Gemäß Artikel 74 Absatz 12 obliegt der konkurrierenden Gesetzgebung des Bundes »das Arbeitsrecht einschließlich der Betriebsverfassung, des Arbeitsschutzes und der Arbeitsvermittlung sowie der Sozialversicherung einschließlich der Arbeitslosenversicherung«. Artikel 120 GG überträgt die Kriegsfolgelasten einschließlich der Kriegsopferversorgung dem Bund.

## »Segen des Jahres Null« — Sozialer Fortschritt?

Die Frage danach, ob aus einem Sammeln von Erfahrungen seit dem Jahr Null in dem ersten Jahrfünft die einzig richtigen Folgerungen gezogen worden sind, kann sicherlich nicht uneingeschränkt positiv beantwortet

43 Siehe: »Die Quelle« Nummern 1 und 2/1949, Seiten 13 und 39.
44 Siehe auch: »Evangelisches Staatslexikon«, 1966 erschienen im Kreuz-Verlag, Stuttgart, Spalten 711 f.

werden. Fest steht dies: Hungerödeme und andere Mangelkrankheiten wie etwa Tuberkulose belasten unser Staatssäckel ebensowenig noch wie unsere Sozialversicherung — dafür umso mehr die Fettleibigkeit, das Übergewicht. Und nicht allein die Heimatvertriebenen sind integriert, sondern mehr als zwei Millionen ausländische Arbeiter erwerben bei uns Lohn und Brot. Zeitweise war der Arbeitsmarkt leergefegt; wir hatten Vollbeschäftigung außer in vorübergehenden Rezessionsphasen.

## Gewerkschaften erfolgreich — entsprechender Mitgliederzuwachs blieb aber aus

Gewerkschaftspolitisch sind gewiß große national und international anerkannte Erfolge erzielt worden. Das erkennen unsere Arbeitnehmer durchaus an — allerdings vorrangig viel mehr bei den Betriebsratswahlen, bei denen die Belegschaften jüngst wieder annähernd 80 % der Betriebsräte aus den Vorschlaglisten der DGB-Gewerkschaften wählten. Ähnliches gilt für die Urwahlen zu den Selbstverwaltungsorganen der Sozialversicherungsträger, jedoch nur für den Arbeiterbereich; Angestelltenwähler dagegen entschieden sich fast überwiegend für Vorschlaglisten der DAG, des sonst unbedeutenden CGD oder anderer obskurer, ad hoc zusammengewürfelter Personengruppen. Und was das Organisationsverhältnis anbetrifft, sind Gewerkschaftsorganisationen in unseren Nachbarländern besser daran: Von 100 schwedischen Arbeitnehmern sind beispielsweise 85, in Belgien 70, in Großbritannien 50 und bei uns nur 39 (davon 32 in DGB-Gewerkschaften) organisiert; erstaunlich und symptomatisch erscheint mir das österreichische Beispiel: Des weitaus besten Organisationsverhältnisses (etwa 90 %) erfreut sich der Privatangestellten-Verband. Die eigentlich längst unzeitgemäße Angestellten-Mentalität scheint mir nach wie vor verkannt zu werden, obgleich sich nicht zuletzt aus der Arbeiterschaft immer mehr Angestellte rekrutieren. Wenn sich der Trend, so scheint es, weiter wie bisher fortsetzt, könnten die Arbeiter gegenüber den Angestellten und Beamten eine Minderheit darstellen. Trotzdem sind Angestellte im DGB seit 1950 mit 10,5 %, 1975 nur mit knapp 19 % an der Mitgliedschaft beteiligt; Beamte mit 6 % bzw. 9 %, während der Anteil der Arbeiter seit 1950 mit 83 % 1975 nur 72 % betrug [45]. Wieviel weniger problematisch in vielerlei Hinsicht vernünftigere Regelungen wären, müssen wir uns heute fragen, wenn uns beispielsweise so gravierende gesellschaftspolitisch relevante Unterschiede wie die zwischen Beamten, Angestellten und Arbeitern aus überholter Vergangenheit für Gegenwart und Zukunft nicht weiterhin belasteten?

45 »Die Quelle« Funktionärzeitschrift des Deutschen Gewerkschaftsbundes, Nummern 10/75, Seiten 441 ., 4/1976, Seiten 185 f., 5/1976, Seite 230; »DGB-Geschäftsbericht« 1950/51, Seite 804.

## „Vom Wirtschaftsuntertan zum Wirtschaftsbürger!"

Teilweise Beschränkung wirtschaftlicher Macht mittels paritätischer Mitbestimmung in der Montanindustrie möchte ich — ohne Mängel zu verkennen — demgegenüber als wirkliche Errungenschaft auf dem Wege zur Demokratisierung der Betriebe rühmen. Hans Böckler hat sich darum unauslöschliche Verdienste erworben. Bis zu seinem letzten Atemzug hat er darum mit dem ganzen Einsatz seiner großen Persönlichkeit der ersten Stunde gekämpft — nicht ohne das Mittel der Urabstimmung und Streikdrohung. Ein Gesetzesvorschlag des DGB zur Neuordnung der Wirtschaft vom 14. April 1950 stieß nämlich bei der ersten Koalitionsregierung unter Adenauer auf keineswegs ungeteilte Gegenliebe, bis sich die beiden Kölner Ehrenbürger Dr. h. c. Adenauer und Dr. h. c. Böckler schließlich am 25. Januar 1951 zugunsten der paritätischen Mitbestimmung zusammenrauften. Am 16. Februar 1951 schlief Böckler für immer ein. Ich meine, er hätte es ebensowenig wie unzählig viele aufgeschlossene Bürger von heute nach vielen guten Mitbestimmungserfahrungen in Notzeiten — vor allem unseres Bergbaues — nicht verstanden, daß man anno 1976 die Arbeitnehmerschaft in marktbeherrschenden Unternehmen nur unterhalb der Parität mitbestimmen läßt.

## Zunehmende Prosperität — zunehmende Konfrontation der Parteien

Maßgebliche Angehörige der großen demokratischen Parteien, der SPD mit ihrer Tradition und der unmittelbar nach der Kapitulation aus der Taufe gehobenen Christlichen Union sahen nach gemeinsam überstandenen lebensbedrohenden Umständen totalitärer Diktatur sehr viel gemeinsame Perspektiven: Sozialdemokraten standen anfänglich — mit Jakob Kaiser als Hauptverfechter — einer christlich sozialistischen »Partei der Arbeit« gegenüber; Männern wie Adenauer aber gelang es, der Sozialdemokratie die Christlich-Demokratische Union zu konfrontieren. Die Sirenentöne der Kommunisten stießen bei Schumacher wohlweislich auf taube Ohren; was in der heutigen DDR aus der Sozialistischen Einheitspartei (SED) geworden ist, zeigte jüngst der Ost-Berliner Euro-KP-Gipfel Anfang Juli 1976 einmal neu allzu deutlich: Die Dominanz Moskaus über den »proletarischen Internationalismus« bleibt vor allem für die sozialpolitisch nur scheinbar attraktive DDR Evangelium, die taktische Variante »Euro-Kommunismus« wie der »Prager Frühling« Todsünde, und die christlich-demokratische wie die liberal-demokratische Partei in der DDR sind allenfalls geduldete hörige Anhängsel.

In der BR Deutschland dagegen konnte eine Epoche der Großen Koalition zeitweise zur Annäherung von Partei zu Partei, von Programm zu Programm zusätzlich beitragen. Mittlerweile fällt es den Christdemokraten mangels ureigener hinreichend übereinstimmender Zielvorstellungen sehr schwer, in Fraktionsgemeinschaft weiterhin zu opponieren und der sozialliberalen Regierungskoalition mit echten Alternativen zu begegnen; zu guter letzt bleibt wohl nur noch der Wunsch, die Regierungsmacht christdemokratisch und zunehmend konservativer ausgerichtet verwalten zu dürfen. Fortschritt?

## Soziale Fortschritte

Sozialpolitisch sind Fortschritte auf dem Wege zu sozialer Sicherheit unverkennbar! Schon sehr bald nach Konstituierung der Bundesrepublik Deutschland erkannte beispielsweise das Bundesverwaltungsgericht in einem Grundsatzurteil, daß im Sinne des Sozialstaatsprinzips Rechtsanspruch dem Grunde nach auf Sozialhilfe gebühre. Danach begann der gesetzgeberische Fortschritt von der entwürdigenden Armenfürsorge zur Sozialhilfe entsprechend wohlverstandener vorsorgender Subsidiarität. Über weitgehende Ablösung der Bedürftigkeitsprüfung bis hin zum Generationen-Vertrag — jener Verpflichtung der jeweils produktiven Generation, für die noch nicht und die nicht mehr produktive hilfreich, beiträge- und steuerleistend einzutreten — ist international Vorbildliches geleistet worden. Obendrein setzt sich zusehends die Erkenntnis durch, daß Sozialleistungen grundsätzlich eher final als kausal begründet sein müssen, um beispielsweise allen Behinderten gleichermaßen gerecht zu werden. Freilich bleibt noch vieles zu tun übrig, so etwa hinsichtlich mitmenschlicher Hilfe für Alte, Behinderte und langfristig Arbeitslose.

Der Kampf gegen diese langfristige, die Arbeitslosigkeit überhaupt, erschien damals schier aussichtslos — im Gegenteil: Sie nahm zu; beispielsweise vom Juni 1948 von 450.000 Arbeitslosen bei rund 13.500.000 Beschäftigten auf nahezu 1.540.000 bei fast 14.000.000 Beschäftigten im Juni 1950 (Arbeitslosenquote: 10 %). Dank wirtschaftlichen Aufschwungs konnten wir uns mittlerweile einer »Vollbeschäftigung« im Keynes'schen Sinne erfreuen; seit weltweiter Rezession wegen zunehmenden Selbstbewußtseins entwicklungsbedürftiger Länder des Südens jedoch, auf deren Rohstoff-Ressourcen entwickelte Länder der nördlichen Halbkugel unseres Planeten angewiesen sind, scheinen selbst moderne, bis dato sehr wirksame wirtschaftswissenschaftliche Rezepte wie die des genialen »credit spending« nur noch bedingt wirksam zu sein. Pendelt doch die Arbeitslosenquote heutzutage bei mehr als 22 Millionen abhängig Beschäftigten — einschließlich der mehr als 2 Millionen ausländischen Arbeitnehmer wohlgemerkt — gelegentlich über das Vollbeschäftigungs-Limit von 4—5 % mit rund 1 Million Arbeitslosen hinaus. Es bleibt die Frage unbeantwortet, ob die Zeit seit dem »Jahr Null« arbeitsmarktpolitisch ausreichend genutzt wurde [46]?

Seit dem Kriegsende scheint ferner immer mehr in Vergessenheit geraten zu sein, was dieser Krieg nicht allein an Rücklagen der Sozialversicherung ver-

46 »Deutschland in Zahlen — 1950«, 1951 herausgegeben vom Wirtschaftswissenschaftlichen Institut der Gewerkschaften im Bundverlag, Köln, Seiten 45 ff. und »Arbeits- und Sozialpolitik — Statistiken 1975«, 2.6 bis 2.8; »Evangelisches Soziallexikon« Stichwort: »Vollbeschäftigung«.

schlungen, sondern auch an Folgekosten, so etwa für vorzeitige Invalidität, verursachte. Vergessen scheint auch zu sein, daß eine Sozialversicherung, die diesen Namen verdient, ähnlich einer auf Gewinne angewiesenen Privatversicherung nicht auf rentensteigernde Anrechnung von Ausfall- und Ersatzzeiten, auf Mindestrenten verzichten kann. Der derzeitige angebliche Kostenboom hat doch darüber hinaus auch etwas mit der Bevölkerungs-Pyramide und mit dem 1975 beginnenden, längst vorausgesehenen »Rentner-Berg« zu tun. Der Bund ist nicht, wie dargetan, nur verpflichtet, aus Steuermitteln zuzuschießen, sondern erforderlichenfalls auch zu garantieren, und zwar beides nicht zuletzt auch zum Ausgleich weitaus höherer Sozialversicherungs-Beitragslasten, die die nach wie vor unentbehrlichen personal- bzw. lohnintensiven Betriebe zu tragen haben, als moderne automatisierte kapitalintensive Großunternehmen. Zu bedenken ist ferner, daß die »Öffnung der Sozialversicherung« Selbständige außerordentlich mehr begünstigt als herkömmlich pflichtversicherte Arbeitnehmer.

Was mir weniger als Fortschritt lobenswert erscheint, ist die dem Parkinsonschen Prinzip gemäße Hybris viel zu vieler Sozialversicherungsträger. Allen besseren Erkenntnissen trotzend, »erfreuen« wir uns nach wie vor einer stolzen Häufung von Sozialversicherungsträgern: mehr als 1750! Über alle Maßen zahlreich sind die Träger der Krankenversicherung: mehr als — unterschiedlich hohe Beiträge fordernde — 1620 an der Zahl; dazu gehören neben 394 Ortskrankenkassen weit mehr als 1000 Betriebskrankenkassen, fast 20 landwirtschaftliche Krankenkassen und neben einigen anderen Kassen 15 Ersatzkrankenkassen für Angestellte und Arbeiter — letztere noch dazu mit besonders wohldotierten leitenden Bediensteten. Den militanten Ärzteorganisationen kann das nach wie vor nur recht sein; denn nach dem »divide et impera«-Prinzip lassen sich bessere Honorar-Tarif-Abschlüsse tätigen als Vergleichbares bestorganisierten Gewerkschaften möglich ist. Durchaus nicht verständlich ist — wenn wohl auch nicht derart kostentreibend — die immer noch relativ große Zahl von Rentenversicherungsträgern; es sind mit der Versorgungsanstalt des Bundes und der Länder, der Bundesbahnversicherungsanstalt, der Bundesknappschaft, der Seekasse und der Bundesversicherungsanstalt für Angestellte (BfA) 22; 18 Landesversicherungsanstalten, die übrigens anfangs die Rentenversicherung der Angestellten — ohne Rücksicht auf Mentalitätsschranken — erfolgreich mitbetreuten, verwalten die Rentenversicherung der zahlenmäßig abnehmenden Arbeiter. Warum dieser Anachronismus? Wenn die unvorhergesehen schnell wachsende, vermeintlich immer noch so reiche »hilfsbereite« BfA wie auch die Bundesanstalt für Arbeit betriebswirtschaftlich tatsächlich optimal verwaltet werden können, ist nicht einzusehen, weshalb nicht auch die Rentenversicherung der Arbeiter einheitlich im Sinne eines Fortschritts rationalisiert werden soll. In diesem Zusammenhang sei nicht zuletzt auch an das Vorbild der Versicherungsanstalt Berlin unter der Leitung von Ernst Schellenberg erinnert.

Sozialpolitische Reminiszenzen aus schlimmen Zeiten mögen weitschweifig anmuten; vollends berechtigt erscheinen sie sicherlich, wenn noch einmal der leider schon verstorbene Altmeister der Sozialpolitik-Wissenschaft, Ludwig Preller, zitiert wird. Seine zielbewußten, wohlbedachten Überlegungen zum Thema »Von Sozialpolitik zu sozialer Politik« ergeben:

»... Erst indem der Mensch seinen eigenen Wert als Sondergeschöpf der Erde erkennt und erst, wenn er diesen Wert einordnet in die menschliche Gemeinschaft, gewinnt das Spiel seiner Lebenskräfte jene Qualität, die den Menschen vor allen anderen Lebewesen, die Kräfte ausspielen, auszuzeichnen vermag: Das Leben wird des Menschen, der Mensch des Lebens wert. Dazu beizutragen, dazu zu verhelfen, scheint uns der tiefste Sinn zu sein einer ihr Wesen ausschöpfenden sozialen Politik« [47].

47 L. Preller: »Sozialpolitik — Theoretische Ortung«, 1962 erschienen bei J. C. B. Mohr (Paul Siebeck), Tübingen, Seiten 284 ff. hier: S. 305.

# Albert Müller

## Notizen über den sozialen Fortschritt

Wir sind verpflichtet zu wissen, was gegen uns spricht. Auch ein aufrichtiges Engagement verlangt, die Motive und die Ergebnisse ständig zu kontrollieren. In der bundesdeutschen Sozialpolitik, deren Geschichte noch niemand geschrieben hat, scheint die Annahme vorgeherrscht zu haben, daß die Beschäftigung mit dieser Materie zwangsläufig den sozialen Fortschritt befördere. Mit dieser positivistischen Grundeinstellung bildete jener Skeptizismus ein Spannungsfeld, der zur täglichen Warnung Anlaß sah, daß ein »Versorgungsstaat« ins Haus stehe, der, moralisch ohnehin anrüchig, auf jeden Fall am Ende nicht mehr bezahlt werden könne. Den Skeptikern, die seit 1949 gegen die Engagierten unentwegt mit dem Kostenargument auftraten, gibt 1976/77 die Finanzkrise der Rentenversicherung, in Verbindung mit den Bremsproblemen der Gesundheitsfinanzen, unverdient recht. Unverdient jedenfalls insoweit, wie selbst dann um eigene Privilegien gefürchtet wurde, wenn von Sorge um die Freiheit und Selbstverantwortung der anderen die Rede war.

Wir sind verpflichtet zu wissen, was gegen uns spricht. Und noch ein anderer Grundsatz ist ins Wanken geraten: Die Fakten sind heilig, ein gewiß altmodisches Ausbildungsprinzip im Journalismus, jedoch für die Politik unverzichtbar.

Aber von der aktuellen Situation einmal abgesehen, die Sozialpolitiker haben sich die Auseinandersetzung mit dem Begriff des sozialen Fortschritts selten schwer gemacht. Zwar mag in der Naivität der Annahme, es könne sich nichts anderes als Fortschritt ereignen, die Ursache liegen für die Unermüdlichkeit, den Fleiß und die Produktivität derer, die Sozialpolitik betrieben. Aber sind die zahllosen sozialpolitischen Kongresse, Denkschriften, Pressekonferenzen und Parlamentsbeschlüsse, deren sich der Fachjournalist annehmen mußte, tatsächlich immer geeignet gewesen, die Überzeugung zu bestärken, daß erdachte und getroffene Maßnahmen — Zulagen, Erleichterungen, Verbesserungen, Erhöhungen von Pflicht- und Bemessungsgrenzen, Erweiterungen von Personenkreisen, was immer — unbesehen dem sozialen Fortschritt zuzurechnen seien? Den Ausschlag der Urteilsbildung gab wohl auch, welche Motive stärker waren, die der Handelnden oder die der Zweifler. Fast ausnahmslos waren die Handelnden mit dem Eindruck, den sie hervorriefen, den Zweiflern überlegen. Das rechtfertigte aber noch nicht die Überzeugung von der eigenen Unfehlbarkeit.

## Unproblematisch am Anfang

Gewiß mußte am Anfang, als der Krieg zu Ende war, nicht notwendigerweise schon die Frage im Vordergrund stehen, was denn sozialer Fortschritt sei. Damals schrieben die Verhältnisse die Aufgaben vor. Die Sozialpolitik hatte sich zu beteiligen an der Hilfeleistung für die Enteigneten, Entwurzelten und für die an der Erwerbstätigkeit Behinderten. Sie hatte mitzuwirken an der Überwindung von Obdachlosigkeit und Existenznot, noch dazu unter den Bedingungen anhaltender Substanzverluste der Volkswirtschaft.

Zunächst standen der Sozialpolitik auch nur die begrenzten Möglichkeiten kommunalen Eifers und dann der Länder- und Zonenpolitik zur Verfügung. Bei andauerndem Flüchtlingszustrom konnten mehr als vorläufige, von Zuständigkeiten eher denn von Systematik und Programmatik bestimmte Ergebnisse nicht erwartet werden. Doch beschleunigten die Neuordnung des Geldwesens und die Entstehung von Bundeskompetenzen den Erholungsprozeß, der bestand in der Vermehrung der Arbeitsplätze, Erweiterung des Wohnraums, Steigerung der Produktion, Hebung der Erwerbs- und Sozialeinkommen und Wiederbelebung des Marktes bei freier Konsumwahl.

Gestritten wurde dabei besonders in der Sozialleistungspolitik erst einmal um Quantitäten, also Geldbeträge, Prozentsätze, Abgrenzung von Versichertenkreisen, Gesamtaufwendungen. Konflikte zur Systematik spielten noch Nebenrollen. Doch bald durchdrangen alte und neue Leistungsformen einander so, daß von der Notwendigkeit einer »Entflechtung«, dann auch von einer fälligen »Neuordnung« der Sozialleistungen geredet wurde. Damit war man in die eigentliche Grundsatzdiskussion eingetreten, die nun eine Beschränkung auf rein pragmatisches Handeln im Rahmen elastisch wahrgenommener Möglichkeiten, unter Ausklammerung von Wertvorstellungen, nicht mehr zuließ. Doch hatte diese Diskussion ihren Anfang und ihr Ende.

## Eine Sternstunde der Sozialpolitik

Parlamentarisch ragte ein Antrag der SPD-Fraktion auf Einsetzung einer »Sozialen Studienkommission« vom 23. Januar 1952 hervor. Dieser Kommission war die Aufgabe zugedacht, »die gegenwärtigen sozialen Einrichtungen und Leistungen Deutschlands festzustellen, die Möglichkeiten der Entflechtung dieser sozialen Leistungen und ihrer systematischen Intensivierung zu prüfen und einen Plan der sozialen Sicherung in Deutschland aufzustellen«. Man beachte das doppelte Deutschland, das noch als ein einziges gedacht war. Die Fraktionen des Bundestages sollten die Mitglieder der Kommission benennen, der Präsident sie berufen.

Die sachverständige Öffentlichkeit hat diesem Antrag, um den sich besonders der Abgeordnete Prof. Dr. Ludwig Preller bemüht hatte, nahezu ungeteilt zugestimmt. Jawohl, schrieben die Fachblätter, wir brauchen für unsere Sozialpolitik eine »Royal Commission«, wie sie die Engländer oft erfolgreich praktizierten. Mit Schwung, mit Optimismus, mit großer Zuversicht begleitete man die Initiative der Antragsteller.

Aber rascher und gründlicher, als Kenner der Szene in Bonn erwarten konnen, wurden die Hoffnungen wieder zerstört. Knapp einen Monat nach Einbringung war der Antrag von einer aus CDU/CSU, FDP und DP bestehenden Mehrheit abgelehnt.

Ein Selbstzitat, aus einer Betrachtung zehn Jahre später in der Zeitschrift »Sozialer Fortschritt«, sei hier gestattet: »Sie (die Ablehnung) geschah mit soviel Oberflächlichkeit, mit so geringem Bemühen, sich in die Aufgabe hineinzudenken, die der Kommission zugedacht war, daß man heute beim Lesen des betreffenden Bundestagsprotokolls um der Sache willen sich einer gewissen Erschütterung nicht entziehen kann. Damals, hatte man das Gefühl, ging eine Sternstunde der Sozialpolitik vorüber. Für einen Moment war Ausblick geboten auf eine Sozialpolitik, in der nicht die Kunst der Improvisation herrsche, sondern der Wille, durchgreifend Ordnung und Klarheit zu schaffen. Nur dieses eine Mal schien die Zukunft begonnen zu haben. Dann griff wieder die Routine, die Tageswerkelei des Gesetzgebers Platz; mal dieses, mal jenes wurde geregelt, aber eine Gesetzgebung aus Übersicht über das Ganze fand keinen Eingang in Bonn. Am 21. Februar 1952 wurden die Weichen falsch gestellt.«

Doch jetzt, nach weiteren fünfzehn Jahren, steigt wieder Zweifel auf. Gewiß scheiterte der Antrag an Engstirnigkeit, Indolenz, Mangel an Mut zu einem großen Versuch. Aber war die Bundesrepublik damals schon — und ist sie es heute — reif für die Realisierung eines Konzepts, wie es die Kommission erarbeiten sollte? Der Bundestag wäre auf dieses Papier gewiß nicht festgelegt gewesen. Was aber erbitterte, war die Weigerung der Mehrheit, ein parlamentarisches Nachdenken über die Gesamtzusammenhänge der Sozialleistungspolitik zuzulassen.

## Beiträge zum Nachdenken

Außerhalb des Parlaments gab es natürlich keine derartigen Verweisungen. Es ist denn auch zu hervorragenden Ergebnissen des Nachdenkens in der Zeit der Grundsatzdiskussion gekommen. Nur einige Höhepunkte dieser geistig bewegten, von Aufbruchstimmung erfüllten Epoche seien genannt: Gerhard Mackenroths Berliner Vortrag 1952 »Die Reform der Sozialpolitik durch einen deutschen Sozialplan«, die Achinger/Höffner/Muthesius/Neundörfer-Denkschrift »Neuordnung der sozialen Leistungen« von 1955, Wilfried Schreibers epochemachendes Heftchen 1955 »Existenzsicherheit in der industriellen Gesellschaft«, ein Wegbereiter der Rentenreform von 1957 — wobei noch auf eine geistig ähnlich durchschlagende Arbeit von 1956 »Produktivitätsrenten sichern den Lebensabend« verwiesen sei, die damals anonym erschien, von der aber heute gesagt werden kann, daß sie Hartmut Hensen zum Verfasser hatte — ferner der von Walter Auerbach und Freunden 1957 herausgebrachte »Sozialplan für Deutschland«, ebenso Elisabeth Liefmann-Keils »Einkommenspolitik« von 1961 bis hin zu Detlev Zöllners »Öffentliche Sozialleistungen und wirtschaftliche Entwicklung« von 1963 und schließlich die große Sozialenquete, die 1966 von den Professoren Achinger, Bogs, Meinhold, Neundörfer und Schreiber vorgelegt wurde.

Um diese Zeit freilich befand man sich schon im Ausklang des Nachdenkens über die Gesamtzusammenhänge der sozialen Sicherungspolitik. Als späte Frucht des großen geistigen Vorgangs klappte dann 1971 noch die von einem Ausschuß der Gesellschaft für sozialen Fortschritt unter Prof. Willi Albers erarbeitete Denkschrift »Sozialbudget — Sozialplanung« nach, viel zu gut, um erhebliche Beachtung zu finden.

Wahrscheinlich ist es eine sehr subjektive Aussage, wenn der Verfasser den Eindruck festhält, daß die Arbeit an der Aufhellung des Begriffs sozialer Fortschritt später mehr außerhalb als innerhalb der Bundesrepublik geleistet wurde. Aber es schien doch, daß der Pragmatismus wieder vollends die Oberhand gewonnen hatte. Es kam dazu, daß ein Jahr dem anderen, eine Legislaturperiode der anderen als überlegen gelten durfte, nur weil die Zahl der jeweils verabschiedeten Gesetze und erlassenen Verordnungen höher lag als im Vergleichszeitraum. Solche Stückzahlen allein sollten schon Ausweis von Leistung und Tüchtigkeit sein. Solche Zahlen verkürzten aber auch die Zeit für das Grundsatzdenken, die jene brauchten, die den Sachverstand dafür hatten, während sie doch mit der Formulierung, Interpretation und Endfassung von Paragraphen nunmehr überbeansprucht wurden.

Bei allem Anschwellen der Gesetzesbücher fand eine Art unaufhörlichen Wassertretens statt, noch dazu bei geschlossenem Fenster. Zwar gab es natürlich europäische und internationale Kommunikation unter deutscher Beteiligung. Aber die Sozialpolitiker in unserem Lande wurden zu deutschen Volksbeglückern degradiert, schlimmer noch, als Wahlhelfer in die Pflicht genommen.

Nur hin und wieder ließen ausländische Autoren diejenigen aufhorchen, die hören wollten. Es ist nun wieder recht subjektiv, wenn zu diesen Autoren hier etwa Gunnar Myrdal mit seinem Buch von 1961 »Jenseits des Wohlfahrtsstaates« gerechnet oder, für den Bereich des Medizinbetriebes, aus jüngster Zeit (1975) Ivan Illich mit »Medical Nemesis« (in schlechter deutscher Übersetzung »Die Enteignung der Gesundheit«) angeführt wird. Hier jedenfalls wurde die Frage, was sozialer Fortschritt denn sei, kritischer denn je gestellt, wenn auch die Sozialpolitiker selbst zum Fragen kaum noch Zeit hatten.

## Dynamik und Restauration

Dabei breitete sich, bei Handelnden und Beobachtern, ein Gefühl der Sättigung, vielleicht auch der Übersättigung, aus, das je nach Mentalität in Lustlosigkeit oder Sarkasmus umschlug. Sozialpolitik hatte den Mantel der Reformarbeit abgestreift. Jetzt kam harte Fronarbeit zum Vorschein, wobei die Spezialisten die Macht gewannen.

Für die politisch Handelnden wurde deutlich, daß Sozialpolitik konstitutionell und institutionell ihre eigene Dynamik hatte, der sich Abgeordnete, welcher Couleur auch immer, kaum entziehen konnten. Immer steht in der Sozialpolitik irgend etwas zur Veränderung an, und wenn es nicht Platz greift, so ist meist ein hochbezahlter Posteninhaber, oder es sind deren mehrere, im Wege. Dann bleibt der Stachel im Fleisch — eigentlich müßte dies oder jenes noch anders geregelt werden — und der Drang nach Veränderung pflanzt sich fort.

Grundsätzlich neu, und damit auch für die internationale Diskussion interessant, wurden die dynamische Rente und die Mitbestimmung. Als ein großes Thema ist die Rehabilitation empfunden worden. Von diesen Beispielen abgesehen hat die Bundesrepublik — siehe schon Prellers gescheiterte unabhängige »Soziale Studienkommission« — Alternativen gescheut, sie jedenfalls nicht bis zur politischen Entscheidung kommen lassen.

Nun ist Pragmatismus hier nicht leichthin abwertend gemeint. Anpassung an die sich ändernden wirtschaftlichen und sozialen Verhältnisse gehören zum Pflichtpensum der Sozialpolitiker. Auch Restauration muß nicht unbedingt negativ verstanden werden. Es gibt Rechts- und Verwaltungszustände, die aus der Vergangenheit herüberragen und gleichwohl ihre Erneuerungswürdigkeit bewiesen haben.

Zu denken ist hier an die Wiederaufrichtung der Koalitionen des Arbeitsmarktes, die Neubelebung des Tarifvertragswesens und der sozialen Selbstverwaltung, ebenso die Rückkehr zur Arbeits- und Sozialgerichtsbarkeit. Es bot sich Erfahrungsgut aus der Vergangenheit an, dem auch die Zukunft gehören sollte.

Leicht behauptete sich das Prinzip der Tarifautonomie. Seine Verfechter waren nie in Gefahr, zur Minderheit zu werden. Sie stützten sich energisch auf die durch den Untergang von Weimar erhärtete These, daß staatliche Lohnpolitik mit Zwangsschlichtung und Verbindlicherklärung das Verantwortungsbewußtsein der Tarifvertragsparteien ausgezehrt und den Boden bereitet habe für die Omnipotenz des Staates in der nachfolgenden Periode. Auch haben Tarifautonomie und soziale Selbstverwaltung hohe Kreditwürdigkeit erhalten durch die Nachbarschaft eines totalitären Regimes mit Lohndiktatur und Staatsgewerkschaften.

## Fortschritt im Wohlstand

Nicht ganz so sicher fuhlten sich die Kombattanten der Sozialpolitik im Bereich der sozialen Sicherheit. Hier ließen sich die institutionellen und finanziellen Fragen wohl nie endgültig beantworten. Einerseits war im ersten Nachkriegsjahrzehnt die Abhängigkeit von Ämtern und Behörden oft so tief und schmerzlich erlebt worden, hatte sich aber auch die Kraft der Selbsthilfe in unendlich vielen Beispielsfällen so sichtbar demonstriert, daß mit Vorschlägen, neue Institutionen zu schaffen oder vorhandene zu vereinheitlichen, wenig Vertrauen zu gewinnen war.

Andererseits hatten sich die Klientele der Sozialversicherung als nicht dauerhaft fixierbar erwiesen. Die Ausschließlichkeit des Schutzbedürfnisses von Arbeitnehmergruppen wurde in Frage gestellt durch das Postulat der Sicherungsbedürftigkeit der Gesamtbevölkerung. Das ergab dann die permanenten Spannungen, aus denen zwar jene bienenfleißig fruchtbare, in den Prinzipien aber keineswegs einheitliche Politik der sozialen Sicherung erwuchs. Erinnert sei an die Öffnung der gesetzlichen Rentenversicherung zu teilweise unvertretbar günstigen Bedingungen. Hier näherte sich die soziale Sicherungspolitik, die mühsam mit dem Sozialversicherungs-

anpassungsgesetz von 1949 begonnen hatte, der Ausartung in eine Perversion ihrer selbst.
Im übrigen hat der Umverteilungsprozeß, den diese Politik bewirkte, zwangsläufig expandiert und unablässig an das Problem herangeführt, wo denn nun die Grenze der Belastbarkeit der Erwerbstätigen mit Steuern und Sozialabgaben wohl verlaufe. Es war jedenfalls nicht mehr die Armut, sondern es wurde der Wohlstand, der die Frage nach dem Sinn des sozialen Fortschritts von Zeit zu Zeit noch an die Oberfläche spülte. Die Zunahme allgemeiner Wirtschaftskraft und privaten Lebensstandards verlangte immer wieder neue Überlegungen zum horizontalen und vertikalen Einkommensausgleich, so daß es schon aus der Sache heraus zur Utopie wurde, eine unverändert gültige Antwort für möglich zu halten.

## Definitorische Übungen

Schulmäßig hätte am Anfang dieser Notizen der Versuch stehen müssen, den Inhalt des Begriffs durch Aufhellung seiner beiden Bestandteile herauszufinden. Aber was »sozial« heißt, ist in sich so wenig eindeutig wie das, was man unter »Fortschritt« verstehen dürfte. Beides sind Worthülsen, die sich zur Verwendung in mannigfaltigen Beziehungen eignen, die aber keine unauswechselbare Substanz umschließen. Niemals ist bei ihrer Verwendung eine Aussage möglich, die keinen Widerspruch zuläßt. So haben beide Worte den Rang von Hilfsmitteln zur Verdeutlichung ethischer Impulse, aber auch ökonomischer Interessen und politischer Absichten. Sie sind Instrumente der Verständigung, ohne die man nicht auskommt. Die Qualität der Orientierungshilfe bleibt ihnen jedoch versagt.
Konsequent war Karl Jaspers, als er nur einen Fortschritt, den der Technik, gelten ließ. In »Die Atombombe und die Zukunft des Menschen« 1958 schrieb er: »Nur die Rationalisierung läßt sich, soweit sie gewonnen ist, identisch wiederholen und ins Unabsehbare erweitern . . . Es ist irreführend, den Fortschrittsgedanken von hier, wohin er gehört, zu übertragen auf alle Gebiete des Geistes und auf die Geschichte im Ganzen. Denn hier gilt er nur insoweit, als die Fortschritte der Rationalisierung allem anderen menschlichen Tun, auch dem je einzigen geschichtlich schöpferischen und existentiellen, Mittel der Verwirklichung und Bedingungen seines Daseins bringen.«
Indem wir dies anerkennen, wird uns doch die Verwendung des Begriffs durch die Tatsache erleichtert, daß während der letzten hundert Jahre, besonders aber in den jüngsten zwanzig, dreißig Jahren, Veränderungen im Leben des einzelnen und der Gesellschaft vor sich gegangen sind, die man nun wirklich nicht anders denn als ein Fortschreiten aus schlechteren zu besseren, aus niederen zu höheren Verhältnissen begreifen kann. Ist auch die identische Wiederholbarkeit und unbegrenzte Ausweitbarkeit dieses Fortschreitens im Sinne von Jaspers in Frage zu stellen, so hat doch ganz unverkennbar eine Aufwärtsentwicklung stattgefunden, zu deren Signierung nun einmal der Begriff sozialer Fortschritt — stellvertretend, alle Vorbehalte zulassend — sich anbietet.

## Das Glück der größten Zahl

Überdenkt man die allgemeine politische Unsicherheit und die daraus fließende seelische Belastung, die wachsende Kompliziertheit der öffentlichen Verhältnisse mit der zunehmenden Schwierigkeit der Orientierung, den Nerven- und Kraftverschleiß durch die Einwirkungen der Umwelt, nicht zu reden von den erhöhten psychischen und physischen Anforderungen der Arbeit auch und gerade bei gutem Einkommen — so könnte es unter humanitärem Aspekt als wünschenswert und gar geboten erscheinen, den Menschen doch immerhin weitestgehend, ja, nach Möglichkeit zur Gänze von quälenden Gedanken an die Gefährdung der Existenz durch Notfälle zu befreien und die Erfordernisse der Daseinssicherung wenigstens insoweit in die Pflichten der Gesellschaft zu übernehmen. Die Idealvorstellung wäre dann der Mensch, der, wenn auch nach wie vor ungesichert gegen Katastrophen, doch zumindest materielle Not, in welchen Lebenslagen auch immer, nicht zu befürchten hätte.

Mit dieser Vorstellung würde man eintreten in die Bahnen früher Fortschrittsgläubigkeit, die das größte Glück der größten Zahl in Aussicht stellen wollte. Davon ist noch manches in heutigen Sozialaktivitäten lebendig. Für die sozialpolitische Praxis freilich hat das Bemühen um Herbeiführung einer derart begrenzten, doch in sich totalen Sicherheit um so weniger Bedeutung, je mehr man sich von ihrer ökonomischen Fragwürdigkeit und moralischen Bedenklichkeit überzeugt. Das Leben ohne Risiko ist eine Utopie, aber diese Utopie gehört nicht zu jenen, die sein müssen, damit Fortschritt möglich werde. Was die Gesellschaft bieten kann, sind vorläufige, partikuläre Sicherheiten. Und selbst in deren Schutz erweist sich, daß es zur Natur des Menschen gehört, in der Möglichkeit von Unglück, Krankheit, Schmerz und Sorge zu stehen.

Im übrigen müßte jene Idealvorstellung vom Leben ohne Furcht vor Risiken auch den Schatten eines omnipotenten Staates wieder herbeiziehen, der die Arbeit normiert und die Existenzmittel zuteilt. Die totale Entlastung von Angst und Sorge würde heraufführen ein Leben totalen Angewiesenseins auf die Gesellschaft, ein Leben ohne die Freiheit der Selbstbehauptung. Und keine Gewißheit ließe sich gewinnen, daß unter solchen Umständen, bei denen der Anlaß entfallen ist, die eigenen Kräfte zu regen und zu entfalten, dem Leben ein guter und menschenwürdiger Inhalt gegeben wird. Das Erfordernis besserer und zusätzlicher Ausbildung etwa, nicht nur der Jugend, sondern auch der Erwachsenen, würde der moralischen Grundlage entbehren. Es ist wohl Fortschritt nicht denkbar, wenn er statt größerer nur geringere Anstrengungen zur Selbstgestaltung und Selbstverantwortung des eigenen Schicksals verlangte. Auch sollte der einzelne nicht nur für sich selbst besser werden, sondern auch im Verhältnis zum anderen. Sozialer Fortschritt, der nicht die Mitmenschlichkeit belebt und aktiviert, wäre ein Widerspruch in sich.

## Sicherheit der Ungewißheit

Aber bleiben wir beim einzelnen selbst, obwohl ihn die Sozialpolitik, wenn sie ihre Wirkungen abschätzt, gern außer Betracht läßt. Was will er denn? Will er fortschreiten? Eher scheint Beständigkeit der Verhältnisse das zu sein, wonach es die meisten Menschen verlangt. Sie möchten ohne Angst in die Zukunft blicken. Indessen, nichts ist so beständig wie die Ungewißheit, was morgen sein wird. Jeder Tag kann die Welt aufs neue erschüttern. Wer nicht die Gefahr sucht, sondern nur leben will, angenehm leben, wo findet er Sicherheit, wo Dauer des Erfreulichen oder doch Erträglichen, das zu beanspruchen er für sein Recht hält?

Seine Hoffnung wendet sich an die Wirtschaft. Sie ist machbar, denkt er, man hat sie im Griff. In dieser Annahme mischten sich lange Zeit Glaube und Erfahrung. Massenarbeitslosigkeit wie in den dreißiger Jahren kannte die Mehrheit der Bevölkerung fortgeschrittener Industrieländer vorübergehend nur noch aus dem Geschichtsbuch. Erlebt wurde statt dessen eine länger anhaltende wirtschaftliche Aufwärtsbewegung, und an ihren Resultaten war wenig auszusetzen.

Der zivilisatorische Komfort hatte sich ungeheuer angereichert. Die »Überflußgesellschaft« hält ein verwirrend vielfältiges, kaleidoskopartig wechselndes Angebot an Gütern und Dienstleistungen bereit. Die Einkommensspanne für den elastischen Bedarf hat sich so ausgedehnt, daß sie das Gefühl aufkommen ließ, die Freiheit nehme immer weiter zu. Doch mitten im Aufstieg ließ sich die Angst nicht wegscheuchen: Wird das so bleiben? Wird der Augenblick verweilen, der so schön ist?

Nicht nur, aber auch der Wirtschaftsrückschlag hat Illusionen von Sicherheit zerstört. Der Wohlstand erwies sich als verwundbar, die Einkommenszunahme als gefährdet. Eine bestimmte Freiheit konnte es nicht mehr geben, die Freiheit vom Zweifel. Diese Nicht-Freiheit ist ein Spezifikum des Fortschritts geworden.

Dauer hatten in weiten Teilen der Welt seit je Armut, Hunger und Primitivität der Verhältnisse. Der arrivierte Wirtschaftsbürger aber sieht sich umstellt von Mächten, die ihm, selbst wenn es keine Kriege und Katastrophen gäbe, den Genuß eines hohen Standards der Lebensqualität gefährden wollen. Zu den wichtigsten Feinden der Kontinuität seiner sozialen Existenz gehören Krankheit, Invalidität, Alter und Arbeitslosigkeit.

Ist nun Sicherheit gegen sie geschaffen? Gewiß gelingt es, das Arbeitseinkommen auf die Lebenszeit zu erstrecken und an die Wirtschaftsentwicklung zu binden. Das hat die dynamische Alterssicherung möglich gemacht, die nicht mit dem Schwinden der Bedürftigkeit verkümmerte, wie manche wohl erwarten mochten, sondern zwangsläufig mit dem Überfluß expandierte. Aber dann gab schon das Jahr 1967, zehn Jahre nach der Rentenreform, der Unsicherheit wieder Nahrung. Die Wirtschaft, auf die man so viel Vertrauen gesetzt hatte, enttäuschte. Erst recht hat später die Ölkrise private Zuversicht erschüttert, indem sie Abhängigkeiten des kollektiven Wohls grell beleuchtete. Heute spricht man vom Nord-Süd-Problem, und die Gefährdungen haben planetarische Dimension angenommen.

## Rückblick auf Idylle

Es scheint, als hätten wir Grund, auf eine Idylle zurückzublicken. Unvorbereitet trat in den sogenannten fortgeschrittenen Ländern ein Überschuß an Arbeitskraft zutage. Die Gewißheit, daß er wieder verschwinden werde, hat sich seitdem nicht voll durchsetzen können. Und waren nicht ohnehin schon Zweifel an der sozialen Sicherheit von der technischen Entwicklung ausgegangen? Die Automatisierung der Produktions- und Verteilungsprozesse ließ eine Unzahl von Arbeitsplätzen wegfallen, ließ Berufe untergehen und neue aufsteigen, veränderte das Leistungsbild ganzer Branchen.

Nun hat der Mensch nichts gegen vorteilhafte Wandlungen der Umwelt. Gern begrüßt er Neuerungen der Technik, die ihm das Leben erleichtern und verschönern, die, wie er meint, Zeit für ihn einsparen und Fortschritt verkünden. Doch soll unter diesen Neuerungen nicht leiden, worauf er unter gar keinen Umständen verzichten kann, weil davon alle anderen Errungenschaften getragen werden, nämlich die eigene Arbeit und die persönliche Geborgenheit, wenn er nicht mehr arbeiten kann.

Eine sich selbst revolutionierende Wirtschaft hält der Mensch in Gang. Aber sein Verlangen hat eine ausgesprochen konservative Note. Kontinuität im Beruf, Garantie des Arbeitsplatzes, ein auskömmliches Dasein bei Krankheit und im Alter, das sind noch immer seine Wünsche. »Wir aber wollen, daß das Glück von Dauer sei, auch das wirtschaftliche Glück, das wir Wohlstand nennen« (Albert Coppé). Heute wissen wir, daß der Wohlstand einzelner, weil er immer weiter hinaufgetrieben werden soll, nicht verläßlicherweise auch den Wohlstand aller anderen nach sich zieht, wie es früher geschah, sondern ihn herabdrückt, wenn Arbeitsplätze in großem Maße weginvestiert werden.

Aber da ist ja noch die Mobilität. Regierungen verkündeten sie wie eine Heilsbotschaft. Die Mobilität der Arbeitnehmer zu fördern, waren sie alle bereit. Das Arbeitsförderungsgesetz kam mit dem Angebot generöser Hilfen bei Ausbildung, Weiterbildung und Umschulung, bei Berufs- und Betriebswechsel heraus. Von dem Angebot wurde weidlich Gebrauch gemacht. Schließlich hatte die Bundesrepublik nicht mehr genug Geld für den persönlichen Nutzen aus dem allgemeinen Opfer.

Innerhalb der Europäischen Gemeinschaft förderten die Sozialpolitiker, unterstützt von nationalen Verfassungen, die Freizügigkeit. Doch gerät hier die Freiheit schon auf den Widerspruch aus Sorge um die Sicherheit. Der Europa-Arzt, der Europa-Apotheker sollen kommen, aber nicht auf Kosten der deutschen Ärzte und deutschen Apotheker, die sich ohnehin schon zuviel geworden sind.

Es konnte der Mobilität, der vielfach gepriesenen und verzuckerten, nicht gelingen, ähnlich geschätzt zu werden wie die Beständigkeit. Denn es wuchs der Kreis der potentiell Gefährdeten, und entsprechend nahm die Zahl derer ab, die es sich leisten konnten, mit großer Seelenstärke das Schicksal der Betroffenen zu beobachten. Jahrzehntelang waren Büro und Kontor vom technischen Fortschritt relativ unberührt geblieben. Dann mußte der einzelne sich neu orientieren, Belegschaften gruppierten sich um. Dauer und Sicherheit verfielen höchster Bedrohung.

Unaufhaltsam verschoben sich auch die Strukturen der Erwerbsbevölkerung. Die Gruppe der Selbständigen schrumpfte zusammen, der Anteil der Arbeiter ging zurück, und die Angestellten wurden um so zahlreicher, je mehr sich der Dienstleistungsbereich, vorzüglich der Behördenapparat mit seiner doppelten Altersversorgung, auf Kosten der Produktion ausdehnte. An einer Neuordnung der deutschen Alters-, Invaliditäts- und Hinterbliebenensicherung, die sich nicht auf die Rentenversicherung bezieht, sondern auch andere gesetzliche Versorgungssysteme einbezieht, ist gar nicht vorbeizukommen.

## Sorge um die Renten

Wer wird morgen leben? Demografische Veränderungen ungewissen Ausgangs treten ins Bild: Explosion der Weltbevölkerung im ganzen, extremer Geburtenrückgang bei den Deutschen. Die Lebenserwartung ist gestiegen, schwankt aber wieder, und vorzeitige Erwerbsunfähigkeit nimmt weiter zu. Die Frauen drängen auf den Arbeitsmarkt. Bis 1981 soll der Anteil der verheirateten unter den erwerbstätigen Frauen auf rund zwei Drittel angestiegen sein. Kinder-, Jugend- und Familienpolitik, die bei Mackenroth noch am Anfang aller Sozialleistungspolitik standen, sind Randfelder des Interesses geworden. Was bewegte, war die Gegenwart, die jeden Augenblick Vergangenheit wird. Eine Welt von Sozialproblemen liegt hinter solchen Veränderungen, freilich nicht hinter, sondern vor uns, ob wir sie nun ins Bewußtsein eindringen lassen oder nicht.
Doch immer häufiger tastet jetzt das Auge die Zukunft ab. Sie wird anders sein als die Gegenwart, mehr weiß man nicht. Unterdessen ist die Tagespolitik beschäftigt, mit krisenhaften Zuständen eben jener Einrichtungen fertig zu werden, die für vergehende Verhältnisse geschaffen wurden. Es sind genau die Einrichtungen des sozialen Fortschritts, die den Menschen garantieren sollten, daß sie nicht wieder in Not und Mangel zurückfallen, daß sie Zuflucht finden hinter Schutzwällen, die gegen die wichtigsten Risiken des Lebens aufgeschüttet worden sind.
Zwar versteht es sich von selbst, daß diese Aufschüttungen Geld kosten. Doch sind schon innerhalb der Sozialversicherung Konkurrenzen um das Geld entstanden. Die Rentenversicherung hat das größere politische Gewicht und hohes Ansehen im Staat, die Krankenversicherung den kürzeren Weg zu den Quellen der Abgaben, die alles speisen. Doch ist es nicht lange her, da kürzte die Bundesrepublik ihre Zuschüsse zur Alterssicherung um Milliardenbeträge, führte einen Krankenversicherungsbeitrag der Rentner ein, schaffte ihn wieder ab, zahlte ihn wieder zurück und diskutiert nun seine (möglicherweise drastischere) Wiedereinführung. Der Beitragssatz zur Rentenversicherung wurde extrem erhöht, und die Beiträge zur Krankenkasse stiegen sowieso.
Als über den Rentenfinanzen dann eine unzeitige Sonne aufging, kamen die flexible Altersgrenze, die Vorverlegung der Rentenanpassung, die Rente nach Mindesteinkommen. Dreistellige Milliardengrößen, die rechnerisch in der Zukunft einfließen sollten, wurden ohne Verzug schon in Rechtsansprüche gegossen. Fehlkalkulationen, erwachsen mehr noch aus der Wahlhelfer-Funktion der Sozialpolitik als aus der Schwäche politisch-ökono-

mischer Naivität, traten dann später karikaturhaft ans Licht, als sich Unvorhersehbarkeiten in Politik und Wirtschaft außerhalb unseres Landes brutal geltend machten.
Jeden Tag kann das Weltwirtschaftssystem ähnlichen Erschütterungen neu ausgesetzt sein. Aber die bruttolohnbezogene dynamische Rente bleibt, klingt es von Partei zu Partei, von Fraktion zu Fraktion. Und mit Recht, denn diese Rente ist ja auch das Beste, was wir seit 1949 sozialpolitisch geleistet haben. Aber daß wir uns bei der zweiten Rentenreform, den Willen zur Stabilitätspolitik vorausgesetzt, finanziell übernommen hatten und so rechtzeitig wie möglich im Interesse der Versicherten und Rentner Konsequenzen daraus ziehen müßten, wollte vor dem 3. Oktober 1976, dem Datum der letzten Bundestagswahl, keine Partei zugeben.
Hier wurde sozialer Fortschritt nur noch fingiert, vorgetäuscht, und zwar zum Nachteil der ganzen Bevölkerung. Eine ganze Regierung und ein ganzes Parlament, die versagt haben, müssen jetzt sehen, wie sie die Suppe, die sie dem Volk eingebrockt haben, doch noch einigermaßen schmackhaft machen.

## Warten auf Gesundheitspolitik

Bei der finanziellen Sanierung der Rentenversicherung, mag sie noch so unangenehme Situationen für die Politiker mit sich bringen, handelt es sich um eine mehr oder weniger technokratische Aufgabe, die sozial gerechte Verteilung finanzieller Defizite. So einfach wird die Neuordnung der Krankenversicherung nicht sein. Dabei geht es nicht nur um ein Hin- und Herschieben und die Neubestimmung von Quantitäten, also Geldbeträgen und Prozentsätzen. Es wird auch qualitativ etwas durchzusetzen sein: Gesundheitspolitik. Dieser Versuch, der nicht mehr zu vermeiden ist, findet dann natürlich den Widerstand aller Beteiligten des Medizinbetriebes. Doch ist dessen Bestand anders nicht zu gewährleisten. Die Finanzentwicklung der Krankenversicherung darf nicht weiterhin allein vom guten (oder schlechten) Willen der Beteiligten abhängig sein. Keine Sparte der sozialen Sicherung ist so wie diese dem Wohlverhalten (oder Nicht-Wohlverhalten) geradezu ausgesetzt. Das wird sich nicht länger verantworten lassen. Aber wer das ändern will, braucht ständige Konfliktbereitschaft für seine Aufgabe.
Gewinn an Rationalität soll sich im Gesundheitswesen verbinden mit einer Zunahme an Effizienz. Außer Theodor Blank, der seinen eigenen Ansatzpunkt hatte, sind bisher alle Politiker diesem Problem ausgewichen. Der Koloß des Gesundheitswesens trieb ohne Kostenbremsen dahin, Sturzbäche neuer industrieller Leistungsangebote an das sogenannte Gesundheitsbewußtsein schufen zusätzliche Bedürfnisse. Und in gerade diesem Maße, in dem die wirtschaftlichen Erfolge der Anbieter von Gesundheitsleistungen sich mehrten, schien die Gesundheit selbst sich zu vermindern. Das war der Eindruck vom Ganzen. Vereinzelte spektakuläre Ausnahmen konnten ihn nicht verwischen, die Tendenz blieb sichtbar.
Mit dem Wohlstand ist auch das Wohlbefinden wichtiger geworden. Genießen kann man den Lebensstandard schließlich nur bei Leben und Gesundheit. So nahm der Glaube an den sozialen Fortschritt seine medizinische

Variante an. Persönlich macht man zwar oft von der Heilkraft des Medizinbetriebes abweichende Erfahrungen, doch lassen sie sich nicht verallgemeinern, weil, anders als in der Rentenversicherung, das Subjektive in diesem System gegenüber dem Objektiven bei weitem überwiegt.

Das Spektrum der Risiken reicht von schwersten Schicksalsschlägen bis zur leichten Mißbefindlichkeit. Der Betroffene will auch, wenn ihn erkennbar kein Schicksalsschlag getroffen hat, doch auf alle Fälle sichergehen. Er hat Ansprüche und bringt viel Geld auf. So hindert ihn nichts, den Arzt für erstkompetent zu halten. Passivität, die bequemer ist als Aktivität, läßt die erste Stufe des Vorgangs, die ganz persönliche Auseinandersetzung mit dem Übel, wegfallen.

Schlimmer noch, der für alles und jedes seine Heilversprechen anbietende Medizinbetrieb untergräbt die Bereitschaft, gegen die wachsenden Gesundheitsgefahren der außerpersönlichen Umstände gemeinsam sich zu engagieren. Wozu mittun, wozu sich anstrengen, wenn es doch für jeden Schaden ein Gegenmittel gibt, so daß im Grunde nichts passieren kann? Auch Geldeinbußen drohen bei bescheinigter Krankheit nicht mehr, der Nicht-Arbeitende ist dem Arbeitenden gleichgestellt, Fleiß und Pflichtbewußtsein sind um eine Stufe degradiert.

Der Medizinbetrieb in seiner heutigen Form ist das schwerste Argument gegen die Unausweichlichkeit des sozialen Fortschritts. Jedoch Kritik, wie sie ständig geübt wird, schlägt in Frustration des Arztes um, dem seine Freude an der Berufsausübung abhanden kommt. Die Patienten müssen das ausbaden. Ihr Vertrauensverhältnis zum Arzt schrumpft auf immer weniger und kleinere Felder zusammen. Wo immer es geht, werden die Patienten mit einem Rezept abgefunden. Am meisten profitiert davon die Pharmaindustrie. Mit ihren Gewinnen darf sie auch den Pegel des Unsegens steigen lassen, den sie außerhalb ihrer therapeutisch unentbehrlichen Rolle stiftet. Dies alles sind keine fortgeschrittenen Verhältnisse. Die Mediziner werden von ihren Standesorganisationen politisiert und unablässig angehalten, um ihre Freiheit besorgt zu sein. Den Politikern auf der anderen Seite fehlt für eine Besserung der sich ständig verschlechternden Zustände das Konzept. Das Parlament schließlich fürchtet eine Lobby, die über große Macht verfügt.

## Die Frage nach den Menschen

Wer nun ein Vierteljahrhundert lang, wie er glaubt, am Auf- und Ausbau des Sozialstaates journalistisch mitgearbeitet hat, steht außerhalb der Gefahr, den prinzipiellen Widersachern dieser im ganzen erfolgreichen Politik zugerechnet zu werden. Aber gerade die Dauer dieser Mitwirkung bestärkt doch in der Ansicht, daß Fortschritt nur in der Rückschau aufzufinden sei. Wir sind verpflichtet zu wissen, was gegen uns spricht. Geradezu abstoßend wurde das Geschäft, Leistungserfolge in Millionen und Milliarden, in Prozenten und Paragraphen zu konstatieren. Eine der scheußlichsten Erfindungen ist die Sozialleistungsquote. Sie wächst, wenn es den Menschen besser geht, aber sie nimmt auch zu, wenn Rückschläge zu erleiden sind. Diese Quote ist der Gipfel des Abstrahierungsprozesses, der aus den Augen gebracht hat, was denn mit den Menschen geworden ist, als sich der soziale Fortschritt vollzog.

Sie hat auch nicht die Herzen und Hirne für das Problem geöffnet, wie denn die Menschen leben, die sich außerhalb der Reichweite dieser Sozialleistungsquote befinden. Der Wohlfahrtsstaat ist nationalistisch, sagt Gunnar Myrdal schon 1961, und er fügt (a.a.O.) hinzu: »Der moderne Wohlfahrtsstaat hat sich in einem Rahmen progressiver internationaler Desintegration entwickelt. Es ist ebenfalls nicht zu bezweifeln, daß ein großer Teil des komplexen Systems politischer Maßnahmen, die im Interesse des nationalen Fortschritts, der Gleichheit der Chancen und der Sicherheit des Individuums ergriffen wurden und die heute das wesentliche Merkmal des Wohlfahrtsstaates sind, im großen und ganzen dazu neigen, das internationale Gleichgewicht zu stören. Insbesondere gestatten die Ideale des Wohlfahrtsstaates keine Anpassung an Veränderungen im internationalen Bereich, wenn dies auf Kosten der Vollbeschäftigung oder anderer essentieller Elemente dieser Ideale gehen mußte.«

Nach Myrdal hat die Verfestigung des Wohlfahrtsstaates eine stark verminderte Flexibilität der Außenwelt gegenüber zur Folge gehabt. Wenn man die langweiligen, im Wortlaut kaum noch variierten sozialpolitischen Leistungsbilanzen unserer Regierungen liest, mißfällt die Überheblichkeit, die sich darin ausdrückt. Denn weitgehend verdankt der Wohlfahrtsstaat seine heutigen Erscheinungsformen, auch und gerade diejenigen, die zu begrüßen sind, einer Automatik, die mit seiner Expansion zunahm.

Heute sind die Politik und die Praktiken des Wohlfahrtsstaates in den am weitesten fortgeschrittenen Ländern der westlichen Welt so fest verankert und werden so allgemein akzeptiert, daß es keine Partei mehr wagen kann, gegen sie aufzutreten. Diese Länder erreichen allmählich einen Stand, wo sich ganz im Gegenteil die politischen Parteien Konkurrenz machen, indem sie dem Wähler neue Wege zur Fortsetzung der Reformbewegungen vorschlagen. Dabei ergeben sich die sozialen Reformen fast zwangsläufig als Nebenprodukt der wirtschaftlichen Entwicklung.

Dennoch bleibt der Vorwurf, daß die nationale Integration, die der Wohlfahrtsstaat begünstigt hat — siehe soziale Selbstverwaltung, Tarifautonomie, konzertierte Aktion — doch der internationalen Desintegration Vorschub leistete. So wenig man nur einer Partei, einer Regierung, einem Staat zumuten kann, daß er auf Möglichkeiten, die soziale Lage breiter Bevölkerungskreise zu verbessern, ohne Grund verzichtet, so unabweisbar scheint mir, wenn auch mitten in der Krise der Sozialfinanzen, die Befürchtung, daß allzu lange versäumt oder gar nicht daran gedacht wurde, die Ziele sozialer Gerechtigkeit und sozialer Sicherheit auch international anzusteuern. Oder wird schon irgendwo maßgeblich daran gearbeitet, im Interesse unserer Kinder und Enkelkinder, ein Konzept für eine Welt-Sozialpolitik zu finden?

Hier sollte ausdrücklich nicht gefeiert werden, wie weit wir es gebracht haben. Auch wäre es ein Fehler, von der Bevölkerung zu erwarten, daß sie allgemein den Fortschritt würdige. »Fortschritt wird vielleicht von Historikern wahrgenommen; er kann nie von denen empfunden werden, die wirklich in diesen vermeintlichen Vorwärtsgang verwickelt sind. Die Jungen werden in die fortschreitenden Umstände hineingeboren, die Alten nehmen sie binnen weniger Monate oder Jahre für gegeben. Es gibt da keine Dank-

barkeit — nur erbitterte Gereiztheit, wenn aus irgendeinem Grund die neuerfundenen Bequemlichkeiten des Komforts versagen. Die Menschen verbringen ihre Zeit nicht damit, Gott für Automobile zu danken; sie fluchen bloß, wenn der Vergaser verstopft ist« (Aldous Huxley).
Und Garantien für Sicherheit und Dauer? Niemand kann sie geben. Sozialpolitiker handeln in eine Welt hinein, die von Unruhen, teilweise von Katastrophenstimmungen erfüllt ist. Sie werden und müssen weiter handeln, aber sie sollten nicht glauben, daß sie dadurch die Menschen verändern. Des Menschen Qualität ist der soziale Fortschritt nicht erkennbar zugute gekommen. Allerdings kann das Nachdenken darüber nicht frei von Emotionen sein. Dabei fällt auf, wie vorteilhaft es ist, daß wenigstens das menschliche Herz sich der Planung entzieht.

Hans Herbert Götz

# Ernst Schellenberg. Ein großer Parlamentarier

## Erinnerungen eines Nicht-Parlamentariers

Ernst Schellenberg, der seine parlamentarische Tätigkeit nun beendet hat, war ein großer Parlamentarier. Dieser im einzelnen noch zu belegende Satz eines Nicht-Parlamentariers, eines Journalisten, der zwischen 1953 und 1963 nahezu alle großen sozialpolitischen Debatten im Deutschen Bundestag mitbeobachtet und für die »Frankfurter Allgemeine Zeitung« aufgezeichnet hat, soll am Anfang dieses Beitrags stehen. Ernst Schellenberg, blickt man auf sein bisheriges politisches Wirken zurück, war zu allererst Parlamentarier. Aber was heißt, ein »großer Parlamentarier« sein? Was bedeutet dies heutzutage, in einer Periode, in der die lebendige Demokratie nahezu überwuchert scheint vom geballten Fachwissen, das in den Amtsstuben und Ministerien aufgehäuft ist? Zunächst dieses: die Zahl der großen Parlamentarier ist klein; vielleicht ist sie noch kleiner geworden, als sie es immer war. Zu fragen wäre, ob die Demokratien des ausgehenden zwanzigsten Jahrhunderts überhaupt noch große Parlamentarier hervorbringen. Die Zahl der großen Parlamentarier war und ist in unserem Lande ohnehin klein, da die Kunst der freien Rede, des offenen ungeschützten Debattierens selten beherrscht und auch nicht, wie etwa in England, systematisch erlernt wird. Die Deutschen mißtrauen eher der »Rede«, anders als etwa romanische Völker oder die Briten, die das politische Gewicht eines jungen Parlamentariers am Witz und am Stil seiner Jungfernrede im Unterhaus messen. Und wenn die Deutschen einmal der »großen« Rede vertrauten, dann ging es in der Regel schief, — die deutsche Geschichte liefert leider allzu reichliche Beispiele.

Das Thema, zu dem sich Ernst Schellenberg unzählige Male in den Jahrzehnten seines Wirkens im Deutschen Bundestag geäußert hat, in großen Reden und nicht zu zählenden Diskussionsbeiträgen, war einzig und allein das weite, komplizierte Feld der Sozialpolitik. Ihr technischer Schwierigkeitsgrad ist nur noch mit der Steuerpolitik vergleichbar, sie ist für einen Einzelnen fast nicht mehr übersehbar und kaum noch beherrschbar. Wer hier als Redner im Parlament sein Pensum nicht beherrscht, der macht sich rasch lächerlich und unglaubwürdig, da es immer einige Abgeordnete oder beamtete Einflüsterer des Ministers gibt, die wenigstens einen Bereich perfekt beherrschen und es im Einzelfall besser wissen als der Abgeordnete. An politischen Gegnern hat es Ernst Schellenberg nie ermangelt. Gleichgültig, ob in der Opposition oder in Regierungskoalitionen, gefochten hat er immer; fast undenkbar, Schellenberg nicht als Kämpfer zu sehen: Kämpfer für die Armen und Alten, Kämpfer gegen die, die weniger wollten als er, — und er wollte immer viel, manchmal zu viel. Er war ein großer Virtuose, der auch die schwierigsten »Etüden« der Sozialversicherung fehlerlos und meisterhaft »herunterdonnern« konnte. Er besaß große praktische Erfahrung als Sozialversicherungschef aus der Berliner Zeit — in den schwierigsten Zeiten nach dem Kriegsende — er kannte die Praxis der Verwaltung, die Grenzen der Gesetze und die Nöte der Menschen.

Ist es vermessen zu behaupten, daß Ernst Schellenberg seine größten Leistungen in den Jahren der Opposition, von 1952, als er in den Bundestag kam, bis zur Großen Koalition 1966 erbrachte? Wenn es ein Musterbeispiel dafür gibt, welch bedeutende Rolle eine kämpferische und fachkundige Opposition in einer parlamentarischen Demokratie spielen kann, dann ist es die Rolle, die Ernst Schellenberg und seine kleine, sachkundige »Truppe«, seine Helfer und »Büchsenspanner«, vor allem in den fünfziger Jahren gespielt haben. Zwar hatten die CDU und ihre Koalitionspartner die Macht, aber die sozialdemokratischen Sozialpolitiker waren keineswegs machtlos. Sie verstanden es, ihre »Reserven«, die es in den Ländern, wo die Sozialdemokraten regierten, gab, oder im Unterbau der Selbstverwaltung der Sozialversicherung, zu mobilisieren und zum rechten Augenblick ins Gefecht zu führen. Die sozialdemokratische Opposition hat der Regierung und den damaligen Koalitionsparteien in den zahlreichen sozialpolitischen Diskussionen das Leben oft schwer gemacht. »Wenn der auf der Regierungsbank sitzende Arbeitsminister Storch — der von 1949—1957 Arbeitsminister war —, von dem Berliner Professor attackiert wird, dann zieht der Minister, obwohl er hinter sich ein Heer von soufflierenden Beamten hat, mehr als einmal sichtlich eingeschüchtert den Kopf ein«, so schrieb der kundige Bonner Beobachter Walter Henkels in den Tagen der großen Debatte über die Rentenreform im Januar 1957. In diesem Aufsatz nannte er die Sozialpolitiker im Bundestag »die Pauken im großen Orchester«. Theodor Blank, der von 1957—1963 Arbeitsminister war, und ein klares ordnungspolitisches, marktwirtschaftliches Konzept besaß, ihn hat Schellenberg als sozialpolitischen Gegner immer ernst genommen, — ganz einfach, weil Blank ein eindrucksvolles sozialpolitisches »Kontrastprogramm« besaß.

Es gibt Tugenden der parlamentarischen Opposition, die Ernst Schellenberg vorgelebt hat. Die Opposition darf, ja sie muß ungeduldig sein, fordernd; sie besitzt das Recht zur Übertreibung, zur Zuspitzung, natürlich auch zur Polemik und Agitation. Sie darf Verwirrung in den Reihen des Gegners stiften, Gruppen gegeneinander ausspielen, was angesichts des kräftigen »linken Flügels« in der CDU-Fraktion ein beliebtes Spiel blieb und noch immer ist. Vor allem muß die Opposition fleißig sein, sie muß versuchen, die fehlende Macht so weit wie möglich durch Fleiß zu ersetzen. Hierin war Ernst Schellenberg Vorbild für jüngere Parlamentarier. Die Opposition arbeitete damals unter bescheidenen Umständen; Schellenbergs winziges Zimmer war immer ein gewaltiger Papierberg, in dem er sich freilich gut auskannte.

Es war ein nahezu verrücktes Leben, das er als Parlamentarier führte. Der große schwere Mann, er lebte als ehemaliger »Wandervogel« fast vegetarisch und ernährte sich vorwiegend von Joghurt, Obst, Pellkartoffeln und Quark. Er war vor seiner Arbeit besessen. Oft wirkte er gehetzt. Er fühlte sich verantwortlich. Anders als Willi Richter, der damals den Ausschuß für Sozialpolitik leitete und von gemächlicherem, auch friedfertigerem Gemüt war, fühlte sich Ernst Schellenberg als der sozialpolitische Motor der Fraktion. Die Arbeit im Sozialpolitischen Ausschuß, den er dann jahrelang leitete, hat er ernst genommen. Es gibt in dem Vierteljahrhundert kein sozialpolitisches Gesetz, das er nicht beeinflußt, geändert hätte. Freilich: er war gejagt, zwischen den Sitzungen, im Ausschuß, in der Fraktion, im Plenum, den regelmäßigen Flügen nach Hause, nach Berlin, wo er die Pflichten des Abgeordneten, vor allem in den Rentnersprechstunden, ernst nahm und nicht viel Zeit für das schöne, stilvolle Zuhause fand.

Schellenberg hat gewiß nie ein Buch über die Kunst der freien Rede gelesen, er war ein Naturtalent. Und über Schellenberg als Redner muß gesprochen werden, wenn über ihn als großen Parlamentarier geschrieben wird. Wenn er auf das Rednerpult, auf das der Deutsche Bundestag leider nicht verzichten will, zuschritt, waren es jedesmal kleine Auftritte. Freilich waren sie nie geprobt, sondern immer spontane Aktion aus dem Augenblick heraus, vom Stand der Debatte her »gespielt«, fast »happening«, manchmal auch die Grenze der Schaustellerei, ja der Komik streifend. Bereits die Gangart, in der er die wenigen Meter zum Rednerpult zurücklegte, kündigte an, was folgen sollte: die schnelle, trotzige, auch listige, giftige und ironische Antwort oder Frage. Oder aber in gemessenem, fast pathetischem Gang die nun folgende, schon im voraus »genießende«, grundsätzliche Bemerkung, den Blick immer schon auf den »Gegner« gerichtet. Auch der Abgang war unnachahmlich: meist war er rasch, nachdem er zuvor seine paar Notizzettel zusammengerafft hatte, die er zuletzt dann mahnend, beschwörend, warnend und mit großen Gesten hin und herschwenkend, zusammenpackte. Er sprach laut, für manche zu laut, für manche auch zu lang. Er hätte leicht auf das Mikrofon und die Lautsprecheranlage verzichten können.

Ernst Schellenberg sprach niemals, wie es im parlamentarischen Jargon heißt, »fürs Protokoll«. Für ihn war die parlamentarische Auseinandersetzung, vor allem im Plenum, pralles, volles, politisches Leben. Er hielt nie die berühmten Reden zum Fenster hinaus, die für das Zitat in der Lokalpresse gedacht waren — und sind. Die Plenumsdebatte war für ihn immer Kampf von Rede und Gegenrede; er war immer der Hoffnung, daß in der sozialpolitischen Auseinandersetzung Fachkenntnis und Argumente mehr zählten als in den sogenannten »großen« politischen Plenardebatten. Die Qualität einer Parlamentsdebatte, ihre Langweiligkeit oder ihre Lebendigkeit, läßt sich in gewisser Weise messen, vor allem am Ausmaß und der Zahl der Zwischenrufe und Zwischenfragen, die der Parlamentspräsident zur Beantwortung gestattet. Die Protokolle weisen es aus: Ernst Schellenberg gehörte zu den am meisten durch Zwischenrufe und Gegenfragen unterbrochenen Rednern des Deutschen Bundestages. Zwar verbindet man mit der spröden Materie der Sozialpolitik gemeinhin nicht den Begriff der Eleganz, aber auch seine politischen Gegner werden ihm nicht absprechen wollen, daß er mit Eleganz argumentierte, daß er niemals »unter die Gürtellinie« schlug, niemals diffamierte. Im allgemeinen war er in Diskussionen höflich, zuvorkommend in der Zulassung von Gegenfragen, es sei denn, der Präsident habe ihn an die fast notorische Überschreitung der Redezeit erinnert. Er liebte das Streitgespräch, die Ausdauer des Plenums manchmal arg strapazierend; auch wußte er, daß ihn sein Gedächtnis nie im Stich ließ. Ein kleines Beispiel aus der Sitzung des Deutschen Bundestags vom Mai 1970, in der der Sozialbericht beraten wurde, mag dies belegen. Es ging um die Dynamisierung der Krankenversicherungs-Pflichtgrenze für Angestellte, und Ernst Schellenberg sagte:

»Jetzt, gestern oder vorgestern, brachte die CDU/CSU-Fraktion einen ähnlichen Gesetzentwurf ein, auf den Herr Kollege Katzer mit großem Stolz verwiesen hat.

*(Abg. Härzschel: Zu Recht!)*

— Ja, aber Herr Kollege Härzschel, Sie wissen doch wohl noch, wie es vor einem Jahr war!

*(Sehr richtig! bei der SPD.)*

Noch vor einem Jahr wollte die CDU/CSU erst ab 1. Juli 1970 die Versicherungspflichtgrenze.

*(Abg. Dr. Barzel: Das war doch die Große Koalition! Das war doch nichts!)*

Nein, nein, nein! Die CDU wollte in ihrem Gesetzentwurf vom 18. März 1969, der dann am 20. Mai im Sozialpolitischen Ausschuß von der CDU wieder zum Antrag erhoben wurde,

*(Abg. Dr. Barzel: Das Gedächtnis ist immer noch gut! — Heiterkeit bei der CDU/CSU)*

ab 1. Juli 1970 die Versicherungspflichtgrenze auf nur 990 DM Monatsgehalt für Angestellte festzusetzen,«

*(Abg. Wehner: Leider wahr! — Sehr richtig bei der SPD.)*

So verhalten und konzentriert im Gespräch Ernst Schellenberg war, im Deutschen Bundestag liebte er die große imperiale Geste, auch die rhetorische Übertreibung; die Rolle des »zürnenden Donnerers« lag ihm; »Professor für Polemik« nannte ihn ein Abgeordneter der Regierungsparteien. Da ließ er sich auch schon einmal zu pompösen Formeln hinreißen wie: »Das ist eine ungeheuerliche Behauptung« oder »Da irren Sie gewaltig, Herr Kollege« oder »Ihre Position ist unter der Wucht unserer Argumente zusammengebrochen«.

Dies gehörte zu seinem parlamentarischen Stil, aber wenn er Hiebe austeilte oder gar zum großen Schlag ausholte, es waren nie Leerformeln oder hohles Pathos: »Ich weiß, Sie sind ein großer Systematiker«, rief ihm der FDP-Abgeordnete Dr. Jentsch während der tagelang währenden Diskussion über die Rentenreformgesetze am 21. Januar 1957 in der Debatte zu.

In der Tat: Schellenberg operierte immer im Großsystem der Deutschen Sozialversicherung. Aber er war kein sozialpolitischer Fachidiot, obwohl ihn seine immense Fachkenntnis leicht in diese Richtung hätte führen können. War er zwar in der Lage, es mühelos mit einer Phalanx von Experten aufnehmen zu können, so weiß doch jeder, der ihn auch nur ein wenig kannte, daß der Mensch, der Arme, Kranke, Alte, der schuldlos aus einem Lebens- und Arbeitsrhythmus gebrachte Mensch im Zentrum seines Denkens und Handelns stand. Nie hat er, der von der Opposition gar nicht freundlich, sondern eher etwas giftig, — so etwa von Anton Storch, einem seiner Gegenspieler — als »der Herr Professor« angesprochen wurde, den Professor, der er ja auch war, in überheblicher Weise herausgekehrt, es sei denn, einer war ihm nun allzu »harmlos« gekommen. Nie hat er vergessen, wie das Leben der sogenannten kleinen Leute verlief, das Leben in einem Milieu, aus dem er selbst stammte und aus dem er sich allein kraft eigener Leistung herausgearbeitet hat. Mit seinem Fachwissen hat er manchen auch geärgert, zumal dann, wenn er sich daran machte, dieses Wissen zur Durchsetzung seiner sozialpolitischen Gedanken, oft auch listig und taktisch gekonnt, durchzusetzen. Er war kein »Candide«, sondern mit allen Wässerchen des Parlamentarismus gewaschen.

Wenn wir Ernst Schellenberg als einen großen Parlamentarier hier zu skizzieren versuchen, dann ist dies in einem ganz besonderen Sinn wörtlich zu nehmen. So wichtig, ja unerläßlich ihm das Gespräch in kleinerem Kreis, vor allem im sozialpolitischen Ausschuß des Deutschen Bundestages war, das Plenum hat er immer sehr ernst genommen, hier schlug für ihn das Herz der parlamentarischen Demokratie. Hier galt es nicht nur zu besiegeln, was unter den Fachleuten geheim oder halb öffentlich vorgesprochen oder abgekartet war, sondern im Plenum fiel die Entscheidung. Auch hierfür ein Beispiel aus einer Aussprache über die langfristige Sicherung der Rentenfinanzierung, die der Deutsche Bundestag am 7. Oktober 1966 führte. Schellenberg sagte:

»Der Stichtag der letzten uns vorgelegten Bilanzen ist der 1. Januar 1963.

*(Abg. Ruf: Das weiß ich!)*

Mit solchen veralteten Unterlagen können sachgerechte Entscheidungen über Beitragserhöhungen für 1968 und 1970 nicht getroffen werden.

*(Beifall bei der SPD.)*

Es ist eine Zumutung für das Parlament, daß die Bundesregierung die Beschlußfassung über Beitragserhöhung in Milliardenhöhe fordert, ohne daß genaues Material über die Auswirkungen dieser Beitragserhöhungen und über die voraussichtliche Finanzentwicklung vorliegt. Das Wort »genaues« unterstreiche ich.

Es werden in der öffentlichen Diskussion — Herr Kollege Stingl ist darauf eingegangen — auch diese und jene anderen Zahlen genannt; aber widerspruchsvolle Zahlen. Es ist kein Geheimnis, daß der Herr Bundesarbeitsminister, der es eigentlich auf Grund der Unterlagen seines Hauses genauer wissen müßte, in der Kabinettsvorlage erst für eine Beitragserhöhung zum späteren Zeitpunkt eingetreten ist. Entscheidend ist, daß aktuelle, exakte und detaillierte Zahlenunterlagen fehlen. Jedenfalls haben wir sie noch nicht gesehen.

*(Abg. Ruf: Aber die Regierung hat sie!)*

— Das ist wundervoll, wenn die Regierung die Unterlagen im Schreibtisch hat. Das Parlament muß sie erhalten, wenn ein solcher Gesetzentwurf mit Beitragserhöhungen in Milliardenhöhe vorgelegt wird.

*(Beifall bei der SPD.)*

Deshalb ersuchen wir die Bundesregierung, dem Hause unverzüglich eingehende versicherungsmathematische Berechnungen unter Berücksichtigung der vorgeschlagenen Änderungen des Deckungsverfahrens und der vorgeschlagenen Erhöhung der Beitragssätze vorzulegen. Ohne derartige Unterlagen sind Beschlüsse über Finanzfragen der Rentenversicherung nach unserer Auffassung nicht zu verantworten. Ich hoffe, Herr Kollege Ruf, Sie stimmen uns wenigstens in diesem Punkte zu.

*(Abg. Ruf: Wir werden die Unterlagen genau prüfen! —*
*Zuruf der Abg. Frau Kalinke.)«*

Wer heute, 1977, über die Zukunft der sozialen Rentenversicherung nachdenkt, dem kommt die im Nachhinein seltsame »Schlacht« der Versicherungsmathematiker in den Sinn, die im Vorfeld der Rentenreform des Jahres 1957 geschlagen wurde: »Tietz gegen Heubeck«, auf diese personalifizierte Kurzformel könnte man diese Auseinandersetzung bringen. Tietz war der lange Zeit einzige Versicherungsmathematiker des Bundesarbeitsministeriums, und Heubeck war ein renommierter Versicherungsmathematiker, der privatwirtschaftlich tätig war. Diese Schlacht der Mathematiker, die die Fachleute seinerzeit faszinierte, beunruhigte die an der Rentenreform, an der Durchsetzung einer neuen Rentenformel interessierte und emotional stark beteiligte Öffentlichkeit außerordentlich. Zu Recht, denn die Mathematiker, die ihre versicherungsmathematischen Bilanzen aufstellten, sie sollten quasi vorentscheiden, welche Leistungen in überschaubaren Zeiträumen finanziell möglich waren und welche nicht. Sie sollten die nahezu jedermann angehende Frage beantworten, mit welchen Beiträgen welche Rentenleistungen finanziert werden könnten. Wahrscheinlich ist es eine zu vereinfachende Feststellung, wenn man heute sagt, daß Heubeck recht behalten hat mit seiner These, daß die zugesagten Leistungen mit den in Aussicht genommenen Beiträgen langfristig nicht finanziert werden könnten, — und alle anderen Unrecht, Anton Storch, der Minister, und wohl auch Ernst Schellenberg. Zu Recht ist die Einführung der dynamischen Rente in der deutschen Sozialpolitik als eine Jahrhunderttat bezeichnet worden. Freilich konnte es sich damals niemand vorstellen, daß in der Bundesrepublik Lohn- und Preissteigerungen in den Größenordnungen der siebziger Jahre möglich würden, daß über ein zerbrochenes Weltwährungssystem sich die Inflation wie ein Pestbazillus über die ganze Erde ausbreiten könnte. Und daß sich die demographische Struktur der Bundesrepublik so rasch ändern würde, wie wir es erleben. Eines darf heute wohl unwidersprochen festgestellt werden: eine Rentenformel, die heute neu beschlossen werden müßte, sähe wohl etwas anders aus als die des Jahres 1957. Und darf man unterstellen, daß auch Ernst Schellenberg, heute neu mit der Frage der Rentenformel und der Finanzierung dieses »Generationenvertrages« konfrontiert, vor allem mit der Bezogenheit der Altersrenten auf den Bruttolohn, vielleicht die eine oder andere, damals mit so viel Leidenschaft vertretene, Position zu revidieren bereit sein würde?

Natürlich hat Ernst Schellenberg auch als Parlamentarier geirrt. Nicht aus Unkenntnis, auch nicht aus leichtfertiger Interpretation der gegebenen politischen oder ökonomischen Fakten. Für die Argumentation der Nationalökonomen hat er sich nie so recht interessiert. Es gab ja auch nur eine Handvoll von Wissenschaftlern und Journalisten, die die Brücken zwischen Sozialpolitik und Nationalökonomie zu schlagen fähig waren. Der einzige Versuch, der in dieser Richtung gemacht wurde, war die Denkschrift über die Neuordnung der sozialen Leistungen vom Mai 1955 der vier Professoren Hans Achinger, Josef Höffner, des derzeitigen Kölner Kardinals, Hans Muthesius und Ludwig Neundörfer. Dies war ein großer Wurf, dem die Fachleute im Grunde nur mit Rechthaberei und Nörgelei begegneten. Man muß wohl auch bezweifeln, ob der damalige Arbeitsminister Storch sich der Größe der ihm übertragenen Aufgabe der Sozialreform voll bewußt war. Schellenberg hat eine immer größer werdende, zur weiteren Umverteilung zur Verfügung stehende Finanzmasse niemals geschreckt. Die große Volksversicherung war sein Ziel, und dieses Ziel hat er nahezu erreicht. Die sozialdemokratische Partei hat ihren Entwurf hierzu 1965 vorgelegt und in deren Verlauf gab es dann die für die Rentenversicherung fatalen Ausgabenschübe. Sie mußten die Finanzierung gefährden, als zu den Leistungsverbesserungen die Rezession mit Rückgängen der Beiträge und die demographischen Strukturwandlungen hinzutraten. Beim Ausscheiden von Ernst Schellenberg aus dem Deutschen Bundestag sind die Grenzen dessen, was in einer marktwirtschaftlichen Ordnung vernünftigerweise umzuverteilen ist, sichtbar geworden.

Was bleibt, ist die Aufgabe, für die Ernst Schellenberg gelebt und im Parlament gestritten hat: Alt-Werden darf nicht heißen Arm-Werden; Krank-Werden darf nicht heißen in Not geraten und Arbeitslos-Werden darf nicht Elend für die Familie bedeuten. Schellenberg operierte mit seinen Forderungen immer an der Grenze, auch an der Grenze der Belastbarkeit der sozialen Marktwirtschaft. Er mag sie wohl, da und dort, überschritten haben. Wie auch immer: künftige Sozialpolitiker im Deutschen Bundestag werden sich immer an der Leistung von Ernst Schellenberg messen lassen müssen.

# Anhang

# Autorenverzeichnis

*Herbert Wehner,* geb. am 11. 7. 1906 in Dresden. Ausbildung als Industriekaufmann. Seit 1925 zunächst nebenberuflich, dann hauptberuflich Journalist. 1930 bis 1931 Mitglied des Sächsischen Landtages. 1933 an zentraler Stelle in der Widerstandsbewegung tätig, politisch verfolgt. 1935 Emigration. Wegen fortgesetzter Verbindung zur Widerstandsbewegung in Deutschland während des Krieges im Ausland wiederholt in Haft genommen und interniert. 1944 bis 1946 zunächst Viskosearbeiter, dann Wissenschaftlicher Hilfsarbeiter in Schweden. 1946 Redakteur in Hamburg. 1950 deutscher Berater in Kriegsgefangenenfragen bei der Generalversammlung der Vereinen Nationen, 1952 Mitglied der deutschen Delegation bei den Tagungen der Kriegsgefangenenkommission der Vereinten Nationen. Stellvertretender Vorsitzender der SPD bis 1973. Mitglied des Bundestages seit 1949. Vorsitzender des Ausschusses für gesamtdeutsche und Berliner Fragen bis Dezember 1966. Anschließend bis 20. Oktober 1969 Bundesminister für gesamtdeutsche Fragen. Ab Oktober 1969 Vorsitzender der SPD-Fraktion.

*Helmut Rohde,* geb. 1925 in Hannover. Journalistische Ausbildung. Studium an der Hochschule für Arbeit, Politik und Wirtschaft in Wilhelmshaven. Anschließend vier Jahre Pressereferent im Niedersächsischen Sozialministerium. Seit 1945 Mitglied der SPD, seit 1957 Mitglied des Deutschen Bundestages. Von Herbst 1969 bis Mai 1974 Parlamentarischer Staatssekretär im Bundesministerium für Arbeit und Sozialordnung. Seit Mai 1974 Bundesminister für Bildung und Wissenschaft.

*Holger Börner,* am 7. Februar 1931 in Kassel geboren. Betonfacharbeiter, 1957 als damals jüngster Abgeordneter Mitglied des Deutschen Bundestages. Ehrenamtliche Tätigkeit in der Jugendarbeit. Gewerkschaftliche Tätigkeit, zuletzt als Betriebsratsvorsitzender einer Kasseler Bauunternehmung; kommunalpolitische Tätigkeit bis 1972 als Fraktionsvorsitzender im Kasseler Rathaus. 1965 Vorsitzender des Verkehrsausschusses; 1967 Parlamentarischer Staatssekretär beim Bundesminister für Verkehr. 1972 Bundesgeschäftsführer der SPD; seit Oktober 1976 Hessischer Ministerpräsident.

*Herbert W. Baker,* geb. am 24. 11. 1920 im US-Staat Montana. Nach dem Studium an den Universitäten Minnesota und Maryland (Abschluß BA) von 1943—1946 Dienst in der US-Army; 1946—1951 Sachverständiger für Arbeits- und Sozialpolitik bei der amerikanischen Militärregierung für das Land Bayern und bei der „Land Commission for Bavaria"; 1951—1955 Direktor der Abteilung für Arbeitsangelegenheiten bei der amerikanischen Militärregierung Berlin. Von 1956—1965 Sozialattaché an den amerikanischen Botschaften in Venezuela, Pakistan, Israel und Brasilien. Nach Tätigkeit als Direktor des Amtes für Arbeitsfragen bei der Agency for

International Development (AID) beim Department of State, Washington (1965—1972) seit Mai 1972 Sozialattaché an der Amerikanischen Botschaft in Bonn.

*George Foggon,* geb. 1913. Tätig am britischen Arbeitsministerium bis zum Eintritt in die Royal Air Force im Jahre 1941. Als Oberstleutnant abgeordnet zur Leitung der Arbeitsmarktabteilung im britischen Sektor von Berlin im September 1945. Bis zur Beendigung der Luftbrücke in Berlin. Danach zunächst Sachverständiger für Arbeitskräftefragen in überseeischen Ländern und ab 1966 Berater für Arbeitskräftefragen am Foreign and Commonwealth Office. Pensionierung 1976.

*Dr. Michael Noetzel,* geb. 1925 in Berlin. Studium der Wirtschafts- und Sozialwissenschaften an der Humboldt-Universität Berlin von 1946 bis 1949 und an der Freien Universität Berlin von 1949 bis 1952. Diplom-Betriebswirt und Doktor der Wirtschaftswissenschaften. Seit 1946 bei der Versicherungsanstalt Berlin als Werkstudent auf den verschiedensten Arbeitsplätzen tätig gewesen, zuletzt als Direktionsassistent. Seit 1949 dort Organisationsreferent und später Ausbildungsleiter, dann Dezernent für verschiedene Fachbereiche. Geschäftsführer der Allgemeinen Ortskrankenkasse Berlin seit 1975.

*Dr. Lothar Rosenberg,* geb. 1. 1. 1895. 1913/14 Abitur und Jurastudium. 1914 bis 1918 Kriegsdienst. 1922 Assessorexamen. Von 1923 bis 1945 Referent in der Abteilung Wohlfahrtspflege des Reichsarbeitsministeriums. Von 1927 bis 1928 Sozialattaché an der deutschen Botschaft in London. Seit 1932 Abteilungsdirigent der Abteilungen Wohlfahrtspflege und Zwischenstaatliche Sozialversicherung; Ministerialrat. 1945 bis 1952 Leiter der Hauptabteilung Berufsfürsorge für Schwerbeschädigte in der Versicherungsanstalt Berlin. 1953 Direktor der Senatskanzlei; Senatsrat, anschließend bis 1959 in der Senatsverwaltung für Sozialwesen; seit 1955 Senatsdirektor.

*Dr. med. Georg Weyhmann,* geb. 21. 6. 1912 in Königstein/Elbe. Nach dem Abitur 1932 Studium der Medizin in Innsbruck, Berlin und Leipzig. 1937 Staatsexamen und Promotion. Nach praktischem Jahr Assistenzarzt am Stadtkrankenhaus in Pirna und 1942 Facharztanerkennung für Innere Medizin. 1945 Ernennung zum Chefarzt des Krankenhauses Pirna. 1947 Übernahme der Inneren Abteilung der Poliklinik Chemnitz und gleichzeitig Tätigkeit am Gesundheitsamt ebenda. Seit November 1948 Internist im Ambulatorium der Allgemeinen Ortskrankenkasse Berlin, seit Januar 1975 Leiter dieses Ambulatoriums.

*Dr. med. Barbara von Renthe-Fink,* geb. in Berlin 1901. Medizinstudium in München und Marburg, daselbst Staatsexamen und Promotion. Nach kurzer Assistentenzeit kassenärztliche Praxis in Glauchau, ab 1934 in Chemnitz. Geburtshilfliche Tätigkeit in einer Privatklinik. Nach dem Umsturz 1945 Wahl in das Stadtparlament und Bestellung zum Stadtrat für das Gesundheitswesen in Chemnitz. 1946 Berufung in die Deutsche Zentralverwaltung für Gesundheitswesen in der sowjetischen Besatzungszone. 1947 Bestellung zur Vizepräsidentin. Wegen politischen Druckes Übersiedlung nach Westberlin 1949, von da ab Abteilungsleiterin bei der VAB, KVAB, später AOK. 1957 Übergang in die öffentliche Verwaltung, ab 1960 Senatsdirektorin. Nach Pensionierung Vizepräsidentin im DRK.

*Albert Hoppe,* geb. am 28. 9. 1909 in Berlin. Von 1927 bis 1932 Versicherungskaufmann, von 1933 bis 1945 Industriekaufmann, von 1945 bis 1955 Referent/Hauptreferent/Regierungsdirektor (Berufsausbildung und Umschulung). Ab August 1955 bis 1974 Senatsdirektor für Arbeit in Berlin.

*Dr. Peter Mitzscherling,* geb. am 14. 12. 1928 in Löbau/Sa. Von November 1948 bis 1960 Sozialversicherung Berlin (Versicherungsanstalt Berlin, Krankenversicherungsanstalt Berlin und Allgemeine Ortskrankenkasse), zuletzt Finanzreferent. Nebenberufliches Studium der Volkswirtschaft und Betriebswirtschaft; 1959 Diplom-Prüfung; 1967 Promotion an der TU Berlin. Von 1961 bis März 1974 Deutsches Institut für Wirtschaftsforschung, zunächst Referent, später Hauptreferent für sozialpolitische Forschung; ab 1967 Leiter der Abteilung DDR und östliche Industrieländer. Seit April 1974 Senatsdirektor für den Geschäftskreis Arbeit beim Senator für Arbeit und Soziales, Berlin. Zahlreiche Veröffentlichungen zur Wirtschafts- und Sozialpolitik.

*Karl-Heinz Orda,* geb. 4. 12. 1910. Nach dem Abitur (1929) 8 Semester Studium der Mathematik, Physik, Geographie und Philosophie an der Friedrich-Wilhelm-Universität Berlin 1929—1933, 1. und 2. Staatsexamen (1934 und 1937). Nach kurzem Schuldienst 1937/38 ab 1. 4. 1938 zunächst wissenschaftlicher Hilfsarbeiter im Reichsversicherungsamt, Regierungsrat und ständiges Mitglied ab 1943. Ab 1. 10. 1945 Versicherungsanstalt Berlin als Leiter der mathematischen Abteilung, Generalsekretär beim Direktor (Prof. Dr. Schellenberg). Ab 1. 5. 1950 im Bundesarbeitsministerium Bonn, zuletzt Regierungsdirektor (seit 1953). Ab 1. 1. 1955 Knappschaftsdirektor, Geschäftsführer der Ruhrknappschaft, ab 1. 5. 1959 Geschäftsführer der Arbeitsgemeinschaft der Knappschaften, ab 23. 1. 1970 Direktor bei der Bundesknappschaft und Mitglied der Geschäftsführung, mit dem 31. 12. 1973 auf eigenen Antrag im Ruhestand.

*Prof. Dr. Kurt Jantz,* geb. 1908 in Berlin. Assessor 1934; Deutscher Städtetag, Reichswirtschaftsministerium, Reichsversicherungsamt; ab Anfang 1938 Reichsarbeitsministerium, zuletzt Oberregierungsrat. Nach dem Kriege Studium der Theologie in Bethel, 1949 Vikarexamen; bis 1951 Vorlesungen über systematische Theologie und Philosophie in Bethel. 1951 Bundesfinanzministerium; 1953 Bundesarbeitsministerium, Ministerialrat. 1955 Ministerialdirektor und Generalsekretär für die Sozialreform. Ab 1961 Vorlesungen, ab 1966 Honorarprofessor an der Universität Köln. 1973 Ruhestand.

*Georg Tietz,* geb. 1904 in Berlin. Studium der Mathematik und Physik an der Universität Berlin. 1934 Reichsversicherungsamt, 1940 Reichsarbeitsministerium, 1946 Zentralamt für Arbeit in der britischen Zone, 1948 Verwaltung für Arbeit im Vereinigten Wirtschaftsgebiet, 1950—1969 Bundesarbeitsministerium. Mitarbeit an vielen Gesetzentwürfen, Aufstellung der versicherungstechnischen Bilanzen. Zahlreiche Veröffentlichungen. Ab 1963

»Zahlenwerk zur Sozialversicherung« mit Darstellung der Entwicklung des Leistungs- und Finanzierungsrechts in allen Zweigen der Sozialversicherung seit 1938.

*Dr. Hartmut Hensen,* geb. 8. 4. 1928 in Hamburg. Nach Kriegsdienst und Gefangenschaft Lehre als Maschinenschlosser. Zwischenzeitlich Abitur 1947. Maschinenschlosser-Geselle bis Oktober 1949. Studium der wirtschaftlichen Staatswissenschaften an den Universitäten Kiel und Ann Arbor (University of Michigan, USA, als HICOG-Stipendiat). Master of Arts (Econ) und Diplom-Volkswirt 1952 und 1953. Promotion 1955. Seit Mai 1955 im BMA als wissenschaftlicher Mitarbeiter im damaligen Generalsekretariat für die Sozialreform. 1962 Übernahme als Beamter. Seit Anfang 1970 Ministerialdirigent und Leiter der Unterabteilung für mathematische und finanzielle Fragen der Sozialpolitik.

*Olaf Sund,* geb. 1931 in Heide (Dithmarschen). Tätigkeit in Landwirtschaft und Tiefbau. Lehre und Tätigkeit bei Allgemeinen Ortskrankenkassen. Zweiter Bildungsweg. Reifeprüfung und Studium der Sozial- und Wirtschaftswissenschaften. 1957 Diplomvolkswirt und Tätigkeit in der Industrie. Ab 1962 hauptberuflich in der Erwachsenenbildung. Seit 1969 Leiter der Heimvolkshochschule Jägerei Hustedt e. V. 1949 Eintritt in die Gewerkschaft. Von 1970 bis 1972 Mitglied des Niedersächsischen Landtages. Seit 1972 Mitglied des Deutschen Bundestages. Vorsitzender der Arbeitsgruppe Arbeit und Sozialordnung der SPD-Bundestagsfraktion, seit Dezember 1976 Stellvertretender Vorsitzender der SPD-Bundestagsfraktion. Mitglied des Sozialpolitischen Ausschusses beim Parteivorstand der SPD.

*Reinhart Bartholomäi,* geb. 1936 in Balingen/Württemberg. Studium der Soziologie an der Universität Frankfurt. 1961 Abschlußdiplom. Bis 1963 Universitätsassistent. Bis 1966 Assistent der SPD-Bundestagsfraktion im Arbeitskreis Sozialpolitik. Von 1966 bis 1969 persönlicher Referent des Stellvertretenden Fraktionsvorsitzenden Prof. Dr. Ernst Schellenberg. Von 1969 bis November 1976 Unterabteilungsleiter im Bundesministerium für Arbeit und Sozialordnung. Seit 15. November 1976 Staatssekretär und Chef der Hessischen Staatskanzlei.

*Prof. Dr. Hans Achinger,* em. Professor für Sozialpolitik, geb. 5. 10. 1899 in Elberfeld; Studium der Nationalökonomie in Frankfurt/M.; 1923 Promotion; von 1925—1937 Geschäftsführer der Centrale für private Fürsorge in Frankfurt/M.; 1938 Habilitation; 1957 Ordinarius an der Universität Frankfurt/M.; 1967 emeritiert. Seit 1951 im Vorstand des Deutschen Vereins für öffentliche und private Fürsorge. Mitglied u. a. einer Reihe von Reform-Kommissionen der Bundesregierung. Zahlreiche Veröffentlichungen.

*Dieter Schewe,* geb. 14. 7. 1924 in Recklinghausen. Nach Schulausbildung und Wehrdienst (1942 bis 1945) Studium der Rechts- und Staatswissenschaften, zweite juristische Staatsprüfung (1952). 1949 bis 1954 wissenschaftlicher Assistent für Arbeits- und Sozialrecht an der Hochschule für Sozialwissenschaften in Wilhelmshaven. Seit April 1954 im Bundesministerium für Arbeit und Sozialordnung, Abteilung Sozialversicherung, seit

1965 als Ministerialrat, 1970 Leiter der Unterabteilung Gemeinsame Fragen der Sozialversicherung, Verfahrensrecht; später der Unterabteilung Rentenversicherung, 1973 Ministerialdirigent. Seit Juni 1975 Präsident des Bundesversicherungsamtes in Berlin. Vorstandsmitglied der Gesellschaft für den sozialen Fortschritt. Mitglied des Verbandsausschusses im Sozialgerichtsverband und im Deutschen Verein für Versicherungswissenschaft. Zahlreiche Veröffentlichungen zum Sozialrecht und zur Sozialpolitik.

*Leonhard Trometer,* geb. am 11. November 1919 in Nürnberg, Ministerialdirektor im Bundesministerium für Arbeit und Sozialordnung, seit 1955 nahezu ununterbrochen auf dem Gebiet der Kriegsopferversorgung tätig; zuerst Hilfsreferent und Referent des Grundsatzreferats — in den Jahren 1960 bis 1965 zugleich auch als persönlicher Referent des Bundesministers Theodor Blank — seit 1968 Leiter der Abteilung Kriegsopferversorgung, Sozial- und Arbeitsmedizin, ab 1971 auch einschließlich der Rehabilitation.

*Clara Döhring,* geb. 13. 3. 1899 Saalfeld/Thür., Mädchen-Bürgerschule, Handelsschule, kaufm. Lehre, 1921—1930 Chefsekretärin beim Hauptvorstand Deutscher Metallarbeiter-Verband Stuttgart, 1936—1948 Sachbearbeiterin und von 1945 an Personalreferentin bei der Allgemeinen Ortskrankenkasse Stuttgart, 1948—1960 Frauensekretärin und Vorstandsmitglied beim DGB Landesbezirk Baden-Württemberg, Mitglied des Landesbezirksvorstandes der SPD, Vorstandsmitglied des Landesverbandes der Deutschen Gesellschaft für die Vereinten Nationen. Von 1949—1965 MdB, ordentliches Mitglied der Ausschüsse für Sozialpolitik sowie Gesamtdeutsche Fragen, Mitwirkung bei den Mutterschutz-, Heimarbeits- und Kindergeld-Gesetzen, insbesondere bei der Rentenreform 1956/57.

*Eugen Glombig,* 1924 in Hamburg geboren und dort aufgewachsen, mittlere Reife. Lehre und leitende Tätigkeit bei einer Ersatzkasse. Fachreferent für Sozialpolitik beim Bundesvorstand des Reichsbundes. Seit 1949 Mitglied der SPD. Von 1957 bis 1962 Mitglied der Hamburger Bürgerschaft. Seit 1962 Mitglied des Deutschen Bundestages. Vorsitzender des Arbeitskreises Sozialpolitik der SPD-Bundestagsfraktion. Mitglied des Vorstandes der SPD-Bundestagsfraktion. Stellvertretender Vorsitzender des Sozialpolitischen Ausschusses beim Parteivorstand der SPD. Vorsitzender des Beirates für die Rehabilitation der Behinderten beim Bundesarbeitsminister. Bundesbeauftragter für die Durchführung der Wahlen in der Sozialversicherung.

*Marta Schanzenbach,* geb. am 7. 2. 1907 in Gengenbach (Baden); Besuch einer Mittelschule, Ausbildung als Jugendfürsorgerin, nach Staatsexamen als Fürsorgerin in Berlin tätig, 1933 aus politischen Gründen entlassen. 1943 Fürsorgerin in Gengenbach. Nach 1945 Mitglied des Landesvorstandes der SPD in Baden. 1953 bis 1959 Mitglied des Kreistages und Kreisrates. Bezirksvorsitzende und stellvertretende Bundesvorsitzende der Arbeiterwohlfahrt. 1958 bis 1966 Mitglied des Parteivorstandes und Parteipräsidiums der SPD. Mitglied des Bundestages von 1949—1972, familienpolitische Sprecherin der SPD-Bundestagsfraktion.

*Elfriede Eilers,* geb. am 17. Januar 1921 in Bielefeld; Mittlere Reife, dreijährige kaufmännische Lehre, 1941—1949 Buchhalterin. 1950 Besuch des

Seminars für Sozialberufe in Mannheim, 1952 Staatsexamen, Praktikum bei der Arbeiterwohlfahrt Ostwestfalen, 1954 Jugendfürsorgerin beim Jugendamt Bielefeld. Seit 1945 Mitglied der SPD. Mitglied des Bundestages seit 1957, im Fraktionsvorstand der SPD seit 1969; Obmann der Arbeitsgruppe Frauen. Seit 1966 Mitglied im Parteivorstand, seit 1973 im Präsidium der SPD. Bundesvorsitzende der Arbeitsgemeinschaft Sozialdemokratischer Frauen und Vorsitzende des Ausschusses für Familienpolitik beim Parteivorstand der SPD. Seit 1972 Stellvertretende Vorsitzende der Arbeiterwohlfahrt.

*Walter Arendt,* geb. 17. Januar 1925 in Heessen in Westfalen. 1939—1943 im Bergbau tätig, anschließend Arbeitsdienst, Wehrdienst und Kriegsgefangenschaft. Danach wieder im Bergbau tätig. 1948 bis 1969 hauptamtlich in der Industriegewerkschaft Bergbau und Energie beschäftigt; deren Erster Vorsitzender ab 1964. In den Jahren 1948/1949 Studium an der Akademie für Arbeit in Frankfurt und Akademie für Gemeinwirtschaft in Hamburg. Von Oktober 1969 bis Dezember 1976 Bundesminister für Arbeit und Sozialordnung. Abgeordneter des Deutschen Bundestages seit 1961. In der SPD Mitglied des Präsidiums und Vorsitzender des sozialpolitischen Ausschusses beim Parteivorstand. Von 1967 bis 1969 Präsident des Internationalen Bergarbeiterverbandes.

*Adolf Schmidt,* geb. am 18. 4. 1925 in Holzhausen bei Homberg. 1932 bis 1939 Besuch der Volksschule, 1939 bis 1942 Schlosserlehre, anschließend bis 1945 Kriegsdienst und Kriegsgefangenschaft. Nach Rückkehr aus der Gefangenschaft Schlossergeselle im Braunkohlenbergbau. 1950 bis 1951 Besuch der Akademie der Arbeit in Frankfurt/M. 1951 Sekretär der Industriegewerkschaft Bergbau und Energie. September 1965 Wahl in den geschäftsführenden Vorstand. Seit November 1969 erster Vorsitzender der Industriegewerkschaft Bergbau und Energie. Präsident des Internationalen Bergarbeiterverbandes seit Juli 1971. Obmann der Arbeitnehmer des Bergbaues in mehreren nationalen, supranationalen und internationalen Einrichtungen. Seit November 1972 Mitglied des Bundestages und seit Juni 1975 Stellvertretender Vorsitzender der SPD-Bundestagsfraktion.

*Heinz Frehsee,* geb. 30. August 1916 in Stobnitt/Kreis Mohrungen in Ostpreußen, nach dem Krieg Gewerkschafter und Politiker, Mitgründer der Gewerkschaft Gartenbau, Land- und Forstwirtschaft, von 1947 bis 1959 hauptamtlich in dieser Gewerkschaft, zuletzt Bundesvorsitzender und in dieser Eigenschaft Mitglied des Bundesvorstandes des DGB, von 1953 bis 1976 Mitglied des Bundestages, Mitglied des agrarpolitischen und des sozialpolitischen Ausschusses, von 1967 bis 1973 Parlamentarischer Geschäftsführer der Sozialdemokratischen Bundestagsfraktion, von 1973 bis 1977 Mitglied des Europäischen Parlaments. Mitglied des Vorstands der Landwirtschaftskammer Hannover seit 1949. Kuratoriumsmitglied der Agrarsozialen Gesellschaft seit 1956.

*Dr. Detlev Zöllner,* geb. 1927 in Stettin. Nach Kriegsgefangenschaft Landwirtschaftslehre. 1949 Studium der Landwirtschaft und der Wirtschaftswissenschaften; Dr. rer. pol. 1953 Leiter der wissenschaftlichen Abteilung der Agrarsozialen Gesellschaft. Seit 1955 im Bundesministerium für Arbeit und Sozialordnung. 1960—1966 mehrfach als Berater für soziale Sicherung im Ausland tätig. 1968 Vorstandsmitglied der Agrarsozialen Gesellschaft. 1970 Lehrauftrag für Sozialpolitik an der Universität Bonn. 1971 Leiter der Abteilung Internationale Sozialpolitik im BMA. 1973 Leiter der Abteilung Sozialversicherung.

*Lisa Korspeter,* geb. 31. 1. 1900 in Groß-Oerner bei Mansfeld, 1946 Flucht aus Mitteldeutschland, 1947 in den Zonenbeirat für die britische Zone berufen, 1948/49 Mitglied des Wirtschaftsrates für das Vereinigte Wirtschaftsgebiet. 1949—1969 Mitglied des Deutschen Bundestages; Mitglied des sozialpolitischen Ausschusses sowie Vorsitzende des Ausschusses für Heimatvertriebene und Flüchtlinge des Bundestages. Im Parteivorstand der SPD langjährige Vorsitzende des Ausschusses für Flüchtlingsfragen. 20 Jahre Geschäftsführende Vorsitzende des Gesmtverbandes der Sowjetzonenflüchtlinge, seit 1969 Ehrenpräsidentin im Bund der Mitteldeutschen.

*Walter Haack,* geb. am 8. 11. 1920 in Anklam/Vorpommern; seit 1948 in der Vertriebenen- und Flüchtlingsverwaltung der Hansestadt Lübeck leitend tätig gewesen. Ab Mai 1967 Wissenschaftlicher Referent für Geschädigtenfragen der SPD-Bundestagsfraktion. Vom Bundestag gewähltes Mitglied des Kontrollausschusses beim Bundesausgleichsamt sowie des Verwaltungsrates der Lastenausgleichsbank. Vizepräsident und Vorsitzender des Rechts- und Sozialausschusses des Bundes der Mitteldeutschen.

*Dr. med. Hans Bardens,* geb. 1927, Studium der Medizin, Internist, einige Jahre Tätigkeit als Kassenarzt. Mitglied des gesundheitspolitischen Ausschusses beim Vorstand der SPD von 1962 bis 1975. Bundesvorsitzender der Arbeitsgemeinschaft sozialdemokratischer Ärzte von 1971 bis 1975. Mitglied des Bundestages seit 1965.

*Albert Holler,* geb. am 24. 3. 1929 in Untergrombach (bei Karlsruhe); 1950 Abitur, 1950—1952 Lehre als Bankkaufmann, 1953—1955 Studium der Sozialwissenschaften in Hamburg, Anfang 1956 Volontär bei der LVA Karlsruhe, anschließend Prozeßvertretung vor dem Landessozialgericht Baden-Württemberg für den DGB-Landesbezirk; ab 1959 Berufung zum DGB-Bundesvorstand als Leiter der Abteilung Sozialversicherung. Seit dem 1. 6. 1969 im Bundesministerium für Arbeit und Sozialordnung als Leiter der Unterabteilung Kranken- und Unfallversicherung, Selbstverwaltung.

*Helmut Schüssler,* Geschäftsführer der Bundesarbeitsgemeinschaft für Arbeitssicherheit (BASI) — Deutsche Gesellschaft für Arbeitsschutz seit Juli 1974. Von 1952 bis 1962 Tätigkeiten in verschiedenen Bereichen des Sozialrechts und der Sozialpolitik; anschließend bis 30. 6. 1974 Leiter der Abteilung Arbeitssicherheit und Arbeitsmedizin beim DGB-Bundesvorstand; Mitglied des Vorstandes im Hauptverband der gewerblichen Berufsgenossenschaften; alternierender Vorsitzender des Kuratoriums der Bundesanstalt für Arbeitsschutz und Unfallforschung (BAU). Mitglied zahlreicher Arbeitsschutz-Gremien in der BRD und auf EG-Ebene.

*Kurt Spitzmüller,* geb. am 13. Mai 1921 in Freiburg (Breisgau): Eigentümer und Leiter eines Sanatoriums. Ab 1948 Vorstands- und Beiratsfunktionen im Badischen und Deutschen Leichtathletikverband und im Badischen Sportbund. Seit 1970 Vorstandsmitglied der Deutschen Krankenhausgesellschaft. Seit 1948 Mitglied der FDP. Mitglied des Bundestages 1957 bis 1969 und ab Januar 1971. 1961 bis 1969 Vorsitzender des Arbeitskreises Arbeits- und Sozialpolitik der FDP-Fraktion. Seit Januar 1971 stellvertretender Vorsitzender der FDP-Fraktion.

*Walter Behrendt,* geb. am 18. 9. 1914. Seit 1957 Mitglied des Deutschen Bundestages. Seit 1967 außerdem Mitglied des Europäischen Parlaments, 1971 zum Präsidenten für zwei Jahre gewählt; seit 1973 Vizepräsident dieses Parlaments. Von 1961—1967 stellvertretender Vorsitzender des »Bundestagsausschusses für Arbeit« und gleichzeitig Obmann der »Arbeitsgruppe Arbeit« der SPD-Bundestagsfraktion. Vorsitzender einer aus Mitgliedern dieser Arbeitsgruppe und führenden Politikern aus SPD-regierten Ländern zusammengesetzten Kommission, die den Entwurf zum Arbeitsmarkt-Anpassungsgesetz erarbeitete.

*Josef Stingl,* geb. am 19. 3. 1919 in Maria-Kulm (Egerland). Studium der politischen Wissenschaften an der Deutschen Hochschule für Politik in Berlin, Lehrbeauftragter am Otto-Suhr-Institut, 1953—1968 Mitglied des Deutschen Bundestages, während dieser Zeit seit 1962 Vorsitzender des Arbeitskreises Sozial- und Gesellschaftspolitik der CDU/CSU-Fraktion und seit 1966 Stellvertretender Vorsitzender des Ausschusses für Sozialpolitik des Deutschen Bundestages, seit 1968 Präsident der Bundesanstalt für Arbeit in Nürnberg.

*Prof. Dr. Otto Kunze,* geb. am 3. 8. 1904. Abitur, Studium der Rechts- und Staatswissenschaften. Dr. rer. pol., 1935 bis 1949 Rechtsanwalt in Halle/Saale, später Rechtsanwalt in Düsseldorf. 1950 bis 1969 Justitiar des Deutschen Gewerkschaftsbundes. Seit 1955 Prokurist. Von 1967 bis 1969 Mitgeschäftsführer des WSI. Mitglied mehrerer Aufsichtsräte und wissenschaftlicher Kommissionen für Unternehmensrechtsfragen. Vorsitzender der Unternehmensrechtskommission beim Bundesministerium der Justiz. Zahlreiche Veröffentlichungen über unternehmens- und arbeitsrechtliche Fragen.

*Prof. Karl Fitting,* geb. am 20. Juni 1912 in St. Avold (Lothringen); Humanistisches Gymnasium in Darmstadt, Abitur. Jurastudium in Frankfurt, Leipzig, Gießen. 1933 bis 1941 aus politischen Gründen Arbeiter, dann Angestellter in Leipzig. 1941 Wehrmacht. 1942 bis 1945 politischer Häftling im Konzentrationslager Mauthausen (Österreich). 1948 bis 1949 Verwaltung für Arbeit, Frankfurt/Main. 1950 bis heute im Bundesministerium für Arbeit und Sozialordnung, Bonn. Seit 1966 Ministerialdirektor und Leiter der Abteilung Arbeitsrecht, Löhne, Arbeitsschutz. 1976 Honorarprofessor an der Gesamthochschule Kassel.

*Alfred Schmidt,* geb. 1939. Leiter der Abteilung Sozialpolitik beim DGB-Bundesvorstand. Verwaltungslehre sowie Sekretär und Inspektorprüfung bei der AOK Frankfurt. Danach von 1964—1966 Studium an der Hochschule für Wirtschaft und Politik in Hamburg. Von 1967—1969 Referent für Sozialpolitik beim Vorstand der IG Metall, ab 1969 DGB-Bundesvorstand. Alternierender Vorstandsvorsitzender des Bundesverbandes der Ortskrankenkassen, der Bundesarbeitsgemeinschaft Gemeinschaftsaufgaben der Krankenversicherung. Stellvertretender Vorsitzender des Sozialbeirates sowie der Gesellschaft für sozialen Fortschritt. Mitglied der Sachverständigenkommission zur Weiterentwicklung der sozialen Krankenversicherung.

*Willy Könen,* geb. am 8. 4. 1908 in Düsseldorf. Berufsausbildung als technischer Kaufmann, 1925 Mitglied der Freien Gewerkschaften, 1927 Mitglied der SPD. 1932 Führer im Freiwilligen Arbeitsdienst der Freien Gewerkschaften; 1933 bei der Übernahme des Arbeitsdienstes durch die NSDAP ausgeschieden. Danach Angestellter in verschiedenen Unternehmen. 1941 bis 1945 Kriegsteilnahme. Seit 1946 Geschäftsführer der Arbeiterwohlfahrt im Regierungsbezirk Düsseldorf, Vorsitzender. Mitglied im Bundesvorstand der Arbeiterwohlfahrt. Mitglied der Kontrollkommission beim Vorstand der SPD. Mitglied des Bundestages von 1953 bis 1969.

*Dr. Herbert Ehrenberg,* geb. am 21. Dezember 1926 in Collnischken, Kreis Goldap (Ostpreußen). Nach Wehrdienst und Kriegsgefangenschaft Landarbeiter in Niedersachsen und Polizeibeamter in Bremen. Studium der Sozialwissenschaften an der Hochschule für Arbeit, Politik und Wirtschaft in Wilhelmshaven-Rüstersiel und in Göttingen; dort Promotion zum Doktor rer. pol. Leitende Tätigkeit in der Wirtschaft. Dozent für Sozialwissenschaften; volkswirtschaftliche Abteilung beim Hauptvorstand der Industriegewerkschaft Bau-Steine-Erden. Von Mai 1968 bis Dezember 1972 im Bundesdienst, zuletzt Staatssekretär im Bundesministerium für Arbeit und Sozialordnung. 1949 Eintritt in die Gewerkschaft ÖTV. Mitglied der SPD seit 1955. Seit 1975 Mitglied des Parteivorstandes der SPD und Geschäftsführender Vorsitzender der Wirtschafts- und Finanzpolitischen Kommission beim Parteivorstand der SPD. Mitglied des Bundestages seit 1972. Stellvertretender Vorsitzender der SPD-Bundestagsfraktion seit 1974, seit Dezember 1976 Bundesminister für Arbeit und Sozialordnung.

*Thomas Ruf,* 65 Jahre. Diplom-Volkswirt. 1953 bis 1972 Mitglied des Bundestages. Mitglied des Ausschusses für Sozialpolitik bzw. des Ausschusses für Arbeit und Sozialordnung. Zuletzt Obmann der CDU/CSU in diesem Ausschuß. 1971 Vorsitzender der Mitbestimmungskommission der CDU. Ständiges Mitglied der Arbeitsgruppe »Eigentum« der CDU/CSU-Fraktion.

*Prof. Dr. Friedhelm Farthmann,* geb. am 25. 11. 1930 in Bad Oeynhausen. Nach dem Studium der Rechts- und Staatswissenschaften 1957 Promotion an der Universität Göttingen über das Thema »Die Anfechtung von Arbeitsverträgen«. 1961 Referent für Arbeits- und Wirtschaftsrecht im Wirtschaftswissenschaftlichen Institut der Gewerkschaften. 1966 zunächst Leiter der Abteilung Mitbestimmung, später der Abteilung Gesellschaftspolitik im DGB-Bundesvorstand. Von November 1971 an Geschäftsführer des Wirtschafts- und Sozialwissenschaftlichen Instituts des DGB.

1973 Ernennung zum Honorarprofessor für das Fach Arbeitsrecht, Betriebs- und Unternehmensverfassungsrecht an der FU Berlin. Von Januar 1971 bis Juni 1975 Mitglied des Deutschen Bundestages. Seit dem 4. 6. 1975 Minister für Arbeit, Gesundheit und Soziales in NRW. Zahlreiche Veröffentlichungen zum Arbeits- und Unternehmensrecht.

*Prof. Dr. Georg Wannagat,* geb. 1916. Beginn der richterlichen Tätigkeit auf dem Gebiet des Sozialrechts als Kammervorsitzender 1952 beim Württembergischen Oberversicherungsamt. 1954 Landessozialgerichtsrat, 1957 Senatspräsident beim Landessozialgericht Stuttgart, 1962 Präsident des Hessischen Landessozialgerichts und 1969 Präsident des Bundessozialgerichts. 1965 bis 1967 Berufungen zum Honorarprofessor in Tübingen und in Frankfurt (Main). Verfasser des Lehrbuchs für Sozialversicherungsrecht und zahlreicher wissenschaftlicher Beiträge, Herausgeber eines Kommentars zum Sozialgesetzbuch, Mitherausgeber der Zeitschrift »Die Sozialgerichtsbarkeit«, ständiger Mitarbeiter mehrerer auch ausländischer Fachzeitschriften.

*Gerd Muhr,* geb. am 11. April 1924 in Honnef/Rhein. Mitglied der IG Metall seit dem 1. 9. 1946. Ab 1949 hauptamtlich als Geschäftsführer einer Verwaltungsstelle und ab 1955 als Sachbearbeiter beim Vorstand der IG Metall. Im Jahre 1963 in den geschäftsführenden Vorstand der IG Metall gewählt und in dieser Funktion von den Gewerkschaftstagen 1965 und 1968 bestätigt. Vom DGB-Bundeskongreß 1969 zum stellvertretenden Vorsitzenden gewählt und hierin Bestätigung durch die Bundeskongresse 1972 und 1975. Ehrenamtliche Funktionen: Ehrenamtlicher Richter am Bundesarbeitsgericht, Vorsitzender des Vorstandes des Verbandes Deutscher Rentenversicherungsträger. Mitglied des Wirtschafts- und Sozialausschusses der EG, Mitglied des Verwaltungsrates des Internationalen Arbeitsamtes.

*Karl Weishäupl,* geb. am 25. Juni 1916 in Rosenheim am Inn. Mitglied des Bayerischen Landtags von 1950—1974. Langjähriger Vorsitzender des Landtagsausschusses für Sozial- und Gesundheitspolitik. Von 1954—1957 im Kabinett Högner Staatssekretär im Bayerischen Staatsministerium für Arbeit und soziale Fürsorge. Mitglied des sozialpolitischen Ausschusses beim Parteivorstand der SPD. Kriegsteilnehmer, zweimal verwundet, schwerbehindert. Gründungsmitglied des VdK in Bayern und in der Bundesrepublik. Langjähriger Landesvorsitzender des VdK in Bayern und seit 1974 ehrenamtlicher Präsident des VdK Deutschlands. Verfasser der Monographie »Die Kausalität in der Kriegsopferversorgung«.

*Rudolf Kleine,* 1953—1960 Leiter der parlamentarischen Verbindungsstelle des Reichsbund-Bundesvorstandes in Bonn, seit 1961 1. Bundesvorsitzender des Reichsbundes der Kriegsopfer, Behinderten, Sozialrentner und Hinterbliebenen e. V., seit 1962 Aufsichtsratsvorsitzender der Gemeinnützigen Reichsbund Wohnungsbau- und Siedlungs-GmbH, Vorsitzender des Sozialpolitischen Ausschusses des Reichsbundes, Vorsitzender des Reichsbund-Landesverbandes Nordrhein-Westfalen, Mitglied des Sozialpolitischen Ausschusses beim SPD-Parteivorstand, Mitglied des Beirates für die Rehabilitation der Behinderten beim Bundesministerium für Arbeit und Sozialordnung, seit 1963 Vizepräsident des Weltverbandes der Behinderten

(FIMITIC), seit 1973 Vorsitzender des Ständigen Ausschusses für Europäische Angelegenheiten des Weltfrontkämpferverbandes (WFV).

*Prof. J. F. Volrad Deneke,* Studium der Sozialwissenschaften an den Universitäten Berlin und Bonn. Nach dem Krieg bis 1965 als Journalist tätig. Mitglied des Vierten Deutschen Bundestages; Bundesgeschäftsführer der Freien Demokratischen Partei, Hauptgeschäftsführer des Verbandes der Ärzte Deutschlands (Hartmannbund). Seit 1974 Hauptgeschäftsführer der Bundesärztekammer und des Deutschen Ärztetages. Seit 1961 Lehraufträge für Soziologie der Freien Berufe, für Medizinische Soziologie und für Medizinische Publizistik. 1975 Verleihung des Titels Professor von der Landesregierung Nordrhein-Westfalen für seine wissenschaftlichen Arbeiten.

*Heiner Stempell;* 68 Jahre alt. Publizist; bis 1950 Gewerkschaftssekretär; seit 1950 Redakteur der Funktionärszeitschrift des DGB »Die Quelle« und der von ihm 1952 mitbegründeten, bis 1974 als Chefredakteur verantwortlich redigierten sozialpolitischen Monatszeitschrift der Gewerkschaften »Soziale Sicherheit«. Daneben Autor für in- und ausländische Fachzeitschriften. Dozent an Volkshochschulen und Akademien. Mitautor mehrerer Fachbücher und Kommentare.

*Albert Müller,* Jahrgang 1914, geb. in Hamburg. In Bonn seit 25 Jahren tätig als Journalist für Fragen der Gesellschaftspolitik. Zusammen mit dem Abgeordneten, Publizisten und Hochschullehrer Prof. Dr. Ludwig Preller 1951 Mitbegründer der unabhängigen Zeitschrift »Sozialer Fortschritt«, nach 1953 deren Alleinredakteur. Von 1958 bis 1962 Leiter der Pressestelle des Bundesministeriums für Arbeit und Sozialordnung. Hier u. a. Herausgabe des aus 50 Einzelschriften bestehenden Sammelwerks »Sozialpolitik in Deutschland«. Redaktioneller Bearbeiter des Gesamtwerks »Die Sozialreform — Dokumente und Stellungnahmen« sowie Autor der Schrift »Der Kampf um die Krankenversicherung«. 1962—1976 Bonner Korrespondent der Tageszeitung »Die Welt« für Fragen der Sozial- und Gesundheitspolitik. In dieser Eigenschaft 1975 mit dem Theodor-Wolff-Preis ausgezeichnet.

*Dr. Hans Herbert Götz,* geb. 1921 in Düsseldorf, aufgewachsen in Mannheim und Darmstadt, Studium in Freiburg und Promotion bei Professor Walter Eucken (1949). Seit der Gründung der »Frankfurter Allgemeinen Zeitung« am 1. 11. 1949 Mitglied der Redaktion. Von 1953 bis 1963 wirtschaftspolitischer Korrespondent in Bonn; von 1963 bis 1975 Berichterstattung aus Brüssel über Fragen der Europäischen Einigungspolitik. Seit 1976 in Berlin als wirtschaftspolitischer Beobachter, vor allem auch der DDR.

## Herausgeber

*Reinhart Bartholomäi* — vgl. Autorenbiographie.

*Dr. Wolfgang Bodenbender,* geb. 1935 in Wiedenbrück/Westf. Ehemaliger Sozialarbeiter; 2. Bildungsweg. Studium in Frankfurt. Diplomsozialwissenschaftler. Promotion in Sozialpolitik. 1969 bis 1972 Assistent der SPD-Bundestagsfraktion im Arbeitskreis Sozialpolitik, 1972 bis 1974 persönlicher Referent des Parlamentarischen Staatssekretärs im Bundesministerium für Arbeit und Sozialordnung, Helmut Rohde. 1974 bis 1976 Leiter des Ministerbüros bei Bildungsminister Helmut Rohde; seit Mai 1976 Unterabteilungsleiter im Bundesministerium für Arbeit und Sozialordnung.

*Dr. Hardo Henkel,* geb. 1940 in Hohensalza, Polen. Studium der Rechtswissenschaft und Volkswirtschaft an der Universität Hamburg. 1965 und 1969 erstes und zweites jur. Staatsexamen, Promotion. 1969 Rechtsanwalt in Hamburg. 1970 bis 1973 Assistent der SPD-Bundestagsfraktion im Arbeitskreis Sozialpolitik; persönlicher Referent des Stellvertretenden Fraktionsvorsitzenden Prof. Dr. Ernst Schellenberg. Seit 1974 Leiter der Abteilung Arbeits- und Sozialrecht der Ruhrkohle AG, Essen.

*Dr. Renate Hüttel,* geb. 1944 in Lüdenscheid. Abitur 1963, Studium der Musikwissenschaft und Betriebswirtschaftslehre in Bonn, Promotion 1969. Von 1970 bis 1973 persönliche Mitarbeiterin bei Prof. Dr. Ernst Schellenberg, von 1974 bis Mai 1975 persönliche Referentin des Stellvertretenden Fraktionsvorsitzenden Prof. Dr. Ernst Schellenberg, seit Juni 1975 persönliche Referentin des Stellvertretenden Fraktionsvorsitzenden Adolf Schmidt.